# LES IDÉES DE NECKER

« Rien n'est plus terne que la sagesse »

NECKER : *Du Pouvoir exécutif dans les grands états.* VIII. 393

L'auteur tient à exprimer sa gratitude envers le Centre National
de la Recherche scientifique auprès duquel il fut attaché de recher-
cherches de 1967 à 1969 ainsi qu'envers MM. Ch. Dedeyan, J. Fabre,
J. Egret, E. Labrousse pour leurs précieux conseils.

© C. Klincksieck
Paris, 1974

ISBN 2-252-01640 X

# HENRI GRANGE

# LES IDÉES
# DE NECKER

LIBRAIRIE C. KLINCKSIECK

PARIS

1974

## LISTE DES ABRÉVIATIONS UTILISÉES
## POUR DÉSIGNER LES ŒUVRES DE NECKER

E. C.     : Eloge de Colbert.

L. C. G.   : Sur la législation et le commerce des grains.

A. F.     : De l'administration des Finances de la France.

I. O. R.   : De l'importance des opinions religieuses.

P. Ex.   : Du pouvoir exécutif dans les grands Etats.

A. N.   : Sur l'administration de M. Necker par lui-même.

R. V.   : De la Révolution française.

R. Ph.  : Réflexions philosophiques sur l'Egalité.

C. M. R. : Cours de Morale religieuse.

D.V.   : Dernières vues de politique et de finance.

Les chiffres romains qui suivent le titre de l'ouvrage correspondent à la tomaison, les chiffres arabes à la pagination de l'édition complète d'Auguste de Staël, la seule que nous ayons utilisée.

# INTRODUCTION

L'édition complète de Necker, préparée et publiée avec une filiale dévotion par Auguste de Staël en 1821, ne comporte pas moins de quinze volumes. C'est un ensemble considérable et l'on ignore en général que le ministre de Louis XVI ait autant écrit. Il appartient en effet à cette catégorie d'auteurs que l'on ne lit pas mais que l'on consulte. Sans être complètement oubliés, ses ouvrages n'intéressent guère que les spécialistes. Les historiens de l'Ancien Régime pratiquent le traité *De l'Administration des finances de la France* et ceux de la Révolution française tiennent compte du témoignage apporté par le Genevois sur les événements auxquels il a assisté. De leur côté, les historiens des doctrines économiques lui réservent une place honorable surtout dans les chapitres consacrés à la théorie du salaire. On le cite aussi dans les travaux d'histoire religieuse. L'œuvre de Necker n'est donc pas une œuvre morte, chacun suivant ses curiosités, vient puiser des renseignements dans les volumes qui concernent le domaine de ses recherches personnelles.

Par contre, nous ne pensons pas qu'on en ait jamais entrepris une lecture suivie et complète et elle n'a jamais fait l'objet d'une étude d'ensemble. Or, cette lecture apporte bien davantage que la possibilité d'enrichir une documentation ou de dresser un catalogue des opinions d'un auteur sur les différents sujets qu'il a traités, car elle révèle l'existence d'un système, elle nous met en présence d'une vision du monde parfaitement cohérente. Il s'en dégage une interprétation globale et très originale de la société française, et des sociétés civilisées en général, à la fois décrites et expliquées dans leurs caractères fondamentaux. A ce titre, cette œuvre mériterait, nous semble-t-il, d'être mieux connue et d'occuper une place plus importante dans l'histoire des idées ; l'oubli où elle est tombée contrastant avec le très grand, parfois l'immense succès que rencontrèrent, au moment de leur publication, la plupart des textes qui la composent.

Les raisons de cette ignorance, ou de cette indifférence sont faciles à déterminer. Et tout d'abord, Necker ne s'est jamais donné la peine d'entreprendre lui-même un exposé de ses idées, avec le souci de les présenter dans l'ordre logique où elles s'enchaînent les unes aux autres. Il faut retrouver cet enchaînement, sans cesse sous-jacent, sans qu'il soit toujours apparent. Ceci s'explique par les conditions de la composition. Chaque ouvrage correspond à un but précis, non pas sur le plan de la démonstration *in abstracto* d'une vérité, mais sur celui de l'action concrète ; du premier, plaidoyer en faveur de la Compagnie des Indes, au dernier, protestation contre la dictature du Consulat, tous sont nés du désir d'obtenir un résultat immédiat, et même ceux qui portent des titres qui les classeraient parmi les textes de théorie pure comme *Du pouvoir exécutif dans les grands Etats* ou *De l'importance des opinions religieuses* s'expliquent par la volonté de changer quelque chose, d'amener le lecteur à prendre une décision ; Necker n'écrit jamais avec le souci désintéressé de nous faire connaître des conceptions qui lui sont personnelles, *sub specie aeternitatis*, mais pressé par l'envie d'intervenir dans une situation donnée pour obtenir du pouvoir ou de ses contemporains une conduite conforme à ses désirs. Ainsi chaque ouvrage ne laisse pas deviner le rapport qui l'unit aux autres, il constitue un tout en soi et le lien qui le rattache aux circonstances historiques qui lui ont donné naissance est bien plus visible que celui qui l'unit à l'ensemble de l'œuvre.

Outre le caractère fragmentaire de l'exposition, se dresse une autre barrière plus redoutable, celle du langage qui, à un lecteur moderne, apparaît pour le moins très démodé. Le cas de Necker écrivain est d'ailleurs assez curieux, car il disposait en réalité de plusieurs styles. Derrière le personnage officiel, compassé et solennel, se dissimule en effet un Necker insoupçonné, spirituel et gai, s'amusant du spectacle de la vie, prompt à saisir tous les ridicules c'est celui qui a composé des comédies qui ne furent jamais publiées et ce *Bonheur des sots* qu'appréciait fort Sainte-Beuve, pour son ton de satire légère, son style alerte et sans apprêts [1].

Avec les notes de l'*Eloge de Colbert*, ouvrage éminemment sérieux, nous trouvons un tout autre modèle, visiblement inspiré de l'Esprit des Lois, elles sont faites de phrases ou de paragraphes qui se succèdent les uns aux autres en une série de formules laconiques. C'est un langage impersonnel, de technicien énonçant des lois, posant des principes, et soucieux seulement de clarté et de concision. Il y avait là une possibilité à exploiter.

Mais pour son malheur et pour le nôtre, Necker se crut destiné à la grande littérature. Influencé par son entourage, il prit pour idéal la rhétorique de son temps, celle qui s'étale dans les discours et éloges, prononcés devant l'Académie française en ses séances solen-

---

1. « Cet homme grave avait un tour d'esprit persifleur et fin qui était bien à lui, et il l'a prouvé depuis par quelques écrits qui attestent une observation minutieuse et pénétrante. » (*Causeries du Lundi.* 3ᵉ Edition. Paris. Tome IV. p. 249.)

nelles ou composés à l'occasion des prix qu'elle mettait au concours. Plus encore que les prédicants et leur pathos, l'académicien Thomas ami intime du ménage, a sans doute une lourde part de responsabilité dans le choix d'un style fort admiré à cette époque, mais aujourd'hui devenu difficilement supportable. Necker satisfaisait à coup sûr, en glissant sur cette pente, un goût du décorum, de la représentation qui correspondait à un certain aspect de sa personnalité, mais il faut savoir qu'il était capable de tout autre chose. Il faut savoir aussi que Sainte-Beuve avait une certaine indulgence pour ce langage, et trouvait dans certaines pages de Necker un modèle de ce qu'il appelait le « style ministériel ».

A ce défaut qui tient à son temps, s'en ajoute un autre qui lui est, hélas ! strictement personnel, c'est la manie de recourir sans cesse à des métaphores et comparaisons, alors qu'il était aussi peu doué que possible pour établir des rapports entre le concret et l'abstrait ; ce qui lui valut de la part de Condorcet et de Voltaire le surnom si bien choisi de M. de l'Enveloppe, les efforts déployés pour faire plus aisément saisir ses idées grâce à des images n'ayant souvent pas d'autre résultat que d'obscurcir la pensée et de faire naître sous la plume des expressions bizarres et d'un goût douteux[2].

Malgré tous ces travers, Necker cependant n'est pas illisible, et bien des auteurs ont fait l'objet d'études approfondies qui n'offrent guère de satisfactions sur le plan purement formel. Il est aussi, reconnaissons-le, victime des historiens et de la réputation qu'ils lui ont faite. Comme on le sait, l'histoire de la Révolution, en France surtout, est profondément politisée. Devant un bouleversement aussi énorme, présentant des aspects si multiples, ayant des causes si diverses, les possibilités d'interprétation sont nombreuses, si bien que la motivation consciente ou inconsciente de l'immense littérature consacrée à cet événement est moins la recherche de la vérité qu'une présentation des faits conforme à l'idéologie de chacun ; et malheureusement pour notre auteur, tous ceux qui descendent dans cette arène, où se livrent de si violents combats n'ont en général à son égard qu'une profonde antipathie. La phrase qu'écrivait en 1801 C.F. Beaulieu, un des premiers historiens de la Révolution française reste toujours exacte : « Les partisans de l'ancienne monarchie lui reprochent sa destruction immédiate et le maudissent comme un des principaux auteurs de leurs calamités, les amis de la liberté attribuent à ses faux calculs la ruine de leurs plus chères espérances,

---

2. Cf. la lettre de Voltaire à Morellet du 29 juillet 1775 : « Je ne vous dirai point, d'après un beau livre nouveau (l'ouvrage de M. Necker sur la législation du commerce des grains)... qu'un œil vigilant, capable de suivre la variété des circonstances, peut fonder sur une harmonie le plus grand bien de l'Etat, qu'il faut suivre la vérité par un intérêt énergique, en se conformant à sa route onduleuse, parce que l'architecture sociale se refuse à l'unité des moyens, et que la simplicité d'une conception est précieuse à la paresse, etc. » Best. 18458.

et les républicains destructeurs du trône le regardent comme un de leurs plus sévères accusateurs [3].

L'hostilité est particulièrement marquée de la part des représentants des deux grands partis qui s'affrontent sur ce terrain brûlant. De Bertrand de Molleville à Bainville ou à Gaxotte, de Michelet à Jaurès, de Jaurès à Mathiez ou à Lefèbvre, c'est le même son de cloche, et le portrait du personnage toujours brossé avec la même hargne en propose une image stéréotypée qui n'est guère flatteuse.

Ajoutons que la parfaite indifférence de ce Suisse devant les destinées de la France éternelle ne pouvait guère contribuer à le rendre sympathique à des historiens chez qui la passion nationaliste est bien souvent aussi ardente que la passion politique. Parfait représentant du cosmopolitisme européen, Necker n'est patriote qu'au sens où l'on entendait ce mot avant la Révolution, c'est-à-dire plus soucieux du bien public que de la grandeur de l'Etat. Défaut encore plus impardonnable, son admiration pour l'Angleterre est sans bornes, et il ne cesse de la proposer comme modèle à nos concitoyens. Ses intentions sont pures et sincère son désir de provoquer de salutaires réformes par de judicieuses comparaisons, mais pour un amour-propre national un peu chatouilleux, il n'est guère réjouissant de voir la France avec ses vingt-quatre millions d'habitants, et ses masses paysannes abruties de misère, faire figure, face à l'ennemie héréditaire, de pays sous-développé. Aussi chacun se venge-t-il à sa manière de griefs qui lui sont personnels, et l'on ne saurait s'étonner d'un pareil concert dans l'indifférence ou le mépris. Ce banquier devenu homme d'Etat, manquait d'envergure aussi bien sur le plan du caractère que sur celui de l'intelligence. La sévérité envers l'homme politique rejaillit naturellement sur l'écrivain, et l'on en déduit qu'on ne perd pas beaucoup à abandonner ses ouvrages à la poussière des bibliothèques.

Cette conviction malheureusement ne repose que bien rarement sur une lecture effective desdits ouvrages et rien n'est plus arbitraire que ce verdict. Le cas de *Sur la législation et le commerce des grains* est caractéristique. Jaurès manifestement n'en connaît que les citations qu'il a trouvées dans le livre de Litchtenberger ; quelque peu gêné par ces textes qui contredisent l'idée qu'il veut donner du personnage, il décide a priori de les « interpréter » [4], et fait de Necker, partisan du bas prix du blé et du pain, l'avocat des négociants exportateurs de produits fabriqués, le défenseur du capitalisme marchand [5], procédé trop commode pour se mettre à peu de frais en

---

3. Beaulieu (C.F.) *Essais historiques sur les causes et les effets de la Révolution de France.* Paris, 1801. T. I. p. 34.
4. « Les citations que fait M. Lichtenberger (André Lichtenberger : *le socialisme au XVIII<sup>e</sup> siècle, le socialisme et la Révolution française*) pourraient faute de suffisantes réserves d'interprétation, faire illusion. » *Histoire socialiste de la Révolution française.* T. I., p. 159.
5. « Il n'y a là, « interprète » Jaurès, qu'une grande opération d'industrie et de banque enveloppée d'humanité » *ibid.*, p. 160.

règle avec sa conscience. L'historien russe V.S. Lublinski procède de la même manière. Persuadé lui aussi qu'on ne saurait attendre de ce bourgeois autre chose qu'un geste égoïstement intéressé, il ne veut voir dans cet ouvrage qu'une machine de guerre lancée contre Turgot par un ambitieux qui veut prendre sa place [6].

Quel dommage que l'auteur qui se voulait marxiste d'une histoire soi-disant socialiste de la Révolution française, quel dommage que V.S. Lublinski, historien soviétique officiel et donc marxiste par définition aient ignoré le chapitre de l'*Histoire des doctrines économiques* consacré au banquier genevois par l'auteur du *Capital* [4]. Ils auraient pu constater l'un et l'autre, que leur maître à penser prenait très au sérieux les idées présentées par Necker dans ce livre. Il est vrai que Marx l'avait lu, ce qui n'est sans doute pas leur cas, ni celui de tous ceux qui, à la suite de Voltaire, s'obstinent à qualifier de « gros ouvrage » cet assez mince volume.

Il est un autre de ses lecteurs dont l'opinion devrait inciter à quelque circonspection les historiens en général et les historiens de gauche en particulier : c'est Louis Blanc. On ne déniera pas à ce dernier la qualité d'authentique révolutionnaire, ni de sincère ami du peuple, or on trouve sous sa plume, dans le premier tome de son *Histoire de la Révolution française*, avec une étude extrêmement favorable du premier ministère Necker, un éloge émouvant de *Sur la législation et le commerce des grains* :

> « d'un sujet que Galiani semblait avoir épuisé, il fit sortir un livre puissant, un livre où régnait d'un bout à l'autre une grave éloquence, une émotion contenue, et dont certaines pages eussent pu être également avouées par un homme d'Etat et par un poète. Ne cherchant dans la question des grains qu'une occasion de combattre, au profit du peuple, le système de l'individualisme, et remontant aux principes constitutifs des sociétés, Necker les soumettait à un examen aussi élevé qu'audacieux... Que pour des hommes élevés dans l'obéissance et frappés du long spectacle de leur servitude, le mot, le seul mot liberté fût un enchantement, et que celui de prohibition retentît au fond de leur âme comme le bruit d'une chaîne non encore brisée, Necker n'en était pas supris ; mais il ne lui avait pas échappé qu'au milieu d'une lutte universelle, et quand les armes sont inégales, la liberté est tout simplement l'hypocrisie de l'oppression [7]. »

---

6. « Quoi qu'il en soit et quelque rôle qu'aient joué, dès 1775, dans la popularité de Necker (jusqu'à l'automne de 1789) ses ouvrages contre la hausse du prix du pain (hausse que tous les « économistes » y compris Turgot, reconnurent comme inévitable, régulière et même bienfaisante), nous n'avons aucune raison de voir en Necker, même indirectement, un participant du camp des non-possédants qui luttaient objectivement contre les droits illimités de la propriété privée — si utile qu'ait pu être pour lui leur lutte, qui, de toute évidence, allait discréditer son rival, Turgot. » V.S. Lublinski : *Voltaire et la guerre des farines.* A.H.R.F. Avril-Juin 1959, p. 127-145.

7. Cf. *infra*, p. 93 ss.

Tout le texte mérite d'être lu et c'est l'occasion pour Louis Blanc d'exprimer sur les deux ministres qui se succédèrent une opinion qui, renversant les idées traditionnelles, mérite d'être méditée : « Comme hauteur de vue et chaleur de sentiment, nul doute que Necker ne fût supérieur à Turgot. »

Peut-être assistons-nous actuellement à un renversement de tendance : B. de Jouvenel, à propos de *Du pouvoir exécutif dans les grands Etats*, s'étonne que ce livre soit resté « inexplicablement méconnu [8e]», et l'auteur d'un article récent sur *De l'importance des opinions religieuses*, qualifie cet ouvrage de « remarquable » [9]. Phénomène exceptionnel, un historien lui-même, historien anglo-saxon, il est vrai, et qui ne cache pas son étonnement devant le traitement que nos compatriotes font subir au Genevois, sortant enfin des sentiers battus, présente la réforme réalisée en matière d'administration des finances, au cours de son premier ministère, comme l'œuvre d'un grand homme d'Etat, intelligent et efficace [10].

Il semblerait donc juste d'admettre qu'il y a une « question Necker », comme l'a reconnu un jour un historien français [11], et pour élucider cette question et en arriver à une vision plus équitable de l'homme et de son rôle, il serait sans doute utile de mieux connaître sa pensée. C'est dans cette intention que nous avons entrepris cet ouvrage, convaincu que ce personnage valait mieux que son style et sa réputation, convaincu que, contrairement à l'opinion commune, il avait non seulement des idées mais une véritable doctrine.

Pour l'exposer, nous avons choisi l'ordre : économie, politique, religion, qui n'est pas un simple procédé de classification mais, comme on le verra, un ordre logique, celui dans lequel s'enchaînent les raisonnements. C'est sans doute faire bon marché de la chronologie que de reconstituer un ensemble, en en prenant les divers éléments dans une suite d'ouvrages qui s'échelonnent sur plus de trente ans. Mais Necker semble fournir l'exemple d'un esprit qui, passé la quarantaine, dispose d'un système parfaitement mis au point, auquel il restera toujours fidèle à travers les vicissitudes d'une époque particulièrement agitée, et c'est cette unité, cette cohérence que nous voudrions mettre en valeur.

Il est toutefois difficile d'entreprendre cette étude sans savoir comment cette œuvre s'est peu à peu créée au fil des années. Nous commencerons donc par l'analyse sommaire de chacun des livres qui la composent, pris dans l'ordre de leur publication, analyse destinée à faire apparaître leur signification historique, leur aspect événementiel. Cette présentation nous sera facilitée par le fait qu'ils se répartissent dans le temps en quatre groupes bien distincts : la prise de

---

8. B. de Jouvenel : *Du Principat*. Rev. fr. de Sc. pol. Déc. 1964.
9. Guy Besse : *Philosophie, apologétique, utilitarisme*, XVIIIe s., 1970. p. 144.
10. J.F. Bosher : *French Finances*, 1770-1795. Cambridge, 1970.
11. Villat-Clio : *La Révolution et l'Empire*, I, 799.

position en faveur d'une politique interventionniste, la définition du programme de rénovation de la monarchie française, la défense de la religion, les réflexions sur la Révolution, tels sont les objets qui, successivement, ont amené à prendre la plume le candidat au pouvoir, l'homme de l'Ancien Régime, l'homme de la Révolution.

Cette revue achevée, nous tenterons d'extraire cette « substantifique moelle » que l'œuvre de Necker nous semble contenir.

PREMIÈRE PARTIE

# PRÉSENTATION CHRONOLOGIQUE DE L'ŒUVRE DE NECKER

# CHAPITRE PREMIER

# LA PROFESSION DE FOI INTERVENTIONNISTE

La monarchie française avait toujours pratiqué dans le domaine de l'économie une politique interventionniste favorisée par l'absolutisme dont Colbert et son système fournissent la plus célèbre illustration. Le XVIIIᵉ siècle ne va pas manquer de mettre en question cette tradition et deux écoles vont apparaître, qui refuseront à l'Etat tout droit d'agir sur les mécanismes qui règlent la formation et la distribution des richesses. L'une est l'école libérale ; l'école de Gournay, auteur de la fameuse maxime « laisser faire, laisser passer », l'autre, l'école physiocratique, l'école de Quesnay. La parenté que crée entre elles leur commune hostilité à toute ingérence du pouvoir, à toute réglementation administrative, fut à l'époque et reste encore aujourd'hui la source d'inévitables confusions ; mais elles sont pourtant nettement distinctes car pour les libéraux, le principe du « laisser faire, laisser passer » résume et définit complètement leur idéal, tandis que l'anti-interventionnisme n'est pour les physiocrates qu'une pièce dans un système, qu'un élément dans un ensemble, dont les défenseurs se proposent un tout autre but que les disciples de Gournay, que l'on pourrait appeler les purs libéraux.

Quoi qu'il en soit, sous l'action conjuguée des uns et des autres, le grand problème qui se pose à l'opinion publique à partir du milieu du siècle, avec un intérêt de plus en plus vif, est celui de savoir si l'Etat doit respecter le libre jeu des intérêts particuliers ou s'il a le droit d'intervenir et de réglementer, soit pour le bien général, soit pour celui de telle ou telle classe de citoyens en particulier. Et l'influence des économistes devient si grande qu'elle pénètre dans les cercles gouvernementaux et provoque un sensible changement de politique. Machault, ami de Gournay, prépare l'arrêt libéral de 1754 que Moreau de Séchelles mettra en application. Berlin, très lié avec les physiocrates sera le rapporteur de l'arrêt de 1763 sur la liberté de circulation intérieure des grains. Laverdy autorisera sous certaines conditions l'exportation, par l'édit de 1764, mis au point par Trudaine de Montigny, et Maynon d'Invau continuera à favoriser cette orientation. L'arrivée au contrôle général de Terray donnera un brutal coup d'arrêt à une politique dont son réalisme ne saurait s'accommoder. Mais en 1774, la roue tourne à nouveau et le choix de Turgot, en 1774, est salué avec enthousiasme par tous les libéraux comme leur propre triomphe, qu'ils soient d'obédience gournaisienne ou quesnélienne, et ils attendent de lui la réalisation intégrale de leur programme [1].

C'est dans cette atmosphère de contestation et d'hésitation entre deux voies opposées que Necker va publier successivement trois ouvrages de plus en plus importants, où il va, chaque fois, dans le débat qui s'est ouvert, prendre position sans ambiguïté pour une politique résolument interventionniste : *La réponse au mémoire de M. l'abbé Morellet sur la Compagnie des Indes*, en 1769, l'*Eloge de Colbert*, en 1773, *Sur la législation et le commerce des grains*, en 1175.

Qu'il s'agisse de compagnies de navigation, d'agriculture et d'industrie, ou enfin de cette question si controversée, à l'époque, du commerce des grains, l'inspiration est toujours la même, si bien que ces trois ouvrages constituent un ensemble et qu'ils représentent une profession de foi en faveur d'une politique qui prend toute sa signification quand on tient compte de l'atmosphère intellectuelle de l'époque ; le futur homme d'Etat y indique clairement ses options fondamentales.

## I. — LA RÉPONSE AU MÉMOIRE DE M. L'ABBÉ MORELLET SUR LA COMPAGNIE DES INDES

En 1664, à l'instigation de Colbert et pour compléter « le système », avait été créée la célèbre Compagnie des Indes, à laquelle Louis XIV accorda le privilège exclusif du commerce avec les Indes orientales et qu'il fit doter d'un capital important pour lui permettre d'entreprendre sans tarder ses opérations. L'histoire de cette Compagnie est longue et compliquée [2], son destin, au XVIIIᵉ siècle en particulier, fut étroitement lié aux heurs et malheurs de la politique étrangère française, au succès ou à l'insuccès de nos luttes avec l'Angleterre, qui possédait elle aussi une puissante Compagnie des Indes, rivale de la nôtre. Les désastres de la guerre de Sept Ans et l'échec de l'expédition de Lally Tollendal avaient eu les plus fâcheu-

---

1. Cf. Weulersse : *Le Mouvement physiocratique en France de 1755 à 1770*. T. I, p. 91 et ss. et Labrousse in *Histoire économique et sociale de la France*. T. II. PUF, 1970, p. 367 et ss.
2. Nous renvoyons pour cette histoire à l'ouvrage général d'Henri Weber : *La Compagnie française des Indes* et pour la période qui nous concerne à celui de Luthy, étonnamment sévère pour son compatriote : *La Banque Protestante en France*. T. II, chp. IV, p. 369 et ss.

ses conséquences. Mais, dès 1764, les dirigeants de la Compagnie se mirent courageusement à l'œuvre et tentèrent de la remettre sur pied. C'est à ce moment-là que Necker entre en scène, prenant une part extrêmement active et efficace à ce redressement.

Sa maison de banque était doublement intéressée à cette entreprise, puisqu'elle détenait un important paquet d'actions et qu'elle faisait également des affaires pour le compte de la Compagnie. C'est par son intermédiaire que les Anglais des Indes rapatriaient en Europe des capitaux qui servaient à en financer les campagnes, et les pamphlets qui furent écrits contre le ministre de Louis XVI, font souvent allusion aux bénéfices considérables qu'auraient rapportés ce rôle de courtier [3].

Pour sortir d'une situation financière extrêmement difficile, le concours de l'Etat était indispensable, et d'ailleurs parfaitement justifié ; il était naturel qu'il contribuât aux dépenses d'un organisme semi-étatique et semi-privé qui lui servait d'instrument pour étendre aux Indes l'influence et la domination françaises et dont les actionnaires n'avaient jamais eu en fait la direction, toujours assurée pratiquement par des agents du gouvernement. Malheureusement cet appel aux ressources de l'Etat allait à l'encontre du mouvement d'idées en faveur du libéralisme. Déjà, en 1755, une première attaque avait été lancée, dont Gournay lui-même fut l'initiateur. Son argumentation se devine : monopoles et privilèges sont de pernicieux encouragements ; il faut les supprimer, interdire toute intervention de l'Etat, toute subvention, et laisser aux négociants le soin de remplir la fonction qui leur incombe et dont ils ne peuvent s'acquitter utilement que dans la plus complète liberté. Et Gournay proposait en conséquence un plan de liquidation de la Compagnie.

Elle surmonta ce premier orage, mais dix ans plus tard, les difficultés étaient plus grandes que jamais et, avec Maynon d'Invau nommé en 1768 contrôleur général, c'est un adversaire décidé à sa perte qui arrive au pouvoir. Il est résolu à agir rapidement, et pour préparer l'opinion à la décision qui va être prise, il fait appel à celui qui, parmi les disciples de Gournay, était sinon le plus intelligent, tout au moins le plus remuant et le plus actif : l'abbé Morellet, qui préparait alors un nouveau dictionnaire du commerce destiné à défendre toutes les thèses du libéralisme [4]. Il fut officieusement chargé de composer un mémoire sur la Compagnie des Indes pour démontrer le bien-fondé de sa suppression imminente [5].

L'abbé déclare dans le préambule qu'il ne portera pas la question sur le plan de la théorie et qu'il n'ouvrira pas un débat entre interventionnisme et libéralisme, estimant que sur ce plan-là sa

---

3. Cf. *La Liégeoise* ou *Lettre à M. Necker Directeur général des Finances* (Paris 1781) longuement citée par B. Lüthy (*ibid.*, p. 385) et due à la plume du banquier Panchaud dont la vie ne fut qu'une suite de faillites.
4. Le prospectus en fut publié à la fin de 1769.
5. Cf. *Mémoires de l'abbé Morellet*, T. I, p. 185.

cause est gagnée d'avance. Il s'en tiendra aux faits, et se contentera
de prouver que la continuation des activités de la Compagnie est une
mauvaise affaire, et pour les actionnaires qui ne peuvent que perdre
de l'argent, et pour l'Etat qui subventionnera en vain une entreprise
condamnée à l'échec. Il est infiniment plus sage d'arrêter les frais
et de procéder à sa liquidation.

L'assemblée des actionnaires en émoi jugea urgent de se défendre et elle chargea Necker du soin de répondre à ce réquisitoire.
Le choix du Genevois était parfaitement justifié, et par l'activité
qu'il avait déployée depuis 1764 dans la réorganisation de l'affaire et
par les intérêts considérables qu'y possédait sa maison de banque.
Il se mit rapidement au travail et son ouvrage parut en août 1769 [6].
Suivant l'abbé Morellet sur le chemin qu'il avait choisi, il se contente
en quelques phrases [7], de prendre position contre le libéralisme et
l'esprit de système, pour consacrer l'essentiel de sa réponse à un
exposé de faits et de chiffres. Il s'efforce de prouver que la situation
financière est beaucoup moins mauvaise, et les perspectives d'avenir
beaucoup plus encourageantes, que ses adversaires ne le prétendent.
Et en ce qui concerne l'aide demandée à l'Etat, il fait ressortir que
la question ne peut être posée seulement en termes de doit et avoir.
La Compagnie, instrument de la politique de la monarchie, a droit
à des compensations pour les pertes subies à son service.

Les deux ouvrages ne présentent qu'un intérêt limité sur le plan
de la théorie pure, mais dans la conjoncture du moment prendre
parti pour la Compagnie des Indes, c'était sans ambiguïté choisir le
camp des adversaires du laisser faire, laisser passer, et par ce
*Mémoire*, pourtant rempli surtout de calculs et de détails techniques,
l'associé de Thélusson participait directement à la lutte qui faisait
rage entre des idéologies adverses. Sur le plan professionnel, il s'y
affirmait comme une autorité en matière financière ; mais il se signa-
lait aussi à l'attention du public comme le défenseur résolu d'une
doctrine qui avait une signification politique bien marquée.

Sa situation personnelle et sa réputation n'eurent aucunement à
souffrir de la décision prise par le gouvernement de suspendre jusqu'à nouvel ordre le privilège de la Compagnie des Indes. Bien au
contraire, cette première manifestation de notre auteur dans la vie
publique fut jugée d'une manière très favorable : « M. Necker, écrivait Voltaire dans une lettre du 17 août 1769, vient de faire le
mémoire pour la Compagnie des Indes, qui a eu le plus grand succès.

---

6. Il fut lu à l'Assemblée générale du 8 août.
7. « Etait-ce enfin une violation des droits de la société que de présu-
mer que les hommes, toujours décidés par le moment présent et par leur
intérêt peuvent quelquefois, même dans le commerce, recevoir des règles
salutaires de la part du gouvernement dont l'œil paternel parcourt la
masse entière des citoyens et lie continuellement le présent à l'avenir ?
*Réponse au Mémoire de l'abbé Morellet*, xv, 133.

L'abbé Morlet en fait un qui est fort loin d'être estimé, celui de M. Necker l'écrase [8]. »

Nombreux sont les journaux qui consacrent un compte rendu fort élogieux à cet ouvrage : le *Mercure de France* (septembre 1769), la *Gazette des Gazettes* (septembre 1769), l'*Année littéraire* (1769, t. V), *les Mémoires de Trevoux* (octobre 1769). De son côté, l'abbé Morellet infatigable, publie un examen de la réponse de M. Necker, soutenu par le Mémoire de M. de Lauraguais et par Dupont de Nemours, exposant à ce propos dans un petit traité intitulé *Du commerce et de la Compagnie des Indes*, le point de vue des physiocrates.

> « On a fort suffisamment examiné, s'il valait mieux faire le commerce de l'Inde par une Compagnie exclusive ou si l'on devait laisser à toutes Compagnies, grandes ou petites, et même à tous les négociants particuliers, la liberté d'employer leur intelligence, leur concurrence et leurs efforts à diminuer les frais de ce commerce. Sur ce point, les voix semblent s'être réunies pour adopter les conclusions de M. l'abbé Morellet en faveur de la liberté. C'est du moins le vœu exprimé par le gouvernement, par les Cours souveraines, par les députés du commerce, par la majeure et la plus saine partie du public. Mais, continue-t-il, ce qu'on n'a pas mis en question est de savoir si ce commerce en lui-même est bon à faire, à exciter et à encourager [9]. »

On voit comment en l'occurence, libéraux et physiocrates, tout en défendant chacun une doctrine qui leur est propre, se trouvent unis contre cet ennemi commun qu'est l'interventionnisme.


## II. — L'ÉLOGE DE COLBERT


Dès les années qui suivent l'affaire de la Compagnie des Indes, les Necker vont occuper dans la vie parisienne une situation de plus en plus en vue, la maison de banque prospère, ses relations avec le trésor royal sont aussi étroites que fructueuses, et le Genevois acquiert ainsi une connaissance approfondie de l'état des finances publiques. C'est d'autre part, à la plus grande satisfaction des services du ministère des Affaires étrangères et de leur puissant chef, le duc de Choiseul, qu'il exerce ses fonctions de résident. Un incident, l'affaire Cramer, montre tout le crédit dont jouit le banquier à la cour. Prétextant la maladie de son représentant officiel, Genève avait commis l'erreur de charger un envoyé officieux d'une mission extraor-

---

8. Cf. *Les Mémoires secrets* de Bachaumont du 9 août 1769 : « Ce mémoire a enlevé tous les suffrages, il a paru réunir l'éloquence la plus pathétique et la plus mâle de l'orateur aux vues les plus profondes et les plus vastes de l'homme d'état. »

9. Dupont de Nemours : *Du Commerce et de la Compagnie des Indes*, p. 17.

dinaire, mais Choiseul refuse de le recevoir et affirme hautement sa confiance dans le banquier [10].

Quant au salon de la belle Hypathie, il fait sans cesse de nouvelles recrues ; au noyau des fidèles, au groupe solide des philosophes s'ajoutent les plus brillantes relations mondaines, les représentants de la plus haute aristocratie. Madame ne reçoit pas seulement le vendredi dans son hôtel parisien, à la belle saison elle donne aussi à souper à Saint-Ouen, où les intimes sont retenus pour des séjours prolongés. La réussite du couple est incontestable ; c'est une réussite à la genevoise, solide, paisible, sans scandale d'aucune sorte et, dans cette atmosphère favorable, il est naturel que les ambitions de Necker se soient affirmées et précisées. Pour les faire connaître et pour franchir une étape nouvelle dans son ascension sociale, il eut l'idée assez heureuse de participer au concours ouvert par l'Académie française qui, en 1773, avait proposé comme sujet pour le prix d'éloquence, l'éloge de Colbert.

Le *Mémoire sur la Compagnie des Indes* était un travail consciencieux, où l'auteur démontrait ses qualités professionnelles, mais se bornait à présenter favorablement le bilan d'une affaire. Avec l'*Eloge de Colbert*, on passe à un autre niveau et Necker fait, cette fois œuvre de véritable écrivain. L'éloge est en effet un genre littéraire fort à la mode, genre mineur sans doute, mais le prestige de l'Académie au XVIIIe siècle est considérable et l'ouvrage qui remporte le prix procure à son auteur une flatteuse renommée. C'est un procédé commode pour débuter dans les lettres et même pour y faire carrière. Il y avait dans l'entourage des Necker quelqu'un qui s'était fait une spécialité de ce genre de littérature, c'était Thomas [11], l'ami de cœur de Madame, toujours fidèle, toujours dévoué, toujours présent ; aussi le bruit courut-il qu'il avait guidé les premiers pas du banquier [12]. Sans aller jusque-là, il n'est pas interdit de penser que son exemple, ses encouragements, aient donné à son protecteur et ami l'idée de tenter cette voie et de faire ainsi une entrée à la fois discrète et remarquée dans un monde dont il s'était contenté jusqu'alors de recevoir chez lui les plus brillants représentants. Ajoutons que Necker avait toujours manifesté un goût marqué pour les lettres [13] et il ne

---

10. Cf. Chapuisat : *Necker*, p. 42-43.

11. Il avait entr'autres, composé en 1762 un éloge de Sully où il défendait les thèses physiocratiques : « Il (Sully) anime et protège l'industrie mais il la tient au second rang où elle doit être. » *Oe. C.* de Thomas An x, T. I, p. 192.

12. Cf. *Correspondance littéraire*. Sept. 73, T. X, p. 282. « Quoique la malignité ou l'imbécilité de ces hommes qui ne jugent que sur les apparences les plus vagues ou sur les petits propos de la médisance, ait prétendu remarquer beaucoup de rapports entre la manière du panégyriste de Colbert et celle de M. Thomas, il est aisé de voir qu'au fond il n'y en a aucun. »

13. Cf. Mme de Staël : *Du Caractère de M. Necker et de sa vie privée.* Oe. c. T. XVIII, p. 21. Note 1.

cessa de croire qu'il avait, dans ce domaine-là aussi, un indiscutable talent.

Cet *Eloge* comprend deux parties, répondant chacune à une préoccupation différente. Dans la première, il trace le portrait idéal de l'administrateur, du ministre des Finances, il énumère les qualités qu'il doit avoir et célèbre la grandeur et l'importance de ce rôle. Beaucoup de ses contemporaines pensèrent qu'en déroulant sur ce thème des périodes soigneusement balancées, Necker posait officiellement sa candidature au poste qu'avait occupé Colbert, et qu'il ne dissertait aussi pertinemment des vertus nécessaires pour être ministre que pour suggérer qu'il les possédait lui-même et qu'il était prédestiné à ce rôle. D'obligeants critiques ne manquèrent pas d'ailleurs, pour le cas où la ressemblance entre le peintre et son modèle eût échappé à certains lecteurs, de proclamer bien haut qu'en faisant ce portrait, Necker n'avait fait que se peindre lui-même [14].

Ils n'avaient sans doute pas tort, mais tout en posant sa candidature à un poste envié, Necker n'en faisait pas moins entendre des vérités fort utiles, sur lesquelles il insiste à nouveau longuement dans l'introduction de *De l'administration des finances*. Une expérience quotidienne a fait comprendre à ce banquier, dont la réussite professionnelle est éclatante, que rien ne manque plus au royaume de France qu'une bonne administration, surtout en matière de finances, et que rien n'a plus d'importance pour l'amélioration du sort du peuple. Condition préalable à toute réforme, quelle qu'elle soit, s'impose une tâche immédiate et purement technique : une vaste entreprise de rationalisation indispensable à une nation moderne, et l'on voit s'annoncer dans ces pages, un état d'esprit et des conceptions d'où sont sorties les écoles d'administration d'aujourd'hui [15].

La deuxième partie de l'ouvrage est consacrée à l'éloge proprement dit, au cours duquel l'auteur prend bien soin de souligner l'effort fait par le ministre de Louis XIV pour favoriser l'essor de toutes les branches de l'économie française, aussi bien de l'industrie et du commerce, que de l'agriculture. Il n'y aurait rien là que de très anodin si l'on ne tenait compte du contexte historique, qui donne à ces pages leur véritable signification. A cette date, Colbert comme Sully sont devenus des symboles : le second, idole des physiocrates, est le sage ministre pour qui le pâturage et labourage sont les deux

---

14. Cf. *Journal encyclopédique* (1773 Oct. T. XIII : « Le mérite de ce discours et plus encore celui des notes importantes qui le suivent ne peuvent-ils pas laisser supposer que l'orateur s'est peint ici sans le vouloir. La modestie elle-même se trahit quelquefois. » Cf. Voltaire, dans une lettre à Moultou du 4 septembre 1973 : « On dit que l'auteur d'un éloge de J.B. Colbert pourrait bien succéder un jour à son héros. Je le voudrais pour la rareté du fait et pour l'honneur de Genève. » Best, 17, 447.

15. Cf. Le jugement de J. Bosher : « Lorsque l'histoire de l'Etat moderne sera écrite, Necker y trouvera une place importante » J. Bosher. Jacques Necker et l'Etat moderne. La société historique du Canada. Rapport 1963, p 162-175.

mamelles de la France, le premier qui incarne à la fois et la réglementation et le développement industriel est violemment critiqué et vilipendé [16], aussi bien par les disciples de Quesnay que par ceux de Gournay. En se rangeant sous sa bannière, Necker ne fait pas que se mettre sur les rangs pour le jour où s'ouvrira la succession du contrôleur des finances : il annonce également son programme et il définit ses principes de gouvernement.

Sans rapport avec l'*Eloge* proprement dit, se trouvaient ajoutées un certain nombre de pages intitulées *Notes*. Imprimées en petites lettres, faites de phrases courtes, concises, austères, elles ne retinrent guère l'attention. Et cependant, véritable petit traité d'économie politique, elles sont capitales pour la compréhension du système de Necker, dont elles dessinent clairement les grandes lignes. On y trouve la preuve que ce système existait à peu près complet dès 1773, et que les ouvrages suivants ne firent que l'expliciter et le préciser. Après avoir joué le jeu du discours académique, conventionnel et pompeux, Necker proposait discrètement à ceux qui voulaient les entendre, les vérités immuables et les principes essentiels sur lesquels il fondait son explication de la réalité.

Entre tous les concurrents, c'est le banquier genevois qui obtint le premier prix, et il ne pouvait en être autrement, alors que l'Académie était dominée par le parti philosophique dans lequel il comptait de si nombreux amis. Fort prudemment toutefois, celle-ci prit bien soin de spécifier qu'elle ne prétendait adopter ni les idées, ni les expressions des auteurs, et qu'elle décernait la couronne à celui qui lui paraissait défendre la cause avec le plus d'esprit et d'éloquence. La lutte entre les deux camps en présence était en effet toujours aussi violente. Si les *Mémoires de Trévoux* (octobre 1773), l'*Année littéraire* (1773, T. V), le *Journal encyclopédique* (octobre 1773) et surtout le *Mercure de France* (octobre 1773) ne ménagent pas leurs éloges, tandis que la *Correspondance littéraire* (septembre 1773) se livre à un véritable panégyrique, la *Gazette d'agriculture* (12 octobre 1773), organe favorable au libéralisme, est très méprisante et, bien entendu, l'abbé Roubaud dans le *Journal d'agriculture* (octobre 1773) et l'abbé Baudeau dans les *Nouvelles Ephémérides* ne manquent pas, au nom de la physiocratie, de critiquer très violemment le livre de Necker proclamant bien haut :

> « que Louis XIV et Colbert ruinèrent la France dans toute la force du terme et la ruinèrent si bien de fond en comble qu'elle ne s'en est pas relevée [17]. »

---

16. Cf. La lettre de Voltaire d'octobre 1773 : « J'avoue que je ne saurais souffrir qu'un homme qui porte un habit de drap de Van Robais, ou de velours de Lyon, qui a des bas de soie à ses jambes, un diamant à son doigt et une montre à répétition dans sa poche, dise du mal de J.B. Colbert et Louis XIV. Cette mode passera et ces deux hommes resteront à la postérité avec Racine et Boileau. » Best, 17 515.

17. Abbé Baudeau : *Lettre à M. Necker, contenant des questions de fait pour servir d'éclaircissement à son Eloge de Colbert. Nouvelles Ephémérides*, 1775, Vol. ix.

Pour l'étranger, signalons le compte rendu des *Novelle Letterarie di Firenze*, paru en avril 1774 [18] qui souligne l'importance « delle annotazioni le quali anno l'aria di un faggio di Economica Politica ». En Allemagne, l'ouvrage sera traduit, mais en 1781 seulement, quand son auteur sera devenu célèbre.

## III. — SUR LA LÉGISLATION ET LE COMMERCE DES GRAINS

Après le départ de l'abbé Terray, ce n'est pas Necker mais Turgot qui fut choisi, et la nomination de ce dernier fut accueillie avec des clameurs de joie par toute la France « progressiste » : elle voyait en lui l'homme qui allait enfin opérer les réformes indispensables et soumettre l'action gouvernementale au joug de la raison. L'ancien intendant de Limoges, sans être exclusivement ni quesnélien ni gournaisien, va aussitôt entreprendre la réalisation, si ardemment souhaitée par les deux écoles, d'un programme de libération de l'économie ; c'est le remède miracle, la solution qui s'impose avec une lumineuse évidence à un théoricien sûr de l'impeccable logique de son système. La première des mesures prises sera la liberté du commerce des grains à l'intérieur du royaume, accordée par l'arrêt du 13 septembre 1774, prélude à la réalisation de l'objectif final : la liberté complète, aussi bien intérieure qu'extérieure, aussi bien d'une province à l'autre que d'un pays à l'autre. L'arrêt est précédé du célèbre préambule, véritable manifeste de la doctrine libérale, et qui laisse bien prévoir qu'après la libéralisation de l'agriculture viendra aussi celle de l'industrie et du commerce.

C'est toutefois le commerce des blés, qui, à cette date, passionne le plus l'opinion publique, et les fameux *Dialogues* de l'abbé Galiani publiés en 1770, œuvre très solidement pensée, mais aussi très spirituellement écrite, n'ont pas peu contribué à rendre accessible au grand public un problème capital qui fait naître sans fin Mémoires, Lettres et Réflexions. Dans de pareilles circonstances, il était dans la ligne de conduite d'un homme aspirant aux plus hautes responsabilités du pouvoir de faire connaître son point de vue sur cette brûlante question : aussi quelques mois après la publication de l'arrêt, Necker fait-il paraître un ouvrage intitulé *Sur la législation et le commerce des grains,* où il va soutenir une fois de plus la position interventionniste, le droit et le devoir de l'Etat d'apporter à la liberté toutes les restrictions indispensables pour le bonheur des sujets.

---

18. T.V. 1774, p. 216-218.
19. Cf. Comptes-rendus de la trad. allemande dans *Allgemeine deutsche Bibliothek* Supp. I, T. xiv, p. 1438-9 et *Frankfurter gel. Anzeigen*, 1781, p. 702-705.

Necker a d'ailleurs une longue expérience de la question : sa maison de banque s'était toujours intéressée à ce genre d'affaires, ce qui lui permit de réaliser de fructueuses opérations, aussi bien lors du rétablissement de la liberté par l'Edit de 1763, que du retour à la réglementation après l'arrivée au pouvoir de l'abbé Terray en 1770. D'autre part, la charge de résident de Genève l'obligeait à intervenir constamment, soit pour obtenir la sortie des blés des provinces françaises limitrophes à destination de sa ville natale, soit pour obtenir en faveur de la France l'autorisation d'acheter du grain à la petite République [20]. Necker connaissait donc la question de l'intérieur et son expérience de banquier et de diplomate n'avait fait que le confirmer dans sa conviction qu'on ne pouvait laisser dépendre l'approvisionnement d'une denrée aussi vitale du libre jeu des intérêts particuliers. Déjà, dans l'*Eloge de Colbert*, il avait félicité le ministre de Louis XIV d'avoir compris cette nécessité et fait de l'approvisionnement en grains l'objet de la sollicitude de l'administration. L'ouvrage de 1775 ne fait que développer les idées déjà exprimées dans ce texte académique. L'auteur examine d'abord les problèmes et les difficultés qu'entraînent aussi bien l'exportation des grains que la liberté du commerce intérieur, puis il passe en revue les mesures déjà prises dans le passé et propose son propre plan de réglementation.

A s'en tenir aux têtes de chapitres et à ne consulter que la table des matières, on pourrait penser qu'il s'agit de l'œuvre d'un économiste, d'un technicien exposant les répercussions de telle ou telle politique sur les divers éléments de la vie économique d'un pays et démontrant, à l'encontre des physiocrates, les avantages du bas prix du blé sur le développement de l'agriculture, de l'industrie et de la population. Mais Necker ne se limite pas à des considérations purement théoriques ; quand il parle du blé et du pain, il pense aussi et surtout à ceux qui le mangent, à ceux dont c'est la nourriture essentielle et pour qui le prix du pain n'est pas l'objet de spéculations abstraites, mais une question de vie ou de mort. Necker, en montrant les répercussions sur l'existence des salariés du prix de la denrée qui constitue son alimentation principale, oblige du même coup ses lecteurs à réfléchir sur le sort fait aux non-possédants dans les sociétés modernes, et c'est en envisageant le problème dans cette perspective qu'il a pu écrire un ouvrage original sur une question pourtant rebattue.

Le ton, qui a surpris les contemporains, est souvent déclamatoire et parfois très violent. C'est là une phénomène exceptionnel et qui ne se reproduira pas ; la pensée de Necker restera la même, mais il ne lui arrivera plus de comparer les propriétaires à des lions dévorants ou à des crocodiles, et l'on peut se demander comment s'explique ce langage inhabituel sous sa plume. Constatons tout d'abord qu'il n'est pas le seul à parler ainsi. Linguet avait fait paraître, en

---

20. Cf. Chapuisat - op. cit. p. 49.

1770, un livre intitulé *Réponse aux docteurs modernes* dont il republie sous le titre *Du pain et du blé* les chapitres essentiels, en 1774. L'ouvrage du banquier doit beaucoup et pour le fond et pour la forme à celui de ce pamphlétaire né qu'était Linguet[21]. Il a pensé peut-être, lui aussi, qu'il n'était pas inutile, pour frapper l'opinion, d'employer des formules brutales et de faire entendre un appel énergique en faveur de ceux dont on oubliait trop facilement que leur sort dépendait du prix du pain.

L'ouvrage parut au moment où éclata la guerre des farines et l'on n'a pas manqué, Voltaire tout le premier, d'accuser son auteur d'avoir, à dessein, choisi ce moment-là, en soulignant l'inélégance du procédé. Ce n'était qu'une pure coïncidence[22] et selon Morellet, à Necker venu trouver Turgot pour lui soumettre son texte, il aurait été dédaigneusement répondu qu'on le laissait libre d'agir à sa guise[23]. Comme il fallait s'y attendre, compte tenu et de l'auteur et des circonstances, le retentissement de l'ouvrage fut considérable ; la première édition fut épuisée en quelques jours et les réactions ne se firent pas attendre. Les libéraux se déchaînent : Condorcet, admirateur passionné de Turgot et ennemi juré de Necker, ne publie pas moins de trois réfutations : *les Lettres sur le commerce des grains*, la *Lettre d'un laboureur de Picardie*, les *Réflexions sur le commerce des grains* : Morellet fait paraître une *Analyse de l'ouvrage de la législation et du commerce des blés* et le marquis de Luchet un *Examen d'un livre qui a pour titre Sur la législation et le commerce des grains*. Tous célèbrent les avantages du « laisser faire, laisser passer ».

Les physiocrates, sur un autre air, chantent la même antienne avec encore plus de violence.

> « L'ouvrage tout entier, écrit l'abbé Roubaud, dans la *Gazette d'agriculture* (Juillet 1775), n'est qu'un tissu d'assertions également étranges et inconcevables qu'elles soient ou détachées ou enchaînées. »

Et l'abbé Baudeau, dans les *Nouvelles Ephémérides* (1775, vol 6 et 8)

---

21. Cf. *infra*, p. 235.
22. Cf. la lettre de Necker du 12 juillet 1775 à un correspondant genevois: « Le succès est prodigieux et la haine de quelques personnes est proportionnée. Elles prétendent, ne sachant que dire, qu je devais prendre un autre moment ; mais on a la preuve que, le 12 mars, cet ouvrage était à l'impression avec approbation et alors il n'y avait pas la moindre apparence de cherté nulle part. Enfin, depuis l'impression, la publication a été retardée six jours pour examen du nouveau censeur et par les rapports qu'il a faits à M. Turgot. Il fallait alors me demander d'en suspendre la publication ; mais, tant qu'on a cru qu'on ne pouvait dire que des pauvretés sur ce sujet, on voyait avec plaisir un ouvrage très circonspect dans la forme ; mais, quand on a vu que l'on disait quelques bonnes choses, on a eu regret à la publication. Il va paraître une foule de critiques. Je suis impatient de vous avoir pour juge. J'ai reçu à la Cour et à la Ville des témoignages distingués d'approbation » in Flammermont. *Correspondance des agents diplomatiques de la République de Genève en France*, p. 290.
23. Cf. *Mémoires de l'abbé Morellet*, T. I., p. 230 - 231 - 232.

fait paraître une série d'articles [24] où il attaque aussi bien ce dernier ouvrage que l'*Eloge de Colbert*.

Dans le clan des philosophes, l'énergique prise de position du Genevois contre Turgot ne va pas manquer de jeter quelque trouble, car les deux adversaires peuvent se réclamer l'un et l'autre de la secte, et le conflit fera clairement apparaître qu'en matière d'économie, les Encyclopédistes n'ont pas de doctrine arrêtée, de programme qui leur soit propre. Necker a pour lui la *Correspondance littéraire*, c'est-à-dire Grimm et Meister, fidèles entre les fidèles ; il a les Suard, mari et femme, qui ne peuvent abandonner un pareil protecteur, mais il a aussi et surtout Diderot qui lui écrira le 10 juin 1775 une lettre fort élogieuse [25]. Même en tenant compte du style de l'époque, il faut reconnaître que ce dernier fait bonne mesure : éprouver « huit jours de bonheur continu » à lire la prose de Necker nous paraît une gageure. Cette prise de position contre la liberté du commerce des grains est dans la ligne de celle qu'il avait adoptée en 1770, lors de la publication des fameux *Dialogues* de Galiani, où il prit fait et cause pour l'abbé napolitain contre l'abbé Morellet [26]. Mais il n'en avait pas toujours été ainsi. L'article *Laboureur* de l'*Encyclopédie* défendait les thèses physiocratiques et l'on sait avec quelle ardeur Diderot s'enthousiasma pour Le Mercier de la Rivière, théoricien politique de la secte « Apôtre de la liberté, de la vérité, de l'évidence [27] ». Dans ce changement d'attitude, il est vraisemblable que son amitié pour Galiani et son antipathie manifeste pour l'abbé Panurge ont joué un rôle déterminant. Toujours est-il qu'il apporte au Genevois en la circonstance un appui total [28].

Il n'en est pas de même pour Voltaire : la publication de *Sur la législation et le commerce des grains* va ouvrir dans ses rapports avec les Necker une véritable crise et mettre fin assez brutalement à la lune de miel qui régnait entre lui et l'épouse du banquier, depuis l'heureuse initiative de la statue de Pigalle [29]. Le patriarche de Ferney

---

24. Publiés sous le titre : « Eclaircissements demandés à M. Necker sur ses principes économiques et sur ses projets de législation, au nom des propriétaires fonciers et des cultivateurs français par M. l'abbé R.s.1, 1775. Cf. encore *Du commerce des blés*, par M. Rey.

25. Cf. *Correspondance* de Diderot. Varlot, XIV, 142.

26. Cf. Weulersse *op. cit.* T. I, pp. 140-141.

27. *Lettre à Falconet* de juillet 1767, Varloot VII, 94.

28. Il tenait sans doute aussi à rester dans les bonnes grâces du ménage à qui il aura beaucoup à demander et à qui il doit déjà beaucoup. Cf. la lettre de Mme Necker de septembre 1774, Varloot XIV, p. 92.

29. Cf. ces vers d'Avril 1770 :
> « *Ah si jamais de ma façon*
> *De vos attraits on voit l'ouvrage,*
> *On sait comment Pygmalion*
> *Traitait autrefois son image.* » (Best, 15 287.)

et ceux du 15 mars 1771 qui durent faire rougir Suzanne
> « *Quand son ciseau vous sculptera*
> *Ne soyez pas si renchérie*
> *Ou tout le monde lui criera*
> *Otez-nous cette draperie.* » (Best, 16 051.)

va prendre fait et cause pour Turgot et son Arrêt, avec toute la violence et l'énergie qui caractérisent le personnage quand quelque chose lui tient à cœur. Sa correspondance nous permet de suivre pas à pas, du printemps 1775 à l'automne 1776, de la rupture à la réconciliation, les épisodes de ce petit drame si caractéristique de la vie intellectuelle et de la vie de société au XVIIIe siècle.

Peut-être a-t-il été sensible aux arguments des théoriciens, aux principes séduisants de la doctrine, tels qu'il les a vus exposés dans le préambule du fameux arrêt, tels que les lui célèbre aussi Condorcet, ce défenseur passionné du ministre qui, à cette date, entretient avec le patriarche des relations particulièrement étroites. Mais d'autres raisons ont joué, sans aucun doute. Voltaire a de grands projets, et pour le pays de Gex en général, et pour son village en particulier ; il veut délivrer le premier de la Ferme générale et de la corvée, et pour le second obtenir des avantages en faveur des industries qu'il a créées. Il a des appuis dans l'équipe au pouvoir : M. de Vaines, Trudaine de Montigny, Dupont de Nemours et Turgot lui-même lui sont favorables ; aussi tous ceux qui attaquent et mettent en difficulté le ministère vont-ils sur ses brisées. La publication du livre du banquier en pleine révolte populaire l'a exaspéré, et il ne manque pas d'accuser le Genevois d'avoir profité des circonstances pour accroître les difficultés de l'homme au pouvoir.

N'oublions pas non plus que, depuis qu'il possède Ferney, Voltaire a acquis une mentalité de propriétaire terrien ; la liberté du commerce des blés donne la possibilité de tirer le meilleur parti d'une récolte, de vendre cher son grain, comme il l'avoue naïvement, dans une lettre à Turgot, du 29 juin 1775.

> « La liberté du commerce des grains amène l'abondance, non seulement dans ma petite province, mais dans tous les pays voisins, soit français, soit étrangers ; le blé est un peu cher, mais il doit l'être, mais personne n'en manque ou ne craint d'en manquer, c'est le point principal ; on ne connaît point ici les sophismes inintelligibles et le galimatias ampoulé des ennemis de la liberté du commerce [30]. »

« Le blé est un peu cher mais il doit l'être », voilà très précisément le langage des propriétaires, le langage des riches, et la politique de Turgot est favorable aux intérêts d'une classe dont Voltaire en l'occurrence est un parfait représentant. Aussi, quand il parle de cet empêcheur de danser en rond qu'est le Genevois, il ne mâche pas ses mots :

> « Nous n'avons point encore eu le fatras du genevois Necker contre le meilleur ministre que la France ait jamais eu. Necker se donnera bien de garde de m'envoyer sa petite drôlerie. Il sait assez que je ne suis pas de son avis », écrit-il à la J. de Vaines en mai 1775 [31].

---

30. Best, 18 412.
31. *Ibid.*, 18 350.

Mais il ne se contente pas de fulminer en paroles et, comme toujours en pareilles circonstances, l'officine de Ferney va fonctionner. Après avoir commencé par faciliter à Condorcet l'impression en Suisse de ses *Lettres sur le commerce des blés*, c'est sa propre marchandise qu'il ne tarde pas à mettre en circulation et, dans sa *Diatribe à l'auteur des Ephémérides*, il met au service de la liberté du commerce des grains ses armes habituelles, l'ironie et le ridicule.

> « Je voudrais savoir, écrit-il à Mme du Deffand le 17 mai 1775, si vous avez lu le livre de Necker sur les blés ? Bien des gens disent qu'il faut une grande application pour l'entendre et de profondes connaissances pour lui répondre. Il paraît un écrit sur l'agriculture qui est beaucoup plus court et quelquefois plus plaisant ; il y a même quelques vérités. Je pourrai vous le procurer dans quelques jours. Je tâche de vous amuser de loin ne pouvant m'approcher de vous [32] »

et à un autre correspondant le 29 mai :

> « Vous avez dû recevoir un petit écrit adressé à l'auteur des *Ephémérides* dans lequel on dit qu'il y a des choses très convenables au temps présent et qui ne déplairont pas au ministère ; il est intitulé, je crois : *Diatribe à l'auteur des Ephémérides* [33]. »

Le temps est loin où Voltaire dans l'*Homme aux quarante écus* accablait les physiocrates de ses sarcasmes. Déjà, en 1769, Dupont de Nemours et Roubaud avaient eu droit à ses éloges et à ses encouragements [34]. En 1775, c'est au tour de l'abbé Baudeau d'être porté au pinacle : l'auteur des *Ephémérides* est devenu un combattant de la bonne cause que l'on couvre d'éloges, et c'est à lui que Voltaire fait l'honneur de dédier son ouvrage, dont il entend bien se prévaloir auprès du ministre comme d'une précieuse collaboration.

En juin, Mme Suard vient rendre visite au patriarche, et les lettres qu'elle adresse à son cher Condorcet nous montrent que le vieillard ne décolère pas : « J'ai été un peu scandalisée de la manière dont il parle de l'ouvrage de M. Necker ; je ne vous répéterai point ses expressions, cela vous ferait trop rire, méchant que vous êtes [35]. »

Aussi, quand en août le cher Condorcet publie son nouveau pamphlet, Voltaire ne lui ménage pas les éloges :

> « Oh la bonne chose, la raisonnable chose et même la jolie chose que la lettre au prohibitif... le livre que votre Picard foudroie me paraît ressembler en son genre à la Henriade de Fréron et de La

---

32. Best, 18 365.
33. Best, 18 378.
34. Cf. Best, 15 501 et 19 740.
35. Best, 18 392.

Baumelle. La seule différence est que l'une est une sottise de gredin, l'autre une sottise de Trimalcion [36]. »

Toutefois, si forte que fût sa hargne, Voltaire dans sa *Diatribe* s'était bien gardé de prendre directement et nommément à partie le puissant banquier. Necker — Trimalcion est un adversaire qu'il faut traiter avec précaution, aussi dans une lettre du mois d'août 1775, le vieux renard lui demande-t-il prudemment : « la permission d'être de la communion de Cicéron, qui examinait les choses et qui en doutait ». « Plus j'avance en âge, continue-t-il, et plus je doute, mais ne doutez pas, je vous prie, de la sincère estime ni de la véritable amitié du vieux malade de Ferney [37]. »

Les mois passèrent, d'autres soucis pressants vinrent occuper le patriarche ; ceux, en particulier, que lui donne l'application des réformes tant souhaitées pour le pays de Gex et enfin obtenues. Puis, c'est le renvoi de Turgot, et l'annonce de sa chute le plonge dans le désespoir. Il échange avec Condorcet ses regrets et ses inquiétudes ; ne va-t-il pas payer cher maintenant ses prises de position en faveur du vaincu et sa violente diatribe ?

La nomination de Necker met le comble à ses craintes : il a joué le mauvais cheval. Fort à propos, des amis [38] qui voient la situation sous son véritable jour, le rassurent et le tranquillisent : Necker est trop intelligent et trop habile pour chercher à tirer vengeance de ce qui s'est passé et Voltaire va pouvoir exécuter prestement la pirouette qui rétablira la situation, au grand désespoir de Condorcet qui assiste plein d'amertume à cette habile manœuvre. Dans son *Commentaire historique sur les œuvres de l'auteur de la Henriade*, il avait glissé une phrase fort aimable pour Mme Necker [39]. C'est pour celle-ci l'occasion d'une lettre de remerciements, qui permet de reprendre la correspondance sur le ton d'autrefois [40]. Voltaire s'empresse de répondre, mais faut-il voir là une erreur volontaire ? La lettre est adressée au mari, ce qui permet de lui décerner le titre de grand homme [41]. Puis vient l'envoi à l'épouse des vers si souvent cités qui scellent la réconciliation définitive entre le vieillard et son ancien adversaire :

> « *Je l'aimai lorsque dans Paris*
> *De Colbert il prit la défense*
> *Et qu'au Louvre il obtint le prix*
> *Que le goût donne à l'éloquence.*

---

36. 7 août 1775, Best, 18 470.
37. Best, 18 487.
38. Cf. lettre de D'Argental à Voltaire du 21 octobre 1777. Best, 19 224.
39. « Madame Necker, femme du Résident de Genève, conçut ce projet la première (de la statue de Voltaire par Pigalle). C'était une dame d'un esprit très cultivé et d'un caractère supérieur s'il se peut à son esprit. » *Commentaire*, Bâle 1776, p. 96.
40. « Il est impossible que je lise la charmante vie d'un grand homme sans le remercier du brevet d'immortalité qu'il me donne. » Best. 19 157.
41. 17 Octobre 1776. Best, 19 190.

> *A M. Turgot j'applaudis*
> *Quoiqu'il parût d'un autre avis*
> *Sur le commerce et la finance :*
> *Il faut qu'entre les beaux esprits*
> *Il soit un peu de différence,*
> *Qu'à son gré chaque mortel pense,*
> *Qu'on soit honnêtement en France*
> *Libre et sans fard dans ses écrits :*
> *On peut tout dire, on peut tout croire,*
> *Plus d'un chemin mène à la gloire*
> *Et conduit même au Paradis* [42] »

Le jour même où il adressait ces vers à Suzanne, le 1er novembre 1776, Voltaire écrivait aussi à Condorcet. Il le félicitait de son dernier pamphlet contre le Genevois et ne se privait pas de rire sous cape du langage souvent si maladroit de M. de l'Enveloppe. Mais il tenait aussi à son correspondant des propos d'une réaliste sagesse :

> « Raton est écrasé dans sa chattière, Raton perd le fruit de tout ce qu'il avait entrepris depuis dix ans. Il avait cent maisons bâties devenues inutiles ; in vanum laboraverunt qui édificant eam. Il est écrasé de toutes façons et cependant il est engagé à la reconnaissance envers la compagne de l'Enveloppe des pensées, parce qu'au bout du compte cette compagne et ce même Monsieur de l'Enveloppe se sont chargés de sa chattière, il y a quelques années et que les services ne doivent jamais s'oublier [43]. »

Condorcet est outré :

> « Je suis fâché de ces vers, écrit-il, le 14 novembre 1776. Vous ne savez pas quel est le poids de votre nom et que vous n'avez pas besoin de louer un sous-ministre pour qu'il respecte tout ce qui tient à vous. Ces espèces d'hommages rendus successivement à des gens de partis différents nuisent à la cause commune... Vous lui avez fait moins de plaisir que vous ne faites de peine aux partisans de Caton. Or, ce parti est celui de la raison et de la vertu [44]. »

Si compréhensible qu'elle soit, la réaction de Condorcet n'est guère justifiée, car il prétend exclure Necker de la secte et faire de ceux qui prennent parti pour lui des traîtres à la bonne cause. Or, pour les encyclopédistes, il n'est pas de doctrine arrêtée en matière d'économie et Voltaire ou Morellet, Condorcet ou Turgot, en défendant le libéralisme, ne pouvaient pas plus prétendre à représenter le point de vue officiel des philosophes que Grimm ou Diderot ou Galiani ou les Suard ou les Necker, en défendant l'interventionnisme. Et il aurait pu utilement méditer sur les vers de Voltaire, qui, en l'occurence, ont une valeur symbolique :

> « *On peut tout dire, on peut tout croire,*
> *Plus d'un chemin mène à la gloire*
> *Et conduit même au Paradis.* »

---

42. Best. 19 234.
43. Best. 19 232.
44. Best, 19 257.

Celui que suivait Necker semblait, pour le moment du moins, ne pas être le plus mauvais et, grâce à son livre, sa réputation commence à franchir les frontières de la France. C'est le début d'une renommée qui prendra dans les années qui vont suivre des proportions extraordinaires. La *Gazette littéraire des deux Ponts* (1775, nᵒ 42) et la *Gazette de Leyde* signalent l'ouvrage à leurs lecteurs. La *Critical Review* (Juillet 1776) dans l'article très favorable qu'elle lui consacre ne manque pas de souligner l'intérêt que présente pour les Anglais un auteur qui évoque le système des Corn Laws pour faire ressortir la spécificité du cas français. En Allemagne, les *Gött. Anzeigen von Gelehrten Sachen* (1775 II p. 1098-1104 et 1776 I p. 315) font un éloge flatteur de l'édition française et l'*Allgemeine deutsche Bibliothek* publiera en 1780 (suppl. T. I p. 3330-1) un compte rendu de la traduction allemande parue à Dresde en 1777. Ainsi s'achève une lente et sûre progression, au cours de laquelle Necker s'est peu à peu imposé comme une autorité en matière de gouvernement, autorité dont la voix se fait entendre quand l'Etat est confronté avec les plus graves problèmes. De la défense des intérêts de la Compagnie des Indes, on est passé à la défense des intérêts de la nation toute entière.

On a coutume d'attribuer l'accession du Genevois au pouvoir, à ses qualités de financier, le gouvernement faisant appel à un spécialiste, au moment où la préparation de la guerre allait exiger des ressources considérables, ce qui est vrai sans doute ; mais il ne faut pas oublier que, grâce à une propagande habile mais aussi grâce à ses écrits, ce banquier faisait figure d'homme d'état au sens le plus large du terme, et d'un homme d'état qui proposait pour réformer l'ancien régime une autre voie que celle d'un libéralisme « sauvage », voie bien plus conforme aux traditions de la monarchie française que celle des doctrinaires du jour. C'est donc fausser complètement la signification de cet ouvrage que de le ramener à une mesquine rivalité de personnes, même si, en le publiant, Necker se désignait au pouvoir comme candidat à la succession de Turgot.

# CHAPITRE II

# LA VERSION NECKERIENNE
# DU DESPOTISME ÉCLAIRÉ

Quelques mois après la chute de Turgot, les ambitions de Necker étaient satisfaites ; il était appelé au pouvoir pour prendre en main les finances du royaume, [1] ce qui signifiait à cette date qu'il allait être responsable de toute la vie économique du pays. De cette expérience qui va durer cinq ans naîtra un second groupe d'œuvres très directement mêlées à l'action du ministre, mais très importantes aussi pour la connaissance de ses idées politiques : le *Compte rendu au Roi*, publié tout au début de 1781, le *Mémoire au Roi sur les administrations provinciales*, composé en 1778 et paru peu après le *Compte rendu*, et enfin le traité *De l'Administration des Finances de la France*, composé pendant les loisirs que lui laissa son retour à la vie privée, et publié fin 1784.

## I. — LE COMPTE RENDU ET LE MÉMOIRE
## SUR LES ADMINISTRATIONS PROVINCIALES

Le fameux *Compte rendu au Roi* de 1781 présentait aux Français, pour la première fois de leur histoire, non pas un budget à proprement parler mais un état des recettes et des dépenses. Ce geste correspondait sans doute à un but immédiat : renforcer la confiance dans la situation financière du royaume engagé dans une guerre coûteuse, mais sa portée était infiniment plus grande car, en le laissant publier, et par les soins de l'Imprimerie royale, le roi admettait implicitement le droit de ses sujets à être informés et le devoir pour le gouvernement de lui en fournir les moyens. Ce serait d'ailleurs une erreur de considérer ce mot de « Compte rendu » comme n'ayant

---

1. D'abord avec le titre de Directeur du Trésor, puis de Directeur général des Finances, mais il n'eût jamais ni le titre ni toutes les prérogatives de Contrôleur général.

qu'une signification budgétaire ; en réalité, dans cet ouvrage, il n'y a que trois ou quatre pages de chiffres, qui en forment la troisième partie, la première et la deuxième présentent également le compte rendu des réformes accomplies et celles que le ministre s'apprête à réaliser. C'est donc à la fois un bilan et un programme.

Cet aspect-là est le plus souvent entièrement passé sous silence et pour l'immense majorité des Français d'aujourd'hui, le *Compte rendu* n'est qu'un conte bleu falsifiant des chiffres. En fait, son succès vint sans doute de ce qu'il satisfaisait la curiosité du public dans un domaine qui était resté jalousement fermé, mais surtout, et il suffit pour s'en convaincre de parcourir les périodiques du temps, de ce qu'un ministre, qui faisait figure de chef de gouvernement, exposait en toute simplicité le résultat de son expérience et ses projets d'avenir. Le *Compte rendu* était une invite à la « participation » adressée à l'opinion publique, à tous les esprits éclairés du royaume, et ils y répondirent avec un extraordinaire enthousiasme. On s'arracha littéralement l'ouvrage : « le sieur Panckoucke, libraire qui a été chargé du débit du *Compte rendu* de M. Necker en avait déjà débité le 26 février 42 000 exemplaires et il se flatte d'en placer au moins cent mille » écrit le *Journal politique ou Gazette des gazettes* (1781, mars, seconde quinzaine, p. 39-41) et les *Annonces, affiches et avis divers de l'Orléanais* (1781, 2 mars, p. 40) se lamentent : « le débit prodigieux des exemplaires qui se fait à Paris a empêché le libraire qui vend cet ouvrage d'en envoyer dans les provinces, nous les attendons avec empressement pour satisfaire au désir de nos concitoyens. »

Des grands périodiques parisiens comme la *Correspondance* de Grimm, le *Mercure de France*, le *Journal de Littérature des Sciences et des Arts*, la *Gazette d'Agriculture*, le *Journal de Paris*, jusqu'aux plus obscures feuilles de province comme les *Affiches de Reims, d'Angers ou du Poitou* c'est le même concert de louanges, et nombreux sont les journaux qui donnent de très longs extraits du livre ou le publient in extenso [2]. On organise même, comme François de Neufchâteau le fit à Mirecourt [3] le 16 mars 1781, des lectures publiques du *Compte rendu*.

Le succès n'est pas limité à la France, c'est immédiatement un succès européen : « Le duc de Richmond a fait venir de France plusieurs ballots du *Compte rendu* de M. Necker. On dit qu'il en a acheté six mille exemplaires, prétend la *Corespondance littéraire secrète* du 12 mars 1781, et les *Mémoires secrets de Bachaumont* annoncent le 5 mars : « M. Junker, censeur royal composant parfaitement bien en allemand, est chargé par un des principaux libraires

---

2. Nombreux furent aussi les pamphlets pour et surtout contre. Cf. *la Collection complète de tous les ouvrages pour et contre M. Necker avec des notes critiques.* Utrecht, 1781, 3 vol. La violence de la campagne de pamphlets contraste curieusement avec l'euphorie générale de la presse.

3. Cf. *Affiches des évêchés et Lorraine* du 29 mars 1781.

d'Allemagne, de traduire le *Compte rendu* de M. Necker dans la langue de ces contrées. On le traduit également en anglais « et le 28 avril » le *Compte rendu* de M. Necker est actuellement imprimé presque dans toutes les langues connues et ne cesse de recevoir des éloges. » Les *Mémoires secrets* exagèrent quelque peu mais c'est un fait que dès 1781 parurent une traduction anglaise, une danoise, deux italiennes à Naples et à Venise, et trois allemandes, à Hambourg, Vienne et Berlin, l'auteur de cette dernière n'était rien moins que W.C. Dohm, ministre de Frédéric II.

L'accueil de la presse étrangère est tout aussi flatteur, on en parle en effet le plus favorablement et on en cite de longs extraits dans le *Courrier de l'Europe*, la *Gazette de Leyde*, la *Gazette d'Amsterdam*, la *Gazette d'Utrecht*, la *Gazette des deux Ponts*, le *Journal historique et littéraire de Feller*, le *Journal historique et politique de Genève*, le *Journal de Neufchâtel*, le *Journal encyclopédique*; l'*Historische Litteratur für das Jahr 1781* d'Erlangen en annonce à ses lecteurs la traduction en danois, tandis que les *Frankfurter Gelehrte Anzeigen* (1781 p. 269-270) les *Göttingische Anzeigen von gelehrten Sachen* (1781 I p. 626-629), l'*Allgemeine deutsche Bibliothek* (tome 49 p. 233 ss) la *Nürnbergische Gelehrte Zeitung* (1781 p. 533-534) révèlent à leur public une œuvre « die nicht bloss den französischen Finanzier oder einzelne Gelehrten und Politiker unterrichtet, sondern uberhaupt im ganzen gesitteten Europa Aufmerksamkeit erregt »[4].

Les *Novelle letterarie di Firenze* (Mai 1781 T. XII p. 333-335) résument parfaitement bien l'impression produite : « Non dobbiam noi parlare anche di questo Libro ? Siccome egli à fatto grande strepito in Europa, interessa almeno gli Annali dela Tipografia. Oltredichè una Nazione che ragguaglia il pubblico minutamente dello stato attuale delle sue Finanze, presenta un bel quadro dello spirito politico di questo secolo. Il mistero con cui si regnava une volta è affato sbandito. Infatti l'oscurità e l'errore in cui gia si è voluto tenere il popolo, non favorisce che l'arbitrio per una parte, e la dissidenza per l'altra. La notorietà pubblica, riflette l'Aurore, alla quale à sottoposto lo stato delle Finanze in Inghilterra, è una delle ragioni del credito grande che gode quella Nazione. »

Répétition générale de ce que sera le succès encore plus éclatant de *De l'Administration des Finances*, le *Compte rendu* permet déjà d'atteindre dans son ensemble l'Europe des lumières : das ganze gesittete Europa.

La Roche Tarpéienne est près du Capitole, deux ou trois mois plus tard une autre publication, mais celle-là clandestine et faite à son insu, le *Mémoire au roi* sur l'établissement des Assemblées provinciales, allait être une des causes de sa chute.

Ce Mémoire était consacré à l'exposé d'un projet de décentralisation du royaume, réforme maîtresse de la monarchie française,

4. *Göttingische Anzeigen* 1781. I. p. 626.

qui fut vraiment la grande pensée de cet homme d'état. Il n'avait pas été rédigé en vue de la publication ; Necker en avait fait circuler des exemplaires parmi ses amis, mais il ne s'adressait qu'au roi seul et avait été composé avec l'intention bien précise de convaincre celui dont dépendait la réussite du projet, en le lui présentant sous le jour le plus favorable. On a raconté[5] dans quelles conditions le manuscrit fut divulgué, comment grâce à une malhonnête indiscrétion il fut répandu et publié clandestinement en avril 1781, sans doute avec la complicité de Maurepas et du comte de Provence, à la plus grande joie et au plus grand profit des ennemis du ministre[6] ; Necker, considérant ce document comme confidentiel, avait eu l'imprudence d'utiliser des arguments que l'opposition, aussi bien à droite qu'à gauche, pouvait aisément retourner contre lui, si bien que la révélation de ce texte mit le comble aux difficultés qu'il rencontrait alors, en donnant à ses adversaires et aux parlementaires surtout une arme redoutable.

Risquant le tout pour le tout, afin de retourner la situation en sa faveur et de s'imposer comme l'homme fort du régime, Necker posa ses conditions pour rester en fonction[7], elles furent refusées, et il se retira. Pour cet homme qui s'était passionné pour sa tâche et voyait enfin s'ouvrir avec la paix le moment des grandes réalisations, le retour à la vie privée fut une immense déception et Mme de Staël évoque fort bien ce que dût être l'atmosphère familiale dans les années qui suivirent. L'épreuve était rendue encore plus dure par le séjour à Paris qu'il s'imposa pour faire plaisir à sa femme et à sa fille, alors qu'en Suisse et à Coppet il retrouvait plus facilement la sérénité et oubliait plus vite ses amers regrets. Il remplit ses loisirs forcés en se consacrant à un travail considérable d'où sortit le plus célèbre de ses écrits *De l'Administration des Finances de la France*, somme de son expérience, où il présente et le tableau de la situation actuelle et le programme de tout ce qui pourrait être entrepris. C'est un nouveau Compte rendu mais de proportions beaucoup plus vastes.

---

5. H. Carré : *Le premier ministère Necker*, 1776-1781, P. 1903 et *Le Mémoire de Necker sur les Assemblées provinciales*. Bull. fac. Poitiers 1893.

6. L'édition publiée à l'insu de Necker sous le titre de *Mémoire donné au roi par M. Necker* en 1778 comporte un avis qui se termine par les phrases ironiques suivantes : « L'on verra avec plaisir dans cet écrit le développement des principes de M. Necker sur la Constitution de la monarchie, et les grandes vues qui l'ont déterminé à proposer au Roi d'y faire des changements. On ne pourra qu'être édifié de ses efforts pour rétablir insensiblement les droits de la liberté naturelle, en même temps qu'il s'occupe de délivrer l'Administration des entraves qui trop souvent en embarrassent les opérations, sous le spécieux prétexte du bien public. » *Mémoire donné au roi par M. Necker*. En 1778.

7. L'entrée au conseil en particulier.

## II. — DE L'ADMINISTRATION DES FINANCES DE LA FRANCE

Edité à la fin de 1784 à Lausanne, chez Heubach pour éviter la censure, ce gros ouvrage en trois volumes va connaître aussitôt mis en vente un succès foudroyant ; sa publication devient immédiatement un événement européen, et l'on assiste sur une plus vaste échelle, au même phénomène que nous avons constaté pour le *Compte rendu*, avec toutefois de notables différences, en ce qui concerne le mode de publication et l'accueil réservé par le public.

Le *Compte rendu* adressé par un ministre à son roi sur son activité était un geste de routine administrative qui respectait pleinement les rapports traditionnels entre le souverain et son serviteur et n'avait d'originalité que par la publication qui en était faite, publication dûment autorisée et confiée aux soins de l'imprimerie royale. Avec *De l'Administration des Finances*, la situation change du tout au tout. Necker, citoyen genevois rendu à la vie privée, publie en Suisse, en toute liberté, un livre qui est le fruit d'une expérience ministérielle qui s'est déroulée en France mais qui a une valeur en elle-même, une portée générale, une utilité pour tous les états quels qu'ils soient. Ce n'est pas un compte rendu au roi, c'est un compte rendu à tous les patriotes, aux citoyens éclairés de toutes les nations et c'est de Suisse ou des différentes capitales, Paris n'étant que l'une d'entre elles, que va se déverser sur l'Europe l'énorme masse de la centaine de milliers d'exemplaires en langue française [8] auxquels vont s'ajouter les traductions anglaises, allemandes, danoises, russes que nous avons pu dénombrer. Le fait même que l'éditeur lausannois et un éditeur londonien T. Hookham, devant l'ampleur du succès, fassent paraître dans de somptueuses éditions in quarto : le *Compte rendu*, le *Mémoire sur les Assemblées provinciales* et *De l'Administration des Finances* montre combien est vif le désir de ce public international de connaître dans son ensemble le programme et les idées du Genevois. Dans cette perspective, la France est la nation la plus directement intéressée mais si la diffusion de *De l'Administration des Finances* y avait été interdite comme on le crut un moment, ce traité aurait conservé toute sa signification. Il s'adresse à tout le continent.

Avec l'immense retentissement de cette œuvre, best seller non pas simplement de l'année 1785 mais du XVIIIe siècle tout entier, s'achève l'ascension du petit commis de la banque Vernet. Elle fait

---

8. Un tirage de 4 000 exemplaires était à cette date celui d'un livre à succès. La moyenne annuelle des tirages pour les ouvrags publiés de 1779 à 1788 serait de 1 720 exemplaires d'après R. Estival (*La Production des livres dans les dernières années de l'Ancien Régime.*)

de lui un homme d'état, non plus seulement français mais européen.

La seconde différence réside dans l'accueil rencontré en France et à l'étranger. Les indications données par les périodiques, et qui nous permettent de suivre, presque jour par jour, les réactions du public dès la parution, font bien sentir l'immédiat réflexe de défense de l'opinion française. Tous ceux qui, trois ans plus tôt, avaient vaincu l'ancien ministre, sont à nouveau en alerte.

« L'ouvrage de Necker fait d'autant plus de bruit que le Contrôleur général a réussi à en faire interdire la publication... le roi se fait lire l'ouvrage, le médite profondément et en prend des notes. »

(4 février, *Gazette de La Haye*.)

« L'ouvrage de Necker va être vendu publiquement, l'ordre qui lève la défense ayant été délivré le trois de ce mois. »

(14 janvier, *Gazette d'Utrecht*.)

« Le livre de M. Necker est l'objet de toutes les conversations. »

(21 janvier, *Gazette de La Haye*.)

« Le livre de M. Necker se débite avec une rapidité extrême. »

(4 février, *Gazette de La Haye*.)

« L'ouvrage de Necker a été dénoncé aux Etats de Bretagne. »

(11 février, *Gazette de Leyde*.)

« On dit que l'avocat général Séguier va poursuivre le livre de Necker. »

(18 février, *Gazette de Leyde*.)

« Quelque chose de plus singulier que des libelles et des injures c'est le réquisitoire de M. de Caradeuc, procureur général du Parlement de Bretagne, et fils de M. de La Chalotais qui a dénoncé l'ouvrage de M. Necker à la Compagnie. »

(24 février, *Correspondance littéraire secrète*.)

« L'ouvrage de Necker n'a pas été dénoncé au Parlement de Toulouse, il ne le sera pas à Paris, quant à celui de Rennes, il a renvoyé l'examen de cinq ans, quelques pamphlets mais surtout des éloges dont la *lettre de M. le Marquis de Villette à M. Necker*. »

(25 février, *Gazette de Leyde*.)

« Le roi toujours enthousiasmé de l'ouvrage de M. Necker dit encore dernièrement quelques mots qui indiquaient un rappel, mais le Comte de Vergennes a fait échouer cette intention. »

(2 mai, *Correspondance secrète politique et littéraire*.)

Les vieilles haines se rallument et reviennent à l'ordre du jour tous les thèmes traditionnels de la violente campagne de libelles et de pamphlets qui s'était déchaînée contre le ministre et qui n'avait cessé de croître en violence à mesure qu'il accomplissait son œuvre : c'est un protestant, un Genevois, un banquier enrichi par des opérations plus ou moins louches [9], sa politique et ses réformes ne sont qu'une suite d'échecs, il a même ébranlé les fondements de la monarchie en s'en prenant au Parlement [10], aux privilèges de la noblesse [11], à la souveraineté royale [12].

Cette immédiate levée de boucliers trahit l'inquiétude de tous les bénéficiaires de « l'establishment », leur volonté bien arrêtée de déconsidérer l'homme et l'ouvrage qui représentent le mouvement, le réformisme, le progrès et la dernière chance de rénovation de la monarchie traditionnelle. Il n'est que de lire un pamphlet comme les Francs pour avoir une idée de leur égoïsme et de leur sottise [13].

Sans doute, Necker ne manque pas de défenseurs et à en croire la Correspondance de Métra :

> « Tous les gens instruits, les gens occupés de la félicité publique et le peuple en général persistent dans leur attachement et leur respect pour M. Necker [14]. »

Il faut reconnaître cependant que le ministre a été victime d'une certaine malchance et que ceux-là même qui avaient puissamment contribué à son succès et qui auraient pu lui apporter un concours efficace par leur intelligence et leur talent, par leur sens de la lutte, par leur énergie et leur cohésion ne se sont pas trouvés là, au moment où il aurait eu le plus besoin d'eux. En France, les philosophes ont manqué leur rendez-vous avec le pouvoir, et pour diverses raisons, les lumières ne jouèrent pas dans le soutien de leur repré-

---

9. On trouva dans B. Lüthy soigneusement consignés tous les commérages du temps. Op. cit. T. II, p. 373 et ss. Tout en laissant charitablement entendre qu'il n'y a pas de fumée sans feu, il précise bien qu'aucune preuve ne pourra jamais être apportée de toutes ces accusations et que « les attaques les plus violentes contre Necker viennent du côté de ces financiers assez suspects » que furent Augeard ou Ste Foy ou Bourboulon ou Panchaud.

10. Cf. en particulier du président de Coppons : Examen de la théorie et pratique de M. Necker dans l'administration des Finances de la France. S. 1. 1785.

11. Cf. de Dubuat-Nançay : Remarques d'un Français ou examen impartial du livre de M. Necker. Genève, 1785.

12. Cf. le manuscrit conservé aux Archives Nationales intitulé : Mémoires sur les Assemblées provinciales analysé par H. Glagau in Reformversuche und Sturz des Absolutismus, p. 154.

13. Par exemple pp. 34-35 : « A quoi peut servir la publicité de l'état des finances ? Sa situation est-elle bonne, tout le monde le sait, parce qu'elle tient à des objets connus... Qu'au contraire la situation des finances soit mauvaise, quel est l'administrateur qui la publiera dans toute sa vérité ?... Ainsi la publicité de l'état des finances est pour le moins inutile » ou encore, à propos de la traite des nègres : « L'esclavage que nous leur imposons est pour ceux d'entre eux qui ont le goût du travail et la volonté de bien faire un état de tranquillité et d'aisance qu'ils n'auraient pas en Afrique », p. 56.

14. Correspondance secrète, politique et littéraire, 14 avril 1785, T. 18 p. 38.

sentants le rôle qui aurait dû être le leur. C'est un fait tout d'abord que les discussions relatives à la liberté du commerce des grains rompirent l'unité du parti et créèrent un flottement qui dût dérouter bien des esprits. Si Voltaire se réconcilia, Condorcet demeura dans une opposition hargneuse et méprisante, tandis qu'un homme comme Morellet, après ses prises de position retentissantes, pouvait difficilement mettre au service du Genevois son énergie et ses talents. Si frivole qu'elle fût, la querelle entre piccinistes et gluckistes qui attînt son point culminant pendant les années 1776-1777, jeta, elle aussi, la discorde dans le camp des philosophes et fit naître des haines inexplicables qui affaiblirent l'autorité du parti [16]. La disparition des salons de Mlle de Lespinasse et de Mme Geoffrin, tandis que Mme Necker est absorbée de plus en plus par les hautes fonctions confiées à son époux, privent le ministre d'un précieux appui, ces réunions étaient particulièrement propices à la diffusion de mots d'ordre, à la mise au point de campagnes de presse. Enfin et surtout les grands ténors vieillissent ou quittent la scène ; Galiani est parti depuis longtemps ; Voltaire meurt en 1778, d'Alembert en 1783, l'abbé Raynal est exilé en 1781, Diderot s'éteint en 1784 ; la lettre qu'écrivit ce vieil ami du ménage à Mme Necker le 1er mars 1781 en dit long sur l'atmosphère des dernières semaines qui précédèrent la chute du ministre. Elle commençait par de dithyrambiques éloges :

> « Je ne sais si c'est à vous ou à M. Thomas que je dois la nouvelle édition de *l'Hospice* mais, pour ne manquer ni à l'un ni à l'autre, permettez que je vous remercie tous les deux. J'ai désiré *l'Hospice* afin de le joindre au *Compte-Rendu* et de renfermer dans un même volume les deux ouvrages les plus intéressants que j'aie jamais lus et que je puisse jamais lire. J'ai vu dans l'un, la justice, la vérité, le courage, la dignité, la raison, le génie employer toutes les forces pour réprimer la tyrannie des hommes puissants et, dans l'autre, la bienfaisance et la pitié tendre leurs mains secourables à la partie de l'espèce humaine la plus à plaindre, les malades indigents... »

Mais après toutes ces protestations d'un indéfectible attachement, les dernières phrases de la lettre étaient, hélas, bien décevantes.

> « S'il arrivait toutefois qu'on vous dise que je suis resté muet devant quelque malheureux personnage en qui le sentiment de l'honneur fût étouffé ou ne poignit jamais et qui aurait eu l'imprudence de les attaquer, croyez-le ; l'indignation et le mépris, lorsqu'ils sont pro-

---

15. C'est bien de ce titre que le saluait la *Correspondance littéraire* en octobre 76 : « Voilà donc plusieurs pertes cruelles que la philosophie vient d'éprouver dans l'espace de peu de mois : la mort de Mme de Lespinasse, celle de Mme de Trudaine ; la disgrâce de M. Turgot et l'apoplexie de Mme Geoffrin. Il n'y a que l'élévation de M. Necker qui puisse nous consoler de tous ces malheurs. La confiance que Sa Majesté a daigné accorder à cet illustre étranger honore les Lettres qui ont contribué à le faire connaître, et le triomphe que le mérite a remporté dans cette occasion sur de vains préjugés doit être regardé sans doute comme une preuve du progrès que la raison et les lumières ont fait en France. »

16. Cf. Ed. de Callatay. *Mme de Vermenoux*. La Palatine. Paris, Genève, 1956, Ch. XIV, p. 151 et ss.

fonds, se manifestent mais ils ne parlent pas et je suis persuadé qu'il est des circonstances où ce n'est pas honorer dignement la vertu que d'en prendre la défense. »

Le philosophe n'a sans doute guère envie de se compromettre ; il lui faut ménager ses intérêts ou ceux du ménage Caroillon, ou bien tout simplement se sent-il trop vieux, trop las ; il se tait et ce silence est comme le symbole du silence d'autres voix qui ne peuvent plus ou ne veulent plus se faire entendre.

Ce n'étaient pas les insignifiants *Dialogue sur les opérations de M. Necker*[17] ou les *Observations modestes d'un citoyen*[18] ou la *Requête au roi sur la retraite de M. Necker*[19] ou encore les louanges hyperboliques du marquis de La Villette[20] qui pouvaient être d'un bien grand secours au ministre dans l'âpre bataille qu'il livrait alors.

A l'étranger, au contraire, par un phénomène curieux, au moment même où la politique et les ouvrages du Genevois sont si discutés en France, sa réputation atteint son apogée ; sa disgrâce, bien loin de lui causer le moindre tort, ne fait que rendre encore plus vive l'admiration que l'on éprouve pour sa personne et pour ses idées. On le considère et on le célèbre comme l'homme d'Etat modèle, comme l'incarnation même du bon ministre, son traité *De l'administration des finances* devient le bréviaire de tous les gouvernants. Si, en France, le rendez-vous avec les philosophes a été manqué, il a été par contre parfaitement réussi en ce qui concerne l'Europe des lumières.

Dès 1785, paraît en anglais une première traduction, que l'on rééditait déjà en 1787 pour la troisième fois. En Allemagne, on en signale une à Lübeck en 1785, une autre à la même date à Hambourg. En 1786, il en paraît une en danois à Copenhague et, fait exceptionnel pour un ouvrage français, une traduction russe est publiés à Saint-Pétersbourg en 1786.

Si du Nord nous passons au Midi de l'Europe, nous allons faire la même constatation. Pour l'Italie, il est inutile de compiler laborieusement des bibliographies : il suffit de suivre dans son voyage le président Dupaty, qui a eu l'heureuse idée de choisir l'année 1785, celle précisément de *De l'administration des finances* pour parcourir la péninsule. Les *Lettres sur l'Italie* sont le journal d'un touriste curieux de tout, de peinture, de monuments et de paysages, mais

---

17. *Dialogue sur les opérations de M. Necker* — S.P.n.d.
18. *Observations modestes d'un citoyen en faveur des opérations de finances de M. Necker* in *Collection complète de tous les ouvrages pour ou contre Necker.*
19. *Ibid.*
20. *Lettre de M. le marquis de La Villette. Ibid.* Cette lettre semble avoir été peu appréciée si l'on en juge par ces vers cités par Chapuisat — *op. cit.,* p. 102.

        « *Pour chanter tes bienfaits, ta gloire et tes vertus*
         *Pauvre Necker, sais-tu*
         *Qui de la Renommée a saisi la trompette ?*
         *C'est le marquis de la Villette*
         *Et tu devines bien qu'il l'a mise à son c... »*

intéressé aussi par les institutions, les gouvernements, et l'état de l'opinion. Or il fait partout la même remarque ; il constate partout la même admiration pour notre auteur, dans toutes les grandes villes où il séjourne et où il a l'occasion de contacts assez approfondis avec les gens éclairés.

> « A Gênes, écrit-il, j'ai vu dans beaucoup de mains « l'Administration des finances » ; tout ce qui lit a lu cet ouvrage, tout ce qui pense l'apprécie, tout ce qui sent en est enthousiaste. En effet quelle importance dans les principes ! quelle profondeur dans les réflexions! quelle précision dans les idées ! et le style ! C'est celui des grands écrivains. Il respire d'ailleurs un amour religieux pour le bonheur des hommes qui est comme l'âme de tout l'ouvrage, j'ai presque dit la divinité. Cet écrit administrera l'Europe, l'envie aura beau mordre la statue de Necker, elle est de bronze [21]. »

A Rome, Dupaty entre dans une librairie pour savoir quels sont les auteurs français lus par les Italiens ; il y trouve les ouvrages de Buffon, de Marmontel, de Delisle, de Saint-Lambert et enfin, *last but not least* : « Ce grand présent fait aux empires, l'*Administration des finances* [22] ». A Naples, il est frappé de la place que tient la France dans tous les domaines :

> « Le peu de littérature qui circule parmi un petit nombre de personnes, se borne à des traductions des ouvrages français. C'est nous qui, dans l'Italie, fournissons maintenant des modes aux femmes et des opinions aux hommes. Tous nos grands écrivains sont connus, sont traduits et sont compilés. J'ai trouvé l'ouvrage de M. Necker dans la tête, dans l'estime et dans les entretiens de tout ce qui veut prendre la peine de penser ou qui s'en fait un besoin. On proclame ici M. Necker, comme le fera la postérité, l'instituteur des Assemblées provinciales en France [23]. »

Si le voyageur avait poussé jusqu'à Palerme, il eût été bien surprenant qu'il n'y entendît point le même son de cloche. Depuis 1781, le vice-roi de Sicile n'est autre que le marquis de Caracciolo, ancien ambassadeur à Paris, fidèle habitué avec l'abbé Galiani des salons parisiens, tout particulièrement de celui de Mme Necker et grand ami et admirateur de son époux. Les efforts qu'il entreprit pour moderniser et développer la Sicile lui méritent une place parmi ces administrateurs passionnés de bien public dont l'œuvre de Necker trace le modèle et que l'opinion publique appelait de ses vœux.

Dans les lettres consacrées au séjour florentin, le nom de Necker n'est pas mentionné, mais c'est qu'à Florence on n'a pas besoin de lire Necker [24], on le vit tous les jours grâce au Grand-Duc Léopold

---

21. Dupaty : *Lettres sur l'Italie*, t. I, p. 80.
22. *Ibid.* T. II, p. 7.
23. *Ibid.* P. 231.
24. On le lit cependant et on l'admire, comme le montre le compte-rendu des *Novelle letterarie di Firenze* du 17 avril 1785 : « Prova quest'Opera avanti ogn'altra cosa, che una tal qual dose di libertà alligna pur nella Francia, come nell'Inghilterra. Puo un Scrittore, ed uno Scrittore come il Sig. Necker, informatissimo di quel Governo, dove à recentemente figu-

et c'est dans un style très neckérien que le président Dupaty célèbre les vertus de celui qui s'efforçait avec tant d'application de fournir à l'Europe éclairée l'image du chef d'Etat modèle :

> « Le Grand-Duc est heureux, car ses peuples sont heureux et il croit en Dieu. Quelles doivent être les jouissances de ce prince lorsque tous les soirs, avant que de fermer les yeux sur son peuple, avant de se permettre le sommeil, il rend compte au souverain maître, du bonheur d'un million d'hommes pendant le cours de la journée... le Grand-Duc ne règne ni pour les nobles ni pour les riches, ni pour les ministres mais pour son peuple ; il est vraiment souverain [25]. »

En Espagne le nom de Jacques Necker est toujours cité quand il s'agit d'économie et de politique. Il figure dans la *Décade épistolaire sur l'état des Lettres en France*, composée en 1780 par le duc d'Almodovar [26] et le 8 septembre 1789, la *Gazeta de Madrid* annonçait avec d'autres traductions d'ouvrages français celle du *Mémoire sur les assemblées provinciales*. Comme tous ses autres ouvrages, *De l'administration des finances* était certainement bien connu au-delà des Pyrénées [27].

Déjà la multiplication des éditions en langue française et le nombre des éditions étrangères constituent en soi un témoignage probant du succès exceptionnel du traité de 1784, mais l'accueil réservé par la presse périodique va nous en procurer un autre moins anonyme, qui nous éclairera sur l'impression produite sur tant de lecteurs. En Angleterre des revues comme *The European magazine*, la *Monthly review* (1786, t. 74), la *Critical review* (1786, t. II), *A New review* (1785, t. VII), lui consacrent de longues analyses détaillées. Elles font ressortir la franchise, la liberté, le courage dont fait preuve un ministre du roi de France, en traitant si ouvertement et si librement des plus importantes questions de l'Etat et en offrant au public

---

rato, rivelare impunemente le forze e le piaghe di esso, e rivelarle all' Europa, gelosa di quella florida ed imponente Potenza. Puo il Sig, Necker manifestare il forte ed il piano delle sue Finanze. Resta dubbio se questo Libro sia più istruttivo per la Francia, o per gli altri Stati, o la sia almeno in egual grado. I fatti son particolari di un Regno solo, ma le osservazioni sono applicabili a tutti, purchè ne vogliano profittare. » (T. XVI, p. 256.)

25. *Ibid*, t. I, p. 117.
26. Cf. Sarrailh : l'*Espagne éclairée de la Seconde moitié du XVIIIᵉ siècle* Paris, 1954, p. 272.
27. Cf. ce que dit Desdevises du Dézert à propos de Campomanès : « C'est à nos économistes, à Quesnay, à Turgot, à Necker qu'il est redevable de ses idées sur la richesse publique. » Lettres politico-économiques de Campomanès *in* Revue hispanique IV 1897. Cf. Aussi ce témoignage rapporté par R. Herr : « A contributor of an article on economy to the Espiritu de los mejores diarios (paru en mars 1789) claimed to have been at a tertulia or evening social gathering at the home of the « Marques de N. » where there occured what he evidently presents as a typical spanish discussion of economics. The names of Ulloa, Uztariz, Campomanes, and other spanish economists were bandied about with those of the French mercantilists, Colbert, the Marquis de Vauban, and Necker (Jacques Necker), the physiocrats Mirabeau and La Rivière and the enemies of both groups, the abbé Raynal and Simon Linguet. » R. Herr : *The 18th Century Revolution in Spain*, 1958, p. 258.

les informations indispensables pour se faire une opinion sur des sujets jusque-là interdits.

> « For a man, écrit la Monthly review, who had excercised on administration of such a great trust as that of finances of France, to expose to all the world the national circumstances and interests of the kingdom, accords but ill with the stern reserve of an absolute government... He would have been better esteemed in the cabinet, had he confined his wishes to strengthening the direct grasp of power over the multitude. »

*A new review* en tire la conclusion que quelque chose est en train de changer en France :

> « What, in France, a country where all the operations of government are (as our author somewhere very happily expresses it) subterraneous, an ex-minister, a foreigner, a protestant, a man driven from the neibourghood of the throne by cabal, to dare to vindicate himself, to venture to lay open the ways of doing good, to those who are so much interested in having no good done. Are there then no longer any Bastille ? »

On insiste également sur le fait que les idées exprimées par Necker, bien que relatives à un pays particulier et aux conditions qui lui sont propres, peuvent être utiles et à l'Angleterre et aux Anglais ; comme le développait longuement Mortimer, son traducteur, dans son introduction. Les pages où Necker exprime son pacifisme, son horreur de la guerre, font aussi l'objet de très élogieuses appréciations et le *Universel Magazine* en publie la traduction sous le titre *Reflexions on the calamity of war and superior policy of peace*. On sait, en Angleterre, que l'homme dont le rôle dans la victoire française a été essentiel, puisqu'il a trouvé les ressources nécessaires à la poursuite de campagnes particulièrement coûteuses, s'est montré aussi le plus modéré au cours du conflit et au moment des négociations et on ne manque pas de lui en savoir gré.

En Allemagne, la liste déjà longue des périodiques où nous avons trouvé un compte rendu n'est certainement pas exhaustive : *Göttingische Anzeigen von gelehrten Sachen* (1785, t. I, Ed. Fr. T. III. Trad); *Allgemeine Literatur Zeitung* (Iéna, 1785, t. II. Ed. Fr. T. V. Trad.) ; *Allgemeine deustche Bibliothek*, Berlin, Stettin (1786, t. 66et 69) ; *Hallische Gelehrte Zeitungen* (1785, pp. 546-547) ; *Tübingische Gelehrte Anzeigen* (1785) ; *Neueste kritischen Nachrichten Greifswald* (1785) ; *Neue Leipziger Gelehrte Zeitung* (1786, t. II).

Tous font ressortir l'utilité d'un pareil livre pour tous les pays, pour l'Allemagne aussi bien que pour la France.

> « Wer Frankreich Finanzverwaltung und was dahin einschlägt, recht kennen lernen will und uberhaupt jeter der in Finanzen zu tun hat und im grossen und kleinen sich mit Verstand und Redlichkeit dazu bilden will, dem ist es unentbehrlich » affirment les *Hallische Gelehrte Zeitungen.* »

De même l'*Allgemeine Deutsche Bibliotek* :

> « Unsere Leser ersehen daran dass dieses Buch auch anderen Natio-
> nen in Ansehung der Staatsverwaltung nützlich sein kann. Der Sta-
> tistiker, der Geograph, der Kaufmann und hundert andere mehr,
> werden es ebenfalls zu ihrer Aufklärung nützlich, ja unentbehrlich
> machen. »

Les *Göttingische Anzeigen*, insistent, elles, à ce propos, sur l'ignorance de l'opinion publique française beaucoup moins bien informée que l'allemande sur ces problèmes :

> « Scharfsinn und warmer Patriotismus, glückliche Kunst die Ideen
> zu vereinfachen und durch Stellung denselben neues Licht zu geben
> leuchtet in diesem dritten Band wie in dem ganzen Werke überall
> hervor. Vielleicht, wünscht der Deutsche, hier un da, mehr Kürze
> und unberührte Voraussetzung bekannter Dinge aber was die
> Weisheit deutscher Regierungen unter uns zur bekannter Alltags-
> sache gemacht has ist jenseits des Rheins oft nur halberkannte, oft
> fast unentdeckte Wahrheit. »

Outre ces articles, il faut faire une place à part à une apologie
allemande de Necker parue déjà en 1782. Il s'agit de l'ouvrage intitulé : *Necker in Briefen an Herrn Isaac Iselin in Basel.* Isaac Iselin
qui, dans ses *Ephémérides de l'humanité* imprimées à Leipzig, s'était
toujours fait le fidèle défenseur du Genevois, est le fondateur de la
Société helvétique, et l'un des personnages les plus représentatifs
de l'Aufklärung, aussi ces lettres, par la qualité de leur destinataire,
font-elles figure d'une sorte de protestation officielle de l'Allemagne
des lumières contre le renvoi de Necker. La personnalité de l'auteur
n'est pas moins significative ; il s'agit de F.K. von Moser, ministre
du Landgrave de Hesse, également disgrâcié par son maître, et par
sa voix se fait entendre une protestation encore plus précise, celle
d'un haut fonctionnaire, interprète de tous les hauts fonctionnaires,
contre le renvoi d'un homme qui apparaissait comme un modèle à
ses collègues et l'incarnation même du bon administrasteur : manifestation de solidarité interministérielle bien caractéristique du cosmopolitisme européen.

Le texte en lui-même définit admirablement le « patriotisme »
au sens qu'a ce mot dans la langue des gens éclairés, sens presque
antithétique de celui que lui donnera la Révolution française. Ce
patriotisme-là n'a rien à voir avec le nationalisme et se définit comme
un idéal de progrès, de philanthropie, de poursuite du bonheur commun à tous les hommes de bonne volonté, sans distinction de classe
ou de frontières. Il est aussi sans rapport avec le dévouement inconditionnel d'un sujet à son maître, avec ce lien personnel qui, dans
la conception féodale, unit au monarque les serviteurs qu'il a choisis.
Moser proclame en phrases audacieuses qu'un ministre n'est pas responsable devant son roi, mais devant la nation :

> « Und wer war der Herr, dem nur ein Necker dient ? Der König ?
> weit gefehlt !... die Ehre, das Wohl eines Reiches, das Glück der

Menschen, seiner Brüder, der Nachruhm, das in seiner Brust stammende Gefühl der Unsterblichkeit seines wohltätigen Namens, die sind der wahre einzige Herr eines grossen Mannes ; wann und wo er diesen vermisst, so geht er[29]. »

On ne saurait nier l'accent presque révolutionnaire de pareilles phrases. Cet ouvrage va faire surgir un « Anti-Necker » qui n'est nullement comme on pourrait le penser, d'après le titre, une attaque contre le ministre de Louis XVI. Son auteur J.H. Merck[30] prend prétexte des *Briefe an Herrn Iselin in Basel* pour se livrer à une violente critique de K. von Moser et de son administration et démontrer qu'il est, non pas un émule du Genevois mais un « Anti-Necker » et l'on constate ainsi qu'en Allemagne à cette date, les mots de Necker et Anti-Necker sont en train de devenir synonymes de bon et de mauvais ministre.

Il est encore d'autres témoignages dont la valeur est d'autant plus grande qu'aucune publicité ne devait leur être donnée et que la personnalité de leur auteur leur confère une incontestable valeur. Citons d'abord celui d'un homme qui, comme Moser, exerça longtemps de hautes fonctions dans une principauté allemande et prit très au sérieux les tâches qui lui étaient confiées ; il s'agit tout simplement de Gœthe qui, dans ses *Lettres à Charlotte von Stein*, s'exprime d'une manière très élogieuse sur les ouvrages de son collègue français :

« Den Compte-Rendu des Herrn v. Necker habe ich erhalten, écrit-il le 30 mars 1781. Es ist eine köstliche Schrift, es wird mir wohl damit gehen wie mit dem Ewerdingen[31] »

et après l'avoir sans doute relu et médité, il revient sur ce sujet le 2 avril :

« In der Neckerischen Schrift liegt ein engeheuer Vermächtniss für Welt und Nachwelt. »

Quatre ans plus tard, ses sentiments n'ont pas changé :

« Neckers neues Werk macht mir viel Freude, écrit-il à propos du traité *De l'Administration des Finances de la France,* besonders da ich auch seine heftigen Gegner lese. Wenn Stahl und Stein so zusam-

---

29. *Necker in Briefen an Herrn Iselin in Basel.* S. 1, 1782, p. 74.
30.Cf. *Der Anti-Necker, J..H. Merckund der Minister Fr. K. von Moser. Ein Beitrag zur Beurteilung JH. Mercks,* von Richard Loebell, Darmstadt 1896.
31. *Goethe-Briefe,* T. II, p. 183. Goethe remplissait à ce moment-là les fonctions de directeur des Finances, et il entreprenait une réforme de la maison ducale sur le modèle de celle de Necker. Cf. W.H. Bruford : *Culture and Society in classical Weimar.* Cambridge 1962.

men kommen, springt der Funcke hervor von dem man sein Licht anzünden kann, wenn mann klug ist [32]. »

Une lettre de Joseph de Maistre à son ami Rubat, encore plus explicite, montre comment tous ceux qui s'intéressent au bien public ont pu trouver dans cet ouvrage un écho et un encouragement à leurs aspirations les plus profondes, comment la foi dans les lumières se confond avec l'admiration qu'on éprouve pour le ministre de Louis XVI [33] :

« ... Ces lumières bonnes ou mauvaises », écrit le gentilhomme savoyard encore tout transporté de sa lecture », sont naturellement trop répandues pour qu'il dépende des gouvernements de les anéantir... ; ainsi, si par hasard les raisonneurs étaient à craindre, ce que je ne crois point du tout, il n'y aurait d'autre remède que de les contenter. »

et il ajoute :

« ... Les chefs des peuples et leurs premiers agents ne peuvent plus de nos jours excuser leur faute sur la difficulté d'apercevoir la vérité; on n'a qu'un mot à leur répondre : laissez écrire et lisez [34]. »

Le cas de Joseph de Maistre montre combien les événements de France furent utiles aux éléments réactionnaires en Europe, comment ce phénomène de la Révolution, où l'on voit la conséquence des lumières, en a bien souvent provoqué l'éclipse totale.

Les textes et les faits que nous venons de citer ne constituent qu'une ébauche d'une enquête plus vaste et plus poussée ; nous pensons que si l'on dépouillait méthodiquement journaux, mémoires et correspondances pour les années qui s'écoulèrent de 1780 à 1790, il deviendrait évident que le Genevois avait avec lui l'immense majorité des gens éclairés, vaste couche sociale où, comme dans les loges maçonniques, se mêlaient aussi bien les nobles que les bourgeois.

Mais ce n'est pas tout ; les têtes couronnées elles-mêmes sont les premières à se joindre à ce concert de louanges. Mme de Staël nous apprend qu'à la suite de la démission de son père : « Le roi de Pologne, le roi et la reine de Naples, l'empereur Joseph II, offrirent à M. Necker de venir gouverner les finances de leur Etat [35] ». Auguste de Staël, dans sa notice sur M. Necker, confirme les affirmations de sa mère :

---

32. *Ibid.* T. III, p. 64. Lettre du 8 septembre 1785. Cf. encore une lettre du 11 septembre 1795 : « Noch immer les ich and Neckern und seinen Gegnern, es ist ein sonderbar Studium Vielleicht kann ich dir einmal die Resultate referieren. »

33. Lettre de Joseph de Maistre à son ami Rubat in Descotes : *Necker écrivain et financier, jugé par le comte de Maistre, d'après des documents inédits.* Chambéry 1896, p. 16.

34. *Ibid,* p. 25.

35. *Du Caractère de M. Necker et de sa vie privée,* p. 37.

« L'on sait que plusieurs souverains, Joseph II, Catherine, le roi de Naples, le roi de Pologne, proposèrent à M. Necker de le mettre à la tête de leurs finances. Le roi de Sardaigne disait : « Je voudrais que celles de mon royaume fussent dignes que M. Necker vînt les diriger. » Mais il refusa toutes ces offres, car il aimait la France comme une patrie, je dirais presque comme une amie de son choix [36]. »

Peut-être exagèrent-ils l'un et l'autre quelque peu, mais la lettre de Catherine II, citée par Mme de Staël, constitue en tout cas un témoignage irrécusable :

« Enfin M. Necker n'est plus en place, voilà un beau rêve que la France a fait et une grande victoire pour ses ennemis. Le caractère de cet homme rare est à admirer dans ses deux ouvrages, car le Mémoire vaut bien le Compte-Rendu. Le roi de France a touché du pied à une grande gloire. Nun das wird schon so bald nicht wieder kommen, mais cela ne reviendra pas de sitôt. Il fallait à M. Necker une tête de maître qui suivit ses enjambées [37]. »

La correspondance qu'entretiennent le roi de Suède Gustave III et la comtesse de Boufflers prouve elle aussi combien ce monarque estimait le Genevois, il le félicite d'avoir créé des Etats dans les Provinces (lettre du 20 octobre 1778) et fait son éloge après son départ du ministère (lettre du 27 juillet 1781 [38]). La correspondance échangée entre Joseph II et son frère Léopold, grand-duc de Toscane, au sujet du Compte-Rendu, traduit le même état d'esprit.

« Je suis bien curieux, écrit l'empereur le 22 mars 1781, d'apprendre ce que vous pensez, mon cher ami, du fameux livre de Necker. On ne peut écrire avec plus d'agrément et il me paraît qu'il y a des principes excellents. »

Léopold lui répond le 7 avril :

« Quant au fameux livre de M. Necker sur lequel vous me demandez mon sentiment, il me paraît que l'idée de faire rendre compte par le souverain au public de l'état de ses finances et de leur administration est glorieuse, utile, de justice, puisque les finances sont comme tout au public et que le souverain n'en est que l'administrateur, par conséquent obligé à en rendre compte, ne devant les dépenser que selon l'intention de son principal, qui est que les dépenses soient pour le plus grand bonheur et avantage de l'Etat et de tous ses individus. Il me paraît outre cela, que M. Necker y déploie des principes de finances et d'économie politique qui sont fort justes [39]. »

Peu importent les critiques qui suivent et qui concernent la personne même de Necker si les principes directeurs de sa politique sont pleinement acceptés, si les monarques européens reconnaissent

---

36. *Notice sur M. Necker,* O. c. I, p. CLXXIX.
37. Mme de Staël : *Du Caractère de M. Necker et de sa vie privée,* p. 37.
38. *Lettres de Gustave III à la comtesse de Boufflers et de la comtesse au roi de 1771 à 1791,* Bordeaux, 1900.
39. *Joseph II und Leopold von Toscana, im Briefwechsel von 1781 bis 1790,* t. I, p. 19 et 23. Wien 1872.

le bien-fondé de ses réformes. Et l'on peut penser que l'opinion de Gœthe, ministre du Grand-Duc de Weimar et celle de W.C. Dohm, ministre du roi de Prusse ne font que refléter celle de leur maître.

Mais c'est encore dans les milieux gouvernementaux anglais que la renommée de Necker est la plus illustre. Ses relations avec ce pays avaient toujours été très étroites. Les affaires de sa maison de banque l'avaient mis en rapport depuis toujours avec la finance anglaise, et, au niveau où elles se traitaient, le contact avec le personnel politique était inévitable. Il fit à Londres en 1776 un mystérieux voyage qui coïncide curieusement avec celui de l'ambassadeur d'Angleterre, Lord Stormont, parti et revenu quelques semaines avant et après lui, voyage dont le véritable but n'était certainement pas seulement de permettre à Mme Necker d'aller au théâtre voir jouer Garrick. Le couple à cette occasion fut l'objet des plus flatteuses invitations, en particulier de la part d'Haroce Walpole, de Lord Stormont et surtout de Lord North [40].

Le terrain était donc bien préparé en faveur d'un homme à qui une réussite financière comme la sienne donnait à coup sûr plus de considération outre-Manche que dans notre pays. La tournure prise par les événements va faire de lui, pour les Anglais, aussi, un ministre modèle. A l'occasion de la guerre d'Amérique, la Couronne fut très vivement attaquée par l'opposition sur le chapitre du budget et des économies à réaliser et cette polémique où se distinguèrent Lord Richmond, à la Chambre des Lords, et surtout Burke, aux Communes, fut particulièrement bénéfique pour notre auteur ; pendant plusieurs années, il ne fut question dans les débats parlementaires que des réformes et de la gestion financière du ministre du roi de France, dont les Anglais auraient eu le plus grand intérêt à s'inspirer.

Le 14 décembre 1778, c'est Burke, le 24 février 1779, c'est Lord North et Governor Johnstone, le 7 décembre 1779, c'est le duc de Richmond le 15 décembre 1779, le 11 février et le 20 mars 1780, c'est à nouveau Burke, le 2 avril, c'est le général Conway et Lord North et le 15 février 1781, c'est encore Burke qui prennent la parole [41] pour parler de Necker et de son administration, et tous, qu'ils soient au gouvernement ou dans l'opposition font l'éloge du ministre du roi de France dans les termes les plus flatteurs. Les interventions de Burke sont de véritables panégyriques du Genevois :

> « I see neither Louis the 14th nor Louis the 15th. On the contrary I behold with astonishment, rising before me, by the very hands of arbitrary power, and in the very midst of war and confusion, a regular, methodical system of public credit... What a reverse of things. Principle, method, regularity, economy, frugality, justice to individuals, and care of the people, are the resources with which

40. Cf. Comtesse de Pange : *Necker en Angleterre, le mystérieux voyage de 1776* in Revue des deux Mondes. 1er avril 1948, p. 480-489 et Luthy H. : *La Banque protestante en France*, T. II, p. 414.
41. Cf. Hansard : *The parliamentary history of England from the earliest period to the year 1803*, Vol. XX et XXI.

France makes war upon Great Britain. God avert the omen! But if we should see any genius in war and politics arise in France to second what is done in the bureau! I turn my eyes from the consequences. » (Intervention du 11 février 1780 [42].)

« Thus his people felt the happiness of having a frugal prince and a frugal minister... he had reduced the number of his servants, but he had increased that of his ships; he had taken from his own personal eclat, but he had given to this country a marine, which would immortalize his reign. Were Mr. Necker's plan to proceed no farther than it had already done, it had still produced this essential advantage to our ennemies, that they had sustained the efforts of Great Britain three years without any impoverishment, and had now enough to begin the competition of resources with us, after we had been reduced by almost every species of taxation that ingenuity could invent. This was not overlooked by the french king; for Necker alone had stood his ground amidst all the cabals and intrigues of a court, a stranger, and unprotected as he was, while almost every other minister had in his turn been dismissed. It was not yet true, as related in the newspapers, that he was dismissed the service. Calumny might attempt, perhaps, to blacken this excellent statesman in his sovereign's eyes; but it was impossible to blind the discernment of that monarch, so far as to efface from his memory this honourable truth. He has given me a navy, and has not laid a tax upon my subjects! » (Intervention du 15 février 1781 [43].)

On imagine quel pouvait être dans l'opinion publique européenne le retentissement de tels éloges, prononcés devant cet aréopage unaniment respecté qu'était le Parlement britannique [44].

Pour la plupart de nos contemporains, en France tout au moins, souvent prisonniers d'une vision purement nationale de l'histoire des idées au XVIIIᵉ siècle, centrée sur le phénomène abusivement privilégié de la Révolution, la création des Assemblées provinciales n'est qu'une tentative timide, entreprise et poursuivie sans conviction, le *Compte rendu au roi*, une grossière falsification, et le traité *De l'administration des finances* un ensemble d'informations dont on se plaît à souligner les inexactitudes, tout en l'utilisant sans vergogne. Quant au premier ministère du Genevois, c'est l'ultime soubresaut d'un régime expirant.

Il faut bien pourtant se faire à l'idée que l'Europe des lumières a vu dans tout cela bien autre chose. Si elle a manifesté un pareil intérêt pour les conceptions que défendait Necker, et pour l'expérience qu'il tentait, c'est qu'elle trouvait dans ses œuvres et dans son action une doctrine valable pour toutes les monarchies européennes, si bien que cette personnalité ne prend sa véritable signification, sa véritable dimension, que si on le replace dans un cadre plus large que celui de la France, dans le vaste mouvement d'idées et de réformes qu'on appelle le despotisme éclairé.

---

42. Hansard XXI, col. 6.
43. *Ibid*, col. 1236.
44. Cf. K. v. Moser op. cit : « Es ist bekannt, wie sehr die Engländer in ihren Parlamentsreden seine ganze Verwaltung herausgestrichen und sein Sparen und Wirtschaften Ihrem guten König zum Muster der Nachahmung angepriesen haben. » (Sixième lettre).

Nous n'avons nullement l'intention de nous perdre dans les sables d'une question si complexe, et nous ramènerons le problème à des proportions aussi simples que possible, à des vérités d'évidence : c'est un fait incontestable qu'autour des années 1780 se réalise en Europe une expérience de modernisation à laquelle participent à peu près tous les Etats. C'est un fait tout aussi incontestable que les monarques qui s'y consacrent, les ministres qui les assistent, et l'opinion publique qui se passionne pour elle, ont les yeux fixés sur le ministre de Louis XVI. Ce que dit le président Dupaty de la réaction des Gênois devant le traité de l'*Administration des finances* vaut pour l'Europe entière : « Tout ce qui lit a lu cet ouvrage, tout ce qui pense l'apprécie, tout ce qui sent en est enthousiaste. » C'est dans cet accord fondamental entre ce que propose le Genevois et ce qu'attend l'Europe que réside la véritable explication de son succès.

Nous examinerons en détail ce programme, quand nous étudierons, à propos des idées politiques de Necker, ce qu'il pensait de la royauté française traditionnelle, comment il envisageait son adaptation à la situation nouvelle créée à la fin du XVIIIe siècle par les transformations économiques et sociales et par les progrès des lumières, et il apparaîtra alors qu'il est possible de donner un contenu fort précis à la version qu'il proposait à l'Europe du despotisme éclairé, et qu'il s'agissait de bien autre chose que d'enlever sa perruque à Louis XIV [45].

---

45. « Le despotisme éclairé... C'est Louis XIV sans perruque. » J.F. Bluche : *Le despotisme éclairé*, Fayard 1968, p. 354.

# CHAPITRE III

# LES OUVRAGES RELIGIEUX

## I. — DE L'IMPORTANCE DES OPINIONS RELIGIEUSES

Historiquement, les deux séries d'ouvrages que nous venons d'examiner, où Necker prend position pour l'interventionnisme et expose la doctrine et le programme de la monarchie éclairée, s'expliquent aisément. Le rapport qui existe entre la publication de chacun d'entre eux et le déroulement de la carrière de Necker est évident. Le livre paru en 1778 *De l'importance des opinions religieuses* ne présente certainement pas le même caractère de nécessité ; il n'est pas en relation avec un fait particulier de la vie de notre auteur ou avec un événement précis de son temps. Une quinzaine d'années plus tôt il aurait pu être considéré comme une des réponses à l'attaque lancée par l'athéisme contre la religion, attaque qui atteint son point culminant autour de 1770 avec le *Système de la nature*, mais en 1788 la vague est retombée et ce sont d'autres sujets qui occupent le devant de la scène dans la vie intellectuelle du pays.

L'ouvrage n'en est pas moins en liaison avec un phénomène caractéristique de la société française à la veille de la Révolution : celui de l'incrédulité des classes éclairées, des classes privilégiées et particulièrement de la noblesse. Après avoir tracé dans le traité *De l'Administration des finances* le programme des réformes d'ordre administratif, Necker poursuit sa réflexion sur le plan spirituel et moral, ce qui l'amène à prendre énergiquement position contre un état de fait qui lui paraît extrêmement dangereux pour le bon équilibre de la nation. Encouragés par les ouvrages philosophiques antireligieux, l'incroyance, le mépris affiché pour la foi traditionnelle sont devenus la marque de l'appartenance à une classe. Pour un homme et pour une femme du monde, à Paris surtout, c'est être dans le ton de manifester le plus parfait dédain pour les dogmes et les pratiques du catholicisme et ce serait déchoir, se montrer indigne de son rang, que de laisser soupçonner des sentiments qu'on ne juge bons que pour le peuple. L'irreligion est devenue une forme de

snobisme. Comme le costume, les manières, les distractions, le mode
de vie, elle fait partie des traits qui caractérisent les couches sociales
supérieures.

L'exemple vient de haut et les cadets de grande famille, revêtus
des plus hautes dignités ecclésiastiques, montrent sans la moindre
gêne que les fonctions qu'ils exercent ne les empêchent nullement de
rester fidèles aux attitudes imposées par le milieu auquel ils appartiennent. Priestley raconte dans ses mémoires qu'invité à dîner chez
Turgot, le chevalier de Chastellux lui apprit que les deux personnages
placés en face de lui étaient l'un, l'évêque d'Aix, l'autre, l'archevêque
de Toulouse : Mais, dit-il, pensant le mettre à l'aise « they are no more
believers than you or I [1] ».

Necker était profondément choqué de cette situation et les raisons
qui le poussent à entreprendre la lutte contre l'irreligion sont de
deux sortes : tout d'abord, ce protestant est, comme sa femme, un
croyant convaincu ; Mme Necker est demeurée plus attachée au
calvinisme de son enfance, à la religion de son père, pasteur d'un
petit village vaudois ; tandis que son mari, subissant une évolution
naturelle, n'a conservé de son éducation religieuse que les dogmes
du déisme traditionnel. Mais, pour épurée qu'elle soit, la foi de notre
auteur est sincère et l'ouvrage *De l'importance des opinions religieuses* la proclame et la justifie par une argumentation qui fera appel
aussi bien aux sentiments qu'à la raison.

Toutefois, ce livre n'est pas seulement la profession de foi d'un
déiste convaincu devant l'irréligion de son temps, il est aussi le cri
d'alarme d'un homme inquiet. Les effusions d'une âme célébrant son
créateur et les promesses d'une consolante immortalité ne sont pas,
en effet, l'objet le plus important de cette œuvre. Aux élites, pleines
de dédain et aux penseurs désireux de laïciser la morale, Necker
veut démontrer l'utilité sociale de la religion ; sans elle, les classes
défavorisées ne pourraient accepter leur sort. Une certaine discipline
spirituelle s'impose dans tout état soucieux de conserver son équilibre et de voir vivre en paix les divers éléments de sa population.

L'ouvrage, immédiatement traduit en anglais [2], en allemand, en
hollandais, fut très favorablement accueilli dans les pays protestants,
et les revues anglaises, allemandes, hollandaises ou suisses ne taris-
sent pas d'éloges [3].

---

1. Priestley *Memoirs*. Centenary éd., p. 48, cité par B. Willey : *The 18th
Century background*, 1957, p. 172.
2. Cette traduction fut faite par Mary Wollstonecraft plus tard Mrs. William Godwin, et n'eut pas moins de trois éditions ou rééditions aux Etats-
Unis, 1791, Philadelphie, 1796 Boston, 1796 Philadelphie.
3. Cf. *Monthly Review* (T. 78, Janv-Juin 1788, pp. 598-605, ed. fr.) *Analytical Review* (1789 janvier-avril pp. 41-48, trad. angl.) *European Magazine*
(1789. T. 15, pp. 28-31 et 210-213, trad. angl.) *Göttingische Anzeigen von
gelehrten Sachen* (1788, 2, pp. 746-756 ed. fran;. ; 3, p. 1956-7 trad. all) *Tübingische gelehrte Anzeigen* (1788, p. 633). *Nürnbergische gelehrte Zeitung*
(1788, pp. 717-8) *Göthaische gelehrte Zeitungen* (1789, I, p. 156). *Allgemeine
Literatur Zeitung Iéna* (1788, 21 avril n° 96, ed. franç. ; 1789, 15 mai n° 147,

On se réjouit de l'appui apporté à la bonne cause par un écrivain aussi célèbre et l'on ne manque pas de souligner que ce livre complète heureusement l'œuvre entreprise sur le plan politique. L'*Analytical review* loue son auteur d'avoir ouvert :

« A new track in the fame road, which he discovered not to be far removed from his former habit of thinking. »

La *Göttingische Anzeigen von gelehrten Sachen*, de son côté, exprime sa satisfaction d'entendre enfin s'élever en France une voix qui défend la religion après toutes les attaques dont elle a été l'objet :

« Zu einer Zeit wo man seit der Encyclopädistenperiode, in Frankreich und in dem nachaffenden Deutschland, alle geoffenbarte Religion insgeheim untergräbt und öffentlich bestürmt, wo Usurpatoren der Philosophie alle Religion verwerfen oder eine nach ihren Einfällen und Leidenschaften geformte, der Welt aufbringen wollen ; wo Deutsche ihre Fürsten ermahnen das Christentum abzuschaffen und die Académie Française... auf einen bloss aus dem Naturrecht geschöpften Katechismus der Moral, Preise setzt, war es schon eine seltene Erscheinung dass... eine der ersten Frauen Frankreich Religion und Offenbarung in Schutz nahm [4]. Noch weit merkwürdiger aber und erheblicher ist dieses Werk. »

Dans les pays latins, la réaction devant l'apologie d'un protestant fut plus nuancée. Le livre avait intéressé l'ambassadeur d'Espagne à Versailles, le comte de Fernand Nunez qui l'expédia le 29 novembre 1789 à Floridablanca avec ce jugement :

« La traduction avec très peu de changements ou réserves pourrait nous être utile pour combattre à temps et par la bouche d'un protestant l'esprit de philosophie qui se généralise, ou tout au moins, pour le contenir dans les limites telles qu'il ne nuise ni à l'état ni au bien public. »

En fait, bien loin d'être traduit, le livre fut condamné par l'Inquisition, à juste titre d'ailleurs, et comme Necker, lors d'un déjeuner, s'en plaignait aimablement à l'ambassadeur, ce dernier lui fit la réponse suivante :

« Oui, Monsieur, c'est vrai ; on vous a mis en Espagne sur une liste de proscrits, mais avec tous les honneurs qui vous étaient dûs, puisqu'on vous a placé à la tête de tous les autres. Entre nous, dans un pays où tant de gens doutent de l'existence de Dieu, un ouvrage qui démontre cette existence peut avoir son utilité. Mais là où personne ne la met en doute et où, par principe, on conserve heureusement l'unité religieuse, c'est chose inutile sinon dangereuse [5]. »

---

trad. allem.) *Döderlein auserlesene theologische Bibliothek.* (T IV, pp. 590-607, trad. allem.) *Allgemeine Vaderlandscheletter*, (1788 (I), pp. 563-568, trad. holl.) *Journal de Genève* (1788, 7 juin, n° 23).

4. Allusion au livre de Mme de Genlis : *La religion comme l'unique base du bonheur et de la philosophie*, p. 1787.

5. Cf. Sarrailh : *L'Espagne éclairée de la seconde moitié du XVIIIe siècle*, 1954, p. 288 et ss.

En France aussi les représentants de l'orthodoxie catholique ne pouvaient qu'être choqués des procédés employés par ce déiste pour défendre la religion : le *Journal ecclésiastique* (1788, T. II) et surtout l'*Année littéraire* (1788, T. IV-V, pp. 289-328) avec l'excellent compte rendu de l'abbé Royou, tout en rendant hommage aux intentions de l'auteur, ne manquèrent pas de protester contre une justification qui sentait le fagot. Les philosophes attaqués trouvèrent aussi des défenseurs [6]. Par contre de nombreux journaux « éclairés », tels les *Nouvelles de la Républiques des Lettres*, 1788, IX, 22, le *Journal général de l'Europe* (1788, 10 mai), le *Journal de Paris* (1788, 22 mars), le *Journal encyclopédique* (1788, nᵒ 3), le *Mercure de France* (1788, 12 juillet), la *Gazette de France* (1788, nᵒ 70) [7], sensibles aux arguments présentés par le Genevois, se montrèrent fort bienveillants.

Quant aux mondains, quant à cette société qui, à Paris surtout, faisait de l'irréligion un article de son savoir-vivre, ce n'était pas un livre qui pouvait changer quoi que ce soit à sa manière d'être et à ses façons de penser. Et les deux *Lettres à M. Necker* écrites par Rivarol nous montrent avec quel dédain réagit devant cette mercuriale un des plus typiques représentants de la catégorie sociale à laquelle l'ancien ministre adressait son solennel avertissement.

## II. — LE COURS DE MORALE RELIGIEUSE

Necker ne pensait certes pas que l'avenir allait si tôt confirmer ses prédictions, et prouver combien il avait été imprudent de la part des possédants de mépriser l'appui que la religion pouvait apporter à la défense de leurs intérêts les plus immédiats. Le Révolution française devait se charger d'opérer avec une remarquable rapidité ce changement d'attitude de la part des privilégiés, que les prêches du Genevois s'étaient en vain efforcé d'obtenir. Comme le dit, Tocqueville : « L'ancienne noblesse qui était la classe la plus irréligieuse avant 1789 devint la plus fervente après 1793, la première atteinte, elle se convertit la première. » Necker ne peut que se réjouir d'une pareille évolution, partagée par l'ensemble de la population et le *Cours de morale* publié en 1800, représente sa contribution à un renouveau religieux qu'il avait toujours souhaité.

---

6. Cf. le pamphlet intitulé : *Supplément nécessaire à l'importance des opinions religieuses ou nouvelles lettres provinciales.*
7. Qui annonce que l'Académie française a décerné à cet ouvrage le prix d'utilité.
8. A. de Tocqueville : *L'Ancien Régime et la Révolution*, Gallimard 1952, p. 206.

L'ouvrage se présente comme un recueil de sermons destinés à faciliter aux jeunes pasteurs la préparation de leurs homélies dominicales. Les journées étaient longues à Coppet et tout en éprouvant le désir fort louable d'édifier ses contemporains, Necker avait cédé aussi à la tentation de s'essayer dans un genre littéraire nouveau pour lui : le genre du sermon : « J'ai supposé, par une fiction permise, qu'un pasteur, et un pasteur d'un âge avancé, prononçait les discours dont cet ouvrage forme la réunion ; et comme je me suis ainsi transporté dans la situation d'un orateur religieux, en empruntant le langage de la chaire, j'ai rempli les conditions de convenance que la gravité des sujets m'imposait [9]. » Douce obligation qui lui permet de donner libre cours à des flots d'éloquence sacrée qu'il ne pouvait plus contenir. A Genève d'ailleurs cette éloquence n'était pas réservée aux seuls pasteurs mais cultivée aussi par les laïques et, en pratiquant l'art de la chaire notre auteur ne faisait que suivre une tradition bien établie [10].

Malheureusement en 1800, les voix qui s'élèvent en France pour célébrer la religion et ses vertus sont plus nombreuses qu'il ne le faudrait, et c'est dans l'atmosphère de l'éphémère rivalité entre catholiques et protestants, luttant pour assurer le triomphe de leur confession, que paraît le second plaidoyer de Necker. Mme de Staël, depuis 1795, ardente républicaine et convaincue qu'il faut au nouveau régime de nouvelles croyances, est devenue la principale initiatrice d'un mouvement qui vise à remplacer le catholicisme, religion de la monarchie et de l'Ancien Régime, religion du passé, par le protestantisme, religion de l'avenir.

Ce credo politique et religieux se complète d'articles de foi sur le plan littéraire : posant en principe que le progrès dans le domaine des Beaux-Arts est lié au progrès des lumières, au triomphe de la raison et de la philosophie, l'auteur de *De la littérature* en conclut que la religion protestante, plus philosophique que le catholicisme, doit favoriser l'éclosion des chefs-d'œuvres et assurer en ce domaine aux pays qui la pratiquent une incontestable supériorité, et comme les dits pays sont au Nord et les pays catholiques au Midi, on se trouve finalement en présence d'une construction où l'on passe de la politique à la religion, de la religion à la littérature, et de la littérature à la géographie, suivant un enchaînement aussi rigoureux que discutable, qui trouve son aboutissement dans le fameux chapitre sur la littérature du Nord.

Les adversaires de Mme de Staël ne vont pas manquer d'utiliser à leur profit les ultimes et périlleux efforts de son père en faveur

---

9. C.M.R., p. 30.
10. Cf. J.-J. Rousseau : *Confessions* Pléiade Oe. c. T. I, p. 25 : « Mon oncle Bernard ayant un jour lu dans la famille un très beau sermon de sa façon, nous quittâmes les comédies et nous nous mîmes à composer des sermons ». Cf. aussi J. Courvoisier : *L'Eglise de Genève de Th. de Bèze à I.A. Turrettini*, Genève 1942.

de la religion et de la gloire ,ce qui vaudra au malheureux un double éreintement littéraire et théologique, qui n'est pas mérité, car on règle sur son dos des comptes qui ne le concernent pas.

C'est Fontanes qui va se charger de la première exécution, et nous allons constater l'habileté manœuvrière de ce journaliste. Le premier article du *Mercure* consacré à *De la littérature* [11] se terminait par le célèbre post-scriptum : « Quand cet article allait à l'impression le hasard a fait tomber entre nos mains un ouvrage qui a pour titre : *Des beautés morales et poétiques de la religion chrétienne ;* cet ouvrage est remarquable par la richesse de l'imagination et l'abondance des sentiments, on en fera connaître quelques fragments où l'auteur traite d'une manière neuve les mêmes questions que Mme de Staël. » Ces extraits vont être publiés en effet dans le numéro de Frimaire An IX du *Mercure de France*, mais sous une forme inattendue. Fontanes a eu l'idée machiavélique de les introduire dans le compte rendu qu'il consacre au *Cours de morale religieuse.*

On trouve, en effet, dans ce compte rendu, outre une critique polie mais sévère de ce livre, deux séries d'extraits, les uns puisés dans l'ouvrage du Genevois, les autres de la plume de Chateaubriand [13], extraits mis face à face avec l'intention avouée de faire de la prose du malheureux Necker un repoussoir qui mettra en valeur celle de l'ami de Fontanes. La comparaison est écrasante, d'un côté l'emphase, le verbalisme, la banalité, de l'autre des morceaux de bravoure où éclate toute l'originalité d'un de nos plus grands écrivains.

Le procédé ne manque pas d'une certaine cruauté, mais Fontanes fait d'une pierre deux coups. Sur le plan de la publicité, le nom d'une jeune auteur presque inconnu du grand public est accroché à celui d'un homme qui n'occupe plus le devant de la scène, mais qui a été célèbre et le reste encore, et surtout la mise en regard de ces textes démontre par le plus frappant des exemples la fausseté des thèses de Mme de Staël et l'évidente supériorité de l'écrivain catholique et français sur l'écrivain protestant et suisse. « Né dans une secte protestante, M. Necker n'a pu faire passer dans son ouvrage religieux la poésie qui manque à son culte [1]. » Le protestantisme tue la littérature. Que le propre père de Mme de Staël, vaincu en combat singulier par un flamboyant archange, morde publiquement la poussière et fasse les frais de cette démonstration ne laisse pas de donner un prix particulier à sa défaite ; tout cela est de bonne guerre et l'occasion était trop belle pour la laisser échapper.

---

11. Messidor An VIII.

13. Fontanes cite de Chateaubriand le fameux coucher de soleil sur la mer (*Génie* 1ʳᵉ partie, livre V, chapitre 12) et un autre texte sur l'instinct de la patrie qui finalement ne prendra pas place dans le *Génie* mais à la fin d'*Atala* : « Lorsqu'une peuplade du nouveau monde, etc. ».

14. *Ibid*, p. 335.

Sur le plan proprement religieux, la condamnation de l'abbé de Boulogne dans les *Annales politiques et littéraires* (1800, T. II, pp. 552-559) sera tout aussi radicale et, de même que Fontanes mêlait religion et littérature, le défenseur de l'orthodoxie mêlant religion et politique, va livrer à la vindicte publique le principal responsable du complot protestant :

> « Il a porté dans la patrie le cœur d'un étranger, dans le gouvernement d'un seul des principes démocratiques, dans un Etat catholique des principes presbytériens, de là, la chute de cette monarchie qu'il regrette, cet abîme de malheurs qu'il déplore et que toutes ses belles phrases, son pathos de rhéteur, ses élégies sentimentales, ses sermons langoureux et son cours de morale ne répareront pas. C'est dans la vigueur inaccommodable de la vérité, c'est dans l'auguste ensemble du christianisme fort de toutes ses preuves et grand de tous ses mystères, que l'on peut retremper les armes de la foi, et non dans cette décomposition chimique des textes sacrés, et non dans cet amphigourie philosophique où l'on nous parle dévotieusement de la religion naturelle et naturellement de la religion chrétienne. Entraîné par le torrent de l'opinion publique qui toute se porte en ce moment vers le besoin d'une religion nationale, et forcé à se rendre au vœu du peuple français qui la réclame de toute part, on voudrait lui donner le change en lui en offrant une, moitié sacrée, moitié profane, avec laquelle on pourrait se passer des prêtres, que les philosophes pourraient prêcher sans trop se compromettre et qui ne nuirait point ainsi à leur domination dont ils sont si jaloux. »

Le ton de cet article est celui de la plus grande partie de la presse. A de rares exceptions près, comme celle du *Publiciste* (12 Brumaire IX, pp.3-4), où le fidèle Suard défend son vieil ami, les journaux sont très sévère. *L'Année littéraire* (1800, T. I), le *Bulletin universel des sciences des lettres et des arts* (20 Brumaire IX, n° 1), *Paris pendant l'été 1800* (18 novembre 1800 [15]), la *Gazette de France* (15 Brumaire IX, n° 1057), accablent l'auteur du *Cours de morale*, victime impuissante qui, pour comble d'injustice, comme nous le montrerons, se trouve en fait dans le camp de ses bourreaux.

---

15. « Aujourd'hui qu'il a contribué à débarrasser les Français du joug tutélaire de la monarchie, écrit Peltier, aujourd'hui que grâce à ses trames perfides les trois-quarts des Français sont réduits au-dedans comme au-dehors à périr de faim, de misère ou de chagrin, le voilà qui nous fait des sermons à sa manière... celui qui n'a pas épargné la monarchie ne devait pas respecter davantage le clergé de France. On voit clairement que le complot de cet orgueilleux républicain datait de loin. »

## CHAPITRE IV

# LA RÉVOLUTION FRANÇAISE

Pour ne pas séparer les deux ouvrages consacrés par Necker à la religion, nous avons été obligé de faire une entorse à l'ordre chronologique. Reprenons maintenant cet ordre pour examiner un dernier groupe d'œuvres : celles qui ont été inspirées par la Révolution française. Elles sont toutes postérieures à son action politique. Débordé par les événements, pressé par le temps, peu soucieux aussi de dévoiler ses batteries, Necker n'a pas publié, au cours de son second et de son troisième ministère, des textes qui, comme le *Mémoire sur les Assemblées provinciales* ou le *Compte rendu au roi*, sont des exposés de doctrine ayant une valeur générale, en même temps qu'ils répondent à un but précis.

Sans doute, pendant cette période, de nombreuses lettres, rapports ou mémoires sont-ils sortis de sa plume mais, comme les Préambules d'édits du premier ministère, ils font partie de la vie quotidienne et pour présenter chacun de ces textes il faudrait refaire entièrement l'histoire des mois où Necker fut au pouvoir de 1788 à 1790. Nous ne nous ferons nullement faute de nous y référer le cas échéant, mais leur étude détaillée nous entraînerait trop loin. Nous nous bornerons donc aux grands ouvrages publiés de 1791 à 1802 : *De l'administration de M. Necker par lui-même, Du pouvoir exécutif dans les grands Etats, De la Révolution française* et enfin les *Dernières vues de politique et de finance*. Ils couvrent toutes les années qui mènent du second ministère jusqu'à l'établissement du Consulat.

On ne saurait s'étonner de la masse imposante que constitue cette dernière série d'écrits. Necker supporte mal les loisirs forcés ; sa première retraite avait été féconde, la seconde le sera encore davantage, et les grands événements où il fut acteur, comme ceux dont il sera simple spectateur vont évidemment donner matière à des réflexions sans fin. Déposé sans trop de secousses par la tempête sur un rivage paisible qu'il ne quittera plus, c'est en toute tranquillité qu'il peut mettre en ordre ses souvenirs et rassembler les informations qui lui permettent de suivre ce qui se passe en France.

Le château de Coppet, providentiellement acheté en 1784, offre à l'ancien ministre une résidence idéale où il pourra se livrer en paix à ses méditations favorites.

Les livres qui vont successivement paraître sont de caractère différent : *De l'administration de M. Necker par lui-même* est avant tout un plaidoyer pro-domo ; *De la Révolution française* se présente comme un ouvrage d'histoire, tandis que *Du pouvoir exécutif dans les grands Etats* et les *Dernières vues de politique et de finance* ressortissent plutôt à la théorie politique. Mais malgré la diversité des préoccupations qui se font jour dans chacun d'entre eux, ils présentent cependant une unité fondamentale, dans la mesure où tous sont consacrés à l'apologie du régime qui, toute sa vie et surtout à partir de 1788, a été l'idée fixe de Necker : la monarchie constitutionnelle à l'anglaise. Par-delà les soucis mesquins d'apologie personnelle ou l'interprétation quelquefois tendancieuse des événements, le véritable intérêt de toutes ces pages réside dans une réflexion approfondie sur le problème des institutions et une confrontation permanente des combinaisons successivement échafaudées par les hommes d'Etat français avec un idéal toujours identique.

## I. — DE L'ADMINISTRATION DE M. NECKER PAR LUI-MÊME

Cet ouvrage, comme le titre l'indique, présente plus que tous les autres le caractère d'une apologie personnelle. Il était déjà terminé au début d'avril 1791. Or Necker avait quitté la France en septembre 1790 et la hâte mise à achever ce livre en six mois prouve combien était vif de la part de notre auteur le désir de se justifier, combien était grande aussi l'amertume de celui qui se jugeait victime de la part de l'assemblée de la plus noire des ingratitudes.

La composition assez maladroite de l'ouvrage trahit la précipitation. La première partie est la plus soignée. Après avoir résumé l'œuvre accomplie pendant son premier ministère, Necker passe en revue les principaux événements de la période qui s'écoule de 1788 à 1790 : l'Assemblée des notables, le doublement du Tiers, le résultat du Conseil du 27 décembre 1788, la préparation de la réunion des Etats Généraux, le discours d'ouverture, les tentatives de conciliation entre les trois ordres, la séance royale du 23 juin, la prise de la Bastille, le retour triomphal, l'affaire Besenval, les débats relatifs à la politique financière, le problème du veto, les journées des 5 et 6 octobre, et enfin le discours du 4 février. Tels sont de son point de vue, les faits les plus marquants et, à propos de chacun d'entre eux, il explique et justifie sa conduite. Puis il aborde un nouveau sujet, la critique de l'œuvre constitutionnelle entreprise par l'Assemblée et c'est l'occasion pour lui de faire un premier éloge systématique des institutions anglaises qui auraient dû servir de modèle à la Constituante.

Necker aurait pu terminer ainsi son ouvrage en passant du particulier au général, du film des événements à des considérations sur les institutions. Mais le lecteur doit subir une troisième partie, où l'auteur revient sur deux inépuisables sujets : celui de ses différents titres à la reconnaissance du pays, celui des mauvais procédés qu'a eus l'Assemblée à son égard. Il est alors question successivement du dévouement dont il a fait preuve dans la question des subsistances, des œuvres charitables de Mme Necker et des qualités de cette incomparable compagne, du prêt de deux millions consenti par lui à l'Etat en 1777, puis de toutes les marques de défiance, d'ingratitude, d'hostilité que l'Assemblée lui a prodiguées. Vient enfin le récit de l'équipée mouvementée que fut son retour en Suisse.

Necker a souvent raison : c'est un fait qu'il s'est donné beaucoup de mal pour assurer le ravitaillement de la France et surtout de la capitale dans des circonstances très difficiles, c'est un fait qu'il a prêté à l'Etat français une somme considérable et qu'il aurait pu faire un meilleur emploi de son argent, c'est un fait que Mme Necker fut une excellente épouse, c'est un fait que la politique financière de la Constituante fut très maladroite et qu'il eût mieux valu souvent écouter les conseils d'un ministre expérimenté ; mais par un ton de dignité offensée, une rancœur de grand homme déchu, une exaspérante prolixité, Necker aurait compromis la meilleure cause. Sa seule excuse est d'être encore sous le choc d'événements qui, avec une surprenante rapidité, l'ont précipité du haut de son piédestal et ont détruit en quelques mois tous ses espoirs : il est manifeste qu'il n'a pas encore retrouvé son équilibre. Dans les dernières pages, il revient heureusement à des considérations plus générales et adjure l'Assemblée de faire preuve de sagesse et de modération, mais il se laisse là encore aller à un verbalisme et un pathos qui rendent sa conclusion preque illisible.

Plaidoyer *pro domo*, mais aussi geste politique en faveur de la Constitution anglaise, l'ouvrage fut accueilli comme tel. Il soulève l'indignation des partisans de l'Ancien Régime tandis que les représentants d'une opinion modérée lui sont plus ou moins favorables. C'est ainsi qu'en mai et juin 1791, le *Journal général de la Cour et de la Ville* (18 mai 1791), la *Gazette de Paris* (25 mai 1791), les *Devoirs de la seconde législature* (11 juin 1791), la *Chronique nationale et étrangère* (13 mai 1791), le *Journal de M. Suleau* (année 1791, n° 2), le *Journal des mécontents* (21 mai 1791), la *Correspondance des mécontents* (juin 1791), l'*Année littéraire* (juin 1791), le *Courrier extraordinaire* (mai 1791), la *Correspondance générale des départements* (mai 1791), jugent très sévèrement le rôle joué par l'ancien ministre au début de la Révolution et l'accusent de tous les malheurs arrivés à la monarchie.

Avec le *Mercure de France* (20 mai 1791), la critique est déjà plus nuancée tandis que la *Feuille de Correspondance des libraires* (n° 253,

p. 42), le *Journal de Paris* (9 mai 1791), la *Gazette universelle* (12 mai 1791), le *Spectateur national* (14 mai 1791), l'*Ami des patriotes* (14 mai 1791), le *Courrier de l'Europe* (17 mai-10 juin 1791), le *Journal des amis de la Constitution monarchique* (21 mai 1791), les *Indépendants* (10 mai, 24 mai, 18 juin), à quelques réserves près, sont très élogieux. On voit dans l'ouvrage qui vient de paraître un appui apporté à tous ceux qui veulent renforcer l'autorité royale [1] et rêvent d'une monarchie à l'anglaise. Le journal de Suard se distingue par son ardeur à défendre l'ancien ministre : le numéro 12 (10 mai 1791) reproduit intentionnellement une longue citation où Necker fait l'apologie du bicamérisme. Dans le numéro suivant (24 mai), Suard prend prétexte du livre de Burke pour faire entendre en faveur de son ami et de ses idées libérales, un chaleureux plaidoyer, tandis que Garat, le 18 juin 1791, développe un parallèle entre Turgot et son successeur, qui est tout à l'avantage de ce dernier. L'ouvrage éveille naturellement à l'étranger une vivre curiosité ; il est rapidement traduit en anglais et en allemand. La presse l'accueille assez favorablement tout en regrettant souvent le ton lassant d'apologie personnelle, et en se demandant si Necker a été à la hauteur de la situation [2].

## II. — DU POUVOIR EXÉCUTIF DANS LES GRANDS ÉTATS

Un an après paraît un bien meilleur ouvrage, très rarement cité et peu connu : *Du pouvoir exécutif dans les grands Etats*. C'est un livre de théorie politique où il est à peu près exclusivement question de problèmes constitutionnels.

Quand parut *De l'administration de M. Necker par lui-même*, la Constituante n'était pas encore au bout de sa tâche. Au début de 1792, au contraire la Constitution de 1791 est en application, et Necker

---

1. Cf. *Le Courrier de l'Europe*, 10 juin, p. 362. « On n'a plus vu dans cet écrit que le plafond sentiment d'un citoyen honnête et instruit qui gémit sur les malheurs de l'Etat, et qui indique l'unique moyen de les faire cesser. La restitution de sa force et de son autorité au pouvoir exécutif est le moyen proposé par M. Necker et ce moyen plaît en général au génie des Français. »

2. Voir articles dans le *Journal historique et littéraire de Feller* (15 juillet), les *nouvelles politiques de Berne* (21 mai) la *Monthly review* (1791, II, pp. 549-564 éd. franç. 1792, I, 106, trad. angl.) la *Critical review* (1791, III, pp. 1-8-161-7) la *Neue deutsche Bibliothek* (1794, T. VIII, pp. 256-7. Trad. allem.) et la *Gothaische gelehrte Zeitung* (1791, p. 260). *L'Allgemeine Literatur Zeitung Iena* (1791 N° 244-245 ed. franç. 1793, N° 253, col. 500, trad. *allem.*) attire l'attention de ses lecteurs sur le jugement sévère, porté par le traducteur dans son introduction, sur le Contrat Social « dessen Einfluss auf die Staats-veränderung in Frankreich für so verderblich erklärt wird dass die Nachlömmlinge der jetzigen Franzosen, wenn sie die skandalöse Chronik der jetzigen Zeit in den Jahrbüchern ihres Vaterlandes aufsuchen, dem verblichenen Rousseau gewiss noch fluchen werden. »

peut porter un jugement définitif sur une œuvre achevée : toute la
première partie est consacrée à une critique de cette Constitution et,
en même temps, à un nouvel et second éloge des institutions britanniques incessamment prises en exemple. Vient ensuite un parallèle,
entre le système français et la Constitution américaine, non pas que
l'auteur cette fois propose à notre pays l'exemple des Etats-Unis, il veut
simplement démontrer que dans les républiques du Nouveau Monde
le principe d'autorité est beaucoup mieux respecté que dans la soi-
disant monarchie française établie par la Constituante. Enfin, dans
les derniers chapitres, Necker s'en prend directement à l'Assemblée :
il lui reproche son idéologie puérile, ses méthodes de travail, sa
politique religieuse et financière, il justifie à nouveau la séance et
le discours du 4 février, il s'indigne que les députés à la Législative
aient accepté une œuvre aussi mal conçue et, après avoir dans la
conclusion, célébré une dernière fois la Constitution anglaise, il
s'adresse à ceux qui rêvent d'instaurer une République en France et
tente de les convaincre de la folie de leur projet.

De 1791 à 1792, s'est opérée dans l'attitude de Necker face aux
événements, une évolution qui est toute à son honneur. Finies les
récriminations, les jérémiades, l'étalage des griefs personnels, l'homme
a repris son équilibre. Certes, nous allons trouver dans ce texte,
à propos de l'œuvre de la Constituante, une violence et une ironie
méprisante qui lui donnent souvent le ton d'un pamphlet, mais c'est
aussi et surtout un ouvrage qui mérite son titre, une réflexion sur
le pouvoir politique en soi, sur sa raison d'être et sur les conditions
qu'il doit remplir pour accomplir, dans un grand Etat moderne, la
fonction qui lui est assignée et les considérations relatives à la
situation présente sont toujours étroitement liées à des principes
posés *a priori*. Il nous semble pour cette raison, que cette œuvre
mériterait une place dans l'histoire des doctrines politiques, en tant
que théorie du pouvoir dans les sociétés bourgeoises. C'est à lui
que nous nous référerons surtout quand nous exposerons les idées
politiques de Necker.

Malgré son caractère plus abstrait, l'intérêt suscité est très vif.
On retrouve dans les journaux royalistes d'extrême-droite : *Journal
de la Cour et de la Ville* (23 juillet 1972), *Journal universel des Cours,
Etats et Républiques de l'Europe* (21 juillet 1792), *Correspondance
politique par M. Landes* (N° 13), *Nouvelle correspondance politique*
(juillet 1792) les violences habituelles et dans le reste de la presse,
par exemple dans le *Mercure de France* (31 août 1792)[3] l'*Indicateur*
(1er mai au 3 août 1792) *la Chronique du mois* (août 1792) les *Révolutions de Paris* (n° 159, 1792)[4] on peut lire des critiques plus ou moins

---

3. Nous donnons plus loin (*infra* p. 451) un long extrait de cet article.
4. « Le projet des deux Chambres se mûrit dans le silence et dans
l'ombre du mystère. Déjà Necker et Mounier travaillent l'opinion publique
par d'énormes brochures pour amener la nation à ce but tant désiré des
ci-devant de toutes les couleurs et de toutes les classes. » *Révolutions de
Paris*, 1972, N° 159, p. 151.

sévères suivant les tendances. Peu nombreuses sont les prises de positions favorables, comme celles du *Journal de Paris* (17 juillet 1792) [5], de la *Gazette universelle* (17 juillet 1792), de la *Feuille de correspondance du libraire* (1792, 12e cahier), de l'*Ami des Patriotes* (21 juillet 1792).

Parmi tous ces articles, deux méritent d'être signalés, car au lieu de banales remarques ou de jugements rapides, il s'agit de véritables dissertations où les auteurs exposent leurs propres doctrines en matière de pouvoir exécutif. L'une parue dans la *Correspondance politique de M. Landes* (1792, n° 13), sous le titre de *Réflexions sur l'ouvrage de M. Necker, intitulé Du pouvoir exécutif*, définit le programme des partisans de l'Ancien Régime. Violemment hostile à la Constitution anglaise, l'auteur distingue soigneusement du Montesquieu qui en fait l'éloge, le Montesquieu auteur de la véritable théorie des gouvernements monarchiques : « Un chef suprême, soumis à des lois fondamentales » avec auprès de lui « plusieurs puissances intermédiaires, assez soumises à son autorité pour ne pas pouvoir l'envahir, mais assez fortes pour en arrêter les excès. Telle est la forme de gouvernement qui, selon Montesquieu, constitue essentiellement les véritables monarchies et qui nous a soutenus pendant une longue suite de siècles au sommet des grandeurs sans porter aucune atteinte à la liberté des sujets ».

L'autre étude, parue dans la *Chronique du mois* en août 1792, est intitulée elle aussi : *Du pouvoir exécutif*. C'est la réimpression d'un discours prononcé aux Jacobins en février 1791 par A. Guy-Kersaint [6]. Il n'est pas spécifié qu'il s'agit d'une réponse à l'ouvrage de Necker, mais la date et le titre ne laissent guère de doute à ce sujet [7]. Le jacobin, comme le royaliste, part en guerre contre la Constitution anglaise. Mais à l'inverse du défenseur de l'Ancien Régime, il prend prétexte de sa critique pour appeler ses concitoyens à la méfiance envers l'autorité du chef de l'Etat :

> « Dans l'état présent de l'Angleterre, que doit voir un homme libre ? Un parlement vénal, un ministre despote, une prérogative royale effrayante, une opposition qui chancelle, et va chaque jour en s'affaiblissant...
> Je puise donc dans l'histoire d'Angleterre, une toute autre leçon que le comité de constitution. Ce pays m'apprend à craindre le gouvernement, à redouter sa force, et lorsque je pense qu'il n'existe en France aucun corps politique indépendant de lui, que l'Assemblée nationale dont les actes sont encore subordonnés à son pouvoir suspensif, et que cette assemblée est unique, que les corps secondaires, placés dans la ligne du pouvoir exécutif, peuvent se trouver composés de manière à favoriser les entreprises du pouvoir royal dont ils

---

5. Dont l'article très élogieux est de Suard.
6. L'auteur de la brochure : *le bon Sens* parue dans l'été 1788.
7. Cf. l'introduction du discours de Kersaint : « Nous publions cette opinion au moment où les inconvénients qui résultent des défauts de l'organisation du gouvernement sont généralement attribués à la Constitution. Nous pensons que cet écrit répandra d'utiles lumières sur ce point délicat de nos institutions nouvelles. » (*Chroniques du Mois*, Août 1792. N° 4, p. 45).

seront les agents, que la couronne est assez riche pour subjuguer, par l'espérance et par ses dons, les hommes qui, partout, entraînent les autres, je m'effraye du système du comité. »

Il réclame en conséquence que les mesures les plus énergiques soient prises pour soumettre le gouvernement, non seulement au contrôle de l'Assemblée, mais à celui du peuple lui-même, allant jusqu'à proposer de faire élire par ce dernier les titulaires des ministères les plus importants [8]. Ainsi le royaliste et le jacobin, à partir d'un même refus des institutions britanniques, défendent des solutions extrêmes, radicalement antithétiques ; c'est là un symbole de la violence avec laquelle s'affrontent adversaires et partisans de la Révolution ; à cette date, une telle violence ne laisse guère de chances à ceux qui proposent des formules de compromis.

A l'étranger, la curiosité reste grande, l'ouvrage est traduit en anglais et en allemand et les comptes rendus de presse tout en faisant des réserves sur les capacités de l'homme politique, louent en général ses idées [9]. Pour les pays de langue allemande, le retentissement de cette œuvre rapidement traduite, mériterait une étude particulière, car son influence égale, ou surpasse même celle de Burke, sur les écrivains politiques d'alors : Spittler, Brandes, Rehberg et surtout Gentz [10].

## III. — DE LA RÉVOLUTION FRANÇAISE

Necker va attendre plus de quatre ans avant de se manifester à nouveau par un ouvrage publié en 1796 mais dont il nous avertit lui-même qu'il était terminé en 1795. Il porte le titre de *De la Révolution française* et regroupe assez artificiellement trois parties très distinctes.

---

8. Idée reprise dans le projet de constitution girondine.
9. Cf. *Critical review* (1792, III, pp. 419-25) - *Monthly review* (1793, I, pp. 407-14). *Neue allgemeine deutsche Bibliothek* (Anh. I-28, II, pp. 429-30), *Erfurtische gelehrte Zeitung* (1794 p. 38) - *Erlanger gel. Zeitung* (1794, pp. 183-184), *Nurnberger gelehrte Zeitung* (1794, pp. 201-204), *Tübingische gelehrte Anzeigen* (1793, pp. 745-52). *Gothaische gelehrte Zeitung* (1793, A.L. pp. 181-183). *Neue Leipziger gelehrte Zeitung* (1792, III, pp. 624-630). *Wurzburgische gelehrte Anzeigen* (1794, I, pp. 55-57, ed. franç.) 51 794, I, p. 57., trad. allem.). *Allgemeine Literatur Zeitung-Iéna* (1793, IV, col. 9-15, ed. française). (1794, I, col. 498-9, ed. allem.). Spittler dans les *Göttingische Anzeigen von gelehrten Sachen* (27 août 1792) est particulièrement élogieux : « Dies alles und mehrere ähnliche Betrachtungen werden hier vortrefflich entwickelt, und manche der wichtigsten Punkte treffen genau mit dem überein was zwei unserer besten politischen Schriftsteller in Deutschland Brandes und Rehberg gegen die neue Constitution längst erinnert haben. »
10. Cf. Godechot : « *La Contre-Révolution, 1784-1804* P.U.F., pp. 120, 121, 124 et F. Ponteil : *L'éveil des nationalités*, p. 48.

Seule, la première est proprement historique et nous mène du ministère de Loménie de Brienne à l'établissement du Directoire. On y trouve donc une nouvelle version du second et du troisième ministères ; en regard de celle que nous offre *De l'administration de M. Necker par lui-même*, elle ne présente pas de notables différences, si ce n'est la place sensiblement plus importante accordée à la Séance royale du 23 juin qui apparaît, dans cette seconde version, comme l'événement central du second ministère, comme le grand tournant, l'occasion unique de faire et de terminer la Révolution, en l'enfermant dans des limites précises. Avec le recul des années, elle devient un épisode capital, ce qui correspond sans doute à la vérité historique, mais permet aussi à celui qui a failli réussir, de dégager pour l'avenir sa responsabilité.

Arrivé à la fin de cette période qui fut la sienne, Necker s'arrête et, dans un chapitre intitulé *Réflexions qui me sont personnelles*, il se justifie des attaques dont il a été l'objet. Le progrès est très sensible par rapport à l'ouvrage publié en 1791. On sait gré à l'auteur de faire preuve d'un peu de modestie : « En présence de tant de calamités, quel homme, même le plus calomnié, oserait attirer l'attention sur sa personne et sur les intérêts de sa réputation [11]. » On doit reconnaître aussi qu'il répond à ceux qui l'accusent d'avoir été un homme à système, un ami des philosophes, un républicain, un protestant, un ambitieux, avec une incontestable dignité et bien souvent aussi une convaincante pertinence. Il serait juste, si l'on veut être impartial, de corriger par ces textes la mauvaise impression laissée par le premier plaidoyer.

Les chapitres suivants consacrés à la fin de la Constituante, à la Législative et à la Convention, sont certainement moins intéressants : Necker n'a pas assisté aux événements et, d'autre part, tout ce qui va désormais arriver ne peut lui apparaître que comme une histoire absurde, comme l'inutile et désastreux dérapage d'une révolution qui a manqué son but. Une fois détruit le pouvoir exécutif, les chefs de la Convention, s'appuyant sur les masses populaires, ont exercé une dictature sans limites dont ils ont profité pour tenter de réaliser les objectifs, non plus d'une révolution bourgeoise, mais d'une révolution populaire, et les désordres et les souffrances nées de leurs vains efforts ont amené leur chute.

Une pareille interprétation ne saurait nous surprendre et l'on comprend que ce bourgeois ne puisse ressentir que la plus sainte horreur pour la Convention et son œuvre, et pour un phénomène comme le sans-culottisme. Les morceaux de bravoure, si l'on peut dire, de ce récit sont les évocations des journées révolutionnaires destinées à faire éprouver un salutaire frisson devant les excès de la populace déchaînée et les « hommes-tigres » qui la conduisent. Le procès et la mort de Louis XVI y tiennent aussi une grande place. Necker reprend dans ces pages tout ce qu'il avait déjà publié lors

---

11. R.F. IX, 300.

de la mise en accusation du monarque dans un opuscule intitulé : *Réflexions présentées à la nation française sur le procès intenté à Louis XVI.*

Le récit de la chute de Robespierre, et des circonstances dans lesquelles s'instaura le régime du Directoire, font l'objet des dernières pages sur lesquelles se clot la partie proprement historique de l'ouvrage.

La deuxième, constituée de réflexions sur le problème des institutions fait de ce livre un geste politique aux intentions précises. Necker délibérément en 1796, prend position contre la république directoriale et la Constitution de l'An III, pour la monarchie et pour une monarchie à l'anglaise, idéal inlassablement proposé aux Français, sans exclure toutefois a priori la possibilité d'une république fédérative pour le cas où s'avérerait irréalisable la restauration de la royauté.

Les *Réflexions philosophiques sur l'égalité* qui forment la troisième partie rompent quelque peu l'unité de l'œuvre. A la date où elles furent écrites, la Terreur battait son plein, on assistait à une tentative pour instaurer une démocratie à la fois politique et sociale, dont le but n'était pas seulement l'établissement d'une théorique égalité des droits, mais aussi et fort logiquement, la disparition de l'inégalité sociale. Necker s'y livrait donc à une charge à fond contre l'idéologie de cette deuxième révolution populaire, reprenant avec beaucoup plus d'énergie, les arguments qu'il développait déjà dans *De l'Administration de M. Necker par lui-même,* quand il faisait la critique de la déclaration des *Droits de l'Homme et du Citoyen.*

En 1796, cette diatribe était moins justifiée ; le Genevois pouvait, sur ce plan-là tout au moins, apaiser ses craintes. Les Thermidoriens sont républicains, mais bien décidés à instaurer une république bourgeoise et dans la déclaration des droits et des devoirs qui précède la nouvelle constitution, ils ne manqueront pas de proclamer la propriété comme la plus sacrée des institutions. Au moment où elles paraissent, les *Réflexions,* comme le reconnaît notre auteur, n'ont donc plus « un rapport immédiat avec des mœurs et des opinions qui se sont affaiblies depuis la chute de Robespierre et des Jacobins [12]. » Mais il avait ce texte dans ses cartons et n'était pas homme à laisser perdre le fruit de ses précieuses méditations. Sans doute pensait-il aussi que cet opuscule pourrait servir la bonne cause et il prit le parti de le joindre au reste.

De tous les écrits, postérieurs à 1789, *De la Révolution française* est incontestablement celui qui rencontra le plus de succès [13]. On est

---

12. R.F.X. 243.
13. Cf. une lettre inédite du 26 février 1797 du général de Montesquiou à Mme la baronne de Montolieu à Lausanne : « Je suis bien aise que vous soyez contente du livre de M. Necker. C'est un très bon ouvrage. Il a beaucoup de succès à Paris et aucun livre, depuis la révolution, ne s'y est aussi bien vendu. Il y a déjà 3 éditions épuisées ». (Communiquée par Mme Berthoud.)

lassé des excès des extrémistes, et dans une conjoncture politique devenue favorable, l'opinion publique n'a jamais été aussi prête à écouter le langage de l'homme du juste milieu et du défenseur de la propriété. Nombreux sont les journaux dont les comptes rendus analysent longuement le livre et portent sur lui un jugement souvent élogieux, tels le *Journal d'économie publique, de morale et de politique* (10 Ventose, 20 Ventose, 10 Germinal, 20 Germinal, an V), les *Nouvelles politiques* (26 Pluviose, an V), l'*Historien* (28 Pluviose, an V), le *Messager du soir* ou *Gazette générale de l'Europe* (27 Pluviose, an V), le *Journal de Paris* (24 Pluviose, an V), les *Annales de la République française et Journal historique et politique de l'Europe* (27 Pluviose, an V), le *Journal du département de Seine-et-Oise* (3e décade du mois de Pluviose, an V, no 13), le *Tableau de Paris* (29 Pluviose, an V), la *Gazette française* (5 Ventose, an V), le *Déjeuner* (4 Germinal, 27 Ventose, 18 Ventose et 21 Ventose, an V), la *Tribune des hommes libres* (3 Ventose, an V). On est reconnaissant à Necker de la condamnation qu'il porte contre les violences de la Révolution et de son plaidoyer en faveur du bon sens, du retour au calme, du respect de l'ordre social et de la propriété. On reconnaît souvent le bien fondé des critiques qu'il adresse à la Constitution, en souhaitant que des réformes apportent, sans désordre, les corrections indispensables. En 1796, en somme, l'auteur de *De la Révolution française* apparaît comme l'interprète de tous ceux qui désirent l'établissement d'un régime stable, dont la première qualité sera de garantir aux possédants la jouissance paisible de leurs biens [14].

Mais si l'accord se fait facilement sur le programme social, encore faut-il savoir quel régime, de la monarchie constitutionnelle ou de la république, sera le plus capable de l'appliquer. C'est là le vrai problème et, en prenant officiellement parti contre sa fille pour la monarchie constitutionnelle, Necker décevait bien des espoirs. Le très long et très intéressant compte rendu paru dans la *Décade* (20 Floréal, 30 Floréal, 20 Prairial, an V), prouve que le coup porté aux républicains a été durement ressenti par eux. Ginguené, leur porte-parole devant la montée des périls, est exaspéré de voir l'ancien ministre, qu'il respecte et qu'il sait très sincèrement opposé au retour de l'Ancien Régime, jeter dans la balance le poids de son nom et de son autorité en faveur du retour du roi :

> « Lisez ce livre, rappelez-vous l'époque et les circonstances de sa publication, vous n'aurez pas besoin de demander quel but s'est proposé l'auteur, c'est toujours à sa chère Constitution anglaise qu'il voudrait soumettre les Français : ce furent là ses premières, ce sont

---

14. Cf. Le compte-rendu de *L'esprit des journaux*. Mai-Juin 1797, p. 200 : « Justifier tous les excès de la Révolution serait difficile, les consacrer serait impolitique, les faire oublier est le plus sûr et peut-être le plus facile. Le peuple français veut la liberté, le repos, la sûreté : Il est prêt à respecter, à honorer, et même à aimer ceux qui protègeront ces propriétés dont la conquête lui a coûté tant de sang, de travaux et de peines. »

ses dernières pensées, il voulait y pousser la monarchie, il veut y
amener la république. Imprudent, il ne voit pas que ni les républicains, ni les royalistes ne voudront le prendre pour guide. Il ne voit
pas que les suppôts de la monarchie s'armeront bien contre la République de tout ce qui dans son livre est contraire à la constitution
républicaine, mais qu'ils ne voudront pas pour cela s'arrêter aux
bornes qu'il prétend leur prescrire. Il servira leurs odieuses passions,
et ne fera rien pour l'objet de la sienne... »

C'est exactement ce que pensait Mme de Staël, et l'on peut se
demander si elle ne jugeait pas la situation plus lucidement que
son père.

La violence avec laquelle l'ouvrage du baron de Coppet est
attaqué par les royalistes d'extrême droite montre bien en effet
qu'ils relèvent insolement la tête et qu'ils ne manquent ni d'audace ni de confiance. Leurs journaux l'accablent d'injures et de
mépris :

« Un mot sur le dernier ouvrage de M. Necker ; quousque tandem !
Quoi, Baron de Coppet, votre dernier soupir sera donc un hoquet
d'amour-propre », (*Journal général de France*, 22 Ventose An V).
« Sicophante, tu veux publier une histoire, ah ! dis plutôt aux mon-
tagnes des Alpes de tomber sur toi et d'ensevelir ton exécrable
mémoire », *la Quotidienne* (9 janvier 1797).
« L'indignation est à son comble, vieux scélérat » les *Actes des Apôtres* (15 Ventôse An V).
« Quatre gros volumes sur la Révolution française par M. Necker !
c'est un médecin qui écrit l'histoire des malades qu'il a dû tuer.
*De l'influence des passions sur le bonheur*, par Mme de Staël, c'est
un malade qui écrit sur la santé », le *Miroir* (7 Ventôse An V).
L'*Accusateur public* propose cette gravure allégorique :
« On verrait dans le lointain l'Europe sous la figure d'une femme
expirante. Sur une montagne immense, composée de sceptres brisés,
de temples détruits, de têtes couronnées abattues, de cadavres de
femmes, d'enfants, de vieillards, s'éleverait majestueusement M. Necker ; un rouleau de parchemin sortirait de sa bouche, qui laisserait
lire ces mots : *Integer vita scelerisque purus*. De la main gauche il
ferait un geste de compassion et de la droite, il se placerait naïvement une couronne de lauriers sur la tête ; mais la postérité indignée
viendrait lui retenir le bras, et la politique sous la figure du cardinal
de Richelieu lui attacherait au front les oreilles de Midas : ce serait
le frontispice de ma réponse à mon prochain numéro ».

tandis que l'*Abréviateur universel* (26 Pluviose, An V) et le *Véridique
ou Courrier universel* (26 Pluviose, An V), dénoncent le complot qui
se prépare en termes identiques :

« Les Constitutionnels de 1789 s'agitent et s'intriguent pour reprendre le timon des affaires qui leur est échappé depuis près de six ans.
Puissent ces aventuriers en morale, en politique, ces orgueilleux
bavards qui nous donnèrent une constitution dont l'existence nomi-
native fut si courte et l'exécution tellement impraticable, qu'elle ne
put aller un seul jour, et fut renversée du premier choc, puissent-ils
n'être pas rappelés à nous donner de nouvelles lois ! l'impudent
Genevois, le choriphée de ces novateurs, de ces régénérateurs en
brochures recommence à nous parler de lui. »

Les journaux jacobins de leur côté appellent à la vigilance, et parmi eux : l'article du *Journal des hommes libres* nous paraît particulièrement intéressant, car son auteur se sert des réactions provoquées par le livre de Necker comme d'un test, pour distinguer les royalistes constitutionnels des royalistes partisans d'Ancien Régime, et il trace à ce propos un tableau de la situation politique à cette date telle que pouvait la voir un extrémiste de gauche :

« Les constitutionnels de 91, qui ont cru les circonstances favorables pour reparaître sur la scène et rappeler au public des noms peut-être déjà oubliés, ont au moins servi à faire prononcer les journaux et à distinguer les royalistes purs des royalistes métis ; tous ceux qui ont sifflé les *ci-devant réputations* des Necker et de son éternelle et illisible famille, tous ceux qui ont écrasé ce charlatan politique et ses vertus, que lui seul vante, sous le poids de la révolution *qu'il déteste*, et dont pourtant il a été une des chevilles ouvrières, sont les royalistes purs et francs du collier. Ce sont principalement le *Véridique*, le *Journal général*, le *Tableau de Paris*, la *Quotidienne*, l'*Abréviateur* et un peu le *Censeur*. Les autres, tels que l'*Historien*, les *Nouvelles politiques*, et un peu le *Messager* ont vanté Necker et compagnie, les Lameth et leur suite. C'est à eux que se réunissent tous les royalistes *patients* qui attendent tout du temps, qui suivent les instructions de la Vauguya, qui s'emparent des places, et des trompettes de la renommée, qui font la guerre d'opinion, qui tuent la république en avilissant continuellement les républicains. Ce parti est le plus *dangereux*, l'autre est le plus *estimable;* celui-ci se prononce et n'inquiéterait pas un gouvernement à la fois juste et ferme qui aurait des lois et les ferait exécuter; quels moyens d'ailleurs que ceux d'un parti qui est réduit à combattre l'*évangile* et qui fait Laharpe prêtre pour le créer son général. L'autre se cache sous tous les masques, vante la constitution à laquelle pourtant il trouve quelque défaut ; mais il est si *aisé* de la réviser. Il la soutiendra encore deux ans, s'il le faut, jusqu'à ce qu'il ait mis sous sa main toutes les fonctions publiques; il est mielleux et doux, il parle du respect pour *les lois* (savoir lesquelles), il en vante la nécessité, il surprend la confiance, il endort. »

A l'étranger, l'intérêt pour les ouvrages de Necker ne faiblit pas. *De la Révolution française* est traduit en 1797 en anglais et en allemand et les *Réflexions philosophiques sur l'égalité* en néerlandais en 1798. Nombreux sont les comptes rendus de presse [15].

## IV. — DERNIÈRES VUES DE POLITIQUE ET DE FINANCE

Avec Brumaire commence l'ultime avatar entraîné par le dérapage de la Révolution française. Comme l'avait annoncé Mme de Staël dans une phrase prophétique : « La France peut s'arrêter dans la République mais pour arriver à la monarchie mixte, il faut passer

---

15. Cf. *Monthly review* (2ᵉ série, I, 22, p. 537, T. 24, p. 196). *Analytical review* (1797, Juillet-décembre, pp. 109-112). *Allgemeine vaderlandsche letteroefeningen...* (1798, I, pp. 549-552). *Erlanger gelehrte Zeitungen* (1798, p. 625). *Allgemeine Literatur Zeitung Iéna* (1797, III, col. 49-74). *Allgemeiner littera-*

par le gouvernement militaire [16]. » Les *Dernières vues de politique et de finance* nous font connaître les réflexions d'un sage quelque peu désabusé devant l'expérience qui commence et qui lui inspire les plus vives inquiétudes.

Le premier souci de notre auteur est de faire, après celle de 91, après celle de l'an III, la critique de la dernière née des Constitutions, celle de l'an VIII, pour montrer qu'on est en présence d'une véritable mystification. Les nouvelles institutions, bien loin d'établir une république, créent en fait les conditions d'une dictature. Avec un entêtement obstiné, ce vieillard, dans un silence rarement troublé, réaffirme une fois de plus les principes de son libéralisme et révèle aux Français la vraie figure du régime qu'on leur impose, condamné cette fois pour excès d'autorité, alors qu'il avait toujours dû jusqu'ici s'élever contre l'excès de liberté.

Sa conscience satisfaite, il se risque ensuite, plus par jeu que par conviction, à proposer à nos compatriotes une constitution qui, tout en respectant l'unité et l'indivisibilité de l'Etat, mériterait le nom de républicaine. C'est là un signe des temps ; quelques années plus tôt dans son précédent ouvrage, il jurait ses grands dieux que seule à la rigueur une république fédérative était à envisager pour notre pays. Or voilà maintenant que ce monarchiste invétéré fournit un plan précis et détaillé d'institutions démocratiques. C'est la dernière étape d'une évolution subie à contre-cœur, qui l'a mené de la monarchie éclairée à la monarchie constitutionnelle à l'anglaise, de la monarchie constitutionnelle à l'anglaise à la république fédérative, et de celle-ci enfin à la république une et indivisible, sans qu'il se fasse d'ailleurs beaucoup d'illusions sur les possibilités d'application des institutions qu'il propose.

Le troisième et dernier objet de l'ouvrage est en effet d'exprimer le désarroi et le pessimisme de l'auteur devant la tournure prise par les événements : la France ne saurait échapper à la dictature qui se prépare, à laquelle la Constitution de l'an VIII ouvre la voie. Telle une Cassandre impuissante, le vieillard de Coppet, conscient de l'inutilité de ses *Dernières vues de politique et de finance*, se résigne mélancoliquement à l'inévitable, en exprimant toutefois sa certitude que la liberté ne saurait manquer de renaître un jour.

La publication d'un pareil livre ne pouvait passer inaperçue. Elle aura pour conséquence d'affecter gravement les rapports entre Necker et Bonaparte, et de faire le malheur de Mme de Staël en lui interdisant définitivement le séjour à Paris. A ce propos, un historien contemporain, ennemi juré de Coppet : père, fille et amant [17] voudrait nous faire admettre comme allant de soi, un parallélisme parfait

---

rischer *Anzeigen* (1798, col. 339-40). *Neue allgemeine deutsche Bibliothek* (T. 38, I, X 207-23).
16. *Réflexions sur la Paix intérieure*, oe c., T. II, p. 113.
17. Henri Guillemin, l'auteur de *Benjamin Constant muscadin*, et de *Mme Staël, Benjamin Constant et Napoléon*.

entre les réactions du « vieux monsieur » et celles de sa fille devant l'arrivée au pouvoir du glorieux général [18]. Il n'en est rien. S'il est vrai que, dans toute cette affaire, l'auteur de *Dix années d'exil* n'a pas toujours fait preuve de lucidité ou de dignité, Necker, leur correspondance le prouve, n'a pas montré le même aveuglement, les humaines et féminines faiblesses de la fille ne font que mieux ressortir la fidélité du père à ses principes. Tout en reconnaissant les qualités extraordinaires de « l'homme providentiel », il ne cessera, dès le 28 Brumaire, d'exprimer ses réticences et de rappeler Mme de Staël à la prudence et au respect d'elle-même.

Immédiatement après le coup d'Etat, il ignore encore ce que sera le nouveau régime :

> « Voilà donc un changement de scène absolu, écrit-il le 28 Brumaire. Il y aura un simulacre de république et l'autorité sera toute dans la main du général... Cependant si Buonaparte venait à manquer au milieu du nouveau gouvernement, ce serait peut-être l'époque d'un bouleversement et il serait terrible, en supposant que les Jacobins y jouassent le principal rôle... P-S. Dans ce pays on est content et surtout de la hausse du tiers consolidé [19]. »

et quelques jours plus tard :

> « Ce qui nous revient du projet de constitution me paraît plein d'erreurs... Au reste si la Constitution repose toute sur un seul homme, tous les genres de risque peuvent recommencer par sa mort [20]. »

Plus tard encore, le 19 Frimaire :

> « Je vois avec plaisir qu'on a de l'empressement à s'enrôler dans la nouvelle milice, à chacun son goût... Les généraux vont remplacer les fonctions des anciens Grands. L'inconvénient c'est qu'il leur faudra de la guerre pour entretenir leur considération [21]. »

Quand il est en possession du texte de la Constitution, sa réaction est encore plus nette :

> « Voilà bien du bric-à-broc, écrit-il le 27 Frimaire, et tout est dédié dans un ouvrage des siècles à une seule personne que ses hauts talents n'empêchent pas d'être mortelle ; et vous êtes tous dans l'enchantement ! Je vous félicite, non pas de tant d'esprit mais de tant de bonheur. Je désire en même temps qu'aucun événement ne vienne troubler ce bonheur, et je vois bien des chances qu'on n'aperçoit pas au milieu de l'ivresse générale où vous êtes. C'est un grand vent que cette ivresse tant elle fait virer promptement [22]. »

---

18. Cf. *B. Constant muscadin* (p. 276) où en sollicitant les textes, on essaie de démontrer que « le vieux monsieur se rallie à petits pas » ralliement qui conduit aux *Dernières vues de Politique et de Finance* !

19. Haussonville (comte d') : *Mme de Staël et M. Necker d'après leur correspondance inédite*, p. 1925, pp. 103-104.

20. *Ibid*, p. 108.

21. *Ibid*, p. 108.

22. *Ibid*, p. 110.

La nomination de Benjamin Constant au Tribunat est loin de le plonger dans le même ravissement que Mme de Staël :

> « Cette promotion, écrit-il le 1er janvier 1800, dans la carrière politique aura des jouissances, mais il ne faut pas s'en faire trop haute idée afin de n'être pas trompé [23]. »

Les nuages ne tardent pas en effet à s'amonceler, surtout après le discours de Benjamin Constant au Tribunat, et Necker se voit obligé à ce moment-là de morigéner sa fille :

> « Je ne te conseillerai même pas en ce moment de chercher à voir le général, car il faut se remettre un peu en dignité pour faire effet, et que promettrais-tu ? Voudrais-tu promettre le silence ou la complaisance de M. Constant ? Consentirait-il à ce marché ? J'ai blâmé à part moi plus que je ne l'ai dit le défaut de son spirituel discours ; mais s'il était appelé à en faire un plus fort, mais plus conforme aux circonstances, je ne croirais pas qu'il dût le retenir, si un noble sentiment et non une rancune l'y portait [24]. »

Au printemps de 1800, Necker rencontre Bonaparte lors de son passage en Suisse. Les versions que donnent de l'entretien *Dix ans d'exil* et le *Mémorial de Sainte-Hélène* sont aussi différentes que possible, mais l'entrevue prouve au moins que les deux hommes sont personnellement en assez bons termes, même si les rêves de séduction de Germaine ne se réalisent guère.

> « Je suis toujours affligé, lui écrit-il, le 16 Pluviose, quoique je ne te le répète pas, de ton amour malheureux pour le général Consul, mais s'il fait le bonheur et la gloire de la France, tu auras un dédommagement [25]. »

Mme de Staël ne dût guère apprécier ce genre de consolations, et ses ambitions déçues vont finir par compliquer ses rapports avec son père.. Elle voudrait à toute force l'emmener à Paris : il ferait l'ornement de son salon, il pourrait la protéger, il serait à pied-d'œuvre pour réclamer les fameux deux millions à l'Etat français. Le vieillard s'y oppose absolument et, dans un attendrissant examen de conscience, il confie au papier les raisons de son refus : il est trop vieux, il a trop d'ennemis, il veut rester près du tombeau de sa femme, et il invoque aussi sa dignité :

> « L'un des trois (consuls) me reviendra peut-être, et s'il faut que j'aille aux Tuileries lui rendre sa visite, s'il faut qu'on m'y voie passer appuyé sur mon bâton, s'il faut que j'y traverse la foule ne fût-ce qu'au milieu des cours, ne fût-ce qu'en montant l'escalier, le rouge me montera au visage en songeant que ce n'est pas le vrai rôle, le rôle d'un ancien ministre du Roi, n'eût-il pas même été signalé par un caractère fier ou honorable [26]. »

----

23. *Ibid*, p. 118.
24. *Ibid*, p. 128.
25. *Ibid*, p. 154.
26. *Ibid*, p. 200.

Il préfère rester tranquillement à Coppet pour achever ses *Dernières vues de politique et de finance*. Mme de Staël retourne donc seule à Paris et c'est dans l'hiver 1801-1802, où Benjamin Constant a été exclu du Tribunat, qu'elle se conduit le plus dangereusement et affiche le plus ouvertement une opposition où entre une bonne part de dépit amoureux ; son père, encore une fois, essaie de lui faire entendre raison :

> « Je voudrais, lui écrit-il le 1er avril 1802, que le dernier mois que tu destinerais à Paris tu essayasses, sous le prétexte d'un départ peu éloigné, d'une vie moins étendue, d'une vie où Paris et la société de quelques gens d'esprit pourraient te suffire. Je me souviens d'une définition du bonheur que répétait sans cesse le Premier président d'Aligre « une bonne santé, l'aisance de son état ». Il appliquait uniquement ce dernier mot à la fortune et je le trouverais d'un grand sens encore rapporté à la vie sociale. Il ne faut pas y prendre une étendue qui tienne dans l'inquiétude, mais tracer sa ligne au contraire de manière à n'avoir pas à songer sans cesse à la défendre. On s'étend ensuite selon les circonstances et tu peux faire tout cela sans rien perdre en bonne société. Enfin je crois que pour ton bonheur il y a quelque chose à changer à ton système actuel.
> Je te conseille sur la politique de t'en tenir à ce que tu sais très bien faire : l'éloge de ce qui est louable [27]. »

A cette date, le livre des *Dernières vues de politique et de finance* est terminé depuis des mois. Pour faire plaisir à sa fille, inquiète sans doute des répercussions de sa publication sur sa vie personnelle, il avait consenti à surseoir. L'été venu, estimant sans doute qu'il ne peut plus attendre et que cette affaire le concerne seul, il donne son texte à l'impression et c'est le drame, drame dont il n'avait certainement pas prévu la violence, car il y a un peu d'inconscience chez ce vieillard. Il a cru bon d'envoyer tout naïvement son livre au Premier Consul, par l'intermédiaire de Lebrun qu'il connaissait depuis longtemps, avec une lettre où l'on relève les phrases suivantes :

> « Je crois bien avoir déposé dans l'ouvrage dont je vous entretiens des vérités utiles et des principes recommandables et comme j'ai répandu partout, non seulement ma haute admiration pour le général Bonaparte, mais encore des sentiments d'affection exprimés avec respect, je crois pouvoir vous prier sans indiscrétion de remettre au Premier Consul l'exemplaire dont je m'empresse de lui faire hommage. C'est un devoir sans doute, mais les motifs auxquels j'obéis se rapportent également et à l'homme doué de tous les genres d'esprit que j'ai eu le bonheur d'entretenir à Genève et au chef suprême de l'Etat. Je désirerais dans mon ambition, l'approbation de l'un et l'indulgence de l'autre [28]. »

Ce désir ne risquait guère d'être exaucé, Bonaparte fut furieux, furieux contre le père et son livre, furieux contre la fille, qu'il accuse d'en avoir été l'inspiratrice, et d'avoir rapporté à Coppet les

---

27. *Ibid*, pp. 190-191.
28. *Ibid*, p. 230.

bruits qui couraient à Paris. Et s'il lui est difficile de s'en prendre directement à Necker, se venger de Mme de Staël est par contre à portée de sa main, il suffit de lui interdire le séjour dans la capitale.

Dès le 6 septembre, Mme de Staël dans une lettre à Hochet, trahit son anxiété sous une apparence de feinte tranquillité :

> « On veut m'inquiéter à Paris sur l'ouvrage de mon père, on prétend qu'il pourrait nuire à mon repos en France, je n'en crois rien, Bonaparte est un trop grand homme, de quelque manière qu'on le juge, pour rendre une fille responsable des actions d'un père, qui écrivait avant sa naissance [29]. »

Les nouvelles sont en effet si mauvaises que cet automne-là, renonçant à ses douces habitudes, elle n'ose pas repartir pour Paris. Elle va se morfondre tout l'hiver en Suisse et l'on imagine les scènes de désespoir que dût essuyer son pauvre père durant ce séjour forcé à Coppet. Après avoir envisagé d'aller plaider personnellement la cause de sa fille, il se contente d'écrire au Premier Consul au début de 1803 une attendrissante missive :

> « Citoyen Consul, les obstacles inattendus apportés au retour de ma fille et dont vous avez jugé à propos de nous faire avertir par la médiation de M. de Montmorency on jeté la désolation dans ma famille... Je crois facilement à quelques paroles imprudentes de la part de Mme de Staël parce que je lui connais une imagination très vive et surtout une grande expansion dans le caractère. Elle est d'ailleurs entrée dans le monde vers la fin de la Monarchie et dans un temps où la plus grande liberté régnait dans la conversation, et la Révolution qui a succédé a donné longtemps l'habitude des controverses politiques. Elle a pu être tardive à se mettre en harmonie avec la réserve commandée par un nouvel ordre de choses, à s'y mettre du moins parfaitement... Mais en laissant le passé et en priant le Consul de pardonner ce qui aurait pu lui déplaire, je suis certain que Mme de Staël aura désormais la circonspection la plus parfaite... Elle prendra même la liberté d'adresser cet engagement au Premier Consul dès le premier signe qu'elle recevra d'un retour d'indulgence et de bonté de sa part... [30]. »

C'est par Lebrun que, le 16 Germinal, réponse est donnée à cette lettre. Le Premier consul n'a été nullement sensible aux explications et aux promesses qu'elle contenait, et son intermédiaire tient à faire clairement entendre que l'on a à se plaindre, tout autant sinon davantage, du père que de la fille :

> « Si vous aviez, a dit Bonaparte, des vérités utiles à révéler, il était dans les convenances que vous commençassiez par lui et vous ne deviez les livrer au public, si tant est pourtant que vous le dussiez, que quand l'homme que vous appelez nécessaire, les aurait méconnues et repoussées... Des propos échappés à Mme de Staël, des démarches plus qu'indiscrètes de gens qu'on sait être ses confidents

---

29. *Lettres à un ami* publiées par J. Mistler, p. 41.
30. Haussonville, *op. cit.*, p. 236.

les plus intimes, l'ont convaincu qu'elle avait travaillé votre opinion et influé sur vos ouvrages Il pense qu'elle veut du mouvement dans quelque sens qu'il opère et quoi qu'il ne craigne rien des rumeurs de société il ne veut pas qu'on le croie assez faible ou assez imprudent pour laisser l'administration en proie aux sarcasmes... Vous voyez qu'avec une pareille opinion, toute tentative est inutile. Je ne sais si le temps pourra changer les dispositions, mais je ne puis vous en donner aucune espérance... [31] »

Cette lettre est aussi claire que possible. Mme de Staël se refuse pourtant à croire que tout est perdu et, au cours de l'été 1803 des indices qui lui semblent rassurants lui font penser qu'elle sera tolérée à dix lieues de Paris. Elle part le 16 septembre pour Maffliers, après avoir écrit au Premier consul une lettre qui n'est certes pas un modèle de dignité. A ce moment-là, elle est prête à vendre son âme pour un salon à Paris [32]. C'est hélas peine perdue, l'ordre d'exil arrive le 15 octobre. Une nouvelle supplique encore plus humiliante reste parfaitement inutile : il faut se résigner à l'irréparable et prendre la route de l'Allemagne, la rage au cœur ; dans les dernières lettres qu'elle écrit à son père avant de quitter la France, elle insiste encore sur le rôle qu'a joué la publication des *Dernières vues de politique et de finance* dans la décision du Premier consul.

« Il a parlé de ton ouvrage deux ou trois fois avec amertume, lui écrit-elle le 17 octobre, mais jamais il n'a dit un mot sur ton arrivée ici, ce qui me persuade de ce que j'ai toujours cru, c'est qu'elle ne rencontrerait point d'obstacle, mais cependant il est vrai qu'il te hait plus que moi car il a dit sur ton ouvrage : « C'est une action immorale » et l'on dit qu'il a montré de l'humeur à la phrase de ma seconde lettre où je disais que tu viendrais toi-même. Cet ouvrage lui a fait une impression terrible, car il est vrai qu'on l'a loué ici parmi les gens éclairés, que cela a pu lui déplaire. »

Dans une autre lettre écrite de Mortfontaine, elle revient encore sur ce sujet :

« Joseph m'a confirmé que le Premier Consul croyait avoir les plus graves raisons de se plaindre de ton ouvrage. Puis-je écrire qu'il a dit que cet ouvrage était pour le faire tuer, toi qui l'admires plus que personne et quand, entre autres motifs, j'ai objecté le mot de « l'homme nécessaire », on m'a dit que cela voulait dire l'homme sans lequel le gouvernement ne pourrait pas subsister et qu'il fallait tuer pour faire tomber ce gouvernement. Je te demande si une interprétation de ce genre est possible, quand tout le monde a compris que tu voulais dire l'homme nécessaire à la France. Enfin je ne sais pas ce qu'il y a à faire pour persuader le Premier Consul sur ce sujet, mais il est certain qu'il a reçu sur le livre l'impression la plus vive et la plus fausse en même temps [33]. »

31. *Ibid*, p. 240.
32. Dans une lettre à Hochet du 7 novembre 1803 où elle dépeint son désespoir, elle laisse échapper cet aveu : « Le premier Consul n'a pas su à quel point je me serais *annulée* avec plaisir. » op. cit. p. 55.
33. *Ibid*, pp. 328-329.

Rien ne pouvait davantage affliger et tourmenter le vieux ministre que de pareilles nouvelles.

En rentrant d'Allemagne à l'annonce de sa mort, en 1804, Mme de Staël devait trouver en effet une dernière preuve, et de l'affection que son père lui portait et des soucis qu'elle lui avait donnés. C'était le brouillon d'une lettre que « : D'une main tremblante il écrivit pendant sa fièvre au Consul où il affirmait, nous apprend-elle dans *Dix années d'exil* [34], que je n'étais pour rien dans la publication de ce dernier ouvrage et qu'au contraire j'aurais désiré qu'il ne fût pas imprimé. » Soulignons bien toutefois que Necker restait intransigeant sur ses propres positions, et se livrait dans ce projet de lettre à une longue apologie de son malencontreux ouvrage.

Il y avait certes de la naïveté à croire que ses *Dernières vues de politique et de finance* pourraient changer quoi que ce soit à la politique du Premier consul, mais il y avait aussi du courage à les exposer, un courage soit dit en passant qui lui coûtait en l'occurrence la bagatelle de deux millions [35]. Face à Bonaparte, comme face à la Constituante, à la Convention ou au Directoire, Necker ne s'est jamais gêné pour faire entendre les vérités qu'il avait à dire et qui de 1792 à 1802 ont toujours été les mêmes.

On comprend, dans ces conditions, la violence avec laquelle la presse à la solde du pouvoir se déchaîne contre le vieillard de Coppet :

« Je pense qu'il faut respecter les cheveux blancs, même dans la république des lettres, peut-on lire dans le *Bulletin de Paris* du 17 Fructidor An X, aussi gardons-nous le silence sur cet ouvrage de M. Necker dont on parle tant aujourd'hui. Nous rapporterons seulement un extrait de ce qu'en dit un de nos journaux les plus modérés : « Il ne reste à l'homme qui a fait beaucoup de mal, que l'alternative de faire beaucoup de bien ou de s'ensevelir dans l'obscurité. M. Necker est un exemple de cette vérité ; et c'est parce qu'il n'a pris ni l'un ni l'autre de ces deux partis, qu'il a livré ses cheveux blancs à la dérision, à la raillerie publique et sa réputation aux souvenirs les plus amers. Ignore-t-il donc que ceux des complices de ses égarements qui ont eu le bon esprit de se retirer sur les bords de l'oubli, y ont trouvé la paix qu'il cherche en vain sur les bords du lac de Genève ; et que son silence à lui M. Necker était la seule condition que la nation française eût mise à son pardon ? Comment ses amis, s'il lui en reste encore quelques-uns, ne lui ont-ils pas fait entendre qu'il n'y a rien au monde de plus ridicule qu'un vieillard infatué de ses sottises, et qui, au lieu de consacrer ses dernières années, comme David, à composer des psaumes de pénitence, semble

---

34. Mme de Staël, *Dix années d'exil, op. cit.*, T. XV, p. 109.
35. Pour M. Guillemin, ces deux millions sont tantôt tout, tantôt rien suivant les besoins de la cause. Dans *Benjamin Constant muscadin*, tout s'explique par le désir de Mme de Staël de récupérer cette somme, mais dans *Mme de Staël, B. Constant et Napoléon* (p. 36) quand elle écrit à Hochet le 1er septembre 1802 « remarquez que mon père n'a pas voulu redemander sa fortune avant que son livre eût paru » il ne s'agit plus que d'une goutte d'eau par rapport à d'énormes revenus et l'on se gausse de cette « délicatesse de banquier » à propos d'une bagatelle !

au contraire avoir pris à tâche de commettre de nouvelles bévues et de porter dans l'autre monde un entêtement qui a coûté si cher à celui-ci ? Mais si ses amis ont négligé de lui montrer le côté bizarre de sa conduite, les journaux, ainsi que l'opinion publique, ont déjà suffisamment réparé cette ommission. »

En effet, tous les journaux dévoués au régime, en particulier la *Gazette de France* (25 août 1802), le *Courrier de Londres et de Paris* (21 août 1802), le *Journal des Arts, des sciences et de littérature* Fructidor, an X), l'*Observateur des spectacles de la littérature et des arts* (5 Fructidor, an X), le *Journal des défenseurs de la patrie* (6 Fructidor, an X), le *Journal de Paris* (4 Fructidor, an X), le *Journal du Commerce, de politique et de littérature* (17 Fructidor), brodent sur ce thème avec une ironie et un mépris plus ou moins cinglants. Ils se moquent de toutes ces constitutions que Necker présente tour à tour, et opposent à ces projets la tranquillité, la puissance, la gloire que le Premier consul a procurées à la France. Peu importent les institutions, ce qui compte c'est le résultat : voilà l'argument simpliste de tous les apologistes du régime et que développe longuement aussi le citoyen Robert Dugardier [36] et le citoyen J.T. Brugière [37] dans leurs opuscules. L'article du *Mercure de France*, du 10 Fructidor, an X, bien qu'aussi sévère pour Necker, est toutefois plus nuancé. Fievée reconnaît les défauts de la Constitution qu'il attribue aux conditions dans lesquelles le régime s'est établi :

> « Il fallait, ou que la France périt entre les mains du Directoire, ou que nous fussions sauvés et constitués par des passions. »

Mais il faut juger Bonaparte à son action, et il rappelle fort habilement la radiation des émigrés et le rétablissement du catholicisme.

L'opinion royaliste de son côté n'a pas désarmé contre lui. Le *Spectateur du Nord* (septembre 1802), juge sévèrement les critiques qu'il adresse à la Constitution de l'an VIII et oppose le plus net refus à la monarchie qu'il propose :

« Si d'après l'hypothèse de ce faiseur de constitutions, la France revenait jamais à la monarchie, elle en trouverait des éléments beaucoup mieux adaptés à son génie. C'est surtout ce génie qu'il faut consulter quand il s'agit de gouverner un empire et je crois que la Constitution anglaise, quelque bonne qu'elle puisse être, ne nous conviendrait pas mieux qu'un gouvernement populaire ne conviendrait au peuple de Pégu. »

Bien rares sont les voix qui se font entendre en faveur de l'ouvrage, les appréciations favorables du *Télégraphe littéraire* (5 Fruc-

---

36. Robert Dugardier *Examen raisonné de la Constitution de l'an VIII et du Sénatus consulte organique du 16 Thermidor an X suivi de quelques réflexions sur le dernier ouvrage de M. Necker.* Lyon, C.F. Barret. 1803.
37. J.T. Bruguière. *Lettre à M. Necker sur son dernier ouvrage* Paris 1802.

tidor), ou du *Journal général de littérature de France* (Fructidor), sont des plus discrètes. *La clé du cabinet des Souverains* (15 Fructidor, an V) et le *Publiciste* (21 août 1802) se contentent d'une simple annonce ; Suard lui-même, le fidèle Suard [38] a peur :

> « Croyez bien, Madame, écrivait-il à Mme de Staël que je n'ai guère éprouvé dans ma vie de plus amère contradiction que de ne pouvoir parler en ce moment des nouvelles vues de M. Necker comme j'en pense et opposer quelques lignes raisonnables à ce torrent de grossières bêtises dont la lâcheté a sali nos journaux.
> Je suis d'autant plus contrarié que j'ai l'intime persuasion que j'aurais pu sans danger louer dignement l'auteur de l'ouvrage ; mais ce n'était pas assez que je n'y visse pas un danger réel ; il suffisait que mes associés y en vissent. Je ne devais pas prendre sur moi la responsabilité de tous les contingents.
> L'avenir me fait trembler en tout sens. L'avilissement des mœurs, plus encore que la dégradation de la raison, tend à flétrir parmi nous tous les germes des principes de liberté et des sentiments généreux. Si Paris était pour le monde ce qu'était l'ancienne Rome, le seul centre des lumières et des idées, nous recommencerions le bas-empire. Mais il reste à l'Europe l'imprimerie et l'Angleterre, pour la sauver de la barbarie ; encore travaille-t-on dans ce moment à restreindre les bienfaits de la première en faisant peur à l'autre [39]. »

Seule la *Décade* fait exception, le numéro du 20 Fructidor consacre aux *Dernières vues de politique et de finance* un long article qui en donne une analyse très détaillée et très exacte, ce qui représentait déjà un certain courage. L'auteur laisse sentir sans doute un léger agacement devant le nombre de solutions proposées : « Ce livre est le compendium de l'instabilité des choses humaines », mais il n'hésite pas dans sa conclusion à féliciter Necker pour : « les vérités et les principes auxquels il rend hommage, ainsi que pour la noblesse et l'indépendance de sa pensée. » La républicaine *Décade* qui, en 1796, fulminait contre le partisan de la monarchie retrouve en lui, en 1802, un allié. A cette date, quand il s'agit de faire face à la dictature de Bonaparte, les défenseurs de la liberté sont trop peu nombreux pour ne pas s'unir.

---

38. Que Mme de Staël avait sollicité pour un article dans le *Publiciste* Cf. lettre à Hochet du 1er septembre 1802) : « Soyez sûr que cet ouvrage sera mis à sa place, malgré le pouvoir et la sottise. Voulez-vous montrer cette lettre à M. Suard, qui peut-être n'a pas pas encore lu l'ouvrage entier. C'est son propre suffrage à lui qui m'importe, il verra d'ailleurs ce qu'il peut imprimer. » Mistler, *Lettres à un ami*, p. 39.

39. *Correspondance Mme de Staël et J.B.A. Suard* publiée par R. de Luppé, p. 38-39.

2. Signalons pour l'étranger les comptes rendus longs et précis de l'*Edinburgh Review* (T. I. p. 382-395), de l'*Allgemeine Literatur Zeitung Iéna* (1802 III col. 721-731) et des *Gött. gelehrte Anzeigen* (1802, III p. 1809-1817).

# DEUXIÈME PARTIE

# IDÉES ÉCONOMIQUES ET SOCIALES

« Tout ce qu'ils ont, c'est de la force, tout ce qu'ils peuvent vendre, c'est du travail. »

NECKER. *Eloge de Colbert. Notes* XV 75.

# CHAPITRE PREMIER

# L'INSTITUTION DE LA PROPRIÉTÉ
## ET SES CONSÉQUENCES

## I. — POPULATION ET PROPRIÉTÉ

Ambitieuse et originale, l'œuvre de Necker se présente comme une tentative d'explication de la totalité des phénomènes sociaux, à partir d'une institution considérée comme fondamentale : l'institution de la propriété. Régnant en maîtresse sur les hommes, elle fait naître les classes, détermine les systèmes politiques, impose les croyances religieuses. Rien ne lui échappe et tous les aspects de la vie trouvent en elle leur raison d'être. On citerait difficilement, au XVIIIᵉ siècle, une œuvre qui, à un tel degré, avec une pareille logique, offre à l'esprit la satisfaction que peut procurer une rationalisation globale du réel.

Mais avant d'en entreprendre l'exposé, encore conviendrait-il de savoir dans quel esprit est poursuivie cette systématisation. S'agit-il d'une mise en question ou d'une apologie de ce qui est ? Ce n'est, en fait, ni l'une ni l'autre. Necker se soumet à l'ordre qu'exige l'expansion démographique, posée comme un absolu, comme une fin en soi : le « croissez et multipliez de l'Ecriture » devient une sorte d'impératif catégorique qui justifie l'institution de la propriété et constitue la clef de voûte de toute sa construction :

> « L'impétueux attrait que la nature a mis entre les sexes, et l'amour qu'elle leur inspire pour les fruits de leur union sont la cause de la multiplication des hommes sur la terre ; ces sentiments dominent le pauvre comme le riche ; aucune loi ne peut s'y opposer, et si elle était possible elle serait barbare [1] »

Il faut s'incliner sans discussion devant cet élan aveugle qui pousse les êtres à s'accoupler comme s'ils accomplissaient au regard de l'espèce à laquelle ils appartiennent, l'acte fondamental de leur destin, qui est de vivre et d'appeler d'autres êtres à la vie [2]. Cette

---

1. L.C.G. I., 26.
2. Cf. E.C. XV. 23. « Ne vaudrait-il pas mieux pour le bonheur qu'il y eut moins d'hommes dans chaque société ? Cette question est de pure

unique vocation donne un sens à chaque existence, aussi bien qu'à l'humanité tout entière.

En adoptant ce point de vue, Necker rompt résolument avec l'idéalisme du droit naturel, et l'optimisme d'une époque fascinée par la recherche du bonheur. Renonçant à mettre l'individu et ses désirs au centre de ses préoccupations, il n'hésitera pas à écrire :

> « Deux mille hommes réduits au plus simple nécessaire réunissent... une plus grande quantité de bonheur que mille un peu mieux vêtus, ou plus délicatement nourris [3]. »

Devant une pareille affirmation, on mesure le renversement des valeurs habituelles et l'importance accordée au développement purement biologique d'une espèce, privilégiée sans doute, mais animale aussi, et soumise en tant que telle à la nécessité de la recherche des subsistances pour le couple et pour ses enfants. Le mot de bonheur a perdu sa signification habituelle, il ne désigne plus l'état que procure à l'homme la satisfaction de ses désirs, désirs aux formes innombrables, et variant à l'infini suivant la personnalité de chacun. C'est l'existence, qui est déjà, en soi le bonheur [4], non pas le sentiment de l'existence, notion raffinée et qui suppose un degré assez élevé de vie intérieure, mais le simple fait d'être, de vivre dans quelque condition que ce soit.

Il arrivera souvent aussi que ce mot soit pris dans son acception habituelle, et cette double signification ne laisse pas de créer quelque ambiguïté sur le plan du langage, mais non sur le plan de la pensée. Il suffirait en effet d'écrire le mot bonheur avec un B majuscule, quand il se ramène à l'existence, pour réintroduire toute la clarté désirable. Quand Necker nous affirme, par exemple, que « les propriétés étant une loi des hommes, elles n'ont pu s'établir que pour le bonheur commun [5] », c'est évidemment de ce Bonheur-là qu'il s'agit, le seul où se confondent l'intérêt de l'individu et celui de l'espèce, le seul aussi dont on puisse jouir, tout en appartenant cependant à la catégorie des misérables :

---

spéculation, quelqu'en fut le résultat toute loi qui limiterait la population serait une loi barbare. » Cf. Grimm : « La propagation est d'ailleurs si conforme au vœu de la nature, elle y incite par un attrait si puissant, si répété, si constant qu'il est impossible que le grand nombre lui échappe » — *Correspondance*. Octobre 1766. VII, p. 132.

3. L.C.G. I., 27.

4. Cf. Dupont de Nemours : « La plus grande partie de ceux que l'augmentation des richesses fera naître serait restée dans le néant sans cette augmentation, et c'est peut-être déjà quelque chose d'exister, de manger, de boire, de dormir, de se réveiller, de marcher, de penser, d'agir, d'être fils, mari, père, de travailler pour soi-même et pour les siens, de les faire subsister par sa force et son intelligence. Dupont de Nemours Et. de phil. écon. Eph. 1771 n° 7, pp. 69-70 cité par Weulersse *La Psysiocratie à la fin du règne de Louis XV*, p. 211.

5. E.C. XV, 73-74.

« Tout être sensible aime mieux partager du pain avec sa compagne et ses enfants, que de vivre seul d'aliments plus variés ; c'est ainsi que la population s'étend et en s'étendant elle accroît d'une manière inévitable le nombre des misérables [6]. »

Si modeste qu'il soit, ce bonheur n'est pas sans provoquer parfois chez ce Genevois pondéré un véritable enthousiasme. Il lui arrive de s'exalter devant cette multiplication inépuisable, devant cet élan vital irrésistible, et il admire « cette bienfaisance féconde qui prend soin de l'espèce humaine et qui la fait triompher des erreurs de l'administration et des iniquités politiques [7] » pour permettre au plus grand nombre d'individus de bénéficier de ce bienfait de la Providence qu'est la pure et simple existence.

C'est sous cet angle que l'histoire de l'humanité doit être envisagée : au cours des âges, le génie de la race n'a cessé d'inventer les réponses nécessaires aux contraintes du monde extérieur, pour laisser libre cours à la croissance démographique, le progrès purement numérique de ses représentants constituant sa seule préoccupation. De cette histoire, il ne faut pas s'attendre à trouver dans son œuvre un récit détaillé, peu enclin à la réflexion désintéressée, Necker s'est borné à une brève esquisse d'un *Discours sur l'origine de l'inégalité parmi les hommes,* qui figure au début des notes de l'*Eloge de Colbert.*

Si succintes que soient les indications données, elles suffisent pour dessiner un schéma d'explication parfaitement clair qui nous montre comment s'enchaînent les unes aux autres les décisions successivement prises par l'humanité dans cette lutte pour la vie, et qui nous mène sans rupture jusqu'au moment présent, jusqu'à la société française du XVIIIᵉ siècle : société imparfaite sans doute, mais qui constitue la dernière étape d'une évolution fatale.

L'événement capital de cette évolution est évidemment la découverte de l'agriculture. Ce n'est pas pour Necker un événement fortuit, et nous trouvons aussitôt, à ce propos, ce mot de nécessité qui reviendra si souvent sous sa plume. « La nécessité de se nourrir dans un plus petit espace les contraignit (les hommes) à ensemencer la terre et à la cultiver [8]. » Il arriva, en effet, un jour où ils durent recourir à d'autres moyens de subsister que la cueillette, la chasse, la pêche, ou même l'élevage ; c'est alors qu'ils découvrirent une technique, qui permit de répondre aux exigences d'une population sans cesse croissante, en augmentant la productivité du travail humain, en multipliant les quantité de subsistances sur une même portion de sol.

Le progrès est considérable, mais cette invention, qui résoud un problème purement matériel de nourriture, entraîne des conséquences déterminantes pour l'organisation des communautés humai-

---

6. L.C.G. I., 26.
7. A.F., IV, 293.
8. E.C. XV, 71.

nes. La première, à la fois logiquement et chronologiquement, est l'institution de la propriété : « On établit ou l'on assura les propriétés pour exciter au travail et pour prévenir des disputes éternelles [9]. »

Necker pose comme un dogme indiscutable que l'agriculture n'est pas concevable sans cette institution ; c'est une nécessité inhérente à la nature de la technique pratiquée. Le possesseur du sol ne consentira à dépenser ses efforts ou les efforts d'autrui que s'il est certain de recueillir les fruits de son champ, et dès le moment où la terre devient une source de richesses dont la quantité est limitée, il ne peut y avoir de paix, de sécurité et donc de vie possible, que si les possessions sont garanties. Appropriation et agriculture sont indissolublement liées. Ainsi se trouvent éliminées deux solutions qui auraient mis la multiplication des individus en rapport direct avec la multiplication des subsistances, l'une est l'exploitation en commun du sol, l'autre la mise à la disposition de chaque chef de famille d'une parcelle de terrain. Ces solutions sont irréalisables, la première ne tient pas compte de l'égoïsme humain, la seconde exigerait des redistributions à intervalles réguliers, avec tous les bouleversements qu'on peut imaginer.

La croissance démographique n'en sera pas moins assurée mais par un autre procédé que la consommation directe des subsistances par ceux qui les produisent. Ce procédé, c'est l'échange. La technique de l'agriculture permet en effet au paysan, non seulement de satisfaire ses propres besoins, mais encore d'assurer la nourriture d'un nombre plus ou moins grand de ses semblables, suivant la fertilité du sol et la surface cultivée. Il devient donc possible à celui qui, propriétaire de la terre est aussi propriétaire de ses fruits, d'avoir, comme le dit Rousseau, des provisions pour deux [10] et même davantage. Ainsi fait son apparition le superflu qui va permettre l'organisation de rapports économiques, qui va rendre possible l'acte d'échange. D'autres êtres, nourris par le propriétaire, vont, en compensation, fabriquer des objets ou rendre des services divers. Les greniers, où s'entassent les récoltes, contiennent ainsi en puissance toutes les satisfactions possibles et, indirectement par la poursuite d'un objet en apparence différent de l'objet fondamental, va s'accomplir cependant le destin de l'espèce.

> « Si les besoins physiques n'avaient point de bornes, moins il y aurait d'hommes sur le terrain qu'ils pourraient cultiver, plus ils auraient de jouissances. Mais la subsistance journalière étant marquée par la nature, tous les fruits que la terre donne à son propriétaire au-delà de ses besoins, ne tournent à son bonheur qu'autant qu'il peut les échanger contre les services de ses semblables. Or, dans l'état de la société, nul homme, hormis le propriétaire, n'étant nourri qu'en échange d'un travail agréable à quelqu'un, la multiplication des hommes annonce toujours celle des jouissances [11]. »

9. E.C. XV, 72.
10. *Second Discours*. Pléïade Oe. c. T. III, p. 171.
11. E.C. XV, 74.

Ce raisonnement simpliste fournit la clé de sa pensée. Désormais, du désir de bonheur du propriétaire, de son appétit de jouissances, va dépendre l'accroissement des subsistances et, avec lui aussi, l'accroissement de la population. Il sera soucieux d'extraire de son sol la quantité maximum de denrées car elle lui vaudra en échange la quantité maximum de plaisirs. Tout se passe comme si un ingénieux mécanisme avait été monté qui, combinant un phénomène psychologique, le désir de jouir inhérent à l'âme humaine, un phénomène sociologique, l'institution de la propriété, et un phénomène purement physique, la productivité du travail humain appliqué à l'agriculture, assurerait la continuité de l'expansion démographique. C'est là qu'il faut chercher pour Necker la justification de la propriété, elle est une invention en vue d'une fin qui dépasse l'individu, invention de l'intelligence collective destinée à assurer l'avenir biologique de l'espèce :

> « Aujourd'hui même que les propriétés sont établies d'une manière irrévocable, si la subsistance des hommes n'était pas fixée par la nature, et qu'il fût possible aux propriétaires de trouver leur plaisir à consumer la nourriture d'un millier d'hommes, les privilèges de la propriété ne pourraient se soutenir, et les lois qui les garantissent ne tarderaient pas à être enfreintes [12]. »

Mais ce n'est heureusement pas le cas, le propriétaire n'a qu'un désir, celui d'ouvrir ses greniers à tous ceux qui pourront servir à son bonheur. La masse de subsistances dont il dispose devient ainsi le pivot de la vie éconmique, selon une conception bien caractéristique du XVIIIe siècle. Cette identification entre denrées agricoles et richesses, entre sacs de blé et moyens de paiement, ne correspond pas seulement à un désir de schématisation qui rendrait plus facile une vision d'ensemble de la production et de la consommation des richesses, elle correspond aussi à la réalité d'une civilisation essentiellement agraire où tous les biens, qu'il s'agisse d'une maison, d'un meuble, d'un cheval ou d'un serviteur, semblent pouvoir se ramener à une certaine quantité de subsistances qui en est, en fin de compte, leur véritable origine. La monnaie, instrument d'échange, n'est qu'un voile qui recouvre une réalité concrète qu'on ne perd jamais de vue. La tableau de Quesnay est un exemple particulièrement célèbre de cette manière d'envisager les choses.

Necker affecte une sorte d'indifférence pour la solution choisie. Il se borne à analyser le comportement de ce grand être collectif

12. L.C.G. I., 143.
13. Cf. Forbonnais : « Pour se représenter mieux cette vérité, supposons un seul propriétaire de toutes les productions de la terre chez lequel tous les consommateurs auront un compte ouvert, en débit et crédit. Chaque consommateur sera débiteur de ce qu'il recevra, et ce qu'il apportera en échange par le fruit de son travail sera évalué à son crédit. Ce propriétaire deviendra donc possesseur de tout le travail des consommateurs, mais il ne jouira de ce travail qu'en se défaisant des fruits de la terre, ainsi le montant de son compte ne doublera pas. » *Principes économiques*, Chap. II, Daire XIV, p. 177.

qu'est l'humanité, il nous montre comment, en raison de la nature des individualités qui la composent et des conditions imposées par le monde extérieur, elle réalise son adaptation au milieu et s'assure les meilleures chances dans la lutte pour la vie, en accordant à une catégorie d'individus privilégiés les prérogatives de la propriété.

> « Qu'est-ce donc qui assure la stabilité de ces prérogatives ? c'est qu'elles n'entraînent pas la diminution de l'espèce humaine ; c'est que la qualité de grand propriétaire ne peut pas faire trouver du plaisir à manger mille quantités de pain au lieu d'une ; c'est que, dans la permission donnée aux riches d'échanger tout leur blé superflu contre le travail des hommes, et de vivre ainsi dans l'oisiveté, l'augmentation de bonheur qui résulte pour eux de cet avantage, est trop obscure et trop incertaine, pour que la société ait un intérêt suffisant à y mettre obstacle, et à renverser, pour y parvenir, les lois qui assurent les héritages, et qui soumettent à un principe général la disposition de tous les biens de la terre ; lois qui excitent l'industrie, qui arrêtent l'inquiétude, et sans lesquelles la société serait livrée à toutes les passions et à un bouleversement continuel [14]. »

De cette conception purement fonctionnelle de la propriété découle une double conséquence : un droit intangible et presque sacré est accordé au propriétaire, mais des limites fort précises sont assignées à l'exercice de ce droit. Convaincu, en effet, qu'il n'existe, pour assurer le développement de la population, aucune autre combinaison des facteurs en présence, Necker ne peut pas tolérer d'atteinte au principe de la propriété. Elle est le fondement de la société, tout tourne autour d'elle. Il faut que les propriétaires ne puissent jamais éprouver aucune inquiétude au sujet de la libre disposition de leurs biens, sinon leur comportement serait modifié et la paralysie risquerait de gagner le corps social. L'avenir de la race dépend du sentiment de sécurité, de tranquillité chez les possédants, et seule peut le leur procurer la certitude que personne ne viendra jamais leur contester ce qui leur appartient. Mais si leur droit ne doit jamais être mis en question, ils ne peuvent l'exercer que dans les limites compatibles avec le but poursuivi. Ils ne sont propriétaires qu'en vertu d'un « arrangement social [15] » conclu pour atteindre une fin précise :

> « Les propriétés étant une loi des hommes, elles n'ont pu s'établir que pour le bonheur commun et elles ne peuvent subsister qu'autant que la société leur prête de la force. Ainsi s'il eût été possible que la propriété eût trouvé sa convenance dans la destruction ou la diminution de l'espèce humaine, jamais les hommes n'auraient consenti à une telle loi [16]. »

Si donc il arrivait que, dans certaines circonstances, une liberté totale laissée aux riches entraînât le résultat contraire du résultat

---

14. L.C.G. I., 143-144.
15. E.C. XV. 73.
16. E.C. XV. 73-74.

escompté, à savoir une diminution du chiffre de la population, il serait indispensable que cette liberté fût restreinte. Alors, mais alors seulement, la société créatrice de ce droit pourrait en imposer certaines limitations.

> « ...Les privilèges de la propriété ont... un rapport essentiel avec le bien général ; or, le même bien général qui les a dictés et qui les garantit a pu y apposer des exceptions [17]. »

Ces textes sont parfaitement clairs et nous voyons comment, en établissant un lien indissoluble entre population et droit de propriété, Necker a fondé cette institution sur des bases inébranlables, tout en la maintenant dans des bornes précises. Ce bourgeois refuse ainsi la justification que la pensée bourgeoise traditionnelle fournit de la propriété à la suite de Locke. Pour ce dernier, c'est le travail du premier occupant qui crée le droit de propriété, aussi bien pour lui que pour ses descendants :

> « Par ce travail, il rend son bien particulier et le distingue de ce qui est commun à tous [18]. »

Aussi ce droit est-il intangible, absolu, inaliénable, indissolublement attaché à la personne du propriétaire dont les biens sont en quelque sorte le prolongement, et indéfiniment, on répétera cette argumentation comme si, en plein XVIIIe siècle, cette référence à l'appropriation primitive pouvait avoir le moindre sens.

> « ...un champ, nous explique le baron d'Holbach, devient, en quelque façon, une portion de celui qui le cultive, parce que c'est sa volonté, ce sont ses bras, ses forces, son industrie, en un mot, ce sont des qualités propres à lui, individuelles, inhérentes à sa personne qui ont rendu ce qu'il est. Ce champ, arrosé de sa sueur, s'identifie, pour ainsi dire, avec lui ; les fruits qu'il produit lui appartiennent, de même que ses membres et ses facultés, parce que, sans son travail, ces fruits ou n'existeraient point, ou du moins n'existeraient pas tels qu'ils sont [19]. »

Rousseau ne parle pas un autre langage :

> « Il est impossible de concevoir l'idée de la propriété naissante d'ailleurs que de la main-d'œuvre, car on ne voit pas ce que pour s'approprier les choses qu'il n'a point faites l'homme y peut mettre de plus que son travail. C'est le seul travail qui, donnant droit au cultivateur sur le produit de la terre qu'il a labourée, lui en donne par conséquent sur le fonds, au moins jusqu'à la récolte, ce qui, faisant une possession continue se transforme aisément en propriété [20]. »

---

17. L.C.G. I., 144.
18. Locke. *Du Gouvernement*. Ch. IV. De la propriété des choses.
19. *Politique Naturelle*. Disc. I. Ch. XXVI.
20. *Second discours*. Pléiade. Oe c. T. III. p. 175.

Quant aux physiocrates, ils reprennent la même idée en l'exprimant dans leur jargon habituel :

« C'est, nous dit l'Abbé Baudeau, l'utilité très évidente des avances foncières, c'est leur efficacité ou leur influence sur les travaux des autres arts, c'est la durée de cette efficacité pendant plusieurs années et même pendant plusieurs siècles, qui fonde la prééminence de la classe propriétaire, la légitimité de ses droits, même celui d'hérédité, c'est-à-dire de transmission à ses représentants [21]. »

Necker raille une aussi naïve justification :

« Celui qui dans l'origine des sociétés mit quelques pieux autour d'un terrain, et y jeta la semence que la nature avait produite d'elle-même dans un autre endroit, n'aurait jamais pu obtenir, à ce seul titre, le privilège exclusif de ce terrain pour tous ses descendants jusqu'à la fin des siècles ; tant d'avantage ne pouvait point appartenir à ce petit mérite [22]. »

Il n'y a en fait aucun rapport entre l'individu et ce qu'il possède, et il faut dissiper une illusion trop commode pour les possédants : la propriété est un artifice :

« La pensée des riches remonte rarement à cette première source de leurs droits et ils jouissent comme d'un attribut personnel des avantages qu'ils ne doivent point à la supériorité de leur essence, mais à des conventions faites de main d'hommes [23]. »

L'humanité a inventé une combinaison astucieuse, où propriétaires et non propriétaires jouent leur rôle en aveugles, en vue d'une fin qui les dépasse et qui est la multiplication de l'espèce.

---

21. *Première Introduction à la philosophie économique*. Daire T. II, p. 690. Sur ce point, les hésitations de Turgot sont très significatives : « C'est, par le travail de ceux qui ont, les premiers, labouré des champs et qui les ont enclos pour s'en assurer la récolte, que toutes les terres ont cessé d'être communes à tous et que les propriétés foncières se sont établies » déclare-t-il au Chap. IX de ses *Réflexions sur la formation et la distribution des richesses* (Œuvres, éd. Schelle, T. II, p. 539) mais au Chap. XVII, une autre idée se fait jour : « le cultivateur n'a besoin du propriétaire qu'en vertu des conventions humaines et des lois civiles qui ont garanti aux premiers cultivateurs et à leurs héritiers la propriété des terrains qu'ils avaient occupés lors même qu'ils cesseraient de les cultiver » (*ibid*. p. 543) et quand Dupont de Nemours, lors de la publication des *Réflexions* dans les *Éphémérides du Citoyen*, mettant les points sur les i, complète cette phrase en ajoutant : « et cela pour prix des avances foncières par lesquelles ils ont mis ces terrains en état d'être cultivés, et qui se sont pour ainsi dire incorporées au sol même », Turgot se fâche : « Vous m'avez fait une vraie peine, en changeant quelques endroits de mon ouvrage... l'endroit des avances foncières en particulier m'a fait bien mal au cœur. » (Lettre à Dupont de Nemours, du 2 février 1770. Schelle T. III. p. 373-374.
22. L.C.G. I. 142.
23. A.F. V. 378. Cf encore L.C.G. I. 145 : « Votre titre de propriété est-il donc écrit dans le ciel ? Avez-vous apporté votre terre d'une planète voisine ?... Quelle force avez-vous donc que vous ne teniez de la société ? »

« L'homme en possession d'une fortune supérieure au lot du plus grand nombre, n'est qu'un des points d'appui de la distribution des salaires et des subsistances [24]. »

En centrant sa réflexion sur le problème de la population et de sa croissance, Necker ne fait que partager un état d'esprit fort répandu, mais son point de vue est différent de celui de ses contemporains [25]. Certains, ce sont les populationnistes, au nom de la puissance de l'Etat, désirent porter au maximum le chiffre de ses habitants [26], tandis que d'autres [27], les physiocrates [28] en particulier, sont préoccupés avant tout d'augmenter ses richesses, ce qui les amène à concevoir l'idée d'un optimum de population. Necker est plus radical, la propagation doit être poursuivie pour elle-même. Les considérations de puissance ne sont pas absentes de son esprit, mais elles n'interviennent qu'à titre secondaire [29]. Sa construction idéologique repose exclusivement sur le respect du « croissez et multipliez » de l'Ecriture, et nous verrons, en examinant les idées religieuses de notre auteur, qu'en obéissant à cet ordre, les hommes accomplissent strictement les desseins de la Providence et donnent à la création divine son véritable sens [30].

## II. — DE L'ÉCHANGE A L'EXPLOITATION, LA LOI D'AIRAIN DES SALAIRES

Au premier abord, l'acte d'échange rendu possible par l'invention de l'agriculture ne recèle en lui rien de redoutable. La situation ainsi créée pourrait avoir comme simple conséquence d'établir entre les

---

24. R. Ph. X. 455.
25. Cf. Spengler. *Economie et Population. Les doctrines françaises avant 1800. De Budé à Condorcet.*
26. Cf. par exemple Goudar. *Les intérêts de la France mal entendus. Amsterdam 1756* ou encore Diderot : « A propos de la population, vous préférez, (dit-il en s'adressant à l'abbé Morellet), un petit nombre d'hommes aisés à une multitude de mal aisés. Combien il y aurait d'observations à vous faire là-dessus, surtout dans l'état actuel des sociétés, où il faut opposer, non pas l'aisance à l'aisance, mais le nombre au nombre. La première condition d'une société n'est pas d'être riche, mais c'est d'être en sûreté. » (*Apologie de l'abbé Galiani. Œuvres politiques.* Ed. Vernières, pp. 86). Cf. encore l'*Encyclopédie*, Article Homme.
27. Cf. par exemple Voltaire : « Le point principal n'est pas d'avoir du superflu en hommes, mais de rendre ce que nous en avons le moins malheureux qu'il est possible. » *Dictionnaire philosophique.* Article « Population ».
28. Cf. Weulersse : *Le mouvement physiocratique en France.* Tome II p. 278 ss.
29. « Si l'abondance produit la multiplication des hommes ; si un heureux climat et de bonnes lois les attachent à leur société et si le nombre des soldats est en raison du nombre des citoyens, il paraît que la population annonce le bonheur et la puissance. » E.C. XV. 73.
30. Cf. infra p. 601 ss.

individus de fructueuses relations également profitables aux uns et aux autres, aux propriétaires comme aux non-propriétaires, à celui qui fournit les subsistances comme à celui qui fournit des objets ou rend des services. C'est l'hypothèse envisagée par Rousseau après l'invention de l'agriculture :

> « Les choses en cet état eussent pu demeurer égales si les talents eussent été égaux, et que par exemple l'emploi du fer et la consommation des denrées eussent toujours fait une balance exacte [31]. »

Ainsi s'ébaucherait une première division du travail, chacun se spécialisant suivant ses goûts et ses aptitudes dans le type d'occupation qui lui convient. Bien des esprits vont se contenter de cette interprétation à la fois séduisante et commode. Necker au contraire, avec une inlassable ténacité, avec une monotonie parfois exaspérante, va nous démontrer comment cet acte d'échange se transforme nécessairement en un acte d'exploitation, par l'intervention d'un nouveau mécanisme auquel Lassalle donnera le nom de loi d'airain des salaires [32].

Pour en comprendre le fonctionnement, nous pouvons recourir à l'image d'Epinal, simpliste mais assez juste, du propriétaire devant la porte de ses greniers, entouré de la foule des non-propriétaires désireux d'obtenir en échange des services qu'ils pourraient rendre, les subsistances dont ils ont besoin. C'est la situation fondamentale, la situation type qui va fournir à Necker la base d'une démonstration sans cesse répétée. Entre tous les textes consacrés à ce thème, aucun peut-être n'est plus clair ni plus complet que celui que l'on trouve au chapitre 25 du livre I de l'ouvrage intitulé De la législation et du commerce des grains :

> « Je n'entendrai par ce nom (celui du peuple), dans cet ouvrage, que la partie de la nation née sans propriété, de parents à peu près dans le même état, et qui, n'ayant pu recevoir d'eux aucune éducation, est réduite à ses facultés naturelles et n'a d'autre possession que sa force, ou quelque art grossier et facile. C'est la classe la plus nombreuse de la société et la plus misérable par conséquent puisque sa subsistance dépend uniquement de son travail journalier.
> Le peuple ainsi défini, d'où vient sa misère dans tous les temps, dans tous les pays, et quelle en sera la source éternelle ?
> C'est le pouvoir qu'ont les propriétaires de ne donner en échange d'un travail qui leur est agréable, que le plus petit salaire possible, c'est-à-dire celui qui représente le plus étroit nécessaire.
> Or, ce pouvoir entre les mains des propriétaires est fondé sur leur très petit nombre, en comparaison de celui des hommes sans pro-

31. *Second Discours*. Pléïade Oe c. T. III, p. 174.
32. « Das eherne ökonomische Gesetz welches unter den heutigen Verhältnissen unter der Herrschaft von Angebot und Nachfrage nach Arbeit den Arbeitslohn bestimmt, ist dieses : dass der durchschnittliche Arbeitslohn immer auf den notwendigen Lebensunterhalt reduciert bleibt, der in einem Volke gewohnheitsmässig zur Fristung der Existenz und zur Fortpflanzung erforderlich ist. » *Offner Antwortschreiben an das Zentralcomité zur Berufung eines allgemeinen deutschen Arbeitercongresses zu Leipzig.* (von Meyer und Zeller. Zurich 1863 p. 15).

priété ; sur la grande concurrence de ces derniers, et principalement sur la prodigieuse inégalité qu'il y a entre les hommes qui vendent leur travail pour vivre aujourd'hui, et ceux qui l'achètent pour augmenter simplement leur luxe ou leurs commodités : les uns sont pressés par l'instant, les autres ne le sont point ; les uns donneront toujours la loi, les autres seront toujours contraints de la recevoir [33]. »

Cette analyse du passage d'une collaboration possible à une exploitation de fait, où Necker trouvera l'explication de tous les phénomènes sociologiques des nations dites civilisées où l'agriculture est pratiquée et la propriété établie, présente avec les textes du livre I du *Capital* une évidente ressemblance, qui entraîne dans les expressions employées des rencontres frappantes. Quand le Genevois écrit par exemple :

« Tout ce qu'ils ont (les salariés), c'est de la force, tout ce qu'ils peuvent vendre, c'est du travail [34]. »

on sent combien est claire dans son esprit la distinction marxiste capitale entre ce qui est nécessaire pour entretenir la force de travail et l'usage qu'en fait l'employeur : le salarié ne recevant avec son salaire que ce qui est indispensable pour entretenir cette force tandis qu'il en cède l'emploi, et du même coup le produit de cet emploi [35].

Marx a été le tout premier à relever cette ressemblance. On trouve en effet dans l'ouvrage publié par Kautsky, d'après des notes et intitulé *Theorien über den Mehrwert* dont la traduction française est parue sous le titre d'*Histoire des doctrines économiques* [36], un court chapitre, le chapitre XII du livre I, consacré à Necker et constitué en grande partie de citations de deux de ses ouvrages : *De la législation et du commerce des grains* et *De l'administration des finances*. Ce livre I traite des physiocrates et l'auteur du *Capital* y passe aussi en revue ceux de leurs prédécesseurs ou de leurs contemporains dont les œuvres présenteraient une analogie avec la sienne et contiendraient comme une annonce ou une préfiguration de son analyse de la société et de sa théorie de la lutte des classes. Dans cette galerie pré-marxiste, le banquier genevois figure en bonne place et le chapitre XII fournit à Marx l'occasion de rendre hommage à ce bourgeois pour avoir clairement élucidé le processus grâce auquel se réalise l'exploitation de l'homme par l'homme. Il se croit toutefois

---

33. L.C.G. I., 137-138. Max. Leroy fait de Sismondi le premier analyste de la notion de prolétariat, il nous semblerait plus juste d'attribuer ce titre à Necker, ainsi qu'en fait foi la définition qu'il donne du peuple. Max. Leroy : *Histoire des Idées sociales en France*, Paris 1950, T. I, p. 293 sq.

34. E.C. XV. 75.

35. Cf. *Le Capital*. Livre I, Deuxième section, Chap. 6 : Achat et vente de la force de Travail.

36. *Histoire des doctrines économiques* publiée par Kautsky, Trad. J. Molitor, Paris 1927.

en droit de relever des insuffisances dans son analyse, par rapport aux deux notions fondamentales dans la théorie marxiste de plus-value et d'accumulation. Nous examinerons dans ce chapitre les critiques qui portent sur la première de ces deux notions [37].

On se rappelle le sens donné par Marx à l'expression de plus-value et la distinction établie entre plus-value relative et plus-value absolue : l'institution de la propriété et le libre jeu de la concurrence mettent les possesseurs des moyens de production en état d'obliger ceux qu'ils emploient à se contenter comme salaire du strict nécessaire, du minimum vital, et ils peuvent alors s'approprier une part plus ou moins grande des produits du travail ; ainsi naît la plus-value. Il est évident qu'elle varie suivant la longueur de la journée de travail imposée ou suivant le degré de productivité de ce travail : dans le premier cas, il s'agit de plus-value absolue ; dans le second, de plus-value relative. Pour cette dernière, Necker n'a droit qu'à des éloges, Marx le félicite [38] d'avoir bien démontré, en s'appuyant sur la notion de salaire minimum, que l'amélioration des techniques agricoles et industrielles, que les progrès du machinisme ne profitent qu'au possesseur des moyens de production et n'ont pas d'autre conséquence que d'augmenter la plus-value ; le texte cité et extrait de *De la législation et du commerce des grains* est en effet d'une parfaite clarté :

> « L'invention sucessive des instruments qui ont simplifié tous les arts mécaniques a donc augmenté les richesses et le lot fortuné des propriétaires ; une partie de ces instruments, en diminuant les frais d'exploitation des fonds de terre, a rendu plus considérable le revenu dont les possesseurs de ces biens peuvent disposer ; et une autre partie des découvertes du génie a tellement facilité tous les travaux de l'industrie, que les hommes au service des dispensateurs des subsistances ont pu, dans un espace de temps égal, et pour la même rétribution, fabriquer une plus grande quantité d'ouvrages de toute espèce [39]. »

La parenté entre ce passage et ceux du *Capital* consacrés à la définition de la plus-value relative est évidemment frappante. Sans doute Necker n'a pas poussé aussi loin l'effort d'analyse et d'abstraction qui permet à Marx de ne plus voir dans les marchandises que les heures de travail qui y sont incorporées, et il ne raisonne que par rapport à une économie de type agricole [40], mais le fond de l'argumentation reste incontestablement le même.

---

37. Cf. Notre article *Necker jugé par K. Marx.* Annales historiques de la Révol. Française. Janvier-Mars 1956.
38. *Histoire des doctrines économiques.* Op. cit. T. I, p. 90.
39. A.F. V. 324.
40. Comme le dit Marx : « ... Dans l'agriculture, on voit directement l'excédent des valeurs d'usage produites sur les valeurs d'usage consommées par l'ouvrier ; point n'est besoin, pour comprendre, de faire l'analyse de la valeur en général et de saisir la nature de la valeur. » K. Marx — *Histoire des doctrines économiques*, tome I, p. 45.

Par contre, il se voit reprocher d'avoir été incapable de discerner l'autre forme de plus-value :

> « Ce qui est important, écrit Marx, c'est que Necker dérive du sur-travail la richesse des classes non-laborieuses, le profit et le revenu. Mais il n'envisage que la plus-value relative produite non par la prolongation de la journée de travail totale, mais par la réduction du temps de travail nécessaire [41]. »

Il ne semble pas que cette critique soit méritée, Necker est encore meilleur marxiste que ne le pense Marx. De nombreux textes prouvent qu'il a eu de la plus-value absolue une idée tout aussi nette que de la plus-value relative. Il en est un, en particulier, qui se cache d'une manière inattendue dans un ouvrage dont le titre ne semble guère promettre de fructueuses découvertes dans ce domaine. Il s'agit de *De l'importance des opinions religieuses*. L'auteur y examine, entre autres, une question qui, à cette date, provoquait de nombreuses et vives discussions, celle des fêtes chômées et du repos dominical. Il y prend fermement parti pour l'interdiction de travailler certains jours fixés par le clergé, mais en se plaçant à un point de vue entièrement différent du point de vue religieux et son argumentation est conduite de telle sorte que Marx lui-même n'aurait pu que se ranger, en cette circonstance, du côté du défenseur de la religion et de l'Eglise.

> « Le possesseur d'un vaste domaine verrait toutes ses richesses s'évanouir, si des serviteurs nombreux ne venaient pas labourer ses terres, les remuer d'un bras vigoureux et rapporter dans ses greniers les productions diverses qu'ils recueillent pour lui chaque année ; mais, comme le nombre des hommes sans propriétés est immense, leur concurrence et le besoin pressant qu'ils ont de travailler pour vivre, les obligent à recevoir la loi de celui qui peut, au sein de l'aisance, attendre paisiblement leurs services ; et il résulte de ces relations habituelles entre le riche et le pauvre, que le salaire de tous les travaux grossiers est constamment réduit au terme le plus extrême, c'est-à-dire à la récompense suffisante pour satisfaire journellement aux besoins les plus indispensables.
> « Ce système posé, s'il était possible que, par une révolution de la nature l'homme vécût et conservât ses forces sans destiner chaque jour quelques heures au repos et au sommeil, il est hors de doute qu'on lui demanderait en peu de temps un travail de vingt heures, pour le même prix accordé maintenant à un travail de douze.
> « Or, par une assimilation parfaite à l'hypothèse que je viens de présenter, supposé qu'une révolution morale permit à tous les ouvriers de travailler sept jours de la semaine, il est hors de doute qu'en peu de temps on exigerait d'eux le travail de ces sept jours pour le même prix accordé maintenant au travail de six ; et ce nivellement s'exécuterait par la baisse successive du prix de la journée [42]. »

Comme on le voit, Necker distingue nettement le temps de travail nécessaire à l'ouvrier pour produire sa subsistance, du surtravail

---

41. *Histoire des doctrines économiques.* Op. cit. T. I, p. 91.
42. I.O.R. XII, 190.

qui lui est imposé. Or, la plus-value absolue est précisément celle qui résulte de la prolongation de la journée de travail, selon la définition donnée par Karl Marx. Celui-ci n'avait certainement pas lu ces lignes et son erreur est sans doute due à ce hasard, car l'ensemble de l'œuvre de Necker ne saurait laisser aucun doute à ce sujet, témoin cette phrase, une des plus cruelles et des plus brutales que Necker ait trouvées pour exprimer sa pensée :

> « S'il était possible qu'on vint à découvrir une nourriture moins agréable que le pain mais qui pût soutenir le corps de l'homme pendant quarante-huit heures, le peuple serait bientôt contraint de ne manger que de deux jours l'un lors même qu'il préfèrerait son ancienne habitude [43]. »

L'économiste du XVIIIᵉ siècle est tout aussi soucieux que celui du XIXᵉ, de démythifier la notion de salaire, tout aussi conscient de l'automatisme de la loi d'airain et de son anonymat qui enlève tout sentiment de responsabilité à l'employeur. N'a-t-il pas le droit d'avoir bonne conscience, dès lors qu'il agit conformément aux habitudes traditionnelles, dès lors qu'au regard de la loi, il n'a rien à se reprocher ? La monotonie dans la répétition d'une démonstration toujours la même, où les termes se suivent dans un ordre immuable : institution de la propriété, grand nombre des salariés, petit nombre des propriétaires, strict nécessaire pour les uns, abondance de biens pour les autres, trahit chez Necker le désir de soulever le voile qui cache la réalité de la transaction conclue, et d'imposer au lecteur l'effort d'un raisonnement très simple qui fait s'évanouir la fiction de l'échange. Alors se révèle dans toute sa cruauté, une pure et simple dépossession du plus faible par le plus fort, une appropriation scandaleuse, pour légale qu'elle soit, d'une part plus ou moins grande du produit du travail :

> « Ce n'est point en raison de leurs richesses, ni en raison d'aucun principe d'équité, que les propriétaires fixent le prix de leurs denrées, et celui du travail que l'on consacre à leur usage ; c'est en raison de leur force, c'est en raison de la puissance invincible que les possesseurs des subsistances ont sur les hommes sans propriété [44]. »

---

43. L.C.G. I., 312-313.
44. L.C.G. I., 311. Cf. encore I.O.R. XII. 189 : « En effet, si l'on consultait uniquement les lumières de la raison et de l'équité, personne, je crois, n'oserait prononcer que le plus étroit nécessaire physique fût le véritable prix d'un travail fatigant et pénible qui commence à l'aube du jour et ne finit qu'au coucher du soleil : on ne pourrait soutenir, qu'entouré de son luxe, et au sein d'une molle oisiveté, le riche ne dût accorder aucune autre rétribution à ceux qui vouent leur temps et leurs forces à grossir ses revenus et à multiplier ses jouissances. Ce n'est donc point sur des principes et des rapports établis par une raison naturelle ou réfléchie, que le salaire de la multitude des hommes a été fixé ; c'est un traité de force et de contrainte qui dérive uniquement de l'empire de la puissance et du joug que la faiblesse est obligée de subir. »

L'automatisme et l'anonymat de cette dépossession ont été renforcés encore par l'usage de la monnaie. Son invention a sans doute facilité les échanges, et elle représente par rapport au troc un progrès certain [45], mais elle a permis aussi de dissimuler l'injustice dont est victime le salarié, et de pousser l'exploitation jusqu'à ses plus extrêmes limites :

> « Les propriétaires... qui auraient rougi de jouir du travail continuel d'un de leurs semblables, sans lui procurer une subsistance honnête, ont pu se livrer sans trouble à leur cupidité tyrannique, lorsque ce travail évalué en argent, les a dispensés d'examiner si, avec cet argent, l'homme de peine pouvait pourvoir en tout temps à ses besoins [46]. »

La dématérialisation du salaire, exprimé non plus en quantités de marchandises, en sacs de blé par exemple, mais en signes monétaires permet à l'employeur de rester aveugle devant cette sorte de vol officiellement et quotidiennement pratiqué que représente la rétribution de la main-d'œuvre au prix courant.

Est-ce à dire qu'il n'établisse aucune distinction parmi les salariés et dans ce siècle, où l'artisan ou l'artiste créateurs d'objets d'art ou d'objets de luxe jouent un tel rôle, n'a-t-il pas su voir qu'il y avait des privilégiés parmi les non-propriétaires ? Il le sait si bien, qu'il tirera argument de la différence parfois considérable entre le prix du travail de l'artiste et celui de l'ouvrier agricole pour critiquer l'impôt unique des physiocrates [47]. Tous ceux qui doivent un traitement de faveur à la rareté de leur talent ou de leur goût, peintres, danseurs, orfèvres, constituent une exception à la règle générale.

> « Les propriétaires, qui sont les distributeurs des subsistances, donneront toujours la loi aux hommes qui ne peuvent être nourris qu'en travaillant ; ainsi, la simple force n'aura jamais pour récompense que le nécessaire, l'industrie un peu plus, le talent davantage [48]. »

Pour la majorité des travailleurs qui ne disposent que de leur « simple force », il existe une sorte de prix moyen du travail correspondant à ce dont un être humain a besoin pour assurer sa subsistance et celle de sa famille. Necker s'efforce d'ailleurs de préciser la signification du terme de subsistance, qui risquerait d'être trop vague et trop élastique, et d'en donner une définition satisfaisante :

> « Sous le mot de « subsistance », je comprends, outre la nourriture de l'homme de travail, la portion qu'il devrait céder à ceux qui lui feraient un habit, ou lui construiraient une cabane, s'il n'avait pas le talent ou la liberté de s'occuper de ces soins lui-même ; en sorte que tous les besoins de nécessité absolue rentrent ainsi sous ce mot de « subsistance [49]. »

---

45. Cf. E.C. XV. 102.
46. L.C.G. I., 68.
47. Cf. E.C. 96 et L.C.G. 119.
48. L.C.G. I., 304.
49. L.C.G. I., 69-70 (note).

Il fait remarquer aussi que la subsistance ainsi entendue et donc le salaire correspondant varient avec les climats et les civilisations :

« Dans les pays tempérés de l'Europe, le peuple a du pain, parce qu'il ne peut vivre sans cet aliment ; dans ceux où les fruits et les légumes peuvent y suppléer en partie, il est contraint de s'en contenter. Dans les climats où un bon vêtement est nécessaire à sa conservation, ses salaires sont proportionnés à la nécessité de se nourrir et de se vêtir ; mais au Midi, si la chaleur dispense de cette dernière précaution, le peuple est couvert de haillons, sans être mieux traité pour sa nourriture. Partout, on a calculé ce qui lui était exactement nécessaire, pour n'attribuer que ce prix à son travail ; et, au milieu des trésors de l'Indostan, quatre ou cinq sous par jour sont le salaire du peuple, parce qu'il ne lui faut que du riz, dont le terrain abonde [50]. »

Là encore, on sent combien sa pensée est proche de celle de Marx préoccupé, lui aussi, d'établir une moyenne valable pour le salariat dans son ensemble et recourant pour cela à la notion encore plus élaborée de temps de travail socialement nécessaire.

La conclusion paradoxale de cet effort de réflexion, celle à laquelle il voudrait amener son lecteur du XVIIIe siècle si fier d'être de son temps, si glorieux de sa civilisation et de sa culture, c'est que la situation de l'esclave antique était bien supérieure à celle du salarié moderne.

« L'inégale division des propriétés a introduit au milieu des hommes une autorité semblable à beaucoup d'égards à celle des maîtres sur leurs esclaves ; on peut même dire avec exactitude que sous divers rapports l'empire des riches est plus indépendant encore, car ils ne sont tenus à aucune protection constante envers ceux dont ils exigent des services. »

Les esclaves sont en effet mieux traités par leur maître que les salariés qu'il emploie ; il est personnellement intéressé à les conserver en bon état, comme ses chevaux, tandis qu'après avoir utilisé et rétribué la force de travail d'un ouvrier au prix courant, il n'a plus aucune obligation envers lui. Le passage de l'esclavage au salariat ne représente pas un progrès, mais la substitution à une forme empirique et grossière, d'une forme raffinée et en quelque sorte scientifique d'exploitation.

Cette idée inquiétante commence à se faire jour au XVIIIe siècle. Melon déjà, partisan de l'esclavage aux colonies, avait soutenu qu'en Europe le sort des domestiques serait plus heureux s'ils étaient esclaves, car ils jouiraient alors d'une sécurité et d'avantages dont ils sont cruellement privés [51]. Chez Linguet, cette conviction, qui

---

50. L.C.G. I., 312. Cf. Marx : « Les besoins naturels tels que nourriture, vêtement, chauffage, habitation, etc. diffèrent suivant le climat et autres particularités physiques d'un pays. » *Le Capital.* Pléiade, T. I, p. 270.
51. Ils pourraient en particulier avoir des enfants qui, esclaves, augmenteraient la fortune de leur maître. Cf. *Essai Politique sur le Commerce.* 1734. Daire T. I. p. 724 sq.

s'exprime en des termes d'une brutalité et d'un réalisme extraordinaires, est au centre même de sa pensée, et il tentera de nous prouver
que le retour à l'esclavage est, pour la classe des salariés tout
entière, la seule solution qui puisse mettre fin à leur misérable
sort [52]. Necker ne va pas aussi loin, mais quand il nous explique
que, sans les devoirs de charité imposés aux riches par le christianisme, les salariés n'auraient aucune raison de préférer leur sort
à celui de l'esclave antique, il porte sur ce siècle, si célèbre par sa
douceur de vivre, un jugement qui, pour ne pas être exprimé en termes aussi violents que celui de Linguet, n'en est pas moins d'une
extrême sévérité [53].

Il nous faut revenir maintenant sur cette situation de force à
partir de laquelle les propriétaires peuvent imposer leur volonté et
bénéficier de la plus-value. Quand Necker nous parle de leur petit
nombre et de la possibilité qu'ils ont d'attendre, en face de l'urgence des besoins qui pressent le salarié, il décrit un phénomène
classique de monopole dans lequel une entente tacite des employeurs,
fixant le salaire au niveau le plus bas, joue le rôle déterminant. Le
problème qui se pose alors est d'expliquer pourquoi le nombre des
propriétaires est beaucoup plus petit que celui des salariés. On pourrait concevoir en effet que le rapport ne soit pas aussi défavorable
à ceux qui ne possèdent rien. Voici les raisons que donne Necker
de la concentration de la propriété foncière aux mains d'un groupe
social restreint :

> « Les propriétés tendent plutôt à se rassembler qu'à se diviser ;
> la pauvreté ne peut pas tirer parti des terres qui exigent des avan-
> ces ; elle ne sait pas se défendre contre les impôts arbitraires ; elle
> ne jouit pas communément des prérogatives attachées à la noblesse ;
> les petites possessions se réunissent donc insensiblement dans les
> mains des riches, le nombre des propriétaire diminue, et ils peuvent
> alors dicter une loi plus impérieuse aux hommes dont ils achètent le
> travail ; car, dans tout échange, la force des vendeurs et des ache-
> teurs dépend en partie du nombre respectif des uns et des
> autres [54]. »

---------------

52. Cf. *Théorie des lois civiles*, Livre V, les chapitres intitulés : « Que
la servitude héréditaire est utile aux enfants mêmes. » — « Que la servitude héréditaire est avantageuse à la société. »

53. Le texte suivant, si caractéristique de l'opinion moyenne de la classe
possédante, n'était pas fait pour faire changer d'avis les défenseurs de
l'esclavage : « Pauvres, si vous avez faim, travaillez pour le riche, il vous
associera à sa richesse... enfin s'il était possible que vous ne trouvassiez pas
le moyen de gagner votre vie par votre travail, il faudrait solliciter la
pitié du riche ; il faudrait aller chercher la charité qui aide le malheureux.
Et si cette dernière ressource même vous était ravie, il faudrait, oui, mes
amis, il faudrait souffrir la faim comme vous souffririez la peste, il faudrait... Il n'appartient qu'au brigand des forêts de comparer la mort sur
l'échafaud à la mort que ferait souffrir le besoin. » *Du Commerce des
Blés* par M. Rey. 1775. pp. 87-88.

54. L.C.G. I., 138. — Cf. Cantillon : « Que si le Prince fait la distribution
des terres par portions égales à tous les habitants, elles ne laisseraient
pas dans la suite de tomber en partage à un petit nombre. Un habitant

Toutefois, il ne lui semble pas que cette concentration puisse dépasser un certain degré, élevé sans doute, mais au-delà duquel d'autres forces entrent en action pour assurer une certaine mobilité dans la répartition des domaines, ainsi qu'il ressort de ce texte de *De l'Administration des finances de la France* où il donne à la fois, les raisons de ce phénomène et ses limites :

> « L'ordre commun des héritages, la fortune du commerce, les relations d'intérêt que tous les hommes ont entre eux, le mouvement continuel d'une grande société, les fautes des uns, l'intelligence des autres, toutes ces circonstances introduisent inévitablement de grandes disparités dans le partage des biens [55]. »

Quand il s'agit de la concurrence entre les ouvriers, Necker ne se donne pas la peine d'entrer dans le détail des éventualités à envisager, il n'examine pas systématiquement les causes et les conséquences d'un accroissement ou d'une diminution possible de l'offre ou de la demande de travail, soit généralisée, soit limitée à certains secteurs de la vie économique. La pression démographique lui paraît si forte, l'offre de travail si inépuisable, que la concurrence entre les ouvriers doit toujours réduire le salaire au strict nécessaire sans aucun espoir d'amélioration. Il se contente donc d'affirmer que :

> « la population s'arrête d'elle-même quant elle excède la somme des subistances [56]. »

On peut comprendre cette simplification, sans doute regrettable du point de vue de la théorie pure, si l'on songe au spectacle que Necker a sous les yeux, à l'immense foule de ceux qui, à son époque, vivent dans la marge indéfinissable qui sépare la mort par inanition ou privations diverses, de l'existence même au niveau du minimum vital. Karl Marx explique comment se forme dans l'économie capitaliste une armée de réserve toujours prête à fournir la main-d'œuvre nécessaire, mais cette armée existe dans l'économie agricole de la France du XVIIIe siècle [57], il suffit pour s'en convaincre de songer

---

aura plusieurs enfants... un autre mourra sans enfants... un troisième sera fainéant, extravagant ou maladif, etc. » *Essai sur la nature du Commerce en général*, p. 3.

55. A.F. V. 331.

56. E.C. XV. 75. Cf. Cantillon : « Les surnuméraires adultes, ou s'ils se marient peu après, les enfants survenus, périssent par la misère avec le père et la mère comme nous le voyons journellement en France. » *Essai*. Op. cit. p. 27.

57. Cf. Linguet : « L'insensibilité des riches à l'égard des ouvriers est nourrie par la facilité qu'on a de les remplacer et par l'éloignement où ils vivent. En frappant du pied la terre, elle en fait sortir des légions d'hommes laborieux qui se disputent l'honneur d'être à ses ordres ; en disparaît-il quelqu'un parmi cette foule de mercenaires qui élèvent ses bâtiments, ou alignent ses jardins, la place qu'il a laissée vacante est un point invisible, qui est sur le champ recouvert sans que personne s'en mêle. » *Annales*. T. XIII, p. 500.

à l'importance qu'on accordait alors au problème de la mendicité [58]. Même si notre pays, à proprement parler, ne connaissait plus de famine, il y avait trop de sous-alimentés dans le royaume pour qu'une élévation des salaires par suite d'un accroissement de la demande de travail parût jamais possible. A cet égard, l'œuvre de Necker ne fait qu'apporter une confirmation de plus à l'opinion expri- mée par M. Sauvy dans son introduction à l'ouvrage de J.-J. Spengler :

> « Parmi les divers aspects des problèmes de population, le quan- titatif a tenu une place essentielle jusqu'à l'extension de la stérilité volontaire, disons jusqu'en 1800 [59]. »

L'explication de la formation et de la distribution des richesses, repose donc sur l'application rigoureuse et généralisée à quelques exceptions près, de la loi d'airain des salaires ; les ouvriers de la terre cultivent le sol et remplissent les greniers des propriétaires, ne recevant en échange que le strict nécessaire ; il reste ainsi à leur employeur, une fois assurée sa propre subsistance, une fois assurées les dépenses affectées à la reproduction, un produit net échangeable, et c'est alors qu'entrent en scène ceux qui s'offrent à lui procurer par leur travail des jouissances diverses sous forme d'objets ou de services, en échange du superflu dont il dispose, ces nouveaux salariés se contentant bien entendu, eux aussi, de ne rece- voir en rétribution que ce dont ils ont besoin pour subsister.

L'originalité de Necker ne consiste pas à avoir découvert la loi d'airain des salaires. Nombreux sont les esprits qui, au XVIIIe siècle, implicitement ou explicitement, admettent l'idée que la rétribution de l'ouvrier doit correspondre à la pure et simple subsistance : Cantillon [60], Forbonnais [61], les physiocrates et Turgot [62] ; un philoso- phe comme Helvétius [63], un anti-philosophe comme Linguet [64], ou

---

58. « Cent-seize concurrents prirent part en 1777 à un concours ouvert par l'Académie de Chalons sur les moyens de supprimer la mendicité et de rendre les indigents utiles à l'Etat. Entre 1780 et 1791, époque où quatre à dix pour cent de la population vivaient dans une pauvreté extrême, des milliers de pamphlets, de brochures et de livres sur les causes de l'indi- gence et de la mendicité et leurs remèdes furent publiés en France. » Spengler. *Economie et Population.* Op. cit. p. 286. M. Bouloiseau estime à 50 % le nombre des nécessiteux et des indigents pour la région rouen- naise à l'époque de la Révolution. (*Cahiers de doléances du bailliage de Rouen,* p. CL.) et le comité de mendicité de la Constituante évaluait de 4 à 5 millions le nombre des chômeurs. Cf. Bloch et Tuetey : *Procès ver- baux et rapports du comité de mendicité de la Constituante.* Plan de tra- vail du comité p. 312.
59. *Economie et Population, op. cit.,* p. 9.
60. Cf. infra le chapitre Cantillon-Linguet.
61. Qui distingue entre salariés de l'industrie et salariés de l'agricul- ture : les premiers échappent à la loi, les seconds y sont soumis. Cf. Prin- cipes économiques. Daire T.I.P., p 178.
62. Cf. infra le chapitre sur la Physiocratie.
63. Cf. *De l'Esprit.* Disc. I, chap. III. De l'ignorance.
64. Cf. infra le chapitre Cantillon-Linguet.

encore ce Pechméja [65] qui obtint le second accessit pour son *Eloge de Colbert* en 1773, lors du concours où Necker reçut le premier prix et nous pourrions citer encore les articles *Luxe* et *Grains* de l'*Encyclopédie Méthodique*. Mais l'analyse qu'on fournit de cette loi, dans ses causes et dans ses conséquences, est rarement aussi claire et complète que celle qu'en donne notre auteur et surtout aucun, à l'exception peut-être de Linguet, n'en a déduit un système aussi rigoureusement construit, où tous les aspects de la vie sociale dépendent de ce seul et unique phénomène.

Ce n'est donc pas sur le plan de la clarté ou de la logique que Necker pourrait mériter des reproches ; son analyse de la formation de la plus-value est même plus rigoureuse que ne le pensait Marx, mais on peut s'étonner, par contre, de la généralisation dont ce phénomène est l'objet, car enfin, dans la société que Necker avait sous les yeux, la réduction du salaire au minimum vital n'était pas le seul procédé par lequel se réalisât l'exploitation.

Comme chacun sait, la ponction sur la rente foncière s'opérait également par cette appropriation d'un ordre tout à fait différent que représentaient les droits féodaux ou seigneuriaux. La coexistence de ces deux modes d'exploitation ; l'un, héritage du passé, multiforme et coutumier, l'autre, rationnel et d'une application si régulière qu'il constitue une véritable loi, est le trait distinctif de l'Ancien Régime, société de transtion où le même individu, le possesseur d'une seigneurie qui peut n'être d'ailleurs qu'un bourgeois enrichi, pratique l'exploitation sous sa double forme, en tant que bénéficiaire des droits seigneuriaux et féodaux, et en tant qu'employeur. Sans doute le résultat est-il finalement le même, et soit par le moyen empirique des divers tributs en argent, en nature ou en heures de travail exigés au titre de seigneur ou de possesseur de fief, soit par la fixation du salaire au plus bas niveau possible, l'exploité est-il toujours condamné au minimum vital. Mais, psychologiquement et sociologiquement, la différence est considérable ; c'est un fait que les paysans se sont soulevés en 1789 pour brûler les châteaux et les terriers et non pour protester contre le prix des journées.

Necker n'est pas le seul d'ailleurs à avoir commis cette simplification abusive [66], les théoriciens de la physiocratie raisonnent comme lui et l'on peut se demander si l'influence des économistes anglais, celle de Petty [67] en particulier, n'a pas joué un rôle dans l'élaboration

---

65. « Partout où il y a de très grandes propriétés et par conséquent beaucoup de journaliers, voici comment s'établit naturellement le prix des journées ; le journalier demande une somme, le propriétaire en propose une moindre ; et comme il ajoute : « Je puis me passer de vous plusieurs jours, voyez si vous pouvez vous passer de moi vingt-quatre heures », on sent que le marché est bientôt conclu au préjudice du journalier... » *Eloge de Colbert*, Paris 1773, p. 8 (Note).

66. Qui se manifeste aussi dans la généralisation du phénomène de la monétarisation du salaire, alors que bien souvent le paiement en nature était encore pratiqué.

67. Cf. son *Treatise on Taxes and Contribution*, 1662.

d'un schéma valable plutôt pour l'Angleterre que pour la France du XVIIIᵉ siècle. De même, toujours sans doute par un souci de simplification, Necker prolétarise à outrance le monde ouvrier et nous en fournit une image qui devance l'avenir beaucoup plus qu'elle ne correspond à une description exacte du présent car, au XVIIIᵉ siècle, le nombre des « salariés purs » est relativement restreint. Dans la paysannerie, nombreux sont ceux qui « propriétaires parcellaires », n'apparaissent qu'épisodiquement chaque année pour une période plus ou moins longue sur le marché du travail agricole ou industriel ; et louent leurs bras pour une rétribution qui ne peut être supérieure à celle que reçoit le pur et simple prolétaire, de même dans l'industrie il est difficile d'établir une distinction entre l'ouvrier qui n'a à vendre que sa force, et ceux qui, possédant des outils, un métier, appartiennent à la catégorie des quasi-salariés et vivent de la vente d'un produit fabriqué ou semi-fabriqué. Le tableau qu'il nous propose ne rend donc pas compte dans sa réalité vivante de l'image bigarrée et fluctuante du monde du travail que les historiens s'efforcent de saisir avec exactitude et précision.

Necker était parfaitement conscient de cette simplification abusive, il savait fort bien qu'une masse importante de la population française se trouvait dans une situation intermédiaire grâce à la possession d'une parcelle plus ou moins infime de capital.

> « On ne peut pas fixer les limites du mot peuple, ni le degré d'indigence qui le constitue ; on ne peut pas comprendre sous cette dénomination tous les hommes nés sans propriété, parce qu'il est des personnes qui en acquièrent par le talent et les circonstances particulières ; on ne peut pas non plus en exclure tous les hommes nés avec une propriété parce qu'elle peut être tellement petite qu'elle ne suffise pas pour les préserver de la misère ; cependant, comme toute propriété quoique modique est une sorte d'avantage et de distinction et que je suis forcé d'ailleurs de donner au peuple un sens fixe, je n'entendrai par ce nom, dans cet ouvrage, que la partie de la nation née sans propriété [68]. »

Mais ce schématisme s'il simplifie, ne déforme pas car, si multiples que soient les formes d'existence et les types de rapports entre possédants et non possédants, la grande loi de l'exploitation reste toujours valable et ce n'est pas être infidèle à la réalité que de voir en elle le trait fondamental de la civilisation du XVIIIᵉ siècle.

Si sensible qu'il soit au caractère impersonnel et anonyme des mécanismes économiques, Necker cependant ne fait pas de la vie sociale le jeu d'une quelconque fatalité. Le tragique de son univers a pour origine une conception de la nature humaine identique à l'image que nous en donnent les penseurs les plus pessimistes : Hobbes, les jansénistes ou Rousseau :

> « Jetons... un coup d'œil sur la vaste scène du monde. Qu'y voyons-nous ? Des êtres intelligents, mais occupés chacun de leur intérêt individuel ; des êtres dirigés, dominés par l'amour d'eux-mêmes ; des

---

68. L.C.G., I, 136.

> êtres qui, par le don de la prévoyance, attachent à l'avenir comme au présent leur indomptable personnalité, et qui prolongent ce sentiment jusque dans les espaces tracés par leur imagination ; des êtres encore détournés des idées et des vertus sociales par les inquiétudes de la jalousie et par les déchirements de l'envie [69]. »

et il ira même jusqu'à écrire :

> « Le plaisir d'aimer aurait pu réunir autour de l'homme quelques-uns de ses semblables mais la haine et le désir de la vengeance formèrent les grandes associations [70]. »

Dominés par leur « indomptable personnalité », les hommes n'établissent aucune distinction parmi les instruments qui peuvent servir à la satisfaction de leurs désirs, que ce soit des choses, des animaux ou tout simplement d'autres hommes, leurs semblables, qu'ils transforment en objets toute les fois qu'ils le peuvent. Le jeu des inégalités naturelles détermine dès lors la nature des liens qui les unissent et le faible doit se soumettre aux volontés du fort.

L'exploitation de l'homme par l'homme a donc commencé avec l'espèce ou, tout au moins, dès que les hommes se rencontrèrent. Tandis que Rousseau décrit comme une époque heureuse la longue période qui précéda l'invention de l'agriculture, Necker n'évoque les « bois et la vie sauvage » que pour nous assurer que « dans cette situation aussi les hommes devaient modérer leurs désirs pour les satisfaire et garder par la force et la surveillance ce qu'ils avaient atteint par l'adresse [71] », et il nous raconte en termes d'un curieux réalisme la formation de la première association et l'établissement de cette collaboration dans l'exploitation qui devait être le trait fondamental de toutes les associations futures.

> « Les deux premiers hommes qui se réunirent firent, par un pacte secret, le sacrifice d'une portion de leur liberté : l'un d'eux, quoique plus fort, promit à l'autre de ne pas se mettre devant son soleil : de ne pas jeter à la mer les fruits de leur chasse, quand il en aurait trop ; de ne pas l'empêcher de manger, lorsqu'il n'aurait plus faim, dût-il être incommodé par l'odeur des viandes ; l'autre, plus faible, promit de ramasser le gibier, de l'apprêter, d'arranger la cabane commune. Ce code, d'abord bien simple, devint plus compliqué à mesure que le nombre des hommes s'accrût ; mais le principe général de leur union resta toujours le même, et la science des lois consiste à fixer les degrés où la liberté individuelle blesse l'ordre public [72]. »

---

69. R. Ph., X, 358.
70. E.C., XV, 71.
71. L.C.G., I, 13.
72. L.C.G. I, 150. La réaction de l'abbé Baudeau, scandalisé devant ce tableau, est significative : « Le pacte focial a, selon vous, pour premier fondement la tyrannie d'une part, et la fervitude de l'autre. Car enfin votre homme plus fort eft un tyran féroce, *puifqu'il ne connoit d'ufage de fa liberté que les plaifirs abominables d'ôter au foible fon foleil & de jeter à la mer les reftes mêmes de fon repas*, pour l'empêcher de les *manger* ; puifqu'il regarde comme un facrifice le parti qu'il prend de renoncer à fes violences, par l'efpérance de fe procurer un ferviteur qui lui ramaffe le gibier, qui lui prépare fes aliments, & qui lui range fa cabane. Votre homme foible eft un lâche efclave, puifqu'il refpecte même le fom-

On imagine, dans ces conditions, les sanglants combats auxquels dut donner lieu la lutte pour la possession du sol, après la découverte de l'agriculture. En deux phrases, Necker résume laconiquement cette étape délicate, ce tournant décisif longuement raconté par l'auteur du *Second Discours* [73].

> « On établit ou l'on assura les propriétés pour exciter au travail et pour prévenir des disputes éternelles. Le souverain devint le garant de toutes ces conventions [74]. »

Le « on » du texte de Necker désigne, avant tout, les initiateurs et les bénéficiaires du pacte, ceux qui furent les meneurs du jeu mais il englobe aussi l'ensemble de la communauté car, comme le dit Rousseau :

> « Les sages mêmes virent qu'il fallait se résoudre à sacrifier une partie de leurs libertés à la conservation de l'autre, comme un blessé se fait couper le bras pour sauver le reste du corps [75]. »

Certes, le progrès est sensible : l'établissement d'un pouvoir politique met fin à un gaspillage de vies et d'énergie qui aurait pu être fatal à l'avenir de l'espèce, mais rien n'est changé pour autant dans la nature humaine, avant comme après le pacte, la volonté de puissance règne en maîtresse :

> « Plus un homme abonde en facultés d'une ou d'autre espèce, plus il désire les exercer sans obstacle [76].

Mais désormais ces « facultés » ne résideront plus dans la force physique, la possession du sol devient « la faculté » par excellence et dans une phrase saisissante, Necker, résumant toute l'histoire et le passage de la barbarie à la civilisation, ou de la société naturelle à la société civile, affirme à travers cette évolution et les transformations qu'elle entraîne, l'identité profonde, la permanence immuable des rapports de force existant entre des individus.

> « ...L'homme fort dans la société c'est le propriétaire, le faible, c'est l'homme sans propriété [77]. »

---

meil d'un homme farouche, qui regarde comme un malheur d'être incommodé par l'odeur de fes aliments, & comme un grand bienfait de lui laiffer la vie. Croyez-vous de bonne foi, Monfieur, que l'homme naturel foit fi vil & fi barbare ? Non fans doute. » *Eclaircissements demandés à M. Necker sur ses principes économiques et sur ses projets de législation, au nom des propriétaires fonciers et des cultivateurs français* par M. l'abbé B. SL. 1775, p. 8-9.

73. *Second Discours*. Pléiade Oe. c. T. III, pp. 176-177.

74. E.C. XV. 72 — Cf. encore A.F.I. 378 : « Sans cet ordre constant et inviolable, la société eut été livrée à des convulsions continuelles, et la loi du plus fort eut toujours prévalu. »

75. *Second Discours*, op. cit. p. 178.

76. L.C.G., I, 151.

77. *Ibid*, p. 151. Il arrivera toutefois à Necker, suivant Locke et la plupart de ses contemporains, de montrer la propriété naissant non pas

A l'exploitation fondée sur la violence, va se substituer l'exploitation dans le cadre des lois qui la règlementent et lui donnent une nouvelle forme plutôt qu'elles ne la suppriment.

## III. — LE LUXE

Il nous faut examiner, maintenant, l'usage que les riches vont faire de ce superflu obtenu par les moyens que nous savons et ce faisant, nous allons prendre connaissance de l'explication que Necker propose de l'apparition et du développement du luxe.

> « S'il était possible que les propriétés fussent constamment divisées en portions égales, chaque membre de la société ne possédant qu'une étendue de terrain proportionnée à ses besoins, ou aux commodités les plus simples, la bienfaisance de la terre qui rend cinq ou six pour un, serait le seul encouragement nécessaire à l'agriculture ; la nécessité pressante de se nourrir, de se chauffer et de se vêtir, suffirait alors pour exciter les propriétaires à tirer de leur sol le plus grand parti qui serait en leur pouvoir.
> Mais l'inégalité des propriétés ayant rassemblé dans les mêmes mains des terres d'une étendue considérable, dont le produit annuel surpassait infiniment les véritables besoins des propriétaires, ils eussent négligé la culture, ils se fussent épargné les soins qu'elle exige, s'ils n'avaient pas pu échanger contre différents biens les fruits superflus dont ils étaient possesseurs.
> Ainsi l'inégalité des propriétés eût arrêté les progrès de l'agriculture, si les arts, les manufactures et tous les travaux de l'industrie ne fussent venus exciter l'émulation des propriétaires, en leur offrant les moyens de convertir dans mille jouissances agréables les denrées qui leur étaient inutiles [78]. »

Dans ces lignes, s'opposent l'une à l'autre les deux solutions qui s'offraient théoriquement à l'humanité pour assurer son expansion ; mais la première, si séduisante qu'elle soit, n'est qu'une hypothèse : la répartition égale des fruits, grâce au partage égal des terres, est irréalisable. C'est donc par un détour que va s'accomplir le développement de la population. Le superflu aux mains des propriétaires sera redistribué à ceux qui pourront satisfaire leur appétit de jouissances et, comme les désirs humains sont infinis, la recherche de plaisirs, toujours plus nombreux et toujours plus variés, incitera les riches à augmenter sans cesse la quantité de denrée dont ils disposent. Leur égoïsme devient le moteur de l'économie.

Necker est ainsi amené à prendre une position très ferme dans

de la violence mais du travail : « A mesure que l'on aperçut les différents biens promis par le travail et par l'exercice des facultés spirituelles de l'homme et à mesure surtout qu'on en fit la douce épreuve, le désir de conserver les fruits de ses peines donna l'idée des lois de justice. » P. ex. VIII, 247.
78. L.C.G. I., 29-30. Cf. encore E.C. XV, 23.

la querelle du luxe qui occupe, dans la vie intellectuelle de son époque, une place considérable. S'appuyant sur un raisonnement d'une parfaite logique, il démontre qu'il est indispensable à la vie des Etats. L'institution de la propriété, et la fixation du salaire au minimum vital, entraînent fatalement la mise à la disposition d'une minorité privilégiée, d'une masse de richesses qui doit être dépensée, sinon la vie économique s'arrête, la paralysie gagne le corps social, le chômage et la misère s'étendent et le nombre des malheureux se multiplie. Les adversaires du luxe sont ainsi enfermés dans l'alternative suivante :

> « Qu'on finisse donc de déclamer contre les arts et les manufactures, ou que ceux qui les proscrivent trouvent le moyen de faire partager les terres également, et de renouveler encore ce partage toutes les années ; sans cet expédient, impossible à réaliser, la variété des établissements d'industrie sera l'unique moyen d'exciter les possesseurs de vastes domaines à perfectionner la culture, et d'admettre la multitude au partage des fruits de la terre [79]. »

S'attaquer au luxe, c'est s'attaquer à la propriété

Poser le problème en ces termes, c'est le simplifier, le clarifier et faire apparaître, du même coup, le côté un peu factice, un peu vain de tant d'ouvrages dont les auteurs, en se plaçant exclusivement sur le terrain de la morale, stigmatisent le contraste entre la misère et l'opulence, entre les souffrances des pauvres et les jouissances des riches. Necker les invite à aller au-delà de ces faciles indignations et à faire un effort d'analyse un peu poussé. Il vise ainsi moins les orateurs sacrés, qui prennent si souvent les vains plaisirs du monde et les dangereuses séductions de la richesse comme thèmes de leurs sermons, que les moralistes mondains ou les apprentis économistes.

Les premiers, en effet, encouragent les riches à faire par la charité la redistribution des biens qu'ils possèdent. S'il y a restriction de dépenses égoïstes, il y a accroissement de dépenses en aumônes, et le ministre, que nous verrons si soucieux des problèmes d'assistance publique, ne pouvait qu'être sensible à tout ce qui était susceptible de faire naître chez les privilégiés de la fortune, un mouvement de compassion envers leurs semblables, sans se faire trop d'illusions, d'ailleurs, sur l'efficacité de ces appels à la bienfaisance.

Par contre, fulminer contre la corruption des mœurs, critiquer la parure, la pompe des équipages, la somptuosité des demeures, et prêcher le retour à une vie simple, dans la pensée que la diminution des dépenses de luxe entraînerait automatiquement une améliora-

---

79. L.C.G. I., 40. Cf. Forbonnais écrivant lui aussi à propos du luxe : « Les philosophes s'en entretiendront et gémiront sur l'humanité, leur zèle rappellera les hommes à la simplicité et leur éloquence amusera les oreilles sans toucher les cœurs. Le politique calculera et bornera sa vigilance à tempérer les excès dont la réforme totale dépend d'un principe supérieur à la puissance des hommes. » *Principes économiques*, Daire, XIV, 190.

tion du sort des déshérités, et que le renoncement des uns serait un profit pour les autres [80], ne pouvait lui paraître qu'absurde ; il n'y a pas de lien de cause à effet entre le luxe et la pauvreté.

> « ...Cette idée n'est pas juste ; la pauvreté est l'effet de l'inégale distribution des biens et de l'insuffisance des ressources auxquelles les hommes sans propriété peuvent aspirer ; mais le luxe est pareillement la conséquence de ces disparités de fortune ; ainsi le luxe et la pauvreté se trouvent ensemble, non comme l'effet l'un de l'autre, mais comme le résultat commun de l'inégalité des partages [81]. »

Sous une forme un peu plus élaborée, l'ouvrage célèbre de l'abbé Pluquet offre un autre exemple d'une naïveté tout aussi affligeante. Après avoir consacré tout le premier volume de son *Traité philosophique et politique sur le luxe* [82], à en énumérer les effets corrupteurs, ce brave abbé nous assure dans le second, qu'il suffira de faire entendre aux riches qu'ils se trompent, pour les amener à renoncer aux faux plaisirs d'un bonheur factice, ils auront alors beaucoup moins besoin d'argent, ils pourront abaisser le prix de leurs fermages, leurs fermiers n'auront eux-mêmes rien de plus pressé que d'élever les salaires de leurs ouvriers, ces derniers consommeront davantage, et par cascades successives naîtra, de la conversion du riche, la prospérité de l'Etat [83]. C'est là rêver.

Seuls, raisonnent correctement ceux qui, conscients de l'alternative posée, établissent un lien de cause à effet, non entre le luxe et la pauvreté, mais entre le luxe et l'inégalité sociale, soit pour s'incliner devant la nécessité de l'un et de l'autre, comme le fait Montesquieu [84], tout au moins dans le cas des monarchies, soit pour souhaiter leur atténuation par des réformes, comme Diderot [85], d'Holbach [86] ou Sénac de Meilhan [87], soit pour réclamer leur disparition, comme Helvétius [88] ou Rousseau.

---

80. Cf. par exemple les titres de chapitre d'un *Traité sur le luxe* par Butini : Livre III. Chap. I : « Inconvénients du luxe, il produit trop d'inégalités dans les fortunes. » Chap. X : « Le luxe multiplie le nombre des pauvres. »

81. A.F., V. 341.

82. *Traité philosophique et politique sur le luxe*, Paris 1786.

83. *Ibid*, pp. 475-476.

84. *Esprit des Lois*. Liv. VII, Chap. I : « Le luxe est toujours en proportion avec l'inégalité des fortunes. Si dans un Etat les richesses sont également partagées, il n'y aura point de luxe... » Chap. IV : Comme par la constitution des monarchies, les richesses y sont inégalement partagées, il faut bien qu'il y ait du luxe. »

85. Plus le produit net est grand et également partagé, plus l'administration est bonne. *Encyclopédie* article « Homme ».

86. « L'énorme disproportion que les richesses mettent entre les hommes est la source des plus grands maux de la société. Elle mérite toute l'attention de ceux qui gouvernent. Pour rendre ses Etats heureux, les gouvernements devront non seulement mettre obstacle à ces fortunes... mais encore le législateur devrait soigneusement empêcher que les richesses d'une nation ne s'accumulent dans un petit nombre de mains ». *Ethocratie*, Chap. 8, p. 117.

87. *Considérations sur la richesse et sur le luxe*, Amsterdam, 1787.

88. « Le luxe n'est pas nuisible comme luxe, mais comme l'effet d'une

Mais, tous ces projets de réforme ou de révolution, si valables que soient les intentions de leurs auteurs, manquent de réalisme. Il est impensable que la monarchie française du XVIII<sup>e</sup> siècle modifie le statut de la propriété, aussi faut-il se résigner à admettre le phénomène du luxe comme un phénomène normal dans les sociétés civilisées :

> « Un pays surtout comme la France, où le crédit est si nécessaire, l'esprit de thésaurisation si nuisible ; un pays qui, par sa force extérieure, a besoin d'entretenir et d'augmenter ses richesses ; un pays enfin qui tire par son commerce de si grands avantages du luxe général de l'Europe ; un tel pays ne pourrait, avec politique, adopter des lois somptuaires. Il faut nécessairement, dans les grands Etats, abandonner un peu les hommes au cours naturel des choses [89]. »

Necker est un adversaire résolu des lois somptuaires. Elles n'auront d'autre résultat que d'obliger les riches à remplacer certains plaisirs par d'autres. Le superflu dont ils disposent ressemble à une masse d'eau qui doit s'écouler. Peu importe les issues trouvées, les directions suivies, les fruits de la terre que contiennent les greniers doivent être consommés et ne peuvent l'être qu'en servant à nourrir ceux qui offriront aux riches les moyens de combler leurs désirs. Necker sait de quelle ingéniosité est capable leur fantaisie, avec quelle facilité ils inventeront de nouveaux objets pour satisfaire leur vanité. Les lois somptuaires entraîneront simplement des phénomènes de substitution [90] et n'auront pas d'autre effet que de provoquer des crises dans certains secteurs de l'économie, et donc un abaissement du niveau de vie des salariés.

Reste l'argument traditionnel hérité de l'antiquité, le luxe engendre la mollesse et met ainsi en danger la sécurité du royaume. L'abbé Pluquet se garde bien de l'oublier et consacre tout un chapitre à démontrer que « le luxe détruit dans les citoyens le courage nécessaire pour la défense et pour le soutien de la patrie » [91].

Mais, répond Necker, la force des Etats modernes repose sur les armées de métier, le soldat citoyen, dont les vertus guerrières formaient le plus solide rempart contre les ennemis de la patrie, est un personnage d'un autre âge. Les troupes sont désormais composées de mercenaires et la grandeur et la puissance militaires dépendent bien plus de la richesse que de la robuste frugalité d'une population,

---

grande disproportion entre les richesses des citoyens. Ainsi, le luxe n'est-il jamais extrême lorsque le partage des richesses n'est pas trop inégal. Il s'augmente à mesure qu'elles se rassemblent en un petit nombre de mains. » *De l'esprit*. Discours I, chap. 3, De l'ignorance.

89. A.F., V., 341.

90. Cf. Forbonnais : « Interdisez-lui un objet, il se portera vers un autre ; vous fatiguerez ses excès, mais vous ne corrigerez pas la nature des choses. Le riche veut jouir, et pour lui jouir c'est consommer : son ivresse, ainsi que l'enfance, aime le dégât et le ravage. C'est un effet de la faiblesse attachée à l'état des uns et des autres. Ainsi l'a ordonné la nature. » *Principes économiques*, Daire XIV, p. 189.

91. *Op. cit.*, T. II, p. 360. Cf. encore Rousseau et la préface du *Narcisse*.

richesse et prospérité elles-mêmes inséparables du développement du luxe [92].

Il n'est qu'un point sur lequel il accepte de critiquer, lui aussi ,les mœurs de son temps, mais il ne s'agit plus alors du luxe à proprement parler, il s'agit de la prodigalité, cette prodigalité de grands seigneurs qui entraînait parfois de retentissantes faillites comme celle, par exemple, des Guéménée. Quand il traite de cette question, Necker fait bien remarquer qu'il ne s'agit plus du problème de l'inégalité sociale :

> « Le dérèglement des mœurs et de la conduite introduit ici une sorte de luxe qu'on peut considérer comme étrangère à la disparité naturelle des richesses [93]. »

S'il est juste de réprouver ceux qui dépensent au-delà de leurs revenus, il reste parfaitement licite de jouir à sa guise de ceux qu'on possède.

Est-ce à dire que Necker réclame la liberté la plus totale dans l'usage que le riche fait de sa richesse ? Il est, bien entendu, une première catégorie de restrictions qui s'imposent, ce sont celles qui découlent des lois morales en vigueur dans une société.

> « Il est des objets de luxe réprouvés par la morale. »

Cela va de soi et Necker ne peut se dispenser de cette réflexion qui ne l'engage guère [94]. Par contre, et sans souhaiter des lois somptuaires proprement dites, il envisagerait favorablement, une politique du luxe orienté, du luxe dirigé si l'on peut dire. Parmi les objets d'une infinie variété sur lesquels s'exerce le choix des privilégiés, certains exigent une grande quantité de main-d'œuvre, tandis que d'autres au contraire, provoquent la création de vastes espaces non cultivés :

> « Le luxe le plus contraire aux principes de l'économie politique, est celui qui contrarie la population. Tel est celui des parcs, des chemins fastueux et des chevaux, parce qu'il emploie au faste ou à l'amusement une grande portion de terres, capable de multiplier les subsistances [95]. »

Necker est aussi tout à fait favorable aux impôts « sur les objets de faste et de superfluité » qui fournissent un moyen particulièrement commode d'atteindre les bénéficiaires des immunités fiscales [96].

Toutefois, dans ces domaines, toute intervention de l'Etat ne doit être envisagée qu'avec la plus extrême prudence ; il ne faut jamais perdre de vue que le comportement des privilégiés joue un

---

92. Cf. E.C. XV, 50.
93. A.F., V, 337.
94. E.C., XV, 126.
95. E.C. XV, 126.
96. A.F. V. 338.

rôle essentiel dans la mise en branle des mécanismes d'expansion, mécanismes ingénieux et simples, mais fragiles et délicats. Il faut n'y toucher qu'avec les plus extrêmes précautions et la marge d'action que laissent à l'homme d'Etat les réflexes psychologiques des détenteurs du superflu est très faible. Aussi la règle d'or est-elle de respecter le plus possible la liberté de leurs choix, car la prospérité des nations dépend en définitive de l'intensité avec laquelle les riches recherchent leur bonheur. Il ne faut mettre sur leur route que le moins d'obstacles possibles ; si on les décourage dans leurs efforts pour profiter de leurs biens, les champs retomberont en friches et les ateliers se dépeupleront.

Necker se trouve ainsi amené à reprendre à son compte une argumentation qui fait son apparition au début du xviiie siècle et qui était destinée à un immense succès. Tous ceux qui, héritiers de la pensée libertine, avaient pour souci de battre en brèche la leçon du christianisme, trouvaient là un moyen fort commode pour présenter une morale égoïste de la recherche du bonheur comme la morale sociale par excellence. La dépense désormais devient un devoir et le riche est utile à l'Etat dans la mesure où il profite au maximum de ses richesses. De Mandeville[97] à Melon[98], à Cartaud de la Vilate[99] ou à Voltaire, du *Mondain* à Diderot[100] et à l'*Encyclopédie*[101], de l'*Encyclopédie* à Saint-Lambert[102] ou à Butel-Dumont[103], on retrouve tout au long du siècle la même apologie et la même argumentation. Sans aller aussi loin que l'auteur de la *Fable des abeilles*, Necker pense aussi que le chômage et la misère menaceraient un pays où les propriétaires pratiqueraient l'ascétisme, et n'éprouveraient pour les biens de la terre que le plus parfais mépris.

Mais l'immense différence qui le sépare de tous les défenseurs du luxe, c'est qu'au lieu de considérer avec satisfaction le seul aspect de la vie économique qui leur convient, celui de la dépense et de son rôle bénéfique dans l'économie, il n'oublie jamais comment ces richesses ont été produites et à quel prix. Il ne le défend donc pas avec la bonne conscience de gens qui se considèrent comme des bienfaiteurs de l'humanité, mais avec la claire vision de la place

---

97. Cf. Leclerc (Joseph) : *Libéralisme économique et libre pensée au* xviiie siècle. Mandeville et la *Fable des Abeilles*. Etudes, 5/3/1937, pp. 624-645.

98. *Essai Politique sur le Commerce*, 1734.

99. *Essai historique et philosophique sur le goût*, Amsterdam, 1736.

100. « Lorsque j'aurai des citoyens riches, que feront ces citoyens de leur or ? L'or ne se mange pas. Ils l'emploieront à multiplier leurs jouissances. Et quelles sont ces jouissances ? Celles de tous les sens. J'aurai donc des poètes, des philosophes, des peintres, des statuaires, des magots de la Chine, en un mot tout le produit d'un autre luxe, tous ces vices charmants qui font le bonheur de l'homme en ce monde-ci, et sa damnation éternelle dans l'autre. » *Entretiens avec Catherine II*, Chap. V. *Du Luxe, Œuvres Politiques*. Ed. Vernières, p. 295.

101. *Article Luxe.*

102. *Essai sur le luxe*, Paris, 1764.

103. *Théorie du luxe*, Londres, 1775.

qu'occupe ce phénomène dans la production et la distribution des richesses ; il est la conséquence de l'exploitation des non possédants, aussi regrettable qu'inévitable, dans toute société fondée sur l'institution de la propriété. Il faut donc s'incliner devant un ordre qui s'impose et il est inutile de perdre son temps en interminables controverses. Chaque année, le superflu de subsistances aux mains des propriétaires doit se transformer en objets de jouissance, suivant un rythme aussi régulier que celui des saisons et des moissons.

Et qui plus est, il faut s'accoutumer à l'idée que, si scandaleux qu'il soit déjà, le contraste entre la misère et l'opulence ne peut que croître :

> « Le luxe a une marche inévitable que la science de l'administration ne saurait arrêter [104]. »

Si, en effet, la concentration des fortunes ne peut dépasser un certain degré, d'autre causes entrent en jeu pour approfondir sans cesse le fossé qui sépare le pauvre du riche à mesure que les générations se succèdent. La première est l'amélioration des techniques, créatrice de la plus-value relative.

> « L'invention successive des instruments qui ont simplifié tous les arts mécaniques, a donc augmenté les richesses et le lot fortuné des propriétaires [105]. »

Et il est bien évident qu'il en sera ainsi dans l'avenir, sans qu'il en résulte aucun changement pour le sort des salariés. La seconde repose sur la distinction entre les biens qui sont périssables et ceux qui sont durables. Les premiers : nourriture, vêtements, chevaux et l'on peut faire entrer aussi dans cette catégorie les domestiques, les danseurs, et les Laïs parfumées, s'évanouissent en même temps que les plaisirs qu'ils procurent, ou ne survivent guère à celui qui en jouit. Par contre :

> « ...A mesure que la société vieillit, il s'amasse une très grande quantité d'ouvrages d'industrie propres au luxe ou à la commodité, vu que la durée d'un grand nombre de ces ouvrages surpasse la vie des hommes ; tels sont tous les bijoux, les glaces, les édifices, les diamants, la vaisselle, et beaucoup d'autres objets encore ; cet amas de richesses qui s'accroît journellement, établit une concurrence sourde et permanente contre le travail nouveau des ouvriers, et rend leurs prétentions plus impuissantes. Les propriétaires ont donc toute la force nécessaire pour réduire au plus bas prix possible la récompense de la plupart des travaux qu'on leur consacre, et cette puissance est trop conforme à leur intérêt, pour qu'ils renoncent jamais à en profiter [106]. »

Il existe heureusement des remèdes à cette satiété du riche qui pourrait être fatale à la classe des non-privilégiés et la condamner

---

104. A.F., V, 331.
105. A.F., V, 324.
106. L.C.G., I, 139.

à la famine. Le premier, le plus important de tous, est la mode, phénomène sociologique auquel ce grave Genevois s'est particulièrement intéressé. Il en voit l'origine dans la nécessité où se trouve une société, d'inventer un moyen de dissiper les richesses, sans qu'elles laissent des traces, tout en procurant des satisfactions aux favorisés du sort. Il est en effet de la nature de la mode d'être changeante et la valeur d'un objet ne résidant pas dans sa qualité propre mais dans sa nouveauté, il devient possible, de saisons en saisons, de faire s'évanouir le superflu de subsistances en bagatelles légères, en formes fugitives dont l'essence est de ne nous procurer qu'un plaisir d'un moment :

> « On est dans l'habitude, de censurer gravement cet esprit de légèreté, mais l'homme d'Etat ne partagera point cette sévérité peu réfléchie [107]. »

C'est, au contraire, faire preuve de sagesse politique que de comprendre le rôle bénéfique de cette :

> « espèce d'émulation qui règne dans un pays où de vastes propriétés asservissent à la dépense d'un seul la subsistance de plusieurs ; où d'immenses richesses en tout genre, amassées par le temps commandent aux hommes industrieux d'inventer du nouveau sous peine d'être délaissés ; où l'art est encore forcé de se varier et de se renouveler, en raison de l'indifférence et de la délicatesse de ces riches, blasés par l'usage même de leur fortune, et par l'aspect du luxe qui les environne [108]. »

Mais à côté de ce procédé, il en est un autre plus radical pour créer une demande de produits de luxe et faire disparaître les dangers de l'accumulation, c'est l'anéantissement brutal des trésors accumulés par les générations successives qu'entraînent une révolution, une invasion ou une catastrophe naturelle. Tout est détruit en une seule fois dans l'incendie, le pillage, l'inondation ou le tremblement de terre ; Necker nous propose ainsi une sorte de vision sommaire de l'histoire. Elle se ramène à une série de périodes ascendantes interrompues soudainement par un désastre [109], après lequel le phénomène de l'exploitation de l'homme par l'homme rend inéluctable un nouveau développement des sciences et des arts, une nouvelle civilisation. Il serait vain de tenter d'arrêter cet éternel recommencement. Seules, des institutions républicaines seraient susceptibles d'en retarder le rythme et Necker entend par institutions républicaines, un régime à la fois politique et social maintenant

---

107. A.F., V, 327. Necker vise ici bien des auteurs et peut-être plus particulièrement Condillac. Cf. : *Le Commerce et le Gouvernement*, Daire XIV, p. 353.

108. L.C.G., I, 122.

109. « Le luxe a été reculé surtout, et par ces destructions qui ont accompagné les invasions des nations barbares, et par ces désastres de la nature qui ont reporté quelquefois les habitants d'un pays au même point où ils étaient à une époque fort éloignée. » A.F., V, 330.

entre les citoyens une égalité qui n'est pas simplement légale, mais aussi économique. Et encore de telles institutions ne sont-elles possibles que dans des pays pauvres ou dans des Etats à leur naissance, qui peuvent échapper, pour un temps seulement, à la fatalité des lois qui régissent les sociétés, mais pour un temps seulement.

La reconstitution des différentes étapes de cette évolution fatale est particulièrement frappante dans un texte consacré aux Etats-Unis, car il s'agit non pas du passé, mais de l'avenir. Après avoir évoqué la vie primitive des familles de pionniers, installés sur un territoire où d'immenses espaces restent encore à défricher, et les mœurs d'un pays qui semblait incarner pour beaucoup de Français, les rêves de Rousseau [110], Necker, à un rythme extrêmement rapide, fait se succéder sous nos yeux les changements qui, étalés sur des siècles, feront de l'Amérique un Etat aux caractéristiques identiques à celles des pays les plus évolués de la vieille Europe : ainsi apparaîtront, les uns après les autres, avec une logique rigoureuse, tous les phénomènes sociaux, religieux, politiques, et culturels, indissolublement liés au déroulement du mécanisme mis en marche par l'institution de la propriété. Ainsi viendra :

> « L'époque où les propriétaires devenus les maîtres absolus du prix de la main-d'œuvre, réduiront au plus étroit nécessaire ceux qui vivent du travail de leurs mains..., alors... chaque année, l'art étendra ses combinaisons afin d'éveiller par des moyens nouveaux les goûts et les fantaisies de tous les oisifs dispensateurs des biens de la fortune. C'est alors aussi que, pour jouir plus commodément de ces rapports journaliers et de ces rapports divers, on se rassemblera davantage dans les villes ; on y fera venir les tributs des campagnes, on les y consommera dans les dissipations du monde, etc. [111]. »

C'est d'ailleurs ce dessin général qui l'intéresse seul et l'on peut noter de sa part une parfaite indifférence pour les civilisations en tant que telles, les cultures sont à ses yeux égales et les formes de bonheur inventées par l'homme avec une telle prodigalité ont toutes la même valeur, celle d'avoir incité les privilégiés à faire produire à leurs domaines la plus grande quantité possible de subsistances. Peu lui importent en soi les chefs-d'œuvre des arts, les découvertes des sciences, les triomphes des techniques [112]. Le sort de l'immense majorité des êtres reste toujours inchangé, le luxe est le jeu des riches, et le progrès des techniques en particulier n'a pas d'autres conséquences que de multiplier leurs possibilités. Il prend donc calmement acte des efforts de l'intelligence et du déploiement d'ingéniosité dont l'histoire présente ou passée nous offre le témoignage.

---

110. Cf. par exemple le succès des *Lettres d'un fermier américain* de Saint-John Crèvecœur, publiées en 1784, version française des *Letters from an american Farmer* publiées deux ans plus tôt.

111. P. ex. VIII, 331-332.

112. C'est toujours « aux vanités, à l'orgueil et aux plaisirs de tous les dispensateurs des salaires » que sont consacrés « le travail, le temps et l'industrie de tous les hommes dénués de propriété ». A.F., V, 329-330.

Les innombrables manières de jouir inventées au cours des âges fournissent tout simplement la preuve que l'humanité ne s'est pas trompée en misant, pour assurer son expansion, sur l'insatiabilité des désirs des propriétaires.

Il est toutefois, texte unique dans son œuvre, une phrase où il semble accorder à la civilisation une autre valeur que celle-là :

> « ... Les arts, les sciences et les lettres, ces compagnes de la fortune, ont consolé la terre de l'atteinte qui a été portée à la simplicité des mœurs par l'accroissement des richesses ; ces différents essors de l'esprit ont fait connaître à l'homme ses forces, ont agrandi l'opinion qu'il en avait conçue lui-même ; et lorsque l'amour de la guerre, et le despotisme qui marche à sa suite, tendent insensiblement à le rendre esclave, c'est par les lumières qu'il se défend au moins de l'asservissement de sa pensée [113]. »

Sans doute ces lignes prouvent-elles une fois de plus, que l'épanouissement des facultés humaines ne le transporte guère d'enthousiasme : les lettres, les sciences et les arts ne nous apportent qu'une « consolation » comme si la simplicité des mœurs, thème rousseauiste par excellence, restait pour lui l'irréalisable idéal d'une humanité qui aurait dû se contenter d'exister. Mais la fin du texte laisse apparaître un argument nouveau pour justifier la structure actuelle des sociétés, argument qui n'est pas sans établir une certaine analogie entre la pensée de Necker et celle de Montesquieu. L'existence des privilégiés représenterait une barrière contre le despotisme, une garantie de liberté, l'humanité vit toujours sous la menace que l'exploitation par la force ne s'établisse à nouveau, amenant avec elle un immense gaspillage d'énergies et de richesses, et reprenne la place qu'elle a dû céder à l'exploitation dans le cadre de la loi. Dans ce cas, les lumières créées par la richesse empêcheraient du moins l'asservissement de la pensée.

## IV. — LES CLASSES SOCIALES

En examinant les idées de Necker sur le luxe, nous sommes restés au niveau des choses, des réalités matérielles, nous avons vu s'emplir et se vider les greniers, se transmuer le superflu de subsistances en objets ou en services, au gré des propriétaires. Il s'agit maintenant de remonter des choses aux hommes et de déterminer quelle est, sur les êtres humains, l'incidence des mécanismes de ce système de création et de dissipation des richesses, le meilleur qui soit pour assurer la conservation et la multiplication de l'espèce.

La première conséquence et la plus évidente est l'apparition des

---

113. A.F., V, 342.

classes, c'est-à-dire de groupes homogènes profondément différenciés par la situation qu'ils occupent dans la vie économique :

> « Je vois une des classes de la société dont la fortune doit toujours être à peu près la même ; j'en aperçois une autre dont la richesse augmente nécessairement : ainsi le luxe qui naît d'un rapport et d'une comparaison, a dû suivre le cours de ces disproportions et devenir plus apparent avec la succession des années. La classe de la société dont le sort se trouve comme fixé par l'effet des lois sociales, est composée de tous ceux qui, vivant du travail de leurs mains, reçoivent impérieusement la loi des propriétaires, et sont forcés de se contenter d'un salaire proportionné aux simples nécessités de la vie... la classe de la société dont la richesse est accrue par le temps est composée de tous les propriétaires [114]. »

Constatons, tout d'abord, l'insistance mise par notre auteur à réduire la totalité des membres d'une société donnée à deux classes nettement définies par un critère très simple. Il sera tout le premier à nuancer cette vision des choses, mais il lui est plus facile, en schématisant ainsi la réalité, de faire éclater les différences qu'entraîne, pour le sort des individus, l'appartenance à l'une ou à l'autre des deux catégories fondamentales. Le pauvre, en échange d'un travail dur et pénible, prolongé chaque jour jusqu'à la limite de ses forces, ne reçoit que ce qui peut lui permettre de satisfaire les besoins les plus élémentaires : « Du pain, un habit grossier et un lit dans une cabane [115]. » Necker est visiblement désireux d'obliger son lecteur à regarder les images déplaisantes de cette vie misérable : les haillons de la misère [116], les habitations dégoûtantes de l'indigence [117] la sous-alimentation et la maladie, la mortalité infantile très élevée, la vieillesse sans ressources, l'incertitude de l'emploi. Il ne faut certes pas s'attendre à trouver dans son œuvre des tableaux d'un réalisme poussé à la Le Nain, mais les expressions qu'il emploie sont suffisamment suggestives ou même brutales, pour ne laisser aucun doute sur ce qu'il pense de la vie des salariés, et qui ne correspondait que trop à la réalité [118].

A cette pauvreté matérielle correspond une égale pauvreté intellectuelle et morale. Les prolétaires ne peuvent avoir aucune part aux valeurs culturelles de la société à laquelle ils appartiennent, et qui ne s'intéresse qu'à leur force de travail. Réduits à un minimum vital qui ne comporte que la satisfaction des besoins physiques, ils

---

114. A.F., V, 323.
115. E.C., XV, 88.
116. I.O.R., XII, 23.
117. L.C.G., I, 306.
118. Cf. ce que dit P. Goubert des manouvriers : « Est-il même nécessaire de préciser ce que pouvait représenter dans la réalité humaine tant de misère silencieuse. La détresse rurale se dérobe aux recherches. Seule son existence est attestée, ainsi que le nombre effrayant de ceux qu'elle frappait. » *Beauvais et le Beauvaisis de 1600 à 1730*, p. 159, cf. M. Bouloiseau : *Les cahiers de doléances du Tiers Etat du bailliage de Rouen*. Chap. IV. Le quatrième Etat et ses doléances.

ne disposent d'aucunes ressources pour l'instruction de leurs
enfants :

> « La faculté de savoir et d'entendre est un don général de la nature,
> mais il n'est développé que par l'instruction ; si les propriétés étaient
> égales, chacun travaillerait modérément et chacun saurait un peu,
> parce qu'il resterait à chacun une portion de temps à donner à
> l'étude et à la pensée ; mais dans l'inégalité des fortunes, effet de
> l'ordre social, l'instruction est interdite à tous les hommes nés sans
> propriété [119]. »

Et Necker nous les montre :

> « Impatients de s'affranchir d'une charge pénible... contraints d'épier
> le premier développement des forces physiques pour appliquer leurs
> enfants à quelque travail lucratif [120]. »

Ignorant, le pauvre offre toutes les caractéristiques d'une mentalité primitive ou enfantine. Le mystère exerce sur lui une invincible
attirance et il se laisse facilement émouvoir par tout ce qui frappe
les sens, par tout ce qui met en branle l'imagination. Il est naturellement religieux, car la religion satisfait son goût pour l'irrationnel.
Mais il a besoin d'une religion qui sache charmer ses regards par
la pompe de ses cérémonies et séduire son âme par le mystère de ses
dogmes. Pour la même raison, il faut renoncer à tout espoir de le
faire participer à la gestion des affaires publiques, incapable d'un
effort de réflexion approfondi, l'action politique lui est interdite.
« Il faut le conduire comme un enfant sensible [121] », il ne peut être
qu'un objet passif dont la soumission aveugle est indispensable au
bon ordre de la société, et plus l'exploitation de l'homme par
l'homme est poussée, plus il faut accentuer le caractère magique
du pouvoir civil, si l'on veut faciliter à ce dernier l'accomplissement
de sa tâche.

Necker insiste également sur le côté rudimentaire de l'univers
mental des déshérités. Leur existence a quelque chose d'animal, la
fatigue physique ralentit le jeu de leurs facultés ; leurs besoins difficilement satisfaits, accaparent toute leur attention. Ils vivent au
jour le jour, absorbés par des tâches monotones, incapables de
dépasser le moment présent : « Aucune des ressources, comme
aucune des inquiétudes de l'imagination n'appartient habituellement
aux dernières classes du peuple [122]. » « Le pain qui le nourrit, la religion qui le console voilà ses seules idées [123]. »

Cette absence de gratuité, de liberté, se fait particulièrement
sentir sur le plan de la vie sentimentale. Les pauvres ne sauraient
connaître les émotions que procurent les passions et le mariage est

---

119. L.C.G., I, 130.
120. I.O.R., XII, 23.
121. L.C.G., I, 325.
122. C.M.R., XIII, 334.
123. L.C.G., I, 126.

surtout pour eux l'institution salutaire qui, en unissant deux infortunes, rend plus facilement supportables les peines de la vie :

> « Hélas ! c'est à grand peine que dans les rangs de la société où l'on vit de son travail, et de son travail journalier, on peut s'assurer d'un appui, d'un allié, pour toutes les époques de la vie ; pour le temps des adversités, pour le temps des maladies, pour le temps de la vieillesse ; et il ne faut pas moins qu'une longue habitude, et les idées de devoir, pour entretenir des rapports continuels entre deux êtres étrangers par leur éducation aux goûts, aux attraits de l'esprit ; étrangers encore par leur rude simplicité à ces manières et à ces délicatesses qui préparent l'art de plaire, le cultivent et le perpétuent. Ah ! qu'ils ont besoin, dans leur étroite situation et dans leur vie égale et monotone, qu'ils ont besoin de l'institution du mariage, institution ingénieuse autant que bienfaisante et qui, au sein de la misère, leur assure encore un ami. Oui, c'est à eux particulièrement que semble adressée l'idée et les paroles de Moïse : *Et l'Eternel Dieu avait dit :* « *Il n'est pas bon que l'homme soit seul ; je lui ferai un être semblable à lui* [124]. »

On peut certes trouver exaspérants le ton et les termes qu'emploie Necker pour célébrer une institution, aussi ingénieuse que bienfaisante et l'harmonie préétablie qui existe entre l'indissolubilité de ses liens et le sort des pauvres, mais on peut voir là aussi, la volonté délibérée d'envisager tous les phénomènes de la vie sociale dans une même perspective et d'assigner à toutes une seule et unique explication. On est loin en tout cas de ces images de bonheur champêtre auxquelles se sont si souvent complues les imaginations du XVIIIᵉ siècle [125].

De cette analyse réaliste, Necker tire cependant une conclusion consolante, c'est que, par une heureuse coïncidence où il faut voir la main de la Providence, la misère crée d'elle-même le conditionnement psychologique qui la rend supportable. Dans l'état d'abrutissement où ils sont maintenus, les pauvres se laissent facilement duper par des apparences extérieures et persuader que les riches sont d'une autre espèce qu'eux-mêmes. La pompe qui les environne

> « est à une si grande distance de leurs idées d'habitude qu'ils s'accoutument à la contempler comme l'attribut de quelques êtres d'une nature différente de la leur ; et tandis qu'ils regagnent lentement leurs chaumières, chargés d'un fardeau qu'ils supportent avec peine, ils voient passer près d'eux ces coursiers pleins d'ardeur qui traînent rapidement le char magnifique du riche ou du grand seigneur, comme ils voient errer au-dessus de leurs têtes les astres étincelants dont ils peuvent distinguer les mouvements [126]. »

Dans cette perspective, l'ignorance à laquelle ils sont condamnés prend un aspect des plus positifs. Grâce à elle, il est exclu que se produise jamais un phénomène de prise de conscience qui pourrait mettre en danger tout l'ordre social.

---

124. C.M.R., XIII, 334.
125. Cf. R. Mauzi : *L'idée du Bonheur au* XVIIIᵉ *siècle*, p. 165 ss.
126. L.C.G. I., 325. Cf. *ibid*, p. 127 et A.F., V, p. 343.

« Si le peuple était capable de se rendre aux vérités abstraites, n'aurait-il pas en même temps la faculté de réfléchir sur l'origine des rangs, sur la source des propriétés et sur toutes les institutions qui lui sont contraires. Est-il bien sûr enfin que cette inégalité de connaissances ne soit pas devenue nécessaire au maintien de toutes les inégalités sociales qui l'ont fait naître [127]. »

Il est trop facile de faire ressortir combien la vie du riche offre avec celle des déshérités le plus frappant des contrastes. Dégagés des contingences qui asservissent le commun des mortels, ils peuvent se consacrer en toute liberté à la satisfaction de leurs désirs et la civilisation du XVIIIᵉ siècle peut apparaître comme une recherche permanente des formes les plus exquises qu'ait pu inventer l'ingéniosité humaine pour combler les appétits les plus exigeants, civilisation où le luxe de la table, du vêtement, du mobilier, de la demeure, a atteint un degré rarement égalé et qui est restée comme un symbole de la douceur de vivre. Necker ne s'étend pas sur les plaisirs divers que décrit si complaisamment le *Mondain* ; il souligne surtout la différenciation profonde qu'entraîne la fortune sur le plan de la psychologie des individus :

« La distance au moral est incommensurable entre l'homme qui, né de parents sans fortune, a vécu dès son enfance du travail de ses mains, et l'homme arrivé dans le monde sous des auspices plus favorables, et qui a pu consacrer une partie de sa jeunesse à l'étude et à l'instruction [128]. »

Libérés des forces obscures auxquelles la misère asservit l'esprit, les riches peuvent exercer leurs facultés dans tous les domaines : spéculation philosophique, réflexion politique, recherche scientifique, création artistique et littéraire. Leur vie intérieure pourra être complexe, nuancée, riche d'émotions violentes ou délicates qu'ils auront tout le loisir d'éprouver et d'analyser. Aux raffinements dans les commodités de la vie correspond le raffinement dans les sentiments, et la fantaisie de la marchande de modes n'est pas plus féconde en inventions toujours nouvelles que l'âme avide d'expériences, quand elle est délivrée des soucis du pain quotidien. La métamorphose du superflu en objets individualisés par l'art de l'ébéniste ou de l'orfèvre a pour pendant toute une floraison d'états d'âme et de passions, toute une psychologie subtile dont les comédies de Marivaux ou le roman des *Liaisons dangereuses* nous offrent d'admirables exemples.

L'originalité de Necker ne réside pas dans le tableau, si souvent dépeint, du contraste entre la vie des riches et celle des pauvres mais dans la prise de conscience, fort rare à cette époque, du nécessaire parallélisme entre niveau de vie mentale ou sentimentale et niveau de vie matérielle, nous n'en voulons pour preuve que ces réflexions désabusées devant l'immense littérature moralisatrice où

127. L.C.G., I, 131.
128. R. ph., 372.

s'est complu un siècle, aussi avide de connaître toutes les voluptés que de disserter sur leur nature et leurs dangers.

> « Que font, hélas, au bonheur du plus grand nombre des hommes, tant de livres de morale et de philosophie que nous célébrons ! Ces écrits respectables, monuments de l'esprit humain, sont presque tous destinés à calmer les passions ou à les concilier ; mais c'est par le luxe que ces passions se sont étendues, et comme déployée sous mille formes différentes ; elles semblent appartenir à cet ordre de gens qui, délivrés d'un travail continuel par les propriétés dont ils jouissent, ou ne s'y dévouant que par ambition, se flattent, se blessent, se servent ou se nuisent, par orgueil ou par vanité. Continuellement en proie à des mouvements de l'âme inconnus à l'indigence, ce n'est que pour eux que sont faites les leçons de la sagesse, et ce sont eux seuls aussi qui ont le temps de les lire [129]. »

Il est clair qu'en supprimant la richesse matérielle, la richesse spirituelle s'évanouit aussi. Vanité des passions, semble donc proclamer Necker, vanité surtout des ouvrages qui leur sont consacrés, sinon de la littérature en général. « Ces monuments de l'esprit humain » ne changeront rien à rien, les passions comme le luxe sont la conséquence logique d'un système qui assure à un groupe social restreint loisirs et moyens d'action. Tous ces phénomènes longuement décrits et analysés sont inhérents à une société qui repose sur l'institution de la propriété, et de situations toujours identiques renaîtront indéfiniment les mêmes problèmes. A la limite, les livres de morale sont aussi inutiles que les déclamations contre le luxe.

De plus, en proposant de faux remèdes à des maux inévitables, leurs auteurs qui prétendent s'adresser au genre humain détournent l'attention du fait essentiel de la division des classes et laissent penser que tous les hommes se ressemblent et que leur vie obéit aux mêmes lois ; en fait, ils n'écrivent que pour les oisifs, mais ils étendent inconsciemment et naïvement à la société tout entière une image de la nature humaine qui n'est valable que pour une catégorie sociale déterminée.

A lire les textes si nombreux où Necker s'indigne devant le scandale de l'inégalité sociale, on pourrait parfois penser qu'il condamne sans appel la société de son temps. En réalité, sa position est ambiguë : du point de vue de l'individu, une différence aussi totale dans le sort fait aux pauvres et aux riches lui apparaît sans aucun doute, comme une intolérable injustice :

> « Il s'en faut bien que la société soit une œuvre parfaite, il s'en faut bien qu'on doive considérer comme une composition harmonieuse les différents rapports dont nous sommes les témoins, et surtout ce contraste habituel de puissance et de faiblesse, d'esclavage et d'autorité, de richesse et d'infortune, de luxe et de misère ; tant d'inégalités, tant de bigarrures ne sauraient former un édifice imposant par la justesse de ses proportions [130]. »

---

129. L.C.G., I, p. I, cf. la thèse de R. Mauzi : *l'Idée de Bonheur au* XVIIIᵉ *siècle,* qui fournit une admirable illustration de la réflexion de Neker.
130. I.O.R., 23.

et à l'inverse de l'optimisme du siècle, célébrant une providentielle harmonie, il révèle dans son tragique quotidien l'impitoyable lutte des classes qui oppose possédants et non possédants « combat obscur et terrible où l'on ne peut pas compter le nombre des malheureux, où le fort opprime le faible à l'abri des lois [131] ». « Ce sont, dira-t-il encore, des lions et des animaux sans défense qui vivent ensemble [132] » et il n'hésitera pas à prétendre que le sort de l'esclave antique était supérieur à celui du salarié moderne. On ne saurait donc s'étonner que certains [133] de ses lecteurs, devant une aussi radicale mise en question de la société, aient pu considérer le banquier genevois comme un auteur révolutionnaire et entendre dans son œuvre un appel à la révolte.

Mais c'est oublier que l'ordre ainsi créé est un ordre nécessaire, imposé aussi bien par la nature humaine que par la nature des choses, il est le résultat du comportement des individus et des conditions de vie imposées par le monde extérieur. Il représente la solution inventée par l'humanité pour assurer sa survie et son expansion :

> « La société a pu dire aux propriétaires avec la plus parfaite justice : chacun de vous tiendra dans ses mains la subsistance d'un grand nombre d'hommes, nous vous permettons d'exiger d'eux en les nourrissant tel travail qui vous sera le plus convenable ; forcez-les, si vous le voulez, à s'appliquer à divers talents pour vous plaire, jouissez de leurs peines au sein de l'oisiveté [134]. »

Il faut se résigner, les riches existent pour jouir, les pauvres pour les satisfaire, et, dans une perspective démographique, jouir et travailler sont au même degré des fonctions, les deux classes ne sont donc pas ennemies mais complémentaires. Aux uns d'être exigeants et avides, aux autres d'être ingénieux. Cet ordre ne devient désordre et cette harmonie ne se transforme en lutte que lorsque les propriétaires, profitant de circonstances favorables, abusent de leur situation et ne donnent pas aux salariés ce à quoi ils ont droit, c'est-à-dire leur subsistance. Mais, c'est là une situation d'exception.

Il n'y a donc pas contradiction dans la pensée de Necker, par rapport à l'individu, à l'aspiration au bonheur si profonde chez tous les êtres, il est incontestable que le monde est parfaitement absurde ; la société est arbitrairement divisée en deux catégories : l'une d'exploitants, l'autre d'exploités, et le choix entre l'une ou l'autre dépend uniquement du hasard de la naissance. Mais ce scandale si difficile à admettre, est la condition indispensable de la multiplication des êtres sur la terre. Si insatisfaisante que soit la solution adoptée, elle reste la meilleure possible, et la considération des

---

131. L.C.G., I, 73.
132. L.C.G., I, 316.
133. Cf. *infra*, chapitre IX.
134. L.C.G., I, 144.

intérêts supérieurs de l'espèce légitime le sacrifice imposé à la multitude ; dans l'injustice au regard du droit de tous au bonheur, triomphe la seule qui soit, la justice au regard de la race. Il ne saurait y avoir de malentendu ni d'hésitation à ce sujet.

Cette volonté de lucidité n'est pas sans faiblesse, et il nous arrivera de trouver dans l'œuvre du Genevois des considérations sur le thème facile que l'argent ne fait pas le bonheur. Il reprend lui aussi, hélas, ce développement obligé de tant d'*Essais* ou de *Discours sur l'homme* [135] un des lieux communs les plus éculés de la littérature du XVIIIe siècle et de toute littérature conservatrice. Il explique longuement aux âmes sensibles que le « contraste entre le luxe des uns et la modique fortune des autres, ne représente point les proportions du bonheur [136] ».

Ce n'est certes pas dans l'expression de ces considérations tranquillisantes que Necker se montre sous son jour le plus sympathique ou le plus original. Mais n'attachons pas trop d'importance à ces textes où s'affirme si paisiblement la certitude que « tout est bien » ; ils prennent place dans une argumentation où Necker nous le verrons, ne fait que répéter une leçon apprise [137] et il est le premier, démentant ses propres paroles, à laisser transparaître son scepticisme devant les fallacieux raisonnements avec lesquels on dissimule la réalité et minimise les conséquences de l'inégalité sociale sur le sort des individus, tel ce passage dont le sens est bien clair malgré les précautions prises pour ne pas heurter de front des opinions trop souvent défendues :

> « ... Si l'on peut soutenir en général que les lots de bonheur et de malheur sont plus égaux qu'on ne pense ; si l'on peut avancer, avec des motifs raisonnables, que le travail est préférable à l'oisiveté ; si l'on peut dire avec vérité que les embarras, les inquiétudes, accompagnent souvent la richesse, et que le contentement d'esprit paraît le partage de la médiocrité, on doit convenir en même temps que ces axiomes ne sont parfaitement justes qu'aux yeux des moralistes qui prennent l'homme dans un grand espace, et qui font le calcul de toute une vie ; mais au milieu du cours journalier des désirs et des espérances, il est impossible de vouloir exciter au travail par l'espoir de la fortune, et de médire en même temps de cette fortune, en décriant les plaisirs et les commodités qu'elle procure. Les idées subtiles, sans excepter celles qui sont susceptibles d'être défendues, ne peuvent jamais être applicables aux circonstances actives ; et si l'on se sert quelquefois avec succès de ces sortes de réflexions pour adoucir les regrets, c'est qu'on n'a plus alors à combattre que des ombres [138]. »

---

135. Cf. *infra*, p. 605, cf. encore, les réflexions inspirées à Diderot par les ouvriers du châtelain de Granval : « Sur le soir, ils vont retrouver des enfants tout nus autour d'un âtre enfumé, une paysanne hideuse et malpropre, et un lit de feuilles séchées ; et leur sort n'est ni plus mauvais ni meilleur que le mien. » Diderot. *Correspondance*. Ed. Roth, T. II, p. 319.
136. A.F., V, 342.
137. Cf. *infra*, *Idées religieuses*.
138. I.O.R., XII, 30-31.

On ne saurait mieux suggérer que les développements sur le bonheur des pauvres représentent surtout un exercice littéraire, un thème où peut se déployer la subtile ingéniosité du moraliste de cabinet.

## V. — LES DIFFÉRENTES CATÉGORIES DE RICHES. L'ANOMALIE DE LA NOBLESSE

Nous voudrions revenir maintenant sur la rigueur d'une distinction en deux classes qui n'admet que des propriétaires et des salariés. Cette simplification, pour claire qu'elle soit, ne correspond évidemment pas à la réalité ; dans la France du XVIIIᵉ siècle, les propriétaires fonciers ne sont pas les seuls à distribuer des salaires. Aussi Necker apporte-t-il, sur ce plan aussi, une première correction à ce schématisme en signalant l'existence de catégories de riches, qui, sans être effectivement propriétaires, prélèvent cependant indirectement une part plus ou moins grande sur les produits du sol. Tels sont les rentiers dont le nombre croissant est un trait caractéristique des grands Etats modernes. L'énorme augmentation de la dette publique a eu pour conséquence l'apparition d'une nouvelle forme de richesse, la richesse mobilière faite de rentes sur l'Etat. Comme les impôts destinés au service des emprunts sont prélevés en dernière analyse sur les revenus de la terre, sur le produit net, les possesseurs de rentes peuvent être assimilés à des propriétaires fonciers. Ils possèdent sur ces derniers l'avantage que leur procure la mobilité de leur fortune qu'ils peuvent dépenser où bon leur plaît, ailleurs même que dans leur propre pays, ce qui, aux yeux de Necker, n'est pas sans présenter quelque danger [139].

Ainsi que les rentiers, les « financiers », vivent eux aussi, de l'impôt :

> « On donne le nom de financiers en France, aux différentes personnes qui sont chargées du recouvrement des revenus publics, soit comme receveurs, soit comme fermiers, soit comme régisseurs ; et l'on comprend encore sous la même dénomination les trésoriers qui paient les dépenses de l'Etat, les banquiers de la cour qui remplissent le service des Affaires étrangères, et les diverses personnes qui, moyennant un droit de commission, font des avances sur la rentrée plus ou moins éloignée des impositions [140]. »

A l'égard de tous ces gens de finance, Necker ne se prive pas des critiques habituelles à son époque, et il dénonce sévèrement les abus que, ministre, il s'efforcera de diminuer ou de supprimer [141].

---

139. Cf. E.C., XV, 118 : Effet de l'exagération de la dette publique.
140. A.F., V, 346.
141. Cf. la réforme de la ferme générale, en 1780.

Autre anomalie, autre catégorie de riches artificiellement créée :
les bénéficiaires des faveurs royales :

> « Rien n'est plus contraire à l'égalité des parts qu'un prélèvement
> d'argent fait sur la généralité d'un royaume, au profit d'un petit
> nombre de personnes déjà favorisées par leur situation. Cependant,
> c'est précisément ce qu'exécute un mauvais gouvernement lorsqu'une
> partie des impôts est consumée, ou par des dons excessifs, ou par
> des émoluments considérables attachés à des places inutiles, ou par
> la trop grande fortune qu'on laisse faire aux gens de finances [142]. »

Ainsi rentiers, financiers, bénéficiaires de faveurs royales vien-
nent-ils aussi prélever une part plus ou moins grande de la richesse
publique. Mais en outre, dans les sociétés évoluées, apparaît nécessairement une classe qui s'insère entre les détenteurs de subsistances ou assimilés et les salariés, pour jouer le rôle capital d'intermédiaire.

> « Les propriétaires des fruits de la terre veulent les échanger contre
> des jouissances... A mesure que ces échanges se sont multipliés dans
> la société, une classe d'hommes s'en est occupée plus particulière-
> ment et on les a appelés des marchands. Dans cette simple fonction,
> ils contribuaient déjà à la population, puisqu'ils rapprochaient des
> propriétaires les objets qui pouvaient leur plaire, tandis qu'ils fai-
> saient circuler les denrées de nécessité, en proportion des besoins
> qu'ils observaient et qu'ils prévoyaient [143]. »

Et dans un autre texte, Necker résume de la manière suivante
« le résultat inévitable de la marche du temps » :

> « Une classe nombreuse de citoyens jouira, sans peine et sans tra-
> vail, des revenus territoriaux qui composeront son patrimoine ; une
> autre s'agitera de toutes les manières pour acquérir par le commerce
> une part dans l'accroissement annuel des richesses mobiliaires ;
> enfin, une troisième classe d'hommes plus nombreuse que les deux
> précédentes les environnera sans cesse et leur offrira les fruits de
> son travail et de son industrie, pour obtenir et mériter d'elles un
> salaire ou une récompense [144]. »

Necker propose ainsi deux classifications différentes, l'une binaire : salariés et capitalistes, l'autre ternaire : propriétaires fonciers, marchands, travailleurs agricoles ou industriels. La première
est d'un sociologue, l'autre d'un économiste ; celle-ci fait saisir d'une
manière plus concrète le processus de la formation et de la distribution des richesses, elle souligne l'importance de ceux qui, placés
entre les bénéficiaires du produit net, et les non-propriétaires, ont
pour rôle de faciliter les échanges. Elle souligne aussi la dépendance
de tous les autres membres de la société par rapport au détenteur
de subsistances. Il est le personnage central autour duquel gravitent
toutes les professions : sa primauté est incontestable, et le marchand

---

142. A.F., V, 332.
143. E.C., XV, 77.
144. P. Ex., VIII, 331.

est stipendié par lui, pour employer le langage physiocratique, au même titre que tout ouvrier de l'industrie.

Mais le marchand, de par la nature de son activité, peut se tailler une part plus ou moins grande du superflu dont disposent les propriétaires, sans avoir à se contenter du minimum vital. S'il est, sur le plan de la théorie économique, de l'autre côté de la barrière, il est du même côté socialement, et c'est bien l'avantage de la division binaire que de mettre l'accent sur la condition des individus : elle oppose pauvres et riches, ceux qui sont assujettis à la loi d'airain des salaires et ceux qui y échappent, qu'ils soient propriétaires fonciers ou marchands, ou encore fermiers ou manufacturiers. Les premiers, auxiliaires du propriétaire foncier, comme les seconds le sont du marchand, rassemblent dans leur entreprise un nombre plus ou moins grand de salariés. Ils font donc figure eux aussi de distributeurs de salaires en face du simple ouvrier ou journalier. Et Necker ne manque pas de leur faire une place dans son tableau [145].

Même avec ces nouvelles figures, la réalité reste simplifiée à l'extrême. Notre auteur n'accorde guère d'attention aux échelons qui mènent insensiblement de la grande propriété à la petite, du grand négoce à la boutique, de la manufacture à l'atelier familial du petit artisan, pas plus d'ailleurs qu'à ce que nous appelons aujourd'hui les professions libérales. Et pour l'agriculture en particulier, il n'est guère tenu compte des caractères complexes et originaux de la vie paysanne française où la petite propriété n'est pas négligeable, où le nombre de petits fermiers ou métayers est considérable, où l'économie communautaire manifeste encore sa vitalité

Cette simplification, dont Necker reconnaît le caractère artificiel, correspond à l'évident désir de faire apparaître l'immense fossé qui sépare le capitaliste, quel qu'il soit, de celui qui attend son pain quotidien du salaire reçu en échange de son travail, de faire apparaître du même coup la lutte des classes. Mais elle a aussi l'avantage de réunir ensemble tous les riches, et de supprimer entre eux toute distinction sociale, quelle que soit l'origine et la nature de leur richesse. Il ne saurait y avoir en effet de forme de richesse privilégiée, puisqu'il y a passage incessant de la richesse marchande à la richesse foncière. Une discrimination entre les possédants ne pourrait être justifiée que si la possession du sol était restée l'apanage d'une classe : Or en fait, la terre, droits féodaux et seigneuriaux compris, se vend et s'achète comme tous les autres biens.

L'homogénéité de la classe possédante devrait donc être parfaite, et elle le serait si l'Ancien Régime ne maintenait la coexistence d'une société de classe et d'une société d'ordre, conférant à une certaine catégorie d'individus, les nobles, des privilèges qu'ils ne doivent qu'à leur naissance. Pour Necker, l'ordre de la noblesse constitue

---

145. Cf. L.G.C., I, 148 : « Quant aux grands propriétaires et à leurs fermiers qui emploient des laboureurs et des cultivateurs, tous ces hommes ne sont que leurs domestiques ; ils font partie du peuple qui vit du travail de ses mains. »

une anomalie, et il en souhaite la disparition ou la transformation, pour que s'instaure enfin une société parfaitement bourgeoise, où le bloc des capitalistes formerait en face du bloc des prolétaires un front sans faille.

On se tromperait en attribuant cette attitude à une réaction spontanée de Genevois républicain. Necker éprouve pour l'aristocratie anglaise, et le rôle qu'elle joue dans l'Etat, une très sincère admiration, mais cette aristocratie n'a rien de commun avec la noblesse française, contre laquelle il a des griefs très précis [146]. Il est frappé tout d'abord, comme ses contemporains, de l'injustice d'une discrimination reposant sur la naissance, qui accorde à une catégorie d'individus des avantages de tous ordres, sans que leur correspondent des devoirs équivalents. Il ne manque pas de noter en particulier, que : « Le service militaire, qui composait autrefois l'un des sacrifices d'un ordre particulier de l'Etat, étant devenu un objet d'utilité, de faveur et de préférence, les premières causes des privilèges sont sensiblement altérées [147]... » Cette institution lui paraît présenter un exemple typique de survivance dans le présent, d'un état de choses révolu, ainsi que le montrent encore les réflexions que lui inspire l'attribution aux grandes familles des plus hautes charges militaires :

> « On ne saurait, dit-on, faire de trop grands sacrifices pour attirer hors de leurs châteaux les grands seigneurs de fiefs : mais ces châteaux ne sont plus des habitations : les obligations des vassaux sont exactement circonscrites, et la perfection de la police intérieure, l'efficace autorité des lois, le nombre des troupes continuellement stipendiées, l'activité de la discipline militaire ; toutes ces circonstances rendent aujourd'hui la tranquillité du royaume parfaitement assurée... mais l'on respecte les usages longtemps après que les causes de ces usages ont changé [148]. »

L'injustice des privilèges est rendue encore plus scandaleuse par la vénalité des charges ; on ne peut plus alors invoquer pour faire accepter un régime de faveur, le prestige que donne l'appartenance à une lignée qui remonte dans la nuit des temps et la gloire d'ancêtres qui se sont distingués au service de l'Etat ; la noblesse est commercialisée, elle se vend et s'achète, ce qui rend l'inégalité encore plus intolérable.

---

146. Cf. le sévère réquisitoire qu'on trouve dans D.V., XI, 235.
147. A.F., V, 371. Cf. Turgot : « Le privilège a été fondé originairement sur ce que la noblesse était seule chargée d'un service militaire qu'elle faisait en personne à ses dépens. D'un côté, ce service personnel devenu plus incommode qu'utile, était entièrement tombé en désuétude, de l'autre, toute la puissance militaire de l'Etat est fondée sur une armée nombreuse, entretenue en tout temps et soudoyée par l'Etat. La noblesse qui sert dans cette armée est payée par l'Etat et n'est pas moins payée que les roturiers qui remplissent les mêmes grades... Il est donc avéré que le motif qui a fondé le privilège ne subsiste plus. » (Observation du garde des sceaux de Miromesnil et réponse de Turgot). Turgot. Œuvres Ed. Schelle. Tome 5, pp. 187-8.
148. A.F., V, 171.

« Rien ne semble moins raisonnable que de faire des distinctions et des privilèges un objet de trafic [149]. »

Cette pratique a aussi pour conséquence de multiplier indéfiniment les privilèges et Necker déplore : « Le nombre prodigieux de familles qui ont acquis la noblesse à prix d'argent », évaluant à quatre mille le chiffre des charges qui la donnent [150]. Enfin, cette vénalité a sur l'économie française une influence néfaste sur laquelle nous reviendrons, en freinant l'expansion, en stérilisant les capitaux et les énergies des éléments les plus actifs et les plus intelligents de la population [151].

Les remèdes à apporter à cette situation sont simples à concevoir. Le premier est la suppression des charges vénales, qu'on pourrait obtenir en empruntant « les capitaux nécessaires pour rembourser successivement toutes les charges inutiles qui transmettent la noblesse héréditaire [152] ». Le second est la suppression des privilèges qui rétablirait l'égalité en particulier devant l'impôt et devant l'accession aux emplois. Mais, simples à concevoir, ces réformes, Necker ne se fait aucune illusion à ce sujet, seront extrêmement difficiles à réaliser ; aussi, toujours partisan des moyens « lents, doux et sages » propose-t-il de procéder prudemment et progressivement, mais derrière les formules enveloppées apparaissent les plus fermes intentions :

> « Il faudrait... chercher à tempérer un peu les nombreuses prérogatives d'un seul ordre de la société... on examinerait peut-être alors de nouveau si cette institution de nos jours est bonne, qui exige deux ou trois degrés de noblesse pour être admis au rang d'officier dans le service de terre et de mer ; c'est trop peu sans doute, à l'honneur des vrais chevaliers français, dont les titres se perdent dans la nuit

---

149. A.F., V, 369. Cf. encore Turgot : « Une autre raison achève de rendre ce privilège et plus injuste et plus onéreux, et en même temps moins respectable. C'est qu'au moyen de la facilité qu'on a d'acquérir la noblesse à prix d'argent, il n'est aucun homme riche qui, sur-le-champ, ne devienne noble ; en sorte que le corps des nobles comprend tout le corps des riches, et que la cause du privilégié n'est plus la cause des familles distinguées contre les roturiers, mais la cause du riche contre le pauvre. » *Ibid*, p. 188.

150. A.F., V, 368. J. Meyer discute ce chiffre et, reprochant à Necker la médiocrité de la connaissance qu'il a des institutions françaises, énumère les causes qui en justifient la réduction. (J. Meyer : *La noblesse bretonne au* XVIII<sup>e</sup> *siècle*. T. I, p. 428). En fait, Necker n'ignorait nullement le caractère théorique de son estimation : « Il faut observer cependant (signale-t-il aussitôt après son calcul) qu'entre ces différentes charges, il en est un grand nombre qui, par le fait, ne deviennent pas une source de nouveaux nobles : car depuis que le royaume en est rempli, plusieurs cours souveraines n'admettent que difficilement dans leurs compagnies les familles bourgeoises qui n'ont pas encore cette petite illustration. » D'ailleurs, à côté des facteurs de ralentissement existaient aussi des facteurs d'accélération (Cf. F. Bluche : *Les Magistrats du Parlement de Paris au* XVIII<sup>e</sup> *siècle*, p. 112-113), sans parler de la noblesse usurpée par des roturiers à la suite de l'achat d'une terre ou d'une seigneurerie.

151. Cf. *infra*, chap. V.

152. A.F., V, 369.

des temps ; et dès lors cette même condition ne fait plus que peser sur des citoyens honorables par leurs sentiments, à l'avantage de ceux qu'une fortune du siècle a favorisés. Il faudrait encore, toujours dans le même esprit, tâcher d'adoucir ces exceptions qui, jusque dans la distribution des impôts, distinguent les états et les personnes... Qu'on me permette même de le dire, sous un rapport plus général, la simple raison n'indique point que la plus grande part aux avantages de la société doit être accompagnée de la moindre part aux charges publiques [153]. »

Tout en étant l'homme des transitions lentes et paisibles, son but n'en est pas moins net, qui est de faire disparaître sans heurts une situation ou se superpose à l'inégalité réelle, normale, inévitable, une inégalité artificielle et dépourvue de sens.

Est-ce à dire toutefois que ce bourgeois de Genève souhaite la disparition totale d'un ordre qui est un élément essentiel de la monarchie française ? Ce serait bien mal connaître Necker que de le soupçonner d'aussi noires intentions. Une fois disparue la vénalité des charges, et supprimés d'injustifiables privilèges, il souhaite sincèrement le maintien d'une noblesse purement honorifique.

Il insiste, en effet, dans le traité de l'Administration des Finances, sur le double caractère de la monarchie française à la fois militaire et marchande et il pense que, réduit à des titres, à de simples distinctions, cet ordre pourrait être bénéfique dans la mesure où, nourrissant « les opinions qui enflamment l'honneur et le courage [154] », il ferait servir au bien de la nation « les sentiments d'amour propre et de vanité qui meuvent tous les hommes [155] ». Gardien de traditions précieuses à la défense de l'Etat, et récompensant ceux qui se distinguent à son service dans la carrière des armes, il retrouverait ainsi une raison d'être, même dans le cadre de la société actuelle [156].

Sous cette forme, il en est résolument partisan, et la Révolution va lui donner l'occasion d'affirmer son attachement à cette institution, au nom de considérations inspirées par une situation nouvelle. Le Décret concernant les noms, titres et armoiries, avait définitive-

---

153. *Ibid*, p. 369.
154. A.F., V, 37.
155. *Ibid*, V, 37.
156. Opinion assez répandue à l'époque. Cf. une brochure de 1789 intitulée : *Réflexions d'un citoyen de Besançon sur les privilèges et immunités de la noblesse :* « La noblesse comme grâce du prince, comme prix d'un devoir accompli, comme distinction honorifique, est un bienfait ; sous un autre aspect, elle n'est qu'un titre oppressif, une hypothèque illégale, un crime de lèse-nation, une atteinte à la propriété universelle, puisque le peuple n'a été ni consulté, ni entendu, et qu'il n'a point sanctionné, par un consentement libre, le privilège qui doit l'écraser. C'est surtout la noblesse fiscale que la nation ne peut trop se hâter de réprimer » — cité par A. Decouflé. *L'aristocratie française devant l'opinion publique à la veille de la Révolution Française. 1787-1789* dans *Etudes d'histoire économique et sociale au* XVIIIe *siècle.* P.U.F. 1966, p. 15.

ment supprimé la noblesse et le roi, malgré ses conseils, n'avait pas cru bon, à cette occasion, de faire usage de son veto. Necker, sans le moindre souci d'impopularité, va prendre position contre cette décision et rendre publique son opinion sur ce sujet [157]. Passons sur l'argument de caractère économique auquel il a recours pour critiquer cette mesure qui va entraîner « le désœuvrement d'un grand nombre d'ouvriers adonnés à la fabrication des galons et des rubans qui composent ces livrées [158] ». Il invoque heureusement d'autres motifs pour expliquer son opposition. Et tout d'abord, en esprit réaliste, il juge plus sage de ne pas priver les nobles des satisfactions morales et sentimentales que leur procurerait le maintien de ces distinctions, à partir du moment où, comme il le rappelle, les avantages matériels dont ils jouissaient ont été définitivement supprimés. Egalité devant l'impôt, égalité dans l'accession aux charges publiques, abolition des droits féodaux, voilà les vraies conquêtes qui ne sauraient être remises en question. Dans ces conditions, pourquoi exaspérer les ressentiments et l'amertume d'une classe puissante au lieu de diminuer « les sujets de grief ou les causes d'irritation » ?

> « Pour un si léger soulagement, tout en opinion, pour un bienfait si circonscrit, pour un bienfait indifférent aux sages, est-il juste de priver une classe nombreuse de citoyens des distinctions honorifiques qui forment une partie de leur héritage et dont la perte doit leur être plus pénible que celle des avantages pécuniaires dont ils avaient la possession [159] ? »

A ces considérations d'opportunisme politique s'en ajoutent d'autres plus importantes encore. Necker, nous y avons déjà fait allusion, attache le plus grand prix à tous les éléments de caractère irrationnel qui, dans l'imagination du pauvre, font du riche un être d'une autre espèce que la sienne. Si le sage ne doit voir dans les titres, les noms et les armoiries que les hochets de la vanité, il n'en reste pas moins que ces hochets ont une sorte de valeur magique, ils auréolent de prestige certaines catégories d'individus et l'ordre social est ainsi plus facilement accepté par ceux qui en sont les victimes. Tous les riches, solidairement intéressés au respect absolu du droit de propriété, sont les bénéficiaires de ce dressage mental, ils devraient donc comprendre qu'en les supprimant, on démolit une barrière, on se prive d'une précieuse protection.

---

157. *Opinion de M. Necker relativement au décret de l'Assemblée Natiotale concernant les titres, les noms et les armoiries.* Oe. c., VII, 519.
158. *Ibid*, p. 530.
159. *Ibid*, p. 523, Necker prophétisait également que ces distinctions légalement supprimées seraient socialement conservées : « Qu'on se fie d'ailleurs à l'industrieuse vanité du soin de se replier de toutes les manières nécessaires pour entretenir les souvenirs qui la flattent. » L'attention apportée aujourd'hui par les historiens les plus farouchement républicains à distribuer leurs titres aux descendants actuels des illustres familles qui leur ouvrent leurs archives, nous prouve combien il avait vu juste.

Insidieusement, Necker voudrait faire sentir à ceux qui brûlent du désir d'anéantir ces distinctions, qu'il serait préférable de renoncer à certaines satisfactions sur le plan de la vanité mondaine pour jouir d'une sécurité plus grande dans la possession des richesses.

> « Tout s'unit, tout s'enchaîne dans la vaste étendue des combinaisons sociales, et souvent les genres de supériorité qui paraissent un abus aux premiers regards de la philosophie, sont essentiellement utiles pour servir de protection aux différentes lois de subordination, à ces lois qu'il est si nécessaire de défendre, et qu'on attaquerait avec tant de moyens, si l'habitude et l'imagination cessaient jamais de leur servir d'appui [160]. »

Sans doute, une pareille attitude lui était-elle facilitée par sa qualité d'étranger. Il devait ressentir moins directement cette vexation permanente que représentait pour les membres du Tiers-Etat, riches et instruits, la distinction entre les ordres, l'inégalité créée a priori par la naissance. Grâce à cette circonstance, il pouvait dépasser le stade de l'exaspération, de la jalousie féroce, de la haine passionnelle, et plus serein, plus détaché, envisager de faire entrer dans un système conçu exclusivement en fonction de la défense de la propriété et de la protection des possédants, tous les vestiges encore utilisables d'un passé révolu. De l'Ancien Régime fondé sur la naissance, il aurait voulu conserver tout ce qui pouvait servir à affermir le nouveau, fondé sur la seule richesse, maintenant prudemment une catégorie d'exception dans une société où il ne voyait en réalité que deux classes : des riches et des pauvres.

Quant à son attitude devant les décrets du 4 août et à la lettre du 18 septembre rédigée par lui [161], il allait de soi que le ministre de Louis XVI s'opposât à la pure et simple annulation des droits féodaux et seigneuriaux sacrifiés sur l'autel de l'égalité. Ce faisant, il restait fidèle non pas à un ordre suranné, mais au principe fondamental sur lequel repose la société, le principe du respect de la propriété. Il n'était nul besoin d'être noble pour acheter une seigneurie, et le prix des terres ayant été évalué en fonction des droits qui leur étaient attachés, tout acquéreur privé des revenus escomptés et non idemnisés subissait une véritable spoliation.

L'assemblée avait établi une distinction entre droits réels déclarés rachetables et droits personnels. Pour les premiers, Necker n'élève aucune objection à la décision prise. « J'adopte sans hésiter la partie des arrêtés de l'Assemblée nationale qui déclare rachetables tous les devoirs féodaux réels et fonciers pourvu que le prix du rachat soit fixé d'une manière équitable ; et j'approuve aussi comme une justice parfaite que jusqu'au moment où ce prix sera payé, les droits soient constamment exigibles [162]. » Mais pour les droits per-

---

160. *Ibid*, p. 531.
161. *Lettre du roi à l'assemblée nationale sur les décrets du 4 août et jours suivants.* Oe. complétes VII, p. 67.
162. *Ibid*, p. 70.

sonnels, il cherche visiblement à faire triompher une interprétation aussi restrictive que possible et il distingue parmi eux trois catégories : « ... assujettissements qui dégradent la dignité de l'homme, ... redevances personnelles qui, sans participer à ce caractère, sans porter aucun sceau d'humiliation, sont d'une utilité importante pour tous les propriétaires de terre, ... devoirs personnels qui ont été convertis dès longtemps et souvent depuis des siècles, en une redevance pécuniaire. » De ces trois sortes de droits, seuls les premiers — estime-t-il — « peuvent être abolis sans indemnité [163] ».

Le baron de Coppet était parfaitement au courant de la question. Il n'avait point oublié comment, en 1784, avait été évaluée sa baronnie, et quels avantages il s'était acquis en en payant le prix. Avec une sorte de prémonition de ce qui allait lui arriver quelques années plus tard, lors de la création de la République helvétique, il défendait en 1790 un ordre qui, derrière une façade féodale, n'était bien souvent qu'un ordre bourgeois [164].


## VI. — UNE LEÇON DE CHOSES


Nous avons vu le peu de cas que faisait Necker de la littérature moralisante de son époque, il a pourtant commis, lui aussi, à la fin de sa vie, un récit manifestement écrit pour donner une leçon, mais qui ne ressemble nullement à celles que distribuaient généreusement les traités sur les passions ou les contes moraux habituels car, bien loin d'essayer de démontrer que l'argent ne fait pas le bonheur, il veut très précisément nous convaincre du contraire ; et ce récit, qu'on trouve à la fin de ses œuvres complètes [165], où il détone et surprend, n'est en réalité qu'une nouvelle manière de traiter l'éternel sujet du rôle déterminant que tient la richesse dans la vie des individus. Il s'agit d'un petit roman, composé en 1802 ou dans les premiers mois de 1803, et intitulé *Suites funestes d'une seule faute.* L'idée en vint à l'auteur à l'occasion de conversations sur *Delphine* [166] et il songea même un moment à le publier [167]. Il se décida

---

163. *Ibid*, pp. 68-69.
164. Cf. Lettre de Necker du 14 juillet 1798, datée de Coppet : « Dans l'absence de ma fille, avec qui vous avez eu, Monsieur la bonté de correspondre, permettez moi de vous témoigner mon inquiétude ou mes doutes sur le parti que va prendre le Sénat à l'égard du décret sur les droits féodaux. Plusieurs propriétaires de ces droits se sont adressés au Sénat, afin d'arrêter sa sanction par leurs représentations, et pour moi j'ai craint et crains encore le succès de leur demande quoique je considère leur plainte comme bien légitime... » Manuscrits de la bibliothèque municipale de Lausanne.
165. T. XV, p. 331 à 414.
166. « Cf. Avertissement : « Dans une conversation dont le roman de *Delphine* fut le sujet... » *Ibid*, p. 333.
167. « Il avait consenti à laisser publier cette nouvelle l'année dernière dans un journal, mais à la réflexion, il y renonça. Moi, j'ai pensé que ce

finalement à conserver dans ses cartons ce péché de vieillesse. Mais aussitôt après sa mort survenue en 1804, Mme de Staël dans sa piété filiale, se hâta de faire paraître les manuscrits laissés par son père et, parmi eux, ce petit récit [168].

L'histoire se passe en Angleterre : un riche propriétaire terrien, Henry Sommers, jeune et beau, intelligent et bon, noblement ambitieux, s'éprend d'une jeune fille tout aussi bonne, tout aussi belle, tout aussi intelligente, mais sans grande fortune. Les vœux d'Henry sont exaucés, son amour partagé, il épouse sa chère Elise. La naissance d'une fille, Clara, met bientôt le comble à leur bonheur, et le jeune époux, encouragé par sa femme, se prépare à jouer le rôle politique auquel il se sent prédestiné. Cette félicité ne connaît qu'un léger nuage, Henry Sommers dépense un peu plus que ses revenus et pourtant il se refuse à diminuer en rien son train de maison, pour ne priver son épouse bien-aimée d'aucun des agréments de la vie raffinée d'un grand propriétaire anglais au XVIIIᵉ siècle. Bien au contraire, il lui cache soigneusement ce souci, espérant toujours trouver un moyen de remédier à la situation. Précisément, lors d'un dîner de club à Londres, il fait la connaissance d'un certain M. Foster, courtier en fonds publics, qui semble jouir d'une solide réputation. Foster initie le jeune homme aux mystères de la spéculation, fait miroiter à ses yeux la possibilité d'augmenter rapidement sa fortune et lui inspire une telle confiance qu'il fait signer à l'imprudent d'abord une procuration générale, puis des dizaines de billets en blanc.

Cette imprudence, cette « seule faute » ne tarde pas à amener des suites funestes, une terrible catastrophe. Quelques jours plus

---

serait presque laisser sa réputation incomplète que de ne pas faire connaître cet ouvrage, si admirable en lui-même, si extraordinaire aussi par le nom de l'auteur ». Note de Mme de Staël. *Ibid*, p. 333. Cf. la lettre du 3 septembre 1803 de Sismondi adressée à Mme de Staël : « En vous quittant mardi, je me faisais de vifs reproches. Il me semble que je ne témoignais presque point la reconnaissance que je me sentais pour la flatteuse confiance de M. Necker, pour la faveur signalée qu'il voulait bien me faire en me donnant sa nouvelle à imprimer, que je n'exprimai presque pas combien je trouvais admirable cette fleur de sensibilité qu'il a conservée, et que j'aurais cru ne devoir appartenir qu'à votre âge et à votre sexe. J'ai lu avec avidité et trop rapidement l'histoire de ces deux malheureux époux, les détails me frappèrent comme charmants, comme pleins de grâce, mais ils ne sont pas restés dans ma mémoire et je voudrais recommencer immédiatement la lecture. » *Correspondance de Sismondi*, publiée par C. Pellegrini.

168. *Manuscrits de M. Necker publiés par sa fille* à Genève chez J.-J. Paschoud. An XIII. p. 223-347. A la date du 23 mai 1804, B. Constant nous donne dans son journal, ses impressions sur ce texte, au demeurant très favorables : « Dans le roman, il y a une sensibilité très profonde et des détails remplis de finesse. Le caractère de l'homme est peut-être un peu trop sacrifié, son imprudence est trop grossière, et l'on ne peut se réconcilier à l'idée qu'il accepte la proposition de sa femme de mourir avec lui. L'idée de l'enfant qu'ils abandonnent trouble aussi un peu l'effet. Du reste, à l'exception de la première page, qui est commune et qui prévient contre l'ouvrage, il y a un grand charme de style... *Œuvres* La Pléiade, p. 225.

tard, Sommers apprend que le malhonnête Foster s'est servi de sa signature pour des opérations désastreuses, il a perdu des sommes énormes et pris au nom de son client des engagements qui dépassent de beaucoup la valeur de tout son patrimoine. C'est pour le jeune mari, le jeune père, le futur homme d'Etat, non seulement la ruine, mais le déshonneur. Déjà les domestiques apprennent avec stupeur à leur maître les bruits qui courent et les dangers qui le menacent : la vente aux enchères publiques de son château, et pis que cela, la prison pour dettes. Le malheureux décide de se faire sauter la cervelle mais sa femme, à qui il n'a pu cacher l'étendue du désastre, exige de partager son sort et de mourir avec lui, après avoir confié Clara à une parente. Le récit se termine par le suicide des deux époux dans le parc du château, contemplant une dernière fois le décor de leur bonheur évanoui.

Nous n'insisterons pas sur les éléments autobiographiques de ce petit ouvrage, dans la première partie tout au moins, où Necker s'est évidemment complu à évoquer son propre mariage, son bonheur conjugal et à célébrer les qualités inestimables de son épouse bien-aimée. On peut lui trouver une signification plus profonde si l'on tient compte des circonstances de sa composition et de l'avertissement qui le précède :

> « Dans une conversation dont le roman de *Delphine* fut le sujet, on soutint que les seules affections domestiques pouvaient amener, aussi naturellement qu'un autre amour, les situations les plus tragiques ; cette opinion fut contestée, et par une sorte de défi, on provoqua l'écrit suivant, dont le fond est véritable [169]. »

Ces quelques lignes où l'on relève le mot de défi, nous annoncent clairement une sorte d'anti-Delphine, et elles donnent à ce récit banal une valeur peut-être inattendue de protestation voulue contre une certaine conception de la littérature, contre un certain type de romans qui est précisément celui où se complaît Mme de Staël.

On se rappelle le sujet de *Delphine* : deux êtres Delphine et Léonce, faits pour s'aimer et vivre ensemble, sont séparés dès le début de l'ouvrage par de malencontreux hasards. Léonce épouse Mathilde et dès lors le récit sera fait des heurs et malheurs des deux amants, jusqu'à ce qu'ils meurent l'un et l'autre du chagrin de leur vie manquée, après une série d'aventures plus ou moins romanesques. Il est clair qu'un obstacle n'a été artificiellement dressé entre ces deux êtres prédestinés que pour qu'ils puissent connaître dans toute leur violence et dans toute leur variété les émotions du cœur humain. Mais pour que les passions puissent ainsi se donner libre cours, pour que les héros puissent aller jusqu'au bout de leurs sentiments, il faut qu'ils vivent dans un univers privilégié, dans un empyrée d'où les problèmes matériels ont complètement disparu et l'auteur n'aurait pas le mauvais goût de faire intervenir

---

169. *Ibid.* p. 225.

dans le dialogue passionné de ces deux âmes le souci du pain quotidien. Delphine et Léonce ressemblent à ces sujets que les biologistes
placent dans des conditions déterminées pour étudier le comportement de tel ou tel organe, à l'abri de tout contact avec le monde
extérieur. En écrivant Delphine comme plus tard Corinne, Mme de
Staël reste fidèle à un certain genre de littérature que l'on pourrait
appeler aristocratique ou même classique, car elle n'est faite que
pour une élite chargée d'incarner dans l'absolu les différents modes
de la sensibilité et de représenter l'homme à l'état pur, dégagé des
contingences qui jouent un rôle si important dans la vie de la plupart
des mortels.

Avec une lourdeur certainement voulue, Necker fait apparaître
le spectre de la misère au beau milieu des débordements de tendresse et des plus sublimes envolées, interrompant ainsi brusquement les interminables épanchements de cœurs amoureux. Il suffit
d'une signature imprudemment donnée et comme par enchantement
tout s'évanouit. Avec la perte de la fortune, disparaît du même
coup la condition indispensable à cette floraison d'états d'âme que
Germaine nous décrit avec tant de complaisance. Necker rappelle
à sa fille que le luxe des sentiments comme celui des meubles, de
l'argenterie ou de la toilette, repose d'abord sur la possession d'un
solide patrimoine.

On n'en est pas moins surpris qu'il termine son roman par un
double suicide et chose plus grave, qu'il semble trouver légitime ce
geste désespéré. Pourquoi a-t-il donné des suites si funestes à une seule
faute ? On connaît pourtant les profondes convictions religieuses de
ce protestant, peu compatibles avec l'immoralité manifeste de son
dénouement, rendue plus choquante encore et par l'existence de
Clara et par la prière que les deux héros adressent à Dieu avant de
mourir, pour lui demander pardon de l'acte qu'ils vont accomplir.

Sans doute Necker était-il lié en quelque sorte par le dénouement
de Delphine, il fallait à son histoire une fin tragique [170]. Mais il s'y
est résolu avec d'autant plus de facilité qu'au fond de lui-même, il
trouvait la décision des deux époux parfaitement justifiée. A ses
yeux, en effet, la distance qui sépare les riches et les pauvres est
si grande qu'elle aboutit en fin de compte à créer deux espèces radicalement différentes : le niveau intellectuel et moral du peuple est
si bas qu'il émerge à peine de l'animalité. Pour être un homme au
plein sens du terme, il faut avoir de l'argent. Aussi le suicide d'Elise
et d'Henry est-il un acte raisonnable, la perte de leur fortune représente l'anéantissement de leur condition d'homme, la chute dans un
monde où ils n'existeront plus. Ils ont commis la seule des fautes
qui fut vraiment irréparable. Le premier devoir du riche est de
conserver sa richesse. Et voilà la seule leçon de morale qu'il vaille
la peine de faire entendre à ses semblables.

---

170. On sait aussi qu'au XVIIIe siècle, le suicide est une sorte de
« spécialité » anglaise.

# CHAPITRE II

# EXPANSION DÉMOGRAPHIQUE
# ET EXPANSION ÉCONOMIQUE

Jusqu'ici, nous avons fait porter notre effort sur l'analyse des conditions qui permettent l'apparition d'une plus-value et sur la manière dont elle est dépensée, mais sans nous préoccuper en aucune façon de l'accroissement de cette plus-value et de l'accroissement parallèle de la population. Mais Necker ne se contente pas de nous montrer comment se remplissent et se vident les greniers des propriétaires, comment se forme la plus-value et comment elle se dépense, ainsi que le fait Quesnay dans son fameux tableau aux circuits compliqués. Il se préoccupe aussi de l'accroissement de cette plus-value, condition de l'accroissement de la population. L'instinct sexuel dans son irrésistible puissance appelle sans cesse à l'existence des êtres de plus en plus nombreux. Il faut donc accroître le fonds de subsistances et, du même coup, le fonds des salaires pour nourrir de nouvelles bouches et créer de nouveaux emplois. Dans une économie stagnante, où le salaire est juste suffisant pour assurer le maintien à un niveau constant de la population et de la main-d'œuvre, une proportion considérable des enfants mis au monde par une force procréatrice incontrôlable, est condamnée à ne jamais atteindre l'âge d'homme. La loi de la sélection naturelle joue inexorablement. Seuls survivent les plus aptes, et les autres alourdissent d'un poids mort inutilisable l'Etat incapable de déclencher en son sein un mouvement expansionniste. C'est l'histoire du « village immobile » :

> « Que dans un pays, le plus grand nombre des habitants jouissent à peine d'un étroit nécessaire : entraînés cependant par les plaisirs des sens, ils auront peut-être le même nombre d'enfants que s'ils vivaient dans l'aisance ; mais après avoir fait quelques efforts pour les élever, trop pauvres pour leur donner, ou une nourriture suffisante, ou des secours dans leurs maladies, la plus grande partie de cette génération ne passera pas l'âge de trois ou quatre ans, et il se trouvera que dans un tel pays, le nombre des enfants en bas âge sera constamment dans une disproportion trop grande avec le nombre des adultes ou des hommes faits [1]. »

---

1. A.F. IV 296. Cf. Cantillon *op. cit.*, Chap. IX p. 13. « Si tous les laboureurs dans un village élèvent plusieurs fils au même travail, il y aura trop

Dans une société où le contrôle des naissances est exclu a priori, l'expansion est une nécessité. Il s'agit là d'un problème assez complexe sur lequel vont se greffer peu à peu des questions fort diverses, embrassant non seulement des facteurs économiques mais aussi sociologiques. Nous nous efforcerons de le traiter par approximations successives en l'envisageant d'abord dans le cadre de l'humanité tout entière, puis dans celui d'une nation considérée *in abstracto*, et enfin dans le cas de cette nation bien déterminée qu'est la France, passant ainsi de schémas abstraits à la réalité la plus concrète et la plus vivante.

## I. — L'HUMANITÉ EN GÉNÉRAL

A l'échelle de l'humanité, la solution est extrêmement simple en théorie, l'expansion économique sera provoquée par l'appétit de jouissance du propriétaire, désireux de retirer de ses domaines un revenu sans cesse croissant ; la recherche du plaisir va suffire à elle seule pour faire prendre la décision qui provoquera l'augmentation de la quantité de subsistances : la décision d'investir.

Pour que grandissent les revenus d'un domaine, il faut et il suffit que son possesseur consente à ne pas dépenser dans sa totalité les fermages perçus, mais réserve sur le produit net, pour employer le langage des physiocrates, une somme plus ou moins grande destinée soit à l'augmentation des surfaces cultivées, soit à l'amélioration de celles qui existent déjà. Si cette opération d'investissement s'accomplit chaque année, il est clair que la quantité des denrées, le nombre des salariés et donc la somme totale des commodités et des plaisirs iront sans cesse croissant[2]. On peut envisager ainsi un développement harmonieux et parallèle de l'agriculture et de l'industrie se réalisant spontanément. Le taux de croissance de l'économie, et avec elle de la population, étant déterminé en dernière analyse par le choix qu'opère le riche entre des jouissances immédiates et des jouissances plus grandes, mais reculées dans l'avenir.

---

de laboureurs pour cultiver les terres de la dépendance de ce village, et il faut que les surnuméraires adultes aillent quelque part chercher à gagner leur vie, comme ils font ordinairement dans les villes : s'il en reste quelques-uns auprès de leurs pères, comme ils ne trouveront pas tous suffisamment de l'emploi, ils vivront dans une grande pauvreté, et ne se marieront pas, faute de moyens pour élever des enfants, ou s'ils se marient, peu après les enfants survenus périssent par la misère avec le père et la mère, comme nous le voyons journellement en France. Ainsi, si le village continue dans la même situation de travail, et tire sa subsistance en travaillant dans la même portion de terre, il n'augmentera pas dans mille ans en nombre d'habitants. »

2. L.C.G. I, « S'il n'y avait eu qu'une société sur la terre, la prospérité de l'Etat et le plus grand bonheur de ses membres eussent été des expressions synonymes. »

Ainsi considéré, tout essor économique et démographique présuppose un accroissement des denrées agricoles et, en ce sens, la terre est évidemment la source première de la population et de toutes les richesses. « Plus il y a de subsistances, plus il y a d'hommes. L'agriculture fait naître et multiplie ces subsistances : elle est donc la source essentielle de la population[3]. » Cette affirmation pourrait nous faire croire que le successeur de Turgot a choisi lui aussi le camp des défenseurs de la terre, des apologistes de la vie paysanne. Mais en réalité, il occupe une position intermédiaire, qui n'est que la conséquence logique de son analyse des rapports entre les classes sociales. Il lui est facile en effet de démontrer, que l'augmentation de la quantité de subsistances n'a pas de valeur en soi et qu'elle n'est désirable et donc possible, que si elle offre des avantages à celui qui possède et les subsistances et le sol qui les produit. Pour qu'il désire engranger des moissons toujours plus abondantes, il faut qu'il soit assuré de pouvoir les transformer en « commodités » diverses, il faut qu'elles lui facilitent la recherche du bonheur. Et l'on ne saurait, sans illogisme, favoriser l'agriculture et négliger l'industrie, puisque de cette dernière dépend la métamorphose du superflu en objets de convoitise.

> « Je ne sais pourquoi l'on veut toujours mettre en opposition les rameaux qui s'élèvent de la même tige. Les artistes et tous les ouvriers de luxe ou de commodité, sont nourris par les subsistances superflues que l'inégalité des propriétés accumule dans les mêmes mains ; mais ces subsistances superflues n'ont pu exister que par la culture, et après que tous les hommes employés à la terre ont reçu leur entretien ; ainsi, dans l'état actuel de la société, les arts ne sont pas les rivaux de l'agriculture, mais son encouragement et sa récompense[4]. »

Dès lors, la controverse traditionnelle depuis Sully et Laffémas[5] entre agrariens et mercantilistes, apologistes de l'agriculture et apologistes de l'industrie, est une querelle dépourvue de sens, aussi vaine que celle du luxe et pour la même raison. Face aux physiocrates, qui ont relancé la dispute et lui ont donné un ton particulièrement violent en prenant des positions radicales, Necker proclame qu'il n'y a pas, dans l'absolu, primauté de l'une ou l'autre des deux grandes formes d'activité. L'augmentation de la quantité de subsistances n'a pas de valeur en soi, pas plus que la multiplication des manufactures, il ne faut pas raisonner dans l'abstrait par rapport aux avantages de l'une ou de l'autre, mais par rapport à ceux qui consomment les produits ; or, le regard du propriétaire va incessamment de ce que contiennent ses greniers à ce qui peut satisfaire ses désirs. C'est lui qui tient en main les deux fils qui mettent directement en branle ceux qui travaillent dans les ateliers, comme ceux

---

3. E.C. XV 76.
4. L.C.G. I., 38.
5. Cf. Laffémas *Les Trésors et richesses pour mettre l'Etat en splendeur* — Paris 1598.

qui travaillent aux champs, la production de denrées et la fabrication des objets ne s'expliquant qu'en fonction de son appétit de
jouissance. Cette vision réaliste des choses assure à notre auteur
une incontestable supériorité sur les hommes à système poursuivant
dans l'indifférence à la psychologie du propriétaire des buts purement théoriques et exclusifs l'un de l'autre.

> « Pourquoi les propriétaires désireront-ils cette fécondité (celle des
> terres), si ce n'est pour leur bonheur ? Peut-on se faire une autre
> idée de l'esprit de propriété ? Ils s'imposeront volontiers quelques
> privations momentanées ; mais ce sera toujours dans le dessein
> d'accroître leurs dépenses ; plus ils auront employé de laboureurs à
> leurs terres, plus ils recueilleront de blés, plus ils en auront de super-
> flus et plus ils nourriront d'hommes destinés à leur luxe et à leurs
> plaisirs [6]. »

Pour l'auteur de *l'Eloge de Colbert*, la querelle de la prééminence
est une querelle vaine ; si l'agriculture est la source de toutes les
richesses, l'industrie est la condition de leur emploi et leur croissance à l'une et à l'autre dépend des réactions de la classe possédante. Ainsi, dans une société de type essentiellement agricole,
comme la plupart de celles qui existaient au XVIIIe siècle, se trouve
mis en mouvement une spirale où les deux grandes formes de l'activité humaine se conditionnent mutuellement dans leur progrès.

Le processus de l'expansion ainsi dessiné est purement théorique,
il s'appliquerait à l'humanité envisagée dans son ensemble, à une
humanité dans laquelle n'existerait qu'une seule division, celle des
classes, qu'une seule distinction, celle des propriétaires et des non-
propriétaires. Or, la réalité est toute différente, car cette humanité
est divisée aussi en communautés séparées, en unités historiques,
géographiques, linguistiques, culturelles, en nations et en états.

## II. — LA NATION

Necker va donc se trouver amené à modifier ce schéma trop simple
pour tenir compte de la coexistence de nations diverses, voisines,
rivales. Il s'y voit contraint, non pas simplement par son désir de
fidélité au réel si intense chez lui, mais aussi par les responsabilités
dont il a été chargé au cours de son existence, et qui l'ont obligé à
accorder toute leur importance aux frontières à l'intérieur desquelles
se sont développées ces individualités que constituent les Etats : ils
sont, en effet, eux aussi des volontés de puissance, des forces désireuses de s'exercer et de s'étendre, et les relations entre Etats ressemblent à s'y méprendre aux relations entre particuliers : sous l'empire
d'instincts égoïstes, les plus forts font servir les plus faibles à la

---

6. L.C.G. I., 38-39.

satisfaction de leurs désirs. Necker voit, dans l'histoire militaire et diplomatique, les péripéties d'une lutte sans merci :

> « ... toute société est aussi distincte d'une autre, qu'un homme l'est d'un autre homme. On leur prêcherait inutilement aux uns et aux autres l'abandon d'eux-mêmes et la communauté des biens ; ils chercheront dans toutes les occasions à faire valoir leurs avantages... [7]. »

Or, dans cette lutte, la population représente à ses yeux l'avantage majeur. « La richesse et la population sont deux sources de puissance, mais la population est une force bien plus certaine [8]. » Nous voyons ainsi intervenir dans la pensée de Necker des préoccupations nouvelles, mais il ne va pas pour autant adopter les vues traditionnelles d'un mercantilisme étroit et borné. Retrouvant, non plus à l'échelon de l'humanité, mais dans le cadre d'une nation et dans l'intérêt d'un prince et de la grandeur d'un Etat, le problème de la croissance démographique, le ministre de Louis XVI, pour la résoudre, n'aura qu'à intégrer ses objectifs nationalistes dans sa théorie générale des rapports de classe, sans sortir du schéma qu'a tracé le théoricien de la loi d'airain des salaires.

Revenons à la situation bien connue du propriétaire devant la porte de ses greniers, désireux d'échanger le superflu de denrées dont il dispose contre des produits fabriqués : il a le choix entre produits nationaux et produits importés. Il est bien évident que les deux conduites, parfaitement indifférentes du point de vue de l'humanité en général, sont au contraire à apprécier très diversement d'un point de vue nationaliste. Dans le premier cas, en dépensant à l'intérieur du territoire national le superflu dont il dispose, le riche contribue à maintenir et à augmenter le nombre de ses compatriotes, tandis que dans le second, les subsistances servent à nourrir la population d'un pays étranger. Necker se trouve ainsi amené à distinguer trois sortes de pays, pays pauvres, pays équilibrés, pays à surpopulation, s'il nous est permis d'employer ce mot en lui donnant non pas un sens péjoratif mais un sens favorable, et le but qu'il va proposer à l'homme d'Etat sera d'assurer le passage, d'abord de la pauvreté à l'équilibre, puis à la surpopulation. Les nations pauvres, catégorie dans laquelle entrent aussi les nations naissantes, sont celles qui ne possèdent aucune industrie ou une industrie rudimentaire. Necker assimile ainsi aux nations pauvres les nations exclusivement agricoles, contraintes par là même à exporter leurs denrées.

> « Les propriétaires de terre, qui sont presque les seuls qui existent chez une nation pauvre, doivent désirer l'exportation constante des grains, parce qu'ils ne trouveraient guère d'autres moyens pour acquérir les productions étrangères qu'ils envient [9]. »

---

7. E.C. XV. 85.
8. L.C.G. I., 18. Cf. encore A.F. IV 71.
9. E.C. XV 89.

Pour remédier à cette situation qui freine l'expansion démographique, Necker propose deux procédés qui sont bien dans la logique de son système. Le premier, que nous connaissons déjà, consiste à orienter les propriétaires vers les satisfactions exigeant un grand nombre d'individus.

> « Ce serait peut-être une politique bien entendue dans de pareils pays, que de tourner le luxe des grands vers le nombre des serviteurs ; ce luxe n'exigerait pas l'exportation de subsistance, et allierait la force publique à la vanité particulière [10]. »

Le second procédé valable pour les pays pauvres, est celui de la subdivision des terres.

> « Il serait à souhaiter... que dans les pays pauvres, la propriété des terres fût extrêmement divisée, afin que peu de personnes fussent dans le cas d'avoir un grand superflu, et d'ambitionner les objets de faste qu'il faut chercher au dehors [11]. »

C'est un souhait qui n'a guère qu'une valeur théorique. Necker n'envisage certainement pas une redistribution du sol qui porterait atteinte au principe de la propriété.

De ce premier niveau, voici maintenant comment grâce à l'industrie, nous parvenons aux stades supérieurs des nations équilibrées, puis des nations à surpopulation :

> « ... tous les travaux de l'industrie qui offrent aux propriétaires des échanges attrayants, concourent à la population, en arrêtant dans la société les subsistances dont ces propriétaires sont les maîtres, et en excitant leur émulation, et leur activité par la multiplication et la proximité des jouissances qu'ils peuvent obtenir contre les fruits de leur terre. Ces travaux d'industrie concourent encore plus particulièrement à la population, lorsqu'ils plaisent aux autres pays, et forment un objet d'échange avec lequel les propriétaires peuvent acquérir les productions étrangères, sans payer en subsistances. Enfin, ces mêmes objets d'industrie peuvent devenir un moyen d'acheter les subsistances des autres nations, et alors elles élèvent la population à son plus haut période [12]. »

A ce troisième et dernier échelon, s'ouvrent des perspectives d'expansion illimitée, grâce à la conquête de marchés qui peuvent s'étendre indéfiniment. Et Necker décrit en ces termes l'Etat idéal :

> « Le plus haut degré de prospérité dont un pays soit susceptible » c'est celui « où toutes ses terres sont cultivées, où, sans imposer de privations, sans contrarier le bonheur, tous les grains sont consommés par les membres de la société, et où l'industrie, s'accroissant encore, procure par ses travaux des droits sur les subsistances des pays étrangers, et de nouveaux moyens d'augmenter la population [13]. »

---

10. *Ibid.*
11. *Ibid.*
12. E.C. XV. 76.
13. E.C. XV. 33.

Devenue l'atelier où se fabriquent les commodités dont rêvent les privilégiés de tous les pays, cette nation ne peut plus être limitée dans sa croissance par les ressources qu'offre un territoire dont la surface n'est pas extensible à volonté, les récoltes de la terre entière lui deviennent accessibles grâce à l'exportation de ses industries, elle peut puiser à l'envi dans le fonds international de subsistances et de matières premières.

La réalisation de ces objectifs successifs n'est qu'un modèle théorique. Abstraitement sans doute, on peut concevoir un moment où toutes les ressources agricoles d'un pays étant exploitées au maximum, et utilisées dans leur totalité sur le territoire national, l'homme d'Etat pourrait se consacrer exclusivement au développement des industries d'exportation, mais pratiquement la lutte doit être menée sur tous les fronts.

Tel est le sens de l'*Eloge de Colbert*, machine de guerre contre les physiocrates, où le futur ministre énumère longuement les mesures prises en faveur des deux grandes branches de l'économie, et manifeste son admiration pour un homme d'Etat qui a fait preuve d'une égale sollicitude pour l'une et pour l'autre. Elles ne sont pas rivales mais complémentaires, ce qui importe, c'est d'agir judicieusement et pour accroître l'efficacité de l'administration aux prises avec des tâches complexes, Necker souhaite la création d'un organisme nouveau auquel il attache la plus grande importance : un bureau général de recherches et de renseignements [14]. Il avait compris que l'établissement d'un programme d'action rationnel dépendait étroitement de la connaissance de données statistiques précises, couvrant tous les domaines de la vie économique et sociale et, de même que nos commissaires au plan s'entourent de statisticiens de toutes sortes, le ministre de Louis XVI était profondément convaincu qu'il fallait savoir avant d'agir.

Les principes directeurs d'une politique d'expansion nationale étant ainsi posés, nous allons en voir l'application à propos des trois questions qui, à l'époque, suscitaient les plus vives controverses : l'exportation des grains, les lois prohibitives, les colonies.

Dès l'*Eloge de Colbert*, Necker avait fermement pris position contre l'exportation des grains. Dans l'ouvrage de 1775, il va reprendre la question dans son ensemble et, s'opposant aux physiocrates, défendre encore plus résolument sa doctrine :

« Il n'est aucun souverain qui ne doive gémir lorsque les grains, qui forment la principale subsistance, sortent habituellement de son royaume ; ce sont des hommes qui s'en vont, c'est une portion de la force publique qui s'évanouit. Sa douleur doit être encore plus grande s'il réfléchit que l'homme qui serait nourri par ces grains exportés ne demanderait pas à recevoir cette subsistance pour rien mais qu'il offrirait son travail en échange et qu'ainsi la propriété trouverait

14. Cf. A.F. V. Chap. XXXVI. *Idée sur l'établissement d'un bureau général de recherches et de renseignements.*

également, dans cet emploi de ces subsistances superflues, un accroissement de jouissances [15]. »

Les pays à l'état naissant, dépourvus d'industries, sont obligés d'exporter leurs grains mais, pour les nations économiquement évoluées, ce n'est pas l'exportation c'est l'importation des blés qui est souhaitable. Seul, l'échange de produits manufacturés contre les denrées alimentaires, permet d'envisager une croissance indéfinie de la population. Et l'argument apparaît encore plus pertinent, lorsqu'on songe à la place que tenait le pain dans l'alimentation des pauvres ; il y a dès lors une équivalence directe entre le nombre de sacs de blé qui entrent et qui sortent du territoire, et le nombre d'individus qui doivent être ajoutés ou retranchés de la population.

De plus, en raréfiant les grains à l'intérieur du royaume, l'exportation entraîne automatiquement la hausse du prix du blé, donc la hausse du prix du pain, donc la hausse des salaires qui s'ajustent sur lui, et donc enfin la hausse du prix des objets manufacturés. Cette hausse des produits de l'industrie nationale favorisera les industries étrangères aussi bien sur le marché intérieur que sur les marchés extérieurs.

> « Beaucoup de fabricants nationaux ont un grand intérêt à la modération du prix des subsistances afin que celui de leurs ouvrages soit pareillement modéré, et que les propriétaires des richesses ne trouvent pas leur avantage à donner la préférence aux travaux des autres royaumes ; et cet intérêt des manufacturiers devient un intérêt social puisque, toutes les fois qu'on achète au dehors des ouvrages d'industrie, on favorise la population et la richesse étrangère aux dépens de la prospérité nationale [16]. »

Enfin et surtout, la hausse du prix du pain consécutive à l'exportation des grains abaisse automatiquement le niveau de vie des salariés. C'est là l'argument essentiel, et nous aurons l'occasion de revenir amplement sur ce sujet quand nous examinerons l'ensemble des mesures envisagées pour la défense de ceux qu'on appellerait aujourd'hui les économiquement faibles. Bornons-nous pour le moment à

---

15. E.C. XV. 88. Cf. Forbonnais : « L'objet général d'un Etat est évidemment de se revêtir de tous les moyens de puissance dont il est susceptible ; c'est-à-dire d'arriver au rapport le plus exact entre sa production territoriale et l'étendue de son domaine, et entre sa production territoriale et sa population active : car les hommes étant essentiellement le moyen de la force, et ce moyen ne pouvant être mis en action que par la richesse ou le revenu, la prospérité publique consiste d'une part dans le plus grand produit net possible, de l'autre à entretenir avec ce revenu le plus grand nombre possible d'hommes en action, soit pour la commodité des riches soit pour la défense de la société. » Ed. Daire p. 195. Cf. Lavoisier : « La valeur des produits du commerce et de l'industrie est absolument égale au montant de ses consommations : en sorte que vendre du drap à l'étranger, c'est vendre de la laine et du blé ; avec cette différence seulement que la nation qui fabrique, gagne dans la balance de la population, puisqu'elle a de plus chez elle les individus qui ont fabriqué le drap, qui ont consommé le blé. » Lavoisier *De la richesse territoriale du royaume de France*. Ed. Daire. Tome XIV, p. 592.

16. L.C.G. I., 101.

constater que, sur ce point, la défense de leurs intérêts concorde parfaitement avec une politique de grandeur et de puissance [17].

C'est en s'appuyant toujours sur les mêmes raisonnements que Necker va justifier les lois prohibitives :

> « La force souveraine peut bien empêcher les propriétaires de vendre leurs blés au dehors, mais elle ne peut pas les obliger à cultiver leurs terres avec activité, s'ils n'ont pas l'espoir d'échanger les denrées qui leur sont inutiles contre des objets agréables. Ainsi, pour élever la population au niveau de la plus grande culture possible, il faut nécessairement que le pays soit rempli de métiers, d'arts, de manufactures, et de tous les établissements d'industrie qui peuvent plaire aux propriétaires de blés [18]. »

Or :

> « Les hommes sont tellement gouvernés par l'habitude, qu'une nation industrieuse peut méconnaître longtemps ses forces, et faire un trafic continuel de ses grains contre les manufactures étrangères ; tandis qu'avec quelques efforts ou quelques privations momentanées, elle parviendrait à établir chez elle ces mêmes manufactures, et satisferait ainsi le goût de ses propriétaires, sans nuire à sa population. C'est au souverain, c'est au ministre intelligent qui le seconde, à ranimer l'esprit national, et à vaincre les funestes effets de la paresse et de l'habitude. Ce fut le mérite de Colbert, et le but qu'il se proposa dans l'établissement de plusieurs lois prohibitives, soit contre la sortie des blés, soit contre l'entrée des fabriques étrangères. Ces précautions, aujourd'hui calomniées, ne sont point — nous le verrons — des institutions sauvages, injustes, ni barbares ; ce sont des lois de patrie et d'union qui, dans un pays tel que la France, tendent au bien général, en augmentant la population, sans contrarier la richesse, ni le bonheur des propriétaires [19]. »

Il ne faut pas conclure de ces lignes que le protectionnisme de Necker sera rigoureux et qu'il va poursuivre une autarcie totale. Il exige en effet la plus grande souplesse dans l'application des mesures relatives à la règlementation du commerce extérieur soit pour des raisons techniques, soit pour des raisons psychologiques. Parmi les premières, la plus importante est, sans conteste, la nécessité des spécialisations naturelles : « Quand une nation possède beaucoup d'objets d'échange, elle ne doit pas employer son terrain et ses hommes à des objets pour lesquels elle n'a pas d'avantages naturels [20]. »

Il ne suffit pas d'ailleurs de prendre en considération la productivité de l'ouvrier, mais il faut tenir compte aussi de la surface de terrain nécessaire à la production de la matière première et s'orienter vers les activités qui permettent d'occuper le maximum d'individus sur le minimum de sol. Ayant à choisir, par exemple, entre le vin et le tabac, la dentelle et le drap, pour lesquels un pays serait également doué, le planificateur soucieux d'obtenir le maximum de population, se décidera pour celui des produits finis qui contient, incorporée, la plus grande quantité possible de travail :

17. Cf. *infra*, pp. 178 ss.
18. L.C.G. I., 41.
19. L.C.G. I., 41-42.
20. E.C. XV. 123.

« Quand une nation troque le produit d'un de ses arpents contre celui de dix arpents d'un autre pays, quand elle échange le travail d'un de ses hommes contre celui de dix étrangers, il est sûr que plus elle fait d'échanges pareils avec une autre nation, plus elle acquiert d'avantage sur elle[21]. »

L'idéal même serait de ne vendre que du travail et le moins de matière possible :

« Je sais bien que, presque tous les objets d'industrie sont composés d'une production du sol, mais quand le prix de ces ouvrages dérive principalement du travail, la portion de terre consacrée à la matière première est presqu'imperceptible[22]. »

A ce sujet, la parenté est frappante entre les préoccupations de Necker et celles de Cantillon cherchant à établir la productivité par arpent-homme, à découvrir une unité de mesure grâce à laquelle on orienterait une économie dans le sens qui serait le plus favorable à la population, et donc à la puissance[23].

Mais à celui qui serait tenté d'établir un programme rigide de développement calculé en fonction de données purement techniques, Necker rappelle qu'il faut tenir compte d'un élément capital : la psychologie des possédants dont les réactions incontrôlables peuvent anéantir les calculs les plus intelligents et les combinaisons les plus savantes. Sans doute l'homme d'Etat peut agir, mais doit savoir qu'en économie rien ne s'obtient par la force, et qu'aucun résultat durable ne peut être atteint sans un respect profond de la souveraine liberté du riche, de son droit de dépenser à son gré la plus-value dont il dispose. Il est le moteur même de toute expansion. Tout s'arrête si on le décourage dans la recherche du bonheur et l'*Eloge de Colbert* délimite avec prudence la marge d'intervention laissée à l'administration prise entre deux exigences contradictoires :

« Il faut, pour le bonheur des propriétaires, qu'ils puissent jouir à leur gré de leur fortune, et faire venir des pays étrangers tout ce qui leur plaît. Il faut, pour la population et la force d'un pays, que les propriétaires emploient toutes leurs subsistances superflues à nourrir leurs compatriotes ; le souverain concourt à ce but par la prohibition de quelques marchandises étrangères, puisque cette interdiction donne plus de faveur aux objets de l'industrie nationale. C'est entre ces deux principes contraires, l'un indiqué par le bonheur des propriétaires, et l'autre, par la force publique, qu'ont été établies et modifiées les lois prohibitives qui existent dans les différents pays de l'Europe[24]. »

Confronté avec la question coloniale, qui se pose à la fin du XVIIIᵉ siècle avec une acuité croissante, Necker, fidèle à une même politique, n'hésitera pas à adopter une attitude réaliste respectant les exigences de la raison d'Etat et d'une économie où les produits d'outre-mer tiennent une place fort importante.

---

21. E.C. XV. 79.
22. L.C.G. I., 114-115.
23. Cf. *infra*. Chap. VII.
24. E.C. XV. 85.

> « Dès que ces productions font partie des désirs de l'homme, et qu'on cherche à se les procurer, il est sans doute beaucoup plus avantageux de le faire par la propriété, le défrichement et la culture d'une colonie que par des achats faits chez l'étranger. Car par cette dernière méthode, nous nourririons leurs colons, leurs navigateurs et leurs marchands ; et par l'autre, nous nourririons les nôtres. Ainsi, tout ce que nous avons dit sur les manufactures s'applique à de telles colonies [25]. »

Il exige donc la dépendance économique la plus absolue, l'interdiction de toute relation commerciale avec d'autres pays. Le circuit doit être rigoureusement fermé. Les colonies n'existent que pour procurer aux riches de la métropole les satisfactions qu'ils désirent, soit directement, soit indirectement, tandis que le produit net des colons propriétaires s'y dépensera lui-même dans sa totalité. Quant aux problèmes que peuvent poser la conquête des populations autochtones ou le désir d'émancipation des colons, Necker n'y fait même pas allusion.

Cette mentalité proprement colonialiste apparaît sous sa forme la plus déplaisante quand on en vient à la question que l'on ne peut manquer d'aborder si l'on traite des territoires d'outre-mer : la question de l'esclavage. Malgré tout son embarras, Necker, en 1784, s'inclinait devant la nécessité de cette pratique qui était la honte des nations civilisées.

> « ... le souverain le plus sensible aux devoirs de l'humanité ne voudrait pas, lui seul, renoncer dans ses colonies aux services des esclaves; ce n'est qu'avec le temps qu'une race libre pourrait suppléer à ces travaux; et la grande différence qui existerait entre les prix de ces deux espèces de main-d'œuvre, donnerait un tel avantage de commerce à la nation qui aurait conservé son ancienne habitude, qu'on serait bientôt découragé de vouloir la surpasser en vertu [26]. »

Necker croit à la grandeur de l'homme, il a lu Montesquieu [27] et il se résigne pourtant, au nom des intérêts nationaux, à l'esclavage et à la traite. C'est qu'il connaît trop bien les énormes profits que rapportent les possessions coloniales et qu'une décision prise unilatéralement ferait aussitôt disparaître.

De 1784 à 1789, nous allons toutefois constater une rapide évolution dans son attitude. En 1787, un comité pour l'abolition de la traite s'était créé à la Chambre des Communes et en France, avait été fondée avec Clavières, Brissot, Condorcet, une Société des amis des Noirs. L'opinion publique se passionnait de plus en plus pour ces questions et Necker ne va pas manquer d'en tenir compte, ainsi que le montre son discours d'ouverture aux Etats-Généraux.

A deux reprises, le ministre de Louis XVI fait officiellement connaî-

---

25. E.C. XV. 121.
26. A.F. IV. 374.
27. « Nous nous enorgueillissons de la grandeur de l'homme... et cependant une petite différence dans les cheveux ou dans la couleur de l'épiderme suffit pour changer notre respect en mépris... » A.F.F. IV. 373.

tre sa sympathie pour les victimes de l'esclavage : un des deux textes n'est qu'une déclaration de principes :

> « Un jour viendra peut-être où, associant à vos délibérations les députés des colonies, vous jetterez un regard de compassion sur ce malheureux peuple dont on a fait tranquillement un barbare objet de trafic... Quel peuple aurait plus de droits que les Français à adoucir un esclavage considéré comme nécessaire en faisant succéder aux maux inséparables de la traite d'Afrique, aux maux qui dévastent les deux mondes, ces soins féconds et prospères qui multiplieraient, dans les colonies mêmes, les hommes destinés à nous seconder dans nos utiles travaux ! Déjà une nation distinguée a donné le signal d'une compassion éclairée [28]... »

L'autre annonce une mesure déjà prise, non pour supprimer mais pour ralentir la traite des noirs :

> « Les primes que le roi accorde pour l'encouragement du commerce s'élèvent aujourd'hui à trois millions huit cent mille livres, et celles accordées sur la traite des Noirs forme seule un objet de deux millions quatre cent mille livres. Il y a lieu de croire que cette dernière dépense pourra être diminuée de près de moitié, en adoptant une disposition que l'humanité seule aurait dû conseiller. Sa Majesté a déjà fait connaître ses intentions à cet égard, et il vous en sera rendu compte plus particulièrement [29]. »

La mesure était modeste, et la Société des amis des Noirs ne manqua pas de s'en étonner et de réclamer, dans une lettre du 6 juin 1789 l'abolition totale de cette honteuse pratique [30]. Necker répondit assez sèchement [31], il avait d'autres soucis plus urgents et sans doute ne voulait-il agir qu'en fonction des décisions prises par les autres nations, au premier chef par l'Angleterre, notre plus redoutable rivale en matière de commerce extérieur.

Il ne jugeait pas la situation encore assez mûre pour pouvoir faire davantage [32].

---

28. Oe. c. VI. 588-589.
29. *Ibid.* 521-522.
30. Comme l'avait demandé Wilberforce dans une lettre personnelle transmise en mai 1789 à Necker par l'intermédiaire de Clarkson, membre du comité pour l'abolition de la traite : « Je ne prendrais point sur vos moments précieux pour vous dire un mot sur le sujet de sa mission ; permettez-moi seulement de vous prévenir qu'il n'a aucun rapport à la liberté des nègres... mais plutôt au projet d'arrêter à l'avenir l'exportation des nègres de la côte d'Afrique. » (A. Hahn. *Lettres d'un abolitionniste de Wilberforce à Necker mai 1789.* — L'investigateur, journal de l'Institut historique, T. X. troisième série 1860, p. 156.)
31. Cf. *Lettres de la Société des Amis des noirs à M. Necker avec la réponse du ministre d'Etat.* S.P. 1789 in 8°.
32. C'était aussi l'avis de l'auteur d'*un Mémoire sur le commerce de la France et de ses colonies* paru à l'automne 1789 : « Ce n'est pas le lieu d'examiner si le commerce des nègres est compatible avec les sentiments d'humanité. Les raisons pour et contre ce commerce sont développées dans les différents mémoires écrits sur cette question, aujourd'hui si vivement débattue en France et en Angleterre. On se bornera à observer que tant que les nations européennes continueront à faire cultiver leurs colonies par des esclaves, une nation dont les possessions exigent beaucoup de bras

Il aurait été facile de faire ressortir, au cours de cette analyse des procédés qui favorisent l'expansion économique et démographique d'une nation, l'insistance avec laquelle Necker nous ramène à ce fond de subsistance, à cette plus-value, à ce produit net dont les propriétaires disposent à leur guise dans leur recherche du bonheur. Les problèmes économiques sont toujours traités par lui en fonction d'une interprétation des rapports sociaux qui donne une parfaite unité aux solutions choisies.

## III. — LA FRANCE

Ces solutions ont une portée générale et l'on voit se constituer ainsi peu à peu une théorie de l'exercice du pouvoir, un manuel du bon ministre valable pour toutes les nations où existe le droit de propriété, mais ces nations ne sont pas des entités identiques les une aux autres, et interchangeables ; chacune a ses problèmes propres qui doivent nuancer l'application des principes posés ; Necker ne l'ignore pas, et de la lecture de son œuvre, se dégage le programme d'action qui convient plus particulièrement à celui qui devra exercer les fonctions de contrôleur général des Finances du royaume de France.

Résolument optimiste, il juge ce pays prédestiné entre tous à atteindre le troisième stade de l'évolution prévue, celui de la surpopulation, et à connaître le plus haut degré de prospérité promis aux nations favorisées par le ciel. Sans doute, se manifeste-t-il dans cette conviction l'attachement d'un homme au pays où il a fait sa fortune, et la fierté d'un Genevois à qui on a confié le destin du plus beau de tous les royaumes, mais à ces raisons sentimentales s'en ajoutent d'autres qui sont solidement fondées sur les faits.

Et tout d'abord, la France lui apparaît comme un pays privilégié. Sur un sol riche, croissent chaque année d'abondantes moissons et, avantage peu commun, elle bénéficie aussi de la variété dans la richesse, si bien que ses heureux propriétaires peuvent satisfaire la plupart de leurs désirs sans recourir aux pays étrangers, tandis que des produits rares ailleurs, les vins essentiellement, lui permettent d'importer tout ce que peut souhaiter la fantaisie la plus exigeante. Mais, outre ses ressources naturelles, ses habitants ont été gratifiés par le ciel d'un privilège inappréciable auquel ce Suisse est très sensible, ils ont du goût. Le ministre responsable de l'économie du pays attache une extrême importance à cette « sorte d'intelligence rapide et flexible qui a besoin d'être exercée par la variété des dépen-

---

doit éviter, autant qu'il est possible, d'être dans la dépendance des autres pour se pourvoir des nègres dont elle a besoin » cité par Vidalenc (Jean). *La traite des nègres en France au début de la Révolution française.* 1789-1793, Ann. Hist. de la Rév. Franç. 1957, p. 56.

ses, ou dans le renouvellement des modes. » Car, cette même qualité qui prête en France aux manières, à la conversation, à la littérature et aux beaux-arts en général tant de séduction et d'attraits est aussi celle qui donne tant de prix, au sens propre du terme, aux créations variées de l'artisanat, si bien que nos orfèvres, nos ébénistes, nos marchandes de mode, nos bottiers, nos tailleurs produisent des objets dont la perfection, le charme, l'originalité assurent à l'industrie française une supériorité incontestée sur les marchés extérieurs :

> « Ce sont ces diverses circonstances, particulières à une nation magnifique, spirituelle et légère, qui perfectionnent et renouvellent les idées dans les ouvrages d'industrie ; et comme le goût n'est pas une science de démonstration, la renommée en ce genre est un titre de possession. C'est ainsi que la nation française gouverne les modes par son exemple ; et comme les bijoux, les étoffes, les parures et tous les autres objets de luxe font une partie essentielle de son commerce, en changeant continuellement de fantaisie à cet égard, elle oblige les étrangers à varier leurs dépenses, et, sous ce rapport, son inconstance même concourt à sa richesse [33]. »

Necker est parfaitement conscient de la valeur, en quelque sorte spirituelle, de nos articles d'exportation, et dans un passage curieux et fort élégamment écrit, il émet la supposition originale que des considérations de politique commerciale et de conquête des marchés n'étaient pas étrangères à la protection que Colbert accordait aux écrivains et aux artistes de Louis XIV :

> « Peut-être aussi que ce ministre, que je me représente sans cesse occupé des objets de son administration, ayant réfléchi sur le goût, qui n'est qu'un sentiment parfait des convenances, avait aperçu dans les chefs-d'œuvre des Racine et des Molière, et dans leur représentation journalière, une instruction dont l'industrie française profiterait sans y penser ; il avait présumé que l'habitude de distinguer de bonne heure ces fils imperceptibles qui séparent la grâce de l'affectation, la simplicité de la négligence, la grandeur de l'exagération, influerait de proche en proche sur l'esprit national, et perfectionnerait ce goût qui fait aujourd'hui triompher les Français dans tous leurs ouvrages d'industrie, et leur permet de vendre bien cher aux étrangers une sorte de convenance spirituelle et fugitive, qui ne tient ni au travail ni au nombre des hommes, et qui devient pour la France le plus adroit de tous les commerces [34]. »

Pour comprendre toute la valeur de ces réflexions, il faut se souvenir des caractères propres à la vie économique du dix-huitième siècle. A l'époque où, envers de la médaille, le pain constitue l'élément fondamental de la nourriture du peuple, les articles de luxe représentent un des principaux objets du commerce extérieur, grâce auquel les riches, transforment le superflu de denrées dont ils disposent en commodités diverses qu'ils ne peuvent trouver chez eux. Dans ces conditions la France, dispensatrice par vocation du luxe et de la

---

33. L.C.G. I., 122-123.
34. E.C. XV. 56-57.

civilisation, était destinée à voir prospérer son industrie et se multi-plier sa population [35].

Ainsi l'optimisme du ministre relativement à l'avenir du royaume semblait justifié. Il était naturel d'envisager pour lui, non seulement un développement harmonieux et parallèle de l'agriculture et de l'industrie, mais aussi, grâce à l'exportation, un dépassement du chiffre de la population déterminé par les seules ressources agricoles de son territoire.

Malheureusement, des obstacles se dressent sur cette voie qui semblerait si facile à suivre et qui, aussi bien pour l'agriculture que pour l'industrie, sont d'abord d'ordre non pas économiques mais psychologiques. Pour qu'augmente le fonds de subsistances produit par les terres du royaume, il faut que ses possesseurs se comportent rationellement, c'est-à-dire consacrent régulièrement chaque année une part de leurs revenus aux investissements. Si, indifférents à l'accroissement de leurs richesses et se refusant à calculer, ils se contentent de dépenser en satisfactions diverses la totalité de la plus-value de leurs domaines, aucun progrès n'est possible. Or le propriétaire français semble manifester une véritable répugnance devant l'épargne productrice, et l'on assiste à un remploi massif du profit, non pas en biens de production, mais en biens de consomma-tion. Le siècle de Necker est l'époque heureuse de la douceur de vivre, il marque l'apogée du patriciat foncier où l'on méprise, non pas la fortune ni les jouissances qu'elle procure, mais toute activité consacrée à l'enrichissement. Malgré les appels combien pressants des physiocrates, le style de vie du grand seigneur reste l'idéal d'une société toute entière pour laquelle il est bienséant de dépenser de l'argent, plus ou moins déshonorant d'en gagner. Vivre noblement, c'est vivre sans souci du revenu de ses domaines, sans autre souci en tout cas que de percevoir des fermages [36].

L'industrie et le commerce sont victimes d'un autre complexe. Dans un monde en transformation où la fortune devient le critère fondamental de distinction entre les individus, il n'en reste pas moins paradoxalement que, pour appartenir socialement et légalement à

---

35. Cf. l'opinion de Hecksher. *Mercantilism*, I., p. 192.
    « If the industrial development of the world had taken the same course after the beginning of the 18th century as before, it may be taken for granted that France might have become one of the first industrial countries and Colbert and his followers might thus have seen the fulfilment of their most cherished desires. The encourage-ment of art and artistic crafts and their development at the Court of Versailles, and the almost tyrannical domination of French taste over the mind of all Europe, both tended in the same direction as the regulation of industry, in which a high level of technical quality according the old inherited standards was almost an exclusive aim, and the catering for actual demand was hardly considered at all. In many cases the results were really brilliant. »

36. Sans doute quelques exemples illustres marquent l'apparition d'un nouvel état d'esprit, et l'on cite toujours à ce propos le duc de Béthune-Charost, le duc des Cars, le duc de Liancourt, Mr de Turbilly, Trudaine

l'élite, il faut renoncer à exercer certaines activités, qui, à quelques exceptions près, entraînent la dérogeance avec tout ce que cela comporte de perte de prestige et de désavantages matériels de toute sorte. La seule occupation possible est le métier des armes, le service du roi. Etre commerçant ou industriel est une tare, ce sont des professions qui classent les individus dans une catégorie inférieure de citoyens.

On ne saurait sans doute sous-estimer l'importance du changement qui s'opère dans les esprits au cours du siècle ; parallèlement à la prise de conscience du parasitisme de la noblesse [37], s'accomplit la prise de conscience de l'importance du négociant, et les auteurs qui critiquent l'inutilité de l'une, célèbrent aussi généralement le rôle de l'autre [38]. Dans cette *Défense et illustration* du commerçant, l'ouvrage de Bedos, *Le Négociant patriote*, publié en 1784, mérite une mention particulière, c'est une apologie enthousiaste du marchand, personnage essentiel du développement des sociétés modernes « Atlas nouveau qui porte le poids des fabriques, des établissements, des entreprises en marine et des défrichements [39]. » La littérature, et tout particulièrement le drame bourgeois, portent aussi témoignage de cette réhabilitation, et le Vanderk de Sedaine [40] comme l'Aurelly de Beaumarchais [41] ou le Delomer de Sébastien Mercier [42] revendiquent fièrement leur place dans la nouvelle société.

Mais ce courant nouveau d'opinion, créé par l'ascension économique et sociale de la bourgeoisie, venait buter contre une distinction qui ne perdait rien de sa rigueur et la noblesse conservait tous ses prestiges. Heureusement pour le bourgeois, malheureusement pour la nation, le passage d'une classe à une autre était possible. Cette noblesse tant désirée, et c'est bien ce qui prouve qu'elle est périmée, se monnaye et la savonnette à vilain multiplie sans cesse le nombre des privilégiés. Pour être à même d'en payer le prix, aucun effort n'est épargné, mais le résultat atteint, un autre style de vie commence.

de Montigny (Cf. Weulersse. op. cit. Livre IV chap. I) mais il ne semble pas que le mouvement ait pris beaucoup d'ampleur. Mirabeau lui-même ne prêchait guère d'exemple. Cf. L'étude de M. Vovelle : *Mirabeau et Beaumont : Deux communautés paysannes face à leurs seigneurs*. Actes du colloque d'Aix-en-Provence de 1966 : Les Mirabeau et leur temps. Cf. encore P. de Saint Jacob : (*Les Paysans de la Bourgogne du Nord au dernier siècle de l'Ancien Régime*. Paris 1960, p. 403), extrêmement sévère pour les propriétaires bourguignons.

37. Déjà en 1733, l'abbé de Saint Pierre proposait d'abolir l'hérédité des titres de noblesse, pour ne les attribuer qu'au mérite. (*Projets pour rendre les titres honorables plus utiles à la patrie* in *Ouvrages de politique* tome II. 1733, p. 121-149, cité par Ehrard. *L'idée de nature au dix-huitième siècle*. Tome II, p. 517.

38. Comme le fait en particulier l'abbé Coyer dans son célèbre ouvrage : *La noblesse commerçante* (1756), comme le faisait déjà Dutot dans ses *Réflexions politiques sur le commerce et les Finances* (1735). Daire p. 978 ss.

39. *Le négociant patriote par un négociant qui a voyagé*. Amsterdam et se trouve à Paris. Royez 1784, p. 211.

40. Sedaine : *Le philosophe sans le savoir*, 1765.

41. Beaumarchais : *Les deux amis ou le négociant de Lyon*. 1770.

42. Sébastien Mercier : *La Brouette du vinaigrier*, 1775.

Bien loin de conserver, une fois son ascension sociale réalisée, les mœurs de son ancien milieu, le parvenu s'efforce par tous les moyens de faire oublier un passé honteux et d'adopter les habitudes qui caractérisent l'existence des nobles. La tragédie de la France est la tragédie du bourgeois gentilhomme et Necker se désole que cette ascension sociale, se traduise économiquement par le passage de l'activité productrice à la stérilité.

> « Cette multitude de charges qui donnent la noblesse, et qu'on peut acquérir à prix d'argent, entretient un esprit de vanité qui engage à renoncer aux établissements de commerce ou de manufacture, au moment où, par l'accroissement de sa fortune, on pourrait y donner la plus grande étendue ; époque précieuse où l'on est plus que jamais en situation de lier ses travaux et son industrie à l'avancement de la prospérité de l'état : c'est alors, en effet, que les négociants peuvent se contenter d'un moindre intérêt de leurs capitaux ; c'est alors qu'ils peuvent faciliter le commerce d'exportation par des avances ; c'est alors qu'ils peuvent hasarder davantage, et ouvrir par des entreprises nouvelles des routes encore inconnues. Je crois donc que toutes les dispositions publiques qui augmentent ou favorisent les vanités étrangères à l'état dans lequel les divers citoyens se trouvent placés, sont contraires à une saine politique. Je n'hésite point à dire que ces dispositions arrêtent en France le développement entier des forces et du génie du commerce ; et que c'est là une des causes principales de la supériorité que conservent, dans plusieurs branches d'affaires, les nations où les distinctions d'état sont moins sensibles, et où toutes les prétentions qui en résultent ne font pas un objet continuel d'occupation. » (A.F.V. 367-368.)

On pouvait concevoir deux procédés pour stopper ce processus funeste de contamination. Le premier était l'atténuation ,la limitation de la dérogeance, voire sa suppression : c'était « la noblesse commerçante », l'embourgeoisement.

En fait, cette dérogeance comportait déjà de notables exceptions, en ce qui concerne le commerce maritime en particulier. Mais même auprès de ceux qui y avaient brillamment réussi, la vie noble conservait tous ses prestiges. Le cas du père de Chateaubriand est significatif : une fois fortune faite, il n'a rien de plus pressé que d'acheter le comté de Combourg [43], pour redonner à sa famille le lustre que la pauvreté lui avait fait perdre, et que, seule, pouvait lui rendre la propriété foncière dans laquelle il s'était empressé de réinvestir une part considérable du capital gagné dans les affaires.

L'autre procédé inverse était l'anoblissement des hommes d'affaires les plus efficaces. La royauté, parfaitement consciente de la situation, n'avait pas reculé devant cette décision audacieuse. Et l'exposé des motifs des lettres de noblesse accordées en 1756 à des négociants de Rouen préfigure très exactement les réflexions de notre auteur : « Le commerce a toujours été regardé comme une des sources les plus sûres et les plus fécondes de la force et de la puissance des Etats... Nous remarquons que la plupart des familles qui s'adonnent

---

43. 370 000 livres. Cf. Georges Collas. *René Auguste de Chateaubriand, comte de Combourg.* Paris Nizet 1949, p. 69.

au commerce ne l'envisagent que comme un moyen de passer à des
emplois décorés de titres et de prérogatives leur paraissant communiquer un état plus honorable, préjugé si nuisible au progrès du
commerce. Il importait de faire connaître à la nation qu'elle pouvait trouver dans le commerce l'honorable comme l'utile [44]. » Et
c'est dans cet esprit que fut prévu par un édit de 1767 l'octroi annuel
de deux lettres de noblesse à des négociants, mais ce quota bien
modeste ne fut même pas respecté.

De préférence à la noblesse commerçante ou à l'anoblissement
des bourgeois, Necker, quant à lui, aurait plutôt souhaité la promotion de la profession marchande en tant que telle et, pour arriver à
ce résultat, il souhaitait la création de distinctions qui auraient donné
de la considération, et récompensé la réussite dans les affaires, sans
pour autant en amener l'abandon [45].

Il ne lui échappait pas que la vénalité des charges, nuisible dans
la mesure où elle provoquait le renoncement, offrait aussi un appât
à l'ambition. La supprimer purement et simplement revenait à enfer-
mer la bourgeoisie dans un ghetto, il fallait remplacer ce mode de
promotion sociale par autre chose qui ne fût pas l'accès à la noblesse,
mais qui, distinguant dans la masse du tiers-état ceux qui en sont
les notables, permit au bourgeois de se sentir l'égal du noble.

> « Ce n'est pas une disposition si simple que de priver tout à coup le
> reste de la nation de l'espoir d'obtenir les avantages qu'une si grande
> partie de leurs égaux se sont procurés, par le mérite seul d'une
> fortune aisée ; et si cette observation ne doit pas arrêter la réforme
> d'un abus qui s'accroît chaque jour, on est du moins conduit à penser
> que, pour adoucir une pareille disposition, il serait convenable d'ho-
> norer davantage les états utiles, qui n'auraient plus la facilité d'arri-
> ver à la noblesse par la fortune [46]. »

---

44. Cité par M. Reinhard dans son article *Elite et noblesse* (Rev. d'hist.
mod. et contemp. Janvier 1956, p. 116-119). On s'étonne dès lors que J. Meyer,
puisse voir dans un *Mémoire de 1787 sur le prix des navires français* et
dans *le cahier de doléances du commerce de Nantes* des exemples « de
l'arbitraire des généralisations du tiers-état à partir des données de *l'administration des Finances*. » *Op. cit.* T. I, p. 143. La royauté était la première
à tenir ce langage.
45. Cf. Dutôt. « Pourquoi donc ne pas honorer, estimer et protéger
davantage une profession qui nous est si utile ? Pourquoi n'a-t-elle pas en
elle des grades de distinction et d'honneur, qui puissent empêcher ceux
qui y sont les plus propres et les plus utiles d'en sortir, pour acheter des
distinctions qu'ils ne trouvent point dans leur corps ? On ne s'aperçoit
pas de ce mal, et l'on n'y fait point assez d'attention : il est cependant
un obstacle à notre commerce, et par conséquent à la puissance de l'Etat. »
*Op. cit.* Daire p. 979. Cf. encore le cahier de doléances du Tiers-Etat du
grand bailliage de Rouen. « Les anoblissements seront remplacés par une
autre institution qui récompensera les services rendus à la patrie. »
M Bouloiseau, *op. cit.* p. VC.
46. A.F.V. 369. Montesquieu avait noté, lui aussi, l'effet bénéfique de la
vénalité des charges mais c'était pour se réjouir de cet écrémage des meilleurs éléments du tiers-état au profit de sa caste : « L'acquisition qu'on
peut faire de la noblesse à prix d'argent encourage beaucoup les négociants
à se mettre en état d'y parvenir. Je n'examine pas si l'on fait bien de
donner ainsi aux richesses le prix de la vertu : il y a tel gouvernement où
cela peut être utile. » *Esprits des Lois*, livre XX, chapitre 22.

Ainsi pourraient disparaître les complexes d'infériorité ou de supériorité, ainsi pourrait se réaliser par unions entre familles de châtelains et familles de patriciens cette fusion des élites en une seule classe dont l'Angleterre lui semblait fournir un modèle si heureux. Car c'est bien évidemment à ce pays qu'il pense lorsqu'il évoque avec envie :

> « Les nations où les distinctions d'état sont moins sensibles, et où toutes les prétentions qui en résultent ne font pas un objet continuel d'occupation [47]. »

cette Angleterre où les cadets de grande famille se livrent au commerce ou à l'industrie, où la fusion entre les « money interests » et les « landed interests » se réalise sans effort et où la richesse, de quelque nature qu'elle soit, est la seule source de considération [48] et il s'était peut-être rendu compte qu'en France la prospérité des dynasties protestantes et la place de plus en plus grande qu'elles occupaient dans la vie économique de notre pays avaient tout simplement pour origine l'impossibilité où elles se trouvaient de changer de condition et leur fidélité forcée aux affaires.

Sur ce point l'opinion des historiens contemporains semble divisée, les uns partagent l'opinion de Necker, tel R. Mousnier qui, suggérant une explication originale du maintien de la primauté de la noblesse sur le tiers-état, souligne aussi le rôle néfaste de la vénalité des charges sur le plan économique :

> « Le roi contribuait... à détourner... les capitaux et les efforts du commerce, des manufactures et de l'agriculture pratiquée en vue du commerce... et à entraver une évolution sociale qui, autrement, à ne considérer que ses conditions économiques, aurait pu être, peut-on croire, beaucoup plus rapide... Peut-être une condition essentielle de l'existence de la monarchie absolue était-elle l'équilibre entre ces classes rivales, la noblesse et la bourgeoisie [49]. »

D'autres ont tendance à souligner l'importance de l' « embourgeoisement » de la noblesse à mesure qu'on s'approche de la Révolution et sa part croissante au développement du capitalisme industriel et marchand. L'un d'entre eux résume ainsi la situation :

> « A la fin du siècle, le capitalisme noble en voie d'amalgame avec le capitalisme bourgeois, semblait sur le point de contrôler toute

---

47. A.F.V. 368.
48. Cf. Voltaire. *Zaïre* — épître dédicatoire à M. Falkener, marchand anglais : « Je jouis... du plaisir de pouvoir dire à ma nation de quel œil les négociants sont regardés chez vous, quelle estime on sait avoir en Angleterre pour une profession qui fait la grandeur de l'Etat et avec quelle supériorité quelques-uns d'entre vous représentent leur parti dans le Parlement et sont au rang des législateurs... Je sais bien que cette profession est méprisée de nos petits maîtres mais vous savez aussi que nos petits maîtres et les vôtres sont de l'espèce la plus ridicule qui rampent avec l'orgueil sur la surface de la terre. »
49. Mousnier : *L'opposition politique bourgeoise à la fin du dix-huitième et au début du dix-neuvième siècle.* Revue historique. Janv.Mars 1955, p. 20.

l'industrie lourde. D'autre part, une noblesse commerçante se développait à Bordeaux, Nantes, Lyon, Saint-Malo, La Rochelle [50]. »

Il serait évidemment utile pour porter un jugement définitif de posséder des statistiques exactes valables pour l'ensemble de la France et portant aussi bien sur la valeur globale du capital noble engagé dans l'industrie et le commerce, que sur le nombre de ceux qui exerçaient leur activité en ces deux domaines. En attendant, nous citerons deux témoignages littéraires émanant d'écrivains dont on admire en général la lucidité. On trouve le premier dans *Le rouge et le noir*. « Depuis 1815, nous apprend Stendhal, il (M. de Rênal) rougit d'être industriel [51] » et Flaubert dans *l'Education sentimentale* nous offre en quelque sorte la contre épreuve du cas Rênal.

> « M. Dambreuse s'appelait de son vrai nom le comte d'Ambreuse, mais, dès 1825, abandonnant peu à peu sa noblesse et son parti, il s'était tourné vers l'industrie [52]. »

Ces deux exemples, l'un de retour aux traditions de caste au début de la Restauration, l'autre de « dérogeance » volontaire en 1825, nous paraissent assez révélateurs de complexes que la Révolution française n'avait pas réussi à faire disparaître et qui, longtemps encore, devaient rester ancrés dans les consciences.

La suppression de la vénalité des charges et la transformation d'attitudes mentales créées au cours des siècles, représentaient une œuvre de très longue haleine. Pour mettre à la disposition de l'économie française les capitaux nécessaires à son expansion, préoccupation constante de ce banquier devenu ministre, d'autres réformes plus facilement réalisables pouvaient être envisagées et tout d'abord et surtout celles qui concernaient la gestion des finances publiques. Nul mieux que l'ancien associé de Thélusson ne connaît les faiblesses de l'administration royale. Il en a profité comme banquier [53], il en a souffert comme contrôleur général : les dépenses inconsidérées, un système de perception extrêmement maladroit, et plus que tout peut-être, l'absence d'une administration du trésor, font que les caisses sont toujours vides dans un pays aux solides richesses, et les rois de France en sont réduits sans cesse à recourir aux avances et aux emprunts. Forcé pour ces derniers d'offrir un intérêt supérieur à celui que procurerait tout autre placement, l'Etat détraque le jeu de l'offre et de la demande sur le marché des capitaux, qui se détour-

50. H. Méthivier : *L'Ancien Régime* — Que sais-je ?, p. 106.
51. Stendhal : *Le Rouge et le Noir*. Livre I. Chap. I.
52. Flaubert : *L'Education sentimentale*. Première partie. Chap. III.
53. Cf. les appels pressants de Terray de Janvier 1772 : « Nous vous supplions de nous secourir dans la journée. Daignez venir à notre aide pour une somme dont nous avons un besoin indispensable... le moment presse et vous êtes notre seule ressource » ou encore « nous avons recours à votre amour pour la réputation du Trésor royal. » Textes cités par H. Luthy. op. cit. T. II, p. 399 et par A de Staël dans sa notice Oe. c. T. I., p. XXI.

nent des entreprises privées et des emplois productifs ; l'économie française reste ainsi stationnaire, tandis que la dette publique augmente et avec elle le nombre des rentiers, purs oisifs, purs consommateurs de richesses, alors qu'il faudrait par « la sage administration des finances concourir efficacement à la baisse de l'intérêt, ce grand moyen d'encouragement pour les diverses sortes d'entreprises [54]. »

De même, en ce qui concerne le crédit à court terme, l'activité bancaire est absorbée pour une part beaucoup trop grande par les opérations relatives aux finances de l'Etat et l'on appelle précisément financiers, ceux qui gagnent d'énormes fortunes en affermant les différents impôts ou en prêtant au Trésor à des conditions extrêmement désavantageuses pour l'emprunteur, l'absurdité du système permettant au titulaire des charges de trésorier ou de receveur de faire des avances à l'Etat avec l'argent du roi [55]. Quant aux impôts, leur poids excessif a de néfastes conséquences. Ils provoquent tout d'abord un renchérissement des prix qui freine les exportations sur les marchés étrangers, et entraîne un ralentissement de l'activité économique dont la classe ouvrière est la première à souffrir et, comme les emprunts d'état, ils privent le pays de capitaux dont il aurait le plus pressant besoin, pour des dépenses qui, dans la plupart des cas, sont totalement improductives.

> « Si le souverain use de sa force pour prélever une grande somme de subsistances ou d'autres biens représentés par l'argent, et qu'il les applique à nourrir des hommes oisifs, ou dévoués à un service inutile, il contrarie les propriétaires, et les hommes industrieux dans leurs jouissances, et il diminue la quantité du travail productif, parce que ces subsistances ou cet argent que les propriétaires paient au souverain pour les impôts, auraient été appliqués par eux en partie à un travail qui eût accru les richesses nationales [56]. »

Diminuer les impôts serait donc, en rendant aux riches ce qui leur appartient, favoriser des investissements finalement bénéfiques à la société toute entière.

D'autres mesures de caractère plus proprement technique, destinées elles aussi à accroître la masse des capitaux disponibles et à élargir le marché de l'argent font l'objet des chapitres *de l'Administration des Finances* intitulés : « Réflexions sur l'intérêt de l'argent, le ménagement du crédit et la circulation » et « Sur les billets de banque et sur la caisse d'escompte » [57]. Necker à ce propos est amené à compa-

---

54. A.F. IV. 525. Cf. Le *Discours d'ouverture des Etats-Généraux* : « La disproportion entre la valeur numéraire des fonds publics et la rente annuelle qui s'y trouve attachée, influe d'une manière immédiate et décisive sur le prix général de l'intérêt de l'argent et il résulte de cet objet de comparaison que l'agriculture et le commerce ne trouvent point de secours ou sont obligés de les acheter à des conditions que les bénéfices ordinaires de ces exploitations ne permettent pas d'accepter. » Oe. c. T. VI., pp. 532-533.
55. Cf. Bosher. J. F. *French Finances* 1770-1795 — Cambridge 1970.
56. E.C. XV. 95.
57. A.F. V., Chap. XXIX et XXXIV.

rer les structures bancaires, boursières et commerciales de la France et de l'Angleterre, comparaison qui n'est nullement à notre avantage. Il note en particulier que la création d'un réseau bancaire aux multiples canaux ne saurait s'accomplir facilement dans un pays où « dès les premiers cent mille écus dont on est possesseur, on songe à s'anoblir ou à se relever par quelque charge ». Dans ces pages peu flatteuses pour nous, on sent toute l'admiration d'un spécialiste pour une Angleterre où la civilisation marchande a su se créer et les institutions et les habitudes mentales nécessaires à sa grandeur.

Pour assurer l'expansion, il faut des hommes et des capitaux mais il faut aussi des techniques. Il nous reste donc à examiner maintenant l'attitude de Necker devant un dernier problème capital pour l'avenir de l'économie française, celui de la règlementation qui, dans le domaine corporatif ou manufacturier, régentait l'activité artisanale ou industrielle. Y voyait-il un handicap ou un avantage ? Etait-ce à ses yeux un carcan ou une indispensable armature ? La question était de la plus brûlante actualité. Après la brutale secousse provoquée par les édits de Turgot, démolissant au nom du libéralisme triomphant des structures séculaires, c'est au Genevois qu'était échue l'ingrate tâche de définir la politique du gouvernement face au monde du travail. Le préambule des lettres patentes du 5 Mai 1779 concernant les manufactures nous semble assez révélateur de l'état d'esprit du ministre et nous indique clairement le principe qui inspira son action :

> « Enfin, considérant cette question dans son étendue, nous avons remarqué que si les règlements sont utiles pour servir de frein à la cupidité mal entendue et pour assurer la confiance publique, ces mêmes institutions ne doivent pas s'étendre jusqu'au point de circonscrire l'imagination et le génie d'un homme industrieux, et encore moins jusqu'à résister à la succession des modes et à la diversité des goûts. Et comme nous avons trouvé que ces différentes vues ne pouvaient être remplies ni par un assujettissement trop rigide aux règlements, ni par leur destruction et l'établissement d'une liberté indéfinie, nous avons dû chercher s'il n'était pas quelque régime intermédiaire qui pût servir à conserver les principaux avantages des deux systèmes [58]. »

et l'article premier de ces lettres instaurait effectivement ce double régime :

> « Il sera désormais libre à tous les fabricants et manufacturiers, ou de suivre dans la fabrication de leurs étoffes telles dimensions ou combinaisons qu'ils jugeront à propos, ou de s'assujettir à l'exécution des règlements [59]. »

L'économie française aurait pu ainsi pu se développer, en suivant soit la voie traditionnelle du produit de luxe garanti par un « label de qualité », soit la voie nouvelle de la fabrication de masse ouverte à d'audacieux chefs d'entreprise.

---

58. Oe. C. T. III., p. 443.
59. *Ibid.*, p. 448.

Necker obéissait sans doute aux mêmes préoccupations en réorganisant les corporations. Bien loin de les rétablir purement et simplement, il tenta de libéraliser le système et d'en supprimer les plus criants abus, mais il tenait sans doute à les conserver, car il voyait en elles les gardiennes des procédés qui assuraient une suprématie incontestée à ces industries de luxe qu'il considérait comme une des vocations de l'économie française. « Cette restauration, nous dit Coornaert, tendait à ordonner un ensemble à la fois uni et varié qui eut été le terme normal de la politique corporative de la monarchie [60]. »

## IV. — EXPANSION ET ACCUMULATION

Après cette analyse du processus de l'expansion en général et des éléments qui, en France, lui sont favorables ou défavorables, nous pouvons mieux juger du bien-fondé des critiques que Marx adresse à Necker à propos du phénomène de l'accumulation :

> « Ce qui le préoccupe surtout », écrit-il dans ses *Theorien über den Mehrwert* « c'est moins la transformation du travail en capital et l'accumulation du capital par ce procès, que le développement général du contraste entre la pauvreté et la richesse, entre la misère et le luxe : dans la mesure même où une certaine quantité de travail suffit pour produire les subsistances nécessaires, une partie du travail devient progressivement superflue et est employée à la fabrication d'articles de luxe dans une autre sphère de production. Une partie de ces articles de luxe est durable ; et les articles de luxe s'accumulent ainsi entre les mains de ceux qui, depuis longtemps, disposent du sur-travail, et le contraste s'accentue de plus en plus [61]. »

Mais l'accumulation capitaliste est tout autre chose. En possession de la plus-value, le propriétaire des moyens de production ne doit rien avoir de plus pressé que de la réinvestir aussitôt en capital constant et en capital variable, pour en faire ressortir une nouvelle plus-value, qui, elle-même, sera aussitôt réinvestie et ainsi de suite indéfiniment. « L'utilisation de la plus-value comme capital, la transformation de la plus-value en capital, voilà ce qui s'appelle accumulation du capital. » Le mouvement en spirale, une fois commencé ne s'arrête plus et Marx, nous montre le capitaliste entraîné irrésistiblement pas le mécanisme ainsi créé, forcé par le jeu des lois économiques de réinvestir inlassablement :

> « Accumulez, accumulez, c'est la loi et les prophètes... Epargnez, épargnez toujours, c'est-à-dire retransformez sans cesse en capital la plus grande partie possible de la plus-value ou du produit net. Accu-

---

60. Coornaërt. *Les Corporations en France avant 1789* — p. 178 .
61. *Histoire des doctrines économiques*, p. 90.

muler pour accumuler, produire pour produire, tel est le mot d'ordre de l'économie politique proclamant la mission historique de la période bourgeoise [62]. »

Dans *le Capital*, au chapitre XXIV de la septième section intitulé : « Fausse interprétation de la production sur une échelle progressive [63] », on trouve encore une allusion à Necker, toujours à propos du terme d'accumulation et de son ambiguïté. K. Marx constate que le langage de la vie ordinaire confond l'accumulation capitaliste, qui est un procès de production avec des phénomènes qui n'ont rien de commun avec lui, en particulier, avec « l'accroissement des biens qui se trouvent dans le fond de consommation des riches et qui ne s'usent que lentement ». « C'est dans ce sens, signale-t-il en note [64], que Necker parle des « objets de faste et de somptuosité » dont « le temps a grossi l'accumulation et que les lois de propriété ont rassemblés dans une seule classe de la société ».

Cette différence frappante dans le sens donné à un même mot, nous paraît correspondre exactement à la différence des situations historiques. Tandis que le théoricien de la lutte des classes décrit le processus du développement du capitalisme industriel auquel il assiste, l'expérience de Necker est tout autre. Il a, lui, sous les yeux, une société du type essentiellement agricole aux techniques stationnaires, où l'expansion est freinée par les complexes sociologiques dont il a clairement décelé la nature et l'importance. Les physiocrates ont beau lancer leur campagne passionnée et encourager leurs contemporains à investir et à s'enrichir, les propriétaires français restent prisonniers d'habitudes mentales profondément enracinées et dans leur immense majorité se contentent de percevoir les fermages et de vivre comme *Le Mondain*. Ils transforment la plus-value en objets de consommation et le contraste entre le luxe du riche et la misère du pauvre atteint au XVIIIe siècle un degré qu'il n'avait sans doute jamais connu. Necker ne pouvait décrire une autre accumulation que celle qu'il avait sous les yeux.

C'est ainsi qu'il n'attribue pas aux manufacturiers le rôle d'un entrepreneur au sens moderne du terme. Il lui apparaît plutôt comme un super-artisan dont la raison d'être n'est pas de trouver une nouvelle et meilleure combinaison des facteurs de production, mais de transformer en objets un superflu de produits agricoles suivant des techniques connues :

> « Qu'une province ou seulement une de ses parties se trouve, par sa position, dans l'impossibilité de faire aucun trafic du superflu de ses productions territoriales, il devient important d'y exciter par des gratifications, l'établissement de quelque branche d'industrie qui puisse devenir un objet de commerce et qui serve pour ainsi dire

---

62. *Le Capital.* Pleiade, p. 1099.
63. Ibid. p. 1092.
64. *Ibid.*, p. 1092, note.

à convertir les subsistances en des ouvrages de main-d'œuvre dont le transport sera plus facile et moins dispendieux [65]. »

Il ne voit donc pas en lui un créateur original de richesses, celui qui par l'utilisation de nouvelles techniques, l'accroissement de son capital, va abaisser le prix de revient d'un produit ; l'établissement d'une manufacture ne se justifie que par rapport à une quantité préexistante de denrées pour lesquelles il faut offrir un objet d'échange. A Necker, comme à tout son siècle, l'idée de plus-value industrielle est à peu près inconnue. Il n'est de produit net qu'agricole et le manufacturier se borne à faciliter la métamorphose de ce produit net, il n'en crée pas lui-même un autre d'une espèce différente. Même si Necker se rend compte que l'amélioration des techniques a permis d'augmenter la productivité du travail humain au cours des âges, aussi bien sur le plan agricole que sur le plan industriel, et de faire apparaître ainsi une plus-value relative, il ne se représente nullement le manufacturier de son temps comme engagé dans une course à l'abaissement incessant du prix de revient et à une capitalisation toujours plus grande. Il n'a pas de dynamisme qui lui soit propre et il n'existe pas indépendamment du propriétaire foncier.

Ce ne serait pas cependant rendre justice à notre auteur que de laisser croire qu'il a ignoré tout dynamisme, mais le seul qu'il connaisse est un dynamisme commercial ; pour lui, les agents de l'expansion dans la France du XVIIIᵉ siècle seront avant tout les marchands. Le texte déjà cité, relatif à la vénalité des charges, où l'on nous expose les ravages de la psychose d'anoblissement, nous montre comment le progrès économique s'accomplit ou pourrait s'accomplir à un rythme plus rapide sous l'impulsion d'hommes d'affaires ambitieux, si ceux-ci n'abandonnaient pas leurs occupations au moment précis où ils ont fait fortune : « C'est alors en effet que les négociants peuvent se contenter d'un moindre intérêt de leurs capitaux... c'est alors qu'ils peuvent hasarder davantage et ouvrir par des entreprises nouvelles des routes encore inconnues [66]. »

Le seul capitalisme dans lequel Necker met son espoir est le capitalisme marchand. Précisons d'ailleurs que le marchand joue, à ses yeux, un rôle qui le situe à mi-chemin entre l'industriel et le commerçant, il participe à la fois de l'un et de l'autre ; sans intervenir directement dans les techniques de fabrication, sans les modifier à proprement parler, il organise cependant la production en vue de faciliter la régularité de son approvisionnement et l'extension de ses ventes :

> « Le service des marchands devint plus grand, lorsqu'ils joignirent à la qualité d'agents dont nous venons de parler, celle de propriétaires considérables ; ce qui leur donna les moyens d'entretenir sans cesse l'industrie, en se chargeant de nourrir les ouvriers, et de garder les fruits de leur travail ; jusqu'à ce qu'il se présentât des ache-

---

65. A.F. V. 206.
66. A.F. V. 368.

teurs. Cette espèce d'entrepôt entre les mains des marchands dut rendre le travail constant et uniforme, et fomenter la richesse [67]. »

Avec la manufacture ouverte, avec le Verlag-System, le marchand crée un appel de main-d'œuvre, impose à la production un rythme plus rapide et une rationalisation relative, en vue de satisfaire les demandes de la clientèle nationale et internationale. Intermédiaire entre les détenteurs de subsistances qui se contentent de percevoir leurs fermages et les fabricants d'objets aux techniques stationnaires, il est le seul élément dynamique du système de production et de distribution des richesses, et, dans la perspective d'une économie en mouvement, il s'impose comme le personnage essentiel. C'est « le moteur universel de l'industrie [68] » et Necker célèbre sa bienfaisante activité en des accents presque lyriques :

« Par une fiction, je me représente rassemblées toutes les familles dévouées aux travaux des manufactures, et je crois entendre le génie du commerce qui leur dit : « La France est couverte d'or et d'argent, mais une partie de ses richesses est entre les mains de gens qui, pour vous en donner la plus légère portion, attendent que vous éveilliez leur goût et leur fantaisie ; venez à moi et j'adoucirai votre asservissement. Les différentes nations, d'un bout de la terre à l'autre, m'ont confié leurs besoins et je leur ai fait connaître votre industrie ; travaillez, et j'irai leur porter le fruit de vos peines ; je vous rapporterai en échange cet or et cet argent qui vous sont si nécessaires pour obtenir votre subsistance ; secondez-moi donc et je rendrai votre sort moins dépendant des goûts et de la volonté des hommes qui vous environnent [69]. »

Pour accomplir cette tâche, Necker voudrait pouvoir compter sur la bourgeoisie commerçante, sur une bourgeoisie laborieuse qui, malheureusement toujours prête au reniement, ne rêve que du moment où elle pourra faire oublier ses origines pour jouir dans l'oisiveté des revenus de propriétés foncières, en vivant noblement.

Cette vision des choses où l'industriel, au sens moderne du terme, est absent, n'était-elle pas anachronique, quand paraissait l'*Eloge de Colbert*, et ne s'accomplissait-il pas, sous ses yeux, une transformation qui lui échappait. Il ne voit que trois catégories d'individus : les bénéficiaires de la plus-value, propriétaires ou assimilés, les salariés, et entre eux, cette classe « toujours agitée, toujours en mouvement », source incessante de transformations, la classe intermédiaire : la classe des marchands.

Les signes avant-coureurs de la révolution industrielle lui ont peut-être échappé, mais il faut reconnaître que cet aveuglement a été partagé par la plupart de ses contemporains. Au moment où il écrit, où il nous trace le tableau d'une France aux structures à peu près inchangées depuis des siècles, et d'une économie où la dépense du superflu des propriétaires constitue le phénomène essentiel, qui se

67. E.C. XV. 77.
68. *Réfl. phil.* X 453.
69. A.F. V., 319-320.

doutait qu'allait succéder à l'accumulation, au sens où il entendait ce mot, une accumulation au sens marxiste qui allait emporter les forces productives dans un irrésistible élan ? et s'il faut en croire un historien anglais affirmant que :

> « France was not to know an industrial revolution, apart from isolated and untypical enterprises, in a few areas, before the second Empire [70] »

on ne saurait lui en faire grief. »

Quoiqu'il en soit, et ce serait la conclusion du diagnostic porté par Necker sur l'économie française, l'obstacle majeur à l'expansion ne réside pas dans une réglementation étouffante qui l'empêcherait de prendre son essor, mais dans des structures mentales, érigeant en idéal de vie la pure et simple fainéantise. Les barrières à abattre sont d'ordre psychologique, la vénalité des charges plus néfaste que l'organisation corporative. Ce que Necker attendait de la réforme ou de la disparition de l'Ancien Régime c'était la reconnaissance du droit à être fier de gagner de l'argent [71].

70. Cobban. *The Social interpretation of the French Revolution*, pp. 79-80.

71. Cf. le témoignage de cet avocat angevin qui, énumérant les causes de la stagnation économique de la province, ne manque pas de mentionner « le mépris plus ou moins affiché dans lequel la majorité des Angevins tiennent les commerçants. » Cité par F. Lebrun. *Les hommes et la mort en Anjou aux dix-huitième et dix-neuvième siècles.* Mouton. 1971, p. 125.

# CHAPITRE III

# L'INTERVENTIONNISME ET SON PROGRAMME
## LA DÉFENSE DU MINIMUM VITAL

L'univers de Necker est assez cruel. Il n'a cherché en aucune manière à dissimuler la brutalité avec laquelle s'exerce l'empire des propriétaires. Ils règnent en maîtres, tout existe pour eux, tout est suspendu à leurs volontés. Sans doute, en poursuivant leur intérêt personnel, accomplissent-ils du même coup des fins qui les dépassent et qui concernent l'humanité dans son ensemble, il n'en reste pas moins que l'espèce est divisée en deux classes absolument distinctes, dont les occupations sont complémentaires mais radicalement différentes, puisque l'une est faite pour jouir, l'autre pour lui en fournir les moyens. La fonction des premiers étant d'autant mieux accomplie qu'ils manifestent dans cette chasse au bonheur plus d'intelligence, d'énergie et de rigueur.

Le financier genevois aurait pu s'en tenir là, s'estimer satisfait d'avoir élucidé la nature des rapports humains et révélé le processus de l'exploitation de l'homme par l'homme. Cantillon s'était bien borné à une pure description faite sur ce ton d'indifférence et de détachement qui donne à son célèbre ouvrage une élégance un peu glacée. Notre auteur s'émeut davantage, il est plus sensible à la souffrance de ses semblables. Il ne peut conserver devant le jeu des forces économiques l'impassibilité d'un ouvrier devant un mécanisme d'horlogerie et, s'il n'a guère le secret d'émouvoir les autres, son indignation et ses protestations ne sont pas feintes. Aussi tire-t-il du diagnostic qu'il porte sur la société de son temps des conclusions pratiques, un programme d'action qui, dans son cas, ont une particulière valeur puisqu'il exercera les responsabilités du pouvoir et qu'il pourra l'enrichir et le préciser de toute son expérience de ministre.

## I. — LA DOCTRINE DE L'INTERVENTIONNISME

Avant d'entrer dans le détail des mesures proposées, il conviendrait de définir les principes sur lesquels repose une politique qui fait partie intégrante d'un système et qui devrait valoir à Necker dans l'histoire des idées une place plus importante que celle qu'on lui accorde en général, car, au moment où meurt le mercantilisme traditionnel, où se définit et s'affirme le libéralisme sous l'action conjuguée des disciples de Quesnay et des disciples de Gournay, c'est à lui que revient le mérite d'avoir élaboré et défendu une doctrine originale, celle de l'interventionnisme[1].

Sans doute, les mercantilistes avaient-ils déjà justifié le droit de l'Etat à agir dans tous les domaines de la vie économique, mais c'était au nom des intérêts supérieurs de la nation et de son prince, dans la poursuite d'une politique de grandeur et de puissance. Le point de vue de Necker est très différent, et le patronage de Colbert et son éloge ne doivent pas nous induire en erreur. Il ne dissocie jamais l'intérêt des sujets de celui de l'Etat. L'individu n'est pas un instrument au service des gouvernants qui l'utilisent à des fins qui sont distinctes des siennes. L'Etat et les citoyens ne font qu'un, et l'objectif que doivent se proposer les diverses administrations et leur chef ne saurait être que le bien commun.

Par ce souci des individus, et de leurs intérêts propres, il se rapproche, certes, des libéraux, mais il s'oppose radicalement à eux et sur le plan économique et sur le plan juridique. Tandis que ces derniers célèbrent cette main invisible qui fait naître l'harmonie de la poursuite des intérêts particuliers, tandis que Turgot exalte les avantages de la liberté dans le fameux préambule de l'arrêt sur le commerce[2], Necker, de plus en plus énergiquement, à mesure qu'il publie ses trois premiers ouvrages, affirme que le bien-être des membres d'une société ne peut être le résultat du libre jeu des lois économiques, et que l'Etat doit intervenir en permanence pour rétablir un équilibre toujours menacé.

> « La pauvreté est malheureusement une des conditions inséparables de l'état de société : il y aura toujours des hommes exposés à l'indigence, parce que tous ceux qui sont nés sans fortune se trouvent réduits, pour tout bien, à la simple force de leurs bras ; mais dans un pays vaste et peuplé, les habitants qui n'ont dans leur partage que cette ressource incertaine, sont en si grand nombre ; chacun en particulier se trouve tellement commandé par les besoins pressants de la vie, que les possesseurs des fruits de la terre sont parvenus facilement à ne donner, pour prix d'un travail grossier, que le plus étroit nécessaire... Tout fléchit aujourd'hui sous cet empire, que la succession des temps a consacré : la foule innombrable qui couvre la terre est forcée de se soumettre à ces lois, et elle attend en silence que les dispensateurs des travaux aient recours à ses services. C'est au gouvernement, interprète et dépositaire de l'harmonie sociale, c'est à lui de faire, pour cette classe nombreuse et déshéritée, tout ce que l'ordre et la justice lui permettent : il doit profiter attentivement de tous les moyens qui lui ont été laissés, pour adoucir la rigueur des anciennes conventions, et pour tendre une main secou-

---

1. Cf. L'article de Babel : *Necker et l'interventionnisme* dans *Mélanges d'économie politique et sociale offerts à M. Edgard Milhaud.* P.U.F. 1934.
2. 13 septembre 1774.

rable à ceux qui ont besoin de protection contre les lois elles-mêmes :
alors, près des statuts qui fixent les droits des citoyens les uns
envers les autres, l'administration saura découvrir encore les devoirs
de la société entière envers l'infortune : cette idée, aussi bienfaisante qu'étendue, lui servira de guide en toutes ses actions [3]. »

Où trouver au XVIIIᵉ siècle, exposé plus cohérent et plus clair de
la doctrine interventionniste, que dans ce texte destiné à justifier
l'assistance publique, et toutes les fois que Necker réclamera l'action
de l'Etat, inlassablement il reprendra le même raisonnement qui fait
de la précarité du sort du salarié la conséquence de la loi d'airain
des salaires, elle-même conséquence de l'institution de la propriété.

Pour empêcher cette politique dont ils ne veulent à aucun prix et
qui, dans le cas du commerce des grains, menace directement les
intérêts de la classe dominante, les adversaires de Necker, qu'ils
soient physiocrates ou libéraux, vont porter le débat sur le plan
juridique. Reprenant la doctrine de Locke et l'interprétant rigoureusement, ils proclament que la propriété est sacrée et intangible, c'est
un prolongement de la personne humaine, si bien que s'attaquer à
elle, c'est porter atteinte à l'individu. Tout propriétaire est donc libre
de disposer à sa guise des grains qu'il a récoltés sur son champ, il en
est le maître absolu. Comme le proclame l'abbé Roubaud, dans ses
*Représentations aux magistrats* [4], en une formule lapidaire :

> « Les besoins ne font point de droits et les droits sont avant tout [5] »

et l'abbé Morellet affirme de son côté que :

> « Le droit de propriété... étant antérieur à la société elle-même, la
> société ne peut y donner atteinte sous aucun prétexte,  même  sous
> celui du bien public [6]... »

Le marquis de Luchet tient le même langage :

> « Ce n'est pas de la société que l'on tient sa propriété ; ainsi, elle
> ne peut avoir le droit d'y mettre les conditions. On la tient de son
> industrie et de son travail. L'une peut être un don de la nature, l'autre
> nous appartient entièrement. La société ne fait que protéger ce qui
> provient de l'une et de l'autre cause [7]. »

Pour faire pièce à une argumentation toute formelle, Necker a
recours à une théorie de la propriété bien caractéristique de sa pensée : c'est une institution purement fonctionnelle : Elle est un « arrangement social... Les propriétés étant une loi des hommes, elles n'ont
pu s'établir que pour le bonheur commun et elles ne peuvent subsis-

---

3. A.F. V., 376 ss.
4. *Représentations aux magistrats contenant l'exposition raisonnée des
faits relatifs à la liberté du commerce des grains.* S.L. 1769.
5. Cité par Linguet *Du Pain et du Bled,* p. 70, note, avec ce commentaire : « Quel cruel maître est-ce donc que la philosophie si de semblables maximes sont le fondement de ses leçons. »
6. *Mémoires* de l'abbé Morellet. T. I., p. 190 ss.
7. *Examen d'un livre qui a pour titre : Sur la législation et le commerce
des grains,* 1775, p. 41.

ter qu'autant que la société leur prête de la force [8]. » Il est donc naturel que le représentant de la société, que le pouvoir, garant des propriétés, et qui incarne les intérêts supérieurs de la race, soit aussi celui qui apporte « aux privilèges de la propriété » les limitations nécessaires quand les circonstances l'exigent, quand la vie des individus est en danger : « Le même bien général qui les a dictés et qui les garantit, a pu y apposer des exceptions [9]. »

Dans cette polémique, certains parlements [10], gagnés à la secte : Aix-Toulouse-Grenoble [11] prirent fait et cause pour elle et tentèrent de faire triompher une doctrine qui, conforme à l'idéal libéral du Nachtwächterstaat, mais contraire aux plus solides traditions de la monarchie, interdisait à son chef toute intervention avec une intransigeance qui ne tolérait aucune exception.

Le Parlement de Toulouse se distingua tout particulièrement dans cette polémique et, en 1772, il tentait encore par un arrêt du 14 novembre, d'empêcher dans le ressort de sa juridiction, l'application de l'édit du 23 décembre 1770, qui avait ramené le régime prohibitif. Dans les considérants de cet arrêt figuraient ces phrases si caractéristiques de l'idéologie nouvelle : ... Le Roi ne doit que liberté, sûreté et protection à ses peuples... ; il ne leur doit point de subsistances : celles-ci doivent être le prix de leur travail et de leur industrie ; les grains sont toujours au meilleur marché possible lorsque le prix est déterminé par la concurrence [8]. »

La réponse du gouvernement ne se fit pas attendre, et par un arrêt du Conseil d'Etat du 29 du même mois, il casse et annule l'arrêt du Parlement de Toulouse :

> « Le roi, s'étant fait représenter en son Conseil, l'arrêt rendu par son Parlement de Toulouse, le 14 du présent mois de novembre ; Sa Majesté aurait vu avec douleur que son dit Parlement dans l'exposition des motifs qui ont dicté cet arrêt, s'est livré à une discussion d'autant moins réfléchie qu'elle tendait à enlever à Sa Majesté l'heureux avantage que sa suprême autorité lui donne de veiller à la subsistance de ses sujets et d'assurer par un juste équilibre aux cultivateurs le débit avantageux de leurs denrées, et aux consommateurs de pouvoir les acquérir à un prix proportionné à leurs facultés. Que si la puissance et la bonté de Sa Majesté lui imposent le devoir de protéger ses sujets et de les maintenir dans l'usage libre de leur propriété, elle ne l'oblige pas moins de contenir et d'empêcher toute manœuvre dont l'objet tendrait par les accaparements, les monopoles, les exportations frauduleuses à hausser à volonté le prix des grains, denrée de consommation journalière et indispensable, et à exposer ainsi la portion indigente de ses sujets à manquer de cet aliment de première nécessité ou à livrer son travail pour tel

---

8. E.C. XV. 73-74. Cf. encore L.C.G. I., 142
9. L.C.G. I., 144.
10. Cf. Weulersse. *Le Mouvement physiocratique en France.* T. I., p. 170 ss.
11. Cf. *L'Avis du parlement de Dauphiné sur la libre circulation des grains et la réduction naturelle du prix dans les années de cherté* (publié dans les *Ephémérides du Citoyen*, 1769.
11 bis. Cité par Weulersse. *La physiocratie à la fin du règne de Louis XV*, p. 175.

salaire qu'il plairait aux riches de lui donner... le roi, à l'exemple de ses augustes prédécesseurs, de tous les rois et autres puissances de l'univers, mettra des gênes au commerce des blés lorsque les gênes seront indispensables... lui seul peut connaître l'ensemble des besoins de son Etat, lui seul peut conduire cette administration; il ne souffrira pas qu'aucun tribunal particulier contredise ce qu'il aura déterminé pour le bien général et c'est assez que les moissons soient exposées aux intempéries des saisons et aux fléaux du ciel sans livrer encore, inconsidérément et sans précautions, la nourriture d'une partie des hommes à l'avidité de l'autre [12]. »

De ce même arrêt du Parlement de Toulouse Necker nous donne dans son ouvrage *Sur la législation et le commerce de grains,* un commentaire révélateur.

« Aussi n'ai-je jamais compris une phrase du préambule d'un arrêt particulier du Parlement de Toulouse ; elle contenait que le roi ne devait pas la subsistance à son peuple. Voulait-on dire que le monarque ne pouvait pas faire germer la semence au sein de la terre ? C'est en effet l'œuvre de la Providence. Voulait-on dire qu'il ne pouvait pas forcer les propriétaires des subsistances à les céder pour rien ? C'est une vérité conforme à la justice. Mais comme cette phrase était relative au commerce des grains ; si l'on entendait que le souverain devait être indifférent aux lois qui peuvent assurer l'abondance dans le royaume et prévenir les écarts entre le prix des denrées et celui du travail ; si on lui conseillait d'abandonner aveuglément ces rapports aux prétentions de la propriété et aux caprices de la liberté, ce serait à mon sens une grande et funeste erreur, ce serait prétendre que le souverain doit être insensible à la circonstance la plus essentielle au bonheur de la multitude et à l'ordre public. Quoi ! le représentant de la société pourrait contraindre le peuple à exposer sa vie pour la défense de l'état, il pourrait le forcer à venir éteindre le feu qui menace la maison du riche, et il ne veillerait point à sa subsistance ? il n'établirait pas des lois qui peuvent l'assurer ; il ne craindrait pas les écarts dans le prix ; il ne les préviendrait pas s'il le pouvait ; il ne modérerait pas l'abus de la propriété envers l'indigence, et celui de la force envers la faiblesse [13] ? »

Necker défend le même point de vue que la royauté, mais la différence entre les deux textes est pourtant frappante. Dans l'exposé des motifs de l'arrêt du Conseil d'Etat, c'est la bonté du monarque qui lui fait un devoir d'agir « comme ses augustes prédécesseurs et tous les rois et autres puissances de l'univers ». Il est le père de ses peuples. Pour Necker, il est avant tout « le représentant de la société », le garant d'un ordre institué pour des raisons précises : derrière les phrases du Genevois se devinent et une analyse lucide des mécanismes économiques et une théorie originale du droit de propriété. L'interventionnisme n'est pas justifié au nom des sentiments d'affection qui unissent le monarque à ses sujets, mais au nom d'une doctrine fondée en raison. C'est un défenseur des traditions de la monarchie française qui s'exprime ici mais c'est aussi un représentant du siècle des lumières [14].

---

12. Extrait des registres du Conseil d'Etat.
13. L.C.G. I., 134-135.
14. Aussi trouvons-nous très injustifié le jugement de Babel : « Il va de

On comprend dès lors le rôle attribué par Necker à l'administration et à l'administrateur. Dans les longues pages de l'*Eloge de Colbert* et de l'introduction au traité de *De l'administration des Finances* où il trace le portrait du parfait ministre, on n'a voulu voir par esprit de dénigrement systématique, qu'une indécente apologie personnelle et l'étalage d'une ridicule vanité [15]. En fait, il veut surtout nous faire comprendre l'importance de la technique, de la méthode, du sens des réalités, dans la mise en œuvre d'une politique interventionniste, confrontée avec des problèmes complexes et une situation en état de perpétuel changement. Au lieu de s'agacer devant des formules trop balancées où il énumère les qualités de celui qui détient entre ses mains le sort de tant d'individus, on devrait savoir gré à Necker d'avoir contribué à fixer la notion de service public et les principes d'une action efficace.

La lettre que Condorcet lui adressa le 1er septembre 1773 à la suite de la publication de *l'Eloge de Colbert* mérite à cet égard d'être citée.

> « Vous me paraissez attacher beaucoup trop de prix à l'esprit d'administration. Un ministre qui avait gouverné en Suède avec gloire dans des temps difficiles disait à son fils qu'il était plus aisé qu'on ne croyait de gouverner les hommes. Pour moi, l'esprit d'administration me paraît être à celui de la méditation comme l'esprit du jeu l'est à celui de la géométrie et Montesquieu me paraît aussi supérieur au plus grand des ministres qu'Euler l'est à Philidor. Votre enthousiasme pour l'esprit d'administration ne peut me paraître une chose indifférente. Nous voyons tant de gens qui, nourris dans les emplois subalternes, y ont acquis la connaissance des détails et la routine des affaires se croire plus habiles que Lycurgue, ou Cicéron. Ces gens-là auraient pu cependant être tentés de s'instruire, ils auraient pu être quelquefois honteux de leur ignorance au lieu qu'à présent ils vont s'en ennorgueillir. Quelle gloire pour les sots de se trouver de l'avis d'un homme tel que vous [16]. »

Et plus loin :

> « ... Vous reprochez aux hommes comme une ingratitude leur goût pour ce que vous appelez des bienfaiteurs abstraits. Mais Monsieur, la liberté, les lois sont aussi des bienfaiteurs abstraits et ne vaut-il pas mieux devoir à des lois, sa sûreté et son repos que d'avoir à en remercier la clémence d'un despote qui a dédaigné de vous faire du mal. Quand les tyrans ont la bonté de ne faire mourir

---

soi, écrit-il, que ce qui n'est qu'ébauche chez l'auteur de l'*Eloge de Colbert* devient théorie développée et cohérente chez l'économiste des *Nouveaux principes* (Sismondi). Ce qui n'est qu'un timide appel à la surveillance et au contrôle de l'Etat chez le premier, se transforme en un programme formel d'interventionnisme chez le second. » *Op. cit.*, p. 43-44. Les textes que nous avons cités n'ont rien d'un timide appel, et le programme que nous allons examiner est tout aussi cohérent et beaucoup plus raisonnable que celui de Sismondi.

15. Cf. H. Lüthy. L'*Eloge de Colbert* « est un pur morceau de déclamation dont l'emphase tonitruante et vide dépasse de loin, en pire tout ce que Necker a écrit » (op. cit., p. 407, note 52).

16. Condorcet éprouvait pour Necker une haine qui ne se démentira jamais et qui lui valut de la part de d'Alembert le surnom de « mouton enragé ». Cf. Sainte-Beuve. *Causeries du Lundi*. Paris 1853. T. III., p. 341.

leurs sujets que de misère, quand ils n'enlèvent au peuple que les
trois quarts du prix de son travail, ils sont étonnés d'être haïs, et
disent que les hommes sont des ingrats [17]. »

La réaction de Condorcet est caractéristique et l'on voit s'opposer
au pragmatisme du banquier genevois l'idéalisme de l'intellectuel.
Cet affrontement, si révélateur de la différence de deux tempéraments,
nous donne une des raisons du dédain des historiens français pour
l'œuvre accomplie par Necker pendant son premier ministère et pour
le personnage en général. Le ministre de Louis XVI eût été beaucoup
mieux apprécié dans les pays qui apprennent au nôtre ce qu'est le
« management » et ce n'est pas un hasard s'il doit à un historien
anglo-saxon [18] une réhabilitation bien méritée pour le courage et la
ténacité déployés dans la révolution bureaucratique qu'il avait entreprise pour substituer au système archaïque et absurde de l'Ancien
Régime une administration du Trésor rationnelle et efficace, préalable
indispensable à toute autre réforme. Quelque peu surpris du contraste
entre l'attitude de ses collègues français [19] et l'admiration manifestée
par les contemporains [20] les plus qualifiés, J.F. Bosher s'interroge :

« Why have so many historians disagreed with these judgments and
been so ready to listen to Necker's critics ? There are many reasons,
no doubt, but a clue to one of them is to be found in a line Henri
Carré wrote in the standard Lavisse, Histoire de France : Necker
renounced the great reforms, but he reorganized the central administration of finance. Evidently, for Carré, the reorganization of the
central administration of finance is not « a great reform »... None
of the writers I have cited interprets the financial difficulties of the
ancien regime as problems in public administration. None seems
to appreciate Necker's concern to increase ministerial knowledge
and control of the royal finances, to reduce the influence of accoun-
tants and tax farmers, to make the Royal Treasury a central caisse,
and to protect royal funds by a vast number of measures which
a good businessman would recognize to be essential, the sine qua
non of management [21] in any enterprise public or private [22]. »

Ainsi, entre cet historien anglo-saxon et ses collègues français
continue le dialogue de sourds qui s'est institué entre Necker et
Condorcet et l'on voit s'affirmer sur le point précis des réformes
financières, une attitude qui s'étend à toute « l'administration Nec-

---

17. Lettre autographe de Condorcet. Archives du château de Broglie.
18. J. F. Bosher, auteur de French Finances 1770-1795. Cambridge 1970.
19. Bosher cite entre autres Gaxotte. Histoire des Français, p. 625.
Lavisse. Histoire de France, vol. IX, p. 77. Reinhardt. Histoire de France
1954, vol. I., p. 69. Il est particulièrement sévère pour Marion refusant
d'accepter « his tale of ministerial struggle to balance a non existent
budget », il ne partage pas davantage l'opinion de Lüthy sur son compatriote. Signalons toutefois le jugement exceptionnellement favorable de
R. Stourm. (Cf. l'avant-propos des Origines du système financier actuel.
Paris, 1885.)
20. J. F. Bosher cite Rousselot de Surgy, Mahy de Cormerie, M.J.D. Martin, Le Brun, duc de Plaisance, Dufresne de Saint-Léon, Loménie de Brienne,
Hennet.
21. C'est nous qui soulignons.
22. J. F. Bosher, op. cit., p. 144.

ker » et aux conceptions sur lesquelles elle repose. Le goût qu'ont nos compatriotes pour les grands principes et pour les bienfaiteurs abstraits, ne les prédispose guère à beaucoup de compréhension pour notre auteur. A des esprits avant tout soucieux de montrer le XVIIIᵉ siècle français en marche vers la Révolution française, quel intérêt pouvaient bien présenter une doctrine et une politique qui ne se proposaient que d'améliorer concrètement et immédiatement le sort des malheureux ?

C'est cette politique que nous allons examiner maintenant en passant en revue les différents points d'un programme qui ne comporte qu'un seul et unique objectif : la défense du minimum vital. Il ne s'agit pas d'autre chose, en effet, le Genevois a la tête froide ; il n'outrepassera pas les limites que lui imposent les principes qu'il a définis. La loi d'airain des salaires est une fatalité, et si inique qu'il soit, le système de distribution des richesses qu'elle entraîne ne peut être modifié. Mais ceux qui ne peuvent prétendre qu'à l'existence doivent être assurés de disposer des moyens qui l'entretiennent. Le strict nécessaire est toute leur part, mais ils y ont un droit absolu ; sinon l'organisation actuelle des sociétés serait dépourvue de toute signification et le monde serait absurde. L'intransigeance avec laquelle Necker réclame pour les pauvres le respect du minimum vital est toute aussi vigoureuse que celle qu'il met à défendre la propriété et il va se battre sur ces positions bien délimitées, sur ce front restreint, avec toute l'énergie et la méthode dont il est capable.

## II. — L'EXPANSION ÉCONOMIQUE

De tous les procédés susceptibles d'élever le niveau de vie des déshérités, le plus efficace est celui qui consisterait à remonter à l'origine première de l'exploitation et à faire disparaître la situation de force dont bénéficient les propriétaires. L'égalité entre les partenaires serait rétablie et le contrat qui les lie librement conclu, si le rapport habituel entre l'offre et la demande sur le marché du travail se trouvait modifié. Il suffirait pour cela que le nombre des ouvriers diminuât, la concurrence à laquelle ils se livrent pour obtenir un emploi serait ainsi moins vive et les salaires augmenteraient automatiquement.

> « Les hommes salariés sont les seuls qui ont intérêt à ce qu'il y ait moins de monde dans une société : car tout ce qu'ils ont c'est de la force, tout ce qu'ils peuvent vendre, c'est du travail. Ainsi, plus leur nombre serait petit, plus les propriétaires seraient obligés de les ménager... »

la suite du texte anéantit vite cet espoir :

> « ...Mais ces mêmes salariés désirent d'avoir des enfants et de les nourrir ; ainsi, en même temps que la population nuit à leur aisance,

chacun d'eux met son plus grand bonheur à concourir à cette même population [23]. »

L'hypothèse un instant envisagée est aussitôt abandonnée, elle est irréalisable puisque l'instinct sexuel est irrésistible, elle n'est pas souhaitable non plus puisque le développement de la population est un bien en soi. Aussi, l'idée d'organiser un contrôle des naissances n'effleure-t-elle même pas Necker, le ministre et le chrétien sont bien d'accord sur ce point. Que faire alors, sinon renverser les termes du problème, et agir en sorte qu'à une offre a priori toujours croissante de travail, corresponde une demande de main-d'œuvre toujours croissante elle aussi ? S'il est inévitable que des mains toujours plus nombreuses se tendent vers le possesseur des subsistances, il faut obtenir que la quantité à distribuer soit toujours de plus en plus grande. Toute création d'emploi assure une nouvelle existence, donne à un être une chance de vie. Sans doute Necker n'a-t-il pas étudié avec la rigueur d'un démographe contemporain, les problèmes que pose cette course entre l'expansion démographique et l'expansion économique. Il sait en tout cas qu'en développant l'agriculture, l'industrie et le commerce d'une nation, on est sûr de contribuer au bonheur du salarié.

> « Quand la culture augmente, quand les communications intérieures sont faciles et quand les riches trouvent à échanger les productions de leurs terres contre les travaux divers de l'industrie nationale, les principales sources de la population semblent assurées [24]. »

Et, au-delà de cet équilibre entre production et consommation à l'intérieur des frontières du royaume, l'immense et inépuisable fonds de subsistances de l'univers entier peut devenir accessible grâce au développement du commerce extérieur. Toutes les mesures énumérées au chapitre précédent et destinées à favoriser l'expansion économique font donc partie, *ipso facto*, d'un programme d'action sociale. Par une coïncidence heureuse, une politique de grandeur et de puissance est en même temps une politique de lutte contre le chômage et la misère.

Ainsi se trouvent justifiées en particulier les lois prohibitives au nom du bonheur des salariés. Sur ce point précis, Necker oppose le plus catégorique démenti à ceux qui prétendent que la règlementation du commerce extérieur et les droits sur les marchandises étrangères sont contraires aux intérêts des non-propriétaires.

> « Lorsqu'on dit que les lois prohibitives mettent quelquefois la force en contrariété avec le bonheur, c'est toujours du bonheur des propriétaires que l'on parle, car le bonheur des salariés est toujours favorisé par ces lois, puisqu'elles multiplient les occupations en protégeant les manufactures nationales [25]. »

---

23. E.C. XV. 75.
24. A.F. IV., 292.
25. E.C. XV. 82.

Si, par contre, les riches doivent renoncer à satisfaire certains de leurs désirs pour laisser se multiplier le nombre de leurs concitoyens, s'ils doivent accepter une limitation de leur liberté dans le choix des jouissances que pourraient leur procurer leurs revenus, il y a une compensation à ces sacrifices. La lutte incessante que se livrent entre eux les Etats entretient dans les rapports internationaux une insécurité permanente. Le développement de la population en assurant la grandeur et la puissance, assure aussi aux propriétaires la tranquillité dans la jouissance de leurs biens, la multiplication du nombre des habitants du royaume est la meilleure protection contre les attaques qui peuvent venir du dehors. Les riches doivent donc comprendre :

> « Qu'il est impossible de leur procurer la sûreté, l'ordre et la tranquillité qu'ils désirent au sein de leur aisance sans des institutions politiques qui entretiennent la population et la richesse publique ; et les plus douces, les plus modérées, sont les lois prohibitives lorsqu'elles sont contenues dans les bornes raisonnables qu'on observe en France [26]. »

Il y a certes de l'habileté à démontrer que les intérêts de chacune des classes ne sont pas contradictoires, mais il est clair que Necker pense d'abord aux pauvres directement et immédiatement intéressés à la multiplication du nombre des emplois, et la vision d'une expansion illimitée transporte ce grave Genevois d'un véritable enthousiasme. Souvenons-nous de cette prosopopée qu'il met dans la bouche du génie du commerce. C'est « aux familles dévouées aux travaux des manufactures », aux salariés de l'industrie que celui-ci s'adresse : « Venez à moi » leur dit-il, « et j'adoucirai votre asservissement... secondez-moi et je rendrai votre sort moins dépendant des goûts et de la volonté des hommes riches qui vous environnent. »

> « Cette fiction », poursuit Necker, « est une image parfaite de la vérité et je donne ici une grande idée du commerce car c'est le présenter dans sa beauté que d'indiquer comment il vient au secours de la classe nombreuse des citoyens dont les travaux ont besoin d'être continuellement secondés [27]. »

L'augmentation de la demande de travail est en effet le facteur le plus efficace de l'amélioration du sort des salariés.

Pour atteindre au plein emploi, pour faire disparaître la redoutable armée des mendiants, l'Etat dispose encore d'un autre procédé plus direct, l'exécution de grands travaux. Mais le ministre de Louis XVI voudrait en laisser l'initiative aux assemblées provinciales. Extrêmement sensible au compartimentage qui caractérisait le royaume sous l'Ancien Régime, il pense que chaque province a sa vie propre, à elle de règler ses problèmes, de résoudre ses crises, de lutter contre le chômage par les moyens les mieux adaptés à la situation. Pour remplir cette tâche, ces assemblées devraient disposer de moyens financiers plus importants. Necker est ainsi amené à lancer l'idée

26. L.C.G. I., 112. Cf. encore A.F. IV. 532.
27. A.F. V. 320.

d'emprunts émis par les provinces et destinés à leur modernisation, à la réalisation de ce que nous appellerions aujourd'hui un plan d'équipement. Il s'agirait là d'investissements rentables, créateurs de prospérité, et le banquier genevois y voit en outre le moyen de remédier aux insuffisances de notre système bancaire en activant la circulation de l'argent, en mobilisant les épargnes qui dorment dans les campagnes :

> « Les fermiers et les petits propriétaires réunissant ensemble un assez gros capital qui reste constamment oisif, il ne serait pas indifférent de leur offrir une sorte d'emploi facile et toujours à leur portée ; j'avais donc pensé qu'à la paix, et dans les occasions où les pays d'Etats et les assemblées provinciales auraient eu quelques travaux utiles à entreprendre, il eût été convenable de les engager à faire l'essai d'un emprunt propre à remplir insensiblement la vue politique que je viens d'indiquer [28]. »

Necker voit ces travaux d'un œil plus favorable que la création d'ateliers de charité proprement dits. Utiles dans les moments de détresse, ils constituent une anomalie par rapport à la vie économique habituelle et finiraient par troubler l'équilibre des marchés locaux s'ils venaient à prendre une trop grande extension ; il lui paraît préférable d'agir indirectement par un programme judicieux de réalisations d'intérêt public.

Mais en fin de compte, si utile que puisse être l'initiative de l'Etat, la prospérité de la ruche dépend surtout de l'ardeur avec laquelle les propriétaires vont se livrer à la chasse au bonheur, car tout repose, en définitive, sur leur appétit de jouissance.


## III. — LA STABILITÉ FISCALE


A côté de cette multiplication des occupations, excellent procédé mais exigeant des mesures complexes et ne produisant des résultats qu'à une assez longue échéance, il semble qu'un autre moyen très simple d'une efficacité immédiate s'offre à un homme d'Etat désireux de soulager la classe la plus nombreuse de la nation : c'est la réforme de l'impôt. Au XVIIIᵉ siècle, la protestation dans les milieux éclairés est unanime contre les charges écrasantes que supportent les classes laborieuses, et l'on réclame à la fois une diminution du budget de l'Etat et une redistribution plus équitable des charges publiques. Le thème des dépenses inutiles et du gaspillage de la cour, de même que le thème du scandale des privilégiés bénéficiant d'une immunité fiscale sont traditionnels.

On pourrait donc s'attendre à ce que le contrôleur général des finances de Louis XVI ait vu lui aussi dans la lutte contre la fiscalité

---

28. *Ibid.* 472.

excessive un biais commode pour élever automatiquement le niveau de vie des catégories de la population qui en paraissaient accablées, les paysans en particulier. En réalité, il envisage cette question sous un angle fort différent de la plupart de ses contemporains. Un allègement des contributions est sans véritable influence sur les salariés. Paradoxalement, l'impôt ne les concerne pas.

Voici en quels termes d'une amère ironie s'exprime son mépris pour une illusion trop commode qui permet aux riches de tranquilliser à peu de frais leur conscience.

> « On dispute souvent sur les causes de l'infortune du peuple ; les pauvres en gémissent sans l'étudier ; et les riches, qui ont le temps de réfléchir et de s'instruire, ne manquent jamais d'attribuer uniquement cette infortune à l'excès des impôts, et croient exercer suffisamment leur compassion, en accusant le gouvernement d'ignorance et d'inconduite, et en disant de temps en temps, au coin de leur feu : ce pauvre peuple, comme il est mené ! tandis que sa misère est leur ouvrage, et l'effet inévitable de leurs droits et de l'usage qu'ils en font [29]. »

et, quelques pages plus loin, nous trouvons le raisonnement très simple qui démontre que les impôts n'ont rien à voir avec cette misère, raisonnement qui n'est qu'une application à un cas particulier de la loi d'airain des salaires :

> « Les propriétaires ont donc toute la force nécessaire pour réduire au plus bas prix possible la récompense de la plupart des travaux qu'on leur consacre, et cette puissance est trop conforme à leur intérêt, pour qu'ils renoncent jamais à en profiter.
> Supposons donc que vingt sous soient le prix auquel ils peuvent réduire la journée d'un homme obligé de se nourrir avec sa famille.
> Supposons en même temps que ce journalier paye un sol par jour au trésor public.
> Si cet homme est déchargé de cet impôt, sa journée ne tardera pas à être réduite à dix-neuf sous, parce que les propriétaires tendent toujours à user de leur puissance, et que celle des journaliers ne peut y résister.
> Ainsi, quelle que soit la distribution des impôts, le peuple est condamné, par l'effet des lois de propriété, à n'obtenir jamais que le nécessaire en échange de son travail [30]... »

Dans cette perspective, le salarié ne joue qu'un rôle de personne interposée ; par son intermédiaire, les impôts sont perçus indirectement sur le revenu du propriétaire, sur le produit net, sur le superflu qui, sans cela, lui reviendrait dans sa totalité. Il s'agit d'un phénomène de transfert qui voile aux yeux du profane la réalité de l'acte accompli par les agents du trésor royal. L'impôt est donc payé par les riches et par eux seuls.

On pourrait conclure de ces considérations qu'en théorie tout au

---

29. L.C.G. I., 136.
30. L.C.G.G. I. 139-40. Ce raisonnement pourrait inciter à nuancer les développements traditionnels sur l'injustice de l'inégalité fiscale sous l'Ancien Régime. L'égalité fiscale n'a pas empêché le prolétariat du XIXe siècle de connaître la période la plus sombre de son histoire.

moins, les salariés sont en dehors de la question. Mais en pratique il en est tout autrement et pour une double raison. Indirectement tout d'abord, une fiscalité excessive leur est défavorable en ce qu'elle provoque un renchérissement des prix qui freine les exportations, tout en opérant sur les revenus des propriétaires un prélèvement qui les empêche d'investir. Il s'ensuit inévitablement, à plus ou moins longue échéance, un ralentissement de la vie économique et une diminution du nombre des emplois. Mais surtout, l'augmentation des impôts entraîne pour les salariés et assimilés (petits fermiers ou métayers par exemple) de redoutables conséquences. Aussitôt est détruit le fragile équilibre entre leurs revenus et leurs dépenses, dépenses incompressibles puisque par définition leur niveau de vie correspond au minimum vital.

Sans doute, peu à peu, par un ajustement des salaires, cette augmentation sera-t-elle reportée sur les bénéficiaires du superflu et un nouvel équilibre va s'établir, mais il s'écoulera auparavant un temps plus ou moins long ; les mécanismes économiques fonctionnent avec régularité mais les réadaptations ne sont pas instantanées et dans cet intervalle, que certains auraient tendance à négliger en fonction de schémas purement théoriques, vont se dérouler de silencieuses et cruelles tragédies ; des êtres voués à l'impuissance vont souffrir dans leur chair et payer d'une manière particulièrement injuste ce rôle d'intermédiaire que leur assigne dans la pratique, le système de perception de l'impôt. La stabilité du chiffre des contributions apparaît donc comme le meilleur et le seul moyen en ce domaine de venir au secours des salariés, et Necker va s'efforcer de le leur garantir à tout prix, persuadé que :

> « ... les secousses dans le modique revenu du pauvre touchent de si près à la source de son existence, qu'elles intéressent la société entière, et méritent essentiellement la surveillance du monarque [31]. »

On s'explique ainsi le soin apporté à fixer le montant de la taille. Cet impôt, le plus lourd de ceux qui pesaient sur le peuple, était sujet à des variations continuelles, variations qui pouvaient se produire aussi bien à l'échelon national qu'à l'échelon du simple contribuable et qui entraînaient du même coup celle de la capitation calculée bien souvent d'après le chiffre de la taille. A l'échelon national, en effet, le chiffre de cette contribution n'était pas déterminé une fois pour toutes ; chaque année était arrêté au conseil, le second brevet de la taille pour chaque généralité, fixant la somme qui devait être fournie à ce titre et la fixant d'après les besoins du trésor. La Déclaration du 13 février 1780 reconnaît en effet que :

> « La forme usitée jusqu'à présent pour l'augmentation de la taille et de ses accessoires ayant fait de cette imposition la ressource la plus prompte et la plus facile, l'administration des finances y avait eu recours par préférence... que les taillables... se voyaient

---

31. A.F. IV. 71.

encore annuellement exposés à ces augmentations provenant des besoins plus ou moins passagers de la finance. Qu'ainsi nulle loi ne pouvait être si importante à la plus nombreuse partie de nos sujets que celle qui... assujettirait toute espèce d'augmentation aux formes qui sont nécessaires pour toutes les autres impositions [33]. »

Pour mettre fin à cette situation, il est décidé que désormais : « Le brevet général de la taille demeurera invariablement fixé à la somme établie pour cette année. » L'engagement du roi était formel : « Si nous jugeons jamais nécessaire de l'augmenter... nous ferons connaître nos intentions à nos cours dans les formes ordinaires ». La nécessité de mettre en branle la procédure d'enregistrement et de s'exposer éventuellement aux remontrances offrait désormais une incontestable garantie.

Il était malheureusement beaucoup moins aisé d'améliorer le système de répartition et de perception des impôts. La répartition par élection et par paroisse du montant global fixé pour la généralité s'effectuait avec une relative justice. C'est au niveau des contribuables que commençaient les difficultés : le montant de l'imposition dépendant de l'arbitraire des collecteurs ou d'événements imprévus tels que le départ d'un gros contribuable ou l'acquisition d'un office par un taillable ou d'un bien de la paroisse par un privilégié. Ainsi s'expliquait un état d'incertitude qui, selon le mot de l'Assemblée du Berry constituait le « poison de la taille ». Avec les moyens qu'il avait à sa disposition, Necker était impuissant pour améliorer cette situation. Mais il attendait beaucoup de la création des assemblées provinciales auxquelles allaient être confiées les tâches de répartition et de perception. Elles étaient toute désignées pour entreprendre, en particulier, le remplacement des collecteurs d'occasion par des collecteurs appointés et l'assujettissement de tous les biens fonds à la taille réelle [33], tous projets destinés assurer cette stabilité fiscale qu'il jugeait si précieuse pour les pauvres.

Les physiocrates, refaisant le même raisonnement que Necker [34], avaient proposé une solution plus séduisante parce que plus radicale : l'impôt unique, directement prélevé sur les propriétaires, sur le pro-

---

32. Oe. c. III. 325-326. C'est dans le même esprit qu'en ce qui concerne le vingtième, l'arrêt du conseil du 2 nov. 1777 spécifie que « les vérifications générales qui ont été faites depuis 1771 ne pourront être renouvelées que vingt ans après l'époque des dites vérifications » et abolit entièrement cette imposition dans tous les bourgs, les villages et les campagnes.

33. « C'est vers ce but que l'Assemblée du Berri paraît vouloir marcher » déclare Necker dans le chapitre de *De l'Administration des Finances* où faisant le bilan des activités des assemblées qu'il avait créées, il félicite celle du Berri de ses efforts pour faire disparaître la distinction entre biens nobles et roturiers.

34. Cf. Turgot. « Pour le salaire de l'ouvrier, le prix fondamental est ce que coûte à l'ouvrier sa subsistance. On ne peut imposer l'homme salarié sans augmenter le prix de sa subsistance puisqu'il faut ajouter à son ancienne dépense celle de l'impôt. On augmente donc le prix fondamental du travail. » *Lettre à Hume*. 1767. Schelle. Oe. c. T. II, p. 663.

duit net. Necker n'en est cependant pas partisan. Sur le plan de la
théorie pure, il pense que l'incidence de l'impôt unique entraînera
une répartition inégale des charges. Certains revenus y échapperont,
et il en fournit à deux reprises la démonstration, en prenant pour
exemple le prix payé à un peintre pour ses tableaux [35]. De plus, cet
homme d'affaires a une instinctive répugnance devant toutes les
constructions théoriques trop simples et trop claires. Il y a dans *De
l'administration des Finances* un chapitre consacré à l'esprit de système [36] où les physiocrates sont directement visés et où il exprime
son scepticisme devant les déductions rigoureuses de principes établis
a priori. Il lui apparaît évident qu'une transformation aussi radicale
que le remplacement de toutes les contributions par un seul et unique
impôt sur les terres, va entraîner d'imprévisibles désordres et des
souffrances inévitables pour la population tout entière, souffrances
toujours plus cruelles pour celui que :

> « ... le moindre dérangement dans ses gains et dans ses dépenses
> frappe d'une manière sensible [37]. »

Nul ne peut savoir ce qui se passerait si une pareille aventure
était tentée, et il est du devoir d'un sage ministre de

> « ... ménager jusqu'à ces peines de l'âme qui naissent de la crainte
> des privations, de l'incertitude sur l'avenir, et des alarmes qu'inspi-
> rent des bouleversements considérables soit dans les impôts, soit
> dans les autres parties essentielles de l'ordre social [38]. »

C'est au nom de ce même souci d'un équilibre fragile que Necker
va justifier ce qui lui est si sévèrement reproché, sa « folle politique
d'emprunts », sujet de prédilection de ses adversaires, d'hier et d'aujourd'hui. Il serait pour le moins équitable de faire état de son
argumentation et de replacer cette politique dans le cadre de son
programme de défense du minimum vital des non-possédants.

Quand le banquier genevois arrive au pouvoir en 1776, un effort
financier considérable va être demandé aux sujets du roi pour permettre de porter secours aux colonies d'Amérique insurgées contre
l'Angleterre. La France devra fournir des subsides aux révoltés et
mener une guerre coûteuse entre toutes puisqu'elle se déroule de
l'autre côté de l'océan et qu'elle va exiger une remise en état de notre
flotte, opération dispendieuse par excellence. Necker, par tempérament et par conviction a horreur de la guerre. Il ne cessera de souhaiter la fin du conflit. Mais il a aussi la ferme intention de se
conduire en loyal serviteur de son maître dans cette entreprise où les
intérêts du pays sont si profondément engagés. Or, les caisses sont
vides, il n'existe aucun trésor de guerre. Dans cette situation, il faut

---

35. Cf. E.C. p. 96 et L.C.G. p. 119.
36. A.F. V. Chap. XXXVIII.
37. A.F. IV. 72.
38. A.F. IV. 268.

ou emprunter ou augmenter les impôts ; Necker se refuse au second procédé qui entame ce strict nécessaire auquel les salariés ont droit. Il ne peut donc que recourir à l'emprunt : lui seul permettra de financer la guerre et de protéger les pauvres.

Une autre raison l'incite à agir ainsi : une inflation lente et sûre déprécie régulièrement au cours du XVIIIᵉ siècle le pouvoir d'achat de la monnaie. La différence entre la valeur réelle de l'argent à la date d'une émission et à celle de son remboursement représente pour le trésor un gain net et appréciable. Necker ne se fait pas faute d'insister sur cet aspect de l'opération et d'autant plus volontiers, que ceux qui en feront les frais sont les capitalistes : par ce procédé se réalise indirectement un prélèvement sur les richesses des propriétaires, impôt déguisé qui touche directement cette fois les bénéficiaires du superflu.

Restent évidemment à trouver pour toute émission les sommes qu'exige le service de la nouvelle dette ainsi contractée. Necker prétend se les être procurées en réalisant à chaque fois les économies correspondantes par la suppression de dépenses inutiles. C'est tout au moins ce qu'il déclare à plusieurs reprises dans les préambules d'édits relatifs aux différents emprunts [39] et il a recours encore une fois à cette justification dans l'ouvrage intitulé *De l'administration de M. Necker* lorsque, passant en revue les principaux actes de son premier ministère, il en arrive aux critiques qu'on lui a adressées sur ce point particulier de son administration :

> « Il était réservé à l'esprit de nouveauté qui nous gouverne sur tous les points, de censurer l'usage du crédit pendant la dernière guerre, comme s'il y eût eu une possibilité de subvenir par des impôts à des besoins immenses... Le rétablissement du crédit, tout essentiel qu'il était à l'Etat, ne m'eût satisfait qu'imparfaitement, s'il m'eût distrait un seul jour des intérêts du peuple, l'objet perpétuel de ma sollicitude. Mais en garantissant la nation des subsides extraordinaires et au-dessus de ses forces, que le défaut de crédit aurait rendus nécessaires, je la préservai de même des impôts permanents qui semblaient indispensables, pour balancer l'intérêt annuel des emprunts destinés aux besoins de la guerre, et j'y réussis en suppléant à cet accroissement de la dépense publique par des opérations d'ordre et d'économie [40]. »

Ainsi, théoriquement tout au moins, avec un budget toujours identique, il pouvait envisager un accroissement considérable de la dette publique permettant de faire face à une situation d'exception.

---

39. Cf. Le préambule de l'édit, de nov. 1779 : « Les principes d'exactitude et de bonne foi que nous nous sommes proposés... nous auraient mis dans la nécessité d'imposer une somme équivalente aux intérêts de l'emprunt que nous venons de déterminer si nous n'étions pas dès à présent certains de nous procurer une augmentation de revenus proportionnée et même supérieure, par l'arrangement prochain du nouveau bail de nos fermes générales. » Cf. encore le préambule de l'édit de nov. 1788 et de février 1781.

40. Ad. N. VI 10-11.

Quant aux problèmes techniques posés par ces emprunts : taux, modalités, montant, qui sont affaire de spécialistes, nous pensons qu'un examen impartial de la question pourrait amener à un jugement bien différent de celui qu'on porte traditionnellement. En ce qui concerne par exemple leur montant, on se demande pourquoi il est si rarement comparé avec celui des emprunts anglais, lancés à la même époque et dans le même but. On évalue, anticipations comprises, l'accroissement de la dette publique sous le ministère Necker à 530 millions. Pendant la même période de 1776 à 1781, la dette publique anglaise est passée de 131 200 000 à 190 400 000 livres soit une augmentation de 59 200 000 livres anglaises [41] ce qui, à un taux de change de 23 livres françaises pour une anglaise [42] donne la somme de 1 360 600 000 livres françaises. Quelles que soient les corrections qui puissent être apportées à ces données brutes, le rapprochement des chiffres est éloquent. Il l'est encore davantage quand on songe que la France comptait 24 millions d'habitants et les Iles britanniques 8 millions. Necker, parfaitement au courant des ressources de l'un et l'autre pays, était plein de confiance dans l'avenir du plus beau de tous les royaumes. Il ne pouvait se douter de l'invraisemblable gaspillage qui suivit son départ.

## IV. — LA STABILITÉ DU PRIX DES SUBSISTANCES

Pour comprendre l'attitude de Necker en face de cette question et l'importance qu'il y attache, il faut se rappeler que la différenciation entre classes sociales entraînait une différenciation dans le genre de vie beaucoup plus radicale qu'aujourd'hui. Sans un effort d'imagination, on peut difficilement se représenter quelle place tenait le pain dans l'existence des pauvres au XVIIIᵉ siècle ; rien n'est plus révélateur à cet égard que la brutalité des statistiques. Quand on sait qu'une famille ouvrière consacrait 60 % de son budget total à l'achat du pain quotidien [43], on ne s'étonne plus que Necker se soit battu avec tant d'énergie, voire même de passion pour la stabilité du prix de cette denrée.

Le problème est parfaitement identique à celui que posaient les variations dans le chiffre des impositions, avec cette différence toutefois que les impôts ne sont perçus qu'une fois l'an, à date fixe, et qu'on dispose pour les payer d'un certain intervalle de temps, tandis que la hausse imprévue du pain plonge immédiatement dans d'inex-

41. Cf. B.R. Mitchell. *Abstract of british historical statistics,* p. 402.

42. Le taux donné par Necker, qui devait être bien informé, est exactement de 23 livres 3 sols et six deniers. Cf. A.F. V. 119.

43. Cf. E. Labrousse. *Esquisse du mouvement des prix et des revenus en France au XVIIIᵉ siècle.* Dalloz 1952, p. 582 ss. Cf. encore M. Morineau. *Budget populaire en France au XVIIIᵉ siècle.* Rev. d'hist. ec. et soc. 1972, n° 4.

tricables difficultés une famille dont le niveau de vie était déjà fixé au minimum vital.

> « Lorsque le pain était à un prix modéré, l'artisan nourrissait sa famille, et ménageait une petite réserve pour le cas de maladie ; si le prix vient à monter sensiblement, il est contraint de renoncer à cette épargne salutaire ; il faut peut-être qu'il diminue la nourriture habituelle de ses enfants ; il faut qu'il se rende à leurs larmes, ou qu'il se prive lui-même de la subsistance nécessaire à l'entretien de ses forces. Enfin, à mesure que le pain renchérit, l'empire du propriétaire augmente ; car dès que l'artisan ou l'homme de campagne n'ont plus de réserve, ils ne peuvent plus disputer ; il faut qu'ils travaillent aujourd'hui sous peine de mourir demain, et dans ce combat d'intérêt entre le propriétaire et l'ouvrier, l'un met au jeu sa vie et celle de sa famille, et l'autre un simple retard dans l'accroissement de son luxe. Souvent même l'industrie n'est point arrêtée, et la détresse n'est que domestique ; car le propriétaire qui ne jouit que du travail qu'on lui consacre, se contente de supputer ce qu'il faut à la subsistance de l'homme qu'il emploie, et il ne regarde pas derrière ce malheureux la femme et les enfants qu'il doit nourrir ; c'est ainsi que la misère s'accroît de la misère même [44]. »

Le prix du blé ne saurait donc être assimilé au prix des autres objets surtout des objets de luxe.

> « Il n'importe point à la société que les propriétaires d'argent occasionnent quelque mouvement passager dans le prix des marchandises de luxe et de commodité : ce sont des enfants qui jouent avec leurs hochets ; il faut les laisser faire, ce mouvement dans l'intérieur du royaume n'intéresse que les riches et ne porte que sur des jouissances superflues [45]. »

Il importe au contraire à la société que salaires et subsistances soient maintenus dans un rapport constant. Il n'est rien même qui soit plus précieux pour le peuple que cette sécurité là !

> « Au milieu des lois sociales, c'est le seul service éminent qu'on puisse lui rendre ; et puisqu'on ne saurait arrêter le pouvoir excessif de la propriété, il faut empêcher, du moins, que le simple nécessaire, devenu la part éternelle du plus grand nombre des hommes, ne soit exposé à ces secousses terribles, que les renchérissements momentanés dans le prix des grains ne manquent jamais de produire [46]. »

Pour atteindre ce résultat, Necker pensait que le gouvernement devait disposer d'une liberté d'action considérable et le programme exposé dans *Sur la législation et le commerce des grains* envisageait une rigoureuse règlementation qui s'étendait aussi bien au commerce

---

44. L.C.G. I. 73-74.
45. *Ibid.* p. 154. Cf. Linguet. *Du pain et du Bled.* Chap. V. p. 55 : « Il y a, dans le fait et dans le droit, une prodigieuse différence entre ce présent de la nature dont l'habitude fait une nécessité exclusive et journalière, et ces productions de l'industrie, dont l'usage n'est jamais indispensable, et dont l'achat peut toujours être différé. »
46. L.C.G., I, 316. Cf. encore *ibidem*, p. 335

extérieur qu'au commerce intérieur. Pour le premier, les règles à
édicter étaient les suivantes :

> « Ne laisser sortir que les farines ; ne permettre cette exportation
> que lorsque le blé serait tombé à vingt livres le setier ou au-des-
> sous, pendant deux marchés consécutifs, dans les lieux de sortie ;
> n'établir cette loi que pour dix années ; ordonner qu'il y eût une
> provision modique dans les mains des boulangers, depuis le 1er fé-
> vrier jusqu'au 1er juin, ainsi qu'il sera expliqué ci-après ; permettre
> dans toutes les circonstances, l'exportation des blés qui seraient
> venus de l'étranger [47]. »

En proposant ces mesures, Necker prenait évidemment position
contre les libéraux qui s'imaginaient que les déséquilibres entre l'offre
et la demande se compenseraient immédiatement et automatiquement les uns les autres, ce qui à cette date ne pouvait être qu'une
vue de l'esprit, compte tenu de la lenteur et du prix des transports [48],
compte tenu aussi des difficultés d'information. Mais le Genevois
visait encore et beaucoup plus directement tous ceux pour qui l'ouverture des frontières signifiait avant tout une hausse du prix du
blé : propriétaires rêvant d'une augmentation massive de leurs revenus, physiocrates comptant sur cette augmentation pour mettre en
marche un processus d'investissements sans cesse croissants [49].

A ces adversaires, Necker fait d'abord remarquer que cet avantage ne sera que de courte durée : la hausse prévue et inévitable amènera un renchérissement général de la vie et en particulier des salaires qui s'ajustent nécessairement sur le prix du pain, ainsi s'évanouira
le bénéfice escompté lorsque l'équilibre sera rétabli :

> « Que gagnera donc un propriétaire à vendre les subsistances dont il
> dispose pour une valeur d'argent plus ou moins considérable si le
> travail qu'il veut acheter en échange renchérit en proportion [50]. »

Mais il n'en reste pas moins que les profits réalisés pendant la
période d'adaptation où prix et salaires se réajustent peu à peu, resteront acquis. Le gain est limité mais certain. La liberté de l'exportation représente donc un intérêt évident pour les producteurs agricoles. Necker ne saurait en disconvenir et c'est à ce moment-là que
le vrai dialogue s'engage. Aux économistes qui se réjouissent à la
pensée des nouvelles ressources mises à la disposition de l'agriculture
et qui favoriseront son développement, le Genevois rappelle de quel
prix elles seront payées et s'indigne devant une attitude d'impassibilité

---

47. *Ibid*, p. 267.
48. Cf. E. Labrousse. « La faiblesse de l'exportation et plus généralement de la circulation des grains s'explique, malgré le développement
des voies de communications, par la difficulté et la cherté des transports qui font de la concurrence commerciale une arme à courte portée »
difficulté et cherté qui toutefois ne jouent plus dans le cas des provinces
frontières, ce qui rendait la liberté d'exportation d'autant plus dangereuse. Cf. Necker L.C.G., I, 46 et E. Faure. *La disgrâce de Turgot*, p. 205.
49. Cf. Weulersse, *op. cit.*, T. I, p. 557 ss.
50. L.C.G., I, 70.

pseudo-scientifique, absolument intolérable quand il s'agit de lois dont les êtres humains sont l'objet :

> « De tous les encouragements dont l'agriculture est susceptible, celui qui résulte du renchérissement de la denrée de nécessité paraît, sans contredit, le moins convenable ; car c'est un encouragement qui n'a lieu qu'aux dépens du bonheur de la multitude et du repos général ; c'est en dernière analyse un encouragement semblable à une capitation immense et rigoureuse, imposée momentanément sur tous les hommes de travail, au bénéfice de tous les hommes à propriété ; encore cette dernière manière serait-elle moins affligeante, parce qu'on en connaîtrait les bornes, et que l'abus cesserait par son évidence ; mais lorsque les propriétaires haussent le prix de la denrée, et se défendent de hausser le prix de la main-d'œuvre des hommes industrieux, il s'établit entre ces deux classes de la société une sorte de combat obscur, mais terrible, où l'on ne peut pas compter le nombre des malheureux, où le fort opprime le faible, à l'abri des lois, où la propriété accable du poids de ses prérogatives l'homme qui vit du travail de ses mains [51]. »

Le futur ministre est particulièrement sensible à l'absurdité de tout système et du système physiocratique en particulier, qui sacrifie les individus à la production des richesses. Derrière les formules, séduisantes peut-être pour l'intelligence telles que les élaborent les théoriciens, il faut voir la tragique réalité vécue par les humbles.

> « ... est-il quelque parité, soit en morale, soit en sentiment, entre mille citoyens qui périssent et mille cent donc la génération se prépare ? C'est l'homme qui connaît le bonheur et qui souffre, c'est l'homme qui tient à la vie et qui est contraint d'y renoncer, c'est lui qui est mon semblable ; c'est avec lui que j'ai fait alliance, c'est pour lui que les lois sont faites ; elles n'obligent point les hommes à se multiplier sur la terre, mais elles infligent la mort à celui qui la donne ; et je ne puis rien entendre à cette froide compassion de l'esprit pour les races futures, qui doit fermer nos cœurs aux cris de dix mille malheureux qui nous entourent. » (L.C.G., I, 60.)

Pour le commerce intérieur, le ministre de Louis XVI est tout aussi favorable que Turgot et les physiocrates à la libre circulation des grains de province à province, tout aussi désireux de contribuer à la suppression de tout ce qui l'entrave : péages, douanes intérieures, difficultés de transport, cette liberté aura pour conséquence, en égalisant les prix sur l'ensemble du territoire français d'éliminer parmi les causes d'écart, celles qui sont dues à l'étroitesse d'un marché limité à une province [52].

Mais ces mesures ne sauraient empêcher la spéculation et la flambée des prix qu'elle provoque, spéculation inévitable dans un pays où la récolte moyenne satisfait tout juste les besoins, où le coût et la lenteur des transports, l'absence d'information et l'iné-

---

51. L.C.G., I, 72-73. Cf. Linguet : « Mais cette richesse est affreuse. Elle souille, elle infecte les mains assez lâches pour se l'approprier, c'est faire de l'or avec le sang humain. » *Du Pain et du Bled*, p. 95.

52. Cf. l'arrêt du Conseil du 15 avril 1779 concernant les péages établis sur les grandes routes et sur les rivières navigables. Oe. c., III, 418 ss.

lasticité de la demande offrent au moindre producteur la possibilité
de spéculer dans les conditions les plus faciles et les plus avantageu-
ses, lors de mauvaises récoltes locales ou généralisées. Les études de
G. Rudé[53] sur la taxation populaire de mai 1775 à Paris et dans la
région parisienne, ainsi qu'en Picardie, en Normandie et dans le
Beauvaisis permettent de comprendre avec quelle vitesse pouvaient
se produire des hausses vertigineuses et Necker nous explique longuement et très pertinemment le mécanisme de ce phénomène[54]. La
règlementation du commerce du blé est donc indispensable aussi, à
l'intérieur du royaume, et Necker réclame en particulier l'obligation
faite aux producteurs de vendre sur le marché, et la surveillance
étroite de l'activité des négociants mais, dans les cas graves, il faut
aller au-delà de la règlementation : l'approvisionnement en blé doit
être un véritable service public, une cherté excessive ne pourra être
évitée que si, dans les périodes d'abondance, l'Etat constitue des
stocks qu'il écoulera en période de disette et qui pèseront sur les
cours[55].

Telle est la politique que Necker proposait dans *Sur la législation
et le commerce des grains* en 1775. Il revient une dizaine d'années
plus tard sur cette question pour réclamer en faveur de l'administration des pouvoirs accrus, une liberté d'action encore plus grande :

> « L'expérience m'a appris qu'il faut, sur ce point, donner beaucoup à
> la sagesse de l'administration, et qu'on ne peut éviter de s'y confier...
> elle seule, en effet, a les moyens de discerner ou de présager avec
> sûreté ce que peuvent exiger les besoins généraux du royaume, la
> perspective des récoltes, les prohibitions des pays étrangers, les crain-
> tes de guerre, et tous les mouvements politiques[56]. »

Les responsabilités qu'il a assumées l'inclinent donc en cette
matière vers un autoritarisme encore plus grand. Une pareille règlementation nécessite évidemment une inquisition et une action permanente de la part du gouvernement avec tous les inconvénients qu'entraînent les lourdeurs et les déficiences inévitables de la machine
administrative, sans parler des risques toujours possibles de prévari-
cation, en une matière aussi délicate. Necker en est parfaitement
conscient et il s'agace du ton dédaigneux avec lequel ses adversaires
critiquent l'interventionnisme et son arsenal de mesures compliquées
et vexatoires :

53. *La taxation populaire de mai 1775 à Paris et dans la Région parisienne.* A.H.R.F., 1956, p. 139. *La taxation populaire de mai 1775 en Picardie, en Normandie et dans le Beauvaisis. Ibid,* 1961, p. 305 sq.
54. Cf. L.C.G. Seconde partie. *Sur le commerce des grains dans l'intérieur du royaume,*
55. Cf. M. Bouloiseau : « La préoccupation du pauvre consistait à assurer sa subsistance. Malgré des besoins limités, il se voyait condamné à la
famine. Sa nourriture se composait presque exclusivement de pain. Non
seulement il se faisait de plus en plus rare, mais son prix interdisait
d'en acheter une quantité suffisante. Le problème que soulèvent ces cahiers
est d'abord celui de l'approvisionnement en blé, ensuite de la taxation. »
*Op. cit.,* p. C.L.I. Cf. encore de D. et J. Bacle : Les Grains à Dijon aux XVIIe
et XVIIIe siècles. Cahiers de la Bourgogne moderne 1773.
56. A.F., V, 431 ss.

> « Il est fâcheux sans doute pour cet ouvrage, que la raison et la vérité ne permettent pas de conseiller une loi simple et absolue ; les modifications de toute espèce déplaisent aux hommes, non seulement parce qu'elles fatiguent l'esprit en l'obligeant à rassembler, tandis qu'il ne voudrait que retenir, mais encore parce que ces modifications semblent annoncer de la timidité, de la faiblesse et de l'indécision [57]. »

Il n'est pas douteux en effet que la séduction exercée sur les esprits par le libéralisme venait de l'apparente évidence de ses raisonnements et de la simplification qu'il apportait aux tâches de l'Etat. Il n'est pas douteux non plus que ses partisans étaient dupes d'une illusion et que les schémas qu'ils avaient inventés, si valables qu'ils fussent *in abstracto*, ne pouvaient, mis en application, qu'entraîner les plus néfastes conséquences. S'il est vrai que la disparition des grandes famines au XVIIIe siècle est, comme l'affirme un historien contemporain :

> « le résultat non d'une augmentation de la production agricole, ni d'une amélioration des conditions climatiques, mais de l'intervention des autorités, qui grâce à une meilleure répartition des grains disponibles, organisent en quelque sorte la pénurie [57 bis] »

l'enjeu de la lutte était capital.

Aussi peut-on s'étonner des précautions que l'on prend et de l'indulgence dont on fait preuve à l'égard de Turgot et de la politique qui aboutit à la guerre des Farines. La liquidation, au cours de l'année 1774 [58], des stocks de grains entassés par la sage prévoyance de l'administration précédente était un geste d'une criminelle inconséquence et la fable du complot ne s'est si facilement accréditée que parce qu'elle permettait de dissimuler une faute inexcusable, suivant le procédé habituel de tous les gouvernements. En la circonstance, l'idole des philosophes fit preuve d'un manque de réalisme qui est un défaut capital pour un homme d'Etat. Il n'est rien de pire que les « certitudes euclidiennes [59] » en matière de gouvernement.

Si l'on peut porter au crédit de Necker, la fermeté de sa prise de position et la justesse de ses vues, il faut reconnaître toutefois que sur le plan technique rien de ce qu'il démontre et propose n'est vraiment original ; Mme d'Epinay avait bien raison d'écrire à l'Abbé Galiani le 15 mai 1775 en lui annonçant l'envoi du livre *Sur la législation et le commerce des grains* : « Vous verrez que, s'il n'est pas partout absolument de votre avis, il vous a lu avec profit [60]. »

et lui-même écrivait en 1776 au ministre :

> « Il y a (admirez mon orgueil, mais je ne saurais pas mentir) il y a un tel unison dans nos têtes, que tout ce que vous avez dit en

---

57. L.C.G., I, 261.
57 *bis*. F. Lebrun. *Op. cit.*, p. 125.
58. Cf. E. Faure. *La disgrâce de Turgot*, p. 220-221.
59. L'expression est d'E. Faure. *Ibid.*, p. 20.
60. *Correspondance de Diderot*. T. XIV, p. 140. Ed. Roth.

matière d'économie politique, il m'a paru toujours que j'aurais dû le dire, que je l'aurais pu, et que je l'aurais pensé. Voilà quel est mon jugement sur votre incomparable livre sur les blés, que vous aviez souhaité d'avoir. A chaque page que j'en lisais il m'a fait enrager. Je sentais, en y songeant de sang froid, que je n'aurais pu jamais m'exprimer avec tant de précision, d'élégance et de noblesse, et que je n'aurais pas vu avec tant de finesse, tout le développement des théories ; enfin nous étions dans mon imagination un begayer à côté de Gerbier plaidant la même cause : Gerbier était déjà à sa péroraison pendant que l'autre balbutiait encore son poème. Mais, dans la chaleur de la lecture, il me paraissait que j'aurais pu dire tout cela, que je l'avais voulu et que je ne sais pas comment j'avais oublié de le dire [61]. »

En effet, qu'il s'agisse de la nécessaire stabilité des prix, du caractère exceptionnel de la marchandise qu'est le blé, des dangers de la spéculation, qu'il s'agisse du droit et du devoir pour l'Etat d'intervenir, de la règlementation du commerce extérieur et du commerce intérieur, qu'il s'agisse des critiques adressées aux physiocrates et à leur esprit de système, nous retrouvons chez Necker la plupart des idées déjà exposées dans ses fameux *Dialogues* [62], par le Napolitain qui était son ami et un fidèle habitué des dîners du vendredi.

Mais l'ouvrage de Galiani est surtout celui d'un technicien qui analyse et démonte les mécanismes économiques avec une remarquable agilité d'esprit, avant tout soucieux de faire comprendre. Le ton de *Sur la législation et le commerce des grains* est profondément différent. Necker insiste beaucoup plus que l'Abbé sur le sort tragique des déshérités, avec une violence qui restera unique dans son œuvre ; il veut manifestement nous émouvoir et nous scandaliser. Pour arriver à ce résultat, une éloquence aussi pompeuse et un style aussi guindé que le sien n'étaient peut-être pas des moyens très efficaces. On lit, certes, plus facilement que les tirades du Genevois les *Dialogues* du spirituel diplomate qui parle en homme du monde à des gens du monde. Mais si, littérairement, la supériorité du premier est éclatante, il nous semble sentir chez le second, une émotion qui n'est pas feinte, tandis que l'ouvrage du brillant habitué des salons parisiens apparaît surtout comme un exercice d'intelligence.

## V. — L'ASSISTANCE PUBLIQUE

Expansion économique, stabilité du prix des subsistances, stabilité fiscale constituent un ensemble de procédés efficaces qui peuvent diminuer considérablement le nombre des malheureux, mais Necker n'en pense pas moins qu'il serait vain de rêver d'une société d'où la misère disparaîtrait définitivement par une action indirecte, destinée à en supprimer les causes. Parmi les classes défavorisées, il se trou-

---

61. *Del Carteggio dell'ab. Galiani. La Criticà.* II, 1904, p. 166.
62. *Dialogues sur le commerce des blés.* Londres 1770.

vera toujours des êtres qui auront besoin d'un secours immédiat, d'une aide gratuite et le terme d'Assistance publique désigne l'ensemble des moyens grâce auxquels sont pris en charge, en dehors du circuit normal des échanges, tous ceux qui n'ont pas été en mesure de satisfaire par eux-mêmes leurs plus élémentaires besoins.

Le mot et la chose existaient depuis longtemps, mais Necker sera un de ceux qui contribueront le plus à révolutionner l'Assistance, aussi bien dans ses principes que dans son organisation matérielle, et la première de ces révolutions, la révolution des idées, nous intéresse au premier chef.

On assiste, au cours du XVIII° siècle, en ce domaine comme dans bien d'autres, à un phénomène de laïcisation qui s'accomplit en deux étapes successives : passage de la charité chrétienne à la bienfaisance, puis de la bienfaisance au droit des pauvres ; et si la première étape est l'œuvre des philosophes, c'est un fait que le Genevois a tenu dans la seconde une place de premier plan [63]. La charité chrétienne pouvait s'inspirer d'un sentiment désintéressé : l'amour du prochain fondé sur la conscience de la fraternité des hommes dans le Christ, mais elle répondait plus souvent encore sans doute au souci plus égoïste de mériter son salut par des œuvres. Poussé par l'un ou par l'autre motif, le riche consentait à faire don au pauvre d'une partie de ses biens et il était naturel que, pour accomplir ce devoir, il se tournât vers les représentants de la religion. Ainsi l'Eglise inspiratrice des actes charitables, devint également l'administratrice des richesses mises à sa disposition, richesses immenses peu à peu accumulées au cours des siècles et qui formaient à la veille de la Révolution l'énorme fortune du clergé de France.

A la charité prêchée par les prêtres, les philosophes veulent substituer la bienfaisance qui s'accomplira sous l'action d'un sentiment sans implication religieuse et purement humain, la pitié. Peu importent les discussions relatives à l'origine de ce sentiment : refus de l'impression pénible causée par la souffrance d'autrui ou sympathie immédiate de l'homme pour son semblable, ce qu'il faut souligner c'est l'aspect affectif, instinctif du comportement d'âmes bien nées, spontanément portées à venir au secours des malheureux. Ainsi l'initiative individuelle, le jeu naturel des sentiments pourraient apporter une solution au problème de la misère. Ainsi s'accomplit la première étape de l'évolution.

Mais une autre attitude va se faire jour, on ne définira plus l'assistance comme une manifestation de générosité de la part de celui qui l'accomplit, mais comme l'exercice d'un droit de la part de celui qui en est l'objet, et nul plus que Necker n'a contribué à placer sur le plan de la justice et de la raison ce qui, jusqu'alors, pour bien des esprits [64] devait rester du domaine de la religion ou de la sensibilité.

---

63. Cf. Camille Bloch. *L'assistance et l'Etat en France à la veille de la Révolution.* Paris 1908.

64. Pour Malesherbes, p. exemple, qui était un homme pourtant fort ouvert à toutes les réformes : « Celui qui fait la charité, soit par religion,

Pour opérer ce renversement, il lui suffira une fois de plus de déduire les conséquences qui découlent logiquement de son analyse de la formation et de la distribution des richesses et de son interprétation des rapports sociaux. Nous voyons alors s'évanouir, tout d'abord, l'accusation de paresse ou d'incapacité qui subsiste plus ou moins inconsciemment dans l'esprit de celui qui fait l'aumône. Necker démontre au contraire l'innocence du misérable, il n'est en rien responsable de l'état où il se trouve. L'indigence est la suite fatale du fragile équilibre incessamment rompu entre le prix auquel l'ouvrier est contraint de vendre sa force de travail et la valeur des éléments qui composent la subsistance :

> « Je demande l'aumône aujourd'hui dirait un malheureux mais, depuis cinq jours, j'ai travaillé sans rétribution à réparer les chemins publics, mais un collecteur a fait vendre le peu que j'avais pour être payé de ma taille ; un autre me poursuit pour mon devoir de gabelle ; incertain sur mes droits, je me suis encore épuisé par une dépense litigieuse et je viens de me présenter à la porte d'un riche propriétaire pour demander du travail ; on m'a répondu qu'il n'avait pas besoin de mes services. Un tel discours sûrement serait une excuse intéressante et même une juste apologie de la part de celui qui serait arrêté comme mendiant [65]. »

Le pauvre n'a pas de marge de sécurité, il lui est à peu près impossible de faire des économies. Il est condamné à vivre dans un état de permanente précarité. Comme le luxe et pour les mêmes raisons, la misère est un phénomène normal, naturel, des sociétés fondées sur l'institution de la propriété.

Mais il y a plus, l'indigent n'est pas seulement un innocent, c'est aussi une victime, un exploité, et l'œuvre du Genevois a précisément pour but de nous faire prendre conscience de l'écart qui existe entre le produit de la force de travail et le prix auquel on la paye. L'assistance apparaît alors comme un procédé indirect pour rendre à celui qui les a créés une partie des biens qui lui ont été indûment enlevés, il est naturel que la société, qui impose par la propriété un ordre indispensable à son salut et à sa survie, corrige les conséquences néfastes de cet ordre par la redistribution d'une partie des richesses produites. Ainsi se trouve indissolublement lié, dans un système qui les justifie l'un et l'autre, pour le riche, le droit au respect de la propriété, pour le pauvre, le droit à l'assistance.

> « Près des statuts qui fixent les droits des citoyens les uns envers

---

soit par sensibilité, y est porté par le désir de secourir les malheureux, mais quand on saura que le public, que l'Etat fournit le supplément nécessaire par la voie de l'imposition, celui qui à présent vient au secours du pauvre, ne croira plus venir au secours que du fisc de l'Etat, si l'on veut de la province. Et ce motif n'est pas suffisant pour exciter la charité. » *Mémoires de Loménie de Brienne sur la mendicité* avec les observations de Malesherbes dans *Malesherbes témoin et interprète de son temps*. P. Grosclaude. T. I, p. 345.

65. A.F., V, 379.

les autres, l'administration saura découvrir encore les devoirs de la société entière envers l'infortune [66]. »

Necker, d'ailleurs, va encore plus loin et, n'hésitant pas à tirer toutes les conséquences des principes qu'il a posés, il en arrive à mettre en question la justice elle-même. Après avoir innocenté le pauvre, il innocente le criminel dans un texte audacieux où l'indigent et le coupable sont mis l'un et l'autre sur le même plan, présentés l'un et l'autre comme des produits d'un ordre social reposant sur la propriété.

« Et qui doit être plus rempli de compassion pour les fautes et les erreurs des hommes que le souverain d'un grand empire ? Car si du haut degré d'élévation où ses droits l'ont placé, il discerne les rapports de toutes les classes de la société ; s'il voit le pouvoir du riche sur le pauvre ; s'il observe l'état habituel de détresse et d'inquiétude où les lois de la société réduisent les hommes dénués de propriétés ; s'il remarque en même temps, que cette classe nombreuse de ses sujets est encore privée des lumières et des avertissements que donne l'éducation ; enfin, s'il considère que la plupart d'entre eux n'ont, pour ainsi dire, que fortuitement de la réflexion et de la prévoyance ; ce coup d'œil affligeant, mais vrai, lui fera sentir que les punitions sont nécessaires pour contenir, par la crainte et par des exemples publics, les tentations continuelles de la misère et de l'ignorance ; mais en même temps il reconnaîtra, qu'à part cette nécessité malheureuse pour les princes, tout semble les inviter à l'indulgence, et que dans le temps où leur sévérité est obligée de se déployer, la pitié doit rester au fond de leur cœur. »

Celui qui viole les lois comme celui qui demande du pain sont l'un et l'autre des victimes [67].

Le ministre de Louis XVI ne saurait pour autant réclamer une réforme générale de tout le système judiciaire [68]. Mais cette assimilation du pauvre et du condamné ne reste cependant pas purement verbale. Elle se traduit dans les faits par une demande qui a une valeur symbolique. Necker propose que l'administration matérielle des prisons soit confiée aux services de l'Assistance publique. Il souhaiterait en particulier que le sort des détenus fût remis aux mains du personnel chargé de soigner les malades. On sait les épouvantables conditions de vie imposées aux misérables enfermés dans les prisons et, par ce biais, il espérait voir se réaliser peu à peu dans l'administration pénitentiaire les améliorations qu'il avait obtenues dans l'ad-

---

66. A.F., V, 379.

67. A.F., IV, 423-424. Ces idées ne sont pas propres à Necker et, à son époque, de nombreux esprits réclament une réforme des lois criminelles en se fondant sur l'injustice sociale. Cf. Les ouvrages et les auteurs cités par Lichtenberger (Op. cit., chap. XIV) en particulier l'ouvrage de Brissot : Recherches philosophiques sur le droit de propriété et sur le vol considérés dans la nature et dans la société.

68. Rappelons toutefois à ce propos l'effort considérable poursuivi pendant son ministère en ce domaine : création d'une commission de réforme des prisons, amélioration du régime pénitentiaire, allègement de la procédure criminelle et suppression définitive de la question préparatoire.

ministration hospitalière. Il ne s'agit là sans doute que d'une mesure très limitée, d'un point de détail, mais avec le réalisme qui le caractérise, Necker sait bien que rien ne pourrait apporter un changement plus rapide et plus sensible dans la vie quotidienne d'un condamné que ce simple passage d'une administration à une autre, si la société a des devoirs envers les pauvres, elle en a aussi envers cette catégorie d'individus.

De l'œuvre entreprise pour organiser ou réorganiser l'Assistance publique dans le royaume, on a retenu surtout la création originale d'établissements modèles, d'hôpitaux pilotes comme nous dirions aujourd'hui, destinés à servir d'exemples pour des institutions du même ordre et aussi de centres d'expérimentation pour l'étude des méthodes à suivre, aussi bien sur le plan administratif que sur le plan proprement médical. Le plus célèbre d'entre eux fut celui dont Madame Necker s'occupa personnellement : l'Hospice de Charité des paroisses de Saint Sulpice et du Gros Caillou [69]. Mais l'ambition du ministre était beaucoup plus vaste.

Il existe aux archives du château de Coppet, un document portant le titre de *Plan de travail pour la commission établie pour l'amélioration des hôpitaux de Paris* [70] où, à propos de cet objet limité et le dépassant de beaucoup, se trouve exposé l'ensemble des mesures que Necker souhaitait prendre pour doter l'Assistance publique des services qui la mettraient en mesure d'assumer toutes les responsabilités qui lui incombent. En voici le préambule :

« Rien ne serait plus à désirer que l'établissement d'une hospitalité générale dans le royaume assez pourvue de moyens et assez étudiée pour conserver et rendre utiles à l'Etat les enfants abandonnés, pour venir au secours de tous les pauvres malades, pour ouvrir un asile à la vieillesse et aux infirmités incurables, pour extirper enfin la mendicité en faisant cesser tous les prétextes d'oisiveté mais c'est un projet qui demande tant de réflexion et de temps qu'on ne peut pas se flatter de l'exécuter sur le champ, d'ailleurs l'objectif de la commission paraît quant à présent, borné à ce qui concerne l'amélioration des hôpitaux de la capitale. Il n'est pas inutile cependant de se former une idée d'un plan tel qu'on désirerait qu'il fût rempli, afin qu'en réglant dès à présent ce qu'il est possible d'exécuter, cela se trouve conforme aux principes qu'on se sera formés pour ce genre d'administration et que tout soit d'accord lorsqu'on sera assez heureux pour consommer intégralement le plan qu'on aura en vue. Les réflexions qu'on va hasarder ne sont donc, dans ce moment, qu'une simple spéculation mais dont on reconnaîtra l'utilité par les rapports et l'influence soit d'une branche d'hospitalité sur l'autre, soit de la capitale sur la province.

---

69. Le règlement en fut publié en 1780 par l'imprimerie royale sous le titre *Hospice de charité, institution, règles et usages de cette maison.* Cf. Lettre de Diderot du 1ᵉʳ mars 1781 : « Je ne sais si c'est à vous ou à M. Thomas que je dois la nouvelle édition de l'Hospice ; mais pour ne manquer ni à l'un ni à l'autre, permettez que je vous remercie tous les deux Ass. t. XX, p. 76.

70. Cf. L'Arrêt du Conseil du 17 août 1777, portant établissement d'une commission pour examiner les moyens d'améliorer les divers hôpitaux de la ville de Paris. Oe. c. III, 497.

> La question générale est de savoir quel serait l'établissement d'hos-
> pitalité publique le plus avantageux qu'on pût envisager ou le plus
> propre à remplir toutes les vues de charité, d'ordre et d'économies
> que l'on puisse se proposer. Comme la matière en est très vaste,
> on n'en tracera ici que le plan en renvoyant à des mémoires parti-
> culiers la discussion de chaque objet. »

De tous ces mémoires, le plus intéressant, le plus significatif est à
coup sûr le premier consacré à l'aspect financier du problème. Deux
questions préoccupent Necker, celle d'abord de trouver les ressources
nécessaires à la réalisation de ce vaste programme, celle aussi d'en
régulariser la répartition entre chaque établissement suivant les
besoins. Pour résoudre la première, il pense d'abord à améliorer le
rendement des fonds dont disposent les hôpitaux et à supprimer les
abus auxquels donne lieu leur administration, mais surtout il envisage la restitution des fonds usurpés sur eux.

> « On voit par l'histoire et par les monuments qu'il y a eu une
> infinité d'anciennes fondations, de maladreries, de léproseries et
> d'autres maisons d'hospitalité, les ecclésiastiques qui n'en étaient
> que simples administrateurs ou hospitaliers s'en sont rendus titu-
> laires et il s'en est formé des bénéfices. »

Necker n'envisage rien moins que la restitution à l'Etat et en
somme la nationalisation d'une partie des biens du clergé pour affecter les revenus de ce patrimoine à l'assistance publique et rendre
ainsi à leur destination primitive les donations faites avec des intentions  charitables. On saisit ici sur le vif la manière du ministre,
cette prédilection à adapter les institutions anciennes à des situations
nouvelles, à reconstruire un édifice en se servant des matériaux déjà
existants [71].

Reste à savoir comment « procurer une répartition analogue aux
besoins de toutes les branches d'établissements que ce plan doit
occasionner et en assurer la conservation perpétuelle ? » :

> « Le moyen d'y parvenir serait d'unir tous les biens des hôpitaux
> du royaume et tous ceux qu'on pourrait réclamer ou y ajouter, en
> un seul patrimoine affecté solidairement à toutes les parties de
> l'hospitalité publique et dont les revenus seraient reçus par les
> mêmes administrateurs locaux qui les régissent mais distribués et
> répartis sous les ordres d'une administration supérieure qui en
> présente sans cesse l'ensemble et tous les rapports sous les yeux du
> pouvoir. »

---

71. De la permanence de cette préoccupation, citons comme preuve
l'édit du 14 janvier 1780 qui, nous dit J. Imbert, « associait étroitement
le patrimoine de la charité aux finances publiques dont il tendait à faire
une branche ». *Le droit hospitalier de la Révolution et de l'Empire*. Paris.
Recueil Sirey, 1954, p. 15-16 et cette phrase du discours d'ouverture aux
Etats-Généraux : « Le roi paye annuellement à des hôpitaux, à des communautés religieuses, ou pour d'autres objets de ce genre, une somme de
cinq millions. Vous auriez à considérer, messieurs, si une partie de cette
dépense ne pourrait pas être assignée sur des revenus ecclésiastiques,
soit par des réunions, soit par la voie des économats, soit de toute autre
manière. »

Ainsi s'achèverait l'étatisation définitive de l'Assistance par la création d'une administration centralisée, ainsi l'autorité royale pourrait-elle accomplir une tâche qui lui revient de droit. Certes Necker se garde bien de décourager la charité individuelle, l'initiative privée, mais, dans sa pensée, son rôle est très modeste. C'est à la société elle-même à intervenir par l'intermédiaire de ses représentants officiels.

En attendant la réalisation d'un aussi ambitieux projet, et pour se procurer des ressources immédiates, Necker pense aux « biens de toutes les confréries du royaume » et aux ressources des Monts-de-Piété. Mais il pense surtout que le clergé devrait consacrer spontanément sur ses revenus une part beaucoup plus grande aux œuvres de charité :

> « Supposons tous les évêques comme ils devraient être : modestes en leurs dépenses personnelles, vivant assidûment dans leurs diocèses, s'y appliquant à connaître la véritable indigence et destinant à son soulagement la plus grande partie de leur revenu, tout à coup la fortune de l'Eglise devient un des emplois les plus précieux de la richesse publique. Qu'au contraire les revenus des bénéficiers servent à satisfaire des idées de luxe ou à enrichir leurs familles, on n'aperçoit plus dans la dispensation de cette même fortune qu'une répartition de faveur, dont les effets participent aux inconvénients et à l'abus de tous les bienfaits excessifs [72]. »

Il est assez piquant de voir ce protestant rappeler le clergé français à sa mission de charité « qui est le devoir essentiel de son état [73] », et s'efforcer à provoquer d'heureuses initiatives en ce domaine [74].

De la part d'un homme qui éprouve pour la religion un très sincère respect il ne faut pas s'attendre à une dénonciation violente des abus auxquels donnait lieu l'emploi par l'Eglise de France de son énorme fortune. Mais si, dans le chapitre de *De l'Administration des finances* de la France relatif aux contributions du clergé [75], tant de soin, tant d'ingéniosité sont consacrés au calcul difficile et si audacieux de sa richesse c'est, n'en doutons point, pour faire éclater aux yeux de tous l'immensité d'un patrimoine foncier qu'il estime au cinquième ou au quart du territoire, et l'on sent derrière des phrases prudentes, une protestation résolue contre le scandale des bénéfices et de leur répartition, contre l'emploi à des satisfactions égoïstes des ressources destinées aux pauvres, une protestation aussi contre l'oisiveté, contre l'inutilité de tant d'existences sans but. Infidèle à sa fonction, l'Eglise se rend coupable d'un immense détournement de fonds, et dans ces conditions, pour résoudre le problème de la misère

---

72. A.F., V, 91.
73. A.F., V, 60.
74. Par exemple le don de 100 000 écus qu'il reçut de Christophe de Beaumont à la suite d'un procès gagné contre la ville de Paris. Cf. A. de Staël : *Notice sur M. Necker*. T. I des Oe. c. de Necker, p. XCVII.
75. A.F., V, chap. V. *Sur les contributions du clergé du royaume*.

du peuple sous l'Ancien Régime, il pouvait être tentant de mener parallèlement à l'étatisation de l'Assistance publique, la nationalisation, en partie tout au moins, des biens du clergé.

Si Necker rêve d'étatiser, il ne rêve pas pour autant de laïciser ni de centraliser à outrance. Homme de compromis, il est tout prêt à tenir compte des réalités existantes et c'est ainsi qu'il n'envisage nullement de créer un corps de fonctionnaires *ex nihilo*, bien au contraire, il ne lui échappe pas que l'Assistance publique est un service d'un caractère particulier qui demande à ceux qui l'accomplissent une telle abnégation, un tel esprit de sacrifice, qu'il serait absurde de ne pas mettre à profit ces ordres religieux dont la mission ancestrale a toujours été de soutenir les malheureux.

> « De telles institutions qui sont particulières à la religion catholique sont vraiment respectables et l'on ne saurait trop apprécier le secours qu'on en peut tirer : l'administration à l'aide de la plus grande surveillance ne saurait jamais atteindre à l'influence active de ce moteur secret qui excite à l'accomplissement exact des devoirs les plus difficiles [76]... »

Dans la fierté que lui faisait éprouver l'œuvre de sa femme et la création de l'hôpital qui porte encore son nom, entrait pour beaucoup la réussite d'une collaboration qui réunissait dans le même dévouement la supérieure d'une communauté religieuse, le curé d'une paroisse de Paris et la fille d'un pasteur vaudois [77]. Rien n'était plus loin de sa pensée que de refuser les ressources spirituelles et morales qu'offrait l'Eglise de France. On peut même dire que Necker a mis une sorte de coquetterie à rassembler autour de lui une cohorte de prélats distingués et qu'il comptait beaucoup sur eux pour l'aider à accomplir son œuvre de rénovation en ce domaine comme en bien d'autres [78].

De même, la centralisation à laquelle il pense, n'est nullement rigoureuse. Il est bien loin de songer à diriger de Paris, en s'appuyant sur les seuls fonctionnaires royaux, la gigantesque entreprise de la réorganisation de l'Assistance et il compte beaucoup, pour l'aider dans cette tâche, sur les assemblées provinciales.

> « Je les verrais (ces assemblées) acquérant chaque jour des droits à la confiance du souverain, unir successivement sous un même point de vue, et la partie du produit des impositions destinée aux soulagements ou à des travaux dans les saisons rigoureuses et les revenus des hôpitaux et les ressources qu'on peut attendre des charités qui sont un devoir du clergé, et les offres volontaires de ceux qui voudraient connaître de sages dispensateurs pour se

76. A.F., V, 423-424.
77. *Mémoires secrets de Bachaumont*, 10 août 1779. « Mme Necker réunie à M. le curé de Saint-Sulpice a dirigé jusqu'à présent cet établissement avec les soins les plus assidus. »
78. Cf. A.F., V, chap. III « Sur l'introduction du clergé dans les Assemblées provinciales » et, par exemple, la nomination de l'abbé de Montlinot comme inspecteur du dépôt modèle de mendicité établi à Soissons en 1779.

livrer à toute leur générosité. Je verrais ces mêmes administrations former de tant d'objets comme un faisceau de bienfaisance politique, et se montrer jalouses qu'aucun habitant de la province, dont la tutelle économique leur aurait été confiée ne pût jamais, dans son infortune, s'en prendre avec justice à l'insouciance publique [79]. »

Sans doute ces assemblées ne jouiront-elles pas d'une complète indépendance, le ministre exigera d'elles des informations, il leur tracera une ligne de conduite et contrôlera leurs activités, car lui seul a sous les yeux l'ensemble de la situation financière, lui seul aussi peut confronter les expériences et définir les principes directeurs d'une politique, en fonction des résultats obtenus ; mais leur autonomie restera très grande et le rêve de Necker est celui d'une collaboration heureuse entre le gouvernement central et des assemblées provinciales compétentes et efficaces. C'est à cette condition que l'Etat et l'Assistance publique pourront faire face à leurs lourdes responsabilités.

Pour apprécier à leur juste valeur, les idées de Necker en ce domaine, il faut songer à ce qu'était, bien souvent, l'état d'esprit de ses contemporains envers la misère. Au niveau de l'opinion moyenne, le riche, en une réaction instinctive devant un spectacle gênant, se débarrasse aisément de tout scrupule, en attribuant à la paresse du pauvre, à ses négligences, voire à ses vices, les souffrances et les privations qu'il doit supporter. On en vient même à redouter pour le peuple une vie trop facile où l'on voit une cause certaine de démoralisation. Quesnay, dans son article *Grains*, offre un exemple caractéristique de cette mentalité de classe :

« C'est d'ailleurs un grand inconvénient, écrit-il, que d'accoutumer le même peuple à acheter le blé à trop bas prix, il en devient moins laborieux, il se nourrit de pain à peu de frais, et devient paresseux et arrogant ; les laboureurs trouvent difficilement des ouvriers et des domestiques ; aussi sont-ils fort mal servis dans les années abondantes. Il est important que le petit peuple gagne davantage et qu'il soit pressé par le besoin de gagner. Dans le siècle passé, où le blé se vendait beaucoup plus cher, le peuple y était accoutumé, il gagnait à proportion, il devait être plus laborieux, plus à son aise [80]. »

Les doctrinaires du libéralisme n'ont pu que confirmer les possédants dans cette attitude, en enseignant qu'on peut avoir une confiance absolue dans le jeu des mécanismes économiques grâce auquel tout travail trouve sa juste récompense. La misère n'est pas un phénomène normal, c'est une exception. C'est bien là le point de vue soutenu par l'auteur du célèbre article *Fondation* de l'Encyclopédie. En règle générale,

---

79. A.F., V, 387-388.
80. *Encyclopédie*. Article *Grains*.

« tout homme sain, écrit-il, doit se procurer sa subsistance par son travail, parce que s'il était nourri sans travailler, il le serait aux dépens de ceux qui travaillent ». Et donc « ce que l'Etat doit à chacun de ses membres, c'est la destruction des obstacles qui les gênent dans leur industrie, ou qui les troublent dans la jouissance des produits qui en sont la récompense. »

Il est clair que les « devoirs » de l'Etat ne sont pas entendus de la même manière par les deux ministres ; et Turgot, bien loin de faire de l'assistance une des grandes fonctions publiques, minimise, au contraire, son rôle et laisse aux initiatives locales « le soin de pourvoir à l'entretien de quelques vieillards, de quelques orphelins, à la conservation des enfants exposés ».

Il faut reconnaître qu'en ce domaine encore, le doctrinaire n'apparaît pas sous son meilleur jour et l'on peut regretter que l'opposition idéologique entre les deux hommes d'Etat n'ait pas été davantage soulignée par C. Bloch dans son ouvrage [81]. On y sent pour le Genevois une discrète antipathie, aisément explicable de la part d'un homme qui félicite Turgot de favoriser « la dignité de l'individu en l'aidant non à cultiver sa paresse et son vice, mais à opposer le robuste obstacle du travail à l'adversité (sic) » [82]. Necker pense, au contraire, que seule l'intervention permanente de l'Etat peut empêcher que la nécessaire exploitation de l'homme par l'homme ne s'exerce avec la dernière rigueur, c'est donc son devoir le plus strict que de « tendre une main secourable à ceux qui ont besoin de protection contre les lois elles-mêmes [83] ».

## VI. — LA LIMITATION DU TEMPS DE TRAVAIL

Dans la France de l'Ancien Régime, la religion, en obligeant au repos le Dimanche et les jours de fêtes chômées, était la seule autorité qui imposât une limitation de la durée du travail. Or, l'opinion publique, dans le cas des fêtes chômées surtout, n'était guère favorable à cette règlementation et, du savetier de La Fontaine aux philosophes du XVIIIᵉ siècle [84], on s'accordait généralement à voir dans cet arrêt imposé à toute activité, une des causes de la misère du peuple, empêché de gagner son pain pendant de nombreuses journées ; Necker

81. C. Bloch : *L'Assistance et l'Etat en France à la veille de la Révolution.* Paris 1908, p. 216, où l'on peut lire que « l'antagonisme de Turgot et de Necker ne semble pas réel ».
82. *Ibid.,* p. 210.
83. A.F., V, 378.
84. Cf. Cantillon : « L'expérience fait voir que les Etats qui ont embrassé le protestantisme, et qui n'ont ni moines ni mendiants, en sont devenus sensiblement plus puissants. Ils jouissent aussi de l'avantage d'avoir supprimé un grand nombre de fêtes, qu'on chôme dans les pays catholiques romains, et qui diminuent le travail des habitants de près d'une huitième partie de l'année. » *Op. cit.,* p. 53. Cf. aussi Voltaire et

prend le contre-pied des idées habituelles et démontre au contraire
que l'Eglise en agissant ainsi vient très utilement au secours des
classes défavorisées. Nous connaissons son raisonnement [85] : le
salaire étant a priori fixé au minimum vital, la diminution du nombre
annuel d'heures de travail le laissera inchangé, si du moins la totalité
des salariés est soumise au même régime. « Les hommes dénués de
propriété après avoir été trompés quelque temps ne gagneraient donc
qu'un accroissement de travail à l'abolition du jour de repos [86] ? »
Nous nous sommes basés, si l'on s'en souvient, sur cette démonstration impeccablement conduite, pour prouver que Necker avait une
idée parfaitement claire de ce que Marx appellera plus tard la plus-
value absolue.

Ainsi s'opère un renversement de point de vue qui n'est pas sans
donner un caractère extrêmement moderne à la pensée de notre
auteur ; bien loin d'apparaître, en cette affaire, comme une ennemie du pauvre peuple réduit à une ruineuse oisiveté, comme se
plaisait à le penser l'anticléricalisme des philosophes, l'Eglise devient
sa bienfaitrice, bienfaitrice involontaire peut-être, mais efficace.
Necker insiste sur les avantages matériels qu'apporte la limitation
des heures de travail : c'est un adoucissement à une exploitation
qui sans cela, serait poursuivie jusqu'à la limite des forces du tra-
vailleur, mais il n'oublie pas non plus les satisfactions que procurent
sur le plan moral, ces jours volés à la cupidité du propriétaire. Ils
apportent un peu de changement dans la grisaille d'une existence
semi-animale consacrée à un travail épuisant et qui n'est qu' « une
suite continuelle et monotone des mêmes occupations et des mêmes
efforts [87] » ; la perspective de cette détente fait supporter plus facilement la fatigue. Ils permettent également à la foule des déshérités,
victimes d'une accablante inégalité, de se sentir eux aussi des hommes comme les autres, ne fût-ce que pour le court espace d'une journée :

> « Il me semble, (dit Necker en une phrase où, pour une fois, le
> pathos ne gâte pas trop l'expression d'un sentiment sincère), il me
> semble encore qu'il se glisse dans le cœur des gens du peuple quel-
> ques pensées propres à relever leurs sentiments abattus lorsqu'un
> jour par semaine, ils se revêtent d'un habit qui les rapproche
> extérieurement des autres citoyens ; lorsque ce jour ils sont maîtres
> absolus de leur temps, et peuvent se dire ainsi quelquefois : et
> moi aussi, je suis libre [88]. »

Toutefois, si bienfaisante que soit la limitation de la durée du travail, elle ne peut être déterminée au gré des gouvernements. De

---

l'article *Fêtes* du Dictionnaire philosophique d'une particulière violence.
Mirabeau fait exception, qui défend les fêtes au nom du repos et aussi
au nom de la joie et des rapports d'union et de société. (*Ami des Hommes*,
première partie, chap. I.)

85 Cf. *supra* p. 92.

86. I.O.R., XII, 192. Cf. encore C.M.R., XIV, 166-167.

87. I.O.R., XII, 193.

88. *Ibid.*

l'analyse de l'incidence du repos dominical sur le niveau des salaires découle en effet, une conclusion exactement contraire à l'opinion courante, à savoir : « que la multiplication des jours de travail occasionnerait une réduction dans le prix de la main-d'œuvre [89] ». Or tout abaissement du prix de la main-d'œuvre permet un abaissement du prix de revient ; et donc, la réduction du nombre des jours de repos, voire leur suppression, assurerait un avantage certain à une nation pour le développement de son commerce extérieur, tandis que leur augmentation la mettrait dans une situation défavorable. Après avoir fait toutes ces réflexions, Necker donne sur ce problème un avis balancé qui est bien dans sa manière et qui indique la juste mesure à observer pour la France et pour chaque nation, en cette circonstance :

> « Le royaume qui, dans sa barbare ambition, abolirait le jour du repos établi par les lois de la religion, se procurerait probablement un degré de supériorité, si seul il adoptait un pareil changement ; mais au moment où tous les souverains suivraient cet exemple, les proportions anciennes, qui fixent aujourd'hui les avantages respectifs des diverses nations commerçantes, ne seraient point altérées. Cependant le même raisonnement doit servir à faire connaître qu'un pays où les temps d'inaction sont trop multipliés, a nécessairement un désavantage politique, relativement aux Etats où le dimanche et les époques solennelles sont les seuls jours de repos prescrits par la religion du pays, et autorisés par les lois du gouvernement [90]. »

La justesse de ce raisonnement vaut à Necker de figurer parmi les précurseurs de la législation internationale du travail. En 1925, à l'occasion du jubilé de l'association internationale pour la protection légale des travailleurs, son bulletin *L'avenir du travail* reproduisit le passage de *De l'importance des opinions religieuses* consacré à cette question, en le présentant comme « l'un des documents historiques de la législation du travail », et l'auteur d'un article sur *Necker précurseur de la protection ouvrière* [91], à qui nous devons ce renseignement, se croit en droit d'affirmer à ce propos que, sans avoir « eu l'idée d'ententes internationales protégeant les ouvriers », Necker « a été le premier à constater que la question ouvrière était une question internationale ».

## VII. — LE DROIT DE VOTE

Jusqu'ici, dans le programme d'action tracé par Necker en vue de la défense du minimum vital, aucune mesure, il faut en convenir, ne présente par rapport à l'Ancien Régime un caractère vraiment

---

89. *Ibid.*, p. 194.
90. I.O.R., XII, 195.
91. A. de Maday : *Necker précurseur du pacifisme et de la protection ouvrière.* Bruxelles, imp. des Travaux publics, 1935.

révolutionnaire. Qu'il s'agisse de l'expansion économique, de la réforme des impôts, de la stabilité des prix et de l'Assistance, tout administrateur consciencieux, à n'importe quel échelon : ministre, intendant, subdélégué ou municipalité, tous ceux qui de près ou de loin ont été en contact avec la réalité et chargés de faire régner l'ordre public, ont été amenés par la force des choses à penser à l'un ou à l'autre des projets formés par le Genevois et ont souhaité le voir réalisé par voie d'autorité. Si le ministre de Louis XVI se distingue des fonctionnaires petits ou grands qui l'ont précédé, c'est peut-être par la cohérence et l'ampleur de ce programme, c'est beaucoup plus encore par l'extrême audace de son analyse, mais ce n'est point par la nouveauté de ses desseins. Sauf, pourtant, sur un point capital, où il fait vraiment figure de novateur en proposant, ou plutôt en signalant un procédé d'action directe sur les salaires, inconnu et pour cause, de la monarchie française et qui, privilège exclusif de l'Angleterre, assurait à sa classe ouvrière un sort qu'on jugeait, au XVIIIe siècle, meilleur que dans tous les autres pays :

> « Cette différence dans le sort des salariés anglais est réelle, mais elle ne contredit point les principes qu'on a établis à ce sujet, parce qu'elle tient à une circonstance particulière à l'Angleterre ; c'est que le peuple y est propriétaire d'une valeur qu'il dispense aux riches, et avec laquelle il les force à la modération dans leurs droits. Cette valeur est la faculté de les élire, ou de ne pas les élire pour membres du parlement. De cette heureuse prérogative découle l'amélioration qu'ils éprouvent dans leur sort physique ; mais les Anglais sont les seuls peuples de l'Europe qui jouissent d'un tel bonheur [93].

Il revient sur ce phénomène à plusieurs reprises : une première fois dans *Sur la législation et le commerce des grains* :

> « Enfin le peuple est pauvre en France, et cela est inévitable, parce qu'il est nombreux, et qu'il n'a aucun moyen pour être considéré, ni pour se défendre contre l'empire des propriétaires ; au lieu qu'en Angleterre, le peuple fait partie du gouvernement, en sa qualité d'électeur des représentants de la nation ; le peuple anglais peut donc avoir plusieurs sortes d'intérêts dans la société [94]. »

une seconde fois dans le même ouvrage :

> « L'Angleterre est le pays du monde où la condition du peuple paraît la meilleure ; cette heureuse circonstance ne peut pas être attribuée à la modération des impôts, puisque, proportion gardée,

---

92. Cf. Cantillon : « Dans quelques provinces méridionales de la France, le paysan s'entretient du produit d'un arpent et demi de terre et on peut estimer son travail égal au produit de trois arpents. Mais dans le comté de Middlesex, le paysan dépense ordinairement le produit de cinq à huit arpents de terre et ainsi on peut estimer son travail au double. » *Op. cit.*, p. 22.
93. E.C., XV, 125.
94. L.C.G., I, 143.

ils sont plus considérables que dans aucun autre pays de l'Europe. Il faut plutôt chercher la cause dans la nature du gouvernement, qui donne au peuple un degré de force et de résistance qui influe sur le prix de ses salaires [95]. »

et une troisième fois dans *De l'administration des finances de la France* :

> « Enfin, une circonstance importante adoucit encore en Angleterre l'effet des impôts ; c'est que le prix du travail n'est pas autant qu'en France à la discrétion des riches ; la nature du gouvernement, les égards dus au peuple dans un pays où la constitution lui donne des droits, les contributions établies sous le nom de taxe des pauvres, pour mettre chaque paroisse en état de subvenir à la stagnation du travail et aux moments de nécessité : toutes ces circonstances donnent aux ouvriers une force de résistance qui maintient le cours des salaires dans une juste proportion avec le prix de la subsistance à laquelle le peuple anglais est accoutumé [96]. »

Tous ces textes sont formels, le droit électoral accordé à la classe ouvrière est un moyen d'action pour obtenir une hausse des salaires ; la défense des opprimés n'est plus, selon la formule classique, remise exclusivement aux mains du souverain : dans un pays qui a la chance de jouir des avantages de la constitution anglaise, les salariés eux-mêmes peuvent, en vendant leurs voix, exercer une pression contre le patronat, ils deviennent dans une certaine mesure les maîtres de leur propre destin. La différence est considérable, mais que le salut vienne d'en haut ou d'en bas, Necker, conscient de l'impossibilité dans un régime de libre concurrence d'échapper aux fatalités économiques, envisage toujours le recours au politique comme le seul procédé efficace dans la lutte pour l'élévation du niveau de vie. Peu importe pour le moment de savoir si l'exemple est bien choisi et si l'image qui nous est proposée des conditions sociales en Angleterre, au XVIIIᵉ siècle, correspond à la réalité, ce qui compte c'est de constater la permanence de ses préoccupations et les directions dans lesquelles s'engage sa pensée.

## VIII. — CONCLUSION

En présence de ce programme, parfaitement cohérent, et des efforts dépensés pour le réaliser, on comprend mal le jugement porté sur le premier ministère de Necker, confondu avec celui de Turgot dans une même entreprise de réforme de la monarchie au cours de laquelle le Genevois n'aurait fait que reprendre avec timidité et sans

---

95. *Ibid.*, p. 313.
96. A.F., IV, 167.

grande conviction les idées de son prédecesseur [97]. Rien n'est plus
loin de la réalité que cette simplification facile, rien n'est plus opposé
que la politique de ces deux hommes et leur idéologie. En fait, Turgot
ne s'est vraiment intéressé qu'à une seule chose : la mise en application d'une doctrine qui voit dans la totale libéralisation du système
de la production et de la distribution des richesses, la condition nécessaire et suffisante de la prospérité des nations. L'arrêt du 13 septembre 1774 qui provoquera la guerre des Farines, les Edits de janvier
1776, ceux surtout qui sont relatifs à la police des grains et à la
suppression des jurandes et corporations, représentent l'objectif fondamental de ce théoricien au pouvoir, c'étaient là les mesures dont il
attendait la solution de toutes les difficultés. Ceci mis à part, le ministre a peut-être eu les plus beaux projets, les plus louables intentions,
mais il n'a rien fait ou à peu près [98].

Pourquoi dès lors accoler à son nom cette épithète de « bon »
qu'il ne mérite en aucune manière, alors qu'il n'a jamais été que l'instrument docile du capitalisme, et plus particulièrement du capitalisme agraire le plus égoïste, le plus impitoyable, le plus aveugle.
Sans doute, son aveuglement n'a-t-il pas la même origine que celui
des propriétaires, ces derniers ne pensent qu'à la hausse du prix du
blé et à l'accroissement de leurs revenus, tandis que l'auteur des
*Réflexions sur la formation et la distribution des richesses* a poursuivi
dans le concret la réalisation d'un schéma qui n'avait de signification
que dans un univers abstrait où, avec une parfaite fluidité, les équi-
libres se  rétablissent instantanément par le simple jeu de l'offre et
de la demande.

Mais peu importent les différences de motivations, le résultat est
toujours le même, c'est une parfaite indifférence aux souffrances et
aux privations du matériel humain qui n'intervient dans les calculs
du théoricien ou des possédants que comme un des facteurs de la
production. Aussi les deux pendus qui se balancèrent aux potences
dressées lors de la sévère répression de la guerre des Farines devraient-
ils apparaître comme le véritable symbole de son action.

La politique interventionniste de Necker est la négation même de
cette attitude. Tout autant que Turgot, Necker souhaite l'expansion
économique, le développement des forces productrices, et il est prêt
à les favoriser par tous les moyens, mais sachant, et Turgot le sait
aussi bien que lui, que le niveau du salaire est inéluctablement fixé

---

97. Cf. par exemple dans une grande synthèse comme celle de Gershoy : *L'Europe des princes éclairés 1763-1789* ce jugement sur le premier
ministère de Necker : « Lorsque Necker prenant avantage de son immense
popularité personnelle, tourna au réformateur du genre Turgot, lui aussi
fut renvoyé », p. 272.
98. C'est ce qui ressort de l'ouvrage d'Edgar Faure, c'est ce qu'affirme
J.F. Bosher sans hésitation : « *The study of reform in the central administration of finance leads inevitably to Necker's first ministry. Terray
played some small part in this work, Turgot even less and Calonne was
a major opponent of it.* » *French Finances, 1770-1795*, p. 145.

au strict nécessaire, il veut empêcher à tout prix que le salarié, de par sa condition, ne devienne un paria. Refusant l'hypocrite optimisme du « laisser faire laisser passer », il estime que le premier devoir de l'Etat est la défense du minimum vital des non-possédants. C'est donc lui qui mérite le nom de philanthrope, c'est lui qui rappelle à Turgot et à ses pareils que les hommes sont leurs semblables, que « c'est pour eux que les lois sont faites », et le retentissement d'œuvres comme *Sur la législation et le commerce des grains*, le *Compte rendu*, solennelle tribune royale, ou encore le traité *De l'administration des finances*, montrent que la cause des partisans de l'interventionnisme n'était pas perdue, ni leur voix silencieuse à la veille de la Révolution, et l'on ne saurait trop souligner sur le plan de l'histoire des idées et sur le plan de l'histoire tout court, le rôle de celui qui fut leur porte-parole et qui mena la lutte contre un libéralisme inhumain.

Rendre ainsi justice à Necker sur le plan social, c'est montrer du même coup combien la signification traditionnellement attribuée au ministère de Turgot sur le plan politique, est discutable. On présente son arrivée au pouvoir comme la dernière chance de la monarchie, et sa disgrâce comme une « des trente journées qui firent la France [99]. » C'est là une image d'Epinal aussi répandue qu'inexacte. Nous ne craindrons pas de dire au contraire que la politique de Turgot a ébranlé le régime dans ses plus profondes assises. Sur les imprudents conseils de son ministre, Louis XVI a renié une des traditions les plus anciennes et les plus sacrées de la monarchie : il a renoncé au titre de père de ses peuples. Par l'arrêt du 13 septembre 1774, il a fait siens des principes, condamnés deux ans plus tôt, à savoir que le roi « ne doit point de subsistances » à ses sujets et qu'ils n'ont à les attendre que de « leur travail et de leur industrie ».

Faute impardonnable et qui va sceller le destin du régime « Qu'il nous nourisse » criait tout le Midi révolté pendant l'hiver de 1773 [100]. Ce sera aussi le cri des émeutiers de la guerre des Farines. Ce sera, bien plus violent encore, celui des foules révolutionnaires. Un historien russe a montré dans les scènes qui se déroulèrent à Versailles au printemps de 1775 la préfiguration de celles qui, quatorze ans plus tard devaient ensanglanter la cour du Château [101]. C'est là un rapprochement qui s'impose. La politique libérale, à nouveau suivie après la chute de Necker, laisse le gouvernement désarmé devant la disette de l'hiver 1788-1789 et malgré les efforts désespérés du Genevois

---

99. C'est le titre de la collection dans laquelle est paru l'ouvrage d'Edgar Faure : *La disgrâce de Turgot*.

100. Cf. Weulersse : *La physiocratie à la fin du règne de Louis XV*, p. 181.

101. « Une garde impuissante, des grilles défoncées, une cour envahie, un roi en larmes, sa voix étouffée par les hurlements d'une foule déchaînée qui ne se calma qu'après qu'il se fut lui-même hâté de baisser le prix du pain, en bref sinon une répétition générale, du moins le prototype du 5 octobre 1789. » Lublinsky : *Voltaire et la guerre des Farines*. Ann. hist. de la Rév. franç., 1959.

revenu au pouvoir, la famine fait basculer les masses dans le camp des adversaires du régime. En substituant au paternalisme séculaire du monarque, le jeu cruel et anonyme des lois économiques, Turgot avait tracé la voie qui devait conduire la royauté à sa perte. Ce que la population parisienne vint chercher à Versailles, les cinq et six octobre, ce n'était pas la liberté, l'égalité, la fraternité, c'était le boulanger, la boulangère et le petit mitron.

CHAPITRE IV

# NECKER ET SON TEMPS

## I. — CANTILLON ET LINGUET

Le tableau que nous présente Necker de la société de son temps est un tableau complet : d'un côté, les châteaux, les habits brodés, les passions, la culture, de l'autre, les travaux, les privations, les « habitations dégoûtantes de l'indigence » et la semi-animalité ; d'un côté la dépense du superflu, de l'autre le minimum vital, et Necker ne se contente pas de dénoncer ce scandale, il en donne aussi les raisons, il nous montre que les deux moitiés d'une même réalité sont la conséquence d'une seule cause, l'institution de la propriété.

Or, si l'on se préoccupe d'influences, on constate qu'au XVIII$^e$ siècle, il est deux auteurs qui incarnent chacun l'un des deux aspects de cette réalité, deux auteurs qui se sont spécialisés en quelque sorte dans une vision du monde envisagée, soit dans la perspective du riche, soit dans la perspective du pauvre. Le premier, le plus connu, est Cantillon avec son célèbre ouvrage : *Essai sur la nature du commerce en général*, l'autre est Linguet, aux innombrables publications, trop paradoxal pour intéresser les économistes distingués, mais passionnant et trop ignoré. Il nous semble que la pensée de Necker est au confluent de l'un et de l'autre, et c'est de leurs influences conjuguées qu'est née son œuvre : il fait la synthèse de chacune de ces deux visions partielles, synthèse d'autant plus facile que Cantillon et Linguet ne se contredisent pas mais se complètent, comme se complètent les deux classes, entre lesquelles le banquier a naturellement choisi celle des riches et le besogneux avocat, celle des pauvres.

### 1° *Cantillon.*

L'ouvrage de l'Anglais est inspiré par une idée fondamentale, celle du rôle déterminant que jouent les propriétaires dans la vie économique : ce sont eux les animateurs, les meneurs de jeu, et il va nous révéler comment s'exerce leur domination. Dans ce but, il commence par réduire à deux catégories seulement la totalité de la population : d'un côté les possesseurs du sol, de l'autre ceux qu'il appelle les salariés « à gages certains » ou « à gages incertains »[1] et il justifie cette division par cette simple et évidente raison que le possesseur du sol est le détenteur des subsistances et que, s'il se refusait à les distribuer, toutes les autres formes d'activité cesseraient, la primauté du propriétaire s'identifiant ici avec la primauté de l'agriculture :

> « Le fonds des terres appartient aux propriétaires mais ce fonds leur deviendrait inutile si on ne le cultivait pas, et plus on y travaille, toutes autres choses étant égales, plus il rend de denrées ; et plus on travaille ces denrées, toutes autres choses étant égales, lorsqu'on en fait des marchandises, plus elles ont de valeur. Tout cela fait que les propriétaires ont besoin des autres habitants, comme ceux-ci ont besoin des propriétaires ; mais dans cette économie, c'est aux propriétaires, qui ont la disposition et la direction des fonds, à donner le tour et le mouvement le plus avantageux au tout[2]. »

Necker dira lui aussi :

> « Si les besoins physiques n'avaient point de bornes, moins il y aurait d'hommes sur le terrain qu'ils pourraient cultiver, plus ils auraient de jouissances. Mais la subsistance journalière étant marquée par la nature, tous les fruits que la terre donne à son propriétaire au-delà de ses besoins, ne tournent à son bonheur qu'autant qu'il peut les échanger contre les services de ses semblables. Or, dans l'état de société, nul homme hormis le propriétaire n'étant nourri qu'en échange d'un travail agréable à quelqu'un, la multiplicité des hommes annonce toujours celle des jouissances[3]. »

L'affirmation de cette vérité d'évidence, qui jouera un si grand rôle dans la pensée physiocratique et dont la prise de conscience permettra de se représenter dans son ensemble le circuit de la production et de la distribution des richesses, ne suffirait pas toutefois à établir entre Cantillon et Necker une filiation ; la ressemblance est surtout frappante dans l'analyse qu'ils font de la consommation du superflu dont dispose le propriétaire, dans l'importance qu'ils accordent au comportement du riche, à sa psychologie, si bien que cette dépense finit par apparaître comme l'accomplissement d'une véritable fonction. Aussi considère-t-on à juste titre l'*Essai* comme une théorie du luxe, que nous retrouvons inchangée dans l'œuvre de notre auteur.

Cantillon constate, c'est là le point de départ de sa réflexion, qu'il reste aux mains des propriétaires, une fois assurés les frais d'exploitation, un superflu disponible :

> « Pour ce qui est de l'usage auquel on doit employer la terre, il est préalable d'en employer une partie à l'entretien et la nourriture de ceux qui y travaillent et la font valoir : le reste dépend

---

1. Cantillon, *op. cit.*, p. 31.
2. *Ibid.*, p. 27. Cf. encore *ibid.*,, p. 26
3. E.C., XV, 74.

principalement des humeurs et de la manière de vivre du Prince, des seigneurs de l'Etat et du propriétaire [4]... »

Il ne lui vient pas à l'idée, et c'est là ce qui importe, que ce « reste » puisse être utilisé à autre chose qu'à satisfaire les désirs de ceux qui en sont les bénéficiaires, et par conséquent les modes de jouissance qu'ils auront choisis, l'usage qu'ils vont faire de ce revenu dont ils sont les maîtres absolus, va exercer une influence capitale sur l'orientation de l'activité économique, d'autant plus que ce revenu est estimé par lui au tiers du produit total des terres. A ce thème sont consacrés deux chapitres aux titres significatifs : le chapitre XIV :

> « les humeurs, les modes et les façons de vivre du Prince, et principalement des propriétaires de terres déterminent les usages auxquels on emploie les terres dans un Etat et causent au marché les variations des prix de toutes choses »

et le chapitre XV :

> « La multiplication et le décroissement des peuples dans un Etat dépendent principalement de la volonté, des modes et des façons de vivre des propriétaires de terres ».

Ainsi s'explique l'apparition des phénomènes essentiels des sociétés civilisées : la naissance des villes, la multiplication des métiers, la diversification des produits, le développement du luxe, le progrès des sciences et des arts, suivant une évolution que Necker décrira avec encore plus de précision et de détails.

Ainsi s'expliquent également dans le cadre de ce schéma général de développement, les variations qui peuvent se produire dans tel ou tel secteur particulier de la production, et l'exemple donné par Cantillon sera souvent repris au XVIIIe siècle :

> « Si un seigneur, ou propriétaire, qui a donné toutes ses terres à ferme, prend la fantaisie de changer notablement sa façon de vivre ; si par exemple il diminue le nombre de ses domestiques, et augmente celui de ses chevaux ; non seulement ses domestiques seront obligés de quitter la terre en question, mais aussi un nombre proportionné d'artisans et de laboureurs qui travaillaient à procurer leur entretien : la portion de terre qu'on employait à entretenir ces habitants, sera employée en prairies pour les chevaux d'augmentation, et si tous les propriétaires d'un Etat faisaient de même, ils multiplieraient bientôt le nombre des chevaux, et diminueraient celui des habitants [5]. »

Necker dira à son tour :

> « Le luxe le plus contraire aux principes de l'économie politique est celui qui contrarie la population. Tel est celui des parcs, des chemins fastueux et des chevaux, parce qu'il emploie au faste, à l'amusement une grande portion de terres capable de multiplier les subsistances [6]. »

---

4. *Essai*, p. 4.
5. *Essai*, p. 36.
6. E.C., XV, 126.

La même influence tyrannique détermine aussi la nature et le volume des échanges avec les nations voisines, et par voie de conséquence, le progrès ou la stagnation de l'économie et de la population du pays tout entier. Cantillon esquisse à ce propos le processus d'une évolution que nous connaissons bien et qui, par stades successifs, mène de l'état naissant à l'état équilibré, puis à l'état de surpopulation :

> « ... lorsque les seigneurs et les propriétaires de terres tirent des manufactures étrangères leurs draps, leurs soieries, leurs dentelles, etc. et s'ils les paient en envoyant chez l'étranger le produit des denrées de l'Etat, ils diminuent par là extraordinairement la subsistance des habitants et augmentent celle des étrangers qui deviennent souvent des ennemis de l'Etat [7]. »

Au contraire :

> « Un Etat, où il se trouve des mines, qui a des manufactures où il se fait des ouvrages qui ne demandent pas beaucoup de produits de terre pour leur envoi dans les pays étrangers et qui en retire, en échange, beaucoup de denrées et de produits de terre, acquiert une augmentation de fonds pour la subsistance de ses sujets [8]. »

Du même coup s'annonce une justification des lois prohibitives :

> « Si les propriétaires des terres et les seigneurs en Pologne ne voulaient consommer que des manufactures de leur Etat, quelque mauvaises qu'elles fussent dans leurs commencements, ils les feraient devenir peu à peu meilleures, et entretiendraient un grand nombre de leurs propres habitants à y travailler, au lieu de donner cet avantage à des étrangers : et si tous les Etats avaient un pareil soin de n'être pas les dupes des autres Etats, dans le commerce, chaque Etat serait considérable uniquement, à proportion de son produit et de l'industrie de ses habitants [9]. »

Nous citerons encore le texte suivant qui résume aussi bien la doctrine de Necker que celle de Cantillon en matière de commerce extérieur et d'expansion :

> « Si on est dans l'habitude d'attirer l'or et l'argent de l'étranger par l'exportation des denrées et des produits de l'Etat, comme des blés, des vins, des laines etc., cela ne laissera pas d'enrichir l'Etat aux dépens du décroissement des peuples, mais si on attire l'or et l'argent de l'étranger en échange du travail des habitants, comme des manufactures et des ouvrages où il entre peu de produit de terre, cela enrichira cet Etat utilement et essentiellement [10]. »

Avec l'expression « où il entre peu de produits de terre » apparaît le souci de tenir compte non seulement de la productivité du travail par rapport à l'ouvrier, mais aussi de la surface de terrain néces-

---

7. *Essai*, p. 41.
8. *Essai*, p. 47.
9. *Ibid.*, p. 42.
10. *Ibid.*, p. 51.

saire à la production de la matière première, l'idéal étant de fabriquer un produit dans lequel se trouve incorporée la quantité maximum de travail, comme le pense aussi Necker.

L'un comme l'autre manifestent donc les mêmes préoccupations mercantilistes et nous montrent comment acquérir ces instruments de la grandeur et de la puissance que représentent l'accumulation des métaux précieux et la croissance de la population. Mais dans les deux cas, ces préoccupations ne sont pas déterminantes, elles s'intègrent dans une théorie générale de la dépense, où la décision des détenteurs du superflu demeure le facteur essentiel : « Si les propriétaires des terres et les seigneurs en Pologne ne *voulaient* consommer que des manufactures de leur Etat etc. »

C'est donc à la primauté des propriétaires qu'on revient toujours dans l'*Essai* et l'on sort de cette lecture convaincu que la dépense du superflu est le phénomène capital des sociétés civilisées, et qu'il faut partir de là pour comprendre le jeu des mécanismes dont ils tiennent toutes les commandes. Leur contrôle s'étend, non seulement sur la vie économique et ses fluctuations mais sur la vie tout court, puisque de leur choix dépend la croissance ou la décroissance de la population. On acquiert du même coup une vue complète du circuit parcouru par le flot annuel des richesses et de l'utilisation du revenu global d'un pays : une partie étant employée à la reproduction de ce revenu l'autre demeurant à la disposition des propriétaires pour en faire l'usage que nous savons.

Mais ce que Cantillon ne nous explique jamais à fond, c'est la raison pour laquelle le propriétaire se trouve maître d'une pareille masse de superflu. Il y a là un mystère qui n'est jamais complètement éclairci. Sans doute, en nous apprenant que les fermiers ont les deux-tiers des revenus de la terre et les propriétaires un tiers [11], l'auteur de l'*Essai* nous invite-t-il à réfléchir sur cette situation surprenante et à nous interroger sur les causes de cette répartition, sans doute aussi nous présente-t-il des considérations fort pertinentes sur certains éléments de la formation du salaire, sur leur échelonnement en fonction des qualifications des travailleurs [12], sur leur variation en fonction des habitudes locales [13], en fonction aussi du jeu de l'offre et de la demande [14], mais jamais nous ne voyons intervenir dans sa rigueur et dans sa brutalité la loi d'airain des salaires avec toutes ses conséquences, même si nous sentons sa présence et si elle est implicite dans certains raisonnements. Le plus que nous apprendrons sur ce sujet, c'est que :

> « Si le propriétaire emploie à son travail des vassaux ou paysans libres, il les entretiendra probablement un peu mieux qu'il ne ferait des esclaves, et ce suivant la coutume du lieu [15]. »

---

11. *Ibid.*, p. 26.
12. *Ibid.*, chap. VIII.
13. *Ibid.*, pp. 22-29.
14. *Ibid.*, pp. 12-13.
15. *Ibid.*, p. 20.

D'ailleurs Cantillon ne nous cache pas son indifférence pour la condition des salariés, et pour des curiosités qui ont quelque chose de malséant :

> « C'est aussi une question qui n'est pas de mon sujet de savoir s'il vaut mieux avoir une grande multitude d'habitants pauvres et mal entretenus qu'un nombre moins considérable, mais bien plus à leur aise ; un million d'habitants qui consomment le produit de six arpents par tête, ou quatre millions qui vivent de celui d'un arpent et demi [16]. »

Ce ne sont pas les êtres humains qui sont le sujet de son étude, ce sont les choses, les richesses, et les propriétaires eux-mêmes n'interviennent pas en tant qu'individus mais en tant qu'agents privilégiés de leur consommation. On saisit sur le vif l'attitude du technicien qui analyse un univers créé par les hommes et pour les hommes d'un point de vue complètement déshumanisé. On a voulu voir là une marque de rigueur et un gage de lucidité, en oubliant toutefois que, sur le plan purement théorique, l'analyse de la formation des salaires reste dans cette œuvre notoirement insuffisante, insuffisance dont il est bien difficile de voir la source ailleurs que dans la répugnance instinctive d'une conscience bourgeoise à mettre en lumière le scandale que nous allons entendre maintenant dénoncer avec une extraordinaire violence.

### 2° *Linguet.*

Pour connaître en effet l'envers du décor, il faut prendre un autre guide que le banquier anglais, il faut écouter la voix de Linguet. Rien ne change d'ailleurs, dans la construction élevée par Cantillon, mais nous n'en avons vu que la façade. L'avocat parisien va nous montrer un autre spectacle et nous découvrirons avec lui ceux qui jusque-là étaient restés dans l'ombre et qui sont les obscurs créateurs de ce superflu dont disposent souverainement les propriétaires. Ce changement de perspective va s'accompagner d'un changement de style ; à une analyse d'une élégance froide et d'une rigueur impersonnelle, au ton de la bonne compagnie vont succéder une violence et un réalisme d'une extraordinaire intensité, ainsi qu'une émotion toujours présente. Linguet est un avocat et un avocat passionné, doué d'un incontestable talent oratoire.

Déjà dans la *Théorie des lois civiles* [17], le problème des classes sociales et de leurs rapports tenait une place importante, mais c'est

---

16. *Ibid.*, p. 48. Cf. encore p. 45. « Suivant les différentes façons de vivre, quatre cent mille habitants pourraient subsister sur le même produit de terres qui n'en entretient régulièrement que cent mille. Et celui qui ne dépense que le produit d'un arpent et demi de terre sera peut-être plus robuste et plus brave que celui qui dépense le produit de cinq à dix arpents. »

17. *Théorie des lois civiles* ou *Principes fondamentaux de la Société.* Londres 1767.

la polémique déclenchée par les physiocrates dans leur campagne en faveur de la liberté du commerce des grains qui va lui donner l'occasion d'exposer à fond sa pensée sur la condition des salariés. Il avait fait paraître contre les disciples de Quesnay, en 1770 un premier ouvrage intitulé *Réponse aux Docteurs modernes* [18] et il en republie les chapitres essentiels sous le titre *Du Pain et du Bled* en 1774 [19], c'est-à-dire un an avant la parution de *Sur la législation et le commerce des grains*. La ressemblance entre les deux textes est frappante, et tout d'abord sur le plan de la forme. Le banquier a délibérément choisi un nouveau ton qui contraste surtout avec le style des notes adjointes à l'*Eloge de Colbert*. Celles-ci étaient faites d'une succession de paragraphes clairs, concis, consacrés chacun à une idée précise suivant un procédé d'exposition qui fait penser, toute proportion gardée, aux chapitres de l'*Esprit des lois* [20] ; point de déclamation, point de morceaux de bravoure. Dans l'ouvrage de 1775 au contraire, comme dans celui de Linguet, on sent toujours en éveil la sensibilité de celui qui écrit ; la compassion, l'indignation, l'émeuvent tour à tour comme si, à regarder en face la condition des salariés, on ne pouvait rester impassible et que dût nécessairement s'opérer le passage de la pure description au jugement de valeur.

Tout aussi frappante est la ressemblance dans le domaine des idées. Le thème fondamental de *Du pain et du bled* est en effet celui de l'exploitation de l'homme par l'homme. Linguet, plus brutalement encore que Necker, dévoile le mystère prudemment éludé par Cantillon, de l'origine du superflu : c'est un pur et simple vol :

> « Il ne se forme pas de nouveaux trésors en faveur de la classe qui acquiert la supériorité : son superflu ne se forme que du nécessaire qu'elle ravit aux autres. L'aisance qu'elle s'attribue n'est formée que des portions soustraites à ses voisins [21]. »

Cette spoliation s'accomplit le plus légalement du monde par le jeu de la loi d'airain des salaires :

> « ... dans les campagnes on trouve ordinairement plus de bras qu'il n'en faut, ainsi la concurrence ne tend qu'au rabais, à rendre le travail moins lucratif. Plus cette concurrence est certaine et la nécessité pressante, moins il est possible au journalier de marchander sur le prix qu'on lui offre [22]. »

---

18. *Réponse aux docteurs modernes ou apologie pour l'auteur de la théorie des lois sur cette théorie, avec la réfutation des philosophes économistes* par S.N.H.L.S. I., 1771.

19. *Du Pain et du Bled* par M. Linguet, avocat au Parlement de Paris. Londres, 1774.

20. Cf. la *Correspondance littéraire* de Grimm et Diderot : « On croit lire une suite de l'*Esprit des lois*. Le style de M. Necker est, à la vérité, moins soigné que celui de Montesquieu ; mais il est tout aussi énergique, tout aussi profond, et la chaîne de ses idées paraît même plus soutenue et plus serrée. » Septembre 1773. T. X., p. 288.

21. *Du Pain et du Bled*. Avertissements pp. XXV-XXVI.

22. *Du Pain et du Bled*, p. 123. Cf. encore *Théorie des lois civiles*. « La faible solde qu'on lui promet égale à peine le prix de sa subsistance pour la journée qu'il fournit en échange. » T. II, p. 466.

Si sur le plan de l'analyse abstraite, Necker en ce domaine est sans doute supérieur à Linguet, ce dernier par contre excelle à nous donner en des scènes d'un cruel réalisme, une représentation concrète des véritables rapports entre employeurs et employés :

> « Ce qu'il y a de terrible comme je l'ai dit dans la *Théorie des lois* livre V. chap. 31, c'est que la modicité même de cette paie est encore une raison pour la diminuer. Plus le journalier est pressé par le besoin, plus il se vend à bon marché, plus la nécessité est urgente moins son travail est fructueux. Les despotes momentanés qu'ils conjure en pleurant d'accepter ses services, ne rougissent point de lui tâter pour ainsi dire le pouls, afin de s'assurer de ce qui lui reste encore de forces. C'est sur le degré de la défaillance qu'ils règlent la rétribution qu'ils lui offrent, plus ils le sentent près de périr d'inanition, plus ils retranchent de ce qui peut l'en préserver, et les barbares qu'ils sont lui donnent bien moins de quoi prolonger sa vie que de quoi retarder sa mort [23]. »

Voilà ce qui se cache derrière l'anonymat d'un mécanisme impersonnel, voilà ce que représente le phénomène banal et quotidien du paiement en argent des salaires au prix courant.

On ne s'étonnera pas après de pareilles descriptions, d'entendre Linguet proclamer la supériorité de la condition de l'esclave antique sur le salarié moderne. *La Théorie des Lois civiles*, parue en 1767, expose tout au long son projet de réforme de la société par la réintroduction de l'esclavage et, bien loin de s'émouvoir du scandale ainsi provoqué, il publie en 1770 des *Lettres sur la Théorie des Lois civiles* où il défend énergiquement sa thèse :

> « On trouve dans ce livre (*La Théorie des lois civiles*) que l'esclavage est préférable à la domesticité pour la partie des hommes qui ne vit que de son travail, mais si l'on avait daigné seulement y réfléchir, aurait-on pu en douter ? On achète les bras et toute l'existence d'un manouvrier depuis un commencement de l'année jusqu'à l'autre pour 15 ou 20 sols par journée de travail utile. On n'est obligé ni de le nourrir ni de l'habiller ni de le loger, on ne connaît pas seulement sa famille ; ses maladies, son absence, sa mort même sont absolument indifférentes au riche qui l'emploie et qui par le son d'un écu, est sûr de faire élancer du sein de la terre une foule de malheureux qui se disputent l'honneur de le servir... Il n'y a pas de comparaison pour la félicité entre le serf qui est sûr de vivre, que l'avarice elle-même forcerait à manger s'il le refusait, et le manouvrier libre à qui elle escamote les morceaux, et dont elle scellerait volontiers la bouche si elle l'osait, quand il lui loue ses bras. Cette vérité est si visible qu'il n'y a que des aveugles volontaires qui puissent refuser de s'y rendre [24]. »

Supériorité de l'esclavage sur le salariat, loi d'airain des salaires spoliation du pauvre, ce sont là, nous le savons, les idées clefs du système néckerien, aussi Karl Marx, dans ses *Theorien ûber der Mehrwert* ne manque-t-il pas de placer le chapitre consacré au Genevois après le chapitre consacré à l'auteur de *La Théorie des lois*

---

23. *Ibid.*, p. 124.
24. *Lettres sur la Théorie des Lois civiles*, Amsterdam 1770. Avertissement, p. 5.

*civiles* [25], choisissant avec soin dans cet ouvrage les citations où s'exprime avec une particulière violence la protestation contre l'iniquité sociale.

Si tragique cependant que soit le tableau que ces deux écrivains nous tracent de la condition des déshérités, ils n'en tirent nullement des conclusions révolutionnaires et restent l'un et l'autre des défenseurs résolus de la propriété :

> « La servitude, écrit Linguet, ou si l'on veut la subordination sociale quoique gênante, quoique préjudiciable au plus grand nombre des membres de la société, est un joug légitime qu'ils ne sauraient secouer. Elle est justifiée par son utilité, par sa nécessité, il serait impossible au genre humain, s'il parvenait à s'y dérober, de retourner à cette indépendance pacifique dont elle a anéanti jusqu'à la plus légère idée [26]. »

et il reproche sévèrement aux philosophes d'entretenir chez les pauvres de chimériques espoirs :

> « Combien plus sage serait la voix terrible mais sincère qui dirait : « Souffre et meurs enchaîné, c'est là ton destin. La société vit de la destruction des libertés comme les bêtes carnassières vivent du meurtre des animaux timides [27]. »

A ceux qui s'intéressent sincèrement au sort des malheureux, il ne peut que donner le conseil suivant :

> « Aimez-les, soulagez-les quand vous avez le bonheur d'en avoir à vos ordres, mais ne leur inspirez ni haine ni dégoût pour leur état. Loin de leur en faire sentir l'injustice, attachez-vous à leur en inculquer la nécessité. Si vous agissez autrement, vos spéculations prétendues philosophiques cessent d'être vides de sens, elles en prennent un fort dangereux, elles ne sont plus inutiles, elles deviennent très redoutables [28]. »

Le monde de Linguet est donc tout aussi désespéré que celui du Genevois, il faut choisir entre l'anarchie et l'exploitation. L'humanité est enfermée dans cette alternative.

Ceci admis et admis sans aucune ambiguïté, le conservateur intransigeant, en un retournement que nous connaissons bien, se dresse alors face aux propriétaires pour défendre la cause des déshérités et réclamer avec une énergie passionnée ce strict néccessaire qui est le seul bien auquel ils puissent prétendre mais qu'il faut leur garantir à tout prix.

> « ...Les spéculations politiques... qui tendraient à rétablir une égalité parfaite entre les hommes seraient autant d'absurdités parce qu'elles tendraient aussi par là au bouleversement absolu des liens sociaux.

---

25. Chap. XII : Neker, Chap. XIII : Linguet, dans la traduction française intitulée : *Histoire des doctrines économiques* (*op. cit.*)
26. *Théorie des Lois civiles*. T. II, p. 348 ss.
27. *Théorie des Lois civiles*. T. II, p. 519.
28. *Ibid.*, p. 512.

Leur but unique doit être, en maintenant cette inégalité cruelle qui en fait l'essence, de l'adoucir autant qu'il est possible, d'assurer aux classes inférieures qui supportent tout le fardeau de la société, la seule espèce de dédommagement qui peut les consoler des privations auxquelles elles sont condamnées. Or, quel est-il ce dédommagement ? C'est la subsistance, c'est la facilité de vivre, facilité qui tourne plus encore au profit des classes supérieures qu'à celui des autres, puisque c'est à elles qu'elles doivent les bras laborieux qui entretiennent leur quiétude, et qu'après tout, des hommes qui consentent à vendre tout le fruit de leur existence, sans y mettre d'autre condition que de ne pas mourir de faim, ne sont pas des serviteurs bien chers » mais, continue Linguet, « c'est à ce marché si avantageux à l'opulence que le système des économistes porte la plus funeste atteinte [29]. »

C'est pourquoi, comme Necker, mais plusieurs années avant lui, il s'est lancé dans la bataille du commerce des grains, et, à l'encontre des disciples de Quesnay et de Gournay, il affirme lui aussi, au nom d'une théorie fonctionnelle de la propriété, la nécessité de l'intervention de l'Etat, seul remède à la précarité inévitable du sort des salariés.

Pour chacun de ces trois points d'une argumentation qui nous est devenue familière, nous nous contenterons de citer trois textes : le premier rappelle avec chiffres à l'appui la fragilité de l'équilibre entre le montant du salaire et le prix des subsistances :

« ... chez un journalier qui a sa femme à nourrir avec six ou sept enfants à charge et qui gagne à peine 250 livres par an, les fêtes et les jours sans travail prélevés, en doublant le prix du pain vous doublez sa dépense. Il s'en faut juste d'une somme égale à tout son gain de l'année qu'il n'ait de quoi vivre, il ne reçoit que 250 livres, il faut qu'il paie 500 livres. Il est donc bien plus que ruiné, car ce qu'on appelle ruine dans le monde n'est qu'une diminution de fortune... Mais ici c'est la moitié du plus rigoureux nécessaire que l'infortune se voit ravir. Pour suppléer à sa perte, il faut qu'il s'excède de travail et d'abstinence, ce qui ne le garantit ni lui ni sa femme ni ses enfants d'un sort funeste, c'est son supplice et le leur qu'il prolonge plutôt que sa vie [30]. »

Le second développe la célèbre formule : « Salus populi suprema lex esto. »

« La police, responsable à l'état de la conservation des hommes laborieux qui en sont le soutien, peut et doit mettre un frein à toutes espèces de manœuvre qui tendrait à la compromettre. A l'instant où elle court le moindre risque, il n'y a pas de moyens qu'elle ne soit obligée de mettre en œuvre pour l'assurer.
C'est alors que l'axiome « Salus populi suprema lex esto » doit être mis en usage dans toute son étendue ; c'est alors qu'il faut chercher du blé là où il est, partout où il est. C'est alors qu'il faut garnir le marché à quelque prix que ce soit [31]. »

---

29. *Du Pain et du Bled* — Avertissement, p. XXVII.
30. *Du Pain et du Bled* — Chap. V, p. 65 .
31. *Ibid*, p. 66 ss.

Dans le troisième enfin, Linguet récuse une conception strictement juridique de la propriété, elle n'est, comme dirait Necker, qu'un
**arrangement social** :

> « La propriété partielle du maître de quelques sacs de grains est
> subordonnée à la propriété universelle qu'a tout un peuple encore
> sur le terroir qu'il occupe et sur les fruits qui y croissent.
> En supposant que la réunion des hommes en société soit volontaire,
> et fondée sur des conventions, jamais sans doute ces conventions
> n'ont stipulé que le possesseur investi du domaine d'un champ en
> deviendrait le propriétaire, l'arbitre, sans exceptions ni limitations
> quelconques : jamais ses voisins, en s'engageant à respecter sa jouis-
> sance, n'ont juré de mourir de froid auprès de sa haie, plutôt que
> d'en couper les branches sans sa permission pour faire du feu, ou
> de faim à la porte de sa grange, plutôt que d'y entrer sans sa
> volonté pour y prendre du grain.
> Ils ont renoncé à rentrer dans leurs anciennes possessions indivises
> tant que par leur travail, ou par celui d'autrui, ils pourraient se
> procurer des aliments ou de l'abri contre les injures de l'air. Mais
> à l'instant où toute ressource à cet égard leur manque, la haie et la
> grange redeviennent communes, du moins tant que le besoin existe,
> et que la nécessité absolue place les voisins du propriétaire entre
> l'infraction de la loi ou la mort [32]. »

Pour achever ce parallélisme, signalons encore chez Linguet une
critique tout aussi méprisante de l'esprit de système et de la fameuse
évidence physiocratique [33], le même scepticisme aussi devant cet
ambitieux programme d'instruction qui doit rendre cette évidence
accessible à tous les esprits, alors qu'il est persuadé que « pour les
trois quarts des hommes, c'est assez de savoir obéir [34] ».
Les bras de l'ouvrier ne sont

> « vigoureux et dociles qu'en raison que sa tête est vide, et son âme
> dans l'inaction. La prose de son curé lui suffit, toute espèce de
> lumières qui excèdera cette mesure sera pour lui un germe de décou-
> ragement ou de révolte, et pour la société un commencement de
> trouble [35]. »

Devant une si remarquable communauté d'inspiration, il paraît
difficile de mettre en doute l'influence de l'auteur de *La Théorie des
lois civiles* sur celui de *Sur la législation et le commerce des grains.*

---

32. *Ibid.*, p. 69 ss. Cf. encore *ibid.*, p. 55 ss. « Dans le droit, tout être
vivant a un titre pour exiger des aliments, ses dents et son estomac,
voilà sa patente. Il la tient de la nature et c'est la plus respecable de
toutes les chancelleries. Le premier de ses devoirs et le plus sacré, c'est
de veiller à la conservation, c'est de chercher sa subsistance ; de ce devoir
suit le droit de s'emparer quand le besoin le presse assez vivement pour
exposer sa vie, de tout ce qui peut le satisfaire. La société a pu restreindre
ce droit, elle a pu fixer la manière de le faire valoir, exiger des équivalents,
et en modifier l'exercice, mais elle n'a pu l'anéantir. »
33. « Avec l'évidence il n'y a plus besoin sur la terre de législateur, de
juges, de soldats, de bourreaux et ce réformateur irréfragable existe dans
leurs livres. Jamais peut-être il n'y a eu d'exemple plus sensible des surprises que l'enthousiasme peut faire éprouver à la raison. » Linguet *Du
pain et du Bled*, pp. 270-271.
34. *Ibid.*, p. 305.
35. *Ibid.*, pp. 300-301.

## II. — NECKER ET LA PENSÉE CONSERVATRICE

D'aucuns pourraient penser que nous n'avons guère servi la cause de notre auteur en faisant apparaître combien sont peu originales et son analyse de la consommation des richesses, et l'explication qu'il donne de leur création. Mais s'il est évident que sa théorie du luxe et sa théorie de l'exploitation de l'homme par l'homme se trouvent déjà pour l'essentiel et dans Cantillon et dans Linguet, il n'en reste pas moins qu'il a fait la synthèse de l'un et de l'autre et c'est en cela précisément que réside la valeur de son œuvre. C'est pourquoi il occupe une place à part dans la pensée de son temps et plus particulièrement dans la pensée conservatrice.

Tout aussi immensément riche que le banquier anglais, le Genevois a cependant fait l'effort de sortir de la tour d'ivoire du technicien pour dépasser le point de vue des choses et prendre en considération les êtres humains eux-mêmes. Il a fait ainsi la découverte de l'injustice sociale, cette découverte ne l'amène pas pour autant à réclamer un changement radical des structures existantes, il reste, c'est un fait, un défenseur résolu de l'institution de la propriété, et l'on pourrait s'en montrer déçu. Mais à ceux qui demanderaient alors un peu dédaigneusement à quoi lui sert d'avoir poussé aussi loin l'exigence de lucidité, on peut faire une double réponse.

La première c'est que personne avant lui n'avait élaboré un programme de défense des non possédants aussi cohérent et aussi complet. A une époque où tout espoir de révolution sociale était exclu, et où le triomphe d'un libéralisme « sauvage » se faisait de plus en plus menaçant, ce n'était pas un mince mérite.

Mais surtout l'interprétation profondément pessimiste qu'il nous propose des rapports entre les êtres humains ne peut que faire naître un sentiment de culpabilité chez les bénéficiaires de la plus-value. Tout en démontrant la nécessité du mécanisme dont ils sont un élément essentiel, elle fait apparaît l'injustice de l'ordre garanti par les lois. Renversant les idées habituelles, les valeurs traditionnelles, elle transforme le droit en une scandaleuse iniquité. Et elle donne aussi un caractère dérisoire à cette exploitation des salariés, en réduisant le rôle des riches à celui de simples jouisseurs, ils n'ont pas d'autre raison d'être que de se livrer à la chasse aux plaisirs et de transformer en une fumée légère et vite évanouie les souffrances et les sacrices de tous ceux qui se consacrent à la satisfaction de leurs désirs.

Sans doute au niveau de l'espèce, ce système est-il le meilleur possible et elle n'en a pas trouvé qui lui fût préférable pour assurer sa survie et sa propagation, mais cette explication ne saurait empêcher les privilégiés de se sentir individuellement mal à l'aise devant le tableau de ce qu'ils font et de ce qu'ils sont. Et comme tous les privilégiés, ils tiennent à leur confort moral. Ils exigent une justification de l'ordre dont ils sont les bénéficiaires, qui soit flatteuse pour leur amour-propre, acceptable par leur raison. Or, à toutes les époques, il s'est toujours trouvé des intellectuels pour inventer et formuler des idéologies conformes au désir des classes dominantes : le XVIIIᵉ siècle n'échappe pas à cette règle, et la confrontation des doctrines tranquillisantes qui lui sont propres, avec l'inquiétante mise en question que constitue l'œuvre du Genevois nous permettra d'apprécier à leur juste valeur les efforts de la pensée bourgeoise de son temps pour donner bonne conscience aux possédants.

## 1. - LA DOCTRINE DE LA CONCORDANCE ENTRE L'INTÉRÊT PARTICULIER ET L'INTÉRÊT GÉNÉRAL

De ces doctrines la plus répandue et la plus radicalement opposée aux idées de Necker est celle de la concordance entre l'intérêt particulier et l'intérêt général. Dans un siècle où l'on ne conçoit pas que les activités humaines puissent avoir d'autre but que la poursuite du bonheur, rien ne devait être plus satisfaisant à l'esprit que la démonstration de cette concordance. Si l'effort déployé par chacun pour réaliser ses désirs est le meilleur moyen de faciliter la réalisation des désirs de ses semblables, tout est évidemment pour le mieux dans le meilleur des mondes. Toute inquiétude est superflue et l'on ne saurait s'étonner, devant la simplicité et la commodité d'une pareille explication, du succès qui fut le sien, car elle fait naître la convergence de la divergence même.

Elle se présente toutefois sous des formes plus ou moins élaborées, suivant le degré des exigences intellectuelles de ses partisans.

### 1° *L'éthique de la dépense.*

Sous sa forme la plus simple, au niveau d'une réflexion très élémentaire, on veut voir la manifestation de cette concordance dans le fait indiscutable que la dépense du riche met en branle toutes les professions ; il est l'instrument par excellence de la prospérité publique, le moteur de l'expansion ; de ses appétits, dépend la réalisation du plein emploi. Les économistes fournissent à point nommé, à cette date, à la pensée libertine une justification de la recherche du bonheur, qui la transforme en une véritable obligation morale :

> « L'exemple du luxe au plus haut point et même au ridicule, écrit Melon, est dans la cherté excessive de quelques denrées frivoles que l'homme somptueux étale avec profusion dans un repas dont il veut faire consister le mérite dans la cherté. Pourquoi se récrier sur cette folle dépense ? Cet argent gardé dans son coffre serait mort pour la société. Le jardinier le reçoit, il l'a mérité par son travail, excité de nouveau ; ses enfants presque nus en sont habillés, ils mangent du pain abondamment, se portent mieux et travaillent avec une espé-

rance gaie. Il ne servirait aux mendiants qu'à entretenir leur oisiveté et leur sale débauche.

A Dieu ne plaise que nous voulions mettre en parallèle un tel emploi de cette somme avec les grands motifs de la charité qui donne aux pauvres honteux et aux hôpitaux. Tout le reste disparaît devant cette vertu, la plus grande des vertus, toujours accompagnée de la justice et de la bienfaisance. Mais, nous l'avons déjà dit, les hommes se conduisent rarement par la religion ; c'est à elle à tâcher de détruire le luxe, et c'est à l'Etat à le tourner à son profit [36]. »

Voltaire, presque dans les mêmes termes, se hâtera de reprendre la même argumentation :

> « Si vous défendez au riche de manger des gélinottes, vous volez le pauvre qui entretiendrait sa famille du prix du gibier qu'il vendrait au riche ; si vous ne voulez pas que le riche orne sa maison, vous ruinez cent artistes. Le citoyen qui par son faste humilie le pauvre, enrichit le pauvre par ce même faste beaucoup plus qu'il ne l'humilie [37]. »

On assiste ainsi à la création d'une véritable éthique de la dépense et Cartaud de la Villatte invoquera même le droit des gens pour encourager les riches à jouir :

> « Puisque les sociétés sont formées, le droit des gens exige que ceux qui possèdent de grands biens fassent de grandes dépenses. Cette circulation assure leur revenu qui doit sortir de leurs mains pour pouvoir y rentrer et fait vivre des hommes qui travaillent à leur rendre la vie plus douce [38]. »

La jouissance est ainsi érigée à la dignité d'une fonction sociale. Mandeville, au début du siècle, poussait même le renversement des valeurs par rapport au christianisme, jusqu'à faire figurer parmi les jouissances recherchées et les moyens employés pour se les procurer, tous les vices réprouvés par la conscience de son temps, soudain transfigurés en « public benefits [39] ». Point n'est besoin d'aller aussi loin et l'on peut se contenter de vivre paisiblement et exquisement comme le *Mondain* avec la conscience du devoir accompli [40]. La pensée économique des Encyclopédistes est bien souvent inspirée par de pareilles considérations. L'article *Luxe* défend à son tour cette conception rassurante d'une société où le pauvre et le riche sont

---

36. Melon. *Essai politique sur le commerce*. 1736. Daire, pp. 747-748.
37. *Idées républicaines*. Oe. c. Firmin Didot 1876. T. V., p. 398. Cf. encore les *Observations sur MM. Jean Lass, Melon et Dutot sur le commerce, le luxe, les monnaies et les impôts* (1738).
38. *Essai historique et philosophique sur le goût*. Amsterdam 1736.
39. B. de Mandeville. *The Grumbling Hive or Knaves tur'd honest*. 1705 réédité en 1714 sous le titre : *Fable of the bees or Private Vices made Public Benefits*.
40. Cf. l'article *Abeille* du *dictionnaire philosophique* : « Il est très vrai que la société bien gouvernée tire parti de tous les vices ; mais il n'est pas vrai que ces vices soient nécessaires au bonheur du monde. On fait de très bons remèdes avec des poisons, mais ce ne sont point les poisons qui nous font vivre. En réduisant ainsi la *Fable des abeilles* à sa juste valeur, elle pourrait devenir un ouvrage de morale utile. »

unis par les liens d'une constante réciprocité de services, et plus tard dans le siècle Saint Lambert [41] et Butel-Dumont [42] montreront eux aussi que l'essor de l'économie et la prospérité des nations dépendent de la dépense.

L'optimisme de ces auteurs s'explique par la raison très simple que le phénomène de la loi d'airain des salaires leur échappe complètement ; tous plus ou moins, pensent comme Voltaire :

> « On a besoin d'hommes qui n'aient que leurs bras et de la bonne volonté, mais ces hommes mêmes qui semblent le rebut de la fortune participeront au bonheur des autres, ils seront libres de vendre leur travail à qui voudra le mieux payer, cette liberté leur tiendra lieu de propriété, l'espérance certaine d'un juste salaire les soutiendra, ils élèveront avec gaieté leur famille dans leurs métiers laborieux et utiles [43]. »

Persuadés, très sincèrement d'ailleurs, que tout le monde est destiné à profiter de la prospérité mise en marche par l'appétit de jouissance des privilégiés de la fortune, et qu'une hausse généralisée des salaires accompagnera l'essor d'une nation, l'auteur du *Mondain* envisage avec une parfaite sérénité les conséquences de la situation :

> « Chacun aura eu, à proportion, plus d'habits, de chemises, de meubles, qu'il n'en avait auparavant, il y aura eu dans l'Etat, une circulation plus abondante, les salariés auront été augmentés, avec le temps, à peu près en proportion du nombre de gerbes de blé, des toisons de mouton, des cuirs de bœuf et de chèvre qui auront été employés, des grappes de raisin qu'on aura foulées dans le pressoir [44]. »

Et il résume la situation en formules célèbres tant en vers qu'en prose :

> « L'indigence doit travailler pour l'opulence afin de s'égaler un jour à elle [45] »
> « Le riche est né pour beaucoup dépenser
> Le pauvre est fait pour beaucoup amasser [46]. »

En partant de cette idée, par un glissement de pensée qui passe souvent inaperçu, on en vient peu à peu à magnifier le rôle du propriétaire et à le sublimer, à présenter finalement cet égoïste jouisseur comme le bienfaiteur des déshérités. C'est ainsi que Voltaire par la simple formule « le riche fait vivre le pauvre [47] » laisse bien entendre déjà que celui-ci doit de la reconnaissance au propriétaire qui l'emploie, mais l'auteur de *L'Homme aux quarante écus* ira encore

---

41. *Essai sur le luxe.* Paris 1764.
42. *Théorie du luxe.* Londres 1775.
43. *Dictionnaire philosophique.* Article Propriété.
44. *L'homme aux 40 écus.* II. Entretien avec un géomètre.
45. *Idées républicaines*, op. c., p. 398.
46. *Défense du Mondain* vers 1771-1772.
47. « Celui dont le seul luxe fait vivre le pauvre. » *Observation sur MM. Jean Lass, Melon et Dutot. Sur le commerce, le luxe, les monnaies et les impôts* (1738).

plus loin et n'hésitera pas à employer le mot de partage [48] pour définir les rapports qui existent entre les deux partenaires en présence et d'Holbach celui de bienfaisance [49].

Autre exemple caractéristique d'un certain état d'esprit, en 1776, le garde des sceaux Miromesnil, personnage représentatif d'une société, adresse à Turgot des observations sur l'édit relatif à la suppression de la corvée des chemins qu'il considérait comme attentatoire aux privilèges de la noblesse, et parmi d'autres arguments, on trouve cette étonnante formule :

> « Les propriétaires qui paraissent au premier coup d'œil former la portion des sujets du Roi la plus heureuse et la plus opulente, sont aussi celle qui supporte les plus fortes charges et qui par la nécessité où elle vit d'employer les hommes qui n'ont que leurs bras pour subsister, leur en fournit les moyens. »

La réponse de Turgot est dictée par le plus simple bon sens :

> « Les proprétaires font vivre par leurs dépenses les hommes qui n'ont que leur bras, mais les propriétaires jouissent pour leur argent, de toutes les commodités de la vie. Le journalier travaille et achète, à force de sueurs, la plus étroite subsistance. Mais quand on le force de travailler pour rien, on lui ôte même la ressource de subsister de son travail par la dépense du riche [50]. »

Tout le monde en effet n'est pas dupe, et Linguet dans *Le fanatisme des philosophes* met à jour avec une cruelle ironie ce scandaleux renversement des rôles et cette sorte de malhonnêteté intellectuelle qui consiste à tirer argument de la fonction dévolue au riche dans les mécanismes économiques pour transfigurer moralement sa conduite et lui donner une auréole de paternel bienfaiteur des pauvres :

> « Suivant eux, le luxe est estimable parce que, consumant les richesses de ceux qui ont tout, il donne à vivre à ceux qui n'ont rien. Ils approuvent que la subsistance des uns dépende du goût qu'ont les autres pour les superfluités, et regardant les plaisirs dont le riche se gorge comme une aumône qu'il fait au pauvre, ils lui permettent ils lui commandent de se livrer à tous ses caprices pourvu qu'il soit en état de les payer [51]. »

Si la falsification verbale qui transforme le salaire en aumône ou en bienfait est possible, si les riches se sont si facilement illusionnés

48. Cf. *L'homme aux 40 écus*. II. Entretien avec un géomètre.

49. « Le bon citoyen est celui qui est utile à son pays, dans quelque classe qu'il se trouve placé. Le pauvre remplit sa tâche sociale par un travail honnête et dont il résulte un bien solide et réel pour ses concitoyens. Le riche remplit sa tâche lors qu'il aide le pauvre à remplir la sienne : c'est en secourant l'indigence active et laborieuse, c'est en payant ses travaux, c'est en lui facilitant le moyen de subsistance : en un mot, c'est par la bienfaisance que le riche peut acquitter ses dettes envers la société. *Ethocratie*, p. 140 .

50. Turgot. Oe. c. Schelle. T. V., p. 168.

51. *Le Fanatisme des philosophes*. Londres 1764, p. 33.

sur la nature des rapports qui existent entre eux et les pauvres, c'est qu'ils sont prisonniers d'attitudes mentales dont la religion est en grande partie responsable. Pour le chrétien en effet, dans la création des richesses, le rôle du travail humain s'atténue ou s'efface même complètement devant celui de la Providence :

> « *Aux petits des oiseaux, Dieu donne sa pature*
> *Et sa bonté s'étend sur toute la nature.* »

C'est lui qui couvre la terre de moissons et de fruits, et s'il a inégalement réparti ses dons, s'il y a des riches et des pauvres, enseignent les prédicateurs, c'est pour des fins qui ne sont pas terrestres mais célestes :

> « Il a créé le riche afin qu'il rachète ses péchés en secourant le Pauvre et il a créé le pauvre afin qu'il s'humilie par le secours qu'il reçoit des riches [52] » ou encore « Ces biens étant des moyens destinés par sa Providence à la subsistance des hommes, il n'en donne à quelques-uns plus qu'il ne leur en faut que pour les distribuer aux autres [53]. »

L'éthique laïque de la dépense n'est qu'une transposition, *mutatis mutandis*, de l'éthique chrétienne de la charité, c'est une aumône au pauvre que de lui donner un salaire, c'est partager avec lui son patrimoine, c'est l'associer à ses biens. Paradoxalement on ne va pas du travail à la richesse, mais de la richesse au travail.

C'est sur ce plan-là surtout que l'analyse de Necker est opérante. Avec une impitoyable lucidité, il montre les conséquences des rapports de force entre riches et pauvres, comme s'il voulait enlever aux propriétaires toute illusion et les obliger, en une pénible minute de vérité, à voir les choses telles qu'elles sont. Bien loin de mériter le titre de bienfaiteurs, ils ne sont que les bénéficiaires d'une spoliation qui, pour être légale, n'en choque pas moins profondément le sens de la justice que chaque être porte en lui. En payant à leurs ouvriers ce qu'ils considèrent comme un juste salaire, ils les dépossèdent purement et simplement de la plus grande partie du produit de leur labeur. S'il est donc juste de dire comme Voltaire que le riche fait vivre le pauvre, c'est au sens où l'on dit que le maître fait vivre l'esclave, et le maître le plus impitoyable, le plus exigeant, le plus égoïste.

Le succès de la formule de la concordance entre l'intérêt particulier et l'intérêt général est dû à une ambiguïté dont il était trop commode de profiter. Si l'on veut dire par là que le développement

---

52. Fléchier : *Sur le précepte de l'aumône* cité par Groethuysen. Origines de l'esprit bourgeois en France, p. 186.

53. Nicole. *Essais de Morale*. T. XII, p. 371 ss, cité par Groethuysen, op. cit., p. 179. Cf. encore Reguis : « Le riche regarde le pauvre comme quelqu'un que la Providence a confié à ses soins et qu'il est chargé de nourrir, pendant que le pauvre regarde le riche comme l'économe de la Providence, comme l'administrateur des biens que la terre produit pour la subsistance de tous les hommes. » *La voix du pasteur*. T. IV 2e dominicale, p. 511, cité par Groethuysen, op. cit., p. 185.

économique d'une nation dépend en fin de compte de l'énergie avec laquelle les riches se consacrent à la chasse au bonheur et qu'ils ne consentiront à nourrir de nouvelles bouches que si on leur procure de nouvelles jouissances et de nouveaux plaisirs, le Genevois est pleinement d'accord. Il est tout le premier à montrer dans la dépense le moteur de la vie économique, dans les lois somptuaires, une inutile et vaine règlementation, dans le luxe une nécessité des Etats évolués. Mais si l'on veut du même coup nous faire croire que la vie sociale se ramène à un mutuel échange de services où chacun reçoit autant qu'il donne, si l'on veut considérer qu'au niveau de l'individu, les avantages accordés sont exactement proportionnels aux services rendus, alors il y a mensonge : Il faut renoncer à soutenir

> « qu'il y ait une correspondance immédiate et constante entre l'intérêt général et l'intérêt particulier, un semblable rapprochement, une telle identité, ne pourraient être applicables qu'à un être social imaginaire et qu'on se représenterait divisé en plusieurs parties dont les riches seraient la tête et les pauvres les pieds et les mains ; mais la société politique n'est un seul et même corps que sous de certains rapports tandis que, relativement à d'autres intérêts, elle se partage en autant de ramifications que d'individus [54]. »

Il est un autre biais par lequel la pensée bourgeoise a tenté de justifier le rôle du riche et ses privilèges, en se plaçant cette fois, non pas sur le plan purement économique, celui du plein emploi, mais sur le plan culturel, sur le plan de la civilisation, du développement des sciences et des arts.

> « Les riches qui sont curieux ou magnifiques, nous assure Cartaut de la Villatte, concourent plus au progrès des arts que le penchant des découvertes. Sans luxe les mille inventions qu'on admire aujourd'hui et dont on se sert utilement seraient ignorées. L'envie d'avoir de belles eaux jaillissantes fut suivie de la découverte merveilleuse des pompes [55]. »

et l'*Encyclopédie* dans l'article *Luxe* en particulier reprend la même thèse : le progrès a sa source dans l'inégalité sociale :

> « ... cette envie de jouir dans ceux qui ont des richesses et l'envie de s'enrichir dans ceux qui n'ont que le nécessaire doivent exciter les arts et toute espèce d'industrie. Voilà le premier effet de l'instinct et des passions qui nous mènent au luxe et du luxe même . »

Le procédé le plus couramment employé pour rendre cette idée évidente, consiste à mettre en parallèle le tableau de la vie des premières sociétés rurales où règne l'égalité dans la frugalité, et celui des sociétés évoluées, celui d'une grande capitale où s'offrent dans tous les domaines les jouissances les plus raffinées, la simple juxtaposition des deux tableaux constituant, à elle seule, une justification de l'inégalité ; c'est grâce à elle, en effet, grâce au superflu, que l'huma-

---

54. I.O.R. XII, p. 25.
55. Cartaud de la Vilatte, op. cit., p. 321.

nité a dépassé le stade de la satisfaction animale des besoins physiques, que s'est réalisé notre affranchissement, notre domination sur la matière. La classe des riches représente, dans l'espèce, une catégorie indispensable qui a pu disposer de loisirs pour se consacrer à des activités désintéressées comme la recherche scientifique ou la spéculation philosophique, et en exigeant des plaisirs de plus en plus raffinés et variés, elle est aussi à l'origine des inventions techniques et des beaux-arts.

Si Voltaire ayant à choisir entre *la vie de nos premiers parents* et celle du *Mondain* opte délibérément pour la civilisation, ce n'est pas uniquement parce qu'il est riche et qu'il veut jouir égoïstement, il y a aussi en lui la conviction que le destin de l'humanité, sa justication suprême résident dans la création de la civilisation ; c'est là ce qui donne un sens à l'activité humaine. C'est donc sans aucun scrupule que lui et ses pareils acceptent l'inégalité sociale [56] et ils le font d'autant plus volontiers qu'ils sont absolument persuadés que l'humanité toute entière profite du progrès ainsi mis en marche : l'adoucissement des mœurs, comme les perfectionnements techniques, ayant une influence certaine sur l'amélioration du sort des classes défavorisées.

On devine le scepticisme de Necker en ce qui concerne l'amélioration du sort des pauvres et leur indirecte participation au progrès. Sans doute la notion du minimum vital peut-elle changer suivant les temps et les lieux, mais il serait vain de penser que la loi d'airain des salaires s'exerçât avec plus ou moins de rigueur suivant le degré d'opulence des possédants et s'il est vrai que la condition d'esclave était supérieure à celle du salarié moderne, c'est donc que la multitude n'a été que l'agent aveugle de transformations qui ne la concernaient pas.

Quant aux valeurs de la civilisation et particulièrement aux merveilles des beaux-arts, il faut bien constater, sur ce plan-là, de sa part, une sereine indifférence, ce financier immensément riche, qui a fréquenté les milieux les plus brillants et vécu dans une ville où l'on pouvait goûter les plaisirs les plus exquis, semble n'éprouver aucun intérêt particulier pour la forme de civilisation qu'il a connue. Il ne s'est certes nullement privé du train de vie qui correspondait à sa fortune et sa femme lui a même procuré cette forme suprême de luxe qu'était alors un salon, mais, soit par manque de goût et de curiosité, soit par un réflexe instinctif de défense créé en lui par son éducation protestante et genevoise, on ne le sent nullement fasciné comme un Voltaire, par ces mille inventions de l'intelligence humaine qui pouvaient donner tant de charme à l'existence, quand on avait les moyens d'en jouir.

Necker n'est pas un mondain dans ce sens-là et, à en juger par le ton de ses ouvrages, les plus belles réussites des civilisations, quelles

---

56. Cf. Diderot : « Oui, Monsieur Rousseau, j'aime mieux le vice raffiné sous un habit de soie, que la stupidité féroce sous une peau de bête. » *Réfutation d'Helvétius.* Assezat II, 411.

qu'elles soient, se présentent toujours à lui sous un seul et unique aspect, celui d'avoir permis au riche de dépenser ses revenus ; peu importe comment, l'essentiel, c'est que les plaisirs offerts soient suffisamment séduisants pour qu'on veuille bien en payer le prix. La civilisation pour lui n'est pas une fin mais un moyen, seule compte la multiplication des êtres sur la terre.

2° *L'échange dans l'inégalité.*

L'éthique de la dépense, l'éthique du plaisir avec ses deux arguments essentiels, celui du plein emploi et celui des progrès de la civilisation, a connu un immense succès, mais les évidentes faiblesses du système ont fait naître le désir d'une argumentation plus satisfaisante. L'apologie de la jouissance néglige entièrement en effet, le problème de l'origine de la propriété. On accepte une situation de fait et on raisonne à partir des « sociétés formées », pour employer l'expresion de Cartaud de la Villatte, mais on renonce à légitimer l'inégalité sociale, ainsi fait Voltaire quand il déclare froidement :

> « Il est impossible, dans notre malheureux globe, que les hommes vivant en société ne soient pas divisés en deux classes, l'une de riches qui commandent, l'autre de pauvres qui servent et ces deux se subdivisent en mille et ces mille ont encore des nuances différentes [57]. »

Il faut reconnaître aussi que le rôle de pur jouisseur assigné aux privilégiés de la fortune n'est en soi ni très glorieux ni très flatteur, une pareille exaltation de l'égoïsme n'est pas sans exiger un certain cynisme qui peut paraître déplaisant à bien des consciences et ceux qui le prônent se mettent en contradiction formelle avec les principes d'une religion qui continue à exercer consciemment ou inconsciemment une influence considérable et qui a habitué les esprits à des valeurs traditionnellement respectées.

Pour pallier ces deux inconvénients, tout en restant fidèle au principe de la concordance entre l'intérêt particulier et l'intérêt général, on va recourir à une autre explication, en combinant deux notions, celle de division du travail et celle d'inégalité naturelle. Pour la division du travail, un texte de Rousseau digne de figurer dans un manuel d'économie politique, nous explique admirablement le raisonnement de ses adversaires.

> « Supposons dix hommes dont chacun a dix sortes de besoins, il faut que chacun pour son nécessaire s'applique à dix sortes de travaux, mais vu la différence de génie et de talent, l'un réussira moins à quelqu'un de ces travaux, l'autre à un autre, tous propres à diverses choses feront les mêmes et seront mal servis. Formons une société de ces dix hommes et que chacun s'applique pour lui seul et pour les neuf autres au genre d'occupation qui lui convient

---

57. *Dictionnaire philosophique* — Article Egalité.

le mieux : chacun profitera des talents des autres comme si lui
seul les avait tous ; chacun perfectionnera le sien par un continuel
exercice ; il arrivera que tous les dix parfaitement bien pourvus
auront encore du surabondant pour d'autres. Voilà le principe apparent de toutes nos institutions [58]. »

Au tableau d'une société où le riche a pour fonction de jouir,
succède celui d'une communauté où chacun accomplit sa tâche. Le
progrès est manifeste. L'éthique de la collaboration remplace celle
de la dépense. Mais, dans le schéma simpliste tracé par Rousseau,
les individus mis en scène sont tous égaux, tous petits producteurs.
Pour revenir à la réalité quotidienne, il faut réintroduire l'inégalité.
Les défenseurs de l'ordre établi vont parvenir à ce résultat grâce à
la notion d'inégalité naturelle qui permet de faire du riche un élément actif de la ruche, de lui attribuer une fonction qui lui est
propre, plus reluisante que celle de « manger des gélinottes ».

Un texte d'un des écrivains les plus représentatifs du XVIIIᵉ
siècle nous montre sur le vif et avec une sorte de naïveté la mise au
point de ce nouveau procédé destiné à justifier les structures sociales. Il s'agit d'une lettre de Turgot à Mme de Grafigny. Celle-ci, dans
un roman à la mode publié en 1747, les *Lettres d'une Péruvienne* [59],
avait célébré les charmes et les vertus de la vie primitive. Encouragée
par le succès de l'ouvrage, elle demande à Turgot des conseils pour
enrichir la deuxième édition et celui-ci assez ingénieusement lui propose, pour rétablir l'équilibre, de faire exposer et expliquer par son
héroïne les avantages de la vie civilisée, et cet avantage entre tous
que représente la division du travail mais combinée avec une indispensable inégalité des conditions.

> « Cette distribution des conditions est un article bien important et
> bien facile à justifier, en montrant sa nécessité et son utilité. Sa
> nécessité, parce que les hommes ne sont point nés égaux ; parce
> que leurs forces, leur esprit, leurs passions rompraient toujours
> entre eux l'équilibre momentanée que les lois pourraient y mettre ;
> que serait la société sans cette inégalité des conditions ?... Mais elle
> n'est point un mal ; elle est un bonheur pour les hommes, un bienfait
> de celui qui a pesé avec autant de bonté que de sagesse tous les élé-
> ments qui entrent dans la composition du cœur humain. Où en serait
> la société si la chose n'était pas ainsi, et si chacun labourait son
> petit champ ? Il faudrait que lui-même aussi bâtit sa maison, fît seul
> ses habits. Chacun serait réduit à lui seul et aux productions du
> petit terrain qui l'environnerait. La distribution des professions
> amène nécessairement l'inégalité des conditions. Sans elle, qui per-
> fectionnera les arts utiles ? Qui secourra les infirmes ? Qui étendra
> les lumières de l'esprit ? Qui pourra donner aux hommes et aux
> nations cette éducation tant particulière que générale qui forme les
> mœurs ? Qui jugera paisiblement les querelles ? Qui donnera un
> frein à la férocité des uns, un appui à la faiblesse des autres ?
> Liberté ! je le dis en soupirant, les hommes ne sont peut-être pas
> dignes de toi ! Egalité ! ils te désireraient, mais ils ne peuvent t'attein-
> dre [60]. »

---

58. *Emile*. Livre III.
59. *Lettres d'une Péruvienne*, 1747.
60. Turgot. Oe. c. Schelle. T. I, pp. 242-243.

On voit bien à lire ce texte comment Turgot se rassure et rassure ses pareils : la division du travail s'accomplit dans une nécessaire inégalité des conditions qui a pour origine l'inégalité naturelle des individus.

Toutefois, le véritable théoricien de cette nouvelle interprétation des rapports sociaux nous paraît être le baron d'Holbach, car c'est dans son matérialisme même où d'autres, comme Helvétius et Condorcet, puiseront des convictions toutes contraires, qu'il en trouve la justification. L'inégalité naturelle dont il pose le principe, est en effet une loi même de la nature, un fait d'expérience devant lequel il faut s'incliner, c'est la règle générale qui préside à la reproduction de l'espèce et la forme des sociétés est donc préfigurée dans cette différenciation fondamentale qui fait naître des êtres plus ou moins forts, plus ou moins intelligents [61]. Il n'en résultera nullement pour l'optimiste baron une oppression des uns par les autres, mais un échange de services où chacun recevra à proportion de ce qu'il donne.

On peut suivre le cheminement de la pensée du châtelain de Grandval à ce sujet grâce à un texte significatif où l'on passe tout naturellement de l'idée de diversité à celle d'inégalité :

> « ... Il n'est pas deux individus de l'espèce humaine qui aient les mêmes traits, qui sentent précisément de la même manière, qui pensent d'une façon conforme, qui voient les choses des mêmes yeux, qui aient les mêmes idées, ni par conséquent le même système de conduite... C'est là ce qui produit le spectacle si varié que nous offre le monde moral ; c'est de là que résulte cette diversité si frappante que nous trouvons entre les esprits, les facultés, les passions, les énergies, les goûts, les imaginations, les idées, les opinions des hommes ; cette diversité est aussi grande que celle de leurs forces physiques, et dépend, comme elles, de leurs tempéraments, aussi variés que leurs physionomies ; de cette diversité résulte l'action et la réaction continuelle qui fait la vie du monde moral : de cette discordance résulte l'harmonie qui maintient et conserve la race humaine.
> La diversité qui se trouve entre les individus de l'espèce humaine, met entre eux de l'inégalité, et cette inégalité fait le soutien de la société. Si tous les hommes étaient les mêmes pour les forces du corps et pour les talents de l'esprit, ils n'auraient aucun besoin les uns des autres : c'est la diversité de leurs facultés et l'inégalité qu'elles mettent entre eux, qui rendent les mortels nécessaires les uns aux autres, sans cela ils vivraient isolés. D'où l'on voit que cette inégalité, dont souvent on se plaint à tort, et l'impossibilité où chacun de nous se trouve de travailler efficacement tout seul à se conserver et à se procurer le bien-être, nous mettent dans l'heureuse nécessité de nous associer, de dépendre de nos semblables, de

---

61. « La nature est forcée de diversifier tous ses ouvrages ; des matières élémentaires, différentes pour l'essence, doivent former des êtres différents par leurs combinaisons et leurs propriétés, par leurs façons d'être et d'agir. (d'Holbach *Système de la nature*. Réimpr. 1966. T. I, page 143). Cf. Diderot : « On trouvera la raison de ce phénomène dans l'inégale aptitude à l'instruction. Et d'où naît cette inégale aptitude ? de la nature ingrate ou indulgente, de la diversité de l'organisation. » *Réfutation de l'ouvrage d'Helvétius intitulé : l'Homme* — Assezat. T. II, p. 297.

mériter leurs secours, de les rendre favorables à nos vues, de les attirer à nous pour écarter, par des efforts communs, ce qui pourrait troubler l'ordre dans notre machine [62]. »

Du même coup est expliquée l'origine des propriétés et justifiée l'inégalité sociale qui découle de cette institution :

> « La propriété a pour base un rapport nécessaire qui s'établit entre l'homme et le fruit de son travail. Si la terre produisait, sans peine de notre part, tout ce qui est nécessaire au maintien de notre existence, la propriété serait inutile. L'air et l'eau ne peuvent être soumis à la propriété ; ces éléments sont faits pour rester en commun. Il n'en est point de même de la terre, elle ne produit qu'en raison des soins et des peines qu'on se donne pour la cultiver : mais ces soins sont inégaux, ils suivent l'inégalité que la Nature, comme on a vu, met entre les forces, l'adresse et les ressources, que les individus trouvent en eux-mêmes. Ainsi la propriété doit être distincte pour toutes les choses dont le genre humain ne peut jouir en commun, ou qui exigent des forces, des travaux, des talents ; avantages incommunicables ou bien que la Nature donne en propre à chaque individu [63]. »

L'inégalité sociale dans les sociétés civilisées n'est qu'un reflet et la conséquence des inégalités naturelles qui existaient dans les sociétés primitives, et elle sera tout aussi bénéfique, en permettant à ceux qui en jouissent, de rendre à leurs partenaires les mêmes services que le plus fort rendait au plus faible à l'origine. Le principe de la concordance entre l'intérêt particulier et l'intérêt général est plus que jamais valable, mais dans cette nouvelle perspective le riche, loin de se borner au rôle passif et peu reluisant de consommateur qui, par sa consommation, met en branle la machine économique, exerce une fonction et a tout intérêt à participer activement au développement de la société et à ses progrès.

> « L'homme opulent qui se rendrait utile à sa patrie par des travaux publics, par des défrichements considérables, par des dessèchements qui augmenterait la culture et la salubrité, par des canaux qui faciliteraient le commerce intérieur et les arrosements des terres, n'aurait-il pas des droits fondés à la reconnaissance publique ?
> Un grand, un riche, qui dans leurs domaines doteraient l'indigence pour favoriser la population, établiraient des manufactures capables, d'occuper les pauvres, banniraient le désœuvrement et la mendicité, ne mériteraient-ils pas des distinctions, des honneurs, des récompenses à plus juste titre que tant de nobles et de grands qui absorbent toutes les faveurs du prince pour avoir assidûment végété, intrigué, caballé dans une cour, où pour s'être ruinés par un faste nuisible pour eux-mêmes et pour les autres [64]. »

D'Holbach est un réformateur certes, mais les seules réformes qu'il propose se ramènent à l'abolition du privilège sous toutes ses formes, privilège du droit d'aînesse, privilège fiscal et social de la

---

62. *Système de la nature* — Réimpr. 1966. T. I, p. 143.
63. *Politique naturelle*. Discours I — Chap. XXVI.
64. *Ethocratie*. Chap. VIII, p. 141.

noblesse, privilège économique des monopoles, privilège royal de l'impôt perçu à d'autres fins que celles du bien public. Jean-Baptiste Say en puissance, il incarne le libéralisme où la pensée bourgeoise voit la panacée universelle capable de promouvoir l'expansion économique et de résoudre en même temps le problème social [65]. La pensée de Diderot se confond bien souvent sur ce point avec celle du baron dont il fut le plus intime ami, comme le prouve, entre autres, la frappante ressemblance entre le programme de l'*Ethocratie* et celui que propose l'*Essai sur le luxe*, qui figure dans les *Entretiens avec Catherine II* [66].

### 3° *Le Libéralisme démocratique. — Condorcet.*

Ce tableau idyllique ne tient, hélas, pas compte des fatales conséquences d'une inégalité qui fausse a priori les rapports entre possédants et non possédants, et substitue l'exploitation à l'échange. Aussi allons-nous assister à un nouvel effort de réflexion et à la naissance d'une doctrine qui va proposer les moyens de faire disparaître ce déséquilibre funeste, tout en sauvegardant le schéma si séduisant d'une harmonie spontanée, d'une société où chaque individu contribue le plus efficacement au bonheur de tous, en se consacrant le plus intelligemment à son propre bonheur. Nous allons ainsi passer du libéralisme bourgeois à ce qu'on pourrait appeler le libéralisme démocratique. C'est un autre athée, le marquis de Condorcet, modèle achevé du rationalisme intégral, qui va se faire l'interprète de cette nouvelle conception des rapports sociaux, fondée sur la conviction, non plus de l'inégalité, mais de l'égalité naturelle des individus, l'empirisme matérialiste aboutissant sur ce point à des conclusions exactement antithétiques, suivant qu'on écoute l'auteur du *Système de la nature* ou le théoricien de l'idée de progrès.

Déjà, dans son livre sur *le Commerce et le gouvernement*, Condillac avait fourni le modèle théorique d'une société où, dans une parfaite fluidité, capital et travail se portent là où ils sont le plus demandés, mais il ne s'agissait que d'une construction purement abstraite où il n'était tenu aucun compte d'un élément essentiel de la réalité, la situation de force des possédants. Condorcet rêve, lui aussi sans doute, d'une société où chaque individu, dans une concurrence sans obstacles, assure la meilleure utilisation des facteurs de production, mais moins naïf, moins aveugle, il comprend que l'inéga-

---

65. « d'Holbach fut un théoricien de la bourgeoisie jusqu'à la moelle des os, jusqu'au pédantisme. » Plekhanov. *Beiträge zur Geschichte des materialismus.* Stuttgart, troisième édition 1921. Première partie, p. 39, cité par Naville, op. cit., p. 427, qui reconnaît lui aussi dans l'œuvre du baron, malgré ses contradictions : « l'irrésistible poussée qui fera du XIXᵉ siècle celui du libéralisme économique à l'abri duquel le capitalisme industriel et financier rançonnera la planète. » *Ibid.*, p. 396.

66. *Entretiens avec Catherine II. Œuvres politiques.* Ed. Vernière,

lité rend irréalisable le but qu'il poursuit. Il ne va pas pour autant choisir la solution de l'interventionnisme ou, plus radicale encore, celle de la loi agraire ; cet ami de Turgot, transfuge de la physiocratie, reste un libéral et se rallie à une conception qui prétend échapper à la fois à l'inégalité acceptée et souhaitée par d'Holbach, et à un étatisme qui lui répugne, en créant une société où chacun aura les mêmes chances dans la lutte pour la vie, dans la conquête du bonheur.

Dans le programme qu'il envisage pour atteindre cet idéal figurent des mesures diverses : certaines sont raisonnables et conformes à la doctrine libérale traditionnelle, telle la suppression des privilèges de quelqu'ordre qu'ils soient, d'autres puériles, comme la pratique de mariages entre riches et pauvres, ou l'ouverture de crédits à ceux qui n'ont pas de capital, mais la plus importante, la plus caractéristique aussi de ce courant de pensée, est la diffusion de l'instruction dans toutes les classes. C'est là, la réforme fondamentale de ces rationalistes qui voient dans l'accès de tous aux bienfaits de la science et de la culture, le meilleur moyen pour amener les individus au même niveau, pour assurer à chacun les mêmes possibilités de réussite. L'inégalité dans les conditions de vie a sa cause première dans l'inégalité d'éducation, et un gigantesque effort doit être entrepris par l'Etat pour réaliser cette démocratisation de l'enseignement d'où découlera une démocratisation des fortunes.

Nous trouvons ce programme exposé tout au long dans la dixième époque de l'*Esquisse d'un tableau historique des progrès de l'esprit humain* [67] et l'on sait avec quelle énergie Condorcet lutta au sein du Comité d'Instruction Publique de la Législative et à la Convention pour faire accepter le principe d'une instruction qui devait être déjà laïque, gratuite et obligatoire [68], la transformation de chaque citoyen français en individu raisonnable par les bienfaits de l'Education devant résoudre *ipso facto* tous les problèmes, aussi bien politiques qu'économiques et sociaux. Soulignons que, dans sa pensée, l'Education assurée par l'Etat ne comportait aucun conditionnement psychologique, aucune orientation précise, aucune propagande ; il ne s'agissait aux yeux de cet idéaliste que d'une diffusion des lumières, au sens le plus pur du terme, le plus désintéressé, le plus abstrait. Personne autant que lui n'était persuadé qu'il suffit d'éclairer la raison pour assurer son triomphe, personne n'ayant autant de confiance en son souverain pouvoir.

Ces idées présentent pour nous un particulier intérêt. Garat, un des représentants de cette forme de libéralisme rationaliste dont Condorcet fournit le modèle le plus achevé, publie dans le *Mercure de France* du 12 juillet 1788 un article sur l'ouvrage *De l'importance*

---

67. *Esquisse d'un tableau historique des progrès de l'esprit humain.* Les classiques du peuple, p. 260 ss.:

68. Cf. le rapport et le projet de décret présentés devant la Législative, les 20 et 21 août 1792.

*des opinions religieuses* qui vient de paraître. Le *Mercure de France* est dirigé par des amis de Necker, Suard en particulier, et représente une fraction de l'opinion éclairée qui lui est très favorable. Aussi Garat, tout au long de son article, manifeste-t-il le plus évident souci de payer au futur ministre son tribut de respect et d'admiration, et nombreux sont les éloges qu'il lui adresse. En réalité pourtant, l'opposition sur l'essentiel est fondamentale. Le collaborateur du *Mercure* et l'opinion qu'il représente ont été choqués par l'affirmation brutale de la fatalité de l'exploitation de l'homme par l'homme, et de l'inévitable division de la société en pauvres et en riches, et l'article en question traduit bien cette surprise scandalisée :

« L'ordre social, dit M. Necker, n'est pas une chose assez parfaite, assez harmonieuse pour servir de base à la morale ; la multitude qui n'a rien, ne peut pas voir facilement l'accord de l'intérêt particulier avec l'intérêt général. Il trace (page 35) un tableau énergique de toutes ces inégalités qui séparent les hommes et leurs conditions dans nos empires, et il paraît croire qu'il n'y a aucun moyen de les éviter ; il prononce formellement que ce sont là « des effets inséparables des Lois de propriété ». Quelle vérité terrible s'il n'y avait aucun moyen d'en douter [69]. »

Garat, effrayé, refuse ce pessimisme, cette vision tragique et, posant le problème dans les termes mêmes où le pose Necker, il affirme qu'il existe cependant un moyen d'échapper à la lutte des classes et à ses conséquences :

« Si ce qu'on appelle l'ordre social n'est que la tyrannie du petit nombre et le malheur de tous, il est bien vrai que la vertu et la morale ne pourront pas naître de cet ordre prétendu, qui est lui-même la plus grande de toutes les injustices, et la source de toutes les autres. Mais faites que l'ordre social ait l'objet qu'il devrait avoir, le bien-être du plus grand nombre, et vous verrez alors que les intérêts particuliers et l'intérêt général s'accorderont ensemble, puisqu'ils ne seront qu'un seul et même intérêt [70]. »

Vient ensuite l'exposé des mesures qui donneront à cet ordre social l'objet qu'il devrait avoir, et nous retrouvons alors un programme tout à fait analogue à celui de Condorcet, il n'est pas question de supprimer la propriété, ni d'intervenir directement dans sa répartition, il s'agit de créer les conditions grâce auxquelles tous pourraient y accéder et en connaître les joies, et c'est l'Instruction publique qui constituera l'instrument par excellence de cette égalisation :

« Je ne crois pas... que toutes ces inégalités odieuses qui règnent parmi nous soient des suites nécessaires et inévitables de la propriété : les inégalités des propriétés ont d'autres sources que la propriété elle-même. On les voit naître de la conquête ; ... du droit d'aînesse ; ...des lois plus barbares encore, des substitutions, ... des privilèges exclusifs ; ... des fortunes de la finance... ; des vices de

---

69. *Mercure de France* — 12 juillet 1788, pp. 80-81.
70. *Ibid.*, p. 81.

notre éducation, ou plutôt de ce qui nous manque absolument, une éducation nationale, qui en donnant quelque égalité aux esprits et aux talents, en mettrait aussi bientôt dans les fortunes et dans la condition des hommes. Tous ces vices de l'ordre social ne naissent point de la propriété ; ce sont au contraire tous ces désordres qui rendent la propriété si inégale, si tyrannique [71]. »

Il est dans ce texte une formule à retenir : « Les inégalités des propriétés ont d'autres sources que la propriété elle-même ». Cette phrase témoigne de la volonté tenace de ces libéraux de créer une démocratie totale, aussi bien politique qu'économique, sans mettre en danger toutefois le droit de propriété qui reste à leurs yeux un droit sacré. Garat et Condorcet refusent sans doute l'inégalité sociale acceptée par d'Holbach, mais ils refusent tout aussi énergiquement de la détruire par une action directe de l'Etat, par une redistribution autoritaire de la richesse. La racine du mal ne réside pas pour eux dans l'institution de la propriété elle-même, mais dans l'inégalité spirituelle, intellectuelle des individus, que l'instruction libéralement distribuée à tous fera disparaître. La multiplication des écoles est la condition nécessaire et suffisante pour recréer l'harmonie sociale.

Sous cette nouvelle forme, le principe de la concordance entre l'intérêt particulier et l'intérêt général reste la pierre angulaire des sociétés futures. On sent Garat profondément ulcéré du mépris de Necker pour ce principe dans lequel s'incarne toute la tradition rationaliste de son siècle et lui, qui n'est pas un athée, voit dans cette harmonisation spontanée des rapports sociaux la preuve même de la Providence divine et d'une sagesse infinie qui a prévu et conçu un mécanisme ingénieux, qu'il sera facile de faire fonctionner à la satisfaction de tous. A Necker qui déclare : « Je ne saurais, je l'avoue, me représenter qu'avec une sorte de dégoût et même d'épouvante une Société politique, dont tous les membres, sans motif dominant, ne seraient contenus que par une prétendue liaison de leur intérêt particulier avec l'intérêt général. » Garat répond :

> « Ce serait un ordre assez simple ; mais magnifique et touchant, qui se manifesterait par des bienfaits à tous les regards et à tous les cœurs comme l'ordre de la Nature. Les Juges n'en seraient pas isolés. Un pareil jugement serait prononcé par un sentiment universel de bienveillance et de reconnaissance, qui serait dans toutes les âmes, qui passerait des unes aux autres et les unirait toutes ensemble par une sorte de passion à la Patrie adorée, source inépuisable de tant de bienfaits. Loin qu'un pareil tableau pût inspirer quelque dégoût et quelque épouvante, je n'en conçois pas sur la terre de plus digne des regards même de cet Etre suprême qui aurait les moyens de récompenser tant de félicités par des félicités infinies [72]. »

Ce texte a le mérite de placer le débat sur son véritable terrain et il est à cet égard bien supérieur à la plupart des articles suscités par l'ouvrage de Necker, qui semblent vouloir délibérément passer à côté du problème. Avec Garat, s'établit un véritable dialogue qui

71. *Ibid.*, pp. 85-86.
72. *Ibid.*, p. 83.

permet de définir avec netteté des positions importantes, aussi bien historiquement qu'idéologiquement. C'est là son premier intérêt, mais il nous montre aussi le fossé qui sépare le Genevois de ceux qui semblent le plus proche de lui. Combien devait lui paraître chimérique et absolument irréalisable cette redistribution du savoir, prélude de la redistribution des fortunes. La loi d'airain des salaires condamne l'immense majorité des êtres aussi bien à la pauvreté qu'à l'ignorance, et la seule éducation à laquelle peuvent prétendre les enfants du peuple, la seule que l'Etat ait le devoir de leur assurer, est l'éducation religieuse, dont l'objet est de leur faire accepter leur sort.

Au réalisme sans illusion du Genevois s'oppose l'idéalisme optimiste de la dernière génération du siècle des lumières qui refuse d'admettre que « les inégalités odieuses qui règnent parmi nous soient des suites nécessaires et inévitables de la propriété ». Avec Condorcet s'achève un mouvement de pensée dont le déroulement obéit à une sorte de logique interne. De Mandeville ou Voltaire au baron d'Holbach, du baron d'Holbach à Condillac, de Condillac à l'auteur de l'*Esquisse d'un tableau historique des progrès de l'esprit humain* se poursuit par approximations successives, la recherche d'un modèle dont on pense avoir enfin trouvé le secret dans une sorte d'atomisation de la société, poussière d'individus rendus rigoureusement égaux, disposant chacun des mêmes chances dans la course au bonheur, grâce à la démocratisation de l'enseignement et de l'intelligence.

Turgot, maître à penser de Condorcet, avait jugé cet idéal inaccessible : « Liberté ! je le dis en soupirant, les hommes ne sont peut-être pas dignes de toi. Egalité ! ils te désireraient mais ils ne peuvent t'atteindre ! » Le disciple reprend le flambeau des mains du maître, et, franchissant l'ultime étape, Condorcet montre la voie d'une démocratie parfaite où l'insoluble contradiction sera enfin résolue, où l'institution de la propriété sera enfin compatible avec l'égalité et la liberté. La générosité et l'idéalisme de l'auteur de l'*Esquisse* ne sauraient être mis en doute mais l'avenir, l'avenir immédiat tout au moins ne devait guère répondre à ses espoirs et la révolution industrielle devait rendre encore plus utopique ce rêve d'une démocratie totale où l'égalité économique serait allée de pair avec l'égalité politique.


## 2° LA PHYSIOCRATIE


Sensible surtout à l'intérêt que présente la physiocratie sur le plan proprement économique et aux progrès que le tableau de Quesnay a permis de réaliser dans l'analyse de la formation et de la distribution des richesses, on aurait tendance à négliger sa signification sur le plan sociologique. Or, c'est aussi une idéologie, c'est même une religion, et le fanatisme des membres de la secte n'a pas manqué de surprendre leurs contemporains. S'ils ont montré tant d'ardeur, tant de passion à défendre et propager leurs idées, c'est que, sans changer en rien les structures de l'Ancien Régime, en les affermissant au contraire, cette doctrine apportait à toute une catégorie sociale, une justification et de son existence et de ses droits, en même temps qu'elle lui proposait un idéal et de nouvelles raisons de vivre [73].

Pour un lecteur de Necker, le passage du système de la concordance entre l'intérêt particulier et l'intérêt général à la physiocratie, marque un progrès sensible. On passe d'une interprétation des rapports sociaux inspirée par un optimisme facile, à une version beaucoup plus lucide de la réalité. La loi d'airain des salaires y occupe une place centrale et c'est elle qui permet de comprendre la formation du fameux produit net. Un texte célèbre de Turgot nous explique le mécanisme de son fonctionnement en des termes rigoureusement identiques à ceux qu'emploie Necker.

> « Le simple ouvrier qui n'a que ses bras et son industrie n'a rien qu'autant qu'il parvient à vendre à d'autres sa peine. Il la vend plus ou moins cher, mais ce prix plus ou moins haut, ne dépend pas de lui seul, il résulte de l'accord qu'il fait avec celui qui paye son travail. Celui-ci le paye le moins cher qu'il peut ; comme il a le choix entre un grand nombre d'ouvriers, il préfère celui qui travaille au meilleur marché. Les ouvriers sont donc obligés de baisser à l'envi les uns des autres. En tout genre de travail, il doit arriver et il arrive en effet que le salaire de l'ouvrier se borne à ce qui lui est nécessaire pour lui procurer sa subsistance [74]. »

Mais bien différente est la réaction des physiocrates devant ce phénomène. La fixation du salaire au minimum vital et son corollaire, l'attribution au seul propriétaire du produit net, sont de bonnes et belles choses et ils vont s'employer allègrement à défendre un ordre où ils ne voient que la manifestation de la plus évidente justice et de la plus sage des providences. Avant d'entrer dans le détail de leurs étonnantes démonstrations, nous voudrions relever quelques différences symptomatiques relatives au jeu de la loi d'airain des salaires et aux modalités de son application. En ce qui concerne tout d'abord le rapport entre l'offre et la demande de travail, Necker, nous le savons, estime qu'il est toujours défavorable aux salariés et que la concurrence tourne toujours au profit des employeurs. Turgot au contraire, laissant apparaître un certain flottement dans sa pensée, met les deux éventualités sur le même plan :

> « ...Les salariés, écrit-il, doivent être entièrement libres de travailler pour qui ils veulent, afin que les salariants, en se les disputant lorsqu'ils en ont besoin, mettent un juste prix à leur travail, et que de l'autre, les salariants soient entièrement libres de se servir de tels

---

73. Cf. Michel Bernard : *Introduction à une sociologie des doctrines économiques.*
74. *Réflexions sur la formation et la distribution des richesses. Oe.*, C. Schelle, II, p. 537.

hommes qu'ils jugeront à propos afin que les ouvriers du lieu, abusant de leur petit nombre, ne les forcent pas à augmenter les salaires au-delà de la proportion naturelle qui dépend de la quantité des richesses, de la valeur des denrées de subsistance, de la quantité des travaux à faire et du nombre de travailleurs mais qui ne peut jamais être fixée que par la concurrence et la liberté [75]. »

De même, il interprète dans un sens plus optimiste la notion de subsistance et admet, au-delà du minimum vital, entendu *stricto sensu*, une marge rassurante :

« ...Il faut que l'ouvrier trouve un certain profit pour subvenir aux accidents, pour élever sa famille... Cette espèce de superflu, sur lequel on peut à toute rigueur retrancher, est encore un élément nécessaire dans la subsistance usuelle des ouvriers et de leur famille. »

C'est sans doute pourquoi et à tort, il envisage sans inquiétude la liberté du commerce des grains et les variations du prix du pain qui en pourraient être la conséquence.

Mais surtout, tandis que Turgot soutient que :

« La haute valeur vénale des denrées du sol, et le fort revenu, mettent le cultivateur et le propriétaire en état de donner de forts salaires aux hommes qui vivent de leurs bras. Les forts salaires d'un côté mettent les hommes salariés en état de consommer davantage et d'augmenter leur bien-être [77]... »

Necker nie formellement toute incidence d'une augmentation du revenu des propriétaires sur le salaire de leurs ouvriers. Le niveau de vie des seconds n'a absolument rien à voir avec celui des premiers, dont le comportement reste toujours identique :

« ...Nulle part, le destin des hommes sans propriété ne se ressent de la richesse qui les environne parce que les propriétaires vendent toujours leurs denrées aussi chèrement qu'ils le peuvent, et payent le travail le moins qu'il leur est possible ; et parce qu'ils étendent toujours l'exercice de leur puissance jusqu'à réduire au simple nécessaire, tout homme qui ne peut pas se défendre par la rareté plus ou moins grande de son industrie et de son talent [78]. »

et il met tout particulièrement l'accent sur la rigidité du salaire en période de hausse du prix du blé :

« Le passage du bas prix au haut prix et les premiers temps de cherté, procurent un avantage réel à ces mêmes propriétaires ; car tandis qu'ils augmentent le prix de leurs denrées, ils résistent à hausser celui du travail ; ils combattent du moins contre les prétentions des ouvriers et tant qu'une telle disproportion subsiste, les propriétaires profitent de toute la souffrance de l'homme de peine [79]. »

75. *Sur le Mémoire de Graslin*, Schelle, II, 634.
76. *Lettre à Hume*, 1767, Schelle, T. II, pp. 663-664.
77. *Sur le Mémoire de Graslin*, Schelle, II, 634.
78. L.C.G., I, 314.
79. L.C.G., I, 72.

Les travaux de E. Labrousse permettent de trancher ce différend. Aussi bien dans la perspective de mouvements de longue durée que de courte durée, les chiffres prouvent que, tout au long du siècle, la rente bourgeoise et féodale n'a cessé de croître, le salaire de baisser, et lors des mouvements cycliques de courte durée, la situation devient catastrophique :

> « Alors que la rente du non exploitant tend à reproduire le mouvement des prix, alors que les maxima périodiques, renforcés du mouvement saisonnier, signalent l'époque du plus haut revenu, que la tempête cyclique crève en un ruissellement de blé et d'or sur la terre féodale, le journalier recule jusqu'au plus bas de la misère, traqué par le chômage agricole, par le chômage industriel, par l'avance haletante du coût de la vie, que renforce encore la tendance à la chute du salaire unitaire [80]. »

C'est Necker et Linguet qui ont raison, ce ne sont pas les physiocrates, et il faut souligner sur ce point l'illogisme de Turgot qui donne de la loi d'airain des salaires une définition exemplaire pour se contredire ensuite pour des raisons trop faciles à comprendre : les atténuations ou les exceptions apportées à cette loi permettent de jeter un voile sur la véritable condition du salarié et de l'imaginer beaucoup plus supportable qu'elle ne l'était en fait.

Ces atténuations, ces exceptions laissent entier cependant le problème à résoudre : pourquoi, pour employer les termes même de Turgot, « doit-il arriver et arrive-t-il en effet que le salaire de l'ouvrier se borne à ce qui lui est nécessaire pour lui procurer sa subsistance ? ». Le disciple de Quesnay n'est nullement embarrassé pour répondre et justifier une situation où d'autres verront une intolérable injustice ; son argumentation qui varie suivant qu'il s'agit des salaires de l'industrie ou de l'agriculture, le satisfait pleinement.

Pour les premiers, c'est la fameuse distinction entre classe productive et classe stérile qui fournit l'explication désirée : l'activité de l'artisan à la différence de celle du cultivateur, ne crée pas de richesses, ne laisse pas de produit net et l'objet manufacturé ne représente pas d'autre valeur que celle qui résulte de l'addition des produits utilisés pour son exécution, parmi lesquels figurent entre autres, la subsistance consommée par l'ouvrier et sa famille pendant le temps de sa fabrication. La valeur du salaire doit donc, en théorie, correspondre exactement à celle de cette subsistance. C'est ce qu'il fallait démontrer.

Pour l'ouvrier agricole, le cas est moins simple car il est par excellence créateur de richesses ; par son travail, il n'obtient pas seulement le remboursement de ses avances, il fournit encore la subsistance de tous les autres êtres humains qui ne sont pas employés à l'agriculture. Comment est-il possible, dès lors, de lui ravir la plus grande partie de ce qu'il produit et de ne lui laisser comme salaire que le strict nécessaire ? Turgot est parfaitement conscient de la

---

80. E. Labrousse, *Op. cit.*, pp. 614-615.

difficulté qu'il résume lui-même de la manière suivante : « Quoique le cultivateur et l'artisan ne gagnent l'un et l'autre que la rétribution de leur travail, le cultivateur fait naître au-delà de cette rétribution le revenu du propriétaire et l'artisan ne fait naître aucun revenu ni pour lui ni pour d'autres [81]. » Si artisans et laboureurs jouent sur le plan de la production un rôle si différent : multiplication des richesses d'un côté, stérilité de l'autre, on se demande pourquoi ils sont traités de la même manière sur le plan de la distribution. Il y a là un illogisme auquel Turgot n'échappe qu'en faisant intervenir, à point nommé, l'assez pauvre invention du don gratuit, du cadeau de la Providence, véritable *deus ex machina*, qui apparaît opportunément pour supprimer d'insolubles contradictions. Comme par un mystérieux enchantement,

> « le produit de la terre se divise en deux parts. L'une comprend la subsistance et les profits du laboureur qui sont la récompense de son travail et la condition sous laquelle il se charge de cultiver le champ du propriétaire. Ce qui reste, est cette partie indépendante et disponible que la terre donne en pur don à celui qui la cultive au-delà de ses avances, et du salaire de ses peines ; et c'est la part du propriétaire ou le revenu avec lequel celui-ci peut vivre sans travail, et qu'il porte où il veut [82]. »

La Providence, Dieu, collaborent avec l'ouvrier agricole mais évidemment s'ils travaillent avec lui, il ne travaillent pas pour lui, ils travaillent pour le propriétaire, seul prédestiné à bénéficier du don gratuit, tandis que l'ouvrier ne doit recevoir que le produit de son travail, c'est-à-dire encore et toujours sa subsistance. Le recours à une explication aussi insatisfaisante que celle du don gratuit traduit bien l'embarras du représentant de la pensée bourgeoise. Nous entrons ici, nous dit L. Salleron [83], dans le domaine de la philosophie pure, dans le domaine de la métaphysique ; peut-être, mais convenons alors qu'il s'agit là d'une philosophie et d'une métaphysique qui ressemblent à la science médicale du *Médecin malgré lui*. La franchise de Necker est plus sympathique, pour lui les richesses n'ont pas d'autres sources que le travail et le produit net est une pure et simple spoliation [84].

Reste à savoir maintenant ce que les propriétaires vont faire de ce don gratuit qui leur revient de droit, de droit divin pourrait-on dire. C'est sur ce point-là surtout que la physiocratie constitue un phénomène sociologique du plus grand intérêt et d'une remarquable originalité.

---

81. *Réflexions sur la formation et la distribution des richesses*. Schelle, II, 543.
82. *Ibid.*, p. 541, l'expression de « pur don » se retrouve encore p. 538.
83. L. Salleron : *Le produit net et les physiocrates* dans *François Quesnay et la physiocratie*. Institut national d'Etudes démographiques, 1958.
84. Cf. notre article : *Necker et Turgot devant le problème du salaire*. Annales Hist. de la Révolution française. Janvier-Mars 1957.

Nous avons constaté au XVIIIᵉ siècle le succès d'une morale de la jouissance dont Maudeville et Voltaire sont de caractéristiques représentants et qui fait un devoir aux riches de se consacrer à la recherche du plaisir. On ne saurait s'extasier devant le niveau d'une pareille morale, si commode qu'elle soit. L'idéal de vie qu'elle offre à la classe dominante n'a rien qui puisse inspirer quelque orgueil. Les physiocrates vont proposer aux propriétaires un rôle bien plus flatteur : à la fonction de jouissance, ils vont substituer la fonction d'expansion, à l'éthique de la dépense, l'éthique de l'investissement. Le riche ne va plus se borner à faire tourner la machine économique en consommant chaque année la totalité de ses fermages, en transformant ses revenus en ces mille satisfactions que peut procurer une civilisation aussi raffinée que celle du XVIIIᵉ siècle, sa mission au contraire sera d'épargner au lieu de jouir, non pas pour thésauriser, mais pour consacrer la part la plus grande possible du revenu de ses domaines à des investissements productifs par excellence.

L'ascèse capitaliste doit désormais triompher. Le propriétaire, employant le produit net au défrichement ou à l'amélioration des procédés de culture, retirera chaque année un revenu de plus en plus grand qui lui permettra d'investir des sommes de plus en plus considérables, et ainsi se met en marche une expansion indéfinie d'où sortira une quantité sans cesse croissante de subsistances, condition d'une population en constante augmentation. La physiocratie est une mystique du capitalisme agricole, la propriété une sorte de sacerdoce laïc de la production des richesses, et l'on attend de celui qui l'exerce une vie austère consacrée à l'accomplissement d'un devoir sacré et exigeant.

Si nous employons le terme de mystique et si nous comparons la physiocratie à une religion, c'est que les membres de la secte emploient eux-mêmes un vocabulaire et des notions religieuses quand il s'agit de définir cette nouvelle attitude devant la vie, cette nouvelle morale, tel ce texte de Dupont de Nemours qui définit le péché économique :

> « ...A en juger, même par les seules lumières de la raison, on pourrait dire que l'avarice est un véritable péché mortel, parce qu'elle fait mourir ceux qui auraient subsisté sur la dépense, et que peu s'en faut qu'elle ne réduise au même terme, par un chemin plus ou moins long, ceux qui font ce tort à la société. Il ne s'ensuit pas de là qu'il ne faille, pour entretenir la société dans un état de richesse, pour animer la circulation, donner la subsistance à beaucoup de gens, et se soutenir soi-même dans l'aisance, que dépenser tout son revenu sans règle. Si l'avarice est le péché des sots, la prodigalité est celui des fous. Et cela est si reconnu qu'ainsi que nous l'avons remarqué plus haut, l'on appelle généralement dépenses folles celles qui dissipent sans objet, sans but, sans fruit, des revenus et des capitaux... Il n'en coûte pas plus pour faire subsister un travailleur qu'un homme oisif. Il n'en coûte pas plus pour un travailleur productif ou du moins utile, que pour une autre espèce de salarié dont l'utilité serait nulle. C'est donc à ceux qui distribuent des salaires à savoir qu'il vaut mieux employer des laboureurs, des vignerons, des pâtres, des maçons, des pionniers, pour avoir des

récoltes, pour soigner et multiplier des troupeaux, pour bâtir des maisons, pour creuser des canaux, etc. que des musiciens et des danseurs [85]. »

L'abbé Baudeau, en son langage habituel de catéchiste va prêcher le même sermon :

« Il y a deux manières d'envisager la masse totale des biens ou la somme générale des jouissances utiles et agréables qui font la conservation et le bien-être de l'espèce humaine sur la terre. Les uns ne considèrent cette masse que dans son état actuel ; ils la regardent comme si elle était nécessairement bornée à cet état : en conséquence ils tâchent de s'en assurer une portion, la meilleure qu'il leur soit possible et de l'appliquer à leur bien-être particulier, sans penser aucunement à l'augmentation de la somme totale de ces biens, augmentation dont ils ne paraissent pas même soupçonner la possibilité.
Les autres, au contraire, prennent pour principe « que la fécondité de la nature et l'industrie n'ont point de limites qu'on puisse connaître et assigner, que la reproduction annuelle des subsistances et des matières premières peut s'accroître sans cesse, que les richesses de consommation et de durée peuvent se multiplier d'années en années, qu'ainsi le nombre des hommes et leur bien-être peuvent augmenter de plus en plus ». En conséquence, ils désirent cet accroissement continuel et progressif, ils se font un devoir d'y contribuer autant qu'il est en leur puissance...
Donc à considérer les hommes suivant le mérite ou la moralité de leurs actions, il y en a qui concourent simplement à l'entretien de la masse des biens actuellement existants ; il y en a qui concourent à l'accroissement continuel et progressif de cette masse, il y en a malheureusement qui concourent à sa diminution, qui détruisent, qui usurpent, qui empêchent. Les premiers sont justes, les seconds sont bienfaisants, les autres sont criminels. C'est là ce que tout homme doit trouver écrit dans son âme [86]. »

Cette nouvelle morale de la renonciation doit être pratiquée à tous les échelons et, en ce qui concerne l'entrepreneur de culture, le gros fermier, Turgot édicte de sévères préceptes :

« Il est très vrai qu'à considérer les choses d'une manière vague, la subsistance du cultivateur faisant partie des frais, moins le cultivateur consomme pour lui-même et plus il reste de produit net. Il est certain que, si un fermier portait des habits de velours et sa femme des dentelles, il faudrait que cette dépense se retrouvât sur le produit de la terre en diminution de la portion du propriétaire [87]. »

Heureusement, quand on en arrive au simple salarié, l'austérité est obligatoire, les possibilités de choix sont en effet fort restreintes pour ceux qui, par un arrangement providentiel, doivent se contenter du strict nécessaire, et les physiocrates pensent qu'on ne saurait trop s'en féliciter.

---

85. Note ajoutée au chap. 77 des *Réflexions sur la formation et la distribution des richesses* » lors de leur publication dans les *Ephémérides du citoyen*. Schelle, II, p. 585 ss.
86. *Première introduction à la philosophie économique*, Daire, pp. 667-668.
87. *Sur le Mémoire de Graslin*, Schelle, II, p. 633.

Scandalisé devant une pareille indifférence pour le sort des êtres humains, Graslin, dans un mémoire sur le sujet, cher à l'école, de l'impôt unique, mis au concours par la société d'agriculture de Limoges, fait aux nouveaux docteurs l'objection suivante :

> « Si la richesse de l'Etat considérée dans la production du sol n'était que le produit net... elle dépendrait en grande partie de la dépense plus ou moins resserrée des cultivateurs ; et il y aurait d'autant plus de richesse dans l'Etat que les cultivateurs seraient réduits à une vie plus dure et plus misérable [88]. »

et il en appelle au bon roi Henri IV qui ne rêvait pas pour son peuple de l'augmentation du produit net, mais plus simplement de la poule au pot tous les dimanches. Turgot, mis au pied du mur, n'est nullement démonté par le recours à cette autorité inattendue et l'argument de Graslin n'est que l'occasion pour lui de réaffirmer ses principes avec une rigueur systématique qui fait bon marché des êtres humains :

> « Il faut convenir que plus cet entrepreneur (l'entrepreneur de culture) donne de gages à ses charretiers, plus il paye cher la journée des moissonneurs et autres journaliers qu'il emploie, plus il dépense en frais et que cette dépense est toujours en déduction du produit net. Qu'en conclure ? Cela n'est-il pas vrai dans tous les systèmes ? Y a-t-il un genre de travaux où les profits ne soient diminués par la cherté de la main-d'œuvre ? Et y a-t-il de l'inhumanité à convenir d'une vérité qui n'a besoin que d'être énoncée pour être évidente [89] ? »

Ainsi, l'agriculture devient l'activité privilégiée, aux dépens d'une industrie qui ne doit occuper dans la vie économique que la place strictement indispensable à la satisfaction des besoins élémentaires. Ainsi va s'opérer un vaste transfert de main-d'œuvre : tandis que le nombre des paysans ne cessera de croître, danseurs et musiciens, velours et dentelles vont s'évanouir, le luxe va disparaître, par la volontaire renonciation du riche aux plaisirs qui jusqu'alors avaient occupé sa vie.

Nous n'insisterons pas sur le côté un peu puéril de pareilles conceptions, sinon pour rappeler que Necker analyse avec un peu plus de réalisme la psychologie de ceux qui n'accepteront jamais de s'imposer « quelques privations spontanées » que « dans le dessein d'accroître leurs dépenses », que dans la poursuite de leur égoïste bonheur [90] et pour souligner la contradiction dans laquelle s'enferme une théorie qui prétend se donner pour but la croissance démographique, tout en préconisant une politique dont le résultat le plus

---

88. *Essai analytique sur la richesse et sur l'impôt*, Chap. I, pp. 12-13.
89. *Réponse au Mémoire de Graslin*, Schelle II, p. 633.
90. Cf. Supra le chapitre : Expansion économique et expansion démographique.
91. Cf. Quesnay : « Une nation agricole doit favoriser le commerce extérieur actif des denrées du cru par le commerce extérieur passif des marchandises de main d'œuvre qu'elle peut acheter à profit de l'étranger. Voilà tout le mystère du commerce. A ce prix, ne craignons pas d'être

clair serait de vider le pays de la plus grande partie de sa population ouvrière, de le ramener à l'état de « nation naissante [91] ».

Tout aussi naïvement, les physiocrates se font fort de convertir toute une population à une sorte de puritanisme économique et de transformer un pays en un camp de travail où chacun acceptera la discipline nécessaire, la seule récompense résidant dans la jouissance assez désincarnée que peuvent procurer le sentiment de contribuer à une expansion permanente et la publication annuelle de statistiques. Avec une belle confiance en la raison et en son souverain pouvoir, ils comptent tout simplement sur « l'évidence », l'aveuglante évidence de leurs démonstrations et dans leur programme figure la mise en place d'un enseignement qui dévoilera à l'habitant des campagnes les plus reculées, comme au plus grand propriétaire, les mystères de la notion du produit net et le processus de la multiplication des subsistances considérée comme une fin en soi et le but suprême de la vie.

Rendons toutefois justice à Turgot d'avoir fait preuve d'assez de bon sens pour ne pas suivre les membres de la secte jusque dans leurs positions extrêmes et pour manifester devant l'éventualité d'une conversion générale des possédants à l'ascèse capitaliste et devant la « désindustrialisation » et « l'agrarisation » qui devaient en être les conséquences, un scepticisme qui est à porter à son crédit. Il ne se fait guère d'illusions, lui non plus, sur le comportement des riches :

> « Il est même généralement vrai que quoique les propriétaires aient plus de superflu, ils épargnent moins parce qu'ayant plus de loisir, ils ont plus de désirs, plus de passions ; ils se regardent comme plus assurés de leur fortune, ils songent plus à en jouir agréablement qu'à l'augmenter, le luxe est leur partage. Les salariés et surtout les entrepreneurs des autres classes recevant des profits proportionnés à leurs avances, à leurs talents, à leur activité ont, quoiqu'ils n'aient pas de revenu proprement dit, un superflu au-delà de leur subsistance et presque tous, livrés uniquement à leurs entreprises, occupés à accroître leur fortune, détournés par leur travail des amusements et des passions dispendieuses, épargnent tout leur superflu pour le reverser dans leur entreprise et l'augmenter [92]. »

tributaires des autres nations. » *Maximes générales du Gouvernement.* Daire, II, p. 90, note 1.

92. Schelle, *op. cit.*, T. II, pp. 600-601. Forbonnais, quant à lui, distingue entre propriétaires médiocres et grands propriétaires. « S'il y a beaucoup de propriétaires médiocres, il y aura peu de degrés d'inégalité ; ces propriétaires résideront donc dans leurs héritages, et plusieurs emploieront l'excédent de leurs denrées à faire la dépense de nouveaux établissements de culture, afin de pourvoir mieux leur famille, d'augmenter la propriété utile que les enfants auront à partager.

Mais si les propriétaires sont en petit nombre, il y aura de grands degrés d'inégalité parmi eux... Les riches laissant le soin de la culture à des colons partiaires, se rassembleront et formeront des villes. La communication augmentée augmentera le nombre des caprices. Le superflu des denrées sera employé à les satisfaire, et la certitude que les enfants auront un grand superflu ne laissant aucune inquiétude sur leur sort, la folie usera et abusera librement au lieu de planter et de créer. » Forbonnais *Principes économiques*, Daire, XIV, p. 189.

Par entrepreneur, Turgot désigne soit le marchand soit le gros fermier, et c'est dans l'un et dans l'autre qu'il met son espoir pour déclancher le mécanisme de l'expansion, abandonnant les riches à leurs jouissances comme le fait Necker.

De même critique-t-il sévèrement les idées de Dupont de Nemours qui, dans son obéissance aveugle aux principes de la secte, s'oppose au développement d'une industrie nationale :

> « En général il faut qu'un grand Etat ait de tout, à l'exception de ce que le climat lui refuse, et un grand Etat a toujours de tout quand une mauvaise législation ne s'y oppose pas. Dire qu'il est à présumer que toute industrie qui n'existe pas dans un Etat n'est pas avantageuse, c'est ignorer à quel point l'ignorance et la routine conduisent les hommes. Le temps, à la vérité, avec la seule suppression des obstacles, ramènera le niveau de l'industrie et du commerce à n'être que l'échange des choses propres à chaque climat et qu'elle a refusées aux autres ; mais il est bon de hâter ce moment par l'instruction et quelquefois par de légers secours... Tous les jours l'industrie multiplie ses ressources ; on invente, on simplifie, on diminue les frais, le gouvernement fait très bien d'accélérer les progrès de la lumière et de protéger ceux qui inventent et ceux qui répandent les inventions des autres nations. C'est une puérilité d'être jaloux de sa prétendue industrie nationale et de la vouloir cacher aux étrangers, mais il est sage de chercher à rompre la barrière que veut élever la jalousie mal entendue de nos voisins [93]. »

Le protectionnisme de Necker est sans doute beaucoup plus marqué, mais avec les réserves nécessaires, le langage que tient ici Turgot n'est pas très différent de celui de son rival.

Il serait vain toutefois de nier les orientations divergentes de leur pensée, chacun a sans doute son tempérament et ses préférences, le banquier par profession, par formation, par goût, s'intéresse davantage aux affaires et nous savons combien il regrette de voir les capitaux français stérilement absorbés par les emprunts publics au lieu de contribuer à l'expansion industrielle et commerciale, au développement des manufactures, à la conquête de marchés extérieurs, son génie est celui du commerce ; l'ancien intendant de Limoges pense davantage aux investissements agricoles, aux défrichements, à l'amélioration des procédés de culture. Dans l'un s'incarnent les traditions de l'ancienne France, dans l'autre l'état d'esprit d'un capitalisme marchand, mais ils ont tous deux le même haussement d'épaule devant les exagérations de la mystique physiocratique et les absurdités auxquelles elle finit par aboutir. Les rapports entre Turgot et les rédacteurs des *Ephémérides du Citoyen* en disent long sur l'agacement que le ministre de Louis XVI pouvait éprouver devant un esprit de système intransigeant et buté [94].

Mais Turgot est une exception et les grands ténors, spécialisés dans le travail de propagande, tels Mirabeau, Dupont de Nemours et l'abbé Baudeau, exaltent inlassablement le rôle du propriétaire

---

93. Turgot. *Oe. c.*, Schelle, II, p. 509.
94. Cf. en particulier la correspondance avec Dupont de Nemours des années 69-70, (Turgot *Oe. c.*, Schelle, T. II).

investisseur, justifiant du même coup son existence et ses privilèges.

Avec l'abbé Baudeau, cette propagande prend une tournure encore plus précise et l'utilisation de la doctrine à des fins qui n'ont rien à voir avec l'économie proprement dite, devient évidente. L'abbé Baudeau, comme on l'a dit, est le frère ignorantin [95] de la secte, mais les frères ignorantins présentent le précieux avantage pour l'histoire des idées, de parler avec une brutale franchise et de montrer avec ingénuité ce qui se dissimule derrière les savantes constructions échafaudées par les théoriciens. A écouter cet intarissable bavard que fut le rédacteur des *Ephémérides* et des *Nouvelles Ephémérides*, on découvre qu'il ne s'agit plus de réhabiliter les propriétaires en général, mais ce groupe social bien plus restreint et bien plus menacé qu'est la noblesse [96] ; donnant à la physiocratie une signification résolument réactionnaire, il tente tout simplement de faire croire que la classe des propriétaires et la classe des nobles sont une seule et même chose.

Pour ce faire, l'*Introduction à la philosophie économique* divise la population du royaume en trois catégories : la première, la plus importante est celle qui se consacre à l'art social ; elle comprend elle-même deux divisions, l'une constituée des fonctionnaires de la monarchie (ordre de l'instruction, ordre de protection, ordre d'administration) et l'autre de ceux qui ont pour mission de faire les avances foncières, c'est-à-dire les propriétaires. Déjà le procédé qui consiste à classer les individus par la fonction qu'ils ont à accomplir dans l'Etat est caractéristique, il n'y a plus de jouisseurs, tout le monde a sa place dans le grand œuvre de la multiplication des denrées agricoles, mais les intentions propres à cet intellectuel au service d'un groupe social, se manifestent en toute clarté quand, après avoir défini les attributions de la première classe, il déclare dans un jargon dont nous nous excusons :

« On l'appelle en général classe des nobles ou des propriétaires, et pour abréger, classe propriétaire. En effet, la seconde division de cette classe est totalement composée des hommes qui possèdent les héritages privés et qui sont chargés des avances foncières ; ainsi cette seconde division forme proprement une classe propriétaire. Mais, puisque la première division est composée de tous ceux qui exercent l'autorité souveraine, et puisque l'une des principales fonctions de cette autorité est de former, de maintenir, de perfectionner les grandes propriétés publiques qui rendent plus immédiatement le sol de l'Etat susceptible des travaux de l'art productif et par conséquent de l'art stérile, on regarde encore avec raison l'autorité souveraine comme la première et la plus grande propriété d'une société policée, ses propriétés étant réellement étendues sur toute la surface de l'Etat.

---

95. J. Fabre. Mirabeau interlocuteur et protecteur de Rousseau dans *les Mirabeau et leur temps*. Op. cit., p. 85.

96. Cf. St Lambert : « Peut-être la noblesse pensera-t-elle enfin, que dans les moments où elle n'est pas nécessaire à nos armées elle peut employer son temps à éclairer ses vassaux, à perfectionner l'agriculture et à s'enrichir par les moyens qui enrichissent l'Etat. » *Les Saisons. Discours préliminaire*, pp. 17-18.

Le nom de propriétaire convient donc à l'une et à l'autre division de la première classe, mais la nature même de ses fonctions et de ses droits la peut faire nommer aussi classe des nobles et en ce sens la noblesse bien loin d'être une chimère, ainsi qu'on le dit quelquefois, est une réalité très utile aux empires civilisés, comme je le ferai voir par l'importance des travaux qui caractérisent cette première classe et par leur influence sur la prospérité générale des Etats, pour le bien-être de l'humanité [97]. »

Et il déclare encore plus loin, développant le même thème :

« Un homme qui incorpore ses biens à la terre pour la rendre plus fructueuse s'incorpore donc lui-même à ce sol ; il prend racine dans l'Etat, s'il est permis de parler ainsi ; son existence, ses jouissances sont attachées intimement au territoire. Les propriétaires fonciers appartiennent donc plus spécialement et plus intimement à chacun des empires policés par le titre même de leur propriété. Dans les grandes sociétés, le souverain choisit naturellement ses coopérateurs ou mandataires dans la classe des propriétaires fonciers parce qu'ils ont plus de loisir, plus d'instruction, plus d'union fixe et immédiate avec les intérêts et les devoirs de la souveraineté. C'est de là qu'est née l'idée de la noblesse et de sa destination, idée que l'ignorance et les préjugés ont souvent trop défigurée [98]. »

L'abbé Baudeau tient le langage de tous les réactionnaires. « Blut und Boden » est la devise où il voit le salut d'une noblesse qui se raidit dans une résistance désespérée à une évolution qu'elle refuse et qui s'accomplit sans elle. Tandis que l'abbé Coyer avec la noblesse commerçante, lui montre la voie du salut dans la participation au progrès économique, dans le capitalisme marchand, l'auteur de *l'Introduction à la philosophie économique* veut accentuer, au contraire, la coupure traditionnelle, et la distinction entre classe productive et classe stérile, soi-disant découverte par la science économique, n'est en réalité qu'un procédé pour accentuer la séparation entre l'ordre de la noblesse et celui du tiers-état ; la primauté de l'agriculture, véritable masque idéologique, recouvrant, en réalité, la primauté d'une catégorie sociale. Devenus les agents d'une expansion surtout agricole, dans une France où le commerce et l'industrie seraient allés en déclinant, les nobles auraient retrouvé dans l'accomplissement d'une fonction économique, celle des avances foncières, une nouvelle jeunesse et une nouvelle raison d'être. Adieu le heaume, l'épée, le destrier de Goetz von Berlichingen ! C'est le livre de compte du propriétaire foncier qui devient le symbole de cette nouvelle vocation, mais la haine du marchand reste tout aussi profonde.

Extrêmement moderne dans son effort pour faire naître une mentalité capitaliste, la physiocratie était parfaitement rétrograde économiquement par la primauté accordée à l'agriculture et sociologiquement, dans la mesure, très faible sans doute, où elle a contribué à renforcer l'esprit de caste, elle allait à contre-courant de l'histoire.

---

97. *Introduction à la philosophie économique*, Daire, p. 669.
98. *Ibid.*, p. 690.

Comme l'a dit Marx [99], elle pensait l'avenir en termes du passé et
c'est une nouvelle féodalité qu'elle voulait rétablir. L. Goldmann,
victime du mythe selon lequel la monarchie est conçue comme un
arbitre entre noblesse et bourgeoisie, voit dans cette ambition une
analyse lucide d'une situation qui ne laissait au régime une chance
de survivre que si était rétabli l'équilibre entre les deux classes.

> « Quesnay, qui était un penseur de génie, avait compris que la seule
> chance de sauver la monarchie était de renforcer la noblesse pour
> faire contrepoids au tiers-état [100]. »

Necker ne pensait pas que le salut de la royauté résidât dans
l'accentuation de la distinction des deux ordres, mais bien au
contraire dans la fusion des notables, et la France n'avait qu'à suivre la voie toute tracée que lui montrait l'Angleterre : exemple parfaitement réussi de régime monarchique dans une société marchande.


## III. — NECKER ET LA PENSÉE RÉVOLUTIONNAIRE

La pensée révolutionnaire s'exprime dans une littérature qui,
abondante dans les années postérieures à la publication de *Sur la
législation et le commerce des grains*, va devenir foisonnante dans les
mois qui précèdent ou qui suivent la convocation des Etats-Généraux,
la liberté de la presse quasi-totale faisant naître un flot de brochures qui se déverse sur un public passionné par les événements
qui s'accomplissent, ou qui se préparent. Les préoccupations qu'elles
trahissent ne sont pas seulement d'ordre politique. On voit s'y manifester aussi des revendications sociales d'une extrême violence, et
l'on peut se demander si l'inspiration n'a pu en être puisée dans
les œuvres de Necker ou de Linguet. C'est un fait en tout cas que
certains l'ont pensé et l'ont écrit. Dès 1775, Morellet dans son *Analyse
de l'ouvrage intitulé De la législation et du commerce des grains* en
sermonnait l'auteur :

> « On pourra désapprouver un ouvrage, où l'on recueille et on ré-
> chauffe les semences de cette guerre sourde, de cette aversion aveu-
> gle des pauvres contre les riches, des hommes sans propriété contre
> les propriétaires ; aversion qui n'a jamais éclaté sans troubler et
> bouleverser les empires, et sans causer cent fois plus de maux qu'on
> ne prétendait en guérir. On pourra soupçonner que M. Necker n'a
> pas des idées bien justes de la nature et de l'organisation des socié-
> tés politiques. On pourra penser que sa doctrine mène nécessaire-
> ment et directement à la dissolution de toute société [101]. »

---

99. K. Marx : *Histoire des doctrines économiques. La physiocratie.*
100. L. Goldmann : *Sciences humaines et philosophie*, 1966, pp. 126-127.
101. Morellet : *Analyse de l'ouvrage intitulé De la législation et du
commerce des grains.* Amsterdam, 1775, pp. 18-19.

Et sous la Révolution, il pouvait jouer au sage qui n'avait eu que trop raison de reprocher à Necker de qualifier les propriétaires de lions dévorants :

> « L'ayant écrit, il n'a plus osé les défendre avec assez de courage quand le pauvre peuple est devenu lui-même un monstre qui a dévoré les propriétés et les propriétaires [102]. »

A en croire Soulavie, le chevalier Turgot aurait exprimé la même indignation :

> « Que devons-nous attendre, aurait-il dit, d'un ministre qui se passionne avec tant de fureur contre la classe des propriétaires en faveur de celle qui ne possède rien ? Attendons-nous à voir se renouveler en France les scènes des deux Gracchus [103]. »

Tout aussi scandalisé et inquiet, Condorcet, dans sa *Lettre d'un laboureur de Picardie*, modèle de mauvaise foi hargneuse, invente une petite histoire fort édifiante, mettant en scène le fermier de quelque riche propriétaire et un lecteur de l'œuvre de Necker.

> « Monsieur, écrit au fermier ce lecteur imaginaire, je me moque des lois de propriété parce que je ne possède rien, et des lois de justice parce que je n'ai rien à défendre, vous avez le droit de recueillir le blé que vous avez semé, moi j'ai le droit de vivre, vos titres sont chez un notaire, mais mon estomac est ma patente [104], et si vous ne déposez pas cent écus demain au premier chêne à gauche en entrant dans le bois par le grand chemin, votre ferme sera brûlée après demain. » — « Comme votre fermier, continue Condorcet, a quelque chose d'extraordinaire dans l'esprit, il ne crut pas qu'on pût raisonner ainsi sérieusement, il ne prit cet argument que pour une mauvaise plaisanterie et ne songea point à prendre des précautions. Il fut incendié, pas une gerbe n'échappa [105]. »

Une cinquantaine d'années plus tard, Molinari rédigeant l'article Necker pour un dictionnaire d'Economie politique paru en 1852-1853 reprendra la même accusation. Il cite les phrases les plus audacieuses de *De la législation et du commerce des grains* et continue en ces termes :

> « On conçoit quels ravages ce livre, émané d'un homme dont on vantait les connaissances pratiques, dut causer à une époque où les abus de la propriété privilégiée avaient, par une réaction inévitable, poussé les esprits jusqu'aux confins du communisme. Il obtint un succès énorme ; on en fit successivement plus de vingt éditions. La commotion révolutionnaire qui éclata quatorze ans plus tard donna

---

102. Cité par P. Jolly. *Neker*. Paris, 1947, p. 112.

103. Soulavie : *Mémoires historiques et politiques du règne de Louis XVI*. T. IV, p. 26.

104. Il est significatif de voir Condorcet dans cette œuvre dirigée contre Necker introduire des formules prises dans *Du pain et du bled* de Linguet comme « mon estomac est ma patente ». Les deux auteurs sont englobés dans la même réprobation.

105. Condorcet : *Lettre d'un laboureur de Picardie*, Daire, T. XIV, pp. 498-499.

malheureusement à la jeune génération, imprégnée de ses maximes, l'occasion de les mettre en pratique. C'est en s'appuyant sur les arguments développés par l'auteur de *la Législation et du Commerce des grains*, que les jacobins firent décréter le maximum, l'emprunt forcé et tant d'autres mesures antiéconomiques et spoliatrices. M. Louis Blanc a donc bien ses raisons pour louer Necker, et l'on doit plaindre sincèrement l'ancien ministre de Louis XVI d'avoir mérité une approbation si compromettante. L'ouvrage de Necker sur l'*Administration des finances de la France* est conçu dans le même esprit que le précédent [106]. »

Ainsi, Molinari, incarnation du libéralisme le plus bourgeois qu'on puisse imaginer et qui tremble sans doute encore en écrivant ces lignes au souvenir des journées de 1848, dénonce Necker comme un écrivain dangereux tandis qu'à la même époque Louis Blanc, membre du gouvernement provisoire, en exil à Londres, écrit une Histoire de la Révolution française où la personnalité du ministre de Louis XVI est présentée sous le jour le plus favorable, et que l'*Encyclopédie nouvelle* de Pierre Leroux relève pieusement les phrases de son ouvrage les plus propres à faire trembler les possédants [107]. Prenons donc acte de ce que le banquier genevois a pu être considéré comme un redoutable auteur révolutionnaire [108].

Ce jugement n'est certes pas justifié, mais c'est un fait que son œuvre, en porte-à-faux, devait être facilement l'objet d'un malentendu. Il refuse sans doute toute réforme de structure mais il fait aussi apparaître au grand jour l'exploitation de l'homme par l'homme. Comme Linguet, il est le plus résolu défenseur de l'ordre, tout en portant sur la société de son temps une condamnation sans appel. Il suffira donc d'oublier les conclusions ou d'en tirer de différentes pour que, dans ses écrits, tous ceux qui rêvent d'un bouleversement général puissent trouver arguments et encouragements.

Constatons tout d'abord qu'il se manifeste dans les brochures pré-révolutionnaires [109] une étonnante prise de conscience de la condition des prolétaires au sens moderne du terme [110]. Ceux qui ne disposent que de leurs bras, qui n'ont à vendre que leur force de travail découvrent qu'ils constituent une masse puissante et homogène et

---

106. *Dictionnaire d'Economie politique de Coquelin et Guillaumin*, Paris 1852-53.

107. *Encyclopédie nouvelle* de P. Leroux et J. Reynaud. 1840-47. Cf. Louis Blanc, *op. cit.*, T. I, p. 561.

108. *Le Wörterbuch der Volkwirtschaft* d'Elster (Iena 1898) renvoie sous la rubrique Necker à l'article Sozialismus und Kommunismus.

109. Nous renvoyons pour ces brochures à des ouvrages anciens mais toujours utiles : Ch. L. Chassin : *Le Génie de la Révolution*. 2 volumes, Paris 1863 et *Les élections et les cahiers de Paris* en 1789. 3 volumes, Paris 1898, André Lichtenberger : *Le socialisme au* XVIII<sup>e</sup> *siècle*. Paris 1895. Chap. XV, *Le socialisme dans la littérature pré-révolutionnaire* et à un ouvrage récent : Eberhard Schmidt. *Repräsentation und Revolution*. Münich 1969. Chap. IV. Die radikale phase der Reformbewegung. Nos citations sont prises le plus souvent dans ces deux derniers ouvrages.

110. Cf. Daniel Guérin : *D'une nouvelle interprétation de la Révolution Française*. Annales E.S.C., Janvier-Février 1965.

qu'ils s'opposent en tant que tels à tous les autres membres de la société. Cette découverte revêt une particulière importance, du fait qu'elle se produit à une époque où la société française est encore divisée officiellement en ordres. On réalise que cette division ne correspond pas à la réalité, que l'expression de tiers-état est inadéquate.

« Qu'est-ce que le peuple ? » demande la brochure intitulée *La cause du peuple soumise au tribunal de la raison*[111]. Le mot pris génériquement signifie tous les individus d'un Etat, et, considéré dans l'acception qu'on lui donne aujourd'hui, il n'embrasse que les plus basses classes de la société. Mais quelles sont ces basses classes de la société ? Ce ne sont ni les nobles ni les grands ; ce n'est pas non plus la classe des gens de robe, ni celle des négociants, ni des six corps des marchands, ni des financiers, ni des gens à argent, ni des arts libéraux qui sont distingués, dans tous les autres royaumes, sous le nom de bourgeois. Ce ne peut donc être que les artisans, les ouvriers et les paysans ; et encore sous le nom de paysans ou laboureurs y comprend-on dans les différentes provinces, des bourgeois riches qui font travailler la terre, tout comme on confond également sous le nom de marchands, les gros et les petits marchands dont il conviendrait cependant de faire une différence. Il serait donc, comme on le voit, très essentiel aussitôt qu'on veut former une constitution dans le royaume, de commencer par former toutes les classes que doivent distinguer les hommes dans la société, puisque autrement tout ce qui pourrait se faire et s'arrêter dans l'Assemblée nationale, ne pourrait être qu'éventuel, et ne saurait jamais former la vraie constitution française, telle qu'elle doit être. »

L'effort pour cerner un certain groupe social et pour l'isoler des autres est encore plus marqué dans la *Pétition des cent cinquante mille ouvriers et artisans de Paris*, adressée à M. Bailly, secrétaire du tiers-état :

« Au moment où la patrie ouvre son sein à ses enfants pourquoi faut-il que cent cinquante mille individus utiles à leurs concitoyens soient repoussés de leurs bras ? Pourquoi nous oublier, nous, pauvres artisans, sans lesquels nos frères éprouveraient les besoins que nos corps infatigables satisfont ou préviennent*? Ne sommes-nous donc pas des hommes, des Français, des citoyens [112e]? »

Plus restrictif encore sont les *Cahiers du quatrière ordre* :

« S'il est démontré, s'il est évident d'ailleurs que le puissant et le riche ont moins besoin de la société que le pauvre, que c'est pour le faible, le pauvre et l'infirme que la société s'est formée, et que c'est enfin une des clauses fondamentales du pacte de société que de préserver tous ses individus de la faim, de la misère et de la mort qui les unit, je ne demanderai pas seulement pourquoi il y a tant de malheureux mais pourquoi ils ne sont pas considérés chez nous comme des hommes, comme des frères, comme des Français. Pourquoi

111. *La cause du peuple soumise au tribunal de la raison*, par M.J.D.L. dédiée à l'Assemblée nationale à Paris 1789.
112. *Pétition de cent cinquante mille ouvriers et artisans de Paris, adressée à M. Bailly, secrétaire du Tiers-Etat, assemblé à l'archevêché*. Du Dimanche 9 mai 1789, pp. 3-4.

cette classe immense de journaliers, de salariés, de gens non gagés sur lesquels portent tous les révolutions physiques, toutes les révolutions politiques, cette classe qui a tant de représentations à faire, les seuls qu'on pût peut-être appeler du nom trop véritable, mais avilissant et proscrit de doléances, est-elle rejetée du sein de la nation ?... Je demande à tous les ordres et particulièrement à celui du tiers s'ils ne sont pas éminemment privilégiés en comparaison du quatrième ordre ; et forcés d'en convenir comment pourraient-ils se soustraire à l'application du grand principe que les privilégiés ne peuvent représenter les non privilégiés [113] ? »

Citons encore *le Cahier des pauvres :*

« Sous telle division que ce puisse être, triple comme en France, quadruple comme en Suède, il n'y a jamais eu et il n'y aura jamais que deux classes réellement distinctes de citoyens, les propriétaires et les non-propriétaires dont les premiers ont tout, et les autres n'ont rien [114]. »

Des textes de ce genre, et le dernier en particulier, pour un lecteur de Necker, présentent un évident intérêt, car il s'en dégage une vision, de la société identique à la sienne, et l'on peut se demander s'il faut y voir une réaction spontanée, un réflexe instinctif provoqué par les circonstances, par la réflexion sur le degré de la représentativité des députés aux Etats-Généraux, ou si des œuvres comme *De la législation et du commerce des grains* par des cheminements difficiles à déceler, n'ont pas contribué à cette cristallisation. C'est un fait, en tout cas, qu'il y a une parfaite concordance entre l'analyse d'un écrivain bourgeois et une littérature spécifiquement populaire. Peu importe la variété des appellations, pauvres, pauvre peuple, peuple, dernière classe, quatrième ordre, quatrième Etat, il est clair qu'à la veille de la Révolution, la classe ouvrière affirmait pour la première fois son existence et cherchait à se définir par les mêmes critères qu'avait employés le banquier genevois, proclamant en conséquence la solidarité de tous ses membres.

L'identité de point de vue entre un bourgeois comme Necker et les interprètes du prolétariat mérite d'être soulignée surtout quand on la compare aux réactions d'un autre bourgeois comme Sieyès, inquiet devant un phénomène qui menace de rompre l'unité du tiers-état [115]. Pour lui, la seule ligne de clivage est celle qui sépare privilégiés et non privilégiés [116].

De cette prise de conscience, on passe naturellement à une protestation contre le sort des prolétaires, l'inégalité sociale et l'institution de la propriété en utilisant le même raisonnement que celui

113. Dufourny de Villiers : *Cahiers du quatrième ordre*, 25 avril 1789, pp. 12-14.
114. Lambert : *Cahier des pauvres*, p. 14.
115. Cf. Eberhard Schmidt, *op. cit.*, p. 169.
116. Cf. *Qu'est-ce que le Tiers-Etat ?* « Tous les privilégiés, sans distinction, forment une classe différente et opposée au tiers-Etat » ed. Champion, p. 34.

de notre auteur, poussé jusqu'à ses plus extrêmes conséquences.
Necker, on le sait, se refusait à considérer la propriété comme un
droit naturel, sacré, inaliénable, et il montrait en elle une institution
inventée par les hommes, une création de la société, et donc révo-
cable par elle. De cette limitation des droits du propriétaire, jugée
nécessaire en des cas exceptionnels, on pouvait aisément passer à
une aliénation totale, ou à une redistribution du sol au nom de
l'intérêt général. La théorie fonctionnelle de la propriété, sur laquelle
est fondé l'interventionnisme, ouvrait une brèche qui permettait de
faire tomber la forteresse tout entière :

> « Ces besoins sont... en même temps et le but et le titre de la
> propriété », écrit par exemple Brissot, ne croyons pas que le droit
> sacré de la propriété nous soit accordé pour aller en carrosse, tandis
> que nous avons des jambes, pour manger la nourriture de vingt
> hommes tandis que la portion d'un seul suffit [117]. »

Marat dira de même :

> « Le droit de posséder découle de celui de vivre [118]. »

Leroy de Barincourt lui fait écho :

> « Le droit de propriété ne permet pas qu'en travaillant ou lorsqu'il
> est dans l'impuissance de travailler, un associé soit privé du néces-
> saire. Ce dernier trait, il est important de l'observer, n'indique pas
> seulement un avantage que la société donne lieu d'espérer, il rap-
> pelle une lettre qu'elle est indispensablement tenue d'acquitter, il
> rappelle une condition inhérente au droit de propriété publique et
> particulière, condition sans laquelle il est impossible de concevoir
> l'existence d'un pareil droit, condition évidemment renfermée dans
> le motif ou dans la cause de ce droit [119]. »

tandis que   Gosselin reprend la formule de Linguet :

> « Salus populis suprema lex esto [120] »,

et réclame à ce titre le partage et la distribution aux pauvres des
biens communaux, des biens domaniaux, des biens ecclésiastiques,
et des grandes propriétés particulières [121].

---

117. Brissot de Warville : *Recherches philosophiques sur le droit de
propriété et sur le vol considérés dans la nature et dans la société*,
in *Bibliothèque philosophique du législateur, du politique, du jurisconsulte*,
T. VI, pp. 274 et 278.
118. Marat : *Plan de législation criminelle*, 1790, p. 19.
119. Leroy de Barincourt : *Principe fondamental du droit des souverains*, T. II, p. 266.
120. Gosselin : *Réflexions d'un citoyen adressées aux notables sur la
question proposée par un grand roi* : « En quoi consiste le bonheur des
peuples et quels sont les moyens de le procurer ? ou sur cet autre : « D'où
vient la misère et quels sont les moyens d'y remédier ? », pp. 70-71.
121. *Ibid.*, p. 25.

Outre cette identité dans l'argumentation, tous les contemporains, en lisant les œuvres de Linguet et de Necker, avaient été frappés par un ton qui, par sa violence, rappelait le testament du curé Meslier. L'un et l'autre n'hésitent pas en effet à présenter les rapports entre riches et pauvres sous la forme d'une féroce lutte de classes. Comment s'étonner dès lors du diapason d'indignation auquel monte la littérature révolutionnaire :

> « A ta porte, écrit Brissot, cent malheureux meurent de faim, et toi, rassasié de plaisirs, tu te crois propriétaire. Tu te trompes, les vins qui sont dans tes caves, les provisions qui sont dans tes maisons, tes meubles,, ton or, tout est à eux. Ils sont les maîtres de tout. Voilà la loi de nature [122] »,

ou encore :

> « Les lois paraissent être une conspiration du plus fort contre le plus faible, du riche contre le pauvre, de l'autorité contre l'humanité [132]. »

Bernardi tient le même langage :

> « Les pauvres regarderont le superflu du riche comme un vol qui leur est fait [124] »,

Marat appelle ces mêmes pauvres à la révolte ouverte :

> « Loin d'être obligés d'en respecter les ordres (des oppresseurs), ils doivent à main armée revendiquer contre eux les droits sacrés de la nature [125]. »

La brochure intitulée : *Les quatre cris d'un patriote* fait attendre les plus inquiétantes menaces :

> « Il est à craindre, que la multitude pauvre, proscrite par l'avide égoïsme des propriétaires, ne foule aux pieds les titres inhumains de la propriété. Nourrissez le peuple, ouvrez des ateliers, donnez des terres à défricher, garantissez les propriétaires de l'insurrection terrible et peu éloignée de vingt milligons d'indigents sans propriété [126]. »

Sylvain Maréchal n'est guère plus rassurant :

> « Prenez garde à trois contre un..., notre intention est de rétablir pour toujours les choses sur leur ancien pied, sur l'état primitif c'est-à-dire sur la plus parfaite et la plus légitime inégalité [127]. »

On ne peut s'empêcher à lire ces phrases de penser au lion qui rugit quand on le prive du nécessaire.

---

122. Brissot de Warville, *op. cit.*, p. 290.
123. Brissot de Warville : *Théorie des lois criminelles*, Paris 1836, T. I, p. 3.
124. Bernardi : *Discours sur les moyens d'adoucir la rigueur des lois pénales en France, sans nuire à la sûreté publique.* Bibliothèque philosophique de Brissot de Warville, T. VIII, p. 58.
125. Marat : *Plan de législation criminelle*, Paris 1790, p. 23.
126. Cité par Ch. L. Chassin : *Les élections et les cachiers de Paris en 1789*, T. II, pp. 586-7.
127. Sylvain Maréchal : *Apologues modernes à l'usage du dauphin.* Bruxelles, 1788, p. 34.

Mais dans la plupart de ces brochures, la déclamation tourne trop souvent à vide et ne laisse aucune place à l'analyse. L'immense supériorité de Necker vient de ce qu'il ne se contente pas d'émouvoir, la connaissance des mécanismes de la fixation des salaires lui permet de se faire une idée précise du système de la production et de la distribution des richesses, et d'élaborer un programme de mesures concrètes et efficaces de défense des non possédants. La littérature révolutionnaire au contraire, si émouvante qu'elle soit par sa sincérité, ne pouvait que créer un climat de révolte et, en proposant des solutions radicales comme le communisme ou la redistribution des terres, conduire à des expériences vouées à l'échec. Les intentions de Robespierre et de Saint-Just étaient pures : « Donner à tous les Français les moyens d'obtenir les premières nécessités de la vie, sans dépendre d'autre chose que des lois et sans dépendance mutuelle dans l'état civil [128] », mais leurs connaissances des lois de l'économie étaient bien rudimentaires.

A propos de ce vaste mouvement on ne peut manquer d'évoquer J.-J. Rousseau qui en est le puissant inspirateur. Aveugle devant le processus selon lequel l'échange se transforme en exploitation, mais exaspéré devant l'inégalité sociale, Rousseau, à la fois logiquement et absurdement, réclame la suppression de tout échange, de toute division du travail, l'anéantissement de la société de consommation, et rêve de communautés de petits propriétaires, vivant dans l'autarcie totale, et donc dans la liberté absolue, que connaissent les Montagnons, ou que connaîtront les heureux habitants d'une Corse organisée par ses soins. Remède désespéré, la société sans échange est la condition d'une société sans classes [129]. C'est là, et l'idéologie sansculotte le prouve bien, l'utopie naïve où tant d'esprits à cette date ont vu l'image même du bonheur [130].

Necker, si proche par certains côtés de ces protestataires est l'adversaire le plus résolu de pareilles aventures et si son œuvre a pu être invoquée par les partisans d'une révolution sociale, ce ne peut être que par suite d'un malentendu.

La voie qu'il ouvre se situe à mi-chemin entre un libéralisme intégral, qui ne pouvait que laisser s'approfondir le fossé entre possédants et non possédants, et une destruction de l'ordre existant, qui ne pouvait mener qu'à l'anarchie. C'est en cela que réside son originalité, mais, par une injustice du sort dont il sera victime aussi bien sur le plan politique que sur le plan économique et social, sa pensée ne se transmettra au XIXe siècle que par personne interposée, et c'est à Sismondi, son disciple, qu'on attribuera la paternité de cet interventionnisme dont Necker est le véritable inventeur.

---

128. Saint-Just : *Institutions républicaines.*
129. Cf. notre article : *Rousseau et la division du travail.* Revue des Sciences humaines. Avril-Juin 1957.
130. Cf. A. Soboul : *L'audience des lumières sous la Rév. J.J. Rousseau et les classes populaires in Utopie et institutions au* XVIIIe *siècle.* Mouton, 1963, p. 289 ss.

## IV. — NECKER ET SISMONDI

Après avoir commencé par être un admirateur d'Adam Smith, et avoir vu dans la libre concurrence le secret du progrès et de l'harmonie des société [131], Sismondi, en une conversion significative, va adopter un point de vue radicalement opposé dans ses *Nouveaux principes d'économie politique*, et se faire le défenseur de thèses si semblables à celles de Necker [132] que l'influence de l'un sur l'autre ne paraît guère discutable [133]. Reniant le principe de la concordance entre l'intérêt particulier et l'intérêt général, il définit dans les mêmes termes la condition du prolétaire soumis à la loi d'airain des salaires.

« Son travail ne lui rapporte rien au-delà de sa subsistance ; qu'il mange des pommes de terre au lieu de pain, qu'il porte des haillons au lieu d'habits et son salaire se règlera immédiatement sur ce qui lui suffit pour vivre [134]... »
« Les pauvres sont dans la dépendance de la classe supérieure, il faut qu'ils réalisent ce travail, il faut qu'ils le vendent avant de pouvoir obtenir la jouissance de ses fruits [135]. »
« La dépendance des ouvriers et l'état de misère de ceux qui créent la richesse nationale n'ont cessé de s'accroître avec le progrès de la population ; le nombre de ceux... qui demandent du travail étant toujours plus grand, ils ont dû être toujours plus empressés d'accepter le travail quelconque qu'on leur offrait, de se soumettre

---

131. Cf. l'ouvrage paru en 1803 : *De la richesse commerciale ou Principes d'économie politique appliqués à la Législation du Commerce.*
132. Cf. A. Babel : « Certains rapprochements entre les doctrines morales, économiques de Necker et de Sismondi s'imposent. *Necker et les origines de l'interventionnisme.* Mélanges E. Milhaud. P.U.F. 1934. Cf. encore J.R. de Salis : « La seconde des influences qu'il avait subie après son retour dans sa patrie en 1800 émanait du milieu genevois et surtout du monde de Coppet lorsque Sismondi fut admis dans l'intimité de Necker, de Mme de Staël et de B. Constant : (*Sismondi, la vie et les œuvres d'un cosmopolite philosophe.* Paris, 1932, p. 329. Cf. surtout une excellente dissertation allemande à laquelle nous devons beaucoup d'Erika Stoltzenberg : *Sismondi und Necker.* Heidelberg Phil. Diss. 1956.
133. Comme B. Constant, Sismondi éprouvait une profonde admiration et une sincère affection pour Necker. Cf. sa lettre à Mme de Staël du 15 mai 1804 : « J'ai perdu dans M. Necker tout ce que j'avais de plus précieux dans Genève, c'était un sentiment si doux pour moi que celui d'être attaché par des liens d'amour au plus grand homme de son siècle. Celui que la France a chéri, celui que l'avenir admirera et dont le nom ira croissant d'âge en âge, moi je l'aime me disais-je, je l'aime de tout mon cœur et il me sait gré de mon attachement. Oh comme je jouissais de ses sourires, ou d'un mot d'approbation de sa part, comme ses conseils m'étaient précieux, avec quelle attention scrupuleuse je me suis conformé à tous ceux que j'ai reçus de lui, comme je sentais bien que c'était à lui, à sa protection bienveillante que je devais la place que je commençais à occuper dans le monde. Je ne le verrai plus... *Correspondance de Sismondi,* publiée par C. Pellegrini.
134. *Etudes sur l'économie politique.* Paris 1837-1838, T. II, p. 218.
135. *Nouveaux principes d'économie politique.* 2ᵉ édition Paris, 1827, I, p. 114.

aux conditions qu'on leur imposait et de réduire leur salaire au plus étroit nécessaire [136]. »

Ainsi naît la plus value. L'employeur ne paie que l'entretien de la force de travail et s'approprie tout ce qu'elle produit, partage inique :

> « Dans lequel le capitaliste s'efforce de ne laisser à l'ouvrier que justement ce qu'il lui faut pour maintenir sa vie, et se réserve à lui-même tout ce que l'ouvrier produit par-delà la valeur de cette vie [137]. »
> « Le riche garde pour lui-même tout le surplus du produit, toutes les jouissances et tous les loisirs [138]. »

Sismondi n'a pas de mots assez forts pour qualifier ce comportement.

> « Il y a eu spoliation, il y a eu vol du riche sur le pauvre, lorsque ce riche perçoit... un revenu qui le fait nager dans l'opulence, tandis que le cultivateur qui a fait naître ce revenu, qui a baigné de ses sueurs tous les produits dont il se compose, meurt de faim sans pouvoir y toucher [139]. »

Et il insiste, lui aussi, sur l'anonymat de cette spoliation contre laquelle le prolétaire ne peut protester, et dont le bénéficiaire n'a même pas conscience :

> « Dans la froide et abstraite oppression de la richesse, il n'y a point d'injures, point de colère, point de ministre connu, point de rapports d'homme à homme. Souvent le tyran et la victime ne se connaissent pas de nom, n'habitent pas le même pays, ne parlent pas la même langue. L'opprimé ne sait pas où porter ni ses prières ni son ressentiment ; l'oppresseur, loin d'être un homme dur, est peut-être généreux et sensible ; il ne se rend point compte du mal qu'il fait, il cède lui-même à une sorte de fatalité qui semble aujourd'hui gouverner le monde industriel. C'est cette fatalité qui, malgré les promesses de la liberté, de l'égalité, accable d'une effroyable oppression des millions de créatures humaines [140]. »

Chez les deux écrivains, la description du mécanisme de la formation de la plus-value et de son appropriation est donc identique. Mais, d'une génération à l'autre, la différence est surprenante quand il s'agit de son utilisation. Dans la société de type agraire qu'a connue le banquier genevois, l'occupation des propriétaires, leur fonction même, est la consommation du superflu, pour employer une expression qui évoque à elle seule un âge disparu, d'où l'importance du luxe et son rôle essentiel dans l'économie. Dans les sociétés industrielles, au propriétaire jouisseur a succédé le capitaliste, et c'est

---

136. *Ibid.*, I, p. 92.
137. *Ibid.*, I, p. 103. Comme Necker, Sismondi figure dans l'*Histoire des doctrines économiques* de Marx comme un des précurseurs de la théorie de la plus-value. L. II, pp. 55-63.
138. *De la richesse territoriale*, p. 29 in Revue mensuelle d'économie politique, II, pp. 18-34.
139. *Etudes sur l'économie politique*, T. I, p. 274:
140. *Etudes sur les Constitutions des peuples libres*, p. 297.

à réinvestir que celui qui dispose des moyens de production emploie le profit que lui procure l'exploitation des salariés. Sismondi nous décrit, effrayé, cette course fiévreuse vers l'abaissement du prix de revient et le profit maximum, par la concentration des moyens de production et le développement accéléré des techniques [141]. L'univers de Cantillon s'est évanoui, et avec lui les heureux possédants dont le seul souci était la chasse au plaisir.

D'une certaine façon, le rêve des physiocrates se réalise, mais le sort des humains n'en est pas pour autant amélioré, bien au contraire. Car le résultat final de cette accumulation, non plus au sens neckerien mais au sens marxiste, ce sont les crises. Un appareil de production de plus en plus monstrueux, de plus en plus efficace, jette sur le marché des marchandises en quantités sans cesse croissantes, tandis que les bas salaires empêchent la classe ouvrière de jouir des richesses créées par son travail.

> « Les sociétés modernes ont accumulé une masse prodigieuse de capitaux, elles en sont embarrassées, elles en sont accablées, et c'est cette surabondance qui les pousse sans cesse vers le commerce aléatoire [142]. »

A quoi sert en effet de produire si l'on ne peut consommer, et Sismondi souligne les contradictions du système capitaliste :

> « Alors même que la société compte un très grand nombre d'individus mal nourris, mal vêtus, mal logés, elle ne veut que ce qu'elle peut acheter, et elle ne peut acheter qu'avec son revenu [143]. »

Le monde de Sismondi est donc dans ses manifestations extérieures profondément nouveau, mais c'est précisément l'intérêt de son œuvre que de nous montrer comment la pensée de Necker lui permet de comprendre des phénomènes que celui-ci n'avait pu prévoir. Dans une société toujours fondée sur l'institution de la propriété, les rapports sociaux sont restés les mêmes, tandis que les modes d'utilisation de la plus-value ont profondément changé.

Sismondi aurait pu se contenter du rôle d'analyste, se borner à une simple description, mais il éprouve lui aussi, devant le désordre de l'économie et la souffrance des humbles, le besoin de définir un programme de réformes, de proposer des remèdes, et à nouveau, nous allons constater une frappante similitude dans la pensée des deux Genevois. Ce fils de bourgeois, pas plus que le baron de Coppet, n'est un révolutionnaire. Ses réflexions ne l'amènent pas à la conclusion qu'il faut supprimer la propriété. Elle est irremplaçable et l'idée de la mettre en question ne lui viendrait même pas à l'esprit. Pour améliorer le sort des déshérités, il ne voit qu'une solution, l'intervention de l'Etat, seul capable de s'opposer aux désastreuses conséquences d'une liberté qui ne favorise que les possédants.

---

141. *Nouveaux principes d'éc. pol.*, T. I, L. IV, chap. VIII. *Résultats de la lutte pour produire à meilleur marché.*
142. *Etudes sur l'économie politique*, II, p. 416.
143. *Nouveaux principes d'économie politique*, I, p. 117.

> « Je me séparai des amis dont je partage les opinions politiques ;
> j'invoquai l'intervention du pouvoir social pour régler les progrès
> de la richesse, au lieu de réduire l'économie politique à la maxime
> plus simple et en apparence plus libérale, de laisser faire, laisser
> passer [144]. »

Face à J.-B. Say et à son école, Sismondi se trouve dans une
situation identique à celle de Necker face à Turgot et aux libéraux de son temps. C'est contre la même illusion, le même mensonge
qu'ils luttent l'un et l'autre.

> « Il n'est pas vrai que la lutte des intérêts individuels suffise pour
> promouvoir le plus grand bien de tous...
> « Il est nécessaire que l'autorité souveraine surveille et soutienne
> toujours les intérêts particuliers pour les faire tendre au bien
> général »

et il porte sur l'action du gouvernement, telle qu'elle s'est exercée
jusqu'ici, un jugement extrêmement sévère :

> « L'injustice sera presque toujours... secondée par une force publi-
> que qui se croira impartiale, qui le sera en effet ; puisque, sans
> examiner la cause, elle se rangera toujours du côté du plus fort [145]. »

Et pour justifier cette action de l'Etat, Sismondi développe à son
tour, en termes d'une surprenante similitude, les thèses habituelles
de la doctrine interventionniste relatives à la nature et au fondement
de la propriété.

> « C'est un don de la société et non point un droit naturel qui
> lui soit extérieur... Ce n'est... pas sur un principe de justice mais
> sur un principe d'utilité publique, que l'appropriation de la terre
> est fondée. Ce n'est pas un droit supérieur qu'ont eu les premiers
> occupants, mais c'est un droit qui leur a été accordé par la société...
> c'est pour son avantage à elle, c'est pour celui du pauvre comme du
> riche, qu'elle a pris sous sa protection les propriétaires de terres » ;

et donc

> « ...elle peut mettre des conditions à une concession qui vient
> d'elle... elle doit soumettre la propriété à une législation qui en
> fasse, en effet, résulter le bien de tous, puisque le bien de tous a seul
> légitimité cette propriété [146]. »

Le parallélisme entre les deux économistes est jusqu'ici frappant,
mais Sismondi passant des principes à leur application, va faire
preuve d'une périlleuse originalité dans le choix des mesures proposées à l'action gouvernementale. Ses projets témoignent sans aucun
doute des meilleures intentions mais aussi d'un sens des réalités
bien discutable. Ils vont en effet dans un sens exactement opposé

---

144. *Nouveaux principes d'économie politique*, I, p. 1.
145. *Etudes sur l'économie politique*, I, p. 153.
146. *Nouveaux principes d'économie politique*, I, p. 160. Cf. encore :
*Etudes sur l'économie politique*, I, p. 334 : « La propriété est une conces-
sion de la loi, elle est sous la garantie de la loi. »

à celui de l'histoire et ont pour objet avoué, de freiner le développement des forces productives.

> « Je désire, écrit-il, que l'industrie des villes comme celle des champs soit partagée entre un grand nombre d'ateliers indépendants et non réunis sous un seul chef qui commande à des centaines et des milliers d'ouvriers, je désire que la propriété des manufactures soit partagée entre un grand nombre de moyens capitalistes, et non réunie par un seul homme maître de plusieurs millions [147]... »
> « Le législateur doit être guidé surtout par le désir de multiplier les petites fortunes au dépens des grandes [148]. »

Renonçant purement et simplement au progrès économique pourtant irréversible, cet homme du XIXᵉ siècle se prend à rêver à un monde conforme au désir naïf des sans-culottes ou au rousseauisme le plus utopique :

> « Il y aurait plus d'indépendance et plus de bonheur pour le pauvre à marcher nu pieds ou en sabots, et à posséder une chaumière, quelques champs, un jardin et deux vaches [149]... »

On comprend l'ironie de l'auteur du *Capital* devant cet idéal petit-bourgeois, parfaitement irréalisable [150]. On ne saurait sans doute deviner quelle eut été la réaction de Necker devant une concentration industrielle, une prolétarisation de plus en plus poussée, mais c'est un fait qu'il n'a jamais songé à pareille solution, et beaucoup plus réalistement, il ne s'est préoccupé que d'assurer aux salariés la seule part à laquelle ils avaient droit, le strict nécessaire : programme modeste mais applicable tout aussi bien dans le cadre de la société de type agraire pour lequel il avait été conçu que dans la société industrielle qui devait si rapidement lui succéder.

---

147. *Nouveaux principes d'économie politique*, II, p. 365.
148. *Etudes sur l'économie politique*, II, p. 371.
149. *Nouveaux principes d'économie politique*, II, p. 323. Note. 147.
150. Cf. *Le manifeste communiste* qui présente Sismondi comme l'incarnation du socialisme petit bourgeois : « Sismondi ist das Haupt dieser kleinbürgerlichen, utopistischen Literatur nicht nur für Frankreich sondern auch für England. « *Le Manifeste communiste.* » Section III.

TROISIÈME PARTIE

# LES IDÉES POLITIQUES

« Il n'est point de liberté réelle, il n'en est point du moins qui soit certaine, s'il existe au milieu de l'état une autorité sans balance. »

N ECKER. *Du Pouvoir exécutif dans les grands états.* VIII. 275.

# CHAPITRE PREMIER

# IDÉES DIRECTRICES

Passer des idées économiques et sociales de Necker à ses idées politiques, ce n'est changer ni de sujet ni de méthode mais faire apparaître dans un nouveau domaine, sous un nouvel éclairage, les conséquences qu'entraîne l'institution de la propriété, pierre angulaire des sociétés. Point n'est besoin de recourir à un autre principe d'explication pour donner une réponse aux deux principales questions que l'on peut se poser à propos du pouvoir, celle du pourquoi et celle du comment : pourquoi existe-t-il, quelle est sa raison d'être, son fondement ? Comment doit-il être exercé, en quelles instances doit-il s'incarner et quels doivent être leurs rapports entre elles ?

Cette réflexion de caractère théorique nous conduira à la définition d'une constitution idéale, à un modèle précis d'institutions toujours présent à l'esprit de Necker et qui lui servira de système de référence pour apprécier les divers régimes qu'une expérience politique singulièrement riche et variée lui aura permis de connaître.

## I. — LE PROBLEME DU FONDEMENT DU POUVOIR

La réponse donnée au problème du fondement du pouvoir est d'une extrême simplicité. Il n'est qu'un maillon de plus dans la chaîne de nécessités qu'impose à l'espèce la recherche des conditions qui lui permettront de survivre et de se multiplier. Cet impératif biologique a imposé l'institution de la propriété qui elle-même, a fait naître l'inégalité sociale, apparaître les classes et provoqué une tension permanente entre groupes sociaux à la fois complémentaires et ennemis. Pour contrôler cette tension, pour l'empêcher de dégénérer en conflit ouvert, pour éviter une anarchie finalement préjudiciable à chaque individu, il a fallu instaurer une autorité redoutée et toute puissante, chargée de faire respecter les lois, d'assurer la coexistence pacifique des riches et des pauvres :

« L'indigence au milieu des sociétés politiques dérive des lois de la propriété, lois inhérentes à l'ordre public, lois qui furent à l'origine de ces mêmes sociétés et qui sont encore aujourd'hui la cause féconde du travail et du développement de tous les genres d'industrie, il résulte néanmoins de ces lois qu'il s'est élevé, parmi les hommes deux classes très distinctes : l'une dispose des fruits de la terre, l'autre est simplement appelée à seconder, par son travail, la renaissance annuelle de ces fruits et de ces richesses, ou à déployer son industrie pour offrir aux propriétaires des commodités et des objets de luxe en échange de leur superflu. Ces transactions universelles, ces transactions de tous les instants, composent le mouvement social ; et les lois de justice empêchent qu'un pareil mouvement ne dégénère en inimitiés, en guerre et en confusion [1]. »

Ce texte est aussi clair que possible et la conception du pouvoir qui s'en dégage est parfaitement conforme à celle que s'en fera le marxisme : l'Etat est le produit des antagonismes de classe, il est par essence un instrument d'oppression, sa fonction est de maintenir dans la subordination les éléments sociaux insatisfaits. Celui qui l'exerce, quel qu'il soit, est avant tout le porte-glaive qui fait courber les têtes et obtient de ceux qui en sont les victimes, la soumission à un ordre auquel ils ne sauraient spontanément consentir.

Sa première vertu est donc la force. Il doit être capable de se faire obéir. Necker est comme obsédé par la crainte de la révolte toujours possible d'un Caliban dont les chaînes lui paraissent bien fragiles, s'il voulait un jour s'en libérer :

« Il n'est rien de si extraordinaire dans l'ordre moral que l'obéissance d'une nation à une seule loi, n'importe que cette loi soit l'expression des volontés d'un homme ou le résultat des opinions d'une assemblée représentative. Une pareille subordination doit frapper d'étonnement les hommes capables de réflexion, ne fut-ce que par son opposition aux règles générales de l'ordre physique où tout se meut en raison des masses et de leur force attractive. C'est donc une action singulière, une idée presque mystérieuse, que l'obéissance du très grand nombre au très petit nombre ; mais nous croyons simple tout ce qui existe depuis longtemps dans l'ordre moral et nous apercevons même, avec toute la distraction de l'habitude, les plus grands phénomènes de l'Univers [2]. »

S'il insiste ainsi sur un phénomène auquel l'habitude nous a rendus inattentifs, c'est pour nous faire prendre conscience de l'importance de l'autorité, du soin avec lequel il faut cultiver son prestige, affirmer ses prérogatives pour la rendre capable d'accomplir sa mission fondamentale qui est, pour employer une expression qui revient sans cesse dans son œuvre, le maintien de l'ordre public :

« Tout nous invite à penser que le maintien de l'ordre public, cette idée tutélaire, cette idée conservatrice du monde moral est la condition première de toutes les institutions sociales [3]. »

1. P. ex. VIII, p. 483.
2. P. ex. VIII - 19-20. A propos de ce texte, B. de Jouvenel s'étonne qu'« on ait si peu réfléchi sur la miraculeuse obéissance des ensembles humains, milliers ou millions d'hommes qui se plient aux règles et aux ordres de quelques uns. » *Du Pouvoir*, p. 34.
3. P. ex. VIII - 249.

L'Etat neckerien est donc un Etat gendarme, le pouvoir monte la garde aux limites des propriétés, pour assurer aux possédants la jouissance paisible de leurs biens et obliger les pauvres à se contenter du niveau de vie qu'impose la rigoureuse application de la loi d'airain des salaires. Il n'a pas d'autre raison d'être que de « tenir en harmonie les deux classse qui divisent la société ».

Mais Necker, nous l'avons vu, n'est pas prisonnier d'une conception purement juridique de la propriété, celle-ci n'est pas un absolu, elle n'est qu'un moyen en vue d'une fin qui la dépasse, et c'est par rapport à cette fin que doit se comprendre le rôle du pouvoir :

> « ...Les privilèges de la propriété ont un rapport essentiel avec le bien général, or le même bien général qui les garantit a pu y apporter des exceptions [4]. »

Le représentant de ce bien général, celui qui en est l'interprète, c'est le dépositaire de l'autorité : c'est l'Etat. Necker l'autorise donc expressément à apporter des exceptions aux privilèges des propriétaires quand ils sont en contradiction avec le bien public, avec le bonheur commun, quand n'est plus respectée la règle qui doit présider à la répartition des richesses.

Ainsi s'élargit le champ d'action du pouvoir et, à ses devoirs d'Etat gendarme, s'ajoutent tous ceux qui ont pour objet de garantir aux salariés la part à laquelle ils peuvent prétendre. Ainsi se justifie l'interventionnisme et son programme.

En attribuant au pouvoir la mission de compenser un déséquilibre inévitable, en en faisant l'instrument qui rend supportable un état de tension permanent, en exigeant qu'il soit toujours sur la brèche, soit pour mater avec détermination, soit plutôt pour prévenir avec sagesse, une révolte toujours menaçante, Necker est en opposition flagrante avec la pensée politique telle qu'elle se définit dans la deuxième moitié du siècle. Si les physiocrates n'hésitent pas à se faire les apologistes du despotisme légal, c'est qu'ils ne réservent en fait qu'un rôle bien mince au dépositaire de l'autorité et comptent sur le jeu des lois naturelles, beaucoup plus que sur son intervention, pour faire régner l'ordre dans la société. De même, pour Sieyès, l'Etat n'est que le garant d'une harmonie préétablie, il n'intervient qu'exceptionnellement dans le déroulement des mécanismes qui fonctionnent avec une régularité presque parfaite Point n'est besoin d'un autre Etat, assurance nécessaire sans doute, mais assurance seulement contre d'éventuels et passagers dérèglements. Et c'est ainsi qu'il peut établir la plus rigoureuse séparation entre le politique et l'économique :

> « Je me figure la loi au centre d'un globe immense, tous les citoyens sans exception sont à la même distance sur la circonférence et n'y occupent que des places égales, tous dépendent également de la loi,

---

4. E.C. Notes, XV, 74.

tous lui offrent leur liberté et leur propriété à protéger et c'est ce que j'appelle les droits communs des citoyens par où ils se ressemblent tous. Tous ces individus correspondent entre eux, ils s'engagent, ils négocient toujours sous la garantie commune de la loi. Si dans ce mouvement général quelqu'un veut dominer la personne de son voisin ou usurper sa propriété, la loi commune réprime cet attentat et remet tout le monde à la même distance d'elle-même. Mais elle n'empêche point que chacun, suivant ses facultés naturelles et acquises suivant des hasards plus ou moins favorables, n'enfle sa propriété de tout ce que le sort prospère ou un travail plus fécond pourra y ajouter et ne puisse s'élever, dans sa place légale, le bonheur le plus conforme à ses goûts et le plus digne d'envie [5] ! »

Pour bien des esprits, l'opposition entre Necker et Sieyès, en juin 1789, est une opposition de caractère politique et le ministre de Louis XVI fait figure de réactionnaire par rapport au député d'une assemblée qui sera grâce à lui Nationale et Constituante ; en réalité leur désaccord a pour cause une vision profondément différente des rapports sociaux, et sur ce plan, le porte-parole du Tiers-Etat ne fait qu'illustrer d'une manière particulièrement exemplaire les illusions de la pensée bourgeoise, tandis que le banquier genevois, en se faisant le champion de l'autorité du monarque défendait aussi, en fait, la cause du peuple.

Il n'y a pas d'ailleurs opposition entre les deux missions : contrairement aux apparences, les vrais intérêts des propriétaires ne sont pas en contradiction avec les intérêts des salariés et, à tout prendre, on peut même considérer la fonction d'intervention comme une dépendance de la fonction plus générale et fondamentale du maintien de l'ordre public ; dans la mesure où cet ordre sera très difficile à maintenir, si les privations et les souffrances des pauvres dépassent la limite de ce qui est tolérable, dans la mesure où la classe possédante est la première intéressée au fonctionnement sans heurt des lois qui règlent l'exploitation de l'homme par l'homme, le mieux est d'assurer à tous le pain quotidien. Comme le dit Linguet :

> « La subsistance... la facilité de vivre... tourne plus encore au profit des classes supérieures qu'à celui des autres puisque c'est à elles qu'elles doivent les bras laborieux qui entretiennent leur quiétude et qu'après tout, des hommes qui consentent à vendre tout le fruit de leur existence, sans y mettre d'autres conditions que de ne pas mourir de faim, ne sont pas des serviteurs bien chers... C'est donc vraiment son bien (celui du riche) que l'on assure en paraissant le mal traiter, c'est pour l'affermissement durable de sa jouissance qu'on semble la violer par une contrainte passagère [6]. »

Necker est du même avis :

> « Les secours que la classe des propriétaires retire du travail des hommes dénués de propriété, lui paraissent aussi nécessaires que le sol dont elle est en possession ; mais, favorisée par leur concurrence et par l'urgence de leurs besoins, elle devient la maîtresse de fixer

---

5. *Qu'est-ce que le Tiers-Etat ?* Ed. E. Champion. Paris, 1888, pp. 88-89.
6. Linguet : *Du pain et du bled.* Avertissement ((XVII-XVIII).

le prix de leurs salaires ; et pourvu que cette récompense soit proportionnée aux exigences journalières d'une vie frugale, aucune insurrection combinée ne vient troubler l'exercice d'une pareille autorité[7]. »

A un soi-disant arbitrage entre nobles et bourgeois, Necker ne substitue pas un arbitrage entre riches et pauvres. L'idée d'une autorité olympienne en dehors et au-dessus des partis est étrangère à sa pensée, mais il peut arriver que le pouvoir, de par son expérience, ait une vision plus juste des vrais intérêts de la classe dont il est l'instrument.

Ainsi, il n'est pas d'autre fondement au pouvoir que l'égoïsme des possédants et leur volonté de puissance, et si nous en restions là, l'ordre ne serait que la soumission imposée aux faibles par les forts, le droit, que la codification des mesures destinées à défendre les intérêts des propriétaires, l'appareil de l'Etat n'aurait été inventé que pour les servir et la réglementation juridique pour légaliser l'oppression. Mais il sera facile à Necker de sortir de cette impasse, et nous devinons par quel biais il va rejoindre les conceptions habituelles du droit, de la loi, de l'Etat, comment il va retrouver à travers la défense des intérêts des privilégiés, la défense des intérêts de tous. Nous savons en effet que l'espèce n'a pas d'autres fins que de survivre et de se multiplier, que de permettre au plus grand nombre possible d'individus d'accéder à l'existence, qui est déjà un bonheur en soi. Nous savons aussi que, pour atteindre ce résultat, l'humanité n'a pas trouvé de meilleur procédé que l'institution de la propriété avec toutes ses conséquences, et donc si inféodé qu'il puisse paraître à la classe dominante, le pouvoir indirectement et tout en paraissant être au service exclusif des propriétaires, est en réalité au service de tous.

Il faut évidemment s'entendre sur la signification de l'expression au service de tous, au service du bien commun. Pour les contemporains, le bien commun est la somme des bonheurs de chacun, le mot de bonheur ne désignant pas le simple fait d'exister, mais la satisfaction des désirs et des aspirations de chaque être, l'épanouissement de sa personnalité. Héritière et continuatrice de l'école du droit naturel, dont Rousseau représente l'aboutissement, la pensée politique du XVIIIᵉ siècle, tout au moins celle qui prépare la Révolution, est profondément individualiste, le pouvoir existe pour chaque individu en particulier et par lui ; de là, l'importance de la notion de pacte librement consenti qui assigne comme fondement à l'autorité l'ensemble des volontés individuelles.

Au contraire, dans le cas de Necker, le service de tous, le bien commun, désigne en fait les intérêts supérieurs du groupe, conçu comme une entité distincte des unités qui le composent. Le pouvoir n'a pas été établi pour créer un ordre conforme aux exigences de l'intelligence, de la conscience ou de la nature de l'homme, mais

---

7. P. ex. VIII, 483.

conforme aux nécessités qu'imposent à l'espèce les conditions de son expansion démographique, la production de la quantité maximum de subsistances.

Ne nous étonnons pas, dès lors, que Necker puisse parler deux langages fort différents suivant qu'il veut mettre l'accent sur l'asservissement du plus grand nombre à un pouvoir qui n'est que l'instrument de la classe possédante ou, au contraire, souligner ce qu'il a de bénéfique pour la société, envisagée dans son ensemble. Nous avons un exemple caractéristique de cette ambivalence dans deux textes consacrés l'un et l'autre à exposer l'origine historique du pouvoir, le passage de l'Etat de nature à l'Etat de société. Il n'est rien de plus rassurant que le premier :

> « A mesure que l'on aperçut les différents biens promis par le travail et par l'exercice des facultés spirituelles de l'homme, et à mesure, surtout, qu'on en fit la douce épreuve, le désir de conserver le fruit de ses peines donna l'idée des lois de justice ; et bientôt, pour maintenir ces lois contre les attaques des intérêts personnels et des passions hostiles, on sentit le besoin d'une force politique, une force qui, déposée en des mains éclairées, servit à garantir les conventions sociales et à faire jouir tous les citoyens d'une sécurité devenue nécessairement un de leurs vœux les plus chers, depuis leur nouvelle fortune et leurs nouvelles idées [8]. »

Necker reprend la leçon de Locke, la propriété est une institution naturelle, préexistante à l'établissement du pouvoir. Celui-ci ne fait qu'affirmer un ordre qui s'était déjà spontanément instauré, « un état de paix, de bienveillance, d'assistance et de conservation mutuelle » La force vient après le droit.

C'est la version exactement inverse qui nous est donnée dans le second texte où la force, au contraire crée le droit.

> « En arrêtant sa pensée sur la société et sur ses rapports, on est frappé d'une idée générale qui mérite bien d'être approfondie ; c'est que presque toutes les institutions civiles ont été faites pour les propriétaires. On est effrayé, en ouvrant le code des lois, de n'y découvrir partout que le témoignage de cette vérité. On dirait qu'un petit nombre d'hommes, après s'être partagé la terre, ont fait des lois d'union et de garantie contre la multitude, comme ils auraient mis des abris dans les bois pour se défendre des bêtes sauvages... Cependant, on ose le dire, après avoir établi les lois de propriété, de justice et de liberté, on n'a presque rien fait encore pour la classe la plus nombreuse des citoyens. Que nous importent vos lois de propriété ? pourraient-ils dire : nous ne possédons rien. Vos lois de justice ? Nous n'avons rien à défendre. Vos lois de liberté ? Si nous ne travaillons pas demain nous mourrons [9]. »

---

8. P. Ex. VIII, 247. Cf. encore C.M.R. XIII, 190.
9. L.C.G., 133. Cf. le texte où Linguet nous montre la horde de cavaliers s'emparant du territoire des pasteurs et les asservissant purement et simplement : « Après avoir égorgé une partie du troupeau, ils trouvèrent plus simple de s'en approprier le reste. Pour s'épargner tout embarras, ils en laissèrent la garde à celui dont l'industrie l'avait créé. Ils le chargèrent de continuer à le nourrir et à le faire multiplier en lui annonçant

Le second texte est extrait de *Sur la législation et le commerce des grains*, le premier de *Du pouvoir exécutif dans les grands Etats*, entre les deux, il y a eu la Révolution et le déchaînement des forces populaires. Necker n'a rien changé pour autant à sa vision des choses, mais il juge prudent de ne plus parler un langage qui pourrait apparaître comme un appel direct à la révolte et justifier les accusations portées contre lui [10], car c'est bien évidemment le second texte qui correspond le mieux à l'inspiration générale de son œuvre, tout en étant sans doute aussi le plus exact [11]. La véritable raison d'être du pouvoir est d'imposer à la multitude le respect d'un ordre, indispensable sans doute, pour assurer la survie de l'espèce, mais qui ne peut manquer de créer un état de rébellion latente, de permanente insécurité.

## II. — LE PROBLÈME DU CONTROLE DU POUVOIR

### 1° NECKER ET L'ABSOLUTISME MONARCHIQUE

La hantise de l'anarchie, l'obsession de la lutte de tous contre tous, la terreur de la multitude déchaînée ne vont pas faire, pour autant, de Necker un adepte de l'absolutisme. Il ne lui échappe pas que l'autorité chargée du maintien de l'ordre public peut utiliser à son profit les moyens qui lui ont été confiés pour accomplir sa mission. Au lieu de rester strictement dans les limites que lui tracent ses obligations, le dépositaire du pouvoir peut se transformer en tyran et mettre au service de sa volonté de puissance, l'autorité

---

simplement qu'ils s'en réservaient la propriété et en lui permettant d'en tirer aussi sa nourriture pourvu que sa part ne fît point de tort à la leur... Cette opération réitérée dans tous les endroits où il se trouvait des créatures humaines, occasionna différentes peuplades, des colonies plus ou moins considérables où le grand nombre continua d'être subordonné au petit, où la force se conserva le droit de dévorer le fruit des travaux de la faiblesse. » *Théorie des lois civiles*, T. II, p. 291.

10. Cf. *supra.*, Chap. VII : Necker et la pensée révolutionnaire.

11. Cf. B. de Jouvenel : « L'idée que le commandement ait été voulu par ceux qui obéissent n'est pas seulement improbable, s'agissant de grands ensembles, elle est contradictoire, elle est absurde, car elle implique que la collectivité où s'érige un commandement avait des besoins, des sentiments communs, qu'elle était communauté. Or les communautés étendues n'ont précisément été créées, l'histoire en témoigne, que par l'imposition d'une même force, d'un même commandement à des groupes disparates... Ce Pouvoir ne peut se réclamer d'aucune légitimité. Il ne poursuit aucune juste fin, son seul souci est d'exploiter à son profit les vaincus, les soumis, les sujets. Il se nourrit des populations dominées. Quand Guillaume divise l'Angleterre en 60 000 fiefs, cela signifie exactement que 60 000 groupes humains auront chacun à entretenir de leur travail un de leurs vainqueurs » *Du Pouvoir, op. cit.*, pp. 126-129. C'est exactetement la version de Linguet.

dont il est investi ; il cesse alors d'être le serviteur loyal d'une société qui attend de lui un service précis, pour devenir un despote [12]. Necker ne veut pas prendre ce risque et nous pouvons suivre exactement la démarche de sa pensée dans ce texte du *Pouvoir exécutif dans les grands Etats* où il retrace le passage de la vie sauvage à la vie civile :

> « Sans doute, en se ressouvenant de leur première indépendance et en se rappelant encore les divers genres de satisfactions qui l'accompagnaient, ils (les hommes) cherchèrent, avec inquiétude, à limiter les sacrifices de leur liberté et à les proportionner exactement aux degrés de précautions qu'exigeaient le maintien de l'ordre et la défense de l'Etat. Les usurpations, les conquêtes, les abus de toute espèce, et la complication que le temps apporte aux combinaisons des hommes, ont obscurci souvent les premiers principes de leur union sociale, mais ces idées n'ont point essuyé de variation et on les retrouve dans leur simplicité originelle, lorsque les circonstances permettent aux nations de les étudier de nouveau ou lorsque, appelées à reconstruire l'édifice chancelant de leur bonheur, elles cherchent un point fixe qui puisse servir d'amarre à leur pensées errantes et à leurs spéculations incertaines [13]. »

Les mots « avec inquiétude » sont révélateurs, ils traduisent bien, dans la fiction de cette création *ex nihilo* de la société, l'embarras des futurs sujets, désireux à la fois d'être protégés, mais soucieux aussi de ne pas payer trop cher le prix de cette protection. La soumission définitive et totale, l'acceptation résignée d'un pouvoir absolu sont inconcevables. Toute puissante pour accomplir sa mission, l'autorité doit cependant être empêchée d'agir à sa guise. Tel est l'esprit de l'accord conclu entre le souverain et ses sujets et nous voyons ainsi apparaître, avec l'idée d'une limitation, d'un contrôle destiné à sauvegarder une marge de liberté, le second des deux principes qui dominent la pensée politique de Necker.

S'il faut un pouvoir fort afin de faire face à une tension dangereuse, à la menace permanente d'un affrontement violent entre deux classes ennemies, il faut aussi soumettre cette même autorité à une efficace surveillance pour qu'elle ne dégénère pas en tyrannie, et le secret de l'art politique réside précisément dans la mise au point d'une combinaison ingénieuse, d'une exacte proportion qui permette de résoudre un problème qui ressemble un peu à la quadrature du cercle, car il faut trouver un compromis entre deux exigences contradictoires.

Toute la réflexion de notre auteur est centrée sur cet effort de conciliation et de balance et quand, passant de la théorie à la pratique, il jugera les constitutions existantes ou imaginera des constitutions futures, ce sera toujours dans cette unique perspective : une constitution n'est qu'un ensemble de procédés plus ou moins heu-

---

12. Cf. les développements de B. de Jouvenel sur la dualité essentielle du pouvoir, sur sa tendance à exister en soi et pour soi. B. de Jouvenel, *Du Pouvoir*, p. 143 ss.

13. P. ex. VIII, pp. 247-248.

reux, plus ou moins habiles, pour établir « ce lien si difficile entre l'ordre et la liberté, entre l'action de l'autorité et la modération des pouvoirs [14] ».

Par cette exigence de contrôle, Necker prend évidemment position contre toutes les formes d'absolutisme, qu'il s'agisse de l'absolutisme de droit divin, de l'absolutisme de Hobbes ou de l'absolutisme des physiocrates. De ces trois systèmes, celui de Hobbes est certainement le plus proche du sien. L'auteur du *Léviathan* n'a sans doute pas une conception aussi claire que notre auteur du phénomène de l'exploitation de l'homme par l'homme, mais, à l'origine de l'interprétation qu'il fournit des rapports sociaux, il y a le même jugement pessimiste sur la nature humaine, sur son égoïsme, sur son appétit de puissance, sur son instinct de domination, qui font de l'état de nature un état de lutte de tous contre tous. Pour échapper à cette anarchie, il faut un pouvoir fort qui fasse régner l'ordre, et la décision prise par l'ensemble des membres d'une société, de s'en remettre au glaive d'un chef pour rétablir la paix nécessaire à la survie de l'espèce, ressemble beaucoup à celle qu'évoque Necker dans les phrases où il décrit l'établissement de la propriété et du pouvoir ; pour lui aussi il s'agissait de mettre fin à des « disputes éternelles » et d'empêcher « le retour à ces rapports primitifs qui avaient introduit au milieu des hommes un genre de supériorité bien plus tyrannique et plus effrayant que tous les fantômes d'imagination [15] »

Mais plus optimiste que Hobbes, il refuse ce saut dans l'inconnu, cette démission totale des volontés individuelles qu'implique l'absolutisme du monarque tout-puissant [16]. Les gouvernés ont le droit d'exercer un contrôle et c'est bien d'ailleurs la partie la plus faible

---

14. P. ex. VIII, 316. Cf. à ce sujet les formules de Karl Löwenstein où se manifeste une remarquable similitude entre la pensée de Necker et celle d'un de nos contemporains : « The authority of the power holders is indispensable for carrying out the purposes of the state society, on the one hand ; the liberty under authority of the power addressees is equally indispensable, on the other. The establishment of a harmonious equilibrium between these two basic values presents in a nutshell the eternal quest of man in society... The process of political power, therefore, is understandable only by way of the analysis of the mechanism for the control of its exercise. » *Political power and the governmental process.* 1965, p. 9.

15. R. Ph. X, 273. Cf Hobbes : « Ils (les hommes) ne considèrent pas que la condition humaine n'est jamais sans quelque incommodité, et que la pire que puisse infliger un gouvernement de quelque forme soit-il, est à peine sensible, au regard des misères et des calamités horribles qui accompagnent une guerre civile, et de la condition anarchique d'hommes sans maîtres, affranchis de toutes lois, de tout pouvoir coercitif qui s'oppose à leurs rapines et à leurs vengeances. » (*Léviathan* 1re édition de 1651, p. 94).

16. « ... Par un seul et même acte, les hommes naturels se constituent en société politique et se soumettent à un maître, à un souverain. Ils ne contractent pas avec ce maître, mais entre eux. C'est entre eux qu'ils renoncent au profit de ce maître à tout droit et toute liberté qui nuiraient à la paix. Ils sont liés, le maître qu'ils se sont donné n'est pas lié. » J.J. Chevallier : *Les grandes œuvres politiques de Machiavel à nos jours*, p. 59.

de la doctrine de Hobbes que cette confiance dans la sagesse d'un chef qui n'aura pas d'autre souci que de travailler au bonheur de ses sujets. Le réalisme dans l'analyse de la nature humaine fait place à un idéalisme inattendu et l'on se demande pourquoi la nature de ce chef deviendrait, de par les fonctions qu'il exerce, aussi différente de celle de ses administrés.

Plus encore qu'avec Hobbes, s'impose la comparaison avec celui qui, en un défi insultant pour la pensée de son époque, s'est fait l'avocat passionné du despotisme le plus absolu, et dont l'œuvre peut apparaître comme une réinterprétation moderne du hobbisme [17]. Plus clairement que celui du *Léviathan*, l'auteur de la *Théorie des lois civiles* pose en effet le problème du pouvoir en termes de rapports de classe, et exige de ses contemporains la renonciation à d'hypocrites systèmes d'explications et la pure et simple reconnaissance de l'asservissement de fait du pauvre, masqué par la fallacieuse liberté de l'état civil. Cette situation franchement admise, il apparaîtra alors que l'ordre des sociétés, préférable à toute anarchie, ne peut être obtenu que par une totale aliénation de l'inférieur au profit du supérieur, du faible au profit du fort, du sujet au profit du despote. Ce dernier trouvera son intérêt le plus immédiat dans la protection de ceux qui sont sa chose, de même que le possédant ne pourra mieux faire que de bien traiter les salariés réduits en esclavage et devenus aussi sa propriété. Réaction désespérée devant une situation jugée sans issue, l'auteur de *Du pain et du bled* ne voit de salut que dans une appropriation rigoureuse et totale des êtres humains transformés en objets : les faibles auront alors la certitude d'être traités avec pour le moins autant de sollicitude que les autres éléments d'un patrimoine [18].

Dans cette apologie scandaleuse de l'esclavage et du despotisme oriental, se manifeste le goût du paradoxe et de la logique de l'absurde, si caractéristiques de la tournure d'esprit de Linguet. Necker, esprit pondéré, bien que partant de prémisses identiques, ne tombe pas dans de pareilles exagérations et il estime plus raisonnable de confier le soin de surveiller le pouvoir à ceux au profit de qui il s'exerce.

---

17. Cf. *Théorie des Lois civiles* : « La violence a donc été la première occasion de la société et la force son premier lien. Cette opinion ressemble en apparence à celle de Hobbes. On pourrait y trouver quelque rapport avec les principes de ce philosophe décrié. Il a entrevu en effet le principe que je viens de développer. » T. I, p. 302.

18. « Le Souverain est le Berger d'un grand troupeau. Il le gouverne sans contradiction avec le secours de ses chiens, qui mordent quelquefois les brebis. Il s'en approprie les toisons, et vit de leur lait : mais s'il n'a pas soin de les défendre des loups ; s'il les égorge pour lui-même ou qu'il les laisse dévorer par ses dogues ; s'il les écarte du pâturage, ou qu'il leur ôte leur subsistance, il se prive lui-même de la sienne : il se ruine de gaité de cœur. Il doit bien sentir qu'il ne sera riche qu'en les ménageant : c'est son bien à la vérité : mais en les détruisant il se fait autant de mal qu'à elles : il se perce lui-même du couteau avec lequel il les égorge. » *Ibid.*, T. I, pp. 75-76.

Confrontés avec le même problème, les physiocrates adoptent une attitude bien caractéristique du siècle des lumières. Le monarque éclairé n'a pas besoin d'un contrôle qui lui soit extérieur ; car les disciples de Quesnay ont dans l'évidence rationnelle une confiance totale, la raison du monarque garantit que les décisions prises ne seront jamais inspirées par des considérations d'intérêt ou d'ambition personnelle. C'est donc sans aucune inquiétude que l'on peut laisser au chef de l'Etat un pouvoir sans limites ; il ne saurait en faire usage que pour le plus grand bien de ses sujets. Point n'est besoin d'insister sur la naïveté d'une pareille attitude, que Necker raille sans indulgence [19], et le *video meliora proboque, deteriora sequor* de Rousseau [20] suffit à montrer combien est fragile une pareille construction.

En ce qui concerne l'absolutisme de droit divin, l'absolutisme de la monarchie française, Necker est plus nuancé, non pas qu'il voie le moins du monde dans le monarque le représentant de Dieu sur la terre et dans le Tout-Puissant la source de toute autorité ; rien n'est plus loin de sa pensée qu'une théorie mystique du pouvoir ; c'est un rationaliste et sa politique n'est pas tirée de l'Ecriture Sainte, mais de l'analyse des rapports sociaux et du fait primordial de l'inévitable antagonisme de classe. Mais il est bien loin de refuser les avantages que confère à celui qui exerce l'autorité suprême, sa qualité de monarque de droit divin, d'oint du seigneur. Ce bourgeois de Genève n'aurait garde de dédaigner le sacre de Reims et l'imposition des mains, et toutes les cérémonies qui entourent d'une aura de religieux mystère la personne du roi ; bien au contraire, il voit dans toutes ces manifestations, un procédé particulièrement efficace pour agir sur l'imagination et la sensibilité des foules et faire du chef suprême d'une société, un être supra-humain. Il serait souhaitable sans doute que ne soient dupes que ceux qui ont besoin de l'être, et surtout que le bénéficiaire de cette sublimation n'ait pas la naïveté ou la mauvaise foi d'être le premier à la prendre au sérieux ; mais comme le dit notre auteur :

« Les illusions des rois [21] sur l'origine et l'esprit de ces divers hommages ne doivent pas nous égarer nous-mêmes et distraire nos

19. « Quel système chimérique que celui qui n'aurait de force qu'autant que les vertus et les lumières seraient le partage de ceux qui gouvernent. » L.C.G., I, 254.
20. Lettre du 26 juillet 1767 au Marquis de Mirabeau sur *L'ordre naturel et essentiel des sociétés politiques* par Mercier de la Rivière. Cf. encore la lettre du 16 juillet 1767 : « Je n'ai jamais pu bien entendre ce que c'était que cette évidence qui sert de base au despotisme légal... vous donnez trop de force à vos calculs et pas assez aux penchants du cœur et au jeu des passions. Votre système est bon pour les gens de l'utopie, il ne vaut rien pour les enfants d'Adam. »
21. Cf. Louis XIV dans ses instructions au Dauphin : « Celui qui a donné des rois au monde a voulu qu'ils fussent honorés comme ses représentants, en se réservant à lui seul de juger leurs actions. » Œuvres T. II, p. 317.

regards des idées premières et des vues générales qui ont fait un élément politique de la grandeur du trône et de sa douce autorité sur l'imagination des hommes [22]. »

Il faut donc en ce domaine laisser les choses comme elles sont. L'imagination du pauvre n'a rien a voir avec la raison du riche, ils ne sauraient se faire, l'un et l'autre, la même conception du pouvoir, comme ils ne sauraient avoir la même religion.

Adversaire résolu de l'absolutisme, Necker n'est pas pour autant à classer dans le camp des philosophes, car il envisage le problème politique dans une perspective très différente. Sur ces derniers, le mot de despotisme, le despotisme éclairé excepté, provoque le même effet qu'une étoffe rouge agitée devant un taureau, tout ce qu'il désigne est considéré comme l'abomination de la désolation et, à la suite de Montesquieu grand pourfendeur des despotes, l'on s'évertue à énumérer les maux qu'il amène avec lui. Inventé par les prêtres à l'origine des sociétés [23], c'est lui qui constitue le principal obstacle à leur bonheur et sa disparition sonnera pour les peuples l'heure de la prospérité. Il n'est que de lire le programme du bon roi Denis [24] pour voir comment s'exprime sous sa forme la plus naïve une tenace illusion que le baron d'Holbach résume si bien dans cette formule : « Pour peu qu'on réfléchisse, on reconnaîtra sans peine que c'est au gouvernement que sont dus les folies, les vices et les fléaux qui tourmentent les sociétés [25]. »

Necker est bien loin de voir dans la lutte contre l'absolutisme la panacée universelle, son œuvre ferait plutôt apparaître cette campagne comme une habile manœuvre de diversion qui donne à ceux qui y participent le sentiment de lutter pour la meilleure des causes. En fait, seuls les riches auront à tirer profit de l'institution d'un contrôle, eux seuls sont concernés tandis que le sort des pauvres restera absolument inchangé.

> « Ce n'est... pas le despotisme des gouvernements, c'est l'empire de la propriété qui réduit le sort de la plus grande partie des hommes au plus étroit nécessaire. Cette loi de dépendance existe d'une manière à peu près égale sous les divers genres d'autorité politique ; et partout le salaire des ouvrages qui n'exigent aucune éducation est soumis aux mêmes proportions [26]. »

---

22. P. ex. VIII, 198.
23. Cf. Condorcet : *Esquisse... Op. cit.*, pp. pp. 90-91 et passim.
24. *Entretiens avec Catherine II - Du Luxe*. Diderot : *Œuvres Politiques*, Ed. Vernière.
25. *Système social*. 3ᵉ partie. Chap. IV. Le révolutionnaire curé Meslier ne fera à cet égard que répéter les lieux communs traditionnels : « La source donc, mes chers amis, de tous les maux qui vous accablent... n'est autre que cette détestable politique des hommes car, les uns voulant injustement dominer leurs semblables et les autres voulant acquérir quelque vaine réputation de sainteté et quelquefois même de divinité... etc. » *Testament du curé Meslier*. Chap. II.
26. P. ex. VIII, 484-485. Cf. encore cette phrase : « Aux yeux du pauvre, la véritable oppression vient de l'inégalité des partages. » A.N., VI, 258.

On ne saurait mieux faire apparaître ce qui fut au XVIII<sup>e</sup> siècle la grande méprise de tant d'esprits s'enthousiasmant pour la liberté politique. Sans en nier les bienfaits, Necker sait qu'ils sont réservés à une seule classe, et la foi aveugle en ses vertus le met dans un véritable état d'exaspération contre ceux qui se refusent à comprendre qu'elle n'apportera rien aux pauvres :

> « Il n'y aura plus, dites-vous, de citoyens réduits à une pareille situation, il n'y en aura plus sous le règne de la liberté : c'était là l'ouvrage du despotisme. Trompeurs, qui nous parlez ainsi, vous savez bien que l'indigence tient à d'autres circonstances, et à des circonstances indestructibles dans l'ordre social [27]. »

Il est donc parfaitement conscient des limites et des véritables objectifs de la lutte à mener contre l'absolutisme de l'Ancien Régime, et c'est à cette lutte qu'il se consacrera, avec prudence mais ténacité, durant la première partie de sa vie politique.

### 2° NECKER ET LA DÉMOCRATIE ROUSSEAUISTE

Avec 1789, va se produire toutefois un changement complet de situation. Placé par les hasards de l'histoire à une époque charnière, le ministre de Louis XVI, à partir de cette date, va se trouver contraint de livrer combat, non plus contre le despotisme d'un monarque, mais contre une autre forme de monisme tout aussi redoutable à ses yeux, le monisme d'une assemblée toute puissante qui, détruisant l'équilibre dont il rêve, veut imposer sa domination au nom de la doctrine de la volonté générale. Pour mener à bien ce nouveau combat contre la démocratie rousseauiste, Necker sera amené à réfléchir sur des notions théoriques, comme celles de souveraineté et de volonté générale, qui n'avaient, sans doute, guère préoccupé jusque-là un esprit surtout soucieux de problèmes concrets.

Son argumentation, où il faut voir le reflet des polémiques provoquées par l'attitude de l'assemblée à l'égard du pouvoir royal, repose sur la distinction entre la volonté et ce qu'il appelle le vœu d'une nation. La première correspond au désir momentané des individus qui constituent la génération actuelle, le second au contraire n'est plus celui d'un ensemble d'individus vivants, mais d'une entité distincte des générations successives et transcendante à chacune d'entre elles, il exprime la tendance à persévérer dans l'être d'une communauté envisagée dans la suite des siècles. Aussi n'y a-t-il rien de commun entre le vœu et la volonté : « Ces deux expressions, ces deux idées, les vœux et la volonté, deviennent par leur confusion une grande source d'erreurs [28]. »

Si l'on considère, en effet, les membres actuellement existants d'une société, ils n'ont, dans leur immense majorité, pas d'autre désir

---

27. P. ex. VIII, 483.
28. R. Ph., X, 412.

que de renverser l'institution de la propriété que le pouvoir a pour fonction et pour raison d'être de défendre. La volonté générale au sens rousseauiste du terme est nécessairement une volonté à courte vue aspirant à la loi agraire et destructrice de l'ordre social. Aussi faut-il prendre en considération non pas la volonté des individus, mais le vœu de la société elle-même, vœu qui ne peut être que le maintien de la propriété dont la disparition entraînerait une anarchie, un chaos finalement néfastes à ceux-là mêmes qui pensaient être les bénéficiaires de la révolution accomplie.

Mme de Staël, très satisfaite de cette distinction commode, la reprendra à son tour en des phrases qui constituent un excellent commentaire de la pensée de son père :

> « Quant à la loi du partage des fortunes, indépendamment de tout ce qu'on a déjà si bien prouvé sur le désordre, la confusion qu'elle amènerait, cette loi à laquelle on ne peut donner une ombre de justice qu'en lui supposant un retour périodique, est funeste à la majorité des nations, majorité qui a bien au moins un droit égal à celui des individus actuellement existants. Or la sûreté, la certitude de la propriété, et par conséquent l'encouragement de l'industrie sont le véritable intérêt de la majorité des générations [29]. »

Et elle oppose au bonheur de tous, envisagé à un moment donné, le bonheur de tous envisagé dans la suite des temps : « Le partage des fortunes, à telle époque, ferait du bien momentanément à la majorité, mais l'égalité constamment et forcément maintenue dans ces fortunes, ferait le malheur de tous également [30]. »

Il devient dès lors possible à l'auteur des *Réflexions philosophiques sur l'égalité* de poser le problème de la souveraineté en d'autres termes que Rousseau :

> « Les hommes élevèrent une autorité suprême, afin de garantir les fruits du travail et les propriétés naissantes contre les convoitises de l'envie, contre les usurpations de la force. Ils prévirent même qu'un jour une pluralité paresseuse, ignorante ou corrompue, venant à succéder à une pluralité honnête, instruite et laborieuse, elle chercherait peut-être à ébranler ou à détruire les lois d'ordre ; et la souveraineté fut alors investie de tous les pouvoirs nécessaires pour défendre et pour protéger les règles immuables de la justice civile et de la morale politique [31]. »

La souveraineté ne saurait être confondue avec des majorités changeantes, soumises au hasard des circonstances, qui peuvent être aussi bien « paresseuses, ignorantes et corrompues » qu' « honnêtes, instruites, et laborieuses », le vote d'une assemblée ne saurait décider du sort d'une nation. Et la formule suivante résume assez bien la pensée de Necker en même temps qu'elle implique une condamnation définitive de la démocratie rousseauiste. « C'est dans leur vœu

---

29. *Des circonstances actuelles qui peuvent terminer la Révolution et des principes qui doivent fonder la République en France.* Note sur la Propriété, pp. 46-47.
30. *Ibid.*, p. 46.
31. R. Ph., X, 416-417.

et non dans leur volonté que les nations sont constantes [32]. » Si le pouvoir a pour mission et pour justification d'accomplir le vœu de la société au sens neckérien du terme, il ne saurait être identifié avec une assemblée constituée d'individus contingents et éphémères. La « justice sociale » et la « morale politique » en quête d'un titulaire de la souveraineté ne sauraient jeter leur dévolu sur un instrument aussi inadéquat.

Il faut bien pourtant passer du Vouloir au Pouvoir, du vœu à l'autorité qui l'accomplit, comme le dit excellement Necker :

> « La volonté générale, la souveraineté nationale ne peuvent jamais exercer une autorité réelle sans s'être fait connaître, sans avoir quitté leur essence morale pour revêtir en quelque manière une forme corporelle [33] ».

et c'est à dessein sans aucun doute qu'il emploie pour poser ce problème la terminologie rousseauiste, afin de mieux faire apparaître le fossé qui le sépare de son compatriote car la solution proposée est profondément différente :

> « C'est par un droit antérieur à tout que la justice et la raison doivent avoir en quelque sorte leur représentant à la formation, à l'établissement de la société, et c'est ici qu'on découvre encore toute la sagesse des gouvernements, où, tandis que le peuple influe sur la législation, par des députés de son choix, un corps indépendant de lui, un corps étranger à ses passions et quelquefois un chef héréditaire, un chef électif, participent à cette législation ou par leur concours ou par leur sanction ou par leur initiative.
> Ces différents pouvoirs réunis représentent la souveraineté, en rassemblent les droits, en exercent les fonctions et il ne dépend d'aucune opinion populaire, d'aucune pluralité passagère de changer la constitution de l'Etat, de transformer aveuglément la liberté en confusion, ou l'autorité en tyrannie. La souveraineté, dans un pays libre, dans une société politique sagement organisée, ne peut donc jamais exister d'une manière simple [34]. »

Il y a, à coup sûr, un certain arbitraire dans la désignation de ceux auxquels il faut avoir recours pour interpréter sans risque d'erreur le vœu de la société, il ne suffit pas d'interroger le peuple par l'intermédiaire des seuls interprètes autorisés que sont les propriétaires, il faut encore le concours d'une deuxième assemblée, composée de telle sorte que ses membres soient à l'abri des fluctuations d'opinion et constituent une sorte de symbole de la nation dans sa perennité, et il faut enfin l'accord du détenteur du pouvoir exécutif qui forme, de droit, un élément de la souveraineté, puisqu'il est l'incarnation même de la société.

La méthode indiquée relève de l'empirisme et Necker semble bien le reconnaître implicitement quand il déclare que « la souveraineté ne peut jamais exister d'une manière simple ». Incontestablement, l'au-

---

32. *Ibid.*, p. 412.
33. P. ex., VIII, 84.
34. R. Ph., X, 420-421.

teur du *Contrat Social* résout avec beaucoup plus de « simplicité » et d'élégance le problème de l'incarnation en identifiant purement et simplement la volonté générale à la volonté de l'ensemble des citoyens, à la rigueur à celle de leurs représentants. Comparée à cette identification, la combinaison que propose notre auteur est certes moins séduisante et le rapport logique moins rigoureux entre le vœu et le souverain. Mais c'est aussi que sa Société est une société avec un S majuscule et non pas cette société particulière et transitoire que constitue une génération dans la suite des générations. Le problème de l'incarnation est plus complexe quand, au-delà du vouloir des membres actuels d'une communauté, on veut atteindre le vouloir de cette entité plus vaste, cette sorte d'absolu qu'est la société en soi dans ses normes immuables et son intemporalité, et ce sera toujours la faiblesse du système de Rousseau que de garantir, avec une belle assurance, la coïncidence de la volonté particulière d'un ensemble d'individus déterminés avec la volonté générale, c'est-à-dire avec la raison en soi, avec la justice en soi [35].

Dans son effort pour rationaliser la politique, l'école du droit naturel avait substitué à la volonté divine, la volonté humaine et cherché du côté des gouvernés l'origine du pouvoir. Necker ne procède pas autrement, mais il élargit la notion de société et englobe sous elle les générations passées, présentes et futures, substituant ainsi au primat de l'individu et de ses désirs le primat du groupe et ses exigences.

C'est en 1793, au moment où les idées démocratiques semblaient devoir triompher en France que notre auteur expose, en composant les *Réflexions philosophiques sur l'égalité*, sa réfutation en règle de la doctrine de la volonté générale, mais il disposait depuis plusieurs années déjà de cette arme idéologique et l'on peut dater exactement le moment où elle fut forgée. Nous retrouverons tout d'abord son argumentation dans *Du Pouvoir exécutif dans les grands Etats*, quand Necker oppose à la conception de la souveraineté adoptée par la Constituante celle que s'en font les Anglais.

> « Les Anglais, persuadés que les hommes les plus instruits dans la connaissance du bien de l'Etat, s'ils ont, en même temps, un intérêt véritable à vouloir ce bien et à l'aimer, sont *les meilleurs interprètes du vœu perpétuel* d'une nation, de ce *vœu plus vaste encore que le vœu général*, ont remis la chose publique, en son entier, sous la garde réunie des trois pouvoirs établis par leur constitution [36]. »

Mais le même raisonnement apparaît encore plus tôt, pour la première fois et avec sa véritable valeur d'instrument de combat dans le *Rapport fait au Roi, en son Conseil par le ministre des Finances*, lu à l'Assemblée Nationale le 11 septembre 1789. L'enjeu des fameux débats sur le veto est proprement politique, on est moins

---

35. « La volonté générale est toujours droite et tend toujours à l'utilité publique. » *Du Contrat Social*, livre II, chap. III.
36. P. ex., VIII, 86-87.

pour ou contre le pouvoir royal en soi que pour ou contre Louis XVI et ce qu'il représente ; mais, pour convaincre, on appelle à la rescousse les idéologies ; les patriotes ont à leur disposition celle de la volonté générale séduisante et commode et le succès du *Contrat Social* auprès des Constituants est dû pour beaucoup à cette commodité là, à sa parfaite adaptation à la conjoncture historique [37]. Aussi faut-il, de toute urgence, dans l'autre camp, inventer une parade, et c'est alors que surgit la distinction ingénieuse entre le vœu et la volonté, dont le ministre de Louis XVI n'est pas l'auteur [38] mais qu'il a adoptée car, dans la bataille sur le veto, elle lui permet de combattre la démocratie sur son propre terrain.

> « La nation, en donnant sa confiance à des députés choisis pour un temps, n'a jamais pensé qu'elle retirerait par cet acte, celle qui l'unit à son souverain, ce dépositaire permanent de l'amour, de l'espérance, et du respect des peuples, à ce défenseur né de l'ordre et de la justice. Elle veut pour son bonheur et pour la prospérité de l'Etat, un équilibre entre les divers pouvoirs qui font sa sauvegarde, mais elle n'entend pas sûrement détruire les uns par les autres, et *s'il lui est si difficile d'exprimer la plénitude et la durée de ses vœux, si ses représentants ne peuvent le faire qu'imparfaitement*, il est dû d'autant plus de respect à celui qui, par *l'assentiment des siècles et des générations passées*, a été consacré le gardien immuable des lois et de la félicité publique [39]. »

Nous ne pensons pas qu'il faille voir dans cette doctrine du vœu autre chose qu'une formulation dans le langage du temps d'idées qui ont toujours été les siennes : la doctrine de la volonté générale signifie le triomphe de l'Assemblée et réduit le pouvoir royal au rôle de simple agent ; en substituant le vœu à la volonté, on renverse ce système de rapports, le dépositaire de l'autorité retrouve ses prérogatives dans le domaine législatif, il redevient un élément indispensable de la souveraineté. On est ainsi ramené au schéma du pouvoir fort et du pouvoir contrôlé. Tout cet effort de conceptualisation n'a pas d'autre signification que celle-là, et cette pensée, habillée à la mode du *Contrat Social*, ne perd rien de son originalité.

---

37. Cf. Joan Mac Donnald : *Rousseau and the French Revolution - 1762-1791.* « The revolutionary theory of representation evolved in reply to a series of specific challenges, rather than from the prerevolutionary study of the Social Contract or indeed of any abstract work of political philosophy... The revolutionary theory of representation was crystallised during the course of the practical struggle by which the Etats-Generaux became the National Assembly. » pp. 103-104.

38. Cf. encore à ce sujet Joan Mac Donald : « It was claimed by some writers that it was the king who expressed the constant and general will of the nation, as opposed to the transient will of the deputies who, it was argued, were subject to particular interests and personal ambitions » et les ouvrages cités en référence : *Discours sur la Sanction royale* prononcé dans l'Assemblée Nationale par le Comte d'Antraigues le 2 septembre 1789, *Opinion de M. Malouet* sur la sanction royale dans la séance du 1er septembre 1789, Bergasse. *Sur la manière de limiter le pouvoir législatif.* 1790 (*op. cit.*, p. 140).

39. *Rapport fait au Roi en son Conseil par le ministre des Finances,* VII, p. 63 ss. Cf. A.N. VI. 294. note.

## III. — LE PROBLÈME DE LA SÉPARATION DES POUVOIRS

Reste à savoir maintenant comment fonctionne ce dualisme, et à ce propos, nous allons voir Necker, n'ayant cure des idées reçues, partir courageusement en guerre contre un principe qui, à la fin du siècle, apparaissait comme le dogme inébranlable sur lequel reposait toute la science politique, le principe de la séparation des pouvoirs, solennellement proclamé dans la *Déclaration des Droits de l'Homme et du Citoyen.*

Necker prend exactement le contre-pied de cette doctrine :

> « L'homme, observé comme individu, réunit des êtres différents au moment où il médite et au moment où il agit ; et, lui-même, en quelque manière, lui-même il se voit deux ; mais il n'est pas moins conduit, entraîné par un seul intérêt, lorsqu'il conçoit un plan et lorsqu'il l'exécute ; il en est de même, et parfaitement de même, dans l'union du pouvoir législatif et du pouvoir exécutif ; et, en les ordonnant, ces pouvoirs, en les créant, il faut bien se garder de les séparer maladroitement [40]. »

Ce texte renverse complètement les points de vue traditionnels et, si l'on veut comprendre la pensée du Genevois, il faut se déshabituer en quelque sorte des idées reçues pour envisager le problème de l'action gouvernementale dans une toute autre perspective.

La distinction entre pouvoir exécutif et pouvoir législatif est peut-être valable sur le plan du concept, de l'analyse abstraite, d'une réflexion purement intellectuelle qui, en toute gratuité, décompose le réel en éléments distincts, elle ne l'est plus au niveau de la vie vécue, de la pratique effective du pouvoir. Sans doute, dans l'accomplissement d'un acte, peut-on, en théorie, dissocier le moment de la décision du moment de l'exécution mais, en fait, un acte s'accomplit

---

40. D.V., XI, 126. Dans ce texte, Necker reprend pour la critiquer une métaphore courante à cette époque : Cf. Target : « En toute société politique ainsi que dans chaque homme, il y a une volonté et une action, l'action est dirigée par la volonté ainsi la volonté générale qui est la puissance législative doit régir l'action du gouvernement ou la forme exécutive. » (*Projet de déclaration des droits de l'homme*), ou encore Sieyes : « L'établissement public est une sorte de corps politique qui ayant comme le corps de l'homme des besoins et des moyens doit être organisé de la même manière. Il faut le douer de la faculté de vouloir et de celle d'agir. Le pouvoir législatif représente la première et le pouvoir exécutif représente la seconde de ces deux facultés. » (*Reconnaissance et exposition raisonnée des droits de l'homme et du citoyen*). Lu les 20 et 21 juillet au Comité de Constitution), métaphore directement reprise de Rousseau : « Toute action libre a deux causes qui concourent à la produire, l'une morale, savoir la volonté qui détermine l'acte, l'autre physique, savoir la puissance qui l'exécute. Le corps politique a les mêmes mobiles on y distingue de même la force et la volonté : celle-ci sous le nom de puissance législative, l'autre sous le nom de puissance exécutive. » *Contrat Social*, Livre III, Chap. I.

d'un seul mouvement, d'un seul élan et celui qui est en contact avec la réalité peut seul aussi avoir une juste idée des décisions à prendre pour la changer. Si donc l'état a pour mission d'accomplir le vouloir de la société, c'est le condamner à l'impuissance que de confier le soin de légiférer à une instance politique et celui d'exécuter à une autre. Au nom même des exigences de la vie, des conditions du succès, de l'expérience du gouvernement, Necker refuse un morcellement qui est une vue de l'esprit.

Il n'en conserve pas moins le principe du dédoublement et prévoit, lui aussi, deux grandes instances étatiques, mais c'est un dédoublement d'une toute autre nature et qui correspond strictement aux deux principes sur lesquels repose sa pensée politique : le pouvoir fort, le pouvoir contrôlé. Au lieu de se spécialiser dans deux fonctions artificiellement dissociées, chacune des deux instances exerce le pouvoir dans sa totalité, et sous sa forme exécutive et sous sa forme législative. La différence entre elles réside dans le mode de leur action, à l'une l'initiative au sens général du terme, l'impulsion, le leadership, à l'autre le contrôle, la surveillance, qui peuvent se manifester soit par une adhésion sans réserve à la politique suivie, soit par un refus pur et simple, soit par une mise en question d'où naît le choix d'une solution moyenne.

Pour définir cette collaboration, on ne peut se référer à des concepts abstraits, il faut faire plutôt appel à des exemples pris dans la vie courante, celui d'un ménage uni, où l'un des deux conjoints conçoit et exécute sans jamais oublier de consulter l'autre et de tenir compte de son opinion, ou encore une affaire familiale dont la direction effective est entre les mains d'un fils, mais où le père est toujours présent par ses avis et ses conseils. C'est donc le contraire d'un cloisonnement, d'une séparation que Necker envisage, mais un entrelacement.

> « On doit chercher à établir une liaison constitutionnelle entre le pouvoir exécutif et le pouvoir législatif ; on doit songer que leur prudente association, leur ingénieux entrelacement seront toujours la meilleure caution d'une circonspection mutuelle et d'une surveillance efficace. [41] »

Ne nous laissons pas induire en erreur par les expressions de pouvoir exécutif et de pouvoir législatif utilisées dans le texte que nous venons de citer. Necker ne peut renoncer à une terminologie sans laquelle il est impossible de parler de politique à la fin du XVIIIe siècle et bien souvent encore au XIXe et même au XXe. En réalité, pouvoir exécutif et pouvoir législatif signifient, sous sa plume, organe de gouvernement et organe de contrôle, mais il n'aurait pu employer ces mots sans jeter le désarroi dans l'esprit de ces contemporains et nous devons nous résigner à le voir exposer des idées originales et pro-

---

41. R.F., X, 133.

fondément modernes en utilisant un vocabulaire qui est parfaitement inadéquat.

C'est le pouvoir exécutif tel qu'il le conçoit qui bénéficie surtout de ce changement. Objet de sa part d'une spectaculaire promotion, il ne correspond plus en aucune manière à l'idée qu'évoque ce mot dans le langage de son temps.

A cette date, le pouvoir exécutif fait, en effet, figure de parent pauvre en face du pouvoir législatif [42]. Il apparaît comme un simple agent d'exécution, c'est le bras qui obéit à la tête, et l'autorité qui légifère est auréolée de tous les prestiges de l'intelligence et de la sagesse. Comme le dit Mounier : « Certainement les plus belles fonctions de la souveraineté sont celles du corps législatif [43]. » Necker, résolument, prend le contre-pied de cette attitude et l'ouvrage intitulé *Du Pouvoir Exécutif dans les grands Etats* peut apparaître comme une apologie de cette fonction où il proclame sa prééminence :

> « Le pouvoir exécutif est la force motrice d'un gouvernement, il représente, dans le système politique, cette puissance qui, dans l'homme moral, réunit l'action à la volonté [44]. »

et il déclare expressément que :

> « Ce pouvoir, quoique le second en apparence dans l'ordonnance politique, y joue le rôle essentiel [45]. »

Cette attitude est parfaitement logique et se justitfie pour une double raison. Dans son nouveau rôle, le pouvoir exécutif n'est plus un simple agent d'exécution, il participe à l'élaboration des lois. C'est même à lui que revient, en ce domaine aussi, le leadership, c'est-à-dire l'initiative au sens constitutionnel du terme. Dans l'action gouvernementale, il est donc désormais sous tous les rapports « la force motrice », le meneur de jeu, celui qui guide, le chef au plein sens du mot.

Mais sa nouvelle dignité ne lui est pas conférée seulement par l'extension de ses attributions, Necker rappelle à ses contemporains qu'étant celui qui commande, celui qui impose l'obéissance, celui dont dépend l'ordre public, il remplit, en tant que tel, la fonction essentielle du pouvoir et mériterait à ce titre seul la première place :

> « C'est... par l'efficacité de ce pouvoir et par sa prudente mesure que l'institution primitive des sociétés est essentiellement remplie [46]. »

---

42. L'idée de la primauté du Législatif est une idée courante au XVIIIe siècle : Locke l'avait déjà proclamée : « Il ne peut y avoir qu'un seul pouvoir suprême, le pouvoir législatif auquel tous les autres pouvoirs sont et doivent être subordonnés (*Du gouvernement civil*, chap. XIII). Elle inspire aussi bien la pensée de Montesquieu (Cf. Eisenmann : *La pensée constitutionnelle de Montesquieu*. Recueil Sirey. Paris, 1952) que celle de Rousseau (Cf. R. Derathé : *Les rapports de l'exécutif et du législatif chez J.J. Rousseau*. Annales de Philosophie politique 1965) et des Constituants.
43. *Considérations sur les gouvernements*. Paris, 1789, p. 26.
44. P. ex., VIII, 15.
45. *Ibid.*, p. 17.
46. *Ibid.*, p. 18.

Nous savons quelle est l'institution primitive des sociétés, c'est d'assurer le respect des propriétés et, pour un esprit réaliste, le pouvoir qui accomplit cette fonction de police est le premier de tous.

Tout le chapitre premier du *Pouvoir Exécutif dans les grands Etats*, intitulé « Réflexions sur le Pouvoir Exécutif », est particulièrement consacré à cette tentative de réhabilitation et, sans doute, les réflexions de Necker à cette date sont-elles inspirées par l'indignation qu'il éprouve devant la Constitution de 91 et l'abaissement où elle réduit le monarque, mais elles correspondent aussi à une conviction profonde et à un souci permanent. Il a toujours présente à l'esprit la situation fondamentale : il faut qu'une barrière soit dressée entre les deux classes dont se compose la société, et celui qui a la charge de la maintenir solidement représente le pouvoir par excellence.

Aussi bien donc, par les fonctions qu'il leur accorde que par le rang qu'il leur attribue, Necker vide les deux expressions de Pouvoir exécutif et de Pouvoir législatif de leur contenu habituel et se représente l'exercice du pouvoir suivant un schéma qui n'a rien de commun avec celui qui inspirera l'œuvre des Constituants.

Or, et on ne saurait trop le souligner, en prenant parti à la fois pour le dualisme contre le monisme, pour l'unité contre la séparation des pouvoirs, Necker refusant des principes que la Révolution française allait imposer pour si longtemps, ne faisait que respecter la pensée politique la plus vivante et la plus indiscutablement française. Nul n'ignore en effet qu'il existe, dans notre histoire, une tradition de lutte contre l'absolutisme, exigeant sa limitation par la création de conseils partageant le pouvoir avec le monarque et le XVIIIe siècle [47] fournit un éventail complet des diverses tendances sous lesquelles elle a pu se manifester : libéralisme aristocratique d'un Saint-Simon [48] rêvant d'une monarchie tempérée par les grands, par les ducs et pairs, ou d'un Boulainvilliers [49] étendant cette prérogative à la noblesse toute entière, libéralisme parlementaire qui réserve cette attribution aux magistrats [50], libéralisme bourgeois réclamant pour tous les propriétaires un droit de représentation [51]. L'idéal auquel tendent tous ces libéraux malgré leur diversité, est celui d'un contrôle du pouvoir, mais ils se gardent bien de mettre en question l'autorité de fait ou d'envisager un partage de ses attributions.

Et, à la veille de la Révolution, c'est bien sous la forme d'une limi-

---

47. Cf. La thèse d'E. Carcassonne : *Montesquieu et le problème de la Constitution Française au XVIIIe siècle*.

48. Cf. *Ecrits inédits*. T. II, p. 190 ss.

49. Cf. *l'Histoire de l'Ancien gouvernement de la France avec XIV Lettres historiques sur les Parlements ou Etats Généraux*. 3 volumes, Amsterdam et la Haye, 1727.

50. Cf. Lepaige : *Lettres historiques sur les fonctions essentielles du Parlement, sur le droit des pairs et sur les Lois fondamentales du Royaume* 1753-1754 et B. Bickart : *Les Parlements et la notion de souveraineté nationale au XVIIIe siècle*.

51. Cf. : *Encyclopédie*, article Représentants.

tation de l'arbitraire du monarque, d'une participation de la nation aux décisions du gouvernement que la plupart des esprits se représentaient les résultats qu'on pouvait attendre de la réunion des Etats Généraux. Quand les cahiers de doléances réclament que les impôts ne soient plus levés sans le consentement du peuple, ils expriment spontanément un désir très profond mais qui ne présuppose nullement une distinction abstraite entre le pouvoir qui exécute et une assemblée qui légifère, on veut simplement que la couronne ne puisse agir sans que la nation ne soit entendue. » « Lex consensu populi fit et constitution regis [52]. »

> « L'ancien gouvernement français, écrivait Necker en 1792, réunissait tous les moyens nécessaires pour maintenir les lois de propriété, d'ordre et de liberté, mais, ajoute-t-il, il avait le pouvoir de les enfreindre lui-même. Et sans s'exposer à aucune réclamation importune, avec un arrêt du conseil, il réduisait les rentes ou suspendait le remboursement des capitaux ; avec un lit de justice, il augmentait ou perpétuait les impôts ; et avec une lettre de cachet, il faisait emprisonner qui bon lui semblait [53]. »

Le seul défaut de la monarchie française résidait dans l'absence d'un organe de contrôle. A l'inverse de l'Angleterre où le système de contrôle s'établit progressivement, et fut le fruit d'une lutte incessante et empiriquement conduite, l'absolutisme royal résista victorieusement, en France, contre tous les efforts tentés contre lui et au moment précis où l'on aurait pu penser qu'allait enfin s'instaurer, à côté de l'autorité du monarque, cette instance qui aurait rempli les vœux de la nation et de son Premier ministre, ce sont finalement des conceptions d'intellectuels, de « philosophes » qui finirent par triompher, triomphe qui s'explique beaucoup plus par un enchaînement de circonstances et les hasards d'une lutte entre factions rivales, que par l'influence des penseurs et de leurs ouvrages. C'est un fait en tout cas que le Genevois à ce moment critique, en défendant des conceptions beaucoup plus proches d'un Saint-Simon, d'un Boulainvilliers, d'un Le Paige, d'un d'Holbach et d'un Diderot, que d'un Mounier ou d'un Sieyès, se trouvait dans le droit fil de la tradition la plus authentiquement française.

---

52. Pour le succès dans les brochures et cahiers de doléances de cette formule. Cf. Carcassonne, *op. cit.*, p. 582 ss.
53. P. ex., VIII, 593.

# CHAPITRE II

# LA CONSTITUTION IDÉALE

De même que l'on peut dégager des écrits de Necker, les éléments d'une théorie du pouvoir, on peut aussi à partir des réflexions, critiques, comparaisons, que lui inspire une époque particulièrement riche en expériences, se faire une image de la constitution idéale qu'il avait dans l'esprit et qui aurait traduit dans des institutions précises des principes posés a priori. Les problèmes constitutionnels tiennent effectivement une place considérable dans son œuvre et l'on ne saurait s'en étonner : Le sort du pays où il était redevenu premier ministre s'est joué sur le choix d'une constitution, et c'est d'une erreur initialement commise qu'est sortie cette série de tentatives auxquelles il lui fut donné d'assister, quand il eut quitté le pouvoir. Mais nous pensons aussi qu'il éprouvait pour ces questions une curiosité personnelle, un goût particulier et nous savons que dans les *Dernières vues de politique et de finance*, il s'est effectivement donné la peine et le plaisir de tracer le plan complet d'une constitution pour une république une et indivisible.

On pourrait rappeler à ce propos que son père éait venu à Genève pour y occuper, à l'Académie une chaire de droit public allemand, la studieuse atmosphère familiale et les activités du professeur Necker ont sans doute contribué à éveiller chez son fils une curiosité pour la science politique qu'il eut amplement l'occasion de satisfaire.

Avant d'examiner le régime qui correspondait le mieux à ses désirs, il convient de bien souligner tout d'abord deux traits caractéristiques de sa pensée, son pragmatisme et son relativisme. Quand nous employons l'expression de constitution idéale nous ne voulons nullement signifier par là que l'ensemble d'institutions qu'il propose est valable pour tous les temps et tous les pays. Pour Necker, le politique n'existe que comme une dépendance de l'économique ou du social, or les modes de production et de distribution des richesses varient suivant les sociétés considérées. Le degré d'inégalité diffère d'un pays à l'autre, d'une époque à l'autre, selon qu'il s'agit d'un petit ou d'un grand Etat, d'un Etat naissant ou d'un Etat évolué, et, par suite, la tension entre les classes est plus ou moins grande, les risques de désordres plus ou moins menaçants. Il faut donc, parallèlement, faire varier aussi l'ensemble des institutions, pour que l'autorité dont dispose le dépositaire du pouvoir soit renforcée ou modérée selon les circonstances. Dans ce calcul des rapports de force et de la marge de liberté compatible avec le pouvoir, peuvent encore intervenir d'autres facteurs : le genre de vie, la religion, les traditions, les habitudes mentales, dans la mesure où ces facteurs favorisent ou contrarient l'esprit d'obéissance, si bien qu'il ne peut y avoir, en fait de constitution, que des cas d'espèce. Et c'est pourquoi le plus important des ouvrages politiques de Necker ne s'intitule pas : *Du Pouvoir Exécutif* mais *Du Pouvoir Exécutif dans les grands Etats.*

Le modèle que Necker va nous proposer n'est donc pas universel, il est destiné à celui de tous les cas d'espèce qui l'a le plus intéressé, le cas de la France, le pays où il a vécu, où il a fait sa fortune, où il a connu les responsabilités du pouvoir. Or, ce pays appartient à une catégorie bien définie, celle des grands Etats évolués et, c'est en fonction des caractères spécifiques à cette catégorie particulière, qu'à été élaboré l'ensemble d'institutions qui lui paraît le mieux conçu pour résoudre les problèmes que pose un pays de la dimension et de la population de la France, à la fin du XVIII^e siècle.

Citoyen de Genève, devenu ministre du roi de France, Necker n'a pas manqué d'être violemment attaqué au nom de ses soi-disant opinions républicaines. On l'a évidemment accusé d'avoir introduit en France des idées et des principes qui ne pouvaient que contribuer à détruire la monarchie et on lui a attribué bien entendu dans le complot protestant, un rôle de premier plan. Rien ne nous semble moins justifié. Necker, au nom de son relativisme même, était beaucoup trop conscient de l'immense différence qui séparait la parvulissime république de son puissant voisin pour s'inspirer en quoi que ce soit, des institutions de sa ville natale, sur le plan politique tout au moins. Il est resté convaincu toute sa vie que la monarchie était le meilleur des régimes possibles pour les grands Etats européens et si c'est effectivement d'un modèle étranger qu'il s'est inspiré, ce n'est pas du modèle genevois, c'est du modèle anglais.

La souplesse d'adaptation dont Necker fait preuve dans l'application de ses principes est encore accrue par un pragmastisme qui est un trait inhérent à sa nature. C'est le contraire d'un doctrinaire. Il est sans doute très sincèrement persuadé que certaines institutions qu'il défend sont mieux adaptées que d'autres à un grand Etat européen, mais il est prêt à s'accommoder d'autres systèmes. Il est plusieurs chemins pour conduire à un même but, certains plus sûrs ou plus directs, mais l'essentiel est d'y parvenir. Pour cette raison, on a voulu voir en lui l'incarnation même de l'opportuniste, de l'homme sans principes, uniquement soucieux de réaliser ses ambitions, de devenir et de rester ministre sous quelque régime que ce soit, et c'est un fait qu'il s'est accommodé de la Monarchie d'Ancien Régime, qu'il se serait accommodé d'une Monarchie Constitutionnelle, qu'il se serait même accommodé d'une République. Les étiquettes des cours de Droit Public, le laissent indifférent. Une seule chose compte, la conciliation difficile de l'ordre et de la liberté au sens très précis où il entend ces mots, et il accepte parfaitement l'idée qu'il n'y ait pas, pour la réaliser, une seule et unique formule, ce qui ne l'empêche nullement d'être très attaché à la sienne et de s'en faire le tenace défenseur.

L'étude de la Constitution rêvée par Necker pose tout d'abord un problème d'exposition. Dans les manuels de droit constitutionnel, le plan suivi correspond généralement à la division entre pouvoir exécutif et pouvoir législatif et l'on étudie successivement la composition et les attributions de l'un et de l'autre. Pour respecter sa pensée et la matérialiser par l'ordre que nous allons suivre, nous examinerons successivement la nature et les responsabilités des deux grandes instances étatiques dont la réunion constitue la souveraineté, forme le pouvoir : l'organe de gouvernement et l'organe de contrôle, marquant ainsi la rupture avec une distinction traditionnelle et délibérément refusée. Même s'il emploie les expressions de pouvoir exécutif et de pouvoir législatif, c'est dans le cadre d'institutions qui confèrent au premier des responsabilités dans l'élaboration des lois et au second dans leur mise en application. C'est là une idée qu'il ne faut jamais perdre de vue.

## I — L'ORGANE DE GOUVERNEMENT (POUVOIR EXÉCUTIF)

C'est à l'organe de gouvernement que revient, nous le savons, l'impulsion originelle, c'est lui qui donne l'élan à la machine, il est la force motrice; et nous allons voir comment Necker le met en mesure de remplir son rôle sur le double plan de l'activité exécutive et de l'activité législative.

### 1° LA FONCTION EXÉCUTIVE

La première de ces fonctions est incontestablement la plus délicate. C'est à lui qu'incombe la difficile mission de faire respecter un ordre qui n'est pas un ordre naturel et qui ne saurait être spontanément accepté par ceux qui en sont les victimes. Aussi le souci majeur de Necker sera-t-il de donner au porte-glaive, au chef, en contact immédiat avec la masse des gouvernés, les moyens de faire appliquer les lois, en utilisant tous les procédés susceptibles d'imposer son autorité.

1. — *La sacralisation du pouvoir.*

Parmi ces moyens, le Genevois établit une distinction capitale :

> « Ce n'est pas seulement à l'aide des prérogatives réelles attribuées au Pouvoir exécutif, que la haute considération dont il a besoin, et le caractère imposant de dignité nécessaire à son action, se forment et se maintiennent. Il est indispensable encore d'environner le chef de l'Etat de tout ce qui peut servir à dominer l'imagination[1]. »

Le pouvoir qui se définit juridiquement et s'analyse en un certain nombre d'attributions doit s'entourer d'une auréole magique que les textes ne peuvent pas créer artificiellement, ne peuvent faire surgir *ex nihilo*, qui n'est pas de l'ordre de la raison mais de l'ordre de l'imagination et du sentiment :

> « Il n'existe, ce Pouvoir, que par la réunion de toutes les propriétés morales qui forment son essence, il tire sa force, et des secours réels qui lui sont donnés et de l'assistance continuelle de l'habitude et de l'imagination ; il doit avoir son autorité raisonnée et son influence magique ; il doit agir comme la nature et par des moyens visibles et par un ascendant inconnu[2]. »

Les secours réels, l'autorité raisonnée, les moyens visibles, ce sont les droits que les articles d'une constitution attribuent au dépositaire du pouvoir, les instruments de contrainte dont il dispose et, pour citer les plus visibles de tous, l'armée, la police, les prisons, les châtiments. Mais il y a aussi « l'assistance continuelle de l'habitude et de l'imagination, l'influence magique, l'ascendant inconnu » et Necker entend par là une série de procédés, grâce auxquels le souverain sera nimbé d'un halo mystérieux de surhumaine grandeur qui lui permettra de subjuguer sans effort les foules auxquelles il commande. Il proclame ainsi, la nécessité de la sacralisation du pouvoir et l'importance qu'il attache aux divers éléments qui confèrent au chef un caractère charismatique justifie la place que nous allons leur accorder.

Le mot de sacralisation semble évoquer les époques du plus sombre obscurantisme mais en fait aucune société n'échappe à ce besoin et, pour prévenir le reproche de faire cyniquement du recours à l'irrationnel un procédé de gouvernement, Necker avec beaucoup de pertinence rappelle à ce propos que les gouvernements révolutionnaires eux-mêmes se sont vus obligés d'inventer un nouveau système de symboles : « l'autel de la Liberté, l'arbre de la Liberté, le bonnet, le drapeau de la Liberté, les devises, les emblèmes, tout a été inventé pour remplir ce but et pour parler aux sens[3]. » Un historien français [4]

---

1. P. ex., VIII, 197.
2. P. ex., VIII, 19.
3. R. Ph., X, 352.
4. A. Mathiez. Cf. en particulier : *Les origines des cultes révolutionnaires*, 1789-1792.

a cru assister là, à la naissance d'une véritable religion. Sans doute, doit-on reconnaître que le phénomène religieux et la sacralisation du pouvoir présentent des aspects très voisins mais peut-être, à l'origine des manifestations que Mathiez énumère et analyse, faut-il distinguer ce qui relève d'une politique de déchristianisation en vue de l'instauration de nouveaux cultes, et ce qui correspond simplement à une volonté de démonarchisation, de républicanisation si l'on peut dire, fondant sur une nouvelle symbolique le prestige de l'autorité. Si, comme le prouve l'expérience révolutionnaire, de pareils procédés sont indispensables même dans une société où le gouvernement prétend apporter au peuple la liberté, combien le sont-ils davantage quand il s'agit au contraire de l'enchaîner ! Il faut alors : « Bien plus de soin, bien plus de signes visibles [5]. »

Pour opérer ce dressage mental, il est une première catégorie de moyens qu'on pourrait classer sous la rubrique des égards dûs à la personne du souverain : la splendeur des palais où il habite, la foule des personnes qui l'entourent et l'éclat de leur costume, le déploiement de faste, l'étiquette d'une cour ; tout cela n'est pas pour Necker une inutile mise en scène, un continuel gaspillage où se satisfait la vanité de celui qui commande, mais un ensemble de rites où s'exprime un religieux respect pour le représentant de l'autorité. C'est un des devoirs du souverain que d'entretenir ces sentiments, que d'avoir conscience qu'à travers sa personne se réalise un phénomène de sublimation. De ce point de vue, Necker, qui en général s'exprime toujours en ce qui concerne la famille royale, avec une profonde vénération, se laisse aller à porter un jugement assez sévère sur Louis XVI et Marie-Antoinette :

> « Il eut même, et la Reine encore plus, une déférence mal conçue pour les idées modernes, en négligeant trop les formes de la Cour et les lois de l'étiquette. La Reine, aveuglément conseillée, sacrifia la représentation à l'aisance de la vie ; elle parut même rechercher les succès de société, et n'aperçut pas à temps que la majesté royale est une idée singulière, une idée composée dont il faut entretenir la magie par tous les usages qui établissent une distance entre les rois et leurs sujets [6]. »

Quant à ces sujets, à ceux du moins qui sont capables de lucidité et de sagesse, ils ne devraient pas lésiner sur les dépenses nécessaires pour entourer la couronne de toute la pompe qui convient à la majesté du trône ; ils ne doivent pas hésiter « à faire un grand sacrifice d'argent pour les dépenses particulières de la royauté ». Ce bourgeois qui sait compter, saura se montrer généreux à bon escient, prêt à consentir sans rechigner une liste civile qui permette au monarque de tenir son rang avec tout l'éclat souhaitable.

Necker consacre également tout un chapitre du *Pouvoir exécutif* au droit de grâce, dont il déplore la suppression décidée par la

---

5. R. Ph., X, 353.
6. *Révolution Française*, IV, 127-128.

Constituante au nom de la raison, privant ainsi le roi « du précieux exercice de la plus auguste des prérogatives, le patrimoine sacré de ses ancêtres [7] », prérogative qui permet d'attacher à la personne du monarque « dans les grands dangers une espérance, une protection vague au-delà des garanties connues [8] » ce qui contribue puissamment à faire de lui un être qui se confond presque avec la divinité, puisqu'on peut recourir à lui quand la justice humaine s'est définitivement prononcée.

Pour des raisons analogues, Necker préférera, entre tous les systèmes possibles, celui de l'hérédité, pour opérer la transmission du pouvoir. C'est un des avantages de la monarchie que cette disposition « si importante à la tranquilité publique [9] » et qui fait de l'héritier du trône le dépositaire d'un capital de vénération qu'il doit à l'ancienneté de sa race, comme si s'accumulait sur sa tête le prestige de tous ceux qui l'ont précédé.

L'inviolabilité est aussi un indispensable privilège du Chef de l'Etat, inviolabilité grâce à laquelle demeure intacte cette grandeur conventionnelle qu'il faut conserver à tout prix. Pour devenir sensible, elle doit s'incarner dans un être de chair qui en sera le vivant symbole, mais cette incarnation ne doit jamais porter préjudice à la majesté du pouvoir, c'est pourquoi doit rester inviolable la personne de celui qui l'exerce, personne qui devient en quelque sorte sacrée, à partir du moment où lui a été conférée l'autorité suprême. Il y a là évidemment, un risque à courir, celui de voir le bénéficiaire de cette inviolabilité, en abuser pour fouler aux pieds toutes les règles et agir à sa guise, aussi Necker éprouve-t-il la plus grande admiration pour cette disposition ingénieuse qui assure l'inviolabilité du chef de l'Etat mais qui établit la responsabilité de ses ministres : dissociation qui laisse toujours intact le principe d'autorité, tout en permettant de punir les exécutants de ses volontés.

Les points que nous venons de passer en revue : droit de grâce, égards dûs à la personne du souverain, hérédité, inviolabilité, font partie de l'arsenal habituel, mais il est par contre, un dernier procédé où Necker fait preuve d'une incontestable originalité, tout au moins par la place qu'il lui accorde, c'est celui de la gradation, de la hiérarchisation.

> « La nécessité de l'obéissance et de la subordination est une sorte d'abstraction à laquelle il importe de donner de la vie par tous les moyens propres à captiver l'imagination des hommes. Or, il n'en est aucun dont l'effet soit plus certain et plus doux cependant que le spectacle habituel des différentes gradations introduites par le temps au milieu des sociétés politiques [10]. »

---

7. P. ex., VIII, 154.
8. *Ibid.*
9. P. ex., VIII, 302.
10. R. Ph., V, 353.

Et, développant un thème qui lui est cher, Necker nous explique [11] que dans les nations guerrières, la discipline militaire peut suffire, puisque « cette discipline est elle-même la plus forte et la plus expressive de toutes les hiérarchies. » De même, la mystérieuse retraite où s'enferment les califes de l'Orient « les présente aux yeux du peuple comme une puissance inconnue que l'œil ne peut circonscrire, et dont une imagination vague agrandit toutes les dimensions » ; mais dans les monarchies tempérées de l'Europe, où les rois ne peuvent régner « ni par le fer des soldats, ni par un aveugle enthousiasme », il faut que le regard de la multitude puisse monter jusqu'à eux par une série de degrés, qui lui donnent le sentiment de l'immensité de la distance qui la sépare de leur auguste personne, et « qui assure cette force et cette magie d'opinion si nécessaire à celui qui doit faire exécuter les lois dans un vaste empire ».

En haut de l'échelle, Necker prévoit un corps constitué, une cour des pairs, assemblée auguste rassemblant tout ce que la nation comporte de plus illustre, et il la définit ainsi :

> « Un corps dont la dignité soit assurée par son union au corps politique, dont l'éclat serve d'accompagnement à la royauté et dont le rang soit une sorte de transition, de l'immensité du peuple à l'unité sans pareille d'un trône et d'une couronne. L'effet d'une médiation, d'une interposition de ce genre, semble tenir uniquement à l'opinion et même, si l'on veut, à l'imagination ; cependant, elle n'est pas moins la condition absolue de notre respect pour le rang suprême, respect sans lequel les rois deviendraient inutiles, et l'esprit de la monarchie n'existerait plus [12]. »

Retenons de cette définition, évidemment inspirée de la Chambre des Lords, l'idée d' « un corps dont la dignité soit assurée par son union au corps politique ». Necker veut dire par là que cette assemblée participera aussi, et c'est une des conditions de son prestige, à l'exercice du pouvoir. Ce sera la Chambre haute par rapport à la Chambre basse. Ainsi aurons-nous dans l'Etat un organe polyvalent en quelque sorte, assumant outre sa fonction de majesté, des responsabilités politiques. Le bicaméralisme n'est donc pas un mécanisme simplement destiné à améliorer la qualité du travail de l'organe de contrôle (Corps législatif) ; une des raisons d'être de l'une des deux Chambres est aussi de constituer la suprême haie d'honneur qui entoure le chef de l'Etat. Pour ce motif, le Genevois sera prêt à faire

---

11. P. ex., VIII, 289 ss.
12. *Ibid.*, Cf. Blackstone : « Ce corps établît et conserve l'échelle des dignités qui s'élève par degrés du paysan jusqu'au prince, partant telle qu'une pyramide d'une base étendue pour diminuer en s'élevant jusqu'à se terminer en pointe. C'est cette progression dont les termes se ressèrent en montant qui ajoute à la stabilité d'un gouvernement quelconque, car lorsque d'un extrême à l'autre, l'intervalle est subitement franchi, nous pouvons dire que l'Etat manque de stabilité. Les nobles sont des colonnes élevées au milieu du peuple pour supporter le trône, et si le trône s'écroule, il faut aussi qu'il soit enseveli sous ses ruines. » *Commentaires sur les lois anglaises.* T. I, Paris, 1822, p. 275.

une place privilégiée aux plus illustres familles de l'aristocratie. Mais ce club extrêmement fermé est réservé aux représentants des plus grands noms dont l'origine se perd dans la nuit des temps et qui ont toujours été étroitement mêlés à l'histoire d'un pays. Aussi s'élève-t-il contre une excessive multiplication du nombre des pairs qui, en introduisant dans ce corps des noms nouveaux, « altère le relief des dignités destinées à servir de cortège et de sauvegarde à la majesté royale [13]. »

Necker ne dédaigne pas pour autant le reste de la noblesse ; la hiérarchie des titres : chevalier, baron, comte, marquis, duc ou prince, peut apparaître comme une échelle ingénieuse grâce à laquelle on s'approche peu à peu du monarque comme on s'approche du trône de Dieu par l'échelle des archanges, des trônes et des dominations, tandis que, les Pairs du royaume constituent le couronnement de l'ensemble. Et prévenant la critique, il nous rappelle à ce propos que « les genres de supériorité qui paraissent un abus aux premiers regards de la philosophie, sont essentiellement utiles pour servir de protection aux différentes lois de subordination [14]. »

Pour la même raison, mais dans un autre ordre d'idée, Necker va regretter la politesse, les égards et jusqu'au langage de l'Ancien Régime, politesse, égards, langage qui marquaient la place assignée à chacun dans l'ordre social, qui indiquaient les rangs, différenciaient les milieux et élevaient entre eux une première barrière, fragile sans doute parce qu'immatérielle, mais dont il serait vain de sous-estimer la valeur :

> « Il restait encore, pour égide à la douceur des mœurs de la nation française, cette législation des égards et des manières qui n'était point écrite sur les tables de bronze ou d'airain mais qui, par la seule force de l'opinion, rappelait les hommes aux sentiments dont ils étaient contraints d'emprunter les formes [15]. »

On sent Necker tout prêt à écrire un éloge de la révérence, à en analyser la signification sociologique, et à en montrer les heureux effets, en ce qui concerne le respect de l'autorité. Ce ne serait nullement quitter le domaine des plus hautes spéculations et l'on retrouverait bientôt par ce biais le secret de l'ordonnance du monde :

> « En supprimant toutes les idées de décence, en remplissant tous les intervalles et en opérant toujours à la baisse pour rapprocher jusque dans les manières, les hommes immuablement distincts et par la fortune et par l'éducation, il ne résultera, je le crains, d'un pareil système de familiarité qu'une commodité de plus pour se haïr. La nature dans son magnifique spectacle nous apprenait de toutes parts qu'il ne pouvait exister aucune harmonie sans nuances et sans gradations [16]. »

---

13. D.V., XI, 155.
14. *Opinion de M. Necker relativement au décret de l'Assemblée Nationale concernant les titres, les noms, et les armoiries. Oe. c.*, VII, 531.
15. P. ex., VIII, 462-463.
16. *Ibid.*, p. 465.

Ce sont des réflexions analogues, tout aussi mélancoliques, que lui inspire le langage du citoyen mis à la mode par la Révolution, et, dans un texte curieux, il s'essaie à nous faire comprendre que le langage lui-même constitue le premier et le plus inconscient de tous les dressages :

« La douceur et l'aménité des mœurs, compagnes inséparables de l'indulgence et de la bonté, sont encore remarquables par leurs autres affinités et composées de plusieurs éléments, elles ont plus de rapport qu'on ne pense, avec les formes du langage. Nous devons, aux impressions les plus fines et les plus délicates, une partie de nos sentiments et même de nos idées. Souvent, tandis que notre esprit raisonne, notre imagination s'est déjà rendue maîtresse de nous. Placée comme à l'extérieur de notre nature spirituelle et communiquant la première avec nos sens, elle nous prend tellement au dépourvu, elle exerce sur nous une autorité si rapide, que nous avons peine à nous en défendre. Ainsi, lorsque le langage d'une nation, lorsque ses expressions habituelles acquièrent de la rudesse et de l'âpreté, les caractères se rapprochent de cette nature sauvage... Je quitte ce rapprochement pour faire observer encore une particularité de notre nouveau langage, une particularité qui sera peut être uniquement appréciée par les grammairiens et qui tient cependant à la modification de notre caractère moral. On introduit chaque jour de nouveaux verbes complètement barbares et on les substitue à l'usage des substantifs ; ainsi l'on dit influencer, utiliser, exceptionner, préconiser, fanatiser, patriotiser, pétitionner, vétoter, harmoner, etc... Cette remarque semble subtile, mais elle indique qu'on n'éprouve plus le besoin des expressions moelleuses et mesurées, car ce n'est jamais par des verbes dont le sens est toujours positif, mais par l'union des adjectifs aux substantifs, que les idées acquièrent de la nuance et de la gradation [17]. »

Convenons avec Necker, s'excusant des digressions où il se laisse entraîner qu' « Un pareil sujet formerait à lui seul l'objet d'un grand ouvrage », dans la ligne des recherches les plus modernes sur le langage ; de la manière de s'exprimer au bicaméralisme, tout peut être envisagé sous l'angle de la gradation, un des mots clés de son œuvre, gradation génératrice d'habitudes mentales infiniment précieuses pour créer l'esprit d'obéissance.

L'emploi répété du mot de magie, quand il s'agit de tous ces procédés destinés à frapper l'imagination et la sensibilité des foules, nous montre combien Necker est conscient d'être en face d'une vaste entreprise de mystification. Mais c'est une mystification nécessaire.

« Nous sommes tous accessibles à divers genres d'impressions ; une longue éducation de nos facultés spirituelles, cet apanage du loisir et de la richesse, permet à quelques-uns d'entre nous de soumettre leurs sentiments et leurs principes aux lents résultats d'une méditation éclairée ; mais le grand nombre des hommes, ceux qui sont obligés de consacrer à des travaux lucratifs le premier développement de leurs forces, resteront toujours sous l'empire des idées les plus simples. Ce n'est pas un reproche à leur esprit, mais une suite inévitable de leur humble fortune. C'est par un effet de ces vérités indestructibles, de ces vérités liées, et à notre nature, et à notre

---

17. P. ex., p. 473 ss.

position sociale, que pour maintenir dans un vaste royaume les liens mystérieux de la subordination et de l'obéissance, il faut captiver également, et les sentiments rapides, et les sentiments réfléchis [18]. »

Paradoxalement la difficulté ne résidera pas dans la mystification elle-même, le peuple n'étant que trop enclin, que trop prédestiné à se laisser mystifier, la difficulté consiste à la faire accepter par ceux-là même au profit de qui elle s'exerce.

> « La plupart des hommes, uniquement attentifs aux idées d'orgueil ou de vanité qu'a inspirées aux princes l'éclat de leur rang, ont été entraînés à considérer cet éclat comme indifférent à l'intérêt social, et les petits philosophes du temps, faisant un pas en avant, ont présenté comme un avilissement toutes les marques de respect destinées à relever la majesté du monarque ; mais les illusions des rois sur l'origine et l'esprit de ces divers hommages, ne doivent pas nous égarer nous-mêmes et distraire nos regards des idées premières et des vues générales qui ont fait un élément politique de la splendeur du trône et de sa douce autorité sur l'imagination des hommes [19]. »

Nous retrouverons la même attitude à propos du phénomène religieux. Là encore, la mystification sera consciemment présentée comme inévitable et là encore, Necker s'étonnera qu'on puisse se refuser à comprendre que le Dieu des pauvres ne peut pas être le même que le Dieu des riches. On pourrait sur ce point le taxer de cynisme. En fait, il justifie ce conditionnement dans l'intérêt même de ceux qui y sont soumis : C'est faire preuve d'humanité à leur égard, que d'agir ainsi. Sans doute, les prisons et les supplices pourraient suffire à maintenir dans la sujétion les victimes de l'ordre social ; mais il est bien préférable qu'un dressage inconscient fasse de la soumission des humbles un réflexe automatique, et quand Necker traite de cette question, il s'attache toujours à souligner qu'il y a moins de cruauté à mystifier qu'à punir.

> « Cette vieille institution, écrit-il en parlant de la royauté, est fondée sur le bien de l'Etat, et c'est à un principe social qu'il faut la rapporter ; on a senti que l'emploi de la force pour le maintien de l'ordre public, fut-il continuel, serait toujours insuffisant ; on a senti de même qu'un pareil moyen entraînerait des rigueurs alarmantes et des rigueurs surtout incompatibles avec des mœurs douces et avec l'esprit de liberté. Ces idées ont dû engager à investir le chef de l'empire de toute la majesté qui pouvait attirer vers lui les hommages et le respect, afin qu'il pût réunir à son pouvoir réel, une autorité d'opinion, une autorité dont l'action universelle et soutenue maintint les hommes dans leur devoir sans violence et sans commotion [20]. »

Et c'est bien pourquoi ce rationaliste restera toujours fidèle, au nom de son rationalisme, à cette institution irrationnelle qu'est la monarchie. Egards, hérédité, inviolabilité, système de gradation, tous

---

18. P. ex., VIII, 197-198. Cf. encore R. Ph., X, 351-52.
19. P. ex., VIII, 198.
20. A.N., VI, 289.

ces éléments ne trouvent leur plein effet que dans ce régime et s'il en est partisan, sous une certaine forme tout au moins, c'est que ce type de gouvernement permet plus facilement que d'autres la sacralisation du pouvoir, en offrant au regard des foules un symbole vivant et concret de l'autorité.

Lorsqu'un pays a la chance de posséder une famille royale aussi ancienne que celle des Capet, une aristocratie aussi étroitement mêlée à l'histoire que celle de la France, il est absurde, il est criminel de gaspiller cette richesse en traditions transmises de génération en génération, et Necker, en voyant s'évanouir ce trésor, au cours des premiers mois de la Révolution française, devait éprouver le même serrement de cœur que lorsqu'il assitait, en témoin impuissant, à la désastreuse politique financière de l'Assemblée Nationale Constituante.

Dans son attachement à la monarchie, il ne faut donc voir aucune sentimentalité mais un calcul lucide, l'appréciation raisonnée de moyens particulièrement efficaces pour accomplir une tâche inhumaine, pour maintenir cet ordre qui permet en fin de compte aux propriétaires d'exploiter paisiblement les salariés et de jouir en toute sécurité des richesses ainsi acquises. L'intelligence ne saurait concevoir un moyen mieux adapté à sa fin :

> « C'est la monarchie tempérée qui environne la loi de toute la splendeur du trône, qui la rend éclatante sans imposer aucun effroi, et qui se fait assister de l'imagination même des hommes pour obtenir d'eux par les moyens les plus doux le respect et l'obéissance [21]. »

Toutefois, les bouleversements provoqués par les années révolutionnaires, les transformations apportées dans les habitudes mentales lui paraîtront si radicales qu'il en viendra à douter de la possibilité de rétablir la monarchie et il se demandera très sincèrement s'il ne convient pas de regarder en face la situation en d'en tirer réalistement les conséquences. Nous le verrons alors, tout en gardant la nostalgie de son régime préféré, se mettre courageusement à la tâche et élaborer une constitution pour une République une et indivisible où il s'efforcera, sans conviction, de donner un certain prestige au dépositaire de l'autorité et, surtout, de compenser l'absence de magie par des institutions appropriées.

Mais il sent bien que même alors, un élément sentimental profond reste absolument indispensable et les lignes qui suivent montrent que ce vieil homme, encore capable de s'émouvoir et de rêver devant certaines perspectives, demeure cependant plein de réticences et de scepticisme :

> « Une République se mouvant avec ordre, nonobstant son étendue et sa nombreuse population, animée qu'elle serait par un sentiment antique de patriotisme et de liberté et recevant par degrés du progrès des lumières cette tempérance qui parfait toutes les institutions politiques, la perspective est belle, le tableau doit séduire les esprits élevés et les grands caractères, mais ce sont là des spéculations

21. D.V., XI, 225.

auxquelles l'expérience n'a pas encore mis son sceau et, jusque là, toute confiance est incertaine, toute espérance est confuse [22]. »

## 2. - *Les prérogatives constitutionnelles.*

Nous pouvons examiner maintenant les prérogatives légales du pouvoir, auxquelles la sacralisation confère une irrésistible puissance. En ce domaine, l'originalité de Necker réside surtout dans l'insistance mise à exiger que tous les moyens de commandement soient dévolus sans partage et sans contestation au chef du gouvernement afin que, seul maître dans « la chambre des machines [23] », il puisse assumer toutes les responsabilités qui lui incombent traditionnellement. C'est ainsi que, pour assurer son autorité, il lui attribue, à lui seul, la nomination de tous les agents des services publics :

> « Un prince ne doit pas tout faire par lui-même, mais toutes les fois qu'il choisit ou gradue selon sa volonté les intermédiaires dont il se sert pour remplir les devoirs de la royauté, le pouvoir exécutif est conservé dans son unité [24]. »

Et avec l'expérience d'un homme qui a été longtemps ministre, il justifie ce point de vue par une analyse réaliste de la psychologie de ceux qu'on appellera plus tard les fonctionnaires, analyse dont on peut se demander si elle a beaucoup vieilli :

> « C'est après avoir été quelques années au centre des affaires publiques, c'est après avoir été, pour ainsi dire, un des axes autour duquel tous les intérêts personnels se mettent en mouvement, que l'on est instruit par soi-même de l'activité de ces intérêts, et qu'on apprend en même temps comment les hommes sont tour à tour animés, adoucis et toujours enchaînés par l'espérance... Ils ont pour les jours de parade, les sentiments les plus magnifiques ; mais dans leurs habitudes journalières et dans leurs confidences secrètes, on voit qu'ils sont préoccupés, les uns de leur fortune, et les autres des distinctions auxquelles ils peuvent prétendre. Ainsi, n'en doutons point, plus on réduit le cercle des encouragements et des récompenses dont le monarque doit avoir la disposition, et plus on affaiblit entre ses mains l'action du Pouvoir exécutif [25]. »

De même il ne saurait admettre que la prérogative du commandement suprême des armées subisse la moindre limitation, d'où son hostilité marquée pour la politisation de l'armée par les clubs, et les tentatives faites au début de la Révolution pour remplacer la discipline traditionnelle par une formation civique et une éducation patriotique,

> « ...On pourra bien pendant un temps attirer les soldats au milieu des sociétés politiques ; on pourra bien leur faire partager momen-

---

22. D.V., XI, 235-6.
23. L'expression est de B. de Jouvenel.
24. P. ex., VIII, 240.
25. P. ex., VIII, 169-170.

tanément l'ardeur des passions dominantes ; mais lorsque ces passions s'amortiront, et lorsque tous les hommes reprendront l'esprit de leur situation, ou l'on n'aura point d'armée en parité de force avec les troupes étrangères, ou cette armée sera remise sous les lois de la discipline [26] »

d'où surtout son attitude devant l'offensive menée contre le pouvoir royal, en mai 1790, lors du débat sur le droit de paix et de guerre. Necker reconnaît sans doute que :

> « L'union de la liberté avec l'ordre public ne sera jamais parfaitement cimentée que dans les pays dispensés par leur situation, ou par leur petitesse, d'entretenir habituellement une armée de ligne, puisque cette armée est une forme mobile dont la direction peut déranger l'équilibre établi par les législateurs. »
> Mais, il n'hésite pas aussi à déclarer que « si les prérogatives nécessaires à l'action civile du Pouvoir exécutif, devaient être sacrifiées aux défiances qu'inspireraient l'existence d'une grande armée de ligne, il vaudrait mieux réduire l'étendue de cette armée ; car avec une milice nationale, on y suppléerait, et avec une conduite sage envers les puissances étrangères, un royaume tel que la France ne verrait pas son repos troublé par leurs entreprises ; mais rien ne peut remplacer, dans l'intérieur d'un vaste pays, la destruction ou l'extrême affaiblissement du Pouvoir qui doit protéger les propriétés, assurer la tranquillité de tous les citoyens, et veiller sans relâche au maintien de l'ordre public [27]. »

En fait, Necker ne pense pas qu'il faille en arriver là, car il existe pour prévenir les risques d'une utilisation des forces armées à des fins autres que nationales toute une série de moyens : ceux-là mêmes dont la Constitution anglaise fournit le modèle et dont le principal réside dans le contrôle que peut en permanence exercer le Parlement, en faisant jouer la responsabilité ministérielle, en accordant ou en refusant les subsides [28].

Pour le droit de paix et de guerre, sa position est plus nuancée ; il faut trouver un compromis qui conserve intact le prestige du pouvoir mais qui, dans une matière d'une pareille importance, ne le laisse pas libre d'agir entièrement à sa guise. Il faut prévoir pour les décisions graves la mise en jeu d'une autre volonté que celle du monarque ; il faut que le peuple ou ses représentants puissent faire connaître leur avis. Mais alors, intervient une autre considération d'ordre pratique : le succès, en matière de politique extérieure dépend du secret et de la rapidité des mesures prises :

> « Si les divers souverains de l'Europe, fidèles aux règles de la plus parfaite loyauté, ne se faisaient jamais la guerre qu'après s'être avertis de leurs desseins par une déclaration formelle, une assemblée nombreuse, qui délibèrerait publiquement sur l'adoption ou sur la rejection d'une mesure de cette importance, serait à peu près au niveau d'un roi méditant dans le secret de ses conseils. Mais on est

---

26. P. ex., VIII, 254. On ne pouvait mieux prophétiser l'évolution qui devait mener du soldat de l'An II au Grognard de l'Empire.
27. P. ex., 250-51-52.
28. Cf. *infra*, p. 313.

instruit par l'expérience, que la politique des princes s'affranchit, quand il leur plaît, de ces gênes morales. Et alors il n'y a aucune égalité entre un monarque qui déclare la guerre en la faisant et une assemblée nationale qui discute à huis ouvert une pareille question et qui manifeste ainsi ses dispositions, bien avant l'époque où son action devra commencer [29]. »

Il sera donc très difficile de mettre au point une formule qui tienne compte de ces deux exigences contradictoires. Dans cette alternative, c'est toutefois le souci de consulter la nation qui doit l'emporter, car il s'agit de ses intérêts vitaux, de plus, autre argument de poids, les conflits seront plus rares, s'il faut obtenir l'assentiment national et si l'ouverture des hostilités ne dépend plus

« du génie inquiet et ambitieux des gouvernements. Peut-être même que le premier bienfait d'une constitution sage, d'une constitution où les représentants de la nation environnent le monarque, c'est la diminution, dans un temps donné, des querelles politiques et des malheurs qui les accompagnent [30]. »

En matière de politique extérieure, le pacifisme foncier de Necker le rend réticent et prudent et l'emporte, pour une fois, sur le souci de préserver, dans son intégrité, l'autorité du pouvoir.


2° LA FONCTION LÉGISLATIVE


Nous en arrivons maintenant à ce qui nous semble beaucoup plus original dans le système politique élaboré par le Genevois : l'attribution à l'exécutif de prérogatives dans le domaine de l'action législative, attribution si ouvertement réclamée, que la « Participation du monarque au pouvoir législatif » est un des titres de chapitre de l'ouvrage publié en 1792.

Pour atteindre ce résultat, il est un premier procédé qui consiste à donner à l'organe de gouvernement le droit de veto ou, ce qui revient au même, d'exiger, pour que les lois puissent entrer en vigueur, qu'elles aient obtenu sa sanction. Cette question est traitée in extenso dans un chapitre de *Du pouvoir exécutif dans les grands Etats*, où Necker examine : « si l'intérêt de la nation n'exige pas impérieusement que le droit d'opposition aux résolutions du corps législatif soit confié au pouvoir exécutif de l'Etat, par préférence à toute autre autorité constitutionnelle » ; et où il énumère « les diverses considérations importantes qui ne laissent aucun doute à cet égard [31] ». La

---

29. P. ex., VIII, 217-218.
30. *Ibid.*, p. 228. Cf. B. Constant : « La seule garantie possible contre les guerres inutiles ou injustes, c'est l'énergie des assemblées représentatives. *Principes de politique.* Chap. XIII, *Oe. c.* Pléiade, p. 1 160. Tout ce chapitre XIII intitulé : « Du droit de paix et de guerre » est manifestement inspiré de Necker.
31. P ex., VIII, 406.

première est la perte de prestige qui résulterait pour le Pouvoir exécutif d'être confiné dans un rôle humiliant de simple exécutant :

> « Ce serait d'abord condamner le Pouvoir exécutif au plus grand avilissement, que de le faire l'aveugle agent des volontés d'un autre Pouvoir ; et à une telle condition, il n'existerait pas ; car il essaierait en vain de remplir ses hautes fonctions, s'il n'était aidé de l'opinion publique [32]. »

Il ne s'agit pas d'une auréole de convention mais d'une puissance de rayonnement, sans laquelle les dispositions de la loi resteraient lettre morte. Sinon, s'il suffisait au pouvoir législatif de désigner quelqu'un et de le charger d'accomplir ses décisions pour que la loi fût exécutée, c'est « au chef des sergents ou à des huissiers [33] » que l'on devrait confier cette tâche.

Le second motif :

> « C'est qu'on ne pourrait jamais se fier au zèle actif du gouvernement, si l'on avait pas un moyen de connaître son sentiment intérieur, sur les lois dont l'exécution lui est attribuée. Il y a dans un vaste royaume des moyens innombrables pour faire naître des difficultés, ou pour donner des raisons plausibles à des retardements affectés ; et toutes les fois que les opinions du corps législatif et les sentiments de l'administration seraient en opposition marquée, les affaires publiques resteraient en stagnation, et deviendraient encore un sujet continuel de querelle [34]. »
> « Une troisième considération montre encore la convenance de la réunion du droit de sanction au Pouvoir exécutif, c'est que, dans toutes les questions politiques, le gouvernement aura toujours une science qui lui sera propre ; ce n'est pas un mérite applicable aux personnes mais à la nature des fonctions de l'administration. La connaissance des moyens d'exécution doit lui appartenir plus particulièrement et il y a aussi des idées négligées par une assemblée dont le règne est de deux ans et qui ne doivent ni ne peuvent l'être par une autorité moins changeante [35]. »

La politique est un métier, gouverner une affaire de professionnels, il faut s'incliner devant la nécessité d'une certaine technocratie.

Mais la participation de l'exécutif au législatif ne saurait se limiter à une faculté d'empêcher qu'on pourrait considérer comme distincte de la faculté de statuer. Necker va beaucoup plus loin :

> « Lorsque le pouvoir exécutif est appelé soit à l'initiative, soit à la sanction des lois, il en résulte non seulement un supplément de lumières mais encore une association de pensées différentes. Ce n'est donc point de hasard, mais au nom du bien de l'Etat, que les législateurs de toutes les républiques de l'Europe ont fait participer, de quelque manière, le pouvoir exécutif aux résolutions législatives [36]. »

---

32. *Ibid.*
33. *Ibid.*
34. P. ex. VIII, p. 407.
35. *Ibid.*, p. 408. Delolme pense exactement le contraire : « La pratique a malheureusement montré que les grandes affaires mûrissent moins la tête qu'elles ne corrompent le cœur. » *Constitution de l'Angleterre*, p. 163.
36. P. ex. VIII, pp. 408-409.

On ne saurait contester l'audace de la formule : « soit à l'initiative, soit à la sanction des lois ». Au XVIII<sup>e</sup> siècle, l'initiative des lois apparaît, en effet, à la plupart des esprits comme l'essence même de la fonction législatrice et le chapitre consacré par Delolme à ce sujet est très révélateur [37]. Il s'efforce de nous y démontrer que la fameuse République romaine n'était qu'une fausse démocratie, car le peuple assemblé n'y avait pas d'autre droit que celui de répondre par oui ou par non aux propositions des divers magistrats, uniques bénéficiaires de l'initiative des lois ; Il lui semble évident que dans de pareilles conditions, les intentions de ces divers magistrats, leurs volontés jouaient, dans les décisions prises, un rôle prépondérant, aux dépens de la volonté de l'assemblée du peuple, réuni en principe pour faire connaître ses désirs, en réalité pour entériner des décisions qu'on lui imposait. Abandonner l'initiative à l'exécutif, c'est lui assurer la prééminence, lui accorder la part du lion ; c'est du même coup ruiner irrémédiablement le principe de la séparation des pouvoirs et donc mettre en danger la liberté. La République romaine, estime Delolme, n'était pour cette raison que la caricature d'une démocratie et les assemblées du peuple qu'une comédie de consultation populaire.

Necker prend exactement le contre-pied de cette thèse : l'attribution à l'exécutif de l'initiative des lois lui apparaît au contraire comme la marque d'une constitution sagement conçue et il revient à de multiples reprises sur cette idée. C'est ainsi qu'examinant le cas des républiques d'Europe, après celui des républiques américaines

> « Toutes, constate-t-il, et les plus connues par leur démocratie, ont attribué le droit législatif au peuple ou à ses représentants, mais la proposition des décrets doit émaner ou du conseil exécutif ou du chef de l'Etat ; et, dans cette forme connue sous le nom d'initiative, c'est antérieurement à la délibération et à la volonté du corps législatif que le pouvoir exécutif concourt à la confection des lois. Ainsi, même dans les républiques, on n'a jamais pensé que le droit législatif pût être remis au peuple ou à ses représentants sans aucune division de vote ou sans restriction, sans aucune modification, sans aucune précaution enfin qui mit l'Etat à l'abri d'une résolution inconsidérée [38]. »

Tout le sens du passage replacé dans son contexte est de convaincre le lecteur que, s'il en est ainsi même dans les républiques, et dans les républiques les plus réputées pour leurs institutions démocratiques, à plus forte raison doit-il en être ainsi dans un grand Etat évolué comme la France.

Ce fut la grande erreur des législateurs français de ne pas l'avoir compris et, dans un texte consacré à la Constitution de l'an III, Necker part ouvertement en guerre contre la doctrine néfaste qui a vicié la pensée politique de son temps.

> « On doit chercher à établir une liaison constitutionnelle entre le pouvoir exécutif et le pouvoir législatif ; on doit songer que leur

---

37. Delolme, *Constitution de l'Angleterre*, chap. IV. Livre second.
38. P. ex. VIII, p. 405. Cf. encore DV. XI, p. 125 ss.

prudente association, leur ingénieux entrelacement seront toujours la meilleure caution d'une circonspection mutuelle et d'une surveillance efficace. Cependant, je l'ai déjà dit, les législateurs français ont pris à tâche de séparer en tous sens les deux autorités suprêmes, et ils se sont imposé cette obligation sur la foi périlleuse d'un **axiome absolu** trouvé en quelques livres, et au mépris des instructions fournies par l'expérience [39]. »

Le désir évident de Necker est de rétablir l'unité du pouvoir, de l'assurer dans sa plénitude à celui qui l'exerce et de rendre ainsi dérisoire la distinction entre deux autorités érigées chacune en entités indépendantes l'une de l'autre et enfermées dans leur spécialité. Faisant sienne en partie l'analyse de Delolme, il ne méconnaît nullement la prépondérance qu'assure à celui qui en dispose l'initiative des lois, mais c'est pour cette raison qu'il veut la donner au pouvoir dénommé exécutif, auquel revient de droit pour employer un mot anglais fort à la mode, parmi les constitutionnalistes d'aujourd'hui, un leadership dans tous les domaines : le gouvernement gouverne aussi bien en faisant respecter les lois qu'en traçant la voie à l'action législative, en l'orientant et en utilisant pour cela « cette forme connue sous le nom d'initiative ».

Précision capitale, qu'il s'agisse du veto ou de l'initiative, il n'est pas de limite au domaine d'application de la fonction législative exercée par l'organe de gouvernement, il n'est pas de distinction à établir entre dispositions constitutionnelles et lois proprement dites. L'organe de gouvernement est un élément constitutif de la souveraineté. Son consentement est nécessaire aussi bien pour les unes que pour les autres. Il n'est donc pas de procédure spéciale à prévoir pour la modification des lois dites organiques.

Reste évidemment le cas exceptionnel qui sera celui de la France en 1789 où il s'agit de créer de toutes pièces une constitution, et c'est alors que la doctrine de la souveraineté élaborée par Necker et la distinction entre le vœu et la volonté prendront leur véritable signification en permettant au ministre de Louis XVI de réclamer pour le roi, détenteur de fait du pouvoir, le droit de participer à l'élaboration du régime à venir, d'être un élément déterminant dans le choix des institutions futures.

Le faisceau de moyens que Necker concentre ainsi entre les mains de l'organe de commandement : pouvoir magique d'une autorité royale, prérogatives constitutionnelles de l'exécutif, initiative des lois, est incontestablement impressionnant ; ce n'est pas la force qui lui fera défaut. Encore faut-il qu'un pareil cumul ne mène pas au despotisme. Ce sera précisément la fonction de l'organe de contrôle que de l'en empêcher. Nous examinerons d'abord par quel mécanisme s'effectue ce contrôle, avant d'étudier la composition des assemblées qui en seront chargées.

---

39. R.F. IX, p. 133.

## II. — L'ORGANE DE CONTROLE (CORPS LÉGISLATIF)

### 1° FONCTION LÉGISLATIVE

Sur le plan législatif, le mécanisme de contrôle est d'une extrême simplicité, le gouvernement propose une loi, le Corps législatif l'accepte ou la rejette. Necker, contrairement à Delolme, ne voit nullement dans cette procédure le triomphe du pouvoir, et la porte ouverte au despotisme. La faculté de dire oui ou non est essentielle, à la condition évidemment que le vote d'une loi soit entouré de précautions et de garanties qui ne fassent pas de cet acte une simple formalité. Si les règles suivies à cette occasion permettent de réclamer tous les éclaircissements souhaitables et d'engager un débat où partisans et adversaires du projet ont tout le loisir de faire entendre leurs arguments, si l'on accorde au Corps législatif le temps nécessaire à la réflexion, la décision prise ne représente plus alors la seule volonté du souverain. Tout en laissant au gouvernement toute liberté pour donner l'impulsion créatrice, pour être le meneur de jeu, un obstacle infranchissable est ainsi dressé contre l'arbitraire du pouvoir.

Il est une catégorie de lois pour lesquelles le oui ou le non prend une importance toute particulière : ce sont les lois de finance, les lois relatives à la levée des subsides qui doivent être votés chaque année. Le Parlement dispose là d'un moyen d'action d'une redoutable efficacité et inlassablement, toutes les fois qu'il est question de la Constitution anglaise, Necker montre dans le vote annuel des impôts la garantie la plus sûre des libertés dont jouit ce pays. Sans argent, tout s'écroule et celui qui tient les cordons de la bourse est finalement le maître de la situation. Si le gouvernement propose, comme c'est sa fonction, le Parlement dispose comme c'est son droit, et ainsi réapparaissent dans leur vraie nature, les rapports qui unissent gouvernants et gouvernés. Les gouvernés sont prêts à payer le prix pour que le gouvernement accomplisse ses fonctions ; mais ils n'entendent pas que cet argent serve à d'autres fins que celles qu'ils lui assignent. Le Parlement a ainsi la possibilité de manifester son accord ou son désaccord avec la ligne politique suivie et nous en arrivons, par la voie législative, à un contrôle du pouvoir, dans sa fonction exécutive [40].

---

40. Cf. Delolme : « Le droit de mesurer les subsides à la couronne dont jouit le peuple d'Angleterre est la sauvegarde de toutes ses libertés, ou civiles ou religieuses. C'est un moyen tout-puissant que la constitution lui réserve de peser sur la conduite du pouvoir exécutif et c'est le lien par lequel ce pouvoir est tenu en bride. Sans doute le souverain peut renvoyer à sa guise les représentants du peuple, mais il ne saurait gouverner sans eux. » *Op. cit.*, p. 252.

Tout en voyant dans l'initiative des lois une fonction naturelle de l'exécutif, Necker ne refuse pas pour autant ce droit aux membres des assemblées. Il pense sans doute que le gouvernement est mieux qualifié pour l'exercer, quand il s'agit de lois importantes ; mais la domestication du Corps légistlatif réalisée par la Constitution de l'an VIII, le rendra particulièrement sensible aux dangers d'une excessive prépondérance du gouvernement en ce domaine et il réclamera alors énergiquement le droit pour les députés de partager cette prérogative avec lui [41].

Le problème de la participation à l'exercice du pouvoir législatif par l'organe de contrôle apparaît donc en soi assez facile à résoudre : il est toutefois compliqué par le fait que Necker exige que cet organe de contrôle, que ce Corps législatif soit divisé en deux Chambres distinctes, et il justifie cette exigence par une double raison : la première est d'ordre en quelque sorte technique : il faut se méfier d'une assemblée unique dont la bonne foi peut être surprise, les décisions insuffisamment mûries, qui peut céder à un mouvement de passion, et il est bon qu'il existe un deuxième crible, particulièrement efficace si les membres de la seconde assemblée n'ont pas les mêmes préoccupations et peuvent envisager les projets de loi dans d'autres perspectives que celles de la première. Ce dédoublement constitue dès lors une sorte de système de sécurité, une garantie du bon fonctionnement de la machinerie législative :

> « La rejection de l'idée des deux chambres pour la composition du corps législatif et la formation de ce corps en une seule assemblée délibérante est presque une préférence donnée à l'empire des passions sur l'atorité de la sagesse [42]. »

Mais au-delà, Necker vise un autre but, qui est de saisir le vœu de la société dans sa pérennité et sa constance. A côté d'une assemblée qui sera plus directement en contact avec l'opinion du moment, qui en épousera les fluctuations et en suivra les engouements, doit exister un corps qui représentera dans la vie politique la stabilité, la permanence, la continuité, la fidélité aux normes traditionnelles, éprouvées par l'expérience des siècles. Pour atteindre à ce résultat, il faut le constituer de gens détachés des soucis d'un présent trop envahissant, indépendants de toute influence, vivant dans une sécurité matérielle et morale que rien ne saurait troubler.

Nous aurons l'occasion d'examiner les procédés qui permettront de réaliser cette distanciation, cette désincarnation : âge, fortune, honneurs, hérédité de la fonction, prestige de la naissance. L'important est de comprendre que « la souveraineté ne saurait exister d'une manière simple » et que pour être sûr de connaître le vrai vouloir d'une nation, il n'est pas trop de trois instances distinctes : le chef du gouvernement et deux Chambres.

----

41. Cf. D.V. XI, p. 47.
42. P. ex. VIII 55 et tout le chapitre IV intitulé : Composition du Pouvoir législatif.

## 2° FONCTION EXÉCUTIVE

Dans toute Constitution, c'est là le point le plus délicat.

> « Assurer la responsabilité du pouvoir exécutif, sans altérer la dignité du gouvernement et mettre cette responsabilité en exécution, sans jeter du trouble dans l'Etat, voilà peut-être la plus grande difficulté politique [43]. »

Pour la résoudre, Necker va se servir d'un des attributs du chef de l'état, l'inviolabilité, et l'opposer à la responsabilité de ses ministres devant le Corps législatif. La différence entre le statut juridique du premier et celui de ses agents directs, va permettre de concilier les deux exigences contradictoires : contrôler le pouvoir tout en laissant son autorité intacte ; ceci suppose une dissociation entre le noyau, le centre de rayonnement, l'être dans lequel s'incarne la majesté du pouvoir, c'est-à-dire la personne même du monarque ou, à la rigueur, celle du président d'une république, et d'autre part, les ministres nommés par lui, qui ne sauraient agir efficacement, s'ils n'étaient eux-mêmes auréolés du prestige qui émane de leur maître ; cette dissociation s'opère d'autant plus facilement que l'exercice même du pouvoir exige la création d'administrations distinctes, dirigées chacune par un ministre, l'un d'entre eux pouvant disposer d'une plus grande autorité, soit par ses qualités personnelles, soit par la nature des fonctions qu'il exerce.

Dans cette situation, plusieurs politiques sont concevables. Le monarque peut abandonner entièrement l'action gouvernementale à ses ministres, se borner à son rôle de symbole et se contenter d'exister. Par cette simple existence, il permet de conférer au pouvoir cette magie qui naît du rituel des égards, de la transmission par hérédité, du système de gradation. Mais il peut aussi éprouver le désir de commander effectivement, de diriger l'action politique, et le privilège de la nomination des ministres lui donne sur ce plan un moyen d'action très efficace. Peu importe l'une ou l'autre attitude, qu'il soit Georges I ou Georges III, l'essentiel est qu'il n'intervienne pas sur le devant de la scène et que ses agents mènent officiellement le jeu, soit réellement, soit fictivement [44].

Grâce alors à cette dissociation entre le dépositaire du pouvoir et ses collaborateurs directs, grâce à la différence entre leur statut juridique, le prestige de l'autorité demeurera intact, sa majesté inaltérée et cependant la politique du gouvernement pourra être efficacement

---

43. D.V. XI 155.
44. Cf. Dorothy Marshall : « The extent to which the sovereign controlled the executive and framed policy depended therefore on the accidents of personnality rather than on any clear constitutionnal theory. Ministers were servants, disguised tutors or even masters, according to the play of personnalities and the circumstances of the time. » *18th century England*, p. 351.

contrôlée si les ministres sont responsables devant le Corps législatif et peuvent être de sa part l'objet de sanctions plus ou moins graves.

Comme Montesquieu [45], Necker réalise parfaitement qu'il s'agit là d'un artifice juridique, d'un exercice sur la corde raide et il qualifie lui-même d'extraordinaire « l'idée de ménager au nom même de la loi celui qui commande plus que celui qui obéit [46] ». Ceci n'est possible que dans un régime où le chef de l'état dispose d'un tel capital de prestige que rien ne puisse l'entamer. La distance entre ses agents et lui doit être telle qu'ils peuvent recevoir des coups sans que lui-même soit touché ; ils ne sont que les rayons brisés d'un soleil toujours éclatant et pour cette raison, le problème du contrôle de l'exécutif est beaucoup moins facile à régler dans une république que dans une monarchie, où le pouvoir bénéficie de tous ces éléments créateurs de magie, qui font du roi un être surhumain, et permettent si facilement la dissociation entre le chef d'état inviolable et les ministres responsables ; sur ce point, Necker est formel : « La responsabilité du ministre et l'inviolabilité du chef de l'état sont des conditions monarchiques et nullement républicaines [47]. » Et, avec un sens politique assez remarquable, il nous montre le transfert nécessaire de l'autorité du chef de l'état sur le premier ministre quand on passe d'une monarchie constitutionnelle au régime républicain :

> « Si dans une République, on pouvait en réalité changer ainsi les gradations naturelles et rendre le ministre garant de tous les faits du gouvernement, c'est lui bientôt qui serait l'homme marquant, qui serait l'homme en autorité car il parlerait sans cesse au nom de la nation et son opinion, ses démarches deviendraient l'objet constant de l'intérêt public [48]. »

L'équilibre entre le chef de l'état et ses agents ne peut exister qu'aussi longtemps qu'il dispose du prestige que lui confère la sacralisation. Quand elle a disparu, il faut inventer autre chose et il existe heureusement d'autres procédés de mystification, le culte de la personnalité, par exemple.

Si ingénieux que puissent être les mécanismes qui vont permettre le fonctionnement d'un pareil système, si justement que soit calculé le rapport de force entre les deux instances en présence, il faut bien prévoir l'hypothèse où la collaboration souhaitée se transformera en lutte, où la tension deviendra telle que la machine politique cessera de fonctionner, chacun restant sur ses positions. Montesquieu, avec un bel optimisme exclut cette éventualité. Necker, plus réaliste et plus expérimenté, l'a prévue. Pour sortir de cette situation, il n'est

---

45. Cf. son analyse du procédé au chap. VI du livre XI de l'*Esprit des lois* et la phrase : « Comme celui qui exécute ne peut exécuter mal, sans avoir des conseillers méchants, et qui haïssent les lois comme ministres quoi qu'elles les favorisent comme hommes, ceux-ci peuvent être recherchés et punis. »
46. D.V. XI. 71.
47. D.V. XI. 71. Cf., p. 157.
48. D.V. XI. Cf., p. 72.

qu'un procédé : celui de la dissolution de celle des deux assemblées qui est élue, et le recours à de nouvelles élections [49]. A la nation donc reste finalement le dernier mot, ou tout au moins à sa classe dirigeante. C'est à elle qu'il appartient en dernier ressort d'être juge du conflit et de trancher en faveur du pouvoir ou contre lui. Necker n'envisage certes pas de gaieté de cœur une pareille éventualité, et il pense qu'une machine politique bien conçue doit rendre extrêmement rare un affrontement brutal. C'est après avoir épuisé toutes les procédures de conciliation, c'est en entourant cette dissolution d'un luxe de précautions destinées à préserver le prestige du pouvoir, que Necker s'y résigne. Mais son adhésion sans réserve à la Constitution anglaise [50], sur ce point-là comme sur les autres, montre bien qu'il accepte toutes les conséquences de la conception qu'il se fait du pouvoir et de son rôle : il n'est en fin de compte qu'un instrument au service de la nation.

Le système ainsi mis en place n'a plus rien de commun avec l'idée que les contemporains de Necker se faisaient de l'Etat.

Grâce aux procédés que nous venons de passer en revue, en face d'un pouvoir total légiférant et exécutant, se dresse un organe de contrôle total s'appliquant aussi bien aux actes d'exécution qu'aux actes de législation. Ainsi se trouve réalisée, par une technique assez élaborée sans doute, mais souple et laissant place à des aménagements divers, à des adaptations suivant chaque cas particulier, cette conciliation entre les exigences du pouvoir et les nécessités du contrôle, entre le maintien de l'ordre et la sauvegarde de la liberté. Ainsi s'écroule la doctrine de la séparation des pouvoirs.


### 3° COMPOSITION DU CORPS LÉGISLATIF

Le contrôle du pouvoir ne saurait être automatique et dépendre seulement d'un jeu de mécanisme, il dépend aussi de la qualité de ceux qui l'exercent, d'où l'importance accordée par Necker à la composition des assemblées qui en seront chargées.

Pour la Chambre haute, le problème à résoudre est celui de la distanciation, de la désincarnation qui fera de cette Chambre une

---

49. Dissolution inutile dans le cas de législature de courte durée : « Le droit de dissoudre le parlement, pour ordonner de nouvelles élections... n'était pas essentiellement applicable à la constitution française, puisque cette constitution a borné la durée des législatures à deux ans, et pendant un espace si court, on ne pourrait attendre avec vraisemblance aucun changement essentiel dans l'esprit des assemblées électorales », p. ex. VIII, 108.

50. « En Angleterre, un parlement ne peut pas subsister plus de sept ans ; mais la constitution donne au monarque le pouvoir d'en abréger la durée. Les nouvelles élections sont mises en mouvement par une proclamation royale, et l'autorité du monarque apparaît encore, avec la même solennité, pour fixer l'ouverture du parlement, et pour suspendre ses séances. » P. ex. VIII, 106.

assemblée de Sages, disposant de la sérénité d'esprit nécessaire à la prise de conscience des véritables intérêts de la nation, en dehors de toute agitation éphémère. Bien loin de voir dans le bicaméralisme la possibilité d'assurer une représentation particulière à des groupes sociaux distincts, Necker veut conférer à ce corps une sorte d'extra-temporalité, une olympienne impartialité en le plaçant au-dessus de toutes les contingences, en libérant ses membres de tous les soucis propres à une classe, en faisant de cette fonction une véritable magistrature. Les qualifications qu'il envisage pour atteindre ce résultat sont l'âge, la fortune, les honneurs, l'hérédité du titre, et ce qu'on pourrait appeler l'enracinement dans la vie nationale, l'appartenance à une maison ancienne, porteuse d'un nom devenu fameux au cours de l'histoire, en somme l'aristocratie.

Dans les monarchies, l'hérédité du titre, l'éclat du nom, ne soulèvent pas de difficultés : le trône lui aussi est héréditaire et l'histoire a lié le destin des plus illustres lignées à celui du pays, comme à celui de la famille régnante. Il n'en est pas de même dans les régimes fondés sur le principe d'égalité, où seul l'âge peut être pris en considération pour la désignation des membres de la Chambre haute [51]. C'est là un handicap redoutable, car l'hérédité de la fonction contribue puissamment à faire naître chez celui qui l'exerce le sentiment de son étroite solidarité avec l'Etat, et rien ne vaut l'éclat du nom pour inspirer le respect dû à un aréopage à qui sont confiés les intérêts supérieurs de la nation. Quand ces deux éléments font défaut, est-il possible de créer une chambre haute ? Necker en doute fort, et lorsqu'il s'évertuera à élaborer une constitution républicaine, il ne manquera pas de souligner avec insistance cette difficulté majeure [52].

La Chambre basse, au contraire, a pour rôle de représenter la nation vivante, concrète, dans sa réalité du moment et elle sera pour cette raison, plus politisée, plus dynamique, en prise directe sur l'opinion publique, reflet plus changeant, mais plus immédiatement fidèle de ses désirs et de ses aspirations. Il ne saurait cependant être question qu'elle fût élue au suffrage universel ; pour surveiller le pouvoir dans son action quotidienne et pour fournir la troisième autorité indispensable à l'élaboration du droit, il faut posséder la qualité qui fait d'un membre de la communauté un citoyen complet, la qualité de propriétaire. Tous les propriétaires, mais les propriétaires seuls, pourront donc être membres de cette assemblée.

---

51. Cf. Dans les *Dernières vues de politique et de finance* les développements sur le grand Conseil national prévu pour une République une et indivisible p. 108 ss et sur la Chambre haute d'une monarchie héréditaire et tempérée, p. 196 ss.

52. Cf. B. Constant : « Dans une monarchie héréditaire, l'hérédité d'une classe est indispensable... Partout où vous placez un seul homme à un tel degré d'élévation, il faut, si vous voulez le dispenser d'être toujours le glaive en main, l'environner d'autres hommes qui aient un intérêt à le défendre. » *Principes de politique.* Chap. IV. D'une Assemblée héréditaire et de la nécessité de ne pas limiter le nombre de ses membres. Pléïade, p. 1095 ss.

Que Necker n'appelle à cette tâche que cette catégorie de citoyens est dans la stricte logique de sa théorie du pouvoir, « un homme qui n'est pas propriétaire est sans intérêt au plus grand nombre des affaires publiques [53]. » Le pouvoir a été établi pour faire respecter le droit de propriété et protéger ceux qui, par les effets de ce droit, vont pouvoir exploiter une multitude condamnée à se contenter du strict nécessaire. Ce serait donc une véritable aberration que de donner un moyen d'action sur le pouvoir à ceux-là même contre qui il a été érigé. Ils s'empresseraient d'en profiter pour mettre en question ces lois qui les obligent à procurer, au prix de leurs privations, toutes les douceurs de la vie aux propriétaires :

> « On y toucherait sans cesse si la pluralité pouvait les mouvoir à sa volonté et, conditionnellement, le plus grand nombre des hommes demanderaient à la fortune un nouveau tour de roue. Ainsi, la pluralité souveraine et l'égalité qui fonde son empire, entraîneront la destruction des idées d'ordre et de justice ; elles changeront, elles bouleverseront tout et recommenceront en entier la société, pour la bouleverser encore et la remettre en confusion [54]. »

Il est une autre raison pour tenir le peuple à l'écart de la vie politique, c'est la difficulté des problèmes relatifs aux grands intérêts de l'Etat et le degré de culture qu'ils exigent :

> « L'administration du bonheur public, ce droit, ce devoir de la souveraineté, ne peut être délégué à la pluralité des opinions, car c'est une fonction éminemment difficile que la direction d'un bonheur composé de sacrices et qui doit être le résultat d'une comparaison continuelle entre le présent et l'avenir, entre le certain et le vraisemblable, entre le connu et l'inconnu. Une telle fonction, une telle science, ne peuvent appartenir qu'aux hommes éclairés, qu'aux hommes capables d'embrasser un grand nombre de rapports [55]. »

Aussi se moque-t-il de cette entreprise d'éducation civique qui enthousiasmait les esprits aux premières années de la Révolution, entreprise aussi vaine que celle des physiocrates espérant naïvement faire comprendre au peuple la nécessité de sa propre exploitation.

> « Les législateurs de la France ont beaucoup de rapports avec les doctrinaires économistes ; ils veulent, comme eux, gouverner le monde par l'évidence et à leur imitation, il se forme aujourd'hui des sociétés où des hommes bien intentionnés, je n'en doute point, invitent le peuple à recevoir des leçons de politique nationale... Voulons-nous absolument le rendre plus éclairé, examinons si nous pouvons payer son loisir des deniers publics, ou engager les proprié-

---

53. P. ex. 62. Cf. *Encyclopédie*. Article Représentants : « C'est la propriété qui fait le citoyen. » Cf. encore d'Holbach : « L'homme qui n'a rien dans un état ne tient par aucuns liens à la société. » *L'Ethocratie*, chap. VIII.

54. R. ph. X. 417. Cf. Le chapitre VI *des Principes politiques* de B. Constant intitulé : « Des conditions de propriété, « l'écrivain célèbre » auquel il y est fait allusion est très certainement Necker. » (Œuvres. Pléïade, p. 1114.)

55. R. ph. X. 419 ou encore pp. 351-352.

taires à doubler le prix de ses journées ; la nature donne à tous les hommes la faculté de se perfectionner, mais cette faculté a besoin des secours de l'éducation, cette éducation exige du temps et la **disposition de ce temps est incompatible** avec l'obligation d'empoyer les premiers instants de ses forces à obtenir sa subsistance par le travail. Toutes ces idées se touchent ; ainsi, jusqu'à ce qu'on ait changé les règles de la propriété, jusqu'à ce qu'on veuille le faire, jusqu'à ce qu'on le puisse, il faut proportionner l'enseignement du peuple aux conditions immuables de sa destinée [56]. »

Nous retrouvons là, dans son application à la vie politique, un des grands thèmes de l'œuvre de notre auteur, celui de l'inévitable incapacité, de l'inévitable infériorité mentale des pauvres. Nous rêvons d'un ordre qualifié de naturel parce qu'il est conforme aux aspirations de l'homme, mais il faut se soumettre à un autre, celui de la nature des choses et dans cet ordre-là l'égalité n'était pas prévue.

Et quand on donne en exemple les républiques antiques, Necker hausse les épaules en nous rappelant aussez pertinemment comme le font Rousseau [58] et Sieyès [59] une institution trop souvent passée sous silence, celle de l'esclavage, qui florissait pourtant dans ces Etats modèles, si bien que : « toutes les professions mécaniques n'étaient jamais exercées par les citoyens libres [60] ». Il pousse même la précision jusqu'à nous apprendre qu'à Athènes « la proportion des hommes libres, par rapport aux esclaves, était selon M. de Paw, de quarante mille à quatre cent mille, un peu plus élevée suivant l'Abbé Barthélémy, qui évalue à vingt mille le nombre des hommes libres de l'Attique en état de porter les armes [61] ».

Nous ne saurions donc nous étonner si ce sujet a le don de l'exaspérer :

> « On ne saurait trop le dire ni le répéter : lorsque dans un pays infiniment peuplé, l'on ne peut pas, comme les gouvernements anciens, mettre en dehors de l'ordre social, toute la portion industrieuse du peuple ; lorsqu'on ne peut pas empêcher que la multitude ne soit réduite à vivre de son travail ; lorsque cette même circonstance, inhérente aux lois de propriété, met un obstacle absolu au partage des lumières ; et lorsqu'on ne peut empêcher, par conséquent, que la classe nombreuse d'une nation n'ait toute l'ignorance et la rudesse qui sont une suite nécessaire du défaut d'éducation, il est contraire aux mœurs, il est anti-philosophique d'affaiblir, en tous les sens, le gouvernement, et de donner au peuple une influence

---

56. A.N. VI. 260-261.
57. R. ph. X. 367.
58. « Il y a telles positions malheureuses où l'on ne peut conserver sa liberté qu'aux dépens de celle d'autrui et où le citoyen ne peut être parfaitement libre que l'esclave ne soit parfaitement esclave. Telle était la position de Sparte *Contrat Social.* Livre III. Chap. XV. Cf. Dérathé : *Jean-Jacques Rousseau et la science politique de son temps.* Paris 1950.
59. « Chez les Anciens, la servitude d'un grand nombre d'individus avait pour effet d'épurer les classes libres. Il en résultait que tout homme libre pouvait être citoyen actif », cité par P. Bastid. *Sieyès et sa pensée.* Paris 1939, p. 391.
60. P. ex. VIII. 460.
61. R. ph. X. 386.

> qui réunisse en lui, les forces morales aux forces matérielles. Il ne voudrait pas lui-même d'un tel abandon ; il l'arrêterait, il le modérerait, du moins, s'il pouvait être un juge éclairé de son bonheur [62]. »

L'esclavage avait l'avantage de créer une situation nette. Il mettait « en dehors de l'ordre social toute la portion industrieuse du peuple » et il définissait un statut qui était à peu près identique, quelle que fût la nationalité du maître. Le salariat crée une situation ambiguë, une équivoque regrettable, car on s'imagine trop facilement qu'il a suffi d'émanciper juridiquement les individus, pour les intégrer du même coup, dans la communauté nationale. Necker souligne au contraire l'existence d'une « internationale ouvrière » qui ne saurait être admise à participer à la vie politique de la nation, sous prétexte qu'elle fait partie de la population :

> « Le plus grand nombre des individus qui composent cette population sont de tous les pays et par leur pauvreté et par leur ignorance et par leur indifférence à la chose publique [63]. »

C'était là une idée promise à un brillant avenir.

Seuls donc, les riches peuvent composer les assemblées chargées de contrôler le Pouvoir, mais tous les riches sans exception doivent en avoir le droit. Cette seconde règle paraît inutile, car la précision qu'elle apporte est dans la logique du système. Elle est rendue nécessaire, cependant, par un état de fait particulier à la France et elle donne à Necker sa place exacte dans l'histoire de la pensée politique et dans l'Histoire tout court, aussi bien à l'écrivain qu'au ministre. A la fin du XVIIIe siècle, en France, tous les riches en effet n'étaient pas égaux devant la loi ; la naissance, non la propriété, constituait officiellement le critère de discrimination entre les individus.

Le Genevois n'a jamais cessé de juger cette situation anormale et, en 1789, il a cru le moment venu, à la faveur de la réunion des Etats-Généraux, d'accomplir sans aller au-delà, cette révolution des notables, qui réalisait et épuisait toutes ses ambitions, en accordant à tous les riches une égalité désirée depuis si longtemps, et que la décision du 17 décembre 1788 devait rendre inévitable.

Plus lucide que bien de ses contemporains, il savait que la lutte qu'il poursuivait n'avait pas pour but d'assurer le triomphe de principes ayant une valeur absolue, mais plus modestement de mettre les institutions politiques en harmonie avec l'évolution économique et sociale :

> « Le Tiers Etat... n'avait-il pas acquis des droits à une députation plus nombreuse, lorsque l'industrie nationale et l'activité du commerce étaient parvenues au plus haut période et valaient au royaume la moitié de l'or et de l'argent qui servent à solder annuellement les échanges du monde ? Le Tiers Etat n'avait-il pas acquis des droits à une députation plus nombreuse, lorsque l'éducation, compagne de la fortune, avait généralisé les lumières et les connaissances, et lorsque tous les citoyens indistinctement avaient acquis une part

---

62. P. ex. V 101. 461.
63. D.V. XI. 185.

indirecte aux revenus des terres, à la faveur des nouveaux genres de propriétés que l'accumulation progressive des richesses numéraires et l'immensité de la dette publique avaient introduits et multipliés ? La plupart des usages ne sont que des résultats figuratifs de la plénitude des circonstances ; ainsi lorsque le temps altère par des révolutions les rapports essentiels de la société, persister alors également dans toutes les anciennes pratiques, c'est abandonner l'esprit pour la lettre, c'est croire encore à la vérité de l'image quand l'original est changé [64]. »

Trop de textes comme celui-là, trop de faits aussi, prouvent qu'il n'a pas agi par opportunisme, par désir de popularité, par ambition personnelle, mais dans la conviction qu'il était temps de faire succéder à une société d'ordres une société de classes. Ses idées sur ce point n'ont jamais varié, qu'il s'agisse des Assemblées provinciales du Berry et de Haute-Guyenne, qu'il s'agisse des considérations sur la noblesse et le Tiers-État contenues dans l'ouvrage sur l'*Administration des finances de la France*, qu'il s'agisse du doublement du Tiers et de la politique suivie pendant son second et son troisième ministère, qu'il s'agisse de ces apologies personnelles que sont *De la Révolution française* et *De l'administration de M. Necker par lui-même* où il explique ses intentions et justifie son attitude, qu'il s'agisse de son éloge indéfiniment repris de la Constitution anglaise, qu'il s'agisse de l'examen d'autres constitutions passées, présentes ou futures, nous le voyons toujours réclamer la fusion de tous les riches en une seule classe, et proposer comme organe installé auprès du pouvoir pour le contrôler ou le guider, une assemblée ouverte à tous les propriétaires, quels qu'ils soient.

Sans doute, l'existence d'une Chambre des Pairs peut-elle apparaître au premier abord comme un illogisme, comme un élément étranger dans un système fondé uniquement sur la richesse ; et bien des notables y ont vu en effet une inconséquence sinon même une trahison [65]. C'était se méprendre complètement sur la conception qu'il s'en faisait. Cette Chambre n'existe pas pour elle-même, elle n'a de signification que par rapport à la Couronne à qui elle apporte de la

---

64. R.F. IX 82. Cf. l'analyse identique de Barnave dans son *Introduction à la Révolution française* où le passage du fait au droit est tout aussi net : « Une nouvelle distribution de la richesse prépare une nouvelle distribution du pouvoir... Le peuple qui donne au prince l'or avec lequel il paie son armée et gouverne l'État acquerra un jour assez de force pour le lui refuser, il y mettra des conditions, il voudra en surveiller l'emploi, il voudra que l'autorité qu'il détient soit organisée pour son plus grand avantage, il voudra faire lui-même ses affaires dans les parties qu'il est capable de conduire, et surveiller celles qu'il ne peut gérer. Alors s'organisera la monarchie libre et limitée le plus heureux le plus beau de tous les gouvernements. » *Introduction à la Révolution française* publiée par F. Rude Cahier des Annales n° 15.

65. Cf. Duquesnoy, à propos du bicaméralisme : « Ce plan paraît un peu trop favorable à l'aristocratie ; peut-être remplacerait-il l'aristocratie ancienne par une nouvelle », cité par Egret : *La Révolution des Notables*, p. 146. Cf. encore, les témoignages cités par Bonno : *La Constitution britannique devant l'opinion française*, chap. VI.

majesté, ou par rapport à la Chambre basse à qui elle apporte de la pondération, ou par rapport à l'État dans son ensemble à qui elle apporte de la stabilité, mais elle n'est pas destinée, Necker le dit en ces termes mêmes, « à représenter une classe particulière de citoyens [66] ». C'est un rouage créé pour faciliter le fonctionnement de la machine politique, mais il ne peut s'agir en aucun cas, dans sa pensée, d'une institution destinée à donner des pouvoirs à un groupe social distinct [67]. Son existence ne met donc pas en péril la seule égalité qu'il désirait et qui était celle des riches.

Les nobles de leur côté, ne manifestèrent guère plus de compréhension et l'inexpiable ressentiment dont fut l'objet le responsable du doublement du Tiers, nous montre combien les lumières avaient peu entamé le préjugé nobiliaire. On ne saurait trop souligner à cet égard, la néfaste influence de la pensée politique de Montesquieu et des germanistes [68]. C'est un fait qu'en 1789, l'idée de l'élargissement de l'élite, de la fusion de tous les notables en une seule classe, inspirait encore la plus violente répulsion à la plus grande majorité de la noblesse, et l'échec du bicaméralisme à l'anglaise qui, en réservant à l'aristocratie une place privilégiée, mettait du même coup le reste des nobles sur le même pied que les bourgeois, est dû tout autant au refus des uns et des autres : les premiers rejetant cette assimilation humiliante [69], les bourgeois se méprenant sur la véritable signification de la Chambre haute et y voyant, comme Montesquieu, une Chambre des seigneurs [70].

Il nous reste à voir maintenant comment seront désignés les membres de la Chambre basse. C'est là un problème secondaire. L'appartenance à la classe des propriétaires constitue en effet, de toutes les qualifications la plus importante, c'est la condition nécessaire et suffisante pour avoir le droit de participer à la gestion des affaires publiques. Ceci admis, il va de soi que, de tous les procédés concevables pour opérer un choix, le suffrage universel lui paraît le moins indiqué. Faire élire les députés par le peuple est une duperie pure et simple.

> « Les nomme-t-il lui-même, c'est le plus souvent sur l'opinion d'autrui qu'il se décide ; les nomme-t-il par la médiation d'un corps

---

66. A.N. VI. 267.
67. Cf. Mounier qui sur ce point défend la même conception : « Les membres de la Chambre des Pairs n'ont aucun rapport avec ce que nous appelons un ordre de noblesse, leur famille ne forme pas une classe distincte et séparée des autres citoyens. » *Considérations*, p. 36.
68. Cf. Carcassonne. *Op. cit.*, chap. XII. La guerre des privilèges et du droit naturel.
69. Cf. la réaction typique du marquis de Ferrières après l'échec du bicaméralisme : « Le Sénat de Mounier et de Nos Seigneurs ne passera pas. Ainsi ce fruit de leurs cabales, ce motif secret de la réunion des ordres, ils ne l'obtiendront point et c'est justice. » *Mémoires* I., p. 271. Cf. encore Bonno *op. cit.*, chap. VI.
70. D'où le projet des Monarchiens de remplacer la Chambre des Pairs par un Sénat de propriétaires. Cf. Egret *op. cit.*, p. 145.

d'électeurs au choix desquels il a concouru, il court les hasards attachés, tantôt à leurs passions, tantôt à leur aveugle prédilection ; enfin, la majorité des suffrages entraînant le consentement de la minorité, c'est quelquefois un petit nombre de voix qui détermine les préférences. Ce n'est donc pas une violation des droits du peuple, que de lui donner pour guide son véritable intérêt, lorsque cet intérêt peut être interprété par des législateurs dans la sagesse desquels il a mis sa confiance ; car cet intérêt est bien plus le gage de son opinion que son opinion n'est le gage de son intérêt [71]. »

Par contre, il envisagerait d'un œil favorable soit la cooptation, soit la constitution de collèges électoraux censitaires. En 1802, toutefois quand il compose ses *Dernières vues de Politique et de Finance*, il ne lui échappe pas qu'il faut tenir compte de l'état des esprits ; l'idée d'une assemblée, émanation de la nation, composée de représentants librement élus par elle et, pour cette raison, interprètes fidèles de ses volontés, est devenue un dogme sacré, et seule l'Angleterre peut connaître, par un extraordinaire privilège dû aux hasards de l'histoire, des élections qui ne sont qu'une parodie de consultation populaire. Aussi va-t il mettre à contribution l'ingéniosité de son esprit pour mettre au point une combinaison qui, tout en conservant le principe de l'élection, du contact avec le peuple, aboutisse finalement à une cooptation et il imagine :

> « Une assemblée composée de propriétaires qui désigneraient dans chaque département un petit nombre de candidats entre lesquels les habitants de chaque commune ayant un état, ou payant une contribution modique, feraient un dernier choix sans nouvelle assemblée, mais en donnant leurs suffrages au greffe de la municipalité, et après avoir pris connaissance du candidat que les officiers composant cette municipalité auraient recommandé [72]. »

On voit toutes les précautions prises : établissement d'une liste par les propriétaires, exclusion des éléments les plus pauvres de la population, suppression des assemblées électorales, recommandation des officiers municipaux. La peur de la multitude ne saurait se manifester plus clairement. Pour Necker, le titre de représentant du peuple est sans aucun doute le moins recommandable qui puisse exister.

Quant à la durée du mandat, Necker aura des préoccupations bien différentes de celles de Rousseau. Pour ce dernier, l'idéal est la démocratie directe et il a pour les représentants une profonde méfiance. Aussi désire-t-il réduire au minimum la durée d'une législature, pour que la reprise de contact avec la volonté générale se répète aussi souvent que possible, au moins tous les ans [73]. Necker, au contraire, est opposé à un mandat trop court, qui ne laisserait pas aux députés

---

71. P. ex. VIII. 61-62.
72. D.V. XI. 200.
73. « En changeant souvent les représentants, on rend leur séduction plus coûteuse et plus difficile. » *Considérations sur le Gouvernement de Pologne.* Chap. VII.

le temps d'acquérir l'expérience nécessaire, et une connaissance suffisante des affaires :

> « Qu'on prenne garde à cette répétition d'études et de noviciats qu'entraîne le renouvellement trop fréquent des législateurs [74]. »

Mais surtout le renouvellement fréquent des assemblées représente une multiplication de ce dont il a le plus horreur : les consultations populaires :

> « C'est une faute contre l'ordre social, que de rassembler trop souvent le peuple pour les élections, et de le rappeler ainsi continuellement au sentiment de la force [75]. »

Il lui paraît toutefois que la durée de sept années fixée par la Constitution anglaise au mandat des députés est une durée excessive et c'est dans « un terme moyen entre la durée de nos législatures et la longueur des parlements » qu'il verrait la solution de ce problème.

---

74. P. ex. VIII. 113.
75. *Ibid.*

# CHAPITRE III

# LA CONSTITUTION ANGLAISE

C'est en partant des réflexions inspirées à Necker par une expérience particulièrement riche, que nous avons dégagé ses idées générales relatives au pouvoir, et défini l'ensemble d'institutions qui lui paraissent les mieux appropriées à un grand état évolué comme la France. Par une démarche inverse, nous voudrions redescendre maintenant de l'abstrait au concret, de la théorie aux faits, et examiner en détail les jugements qu'il porte sur chacun des régimes qu'il lui a été donné de connaître : la Constitution britannique, objet toujours présent à la pensée politique française, surtout depuis l'*Esprit des Lois*, les Républiques américaines dont la création va désorienter cette même pensée et créer un flottement dangereux, à un moment historique particulièrement mal choisi, l'Ancien Régime dont il fut le dernier grand ministre, et enfin cette collection de solutions diverses qui s'accumulent en un temps record : la Constitution de 1791, la Constitution de 1793, la Constitution de l'An III, la Constitution de l'An VIII, solutions qui l'intéressent d'autant plus qu'il a tenu un rôle décisif dans la partie qui s'est alors jouée.

Nous commencerons cette étude par l'examen du tableau que Necker nous trace de la Constitution et de la vie politique anglaise et cette place nous paraît justifiée au nom de l'admiration qu'elle lui inspire et des éloges incessants dont en sont remplis ses ouvrages. De la réponse au *Mémoire de l'abbé Morellet* aux *Dernières vues de politique et de finance*[1], tous portent témoignage qu'il n'a cessé d'avoir les yeux fixés sur ce pays, comme sur le modèle que les Français avaient à portée de la main pour établir chez eux des institutions qui convenaient parfaitement à l'un et à l'autre royaume. Avant la Révolution, il ne s'agit que d'allusions, mais après 1789, à mesure que s'écoulent les années et que les expériences constitutionnelles se multiplient chez nous, l'exemple britannique va devenir une véritable obsession et la critique des régimes qui se succèdent sera inévitablement

---

1. Cf. *infra*, p. 462.

accompagnée d'un panégyrique indéfiniment recommencé et toujours identique de la monarchie anglaise.

Cette admiration n'a rien à voir avec le snobisme souvent affiché à la fin du XVIIIᵉ siècle pour les usages et les modes venus d'Outre-Manche. C'est au contraire une admiration raisonnée et qui repose sur une interprétation de cette constitution qui nous paraît très personnelle. Necker a cru voir, en effet, dans la monarchie britannique, l'incarnation du modèle qu'il avait dans l'esprit, la réalisation de son rêve, celui d'un régime où le pouvoir est fort et en même temps contrôlé, et cette formule dans laquelle se résume sa doctrine fournit aussi la meilleure définition de la Constitution anglaise telle qu'il se l'est représentée. Pour faire apparaître ipso facto cette concordance, nous allons reprendre, en retraçant l'image qu'il donne de cette constitution réelle, le plan que nous avons suivi pour exposer sa constitution idéale, et nous envisagerons successivement la Couronne en tant qu'organe de gouvernement et le Parlement en tant qu'organe de contrôle, chacun dans leur double fonction exécutive et législative.

## I. — LA COURONNE - ORGANE DE GOUVERNEMENT

### 1° LA FONCTION EXÉCUTIVE

**1. - *La sacralisation du pouvoir.***

Dans l'accomplissement de sa fonction exécutive, le monarque anglais parce que monarque, va naturellement bénéficier de cet irremplaçable atout que représente la sacralisation du pouvoir : rituel des égards, hérédité, droit de grâce, inviolabilité, gradation des rangs, aucun des éléments qui contribuent à la majesté du trône ne lui fait défaut et Necker est particulièrement frappé du contraste entre l'esprit de liberté des Anglais, et les égards dont ils entourent leur roi :

> « ... loin de se sentir abaissés par ces hommages c'est presque avec orgueil qu'ils s'y complaisent ; ils considèrent l'éclat du trône de la Grande-Bretagne comme une sorte d'image ou de reflet de la dignité nationale, et ils veulent par leurs propres respects, assurer au chef de leur union politique les égards de l'Europe entière. Sans doute que, dans les moments où les sages de cette nation arrêtent leurs pensées sur les grands principes de gouvernement, ils aperçoivent qu'entre tous les moyens dont on peut armer le Pouvoir exécutif, les plus doux et les plus consonnants avec la fierté d'un peuple libre, c'est l'ascendant qui naît de la majesté du chef de l'Etat. Aussi, tandis que l'on plaçait en France le fauteuil du roi à côté du fauteuil du président éphémère de l'Assemblée nationale, et qu'on s'assurait par un alignement exact de leur position parallèle, la Chambre des Communes de l'Angleterre, la même qui fit des rois et leur prescrivit des conditions, la même qui, sans effort, repousserait d'une main assurée la plus légère atteinte aux libertés nationales, allait

à la Chambre des Pairs entendre debout et dans la contenance la plus séante, le discours que, du haut de son trône, le monarque adressait à son parlement [2]. »

Ce texte souligne bien le procédé de mystification ici mis en œuvre, et de mystification intelligemment comprise et sagement pratiquée par la classe qui en profite. Ceux-là même qui ont créé le pouvoir, s'inclinent devant lui et lui rendent des honneurs presque divins, dans la conviction que cette sublimation du dépositaire de l'autorité ne pourra que leur être éminemment bénéfique, en facilitant au monarque l'accomplissement de sa mission. Dans le tableau que présente le Parlement d'Angleterre à l'occasion du discours du trône, Necker voit la marque d'une sorte de génie politique, composant avec un art consommé la scène la plus propre à frapper l'imagination des foules. Ne sont dupes que ceux qui doivent l'être.

A propos de l'hérédité de la couronne anglaise, tout en se félicitant de voir ce pays jouir « des avantages attachés à une continuité de respect envers le rang suprême [3] », Necker cependant, toujours soucieux d'assurer au pouvoir le maximum d'autorité et de stabilité, indique sa préférence pour la loi salique :

« La couronne passe aux femmes en Angleterre, lorsque la ligne directe masculine est épuisée ; cet ordre de choses ne devrait pas être admis en France. Le caractère d'une nation qui a toujours besoin d'être ramenée vers le sérieux et vers le respect, s'accorde mieux avec la loi salique [4]. »

Le droit de grâce lui donne l'occasion de faire remarquer que le roi de France n'en disposait pratiquement que dans le ressort du Parlement de Paris :

« Tandis que le roi d'Angleterre, jouit non seulement du droit de grâce dans toute son étendue, mais sa signature est encore nécessaire à l'exécution des sentences criminelles... les juges d'Angleterre revenant à Londres, après avoir tenu les assises dans les provinces, sont à portée d'éclairer le monarque sur les circonstances de chaque délit [5]. »

Mais c'est bien évidemment le thème de la gradation, de la hiérarchie et, naturellement lié à lui, l'éloge de la Chambre des Pairs, qui reviennent le plus souvent sous sa plume :

« La majesté du trône, si nécessaire au maintien de l'ordre public et au paisible exercice de l'administration, cette majesté imposante est essentiellement conservée au roi d'Angleterre, par l'existence et

2. P. ex. VIII. 200. On peut retrouver dans ce texte l'écho de l'impression produite par le spectacle qu'il fut donné aux Necker de contempler, lorsqu'ils assistèrent, à l'occasion de leur voyage en Angleterre, à la séance où « le roi prorogeait, c'est-à-dire renvoyait son Parlement » comme l'écrit Mme Necker. (Cf. Pange (comtesse Jean de) : *Necker en Angleterre — Le mystérieux voyage de 1776. Op. cit.*, p. 495.
3. R. ph. X. 23.
4. D.V. XI. 199.
5. P. ex. VIII. 152.

la médiation des pairs du royaume ; ils servent d'accompagnement et de soutien à la dignité du monarque, et d'échelon nécessaire aux idées et aux sentiments de respect pour le rang suprême. L'opinion des hommes a besoin de ces gradations, et j'oserais dire de ces préparatifs, pour se former à la conception d'une supériorité sans égale [6]. »

Ces pairs sont parfaitement qualifiés pour exercer leur rôle puisque leur dignité est d'investiture royale, héréditaire, assortie de propriétés territoriales considérables, que leur nombre est restreint, qu'ils sont choisis parmi les chefs des plus nobles familles du royaume, tandis que la présence parmi eux des plus hauts dignitaires de l'Eglise ne fait que renforcer leur prestige. Necker n'a qu'une critique à faire sur ce chapitre, c'est la multiplication inconsidérée de leur nombre au gré de la volonté de la Couronne. Il est sans doute commode pour le roi, de recourir à des fournées de pairs pour faire triompher sa politique, mais l'institution risque de perdre sa signification et sa valeur [7].

Necker enfin ne manque pas d'insister sur la parfaite inviolabilité dont bénéficie la personne royale dans un texte qui nous fait sentir que ce dernier privilège est une sorte d'aboutissement, de couronnement du phénomène de la sacralisation :

« Il faut à tout prix, conserver, ménager la majesté du trône, ce centre rayonnant de l'ordre et de la liberté. Une si grande vue exigeait que le prince ne parût jamais coupable : et telle est en même temps la majesté du trône en Angleterre, sa majesté due à tant de circonstances que nous retracerons dans la suite, telle est la majesté du trône en Angleterre, qu'elle ne souffre aucune atteinte de l'accusation portée contre un ministre du monarque [8]. »

## 2. - *Les prérogatives constitutionnelles.*

Fort d'une autorité ainsi enracinée au plus profond de l'âme des sujets, le monarque anglais dispose également dans toute leur plénitude, des prérogatives constitutionnelles qui lui permettent de diriger la politique intérieure et extérieure du pays.

En tant que chef des diverses administrations, l'obéissance de tous ceux qui exercent une fonction publique lui est assurée, car, en Angleterre, est respectée la condition essentielle pour que les ordres donnés soient fidèlement exécutés ; c'est la couronne qui nomme à tous les emplois civils, militaires et ecclésiastiques, c'est d'elle que dépendent, à de rares exceptions près, les carrières des serviteurs de l'Etat et, passant en revue en une longue énumération les pairs du royaume, les dignitaires ecclésiastiques, les juges civils et criminels, les jurés, les magistrats de police, les agents chargés du recou-

---

6. P. ex. VIII. 56.
7. Cf. D.V. XI. 210.
8. D.V. XI. 155.

vrement des impôts directs et indirects, la trésorerie nationale, l'armée de terre, la marine, Necker, sans oublier les invalides de l'hôpital militaire de Greenwich, répète inlassablement la même formule : « Tous ces emplois sont généralement à la nomination du roi [9] », ainsi est rendu visible ce réseau tissé par tous les fils que le monarque tient dans sa main et qui recouvre la totalité du royaume. Et il insiste particulièrement sur les deux administrations qui lui tiennent le plus à cœur, celle des Finances et celle de la police.

> « L'autorité du monarque apparaît d'une manière plus ou moins directe, dans tous les détails de la partie principale de l'administration publique, la levée des contributions établies sur le royaume »...
> « On est ramené de même à cette autorité par les dispositions adoptées en Angleterre, pour le maintien de l'ordre public [10]. »

Manifestement, l'image que l'on veut nous donner de l'Angleterre du XVIIIᵉ siècle est celle d'une centralisation très poussée.

Or, ce qui caractérise ce pays, à cette date, ce n'est pas, nous apprennent les historiens, la centralisation administrative, mais le fameux *Local government*. Le personnage central, en est, à la campagne, dans chaque paroisse, le *justice of the peace* [11] dont la fonction n'est pas seulement de rendre la justice, mais aussi d'administrer, au sens large du terme, puisqu'il est le plus souvent chargé également de tout ce qui concerne la police, l'assistance publique, l'entretien des routes ; ses attributions et sa compétence s'élargissant lorsque assisté d'un ou de plusieurs collègues, il siège aux *petty sessions* et aux *quarter sessions*.

Il est sans doute vrai, pour s'en tenir à la lettre de la constitution que le *justice of the peace* est nommé par le roi, et Necker dans *Du pouvoir exécutif dans les grands Etats* insiste à deux reprises sur cette dépendance [12] : Mais le *justice of the peace* n'en est pas pour autant un fonctionnaire au sens habituel du terme ; il est en général nommé à vie, il n'est pas rétribué, si bien que la fonction est exercée, dans la plupart des cas, par le chef de la famille la plus considérée, par le plus riche propriétaire de l'endroit et, surtout une fois désigné, le gouvernement le laisse le plus souvent libre d'agir à sa guise. Aussi, le nom qui convient le mieux au système d'administration ou de sous-administration pratiqué en Angleterre au XVIIIᵉ siècle est-il celui de *squire-archy*. Le *justice of the peace* est en effet presque toujours un squire, un de ces gentilhommes propriétaires terriens, dont les romans du XVIIIᵉ siècle nous décrivent la demeure, nous racontent les occupations et qui peuvent prendre, soit la figure sympathique de Allworthy ou de Bramble, paternels bienfaiteurs de leurs administrés, soit celle d'un tyranneau de village, redoutable et redouté. Necker,

---

9. P. ex. VIII. Chap. XII : « Distribution des grâces et nominations d'emplois. »

10. P. ex. VIII. 241-242.

11. « The most important and the most ubiquitous organ of local government. » E.N. Williams *The 18th Century Constitution*, p. 279.

12. P. ex. VIII. 176 et 242.

en insistant sur le fait qu'il est désigné par le roi, nous donne le sentiment qu'il s'agit d'un corps de fonctionnaires solidement tenus en mains par l'autorité centrale, et néglige volontairement ou par ignorance tous les éléments qui lui confèrent une considérable liberté d'action, et le lien très lâche qui le rattache au pouvoir.

Dans les villes, ce lien est encore plus lâche, car la nomination des *justice of the peace* y est aux mains de conseils municipaux chargés de l'administration de la cité. Necker ne l'ignore pas. Mais nous le voyons alors minimiser l'importance du *Local government*, et de l'autonomie municipale, en n'attribuant à ces conseils que des fonctions très limitées et très subalternes :

> « L'administration relative à l'alignement, l'illumination, la clarté des rues et la surveillance sur les approvisionnements des denrées de nécessité, sont confiées, en Angleterre, comme en France, aux officiers municipaux, et ces officiers sont nommés par le peuple, dans l'un et l'autre royaume [13]. »

On sait, au contraire, que les municipalités de grandes villes comme Londres, disposaient de pouvoirs très étendus et jouaient un rôle de premier plan dans le développement économique de la cité [14]. Il semble donc bien que Necker ait pris ses désirs pour des réalités. En sous-estimant l'importance du *local government* et en méconnaissant un des traits qui donnent à la vie anglaise au XVIIIe siècle sa physionomie originale, il nous fournit un exemple caractéristique de *wishfull thinking* [15]. Signalons toutefois, à sa décharge, que le système de répartition et de perception des impôts était effectivement très centralisé et en matière de police, le droit de contrôle du gouvernement sur les autorités locales n'était pas discuté et se faisait en fait, en périodes de crise, beaucoup plus étroit grâce surtout à la présence dans chaque comté d'un lord lieutenant [16], grand per-

---

13. P. ex. VIII. 176.

14. Cf. dans l'ouvrage de E.N. Williams, *op. cit.*, les chapitres sur « the borough » et « the city of London ».

15. Attitude qui semble avoir été partagée par la plupart de ses contemporains. Cf. F. Acomb. « The greater part of the traditionnal structure of English country, parish and manor government does not appear at all in the pages of French writers who seem to have assumed that the English citizen in his daily life was subject to no authority intermediate between himself and the government at Westminster. As late as 1788, the Marquis de Condorcet suggested that a system of provincial assemblies like those recently provided for in France ought well be established in England to fill what he considered to be a void in the provincial administration of that country (*Essai sur la Constitution et les fonctions des assemblées provinciales 1778, Œuvres de Condorcet* VIII, 316). *Anglophobia in France*, p. 7.

16. Cf. B. Williams : « The secretaries of state, especially in times of emergency, exercised supreme and unquestionned control over the local authorities, partly through their authority over the armed forces of the crown, partly owing to the king's right of appointment or dismissal of lords lieutenants and J. P's, but mainly owing to the general acceptance of the common sense principle, that the central government must be mainly responsible for the general security of the kingdom. » *The Whig Supremacy*, p. 55.

sonnage fort influent, nommé par le roi, entièrement dévoué à sa cause, et dont Necker ne manque pas de signaler l'existence et l'importance [17].

Le commandement des armées soulève, nous le savons, un problème délicat, et lors de l'élaboration de la Constitution de 1791, la crainte de voir le pouvoir exécutif abuser de la force armée avait tenu une grande place dans l'esprit des Constituants. Aussi, lorsqu'il aborde cette question en 1792 dans *Du Pouvoir exécutif dans les grands Etats*, Necker défend-il sans doute vigoureusement cette prérogative de la Couronne, mais il énumère également avec complaisance toutes les précautions prises par les Anglais pour éviter le danger qui effrayait l'Assemblée :

> « N'est-ce pas une précaution très réelle contre le danger des troupes de ligne, que la responsabilité des ministres et des divers agents du Pouvoir exécutif ? N'est-ce pas une autre précaution très réelle contre ce danger, que l'obligation constitutionnelle imposée à tous les commandants militaires, de ne jamais employer la force armée dans l'intérieur du royaume sans la réquisition des officiers civils [18] ? n'est-ce pas enfin une précaution très efficace contre les entreprises ambitieuses du chef de l'Etat que cette loi fondamentale en vertu de laquelle aucune levée de deniers ne peut être faite sans le consentement des représentants de la nation ? Il ne fût résulté de même aucun inconvénient du statut constitutionnel de l'Angleterre qui oblige à valider tous les ans, par un décret législatif, connu sous le nom de « mutiny bill [19] » l'autorité des cours martiales et les lois de discipline de l'armée [20]. »

Quant à la politique extérieure et au droit de paix et de guerre :

> « Tout le monde sait, écrit Necker, qu'en Angleterre, le roi peut faire la guerre et la paix et contracter toutes sortes d'engagements de politique et de commerce sans le concours d'une autre autorité que la sienne. On présente ainsi le monarque aux puissances étrangères avec toute la dignité nécessaire pour traiter honorablement et avantageusement des affaires de la nation ;... mais le gouvernement n'est pas moins contenu par deux freins salutaires. Il ne peut avoir des fonds pour la guerre, ni pour aucune entreprise hostile, sans le

---

17. P. ex. VIII. 241.

18. Necker fait allusion ici au *riot bill*, à propos duquel il tient à signaler que « ce sont les juges de paix nommés par le roi, et non les officiers municipaux nommés par le peuple qui « dans les attroupements séditieux provoquent l'assistance de la force armée et qui avertissent le peuple par la lecture du « riot bill » du danger auquel l'exercice des rigueurs de la loi va l'exposer. » (P. ex. VIII. 243).

19. « The mutiny act (an act for punishing officers or soldiers who shall mutiny or desert their Majesty's service) was the first of a long series of Acts passed at first for six months and then usually for twelve, which have gradually formulated the special code of military law. » E.N. Williams. *Op. cit.*, p. 6). Necker le présente tantôt comme une garantie de liberté : « En vertu duquel la discipline, et, en quelque manière, l'existence de l'armée ont besoin d'être maintenues par un acte du Parlement qui se renouvelle tous les ans » tantôt comme une disposition qui a augmenté la prérogative royale en investissant « le roi d'Angleterre de l'autorité nécessaire pour soumettre les délits militaires à la loi martiale ». P. ex., pp 266 et 264. Il est, en effet, l'un et l'autre.

20. P. ex. 251.

consentement du parlement, et la responsabilité des ministres est une garantie efficace du soin qu'ils prendront de consulter l'opinion publique, dans toutes leurs transactions guerrières ou pacifiques[21]. »

Là encore, Necker se croit en droit de penser que, sinon juridiquement tout au moins pratiquement, deux exigences contradictoires ont été assez heureusement conciliées.

> « La Constitution anglaise elle-même n'a pu simplifier le droit de guerre puisqu'en le confiant au monarque, elle s'est réservé la liberté d'accorder ou de refuser les fonds nécessaires à toute espèce d'entreprise extraordinaire. Ces deux principes se combattent évidemment, et ils ne sont mis en accord que par la pression supérieure de l'opinion publique, et par l'influence de l'harmonie établie dans le système général du gouvernement[22]. »

### 2° LA FONCTION LÉGISLATIVE

Suivant une interprétation de la pensée de Montesquieu, dont nous examinerons le bien-fondé, les contemporains de Necker ont vu le plus souvent dans la constitution anglaise une réalisation exemplaire du principe de la séparation des pouvoirs. L'auteur de *Du pouvoir exécutif* n'est nullement de cet avis, et c'est à coup sûr, en faisant apparaître le *leadership* exercé par la couronne dans le domaine législatif, qu'il manifeste le mieux sa connaissance approfondie des institutions britanniques.

#### 1 - *Le veto.*

Il souligne tout d'abord que le monarque anglais possède le droit de veto.

> « Aucun bill du Parlement d'Angleterre n'a force de loi sans l'adhésion du monarque, et les décrets d'accusation, connus sous le nom de bills of empeachment, sont les seuls exceptés de cette règle générale[23]. »

Ce droit de veto ne comporte aucune restriction. Il n'est pas limité dans le temps, comme le veto consenti au roi par l'Assemblée constituante qui ne fut qu'un veto suspensif, et qui, pour cette raison, porte dangereusement atteinte à la majesté du trône. Il n'est pas limité non plus quant à la nature des lois, à une exception près signalée dans le texte cité plus haut ; en particulier, aucune distinction n'est établie entre les lois ordinaires et les lois constitutionnelles, aucune procédure spéciale n'est prévue pour la modification de ces dernières :

---

21. P. ex. VIII. 215.
22. P. ex. VIII. 227.
23. P. ex. VIII. 72.

« Les trois volontés réunies de la Chambre des Communes, des pairs et du royaume et du monarque, forment en Angleterre le Pouvoir législatif, et ce Pouvoir, ainsi constitué, n'a proprement aucune limite. Le dépôt des anciennes lois d'Angleterre a été remis en son entier sous la garde des trois volontés qui composent le Pouvoir législatif, et tout ce qu'elles déterminent ensemble est réputé légal [24]. »

Necker met une particulière insistance à souligner ce point par opposition à l'attitude adoptée par l'Assemblée nationale constituante :

« Les Anglais, sans allumer comme nous leurs flambeaux aux clartés métaphysiques, mais guidés simplement par la lumière du bon sens ou de l'expérience, par cette lumière moins étincelante, mais plus fixe, les Anglais, dis-je, ont pensé que les mêmes Pouvoirs, dignes de régler leur législation civile et criminelle, leur législation de commerce, leur législation de finance, et toutes les parties actives de leur gouvernement, étaient capables aussi d'observer le mouvement de leur machine politique, et de porter la main aux rouages dont le temps aurait affaibli les ressorts, ou dont l'expérience aurait fait connaître l'imperfection primitive [25]. »

Aux lumières métaphysiques du *Contrat social*, Necker préfère de beaucoup la sagesse fondée sur l'expérience qui a fait du Pouvoir exécutif un des éléments de la souveraineté.

## 2. *L'initiative des lois.*

L'insistance mise à célébrer cette prérogative du veto, dont le monarque anglais dispose dans sa plénitude pourrait paraître quelque peu déplacée. N'est-il pas vrai en effet, et Necker en convient lui-même

« que la liberté donnée au roi d'Angleterre, de refuser son consentement aux bills du Parlement, doit être considérée comme inutile aux intérêts de la nation, puisque jamais il n'en fait usage. »

Mais il a prévu cette objection et il en fait justice dans un texte qui, élargissant le débat, fait apparaître le véritable rôle joué par la couronne dans l'élaboration des lois.

« Je répondrais à cette objection, que le droit du monarque anglais suffit pour soutenir la dignité du Pouvoir exécutif, et que la séance de tous les ministres, ou dans la chambre des communes, ou dans la chambre des pairs, la part essentielle qu'ils y prennent à toutes les affaires, et l'initiative qu'ils y exercent habituellement, associent le gouvernement, de la manière la plus efficace, aux délibérations du corps législatif [26]. »

---

24. P. ex. VIII. 83.
25. P. ex., p. 86.
26. P. ex., VIII, 409.

Si le monarque anglais ne se sert pas du veto, s'il ne refuse jamais les lois votées par la Chambre des lords et par la Chambre des communes, c'est qu'en réalité c'est lui qui les a faites, la présence de ses ministres au Parlement, leur double qualité d'agents de la couronne et de membres de l'une ou de l'autre assemblée lui en assure pratiquement l'initiative. Il n'a donc pas à les refuser puisqu'il en est l'auteur. Bien rares sont ceux qui, au XVIIIᵉ siècle, ont compris que la clef du fonctionnement de la Constitution anglaise était fournie par cette présence des agents de la couronne aux délibérations du corps législatif. Aveuglés par une erreur dont Montesquieu porte à tort ou à raison toute la responsabilité, la plupart des admirateurs de cette Constitution et en particulier ceux qui en furent les plus maladroits et les plus ardents défenseurs, les Monarchiens de 1789, ont prôné les institutions d'Outre-Manche au nom du principe de la séparation des pouvoirs. Necker, infiniment mieux informé, ayant aussi un sens politique beaucoup plus sûr, savait au contraire que la pratique de la vie politique anglaise en était la négation même. Il faut lire, à ce sujet, le chapitre du *Pouvoir exécutif* intitulé « Constitution du ministère » dont nous citerons le début :

« Les ministres, en Angleterre, sont presque toujours membres du Parlement. Les uns ont séance à la chambre haute par leur droit de naissance, les autres à la chambre basse à titre d'élection, et en vertu des suffrages du peuple.
L'assistance de plusieurs d'entre eux aux délibérations du Conseil national, est regardée comme tellement nécessaire, que si le ministre des Finances par exemple, n'était pas élu membre des Communes, le roi serait dans la nécessité de faire un autre choix. On ne concevrait pas en Angleterre, comment les résolutions du corps législatif pourraient être suffisamment éclairées, comment elles pourraient être adaptées, d'une manière sûre, à la situation des affaires, sans l'intervention habituelle des chefs du gouvernement. Aussi la Chambre des Communes laisse-t-elle le plus souvent l'initiative au chef des finances, non pas en sa qualité de ministre du roi, mais comme l'homme du Parlement le plus en état, par ses fonctions, de connaître ce qu'exigent les circonstances et l'intérêt du royaume. La séparation des pouvoirs, qui doit être maintenue entre le Pouvoir législatif et le Pouvoir exécutif, n'est point affaiblie par l'assistance d'un ou de plusieurs ministres à la Chambre des Communes, puisque la qualité seule de représentant du peuple leur en donne le droit ; et c'est un statut constitutionnel en Angleterre, de ne jamais prononcer le nom du roi, au milieu des discussions du corps législatif [27]. »

_____

27. P. ex., VIII, 158. Cf. encore *ibid.*, p. 162 : « Ils (les ministres anglais) n'ont pas à solliciter un décret de la Chambre des Communes, ils n'ont pas à transiger avec elle, pour obtenir la parole, puisqu'ils jouissent de tous les droits attachés à leur qualité de représentants du peuple, s'ils ont séance dans la Chambre basse, ou à leur qualité de pairs du royaume, s'ils ont séance dans la Chambre haute. Et bien loin d'être considérés dans l'une ou l'autre de ces deux sections du Parlement, comme des ingénieurs que l'on fait taire ou parler à la baguette, c'est d'eux qu'on attend communément, ou les premières ouvertures sur les dispositions nouvelles utiles à l'Etat, ou les premières observations sur les propositions faites par d'autres membres du corps législatif. Aussi, la véritable participation

D'aucuns pourraient, en lisant ce passage, accuser Necker de mauvaise foi, d'hypocrisie. Nous dirons plutôt qu'il y montre son goût pour les procédés qui sauvent les apparences, pour les solutions efficaces et discrètes qui respectent les grands principes, tout en tenant compte des exigences de la vie et de l'action. C'est un fait que chaque membre des deux assemblées dispose du droit d'initiative et que les ministres n'en usent qu'à ce titre, mais c'est un fait aussi que le gouvernement par leur intermédiaire a pratiquement l'initiative de toutes les lois importantes ; c'est donc jouer quelque peu sur les mots que de prétendre que « la séparation des pouvoirs n'est point affaiblie par l'assistance d'un ou de plusieurs ministres à la chambre des communes puisque la qualité seule de représentant du peuple leur en donne le droit ». A s'en tenir à la lettre des dispositions constitutionnelles, à rester sur le plan proprement juridique, la séparation des pouvoirs est effectivement respectée [28], et Necker pourra définir le Parlement comme « le corps national duquel émanent toutes les lois et qui seul en a l'initiative [29] ». Il sait bien la valeur de pareilles formules, mais il pense sans doute que les doctrinaires sont des gens si redoutables qu'il est toujours préférable de tenter de les satisfaire. Procédé aussi simple qu'ingénieux, la double qualité de ministre et de député laisse le gouvernement maître de jouer son rôle de meneur de jeu, ainsi se rétablit l'unité du pouvoir sous l'apparence, sous la fiction de leur séparation.

Sur ce point, nous citerons un autre texte, intéressant par sa date. Il est extrait du *Rapport sur le veto suspensif*, adressé à l'Assemblée nationale en septembre 1789. Dans ce rapport, Necker exprime, lui aussi, ses regrets devant la résolution prise par l'Assemblée de refuser le bicaméralisme, mais sa déception ne se borne pas à cela :

> « On met de plus en doute, écrit-il, si les ministres dont les lumières, au moins de tradition, seraient souvent utiles, si les ministres unis par leurs fonctions à l'ensemble des affaires devront être admis comme députés à l'Assemblée Nationale [30]. »

Necker sait bien, hélas, qu'on fait plus que de le mettre en doute, le regret exprimé est purement platonique, l'Assemblée n'est que trop décidée à interdire le cumul des fonctions de ministre et de député, mais cette phrase montre que la transplantation en France

---

du gouvernement à la législation ne consiste point dans la nécessité constitutionnelle de l'adhésion du monarque aux bills du Parlement, mais dans l'association des ministres aux délibérations qui précèdent ces lois. »

28. « L'on doit observer encore que dans les contestations auxquelles on engage un administrateur public, c'est toujours à l'honorable membre du Parlement que l'on s'adresse en sorte qu'*idéalement* le ministre du monarque disparaît. P. ex. VIII, 165.

29. P. ex., VIII, 265.

30. *Rapport fait au roi dans son Conseil par le ministre des Finances. O. c.*, VII, p. 60.

des institutions d'Outre-Manche signifiait pour lui tout autre chose que pour ses contemporains. Tandis que les Monarchiens, identifiant séparation des pouvoirs et Constitution anglaise, sont doctrinalement hostiles à la présence des ministres à l'assemblée, et ne voient l'écroulement de leurs espoirs que dans le refus du bicaméralisme, Necker convaincu que : « Dans toutes les affaires d'administration l'ascendant des principaux chefs du gouvernement est nécessaire au bien de l'Etat », considérait comme une erreur tout aussi funeste l'exclusion des ministres de l'assemblée.


### 3. - *La corruption électorale et parlementaire.*

Outre les moyens d'action légaux, que nous venons d'analyser, la Couronne dispose encore d'une arme très efficace pour faire triompher ses volontés : c'est la corruption. On sait qu'au XVIIIᵉ siècle la corruption électorale et parlementaire est pour ceux de nos compatriotes qui s'intéressent aux institutions anglaises un objet de réprobation à peu près unanime. Là encore, Necker va faire cavalier seul, et bien loin de la minimiser et d'en faire mystère, il n'hésitera pas à la présenter comme une pratique bénéfique et de caractère presque constitutionnel.

Il en connaît fort bien les diverses formes, la corruption se pratique tout d'abord au niveau des élections.

> « Ce n'est pas... écrit-il, avec les seuls moyens dont on peut faire usage au milieu des assemblées populaires, que le gouvernement anglais favorise les prétentions de ses protégés. Une circonstance particulière lui donne une influence encore plus immédiate sur beaucoup de nominations. C'est l'inégal partage du droit de représentation au Parlement entre les diverses localités. Il est tel bourg qui a plus de députés aux Communes que des districts vingt fois plus considérables ; et lorsque ces bourgs dépendent de la Couronne ou de propriétaires qui lui sont dévoués, le prince a des moyens certains pour faire entrer ses ministres dans la Chambre des Communes [31]. »

Grâce aux « moyens dont le gouvernement peut faire usage au milieu des assemblées populaires pour favoriser les prétentions de ses protégés », et par quoi Necker désigne pudiquement la corruption électorale proprement dite, grâce au scandale des bourgs de poche, des bourgs pourris, beaucoup d'élections ne sont qu'un simulacre de consultation populaire.

De même il nous apprend en termes tout aussi pudiques qu' :

> « On guide aussi par l'espérance, les suffrages de plusieurs membres du Parlement dans les deux Chambres [32] »

---

31. D.V., XI, 204-205.
32. R.F., X, 325.

faisant ainsi allusion aux places diverses dont dispose la Couronne en faveur de ceux qui apportent à sa politique un fidèle soutien.

Voici maintenant le jugement porté sur ces agissements, en ce qui concerne tout d'abord les manipulations électorales :

> « C'est un inconvénient, mais, on ferait à cette occasion une remarque singulière, c'est qu'un abus introduit dans un gouvernement y a souvent son utilité. Un changement peut-être en exigerait un autre et le temps, qui travaille dans plusieurs dimensions, façonne tout pour de certaines fins [33] »

Le texte suivant est encore plus explicite :

> « En Angleterre où, depuis l'époque de la Révolution, l'ordre et la liberté sont également en sûreté, on supporte sans peine les inégalités qui subsistent encore dans la répartition des droits d'élection au Parlement entre les diverses parties du royaume, on sait que ces inégalités n'ont jamais été l'origine d'aucune loi contraire à l'intérêt commun de l'Etat... on sait encore que les inégalités dont on se plaint, seront définitivement changées, quand l'opinion publique y attachera plus d'importance. Mais on ne voudrait pas racheter une pareille imperfection et de plus grandes encore, par une disposition qui porterait la plus légère atteinte à l'autorité et à la considération du monarque et du Parlement, à ces deux pouvoirs dont l'union sert de sauvegarde à tous les bonheurs dont les Anglais jouissent [34]. »

Quant à la corruption parlementaire :

> « Ce genre d'ascendant, avoue-t-il, serait difficile à détruire entièrement. Le devrait-on même ? Et n'a-t-on pas besoin pour l'ordre, pour la paix, pour la liberté, que l'esprit d'opposition soit tempéré ? Il a aussi, cet esprit, son germe de corruption. La recherche des applaudissements populaires, l'ambition de la célébrité influe sur la conduite des hommes autant et souvent plus fortement que le désir de plaire au distributeur des grâces [35]. »

Sans doute sommes-nous devant un des aspects les moins flatteurs de la vie politique anglaise et la réaction de Necker peut nous choquer. Il faut toutefois essayer de le comprendre et se rappeler le but à atteindre, qui est de conférer au dépositaire du pouvoir le maximum d'autorité compatible avec l'existence d'un système efficace de contrôle. S'il est facile de définir ce but en une formule, il est à peu près impossible de prévoir, à l'avance, le dosage exact de prérogatives et de contraintes qui permettront de mettre en équilibre les deux plateaux de la balance « de suppléer dans certains gouvernements à un défaut de proportions entre les dfférents pouvoirs établis [36] ». Nous ne sommes pas dans le domaine des sciences physiques, où le calcul des forces peut se faire avec une précision

---

33. D.V., XI, 208.
34. P. ex. VIII, 99-100.
35. R.F., X, 325.
36. P. ex. VIII, 64.

mathématique, nous sommes dans le domaine de la vie, ce qui compte c'est le résultat : échec ou réussite. Si, à l'usage, un moyen détourné, une pratique illégale s'avèrent utiles, Necker est prêt à beaucoup d'indulgence. C'est un fait qu'en Angleterre, l'autorité de la Couronne puise sa force non seulement dans la majesté du trône, non seulement dans ses prérogatives constitutionnelles, mais aussi dans des abus. Peu importe, puisque ainsi s'équilibrent, pour le plus grand bien de l'Etat, l'organe de gouvernement et l'organe de contrôle, le pouvoir exécutif et le pouvoir législatif.

On ne peut manquer de rappeler à ce propos la réaction analogue de Hume, dont il serait surprenant que Necker n'eût pas lu les *Essais*. Le philosophe anglais réfléchissant dans le chapitre VI intitulé *Of the independance of Parliament* sur le problème des rapports entre Couronne et Parlement constate un inquiétant déséquilibre de forces, au profit de ce dernier :

> « The share of power allotted by our constitution to the house of commons is so great that it absolutely commands all the other parts of the government... How therefore shall we solve this paradox ? and by what means is this member of our constitution confined within the proper limits; since from our constitution it must necessarely have as much power as it demands, and can only be confined by itself ?... »

et il répond sans hésitation ni scrupule : par la corruption parlementaire :

> « The crown has so many offices at its disposal that, when assisted by the honest and desinterested part of the house, it will always command the resolutions of the whole so far at least as to preserve the ancient constitution from danger. We may therefore give to this influences what name we please; we may call it by the invidious appellations of *corruption* and *dependance;* but some degree and some kind of it are inseparable from the very nature of the constitution and necessary to the preservation of our mixed government [37]. »

Ce n'est pas à nous de juger si cette interprétation est trop optimiste, et si effectivement la corruption électorale était indispensable à l'équilibre des forces en présence. L'attitude de Necker devant ce phénomène est, en tous cas, caractéristique et de son pragmatisme et de l'importance qu'il attache à un partage équitable du pouvoir entre le chef de l'Etat et les assemblées, partage qui lui paraît s'effectuer en Angleterre dans des conditions très satisfaisantes.

---

[37]. *Essays moral, political and literary.* Chap. VI. Cf. l'opinion identique d'un historien moderne : « Were it not for the extensive paliamentary influence exercised by the Crown that allowed many members of Parliament to be tied to the executive, the settlements of 1688 and 1715 would have given preponderant power to Parliament. Corruption preserved the mixed government in the 18th century. » I. Kramnick. Bolingbroke and his circle. Harvard University Press. 1968, p. 152.

Ainsi la Couronne remplit parfaitement la double fonction qu'il assigne à l'organe de gouvernement, et il résume la situation de la manière suivante :

« Les lois une fois consacrées avec la maturité et la sagesse qu'on doit naturellement attendre de la réunion de trois volontés, le soin d'exécuter les unes, le soin de faire observer les autres sont confiés au Chef de l'Etat, et nul partage de cette partie de son autorité n'est établi par la Constitution, nulle résistance n'est préparée par elle [38]. »

Si Necker ne lui marchande pas l'autorité, s'il est si généreux à son égard, c'est qu'il est convaincu qu'il n'y a aucun risque de voir cette monarchie dégénérer en despotisme, c'est qu'il a parfaitement confiance dans la puissance du Parlement, dans son efficacité en tant qu'organe de contrôle.

## II. — LE PARLEMENT — ORGANE DE CONTROLE

### 1° LA FONCTION LÉGISLATIVE

En ce qui concerne tout d'abord la fonction législative, cette confiance lui paraît entièrement justifiée par l'existence d'une institution à laquelle il est très attaché : le bicamérisme. Les Anglais ont eu la sagesse de doubler d'une assemblée moins nombreuse, plus sereine, plus détachée des passions du moment, celle des deux chambres à laquelle il réserve le rôle de meneur de jeu dans le contrôle du pouvoir.

« La Chambre des Communes, dit-il, de même que toutes les assemblées électives, représente ou figure du moins le vœu général, vœu mobile par sa généralité même, et par les éléments passionnés dont cette généralité se compose. Une telle section du corps législatif, la plus puissante en nombre, en crédit, en énergie se trouve donc placée sagement près d'une autre section qui, moins nombreuse, mais stable dans son état et dans ses fonctions représente ainsi plus particulièrement l'intérêt constant du royaume [39]. »

Relevons une fois de plus dans ce texte l'opposition entre le vœu général et changeant d'une assemblée, et l'intérêt constant du royaume. Si la Chambre des lords constitue, elle aussi, un élément de la souveraineté, c'est qu'on ne saurait prendre trop de précautions pour être sûr de connaître le vœu véritable d'une nation. Ce rouage supplémentaire complique dans une certaine mesure la machine de l'Etat, mais son existence est indispensable pour que l'élaboration des lois s'effectue dans les meilleures conditions.

---

38. P. ex. VIII, 240.
39. P. ex. VIII, 51.

Juridiquement, les députés de l'une et l'autre Chambre possèdent le droit d'initiative, mais il est pratiquement, pour les lois importantes, entre les mains du gouvernement. Leur rôle se borne donc, en fait, le plus souvent, à refuser ou à accepter les propositions gouvernementales ; mais, et nous pensons aux considérations de Delolme sur ce point, les séances de la Chambre des lords ou de la Chambre des communes n'ont rien à voir avec les assemblées du peuple romain, réduit à répondre par oui ou par non : tout d'abord parce qu'il y a deux Chambres : chacune examine séparément la loi proposée, chacune a le droit d'accepter ou de refuser, première et très importante garantie. Necker n'ignore pas non plus les règles dont s'entoure le vote d'une loi et toutes les précautions qui sont prises, pour que les membres des deux assemblées aient le loisir de s'informer et de réfléchir[40]. Le respect dont on les entoure l'une et l'autre, le retentissement dans l'opinion publique de leurs délibérations, font que le Parlement en Angleterre joue un rôle capital dans la vie politique du pays. L'initiative de la Couronne est indubitable, mais le contrôle législatif efficace et permanent, et ce contrôle par le biais du vote annuel des subsides, s'étend à l'action gouvernementale tout entière. Necker signale, à ce propos, que le droit d'initiative en matière de finances qui est le privilège exclusif de la Chambre des Communes, souligne bien l'autorité plus grande de cette dernière, sa prééminence dès qu'il s'agit d'action et non plus de considération[41].

## 2° LA FONCTION EXÉCUTIVE

Dans le domaine de l'action gouvernementale proprement dite, la mise au point d'un système de contrôle apparaît à Necker comme le nec plus ultra de la science politique, aussi rien dans la Constitution anglaise n'est de sa part l'objet d'éloges aussi répétés que l'ingénieux procédé qui, combinant l'inviolabilité du monarque avec la responsabilité de ses ministres, permet aux assemblées de surveiller efficacement la couronne. Il en démonte le mécanisme en analysant tout d'abord la procédure de l'*impeachment*, procédure qui correspond à une responsabilité ministérielle de caractère pénal :

> « Le Parlement d'Angleterre reçoit un grand relief, et par conséquent un degré d'autorité de plus dans l'opinion, d'une attribution particulière à la Chambre des pairs ; c'est le droit de juger tous les crimes d'Etat, tous les délits dont l'accusation est intentée par la Chambre des Communes[42]. »

---

40. Cf. P.D.G. Thomas : « A bill usually came before the House of Commons on at least seven different occasions, quite apart from the Comittee Stage. « *The house of Commons in the 18th century*, p. 62.
41. Cf. D.V. XI. 198.
42. P. ex. VIII. 133.

Celle-ci « donne... à quelques-uns de ses membres, le droit de poursuivre, en son nom, les accusations qui sont portées par elle à la chambre des pairs [43] »...

> « Ces décrets d'accusation sont connus sous le nom de *bills of impeachment*, les seuls à avoir force de loi, sans l'adhésion du monarque [44]. »

Necker justifie le choix de la Chambre des pairs, comme haute cour de justice, par la dignité et le prestige de cette assemblée :

> « ... Pénétrés d'une juste émotion à la pensée d'une accusation faite contre un seul homme, par une nation entière, et généreusement inquiets de ce premier choc de la plus grande force contre la plus grande faiblesse, ils (les Anglais) ont voulu s'assurer d'être acquittés, dans leur honneur et dans leur conscience, par un jugement de la plus grande solennité ; et dans cet esprit, ils n'ont pas voulu qu'une semblable autorité fût remise à des hommes de passage tels que des jurés... mais à un corps permanent, à un corps en possession d'une vieille renommée, et qui présentât à tous les regards une responsabilité durable [45]. »

Par contre, c'est à la Chambre des communes de fournir les accusateurs publics, de déclencher la procédure. La différence dans le rôle joué par les deux chambres en ce domaine correspond parfaitement au caractère de chacune d'entre elles : à la Chambre des lords, la considération, la dignité, la majesté, à la Chambre des communes, le dynamisme, l'efficacité, l'impulsion.

Tout serait simple et clair, si la responsabilité pénale des ministres ainsi mise en œuvre, épuisait cette notion de responsabilité. Mais Necker sait bien qu'il existe une forme de contrôle autre que leur mise en accusation « lorsqu'ils se rendent coupables de quelque forfaiture ». La Chambre des communes dispose d'un procédé moins brutal et plus souple pour exprimer son désaccord :

> « Elle signale encore son mécontentement d'une autre manière, en déclarant que les ministres ont perdu la confiance de la Chambre, ou simplement en s'écartant de leur opinion dans les débats parlementaires [46]. »

On pourrait penser à lire ces phrases, qu'il s'agit là simplement d'un blâme moral, d'une condamnation platonique, d'un constat de désaccord, sans conséquence pratique, mais le sens de ces lignes s'éclaire, si on les rapproche d'un autre texte extrait de ce chapitre si important intitulé « Constitution du ministère » :

> « Il résulte, cependant, de la séance des ministres au Parlement, et de la réunion, dans leur personne, des deux titres respectables de chef de l'administration et de membre du corps législatif, que leur

---

43. P. ex. VIII. 139.
44. P. ex. VIII. 72.
45. *Ibid.*, p. 137.
46. P. ex. p. 164.

considération se maintient au niveau de leurs importantes fonctions ; et comme ils ne pourraient servir la chose publique, comme ils ne pourraient même conserver leur place, s'ils ne déployaient pas des talents, des vertus, et des connaissances, le monarque se trouve dans la nécessité de les choisir parmi les hommes les plus distingués de la nation [47]. »

La phrase de Necker « Le monarque se trouve dans la nécessité de les choisir parmi les hommes les plus distingués de la nation » rappelle curieusement celle, plus sybilline, de Montesquieu :

« Contre les maximes ordinaires de la prudence (le monarque) serait souvent obligé de donner sa confiance à ceux qui l'auraient le plus choqué et de disgracier ceux qui l'auraient le plus servi, faisant par nécessité ce que les autres princes font par choix [48]. »

Ces textes décrivent assez justement sans doute ce que furent les rapports entre le roi et le Parlement, entre le pouvoir et l'organe de contrôle au XVIIIᵉ siècle en Angleterre ; il n'y a pas encore de responsabilité politique des ministres devant la Chambre au sens moderne du terme, mais il est cependant à peu près impossible à la Couronne de gouverner contre le Parlement. Entre ces deux limites extrêmes et jamais atteintes que sont la démission automatique du cabinet mis en minorité, et la liberté laissée au roi de gouverner à sa guise [49], s'ouvre un large éventail de possibiiltés selon le degré de rigueur du contrôle et la volonté d'indépendance du gouvernement, la formule est souple et laisse sa part aux circonstances et aux personnalités. L'essentiel est qu'il y ait contrôle [50].

Il peut arriver toutefois que la tension entre la Couronne et le Parlement soit si forte que l'accord nécessaire et qui devrait résulter d'une mutuelle influence de l'un sur l'autre, s'avère irréalisable ; il reste alors une soupape de sûreté, c'est la dissolution. Avec la consultation électorale, s'affirme la prééminence de la nation, et cette prééminence fait bien apparaître la véritable signification du pouvoir. C'est la minute de vérité. Mais, à ce moment critique, il faut éviter à tout prix que l'autorité et la considération du chef de l'Etat ne subissent la moindre atteinte. Aussi la Constitution anglaise remet-elle au monarque et à lui seul, le droit de dissolution, il est maître

---

47. P. ex. VIII. 158-159.
48. *Esprit des Lois*. Livre XIX, chap. 37.
49. Cf. E.N. Williams : « The relations between king and parliament could reach (though very rarely) two possible extremes. On the one hand, the monarch could be devoted to a minister with no parliamentary following and, on the other, parliament might force on him a minister he could not tolerate. Neither of these situations could last very long. » *Op. cit.*, p. 68.
50. Ch. Eisenmann propose de donner à ce type de gouvernement le nom de gouvernement de cabinet, intermédiaire entre le gouvernement personnel et le régime parlementaire. Le gouvernement de cabinet ainsi entendu devant « soit disparaître par le retour au gouvernement personnel, soit s'épanouir, si l'évolution se poursuit dans le même sens, en gouvernement parlementaire ». Eisenmann, *op. cit.*, p. 186, n° 2.

de la fixer au moment qu'il a choisi ; mais surtout, dans un passage significatif, Necker présente ce droit, beaucoup plus comme un moyen donné à la Couronne pour affermir son autorité, que pour la nation de faire reconnaître sa qualité d'instance suprême.

> « Grâce au système d'élection pour les députés à la Chambre des Communes, le roi d'Angleterre est sûr de changer l'esprit du Parlement en renouvelant les élections ; ainsi, le prince a des moyens certains pour faire entrer ses ministres dans la Chambre des Communes [51]. »

Il y a consultation de la nation, mais même dans ce recours à l'opinion, la Couronne conserve des atouts, qui faussent sans doute la valeur des résultats, mais que Necker juge bénéfiques pour maintenir un délicat dosage de forces dont l'expérience confirme finalement la justesse. D'ailleurs il ne pense pas que, dans un pareil système, on doive en venir souvent à une épreuve de force. La fonction crée l'organe. Il est de la nature des institutions anglaises de faire surgir des hommes politiques qui incarnent la sagesse, qu'ils dispensent aussi bien au roi dont ils sont les conseillers, qu'aux chambres dont ils sont les guides, obtenant ainsi l'adhésion des uns et des autres, à une même ligne de conduite : A lire le livre XI de l'*Esprit des Lois* on voit l'un en face de l'autre le roi et les chambres, à lire Necker on voit surtout, entre les deux, les ministres, Janus à double face, soumis à une double influence et chargés de faire régner l'harmonie. La responsabilité est alors moins la sanction d'un désaccord que la condamnation d'une personnalité indigne d'exercer le pouvoir.

On sent en effet dans l'œuvre de Necker une admiration profonde, non seulement pour la Constitution anglaise, mais pour cette race particulière qu'est l'homme politique anglais du XVIIIᵉ siècle et aussi sans aucun doute la nostalgie de ce qu'il aurait voulu être lui-même, et de la société où il aurait aimé fournir la preuve de ses capacités [52]. Si, en effet les rapports entre le pouvoir et l'organe de contrôle se définissent juridiquement par des dispositions constitutionnelles, ces dispositions ne dessinent qu'un cadre où vont s'exercer les volontés individuelles, se manifester les personnalités, et Necker devait s'imaginer volontiers dans le rôle d'un homme d'Etat anglais, celui d'un Pitt par exemple, guide au service du bien public, qui trouve dans le contrôle exercé sur le pouvoir par les chambres, non pas la source de luttes épuisantes et stériles, mais l'occasion de mettre à l'épreuve l'ascendant de ses « talents » de ses « vertus » et de ses « connaissances ». Ce fut hélas son destin

---

51. D.V. XI. 208.
52. Cf. Mme de Staël : ... S'il fut né Anglais, je dis avec orgueil qu'aucun ministre ne l'eût jamais surpassé... que n'a-t-il pu, comme lui, prononcer ses dernières paroles dans le Sénat de la patrie, au milieu d'une nation qui sait juger, qui sait être reconnaissante, et dont l'enthousiasme, loin d'être le présage de la servitude, est la récompense de la vertu ! *Considérations sur la Révolution française, Oe. e.*, XIII, pp. 317-318.

de passer sans transition des mesquines luttes d'influences de l'entourage de Louis XVI, au tumulte et à la totale inexpérience politique de l'assemblée, sans trouver jamais le milieu où il aurait souhaité jouer le rôle pour lequel il se croyait fait et où il aurait été jugé par ses pairs.

### 3° COMPOSITION DU PARLEMENT

Necker a toujours pensé que la signification du bicamérisme à l'anglaise n'avait jamais été comprise des Français, et l'examen de la composition des assemblées qui constituent le parlement va lui donner l'occasion de dissiper un malentendu dont les conséquences furent désastreuses, au début de la Révolution, pour la politique qu'il poursuivait. A ses yeux, en effet, la Chambre haute n'est pas un organe de représentation. Il faut y voir un procédé, une invention, une trouvaille ingénieuse, un rouage habilement introduit dans la machine pour améliorer son fonctionnement. Créée à la fois pour ajouter de la majesté au trône, pour servir de Mentor à la Chambre basse et pour constituer le troisième élément de la souveraineté, elle doit, pour jouer son rôle polyvalent, être composée de membres auréolés d'un prestige particulier, celui que leur donne en Angleterre l'investiture royale, un nombre restreint, l'hérédité, la possession d'une fortune considérable, un rang et des honneurs exceptionnels ; enfin l'éclat du nom, cet éclat que seul peut conférer l'appartenance à l'une des plus anciennes et des plus illustres familles du royaume.

Mais cette qualité d'aristocrate, et Necker ne cesse de le répéter, ne signifie nullement qu'elle représente les intérêts de la noblesse : c'est une condition inhérente à la nature de la fonction qu'ils doivent exercer et qui n'a rien à voir avec la défense d'un groupe social particulier, la pairie est une magistrature. S'il insiste ainsi, c'est qu'en France malheureusement, on a confondu la Chambre des pairs anglaise avec l'ordre de la noblesse : « Quelle différence, mais on n'y prend pas garde, entre une pareille institution politique et l'existence des nobles sous l'Ancien Régime français », s'écrie-t-il dans ses *Dernières vues de politique et de finance* [53], et c'est l'occasion pour lui de prononcer contre cette noblesse un des plus sévères réquisitoires qu'on puisse trouver sous sa plume :

> « Aucun but social ne pouvait se découvrir dans leur multiplicité, dans leur accroissement journalier, dans leurs exemptions, dans leurs franchises, dans leurs privilèges en tout genre [53]. »

Réquisitoire dont la violence s'explique aisément, car la haine de la noblesse et la confusion établie entre deux institutions pour-

---

53. D.V. XI. 233.

tant profondément différentes, feront toujours du peuple français un adversaire du bicaméralisme :

> « Les mots de pairs et de seigneurs héréditaires, écrit-il en 1802, lui rappellent, sans distinction, tous les anciens nobles, et ce souvenir l'effraie ; elle croit voir le retour de tout ce qui lui a déplu si longuement. Ce n'est pas la chose, il s'en faut bien mais une ressemblance [54]. »

C'est là un malentendu déplorable car, en fait, la Chambre des communes est la seule à mériter le nom de chambre des représentants, à « représenter » une classe sociale, l'unique classe sociale qui ait le droit d'intervenir dans la gestion des affaires publiques, la classe des possédants, et la condition de fortune exigée d'un candidat à la députation offre à cet égard toute garantie :

> « On ne peut être élu membre de la Chambre des Communes en Angleterre, si l'on n'a pas en fonds de terre un revenu de trois cents livres sterling, et il en faut le double quand on aspire à représenter un comté [55]. »

La propriété doit être foncière, elle doit être considérable. Cette double condition est-elle nécessaire ? Necker s'interroge sur ce point. La qualité de propriétaire, c'est un fait, est indispensable pour participer au contrôle du pouvoir : sans propriété plus d'éducation, plus d'intérêt à la chose publique ; cependant on peut avoir l'une et l'autre, sans devoir pour cela posséder une fortune foncière aussi importante. Comme il le reconnaît lui-même :

> « Le simple particulier qui s'entretient, lui et sa famille avec cent livres sterling de revenu dans la dette publique, connaît aussi cet intérêt social, et s'unit par ses vœux à la prospérité nationale. »

A ces conditions qu'il juge sévères, il propose une justification où nous trouvons une nouvelle preuve de l'importance qu'il attache au système de gradation :

> « L'Angleterre est une monarchie ; et les pairs du royaume, tous les hommes titrés, composent la première Chambre du Parlement. Il importe donc que la seconde, égale à la première en prérogatives, ne soit pas trop distante d'elle en relief. Il est des rapports de considération qu'il faut nécessairement observer dans les institutions sociales, et surtout sous un ordre monarchique.. c'est donc sous un aspect auquel on ne prend pas garde qu'il faut louer cette condition de propriété, et de propriété importante en fonds de terre, imposée aux candidats parlementaires, au lieu d'y voir uniquement le gage d'un intérêt à la chose publique »

et il conclut :

---

54. D.V. XI, p. 234.
55. D.V. XI. 112.

> « Tout est donc bien, en Angleterre, une Chambre législative compo-
> sée d'hommes au-dessus de la classe commune des citoyens, et placée
> près des pairs du royaume et ceux-ci près du trône. Les distances
> politiques sont parfaitement observées, et ces proportions, ces rap-
> ports constituent la force du gouvernement [56]. »

S'il faut être riche, et même très riche, pour entrer à la Chambre
des communes, il suffit aussi de l'être, c'est une condition nécessaire
et suffisante, grâce à laquelle se réalise la fusion de tous les propriétaires en une seule et unique classe, et la meilleure preuve de
la perfection, avec laquelle cette fusion est réalisée en Angleterre,
c'est que les fils de lords viennent y siéger. Rien ne montre mieux
la signification de la Chambre des lords dans l'ordre des institutions, et celle de la Chambre des communes sur le plan social. La
féodalité est si bien morte chez les Anglais et leur maturité politique
est telle qu'ils ont pu conserver cet héritage de l'ordre féodal que
sont les grandes familles, intégrer cette aristocratie à l'ordre bourgeois, et renforcer cet ordre en mettant à son service le prestige
des noms les plus ilustres de l'histoire, admirable réussite devant
laquelle Necker s'incline comme devant une preuve éclatante de
l'ingéniosité humaine :

> « En songeant que ces pairs ont été *inventés*, ont dû l'être, pour
> garder la liberté constitutionnelle, et pour compléter la majesté du
> prince, qu'enfin, nonobstant leurs augustes fonctions, ils n'ont cepen-
> dant aucune exemption dans la distribution des charges publiques et
> que leurs enfants, simples particuliers, concourent avec tous les
> autres citoyens la carrière des emplois et se présentent aux élections
> du peuple pour obtenir une place dans la Chambre des Commu-
> nes [57] ! »

Reste à savoir, en quoi consistent ces « élections du peuple ».
A tous ceux qui prendraient cette expression trop à la lettre, et qui
s'imagineraient les députés librement choisis par la nation tout
entière, le texte suivant suffirait à enlever toute illusion :

> « Les grands propriétaires en Angleterre, et le gouvernement, ont
> dans la plupart des localités, la majorité des suffrages à leur dispo-
> sition ; et là où les électeurs sont le moins gênés par des motifs de
> dépendance, les voix ne se partagent qu'entre deux ou trois candi-
> dats ; car la mesure de propriété nécessaire pour être nommé mem-

---

56. D.V. XI. 112-113.
57. D.V. XI. 232. Cf. encore : « Les Anglais, remplis de ces différentes
considérations, ont satisfait à toutes d'une manière grande, en rassemblant les distinctions honorifiques dans la seule Chambre des Pairs, composée de deux à trois cents personnes. Ces distinctions sont héréditaires
mais elles ne procurent pendant la vie des pairs aucune prérogative, aucun
titre à leurs enfants ; ceux-ci, confondus avec tous les autres citoyens, solli-
citent en concurrence avec eux auprès du peuple, l'honorable fonction de
députés à la Chambre des Communes ; et comme cette seconde section du
Parlement est infiniment supérieure à la première en crédit et en consistance, et qu'on y est admis sans aucune acceptation de noms et de naissance, l'égalité réelle est parfaitement établie. » A.N. VI. 266-7.

bre du Parlement et les dépenses qu'entraîne le besoin de gagner ou de fêter les électeurs, exigent un fortune considérable [58]. »

Bien loin de s'en indigner, Necker se réjouit du caractère et des abus du système électoral anglais, car il réduit au minimum la participation populaire et permet, sous le couvert de ces consultations plus ou moins fictives, de faire triompher le système de la désignation par le roi ou de la cooptation des riches par les riches [59] que notre auteur a toujours considérée comme des formules fort satisfaisantes.

Dans la suite du texte que nous venons de citer, nous relevons en effet une expression significative employée pour désigner les membres de la Chambre des communes celle d' « aristocratie parlementaire [60] » qui correspond parfaitement à l'idéal du Genevois et qui prend tout son sens quand on la rapproche de cette phrase d'un homme politique anglais du XVIIIe siècle :

« The house of Commons is a second rate aristocracy instead of a popular representation [61]. »

La rencontre de mots est frappante, elle montre que, pour certains Anglais, le respect de la souveraineté du peuple, la participation de la nation tout entière au pouvoir par ses représentants élus, étaient des articles d'exportation et qu'en réalité, aux yeux d'un observateur averti et lucide, les manipulations des élections enlevaient toute signification de consultation populaire au vote des citoyens anglais disposant de ce droit. Ils ne sont que les figurants vite oubliés et trop bruyants d'un simulacre commode qui permet de présenter l'Angleterre au monde comme la terre de la liberté. Politiquement, ils n'existent pas, ce sont les agents obscurs d'un choix qui ne les concerne pas. Toutefois, rappelons-le, Necker, sans se douter de la portée de cette idée, pense que leur suffrage peut donner aux électeurs sans fortune un moyen d'action, non pas dans le domaine politique proprement dit qui leur est interdit, mais dans le seul qui puisse les intéresser, la défense du minimum vital [62 bis].

Ainsi, dans cette constitution anglaise, tout, et même les abus, contribue à créer un système qui satisfait parfaitement notre auteur et bien rares sont les corrections qu'il souhaiterait voir apporter à ce chef d'œuvre et qui concernent : la durée excessive des parlements, l'abus des créations de pairs au gré de la Couronne et bien plus que « l'inégale distribution des droits de représentation », les tumultes et les désordres provoqués par la réunion des assemblées électorales.

A ces détails près, l'admiration est immense, les éloges dithyram-

___

58. D.V. XI. 89.
59. Le système des « patrons ».
60. « Les autorités inébranlables de la royauté, de la pairie et de l'aristocratie parlementaire. »
61. Henry E. Flood dans un Discours de mars 1770 cité par Richard Pares : *King George and the politicians*, p. 43.
62 *bis*. Cf. *supra* p. 195.

biques et indéfiniment répétés et la meilleure preuve que l'on puisse nous donner de l'excellence de cette constitution, c'est sa stabilité : depuis 1701 date où, pour la dernière fois elle a été modifiée, aucune réforme importante n'est intervenue, fait d'autant plus remarquable que ce pays a changé de dynastie et vu s'installer sur le trône avec les Electeurs de Hanovre, une famille sans aucune attache avec son passé. Jetant un coup d'œil d'ensemble sur ce siècle presque écoulé, Necker s'interroge :

> « Les Anglais depuis l'époque du bill des droits et depuis l'acte parlementaire de 1701 n'ont-ils pas eu à se repentir de n'avoir pas resserré davantage les prérogatives du pouvoir exécutif et le monarque ne s'est-il pas servi de ses moyens d'influence pour restreindre la liberté nationale [62] ? »

Envisageant alors les lois nouvelles qui peuvent présenter un intérêt de ce point de vue, il constate que l'autorité de la Couronne a été renforcée sans doute par la prorogation des parlements de trois à sept ans [63] et par la faculté donnée au roi de soumettre à la loi martiale les délits militaires [64] ; mais si ces deux bills ont augmenté d'une manière marquante la prérogative royale, il y a eu depuis 1701 aussi des bills évidemment défavorables à cette prérogative :

> « Je citerai celui par lequel toutes les personnes occupant des offices sous la couronne, d'une création postérieure à l'année 1705, ont été écartées de la Chambre des Communes [65] et le bill sous le présent règne [66], par lequel les agents du fisc, tous à la nomination du gouvernement, ont été exclus du droit de suffrage aux élections des membres du Parlement, disposition qui a restreint manifestement l'influence de la couronne [67]. »

La conclusion de cet examen est claire : « On n'a pas éprouvé jusqu'à présent que la réunion des prérogatives du monarque lui donnât le pouvoir d'enfreindre en aucun point les franchises nationales et les lois constitutionnelles [68]. » La balance est en équilibre et, songeant plus précisément aux partisans de la séparation des pouvoirs qui pourraient s'inquiéter de ce que la Couronne dispose pratiquement de l'initiative des lois, et demander si « ce crédit entre les mains des premiers agents de l'autorité ne peut pas mettre la Constitution en péril ». Necker déclare avec une tranquille assurance :

---

62. P. ex. VIII. 262.
63. Le septennial act de 1716.
64. Le *Mutiny act* qui date d'ailleurs non pas de 1718 mais de 1689.
65. Il s'agit de l'acte de 1707 relatif à la « reelection for office holders ». Cf. E.N. Williams. *Op. cit.*, p. 189.
66. Il s'agit du *Crewe's act* de 1782 : « An act for better securing the freedom of elections of members to serve in parliament, by disabling certain officers, employed in the collection or management of his Majesty's revenues, from giving their votes at such elections. E.N. Williams. *Op. cit.*, p. 198.
67. P. ex. VIII. 264.
68. P. ex. VIII. 265.

> « Il faut bien qu'un tel risque soit imaginaire, puisque cette pensée
> n'inquiète point une nation attachée de passion à son gouvernement;
> il faut bien qu'un tel risque n'ait aucune réalité, puisque depuis un
> siècle tous les principes de la liberté civile et politique se sont reli-
> gieusement conservés [69]. »

Le système fonctionne donc à la satisfaction générale, le pouvoir
est fort, fort de la magie du trône, fort de ses droits en matière
exécutive, fort de ses privilèges en matière législative, la première
condition que pose Necker dans sa théorie du pouvoir est donc
remplie, mais ce pouvoir, si fort soit-il, reste contrôlé par un Parlement parfaitement armé pour accomplir sa mission et dont l'action
efficace ne se relâche jamais [70]. Aussi, dans un mouvement d'enthousiasme, croit-il pouvoir écrire :

> « Oui, l'une des meilleures garanties de cette constitution, c'est le
> bonheur de toutes les parties contractantes ; bonheur qui n'est pas
> en spéculation, qui n'est pas en système, mais qui a été soumis à
> l'épreuve du temps à cette épreuve ardente, où la raison seule
> acquiert une nouvelle force [71]. »

Le langage n'est pas très heureux mais la pensée est claire et
l'opposition entre l'épreuve du temps et la logique des systèmes, entre
des institutions nées d'une longue expérience et les constructions
sorties du cerveau des penseurs, qui avait été le grand thème des
*Reflections on the Revolution in France* [71 bis] de Burke, sera aussi
celui des chapitres de *Du Pouvoir exécutif dans les grands Etats*
consacrés à la comparaison entre la Constitution de 1791 et la Constitution anglaise.


### III. — TRANSPLANTATION EN FRANCE
### DE LA CONSTITUTION ANGLAISE


Véritablement obsédé par cet exemple, Necker, tout au long de
ses ouvrages politiques, ne cesse de se désoler que la Constituante
se soit refusée à établir en France les institutions britanniques, plon-
geant ainsi notre pays dans une instabilité dont on ne saurait prévoir
la fin. Par un mélange d'ignorance, d'inexpérience et de sotte vanité,
les députés ont préféré une formule originale alors qu'ils n'avaient

---

69. *Ibid.*, p. 159.
70. Cf. B. de Jouvenel : « Ainsi la « séparation des pouvoirs » qu'on
observe en Angleterre est à la vérité le résultat d'un processus de refoule-
ment de l'Imperium royal par les puissances sociales. L'institution parlementaire est l'expression constitutionnelle de forces qui se sont affirmées
contre le Pouvoir, le surveillent, le contrôlent, lui mesurent les moyens
d'agir et, par ce moyen, le contiennent toujours, le conduisent de plus en
plus fréquemment. Telle est la situation à l'époque de Montesquieu, telle
encore à l'époque de Benjamin Constant. » *Du Pouvoir*, p. 363.
71. P. ex. VIII. 261.
71 bis. *Reflections on the Revolution in France*, Londres, 1790.

qu'à tendre la main pour donner à la France le régime qui était fait pour elle. Aucune expression n'est assez forte pour traduire sa déception :

> « Il eût fallu se prosterner devant les législateurs qui auraient suivi cette marche et loin qu'un sage esprit d'admiration leur eût rien fait perdre en renommée, la terre entière eût rendu des hommages à la moralité de leurs intentions et aux heureux effets de leurs soins généreux [72]. »

Aussi chaque système sorti du cerveau fécond des constitutionnalistes français sera-t-il pour lui l'occasion de nouveaux regrets et d'un nouveau parallèle : le premier, inspiré par la Constitution de 1791, le second par la Constitution de l'An III, le troisième par la Constitution de l'An VIII. Necker toutefois comprend parfaitement que la transplantation des institutions anglaises en France nécessite une certaine adaptation. A deux reprises, une première fois dans *Du pouvoir exécutif dans les grands Etats,* une deuxième fois dans ses *Dernières vues de politique et de finance,* il nous indique les modifications qu'il juge souhaitables.

Voici le premier texte datant de 1792 :

> « On aurait vu peut-être que l'étendue de l'armée de ligne rendait raisonnable une circonscription dans le nombre des grades qui seraient laissés à la nomination du prince ; on aurait vu de même que, dans un royaume aussi vaste que la France, des administrations collectives réunissaient de grandes convenances ; mais qu'il était indispensable de les soumettre au Pouvoir exécutif suprême par tous les liens et tous les rapports qui constituent une véritable dépendance. On aurait vu peut-être que ces mêmes administrations pouvaient servir à éclairer d'une manière régulière, et à resserrer même dans un cercle les divers choix remis à l'autorité du monarque. On aurait vu peut-être que l'on pouvait adopter un terme moyen entre la brièveté de nos législatures et la longueur des Parlements. On aurait vu peut-être que le nombre des pairs du royaume devait être limité, et leur nomination soumise à certaines conditions. On aurait surtout évité, comme l'a fait sagement l'Assemblée nationale, l'inégale distribution des droits de représentation. On aurait encore prévenu les élections turbulentes dont l'Angleterre présente souvent le scandale, en adoptant, ou les moyens dont nous faisons usage, ou d'autres encore plus propres à atteindre le même but [73]. »

Il s'agit là, comme on le voit, de modifications qui ne touchent pas à l'essentiel.

Dix ans plus tard, Necker reste toujours fidèle à son modèle, mais l'évolution des esprits l'oblige à un examen plus approfondi des dispositions à prendre en ce qui concerne la composition du corps législatif, avec les conséquences qu'elles pourront entraîner.

Pour la Chambre basse, « l'inégale distribution des droits de représentation » doit évidemment disparaître, et Necker propose le sys-

---

72. P. ex. VIII. 313.
73. P. ex. VIII. 315-316.

tème qu'il a mis au point dans son projet de constitution pour une république une et indivisible, projet qui lui paraît fort satisfaisant car il combine avec la cooptation une large consultation populaire, tout en supprimant les assemblées électorales qui lui inspirent une profonde répugnance. Il pense toutefois que la condition de propriété exigée des électeurs devrait être un peu plus sévère dans le cas d'une monarchie : « On devrait seulement augmenter un peu le degré de propriété nécessaire pour avoir part au droit d'indication des candidats et au choix définitif [74]. »

Le choix d'une pareille loi électorale lui paraît malheureusement devoir entraîner nécessairement une modification de la plus haute importance en ce qui concerne les rapports entre le législatif et l'exécutif ou plutôt entre le pouvoir et l'organe de contrôle. Les abus du système électoral anglais permettent au monarque d'assurer sans difficulté l'élection de ses ministres à la Chambre des Communes et le cumul des fonctions de député et d'agent du pouvoir lui offre le moyen de participer à l'élaboration des lois et lui en donne même l'initiative. Il ne saurait en être ainsi dans une assemblée vraiment représentative :

> « La nation doit être libre de nommer pour ses députés au Parlement des ministres du prince, mais le prince ne peut pas de même choisir pour ministres ces mêmes députés ; il leur ferait perdre ainsi le caractère d'indépendance qu'on leur avait supposé en les élisant ; et ce serait une corruption indirecte, une atteinte à l'autorité et à la confiance de la nation [75]. »

Désireux toutefois de maintenir à tout prix la participation de l'exécutif au législatif, Necker propose que :

> « Les communications du monarque à la Chambre des Communes fussent établies par la médiation de commissaires au choix du prince ; et dans le nombre de ces communications seraient comprises, de droit, telle proposition de loi que le monarque jugerait à propos de faire ou telle autre espèce d'initiative. On chercherait à donner aux commissaires du prince le caractère le plus imposant, en établissant une étiquette et des modes d'égards envers eux. Ils auraient une place distinguée : ils pourraient assister aux délibérations et la parole leur serait accordée quand ils la demanderaient ; enfin, on remplacerait autant qu'il serait possible le grand avantage que l'autorité de la Couronne retire en Angleterre de la présence habituelle des ministres à la Chambre des Communes [76]. »

En traitant ensuite de la composition de la Chambre haute, Nec-

---

74. D.V. XI. 202. Cf. *infra* p. 486.

75. D.V. XI. 206. B. Constant n'aura pas le même scrupule, et il trouvera toute naturelle la double qualité de ministre et de député. Cf. *Principes de politique*. Chap. VII : De la discussion dans les assemblées représentatives » et chap. VIII : De l'initiative : « Les ministres, siégeant dans les Chambres au nombre des représentants, feront en cette qualité les propositions qu'exigent les circonstances ou les besoins de l'Etat. »

76. *Ibid.*, pp. 205-206.

ker se montre en 1802 plus fermement attaché que jamais à l'idée
qu'il s'en est toujours faite. Ses membres ne sont pas chargés de
représenter les intérêts d'un groupe social donné : la Pairie est une
« magistrature politique » conçue pour le bien de l'Etat tout entier
et pour que le phénomène de la distanciation joue à plein, il est
indispensable qu'elle soit d'investure royale, héréditaire, attribuée
aux représentants des plus illustres familles, et accompagnés d'une
très grande fortune. Il insiste tout particulièrement sur l'éclat du
nom :

> « Ce ne sera pas dans la vue de favoriser les anciennes maisons de
> France qu'on leur adjugera la pairie, mais on se servira de leur
> renom, des idées qui s'y attachent, pour constituer, selon l'opinion
> et d'une manière ferme, les dignités dont on a besoin ; et l'on adop-
> tera, à l'égard de ces dignités, le système que l'on doit nécessaire-
> ment suivre pour la royauté, pour ce rang suprême qu'il faut rendre
> éclatant, magnifique, si l'on veut le rendre utile à l'ordre public, et
> qui n'est d'aucun service quand on cherche à l'accorder avec les
> idées d'égalité [77]. »

Quant à la fortune :

> « La propriété, écrit-il, devrait être territoriale et franche de toute
> hypothèque, d'une valeur de trente mille livres de rente, et l'on
> devrait assurer la continuité de cette propriété entre les mains des
> successeurs naturels par une substitution à l'aîné dans une ligne
> directe masculine [78]. »

Necker sait bien qu'il va choquer les esprits en ressuscitant les
substitutions. Mais le principe théorique de l'égalité ne doit plus
être pris en considération, quand il s'agit d'une institution indispensable à la vie du pays. Il faut sur ce point se conformer au
modèle anglais, avec, toutefois, une innovation : aux deux cent cinquante pairs héréditaires :

> « Je voudrais, propose-t-il, que l'on adjoignît cinquante citoyens
> choisis par le prince dans tous les Etats indistinctement, lesquels
> sous le titre de conseillers-pairs ou tout autre, seraient associés
> mais seulement pendant leur vie, aux droits et aux délibérations des
> deux cent cinquante seigneurs héréditaires et formeraient tous
> ensemble la Chambre et la Cour des Pairs [79]. »

Signe des temps, Necker souhaite que l'aristocratie de l'intelligence ait sa place à côté de l'aristocratie du nom, pour renforcer le
prestige de la Chambre haute ; mais il justifie aussi cette disposition
en la présentant comme une compensation au profit de la Couronne
de « quelques sacrifices » dérivant de son projet :

> « La Couronne en effet perdrait une grande partie de son influence
> sur la nomination des députés à la Chambre des Communes, au

---

77. *Ibid.*, p. 214.
78. *Ibid.*, p. 219.
79. *Ibid.*, p. 209.

moyen des formes d'élection que j'ai proposées. Elle perdrait de même les avantages attachés à la réunion constante des fonctions de ministre à la qualité de représentant du peuple. Il n'y aurait de plus aucun prélat dans la Chambre Haute, il y en a dans celle d'Angleterre et tous doivent leur titre d'investiture du prince. Le roi d'Angleterre encore accroît à sa volonté le nombre des pairs temporels et j'ai proposé que leur nombre fût irrévocablement fixé [80]. »

Le principal souci de Necker est, comme on le voit, de préserver l'équilibre des pouvoirs ; l'affaiblissement de la Couronne, entraîné par la suppression des abus propres au régime électoral anglais et du cumul des fonctions de ministre et de député, doit être compensé et par la création de commissaires et par la nomination de cinquante pairs au choix du roi. L'image d'une balance avec ses deux plateaux vient immanquablement à l'esprit, étant bien entendu que dans l'une se trouve non le pouvoir exécutif mais le pouvoir, et dans l'autre l'organe de contrôle et non le pouvoir législatif.

## IV. — NECKER ET LES AUTRES INTERPRÉTATIONS DE LA CONSTITUTION ANGLAISE AU XVIIIᵉ SIECLE

En caractérisant la constitution britannique comme une réussite dans la conciliation des deux exigences contradictoires du pouvoir fort et du pouvoir contrôlé, Necker manifeste une originalité qui nous paraît indiscutable et que fera ressortir encore davantage la comparaison avec deux des principales interprétations qu'en a fournies le XVIIIᵉ siècle, celle de Montesquieu et de Blackstone, celle de Delolme et de ses disciples les Monarchiens.

### I. - MONTESQUIEU ET BLACKSTONE

Le cas de Montesquieu soulève une première difficulté. La longue tradition qui a voulu voir en lui le père de la doctrine de la séparation des pouvoirs est très sérieusement battue en brèche, aussi bien en France [81] que par les historiens anglo-saxons [82] et l'on assiste

---

80. *Ibid.*, p. 212.
81. Cf. Les articles de Ch. Eisenmann : *L'esprit des lois et la séparation des pouvoirs.* (Mélanges Carré de Malberg 1933.) *La pensée constitutionnelle de Montesquieu.* (La pensée politique et constitutionnelle de Montesquieu. Bicentenaire de l'Esprit des lois.) *Le système constitutionnel de Montesquieu et le temps présent.* (Actes Congrès Montesquieu. Bordeaux, 1956.)
82. Cf. L'opposition entre Shackleton, tenant de la thèse habituelle : « The vital characteristic of the British Constitution which was being shaped during Montesquieu's stay in England, was the solidarity and not

à une réinterprétation de sa pensée qui résout un problème que l'on ne peut manquer de se poser.

Si l'on pense, en effet, que par l'expression de séparation des pouvoirs il faut entendre la distinction d'organes étatiques fonctionnellement séparés et agissant chacun en toute indépendance, il est évident que la Constitution anglaise, telle que Montesquieu l'analyse, ne répond pas à cette définition. Force est de constater en particulier que le pouvoir législatif est partagé entre le roi, la Chambre des pairs et la Chambre des communes, qui participent tous les trois à la confection des lois tandis que le Parlement peut à chaque instant influer sur la politique suivie par le gouvernement. Pour supprimer une contradiction aussi flagrante, Ch. Eisenmann soutient que :

« Les phrases de Montesquieu sur la séparation des pouvoirs ne signifient point qu'une même autorité, individu ou corps, ne doit participer qu'à une seule fonction, avoir d'attributions que d'une seule sorte, ne doit pas être membre de deux organes ou organe de deux fonctions, et par conséquent, que les organes de deux des fonctions ou des trois ne doivent avoir aucun élément commun, mais simplement et beaucoup plus modestement, qu'il ne faut pas que deux quelconques des trois fonctions soient réunies intégralement entre les mêmes mains : formule de non cumul beaucoup plus limitée, on le voit, que la première, elle ne postule pas la spécialisation ou séparation fonctionnelle des diverses autorités, mais simplement la non identité de l'organe des trois ou de deux des trois fonctions [83]. »

Ceci admis, l'important aurait été pour Montesquieu de montrer comment les trois éléments qui se partagent le pouvoir sont juridiquement indépendants l'un de l'autre, si bien qu'aucun d'entre eux ne peut dominer et qu'ils ne peuvent faire usage de la portion de pouvoir dont ils disposent qu'avec l'accord des autres, ce qui serait exactement l'idéal souhaité par l'auteur de l'*Esprit des Lois*, idéal qui n'est pas celui d'un gouvernement organisé suivant le principe de la séparation des pouvoirs mais celui d'un gouvernement modéré, le gouvernement modéré étant, nous citerons encore Ch. Eisenmann :

« Le gouvernement où l'élaboration de l'ordre social et plus généralement la direction de la collectivité, le gouvernement de la société, n'appartiendrait pas en dernier ressort à un organe simple, corps ou individu, mais à un organe composé, formé de différents facteurs sociaux auxquels il (Montesquieu) voulait donner le moyen de faire valoir leurs conceptions et leurs intérêts, ou de leur représentation et dont les décisions exprimeraient par conséquent la volonté com-

---

the separation of powers. It was Walpole's achievement, per fas et nefas, to promote that solidarity. This, Montesquieu, readier to appreciate law than usage, did not understand. « (*Montesquieu, a critical biography*, pp. 300-301) et I. Kramnick : « What is important in his understanding of England is not his discovery there of the new theory of the separation of powers, but the hard social and political fact he discovers there : the sharing of power as opposed to its centralisation. » *Bolingbroke and his circle, op. cit.*, p. 149.

83. *L'esprit des Lois et la séparation des pouvoirs, op. cit.*, p. 190 sq.

mune et concordante, seraient le fruit de l'accord de ces différents éléments qui pourraient ainsi se faire mutuellement opposition, se limiter, c'est-à-dire se contraindre les uns les autres sur une ligne moyenne également acceptable pour tous les citoyens également respectueux de leurs intérêts [84]. »

La Constitution anglaise serait donc un système soigneusement calculé, intelligemment balancé, où les trois grandes forces en présence : monarchie, aristocratie, peuple, s'équilibreraient et où leurs impulsions divergentes aboutiraient finalement à une composante représentant « la ligne moyenne également acceptable à tous les citoyens [85] ».

Cette image d'une composante, d'une ligne moyenne dont se sert le moderne interprète de la pensée de Montesquieu, est aussi celle qui vient naturellement à l'esprit de l'auteur des *Commentaires*. Résumant en quelques formules expressives, l'esprit de la Constitution anglaise, Blackstone écrit :

> « ... Chacune des branches de notre système politique appuie les autres, reçoit leur appui et leur sert de régulateur comme elles lui en servent, car les deux Chambres étant naturellement dirigées en sens différent par des intérêts opposés et la prérogative royale dans un sens encore différent, elles empêchent mutuellement qu'aucune d'elles n'excède ses propres limites tandis que le tout se maintient réuni et joint artificiellement par la nature mixte de la couronne qui, seule revêtue de la magistrature exécutive, est en même temps l'une des parties de la législative. Semblables à trois forces différentes en mécanique, ces branches réunies poussent la machine du gouvernement dans une direction qui n'est pas celle que lui eut donnée l'une quelconque d'entre elles agissant seule, mais qui est le résultat des directions particulières de chacune d'elles et c'est sur cette direction que se trouve la vraie ligne de la liberté et du bonheur de tous [86]. »

Pour Montesquieu et pour Blackstone, la qualité essentielle de la Constitution anglaise serait donc de correspondre parfaitement à une situation historique donnée, aux rapports de force existant en fait entre les éléments essentiels de la nation : la Couronne, l'aristocratie, le peuple. La notion de justice absolue disparaît devant celle de relativité On va des faits au droit. Le rôle des institutions politiques n'est pas de créer un ordre défini a priori mais de donner à chacun des éléments de la réalité sociale le coefficient de puissance qui est le sien.

Ce n'est pas cet empirisme, ce relativisme qui différencient la pensée de Necker de celle de Montesquieu ou de Blackstone, bien au contraire, ils créent entre eux une incontestable parenté. Toutefois, l'interprétation de notre auteur est profondément originale, aussi bien en ce qui concerne l'analyse sociologique des forces en présence,

---

84. *Ibid.*, p. 189.
85. Pour employer la formule de L. Althusser résumant l'exégèse de Ch. Eisenmann, on est passé « de la séparation des pouvoirs à l'équilibre des puissances se partageant le pouvoir. » (*Montesquieu, la politique et l'histoire*, p. 103.)
86. Blackstone, *op. cit.*, p. 270.

que le type de rapports qu'entretiennent entre elles les instances étatiques. Pour le premier point, la différence réside dans la signification qu'ils accordent l'un et l'autre à la Chambre des lords. Pour Montesquieu la Chambre des seigneurs est un organe qui représente les intérêts d'une classe, elle est chargée de défendre et de faire respecter les droits et les privilèges d'un groupe social donné, et Blackstone s'exprime sur ce sujet avec toute la clarté désirable :

> « S'il convient à un Etat qu'il y existe des titres de noblesse, il convient aussi que ceux à qui ils appartiennent forment une branche de la législature, indépendante et séparée. S'ils étaient confondus avec la masse du peuple, s'ils n'avaient de même que le droit de voter pour l'élection des représentants, leurs privilèges seraient bientôt submergés et anéantis par le torrent populaire qui tendrait à réduire toutes les distinctions de niveau. Il est donc d'une haute nécessité que le corps de la noblesse ait une assemblée distincte de celle des Communes, des délibérations séparées, des pouvoirs diffé·rents [87]. »

Si nous avons tant insisté sur les textes où Necker, tout aussi clairement, affirme et réaffirme que la Chambre des pairs n'est qu'un rouage, une invention, un procédé destiné ou à faciliter l'exercice de l'autorité ou à améliorer la qualité du travail législatif accompli par l'autre chambre, où il déclare expressément qu'elle n'est pas destinée à « représenter les intérêts d'une classe particulière de citoyens » c'est en pensant évidemment à ces interprètes de la Constitution anglaise qui disent à ce sujet exactement le contraire. Pour lui, la Chambre des lords n'est pas l'organe de représentation de la noblesse, comme la Chambre des communes serait celui du peuple ; les deux Chambres ne sont pas sur le même pied, seule la seconde compte en tant qu'organe représentatif et son admiration pour les institutions britanniques vient de ce que se réalise, au sein de cette chambre, la fusion de tous les propriétaires, quels qu'ils soient, qui jouissent tous sur le plan politique de l'égalité la plus complète.

Que les fils de lords y siègent à côté des marchands lui apparaît comme le symbole d'une société où il n'y a pas d'anomalie, où règne une parfaite concordance entre les institutions et les réalités sociales, concordance à laquelle il attache tout autant de prix que Montesquieu et Blackstone, mais qui s'accomplit tout autrement. A une conception aristocratique défendue par ces derniers, il oppose la sienne propre que nous pourrions qualifier de strictement bourgeoise : car, à ses yeux, un des mérites essentiels de la Constitution britannique est de regrouper, en une seule catégorie, des individus appartenant à des milieux distincts, mais méritant tous à des titres divers d'être qualifiés de « notables ». Ainsi à la tripartition habituelle : Couronne — noblesse — peuple succède la bipartition : Couronne et possédants [88].

---

87. Blackstone, *op. cit.*, p. 275.
88. Cf. Dans l'ouvrage d'Althusser, *op. cit.*, les développements sur la tripartition et la bipartition, p. 103 sq.

En ce qui concerne les rapports entre les organes étatiques, Montesquieu et Blackstone se représentent la vie politique comme la création d'une composante à partir de forces divergentes, qui se partagent chacune une portion du pouvoir, mais sans être jamais à même de l'utiliser en toute liberté ; la Couronne dispose en principe de l'exécutif, mais elle ne peut pratiquement en user que d'accord avec la Chambre des lords et la Chambre des communes qui, elles-mêmes, ont besoin de leur acquiescement réciproque et de l'acquiescement du monarque pour que leurs décisions aient force de loi. Il n'en reste pas moins que, pour Montesquieu et Blackstone, Couronne et parlement ont chacun une vocation qui leur est propre ; selon qu'il s'agit de gouverner ou de faire des lois, c'est l'une ou l'autre qui est le meneur de jeu, et en ce sens restreint et très atténué, peut-on parler de séparation des pouvoirs, de relative spécialisation, ce qui n'empêche pas qu'il y ait exercice en commun, et de l'activité exécutive et de l'activité législative.

Le schéma de Necker est différent, car le *leadership* revient de droit dans tous les domaines au dépositaire de l'autorité, à celui qui exerce de toutes les fonctions, la plus importante : celle qui consiste à faire respecter l'ordre, à défendre la propriété. Montesquieu et Blackstone soulignent bien la position privilégiée du monarque dans le domaine de l'exécutif, mais indifférents au cumul des fonctions de ministre et de député, ils n'ont pas vu dans cette disposition, le procédé discret et efficace mettant aux mains de la Couronne l'initiative des lois [89], et lui assurant sur le plan législatif aussi le rôle de meneur de jeu. Pour Necker au contraire, la Couronne exerce dans sa plénitude la fonction d'organe de gouvernement, qu'il s'agisse d'exécuter ou qu'il s'agisse de légiférer. Et c'est bien pourquoi la Constitution britannique lui semble réaliser son idéal, celui d'un pouvoir fort qui est la Couronne, contrôlé par les notables qui forment la Chambres des communes : la Chambre des lords, n'intervenant que pour apporter une garantie supplémentaire, que pour faciliter le fonctionnement du système, et ne compliquant qu'en apparence sa fondamentale simplicité ; il est bien évident que ce modèle ne correspond pas à l'image que Montesquieu nous donne des institutions anglaises.

## II. - DELOLME

Disciple de Rousseau mais disciple non orthodoxe, cet autre Genevois fait, lui, de la Constitution britannique un modèle de

---

89. Cf. Montesquieu : « La puissance exécutive ne faisant partie de la législative que par la faculté d'empêcher, elle ne saurait entrer dans le débat des affaires. Il n'est pas même nécessaire qu'elle *propose*, parce que, pouvant toujours désapprouver les résolutions, elle peut rejeter les décisions des propositions qu'elle aurait voulu qu'on n'eût pas faites. » *Esprit des lois*, Livre XI, Chap. VI.

Constitution démocratique et nous présente la monarchie anglaise comme la plus parfaite des républiques, la mieux conçue pour assurer le triomphe de la volonté générale. Le régime représentatif et la séparation des pouvoirs où il voit les deux caractéristiques fondamentales du régime sont les deux arguments sur lesquels il s'appuie pour justifier son interprétation.

Delolme, et il se sépare expressément sur ce point de Rousseau, est un adversaire résolu de la démocratie directe, une véritable démocratie ne peut être qu'une démocratie représentative. Dans la première, la république romaine par exemple, le peuple réuni en assemblée est en effet privé d'un droit essentiel, le droit d'initiative : le nombre même de participants à l'assemblée l'interdit, il en est donc réduit à accepter ou à refuser ce qu'on lui propose, à répondre par oui ou par non, abandonnant l'initiative des lois et donc la réalité du pouvoir législatif aux magistrats, qui en usent et en abusent pour faire triompher leurs propres volontés. La démocratie directe ne peut être qu'une fausse démocratie :

> « Ce qui décide surtout en faveur d'une Constitution où le peuple n'agit que par ses représentants, c'est-à-dire au moyen d'une assemblée peu nombreuse et où chacun propose, délibère et discute, c'est qu'elle est la seule qui puisse avoir l'avantage immense, avantage que je ne sais si j'ai bien su faire sentir quand j'en ai parlé ci-devant, de mettre entre les mains du peuple les ressorts moteurs de la puissance législative [90]. »

Delolme voit sans doute dans la représentation d'autres avantages, en particulier celui de permettre une sélection confiant à des gens capables la défense des intérêts de ceux qui les ont élus, mais l'argument essentiel reste celui de l'initiative des lois. Grâce au Parlement, le seul à disposer des « ressorts moteurs de la puissance législative », se trouvent réalisées les conditions les meilleures pour permettre à la volonté générale d'exprimer ses désirs.

Mais, dira-t-on, le Parlement anglais est constitué de deux Chambres et les lords ne sauraient être considérés comme des représentants du peuple. Delolme élimine cette objection en faisant comme Necker du bicaméralisme une condition technique indispensable du bon fonctionnement des institutions : « Pour qu'un Etat soit stable, il faut que le pouvoir législatif y soit divisé [91]. » La Chambre haute n'est qu'un mécanisme de sécurité, mais un mécanisme indispensable pour empêcher les décisions précipitées, pour donner de la pondération à la Chambre des communes, qui n'en reste pas moins la véritable Chambre législative, composée de représentants élus par le peuple et donc parfaitement qualifiée, pour être l'interprète de la volonté générale [92].

---

91. *Ibid.*, p. 145.
90. Delolme, *op. cit.*, p. 186.
92. On pourrait sans doute opposer à cette interprétation le texte suivant : « Pour rendre donc régulière cette différence dans les opinions du Corps législatif que nous disons être requises, il faut absolument établir

Avec la représentation, l'autre grand principe, sur lequel Delolme croit fondées les institutions anglaises, est celui de la séparation des pouvoirs :

> « La liberté visible dont jouit la nation anglaise, écrit-il, est essentiellement due à l'impossibilité où sont ses conducteurs, ou en général tous les gens en crédit chez elle, de s'emparer d'une branche quelconque du pouvoir exécutif, pouvoir exclusivement et immuablement assuré à la Couronne [94]. »

La séparation de l'exécutif et du législatif réalisée dans la Constitution britannique, est la marque même de son excellence.

Mais tandis que Rousseau ne conçoit cette distinction que dans la subordination de l'un à l'autre, Delolme, faisant sienne la pensée de Montesquieu, va défendre l'idée d'un équilibre nécessaire entre les deux pouvoirs. S'il préfère, en effet, la démocratie directe à la démocratie représentative, il n'en est pas moins conscient des risques que fait courir cette dernière. Disposant du pouvoir législatif, les représentants du peuple vont être tentés de profiter de leur situation pour détourner à d'autres fins que le bien public, l'autorité qui est la leur, et influencer dangereusement l'organe chargé d'exécuter les lois. Et donc, il faut que se dresse en face d'eux un pouvoir capable de leur tenir tête, un pouvoir fort en mesure de faire échec à leurs entreprises. Ce n'est pas assez de séparer, il faut aussi équilibrer et ce n'est pas la subordination de l'exécutif au législatif qui, dans un grand pays, peut assurer la défense des libertés, mais, au contraire, leur indépendance mutuelle, indépendance qui ne peut être effective que s'ils sont d'un poids égal, que si leur affrontement ne doit pas entraîner l'écrasement de l'un par l'autre.

C'est pourquoi, il ne suffit pas au monarque anglais, monarque héréditaire, de bénéficier de tous les prestiges de la royauté, il ne lui suffit pas de réunir dans sa main la totalité du pouvoir exécutif, il faut encore pour qu'il puisse traiter d'égal à égal avec le Parlement, qu'il dispose du droit de veto, bien que ce droit apparaisse en contradiction avec le principe de la séparation des pouvoirs.

> « Comment la Constitution d'Angleterre a-t-elle donc remédié à des maux qui du premier coup d'œil semblent réellement irrémédiables? Comment a-t-elle obligé ceux en faveur desquels le peuple s'est dépouillé, à une reconnaissance efficace et persévérante, ceux qui ont une puissance particulière, à ne penser qu'à l'avantage de tous ceux qui font des lois, à n'en faire que de justes, c'est en les y soumettant eux-mêmes et en leur en ôtant pour cela l'exécution... et il ne suffi-

---

une différence dans les intérêts particuliers, tout au moins de leurs différents individus. Ce ressort, je le sais, n'est pas le plus noble mais il est le plus sûr et même le seul qui soit toujours sûr. » *Ibid.*, p. 153. Dans cette phrase, toutefois, Delolme affirme simplement la nécessité d'une différence dans les intérêts particuliers, condition indispensable pour que le double examen soit efficace, ce qui n'implique nullement que la Chambre des Lords représente un groupe social. C'est ainsi en tout cas que Mounier et les Monarchiens l'ont compris.

94. *Ibid.*, p. 274.

sait pas d'ôter aux législateurs l'exécution des lois, par conséquent l'exemption qui en est la suite immédiate, il fallait encore leur ôter ce qui eût produit les mêmes effets, l'espoir de jamais s'attribuer cette autorité exécutive. Cette autorité est devenue en Angleterre une prérogative unique, indivisible, attribuée inaliénablement et de longue main à une seule personne par les lois les plus solennelles et la coutume la plus constante et toutes les forces actives de l'Etat sont réunies autour d'elle. Pour en assurer toujours plus le dépôt, la Constitution a donné à celui à qui elle l'a confié toute la puissance qui peut résulter de l'opinion, elle lui a donné surtout la distribution et la conservation des grâces et elle a intéressé l'ambition elle-même à le maintenir. Elle lui a donné une part dans le Pouvoir législatif, *portion passive* à la vérité et la seule qui puisse lui être assignée sans mettre l'Etat en danger ; mais au moyen de laquelle il détourne les coups qu'on voudrait porter à son autorité constitutionnelle [95]. »

Ce texte nous paraît précieux dans la mesure où Delolme affirme d'abord la nécessité de la distinction des pouvoirs et montre ensuite comment elle est pratiquement rendue possible par le renforcement de l'autorité royale, par la prérogative du veto, et l'on pense inévitablement aux textes de l'*Esprit des Lois* relatifs à cette prérogative :

« ...La puissance exécutrice, comme nous l'avons dit, doit prendre part à la législation par sa faculté d'empêcher, sans quoi elle sera bientôt dépouillée de ses prérogatives »

ou encore :

« Si le monarque prenait part à la législation par la faculté de statuer, il n'y aurait plus de liberté. Mais comme il faut pourtant qu'il ait part à la législation pour se défendre, il faut qu'il y prenne part par la faculté d'empêcher [96]. »

Mais dans le cas de Delolme, et c'est son originalité, le nécessaire équilibre de pouvoirs séparés devient une pièce indispensable de la démocratie représentative, il est un moyen en vue d'une fin qui est le respect de la souveraineté du peuple. Montesquieu vient épauler Rousseau et ainsi s'opère une synthèse entre les deux systèmes dont ce Genevois semble bien être l'inventeur, et qui exercera une influence considérable sur la pensée politique française à l'époque révolutionnaire, celles des Monarchiens, en particulier [97].
Soulignons bien que ce droit de veto n'est considéré que comme une arme strictement défensive, ce ne peut être un moyen d'attaque, une possibilité offerte à la Couronne de s'ingérer dans la confection des lois. La faculté d'empêcher est distincte de la faculté de statuer. Elle n'est qu'une « portion passive » du pouvoir législatif. Privé de l'initiative des lois, le roi ne peut influencer le Parlement et Delolme s'estime en droit d'écrire :

95. Delolme, *ibid.*, pp. 193-195.
96. *Esprit des Lois*, livre XI, chap. VI.
97. Contrairement à ce que pense Eberhard Schmitt, cf. : *Repräsentation und Revolution*, pp. 128-129.

« Non seulement il (le Parlement anglais) s'est assuré le droit de proposer les lois et la correction des abus, il a porté aussi le pouvoir exécutif à renoncer à toute prétention de faire la même chose. C'est même une règle constante que ni le roi ni son conseil privé ne peuvent faire des changements aux bills proposés par les Deux Chambres, et le roi doit purement et simplement les approuver ou les rejeter, précaution qui, pour peu qu'on y fasse attention, paraîtra avoir été nécessaire pour donner aux délibérations une liberté et une régularité complètes [98]. »

On ne saurait imaginer contradiction plus flagrante entre les deux Genevois, entre l'idéalisme d'un partisan du droit naturel et l'empirisme d'un praticien. Necker ne voit nullement dans la Chambre des Communes l'organe à travers lequel se manifeste la volonté du peuple, nous savons toute l'indifférence, sinon tout le mépris qu'il éprouve pour les élections anglaises, et combien il se réjouit que les consultations populaires ne soient le plus souvent qu'un simulacre, qu'une parodie d'élections. Le droit de siéger à la Chambre des Communes n'est pas donné par le choix des électeurs mais par la qualité de propriétaire. La représentation n'est pas le moyen d'assurer au peuple l'initiative des lois, mais de l'éliminer de la vie politique. Pour désigner cette Chambre, il n'est donc pas de terme plus inadéquat que celui de représentation populaire, elle est une aristocratie parlementaire, « a second rate aristocracy ». Si l'Angleterre est une République, c'est une République de notables et non une République démocratique.

Quant aux rapports entre la Couronne et le Parlement, la position de Delolme est exactement antithétique de celle de son compatriote. L'un voit dans la Constitution anglaise le triomphe de la séparation des pouvoirs, l'autre un modèle de leur entrelacement ; et c'est à propos de l'initiative des lois à laquelle l'un et l'autre attachent une si grande importance, que l'antithèse se fait particulièrement frappante :

« J'avoue qu'il paraît très naturel dans la formation d'un Etat de confier l'opération si importante de préparer et de proposer les lois à ceux dont les emplois et l'expérience doivent avoir consommé la sagesse. Mais la pratique a malheureusement démontré que les grandes affaires mûrissent moins la tête qu'elles ne corrompent le cœur, et il s'est trouvé que l'effet d'une précaution qui paraît d'abord dictée par la prudence même, est de mettre le peuple, par rapport à une chose qui intéresse tant son salut, sur la défensive la plus désavantageuse, et de le livrer aux agressions continuelles de ceux qui joignent aux plus grandes tentations de le tromper, les plus grands moyens d'y réussir... Qu'on se représente le grand et unique magistrat de la nation poursuivant la sanction des lois qu'il aurait proposées avec la vivacité de ses intérêts, qui sont toujours si grands, avec la chaleur de l'orgueil monarchique qui ne veut point essuyer de refus, et en déployant toute l'immensité de ses ressources. Il était donc absolument indispensable que les choses fussent ordonnées en

---

98. Delolme. *Op. cit.*, p. 162.

Angleterre comme elles le sont. Si les ressorts moteurs du pouvoir exécutif sont entre les mains du roi un dépôt sacré, ceux du pouvoir législatif sont entre les mains des deux Chambres un dépôt qui ne l'est pas moins, dès qu'il est question de les mettre en mouvement, le roi est frappé à son tour de la même immobilité où tous les autres doivent se tenir dès qu'il est question de ses propres prérogatives : lorsqu'il est en Parlement, il a laissé sa puissance à la porte et il n'a que son organe pour pouvoir dire oui ou non. Si une masse telle que la puissance royale avait pu s'agiter dans le corps législatif, elle l'aurait incontinent bouleversé [99]. »

Tous les textes de Necker relatifs au rôle du gouvernement dans l'élaboration des lois affirment précisément le contraire, à savoir que « dans toutes les affaires d'administration, l'ascendant des principaux chefs du gouvernement est nécessaire au bien de l'Etat ».

### III. - LES MONARCHIENS

Si révélatrice qu'elle soit de l'originalité de notre auteur, les comparaisons entre Necker et Montesquieu, Blackstone ou Delolme restent toutefois du domaine de la théorie pure. Mais, quand on en vient aux Monarchiens et à l'image qu'ils se firent des institutions britanniques, on passe de la théorie à l'action, de l'histoire des idées à l'histoire et à l'explication des faits.

On sait que cet éphémère parti, dont Mounier fut le doctrinaire et le chef, tenta de faire adopter par l'assemblée la constitution anglaise, et l'on comprend mal comment et pourquoi le député aux Etats-Généraux et le ministre de Louis XVI entrèrent en conflit en août et septembre 1789, alors qu'ils semblaient poursuivre le même but. En fait, cette unité de vues n'est qu'apparente, et la confrontation de leurs conceptions fait apparaître l'ambiguïté de leur commune admiration, et la profondeur du fossé qui les sépare.

L'anglophilie de Mounier ne saurait être mise en doute :

« Je connais les vices de la Constitution britannique et surtout l'irrégularité de la représentation dans la Chambre des Communes, mais je suis toujours convaincu qu'on ne peut organiser en quelque perfection un gouvernement monarchique sans se rapprocher des principes de celui des Anglais... Je regarde comme certain que l'Angleterre est aujourd'hui le pays d'Europe où l'on jouit de la plus grande liberté [100]. »

et, comme Delolme, son maître à penser, c'est au nom du système représentatif et de la séparation des pouvoirs, qu'il justifie ses éloges. Le système représentatif, outre l'utilité d'une sélection qui permet de confier aux meilleurs le soin de défendre les intérêts de la commu-

---

99. Delolme. *Op. cit.*, pp. 163-165.
100. *Considérations sur les gouvernements.* Paris, 1789, p. 37.

nauté [101], présente l'avantage essentiel de mettre aux mains des députés du peuple l'initiative des lois.

> « Je crois... comme Delolme, écrit-il, que l'initiative en matière de législation ne doit jamais appartenir au monarque et qu'en cela le gouvernement monarchique offre une perfection qu'il est impossible de rencontrer dans la plupart des républiques ou, pour empêcher les corps législatifs de se livrer au changement avec trop de précipitation, les magistrats jouissent du droit exclusif de proposer des lois [102]. »

Mounier dans ce texte pense évidemment à l'exemple de la République romaine que le Genevois fournissait à l'appui de son argumentation.

Comme Delolme encore, il ne voit dans la Chambre des Lords qu'un rouage utile soit pour améliorer la qualité du travail législatif, soit pour affirmer l'Etat, et ainsi le bicaméralisme ne saurait être en contradiction avec le principe de la souveraineté nationale, car il n'a nullement pour objet de permettre à une catégorie sociale privilégiée de faire respecter ses intérêts ; Mounier est formel sur ce point et dépense à tenter de convaincre ses contemporains de cette vérité d'autant plus d'énergie qu'il sent, dans l'opinion, une répugnance de plus en plus grande pour une institution, où l'on voit communément le maintien des privilèges de l'aristocratie :

> « La Chambre Haute de Grande-Bretagne n'est pas composée des représentants d'un ordre de la noblesse, mais des seuls pairs, magistrats créés par le roi, indépendants néanmoins de la Couronne par l'hérédité de leur place que la loi transmet à l'aîné même de leurs enfants... Les membres de la Chambre des Pairs n'ont aucun rapport avec ce que nous appelons un ordre de noblesse, leurs familles ne forment pas une classe distincte et séparée des autres citoyens... Il est facile de voir que la première Chambre ne serait pas une représentation des premiers ordres puisque tous les citoyens seraient représentés dans la seconde, on n'y trouverait donc pas les inconvénients de la séparation des ordres qui détruisent l'union parmi les citoyens, les laissent sans défense contre les efforts du despotisme, mais la première Chambre serait destinée à la défense des droits de la Couronne et au maintien de la Constitution... Delolme a très justement observé que le partage du pouvoir exécutif l'énerve entièrement et qu'il est un malheur pour l'Etat, tandis que le partage du pouvoir législatif produit au contraire les plus grands avantages en ce qu'il ralentit la marche de la législation et la rend sage et réfléchie [103]. »

Toutes ces phrases sont inspirées par une même conviction à savoir que le seul véritable organe législatif est la Chambre des Communes, et c'est donc en toute bonne foi que les Monarchiens

---

101. « Le peuple a toujours assez de lumières pour sentir le prix de la vertu, les hommes qu'il choisit sont ordinairement dignes de sa confiance, il exercera par la nomination de ses représentants, la véritable autorité qu'il importe de leur réserver. » *Ibid.*, p. 12.

102. *Ibid.*, p. 22.

103. *Ibid.*, p. 36. C'est pour tenir compte de la répugnance des Français pour une Chambre Haute tout en sauvegardant le principe du bicamérisme que Mounier se résigne à un Sénat : « Formé de membres ayant un revenu considérable en immeubles, éligibles pour le terme de six ans. »

peuvent se réclamer de l'idéologie rousseauiste : « C'est une vérité incontestable que le principe de la souveraineté réside dans la nation, que toute autorité émane d'elle [104] » affirme Mounier, tandis que Malouet déclare de son côté : « Toute souveraineté réside dans la nation [105] » et nous citerons encore cette formule du Comte d'Antraigues directement reprise du *Contrat social* : « Toute autorité réside dans le peuple, toute autorité vient du peuple, tout pouvoir légitime émane du peuple, voilà le principe [106]. »

Les volontés du peuple étant connues et exprimées grâce aux vertus irremplaçables du régime représentatif, il reste à les faire exécuter et c'est alors qu'intervient, comme chez Delolme, le principe de la séparation des pouvoirs :

> « Pour empêcher la tyrannie, écrit Mounier, paraphrasant Montesquieu, il est absolument indispensable de ne pas confondre avec le pouvoir de faire des lois celui qui doit les faire exécuter, si leur exécution était confiée à ceux qui les établissent, ils ne se considéreraient jamais comme tenus par des lois antérieures [107]. »

Il insiste particulièrement sur la nécessité de réserver au corps législatif l'initiative des lois :

> « Je ne pense pas que le monarque doive jamais former lui-même des lois, il peut seulement recommander de prendre un objet en considération et cette recommandation ne peut produire quelqu'effet qu'autant qu'elle donnerait lieu à un des membres de proposer une loi nouvelle suivant les formes déterminées, mais si le roi renvoyait aux représentants de la nation des édits dont tous les articles seraient préparés, la Couronne pourrait se hâter de prévenir leurs desseins, toutes les fois qu'elle en serait instruite, leur faire perdre ainsi l'usage de former eux-mêmes les lois et se l'attribuer exclusivement, la liberté serait moins assurée car un monarque qui a le droit exclusif de proposer les lois saisit l'instant favorable pour accroître sa puissance par un acte de législation. Je crois donc comme Delolme que l'initiative en matière de législation ne doit jamais appartenir au monarque [108]. »

Cette séparation des pouvoirs comporte toutefois une exception : celle du veto, du veto absolu au profit du roi, point essentiel de la doctrine des Monarchiens. Ils vont justifier cette entorse apparente à la logique, en reprenant exactement l'argumentation de Delolme, en proclamant nécessaire au bon fonctionnement de la démocratie cet équilibre des pouvoirs que certaines formules de Montesquieu réclament avec insistance. Le débat sur le veto à l'Assemblée constituante nous montrera Mounier et ses partisans, répétant avec un bel ensemble la leçon apprise [109].

---

104. *Arch. parlem.* T. VIII, p. 555 - 4 Sept. 1789.
105. *Arch. parlem.* T. VIII, p. 535 - 1er Sept. 1789.
106. *Ibid.*, p. 543 - 2 Sept. 1789.
107. *Considérations.* Chap. De la division des pouvoirs, p. 7.
108. *Ibid.*, p. 22.
109. Cf. notre article : *Le débat sur le véto à l'Assemblée Constituante.* XVIII<sup>e</sup> siècle, n° 1, 1969, pp. 107-121.

« Voilà, déclare-t-il, où doivent tendre tous les efforts de ceux qui s'occupent de l'organisation d'un gouvernement, c'est à la division des pouvoirs, mais pour qu'ils restent divisés, il faut qu'ils soient garantis de leurs attaques ou de leurs usurpations réciproques, il faut donc examiner avec l'attention la plus sévère par quels moyens on pourrait garantir le pouvoir exécutif de toutes les entreprises du pouvoir législatif. Le moyen qui se présente le plus naturellement est celui de rendre le roi portion intégrante du corps législatif et d'exiger que les décisions des représentants pour devenir des lois soient revêtues de la sanction royale. *Ainsi pour que les différents pouvoirs restent à jamais divisés il ne faut pas les séparer entièrement* ; si le roi n'était pas une portion du corps législatif, si l'on pouvait faire les lois sans son consentement, il ne jouirait plus de sa puissance en souveraineté et serait soumis au corps législatif qui, par des lois, acquerrait la faculté de lui dicter des ordres absolus et d'anéantir successivement toutes ses prérogatives [110]. »

Le comte d'Antraigues de son côté nous rappelle dans son intervention du 2 septembre :

« Cette terrible vérité que la liberté de tout peuple qui n'exerce pas par lui-même tous les pouvoirs n'existe que par la séparation des pouvoirs... Qu'il est de la nature du pouvoir d'aimer à s'accroître comme il est de la nature de l'homme d'aimer la puissance »

qu'il y a :

« Deux risques à courir : réunion des pouvoirs dans le corps législatif, qui constitue la tyrannie de plusieurs, réunion des pouvoirs dans le pouvoir exécutif, qui constitue la tyrannie d'un seul »

et que, pour conserver la liberté, il faut :

« Les armer l'un contre l'autre d'une égale surveillance et faire tourner au profit de tous le même sentiment de jalousie et de pouvoir qui semblait les rendre rivaux. C'est du résultat de ces sages idées qu'est née la sanction royale, c'est en elle que le peuple trouve le rempart de la liberté publique et l'assurance que nous, qui sommes ses représentants, nous ne deviendrons jamais ses maîtres [111]. »

Clermont-Tonnerre et Lally Tollendal défendront le même point de vue.

« Si la sanction n'existe pas, écrit ce dernier, si le roi n'a pas de véto illimité, s'il n'est pas portion du corps législatif, alors il n'y a pas moyen de sauver la prérogative royale, il n'y a pas d'obstacle insur-

---

110. *Arch. parlem.* T. VIII, pp. 588-589 - 4 Sept. 1789. Notons toutefois sur ce point un certain flottement dans la pensée des Monarchiens, il leur arrivera, en se fondant sur la distinction entre vœu et volonté de faire du monarque un élément de la souveraineté et Mounier pourra écrire : « La volonté de la nation Française se formera par le concours des volontés de son Roi et de ses représentants. » (*Considérations*, p. 27) ce qui nous paraît difficilement conciliable avec une défense du véto au nom de la séparation des pouvoirs.

111. *Arch. parlem.* T. VIII, p. 543 - 2 Sept. 1789.

montable aux entreprises de la puissance législative sur la puissance exécutrice, à l'invasion, à la confusion des pouvoirs, par conséquent au renversement de la constitution et à l'oppression du peuple. »

Et il cite en note, à propos de ce passage, le fameux texte de Montesquieu :

« Si la puissance exécutrice n'a pas le droit d'arrêter les entreprises du corps législatif, celui-ci sera despotique [112]. »

Cet accord de pensée est frappant, nous sommes en face d'une véritable doctrine du régime représentatif dont Delolme semble bien être l'auteur, et qui peut se réclamer à la fois de Rousseau et de Montesquieu. Et donc, pour faire apparaître les différences qui séparent Necker des Monarchiens, nous n'aurions qu'à recommencer la démonstration déjà faite à propos de Delolme. Rien n'est plus trompeur que la communauté de leur admiration pour la constitution anglaise, car elle repose sur des arguments exactement antithétiques, sur des interprétations rigoureusement contradictoires, qu'il s'agisse des rapports qu'entretiennent Couronne et Parlement ou de la signification du régime représentatif.

Sur ce dernier point, l'opposition entre Necker et Mounier est particulièrement flagrante. Il faut et il suffit pour ce dernier que les non-possédants élisent les possédants pour que le bonheur de tous soit assuré et, plein d'un louable optimisme, il se déclare convaincu que : « par la représentation, il s'établit des liens de fraternité entre les riches et ceux qui sont obligés de travailler pour leur subsistance [113]. »

Cet état d'esprit nous semble caractéristique de la mentalité bourgeoise. Pris entre le désir d'assurer à sa classe les leviers de commande et celui de rester fidèle à l'idéal rousseauiste du respect de la volonté populaire, Mounier trouve dans le système représentatif le moyen d'apaiser sa conscience et de satisfaire ses intérêts. Il suffira d'améliorer sur ce point la Constitution anglaise pour que tout soit pour le mieux dans le meilleur des mondes, et l'étiquette de démocratique pourra idéologiquement être accolée à une constitution qui pratiquement assurera le triomphe des notables avec le résultat que l'on imagine.

Reconnaissons sur ce point-là, la lucidité de Necker et sa franchise. Tirant logiquement la conséquence d'une inéluctable division et opposition des classes, son désir est d'éliminer le plus possible la multitude de la vie politique et les abus même de la Constitution anglaise, grâce auxquels la part du peuple dans la désignation des membres de la Chambre des Communes a été considérablement restreinte, lui apparaissent comme éminemment bénéfiques ; ainsi se réalise, sous le couvert d'élections en apparence populaires, cette

---

112. *Arch. parlem.* T. VIII, p. 522 - 31 Août 1789.
113. *Considérations*, p. 12.

cooptation des riches entre eux qu'il considère comme la meilleure des formules. La Chambre des Communes doit constituer un club moins fermé que la Chambre des Lords, mais elle doit rester également close sur elle-même.

Illusion lyrique ou hypocrisie plus ou moins consciente, il était tentant sans doute pour la bourgeoisie française de confondre sa cause avec celle du Tiers-Etat tout entier, tentant pour Mounier de se bercer et de bercer ses contemporains de l'espoir de ces liens de fraternité que la représentation ne manquerait pas de créer entre les riches et les pauvres. Necker au contraire, reste toujours lucide et la Constitution anglaise n'est pour lui un modèle que dans la mesure où elle représente l'ensemble d'institutions le mieux conçu pour assurer la soumission de la multitude à un pouvoir fort, contrôlé par les notables.

# CHAPITRE IV

# LES ÉTATS-UNIS D'AMÉRIQUE

Les constitutions américaines vont permettre à Necker de préciser sa théorie du pouvoir et de nous montrer comment, tout en restant fidèle à ses principes, le partisan de la monarchie tempérée quand il s'agit d'un grand Etat européen, peut trouver le régime républicain parfaitement justifié quand il s'agit du Nouveau-Monde.

Pour un esprit comme le sien, soucieux avant tout d'autorité, ce régime se présente avec un redoutable handicap. Les citoyens étant égaux et les magistrats élus, l'élément de magie que comportaient les institutions monarchiques disparaît *ipso facto*. La sacralisation du pouvoir devient impossible. Ceux qui commandent n'ont pas d'autre autorité que celle que leur ont conférée leurs concitoyens, ils ne sont pas d'une essence différente de leurs administrés, ce sont des hommes comme les autres et ainsi s'évanouit le halo mystérieux dont est entourée la personne du monarque. Le pouvoir n'est plus fondé qu'en raison. Pour obtenir l'obéissance, les chefs d'une République ne peuvent compter que sur le respect qu'inspire la loi, loi que les membres de la communauté se sont donnée à eux-mêmes et dont ils ont confié l'application aux magistrats qu'ils ont choïsis. Aussi, pour faire règner l'ordre, ces magistrats se trouvent-ils par rapport à un roi dans un état d'infériorité manifeste, il leur manque un des moyens d'action les plus puissants qu'on puisse concevoir pour agir sur la foule, le recours à l'irrationnel leur est interdit. Cette difficulté, qui est le propre de toutes les Républiques, est d'autant plus aiguë que l'Etat est plus étendu et qu'avec l'augmentation de la superficie et de la population, la tâche du pouvoir devient de plus en plus lourde.

Les Etats-Unis échappent toutefois, par une chance exceptionnelle à ce désavantage, pour une première raison qui est d'ordre économique et social : leur situation d'Etat naissant.

« Une terre encore neuve offre au travail les plus riches récompenses, et sa vaste étendue appelant de tous côtés les cultivateurs, la dispersion des habitations assujettit la plupart des Américains à chercher leur bonheur dans la vie domestique, cette source constante de tous les sentiments doux, de toutes les affections pures, et la meilleure école des mœurs [1]. »

Les Etats-Unis se trouvent dans la situation décrite par Rousseau dans le *Discours sur l'inégalité parmi les hommes*, et que connut l'humanité avant l'achèvement du peuplement de la terre. Pour conquérir l'indépendance économique et échapper à la condition de salarié, il suffit d'aller plus loin vers l'Ouest et de se tailler sa part dans les terres vierges que tient en réserve l'immense continent américain [2]. Les rapports entre l'offre et la demande sur le marché du travail ne sont donc plus les mêmes et, en conséquence, la loi d'airain des salaires cesse de jouer.

> « Il n'est pas un seul Américain peut-être, même dans les dernières classes de la société, qui ne sache lire, écrire, chiffrer, et qui n'ait eu le temps d'apprendre et de retenir les premiers principes de la religion et de la morale. Et lorsqu'un marchand, un artisan, ou tout autre citoyen industrieux prend à son service un jeune homme sans fortune, il entre dans leurs engagements mutuels, que le domestique ou l'apprenti sera mis en état, par son maître, d'acquérir dans un petit nombre d'années, les instructions élémentaires que je viens d'indiquer. Or, un tel genre de contrat ne peut exister que dans un pays où, par la grande étendue des occupations offertes à l'industrie, et par le nombre encore limité des habitants, le travail est assez estimé pour autoriser les hommes de toute espèce de professions à consacrer, dès leur jeunesse, une portion de leur temps à l'étude des connaissances étrangères aux devoirs particuliers de leur état [3]. »

L'inégalité sociale et l'antagonisme de classe sont ainsi beaucoup moins poussés qu'en Europe où sur des territoires entièrement occupés depuis longtemps, la croissance démographique permet aux propriétaires de profiter pleinement de la position de force qui est la leur, vis-à-vis de la main-d'œuvre qu'ils emploient.

A cette structure économique particulière, s'ajoutent d'autres traits qui lui sont intimement liés : pureté des mœurs, influence de la religion, absence de concentration urbaine, habitat dispersé dans la campagne. Dans ces conditions, la tension sociale étant très faible, les risques d'une mise en question de la propriété sont nulles, l'ordre peut être facilement assuré et la nécessité d'un pouvoir fort se fait beaucoup moins sentir. Les Etats-Unis qui bénéficient de tous les avantages d'un Etat naissant peuvent, adopter sans danger les institutions républicaines.

---

1. P. ex. VIII. 323. Pour l'image que l'on se fait de l'Amérique en France à la fin du XVIII⁽ᵉ⁾ siècle. Cf. l'ouvrage de D. Etcheverria. *Mirage in the West.* Princeton 1947.
2. Cf. les expériences d'un pionnier racontées par St John Crèvecœur dans ses *Letters from an American farmer*, en particulier le chap. intitulé : What is an american ?
3. P. ex. VIII. 325-326. Pour la question du salaire Cf. *Le Voyage de M. le marquis de Chastellux dans l'Amérique septentrionale dans les années 1780, 1781, et 1782.* p. 178.

Il le peuvent aussi, pour une autre raison d'ordre politique : le système fédéraliste qu'ils ont adopté, et dont l'ingéniosité fait l'admiration de Necker. Grâce à lui s'effectue une répartition judicieuse des responsabilités et des tâches entre les gouvernements des Etats et le gouvernement central. Des deux, c'est ce dernier qui a le plus besoin d'être fort puisqu'il a sous son autorité le pays tout entier, mais fort heureusement, les fonctions qui lui incombent usent moins le pouvoir que celles qui reviennent aux gouvernements locaux, lesquels de leur côté sont plus à même d'y faire face puisque le domaine de leur autorité est limité à l'étendue et à la population d'un seul Etat :

> « Ainsi donc, par un effet du partage politique établi en Amérique, le gouvernement difficile, celui de tous les jours et de tous les instants, celui qui doit se prendre aux diverses passions des hommes et combattre leurs résistances, ce gouvernement est remis à une autorité dont les obligations sont circonscrites par les limites mêmes de la domination à laquelle ces devoirs sont applicables ; et le seul gouvernement dont la surveillance s'étende aux intérêts de toute l'Amérique, a été rendu facile par la nature des fonctions qui lui ont été réservées [4]. »

et Necker résume ainsi les avantages de cette combinaison :

> « Tous est en support de l'égalité dans cet ingénieux système, puisque l'autorité particulière de chaque état se rapporte à un petit nombre d'hommes et l'autorité universelle du congrès à un petit nombre d'intérêts [5]. »

Il ne manque pas d'insister à ce propos sur la sagesse des citoyens du Nouveau Monde qui, à l'inverse des gouvernements d'Europe toujours avides d'étendre leur puissance,

> « ont manifesté l'intention où ils étaient de diviser un état particulier en deux gouvernements, à l'époque où sa population aurait pris un grand accroissement ; et ils ont déjà réalisé ce projet. Ils ont, en quelque manière, évalué, mesuré l'étendue des devoirs auxquels une autorité peut suffire sans aucune violation de la liberté, sans aucune atteinte au principe de l'égalité, et ils n'ont cherché la force que par l'union fédérale [6]. »

Necker se fait une image en quelque sorte quantitative du pouvoir ; les institutions de la monarchie tempérée fournissent la mesure nécessaire pour un grand pays évolué, l'adoption d'institutions républicaines en éliminant l'élément de magie entraîne une déperdition considérable d'autorité. Cette perte est compensée dans le cas des Républiques américaines grâce à deux circonstances : l'une de caractère économique, la condition d'Etat naissant, l'autre de caractère politique, le fédéralisme, et c'est pourquoi le régime qu'elles ont choisi se justifie parfaitement dans leur cas particulier.

---

4. P. ex. VIII - 339. Cf. encore R.F. X. 260.
5. *Ibid.*, 261.
6. R.F., X, 264.

C'est en se fondant sur cette analyse que Necker, toujours fidèle au fond du cœur à la monarchie, acceptera cependant d'envisager la solution républicaine pour la France. A mesure que les années passeront et que l'espoir s'amenuisera de voir revenir les Bourbons sur le trône, il sera de plus en plus enclin à proposer un fédéralisme à l'américaine, seul régime qui, dans le cas d'un grand pays puisse concilier le principe de l'élection et le principe d'autorité [7].

Necker ne s'en tient pas aux idées générales que nous venons de présenter, il pousse plus loin son examen des institutions fédérales et des constitutions propres à chaque Etat, avec le souci d'y trouver dans un cadre tout à fait différent de celui d'une grande monarchie, la confirmation de ses idées sur le pouvoir. Il souligne, en particulier, le soin pris par les Américains de renforcer par tous les moyens possibles, l'autorité du président de la fédération [8]. Il ne saurait être question de retrouver la magie monarchique, mais le droit de grâce, les égards [9] et même une certaine gradation contribuent à faire de lui un personnage hors du commun :

> « Je ne puis terminer le parallèle que j'ai entrepris sans mettre au rang des grandes facilités assurées au pouvoir exécutif des Etats-Unis une circonstance très remarquable, c'est l'heureuse distance où se trouvent tous les chefs d'un gouvernement fédératif du premier mouvement des passions individuelles : mouvement toujours dangereux, et dont ils sont garantis par l'interposition des autorités qui exercent dans chaque Etat particulier les devoirs habituels de la souveraineté. Cette heureuse distance maintiendra longtemps dans son intégrité la considération du congrès ; et peut-être que le trait

---

7. A la lecture de ces textes, point n'est besoin de se demander, comme le fait un peu naïvement R. Rémond : (Les Etats-Unis devant l'opinion française 1815-1882, p. 636) où Mme de Staël avait puisé ses connaissances du système politique américain et son admiration pour ce pays. C'est tout simplement chez son père. Quand elle écrit en 1792 : « Il n'y a de république possible dans un grand Etat que la république fédérative et... l'unité de l'empire ne peut exister qu'avec un roi. » (Oe. c. XVI, 318.), elle ne fait que résumer la pensée de l'auteur *du Pouvoir exécutif dans les grands Etats*.

8. Cf. B. de Jouvenel : Dans leur premier mouvement, d'autant plus compréhensible que le pouvoir exécutif avait été jusqu'à l'insurrection, exercé par des gouvernements nommés en Angleterre, les insurgents avaient eux aussi cherché l'abaissement du pouvoir exécutif, mais bien vite ils en avaient constaté les graves inconvénients et trouvé que l'Etat de New York où de grands pouvoirs étaient laissés au gouverneur offrait avec les autres un contraste avantageux. C'est sous l'empire de ces constatations qu'ils allaient constituer la présidence des Etats-Unis telle que nous la voyons encore. » B. de Jouvenel : *Du Principat*. Revue française de science politique. Déc. 1964, p. 1053 ss. Cf. Thach (Charles) : The creation of the presidency 1775-1789, a study in Constitutional history.

9. « Tous les honneurs aussi sont réservés à ce premier magistrat des Etats-Unis ; seul il donne audience aux ambassadeurs et aux ministres étrangers ; il entre au milieu du corps législatif avec le plus grand cortège ; et loin que sa dignité extérieure soit exposée à tous les petits harcèlements dont notre enfance politique se fait encore une gloire, les Américains se plaisent à respecter dans le chef de leur union la majesté d'un peuple libre. » P. ex. p. 354.

de génie de toutes les institutions fédératives, c'est d'élever au milieu de plusieurs gouvernements une puissance suprême qui, sans
aucune connexion avec les prétentions hostiles et journalières dont
ces gouvernements ont à se défendre, apparaît d'une manière imposante lorsque les événements rendent son intervention nécessaire [10]. »

Sans doute, le président ne bénéficie-t-il pas de l'inviolabilité. « Le
chef des Etats-Unis peut être traduit en jugement devant le sénat,
par une accusation de trahison, ou d'autre crime capital, intentée au
nom de la chambre des représentants. » Mais, pense Necker, dans ce
cas particulier : « il faut des circonstances si rares et si peu vrai-
semblables pour ramener la pensée vers un tel genre de franchise
ou d'assujettissement, qu'il n'en résulte ni aide ni contrainte pour
le Pouvoir exécutif [11] ».

Quant aux prérogatives habituelles du chef du gouvernement, elles
lui ont été généreusement accordées : le président dispose, d'accord
avec le Sénat de la nomination de tous les fonctionnaires fédéraux ;
toujours avec le consentement du Sénat, il a le droit de conclure les
traités ; c'est lui enfin qui commande la milice et qui serait le chef
des armées de terre et de mer en cas de guerre. Il participe aussi,
bien entendu, au pouvoir législatif : « La sanction du président est
nécessaire au complément des lois. » Et Necker nous explique le
fonctionnement de cette sanction qui lui paraît bien préférable au
veto suspensif français car elle permet au président d'éclairer en
même temps le corps législatif et la nation sur les motifs de son éventuel refus [12].

Parmi les éléments qui contribuent le plus efficacement à asseoir
l'autorité du président, figure, et Necker ne l'ignore pas, son élection
directe par le peuple. Mais pour le coup, notre auteur se montre
assez réticent. Il admet à la rigueur cette disposition dans le cas
d'un pays de trois ou quatre millions d'habitants, mais il ne saurait
en être question pour une nation de vingt millions d'hommes comme
la France :

---

10. P. ex. VIII, 361.
11. *Ibid.*, p. 357.
12. « Le bill ou le décret, revêtu de l'approbation de deux chambres,
doit être présenté au président du congrès, et s'il refuse d'y donner son
consentement, il est tenu d'expliquer ses motifs par écrit. Les deux
chambres, toujours assemblées séparément, en prennent connaissance,
et il faut que les deux tiers des opinans, dans chacune de ces chambres,
donnent de nouveau leur suffrage au bill proposé pour rendre nulle
l'opposition du président des Etats-Unis. Je dois ajouter que les noms
de opinans, par oui ou par non, doivent être inscrits sur le registre
journal de chaque chambre, et l'on doit y inscrire pareillement en entier
les objections du président qui ont formé l'objet de la délibération.
On sent aisément combien il est peu vraisemblable qu'un mémoire d'observations de ce président, le chef suprême du pouvoir exécutif, n'entraîne
pas les voix d'un tiers des membres de l'une ou l'autre chambre ; et l'on
aperçoit aussi quelle force de considération peut obtenir le président,
en défendant la raison à haute voix, et en s'expliquant noblement et
convenablement. » P. ex. p. 347.

> « Il faudrait une stature colossale, une stature visible de partout, une stature qui n'existe point, pour rendre possible et pour rendre durable l'élection du chef amovible d'un royaume tel que la France; et dans tous les pays les hommes propres à réunir les suffrages d'une nation sont parsemés çà et là sur la route des siècles [13]. »

D'autre part, on sent chez lui, une instinctive méfiance devant les dangers et les abus possibles de la puissance mise entre les mains d'un homme par cette élection populaire, d'où pourrait sortir le plus redoutable despotisme, les plus graves désordres

> « si l'on quittait les idées réelles pour se livrer à la discussion de toutes les chances possibles, ce n'est pas au rang des moins vraisemblables que l'on devrait placer les divers dangers inséparables d'un gouvernement républicain, et les excès inouïs dont il pourrait être l'origine, au milieu d'un pays tel que la France [14]. »

Tout bien considéré, ce procédé de l'élection directe lui apparaît comme une disposition inquiétante et si elle a pu être bénéfique au début grâce à la personnalité hors série d'un homme comme Washington, il fait toutes les réserves pour l'avenir et ne cache pas sa préférence pour le principe de l'hérédité monarchique.

En ce qui concerne l'organisation du pouvoir législatif, Necker insiste surtout sur les avantages du bicaméralisme institué par les Américains. Il énumère les procédés employés pour différencier les deux Chambres et pour faire du Sénat, celle qui va représenter la sagesse et la pondération, résultat dû surtout au fait que :

> « Les sénateurs doivent leur élection au vœu réfléchi du corps légis-latif de chaque Etat d'Amérique : circonstance très essentielle puis-que le caractère éprouvé des électeurs, la connaissance qu'ils ont acquise des difficultés du gouvernement, et l'intérêt qu'ils ont déjà par leur place au maintien de la considération des hommes publics, sont autant de conditions qui assurent la circonspection de leur choix [15]. »

A propos du Sénat, Necker insiste sur la disposition constitution-nelle qui oblige le Président à obtenir son consentement pour la nomination des fonctionnaires et pour la signature des traités, pro-cédé original qu'il juge fort habile pour permettre à l'organe de contrôle de surveiller efficacement le pouvoir dans ses fonctions d'exécution, et il profite de cette occasion pour partir une fois de plus en guerre contre le principe de la séparation des pouvoirs :

> « Le concert avec le Sénat, dont on a fait un devoir au président général associe à l'administration, unit à ses intérêts l'une des deux chambres dont le Congrès américain est composé ; et il doit résulter d'une telle disposition, une harmonie plus parfaite et plus assurée entre le gouvernement et le pouvoir législatif.

---

13. P. ex. VIII, 398.
14. *Ibid.*, p. 400.
15. P. ex. VIII, 344.

> Cette vue est l'idée originale de l'organisation du Congrès dans ses rapports avec l'administration suprême ; elle fait même exception au principe commun de la séparation des pouvoirs. Qu'importe, si cette exception atteint de plus près au bien général [16]. »

Les constitutions propres à chaque Etat, par contre, ne lui procurent pas autant de satisfaction que les institutions fédérales, surtout en ce qui concerne le pouvoir exécutif. Les fonctionnaires des divers services publics, justice, police, finances, sont tantôt nommés par lui comme Necker le désire, tantôt élus par des assemblées du peuple ce qui ne peut guère lui convenir. Il est surtout un point capital où ces constitutions sont en contradiction formelle avec sa théorie c'est lorsque, fidèles à la règle de la séparation des pouvoirs, elles interdisent à l'exécutif toute participation au législatif :

> « Il existe cependant une exception pratique aux principes établis dans ce chapitre ; car le plus grand nombre d'Etats particuliers de l'Amérique n'ont accordé, ni droit de sanction, ni droit d'opposition à leur Pouvoir exécutif, et la volonté réunie des deux chambres dont leur corps législatif est composé, suffit pour la formation des lois [17]. »

mais Necker fait remarquer que

> « Cette disposition constitutionnelle n'a été adoptée, ni par la Nouvelle-Yorck, ni par la Nouvelle-Angleterre, ni par la Géorgie ; et lors même qu'on n'en éprouverait aucun inconvénient, elle ne ferait pas autorité, à cause des circonstances particulières. »

et il insiste longuement sur ces circonstances particulières qui excusent Outre-Atlantique cette dérogation aux principes qu'il a posés :

> « ...La législation des Etats particuliers de l'Amérique se trouve... bornée au règlement de leurs affaires intérieures, et avec cette circonscription, avec l'appui des principes d'ordre et de morale encore en autorité dans ces petits Etats, tous les genres de gouvernement libre pourraient suffire à leur administration. Il faut d'ailleurs observer que, dans une société où il règne non seulement une égalité de fait, mais encore une égalité d'opinion, les députés au corps législatif ont une communication habituelle et familière avec le chef du Pouvoir exécutif ; communication qui remédie aux inconvénients attachés à l'entière séparation établie entre les deux pouvoirs. Enfin, supposons comme il est dans l'ordre des choses, que ces Etats particuliers s'agrandissent, que les intérêts s'y compliquent, que les mœurs s'y affaiblissent ; que les inimitiés s'y introduisent, que les divisions politiques s'y fomentent, alors j'oserais le prédire, on verra que le pouvoir législatif et le pouvoir exécutif entreront en querelle ; on les verra du moins se désunir, si l'un donne à l'autre sa tâche, sans qu'il y ait entre les deux, ni relation, ni concours d'opinions et de volonté [18]. »

Nous avons cité ce long texte pour montrer tout le prix que Necker attache à la règle de l'unité du pouvoir.

---

16. *Ibid.*, p. 352.
17. *Ibid.*, p. 410.
18. *Ibid.*, p. 410-411.

Par contre, sur un autre point qui lui est également cher, celui du bicaméralisme, il est heureux de pouvoir souligner la sagesse des législateurs américains :

> « La disposition politique la plus importante, et en elle-même et dans son rapport avec le pouvoir exécutif, c'est la constitution du corps législatif en une ou en deux chambres ; j'ai développé plusieurs fois cette vérité. Cependant, entre les divers Etats particuliers dont la fédération de l'Amérique est composée, il n'en existe que deux, la Géorgie et la Pensylvanie, où le système d'une chambre unique ait été adopté [19]. »

Il prend même la peine d'ajouter « une note par appendix » à la fin de *Du Pouvoir exécutif*, pour signaler une modification survenue depuis l'impression de l'ouvrage, dans la constitution de l'Etat de Pensylvanie : « On y a aboli la cour des censeurs et l'on a composé le corps législatif de deux Chambres au lieu d'une [20]. »

Il n'était pas possible de traiter des constitutions américaines sans parler de la fameuse *Déclaration d'indépendance*. Ce sera pour Necker l'occasion de faire une véritable profession de foi de relativisme et d'opposer dans un très beau texte au droit naturel selon la nature de l'homme le droit naturel selon la nature des choses.

> « La déclaration des droits des Américains se trouvait à la tête de leur code constitutionnel ; et nous avons dès lors regardé cette déclaration comme le commencement, en quelque manière, de leur nature politique, tandis qu'elle en était plutôt l'extrait et le résultat. Leur position continentale, le genre de leurs relations extérieures, leurs mœurs, leurs habitudes et les limites de leur fortune, toutes ces grandes circonstances qui déterminent le génie d'une nation, existaient avant leur déclaration des droits ; ainsi, leur profession de foi s'est trouvée, comme toutes les paroles doivent l'être, dans la dépendance des choses, et dans une juste harmonie avec l'empire absolu des réalités. Nos législateurs, cependant, ont vu cette déclaration des droits, comme la cause efficiente de la liberté des Américains, et comme un principe universel de régénération, qui pouvait convenir également à toutes les nations. Aussi, sans prendre en considération la nature morale et physique du royaume de France, sans réfléchir qu'une déclaration des droits de l'homme. remise entre les mains d'un peuple, était une arme offensive, ou au moins une sorte d'émancipation politique, dont l'acte solennel exigeait beaucoup de ménagements, ils ont dépassé les Américains mêmes ; et n'observant aucune mesure, ils ont soumis la marche grave et circonspecte du législateur à des amplifications de philosophie [21]. »

Comme Montesquieu, Necker voit dans le législateur non pas celui qui définit a priori, en fonction des exigences de sa raison ou de son cœur, les lois auxquelles doivent obéir les citoyens d'un Etat, mais celui qui lit dans les réalités existantes, dans les conditions de vie faites à une nation les institutions qui lui sont le mieux adaptées. Il

---

19. *Ibid.*, p. 366.
20. *Ibid.*, p. 601.
21. P. ex. VIII, p. 320-321.

faut avoir conscience de la dépendance où nous sommes des choses, de l'empire absolu des réalités, et accepter de nous y soumettre. Mais, à la différence de Montesquieu, entre tous les éléments du réel, ce n'est pas le climat, le terrain ou la dimension de l'Etat qu'il invoque comme facteur déterminant, mais les structures économiques et sociales, l'existence des classes et leurs rapports entre elles ; voilà les phénomènes privilégiés à partir desquels tous les autres s'expliquent.

Son adhésion à la déclaration des droits des Américains et sa protestation contre celle que les Constituants ont mise comme préambule à leur Constitution, bien loin de trahir une contradiction dans sa pensée, en montre au contraire la parfaite cohérence. Les députés français ont puisé leur science dans les écrits théoriques, avant tout dans le *Contrat social*, et ils ont pensé qu'il suffirait de proclamer solennellement des principes pour que naquit un monde conforme à leurs désirs, oubliant qu' :

> « on ne saurait user de tricherie avec la nature des choses ; et comme il en est une aussi appartenante aux relations sociales, c'est contre elle que tous les systèmes, toutes les habiletés, toutes les feintes échoueront sans cesse. On peut la violenter, cette nature, on peut la combattre pendant quelque temps, mais elle ne tarde pas à reprendre sa force et son empire [22]. »

Necker restera convaincu jusqu'à sa mort, que tous les évènements qui s'étaient succédés au cours de la Révolution, avaient pour origine une première et fondamentale erreur, un idéalisme politique dont la France continuait à payer le prix. Heureux les Anglais, heureux les Américains, qui n'étaient pas restés aveugles devant d'évidents rapports, et avaient su modeler leurs institutions d'après « la nature des choses ».

---

22. P. ph. X, 397.

CHAPITRE V

# LA MONARCHIE D'ANCIEN RÉGIME

On pourra s'étonner que le partisan convaincu d'une monarchie à l'anglaise ait pu si aisément accepter de se mettre au service de Louis XVI, et l'on ne manquera pas d'y voir la preuve d'un opportunisme foncier et d'une ambition sans scrupules idéologiques. En fait, malgré les apparences, il n'y avait pas de véritable contradiction entre la doctrine politique de Necker et le système de gouvernement pratiqué en France dans la deuxième moitié du XVIIIᵉ siècle ; la monarchie française comme la monarchie anglaise correspondaient chacune à leur manière à la conception qu'il se faisait du pouvoir, en satisfaisant aux deux conditions essentielles qu'il a toujours posées : la force, mais la force contrôlée.

En ce qui concerne la première de ses exigences, ses désirs n'auraient pu être mieux comblés, le roi, entouré d'un immense prestige et réunissant entre ses mains l'exécutif et le législatif disposait d'une inégalable puissance. Bien loin de la contester, on peut dire qu'en un certain sens, Necker plus royaliste que bien de ses contemporains, en étend les limites. Il se refuse en effet à faire du dépositaire de l'autorité un simple garant de l'institution de la propriété ; il lui reconnaît, au contraire, le droit d'intervenir en permanence dans la vie économique, au risque de limiter les privilèges du propriétaire. Adversaire résolu de la neutralité tant prônée par la pensée libérale de son temps, qui ramène le rôle du pouvoir à une fonction de simple police, Necker insiste longuement dans l'introduction à *De l'administration des Finances de la France*, sur la place que doit tenir dans les préoccupations du gouvernement ce que nous appellerions aujourd'hui la politique sociale.

> « L'attention continuelle à l'intérêt du peuple est de toutes les obligations celle dont les rapports ont le plus d'étendue et ce principe considéré comme une simple règle de conduite suffirait peut-être pour éclairer à chaque instant les pas d'un administrateur... et certes au milieu des passions de ceux qui gouvernent le monde il est encore heureux que les intérêts de leur ambition s'accordent avec leurs devoirs et que le sort de cette classe nombreuse de

leurs sujets qui vit du travail de ses mains ait un rapport évident avec leur puissance [1]. »

L'autorité royale, minée par le libéralisme de Turgot est ainsi singulièrement raffermie par l'interventionnisme de Necker et, en se refusant à admettre des domaines interdits, le Genevois apparaît comme un défenseur plus intransigeant du pouvoir que les propriétaires terriens s'insurgeant contre la réglementation du commerce des grains, les parlementaires qui prennent leur défense et les économistes qui leur apportent l'appui de leur « système ».

Devant cette autorité, si forte qu'elle soit, Necker n'éprouve cependant aucune inquiétude et il ne redoute nullement de la voir dégénérer en despotisme. Il considère que la monarchie française mérite le nom de monarchie tempérée. Pour justifier son opinion, il n'ira pas invoquer les lois constitutionnelles du royaume, les privilèges des corps intermédiaires, les prérogatives de la noblesse, les franchises locales ; il n'a que très peu de sympathie, nous le verrons, pour ce genre de libertés et les Parlements en particulier lui inspirent une profonde méfiance. Ce n'est pas à Montesquieu qu'il va demander le secret des procédés qui empêchent une monarchie de se transformer en tyrannie. Résolument moderne, il se désintéresse de cet héritage de traditions qu'il considère comme une survivance d'âges révolus. Il ne conçoit la limitation de l'absolutisme que sous la forme d'un contrôle exercé par la nation toute entière, ou tout au moins par ses citoyens les plus éclairés, et il estime que ce contrôle existe, représenté par une puissance nouvelle sans doute, mais extrêmement efficace : l'opinion publique, dont il pense qu'elle est devenue à la fin du XVIIIᵉ siècle un élément capital de la vie du pays.

> « La véritable balance du pouvoir suprême en France n'existait pas dans l'organisation du gouvernement, elle était tout entière dans l'autorité de l'opinion publique ; autorité dont la force s'était accrue avec le progrès des lumières et de l'esprit de sociabilité. Aussi, quand on veut présenter sous son plus bel aspect l'ancien gouvernement français, on ne doit pas arrêter les regards sur les faibles barrières opposées au pouvoir arbitraire par la constitution de l'Etat ; il faut le montrer environné tel qu'il l'était ; surtout dans les temps modernes, environné de cette opinion publique qui, sans lois écrites, sans aucune supériorité légale, servit de modérateur à tous les genres d'excès, et rendit à la nation de si grands services [2]. »

Comment d'ailleurs n'aurait-il pas été le premier convaincu de son influence alors qu'elle avait si heureusement favorisé la réussite de

---

1. A.F. IV, 70.
2. R.F. X, 281-282. Cf. encore A.F. IV, 51-52 : « La plupart des étrangers, par des motifs différents, ont peine à se faire une juste idée de l'autorité qu'exerce en France l'opinion publique ; ils comprennent difficilement ce que c'est qu'une puissance invisible, qui, sans trésor, sans gardes et sans armée, donne des lois à la ville, à la cour, et jusque dans le palais des rois. »

sa carrière. Sans doute, avait-il été appelé au pouvoir par la réputation qu'il s'était faite dans les questions financières et les services qu'il avait rendus à la monarchie sur le plan professionnel, mais le salon de Madame Necker, la fréquentation des philosophes, le soin mis à entretenir des relations avec les plus brillants représentants de l'intelligence française lui avaient permis d'apparaître aussi comme le candidat des gens éclairés dont les capacités et l'envergure dépassaient largement celles d'un banquier si habile qu'il fût, et il s'était vu lui, Suisse et protestant, devenir l'un des hommes les plus importants du royaume.

Pragmatique par tempérament, toujours partisan des « moyens lents, doux et sages », des solutions de compromis, Necker n'avait aucune raison de se trouver mal à l'aise dans un régime qui, à sa manière, réalisait les deux conditions auxquelles doit satisfaire le Pouvoir. Il est tellement convaincu du caractère original que cette influence confère à la monarchie française qu'il se croit en droit, pour cette raison, non seulement de l'opposer aux formes habituelles du despotisme, mais de la comparer à la monarchie anglaise elle-même pour souligner les avantages du contact direct qui s'établit ainsi entre gouvernants et gouvernés. Parlant de l'encouragement qu'un ministre des Finances peut trouver dans la faveur de l'opinion publique :

> « C'est en France surtout, écrit-il, qu'un administrateur des finances peut obtenir cette espèce de sentiment. Le ministre qui remplit en Angleterre les mêmes fonctions, semble exécuter simplement les délibérations nationales ; et l'orateur éloquent de la chambre des communes acquiert souvent plus de droits que lui à l'amour et à la reconnaissance des peuples. Aussi est-ce bien moins par la conduite des finances, que par l'art de persuader, et par le talent de résister aux partis sans cesse renaissants de l'opposition, que les grands ministres d'Angleterre ont acquis de la renommée et fixé les regards publics.
> Si l'on considère pareillement ce qui doit se passer dans les pays despotiques on retrouvera que le ministre des Finances n'y peut être encouragé que par les regards et par l'approbation du monarque : l'esprit national affaibli par la crainte, ne laisse pas au peuple l'essor nécessaire pour examiner, applaudir ou critiquer les lois qui les intéressent. Ce n'est donc peut-être qu'en France où, par un mélange heureux de liberté, de sensibilité et de lumières, et par le souvenir de tant de maux dus à l'administration des Finances, le bon ministre peut jouir à chaque instant du fruit de ses travaux [3]. »

La France n'a pas de constitution mais paradoxalement, c'est presqu'un avantage pour l'administrateur qui dialogue ainsi plus directement avec la nation sans cet écran que peut constituer une assemblée représentative, un Parlement dont l'opinion publique fournit un équivalent très satisfaisant. Aussi Necker, au cours des années qu'il passera au pouvoir va-t-il s'efforcer d'accentuer ce caractère de régime « para constitutionnel » ou « préconstitutionnel » qui est

---

3. A.F. IV, 20.

celui de la monarchie française, en rendant ce dialogue toujours plus animé, toujours plus efficace et c'est ainsi que s'expliquent la politique d'information et la politique de décentralisation qu'il a systématiquement poursuivies.

## I. — LA POLITIQUE D'INFORMATION

Pour réaliser pleinement ce type original de gouvernement et pour donner son plein effet à cette « puissance invisible qui, sans trésor, sans gardes et sans armée, donne des lois à la ville, à la cour, et jusque dans le palais des rois », Necker, à juste titre, estime que le premier devoir du pouvoir est d'informer le public, de mettre à sa disposition tous les renseignements qui lui permettront de porter sur l'action gouvernementale un jugement motivé.

A cet égard, depuis déjà longtemps, sa toute-puissante Majesté manifestait implicitement le besoin de justifier ses décisions par un autre argument que celui de son bon plaisir, et les préambules d'édit avaient pour but d'expliquer à ses peuples les raisons des lois nouvelles. Necker ne manque pas de souligner l'intérêt de cette pratique et de lui attribuer sa pleine signification :

> « Les préambules d'édit sont une forme particulière au gouvernement français. Ailleurs, et sous l'empire du despotisme, on dédaigne d'instruire ou on craint d'habituer les sujets à réfléchir ou à raisonner ; et dans les pays de liberté tels que l'Angleterre toutes les lois nouvelles étant discutées dans une assemblée des députés de la nation, les peuples sont éclairés ou censés l'être au moment où ces lois sont déterminées ; et chacun peut en connaître les motifs dans le recueil des débats parlementaires ou dans les papiers publics.
> Mais en France, où ces assemblées nationales n'existent point, où les lois du prince ont besoin cependant de l'enregistrement des cours souveraines ; en France, où le pouvoir conserve les égards pour le caractère national et où les ministres eux-mêmes sentent à chaque instant qu'ils ont besoin de l'approbation publique, on a cru essentiel d'expliquer le motif des volontés du monarque lorsque ces volontés se manifestent au peuple, ou par des édits ou par de simples arrêts du conseil du prince. Ce soin si politique et si juste est surtout applicable aux lois de finances : les principales dispositions de cette administration sont nécessairement exposées à différentes interprétations ; et comme elles ont en vue l'avenir autant que le présent, elles seraient longtemps, pour la multitude, une espèce d'hiéroglyphe, si l'on négligeait d'en expliquer les motifs [4]. »

Toutefois, si louable qu'en fût le motif, le préambule d'édit pouvait malheureusement servir aussi à dissimuler les véritables intentions d'un ministre derrière une présentation habile et spécieuse.

---

4. A.F. IV, 57. C'est à juste titre qu'A de Staël a fait figurer dans les œuvres complètes de son grand-père, les textes des édits de son administration, il les a rédigés de sa main avec le plus grand soin.

Aussi Necker est-il particulièrement fier d'une innovation dont il porte seul la responsabilité et qu'il considère, avec l'établissement des assemblées provinciales, comme son plus beau titre de gloire : c'est la publicité apportée à l'état des finances du royaume. En étalant au grand jour dans le fameux *Compte Rendu au Roi*, les mystères long-temps cachés de la plus importante et de la plus secrète des adminis-trations, il révèlait des chiffres dans toute leur nudité, il fournissait des informations à l'état pur. Par la simple publication d'un bilan qu'il avait bien l'intention de rendre périodique et toujours plus complet, il estimait à juste titre avoir apporté une transformation profonde dans l'esprit de la monarchie et dans les rapports existant entre la loi et ses sujets ; le monarque : « fondait de cette manière la confiance sur la base la plus solide ; il appelait la nation à la connaissance et à l'examen de l'administration publique, et il faisait ainsi, pour la première fois, des affaires de l'Etat une chose com-mune [5]. »

A l'occasion des précisions supplémentaires apportées à ce *Compte Rendu*, lors de sa polémique avec Calonne, le ministre insiste sur le désir qui était le sien de livrer d'autres chiffres et d'aller plus loin dans les détails :

> « On peut me demander pourquoi je n'ai pas proposé au roi de m'autoriser à faire imprimer, avec le *Compte rendu*, toutes les informations circonstanciées dont je viens de parler ; ma réponse sera simple. C'est qu'en 1781, époque où il est nécessaire de se transporter, aucune des opinions qui se sont répandues depuis, et qui ont même fait de grands progrès, n'existait encore ; ainsi, en invitant à manifester beaucoup de détails considérés de tous temps comme des secrets d'administration, j'aurais fait une démarche indiscrète. C'était un très grand pas que la publicité de l'état des finances ; et je n'aurais pu sans manquer de sagesse, et sans aven-turer peut-être une idée salutaire, proposer au roi d'aller plus loin qu'il n'était nécessaire, et de passer cette juste mesure, que j'ai toujours vu lui être le plus agréable [6]. »

Le traité *De l'administration des Finances* lui permettra précisé-ment d'aller plus loin et d'offrir au public un *Tableau des dépenses de la France*.

> « On ne doit point confondre un pareil tableau avec l'état publié dans le compte rendu. L'on se proposait alors de manifester la situation des finances et sans doute que pour fonder la confiance il était préférable d'adopter une forme de compte dont les élé-ments pussent être vérifiés par un certain nombre de personnes... il faut dans un ouvrage d'administration non seulement présenter l'universalité des dépenses mais encore réunir toutes celles qui sont d'un même genre ; et soit que le travail journalier des affaires captive toute l'attention des ministres de la Finance, soit que l'esprit général d'administration ne les ait jamais possédés que faiblement je n'ai vu nulle part la trace d'aucun des travaux néces-

---

5. A.N. VI, 16.
6. *Nouveaux éclaircissements sur le Compte rendu*, II, 265.

saires et pour connaître l'étendue des contributions des peuples et pour en distinguer tous les différents emplois [7]. »

Le *Compte Rendu* n'était qu'un tableau récapitulatif de toutes les dépenses et de toutes les recettes du budget ordinaire d'une année. C'était un compte rendu comptable destiné à rassurer le monde financier en montrant que la situation était saine et que les recettes équilibraient les dépenses laissant même une marge pour un éventuel emprunt. Il était destiné aux porteurs de rente, tandis que le *Tableau des dépenses de la France* faisait apparaître comment l'argent était dépensé, ministère par ministère, administration par administration, ce qui permettait de connaître le pourcentage des ressources attribuées à chacun dans le budget général. Il était donc infiniment plus révélateur de la politique financière du gouvernement et de sa politique tout court : le ministre espérait ainsi provoquer de salutaires méditations sur l'usage qui était fait des deniers de l'Etat, méditations auxquelles il encourageait par les réflexions qu'il consacrait lui-même à chaque chapitre.

Le public se trouvait en face d'une véritable analyse raisonnée du budget où, chiffres à l'appui, les dépenses et les recettes sont présentées pour la première fois dans une perspective d'ensemble et Necker, comparant ce tableau au *Compte Rendu* pourtant beaucoup plus célèbre, n'hésitait pas à déclarer : « C'est à cette partie de mon travail que j'attacherais le plus de prix [8]. » Il est sans doute plus distrayant et plus facile de lire les *Contes* de Voltaire pour connaître les principaux abus de l'Ancien Régime, mais les chiffres ont aussi leur éloquence et Necker avait des intentions bien précises en produisant un tableau qui permettait d'un seul coup d'œil de comparer les sommes consacrées à la maison du roi, à la maison de la reine, aux grâces et pensions, au budget de la guerre et aux émoluments du ministre de la guerre avec les ressources allouées aux dépôts de mendicité, aux prisons ou à la bibliothèque royale.

Nous sommes donc en présence d'un plan concerté systématiquement poursuivi, et les incessantes références à l'Angleterre nous font parfaitement comprendre les intentions et l'état d'esprit du ministre. La France n'a pas de Parlement et à la date où il écrit ces textes, le ministre de Louis XVI n'envisage certainement pas qu'il soit possible dans un proche avenir de passer de la monarchie absolue à la monarchie constitutionnelle mais conformément à son tempérament et à ses goûts, c'est en utilisant ce qui existe, en mettant à profit cette opinion publique dont il a éprouvé personnellement la puissance et l'efficacité qu'il se propose de tempérer l'absolutisme. Peu importe le procédé employé, seul compte le but à atteindre. Il s'agit de créer, *mutadis mutandis*, dans le royaume de France, les conditions d'une vie politique analogue à celles dont bénéficie l'Angleterre.

7. A.F. V, 128.
8. A.F. V, 130.

A propos de la liberté de la presse, Delolme, dans son célèbre ouvrage, que son compatriote genevois avait certainement lu et médité, s'exprime ainsi :

> « Ce privilège... laisse de plus le pouvoir à chaque sujet de communiquer son opinion sur toutes les affaires publiques et en lui donnant ainsi de l'influence sur le sentiment de la nation et par conséquent sur la législation même qui tôt ou tard est obligée de déférer à ces sentiments, il lui procure une sorte d'*importance législative* bien plus efficace et plus utile que quelque droit formel qu'il pût avoir de voter, par un simple oui ou non sur des propositions générales qui lui seraient subitement offertes sur la formation desquelles on ne l'aurait point consulté et auxquelles on ne lui laisserait ni le temps ni l'occasion de rien objecter ou modifier[9]. »

Necker était certainement du même avis et s'il attribue une telle importance à l'accomplissement par le pouvoir de sa fonction d'information, c'est qu'il admet implicitement l'existence d'un interlocuteur valable qui est la nation, et le droit pour elle de participer aux affaires de l'Etat en faisant connaître son avis par tous les moyens d'expression dont elle dispose. Dans sa pensée, information et participation sont évidemment liées, l'une n'a de sens que par rapport à l'autre et c'est pour rendre l'opinion capable de jouer le rôle d'un Parlement, d'un tribunal suprême qu'il attache tant de prix à l'éclairer :

> « Qu'on n'en doute point, ce sont les lumières générales qui deviennent tôt ou tard, le principe agissant du bien de l'Etat ; et il n'y aura jamais de sauvegarde puissante contre les erreurs et les faux systèmes, tant que l'opinion publique sera faible en ses jugements, incertaine en sa science, et distraite dans son attention[10]. »

C'est dans des phrases de ce genre qu'il faut chercher les raisons du retentissement extraordinaire rencontré en France et en Europe par ses ouvrages. Pour des pays où les élites étaient à la fois désireuses d'une libéralisation des rapports entre gouvernants et gouvernés, sans être pour autant décidées à prendre le risque de modifier profondément et brutalement les structures politiques existantes, l'œuvre et la pensée de Necker montraient la voie du progrès et la possibilité de transformer sans heurts les monarchies absolues.

Dans son grand traité de 1784, le Genevois n'en laissait pas moins clairement entendre qu'un Parlement valait tout de même mieux qu'une opinion publique, si bien informée et si agissante qu'elle fût.

> « ...une nation qui examine elle-même, ou par ses représentants, la nature des dépenses publiques, qui en discute l'utilité, et qui, au moment où il est question d'y satisfaire, fait librement le choix des moyens les moins onéreux : une telle nation semble disposer de la fortune publique comme un particulier fait usage de la sienne propre ; ou du moins les idées d'usurpation et d'abus de pouvoir s'affaiblissent sensiblement. Il n'en est pas de même, on ne peut se

---

9. Delolme, *op. cit.*, p. 294.
10. A.F. V, 613.

le dissimuler, dans les pays où la nation ne participe d'aucune manière aux délibérations qui l'intéressent, et où la connaissance même lui en est interdite ; et il y a une si grande différence entre les sacrifices qui sont exigés de par la seule volonté d'un monarque et ceux qu'une nation s'impose à elle-même pour des objets communs dont elle est juge, que c'est une faute de la langue d'exprimer par le même mot deux dispositions si différentes, et d'obliger à mettre en parallèle ce qui ne se ressemble point [11]. »

Et c'est bien la supériorité d'une monarchie constitutionnelle sur celle qui ne l'est pas qu'affirme cet autre texte du *Compte Rendu* en des phrases soigneusement enveloppées ou même à double sens.

« ... si l'on fixe son attention sur cet immense crédit dont jouit l'Angleterre, et qui fait aujourd'hui sa principale force dans la guerre, on ne saurait l'attribuer en entier à la nature de son gouvernement ; car quelle que soit l'autorité du monarque en France, comme ses intérêts bien entendus reposeront toujours sur la fidélité et sur la justice, il ferait oublier aisément qu'il a le pouvoir de s'écarter de ces principes ; et c'est à V.M. qu'il appartient, et par son caractère et par ses vertus, de faire sentir cette vérité par l'expérience [12]. »

Comment, devant de pareils témoignages, avoir le moindre doute sur ce que pouvaient être les intentions du Genevois quand il revint au pouvoir à la veille de la convocation des Etats-Généraux ?

## II. — LA POLITIQUE DE DÉCENTRALISATION

### LES ASSEMBLÉES PROVINCIALES

C'est dans cette même perspective de la « participation » au sens moderne du terme, que doit être envisagé le projet de création des Assemblées provinciales qui a tenu une telle place et dans la pensée de Necker et dans son action.

Une thèse consacrée à l'œuvre de décentralisation entreprise à la fin de l'Ancien Régime présente la tentative du Genevois sous le jour le plus défavorable. Pour laver la Révolution de l'accusation d'avoir tué dans l'œuf cette réforme, on s'efforce de prouver qu'elle ne fut jamais sérieusement poursuivie et qu'elle était morte de sa belle mort avant même que la Révolution eût commencé. Le malheureux Necker va faire, comme il se doit, les frais de cette démonstration et dans une de ces notes dont on est si facilement prodigue envers lui, l'auteur de l'ouvrage laisse entendre à propos de l'éloge que Mme de Staël fait de l'œuvre de son père, que ce dernier a agi sans

---

11. A.F. IV, 168.
12. *Compte rendu au roi*, II, 2.

réflexion et par simple désir de popularité : « Mme de Staël *(Consi-dérations sur la Révolution française.* I, p. 81) énumère les avanta-ges que l'on pouvait attendre de la réforme. Mais Necker a-t-il agi pour obtenir ces avantages ? C'est douteux. Mme de Staël les imagine après coup [13]. »

En fait, pour les découvrir, Mme de Staël n'avait pas besoin de les imaginer, elle n'avait qu'à lire les textes nombreux, explicites et facilement accessibles que Necker a consacrés à son projet, en parti-culier le *Mémoire sur les Administrations provinciales* [14], le chapitre du *Compte Rendu au Roi* qui leur est consacré [15], ainsi que les chapi-tres 1, 2, 3 et 4 de *De l'Administration des finances de la France* [16], Necker reprenant par trois fois l'exposé et la justification de sa réforme dans des termes souvent identiques.

Il serait pour le moins curieux, également, qu'un homme politique uniquement soucieux de sa popularité, eût choisi parmi les réformes susceptibles de lui gagner la faveur de l'opinion, celle-là même dont il savait pertinemment qu'elle allait soulever les plus violentes oppo-sitions, sans parler des soucis de toute sorte que sa mise au point ne pouvait manquer de lui apporter [17].

Nous pensons au contraire que l'étude du programme de décentra-lisation conçu par Necker et auquel il ne put donner qu'un début de réalisation fournira la preuve qu'il s'agit d'une conception d'ensemble soigneusement réfléchie et mise au point.

Le but poursuivi est une tranformation profonde de la monarchie française, une véritable révolution silencieuse, aussi bien politique qu'administrative, car son projet, et c'est bien la raison de son actua-lité, n'est pas inspiré par le seul souci de résoudre des problèmes d'ordre technique, mais aussi de créer un nouveau système de rap-ports entre gouvernants et gouvernés ; comme par ses partisans d'aujourd'hui, la décentralisation est défendue au nom de l'efficacité, mais aussi au nom de la liberté :

> « Il n'y aura pas en France une plus grande participation des citoyens à la chose publique, un plus grand intérêt pour l'élaboration et le contrôle des décisions qui les concernent tant que ne leur seront pas fournies de réelles possibilités d'accession à la responsabilité aux divers échelons de la décision et de la gestion. Dans la situation fran-çaise actuelle, héritée du passé et caractérisée par une très grande rigidité des structures et des comportements, c'est une véritable redistribution du pouvoir qui s'avère nécessaire.

---

13. P. Renouvin : *Les assemblées provinciales de 1787.* Thèse, Paris 1921, note p. 47.
14. *Mémoires au roi sur l'établissement des administrations provincia-les.* Oe. c. III, 333-395.
15. *Compte rendu au roi.* Oe. c., II, 96-106.
16. A.F. V, 1-69.
17. Rappelons que l'établissement de l'assemblée provinciale de Mou-lins était une des conditions posées dans l'ultimatum qu'il adressa au roi en mai 1781.

A cette préoccupation d'ordre politique correspond également le souci de plus en plus exprimé de répondre aux exigences d'efficacité que commandent l'immensité et l'urgence des réalisations qui s'imposent aux collectivités locales. L'observation même superficielle des structures administratives et politiques françaises suffit à faire apparaître notre inaptitude profonde à répondre aux exigences considérables du développement d'une société moderne [18]. »

Ce n'est pas Necker qui parle, c'est un de nos contemporains, mais ces phrases, sans qu'il soit besoin d'y changer un mot, peuvent parfaitement servir d'introduction à la doctrine de la décentralisation telle que l'expose un ministre de Louis XVI à la fin du XVIIIᵉ siècle.

### 1° LE POINT DE VUE ADMINISTRATIF

Sur le plan purement administratif, pour justifier la substitution d'assemblées provinciales à l'autorité du pouvoir central, Necker pose deux principes fondamentaux : une gestion collective est préférable à une gestion unique, les décisions prises à l'échelon local sont préférables aux décisions prises à l'échelon national et il développe sa démonstration à l'aide d'arguments qui n'ont rien perdu de leur valeur.

S'il faut préférer l'assemblée à l'individu, c'est d'abord que la mise à la disposition d'une seule personne d'une parcelle plus ou moins grande d'autorité, conduit fatalement à l'arbitraire, à des mesures prises dans un autre but que celui de l'intérêt général. C'est une loi toujours vérifiée que le pouvoir appelle le pouvoir et qui prend sa source dans la nature des hommes :

> « ... ce n'est pas en général de MM. les intendants que viendront toutes les idées qui pourront concourir à la diminution de l'arbitraire, parce que cet arbitraire étend leur influence, et entretient le désir et le besoin qu'on a de leur plaire. Ceci n'est point une critique, ni un résultat particulier de leur caractère : je suis bien éloigné d'une pareille injustice ; mais les principes qui doivent servir de règle aux gouvernements, ne doivent jamais être fondés sur le sacrifice des convenances particulières, ou sur les qualités rares de quelques personnes : les passions des hommes, en se reproduisant sans cesse, malgré les modifications passagères que les lois ou la vertu donnent, représentent dans la société ce que les espèces sont dans la nature ; celles-ci seules y demeurent indestructibles, tandis que les êtres particuliers changent, passent, et se régénèrent [19]. »

D'autre part, sans ignorer combien l'action d'une personnalité hors série peut être bénéfique, Necker sait aussi que les hommes exceptionnels sont rares et que les institutions doivent être conçues en fonction du niveau moyen des individus :

---

18. Club Jean-Moulin : *Les citoyens au pouvoir*. Le Seuil, 1968, p. 7-8.
19. A.F. V, 34.

« ... rien n'est plus efficace que le pouvoir dans une seule main, le choix des délibérations n'arrêtant pas sa marche, l'unité de pensées et d'exécution rend les succès plus rapides. Mais en même temps que je crois, autant qu'un autre, à la puissance active d'un seul homme, qui réunit au génie la fermeté, la sagesse et la vertu, je sais aussi combien de tels hommes sont épars dans le monde ; combien, lorsqu'ils existent, il est accidentel qu'on les rencontre ; et combien, après les avoir rencontrés, il est rare qu'ils se trouvent dans le petit circuit où l'on est obligé de prendre des intendants de province. Ainsi l'expérience et la théorie indiquent également que ce n'est pas avec des hommes supérieurs, mais avec le plus grand nombre de ceux qu'on connaît et qu'on a connus, qu'il est juste de comparer une administration provinciale, et alors toute la préférence demeurera à cette dernière [20]. »

Dans le cas d'une assemblée, les volontés de puissance se contre-balancent et se contrôlent, la décision prise à la suite d'une délibération a beaucoup plus de chance de ne pas être entachée de parti pris et de représenter la solution la plus favorable au bien public. Lorsque l'administration « est collective, écrit Necker, les motifs particuliers ont d'autant plus d'obstacles à vaincre pour se développer ; on ne peut alors ni échapper aux regards, ni dédaigner les reproches, ni les repousser par l'autorité [21]. »

Quant à l'efficacité de ce type d'administration, on ne saurait méconnaître l'helvétique sagesse de ces réflexions :

« ... dans une commission permanente, composée des principaux propriétaires d'une province, la réunion des connaissances, la succession des idées donnent à la médiocrité même une consistance ; le concours de l'intérêt général vient augmenter la somme des lumières, et la publicité des délibérations force à l'honnêteté ; si le bien arrive avec lenteur, il arrive du moins ; et une fois obtenu, il est à l'abri du caprice, et se maintient [22]. »

Quant à la préférence à accorder aux administrations locales sur l'administration centrale, elle se justifie par le fait que les premières ont tout intérêt à découvrir pour les problèmes qui les concernent directement la solution la meilleure et ce sont elles aussi qui sont le mieux qualifiées pour cette tâche puisqu'elles ont de ces problèmes une connaissance immédiate et directe :

« ... Veillant sur l'exécution des règlements, en même temps qu'elles en provoquent l'institution, elles se trouvent sans cesse rapprochées des intérêts qui doivent occuper leur attention [23]. »

et nous citerons encore cette autre formule d'un évident bon sens :

« L'union de leur intérêt à la chose publique est la garantie la plus sûre du zèle qu'elles mettront à accomplir leur fonction. »

---

20. *Mémoire sur les administrations provinciales.* Oe. c. III, 359.
21. *Compte rendu au roi.* Oe. c. II, 103.
22. *Mémoires sur les administrations provinciales.* Oe. c. III, 360.
23. A.F. V, 37.

La volonté de décentraliser se justifie donc par des arguments de principe valables dans tous les cas, mais elle s'explique aussi par la situation propre au royaume de France et par les abus auxquels donnait lieu le type d'administration établi par la monarchie, abus d'autorité tout d'abord, les plus intolérables de tous, dénoncés dans les premières pages du *Mémoire au roi*, si sévères pour les intendants :

> « A peine en effet peut-on donner le nom d'administration à cette volonté arbitraire d'un seul homme qui, tantôt présent, tantôt absent, tantôt instruit, tantôt incapable, doit régir les parties les plus importantes de l'ordre public, et qui doit s'y trouver habile, après ne s'être occupé toute sa vie que de requêtes en cassation ; qui souvent, ne mesurant pas même la grandeur de la commission qui lui est confiée, ne considère sa place que comme un échelon pour son ambition[24]. »

Le commissaire départi était seul responsable, en effet, de toutes les affaires de sa généralité ; assisté de ses subdélégués, il régnait en maître et dirigeait tous les services. Ne dépendant que de l'autorité centrale, il recevait ses ordres d'elle seule et c'est à elle seule qu'il rendait compte de sa gestion. La population qu'il régentait ne disposait d'aucun organe de représentation ni d'aucun recours, et c'est sur ce dernier point qu'insiste particulièrement Necker, scandalisé de voir les administrés, totalement privés de toute possibilité non seulement de « participation » mais même de « contestation » :

> « Il est à remarquer qu'il n'y a dans les pays d'élection aucun contradicteur légitime du commissaire départi, et il ne peut même en exister dans l'ordre actuel, sans déranger la subordination, et contrarier la marche des affaires. Ainsi, à moins qu'on ne soit averti par des injustices éclatantes, ou par quelque scandale public, on est obligé de voir par les yeux de l'homme même qu'on aurait besoin de juger. V.M. peut aisément se faire une idée de l'abus, et presque du ridicule de cette prétendue administration.
> Il vient au ministre des plaintes d'un particulier ou d'une paroisse entière : que fait-on alors ? et qu'a-t-on fait de tous les temps ? On communique à l'intendant cette requête : celui-ci en réponse ou conteste les faits, ou les explique, et toujours d'une manière à prouver que tout ce qui a été fait par ses ordres a été bien fait ; alors on écrit au plaignant qu'on a tardé à lui répondre jusqu'à ce qu'on eût pris connaissance exacte de son affaire, et on lui transmet comme un jugement réfléchi du conseil, la simple réponse de l'intendant, quelquefois même, à sa réquisition, on réprimande le contribuable ou la paroisse de s'être plaints mal à propos[25]. »

Outre cet arbitraire, source constante d'injustice, le contrôleur des Finances de la France est le premier à dénoncer l'incompétence, l'impuissance de l'administration centrale, et les difficultés insurmon-

---

24. *Mémoire sur les Administrations provinciales*. Oe. c. II, 333.
25. *Ibid.*, p. 336. Cf. Les remontrances de la Cour des aides du 6 mai 1775, réclamant, elle aussi, des assemblées provinciales car alors : « Les intendants auront des contradicteurs et le peuple des défenseurs. » Cité par P. Grosclaude : *Malesherbes, témoin et interprète de son temps.* T. I, p. 314.

tables que rencontre un ministre débordé de travail, mal informé, obligé à chaque instant de prendre des décisions sur des problèmes qu'il ne peut que mal connaître :

> « ...en ramenant à Paris tous les fils de l'administration, il se trouve que c'est dans le lieu où l'on ne sait que par des rapports éloignés, où l'on ne croit qu'à ceux d'un seul homme, et où l'on n'a jamais le temps d'approfondir, qu'on est obligé de diriger et de discuter toutes les parties d'exécution appartenantes à cinq cents millions d'impositions subdivisées de plusieurs manières par les formes, les espèces et les usages. Quelle différence entre la fatigue impuissante d'une telle administration, et le repos et la confiance que pourrait donner une administration provinciale sagement composée ! Aussi n'est-il aucun ministre éclairé qui n'eût dû désirer pareil changement, si, trompé par une fausse apparence d'autorité, il n'eût imaginé qu'il augmentait son pouvoir en rapportant tout à un intendant qui prenait ses ordres, tandis que les contrôleurs généraux auraient dû sentir qu'en ramenant à eux une multitude d'affaires au-dessus de l'attention, des forces et de la mesure du temps d'un seul homme, ce ne sont plus eux qui gouvernent, ce sont leurs commis [26]. »

Ces défauts et ces abus inhérents à la centralisation sont rendus particulièrement criants par une caractéristique de la Monarchie d'Ancien Régime : la diversité, l'absence d'homogénéité des différentes parties du royaume, franchises, privilèges, coutumes, conséquences des accidents historiques de la formation de l'unité française, font de ce pays une bigarrure où il est impossible d'établir une règle qui soit la même pour tous ; il y a contradiction entre le système de la centralisation qui ne peut être efficace que dans l'uniformité de circonscriptions identiques les unes aux autres et la contexture d'une nation où l'exception est la règle, où il n'y a que des cas d'espèces. Mieux vaut, pense Necker, reconnaître cette diversité, l'institutionnaliser par la création d'assemblées provinciales. L'administration centrale se trouvera en face d'autant de corps constitués, représentant chacun leur lot de cas particuliers qu'ils auront à régler eux-mêmes et le relais constitué par les autorités locales entraînera une simplification d'autant plus satisfaisante que l'intention de Necker est de créer toutes les assemblées sur le même type, pour mettre en face du gouvernement des interlocuteurs strictement identiques, à charge pour chacun d'eux de faire leur affaire de la multiplicité, de la variété des situations propres à leur province.

Ce n'est pas que le ministre de Louis XVI ait renoncé définitivement à une unification administrative du royaume. Mais d'une part, il pense qu'une certaine dissemblance peut exister entre ses diverses parties :

> « La France, composée de vingt-quatre millions d'habitants répandus sur des sols différents, et soumise à diverses coutumes, ne peut pas être assujettie au même genre d'impositions. Ici, la rareté excessive du numéraire peut obliger à commander la corvée en nature ; ailleurs, une multitude de circonstances invitent à la conver-

---

26. *Ibid.*, p. 314.

tir en contribution pécuniaire ; ici la gabelle est supportable ; là, des troupeaux qui composent la fortune des habitants, font de la cherté du sel un véritable fléau [27]... »

Mais surtout, et c'est là sa pensée profonde, une uniformisation dans l'état actuel de la monarchie française ne pourra pas se réaliser par le haut mais par le bas. Ces assemblées provinciales vont se mettre au travail, elles élaboreront des règlements, inventeront des solutions, proposeront des réformes et peu à peu de la confrontation des résultats obtenus et des mesures prises pourra résulter l'adoption par le royaume tout entier de telle ou telle des techniques mises au point par l'une ou l'autre de ces administrations. Parlant de la suppression de la corvée réalisée par la première des assemblées qu'il avait créées, Necker écrit :

> « L'administration provinciale du Berri a fait voir qu'en abandonnant ces sortes de réformes aux soins d'une assemblée de propriétaires, ce qu'on avait trouvé difficile et impraticable par l'impulsion d'une loi générale, pouvait s'exécuter sans aucune espèce de réclamation et de manière même que les parlements ni les cours des aides n'auraient pas seulement la volonté d'en prendre connaissance. En effet, comment résister sur une affaire d'intérêt purement local au vœu d'une assemblée provinciale qui a discuté sagement cet intérêt et qui s'est trouvée d'accord sur le choix des moyens ?
> Je crois intéressant de communiquer, dans cette occasion, la marche de la délibération du Berri ; car il en peut résulter une instruction d'une utilité générale : cette délibération ne fut point prise légèrement ; c'est à la troisième assemblée, et après avoir considéré la question sous ses différents rapports, qu'on finit par s'arrêter à un plan dont le premier mérite fut de réunir toutes les opinions [28]. »

Techniquement donc, sur le plan purement administratif, la décentralisation présentait d'indiscutables avantages et Necker, en tant que ministre responsable de toute la vie économique du royaume, ne pouvait que souhaiter l'établissement d'un système qui lui aurait apporté un soulagement considérable dans une tâche inhumaine, mais il savait bien aussi quelles conséquences elle allait entraîner dans les relations entre le pouvoir et la nation.

### 2° LE POINT DE VUE POLITIQUE

Il existait en effet dans sa pensée un lien étroit entre cette réforme et ce qu'il appelle la formation de l'esprit public. Bien avant Tocqueville, son œuvre développe le thème qui constituera la principale originalité de La démocratie en Amérique, à savoir que la décentralisa-

27. *Ibid.*, p. 340.
28. A.F. V, 3.

tion, l'autoadministration, outre les avantages qui lui sont propres, sur le plan technique, représente aussi un irremplaçable apprentissage de la liberté, la meilleure et la plus efficace des éducations politiques.

En intéressant directement, sinon la totalité de la population d'une province, tout au moins les classes éclairées, aux problèmes qui sont ceux de la communauté mais qui sont aussi les leurs, en les habituant à raisonner sur les affaires publiques à l'échelon local, la décentralisation entraîne une véritable promotion politique des élites. Le régnicole habitué à recevoir et à exécuter des ordres découvre la responsabilité :

> « Ici j'entends dire aux aveugles partisans, ou aux faux interprètes de l'autorité, qu'il est imprudent d'instruire les peuples, qu'il est dangereux de les habituer à raisonner. Ah ! quelle étrange idée ! et quelle calomnie, surtout envers la nation française ! Elle est prête à tout saisir avec bienveillance, quand elle aperçoit des intentions pures, quand elle croit qu'on l'aime et qu'on s'occupe de ses intérêts: elle a de la gratitude, et pour ce que l'on fait, et pour ce qu'on veut faire : elle va, pour ainsi dire, au-devant de ses bienfaiteurs ; elle les seconde par ses vœux et par sa confiance ; mais elle désire aussi qu'on attache quelque prix à son suffrage ; mais elle voudrait qu'on l'admît à l'œuvre du bien public, au moins par quelques ouvertures, au moins par quelques épanchements vrais et sensibles. Un tel vœu, sûrement, n'est pas indiscret ; et c'est en le satisfaisant, qu'on peut faire naître le véritable patriotisme : car, pour éprouver ce sentiment, il ne suffit pas sans doute aux hommes réunis en corps de nation, d'être nés sur les bords de la même rivière et de payer les mêmes tributs [29]. »

Dans cette dernière phrase, Necker met l'accent sur une idée qu'il reprendra à plusieurs reprises : de la participation des citoyens à la gestion des affaires naît une attitude nouvelle, un état d'esprit original qu'il désigne par le nom de patriotisme.

On retrouve le même mot dans le chapitre du *Compte rendu* consacré aux Assemblées provinciales et ce dernier texte est encore plus significatif, car on y voit distinguer et opposer l'un à l'autre deux sentiments, le patriotisme et l'honneur :

> « Enfin, il est encore une considération que je crois pouvoir présenter à V.M. : l'honneur suffit sans doute pour animer la nation française, et pour l'entraîner partout où il y a du péril et de l'éclat ; c'est un ressort précieux qu'on ne saurait trop ménager : cependant il en est un autre encore qui agit plus obscurément, mais sans cesse, qui meut également toutes les classes des citoyens, et qui dans les grandes circonstances, peut porter à l'enthousiasme et aux sacrifices de tout genre. Ce ressort, c'est le patriotisme ; et quoi de plus propre à l'exciter ou à le faire naître que des administrations provinciales, où chacun peut à son tour espérer d'être quelque chose, où l'on apprend à aimer et à connaître le bien public et où l'on forme ainsi de nouveaux liens avec sa patrie [30]. »

---

29. A.F. V, 46.
30. *Compte rendu.* Oe. c. II, 106.

Si l'on veut bien admettre que patriotisme signifie exactement ici ce que Montesquieu entend par vertu, le rapprochement et l'opposition des deux mots a une valeur symbolique. Par la décentralisation s'opère une décisive mutation : à l'honneur, principe des monarchies se substitue ou s'ajoute, le patriotisme, la vertu, principe des Républiques ; grâce à elle s'enracine dans l'âme des gouvernés un attachement à la chose publique, qui a pour origine la prise de conscience du lien qui existe entre chaque destin particulier et le destin de tous, entre les intérêts personnels et les intérêts de la communauté à laquelle on appartient. Psychologiquement, la transformation est capitale et l'on assiste ainsi à une rationalisation du comportement de l'individu par rapport à l'Etat : de l'attachement inconditionnel et irraisonné au monarque, on passe au dévouement réfléchi et justifié à la communauté. Le sujet devient citoyen.

Necker n'avait pu voir de près, comme Tocqueville, le fonctionnement des constitutions américaines, mais il y a tout lieu de penser que l'exemple de la cité genevoise était présent à son esprit quand il préparait son projet et qu'il en formulait les principes et nous allons voir comment il va tenter de l'appliquer suivant une technique qui a toujours eu ses préférences : celle des « moyens lents, doux et sages ».

Pour que la décentralisation soit efficace, et pour qu'à travers elle s'accomplisse l'éducation politique du pays, il faut que les organismes en place représentent, le mieux possible, les intérêts des populations concernées, il faut aussi qu'ils disposent de moyens d'action qui lui assurent la plus grande autonomie. Représentativité et responsabilité sont les deux problèmes classiques de toute entreprise de décentralisation. Necker s'est efforcé de les résoudre dans des conditions difficiles et suivant la manière qui lui était propre. Si l'on veut juger équitablement son œuvre, il est indispensable de tenir compte, et des précautions qu'il avait à prendre, et de son style particulier, de ce goût pour les progrès insensibles, pour les réalisations modestes et limitées en apparence, mais ouvrant nécessairement la voie à d'autres plus importantes et plus générales.

Avant d'examiner les tâches confiées aux assemblées, il faut souligner tout d'abord le rôle conservé aux intendants et, à travers eux, à l'autorité royale. Les fonctions de police leur sont exclusivement et intégralement réservées, or il s'agit là de la fonction essentielle du pouvoir : le maintien de l'ordre social, la défense de la propriété ne peuvent être confiés qu'à l'autorité suprême et sur ce point, la centralisation reste soigneusement maintenue. Necker est formel :

> « Il est sans doute des parties d'administration qui, tenant uniquement à la police, à l'ordre public, à l'exécution des volontés de V.M., ne peuvent jamais être partagées, et doivent constamment reposer sur un intendant seul. »

mais continue-t-il :

> « ...il en est aussi, telles que la répartition et la levée des impositions, l'entretien et la construction des chemins, le choix des encou-

ragements favorables au commerce, au travail en général, et aux
débouchés de la province en particulier, qui, soumises à une marche
plus lente et plus constante, peuvent être confiées préférablement
à une commission composée de propriétaires, en réservant au commissaire départi l'importante fonction d'éclairer le gouvernement
sur les différents règlements qui seraient proposés [31]. »

Leurs attributions vont donc être très vastes et la plus importante
d'entre elles concerne évidemment l'établissement et la perception
des impôts. L'assemblée, et Necker le spécifie à plusieurs reprises,
n'a aucun droit de regard sur le chiffre global d'imposition fixé pour
la généralité, et il insiste sur le droit absolu de l'autorité royale à en
déterminer en toute souveraineté le montant. Mais ce point bien établi, l'autorité centrale s'en remet entièrement pour l'établissement
de l'assiette et pour la perception des impôts, aux assemblées invitées
à apporter dans l'accomplissement de cette tâche toutes les réformes
qu'elles jugeraient utiles [32]. De même pour la confection des routes,
l'Assistance publique et tous les problèmes concernant le développement économique de chaque généralité, les responsabilités des intendants étaient transférées aux assemblées provinciales, avec la liberté
de faire toute suggestion, soumettre tout projet d'où pourrait résulter
un progrès dans ces divers domaines, comme, par exemple, le programme de grands travaux proposé par le duc de Charost pour
créer en Berri un réseau de canaux et de rivières navigables.

Sans doute toutes ces activités étaient-elles très strictement sur-
veillées et notre auteur prend bien soin d'énumérer les précautions
prises pour les empêcher de s'émanciper et apaiser la susceptibilité
du pouvoir : obligation de soumettre leurs décisions à l'assentiment
du gouvernement, éclairé par le commissaire départi, engagement
de payer la même somme d'impositions, tenue espacée des assemblées, caractère provisoire de ces institutions renouvelables mais
établies pour une durée limitée. Parmi ces mesures de prudence,
on a souligné pour minimiser la signification de ces institutions, le
fait qu'elles ne pouvaient jouer auprès du pouvoir qu'un rôle consultatif et qu'elles ne disposaient pas d'un budget qui leur fût propre.
Mais on conçoit difficilement comment, à l'époque où la réforme
fut entreprise, il eût pu en être autrement, une pareille autonomie
aurait paru aussitôt dangereuse à l'autorité royale, il est clair par
contre que leur auteur et tout puissant ministre, pour affirmer leur
pouvoir, encourager leurs efforts et mettre en marche un processus
irréversible, devait être fermement décidé et à examiner favorablement toutes les suggestions qui lui paraîtraient dignes d'intérêt
et à trouver des crédits pour en permettre la réalisation. Rappelons

31. *Mémoire sur les administration provinciales.* Oe. c. T. III, 338.
32. Necker expose les résultats obtenus dans le chapitre de *De l'Administration des Finances* intitulé : « Exposition succinte des dispositions
utiles adoptées par les administrations provinciales » la plus spectaculaire étant sans doute la suppression de la corvée dans la province du
Berri. Oe. c. T. V, p. 1 ss.

d'ailleurs, en ce qui concerne ce problème des crédits, que Necker souhaitait voir les assemblées lancer de leur propre chef des emprunts destinés à financer leurs programmes de grands travaux et leurs projets divers. Il voyait là un moyen commode de mobiliser les capitaux dormant dans les provinces pour les mettre au service du développement économique du pays [33].

Le problème de la représentativité des assemblées, politiquement le plus important, est aussi le plus délicat ; tout dépend du procédé choisi pour désigner leurs membres. En l'occurrence, le système prévu était le suivant : le roi nommait parmi les notables de chaque ordre un certain nombre de députés qui se recrutaient ensuite par cooptation, chaque désignation devant être soumise à l'approbation royale, mais le nombre des représentants de chaque ordre était calculé de telle sorte que le tiers disposait de la moitié des voix, les délibérations ayant lieu en commun et les décisions étant prises à la majorité. Voici par exemple ce qu'édictait le règlement relatif à la province de Berri :

> « Il sera formé dans la province de Berry une assemblée composée du sieur archevêque de Bourges, et de onze membres de l'ordre du clergé, de douze gentilshommes propriétaires, et de vingt-quatre membres du tiers-Etat, dont douze députés des villes, et douze propriétaires habitants des campagnes... Les suffrages y seront comptés par tête et non par distinction d'ordre [34]. »

Necker réalisait ainsi un double compromis, l'un sur le plan social relatif à la distinction des ordres, l'autre sur le plan politique, relatif à l'autorité du roi.

Sur le plan social, les intentions de notre auteur sont claires : la gestion des affaires locales doit être confiée aux notables seuls, mais à tous les notables quels qu'ils soient. Qu'eux seuls soient appelés à la « participation » ne saurait nous étonner. Necker, nous le savons, juge les pauvres incapables par leur ignorance de toute activité politique ou administrative et leur exclusion de ces assemblées va de soi. Par contre, la fusion sur un pied d'égalité des membres du clergé, de la noblesse et du tiers-Etats constituait, à l'échelon local, une mesure d'une très grande portée, car elle supprimait cette discrimination des individus reposant sur la naissance qui était la caractéristique fondamentale de la société d'Ancien Régime, Necker continue sans doute à la respecter et à s'en servir, puisque les membres des assemblées sont choisis en fonction de l'ordre auquel ils appartiennent, mais le doublement du tiers et le vote par tête réalisaient indirectement, bien avant 1789, ce gouvernement des notables que Necker jugeait indispensable et qui n'était que la consécration dans les institutions de l'ascension de la bourgeoisie et la reconnaissance de sa place dans la nation.

Les précautions prises pour assurer le succès de cette mesure

---

33. A.F. V, 473.
34. *Mémoire sur les administrations provinciales.* Oe. c. III, 374-375.

montrent toute l'importance qu'il y attachait. Dans le texte du *Mémoire au roi* qui précéda la création de la première assemblée provinciale, il se contentait de proposer « un sage équilibre entre les trois ordres soit qu'ils soient séparés, soit qu'ils soient confondus [35] », mais après avoir tâté prudemment le terrain sur le point le plus délicat de la réforme, il n'hésitait pas à réunir dans la même administration et avec les mêmes droits, des représentants du clergé, de la noblesse et du tiers-Etat, en attribuant assez de sièges à ces derniers pour qu'ils puissent équilibrer les deux autres ordres réunis.

Le second compromis est relatif à l'autorité du roi qu'il s'agit de rassurer à tout prix, d'où pour les premières assemblées, la combinaison de la nomination par voie d'autorité d'un certain nombre de membres et de la cooptation des autres, cooptation toujours soumise à l'acceptation gouvernementale. Sans doute, cette cooptation maintenait-elle une marge non négligeable de liberté et d'indépendance, mais en l'occurrence, Necker, manifestement, donnait des gages au pouvoir. Pris entre deux feux [36], il ne manqua pas d'être violemment attaqué :

> « Les hommes ont beaucoup de peine à garder une juste mesure dans leurs opinions ; ainsi, tandis qu'on a représenté la constitution des administrations provinciales comme une atteinte donnée aux principes de l'autorité royale, un grand nombre de personnes entraînées vers un autre extrême ont blâmé les principes de cette même constitution parce que les membres des assemblées n'étaient point les représentants des différents ordres de l'Etat dans lesquels ils étaient choisis : on aurait voulu que, pour remplir cette condition, ils eussent été nommés au scrutin par tous les propriétaires de la province, divisés à cet effet dans un certain nombre d'arrondissements [37]. »

Le Genevois incontestablement a été moins audacieux sur ce point qu'en ce qui concerne la fusion des ordres. Ceci s'explique par des raisons de circonstances, le souci de ne rien brusquer, la crainte qu'avec le scrutin d'arrondissement, les membres de l'assemblée ne soient les représentants d'intérêts locaux et non des intérêts généraux de la province, mais aussi et surtout parce qu'il a toujours

---

35. *Mémoire sur les administrations provinciales*. Oe. c. III, 343.
36. Cf. Brissot de Warville : « Un médiocre écrivain, grand partisan de la noblesse et des formes antiques (il s'agit de Du Buat-Nançay) a fait un livre fort ennuyeux pour prouver que M. Necker était dans son dernier ouvrage un avocat de la démocratie et qu'il avait voulu établir son régime en France ; c'est une grande absurdité car, je soutiens et je vais prouver ici que même dans son *Mémoire des administration provinciales*, M. Necker est à l'autre bout, c'est-à-dire qu'il est l'avocat de l'autorité absolue. » *Observations d'un républicain sur les différents systèmes d'administration provinciales, particulièrement sur ceux de MM. Turgot et Necker et sur le bien qu'on peut en espérer dans les gouvernements monarchiques*, p. 113.
37. A.F. V, 54.

eu pour le procédé de l'élection une instinctive méfiance [38]. La solution qu'il préférait était la cooptation et il prit ouvertement parti pour elle en 1784 dans son traité *De l'Administration des Finances de la France*. C'est pour lui la solution du juste milieu qui lui donne ce qu'il désire : un corps de notables.

L'auteur de la thèse à laquelle nous avons déjà fait allusion ne manque pas d'en tirer argument pour condamner irrémédiablement Necker et lui refuser la qualification de libéral [39]. C'est confondre démocratie et libéralisme. De par la volonté du ministre et pour la première fois, le tiers-Etats s'est trouvé dans une assemblée politique à égalité avec les représentants des deux autres ordres. Ainsi s'accomplissait cette fusion des riches en une seule classe, qui a toujours été un des premiers objectifs du libéralisme. On ne saurait reprocher à Necker d'avoir eu d'autres préoccupation que celles de satisfaire les sentiments républicains d'un historien du XXᵉ siècle. C'était déjà faire preuve de beaucoup d'audace et de courage politique que de réaliser à cette date le doublement du tiers et le vote par tête, même à l'échelon provincial ; la violence des protestations provoquées par le résultat du Conseil du 27 décembre 1788 ne le prouve que trop.

Toutefois, le but poursuivi par notre auteur n'était pas d'assurer le triomphe d'une catégorie sociale sur une autre mais d'utiliser toutes les énergies disponibles, toutes les forces du pays aussi bien celles que constituait une bourgeoisie active, énergique, en pleine ascension, que les réserves inutilisées, les ressources gaspillées, où qu'elles fussent. Et d'abord celles de la noblesse. Pour cet ordre de la monarchie française, la mobilisation des élites entraînée par la création des assemblées provinciales revêtait une particulière importance. Necker, par la décentralisation, lui redonnait une chance de s'intégrer dans une communauté en marge de laquelle elle

---

38. Le comportement du Tiers-Etat ne pouvait que l'inciter à la prudence, si l'on en juge par ce passage significatif du procès-verbal du rapport relatif au mode d'élection des députés de cet ordre pour la province du Berri : « Intimement lié au succès des opérations de l'assemblée parce qu'il n'attend sa prospérité particulière que de la prospérité de la province entière, il fera tôt ou tard le nerf et la force de l'assemblée ; dépositaire presque unique des lumières locales, instruit des secrets de la nature du sol qu'il étudie sans relâche, il fera connaître les maux et les remèdes, les besoins et les ressources. Flatté de son influence sur l'administration publique à laquelle il a tant d'intérêt, il entreprendra les plus grandes choses par amour pour son roi et pour sa patrie, s'il peut joindre, à l'honneur de les servir celui d'être appelé par le choix le plus libre de ses commettants. » (Procès-verbal, p. 13, cité par E. Gontier : *Les assembl. prov.* Thèse, Paris 1908, p. 45.) Necker a mis en marche un processus dont il tient à contrôler le déroulement.

39. *Op. cit.*, p. 49-50. P. Renouvin reprend à son compte l'expression employée par B. de Warville pour caractériser les assemblées provinciales de Necker : « Des intendances aristocratiques. » On comprend qu'un contemporain, emporté par la violence de la polémique, déforme les intentions de son adversaire, mais avec le recul du temps, il est bien difficile de ne pas voir au contraire dans la désignation des membres des assemblées provinciales une volonté d'embourgeoisement.

vivait. Enfermée dans le camp d'internement doré que représentait la Cour ou dans ses manoirs de province, les liens qui l'unissent au reste de la population se relâchent de plus en plus. Dépossédé de ses anciennes fonctions administratives ou judiciaires, exclu le plus souvent par la dérogeance de la participation au développement économique du pays, le noble apparaît comme un parasite dans une société à laquelle il n'est rattaché en province que par la perception d'une rente foncière aux formes multiples et souvent vexatoires, et dans la capitale par la chasse aux faveurs et aux grandes charges, et le contraste est frappant entre le châtelain français et le squire anglais, entre le courtisan de Versailles et le membre de la Chambre des lords ou de la Chambre des communes

Il n'était pas dans les moyens de Necker d'ouvrir une carrière aux ambitions politiques de la noblesse en transplantant en France le Parlement d'Angleterre, il était encore moins dans ses intentions de réaliser les rêves de réforme aristocratique d'un Saint-Simon. Mais la décentralisation offrait à une des élites du pays la possibilité de mettre ses capacités au service de la communauté [40], de sortir de son ghetto et les véritables pogromes dont elle fut victime en 1789 montrent combien était profond le fossé creusé entre elle et la population qui l'entourait.

Quand Necker fait ressortir qu'un des avantages de la réforme sera « d'attacher davantage les propriétaires dans leur province en leur y ménageant des occupations publiques dont ils seraient honorés », quand, distribuant des éloges à propos des travaux accomplis par ces administrations, il déclare :

> « Plusieurs gentilshommes et divers membres du tiers-État mériteraient également d'être nommés ; et je n'ai pu m'empêcher de reconnaître que si l'on ne trouve pas toujours des hommes pour les occasions, souvent aussi les occasions manquent aux hommes, pour déployer ce qu'ils ont d'esprit ou d'instruction [41]. »

il montre clairement son désir de remédier à un des défauts les plus frappants de la société française du XVIII° siècle, dont il est parfaitement conscient.

Comme commentaires des textes auxquels nous venons de nous référer, nous pouvons citer d'abord certaines phrases du chapitre consacré par Mme de Staël aux assemblées provinciales dans ses *Considérations sur la Révolution française* :

> « ...les grands propriétaires, intéressés par les affaires dont ils se seraient mêlés chez eux, auraient eu un motif pour quitter Paris, et vivre dans leurs terres. Les grands d'Espagne ne peuvent pas s'éloigner de Madrid sans la permission du roi : c'est un puissant moyen de despotisme, et par conséquent de dégradation, que de

---

40. Cf. la phrase : « On sera enfin quelque chose loin de la capitale », citée avec d'autres témoignages de nobles par J. Egret : *La Prérévolution française*, p. 119.

41. A.F. V, 41.

changer les nobles en courtisans. Les assemblées provinciales devaient rendre aux grands seigneurs de France une consistance
politique. Les dissensions qu'on a vues tout à coup éclater entre les
classes privilégiées et la nation, n'auraient peut-être pas existé, si,
depuis longtemps les trois ordres se fussent rapprochés, en discutant
en commun les affaires d'une même province [42]. »

Nous voudrions aussi rappeler à ce propos l'admirable passage
où Tocqueville dans l'*Ancien Régime et la Révolution* souligne ce
divorce néfaste entre la nation et un groupe social parasitaire :

> « Pour moi, si j'aspirais à détruire dans mon pays une aristocra-
> tie puissante, je ne m'efforcerais point de chasser d'auprès du trône
> ses représentants ; je ne me hâterais point de l'attaquer dans ses
> plus brillantes prérogatives ; je n'irais point tout d'abord lui contes-
> ter ses grands pouvoirs législatifs ; mais je l'éloignerais de la
> demeure du pauvre, je lui défendrais d'influer sur les intérêts jour-
> naliers des citoyens, je lui permettrais plutôt de participer à la
> confection des lois générales de l'Etat que de régler la police d'une
> cité, je lui abandonnerais avec moins de peine la direction des
> grandes affaires de la société que l'arrangement des petites ; et tout
> en lui laissant les signes les plus magnifiques de sa grandeur, j'ar-
> racherais de ses mains le cœur du peuple, où est la véritable source
> de la puissance [43]. »

Mais le plus intéressant de tous les témoignages nous paraît être
celui de Du Buat Nançay dans ses *Remarques d'un Français* [44] publiées en 1785. Le traité *De l'Administration des Finances* inspire à
ce farouche défenseur de la noblesse la plus virulente critique. Seule,
de la condamnation générale de l'œuvre de Necker, est exceptée la
création des assemblées provinciales. Ce gentilhomme berrichon a
été séduit, il a participé, il a compris :

> « J'accorderai à M. Necker que les Administrations provinciales
> font une bonne et excellente institution, qui ne diminue en rien
> de l'autorité du roi, parce que s'il doit toujours être obéi, il ne
> peut ni ne doit tout commander, & qu'il n'en est pas de l'adminis-
> tration politique comme de la discipline militaire, qui n'admet pas
> de délibération sur la manière d'exécuter. Je conviens donc avec
> M. Necker, & avec reconnaissance du service qu'il nous a rendu, que
> l'idée des Administrations provinciales est une grande & belle idée
> (quoiqu'elle ait été un peu rapetissée dans ses premiers développe-
> ments) ; que c'est un moyen de faire renaître quelque patriotisme,
> mais très peu quant à présent : d'attacher les grands propriétaires
> au séjour des provinces ; qu'il faut abandonner à ces Administra-
> tions tous les détails qui peuvent être bien faits par elles, parce
> qu'un corps qui n'a pas de fonctions habituelles cessera bientôt
> d'être un corps, & ne se trouvera être qu'une ombre ou un squelette
> lorsqu'on aura besoin de lui ; que ni les Cours souveraines, ni les
> Intendants ne doivent désormais prendre ombrage de ces Admi-
> nistrations, qui anoblissent les fonctions des premiers, & ne font

---

42. *Considérations*. Oe. c. XII, 87-88.
43. *L'Ancien Régime et la Révolution*. Oe. c. Gallimard, t. II, p. 39-40.
44. *Remarques d'un Français ou examen impartial du livre de M. Necker sur l'administration des Finances de la France pour servir de correctif
et de supplément à son ouvrage*. Genève 1785.

tort qu'à leurs secrétaires & à leurs subdélégués, & à qui il faut espérer qu'on ne demandera rien qui soit contraire à l'esprit des lois enregistrées, à quoi d'ailleurs ces Cours pourront veiller dès qu'on continuera de faire imprimer les procès-verbaux sans mutilation ni falsification...

La prédominance du Clergé dans les premières tenues étoit bien propre à dégoûter les gentilshommes, qui fembloient n'être venus là que pour y être les buralistes de quatre ou cinq « Monfignori », & à qui, par cette raison, les occasions manquèrent de faire connoître ce qu'il avoient d'esprit & d'instruction. Si cependant il importe à l'Etat que les hommes de talent aient occasion de l'exercer & de se faire connoître, ce qui peut être un des grands avantages des Administrations provinciales, c'est sur-tout ceux d'entre la Noblesse qu'il peut être utile de connoître [45]. »

Et voici la conclusion du chapître :

« Mais nous répéterons ici, pour accomplir toute justice, qu'il ne manquoit à cet homme estimable que d'être plus éclairé, & que, jusque dans ses fautes, il est digne de l'estime publique, lorsqu'il s'est exposé à tant de contradictions, qu'il a vaincu tant de difficultés, qu'il s'est suscité tant d'ennemis, pour exécuter une entreprise qui ne pouvait avoir pour but que l'avantage du Roi & le bien de la Nation, comme il le concevoit. »

Du Buat-Nançay est un adversaire passionné mais un adversaire loyal.

Le même désir de mobiliser toutes les élites explique la décision de faire entrer le clergé en tant qu'ordre dans les assemblées provinciales. En lui faisant la part aussi belle dans la composition de ces administrations, Necker jugeait sans doute adroit de se faire un allié de cet ordre puissant [46], mais, comme pour la noblesse, il s'agissait aussi de mettre toutes les capacités disponibles au service de la chose publique :

« Ce qu'il faut pour remplir dignement de pareilles fonctions, c'est un esprit de sagesse et d'équité, ce sont des lumières et de l'application, et sous ce rapport le seul véritable, on ne pourrait avec raison exclure d'une administration provinciale, l'un des corps de l'Etat le plus instruit et celui qui est encore uni par un plus grand nombre de liens au devoir de la justice et de la bienfaisance [47]. »

Pour ce qui est des lumières et de l'application, l'activité dépensée par les ecclésiastiques, au sein des assemblées, soit au poste de président qui leur revenait de droit [48], soit comme rapporteurs de

---

45. *Examen du livre de M. Necker*, op. cit., chap. X. *Des administrations provinciales*, p. 123-131.
46. Tenant compte des critiques, Necker dans l'édit de création de l'assemblée du Dauphiné avait réduit le nombre des membres du clergé à douze, pour dix-huit à la noblesse, et trente au tiers-Etat.
47. A.F. V, 59-60.
48. Phelipeaux, archevêque de Bourges, président de l'assemblée du Berri et Champion de Cicé, évêque de Rodez, président de celle de Haute-Guyenne prirent très au sérieux leurs fonctions.

commissions [49] montrent combien Necker avait eu raison de donner leur chance à des hommes qui bien souvent avaient embrassé leur état pour d'autres motifs qu'une vocation religieuse, surtout dans les degrés élevés de la hiérarchie. Disposant des connaissances, des loisirs et des relations nécessaires, ils ne demandaient pas mieux que d'avoir la possibilité de dépenser leur énergie pour le plus grand bien de leurs concitoyens.

Necker estimait aussi que les représentants de cet ordre étaient tout désignés pour prendre en main cette partie très importante de la tâche confiée aux assemblées provinciales qu'était l'assistance publique. Forcé en quelque sorte de donner l'exemple, le clergé eût été amené à pratiquer avec plus de zèle et d'efficacité « cette charité qui est le devoir essentiel de son état [50] » tandis que le prestige et l'autorité morale dont il disposait, surtout en province, lui eût permis d'exercer sur ce plan la plus heureuse influence sur les autres membres de l'assemblée. Ainsi eût été facilitée la mise en application de ce vaste programme d'assistance publique conçu par le ministre, ainsi les immenses richesses de l'Eglise auraient trouvé l'emploi auquel elles étaient destinées.

Tel est donc dans ses grandes lignes le plan destiné à substituer à la décentralisation monarchique un système d'autogestion entendue aussi largement que possible, et confiée à tous ceux que Necker jugeait capables d'y participer, c'est-à-dire à tous les notables.

Des deux aspects qu'il comporte, l'administratif et le politique, c'est le second qui nous intéresse le plus, car il permet d'assigner sa place au premier ministère de Necker sur le plan de l'histoire. Dans le cadre d'une monarchie théoriquement absolue, telle que celle de l'Ancien Régime, l'existence d'un dialogue entre les gouvernants et les administrés pouvait permettre un contrôle de fait de ce gouvernement par la nation, contrôle qui, sans être aussi efficace que celui d'un parlement, n'était nullement négligeable. En faisant surgir du même coup autant d'interlocuteurs valables, la création des assemblées provinciales, telles que Necker les avait conçues, devait naturellement amener un renforcement de ce contrôle, elles étaient un premier pas vers son institutionalisation.

Ainsi la politique de décentralisation rejoignait la politique d'in-

49. C'est l'abbé de Véri, pour le Berri et l'abbé Courtois pour la Haute-Guyenne, qui furent rapporteurs de la commission pour la réforme des impôts. Et Necker félicite aussi l'abbé de Séguiran « d'avoir déployé de grands talents dans l'assemblée du Berri ». A.F. V, 41.

50. A.F. V, 60.

formation et poursuivait le même but : la création d'une monarchie préconstitutionnelle où le rôle joué par l'opinion publique est assimilable en fait sinon en droit à celui d'un parlement. De l'unité de ces deux politiques, Necker, et c'est encore une justice à lui rendre, est parfaitement conscient. Nous n'en voulons pour preuve que ce texte de l'*Administration des Finances* où la suppression de la publicité des procès-verbaux des assemblées l'amène à réaffirmer ses intentions et ses buts :

> « Leur publicité assurait aux administrations provinciales cette confiance si nécessaire à ceux qui ont besoin, pour faire le bien, de contrarier les habitudes, et d'introduire divers changements : cette même publicité procurait encore aux administrations ce tribut d'opinion, si propre à encourager ceux qui se livrent à des travaux pénibles sans intérêt et sans ambition : l'approbation du roi doit leur suffire, disent les ministres, qui savent bien toute l'influence qu'ils ont sur cette approbation : sans doute, c'est, dans une monarchie, la récompense où chacun aspire, et le désir de la mériter est une juste et louable ambition ; mais le roi serait mal servi par ceux qui ne compteraient pour rien l'opinion publique ; d'ailleurs, cette opinion, mieux que tout autre suffrage, instruit le souverain des talents et des vertus de ceux qui exercent dans son royaume quelque fonction importante : ainsi, lorsqu'on arrête l'action de l'opinion publique, lorsqu'on étouffe sa voix, on prive les rois de l'avertissement de leur conseiller le plus éclairé, le plus impartial et le plus intègre...
> Ces considérations seront représentées, peut-être, comme l'effet d'un système particulier ; système que j'ai appliqué également, et à l'impression du procès-verbal des assemblées provinciales, et à la publicité de l'Etat des finances, et à la notoriété des comptes des hôpitaux, des prisons, des dépôts de mendicité, et à d'autres dispositions du même genre : ce système, si c'en est un, je ne le désavouerai point [51]. »

### 3° L'OPPOSITION PARLEMENTAIRE

Il nous reste à voir maintenant les motifs de cette opposition parlementaire que fit naître la création des assemblées provinciales et qui contribua à provoquer la chute du ministre. C'est sans doute ce projet qui en fut la cause immédiate mais en fait, si on envisage dans son ensemble le « système » de Necker, à long terme, cette opposition était fatale car, tout en ménageant ce corps puissant où il comptait de fidèles et solides appuis, tout en réalisant certaines réformes qu'il réclamait depuis longtemps [52], le ministre de Louis XVI était foncièrement hostile au rôle politique que les parlements s'étaient attribué.

Sous l'Ancien Régime en effet, les cours souveraines ne se contentaient pas de rendre la justice, par le biais de l'enregistrement des

---

51. A.F. V, 43-45.
52. Cf. la déclaration du 13 février 1780 relative au second brevet de la taille.

édits, et particulièrement des édits de finances, elles s'étaient arrogé
un droit de remontrance qui leur permettait d'exercer une certaine
influence sur l'action gouvernementale, influence limitée sans doute,
car le roi, en un lit de justice pouvait toujours imposer sa volonté,
mais qui faisait apparaître les parlements aux yeux de l'opinion
publique comme les défenseurs naturels des libertés du peuple,
le seul rempart légalement existant contre le despotisme. Il y avait
là incontestablement une situation de fait qui aurait pu être exploi-
tée par un homme d'Etat soucieux de soumettre à un contrôle l'exercice du pouvoir.

Necker, bien loin de regarder dans cette direction, aurait souhaité les déposséder de ce rôle en transférant aux assemblées provinciales leurs prérogatives en matière de surveillance, sinon de
contrôle des mesures financières prises par le gouvernement :

> « Ce ne serait donc jamais que par un motif de propre convenance
> pour l'autorité royale, qu'en renonçant à la sanction des parlements
> on voudrait demander un jour directement à l'assemblée provin-
> ciale sa contribution aux besoins extraordinaires de l'Etat ; et si
> nous arrêtions à comparer laquelle de ces deux manières de valider
> ces impositions conviendrait le mieux à l'autorité, nous trouve-
> rions vraisemblablement que le gouvernement traiterait presque
> toujours plus facilement avec des États sagement constitués qu'avec
> des parlements [53]. »

Dans ces phrases, Necker laisse nettement entendre qu'il
vaudrait mieux que la validation des impositions dépendit plutôt
des assemblées que des parlements sans préciser d'ailleurs les modalités de cette validation, et les raisons qu'il donne de cette préférence sont très précises.

Il lui paraît inadmissible tout d'abord qu'un même corps puisse
cumuler des fonctions aussi différentes et aussi dénuées de rapports
que celle de rendre la justice et de donner des avis en matière de
politique fiscale : ce cumul de fonctions judiciaires et politico-admi-
nistratives lui paraît en soi une erreur, et l'arme redoutable que
constitue entre les mains des parlementaires la grève des tribunaux,
une source de confusion et de trouble qui choque un esprit comme
le sien, soucieux d'ordre et de distinctions logiquement établies,
d'autant que les connaissances techniques requises pour rendre
la justice ne sont pas celles qui permettent de porter un jugement
motivé en matière de fiscalité. En ce domaine les parlements sont
incompétents, ils souffrent d'un défaut d'instruction.

Les membres des assemblées provinciales au contraire auraient
sur les juristes l'avantage d'être de vrais administrateurs, connaissant parfaitement bien, de par leur activité, les besoins et les
moyens de la population de leur province, et beaucoup mieux qualifiés de ce fait pour donner des avis autorisés ou présenter au gouvernement de judicieuses réflexions sur les mesures qu'il a prises

---

53. *Mémoire sur les administrations provinciales*. III, Oe. c. III, 352.

ou qu'il a l'intention de prendre. Mais de plus, et c'est là surtout que Necker, en mettant le doigt sur le point faible de la position des parlementaires, devait s'attirer les haines les plus violentes ; ces corps ne sont pas en fait représentatifs, la prétention qu'ils s'attribuent de parler au nom de la nation est une prétention usur-pée, ils n'ont pas le droit de se poser comme ses défenseurs, en réalité ce ne sont que des privilégiés qui ne défendent que leurs privilèges, tandis que les assemblées provinciales de par leur compo-sition sont elles, par contre, véritablement représentatives :

> « Si l'on examine... ce qui doit se passer pour le choix des impôts on remarquera qu'un pays d'Etats composés des trois ordres réunit aussi justement qu'il est possible, l'intérêt et le vœu national ; au lieu que les membres des cours souveraines, s'ils ne parviennent pas à s'élever au-dessus de leurs convenances particulières, doivent nécessairement préférer ou rejeter des impositions par des motifs que la nation ne peut partager [54]. »

et Necker en fournit la preuve en prenant une série d'exemples par-ticulièrement caractéristiques :

> « C'est ainsi que les parlements combattent contre une juste répar-tition des vingtièmes, qui peut diminuer sur-le-champ leur revenu, et qu'ils sont plus indifférents sur la taille, qui ne repose sur eux qu'indirectement ; c'est ainsi qu'ils ont plus d'ardeur contre les droits de contrôle, qui augmentent les frais de justice que contre telles autres impositions, qui s'éloignent des murs du palais ; c'est ainsi, peut-être, qu'ils disputeraient presque autant sur le franc-salé que sur les gaebles ; c'est ainsi, etc [55]. »

Sur ce point-là comme sur bien d'autres, Necker et Malesherbes sont exactement du même avis :

> « ...tout magistrat que j'étais, j'ai toujours pensé, écrit ce dernier, dans une lettre au baron de Breteuil du 27 juillet 1776, comme à ce que je crois, tous les gens raisonnables, qu'on ne doit pas donner une influence principale dans l'administration aux parle-ments.
> 1° Parce que ce corps est composé de gens qui n'y ont jamais été initiés, qui n'en ont jamais fait leur étude et n'en ont aucune connaissance.
> 2° Parce que la magistrature n'est point en France un corps choisi par la nation et ayant mission d'elle, que nos magistrats au contraire ne sont choisis que dans un seul ordre de citoyens et par consé-quent ont une foule de préjugés et d'intérêts contraires au vrai bien de l'Etat.
> Ainsi, j'ai toujours pensé et dit quand j'en ai eu l'occasion que lorsque le roi voudrait se faire éclairer contre les surprises des ministres par le suffrage de la nation, ce ne serait point l'ordre seul des jurisconsultes qu'il faudrait regarder comme les représen-tants du peuple [56]. »

---

54. *Ibid.*, p. 352.
55. *Ibid.*, p. 353.
56. Lettre au baron de Breteuil du 27 juillet 1776 citée par Grosclaude, *op. cit.*, t. II, p. 139. Cf. encore la lettre à La Chalotais du 13 mai 1776, *ibid.*, p. 126. L'article Représentant de l'*Encyclopédie* trahit le même état d'esprit. Cf. Eberhard Schmitt : *Repräsentation und Revolution*, p. 126.

Si le ministre de Louis XVI en était resté là, s'il s'était contenté de montrer combien par leurs attributions et par leur composition, les assemblées provinciales avaient une compétence et une représentativité bien supérieurs à celles des Parlements, il se serait évité bien des soucis et eût conservé une réputation intacte. Malheureusement, dans le *Mémoire* qui n'était destiné qu'au roi, qui devait rester confidentiel et enfoui dans la poussière des archives, Necker, dans son désir d'arracher à tout prix la décision en faveur de sa réforme, fait miroiter au monarque des avantages qui, il faut bien le dire, ne sont guère en harmonie avec l'image que nous voulons présenter de notre auteur et ce que nous pensons être en droit de considérer comme ses véritables intentions. Il croit habile de laisser envisager à Louis XVI que les assemblées provinciales seront plus aisées à manier et qu'en leur transférant les attributions des Parlements il sera débarrassé d'une opposition tenace et dangereuse :

> « Et s'il était nécessaire de s'étendre davantage sur cette question, j'observerais encore que la réunion des résistances serait plus facile entre les parlements qu'entre les pays d'Etats, non seulement parce que les premiers sont sans cesse en activité, tandis que les autres ne s'assembleraient que tous les trois ans et pendant un temps limité ; mais aussi parce que le souverain a bien plus de récompenses naturelles dans sa main pour l'ordre de la noblesse et celui du clergé, que pour des juges et des propriétaires de charges[57]. »

Avec ces phrases imprudentes, Necker joue, avouons-le, une sorte de double-jeu. Si dans son esprit, les assemblées doivent contribuer à augmenter la liberté, assurer à la nation une « participation » plus active et plus efficace, il est bien mal venu à insinuer ici, au contraire, que l'absolutisme royal aura tout à gagner dans cette transformation des institutions traditionnelles et qu'il sera plus facile au roi d'imposer ses volontés aux assemblées ; l'allusion aux « récompenses naturelles » que le roi a dans sa main pour l'ordre de la noblesse et du clergé est particulièrement déplaisante.

Il apparaît, lui, le ministre soi-disant progressiste, comme un défenseur sournois du despotisme monarchique, camouflant sous une

---

Aussi s'étonne-t-on de l'éloge que fait B. de Jouvenel des parlementaires : « On ne saurait trouver dans le pays de corps plus propre à modérer le pouvoir. Si les charges s'achetaient le contrôle exercé sur les ventes par le corps lui-même entoure l'accession d'un magistrat nouveau de garanties telles qu'aucun sénat ne fut jamais mieux recruté. Si les parlementaires ne sont point élus par le public, ils n'en méritent que plus de confiance, n'étant pas ses flatteurs par besoin de parvenir mais ses champions par principe. Ils forment dans l'ensemble un corps plus grave et plus capable que le parlement britannique. » *Du Pouvoir*, p. 234. La thèse de F. Bluche dans sa rigoureuse objectivité nous semble porter au contraire sur ce corps la plus sévère condamnation : *Les Magistrats du Parlement de Paris au XVIIIᵉ siècle*. Paris 1960.

57. *Mémoire sur les administrations provinciales*. Oê. c. T. III, p. 354.

réforme d'apparence libérale un procédé destiné en fait à priver la nation de sa seule défense contre l'oppression [58].

Un chapitre de *De l'Administration des finances* nous montre comment il essaie de se tirer de cette situation embarrassante. Il tente tout d'abord d'apaiser et les parlementaires et les libéraux, en affirmant que rien n'est changé en ce qui concerne les attributions extra-judiciaires des cours souveraines.

> « Ces cours enregistrent les lois d'imposition, et portent au pied du trône les représentations qui leur paraissent justes et raisonnables : les administrations provinciales répartissent les tributs d'après ces lois, ou conformément aux arrêts du conseil, pour toutes les dispositions auxquelles cette dernière forme de législation s'applique : on voit donc qu'il n'existe aucune espèce de rapport ni de rivalité entre ces différentes prérogatives [59]. »

et c'est un fait que rien dans la réglementation relative à la création des assemblées provinciales n'a modifié à cet égard la situation existante. Necker dans le *Mémoire* n'envisageait le transfert de prérogatives que comme une hypothèse souhaitable et dans un avenir assez éloigné, puisqu'il n'aurait pu s'effectuer qu'une fois mise en place la totalité des assemblées, une fois écoulé également le temps nécessaire à les affermir et à démontrer leurs capacités. En attendant, il n'est nullement question de changer le *statu quo*. On ne saurait donc présenter cette mise au point comme une humiliante rétraction, ainsi que se sont hâtés de le faire ses ennemis d'hier et d'aujourd'hui, trop heureux de voir Necker se débattre dans une situation délicate [60]. Le

---

58. Cf. Cette apostrophe de Brissot de Warville à Clermont-Tonnerre : « Qu'il relise son fameux mémoire sur les administrations provinciales ; et il verra ce qu'on doit penser de cet ami du peuple qui écrivait qu'au roi seul appartenait essentiellement le droit de mettre les impositions, qui ne voulait détruire les parlements que pour se délivrer de leurs importunes remontrances, qui ne voulait créer ces administrations que parce que les ministres les auraient aisément maîtrisés. Voilà un des premiers, des anciens, des bons amis du peuple. » *J.P.B. à Stanislas de Clermont* (ci-devant *Clermont-Tonnerre*) *membre de l'Assemblée nationale sur la diatribe de ce dernier contre les comités de recherches et sur son apologie de Mme de Jumilhac et des illuminés.* P. 1790, p. 52.

59. A.F. V, 62.

60. Cf. Brissot de Warville : « Je ne sais si je me trompe, mais je trouve dans cette justification tout à la fois de la mauvaise foi et de la lâcheté... Je relis son mémoire et il me paraît évident qu'il y fait une satire sanglante des Parlements... il affirme positivement que dans les Parlements, il y a préjugés défaut d'instruction, intrigues, envie de se signaler ; de fixer les regards de la nation, de se placer entre le peuple et le prince, etc, Je suis loin de blâmer ce tableau, je le crois vrai comme je l'ai dit, mais encore une fois, quand on a dénoncé au public les inconvénients, les abus d'un corps, il ne faut pas avoir la lâcheté de revenir sur ses pas, de mendier la paix avec ce corps. On voit ici que M.N., qui n'a pas renoncé à l'espoir de rentrer au ministère, cherche à diminuer le nombre de ses ennemis et des obstacles. Il entortille son style et ses idées pour amadouer et duper ces Parlements. C'est un rôle indigne d'un homme ferme dans ses principes et qui sacrifie tout au bien public. Il fallait se glorifier d'avoir été vrai et persister dans sa dénonciation. » (*Op. cit.*, p. 140. Renouvin évidemment abonde dans le même sens.

ministre profitait au contraire de la circonstance pour rappeler aux parlementaires que le droit d'éclairer la justice du monarque : « ce droit si beau qui appartient aux cours souveraines, ne peut cependant avoir son étendue, qu'en raison du progrès et de la perfection des lumières [61] » et qu'ils feraient bien de mettre à profit à cet égard l'expérience des Assemblées provinciales et les connaissances qu'elles avaient acquises.

Mais ce chapitre a surtout pour objet d'éclairer sur ses intentions et ses arrières pensées tous ceux qui, prenant au pied de la lettre les lignes compromettantes que nous avons citées, auraient pu s'en scandaliser.

> « Peut-on se refuser à sentir, explique-t-il, que, cherchant à déterminer l'opinion du roi sur l'établissement des administrations provinciales, et plaidant, pour ainsi dire, en faveur d'un projet que je croyais si favorable à l'intérêt des peuples, je devais surtout aller au-devant des craintes qu'on a toujours élevées sur l'introduction d'aucun nouveau corps dans l'Etat ? Ainsi, entraîné par le désir de tranquilliser sur ce point l'autorité, je développai d'abord toutes les objections pour les combattre ; et poussant ensuite les arguments à l'extrême, je me servis, pour y répondre, des comparaisons et des rapprochements qui se présentèrent à ma pensée. Cette manière de parcourir une question jusque dans les hypothèses les plus imaginaires est universellement connue : et il serait déraisonnable de donner de la consistance à ces suppositions, surtout pour mal interpréter les opinions de celui qui, parlant uniquement au souverain, n'était occupé, dans cet instant, que de l'effet essentiel qu'il désirait de produire [62].

Dans ces phrases embarrassées, Necker laisse assez clairement entendre qu'il a tenu, pur obtenir ce qu'il désirait, un langage qui ne correspondait pas à sa pensée. Il a commis envers le roi une sorte de pieux mensonge, qu'historiens et contemporains, il faut bien le dire, auraient ignoré sans une indiscrétion malhonnête. Et pour donner la preuve de la pureté de ses intentions, il rappelle, à juste titre, qu'il a été le premier à exiger que la taille ne pût jamais être augmentée sans une loi enregistrée par les Parlements. Comment l'accuser d'avoir voulu renforcer l'absolutisme royal alors que toute sa conduite, et cet édit en particulier, sont inspirés par le désir de défendre les libertés de la nation et de les accroître ? En fait, s'il souhaite à plus ou moins long terme la suppression d'une certaine forme de contrôle, ce n'est pas pour renforcer l'absolutisme, mais pour la remplacer par une autre qui lui paraît plus satisfaisante et plus rationnelle [63].

---

61. A.F. V. 63.
62. A.F., V, 65.
63. Comme témoignage de ce que pouvait penser un parlementaire sur cette question et plus généralement aussi de ce qu'à cette date pouvait penser de Necker un « notable », nous citerons une lettre du président du Parlement de Grenoble de juin 1781, publiée par Auguste de Staël dans sa notice p. CLXIX. « Je fus chargé, il y a trois ans, par le Parlement de Grenoble, de vous féliciter sur le compte que vous avez rendu au roi, de l'état de ses finances. Il était difficile de prévoir que je vous écrirais aujourd'hui, en qualité de bon citoyen, pour vous témoigner mes

Il ressort en tout cas de cette polémique que Necker dès 1778 voyait dans les Assemblées provinciales, les futures héritières des prérogatives exercées par les Parlements, prérogatives dont ils disposaient par un accident de l'histoire et auxquelles devait mettre fin une réorganisation destinée à faire de la monarchie française un Etat moderne : le lien établi entre l'administratif et le politique apparaît là encore en toute clarté puisque la préférence accordée aux assemblées est justifiée au nom d'une compétence acquise dans l'exercice de leurs attributions, et au nom d'une représentativité due au dosage de leur composition.

---

regrets de votre retraite. Ils ne sont pas suspects de la part d'un parlementaire, dans les circonstances présentes. J'ai lu le Mémoire sur les administrations provinciales, que vous avez remis au roi, et qui est devenu public, dans lequel vous annoncez une opinion peu favorable de l'esprit qui gouverne les parlements. Il m'a paru qu'elle n'était pas établie sur la connaissance exacte de ces compagnies. Le Parlement de Grenoble a donné la plus forte preuve de son désintéressement et de son amour pour le bien général en sollicitant une administration provinciale, quoiqu'il prévît que cet établissement diminuerait son autorité et son influence dans les affaires publiques. Si les parlementaires ne se sont pas montrés constamment plus citoyens que parlementaires, c'est la faute du gouvernement, qui n'a pas assez veillé sur la composition de ces compagnies. Cependant, si vous aviez le projet d'ôter aux compagnies souveraines le droit de faire des remontrances, vous auriez porté un coup funeste à la monarchie. Il est évident que des Assemblées provinciales, composées de citoyens qui ne sont en place que pour un temps limité, qui ont des vues ambitieuses pour eux ou pour leurs proches, ne sauraient avoir une consistance assez forte pour opposer une barrière aux entreprises injustes d'un ministre accrédité. Car, suivant le cours des événements, à votre administration économe et éclairée, il peut en succéder une despote et désordonnée, et le peuple opprimé n'aura plus aucune voie assurée pour faire parvenir ses plaintes au pied du trône.

Malgré ces réflexions, qui ne sont pas en faveur de quelques opinions contenues dans votre Mémoire, je tiens le Parlement de Paris pour atteint des imputations que vous faites aux cours souveraines, s'il a contribué à vous éloigner des affaires. Il lui aurait été facile de les détruire par des faits et par une conduite patriotique, en conseillant au roi de continuer à se servir de vos talents, et en vous forçant vous-même à changer d'opinion à son égard.

Mais vous, Monsieur, vous devez vous justifier d'avoir quitté le poste qui vous était confié ; car si nos correspondants ont dit vrai, vous avez offert votre démission, sans y être obligé par les ordres du roi. Lorsque vous avez accepté la place que vous occupiez, lorsque vous avez exécuté les opérations qui vous ont acquis l'estime du roi et la confiance de la nation, vous avez dû prévoir que vous seriez assis au milieu des cabales et des trahisons, et que vous auriez pour ennemis les intrigants, et tous ceux qui vivent aux dépens de l'Etat. Permettez-moi de vous le dire, un noble orgueil a décidé votre retraite ; l'orgueil est le défaut des âmes élevées ; mais c'est un défaut. Si des circonstances plus heureues vous rappelaient au ministère, vous devez l'accepter sans hésiter. Vous étiez nécessaire pendant la guerre, vous serez encore plus utile pendant la paix; c'est l'espérance de la nation.

Ces réflexions, ces conseils vous paraîtront extraordinaires de la part d'un homme qui ne vous connaît que par la renommée. Mais apprenez que tous les bons citoyens partageaient vos peines et vos succès, et que nous sommes tous au désespoir de vous voir arrêté au milieu d'une si belle carrière. »

On peut toutefois se demander si la nation n'aurait pas perdu au change car, si imparfait que fût le fonctionnement de l'embryon de contrôle exercé par les Parlements, il existait, tandis que les Assemblées provinciales n'étaient qu'une promesse et qu'un espoir. Il saute aux yeux cependant, qu'une fois toutes mises en place, ces assemblées n'auraient pas manqué de représenter une véritable puissance [64], et nous citerons à ce propos cette opinion d'un historien moderne :

> « Il paraît évident qu'en attribuant la répartition et la perception des impôts à des assemblées provinciales, Necker aurait à la longue ruiné l'action du pouvoir central. Peut-être crut-il que le choix des répartiteurs et des percepteurs importait peu, puisque les agents du souverain n'avaient pas le droit de refuser à leur maître les sommes qu'il exigeait, mais alors il fut dupe d'une illusion, car dans tout Etat ceux qui administrent l'impôt acquièrent nécessairement une autorité considérable [65]. »

Nous ne pensons pas que Necker fût homme à être dupe d'illusions. Il nous semble au contraire qu'il savait pertinemment ce qu'il faisait, et ses déclarations ultérieures, ses prises de position en faveur des Assemblées provinciales une fois qu'il fut redevenu ministre, apportent un nouveau témoignage et de l'importance qu'il n'a cessé d'accorder à cette réforme et de la signification qu'il y attachait : elles ne devaient pas être un instrument d'asservissement mais de participation au pouvoir.

### 4° NOUVELLES PERSPECTIVES
### DE LA DÉCENTRALISATION AU FÉDÉRALISME

Nous citerons tout d'abord un texte de *De la Révolution française* où il analyse son état d'esprit au début de son second ministère :

> « Il est tant de hasards attachés aux changements politiques, et l'on peut si difficilement en déterminer le cercle, en régler la progression, que si les Etats généraux n'avaient pas été promis, j'aurais borné mes soins à tirer un grand parti des Assemblées provinciales, et je me serais servi de leur assistance pour améliorer les diverses branches de l'administration et pour lier plus étroitement ensemble le prince et ses sujets. Enfin j'aurais cherché pour la seconde fois, à faire le bien de la France sans rumeur et sans convulsion, et en employant néanmoins avec activité tous les moyens qui sont dans la dépendance d'une administration éclairée [66]. »

---

64. Cf. le *Mémoire sur l'administration provinciale* adressé à Necker par un membre du Conseil d'Etat, analysé par H. Glagau dans *Reformversuche und Sturz des Absolutismus*, p. 154. Ce mémoire insiste sur les dangers que recelait pour l'absolutisme royal la création d'assemblées chargées de la perception des impôts et susceptibles de se transformer spontanément et rapidement en Etats-Généraux.

65. Henri Carré : *Le mémoire de Necker sur les assemblées provinciales* (Bulletin de la Faculté des Lettres de Poitiers. 1893).

66. R.F., IX, 38.

Ces phrases prouvent bien que la décentralisation représentait la grande pensée de cet homme d'Etat ; c'était pour lui la réforme clef, le secret du rajeunissement de la monarchie. Au lieu du processus qu'allait déclancher la réunion des Etats-Généraux, il aurait certes préféré la transformation de l'Ancien Régime par cette lente évolution qu'aurait amenée la création des Assemblées provinciales, avec les inévitables conséquences qu'elle aurait entraînées sur le plan administratif et sur le plan politique, Necker pensait en 1796 que la France aurait pu faire, grâce à elles, l'économie d'une Révolution. Irréalisable par le haut, la rénovation de la monarchie se serait accomplie par le bas. Les notables des provinces l'auraient imposée au pouvoir central.

Le rythme des évènements fut plus rapide qu'il ne l'avait prévu et souhaité et, moins de dix ans après la création de la première administration provinciale, Necker se retrouvait à nouveau aux côtés de Louis XVI, chargé de la lourde responsabilité d'organiser la réunion des Etats-Généraux. Il n'en oublie pas pour autant son grand dessein. Une première preuve nous en est donnée par le résultat du conseil du 27 décembre 1788. Ce texte comprend une première partie fort courte, où sont fixées les modalités selon lesquelles s'effectuera la convocation, et une deuxième fort longue qui expose les motifs des décisisons prises et se termine par l'annonce des réformes envisagées par le gouvernement. Parmi elles figure évidemment la décentralisation :

> « Vous avez encore, sire, le grand projet de donner des Etats provinciaux, au sein des Etats-généraux, et de former un lien durable entre l'administration particulière de chaque province et la législation générale. Les députés de chaque partie du royaume concerteront le plan le plus convenable, et V.M. est disposée à y donner son assentiment, si elle le trouve combiné, d'une manière sage, et propre à faire le bien sans discorde et sans embarras.
> V.M. une fois contente du zèle et de la marche régulière de ces Etats, et leurs pouvoirs étant bien définis, rien n'empêcherait V.M. de leur donner des témoignages de confiance fort étendus, et de diminuer, autant qu'il est possible, les détails de l'administration première [67]. »

Ce texte confirme l'importance des tâches qui leur seront confiées et annonce aussi que leurs membres seront appelés à jouer un rôle sur le plan national.

Les mêmes thèmes vont être repris dans le discours prononcé lors de l'ouverture des Etats-Généraux. Necker en effet ne va pas manquer l'occasion de cette cérémonie pour inscrire son projet dans le vaste programme de refonte de la monarchie qui est à accomplir. Le discours fleuve prononcé le 5 mai où il met l'accent sur les points de ce programme qu'il juge essentiels et où il esquisse dicrètement mais nettement les lignes de la construction future, nous fournit la

---

67. *Résultat du conseil du 27 décembre 1788. Oe. c.*, T. VI, 462-3.

preuve évidente de l'intérêt qu'il continue à porter à la décentralisation. On y trouve un long passage consacré aux administrations provinciales. En voici le début :

« Celle d'entre vos délibérations, messieurs, qui est la plus pressante, celle dont l'utilité aura le plus d'influence sur l'avenir concernera l'établissement des Etats provinciaux. Ces Etats, bien constitués, s'acquitteront de toute la partie du bien public qui ne doit pas être soumises à des principes uniformes ; et il serait superflu, messieurs, de fixer votre attention sur la grande diversité de choses bonnes et utiles qui peuvent être faites dans chaque province, par le seul concours du zèle et des lumières de leur administration particulière [68]. »

Dans la suite du texte, Necker énumère les attributions de ces assemblées, désormais constituées de députés élus : finances, assistance, travaux publics, affaires économiques, tutelle des communautés et des villes, toute l'administration locale leur est à nouveau réservée. Le ministre de l'Ancien Régime invitait ainsi solennellement les membres de la future Assemblée Constituante à conserver le cadre administratif ébauché par la monarchie et à prendre pour base de l'organisation future de l'Etat une institution qu'elle avait mise sur pied et qu'elle leur léguait.

Ce discours nous apprend aussi sous quelle forme originale, Necker envisageait l'achèvement par une « participation » à l'échelon national de cette « participation » à l'échelon local que constituaient les Assemblées provinciales :

« Cependant, messieurs, si ce bonheur (celui de la nation) peut appartenir en grande part à l'effet des soins dévolus aux Etats particuliers de chaque province, et si vos réflexions vous amenaient encore à penser que, libremeent élus, ils pourraient fournir un jour une partie des députés des Etats du royaume, ou une Assemblée générale intermédiaire, la composition des Etats provinciaux vous paraîtrait alors une des plus grandes choses dont vous auriez à vous occuper... Je me représente à l'avance ce jour éclatant et magnifique où le roi, du haut de son trône, écouterait, au milieu d'une assemblée auguste et solennelle, le rapport que viendraient faire les députés des Etats de chaque province. Je les vois, ces députés, impatients de mériter l'approbation de leur souverain et les louanges de la nation, je les vois s'arrêter avec orgueil et à l'envi sur les moyens que leurs Etats auraient employés pour ajouter au bonheur du peuple ou pour alléger le poids de son infortune ; je les vois attentifs à recevoir les uns des autres quelque lumière nouvelle ou quelque notion bienfaisante, afin de les rapporter soigneusement à l'administration dont ils font partie [69]. »

On a voulu voir dans ce texte une allusion à la possibilité de résoudre le problème du bicaméralisme, en formant une seconde chambre des députés des Assemblées provinciales sur le modèle du Sénat amé-

---

68. *Discours d'ouverture des Etats-Généraux*, Oe. c., T. VI, p. 590.
69. *Ibid.*, pp. 594-596.

ricain [70]. Nous ne pensons pas toutefois que Necker ait pu envisager pour la chambre haute autre chose qu'une chambre aristocratique, une chambre des pairs, le Parlement anglais est son modèle, mais peut-être a-t-il vu le moyen d'échapper à une consultation populaire ou d'en réduire les dangers, en formant la chambre basse des députés des assemblées provinciales, en partie tout au moins.

L'idée était déjà dans l'air [71] et il semble bien que Loménie de Brienne avait pour intention en gagnant du temps, de substituer aux Etats-Généraux traditionnels une assemblée dont les Etats provinciaux auraient constitué le collège électoral [72].

Quoiqu'il en soit, il faut souligner dans ce passage la sympathie manifestée pour des députés administrateurs dont les lumières ne sont pas dues à la lecture de Rousseau, de Montesquieu ou des philosophes mais à la pratique des affaires, à l'expérience acquise quotidiennement dans le règlement des problèmes locaux. C'est là une conception curieusement moderne. A notre époque, où les questions économiques deviennent de plus en plus complexes et tiennent dans la vie des individus une place sans cesse croissante, le projet d'une assemblée nationale, émanation des assemblées locales et composée de techniciens apparaît comme le couronnement indispensable de la décentralisation ou de la régionalisation. Il est regrettable que sur ce point la Révolution et son idéologie aient tué dans l'œuf une réforme et des idées qui ne retrouvent que péniblement et bien tard la place qu'elles méritaient et dont on ne saurait trop souligner l'importance dans l'œuvre de Necker.

Il devait être donné encore une fois, au ministre de Louis XVI, en une ultime occasion et par la bouche même du monarque, de demander aux députés aux Etats-Généraux de réaliser l'œuvre souhaitée, sur un ton qui n'était plus celui d'une invitation courtoise mais d'un ordre. Ce fut lors de la Séance Royale du 23 juin où sur les conseils du Genevois, le roi tenta de reprendre en mains la situation et d'imposer aux ordres désunis son propre programme de réformes. Le texte de la déclaration proposée par Necker fut profondément modifié mais de la rédaction primitive, certains passages demeurèrent toutefois inchangés, en particulier les articles 17 à 24 relatifs aux Assemblées provinciales entièrement de sa main [73]. Ces articles

---

70. Cf. F. Braesch : « Les provinces... pouvaient être représentées auprès du souverain dans une chambre analogue au Sénat des Etats-Unis et dont il semble bien que Necker ait prévu l'institution à côté des Etats-Généraux, c'est-à-dire à côté de la Chambre des Représentants élus de toutes les populations du royaume et ceci était encore une manière de trancher la question d'une deuxième Chambre. » Op. cit., p. 236.

71. Cf. Les témoignages cités par J. Egret : La prérévolution française, p. 121 et cette phrase de Malesherbes : « On n'a pas voulu voir qu'une Assemblée générale et plus véritablement représentative que celle de tous les pays du monde résulterait nécessairement des Assemblées provinciales. » (Mémoires sur la situation présente des affaires) cité par Grosclaude, Op. cit., T. I, p. 658.

72. Cf. J. Egret, ibid., pp. 310-311.

73. Cf. Recueil de documents. Op. cit., T. I, vol. 2, p. 281.

définissent le statut des futures assemblées héritières naturelles de celles que Necker avait créées lors de son premier ministère, les dispositions relatives à l'élection de leurs membres et à l'extension de leurs attributions correspondant à l'évolution rapide d'une situation imprévisible dix ans plus tôt. Rien ne saurait être plus explicite et plus significatif que cette véritable charte des Assemblées provinciales définie le 23 juin, rien ne saurait plus clairement indiquer ses convictions et ses intentions et l'on se demande comment on peut écrire, à ce propos, de son second ministère que :

> « nul de ses actes ne permet de croire qu'il ait songé le moins du monde à prolonger la tentative de 1787 et à en obtenir un rendement meilleur. Bien au contraire [74]. »

Les faits apportent à cette affirmation le plus flagrant démenti. Au cours de son second ministère, Necker mit à profit toutes les circonstances les plus solennelles pour faire connaître ses intentions. Il les proclame, et le 27 décembre 1788 dans le résultat du Conseil, et le 5 mai lors de l'ouverture des Etats-Généraux, et le 23 juin lors de la Séance Royale. Prétendre donc que la décentralisation était déjà morte de sa belle mort au moment où éclata la Révolution française nous paraît une contre-vérité, et particulièrement dans le cas de Necker. S'il avait réussi sa révolution, si la Séance Royale s'était déroulée comme il l'avait prévue, les assemblées provinciales eussent été une pièce fondamentale du nouveau régime aussi bien sur le plan administratif que sur le plan politique. Necker avait compris, en effet, que la décentralisation et la formation de l'esprit public vont de pair, et qu'un pays ne peut acquérir de maturité politique et jouir pleinement d'un régime de liberté que si ses institutions administratives l'y préparent.

Les révolutionnaires, au contraire, crurent nécessaires de sacrifier la décentralisation voulue et préparée par l'Ancien Régime aux exigences du pouvoir, et ils portent l'entière responsabilité d'un avortement dont les conséquences durent encore :

> « Toutes les préventions contre le fédéralisme se seraient modifiées et l'opinion aurait pris un autre sens si, en 1793, les chefs de la révolution l'avaient voulu ; mais leur intérêt personnel les excitait à réunir dans Paris tous les pouvoirs, à en faire l'unique centre du mouvement national ; ils savaient déjà qu'ils pourraient y entretenir le fanatisme dont il avaient besoin pour régner ; et une république composée de divers Etats, aurait opposé trop d'obstacles au succès de leurs déclarations astucieuses, au triomphe de leur hypocrisie. Aussi les chefs de ce temps-là, pour vaincre, sans raisonnement, les partisans d'une république semblable au gouvernement des Etats-Unis, eurent recours à la politique dont ils avaient l'habitude ; et après avoir inventé le nom de « fédéraliste », ils en firent un mot d'injure : c'est ainsi qu'on le donna, c'est ainsi qu'il fut reçu [75]. »

---

74. *Les assemblées provinciales de 1787, op. cit.*, p. 389.
75. D.V. 191-192.

L'histoire de l'échec de la décentralisation ne se ramène pas à la lutte entre Girondins et Jacobins, qui n'en est qu'un épisode, mais en mettant l'accent sur l'intérêt personnel des chefs de la Révolution « à réunir dans Paris tous les pouvoirs », Necker indique clairement les raisons d'une attitude dont les Constituants furent les premiers à donner l'exemple et qu'il leur reproche amèrement.

> « Par quel motif, en suivant sans contrainte leur système d'innovation, ont-ils privé les départements de l'avantage inappréciable de former séparément, et alors sans doute en portions plus grandes, autant d'États distincts, unis seulement, comme ceux d'Amérique, par une fédération politique, financière et commerciale, dont le monarque eût été le chef héréditaire ? par quel motif l'Assemblée constituante, une fois dégagée de toutes sortes de liens, a-t-elle privé les diverses sections de la France de l'avantage inappréciable de concourir chacune à la confection de leurs lois dans toute la plénitude de leur volonté, au lieu de soumettre leurs convenances particulières au hasard d'une décision prise à la majorité des suffrages parmi les députés de tout le royaume ? pourquoi l'Assemblée nationale a-t-elle encore privé ces mêmes sections du droit de déterminer à elles seules leur Constitution législative, leur forme d'administration, leur ordre judiciaire, leurs règlements ecclésiastiques et leur système fiscal ? pourquoi ne leur a-t-on pas permis d'avoir un corps législatif particulier, et de réunir dans leur propre sein cet équilibre de pouvoirs qui garantit l'ordre et la liberté ? Pourquoi les a-t-on contraints à sacrifier jusqu'aux noms distincts dont leurs habitants se paraient autrefois, et qui leur rappelaient à chaque instant ou la célébrité de leur terre natale, ou les hauts faits de leurs ancêtres ? Enfin, je le demanderais aux législateurs de la France : Quel a été le motif de tant de privations imposées à toutes les anciennes provinces du royaume [76] ? »

Sieyès, dans son discours du 7 septembre 1789, avait donné à toutes ces questions la plus franche des réponses :

> « La France ne doit point être un assemblage de petites nations qui se gouverneraient séparément en démocraties, elle n'est point une collection d'Etats ; elle est un tout unique, composé de parties intégrantes ; ces parties ne doivent point avoir séparément une existence complète parce qu'elles ne sont point des touts simplement unis mais des parties formant un seul tout. Cette différence est grande, elle nous intéresse essentiellement. Tout est perdu si nous nous permettons de considérer les Municipalités qui s'établissent, ou les Districts ou les Provinces, comme autant de républiques unies seulement sous les rapports de force et de protection commune »

et à cette décentralisation poussée jusqu'au fédéralisme que propose Necker, il oppose :

> « ... Une Administration générale qui, partant d'un centre commun, va frapper uniformément les parties les plus reculées de l'Empire... une Législation dont les éléments fournis par tous les citoyens se composent en remontant jusqu'à l'Assemblée nationale, chargée seule d'interpréter le vœu général, ce vœu qui retombe ensuite avec

---

76. P. ex. VIII. 284. Cf. encore les textes cités *infra* p. 442.

tout le poids d'une force irrésistible sur les volontés elles-mêmes qui ont concouru à le former[77]. »

Ce n'est pas un des moindres paradoxes de la Révolution française que, pour faire triompher la liberté, elle ait créé les conditions les plus propices à l'asservissement d'un peuple, et l'on ne saurait s'étonner que les Constituants aient si facilement confondu l'élection par le peuple d'une assemblée ou d'un directoire strictement bornés à des tâches d'exécution, avec une véritable autonomie[78] tant il est vrai qu'accorder le droit de légiférer aux représentants d'une province ou d'une région serait de la part d'un pouvoir central, quel qu'il soit, un acte contre nature[79].

## CONCLUSION

Ces considérations nous ont entraînés trop loin dans un monde de « rumeur et de convulsion », or, pour apprécier à leur juste valeur le premier ministère de Necker et les ouvrages de cette période, il faut tenter d'échapper à la fascination qu'exerce sur un esprit français la date de 1789. Comme le fait justement remarquer un historien contemporain :

« La Révolution française de 1789 a laissé dans nos sensibilités des traces si profondes que l'Europe du XVIIIe siècle s'en est trouvée éclipsée. Pour un peu, nous sacrifierions à un modèle arbitrairement privilégié, un vaste domaine où l'histoire n'a pas emprunté les mêmes chemins. L'Europe des lumières a préféré le réformisme monarchique à la révolution violente, la médecine empirique à l'opération chirurgicale[80]. »

Le passage de la monarchie absolue à la monarchie constitutionnelle représentait en effet une transformation profonde, une véritable mutation. Il était donc dans la logique de l'histoire que s'inter-

---

77. Sieyes : *Discours du 7 septembre*, cité par B. de Jouvenel, *op. cit.*, pp. 317-319.
78. Cf. F. Braesch, *op. cit.*, pp. 236-237.
79. Pour cette raison, il nous paraît pour le moins inexact d'employer l'expression de décentralisation pour caractériser l'œuvre administrative de la Constituante.
80. Richet in Préface à : « *L'Europe des princes éclairés* », traduction du livre de L. Gershoy : *From Despotism to Revolution*, 1944. Cf. encore A. Dupront : « Comment ne pas nous être aperçus en effet, dans un certain recul d'avec notre lecture habituelle de l'histoire, pour rationnels et objectifs que nous eussions prétendu être, qu'en nous obstinant à ne retrouver dans le déroulement du XVIIIe siècle français que les commencements de sa fin, d'une part nous jugions et de la façon la plus arbitraire, sous la seule caution d'un nombre assez considérable de postulats, d'autre part et surtout nous ne nous libérions pas, malgré illusions et refus contraires, d'une vision eschatologique de l'histoire. » (A. Dupront, *Livre et culture dans la société française du XVIIIe siècle. Réflexions sur une enquête*). *Annales E.S.C.*, sept. oct. 1965, p. 895.

calât, dans une évolution que le progrès des idées et l'exemple de l'Angleterre rendaient inévitable, une étape intermédiaire. En fait, l'histoire de France brûla cette étape. La chute de Necker eut pour conséquence, quelques années plus tard, le rappel au pouvoir du même ministre, non plus pour reprendre l'œuvre entreprise mais pour organiser la convocation des Etats-Généraux et faire face à une crise exigeant des solutions beaucoup plus radicales que celles qui auraient été encore possibles au début de cette même décennie.

La Révolution qui s'ensuivit jette son ombre immense sur la brève expérience poursuivie de 1776 à 1781. Tout le siècle est, en quelque sorte, aspiré par cet évènement privilégié, comme dans l'histoire universelle de Bossuet ce qui précède la naissance du Christ n'est qu'une préparation à sa venue. Elle est l'aboutissement logique d'un processus inéluctable où le premier ministère du Genevois, dernier soubresaut d'un monde qui meurt, fait figure d'un bien mince épisode.

Cette vision des choses n'est peut-être pas la plus juste ; en tout cas, elle n'était pas celle de ses contemporains. Les éloges prodigués au ministre et surtout le succès inouï, véritablement prodigieux du traité de *De l'Administration des Finances de la France* éclipsant celui déjà exceptionnel du *Mémoire sur les Assemblées provinciales* et *du Compte Rendu au roi*, fournit la preuve irréfutable que l'Europe des lumières a vu en Necker l'incarnation même d'un réformisme monarchique qui comblait tous ses vœux et l'on est ainsi amené, pour donner au personnage sa véritable dimension, pour souligner le passage du plan national au plan européen à lui assigner une place privilégiée dans le vaste mouvement du despotisme éclairé.

Certes, pas plus que Necker, le despotisme éclairé n'a très bonne presse en France. Nombreux sont les historiens qui n'ont pour lui que mépris ou ironie. A les en croire, le despotisme éclairé, tel qu'il fut pratiqué, se ramènerait à l'utilisation cynique des lumières et de leurs représentants par des monarques sans scrupules, au profit des plus égoïstes intérêts. Il représenterait sans doute un effort de rationalisation dans l'art de gouverner mais qui n'aurait pas d'autre objet que de faire d'une nation et de ses ressources humaines et matérielles un instrument efficace au service d'un chef d'Etat et de sa volonté de puissance [81].

---

81. Cf. Charles Morazé : *Finance et despotisme - Essai sur les despotes éclairés in* : Annales 3, 1948, p. 279 : « Nous sommes bien persuadés de l'importance capitale des pensées philosophiques qui ont enrichi notre XVIIIᵉ siècle. Pourtant, nous ne pensons pas, en l'occurence, qu'elles aient joué, dans le développepment du despotisme éclairé de l'Europe centrale et orientale, le rôle qu'on leur attribue générale:nent. » Cf. Georges Lefebvre : *Le dépotisme éclairé in* : Annales historiques de la Révolution française 21, 1949, p. 97 ss, p. 109 : « En réalité, pour les souverains, les déclarations humanitaires n'étaient que jeux d'esprit... » Cf. Roland Mousnier *in* : *Histoire générale des civilisations* V, *le* XVIIIᵉ *siècle*, Paris, 1953, p. 173 : « ... ils (les philosophes) ne virent pas que le but des souverains était seulement la puissance de leurs Etats pour dominer, envahir et démembrer, que toute cette « philosophie » n'était qu'un leurre. » Cf. la préface plus nuan-

Tous les historiens ne sont pas de cet avis [82]. Il existe peut-être plusieurs sortes de despotisme éclairé au niveau de l'application, au niveau des faits. Mais surtout, une idéologie, comme une religion, ne se juge pas seulement à ses effets, et à supposer que la version française fût la bonne, il n'en resterait pas moins qu'on est en droit d'établir une distinction entre le despotisme éclairé effectivement pratiqué par les gouvernements et l'image que s'en faisait l'opinion publique, voire ces gouvernements eux-mêmes [83] et c'est alors que, sur le plan de l'histoire des idées, les ouvrages de Necker et les jugements portés sur son premier ministère prennent toute leur valeur en permettant de préciser cette image.

L'admiration s'adresse d'abord au technicien, à l'administrateur qui met son intelligence et ses capacités, non pas au service des volontés d'un maître mais au service de la nation [84]. « Principle, method, economy, frugality, justice to individuals and care of the people » les termes mêmes employés par Burke [85] définissent parfaitement ce que les classes éclairées attendent à cette date d'un homme d'Etat. Profondément intéressées par tout ce qui peut contribuer à la prospérité d'un pays, au mieux être d'une nation : finances, agriculture, industrie, commerce, justice, assistance publique, elles voient en Necker le ministre modèle, soucieux de mesures efficaces, concrètes, précises, entièrement dévoué au bien public, l'écrivain aussi qui, dans l'*Eloge de Colbert*, dans l'introduction au traité de *De l'Administration des Finances de la France*, a montré toute l'importance pour le bonheur d'un peuple du pur et simple « management ».

Mais le despotisme éclairé, dans le cas de Necker tout au moins,

---

cée toutefois de Richet à la traduction française du livre de Gershoy : *From despotism to Revolution - L'Europe des princes éclairés*. Cf. Le dernier livre de synthèse paru en français sur ce sujet. *Le despotisme éclairé* par F. Bluche, Paris, 1968 pour qui le despote éclairé « C'est Louis XIV, sans perruque. » Cette unanimité française ne laisse pas d'avoir quelque chose d'inquiétant.

82. Cf. en particulier Ernst Wälder : *Zwei Studien über den aufgeklärten Absolutismus in* Schw. Beiträge z. allgm. Geschichte, 1957, pp. 134-171.

83. Cf. par exemple cette lettre si caractéristique de Grimm à Mme Necker au sujet de Catherine II : « Il n'y a peut-être que moi au monde qui sache distinctement le secret de son règne, employé tout entier à miner les bases du despotisme et à donner avec le temps à ses peuples le sentiment de la liberté. Je dis avec le temps parce qu'il n'est pas plus possible de hâter ce fruit précieux qu'aucun autre. Que son projet réussisse ou qu'il soit interrompu et anéanti après elle, il n'en sera pas moins connu lorsqu'elle ne sera plus et il viendra un temps où quelque bon esprit ne sera pas peu frappé de l'extrême ressemblance de son système de gouvernement avec celui de M. Necker. Le plan de partager l'empire en 22 gouvernements qu'elle a conçu il y a 12 ans, qu'elle a poursuivi, exécuté, perfectionné, indépendamment de l'avantage d'attacher les hommes de tous les ordres par leurs fonctions à la chose publique et de faire des sujets des citoyens n'a eu d'autre but que celui que M. Necker se proposait d'opérer par l'établissement des Assemblées provinciales » *in Le salon de Madame Necker* par le vicomte d'Haussonville. T. I, p. 160.

84. Cf. *supra*, p. 41.

85. Cf. *Supra*, p. 51.

va beaucoup plus loin ; il ne faut pas se laisser induire en erreur par le titre modeste *De l'Administration des Finances de la France.* Cet ouvrage, comme les deux précédents, a une signification politique ; c'est une incitation au dialogue, une affirmation des droits de l'opinion publique à qui est confiée la mission de guider les gouvernements et de les contrôler. Necker veut libérer tout autant que rationaliser. La formule : « alles für das Volk, nichts durch das Volk », n'est pas la sienne, et s'il a rencontré une approbation aussi unanime c'est qu'il satisfaisait complètement pour cette raison les aspirations des élites de tous les pays, celles d'un Burke, d'un Joseph de Maistre, d'un Gœthe, d'un W.C. Dohm, d'un Galiani, d'un Caracciolo, d'un Malesherbes [86], ou encore de ce Président au Parlement de Grenoble qui appelait Necker « l'espérance de la France ».

Quatre ou cinq ans avant la convocation des Etats-Généraux, ce n'est pas le *Contrat Social* qui passionnait l'Europe mais les ouvrages d'un autre Genevois qui, sans s'attaquer aux structures des monarchies traditionnelles, préparait cependant la voie à des formules nouvelles en appelant les notables à participer au pouvoir. Il représente à ce titre un moment de la conscience européenne, il fournit un témoignage du Zeitgeist [87] et un témoignage d'autant plus précieux qu'il paraît à la veille même du jour où cette belle unanimité va éclater en morceaux, où l'idéologie supra nationale du despotisme éclairé, qui pourtant n'avait jamais été aussi vivante, va précisément devenir complètement périmée.

La valeur de ce témoignage n'est nullement infirmée par le revirement que vont provoquer les évènements de France dans les convictions des enthousiastes lecteurs de 1784. Nombre d'entre eux, effrayés, vont, comme J. de Maistre renier l'héritage des lumières et se tourner vers les sytèmes les plus rétrogrades, fournissant une justification idéologique à la réaction qui va triompher, et devant ce spectacle, on peut se demander si, en fin de compte, le réformisme monarchique, une évolution contrôlée plutôt qu'une révolution brutale n'auraient pas été plus souhaitables et plus favorables même au développement des forces productives que le déchaînement du cataclysme qui va suivre.

---

86. Cf. l'article de J. Egret: *Malesherbes, président de la Cour des Aides* (Revue d'histoire moderne et contemporaine 1956) qui, à la suite des éditeurs des remontrances du 6 mai 1775, de Boissy d'Anglas (*Essai sur la vie de Malesherbes*) de Glagau (*Reform versuche...*) souligne la concordance entre les mesures prises par Necker au cours de son premier ministère et le programme de réformes contenu dans les fameuses Remontrances de la Cour des Aides du 6 mai 1776. Rappelons qu'outre « ces timides audaces », pour employer l'expression de J. Egret, Necker réalisera encore cette réforme de la Maison du Roi devant laquelle Malesherbes avait renoncé. Pour les sentiments qu'éprouvait ce dernier envers le Genevois, voir P. Grosclaude, *op. cit.* T. II, pp. 178-186.
87. « Un bel quadro dello spirito politico del questo secolo », comme l'écrivent les *Novelle letterarie di Firenze* à propos du Compte-rendu, cf. *supra*, p. 36.

# CHAPITRE VI

# LA RÉVOLUTION FRANÇAISE

Les livres consacrés à la Révolution française et qui constituent la part la plus importante de l'œuvre de Necker, ont pour objet soit l'apologie de sa conduite, soit un récit des événements, l'un et l'autre se confondant bien souvent, soit encore l'exposé de théories politiques. Ce qui nous intéresse au premier chef, ce sont évidememnt ces dernières, mais, cette fois, l'action et la pensée sont trop étroitement mêlées pour qu'on puisse les dissocier. Nous nous proposons de commencer notre étude par une esquisse rapide de cette action durant le second et le troisième ministère. Nous n'avons nullement la prétention de faire œuvre d'historien, ni d'apporter quoi que ce soit de nouveau en ce domaine. Nous nous proposons seulement de présenter des évènements la version qui est la sienne, uniquement soucieux de faire entendre sa voix, de suivre le déroulement des faits avec ses propres yeux. Nous pensons que ce récit, tout en constituant un préambule nécessaire, nous permettra de mieux comprendre ses idées, car sa préoccupation majeure au cours des pages où il parle de ce qu'il a fait et de ce qu'il a voulu, est de justifier sa conduite au nom des principes qu'il a toujours défendus et l'effort fait pour démontrer la cohérence entre la pensée et l'action ne peut qu'enrichir notre connaissance de cette pensée.

## I. — LE SECOND ET LE TROISIÈME MINISTÈRE DE NECKER

### I. - ANALYSE DE LA SITUATION

Le ministre de Louis XVI, à son retour au pouvoir, va se trouver confronté avec deux problèmes qui s'enchevêtrent dans l'action quotidienne, mais qu'il faut cependant soigneusement distinguer : le premier est celui de la nature même des institutions à établir, le second celui du processus de leur mise en place, et sur ces deux points, le défenseur d'une constitution à l'anglaise et de la prérogative royale va rencontrer des difficultés dont il croira un moment pouvoir triompher et qui se révèleront finalement insurmontables.

Pour le premier point, celui des institutions proprement dites, le programme établi pour transformer la monarchie absolue en monarchie éclairée, va nous permettre de comprendre dans quel état d'esprit il aborde la période révolutionnaire, quelles nouvelles perspectives ouvre devant lui la convocation des Etats-Généraux. Grâce à eux vont s'accomplir plus tôt qu'il ne l'avait pensé les promesses déjà contenues dans son plan de rénovation du régime ; grâce à eux, pourra s'accélérer le processus mis en marche pour normaliser les conditions de vie de la nation française. Cette normalisation exige d'une part la création d'un organe de contrôle du pouvoir par lequel s'effectuera le passage du despotisme éclairé à la monarchie constitutionnelle, et d'autre part la fusion de tous les riches en une seule classe à laquelle sera confié ce contrôle. Or, à l'échelon local, ces deux objectifs avaient déjà été atteints par la réforme accomplie par Loménie de Brienne, reprenant et achevant l'œuvre de décentralisation : chaque province devait disposer d'une assemblée et chaque assemblée aurait réuni dans son sein tous les notables. Il ne reste donc plus qu'à passer du plan local au plan national, à couronner l'œuvre ébauchée par un Parlement réunissant les représentants de toutes les catégories de riches, de tous les propriétaires, quels qu'ils soient [1].

C'est donc dans la perspective de l'achèvement d'une œuvre commencée, beaucoup plus que dans celle d'une révolution, que Necker envisage l'avenir et rien ne lui est plus étranger que cet enthousiasme qui s'empara de toutes les classes de la population à l'annonce de la décision royale, que cette attente d'une ère nouvelle qui devait enfin apporter le bonheur [2]. Bien au contraire, l'idée fixe de Necker sera d'éviter toute rupture, toute novation radicale, et de s'appuyer sur ce qui est pour créer ce qui doit être, puisqu'en somme il s'agit simplement d'expliciter ce qui est implicite, c'est-à-dire de faire disparaître, entre les diverses catégories de riches, une discrimination fondée sur la naissance, désormais dépourvue de sens, et d'incarner dans une institution officielle, le pouvoir d'une opinion publique dont l'action et l'influence se sauraient être contestées.

C'était là sans doute une vaste entreprise qui mettait fin socialement à la division en trois ordres et politiquement à l'absolutisme, mais pour le guider dans cette voie qui menait à la monarchie constitutionnelle, Necker disposait d'un modèle qu'il jugeait admirablement

---

1. Rappelons que Necker ne manque pas dans son discours du 5 mai de lier étroitement représentation nationale et représentation provinciale comme il l'avait déjà fait dans le résultat du conseil de décembre 1788.
2. Cf. le développement sur la Bonne Nouvelle et la Grande Espérance dans : *La Révolution Française* par G. Lefèbvre. Peuples et civilisation, 1968, p. 137 et suivantes.

adapté à la situation du royaume de France : c'était la Constitution anglaise [3].

Que dès son retour au pouvoir, Necker se soit proposé comme but de faire sortir de la convocation des Etats-Généraux, l'établissement en France des institutions d'Outre-Manche, nous paraît indiscutable. On pourra objecter sans doute que les éloges qu'il en a faits et les analyses précises qu'il en a données sont postérieures à sa retraite définitive, mais nous disposons de textes suffisamment nombreux, suffisamment explicites et bien antérieurs à 1788, qui nous prouvent que son admiration pour ce pays est très ancienne. Déjà, dans la *Réponse au Mémoire de M. l'abbé Morellet*, il rappelait que « toutes les nations de l'Europe les plus attachées à la liberté » avaient confié « l'exercice du commerce des Indes à une compagnie privilégiée [4] ». L'*Eloge de Colbert* de 1773 est plus précis, nous apprenons que l'Angleterre retient ses habitants par les douceurs de la liberté et que dans ce pays « où l'ordre est l'effet des lois et de l'harmonie du gouvernement, la confiance dans les billets de banque peut durer longtemps [5], » Dans le *Compte Rendu au roi*, le Parlement britannique, à plusieurs reprises, est cité en exemple [6] et dans *De l'Administration des Finances de la France*, nous trouvons déjà une véritable apologie du régime anglais à l'occasion de laquelle on invite les Français à imiter :

> « Ces institutions tutélaires qui assurent au plus haut degré la liberté civile, et cette main secourable que la loi tend aux accusés et ce crédit immense qui se soutient au milieu des plus grandes agitations, et cette réunion d'efforts dans l'adversité, et ce patriotisme sans chimère et sans illusion, et cette influence de la nation sur ceux qui gouvernent, et ce respect qu'on est forcé d'avoir pour elle, et tant d'autres effets encore d'une *Constitution* qui, presque seule dans l'univers, conserve à l'homme isolé sa force et sa dignité, et à la société sa puissance [7]. »

On n'écrit pas de pareilles phrases sans savoir de quoi on parle, mais en 1788, c'est la plus extrême discrétion qui s'imposait :

> « Pourquoi donc dissimulerais-je que mes premières et mes dernières pensées furent toujours favorables à un système de gouvernement avec lequel ni des Etats généraux divisés en trois ordres, ni aucune autre institution monarchique, ne pouvait être mis en parallèle. Je n'ai jamais été appelé à examiner de près ce que je pouvais faire, à l'époque de ma rentrée dans le ministère, de cette estime si particulière et si profonde pour le gouvernement d'Angleterre ; car, si de bonne heure mes réflexions et mes discours dûrent se ressentir de l'opinion dont j'étais pénétré, de bonne heure aussi je vis l'éloignement du roi pour tout ce qui pouvait ressembler aux usages et aux institutions politiques de l'Angleterre. Il partageait à cet égard les anciens préjugés des princes français [8]. »

3. Cf. A.N., VI, p. 33. « Enfin l'exemple d'un peuple voisin, heureux et florissant à l'abri d'une Constitution... »
4. *Réponse au Mémoire et M. l'abbé Morellet, XV*, p. 133.
5. E.C. XV. pp. 83 et 110.
6. Cf. *supra*. p. 366.
7. A.F. IV. 170.
8. R.F. IX. 131-132. Cf. encore A.N. VI. 208-9-10.

Dans de pareilles conditions, s'engager à fond, exposer un programme était courir au devant d'un démenti formel, d'une réaction brutale, ruinant sans espoir toute chance de succès. Du jour au lendemain, ce Suisse peut être rayé de la vie politique française, et renvoyé dans son château de Coppet, au moment même où providentiellement les circonstances lui permettent d'entrevoir la réalisation d'un rêve longtemps caressé, pour le plus grand bien du royaume de France et la plus grande gloire de son premier ministre.

Dans cette transplantation en France des institutions britanniques, le bicaméralisme représentait la difficulté majeure, car il fallait passer de la traditionnelle division en trois ordres à une division en deux Chambres que Necker voulait aussi identiques que possible à la Chambre des Lords et à la Chambre des Communes. Un texte de *De la Révolution française*, où il nous fait part de ses réflexions sur la Cour plénière, nous renseigne très exactement sur ses intentions à ce sujet.

> « C'était à l'époque où, pour affranchir le roi du joug des Parlements, on imagina de créer un corps législatif composé de courtisans et de quelques débris de la magistrature, un corps législatif incapable en tous les sens de captiver jamais la confiance ; c'était à l'époque de cette fatale invention de la cour plénière, que la moindre représentation nationale réunie à une Chambre des pairs eût été reçue avec acclamations, eût été célébrée d'un bout du royaume à l'autre. On eût vu le ciel ouvert si le monarque eût porté le nombre des pairs héréditaires à deux ou trois cents, s'il eût adjoint à ces hauts dignitaires cinquante magistrats d'élite inamovibles pendant leur vie, si l'on eût composé de cette réunion une première section du corps législatif et si l'on eût formé la seconde de cinq à six cents députés de la nation, en circonscrivant le droit d'élection d'une manière sage, en désignant la propriété foncière comme une condition nécessaire du droit de représentation et en abolissant toutes les distinctions fiscales qui pouvaient éloigner une classe de citoyens de l'acquisition de ces sortes de biens.
> Un corps législatif ainsi composé et constitué par le roi lui-même, avec les réserves et les conditions nécessaires pour le maintien du pouvoir exécutif entre les mains du prince, une telle institution politique eût rempli tous les vœux et peut-être eût-elle à jamais fait le bonheur et le salut de la France[9]. »

Contrairement à ce qu'a pensé G. Lefèbvre [10], la Chambre Haute telle qu'il la concevait devait donc rester strictement aristocratique, c'est dans la Chambre Basse seulement que devait s'opérer la fusion des notables, qu'ils fussent nobles ou bourgeois. C'était là un bouleversement dans les traditions qui rendait le Genevois suspect, aussi bien aux membres du second ordre qu'à ceux du Tiers-Etat. Les premiers, dans leur grande majorité, ne pouvaient avoir que la plus

---

9. R.F. IX. 130. Cf. encore D.V. XI. 237. C'était d'ailleurs le projet de Loménie de Brienne, pour qui la Cour plénière ne devait être que la Chambre haute d'un futur bicamérisme. Cf. J. Egret : *La Prérévolution française*, pp. 276 et 491.

10. Cf. *Recueil de documents relatifs aux Séances des Etats-Généraux.* Mai-Juin 1789, Tome I, p. 221 et II, p. 8.

violente antipathie pour une humiliante discrimination, tandis que les seconds, ignorant la véritable signification que Necker attribuait à la Chambre des Lords ne pouvaient y voir, selon la définition de Montesquieu, qu'une Chambre des Seigneurs destinée à défendre les privilégiés.

Dans cette perspective, le doublement du Tiers était une arme à double tranchant. Sans doute, entraînant logiquement le vote par tête, assurait-il la majorité aux éléments progressistes de l'Assemblée dans d'éventuelles délibérations relatives au futur régime, et c'est bien dans ce but que Necker s'y était résolu [11]. Encore fallait-il que, de ces délibérations sortît une constitution à l'anglaise et le bicaméralisme, or, si l'Assemblée était laissée à elle-même, la partie sur ce point était loin d'être gagnée d'avance.

D'où l'importance de la marche à suivre pour réaliser le programme que le ministre s'était tracé, et là aussi, Necker va se heurter à des adversaires redoutables, recrutés parmi ceux-là même qui, le plus désireux de réformes, auraient dû ou auraient pu être ses alliés. Pour Sieyès et pour Mounier qui, dès avant la réunion des Etats-Généraux, vont s'affirmer comme les têtes pensantes de la future assemblée, il est un principe sur lequel ils sont parfaitement d'accord et qui, jusqu'aux évènements de Juillet scellera l'union du parti patriote : les institutions futures doivent être l'expression de la volonté générale.

Raisonnant en rigoureux logiciens, ils affirment l'un et l'autre que le dépositaire actuel de l'autorité doit cesser d'exister, perdre tous ses pouvoir, entrer dans le néant, pour en ressortir à l'appel de l'Assemblée, revêtu des prérogatives qu'elle aura jugé bon de lui attribuer et tenant d'elle et d'elle seule tous ses droits. Ils exigent en somme une sorte d'agenouillement du monarque devant la volonté du peuple, ils veulent abolir totalement le passé, procéder à une radicale désacralisation du pouvoir, le démythifier à jamais. La nation française va vivre un moment unique dans l'histoire d'un peuple, celui où il fait surgir ex nihilo, par la seule volonté de ses représentants, les lois auxquelles il va se soumettre, les autorités auxquelles il va obéir. La théorie devient réalité vécue.

Cette prise de position entraîne une conséquence immédiate : qui est d'interdire au roi toute participation au travail constitutionnel. C'est aux députés et à eux seuls de reconstruire l'Etat sur de nouvel-

---

11. Cf. Ce texte du *Résultat du Conseil du 27 décembre 1788* : « On peut supposer, contre la vraisemblance, que, les trois ordres venant à faire usage réciproquement de leur droit d'opposition, il y eût une telle inaction dans les délibérations des Etats-Généraux, que, d'un commun accord, et sollicités par l'intérêt public, ils désirassent de délibérer en commun, fût-ce en obtenant du souverain que leur vœu pour toute innovation exigerait une supériorité quelconque de suffrages. Une telle disposition, ou tout autre du même genre, quoique nécessitée par le bien de l'Etat, serait peut-être inadmissible ou sans effet, si les représentants des communes ne composaient pas la moitié de la représentation nationale. » (*Résultat du Conseil du 27 Décembre 1788. Oe. c.*, T. VI, 447.

les bases et celui qui fut pendant des siècles le dépositaire du pouvoir est exclu a priori de cette œuvre fondamentale. Il ne peut que se taire et attendre respectueusement les oracles de la volonté générale qui parle par la bouche des représentants élus par le peuple.

Voici l'opinion de Mounier à ce sujet :

> « Un peuple qui n'a point de Constitution et qui en désire une, doit pour la former, se réunir en corps de nation du moins par ses représentants. A quoi serviraient en effet les trois pouvoirs (le monarque et les deux Chambres) avant que la Constitution fût établie. N'est-ce pas elle qui doit déterminer leurs droits respectifs ? Si on commençait par les créer avant d'avoir fixé leurs limites, ne pourraient-ils pas, par un véto, empêcher qu'elles ne fussent placées et maintenir tous les abus qu'ils croiraient leur être favorable ? Il dépendrait donc de la volonté absolue de l'une des branches du corps législatif d'empêcher la Constitution, d'introduire l'anarchie ou de nous priver éternellement de la liberté. Il dépendrait donc de la couronne de ne point sacrifier les usages qui favorisent le pouvoir arbitraire, il dépendrait de la Chambre haute de conserver tous les abus, toutes les prodigalités dont profitent les grands [12]. »

Sieyès est encore plus catégorique. Non seulement il attribue à la nation seule le droit d'établir les lois fondamentales [13], mais pour cette raison là, il va jusqu'à mettre en question la validité des Etats-Généraux sous la forme où ils ont été convoqués, déniant aux députés de la noblesse et du clergé la qualité de représentants du peuple [14]. Le rôle que jouèrent ces deux doctrinaires dans les premiers actes proprement révolutionnaires que furent l'arrêté du 17 juin et le Serment du Jeu de Paume, sont en parfaite conformité avec leurs déclarations de principes.

L'idée de ce retour à zéro, qui a séduit si fortement ces esprits, choque au contraire profondément le Genevois. Il ne saurait admettre cette humiliante démission du dépositaire de l'autorité, en contradiction formelle avec sa théorie du pouvoir. Les Etats-Generaux ont été convoqués par Louis XVI pour assister le roi de ses conseils et pour décider de concert avec lui des décisions à prendre dans une circonstance critique. Ces députés représentent bien la nation, mais il ne s'agit que d'un représentation au sens que pouvait avoir ce mot sous l'Ancien Régime, où des organes divers avaient pour mission de faire connaître au monarque les vœux de la nation [15]. Necker pense sans doute que le moment est venu d'unifier cette représentation, de lui accorder un caractère permanent et des attributions précisées par des textes, mais la mise en place auprès du roi d'une instance char-

---

12. *Nouvelles observations sur les Etats-Généraux de France* par M. Mounier, 1789, 286, p. in 8ᵉ, p. 254.

13. « La nation est avant tout. Elle est l'origine de tout. Sa volonté est toujours légale. Elle est la loi même. Devant elle et au-dessus d'elle, il n'y a que le droit naturel. » *Qu'est-ce que le Tiers-Etat ?* Champion, p. 67.

14. Cf. *Ibid.* Le chapitre intitulé : Ce qu'on aurait du faire.

15. Représentation que B. de Jouvenel désigne par l'expression commode de représentation singulariter. Cf. B. de Jouvenel *Du Pouvoir*, 1947, p. 29.

gée de partager avec lui l'exercice du pouvoir ne saurait signifier la mise en question de son autorité de fait, et en particulier de son droit à participer à l'élaboration des institutions futures : il demeure un élément fondamental de la souveraineté.

Sur le plan du droit constitutionnel, il y a donc une opposition irréductible entre Necker et les théoriciens du parti patriote, entre deux conceptions de la représentation, l'une qui ne se conçoit que par rapport à un pouvoir existant, l'autre qui élimine totalement cet héritage du passé pour ériger à la place l'assemblée des députés de la nation en qui s'incarne la volonté générale. Dans la lutte qui s'est livrée autour de cette notion de représentation et qui s'est résolue par la transformation révolutionnaire d'une assemblée d'Ancien Régime en une assemblée souveraine [16], Necker ne pouvait évidemment se trouver que du côté des défenseurs du monarque, non parce que ce monarque était Louis XVI, mais parce qu'il était le dépositaire de fait de l'autorité. Pour lui, il ne s'agissait que d'introduire une nouvelle instance, un organe de contrôle dans un système déjà établi solidement, et la distinction entre le vœu et la volonté lui offrait un moyen commode, tout en employant la terminologie de ses adversaires, de faire respecter la prérogative royale et de proclamer que la volonté du monarque était indispensable pour connaître ce vœu.

Un membre de phrase du projet de déclaration pour la séance royale, tel que Necker l'avait rédigé nous renseigne clairement sur son attitude devant les fameux arrêtés du Tiers-Etat, par lesquels les députés s'affirmaient, en face de l'autorité royale, comme les seuls détenteurs du pouvoir législatif :

> « Représentant les arrêtés de ces derniers, nous dit Georges Lefèbvre, comme des manifestations inconsidérées, mais sans portée, du moment que la sanction royale leur manquait, Necker s'abstenait de les casser afin de ne pas l'irriter et, d'après Barentin, se contentait de les écarter négligemment par cette formule incidente : sans s'arrêter à la délibération du 17 juin [17]. »

La formule et le procédé, tels que nous les présente le grand historien de la Révolution française, symbolisent admirablement l'ambiguïté de la position de Necker. Il est, certes, l'ami et le protecteur du tiers-Etat [18] et résolument décidé à la transformation de la monarchie absolue en monarchie constitutionnelle, mais idéologiquement, il n'en existe pas moins un fossé profond entre lui et des hommes comme Mounier et Sieyès en ce qui concerne le processus de cette transformation.

---

16. Cf. A ce sujet l'ouvrage d'Eberhard Schmitt. *Repräsentation und Revolution*, et J. Roels : *Le concept de représentation politique au* XVIIIᵉ *siècle français*. (Anciens pays et assemblées d'Etat XLV.)

17. *Recueil de documents. Op. cit.* T. Premier, II, p. 8.

18. Cf. La phrase de Mme de Staël dans une lettre du 18 juin à son mari « le ministère seul soutient le Tiers en blâmant ses excès. » *Correspondance générale.* B. Jasinski, Tome I, 2ᵉ partie, p. 310.

« Vous avez abusé, disait-il à Malouet après le 17 juin, du pouvoir législatif en vous l'attribuant exclusivement par une disposition qui n'est fondée sur aucun titre, c'est maintenant au roi à reprendre l'exercice de ce pouvoir et à vous remettre tous à sa place [19]. »

Et faisant allusion au texte original de la déclaration royale du 23 juin :

« Le roi, écrit-il, dans le projet qu'il avait d'abord adopté, se réservait, de la manière la plus formelle, le droit d'approuver ou de rejeter les dispositions civiles et politiques qui lui seraient présentées par les Etats-généraux ; mais en même temps, il n'entreprenait pas de soustraire à leur délibération commune l'examen des défauts inhérents à la vieille ordonnance des Etats-généraux, et la recherche des moyens de perfection. Le monarque seulement écartait avec vigueur les idées naissantes sur la constitution de ces Etats en une seule Assemblée [20]. »

Comme preuve de sa volonté de faire la révolution, mais de la faire avec le roi, nous voudrions citer encore ce texte dont il nous paraît difficile de mettre en doute la sincérité.

« ...Lorsque je me servais de l'autorité du roi, écrit-il à propos de la séance royale projetée, et pour décider les deux premiers ordres à délibérer avec le Tiers-Etat sur les affaires d'une utilité générale et pour abroger formellement les privilèges en matière d'imposition et pour annoncer l'admission de tous les citoyens aux emplois civils et militaires ; loin de sacrifier cette autorité je la relevais en ménageant au roi le moyen de prescrire ce que la force des choses allait incessamment commander. Cependant, saisissant, comme je le faisais, l'occasion passagère de rapporter au vœu du roi des décisions si généralement souhaitées, assurant au milieu des inquiétudes renaissantes la marche de l'action des Etats Généraux, laissant à ces Etats la liberté de chercher dans une assemblée commune les idées et les mesures propres à donner une forme constitutionnelle au gouvernement, enfin accompagnant ces importantes dispositions de toutes les vues générales de bien public exprimées dans la déclaration du roi, il serait résulté, je le crois, d'un tel ensemble un si grand mouvement d'amour et de confiance envers le prince et envers le gouvernement que l'autorité royale aidée alors de l'opinion publique aurait pu diriger les Etats Généraux ou les tenir du moins en respect [21]. »

Comme le montre ce passage, le rêve de Necker était de voir le monarque prendre résolument l'initiative et, gagnant de vitesse les éléments les plus audacieux de l'Assemblée, sans à proprement parler octroyer une constitution, proposer lui-même un plan libéral de réformes à des députés qui, au début, se seraient sans doute révélés assez

---

19. Cité dans *Recueil de documents, op. cit.* T. Premier, II, p. 6.
20. R.F. IX 185.
21. *Ibid.*, pp. 191-192. Cf. les conseils de Malesherbes au roi dans le Mémoire remis en juillet 1788 : « Un roi qui subit une Constitution se croit dégradé, un roi qui propose une Constitution obtient la plus belle gloire qui soit parmi les hommes... Concevez la constitution de votre siècle, prenez-y votre place, et ne craignez pas de la fonder sur les droits du peuple. »  Voir à ce sujet : J. Egret. *La Prérévolution française*, p. ß22.

malléables et prêts à accepter toute solution satisfaisant leurs aspirations fondamentales.

Ainsi eût été assuré le succès de son plan, le poids de l'autorité royale, encore considérable en mai 1789, aurait fait passer la constitution à l'anglaise et le bicaméralisme, on aurait pu forcer la main aux réticents et aux hésitants en adoptant une attitude résolue, et ce fut le drame du Genevois et la raison de son échec que d'avoir en face de lui un monarque indécis qui finalement laissera échapper le moment favorable et se refusera à faire lui-même la révolution, en réalisant le programme que son ministre avait soigneusement médité [22].

Mais, en 1788, l'homme qui revient au pouvoir, porté par une popularité immense, envisageait l'avenir plein de confiance et d'espoir. Il fallait, par un savant jeu de bascule, manœuvrer le roi par l'assemblée et l'assemblée par le roi, jeu délicat et risqué qui supposait d'abord et avant tout cette prudence et ce secret où il était passé maître. Dans l'inaction dont on lui a tant fait grief, pour les mois qui suivirent son rappel, il faut voir, croyons-nous, un calcul parfaitement justifié : la vrai partie ne devait commencer que le jour où se réuniraient les Etats-Généraux. En attendant, Necker ne pouvait que préparer le terrain où il allait livrer bataille, en s'efforçant d'acquérir le plus d'influence possible, aussi bien sur le monarque que sur la future assemblée, et en évitant à tout prix de les indisposer l'un et l'autre. C'est un fait que la partie fut perdue, mais l'histoire dût rarement offrir un aussi bel enjeu.

## II. - LE DISCOURS DU 5 MAI

Il est d'usage pour les historiens de reprocher à peu près unanimement à Necker son attitude lors de l'ouverture des Etats-Généraux. On ne lui pardonne pas ce long et ennuyeux discours consacré surtout aux problèmes financiers et qui fit l'effet d'une douche glacée sur l'enthousiasme et les espoirs des députés impatients de connaître les intentions du gouvernement. Mais que pouvait-il faire d'autre ? Puisque Louis XVI, tiraillé entre les forces novatrices et conservatrices, et beaucoup plus proche de Barentin que du Genevois a choisi la solution des faibles, celle de ne rien décider, puisque la consigne est d'attendre, de voir venir, la fuite dans la technicité est une sorte d'échappatoire. Parler d'argent donne une contenance et l'impression que le ministre des finances reste dans les limites de ses attributions. A ceux toutefois qui avaient la patience d'écouter ou de lire jusqu'au

---

22. Cf.f D.V. XI. 239. « ...Le roi, qui dans les commencements des Etats généraux aurait pu faire décider la question par une volonté fixe, avait un extrême éloignement pour toute espèce de gouvernement imité de la Constitution d'Angleterre. »

bout, Necker laissait entendre bien des choses. Le discours d'ouverture, surtout dans la deuxième partie faisait beaucoup plus que soulever un coin du voile et clairement deviner comment son auteur
envisageait le déroulement des évènements et ce qu'il attendait de la
convocation des Etats-Généraux.

La mise en présence pour la première fois du roi et de l'Assemblée
posait elle-même une première et capitale question. Quelle allait être
la situation respective des deux instances en présence ? Quel système
de rapports devait s'établir entre elles ? On a tendance à voir dans
l'inspiration générale de ce discours, la preuve que le ministre s'inclinant devant les conceptions absolutistes du monarque et de la
cour, n'accordait aux députés qu'un droit purement consultatif et
allait même jusqu'à remettre en question certaines des garanties et
promesses contenues dans le résultat du Conseil du 27 décembre 1788,
en particulier le consentement à l'impôt et la périodicité des Etats[23].

Nous inclinerions plutôt à penser que Necker conformément à sa
théorie du pouvoir a eu pour principal souci de tenir la balance
égale entre le trône et la nation et que le préjugé défavorable dont il
est trop souvent la victime est à l'origine d'une lecture discutable,
voire fautive, de certaines de ses phrases. Lorsqu'il déclare, par
exemple :

> « Et nous autres, Messieurs, nous seconderons, non pas de notre
> pouvoir, puisque ce pouvoir ne consiste que dans notre obéissance
> aux ordres du Roi, mais de notre ardente affection et de notre
> extrême volonté, l'établissement d'un ordre bienfaisant et salutaire,
> propre également à glorifier le règne de Sa Majesté, et à consolider
> le bonheur de la nation[24]. »

Le « nous » désigne uniquement et exclusivement les ministres et
non pas, comme on l'a cru, les députés[25]. Il eut été d'une incroyable
maladresse de signifier à ces derniers que leur pouvoir ne résidait
que dans leur obéissance aux ordres du roi. Bien au contraire, à
l'occasion d'un développement sur le despotisme ministériel, Necker
les tranquillise en leur assurant que lui et ses pareils ne seront que
des exécutants respectueux et soumis.

On s'est inquiété de même du passage où Necker affirme que les
problèmes financiers auraient pu être résolus sans convocation des
Etats-Généraux et on y a vu la preuve d'un dédain affiché à l'égard

---

23. Cf. F. Braesch : 1789, *l'année cruciale*, 1941, p. 94.
24. *Oe. c.* VII. 594.
25. Cf. *Recueil de documents* : « S'efforçant d'amadouer les Etats, en
leur représentant pompeusement que le roi les associe désormais à ses
conseils, il n'en spécifie pas moins, à plusieurs reprises, que leurs résolutions, avec tant de bienveillance que le roi les accueillera, ne revêtiront
jamais qu'un caractère consultatif : « Nous seconderons les intentions
royales, non pas de notre pouvoir, puisque ce pouvoir ne consiste que dans
notre obéissance aux ordre du roi, mais de notre ardente affection et de
notre extrême volonté. » *Op. cit.* T. premier, II, p. 226.

de l'Assemblée[26]. Mais, là encore, le texte est à interpréter d'une toute autre manière, et surtout à lire dans son entier, sinon la citation tronquée est à l'origine d'un véritable contre-sens. Aussi, malgré sa longueur, reproduirons-nous le passage in extenso.

> « Ainsi, tandis que la France, tandis que l'Europe entière attribue la convocation des Etats-Généraux à la nécessité absolue, au besoin inévitable d'augmenter les impositions, l'on voit par ce résumé précis, qu'un Roi, jaloux uniquement de son autorité, aurait trouvé dans les retranchements soumis à sa puissance ou à sa volonté, un moyen de suffire aux circonstances, et de se passer de nouveaux tributs. C'est uniquement en temps de guerre que les embarras de finance surpassent l'étendue des ressources ou des expédients de tout genre dont on pourrait faire usage, et dont les règnes précédents ont donné l'exemple. Il faut pendant la guerre un crédit immense, et ce crédit ne se commande point ; mais au milieu de la paix, un Roi de France qui se permettrait d'exécuter tous les retranchements de rentes, d'intérêts, de pensions, d'appointements, d'encouragements, de secours, de remises, et d'autres dépenses de ce genre, dont le tableau de ses finances lui donnerait l'indication, ne se trouverait jamais environné de difficultés d'argent qu'il n'eût la puissance de franchir.
> C'est donc, Messieurs, aux vertus de Sa Majesté que vous devez sa longue persistance dans le dessein et la volonté de convoquer les Etats-Généraux du royaume. Elle se fût tirée, sans leur secours, de l'embarras de ses finances, si Elle n'eût mis un grand intérêt à maintenir les droits de la propriété, à conserver les récompenses méritées par des services, à respecter les titres que donne l'infortune ; et à consacrer enfin tous les engagements émanés des Souverains d'une Nation fidèle à l'honneur et à ses promesses.
> Mais sa Majesté, constamment animée par un esprit de sagesse, de justice et de bienfaisance, a considéré dans son ensemble et sous le point de vue le plus étendu, l'état actuel des affaires publiques ; elle a vu que les peuples alarmés de l'embarras des finances et de la situation du crédit, aspiraient à un rétablissement de l'ordre et de la confiance qui ne fût pas momentané, qui ne fût pas dépendant des diverses vicissitudes dont on avait fait l'épreuve. Sa Majesté a cru que ce vœu de la Nation était parfaitement juste, et désirant d'y satisfaire, elle a pensé que pour atteindre à un but si intéressant, il fallait appeler de nouveaux garants de la sécurité publique, et placer pour ainsi dire l'ordre des finances sous la garde de la Nation entière. C'est alors en effet qu'on cessera de rapporter le crédit à des circonstances passagères ; c'est alors que... [27]. »

Face à l'opinion publique aussi bien française qu'européenne qui pourrait se méprendre sur la véritable signification de la convocation des Etats-Généraux, Necker proclame qu'il s'agit de tout autre chose que de mettre fin à des embarras financiers, dont on aurait pu se tirer par les expédients habituels. L'ambition du monarque est plus

---

26. Cf. *ibid.*, p. 228 : « Plus déplaisante encore parut l'insistance à montrer que Louis XVI aurait fort bien pu, à l'exemple de ses prédécesseurs, secourir son trésor au moyen d'expédients et d'une banqueroute. Ni la constitution, ni les nécessités gouvernementales ne l'obligeaient à réunir les Etats-Généraux : seules ses vertus, qui condamnaient la violation des contrats consentis par lui, les atteintes au droit de propriété, les exactions capables de réduire ses peuples au désespoir, avaient inspiré cette convocation inouïe ».

27. *Oe. c.*, T. VI, p. 559 ss.

noble et plus vaste, il obéit au désir d'établir un nouveau système de rapports entre gouvernants et gouvernés et quand, après l'évocation des plus scandaleux abus, de la plus intolérable tyrannie, il affirme son intention d' « appeler de nouveaux garants de la félicité publique » et « de placer pour ainsi dire l'ordre des finances sous la garde de la nation entière », il faut être bien prévenu contre notre auteur pour ne pas voir dans ces phrases une renonciation solennelle à l'absolutisme et la reconnaissance du principe du consentement de la nation à l'impôt.

Pour faire dire à Necker le contraire de ce qu'il a voulu dire, il suffit, comme l'ont fait ses contemporains et comme le font nos contemporains [28] de citer seulement, en l'isolant de son contexte, le paragraphe qui commence par ces mots : « C'est donc Messieurs aux vertus de sa Majesté que vous devez... »

On a voulu voir encore dans la phrase : « Vous rendrez heureux votre souverain, quand vous lui présenterez des vœux que sa justice lui permettra de satisfaire », la preuve que les résolutions de l'Assemblée n'auraient jamais qu'un caractère consultatif [29], mais on peut penser tout aussi bien qu'il s'agit d'une formule particulièrement courtoise et respectueuse reconnaissant au roi le droit de refuser ou d'accepter les propositions de l'Assemblée. Il est bien évident que Necker a multiplié les marques de déférence envers la majesté royale et pris le plus grand soin de ne pas heurter une susceptibilité particulièrement en éveil, mais tout au long de ce discours où il confie aux députés la mission de faire des débris d'un vieux temple un édifice moderne, et où il les invite expressément à créer un ordre nouveau, il s'est ingénié aussi à employer sans cesse des images qui évoquent l'idée de la plus étroite collaboration entre le roi et les Etats-Généraux. Aussi la phrase qui, nous semble-t-il, définit le mieux l'esprit de ce discours est celle où il fait d' « un concert absolu entre le gouvernement et cette auguste assemblée [30] » la condition du succès de l'œuvre à entreprendre. L'accord entre ces deux volontés est indispensable pour que le vœu le plus général de la nation soit respecté, ce qui, strictement conforme à sa théorie du pouvoir, le rendait suspect [31] aussi bien aux tenants de l'absolutisme qu'aux doctrinaires de la souveraineté nationale.

Au-delà même de cette position de principe, Necker proposait à cette assemblée impatiente d'agir un programme déjà assez précis indiquant même l'ordre dans lequel les décisions devaient se succéder.

---

28. Cf. *Recueil de documents. Op. cit.* Tome Premier, I, p. 228.
29. *Ibid.*, p. 226.
30. *Oe.* T. VI, p. 568. Cf. encore *ibid*, p. 509 : « Il faut qu'elles (les générations futures) puissent dire un jour : c'est à Louis notre bienfaiteur, c'est à l'Assemblée nationale dont il s'est environné que nous devons les lois et les institutions propices qui garantissent notre repos. »
31. Et le rend encore aujourd'hui suspect à la plupart des historiens de la Révolution française.

Et tout d'abord, bien loin de laisser son auditoire dans l'incertitude sur la question brûlante du vote par ordre ou par tête, qu'il avait jugé prématuré de régler au mois de décembre de l'année précédente, il suggérait un compromis qu'on peut trouver fort raisonnable. Le clergé et la noblesse délibérant par ordre commenceraient par renoncer spontanément à leurs « privilèges pécuniaires », ce qui leur laissait le bénéfice moral d'un beau geste et l'initiative d'une mesure qui apparaissait de toute façon inévitable [32]. Ce préalable accompli, l'égalité fiscale proclamée, les trois ordres pourraient alors se réunir et nommer des commissaires pour désigner « les questions qu'il faut imputer au Souverain et à l'Etat de soumettre à une discussion séparée et les objets qu'il est convenable de rapporter à une délibération commune [33]. »

Parmi les premiers, figurait essentiellement la question des droits féodaux, problème complexe, car ces droits étant commercialisés, il ne s'agissait pas seulement de féodalité mais aussi de propriété. Confier à l'ordre de la noblesse le soin de décider en cette matière, évitait de froisser son amour-propre, tout en offrant des garanties pour un règlement équitable de cette épineuse affaire, règlement équitable auquel bien des bourgeois étaient intéressés. Par « objets qu'il est convenable de rapporter à une délibération commune », Necker entendait évidemment tous ceux qui avaient trait à la constitution future de l'Etat. En les rendant justiciables de cette procédure, il donnait tout son sens au doublement du tiers et faisait apparaître sa véritable justification [34].

Quant à cette constitution elle-même, Necker n'hésitait pas à en dessiner les lignes essentielles. Sur un point fondamental en particulier, celui du système à instituer pour la convocation des futures assemblées, celui de la loi électorale, il réclamait purement et simplement la disparition des ordres, mettant ainsi fin à l'Ancien Régime.

> « Toutes les dispositions, Messieurs, qui ont servi à vous rassembler, se trouvent entées pour ainsi dire, sur le tronc antique et respecté de la Constitution française ; mais les changements survenus dans nos mœurs et dans nos opinions, l'agrandissement du royaume, l'accroissement des richesses nationales, l'abolition surtout des privilèges pécuniaires, si cette abolition a lieu, toutes ces circonstances et beaucoup d'autres exigent peut-être un ordre nouveau : et si le gouvernement se borne en ce moment à fixer votre attention sur cette pensée, ce n'est pas qu'il demeure étranger à une si importante

---

32. *Oe. c.* VI, p. 608.
33. *Ibid.*, p. 610.
34. Cf. les précisions données par Necker à ce sujet dans : *De la Révolution française* : « Il suffisait au vœu national que les affaires générales pussent être traitées dans une Assemblée commune, et décidées à la majorité des suffrages ; et le roi favorisant cette disposition, le roi se prononçant encore ouvertement contre le maintien des privilèges pécuniaires, il pouvait, il devait garantir de toute atteinte les propriétés, les rangs et les distinctions des deux premiers ordres, et soustraire avec fermeté les questions de ce genre à la discussion et à l'autorité d'une seule Assemblée. » R.F. IX. 180.

délibération ; mais les égards dûs aux lumières de cette auguste Assemblée, doivent détourner de lui proposer d'autre guide que ses propres réflexions. On a receuilli pour cette fois les débris d'un vieux temple ; c'est à vous, Messieurs, à en faire la révision et à proposer les moyens de les mieux ordonner [35]. »

Le sens de ces phrases est clair et l'on saisit bien à ce propos la démarche du Genevois qui est toujours lente et progressive : par le doublement du Tiers, on est passé à ce stade intermédiaire et provisoire que sont les Etats-Généraux, où coexiste élection par ordres et vote par tête, mais le but final, l'ordre nouveau qui sera créé par la future constitution, c'est une assemblée où les ordres de l'Ancien Régime auront disparu, où s'accomplira la fusion des riches en une seule classe, et cette mutation est justifiée au nom des arguments déjà invoqués pour le doublement du tiers, à savoir le changement des structures économiques et sociales, les progrès de la bourgeoisie.

On comprend dès lors son agacement devant « l'inconséquence ou la légèreté de l'esprit du jour qui se plaît à juger des arrangements momentanés avec la même sévérité qu'il devrait employer pour apprécier des institutions immuables [36] », inconséquence et légèreté d'esprit d'un Sieyès par exemple qui refusant de comprendre que les Etats-Généraux sous leur forme actuelle ne sont qu' « un arrangement momentané » réclame la convocation d'une nouvelle assemblée. Au théoricien sans réalisme, prêt à provoquer une révolution pour faire respecter les principes, s'oppose l'homme politique expérimenté menant au même résultat par une évolution prudente.

Que cette assemblée de l'avenir élue suivant des règles toutes différentes de l'actuelle dût être périodique, on s'étonne qu'on ait pu mettre en doute les intentions de Necker à ce sujet. Le début même du paragraphe consacré à la future loi électorale le prouve sans conteste : « C'est dans les Etats-Généraux que le bonheur public doit se renouveler et c'est par eux qu'il doit se maintenir et s'accroître [37] » « et les pierres numéraires [38] » dont il est question plus loin désignent précisément cette périodicité.

Quant à la composition même des futurs Etats, Necker, pour la première fois dans un texte officiel, se hasarde à faire, à deux reprises, une allusion discrète mais précise au bicaméralisme :

---

35. *Oe. c.* T. VI, p. 601. Le sens de la phrase où il est question du tronc antique et respecté de la Constitution française semble aussi avoir échappé au commentateur du discours de Necker dans le *Recueil des documents*, (*op. cit.*, T. premier I, pp. 227 et 228) ; nous pensons en effet comme F. Braesch que : « Necker dévoilait ici son but final, tenu caché jusque-là : la suppression pure et simple des ordres pour les sessions suivantes des Etats-Généraux. » J. Braesch, *op. cit.*, p. 98.

36. *Oe. c.*, T. VI, p 602.

37. *Ibid.*, p. 600.

38. *Ibid.*, p. 602 : « Enfin, Messieurs, et pour revenir à des idées plus douces, lorsque de concert avec votre auguste Souverain, vous aurez posé les bases premières du bonheur et de la prospérité de la France, et lorsque vous aurez encore marqué les pierres numéraires qui doivent vous conduire dans la vaste route du bien public. »

> « Vous verrez facilement que pour maintenir un ordre établi, pour ralentir le goût des innovations, les délibérations confiées à deux ou trois ordres ont un grand avantage [39]. »

déclare-t-il une première fois, et il invoque ensuite un nouvel argument plus insidieux et plus pressant :

> « Enfin, Messieurs, vous découvrirez sans peine toute la pureté des motifs qui engagent Sa Majesté à vous avertir de procéder avec sagesse à ces différents examens. En effet, s'il était possible qu'elle fût uniquement occupée d'assurer son influence sur vos déterminations, Elle saurait bien apercevoir que l'ascendant du Souverain serait un jour ou l'autre favorisé par l'établissement général et constant des délibérations en commun ; car dans un temps où les esprits ne seraient pas soutenus, comme aujourd'hui par une circonstance éclatante, peut-on douter qu'un Roi de France n'eût des moyens pour captiver ceux qui, par leur éloquence et leurs talents, paraîtraient devoir entraîner un grand nombre de suffrages ? La marche des délibérations confiée à deux ou trois Ordres, est donc par sa lenteur et sa circonspection, la moins favorable aux grandes révolutions ; et quand votre Monarque, Messieurs, vous ramène à ces réflexions, il vous donne une nouvelle preuve de son amour sincère du bien de l'Etat [40]. »

Pour qui connaît notre auteur, la répétition de la formule « délibérations confiées à deux ou trois ordres » en dit long sur ce qu'il désire et l'on pense à la fausse indifférence avec laquelle, dans le cas des Assemblées, provinciales, il laissait le choix ouvert entre vote par ordre ou vote par tête, se contentant de souhaiter « un sage équilibre entre les trois ordres, soit qu'ils soient séparés, soit qu'ils soient confondus au nombre des représentants ».

Lorsqu'il traite des prérogatives du pouvoir exécutif, point n'est besoin de prendre tant de précaution. Il se trouve là sur un terrain sans embûches, et il lui est facile de donner toute satisfaction au monarque tout en défendant des idées acceptées par tout le monde.

> « Le Roi désire avec passion que tout ce qui est juste en administration soit connu, soit déterminé, soit invariable, mais il désire, mais il veut absolument que l'autorité souveraine puisse maintenir l'exécution des dispositions conformes aux lois et défendre l'ordre public contre toute espèce d'atteinte. Le meilleur des gouvernements ne serait qu'une belle abstraction, si le moment où la puissance royale doit déployer toute son action, restait encore incertain, si cette puissance une fois en accord avec le vœu général, avait des résistances à ménager et des obstacles à vaincre. Il ne faut pas, Messieurs, que les ennemis de la tranquillité publique et de la prospérité nationale puissent placer leur espoir dans une confusion, suite inévitable d'un défaut d'harmonie entre toutes les forces protectrices des destins de la France [41]. »

---

39. *Ibid.*, p. 610.
40. *Ibid.*, p. 611. Là encore ce texte semble avoir été mal compris. « Il insinua, interprète le *Recueil de documents* que l'indépendance de l'assemblée se verrait aisément compromise par l'influence royale si elle adoptait le vote par tête. » (*Op. ci.*, T. premier, I, p. 228.) En réalité, Necker ne pense pas ici aux Etats-Généraux actuels mais au futur corps législatif qu'établira la Constitution.
41. *Oe. c.*, VI, p. 603.

Remarquons toutefois au milieu de cette tirade, destinée à donner tout apaisement à la Couronne la formule restrictive « une fois d'accord avec le vœu général ». Sans doute la volonté particulière du roi est-elle un élément indispensable de ce vœu général au même titre que celle des Etats, mais il n'en reste pas moins qu'en tant que pouvoir exécutif, le monarque ne peut agir qu'une fois l'accord obtenu entre l'une et l'autre.

Nous n'insisterons pas sur un dernier point, celui de la décentralisation, nous savons toute l'importance qu'il occupait dans la pensée de l'auteur du *Mémoire sur les Assemblées provinciales*. En ce domaine, existe, à cette date, une large unanimité entre le gouvernement et l'opinion publique[42]. Devant toutes les responsabilités qui reposent sur les épaules des députés, c'est pour le ministre un soulagement que de pouvoir remettre aux futures assemblées provinciales une partie considérable des tâches que va entraîner la remise en état du royaume. Il ne concevait pas qu'elle fût possible sans cette répartition des attributions[43]. Mais politiquement, et on ne le soulignera jamais assez, il voyait aussi dans les assemblées provinciales le moyen de lier représentation locale et représentation nationale, en trouvant dans leur sein, soit en totalité soit en partie, les notables qui composeraient la future Chambre basse. La décentralisation fait partie intégrante aussi bien du nouveau que de l'Ancien Régime[44].

Somme toute, l'analyse de ce discours se révèle fort instructive et révélatrice : Souveraineté partagée entre le roi et l'assemblée, compromis relatif à la question du vote par ordre ou par tête, prévoyant le recours au second pour l'élaboration de la future constitution, loi électorale mettant fin à la distinction entre les ordres, bicaméralisme, périodicité des réunions de l'assemblée, consentement de la nation à l'impôt, attribution sans restriction du pouvoir exécutif au monarque, égalité fiscale, décentralisation, c'était là un programme fort cohérent et dessinant un avenir politique précis. Ce qui enlève évidemment de leur force à ces propositions, c'est qu'elle sont glissées en quelque sorte dans un texte dont l'objet principal est l'exposé de la situation financière du royaume, au lieu d'en être le sujet essentiel. Mais Necker malheureusement ne pouvait agir autrement. Le roi est un poids mort qui bloque pour le moment toute ouverture.

Aussi, devant l'insistance mise à rendre l'assemblée consciente de sa mission, à exalter son rôle[45], on peut se demander si, avec ce

---

42. Cf. le développement intitulé : Améliorations qui peuvent être remises à l'administration particulière de chaque province. *Ibid.*, p. 590 ss.

43. Cf. le témoignage des cahiers.

44. Cf. *supra*, p. 391.

45. « Cependant, messieurs, ce serait sans doute considérer les Etats-Généraux d'une manière bien limitée, que de les voir seulement sous le rapport de la finance, du crédit, de l'intérêt de l'argent, et de toutes les combinaisons qui tiennent immédiatement aux revenus et aux dépenses. On aime à le dire, on aime à le penser, ils doivent servir à tout, ces Etats-Généraux ; ils doivent pour ainsi dire observer et suivre les principes et les traces du bonheur national dans toutes ses ramifications ; ils doivent,

discours, ne s'esquissait pas une manœuvre discrète. Il y avait peut-
être une autre partie à jouer. Il n'était pas exclu que le roi se laissât
forcer la main par une assemblée respectueuse mais résolue, et Necker
a pu songer un moment que les députés eux-mêmes, guidés par lui,
dociles à ses conseils, arriveraient à imposer le programme très libéralement mais très prudemment tracé dans cette cérémonie d'ouverture [46]. Si notre hypothèse est juste, il dût vite déchanter.

Les Etats-Généraux butent sur le problème de la vérification des
pouvoirs, refusent le compromis qu'il propose, s'enlisent dans des
discussions sans fin et se révèlent à l'usage beaucoup plus difficiles
à manœuvrer qu'il ne l'avait pensé, eu égard à une autorité et à une
popularité qui auraient dû être les siennes, et sur lesquelles il avait
cru sans doute pouvoir compter davantage. Il réalise aussi, à ce
moment, combien sa situation de ministre le paralyse, combien le
fait d'être en dehors de l'Assemblée lui est défavorable.

### III. - LA SÉANCE ROYALE DU 23 JUIN

C'est alors que naît dans son esprit l'idée originale [47] de la Séance
Royale qui correspond admirablement à l'image qu'il se fait du passage de l'ancien au nouveau régime et qui lui semble aussi convenir
parfaitement aux circonstances, en offrant une porte de sortie dans
une situation qui se dégrade chaque jour, et qui favorise singulièrement les éléments les plus audacieux du tiers-Etat, avec lesquels est
engagée une véritable course de vitesse.

Par la Séance Royale, Louis XVI retrouve providentiellement l'occasion manquée, il reprend l'initiative dans les circonstances les plus
favorables ; face aux trois ordres impuissants, il affirme son autorité.
La révolution pourrait s'accomplir et s'achever sur les bases du compromis sugéré en sourdine par son ministre le 5 mai et enfin accepté
par lui : délibérations en commun pour les affaires d'intérêt général,

après avoir bien connu les principes de ce bonheur, s'appliquer à la recherche des moyens qui peuvent l'effectuer et le rendre solide. » *Oe. c.*, VI,
563.

46. « ... Il se croyait sûr de rallier à ses vues la majorité dans chacun
des trois Ordres (20). Admettons que sa suffisance explique en partie son
assurance (21). On reconnaîtra pourtant que ses relations étroites avec
nombre de représentants des trois Ordres justifiaient aussi sa confiance.
Sans doute s'affirmait-il résolu à n'entretenir avec eux aucune relation
secrète (22), mais il les recevait volontiers (23), leur ouvrait le salon où
brillait Mme de Staël, les conviait à sa table (24). On citait parmi ses intimes Malouet (25), Dupont de Nemours (26), Lebrun (27) d'Ailly (28) et Menu
de Chomorceau (29), qui furent doyens du Tiers, et bien d'autres, se ren-
dirent suspects de complaisance à son égard, Champion de Cicé, l'archevêque de Bordeaux (30) et les membres libéraux de la Noblesse (31)
passaient aussi pour se concerter avec lui. *Recueil de Documents. Op.
cit.*, T. premier, II, p. 2.

47. Cf. R.F. IX. 184. « Personne n'y pensait lorsque j'en donnai l'idée »,
suggérée cependant peut-être par Malouet.

c'est-à-dire l'élaboration de la Constitution future, délibérations par ordre pour les affaires propres à chaque ordre, abolition des privilèges pécuniaires, accession de tous les citoyens aux emplois civils et militaires, bicaméralisme, veto absolu, pouvoir exécutif confié au roi dans sa totalité, décentralisation, telle était dans sa première rédaction la teneur de la déclaration royale [48] et Necker déclare à ce propos :

> « Pour réussir, il ne fallait pas ôter au gouvernement l'appui de l'opinion publique. Je conseillai exactement ce qu'il fallait pour la gagner et rien de plus ; on devait s'en fier à moi pour une telle appréciation [49]. »

Louis XVI avait dit oui, par sa propre bouche et dans une tout autre atmosphère que le 5 mai, la Charte de la future monarchie constitutionnelle allait être proclamée solennellement et cette fois, progrès décisif, et qui montre bien la ténacité mise à poursuivre la réalisation d'un très long dessein : le choix n'était plus laissé entre des délibérations confiées à deux ou trois ordres :

> « Indiquons un autre changement de la plus grande importance. Le monarque déclarait d'une manière positive qu'il refuserait son assentiment à toute espèce d'organisation législative qui ne serait pas composée au moins de deux Chambres. On sentit fort bien que dans le Conseil, par cette énonciation, le roi faisait un pas vers une Constitution semblable à la Constitution de l'Angleterre [50]. »

Necker était arrivé à ses fins, le gouvernement, pour la première fois, prenait officiellement position en faveur du bicaméralisme et le ministre pouvait raisonnablement estimer qu'il avait gagné la partie et gagné sur les deux tableaux et sur celui des institutions et sur celui du processus de leur mise en place.

On imagine les trésors de patience, de diplomatie dépensés pour faire admettre au roi ce programme qui réglait en une fois tous les problèmes et qui, en orientant la France vers une monarchie à l'anglaise, enfermait la Révolution dans les limites que reprendra presque sans changement la charte de 1815. Enfin avait été vaincue cette opposition qui avait empêché de faire le 5 mai, ce que Necker crût pouvoir réaliser quelques semaines plus tard. Ce n'était, hélas, qu'une victoire d'un moment.

Il faut lire dans *De la Révolution française* le chapitre consacré à la Séance Royale du 23 juin et le récit dramatique du conseil tenu à Marly :

> « Un dernier mot du roi terminait le Conseil et déjà les portefeuilles se refermaient lorsqu'on vit entrer inopinément un officier de service, il s'approcha du fauteuil du roi, lui parla bas et sur-le-champ Sa Majesté se leva en ordonnant à ses ministres de rester en place et

---

48. Pour une analyse détaillée du contenu de la *Déclaration royale*, voir *Recueil de documents, Op. cit.* Tome premier, II.
49. R.F. IX. 196.
50. *Ibid.*, p. 185.

d'attendre son retour. Ce message au moment où le Conseil était près de sa fin dût nous surprendre tous. Monsieur de Montmorin assis près de moi me dit sur-le-champ : « Il n'y a rien de fait la Reine seule a pu se permettre d'interrompre le Conseil d'Etat, les princes apparemment l'ont circonvenue et l'on veut par sa médiation éloigner la décision du roi. »

Au dernier moment, en effet, la Reine et les Princes avaient triomphé.

> « J'ai toujours considéré comme un coup du sort, comme une fatalité sans pareille qu'après l'approbation pleine et entière de mes idées et au moment de leur exécution un projet mûrement réfléchi eût été si rapidement déjoué et qu'il l'eût été par des personnes dont je respecte les intentions, le rang et l'attachement au monarque et à ses droits, mais qui n'avaient pas eu le loisir d'approfondir de si grandes questions et qui ne rassemblaient pas dans leur esprit toutes les circonstances d'une position infiniment compliquée [51]. »

On peut comprendre son amertume. Du point de vue de l'individu qui l'avait conçue et réalisée, cette Séance Royale, si elle avait réussi, aurait pu apparaître dans l'histoire comme un petit chef-d'œuvre de manœuvre politique, bien dans la manière secrète et louvoyante du Genevois. Mais du point de vue de la France, elle eût aussi achevé la Révolution, et instauré le régime qui correspondait sans doute le mieux au stade atteint par notre pays dans son évolution économique et sociale. C'est à partir de l'échec de Necker que commence ce qu'on appelle le dérapage de la Révolution et on ne s'étonnera pas qu'un historien comme Georges Lefèbvre ait vu dans cette Séance Royale le premier grand tournant de la Révolution. « La résolution qu'adopta Louis XVI décida du cours de la Révolution et marqua un tournant dans l'histoire de France [52]. »

Avec tout autre que le Genevois, la partie n'eût pas été perdue. Profitant de l'extraordinaire popularité que lui avait donnée son absence de la Séance Royale tenue le 23 juin, qui constituait une véritable dénaturation de son projet initial, Necker aurait pu sortir de son rôle de respectueux serviteur du monarque, pour jouer celui d'arbitre entre une cour effrayée et un tiers-Etat indigné. Il aurait pu, et il le dit lui-même obtenir le renvoi des ministres qui s'étaient opposés à lui lors des discussions relatives à la Séance Royale [53] et il se reproche d'ailleurs de ne pas l'avoir fait « par un mouvement de générosité que l'on blâmera peut-être [54] » et qui n'était guère de circonstance en effet. En réalité, bien plutôt que d' « un mouvement de générosité », Necker a été victime de ce manque d'audace et de

---

51. R.F. IX. 198 et 211.
52. *Recueil de documents. Op. cit.* Tome Premier, II, p. 8.
53. R.F. IX. 215.
54. Relevons à ce propos entre : *De la Révolution française* et *De l'Administration de M. Necker* une contradiction : « On renouvela, mais encore vainement, ces mêmes tentatives auprès de moi, lorsqu'on eut connaissance de l'inutilité de mes efforts pour obtenir le renvoi des ministres dont l'opposition à mes projets s'était ouvertement signalée. » A.N., p. 95

rapidité de décision dans les moments critiques, qui constituait sans doute le défaut majeur de cet homme d'Etat.

On peut imaginer encore qu'au lieu d'obéir immédiatement à l'ordre du roi, le 11 juillet, il ait pris le risque de s'imposer face à la réaction, en s'appuyant sur les députés et le peuple, mais comme il le reconnaît lui-même, il n'était ni un Mazarin ni un Richelieu [55], mais un Suisse au service d'un monarque étranger, fidèle d'abord à son maître, et il mit son point d'honneur à quitter discrètement et rapidement la France. Quant il revint, le rapport des forces s'était complètement renversé et la Révolution au sens où il l'entendait, était définitivement manquée.

Le retour triomphal de Necker après le 14 juillet signifie paradoxalement l'écroulement de ses projets. Il revient de Bâle entouré d'une foule qui l'acclame, et pourtant sa cause est perdue, car le capital de prestige et d'autorité dont disposait le pouvoir royal, la marge de manœuvre qui était la sienne se sont évanouis. Ce n'est pas le roi qui le rappelle, c'est l'opinion publique ; son triomphe est en réalité le triomphe de l'Assemblée soutenue par le peuple, le triomphe du principe de la souveraineté nationale.

Voici comment Necker décrit dans *De la Révolution française* ses impressions à son arrivée en France :

> « De retour à Versailles et considérant le bouleversement survenu dans les rapports politiques, je crus véritablement qu'en trois semaines, le système social de la France avait changé de forme et de direction et j'eus besoin de l'étudier pour m'y reconnaître et pour guider mes pas. Il existait toujours un monarque, un peuple, une Assemblée représentative mais les degrés respectifs de force et de puissance n'étaient plus les mêmes. L'équilibre des forces avait été totalement rompu du 11 au 14 juillet : ce fût une bataille perdue, une déroute complète avec armes et bagages ; et si le monarque, tout à coup dénué de moyens militaires et de ressources d'argent, paraissait encore assis sur le trône, la puissance royale n'existait plus [56]. »

---

55. « Lors d'une conférence qui se tint dans le cabinet de S.M., vers l'époque de la convocation des Etats-Généraux, et où les principaux ministres assistèrent, je me souviens d'avoir été conduit, par le mouvement de la discussion, à dire devant le roi, qu'aussi longtemps qu'un esprit sage, un caractère honnête, une âme élevée, pourraient influer sur l'opinion, je serais peut-être un ministre aussi propre à servir l'Etat que personne ; mais que si jamais le cours des événements exigeait un Mazarin ou un Richelieu, ce furent les propres expressions, dès ce moment-là, je ne conviendrais plus aux affaires publiques. » A.N., p. 183. Texte à rapprocher de ce jugement de Mirabeau : « Si M. Necker avait l'ombre de caractère, il serait inébranlable, marcherait avec nous au lieu de déserter notre cause qui est la sienne, deviendrait cardinal de Richelieu sur la Cour et nous régénèrerait. » *Correspondance entre le comte de Mirabeau et le comte de Lamarck pendant les années 1789-1790 et 1791*, Paris, 1851, I, p. 350. C'est bien ce que semble regretter Mme de Staël : « S'il s'était rendu à Paris au lieu de sortir de France par la frontière la plus rapprochée, celle de Flandre, on ne peut assigner de terme à l'influence qu'il aurait acquise. » *Considérations. Oe. c.*, T. XII, p. 240.

56. R.F. IX. 253.

Toutefois, dans cette situation, une évolution s'était produite chez certains députés qui, effrayés des excès populaires et de la perte de prestige de la royauté sentirent la nécessité de reprendre en main la situation et de raffermir l'autorité royale. Quittant le parti patriote, ils formèrent sous la direction de Mounier le groupe des Monarchiens. Mounier avait toujours été partisan de la Constitution anglaise et du bicaméralisme mais, emporté par la logique de la doctrine de la souveraineté nationale, il avait joué un rôle de premier plan avant le 14 juillet, dans les délibérations qui aboutirent à la proclamation de l'Assemblée nationale et lors du serment du Jeu de Paume. Le déchaînement de l'émeute lui dessilla les yeux et il se fera désormais le champion de la prérogative royale [57]. Ce changement d'attitude aurait dû logiquement l'amener aux côtés du ministre qu'il n'avait cessé d'inquiéter et d'effrayer avant [58] et après la réunion des Etats-Généraux, en adoptant face à la Couronne des positions audacieuses et des attitudes juridiquement révolutionnaires. Or, par une sorte de fatalité, il va rester, après le 14 juillet, l'ennemi de Necker car, à ce moment précis, celui-ci se résoud à abandonner les positions qui avaient été les siennes jusque-là : il renonce au bicaméralisme et il va prendre résolument position contre le veto absolu.

Les historiens n'ont pas manqué à cette occasion d'accuser le Genevois d'opportunisme voire même de trahison [59], puisqu'il se sépare de ceux-là même qui, défenseurs de la Constitution anglaise,

---

57. Cf. *Considérations sur les gouvernements, principalement sur celui qui convient à la France*, publiées en août 1789 :
« Plusieurs de ceux qui reconnaissent la nécessité de la sanction du monarque pour toutes les lois, prétendent que l'on ne doit pas la demander pour la Constitution. Ils se fondent sur une supposition métaphysique, ils disent que l'Assemblée actuelle étant une convention nationale pour fixer la Constitution, exerce tous les droits du peuple français et qu'elle doit régler tous les pouvoirs sans que le consentement du prince soit nécessaire. Voici mes réflexions sur ce sujet : supposer que l'Assemblée nationale représente une nation sans monarque, une société naissante, est vraiment une supposition absurde. Si l'Assemblée nationale est ce qu'on nomme chez les Anglais une convention, il faut au moins reconnaître qu'elle a été formée pour agir de concert avec le roi et que la puissance du monarque qui l'a convoquée existait avant elle... Je suis loin de comparer l'influence qui peut appartenir au roi sur la Constitution avec celle qui doit lui être réservée sur les lois. Il peut refuser des lois sans en expliquer les motifs, tandis qu'il n'aurait pas le droit de déclarer qu'il s'oppose à l'établissement d'une Constitution, car après avoir appelé ses sujets à la liberté, il ne peut pas dire : « Je ne veux pas qu'ils soient libres. » Je soutiens également qu'étant intéressé à la Constitution, étant chargé de la faire observer, ayant un pouvoir antérieur qu'elle doit régler et non pas détruire, il est nécessaire qu'il la signe et qu'il la ratifie. » *Considérations*, pp. 29-30.
Même avec la restriction qu'apportent les derniers paragraphes, le revirement de Mounier est manifeste.
58. En particulier par la publication de ses *Nouvelles observations sur les Etats-Généraux de France* que Necker tenta d'empêcher. Cf. J. Egret. *Op. cit.*, p. 36.
59. Cf. J. Egret : « Necker se prononçait en faveur du veto suspensif et les trahissait (les Monarchiens). » *Ibid.*, p. 153.

auraient dû être ses alliés naturels. En fait, la conduite de Necker est celle d'un homme qui, face à un renversement de situation, se trouve obligé de modifier sa politique, tout en restant fidèle à ses principes. Après la prise de la Bastille, une Chambre Haute même édulcorée et présentée sous la forme d'un sénat, n'avait aucune chance d'être acceptée et rien n'eût été plus maladroit que d'engager l'autorité du gouvernement dans une cause perdue d'avance [60]. Une monarchie monocaméraliste pouvait lui apparaître comme une formule moins heureuse sans doute mais encore acceptable et qui, en soi, n'était pas incompatible avec le schéma d'un pouvoir fort et d'un pouvoir contrôlé. N'étant plus suspecte de favoriser l'aristocratie, elle était susceptible de rallier autour d'elle une majorité solide, un puissant parti centriste. C'était là une solution de rechange dont il valait la peine de tenter l'expérience, et c'est sur ces positions que le Genevois essayera pour la seconde fois d'arrêter la Révolution.

## IV. - LA BATAILLE POUR LE VETO

Le problème du veto est plus complexe, car il est double ; on a vu surtout dans les débats de Septembre une lutte entre partisans du veto suspensif et partisans du veto indéfini, improprement appelé absolu, mais plus important encore était le choix à effectuer entre une veto partiel, limité, valable seulement pour les dispositions proprement législatives, et un veto total, sans limitation dans le domaine de son application et valable également pour les lois constitutionnelles, les lois organiques. Necker a pensé qu'il valait mieux jeter du lest sur le premier point, et renoncer au veto indéfini qui apparaissait aux députés comme une arme redoutable, permettant au monarque de saboter systématiquement la création du nouveau régime. Il avait ainsi des chances de lui conserver le droit d'intervenir dans l'élaboration de la constitution future ; peu lui importait que ce droit fût limité à deux législatures, l'essentiel était de gagner du temps et de maintenir dans son intégrité, durant les mois décisifs qui allaient venir, l'autorité royale. Pour arriver à ce résultat, il se résigne donc à une sorte de renversement des alliances et le *Rapport fait au roi en son Conseil* [61] nous montre comment il effectue cette manœuvre et comment il la justifie.

Trois camps se trouvent en présence : celui de Mounier et des Monarchiens partisans d'un veto indéfini, celui de Sieyès et de Robes-

---

60. Cf. Barnave : Il était absurde de penser que le peuple, qui venait d'anéantir presque sans effort tous ceux qui l'avaient opprimé pendant tant de siècles, voulût le lendemain même de sa victoire partager avec eux l'exercice de la souveraineté. » *Introduction à la Révolution française. Œuvres.* 1843, p. 110.

61. *Rapport fait au roi en son Conseil par le Premier ministre des Finances. Oe c.*, T. VII, p. 48 ss.

pierre adversaires de tout veto quel qu'il soit, celui enfin des défenseurs du veto suspensif.

Les Monarchiens à la suite de Delolme font, nous l'avons vu, du veto une pièce essentielle de leur théorie de la démocratie représentative. Bien loin d'être en contradiction avec le principe de la séparation des pouvoirs, ils l'estiment indispensable pour que cette séparation soit effective. C'est une arme défensive aux mains du roi, sans laquelle son indépendance risque d'être mise en danger et, s'appuyant sur l'exemple anglais, ils pensent que ce veto doit être indéfini pour que l'autorité royale reste à l'abri de toute atteinte. Necker leur fait d'abord remarquer que le veto absolu n'a aucune chance de passer et que dans l'état actuel de surexcitation des esprits, un scrutin qui lui serait favorable déclencherait les pires violences. Mais il s'attache aussi et surtout à démontrer que ce veto ne saurait avoir en France la même valeur qu'Outre-Manche et dans ce but il fait entendre aux disciples de ce doctrinaire entêté qu'est Mounier, un cours de droit constitutionnel anglais dont ils ont le plus grand besoin. Si le roi d'Angleterre jouit dans sa plénitude du droit de veto, c'est parce qu'il n'aura pratiquement jamais à en faire usage ; le bicaméralisme, la présence des ministres au sein des assemblées, l'influence d'une opinion publique éclairée, la sagesse et l'expérience politique de la nation anglaise excluent l'hypothèse d'un refus par le roi d'une loi votée par le Parlement [62].

La situation en France est radicalement différente. Entre le roi et une assemblée unique, sans aucune expérience politique, composée d'individus sujets à des emballements, aveuglés par des passions ou des théories [63], les conflits seront inévitables et, pour empêcher des décisions hâtives ou irréfléchies, l'usage du veto s'avèrera indispensable. Si ce veto est indéfini, la tension entre les deux instances en présence deviendra vite intolérable et aboutira à une lutte ouverte dégénérant fatalement en violences et en émeutes [64]. Le veto suspensif, au contraire, tout en permettant à la Couronne de jouer son rôle

---

62. « L'effet de toutes ces circonstances particulières et de plusieurs autres, rend le vœu réuni des deux Chambres du Parlement tellement conforme aux intérêts de la nation, ou à l'exigence du moment, que la renonciation tacite et nécessaire à l'usage du véto royal ne nuit jamais au bien public. » *Rapport fait au roi. Oe. c.*, T. VI, p. 59.

63. « On paraît aussi dans l'intention de borner à deux ou trois ans la durée de chaque législature, ce qui ne laisserait guère de temps aux mêmes députés pour tirer parti du choc de leurs lumières, et celles dont ils seront environnés paraissent jusqu'à présent avoir plus de rapport avec les idées abstraites et métaphysiques, qu'avec ce jugement pratique et vigoureux que l'habitude des affaires a seule le pouvoir de constituer. » *Ibid.*, p. 60.

64. Cf. Barnave : *Introduction à la Révolution française.* « M. Necker a très bien développé les raisons qui fondaient l'avis qui passa. Le véto suspensif était une conséquence de l'unité de Chambre, parce que, en remplissant tout ce qu'il y avait d'utile et de réel dans le droit de sanction, il adoucissait le choc violent de deux pouvoirs auxquels la Constitution ne donnait aucun intermédiaire. *Introduction à la Révolution française*, 1843, p. 115.

modérateur, donne aux députés la garantie que l'arbitraire d'une volonté particulière n'a aucune chance de triompher : la décision finale reviendra toujours à la nation. Par ce biais, il va devenir possible à Necker de parler à la majorité de l'Assemblée un langage qui lui convient et d'utiliser une argumentation propre à la satisfaire.

Sans doute se trouve-t-il parmi ses membres un petit groupe d'irréductibles, quelques isolés qui s'opposent farouchement au veto, isolés de marque puisque l'on trouve parmi eux Sieyès et Robespierre. Ils ne veulent voir dans tout veto, quel qu'il soit, qu'une atteinte, non pas à la séparation des pouvoirs, comme on l'a dit [65], mais au principe de la volonté générale :

> « La seule définition raisonnable, dira Sieyès, que l'on puisse donner de la loi, c'est de l'appeler l'expression de la volonté des gouvernés, les gouvernants ne peuvent s'en emparer, en tout ou partie, sans s'approcher plus ou moins du despotisme... Si vous voulez considérer le roi comme dépositaire de toutes les branches du pouvoir exécutif, il est évident qu'il ne s'offre plus rien en son autorité, quelqu'étendue, quelqu'immense qu'elle soit, qui puisse entrer comme partie intégrante dans la formation de la loi, ce serait oublier que les volontés individuelles peuvent seules entrer comme élément de la volonté générale, l'exécution de la loi est postérieure à sa formation, le pouvoir exécutif et tout ce qui lui appartient n'est censé exister qu'après la loi toute formée [66]... »

Robespierre, à son tour, tiendra, à cette occasion exactement le même langage, dans son discours du 21 septembre 1789 :

> « Celui qui dit qu'un homme a le droit de s'opposer à la loi dit que la volonté d'un seul est au-dessus de la volonté de tous. S'il ajoute que ce droit appartient à celui qui est revêtu du pouvoir exécutif, il dit que l'homme établi par la nation a le droit de contrarier et d'enchaîner la volonté de la nation [67]. »

Heureusement pour Necker, il est d'autres manières de concevoir le respect de la volonté générale, et de très nombreux députés plus respectueux que Robespierre ou Sieyès de la pensée rousseauiste, éprouvant une véritable nostalgie de la démocratie directe, voient au contraire dans le veto suspensif un moyen de remédier aux inconvénients du système représentatif, et ils justifient cette procédure en la présentant comme un appel au peuple, pour employer l'expression qui revient indéfiniment dans les plaidoyers en sa faveur.

Le rousseauisme des députés comporte d'ailleurs des degrés ; pour les plus modérés, cet appel se réalisera par la voie normale de la représentation. Si la loi contestée est reprise par la ou les législatures suivantes avec ou sans dissolution, le roi devra s'incliner. C'est ce que propose par exemple le Duc de La Rochefoucauld :

---

65. Cf. Duguit : *La Séparation des Pouvoirs et l'Assemblée nationale de 1789*, Revue d'économie politique, 1893.

66. *Arch. parlem.* T. VIII, p. 592 - 7 sept. 1789.

67. *Ibid.*, T. IX, p. 79 - 21 sept. 1789.

> « Je dirai, en me résumant sur l'article seul de la sanction royale, qu'elle me paraît utile et qu'il doit être établi par la Constitution que le roi, lorsqu'il jugera convenable de la refuser, pourra suspendre la promulgation de la loi, jusqu'à ce que la législature renouvelée, soit dans le temps ordinaire, soit par une dissolution, ait apporté l'expression de la volonté générale à laquelle toute autre volonté doit céder lorsqu'elle s'est fait entendre [68]. »

Mais cette idée nouvelle apparaît qui nous semble extrêmement importante, c'est celle de l'intervention des assemblées élémentaires dans la contestation entre le roi et l'Assemblée. Pour les uns, ces assemblées seront seulement consultées, les députés restant libres de la décision finale. C'est le projet, par exemple, de Rabaut Saint-Etienne, la loi en question :

> « Sera portée, déclare-t-il, aux Assemblées d'élection qui discuteront et recueilleront les avis à la pluralité des suffrages, ces avis serviront d'instructions aux députés, les députés ne porteront point de mandats impératifs, ils porteront un pouvoir simple et libre [69]. »

Mais d'autres vont beaucoup plus loin, les assemblées élémentaires devront décider, à elles seules et en dernier ressort, dans tous les cas où une loi fera l'objet d'un veto, ce qui signifie que la procédure du référendum deviendra d'une application courante. Cette thèse fut défendue par Grégoire, Salles, La Révellière Lépeaux et surtout par Pétion chez qui l'on sent une véritable ferveur pour la démocratie rousseauiste :

> « Tous les individus qui composent l'association ont le droit inaliénable et sacré de concourir à la formation de la loi et si chacun pouvait faire entendre sa volonté particulière, la réunion de toutes les volontés formerait véritablement la volonté générale, ce serait le dernier degré de la perfection politique. »

Cet idéal, reconnaît-il, est irréalisable dans la majorité des cas, mais il peut et doit l'être dans le cas d'une loi frappée du veto :

> « Il s'agit d'un objet fixe, connu et éclairé par la discussion publique sur lequel les Assemblées élémentaires pourraient prononcer par la formule la plus précise oui ou non... Toute nation divisée ainsi par grandes sections s'exprimerait sans peine, on pourrait même avoir le suffrage de chaque votant. »

Répondant avec indignation à ceux qui se méfient de la multitude, il conclut ainsi son intervention :

> « Je le soutiens, rien n'est plus propre à créer l'esprit public, à répandre la lumière et l'instruction, à inspirer l'amour de la liberté et de la vertu que de faire participer tous les citoyens aux affaires publiques, en appelant devant eux, comme devant le tribunal suprême tous les différends qui peuvent s'élever entre les pouvoirs qu'ils ont constitués [70]. »

---

68. *Arch. parlem.* T. VIII, p. 549 - 2 sept 1789.
69. *Ibid.*, p. 571 - 4 sept. 1789.
70. *Ibid.*, p. 582 ss - 5 sept. 1789.

Allant encore plus loin et bouclant la boucle, Barère de Vieuzac profite de ce débat pour réclamer l'assentiment des assemblées élémentaires à toute loi votée par l'Assemblée nationale et n'instituer qu'un seul et unique veto, celui du peuple :

> « Cet admirable veto serait celui qui renfermerait un décret solennel et irréfragable par lequel aucune des lois décrétées par une Assemblée nationale n'aurait force de loi définitive que lorsque la pluralité des Assemblées élémentaires, en procédant à l'élection des nouveaux députés, l'aurait confirmée avec ou sans l'amendement qui aura été décrété [71]. »

Necker bien sûr, est idéologiquement à cent lieues de pareilles opinions, mais il n'en reste pas moins que, dans cette conjoncture, les enthousiastes défenseurs de la volonté générale, les nostalgiques de la démocratie directe lui tendent une perche qu'il ne va pas manquer de saisir et il va développer à son tour le raisonnement qui séduit les esprits : le veto suspensif n'est en somme qu'un appel au peuple.

> « Est-il probable qu'une loi demandée par trois législatures différentes, c'est-à-dire par des députés renouvelés trois fois, fût une loi à laquelle le gouvernement ne crût en conscience pouvoir donner son acquiescement ? et paraîtrait-il déraisonnable qu'un vœu national exprimé d'une manière si manifeste dût enfin être satisfait ? est-ce dans un temps où l'on voit la force de ce vœu dominer tout, l'emporter sur tout qu'il faut prendre une si grande inquiétude de la possibilité qu'à l'avenir, après quelques années de réflexions, après l'insistance de trois députations différentes, une loi constamment appuyée de l'opinion nationale fût enfin sanctionnée par le roi ? Je n'aperçois pour ma part aucune proportion entre une telle crainte et toutes les exigences auxquelles on est soumis depuis quelque temps [72]. »

On imagine combien Necker est sincère en utilisant cette argumentation et, pour qui veut lire entre les lignes, le ton qu'il emploie montre qu'il n'y a recours que pour les besoins de la cause et qu'il sait prendre ses distances par rapport au sacro-saint principe de la souveraineté nationale.

Ce n'est pas évidemment dans ces phrases qu'il exprime le fond de sa pensée, et la fin du discours fait entendre un tout autre son de cloche. Exposant sa propre théorie du pouvoir, il établit cette distinction entre le vœu et la volonté qui fait du monarque, face aux représentants d'une génération passagère, celui qui « par l'assentiment des siècles et des générations passées a été consacré l'un des gardiens immuables des lois et de la félicité publique [73]. » Il est un élément indispensable de la souveraineté. Ainsi se trouve fondé le droit du dépositaire de l'autorité à participer au pouvoir législatif sans limitation d'aucune sorte, ainsi le veto prend-il sa pleine valeur :

---

71. *Ibid.*, T. IX, p. 157 - 21 sept. 1789.
72. *Rapport fait au roi en son Conseil. Oe. cit.*, VII, pp. 51-52.
73. *Ibid.*, p. 63. Cf. *supra*, p. 271.

il est suspensif mais absolu, et le texte se termine significativement par une vibrante apologie du pouvoir exécutif et par un solennel avertissement adressé à l'Assemblée sommée de donner au roi les moyens d'accomplir sa mission :

> « Je vois des résistances opposées de toutes parts au pouvoir exécutif ; il faut plus que jamais lui ménager cette force morale qui naît des formes et des idées de grandeur que ces formes entretiennent. Vous avez pris, Messieurs, toutes les précautions imaginables pour la liberté... Mais en suivant vos idées à cet égard, ne perdez pas de vue, Messieurs, que si vous négligez les précautions nécessaires pour conserver au pouvoir exécutif sa dignité, son ascendant, sa force, ce royaume est menacé d'un désordre général et ce désordre pourra détruire dans ses révolutions inconnues l'édifice que vous aurez élevé avec tant de soins ; un royaume comme la France, un royaume de vingt-cinq mille lieues carrées, un royaume de vingt-six millions d'habitants, divisés par des habitudes et par des mœurs différentes, ne peut pas être réuni sous le joug des lois sans une puissance active toujours vigilante ; ainsi c'est au nom de la prospérité de l'Etat, c'est au nom de la tranquillité publique... c'est au nom du bonheur particulier du peuple, c'est au nom de la liberté dont vous êtes si honorablement jaloux que vous êtes intéressés, Messieurs, à défendre la majesté du trône, et rien ne l'altérerait plus que la nécessité où vous voudriez mettre le souverain d'être l'exécuteur des lois qu'il paraîtrait avoir désapprouvées [74]. »

Rien ne nous permet mieux de saisir sur le vif en quoi consiste l'opportunisme de Necker, que cette manœuvre qualifiée de trahison au cours de laquelle, se désolidarisant de ses alliés naturels, les Monarchiens, il a résolument pris parti contre eux. Cet opportunisme ne consiste pas à tout sacrifier au désir de rester en place, mais à utiliser au mieux dans une circonstance donnée les éléments favorables à la réalisation de ses objectifs, en l'espèce la défense de l'autorité du monarque, quitte pour cela à prendre le parti des gens qu'inspirait un tout autre souci.

Curieusement, la question de savoir si oui ou non le droit de veto porterait aussi sur les articles constitutionnels ne fut pas officiellement tranchée. Le 11 septembre, avant le scrutin final, il avait été demandé à l'Assemblée de décider si le Roi peut refuser son consentement à la Constitution [75]. Mounier crut habile alors d'éviter un vote qui, vraisemblablement défavorable, n'aurait plus laissé aucun espoir, aucune marge de manœuvre, et consommé le désastre. Il fit admettre que : « l'Assemblée n'ayant pas sans doute le dessein d'attaquer l'autorité légitime du roi, si nécessaire au bonheur de la France, elle ne devait pas supposer qu'il refuserait d'accepter la constitution, qu'ainsi il était inutile de délibérer sur cette matière [76]. » Et Mira-

---

74. *Ibid.*, pp. 64-65.
75. Cf. J. Egret : « Le Roi peut-il refuser son consentement à a Constitution, telle fut la première question qui, le 11 septembre fut proposée au vote de l'Assemblée. » *Op. cit.*, p. 155.
76. *Exposé de ma conduite*, pp. 54-55 cité par J. Egret. *Op. cit.*, p. 156.

beau, en une admirable formule, déclara à ce propos qu'on avait eu raison de jeter « un voile religieux » sur ce problème [77].

Même dans cette situation précaire, Necker, une fois ce moyen d'action obtenu, entendit bien en faire usage et il crut possible de redonner grâce à lui au monarque une certaine liberté d'action et d'affirmer son droit de regard sur les décisions de l'Assemblée. La Constitution restait à faire, la partie n'était pas encore jouée et le veto suspensif pouvait apparaître comme un moyen de pression qui permettrait à la Couronne de lutter efficacement pour la défense de ses prérogatives. Aussi poussa-t-il le roi à faire pleinement usage de son droit et à adopter une attitude résolue. La lettre du 18 septembre relative aux arrêtés du 4 août constitue la première et significative manifestation de cette politique, le ton en reste très modéré [78]. Mais la réponse qu'il fit envoyer à l'Assemblée quand il fut demandé à Louis XVI d'accepter la *Déclaration des Droits* et les articles déjà votés de la Constitution, est beaucoup plus énergique. Louis XVI mettait à son acceptation une condition formelle :

> « J'accorde selon votre désir mon accession à ces articles, mais à une condition positive et dont je ne me départirai jamais, c'est que par le résultat général de vos délibérations, le pouvoir exécutif ait son entier effet entre les mains du monarque. Une suite de faits et d'observations dont le tableau sera mis sous vos yeux, vous fera connaître que, dans l'ordre actuel des choses, je ne puis protéger efficacement ni le recouvrement des impositions légales, ni la libre circulation des subsistances, ni la sûreté individuelle des citoyens. Je veux cependant remplir ces devoirs essentiels de la royauté [79]. »

La colère de Robespierre devant cette véritable mise en demeure, et le ton de son intervention à l'Assemdblée, ne laissent aucun doute sur les principes qui étaient mis en jeu et sur la signification du geste du roi quant au problème du fondement du pouvoir :

> « Est-ce au pouvoir exécutif à critiquer le pouvoir constituant de qui il émane ? Il n'appartient à aucune puissance de la terre d'expliquer des principes et de s'élever au-dessus d'une nation et de concurrencer ses volontés. Je considère donc la réponse du roi comme contraire aux principes, au droit de la nation et opposée à la Constitution [80]. »

Et Pétion trouvait à cette occasion cette formule définitive : « Le délégué de la nation ne peut la régir que par les lois par lesquelles elle veut être gouvernée [81]. »

On a voulu voir dans l'attitude de Necker le raidissement tardif

---

77. Courrier de Provence. Vol. III, n° 44, p. 12. Cff. Le discours de Mirabeau du 18 septembre 1789, *ibid*. Vol. III, n° 43, pp. 7-8.
78. *Oe. c.*, T. VII, p. 67 et ss.
79. *Oe. c.*, T. VII, p. 134.
80. Discours de Robespierre : *Bulletin de l'Ass. Nat.* N° 51-52, pp. 4-5.
81. Discours de Pétion. *Ibid.*, p. 7.

et inattendu d'un éternel hésitant [82]. On peut tout aussi bien y trouver la preuve de la poursuite d'une politique mûrement réfléchie. Alors qu'il avait failli réussir, les événements du 14 juillet l'ont obligé à renoncer à une constitution de type anglais, et à se rabattre sur cette position de repli qu'est la monarchie monocaméraliste, assortie du veto suspensif. Il l'a fait sans enthousiasme et à son corps défendant, mais il est prêt à se battre sur ce nouveau terrain avec toute l'énergie nécessaire, et le ton employé dans la réponse du 20 septembre est à rapprocher des dernières phrases menaçantes de la Déclaration prévue pour la Séance Royale du mois de juin [83]. Le moment est venu de la fermeté, et si peu fait qu'il fût pour de pareilles situations, il faut bien reconnaître que le 5 octobre, face à l'épreuve de force, Necker resta jusqu'au dernier moment partisan de la résistance, conseillant au roi et de rester à Versailles et de refuser une acceptation qu'ironie du sort, Mounier, en tant que président de l'Assemblée, avait été chargé de venir réclamer. Si Louis XVI consentit enfin à donner sa signature, c'est sous la pression d'une émeute dont son ministre pouvait difficilement imaginer qu'elle serait si facilement victorieuse [84].

Le transfert du roi à Paris anéantissait les espoirs que Necker avait mis dans l'utilisation du veto et pourtant, à l'en croire, le roi aurait dû tenter encore de s'en servir :

> « Je crois que sous divers aspects et pour l'intérêt général, il eût été préférable de soumettre à de nouvelles observations, de rejeter même avec fermeté et aux termes exprès du veto suspensif ceux d'entre les décrets qui, au jugement de Sa Majesté et de son Conseil, paraissaient réunir des inconvénients remarquables. Cette obligation, j'aurais voulu la remplir dans son étendue et sans autre circonspection que celle dont une circonstance extraordinaire avait imposé la loi [85]. »

### V. - LES DERNIERS MOIS

C'était sans doute se faire des illusions et l'on peut se demander pourquoi, comme Mounier, il n'est pas parti après les journées d'octobre au lieu d'assister impuissant à la déchéance de la monarchie. Plutôt que de voir dans son attitude, la conduite d'un homme qui

---

82. Cf. J. Egret : « ... Cette lettre (la lettre du 18 septembre) qui laissait deviner un certain raidissement dans la volonté vacillante du ministre » *Op. ci.*, p. 165.

83. « Et si, par une fatalité loin de ma pensée, vous m'abandonniez dans une si belle entreprise, seul je ferais le bien de mes peuples », cité dans *Recueil de documents*. Tome premier, II, p. 22.

84. « L'Assemblée insista pour obtenir l'acceptation du roi et son président vint la requérir de nouveau le 5 octobre au soir, et à l'instant où les bandes parisiennes étaient aux portes de Versailles, et où la foule qui leur servait de précurseur remplissait déjà les cours du palais. Il fallut céder. » A.N., VI, 252-253. Cf. encore R.F. IX. 270.

85. A.N. VI. 169.

s'accroche au pouvoir, on peut penser que, même alors, il ne jugeait pas la partie perdue, il ne désespérait pas de faire entendre raison aux députés.

Des journées d'octobre au départ définitif, avec une constance digne d'un meilleur sort et une insistance dont on ne lui sait guère gré, il va mettre à profit chaque occasion qui lui sera donnée de plaider, auprès de l'Assemblée, la cause du pouvoir exécutif. On peut dire qu'à de rares exceptions près, toutes ses communications aux députés, de son retour de Bâle à son départ, contiennent soit une allusion directe, soit un long développement sur la nécessité d'un pouvoir exécutif fort ; le désordre des finances provoqué par le refus de payer l'impôt ou la question des subsistances fournissait d'excellents prétextes pour répéter inlassablement les mêmes formules [86].

Nous citerons en particulier, parmi ces textes, *le Mémoire lu à l'Assemblée nationale par M. Necker le 29 mai 1790 relatif au projet de budget pour les huit derniers mois de 1790*. Après avoir donné sur ce budget tous les renseignements techniques qu'il jugeait utiles, il consacre toute la fin de ce mémoire au problème du pouvoir exécutif et plus particulièrement au problème de l'administration de la France complètement désorganisée par l'attribution à des conseils élus des plus larges responsabilités :

> « Vous avez bien décrit l'ordre successif des autorités, fait-il remarquer aux députés, vous avez bien fixé l'échelle graduée du commandement mais jusqu'à présent les derniers rangs n'obéissent point aux premiers et l'on ne voit pas encore établis ces rapports de crainte et d'espérance, ces justes proportions de considération et de puissance qui en suppléant à l'ascendant des anciennes distinctions devront entretenir la subordination par des moyens simples et par des mouvements faciles. Enfin dans le temps où la surveillance active du pouvoir exécutif suprême est devenue infiniment plus difficile et plus nécessaire que jamais, l'influence du gouvernement s'affaiblit chaque jour parce que chaque jour, il y a moins d'intérêt à mériter son approbation [87]. »

C'est dans la perspective de cette campagne en faveur de l'autorité que la séance du 4 février 1790 prend toute sa signification, elle est la manifestation la plus symbolique et la plus spectaculaire de cette politique.

Entièrement imaginée par Necker comme la Séance Royale du mois de juin précédent [88], elle est une sorte de pâle reflet de cette dernière. Il ne s'agit plus, avec toute la puissance et le prestige d'un monarque d'Ancien Régime, de faire et d'achever la Révolution ; il

---

86. Cf. en particulier, le discours du 7 août 1789. *Oe. c.* T. VIII, p. 12 ss. *le rapport du 27 août 1789*, p. 21 ss. *le rapport sur le veto du 11 septembre 1789*, p. 48 ss., *le discours du 24 septembre 1798*, p. 83 ss., *le mémoire du 24 octobre 1789*, p. 136 ss., *le mémoire du 14 novembre 1789*, p. 149 ss., *le Mémoire du 17 août 1790*, p. 423 ss.

87. *Oe. c.*, T. VII, p. 383.

88. L'idée première en reviendrait à la Fayette.

s'agit de l'arrêter dans sa marche, en obtenant la cessation des hostilités entre l'exécutif et le législatif ; cette séance a pour but de créer un climat de confiance dans lequel, en échange de l'adhésion solennelle du monarque aux principes constitutionnels, le pouvoir lui sera remis sans partage. Louis XVI donne son accord à tout ce que l'Assemblée a décidé et réclame en contre partie les moyens d'être véritablement le chef de l'Etat :

> « Je ne dois point le mettre en doute, déclare le roi, vous vous occuperez sûrement avec sagesse et avec candeur de l'affermissement du pouvoir exécutif, cette condition sans laquelle il ne saurait exister aucun ordre durable au-dedans ni aucune considération au-dehors. Nulle défiance ne peut raisonnablement vous rester, ainsi il est de votre devoir comme citoyens et comme fidèles représentants de la nation d'assurer au bien de l'Etat et à la liberté publique cette stabilité qui ne peut dériver que d'une autorité active et tutélaire [89]. »

En promettant solennellement à ceux qui tremblent de le lui confier, qu'il n'en sera pas fait usage contre eux pour revenir en arrière, Necker demande aux députés de remettre au roi ce pouvoir sans lequel l'ordre social ne pourra être maintenu et de conclure enfin le pacte qui terminera la Révolution. Cette mise en demeure devait rester sans résultat, mais elle souligne bien le contraste entre les deux attitudes successivement adoptées dans la poursuite d'un but toujours identique. Avant la prise de la Bastille, alors que le roi a encore bien des atouts en main, son ministre s'efforce de réaliser le passage de l'ancien au nouveau régime, suivant le processus qui a toutes ses préférences, c'est-à-dire en le faisant apparaître comme l'accomplissement de la volonté du monarque : après le 14 juillet, la situation est renversée, l'Assemblée qui se serait contentée des réformes proposées par le Genevois, si on les lui eût accordées à temps, devient brusquement maîtresse de la situation et c'est en faveur de la Couronne que Necker doit désormais lutter pour reconquérir le terrain perdu.

La démarche qu'il avait conseillée au roi et son discours lui furent très sévèrement reprochés : « On s'est élevé dans un parti contre le discours du roi à la séance du 4 février et contre l'adhésion formelle de Sa Majesté aux principes de la Constitution [90]. » Necker fait ici allusion aux violentes attaques dont la séance du 4 février fut l'objet de la part de la droite, d'une droite qui comprenait désormais de nombreux monarchiens. Ayant jugé la partie définitivement perdue depuis longtemps déjà, ses membres ne pouvaient voir là qu'une initiative inutile, le roi s'y humiliait sans résultat et en se déclarant prêt à pactiser avec l'ennemi, il désavouait du même coup tous ceux qui, défenseurs intransigeants de son autorité et vrais royalistes, avaient pris le parti d'une opposition systématique ou tout sim-

89. *Oe. c.*, T. VII, p. 282.
90. A.N. VI. 177.

plement émigré. Ils se sentaient trahis, comme Mounier, quelques mois plus tôt, s'était senti trahi par le rapport en faveur du veto suspensif.

Très sensible à cette critique, Necker consacre à sa défense tout un chapitre de son ouvrage *Du pouvoir exécutif dans les grands Etats*, chapitre intitulé : « Des inductions que l'on peut tirer en faveur de la Constitution française du discours du roi du 4 février 1790 [91]. » Il s'efforce de démontrer que les dispositions vraiment destructives de l'autorité royale n'avaient pas encore été prises, puisque les décrets concernant les nominations de fonctionnaires, les titres de noblesse, le droit de paix et de guerre, le droit de grâce, l'interdiction du cumul des fonctions de ministre et de député, la limitation de la sanction royale furent votés plus tard.

A propos de chacun de ces articles, on retrouve la même formule indéfiniment répétée qui l'innocente et le justifie : « C'est postérieurement au 4 février que... » et il conclut ainsi le chapitre :

> « On peut donc dire avec exactitude que les dispositions de l'Assemblée nationale postérieures au 4 février ont essentiellement détruit le pouvoir exécutif et qu'en suivant un esprit différent, ce pouvoir eût existé et la France aurait eu une Constitution politique non pas parfaite mais où l'ordre public et la liberté ne se seraient pas trouvés en désunion et l'expérience aurait perfectionné cet ouvrage [92]. »

C'est évidemment un plaidoyer pro domo que prononce ainsi Necker, un plaidoyer aussi pour tous ceux qui, comme lui, comme Clermont-Tonnerre, et les membres du club monarchique, n'avaient pas jeté le manche après la cognée et continué à lutter sur place pour sauver la royauté [93].

On ne s'étonnera pas que Mounier, l'un des plus marquants parmi ceux qui avaient choisi d'abandonner la lutte et qui pouvaient se sentir particulièrement visés par ce chapitre, ait éprouvé le besoin de réfuter les affirmations du ministre de Louis XVI, ultime prise d'armes dans le duel qui ne cessa d'opposer ces frères ennemis.

Dans l'ouvrage intitulé *Recherches sur les causes qui ont empêché les Français de devenir libres*, publié en 1792, il justifie longuement son action en faveur du veto indéfini et il en vient à la séance du 4 février 1790 :

> « Monsieur Necker a réclamé dans son dernier écrit la part essentielle qu'il eût à la démarche du roi et le tribut de reconnaissance qu'elle aurait dû lui procurer... pour faire considérer comme un bienfait envers la France l'adhésion formelle du roi aux principes de la Constitution, (il) assure que le 4 février 1790, la liberté la plus entière sous la protection des lois et toutes les précautions que la protection d'un bien si précieux rend nécessaire, formaient encore une des conditions essentielles de cette même Constitution, qu'il n'y

---

91. P. ex. VIII. 549 ss.
92. *Ibid.*, pp. 555-556.
93. Comme continuèrent à le faire après son départ Mme de Staël et Narbonne.

avait rien dans les principes qui ne pût, qui ne dût augmenter la
félicité publique... Il serait impossible de faire un plus magnifique
éloge des travaux de l'Assemblée jusqu'au 4 février 1790. Cependant
existaient à cette époque les maximes dangereuses de la Déclaration
des Droits. Il était décidé que l'Assemblée nationale serait permanente, qu'elle ne serait formée que d'une seule Chambre, que les
députés seraient renouvelés tous les deux ans, que le roi serait
réduit à la faculté de suspendre les décrets. Les municipalités dis-
tricts et départements étaient créés tels qu'ils sont aujourd'hui et
leurs fonctions étaient déterminées. L'Assemblée avait manifesté la
résolution de perpétuer les gardes nationales. On accusait déjà,
depuis plusieurs mois de crimes de lèse Nation et l'établissement
d'une Chambre unique ne laissait pas la possibilité d'un tribunal
indépendant pour juger les accusations de ce genre et comment
M. Necker concilierait-il son éloge de la Constitution, telle qu'elle
était le 4 février 1790, avec la satire qu'il en fait dans les pages suivantes [94]. »

Mounier admet que depuis le 4 février les prérogatives royales
ont été considérablement affaiblies, mais c'est un fait que le 22 décembre 1789 avait été votée la loi relative aux administrations de département et de district, loi qui portait le coup le plus dangereux, ainsi que
Necker le reconnaît et le déplore, à l'autorité royale.

Les arguments de Mounier sont de poids mais le ministre de
Louis XVI pensait sans doute que, même alors, il y avait encore une
chance de pouvoir remonter la pente et qu'il fallait tenter à tout prix
un geste pour rétablir la situation, quitte plus tard à revenir sur les
décisions prises [95].

Il ne nous appartient pas de trancher le débat mais Necker ne
manque pas de nous rappeler lui-même que, bien plus tard encore,
d'autres que lui reprirent la même politique. Venant enfin à récipis-
cence, des hommes qui avaient joué dans les débats de l'Assemblée
nationale un rôle de premier plan et s'étaient laissés emporter par
la vague populaire et anti-monarchique, crurent, au printemps de 1791,
qu'il était encore possible d'instaurer une monarchie constitutionnelle, au sens où l'entendait notre auteur : les triumvirs et surtout
Barnave et Duport, touchés soudain par la grâce, tentèrent, à cette
date, de former un grand parti modéré, dont le programme aurait
comblé ses vœux, puisqu'il s'agissait d'arrêter la Révolution, en
redonnant au roi les moyens de faire règner l'ordre social et de
défendre la propriété contre des menaces de plus en plus inquiétantes,
et c'est dans le même but qu'ils s'efforcèrent de transformer le travail de révision de la constitution auquel se livra l'Assemblée dans

---

94. *Recherches sur les causes qui ont empêché les Français de devenir
libres*, t. 2, pp. 96-97.
95. Dans *De la Révolution Français*, Necker date du décret de l'Assemblée Nationale sur les titres, les noms, et les armoiries le moment où la
monarchie fut définitivement perdue. (19-20 juin 1790).
« Le jour où l'Assemblée nationale, en détruisant tous les rangs, abolit
jusques aux plus légers signes d'une gradation d'états ; le jour où par
cette proscription solenelle, elle consacra le principe de l'égalité, le rendit
usuel et familier ; ce jour, elle sapa, sans y penser, les fondements de la
frêle royauté qu'elle avait élevée jusqu'alors. » R.F. IX. 293.

les derniers mois de son existence, en une entreprise de restauration de l'autorité royale.

Un temps précieux s'était écoulé depuis le 4 février 1790 avant que ces bourgeois comprissent enfin qu'il fallait faire machine arrière et revenir sur d'imprudents décrets. Quand Duport proclame le 17 mai 1791 :

> « La révolution est finie, il faut la finir et la préserver en combattant les excès, il faut restreindre l'égalité, réduire la liberté et fixer l'opinion, le gouvernement doit être fort, solide, stable [96]. »

quand Barnave, dans son fameux discours du 15 juillet, montre clairement que toute nouvelle mesure anti-monarchique est en même temps une attaque directe contre les possédants, ils ne font que reprendre les idées de Necker et tenir le langage que celui-ci leur avait fait entendre plus d'un an plus tôt.

Et bien avant même le 4 février quand, se désolidarisant de Mounier, et négociant précisément avec ces mêmes triumvirs, avec Barnave, Duport et Alexandre de Lameth [97], il optait délibérément pour le veto suspensif, c'était bien évidemment avec l'espoir qu'il pourrait favoriser ainsi la création de ce grand parti tory qui aurait dû et aurait pu se former, car il était dans la logique de la situation historique. Si nous reprenons à la suite d'historiens contemporains [98] cette expression de parti tory, évocatrice des institutions d'Outre-Manche, c'est que dans l'esprit de Necker après le 14 juillet, comme dans celui des triumvirs au printemps de 1791, il s'agissait, malgré le monocaméralisme, de rester fidèle à l'esprit de la Constitution britannique, à l'esprit d'une monarchie constitutionnelle où tout en étant soumis à un contrôle, le dépositaire du pouvoir exerce dans sa plénitude la fonction de gouverner. Malheureusement, de septembre 1789 au printemps de 1791, les triumvirs eurent bien autre chose en tête et c'est à plaisir que l'Assemblée, entraînée par eux, poursuivit son œuvre de démantèlement du pouvoir exécutif.

Aussi ne s'étonne-t-on pas de voir l'ancien ministre s'offrir le mélancolique plaisir du « je vous l'avais bien dit » quand il évoque la politique de Barnave et de Duport avant et après Varennes :

> « Les hommes qui suivent les grandes affaires avec attention auront facilement démêlé dans les derniers discours tenus à l'Assemblée constituante par son Comité principal que ce Comité commençait enfin à découvrir l'insuffisance des moyens destinés au soutien du pouvoir exécutif et sentait la nécessité de donner plus de force à l'autorité royale, mais il n'avait plus assez de crédit pour faire rétrograder l'Assemblée, il eût fallu pouvoir rappeler les innombrables déclamations dont on s'était servi pour exciter, en d'autres circonstances, des sentiments absolument contraire. Les impressions

---

96. Cité par F. Furet et D. Richet : *La Révolution*. Réalité Hachette, 1965, p. 184.
97. Cf. J. Egret. *Op. cit.*, pp. 143-144.
98. F. Furet et D. Richet. *Op. cit.*, p. 184.

étaient données, il n'était plus temps de les effacer, les préjugés étaient formés, il n'était plus temps de les détruire... Aussi lorsqu'en rendant compte de la révision des articles constitutionnels le rapporteur du Comité a voulu obtenir la suppression du décret qui interdisait au roi de choisir ses ministres parmi les députés aux législatures, il a cherché en vain à environner son opinion de l'intérêt du pouvoir exécutif, on ne l'a pas entendu et l'on ne pouvait pas l'entendre puisque le Comité de Constitution n'avait jamais fixé l'attention de l'Assemblée nationale sur les difficultés attachées à la sage composition de ce pouvoir et sur toutes les dépendances d'une si grande et si importante question [99]. »

Une fois de plus comme au 23 juin, Necker n'avait pas été capable de faire comprendre à temps son point de vue, mais ce second échec pas plus que le premier, n'infirme en rien la lucidité de son analyse ni la logique de sa conduite, et face aux inconséquences d'un Mounier tantôt dressant l'Assemblée contre le roi [100], tantôt se jetant dans les bras des aristocrates pour faire triompher à tout prix une constitution à l'anglaise dont personne ne voulait, face aux triumvirs, bourgeois imprudents emportés par le courant populaire et ne découvrant que trop tard où il les a menés, Necker a droit, semble-t-il, à ce qu'on lui reconnaisse, si terne soit-elle, une sagesse qui a bien son prix.

C'est un fait en tout cas que ceux-là mêmes à qui il avait tendu la main, dès août et septembre 1789, dans l'espoir de créer une monarchie conforme à ses désirs, reprirent dix-huit mois plus tard, dix-huit mois trop tard, une politique et un programme qu'ils avaient sabotés avec l'incroyable légèreté de gens chez qui une ambition sans principes et la soif de la popularité tenaient bien souvent lieu de sens politique [101].

## II. — LA CONSTITUTION DE 1971

L'analyse que nous avons esquissée, de la politique suivie par Necker, de son retour au pouvoir jusqu'à son départ définitif, nous laisse deviner combien sera sévère le jugement qu'il porte sur la Constitution de 1791.

---

99. P. ex. VIII. 192-193.
100. Il faut lire dans les *Recherches sur les causes qui ont empêché les Français de devenir libres* le pitoyable mea culpa de Mounier au sujet du Serment du Jeu de Paume : « Ce fatal serment était un attentat contre l'autorité du monarque. Combien je me reproche aujourd'hui de l'avoir proposé. » *Recherches sur les causes*, p. 296, T. I.
101. Barnave lui aussi fera son mea culpa : « Peut-être, écrira-t-il, à propos de son rôle à la Constituante pendant l'année 1790, ceux qui ont vécu dans les affaires publiques et qui ont connu par expérience, non seulement la popularité mais tous les moyens qu'elle donne de faire le bien m'excuseront d'y avoir fait alors quelques sacrifices en songeant surtout avec quelle énergie j'ai résisté depuis. » *Introduction à la Révolution Française. Op. cit.*, p. 126.

### I. - LA TOUTE PUISSANCE DE L'ASSEMBLÉE

Sur le plan proprement juridique, tout d'abord, une révolution s'est accomplie qu'il n'avait pu prévoir et qu'il ne pouvait admettre. Au lieu d'une évolution naturelle, conforme aux vœux exprimés par les Cahiers, s'inscrivant dans la ligne de la pensée politique française la plus traditionnelle, et selon laquelle aurait été établi auprès du roi un organe chargé de représenter la nation et de partager avec lui l'exercice de l'autorité, on assiste au triomphe inattendu de principes abstraits et d'un système inventé de toutes pièces. Au lieu d'un dualisme instituant un pouvoir fort mais contrôlé, c'est le monisme de la toute puissante volonté générale qui s'installe. Ainsi, à l'absolutisme royal succède, bien plus rigoureux, celui de l'Assemblée, car tous les contre-pouvoirs qui s'étaient peu à peu affirmis et imposés au cours des siècles disparaissent d'un seul coup [102]. La monarchie française théoriquement absolue, était en fait une monarchie tempérée.

> « Le grand reproche dirigé contre l'ancienne forme de gouvernement se rapportait à la réunion des pouvoirs entre les mains du monarque et cependant, il avait pour obstacle, dans l'exercice inconsidéré de ses divers pouvoirs, et l'opinion publique, et l'empire des mœurs, et les oppositions des Parlements, et le droit des États, et depuis quelque temps les résistances éclairées des Assemblées provinciales [103]. »

Tout cela n'existe plus et, sur le plan de la théorie pure, la domination incontestée d'une autorité unique est en contradiction flagrante avec la doctrine du Genevois pour qui « la souveraineté ne peut exister d'une manière simple » pour qui

> « il n'est point de liberté réelle, il n'en est point du moins qui soit certaine s'il existe au milieu de l'État une autorité sans balance [104]. »

Les conséquences d'un pareil totalitarisme auraient pu toutefois être minimisées si l'autorité souveraine établie par les Constituants avait été établie de telle sorte qu'on pût voir en elle la fidèle interprète du vouloir de la société. Si périlleuse que fût la domination d'une instance unique, elle aurait pu, sagement instituée, exercer l'autorité dans un sens conforme aux véritables intérêts de la nation. Malheureusement, les Constituants ont commis en ce domaine deux fautes majeures : la première est le refus du bicaméralisme.

Sans doute, Necker s'est-il résigné à envisager l'hypothèse d'une monarchie monocaméraliste, mais il n'est pas devenu pour autant aveugle aux inconvénients du système. Le monocaméralisme favorise les intrigues et ouvre le champ libre aux ambitions. Il est particuliè-

---

102. Cf. à ce sujet dans *Du Pouvoir* de Bertrand de Jouvenel (*op. cit.*) le livre cinquième consacré à cette mutation et intitulé : « Le pouvoir change d'aspect et non de nature », *op. cit.*, p. 263 ss.

103. P. ex. VII, pp. 271-272.

104. *Ibid.*, p. 275.

rement dangereux quand des pressions populaires s'exercent sur l'Assemblée [105]. Surtout, il laisse les députés sans défense devant les emballements d'un moment et le déchaînement des passions, alors que la pondération, la sagesse, la maturité sont si nécessaires à la confection des lois et Necker ne manque pas d'observer que la procédure d'urgence sans cesse adoptée ne fait qu'accentuer tous ces inconvénients :

> « On a bien mis pour condition dans la Constitution française que les projets de lois devaient être lus trois fois, à huit jours de distance, mais en même temps on a permis de s'écarter de cette règle dans les cas d'urgence et cette urgence décrétée à chaque instant est devenue une simple formule [106]. »

Excluant aussi toute influence médiatrice, le monocaméralisme rend plus aigu, plus âpre le conflit entre gouvernement et assemblée, et si le premier se trouve dans une position d'infériorité, le déséquilibre en est encore accentué. Il est bien évident que l'autorité royale, face à deux chambres, se serait trouvée dans une meilleure position et aurait pu manœuvrer plus facilement.

La seconde grande erreur de la Constituante a été de ne pas exiger une propriété importante comme condition de l'éligibilité aux fonctions de député :

> « Si l'Assemblée nationale avait pensé, comme les Anglais, comme les Américains, comme toutes les nations, qu'une propriété, et une propriété importante, garantissait l'attachement des citoyens à l'ordre public et aux intérêts de l'Etat, elle eût servi le peuple, elle eût servi la nation, en faisant de cette propriété une condition de l'avancement au rang de législateur. Un homme qui n'est pas propriétaire n'est pas un citoyen complet, puisqu'il est sans intérêt au plus grand nombre des affaires publiques [107]. »

L'Assemblée nationale en a décidé autrement et Necker ne manque pas d'ironiser sur son illogisme. Elle proclame solennellement que les hommes naissent libres et égaux en droits et ce qu'on trouve dans la loi électorale au lieu du suffrage universel

> « c'est la distinction établie par l'Assemblée entre les citoyens actifs et non actifs, c'est l'obligation qu'elle a imposée d'une certaine mesure de propriété pour être admis à la jouissance des principaux avantages politiques ».

Ces contradictions n'ont pas d'autre origine que l'opposition manifeste entre l'idéologie rousseauiste, dont elle se réclame, et les intérêts de la classe bourgeoise à laquelle appartient la plupart de ses membres. Tiraillée entre les deux, elle n'a agi en conformité ni avec l'une

---

105. Necker revient très souvent sur ce sujet. Cf. en particulier : *Du Pouvoir exécutif*. VIII, p. 510.

106. P. ex. VIII. 55.

107. P. ex. VIII. 62-63. L'Assemblée supprima le 27 août 1791 le marc d'argent exigé pour l'éligibilité, en augmentant par contre le cens des électeurs au second degré.

ni avec les autres, et c'est bien en vain que Necker a tenté de lui expliquer la distinction entre le vœu et la volonté de la nation, et de lui faire entendre que « les députés au corps législatif dispensés de faire preuve d'aucune propriété seraient en grande partie et tous peut-être un jour de faux représentants aux intérêts de la France [108] ».

## II. - LA SÉPARATION DES POUVOIRS

Avec tous ces défauts, avec tous ces dangers, le gouvernement d'assemblée était un gouvernement possible et, sur la doctrine de la volonté générale rigoureusement appliquée, aurait pu être fondée une nouvelle forme de despotisme parfaitement viable, mais la pensée politique des constituants s'inspirait également d'un autre principe, solennellement proclamé lui aussi dans la *Déclaration des Droits de l'Homme et du Citoyen*, et en l'appliquant, ils vont commettre une autre erreur majeure, d'où résultera un régime hybride dont il est facile à Necker de démontrer l'absurdité.

Dans le cadre de la pensée rousseauiste, cette séparation est indispensable et le *Contrat social* lui aussi établit une distinction rigoureuse entre le souverain et le prince, le souverain étant l'instance qui incarne la volonté générale, le prince celle qui est chargée d'exécuter les lois ; mais dans ce système, les rapports qui unissent le second au premier sont des rapports de subordination : le prince accomplit sa fonction sous la surveillance constante du souverain, autorité suprême et incontestée. Les Constituants ont bien conservé le principe de cette distinction entre les deux instances, mais ils n'ont pas entendu la notion de séparation comme une distinction laissant intacte la prééminence du législatif sur l'exécutif, bien au contraire, s'appuyant sur l'autorité de Montesquieu, et en particulier sur la fameuse formule « Il faut que le pouvoir arrête le pouvoir » ils ont interprété le principe de la séparation des pouvoirs au sens d'une indépendance réciproque de l'un par rapport à l'autre. La loi, une fois votée, échappe en quelque sorte à son auteur et c'est à l'autorité exécutive à en assurer l'application sous sa seule responsabilité. L'absence de contact, un cloisonnement rigoureux apparaissent comme une garantie indispensable de la liberté, absence de contact qui se traduit par l'interdiction pour le roi de choisir ses ministres dans l'assemblée et plus encore par la seule sanction, pour ces derniers, de la responsabilité pénale.

Ce n'est certes pas suivant ce schéma que Necker conçoit le dédoublement du pouvoir, mais ainsi eut été mise en place une instance autonome qui, en pratique, aurait pu jouer le rôle d'un contre-pouvoir et corriger l'absolutisme rigoureux de la volonté de l'Assemblée. La séparation des pouvoirs, au sens où l'entendait Mounier, impliquait l'idée d'une balance de forces, d'un équilibre entre deux organes dis-

---

108. *Ibid.*, p. 576.

tincts chargés chacun de l'exercice d'une fonction qui leur était propre.

La conjoncture historique va, hélas, rendre impossible l'établissement d'un pareil système de rapports. La séparation des pouvoirs, dans l'indépendance réciproque supposait que chacune des deux instances fût dotée de moyens qui permissent à l'une et à l'autre de se faire respecter, de défendre leur domaine réservé. Mais en 1789, l'exécutif c'est Louis XVI, et pour la majorité des députés, Louis XVI c'est l'ennemi ; ils voient bien plus en lui l'instigateur menaçant d'une contre-révolution qu'un collaborateur loyal dans la création d'un nouveau régime. En organisant le pouvoir exécutif, leur préoccupation dominante sera donc de rendre inoffensif cet adversaire en puissance et ils s'appliqueront à démanteler systématiquement l'autorité royale, en la privant de tous les moyens nécessaires à l'accomplissement de sa mission. Si bien qu'après avoir proclamé solennellement la séparation des pouvoirs entendue au sens d'une indépendance réciproque, ils rendront cette indépendance irréalisable, en déséquilibrant complètement les rapports de forces entre les deux instances, et ils ne laisseront plus subsister en face d'une assemblée toute puissante qu'un fantôme de roi, juridiquement décapité, avant de l'être physiquement.

### III. - LE DÉMANTÈLEMENT DE L'AUTORITÉ ROYALE ET SES CONSÉQUENCES

Necker ne manque pas d'insister sur les différents aspects de cette décapitation, et il souligne au premier chef l'aveugle acharnement mis à détruire le capital de magie dont disposait l'autorité royale. Il s'indigne en particulier de la mesquine minutie déployée pour faire disparaître le système des égards : qu'il s'agisse des termes employés pour désigner le monarque, du cérémonial de la cour, du règlement de sa garde d'honneur, de sa garde personnelle ou du statut de la reine et des princes du sang, aucune humiliation n'a été épargnée à Louis XVI [109] et pour donner un exemple de cet état d'esprit, Necker cite les paroles du chef d'une réputation de l'Assemblée qui, rendant compte de sa mission, déclarait gravement :

> « Il m'a paru quand nous sommes entrés que le roi s'est incliné le premier, je me suis incliné ensuite vers lui, le reste s'est passé ainsi qu'il est d'usagge [110]. »

D'aussi puériles attitudes témoignent de l'inexpérience politique d'esprits incapables de comprendre la mystification indispensable à l'exercice de l'autorité :

---

109. Cf. le chapitre du *Pouvoir exécutif* intitulé : Des formes observées envers le monarque.
110. P. ex. VIII. 206.

> « L'utilité du monarque n'est pas dans son titre, mais dans tous les accompagnements de la royauté, dans ses attributs divers qui captent les égards, imposent le respect et commandent l'obéissance [111]. »

La gradation des rangs, la hiérarchie, qui contribuent tant à faire du monarque un être surhumain, font aussi cruellement défaut dans la nouvelle Constitution. Avec le monocaméralisme, disparaît cette haie d'honneur que forment les pairs autour du trône dans la monarchie anglaise, et avec la suppression des titres de noblesse s'évanouissent ces distinctions de rang si précieuses pour créer des réflexes de soumission.

On a enlevé également au roi le droit de grâce, qui eût été particulièrement le bienvenu dans un pays où les passions politiques sont déchaînées, et où les décisions de la Haute Cour de justice risquent d'être souvent inspirées par d'autres considérations que celles de l'équité [112]. On lui a même ôté le droit d'accorder le plus petit encouragement, la plus légère gratification ainsi que celui de distribuer des secours au peuple sur d'autres fonds que celui de sa liste civile [113] : le titre de père et de bienfaiteur de ses sujets est un titre qu'il ne pourra plus porter, et c'est un autre lien affectif qui est ainsi rompu entre lui et la nation.

Restent donc l'inviolabilité et l'hérédité, dans cette panoplie des moyens qui créent la majesté royale, mais, l'inviolabilité ne peut être effective que si les autres procédés, créateurs de magie ont fait du monarque un mythe vivant ; pour être effective, elle suppose que tout le reste existe, sinon elle n'est qu'un mot vide de sens auquel ne correspond aucune réalité.

Seule donc, l'hérédité distingue finalement le roi des autres citoyens et les Constituants se sont lourdement mépris en pensant que cela suffisait pour établir une monarchie :

> « Ils ont trompé la nation après s'être trompés eux-mêmes, ils ont laissé le nom de roi à la cime de leur ordonnance politique, mais ils ont auparavant dépouillé ce nom de toutes les idées dont il était composé et à l'abri de cette ruse de dialectique inventée par un petit nombre d'entre eux, toute la France et la plus grande partie de l'Assemblée nationale ont été conduites sans le savoir jusqu'aux confins de la République et la monarchie ne consiste plus que par l'hérédité d'un vrai nom [114]. »

Outre cette destruction des valeurs irrationnelles, l'Assemblée a privé le roi des prérogatives habituelles de l'organe de commandement. C'est ainsi qu'on a diminué son autorité sur l'armée en lui mesurant parcimonieusement le droit de nommer les officiers des troupes de ligne et en le lui retirant complètement en ce qui concerne

---

111. *Ibid*, p. 199.
112. Cf. le chapitre sur le droit de grâce. P. ex. Chap. X, p. 146 ss.
113. Cf. le chapitre : Distribution de grâces et nominations d'emplois. *Ibid.*, Chap. XII, p. 189 ss.
114. *Ibid.*, p. 379.

la garde nationale [115]. C'est ainsi qu'on a pris la décision de soumettre les déclarations de guerre, ainsi que les traités de paix d'alliance et de commerce, à la ratification de l'Assemblée, disposition aussi peu favorable au succès de nos armes et de notre diplomatie qu'humiliante pour le monarque [116] et Necker souligne l'imprécision et les contradictions de la formule à laquelle on en était arrivé à la fin de la lutte dramatique où s'opposèrent Barnave et Mirabeau.

> « On y défend au Monarque de déclarer la guerre sans le consentement du corps législatif et l'on y suppose néanmoins formellement que des hostilités auront pû être commencées par le Gouvernement mais, remarque-t-il non sans bon sens, des hostilités sont communément la plus expressive des déclarations de guerre [117]. »

Il eût bien mieux valu imiter l'Angleterre

> « où le Roi peut faire la guerre et la paix et contracter toutes sortes d'engagements de politique et de commerce sans le concours d'aucune autre autorité que la sienne [118]. »

la nécessité d'obtenir l'accord du Parlement dispensateur des crédits, et la responsabilité des ministres représentant une garantie suffisante pour contrôler en ce domaine l'autorité gouvernementale.

C'est toutefois l'organisation administrative de la France qui, comme il fallait s'y attendre, est l'objet des plus sévères critiques. Necker estime que pour administrer efficacement et faire appliquer les lois, le gouvernement doit avoir sous sa seule autorité l'ensemble des services et disposer exclusivement de la nomination et de l'avancement des agents de l'état, sinon il ne pourrait être sûr de leur zèle ni de leur obéissance. Or l'organisation administrative prévue par la Constituante ruine cette autorité et la morcelle, en confiant le soin d'administrer le pays à des conseils élus :

> « En Angleterre, il n'y a qu'un seul pouvoir exécutif et jusqu'à nos jours on n'avait jamais pensé que ce pouvoir pût être constitué différemment, soit qu'il fût remis dans un gouvernement monarchique entre les mains d'un roi, soit qu'il fût confié dans une république à un corps collectif formant toujours une seule volonté déterminée par la majorité des suffrages. Les législateurs de la France se sont écartés visiblement de ce principe d'unité si nécessaire à l'action du gouvernement, car ils ont divisé réellement le pouvoir exécutif entre tous les Conseils provinciaux qu'ils ont établis sous le nom de département, de district, de municipalité. »

et leurs membres:

> « Ne doivent leur élection qu'au choix libre du peuple [119]. »

---

115. Cf. Le Chapitre Force militaire. *Ibid.*, V, chap. XVI, p. 246 ss.
116. Cf. Le chapitre Droit de paix et de guerre. *Ibid.*, chap. XIV, p. 214 ss.
117. *Ibid.*, p. 219.
118. *Ibid.*, p. 215.
119. *Ibid.*, pp. 229-230.

Indépendants du roi, ces conseils se sont vus en même temps attribuer un rôle capital :

> « Ils ont été rendus dépositaires absolus des fonctions les plus importantes, ils font la répartition des impôts directs, ils en dirigent le recouvrement, ils jugent des plaintes des contribuables, ils décident des soulagements individuels qui leur sont dûs, ils nomment les trésoriers et les receveurs et les tiennent sous leurs ordres, ils règlent les dépenses de leur administration, ils en touchent les fonds sur une caisse dont ils ont seuls la gestion et c'est de la même manière qu'ils reçoivent les appointements dévolus à leurs places, ils ont la surintendance des chemins, des édifices publics, des hôpitaux, des prisons, ils ordonnent toutes les dispositions extraordinaires qui s'effectuent dans l'étendue de leur ressort, enfin ils réunissent à eux la grande police, ils l'exercent ou directement ou indirectement par la médiation des autorités qui leur sont subordonnées et, à l'appui de tous leurs commandements, ils peuvent requérir l'assistance d'une gendarmerie dont ils ont la nomination et provoquer encore, s'il le faut, le déploiement de toutes les forces armées [120]. »

Sans doute, reconnaît Necker, ces conseils sont-ils théoriquement soumis à l'autorité royale, il y a :

> « Une loi qui a déclaré le roi chef suprême de l'administration, une loi qui a dit des départements et des districts qu'ils exerceraient leurs fonctions sous la surveillance et l'autorité du monarque, une loi qui donne au roi le pouvoir d'annuler par une proclamation les actes de leur administration contraires aux décrets législatifs et à ses ordres, toujours une loi [121]. »

mais,

> « Qu'est-ce qu'une loi sans la réunion de tous les moyens qui assurent l'obéissance, qu'est-ce qu'une loi, si on ne la place pas au milieu d'un système général de subordination où toutes les proportions sont observées et où les forces réelles et les forces morales combinées avec sagesse concourent à un même but ? Enfin qu'est-ce qu'une loi et que peut-on attendre de son empire abstrait, si on néglige d'investir celui qui doit la faire observer de toutes les prérogatives et de toutes les décorations propres à relever la dignité de son rang et à rappeler habituellement son autorité et sa puissance [122]. »

Et il souligne le contraste entre l'étendue des obligations imposées au monarque et l'impuissance à laquelle on l'a réduit :

> « On exige du monarque qu'il dispose les peuples à l'obéissance, qu'il fasse exécuter les lois, qu'il maintienne l'ordre public, qu'il veille à l'assiette et au paiement des contributions, qu'il lève et qu'il prévienne les obstacles à la circulation des subsistances, qu'il imprime à toute l'administration le mouvement dont elle a besoin, qu'il règle sa marche et qu'il aplanisse ses voies ; enfin la défense et la sûreté de l'Etat sont particulièrement confiées à sa prévoyance et à l'activité de ses mesures ; voilà tous les devoirs qu'on impose au gouvernement et en même temps, on lui donne pour agent, dans toutes les parties les plus difficiles et les plus essentielles, des hom-

---

120. *Ibid.*, pp. 231-232.
121. *Ibid.*, p. 232.
122. *Ibid.*, pp. 232-233.

mes qui ne sont pas de son choix, des hommes qui doivent leur place, les uns au suffrage du peuple, les autres à des règles de promotion fixées d'une manière invariable [123]. »

Necker n'ignore pas de quel exemple les Constituants se sont inspirés en remettant à des conseils et à des fonctionnaires élus, l'administration de la France. Ils ont cru imiter les régimes républicains et particulièrement les républiques américaines, mais ils n'ont pas compris que la décentralisation sur le plan de l'exécutif se réalisait, dans le cas des Etats-Unis, dans le cadre de cette décentralisation totale, aussi bien exécutive que législative, qu'est le fédéralisme.

« Chaque Etat particulier d'Amérique a dans son sein l'ensemble, et, s'il est permis de s'exprimer ainsi, l'attirail entier du gouvernement; il n'a pas seulement des juges électifs et des administrateurs électifs, comme nos départements ; il a de plus son corps législatif distinct ; il a de plus une force d'opinion qui lui est propre et toutes les institutions qui se rapportent à ses mœurs ou à son génie particulier. Ce sont tous ces moyens réunis, et réunis dans un cercle limité qui, formant en quelque manière les rayons d'un même axe, donnent un mouvement certain et régulier à toute l'administration [124]. »

Les départements fondés en apparence sur les mêmes principes sont en réalité profondément différents :

« Ils n'ont... aucun corps législatif qui leur soit propre ; ainsi tous les décrets auxquels ils doivent être soumis dépendent de la majorité des voix dans une Assemblée nationale, où l'on fait pour chacun d'eux les mêmes lois que pour les quatre-vingt deux autres sections de l'empire... Le vœu d'une assemblée dictant à elle seule les obligations et les devoirs de vingt-six millions d'hommes ne peut correspondre ni généralement, ni assidûment, à l'opinion publique en règne dans chaque département ; et souvent , à son arrivée dans les diverses parties du royaume, ce vœu législatif se trouve affaibli d'avance par la connaissance des querelles qui ont accompagné sa formation. Il n'y a donc aucune similitude entre l'ascendant des lois faites pour une population médiocre, au centre d'une république médiocre en étendue, et l'ascendant des lois rendues pour un vaste royaume, dans un seul point de l'empire [125]. »

---

123. *Ibid.*, p. 189. Cf. encore le passage *du Pouvoir exécutif* où il ironise sur l'adjectif « suprême » incessamment répété dans la Constitution quand il s'agit des prérogatives du monarque : pouvoir exécutif suprême, chef suprême de l'administration, chef suprême de l'armée de terre, chef suprême de l'armée de mer : « Mais tous ces suprêmes me représentent un dais sans colonnes ; commander, ordonner, surveiller, sont autant de mots dénués de substance, quand les moyens nécessaires pour inspirer le respect et l'obéissance n'ont pas été donnés. » P. ex. VIII. 172.

124. *Ibid.*, p. 441.

125. P. ex. VIII. 443-444 Cf. encore p. 279-280 : « Les départements ne ressemblent à des états séparés que par leur circonscription et ils n'ont du gouvernement républicain que les droits d'élection laissés entre leurs mains. Ils ne peuvent avoir ni des lois faites dans leur propre sein, ni des lois garanties au milieu d'eux par les diverses autorités et par les diverses censures qui composent l'ensemble d'une constitution et qui rendent pour ainsi dire indigènes les principes d'ordre et de liberté ; ils ne peuvent avoir non plus ni des lois propres à leur donner un caractère particulier, et ils n'ont pas seulement l'espèce de lien qu'impose une désignation plus

Le contraste est évidemment flagrant entre la centralisation rigoureuse sur le plan législatif, qui soumet le peuple entier aux lois élaborées par l'Assemblée, et une décentralisation mal conçue sur le plan de l'exécutif, qui n'a pas d'autres résultats que de condamner à l'impuissance l'organe de commandement.

Dans cette débâcle générale, le veto suspensif, assurant au roi une participation au pouvoir législatif aurait pu représenter un élément positif d'une incontestable valeur. Grâce à l'habile manœuvre de son ministre, le monarque sous le couvert de l'appel au peuple, s'était vu attribuer avec ce veto, une arme qui aurait pu être efficace. Mais on ne va pas tarder d'en réduire la portée en excluant de son application les lois organiques et les lois fiscales, et surtout le transfert du roi à Paris rendra pratiquement inutilisable une prérogative qui présupposait d'autres rapports de force entre le gouvernement de l'Assemblée et ce droit « sauvé fortuitement de la destruction générale des prérogatives de la couronne » ne devait servir qu'à précipiter sa chute [126].

Désacralisé, sans moyen de commandement, sans influence sur la législation, Louis XVI s'est trouvé dans l'impossibilité d'exercer la fonction de gouverner, et Necker analyse avec sévérité les conséquences de cette paralysie. La première, la plus apparente, la plus sensible à tous les citoyens dans leur vie quotidiene, c'est le désordre, particulièrement flagrant en matière de police et de finances. Il n'y a plus de sécurité dans le royaume ni pour les personnes ni pour les biens : arrestations arbitraires, exécutions sommaires, incendies et pillages se multiplient et rien ne pourrait être plus grave que ces atteintes à la liberté des individus et à la libre jouissance des fortunes puisque la raison même de l'état, la raison même du pouvoir est d'assurer l'une et l'autre.

Ministre des finances, Necker est également profondément scandalisé par le refus de payer l'impôt qui se généralise de plus en plus, et par l'indifférence de l'Assemblée devant ce phénomène. Sans doute, la création des assignats peut temporairement assurer tant bien que mal les besoins de l'Etat, mais c'est là une situation qui choque profondément l'orthodoxie financière de notre auteur ; la création de papier monnaie au rythme où elle va être poursuivie entraînera une inflation redoutable, qui va détraquer la vie économique et provoquer le mécontentement aussi bien des rentiers que des salariés. De plus, la planche aux assignats fait vivre l'Assemblée dans une fausse quiétude. Artificiellement dégagée du souci de faire payer les contribuables, la Constituante poursuit son expérience dans des conditions de gratuité qui l'empêchent de prendre conscience des nécessités

---

vivante, une désignation qui s'appliquant aux concitoyens mêmes, entretenait autrefois dans les provinces un sentiment commun d'honneur et de renommée. Bien différents encore des états d'Amérique qui ont mis uniquement en société leurs intérêts politiques, tout doit leur venir du régulateur universel de l'Empire français : lois, mœurs, opinions, tributs et les détails comme l'ensemble de leur organisation intérieure. »

126. *Ibid.*, p. 385.

qu'impose l'exercice du pouvoir ; le jeu politique est faussé a priori et l'apparente facilité dont elle jouit n'est pas sans expliquer dans une certaine mesure pourquoi elle se laissera si aisément séduire par les systèmes abstraits et par les idées pures.

Une autre conséquence de cet affaiblissement de l'exécutif sur le plan non plus de la vie quotidienne, mais de la pratique constitutionnelle c'est la disparition de fait de la séparation des pouvoirs. L'Assemblée a eu beau proclamer dans *La Déclaration des Droits de l'Homme et du Citoyen* que : « Toute société dans laquelle la garantie des droits n'est pas assurée ni la séparation des pouvoirs déterminée n'a point de constitution [127]. » Elle a eu beau appliquer cette séparation en se réservant à elle seule la confection des lois, en interdisant au roi de choisir ses ministres parmi les députés, et en ne prévoyant pour eux qu'une responsabilité de caractère pénal, elle a créé une situation qui rend cette séparation illusoire. Les députés ne se sont pas rendu compte que malgré les attributions théoriquement accordées par la loi, un déséquilibre trop grand entre les deux instances étatiques entraînerait en fait, au profit du plus fort, la disparition du cloisonnement prévu et l'envahissement du domaine qui lui était en principe interdit. Et c'est effectivement ce qui s'est passé. Rien ne le montre mieux que les rapports existant entre les ministres et l'Assemblée. Constitutionnellement, le roi a seul le droit de les nommer, ce qui devrait lui permettre de diriger à son gré la politique intérieure et extérieure. Mais en fait, l'exercice rigoureux de la responsabilité civile et la gravité des peines qu'elle entraîne ont eu pour effet d'enlever au monarque toute autorité sur ses collaborateurs directs :

> « Au milieu de son conseil, le monarque n'a point d'influence décisive, puisque tous les chefs de département peuvent refuser de suivre ses volontés, en donnant pour motif de leur résistance la responsabilité sévère qui leur est imposée [128]. »

Les ministres sont ainsi devenus les serviteurs dociles de l'Assemblée :

> « Les obligations des ministres se sont extrêmement simplifiées depuis qu'ils sont devenus uniquement responsables envers la nation, depuis qu'ils ont été réduits à la qualité d'agents de l'Assemblée. »

Le roi, bien loin de leur donner des ordres, n'est plus lui-même qu' :

> « un secrétaire des commandements de l'Assemblée nationale, un sergent d'office de ses volontés, et c'est une dérision cruelle que de célébrer sans cesse, comme on le fait encore tous les jours, le rehaussement de sa gloire et le nouvel éclat de son trône [129]. »

---

127. *Déclaration des Droits de l'Homme et du Citoyen* — article XVI.
128. A.N. VI. 218-219.
129. Ibid. p. 219. L'opposition entre une réglementation théorique, instituant une séparation des pouvoirs, et une situation de fait imposée par les rapports de forces, est encore soulignée dans les réflexions qu'inspire à Necker l'exercice du droit de paix et de guerre : « Que l'on y prenne

C'est donc l'Assemblée qui, disposant déjà du pouvoir législatif, exerce en fait le pouvoir exécutif :

> « Ce n'est donc pas de l'Assemblée nationale qu'il faut médire, lorsqu'on la voit agir dans tous les sens ; la faute en est aux législateurs qui l'ont mise dans la nécessité d'exercer tous les pouvoirs, la faute en est à cette incompréhensible constitution qui a rangé d'un côté une assemblée unique, une assemblée permanente... et qui a placé de l'autre un pouvoir exécutif sans prérogatives, sans faculté de faire ni du bien ni du mal à personne, et affaibli jusque dans son éclat extérieur par les altérations de tous genres apportées à la majesté du trône et à la considération des ministres du prince »...
> Il existe sans doute deux pouvoirs bien distincts sur le livre de la constitution, mais le défaut de proportion dans leurs forces respectives devait nécessairement amener leur confusion et ce défaut de proportion était inévitable dès que nos législateurs, ainsi que je l'ai développé dans les commencements de cet ouvrage, avaient oublié si longtemps le pouvoir exécutif et le rang qu'il devait occuper dans la combinaison des articles constitutionnels. Cependant, c'est une maxime devenue presque proverbiale que la réunion des Pouvoirs est une atteinte portée aux principes de la liberté [130]. »

Avec l'évidente satisfaction de quelqu'un qui combat son adversaire avec ses propres armes, Necker tire la conclusion logique de cette situation ; à savoir qu'il n'y a plus de liberté en France puisqu'il n'y a plus de séparation des pouvoirs. Il faut lire à ce sujet le chapitre de *Du Pouvoir exécutif* intitulé : *Du pouvoir exécutif dans ses rapports avec la liberté* [131] où il nous montre comment les Constituants, tout en croyant naïvement assurer le triomphe de la liberté, ont substitué sans s'en rendre compte à l'absolutime royal un despotisme nouveau, le despotisme d'assemblée, despotisme qui présente le caractère assez particulier de s'être privé lui-même des moyens d'exercer son empire par l'absurde organisation administrative imposée au pays, par crainte de l'autorité royale.

> « Encore si la domination d'une assemblée affranchissait de tous les autres despotismes, l'inconvénient serait moins sensible, mais cette domination sans pareille n'est pas la seule qui soit favorisée par l'extrême affaiblissement du pouvoir exécutif, les quatre-vingt trois départements, tous nommés par le peuple, apercevront chaque jour davantage deux vérités incontestables : l'une qu'ils n'ont rien à craindre ni à espérer du gouvernement, et qu'ils seront généreux en restant poli avec lui ; l'autre qu'une assemblée nombreuse et sans

---

garde la séparation des pouvoirs à quelqu'objet qu'on applique, ne peut jamais être l'effet d'une décision arbitraire consacrée sous l'un ou l'autre titre de l'acte constitutionnel. Cette disposition est d'un ordre si grand par sa nature qu'elle sera toujours, avec les lois ou malgré les lois, le résultat nécessaire de l'organisation générale du système social. Ainsi, sans m'astreindre à lire l'article du code politique où les relations extérieures d'une nation sont déterminées, je saurai que partout où l'on a comme en France, remis tant de pouvoir entre les mains du peuple, c'est lui qui, par ses représentants et par ses chefs de cabale, fera la guerre et la paix. » P. ex. VIII. 227.

130. P. ex. VIII. 271.
131. Chap. XVII, p. 257 ss.

cesse mouvante est incapable d'une surveillance suivie ; et qu'ainsi en gardant seulement de certaines mesures avec elle, ils seront, quand ils le voudront, maîtres absolus dans leur enceinte [132]. »

Les Constituants ont donc réalisé ce tour de force d'instaurer le despotisme et de plonger en même temps le pays dans l'anarchie. La France ne bénéficie même pas de l'avantage des régimes despotiques, capables au moins de faire régner l'ordre. Elle est livrée à l'arbitraire de féodalités administratives locales [133].

Necker, et on l'ignore, n'a pas tardé à tirer les conséquences de cette situation et nous allons le voir avec beaucoup de logique proposer lui-même de mettre fin purement et simplement à la fiction de deux pouvoirs séparés et indépendants dans l'espoir que, sûre d'une omnipotence incontestée, l'Assemblée n'hésitera pas à restaurer à son profit le principe d'autorité, à prendre les moyens de rétablir l'ordre. C'est dans le domaine de son propre ministère qu'il va tenter un premier effort dans ce sens. Lassé des incessantes critiques dont les députés l'accablent, tout en se refusant à prendre les mesures qu'il réclame, il leur propose tout simplement de partager avec lui les responsabilités du pouvoir et à cette fin il suggère la création d'un comité de trésorerie dont les membres nommés par le roi seraient pris dans l'assemblée elle-même. Le détail de ce projet est exposé pour la première fois dans le *Mémoire du premier ministre des finances lu à l'Assemblée nationale le 6 mars 1790 sur les moyens de combler le déficit.* Nous en citerons ces phrases caractéristiques :

« On ne peut pas réparer les inconvénients qui sont résultés dans le cours de votre session de la séparation absolue de l'administration et de la législation des finances, et ce serait vous affliger inutilement que de vous en présenter le tableau ; mais puisqu'il s'offre un moyen naturel de prévenir la continuation de ces inconvénients, par la formation d'un bureau actif de trésorerie, tel que je viens de l'indiquer, vous ne pouvez pas vous opposer à cet établissement, par la crainte vague et chimérique de l'esprit ministériel que pourraient revêtir ceux qui parmi vous seraient appelés par le roi à remplir ces fonctions. Ils ne changeront pas de caractère ni de principes, parce qu'ils seront attachés de plus près aux intérêts qui doivent vous occuper essentiellement ; ils ne changeront pas de principes, parce qu'ils auront des connexions avec des ministres qui certes sont aussi bons patriotes que vous et même connus pour tels de toute la nation [134]. »

C'est à ce même projet qu'est consacré *le Mémoire du premier ministre des finances lu à l'Assemblée le 12 mars 1790.* Necker y

132. P. ex. VIII. 278.
133. Cf. ibid., p. 574. « La France est aujourd'hui divisée entre les oppresseurs et les opprimés, et il n'y a de véritable tranquillité pour personne. Que l'on parcoure toutes les parties du royaume, ou qu'on interroge ceux qui les ont visitées et si l'on s'adresse à des hommes véridiques, on saura que jusque dans les plus petites municipalités, ce n'est point avec la loi, mais avec les puissants que l'on est obligé de compter. »
134. Oe. c. VII. 261.

insiste encore davantage sur la nécessité de mettre fin à la séparation des pouvoirs.

> « J'entends dire que l'assemblée, en approuvant l'idée de l'établisse-ment d'un bureau de trésorerie, ne paraît pas disposée à consentir qu'aucune des personnes dont S.M. composerait ce bureau fût choi-sie dans l'assemblée nationale.
> Il est de mon devoir de la prévenir qu'une telle condition mettrait absolument obstacle à l'exécution des intentions paternelles du roi ; et pour appuyer cette proposition, je dois d'abord faire observer que la principale utilité de ce bureau serait perdue, si aucun de ses membres ne pouvait être en même temps député à l'assemblée nationale car il importe, et surtout aujourd'hui, qu'il existe une communication de tous les jours et de tous les instants, entre le corps législatif et l'administration des finances [135]. »

Quelques jours plus tard, il va aller beaucoup plus loin et franchir un pas décisif. Dans un texte auquel nous avons déjà fait allusion : *le mémoire lu à l'Assemblée nationale par M. Necker le 29 mai 1790*, mémoire qui est aussi un plaidoyer en faveur du rétablissement de l'autorité, on trouve le passage suivant :

> « Je sais que pour vous déterminer à concourir efficacement à toutes les dispositions que l'ordre et le bien de l'Etat exigent, il faut que les défiances finissent. Mais vous rendez sans cesse un juste hommage aux vertus du roi, à des vertus dont chaque jour il donne un nouvel exemple et ses ministres ne doivent jamais faire embar-ras dans vos combinaisons, puisqu'ils renonceront avec empresse-ment à leurs peines et à leurs travaux dès l'instant que d'autres personnes désignées par votre confiance ou par l'opinion publique, attireront sur elles l'attention du roi [136]. »

Devant l'aggravation de la situation, Necker abandonne celle des prérogatives du monarque qui, dans le domaine de l'exécutif, est la garantie de son indépendance, à savoir le choix des ministres. Il conçoit que puisse s'établir entre lui et l'Assemblée un système de rapports complètement nouveaux, et la formule qu'il propose n'est rien d'autre en somme que celle de la monarchie parlementaire, ultime étape d'une évolution qui avait dû être pour lui un véritable chemin de croix.

Si Necker faisait aux députés cette proposition, c'est dans l'espoir qu'ils consentiraient alors à renforcer l'autorité du pouvoir exécutif, dont ils seraient désormais les maîtres et dont ils n'auraient plus aucune raison de se méfier. Si la crainte de voir le roi user de son autorité contre eux les empêchait de créer une administration centra-lisée et hiérarchisée, il fallait mettre cette administration sous leur dépendance. Mieux valait l'unité du pouvoir à leur profit que la disso-

---

135. Ibid. 289-90. Cf. J.F. Bosher : « It was a clever proposal, that would have involved the Assembly in collaborating with the Department of Finance, to solve, the problems of the moment and might have forestalled the development of the Assembly's committees on finance and taxation with their antagonism to the Department. » op. cit. p. 224-225.

136. Ibid. 385-386.

lution du pouvoir. Mieux valait l'ordre dans le monisme que le désordre dans un dualisme mal conçu. Il est assez remarquable que le propre ministre de Louis XVI, pour mettre fin à une anarchie croissante et restaurer l'autorité, ait pris l'initiative de suggérer à l'Assemblée de supprimer une fallacieuse séparation des pouvoirs et de pratiquer ouvertement et délibérément le parlementarisme.

Dans ce même texte, Necker tente de faire comprendre aux députés que l'instauration du régime représentatif ne constitue pas une formule magique réglant ipso facto le problème de l'obéissance à la loi, du maintien de l'ordre social. Ce régime réalise sans doute le tour de force, le chef-d'œuvre de faire choisir par la multitude elle-même, les maîtres qui vont la commander, mais l'instauration de la démocratie, d'une démocratie d'ailleurs toute relative, ne modifie en rien la structure sociale, les rapports de classe :

> « Les plus sages législateurs n'ont pu lui procurer (à la multitude) que des bienfaits passagers parce que le prix des salaires n'a jamais été dans leur dépendance [137]. »

La tension qui naît de l'opposition inévitable entre possédants et non-possédants reste donc toujours aussi forte et ce serait une illusion puérile de penser qu'il suffit à l'autorité d'être élue pour être obéie ; pour atteindre ce but, il faut encore et toujours un pouvoir fort. Necker se résigne à accepter que ce pouvoir se crée par les échelons successifs des assemblées électorales, mais il ne peut concevoir qu'il redescende du sommet à la base par le même procédé de l'élection, quand il s'agit de faire accepter des lois qui ne seront en fait l'expression ni de la volonté générale ni d'une fraternité à la Mounier. Il veut bien admettre, puisqu'il le faut, qu'une assemblée élue soit dépositaire du pouvoir, mais il est indispensable pour qu'elle puisse l'exercer, pour qu'elle puisse se faire obéir, de créer une structure administrative centralisée et hiérarchisée, sinon c'est la fin de l'Etat et le règne du désordre.

### IV. - LA DÉCLARATION DES DROITS DE L'HOMME ET DU CITOYEN

Sévère pour la Constitution de 1791, Necker le sera tout autant pour la *Déclaration des Droits de l'Homme et du Citoyen*. Les Constituants, impardonnable erreur, n'ont pas compris que ce qui était valable pour un Etat naissant, ne l'était plus pour un grand pays évolué, et qu'il était absurde de proclamer que : « Les hommes naissent libres et égaux en droit » et en même temps que « la propriété constitue un des droits naturels et imprescriptibles de l'homme ». Une évolution que les Etats-Unis connaîtront eux aussi, fait naître inéluctablement de l'institution de la propriété l'inégalité sociale et le plus redoutable

---

137. Ibid. p. 387.

de tous les esclavages : l'esclavage économique. Les remèdes envisagés, communisme ou loi agraire seraient pires que le mal. C'était donc aller au devant des pires désordres que de promettre l'égalité et de garantir la propriété : « Le peuple entend parfaitement le premier axiome et son intérêt l'engage à le retenir, mais l'exception ou le commentaire restera-t-il dans sa mémoire ? »...

Necker est convaincu du contraire : « ...au nom de l'égalité on commandera, quand on voudra, le partage des terres, et... d'aplanissements en aplanissements, on établira, par l'uniformité, l'anarchie la plus complète [138]. »

Ce bourgeois n'est jamais tombé dans l'illusion naïve de tant de représentants de sa classe, s'enthousiasmant au début de la Révolution française pour les idées de liberté et d'égalité, sans se rendre compte de l'insoluble contradiction que recélait la *Déclaration des droits de l'Homme*, sans imaginer qu'on pourrait s'en autoriser pour réclamer un jour cette république démocratique et sociale dont rêvaient les éléments les plus avancés de la Montagne, et qui était peut-être l'objectif final de Robespierre et de Saint-Just. En ce sens, la protestation que Necker élevait contre cette Déclaration en 1792 avait la valeur d'un solennel avertissement. Bien loin de prétendre à établir un ordre conforme au droit naturel, les hommes doivent se résigner à modeler les institutions sur la nature des choses [139].

## V. - CONCLUSION

A la fin de cette analyse de l'œuvre des Constituants, il nous est facile de prévoir la réponse que donnera notre auteur à la question que se posent les historiens devant le déroulement des évènements à partir de mai 1789 : pourquoi

> « la révolution libérale enfantée par le XVIIIe siècle et que réalisera des décennies plus tard la bourgeoisie française a, dans l'immédiat échoué [140]. »

pourquoi une monarchie constitutionnelle n'est pas sortie naturellement des Etats-Généraux ?

Toute l'œuvre de Necker consacrée à la Révolution française est une réflexion sur cette question. Pour la période antérieure au 14 juillet, il est très sévère pour la noblesse et le clergé « dont la sagesse eût pu fixer la destinée de la France et de son roi [141]...

---

138. P. ex. VIII. 304.
139. La même « nature des choses » invoquée par Barnave dans son *Introduction à la Révolution française*.
140. *La Révolution* par F. Furet et D. Richet. Op. cit. T. I. p. 170.
141. R.F. IX. 249.

« ... Toutes les grandes fautes politiques, depuis l'ouverture des Etats-Généraux jusqu'à la Révolution du mois de juillet 1789 appartiennent aux deux premiers ordres [142]. »

Mais plus coupables encore sont le roi et la reine qui auraient pu jouer le rôle d'arbitres et disposaient de toute l'autorité requise pour imposer un compromis raisonnable. Poussés par leur entourage, ils ont refusé de faire eux-mêmes la Révolution. L'occasion offerte le 5 mai, celle peut-être encore plus propice de la Séance Royale ont été manquées par leur faute et la tentative de contre-révolution n'était qu'une pure folie. Pour cette politique là, Necker est sans aucune indulgence. Le roi, victime de mauvais conseillers, a failli à sa mission. Mais :

« ... Lorsqu'au mois de juillet 1789 l'Assemblée nationale et ses dominateurs eurent éprouvé l'impuissance de leurs adversaires, lorsqu'ils furent témoins de la défaite de la cour, de la dispersion des princes et de l'abattement du monarque, lorsqu'ils apprirent enfin de toute manière que rien ne pouvait plus s'opposer à leur empire, c'était alors le temps de bien faire et cette époque marquante est le commencement de leur responsabilité. Ils furent alors les maîtres de fonder un gouvernement heureux, ils furent alors les maîtres et les maîtres absolus de donner à la France une constitution régulière, une constitution propre à garantir avec la même sûreté l'ordre public, la justice et la liberté civile et politique. Tout semblait les favoriser [143]. »

S'ils ne l'ont pas fait, c'est qu'ils ont été victimes et de leurs ressentiments et de leurs principes. Le ministre de Louis XVI a de la compréhension pour les premiers, beaucoup moins pour les seconds, et sans cesse revient le reproche fondamental d'avoir préféré au modèle anglais éprouvé par les siècles, les théories élaborées par les penseurs, commodes pour détruire, inutilisables pour construire : la doctrine de la volonté générale, la doctrine de la séparation des pouvoirs. La bourgeoisie française n'avait pas d'idéologie qui lui fût propre et elle ne retrouvera qu'au bout d'une très longue épreuve cette monarchie constitutionnelle dont Necker voulait doter la France dès 1789 et qui combinait « l'action de l'autorité et la modération des pouvoirs [144] ».

Il conviendrait toutefois, si l'on veut répartir impartialement les responsabilités et porter un jugement équitable sur l'œuvre des Constituants, de tenir compte aussi des conditions dans lesquelles ils accomplirent leur tâche. Necker, volontairement sans doute, par fidélité de bon serviteur envers celui qui fut son maître, par souci aussi de ne pas déconsidérer l'institution monarchique, cherche à accréditer la version d'un roi résolument converti à la monarchie constitutionnelle, et victime impuissante d'une Assemblée qui s'acharne aveuglément sur le dépositaire du pouvoir. En fait, si, en organisant la séance du 4 février, il rêvait sincèrement d'en faire le symbole de la

---

142. Ibid. p. 251.
143. R.F. IX. 256.
144. P. ex. p. 316.

réconciliation de la nation et de Louis XVI, tendant généreusement la main à son peuple, plus personne ne met en doute le double jeu constant du couple royal, où les forces réactionnaires trouvaient leur encouragement et leur appui. Le Genevois oublie trop que les excès et les erreurs de la Constituante ont aussi pour origine la crainte permanente d'une vaste conspiration antirévolutionnaire et le souci de la prévenir [145].

Aussi, pour conclure ce chapitre, voudrions-nous citer certains passages du compte rendu paru en 1792 dans le *Mercure français*, à la suite de la publication du *Pouvoir exécutif dans les Grands Etats*. Tout en reconnaissant le bien-fondé des jugements et des idées exprimés dans cet ouvrage, l'auteur de l'article rappelle avec insistance à l'ancien ministre des vérités qu'il était trop facile de passer sous silence :

> « M. Necker juge sans cesse l'Assemblée constituante comme il jugerait Lycurgue ou Solon, donnant tranquillement des lois à un peuple qui les attend dans le calme profond de l'entière docilité. Est-ce ainsi qu'a travaillé cette Assemblée si amèrement censurée ? Est-il possible d'oublier ou de se dissimuler les obstacles de tout genre qu'elle a dû nécessairement éprouver... La résistance furieuse du parti contre-révolutionnaire n'a-t-elle pas dû produire un effet de réaction dans le parti de la liberté ? Quoique celui-ci fut sans comparaison le plus fort, croit-on que les conspirations continuelles, les provocations emportées ou les menées sourdes, les explosions du fanatisme ou les trames de l'hypocrisie n'aient dû exciter des ressentiments ? Est-il étonnant, lorsque tant de gens s'efforçaient de maintenir ou de rappeler le pouvoir absolu, que la défiance ait resserré les limites du pouvoir royal ? Tranchons le mot, osons parler comme parlera la postérité : n'a-t-on pas tenté l'impossible en voulant faire du dernier roi absolu le premier roi constitutionnel ? Ces deux choses s'excluent par leur nature. *Inde mali labes*. Et si la France (à qui très certainement le pouvoir royal ne peut être utile qu'autant qu'il aurait cette juste étendue qui ne peut exister qu'avec la confiance réciproque), si la France est poussée à faire l'essai du gouvernement républicain, à qui faudra-t-il s'en prendre ? Comment se fait-il que M. Necker n'ait pas dit un mot, un seul mot de cette lutte opiniâtre et désespérée qui a duré depuis la convocation des E.G. et qui dure encore ? Pourquoi ses reproches ne s'adressent-ils qu'aux premières erreurs si excusables dans une liberté naissante et combattue, et ne tombent-ils jamais sur les erreurs si odieusement obstinées d'une aristocratie invétérée ? On se demande où est cet esprit de justice et de morale dont l'auteur fait profession ? Pourquoi il ne tient pas la balance égale comme l'histoire la tiendra ? Ce qui est certain, c'est que les leçons semées dans son livre auraient beaucoup plus d'effet s'il eût pris le parti de dire la vérité à tout le monde, et il était placé pour la dire [146]. »

145. Nous pensons que cette attitude est chez Necker un parti pris délibéré. Sa fille, dès 1791, était la première à mettre en doute la sincérité de l'adhésion de Louis XVI à la Constitution. Cf. en particulier sa lettre du 4 novembre 1791 au Comte de Gouvernet : « ... je ne serais pas étonnée que l'approbation qu'on donne dans le public au choix de M. de Narbonne ne décidât la cour, si la cour est de bonne foi, c'est-à-dire si elle n'a pas le système de la contre-révolution expectante, de la contre-révolution par l'excès des maux, la plus incalculable de toutes. » Mme de Staël. *Correspondance générale*. Op. cit. T. I. (2) p. 512-513.
146. *Mercure Français*. 1792 VIII. p. 77-81.

## III. — LA CONSTITUTION DE L'AN III

La Constitution de 1791 était vouée à l'échec et, moins d'un an après sa mise en application, elle était abandonnée. Suivant une évolution logique et que Necker avait prévue et souhaitée, s'instaure enfin mais sur les ruines de la monarchie, et sous la pression des circonstances, ce gouvernement d'assemblée dont il attendait le rétablissement de l'autorité et la fin du désordre. La séparation des pouvoirs disparaît [147], la Convention réunit entre ses mains le législatif et l'exécutif qu'elle exerce par l'intermédiaire de comités élus par elle et pris dans son sein, suivant le modèle même du *Contrat social*, où le pouvoir exécutif est placé sous la dépendance directe du pouvoir législatif. L'anarchie disparaît, elle aussi, par l'envoi en province de représentants en mission, munis de pleins pouvoirs et chargés de « lier toutes les parties, tous les intérêts, de les diriger vers le même but, les préparer à recevoir la même impulsion et le même mouvement [148] ». Ainsi sont mises en place les institutions de la démocratie totalitaire, et la volonté générale, dont la Convention est l'interprète, peut régner sans obstacle.

Ce n'est là, hélas, qu'une façade. Il n'est que trop facile de mettre en question la représentativité et donc la légimité d'une assemblée élue par moins d'un dixième de la nation [149], il n'est que trop facile de montrer que ce n'est pas elle qui commande, mais une poignée d'hommes résolus qui ont su s'en rendre maîtres. Aussi Necker ne peut-il voir dans le gouvernement révolutionnaire que le règne des « hommes tigres » utilisant une situation d'exception pour mettre la France à feu et à sang et ne se maintenant au pouvoir que grâce aux victoires remportées par les généraux.

> « On peut se faire l'idée de l'abjection dans laquelle on l'aurait vue tomber depuis longtemps (la Convention), si elle n'avait eu pour se relever que ses principes de législation et son administration intérieure. Les actions militaires ont dissimulé la honte des actions civiles, et le bonnet de grenadier la turpitude du bonnet rouge [150]. »

147. Cf. Robespierre : « Quant à l'équilibre des pouvoirs, nous avons pu être dupes de ce prestige mais à présent que nous importent les combinaisons qui balancent l'autorité des tyrans. » *Discours du 10 mai 1793* cité par B. de Jouvenel, op. cit. p. 276.

148. Cité par J. Godechot, op. cit. p. 342.

149. Cf. Ibidem : « ... sur 7 000 000 d'électeurs, environ, que compte alors la France, à peine le dixième prend part au vote. Il faut chercher la cause de ces abstentions massives dans les conditions au milieu desquelles se déroule le vote. A Paris, on est en pleins massacres de Septembre, la Commune fait imprimer des listes d'électeurs royalistes à écarter des urnes ; on vote en outre publiquement et à haute voix, après avoir prêté le serment d'être fidèle à la liberté et à l'égalité. » op. cit. p. 274.

150. R.F. X. 1-2.

Avec Thermidor, les possédants commencent à se ressaisir et le pendule, qui dans son oscillation avait parcouru toute la distance qui mène de l'absolutisme d'un seul à l'absolutisme d'une assemblée, repart dans l'autre sens. La bourgeoisie comprend qu'en matière de constitution, le dualisme doit remplacer le monisme, et qu'il ne saurait y avoir de liberté « s'il existe au milieu de l'Etat une autorité sans balance », mais encore une fois, elle va malheureusement se fier à la doctrine de la séparation des pouvoirs pour réaliser son rêve, et c'est bien pourquoi Necker avec un sens politique qu'on ne saurait lui dénier, va faire des institutions nouvelles une critique très sévère, laissant prévoir un assez sombre avenir.

## I. - ANALYSE ET CRITIQUE

De toutes les constitutions que la France a connues, la Constitution de l'An III est en effet celle où le principe de la séparation des pouvoirs a été le plus rigoureusement appliqué :

> « La disposition essentielle de la constitution républicaine donnée à la France en 1795, la disposition capitale et qui peut mettre en péril l'ordre ou la liberté, c'est la séparation complète et absolue des deux autorités premières, l'une qui fait les lois, l'autre qui dirige et surveille leur exécution. On avait réuni, confondu tous les pouvoirs dans l'organisation monstrueuse de la Convention nationale et par un autre extrême moins dangereux sans doute, on n'a voulu conserver entre eux aucune des affinités que le bien de l'état exige ; on s'est alors ressaisi des maximes écrites et sur la foi d'un petit nombre d'instituteurs politiques, on a cru qu'on ne pouvait établir une trop forte barrière entre le pouvoir exécutif et le pouvoir législatif... La constitution républicaine de la France est le premier modèle ou plutôt le premier essai d'une séparation absolue entre les deux pouvoirs suprêmes, l'autorité exécutive agira toute seule et sans aucune inspection habituelle de la part de l'autorité législative et en revanche aucun assentiment de la part de l'autorité exécutive ne sera nécessaire à la plénitude des lois. Enfin les deux pouvoirs n'auront pour lien politique que des adresses exhortatives et ils ne communiqueront entre eux que par des envoyés ordinaires et extraordinaires [151]. »

Une fois de plus, Necker fait ressortir à ce propos les inconvénients de la séparation des pouvoirs : un des plus regrettables est la perte de prestige subie par le pouvoir exécutif :

> « On n'a pas assez réfléchi peut-être en dessinant la Constitution française, qu'entre toutes les manières de relever l'autorité exécutive dans une république, la plus simple et la moins dangereuse est de lui attibuer une part directe ou indirecte à la confection des lois [152]. »

---

151. R.F. X. 122.
152. Ibid. 125.

sinon, il est à craindre qu'insatisfaits du rôle qui leur est attribué, les dépositaires du pouvoir ne cherchent à accroître leur influence par l'intrigue ou par la guerre. Il faut s'attendre aussi à ce que :

> « Directeurs et ministres n'ayant aucune part constante à la confection des lois, ne seront pas toujours unis au succès des dispositions nouvelles par un sentiment d'amour-propre et de fraternité [153]. »

ce qui signifie tout simplement qu'ils ne se feront guère de scrupules à en saboter l'application si elles leur déplaisent. Enfin, d'un point de vue purement technique, la collaboration du gouvernement à l'action législative est indispensable, et Necker insiste en particulier sur la nécessité de lui attribuer le pouvoir réglementaire :

> « Car il est un si grand nombre de dispositions législatives dont l'exécution ne peut pas avoir lieu de deux manières ; il en est un si grand nombre dont toutes les parties s'enchaînent par des rapports immédiats, que de telles lois doivent être minutées en entier par le pouvoir administratif ; ou si elles étaient composées par la législature, il faudrait de nécessité que le gouvernement juge si les détails s'appliquent et correspondent aux particularités de fait dont lui seul a connaissance [154]. »

Inversement, ce cloisonnement rigoureux enlève à l'Assemblée tout moyen d'agir sur le Directoire, si ce n'est celui de faire jouer la responsabilité pénale des directeurs, procédure d'exception et d'un emploi très dangereux.

> « Il deviendra presqu'impossible de soumettre à une responsabilité efficace, à une responsabilité d'usage le gouvernement exécutif institué pour la France, on lui fera la guerre, on le renversera s'il se rend coupable de quelque forfaiture éclatante, mais comment pourra-t-on le stimuler, s'il reste en deçà de la loi ? Comment pourra-t-on le réprimer, s'il en franchit les limites ? Quel acte administratif et quelle faute, hors le cas de trahison, pourrait décider un décret d'accusation contre cinq hommes indivisibles qu'il faut attaquer en mase et au milieu du crédit auquel leurs fonctions les appellent [155]. »

Les conflits entre les deux grandes instances étatiques seront donc insolubles, ils feront naître des crises ouvertes qui se termineront par la victoire du plus fort et la suppression de fait de la séparation des pouvoirs. En enfermant chaque autorité dans son domaine, la Commission des Onze a créé une situation sans issue.

La composition de ces pouvoirs va donner lieu, elle aussi, aux plus sévères critiques : Necker attend le pire du système de la collégialité ; ou bien les cinq membres ne pourront gouverner qu'ensemble et alors :

> « Quelle lenteur dans l'action ne serait pas le résultat d'un pareil assujettissement ! et pourrait-elle se concilier avec la multiplicité

---

153. *Ibid.*, p. 142.
154. *Ibid.*
155. *Ibid.*, p. 130.

des affaires, avec la diversité des événements au milieu d'une population de bientôt trente millions d'hommes, au milieu d'une immense république parvenue même au calme qui semble encore si loin d'elle [156] ? »

ou bien ils se partageront la tâche et alors :

« Cette administration séparée et ce règne en partage auront aussi leurs inconvénients et il en résultera souvent une disparité de principe, une diversité de systèmes, une opposition dangereuse dans toutes les démarches qui sont déterminées par le caractère [157]. »

En ce qui concerne le pouvoir législatif, Necker ne manque pas sans doute de reconnaître les progrès accomplis par rapport aux constitutions précédentes. La Commission des Onze a eu la sagesse d'instituer le bicaméralisme :

« On reconnaîtra le mérite des hommes qui, du sein des tempêtes et à la proximité pour ainsi dire des idées les plus tyranniques, ont soutenu, ont su faire adopter un projet de Constitution où le pouvoir législatif divisé en deux Chambres semble garantir l'empire français de ces résolutions diligentes, arbitraires, et si souvent féroces qui ont caractérisé le règnge de la Convention nationale [158]. »

Mais les heureux effets de cette mesure ont été annihilés par les dispositions prises. La division du travail établie entre le Conseil des Anciens et le Conseil des Cinq Cents est une absurdité et il oppose à ce bicaméralisme bizarrement mis en œuvre, les rapports qui existent entre la Chambre des Lords et la Chambre des Commune qui s'équilibrent et se complètent de la manière la plus heureuse. En outre, la différence d'âge entre les membres des conseils, la seule qui les distingue, ne saurait suffire pour que les avantages du bicaméralisme eussent leur plein effet. Necker demeure sur ce point inébranlablement fidèle au système britannique et continue à penser que la Chambre des Pairs reste un irremplaçable modèle. Il n'ignore pas la répugnance qu'éprouve l'opinion pour le principe de l'hérédité, répugnance qui a provoqué l'échec du bicaméralisme en 1789, mais il n'en reste pas moins persuadé qu'elle est indispensable. A ceux qui, comme sa propre fille, s'insurgent devant l'arbitraire d'un choix déterminé par la naissance, au nom de la raison, il répond en faisant remarquer que l'hérédité de la pairie n'est pas plus arbitraire que l'hérédité de la propriété :

« Qu'est-ce en effet que l'hérédité d'un petit nombre de magistratures, près de cette hérédité de fortune universellement consacrée, près de cette hérédité qui embrasse dans ses dépendances la société entière ? La richesse patrimoniale est de toutes les primautés, la plus réelle et la plus importante. Cette primauté est déterminée par le hasard de la naissance et l'on se soumet à ce principe de distribution parce qu'il est favorable au maintien de l'ordre social [159]. »

---

156. *Ibid.*, p. 127.
157. *Ibid.*, pp. 128-129.
158. *Ibid.*, p. 120.
159. *Ibid.*, p. 302.

Le rapprochement des deux institutions est significatif : pairie et propriété ne se justifient pas au nom d'une justice abstraite, mais au nom de leur utilité sociale. Elles sont, l'une comme l'autre, des fonctions et c'est dans cette seule perspective qu'elles doivent être envisagées.

La désignation des membres des deux assemblées soulève également de sa part les plus graves objections. La Constitution de l'An III a institué un système d'élections à deux degrés, et si elle a fixé pour les élections au second degré des conditions de cens assez sévères (une propriété d'un revenu égal à 200 ou 150 jours de travail) elle a, par contre, distribué très largement le droit de suffrage pour le premier degré, l'accordant à tous ceux qui payaient une contribution directe. Necker proteste et, de même qu'il ironisait sur la distinction entre citoyens passifs et citoyens actifs, il ironise sur :

> « ...Le petit détour que les auteurs de la Constitution de 1795 ont été forcés de prendre pour essayer d'écarter des Assemblées populaires les hommes sans intérêt à la chose publique. Ils ordonnent, qu'à commencer de l'an douzième de la République, pour exercer le premier droit civique, il faudra savoir lire et écrire. Mais comment imagine-t-on qu'une pareille loi puisse être exécutée ?... Tout cela est ridicule et en même temps injuste ; car du moment qu'on ne reconnaît ou qu'on n'ose pas avouer la convenance d'une certaine propriété pour exercer des droits politiques, il est absurde de demander au citoyen, doué d'un sens ordinaire, de savoir lire ou écrire pour la simple expression d'un sentiment de confiance. Charlemagne, qui ne gouverna pas mal l'empire français, ne savait pas écrire [160]. »

Il est tout aussi sévère pour un autre « petit détour ».

> « Elle exige, la Constitution, qu'à compter aussi de l'an douze de la République, on ne puisse jouir des droits de citoyen, si l'on ne fait preuve de son aptitude à l'exercice d'une profession mécanique. Quelle affectation ! Quelle pédanterie » et où trouver encore le sens profond de ce règlement [161] ? »

Plus grave encore est la décision prise de n'exiger pour les membres du Corps législatif aucune condition de propriété :

> « C'est de plusieurs manières qu'on ressentira les suites funestes de l'indifférence des législateurs de la France pour la qualité de propriétaire. On n'est qu'à ce titre un citoyen complet ; on n'est qu'à ce titre ami de l'ordre, ami de la justice, ami de la morale, par un sentiment d'intérêt personnel. Mais avec le système de l'égalité absolue, avec ce système si hautement professé, il était difficile d'établir, d'une manière marquante, l'aristocratie de la propriété [162]. »

Toutes les critiques relatives à la séparation des pouvoirs, à leur composition, sont d'un caractère relativement technique et s'adressent à un public assez familiarisé avec les problèmes constitutionnels, par contre en condamnant la Constitution de l'An III, parce que répu-

---

160. *Ibid.*, pp. 169-170.
161. *Ibid.*, pp. 170-171.
162. *Ibid.*, p. 169.

blicaine, en se déclarant résolument pour la monarchie, Necker prenait évidemment position sur la question fondamentale, celle qui, à l'époque, passionnait le plus les Français et avait pour chacun d'entre eux une valeur de symbole. S'il reste tout aussi monarchiste en 1796 qu'il l'était en 1789, c'est toujours pour la même raison : la France est un grand pays riche et évolué où l'inégalité sociale est inévitable et entraîne fatalement un état de tension entre deux classes aux intérêts opposés : il faut donc qu'il existe un pouvoir fort capable de faire vivre dans un état de coexistence pacifique des groupes sociaux ennemis.

Or, il n'est pas de régime qui assure autant d'autorité à son chef que la monarchie. Elle est la seule à pouvoir mettre pleinement en œuvre les procédés que nous connaissons bien et grâce auxquels se réalise ce conditionnement psychologique des foules qui est la garantie de leur soumission. En 1796, Necker insiste particulièrement sur l'utilité de la noblesse et de la hiérarchie des rangs qu'elle comporte :

> « J'ai mis avec raison, je pense, au nombre des conditions essentielles à l'ordre public, l'habitude des égards et des sentiments de respect, car c'est par elle que les esprits se préparent à la subordination sociale [163]. »

Voilà pourquoi, face aux gens qui s'interrogent et qui se demandent, comme Mme de Staël, si après l'exécution du roi et des années de gouvernement républicain, il n'est pas préférable pour arrêter la révolution et s'installer dans l'ordre nouveau, d'accepter délibérément la République, Necker imperturbablement défend la monarchie. Et l'expérience des évènements écoulés et des désordres auxquels il a assisté n'ont fait que le confirmer dans cette opinion.

Nous voudrions citer à ce propos un texte de Ginguené extrait de l'excellent compte rendu qu'il consacrera dans la *Décade* à l'ouvrage de 1796. C'est un texte admirablement caractéristique de l'exaspération que pouvait éprouver un idéologue devant une pareille justification de la monarchie, devant cet éloge sans cesse répété de la sacralisation du pouvoir qu'elle entraîne :

> « C'est une très belle chose que ce gouvernement monarchique et l'on peut dire que notre auteur le voit dans toute sa beauté idéale qui est en effet tout ce qu'il a de réel, il se complait dans ses définitions mystiques ; il spiritualise en quelque sorte l'être appelé roi, met la couronne parmi les astres et assied le trône sur des nuages. Tantôt il dit que la majesté royale est une idée singulière, une idée composée et dont il faut entretenir la magie par tous les usages qui établissent une distance entre les rois et leurs sujets, tantôt que philosophiquement et réellement la grande utilité d'un roi dérive de son empire sur l'imagination ; ailleurs, il demande par quel motif une nation trouverait de la convenance à l'élévation d'un chef suprême si elle ne voulait pas s'aider de la grandeur conventionnelle de cet être politique, de son éclat extérieur, de son empire sur l'opinion

---

163. *Ibid*, p. 299.

et sur l'imagination même pour établir une autorité morale propre à faciliter l'action du gouvernement ? Il ne conçoit pas qu'un roi puisse être utile sans toute cette féerie et parmi les fautes à jamais mémorables qu'il reproche à l'Assemblée constituante, il n'oublie pas celle d'avoir voulu un roi, d'avoir constamment perdu de vue les propriétés élémentaires qui devaient servir à constituer cet être singulier, qui devaient servir à rendre utiles ses fonctions dans l'ordre social, et plein de mépris pour ceux qui ne partagent pas son ravissement, il leur adresse par apostrophe un conseil que nous avouons en toute humilité être fort disposés à suivre pour notre propre compte : vous donc qui n'auriez pas assez d'esprit pour apercevoir qu'un monarque est un être singulier, utile même essentiellement par cette propriété et par toute la majesté qui en résulte, n'en désirez, n'en acceptez jamais un [164]. »

Ginguené ne se rend pas compte qu'en affirmant et en célébrant les vertus mystificatrices de la monarchie, Necker la démythifie du même coup, puisqu'il analyse les raisons de ce phénomène et en fournit une justification.

Cette sacralisation présente encore, sur le plan proprement constitutionnel, un avantage capital. Grâce à la magie du trône, grâce au caractère surhumain qu'il confère au chef de l'Etat, il permet de résoudre le difficile problème de la responsabilité, et Necker célèbre une fois de plus, à ce propos, la Constitution anglaise qui a résolu cette difficulté en dirigeant :

« Sur les ministres et en tenant pour inviolable la personne du monarque, moyen ingénieux qui ne soumet à aucun risque le respect dû au nom de l'ordre, au nom du repos de l'Etat, à la dignité suprême et qui fait tomber la vindicte publique sur des seconds, sur des agents dont la caution n'est même pas collective et qu'on peut attaquer un à un, chacun dans le cadre de son département [165]. »

Dans une République, au contraire, on se trouve enfermé dans une alternative à laquelle la commission des Onze n'a pas échappé : si l'on fait les ministres responsables et les directeurs inviolables, ceux-ci n'auront plus d'autorité :

« Il ne faut pas moins que la majesté du trône pour garantir le chef de l'Etat de l'atteinte portée à sa considération par la responsabilité directe de ses ministres envers la nation et si l'on avait établi en France une responsabilité de cette nature, le directeur n'eût été qu'un fantôme et un fantôme ridicule, car pour en créer un sérieux, un véritablement utile à l'Etat, il faut tous les prestiges de la royauté [166]. »

mais d'un autre côté, rendre les directeurs responsables équivaut à renoncer à tout contrôle car, directement attaqué, un gouvernement n'hésitera pas à déclancher une crise violente plutôt que de perdre

---

164. *La Décade philosophique*, An V, n° 24, pp. 331-332.
165. R.F., pp. 134-135.
166. *Ibid.*, p. 135.

la face, en se laissant accuser, et ce sera l'épreuve de force, la guerre civile, d'autant plus difficile à éviter que la rigoureuse séparation des pouvoirs établie par la Constitution supprime tout contact entre l'exécutif et le législatif.

La solution adoptée n'est nullement satisfaisante. On a déclaré les directeurs responsables avec tous les risques que cela présente et, en ce qui concerne les ministres, Necker croit pouvoir conclure de l'examen des textes que la difficulté a été purement et simplement escamotée :

> « Les législateurs français ont-ils vu cette difficulté ? Et ont-ils voulu rendre les ministres responsables, ou ne l'ont-ils pas voulu ? On ne peut se former d'opinion à cet égard en examinant le code constitutionnel. A la manière vague dont les rédacteurs se sont expliqués, on pourrait croire qu'ils se sont tenus exprès à distance d'une question sans doute embarrassante [167]. »

Et à la question de savoir s'il était possible de sortir de cet embarras, il répond sans hésiter :

> « Je ne le crois pas, car le mal est dans les bases mêmes du système politique dont on a fait choix ; le mal est dans cette parité réelle, aux regards de l'opinion, entre les chefs et les sous-chefs du gouvernement, parité qui rend inadmissible le système ingénieux de responsabilité introduit en Angleterre ; et le mal est encore dans la séparation absolue établie entre les deux autorités suprêmes. On a tenu le pouvoir exécutif complètement en dehors de la législature, et celle-ci ne peut plus l'atteindre que par une surveillance menaçante [168]. »

Pour ramener les Français à la royauté, Necker ne se contente pas de s'adresser à leur raison, il fait aussi appel à leur sentiment, et dans le morceau de bravoure qui termine les chapitres consacrés à la Consitution de l'An III, il ne ménage pas son éloquence. Choisissant pour incarner la monarchie un de ses rois les plus célèbres et les plus populaires ,il met en scène Saint-Louis et fait entendre aux Français, par sa bouche, un émouvant appel destiné à réveiller en eux l'amour de la royauté et à leur proposer après toutes leurs épreuves, le hâvre sûr du régime qui fut le leur pendant des siècles :

> « Si le système politique dont vous avez fait choix ne répond pas à vos espérances ; si, reprenant un jour les opinions de vos ancêtres, vous croyez de nouveau qu'un chef unique puisse apaiser les dangereux combats de tant de passions rivales ; Si l'oppression succédait à la liberté que vous désirez, et qui vous est promise, et si vous aviez un joug à briser, j'accourrais avec tous les miens pour me mêler aux citoyens soldats qui voudraient combattre les tyrans et la tyrannie, et pour m'unir, jusqu'à la mort, à l'intérêt de leur cause et à la défense de leurs droits [169]. »

---

167. *Ibid.*, pp. 135-136.
168. *Ibid.*, pp. 253-254.
169. R.F. X. 251-2542.

En même temps qu'il donnait une leçon au prétendant, et lui montrait quel langage il fallait tenir à la nation française, il ne pouvait manifester plus clairement ses sentiments et ses sympathies que par cette prosopopée.

## II. — LES SOLUTIONS DE RECHANGE

Necker ne se contente pas de critiquer. Il propose deux solutions de rechange qui sont, dans l'ordre de préférence, la monarchie constitutionnelle à l'anglaise ou la République fédérative. Nous ne nous attarderons pas sur le plaidoyer en faveur de la première : c'est le même que nous avons entendu à propos de la Constitution de 1791 et réentendrons à propos de la Constitution de l'An VIII.

Le chapitre consacré à la République fédérative est, par contre, plus intéressant. En 1792, dans *Du pouvoir exécutif*, les considérations sur ce type de gouvernement avaient un caractère purement théorique : Necker en exposait les principes *in abstracto*. En 1796, signe caractéristique d'une évolution provoquée par les changements accomplis dans l'état des esprits, il consent, à la condition qu'il s'agisse du modèle américain, à envisager l'instauration en France de la République. Sans doute, les structures économiques et sociales de la France sont-elles profondément différentes, et elles le resteront, il n'est évidemment pas question de ramener notre pays à la situation d'Etat naissant, mais Necker n'exclut pas l'hypothèse qu'à lui seul, le fédéralisme ne puisse assurer le succès d'une expérience républicaine et il se laisse aller à envisager comment la transformation pourrait s'accomplir :

> « Il me semble que pour la France une réunion de trois ou quatre départements aurait dû former un Etat distinct et dans cette circonscription de neuf ou douze cent mille âmes un gouvernement particulier sous la protection d'un gouvernement fédératif pourrait entretenir l'ordre public sans le recours d'aucune aristocratie, exclusion toutefois qu'il ne faudrait pas étendre au rejet des distinctions de propriété et surtout à la proscription des idées habituelles d'égard et de respect, sorte de moralité absolument nécessaire pour gouverner avec douceur la plus petite société politique [170]. »

Il reste toutefois hostile à l'idée d'un président élu au suffrage universel, mais ce n'est pas là une difficulté sérieuse :

> « Le système fédéral a cela de précieux qu'il pourrait subsister également, ou en attribuant le pouvoir exécutif à un seul homme, ou en le confiant à une réunion de plusieurs personnes comme en France, ou en le déposant entre les mains d'un Sénat avec une présidence tournante. Les affaires d'une fédération sont tellement circonscrites,

---

170. *Ibid.*, p. 271.

elles ont si peu de relations avec les amours-propres et les intérêts individuels qu'on pourrait, sans aucun danger essentiel, en modifier la direction de diverses manières [171]. »

Necker ,incontestablement, est assez séduit par cette solution, il ne s'aveugle pas cependant sur les difficultés à vaincre ; la plus importante est d'ordre psychologique, le mythe de la grande nation exerce de plus en plus sur l'esprit des Français une puissante emprise :

« Les Américains dans leurs petits Etats se contentent d'être heureux, il faut plus aux Français et toujours ils chercheront essentiellement le mouvement, le bruit et la gloire. Ainsi, bien qu'ils pussent conserver en Europe une haute contenance et y jouer un rôle éclatant par la fédération des divers Etats dont la France serait composée, ils regretteraient le temps où ils formeraient d'une manière plus directe les parties d'un grand tout [172]. »

Un autre obstacle, lié au premier, est le rôle prépondérant joué par la capitale dans la vie politique du pays, rôle parfaitement injustifié, et ce ne serait pas un des moindres avantages du fédéralisme que de faire disparaître cette prépondérance et, du même coup, l'espèce de tyrannie que Paris exerce sur les législateurs de la France.

Il est encore une autre objection, d'ordre militaire celle-là :

« Supposons... que la France fût obligée *derechef* de rassembler de grandes forces militaires, on pourrait mettre en doute si à l'avenir la République indivisible aurait un avantage, un avantage constant du moins, sur la République fédérative [173]. »

Les succès récents des armées françaises sont incontestablement dûs au despotisme du gouvernement révolutionnaire et à l'enthousiasme patriotique de la population, mais despotisme et enthousiasme ne durent qu'un moment : « C'est donc du bonheur social et du désir de le conserver qu'il faut attendre à l'avenir le dévouement militaire [174] », toutes choses qu'une République fédérative a plus de chances de durablement procurer.

Le choix est donc ouvert, mais il est essentiel que les Français prennent conscience de l'alternative dans laquelle ils se trouvent enfermés : ou ils veulent conserver leur unité et leur indivisibilité et la monarchie est alors indispensable, car seule elle donne au dépositaire du pouvoir une autorité suffisante, ou bien la France choisit la République, mais alors le fédéralisme devient nécessaire. Il y a incompatibilité absolue entre le concept de République et celui d'unité et d'indivisibilité, tout au moins dans le cas particulier de ce pays.

---

171. *Ibid.*, p. 274.
172. *Ibid.*, p. 265.
173. *Ibid.*, p. 269.
174. *Ibid.*, p. 270.

III. — NECKER, MADAME DE STAEL ET LA CONSTITUTION DE L'AN III

Au printemps de 1795, Mme de Staël et Benjamin Constant partent pour la France, bien décidés à conquérir gloire et fortune en apportant leur concours à ceux qui, comme eux, veulent à tout prix arrêter la Révolution et qui, comme eux aussi, estiment pour cela indispensable de sa rallier au régime républicain. On a raconté [171] comment, dès son arrivée à Paris, l'ambassadrice de Suède se dépense avec toute l'énergie dont elle est capable pour faire triompher des institutions conformes à ses désirs, en mettant au service de la cause qu'elle défend et des hommes politiques qui la soutiennent, aussi bien sa plume que ses relations, ses moyens d'influence, et cet entregent qui a toujours été un de ses plus extraordinaires talents.

Quand elle rentre en Suisse, à la fin de l'année, malgré les difficultés rencontrées et les ennuis que lui ont valus ses interventions, ses opinions n'ont pas changé bien au contraire et dans une lettre à Meister du 2 janvier 1796, où Necker donne à son vieil ami des nouvelles de sa fille et de Benjamin Constant, il dépeint ainsi leur état d'esprit :

> « Ma fille est arrivée après une assez longue route mais sans accidents, Monsieur Constant lui a servi de compagnon de voyage, ils sont tous deux merveilleusement lestés en idées et en espérances républicaines et ils pardonnent un peu trop les moyens des gouvernants en faveur du but. Je suis bien éloigné de voir de même [176]. »

A lire ces lignes ironiques, on imaginerait les deux amants, comme deux enfants prodigues, passés dans le camp des adversaires du vieux ministre, infidèles à ses conseils et à ses leçons et définitivement perdus pour la bonne cause. Or, en fait, malgré son étiquette républicaine, ce serait une erreur de croire que Mme de Staël s'est émancipée et qu'elle vole de ses propres ailes. Même si elle manifeste devant certaines options une incontestable indépendance, c'est à son père qu'elle doit sa formation politique et une doctrine à laquelle elle restera toujours fidèle, et l'on peut en dire autant de son compagnon d'aventures. Il suffit pour s'en convaincre, de comparer avec les thèses paternelles les idées qu'elle exprime dans les deux ouvrages d'actualité composés à cette époque, et qui encadrent la période du Directoire : le premier intitulé *Réflexions sur la paix intérieure* [177] a été écrit au moment où s'établissait le nouveau régime, et le second, qui porte

---

175. B. Munteano : *Les idées politiques de Mme de Staël et la Constitution de l'An III.* Etudes Françaises, 25ᵉ Cahier. Juin 1931.

176. *Lettres inédites de Mme de Staël à Henri Meister* publiées par Paul Usteri et Eugène Ritter, 1903, p. 104.

177. Imprimées mais non publiées en 1795. *Oe c.*, T. II, p. 95 ss.

un titre programme *Des circonstances actuelles qui peuvent terminer la Révolution et des principes qui doivent fonder la République en France*, date de 1799 [178].

Sur le plan du régime proprement dit, il faut le reconnaître, l'opposition est radicale. Royaliste constitutionnelle en 1791 et 1792, Mme de Staël avait loyalement joué le jeu et, prenant la relève de son père, tenté de sauver la monarchie en s'inspirant de ses principes [179]. Mais l'Egérie de Narbonne a peu à peu évolué. En 1795, elle est devenue républicaine. Sa décision s'explique aussi bien par des raisons de circonstances que par des raisons de principe. Elle pense tout d'abord que le retour de la royauté amènera le retour de l'Ancien Régime ; politiquement on reviendra à l'absolutisme et socialement on verra réapparaître un système de privilèges et de distinctions fondés sur la naissance ; les deux conquêtes essentielles de la Révolution : la création d'assemblées partageant l'autorité avec le détenteur du pouvoir et la destruction du principe de l'hérédité seront compromises.

C'est assez justement raisonné. Il ne fait pas de doute en effet que les éléments dynamiques du parti royaliste, ceux qui prendront la direction d'une restauration sont composés d'ultras, si l'on peut employer déjà le mot qui désignera plus tard ceux qui n'ont rien appris ni rien oublié, et les déclarations du prétendant au trône [180] ne peuvent que confirmer Mme de Staël dans son opinion. Ce ne sont pas les royalistes constitutionnels qui triompheront mais les autres [181] or s'il faut choisir entre la République et le retour à l'Ancien Régime, elle opte sans hésiter pour la République.

La position de Mme de Staël comporte aussi un aspect idéologique ; tandis que son père proclame la nécessité du recours à l'irrationnel et voit dans la monarchie traditionnelle la possibilité d'utiliser des procédés infiniment précieux pour agir sur l'imagination de la multitude et obtenir sa soumission, elle s'insurge contre toute magie

---

178. Restés inédits et publiés pour la première fois avec une introduction et des notes par John Vienot. P. 1906.

179. Cf. l'article du 16 avril 1791 paru dans le Journal de Suard *Les Indépendants*, sous le titre : « A quels signes peut-on reconnaître quelle est l'opinion de la majorité de la nation ? » Mme de Staël. *Oe. c.* T. XVII, p 329 et l'article paru dans la *Gazette universelle* à la date du 9 mars 1792 sous le titre *Observations sur le ministère anglais*. Voir à ce sujet l'excellente introduction au tome II, volume II de la *Correspondance générale de Mme de Staël, Op. cit.*, p. 305 ss.

180. Cf. la déclaration de Vérone où Louis XVIII annonçait son intention de « rétablir l'ancienne Constitution dégagée des abus qui s'y étaient introduits » cité par Baldensperger. *Le mouvement des idées dans l'émigration française*. T. II, p. 118.

181. Bien décidés à la plus cruelle répression : « Quelle ressource, juste Dieu, resterait-il à la France, si les atrocités des Jacobins devaient faire oublier les crimes des Constitutionnels » s'écrie l'auteur du *Rétablissement de la monarchie*, cité par B. Constant dans : *Des réactions politiques, op. cit.*, p. 104 (note de la p. 50).

au nom des exigences de la raison : « Le respect pour un pouvoir héréditaire quel qu'il soit ne peut jamais être raisonné [182]. »

L'Assemblée nationale, avait institué un régime fondé sur le principe de l'égalité et elle avait maintenu en même temps un monarque héréditaire, c'était là une contradiction inadmissible, le monarque héréditaire est un illogisme, ce qu'elle appelle un préjugé. La fille de Necker déplore certes le procédé brutal employé pour faire disparaître ce préjugé. Mais, écrit-elle : « Depuis que l'imprimerie a enregistré les progrès de l'esprit humain, quand un principe a triomphé d'un préjugé, le pas en arrière ne se peut plus [183]. » Elle est convaincue qu'il suffit désormais au pouvoir d'être fondé en raison et que la simple élection confère au magistrat suprême toute l'autorité dont il a besoin pour accomplir sa mission et cette conviction s'affirme dans l'ouvrage de 1799 dont un chapitre porte le titre symbolique : « De la puissance de la raison [184]. »

On voit donc s'opposer au réalisme du père l'idéalisme de la fille, qui est aussi l'idéalisme de ceux que l'on qualifie précisément d'idéologues, ces idéologues qui sont ses amis et qui constituent sa famille spirituelle. Au fond d'elle-même, elle devait partager les sentiments de Ginguené et du mouvement intellectuel que représente la *Décade*, elle devait éprouver un certain agacement [185] devant le thème de la sacralisation du pouvoir, devant ces phrases où son père tentait de convaincre ses contemporains de principes que les fils de Condorcet ne pouvaient admettre.

Mais cette opposition sur le plan du régime n'est pas fondamentale ; Necker aussi, s'inclinant devant une évolution qu'il regrette mais contre laquelle il ne peut rien, finira par envisager la possibilité d'une République et par jeter les plans d'une constitution où il ne sera plus question de conférer au pouvoir un caractère charismatique. Il n'en restera pas moins fidèle à certaines idées essentielles, les mêmes qui vont constituer l'armature du système politique de sa fille.

En ce qui concerne tout d'abord le fondement du pouvoir, le problème de la souveraineté, il est une phrase des *Circonstances* qui nous révèle sans discussion possible où elle a puisé sa doctrine : « Belle distinction de mon père entre le vœu et la volonté [186]. » Dans la terminologie neckerienne, la volonté et le vœu opposés l'une à l'autre, ont un sens bien précis : la volonté désigne la volonté générale au sens rousseauiste, c'est-à-dire les désirs et les aspirations des individus vivants, composant à chaque moment une société donnée, c'est la volonté de la génération actuelle, le vœu, au contraire, transcendant la volonté générale correspond aux exigences de la société dans son

---

182. *Des circonstances, op. cit.*, p. 58.
183. *Ibid.*, p. 25.
184. *Ibid.*, p. 257 ss.
185. La même que manifeste B. Constant devant le « système des égards » dans : *De la force du gouvernement de la France et de la nécessité de s'y rallier*, p. 86.
186. *Des circonstances*, p. 308.

ensemble, considérée dans la suite des générations. Mme de Staël reprend exactement la même distinction, et il lui suffit de répéter la leçon que son père lui a apprise pour définir une idéologie qui, tout en utilisant un vocabulaire rousseauiste et en prétendant respecter la volonté du peuple, convient admirablement à cette République bourgeoise, à cette République de possédants qu'est le Directoire.

> « ... Il me semble que l'on confond toujours la majorité du moment avec la majorité durable. Il n'y a pas d'instant où, en arrêtant tout-à-coup les rangs de la société et demandant à tous les hommes s'ils sont contents de la place qu'ils y occupent, le plus grand nombre ne voulût la changer, mais l'intérêt de la majorité des hommes pris dans l'espace de deux ou trois générations se trouve dans le maintien de la propriété, les individus l'acquièrent, la conservent, la perdent ou la retrouvent, mais la société en masse est fondée sur elle. Au premier bouleversement, les non-propriétaires sont plus heureux, mais au second ils sont culbutés à leur tour, et le malheur pèse successivement sur toutes les têtes, quand on ne veut pas souffrir que le hasard se fasse sa part dans chaque époque [187]. »

Si l'on tire, sur le plan politique, la conséquence de la distinction entre vœu et volonté, entre majorité du moment et majorité durable, l'exercice du pouvoir ne doit être confié qu'à ceux-là seuls qui peuvent être les interprètes du vœu perpétuel, c'est-à-dire les propriétaires et Mme de Staël, refaisant un raisonnement que nous connaissons bien, démontre elle aussi l'absurdité de l'égalité des droits politiques dans une société fondée sur l'institution de la propriété.

> « En effet presque toutes les lois qui composent le code social sont relatives à la propriété. Ne serait-il donc pas singulier d'appeler les non-propriétaires à la garde de la propriété ? D'établir un gouvernement en donnant à ses membres des intérêts opposés à ceux qu'ils doivent défendre ? De les charger de garder un bien auquel la majorité même de leurs commettants n'a aucune part [188]. »

Il faut donc inventer un système de sélection qui réserve l'exercice du pouvoir à l'aristocratie de l'ordre nouveau, l'aristocratie des propriétaires. C'est là précisément la raison d'être et l'avantage du système représentatif :

> « Aristocratie ne veut-il pas dire le gouvernement des meilleurs ? Et qu'est-ce qu'un gouvernement représentatif si ce n'est le gouvernement du petit nombre et le pouvoir remis entre les mains des plus éclairés, des plus vertueux, des plus braves ?
> Ce n'est pas, me dira-t-on, entre les meilleurs mais entre les plus riches que vous concentrez le pouvoir. Dans toute société où la propriété existe, au petit nombre près des hommes à grand talent qui se créent leur destinée, les propriétaires influeront et doivent influer ou nécessairement la propriété sera détruite [189]. »

---

187. *Réflexions sur la paix intérieure*. Mme de Staël. *Oe. c.* T. II, pp. 151-152.
188. *Ibid.*, p. 151.
189. *Ibid.*, p. 127. Cf. Boissy d'Anglas : « Nous devons êtres gouvernés par les meilleurs, les meilleurs sont les plus instruits et les plus intéressés au maintien des lois ; or à bien peu d'exceptions près, vous ne trouverez

Elle reprend la même idée à propos de la distinction entre petits et grands Etats et lui fait correspondre non pas comme Montesquieu la distinction entre République et monarchie, mais entre démocratie et système représentatif :

> « En Europe, où tous les Etats sont également civilisés, les petites associations d'hommes n'ont point d'émulation, point de richesses, point de Beaux-Arts, point de grands hommes et jamais un Français ne consentirait à renoncer à tout ce qu'il tire de gloire et de jouissances de sa grande association, pour obtenir en échange une liberté parfaite dans un petit espace, loin des regards du monde et des plaisirs de la richesse. Cette opinion, que je crois fort raisonnable, oblige cependant à réduire l'exercice de la liberté, ou droit de délibérer sur tout, au pouvoir de choisir un homme sur cent mille pour prononcer au nom de la nation sur tous ses intérêts. On a d'abord consenti à modifier sa liberté pour conserver la grandeur et l'éclat de l'Empire. Le maintien de la propriété dans un pays tel que la France exige aussi des sacrifices du principe métaphysique de la liberté puisque, pour la conserver, il faut remettre la puissance entre les mains des propriétaires [190]. »

Comment atteindre ce but ? Le choix des procédés préconisés par Mme de Staël est lié à la forme qu'elle entend donner au Corps législatif, à l'organe chargé de représenter la nation. S'inspirant là encore directement de la pensée de son père, elle défend résolument un bicaméralisme bien différent de celui de Sieyès. La création de deux assemblées n'a pas pour but d'établir entre elles une division du travail législatif. C'est le modèle anglais qu'elle a dans l'esprit. L'une des deux Chambres doit représenter le mouvement, à travers elle s'expriment les fluctuations et les exigences de l'opinion publique. La seconde au contraire, incarnant la stabilité, la continuité, est faite pour donner de la solidité au régime, pour être la gardienne des institutions. C'est le rôle qu'elle voudrait faire jouer respectivement aux Cinq Cents et aux Anciens et cette distinction dans les fonctions entraîne naturellement des différences dans le mode de désignation de leurs membres.

A en croire certains textes, on pourrait penser que l'idéalisme de Mme de Staël va l'emporter sur ses intérêts de classe et qu'elle est prête à faire d'une des deux assemblées un organe vraiment démocratique.

> « Il y a deux grands intérêts, deux intérêts élémentaires pour ainsi dire qui se partagent le monde, le besoin d'acquérir et celui de conserver. Les propriétaires, les non propriétaires, la génération au milieu de la vie, la génération qui débute dans la carrière, les esprits innovateurs, les caractères tranquilles se partagent tous entre ces deux intérêts. Rien donc n'est plus vrai d'après les principes les plus

---

de pareils hommes que parmi ceux qui, possédant une propriété, sont attachés au pays qui la contient, aux lois qui la protègent. » *Discours préliminaire au projet de Constitution*, p. 21.

190. *Des circonstances*, p. 163.

généralement entendus que la nécessité de représenter dans un gouvernement les deux intérêts sur lesquels la société repose [191]. »

mais d'autres textes nous rassurent :

« Qu'on ne dise pas qu'il est dangereux, qu'il est impossible d'ôter ou de refuser le droit abstrait d'une fraction de puissance politique à cette classe d'hommes que l'on a pu réduire à deux onces de pain par jour. Ceux que le sort condamne à travailler pour vivre ne sortent jamais par leur propre mouvement du cercle des idées que ce travail leur impose [192]. »

Mme de Staël pense toutefois que, pour mériter le nom de républicaine, la Constitution de l'An III doit faire sa place à la médiation du peuple : « Je veux que dans un gouvernement représentatif il y ait des électeurs libres et je ne connais que ce moyen d'associer la nation à la République [193] » mais cette consultation populaire doit être organisée avec une habileté et une prudence telle que les propriétaires restent cependant les seuls interprètes du vœu de la nation. Un système d'élections à deux degrés accordant libéralement le droit de vote pour les assemblées primaires et n'imposant aucune condition de cens pour l'éligibilité des députés lui paraît une combinaison ingénieuse et efficace.

« Je ne suis point d'avis d'exiger comme en Angleterre une condition de propriété pour être député de la seconde Chambre parce que les deux degrés établis en France conduisent au même résultat, sans articuler une distinction qui pourrait préparer la guerre entre les non-propriétaires et les propriétaires et sans exclure les hommes de talent que porteraient l'opinion publique [194]. »

Tandis que les Cinq Cents correspondraient ainsi *mutatis mutandis* à la Chambre des Communes, l'intention de Mme de Staël est de faire de la Chambre des Anciens l'équivalent républicain de la Chambre des Lords : « Elle doit être le pouvoir conservateur qui doit exister dans

---

191. *Ibid.*, pp. 173-174.
192. *Réflexions sur la Paix intérieure*, p. 154.
193. *Ibid.*, p. 142.
194. *Des circonstances*, p. 127. cf. sa lettre à A. de Lameth du 24 novembre 1796 : « Je me réunis bien à vous dans le grand principe de la propriété, mais je ne sais si les deux degrés d'élection ne donnent pas le même résultat que la condition de propriété. C'est une question à examiner : s'il était vrai qu'un mode d'élire, qui ne fît pas une classe à part des propriétaires, les amenât toujours dans les places, ne serait-il pas plus adroit d'avoir tout combiné de manière qu'on choisît habituellement des propriétaires, sans avoir prononcé à l'avance qu'on ne choisirait jamais qu'eux ? C'est un problème politique qu'il faut analyser, mais certainement le but est incontestable. Le gouvernement ne peut aller que par l'aristocratie des meilleurs, mais ce qui m'attache à la Constitution actuelle, c'est la répugnance que j'aurais au rétablissement de l'hérédité, sous quelque forme que ce soit. » In *La Révolution française*, janvier-juin 1884.

toutes les constitutions pour répondre de leur durée [195]. » Aussi en
1795, aurait-elle souhaité comme son père et comme le désiraient d'ailleurs certains membres de la Commission des Onze, un renforcement
de l'autorité du Conseil des Anciens :

> « Plus on soutient les divers moyens d'augmenter la durée, la force
> et la considération, de la Chambre des Anciens, plus on veut donner
> de consistance au pouvoir conservateur qui doit exister dans toutes
> les constitutions pour répondre de leur durée, plus on se montre
> les partisans utiles du maintien de la Constitution de 1795 », écrit-
> elle dans les *Réflexions sur la paix intérieure* [196]. »

Après quatre ans de régime directorial, elle sera plus que jamais
convaincue de cette vérité et elle revient à plusieurs reprises dans
*Des Circonstances* sur la nécessité de ce pouvoir conservateur et sur
le problème capital à cet égard du choix de ses membres. Il faut
concevoir un procédé les identifiant à un tel point avec le régime, qu'ils
soient naturellement amenés à le défendre comme leur propre chose,
en toutes circonstances, et le système d'élection à deux degrés ne
saurait convenir à cet égard. Elle se refuse cependant à la solution
que son père continuait à défendre en 1796, celle de la pairie héréditaire. Mme de Staël républicaine, ne peut accepter l'hérédité de la
pairie ; comme l'hérédité du trône, elle fait partie des préjugés, elle
rappelle trop l'Ancien Régime et introduit un inacceptable élément
d'irrationalité :

> « La royauté, la noblesse, la pairie, le clergé, la superstition, la
> religion catholique, tout cela peut aller dans les pays où le temps les
> a consacrés mais aucune de ces institutions *poétiques* ne peut se
> transporter dans les nations où elles n'existent pas [197]. »

Aussi reprend-elle l'idée déjà lancée par Mounier et les Monarchiens en 1789 qui, confrontés avec le même problème, s'étaient faits
les défenseurs d'un Sénat. Ce Sénat, à son avis, devrait être composé
de personnalités marquantes, pourvues par l'Etat d'une fortune considérable et nommés à vie :

> « Il faudrait que le Conseil des Anciens fût à vie du moins pour la
> génération actuelle, que ce fut dans son sein que les Cinq cents
> fussent obligés de choisir la liste des candidats pour le Directoire,
> qu'il se recrûtât lui-même à l'avenir parmi les députés des Cinq

---

195. « Le pouvoir conservateur » que Benjamin Constant dans son projet
de Constitution républicaine incarnera dans un organe créé spécialement
à cet effet et qu'il appelle le pouvoir préservateur. Cf. *infra*, p. 498.
196. *Réflexions sur la paix intérieure*, Oe. c. T. II. p. 146.
197. *Des circonstances*, p. 55. Cf. B. Constant. « Dans le XIVe siècle, les
paysans égorgeaient la noblesse, dans le XVIIIe les philosophes l'ont abolie.
On veut par d'ingénieuses nuances par des considérations fines, par des
subtilités élégantes par l'éclat du talent, par de brillantes images relever
l'hérédité. » *Des réactions politiques, op. cit.*, p. 32. Le « on » n'est personne
d'autre que Necker. Cf. La note, p. 103.

cents, qu'il fût à son origine composé de cent-cinquante membres des trois Assemblées nationales de France, de cinquante hommes choisis parmi les députés nouveaux, l'Institut, les penseurs les plus éclairés de France et trois cents parmi les militaires qui se sont le plus distingué dans le cours de cette guerre. Il faudrait surtout qu'un revenu considérable soit par le Trésor, soit, par les biens nationaux, leur assurât non seulement l'indépendance mais la considération attachée à la richesse [198]. »

Il faut, écrit-elle ailleurs :

« Qu'une grande fortune soit attachée aux deux cent cinquante places du Conseil des conservateurs, du corps permanent dans l'Etat, de celui où l'on prendra les membres du Directoire existant, où ils retourneront après avoir occupé les emplois publics. Alors les gradations nécessaires à l'ordre seront établies, la fortune unie à la puissance aura l'avantage sur la fortune sans crédit [199]. »

L'ambassadrice de Suède ne fait qu'adapter à une situation nouvelle, la Chambre Haute prônée par son père et la phrase sur « les gradations » nous rappelle les développements sur la hiérarchie qui, en Angleterre, mène du peuple à la Chambre des Communes, de la Chambre des Communes à la Chambre des Pairs et de la Chambre des Pairs au monarque lui-même.

Notons aussi le même désir de voir les membres du Directoire pris dans le Conseil des Anciens et y retournant après exercice de leur mandat, ce qui ne pourrait qu'heureusement contribuer à ajouter de la considération aussi bien à la personne des directeurs qu'à celle des membres de ce Conseil.

Chambre Basse réservée aux propriétaires, Chambre Haute garante de la stabilité du régime, par rapport à ces principes fidèlement respectés, les divergences que l'on peut relever sur le plan du pouvoir législatif entre l'auteur de *De la Révolution française* et celui des *Considérations* sont donc mineures. Mme de Staël est plus libérale en 1799 que son père ne l'était en 1795, mais nous verrons que dans les *Dernières vues de Politique et de Finance*, Necker fera à son tour un grand pas en avant et proposera pour les deux chambres de la constitution dont il trace le plan, des modes de désignation tout aussi démocratiques que ceux que préconisait sa fille à la fin du Directoire.

Quand on en vient à l'exercice même du pouvoir et à la conception que Mme de Staël se fait des rapports entre gouvernement et assemblées, l'influence paternelle apparaît encore plus évidente. Il s'agit là,

---

198. *Des circonstances*, p. 167.
199. *Ibid.*, p. 169. Cf. encore *ibid*, p. 165. « Il vaudrait mieux former un corps conservateur, fortifier, proroger l'existence du Conseil des Anciens, y donner une place à tous les membres sortants du Directoire, et choisir toujours parmi eux les nouveaux, leur accorder un droit de proposition enfin, assurer par une barrière invincible la stabilité des bases constitutionnelles de la République, et laisser ensuite une pleine liberté dans l'élection du Conseil des Cinq cents. Il n'y aurait ni fausseté ni violence dans cet ordre de choses, les élections seraient libres et les révolutions impossibles. »

en effet, de questions précises de technique constitutionnelle où nous allons la voir reprendre point par point et avec compétence, toutes les thèses favorites de Necker, en élève docile et intelligente qui a fort bien compris les problèmes exposés et qui possède en matière de constitution des connaissances approfondies et des principes solides.

Et tout d'abord, elle est l'adversaire résolue de la séparation des pouvoirs ; au lieu de dresser face à face deux instances rivales, elle désire au contraire établir cet entrelacement souhaité par son père, cette influence permanente et réciproque d'une autorité sur l'autre, en attribuant à chacune des responsabilités aussi bien dans le domaine de l'exécutif que dans celui du législatif.

> « Un penseur éloquent l'a dit, c'est à l'unité du pouvoir qu'il faut tendre et l'on confond sans cesse la séparation nécessaire des fonctions avec une division des pouvoirs qui les rend forcément ennemis les uns des autres [200]. »

Le penseur éloquent qui lui a révélé ce secret est bien évidemment l'auteur du *Pouvoir exécutif dans les grands Etats* et l'on s'explique ainsi pourquoi l'ambassadrice de Suède, lors de la discussion du projet de constitution, va dépenser tant d'efforts, pour empêcher cette rigoureuse séparation des pouvoirs, qui devait être le défaut majeur de la Constitution de l'An III.

La lutte pour l'unité signifie d'abord la lutte pour la participation de l'exécutif au pouvoir législatif. Mais en 1795, les conventionnels sont extrêmement réticents et voient dans cette participation une atteinte aux prérogatives sacro-saintes des représentants de la volonté générale. Ils conservent devant l'exécutif les réflexes de l'Assemblée nationale Constituante. Aussi les partisans d'un pouvoir fort sont-ils contraints d'agir avec la plus grande prudence. Ils vont se contenter de demander un droit de veto au profit du Directoire, mais il ne saurait s'agir d'un veto absolu, ni même d'un veto suspensif c'est pour le veto reviseur que Mme de Staël va faire campagne. Le passage des *Réflexions sur la paix intérieure* consacré à cette question montre avec quel soin elle a lu et médité les textes de son maître à penser.

> « En Angleterre, le roi ne fait presque jamais usage de son veto, c'est la Chambre des Pairs qui se place entre le peuple et lui pour le dispenser du combat. Si les deux Chambres en France étaient parfaitement distinctes ; si le pouvoir de l'une était prolongé par-delà celui de l'autre, si la condition d'âge, de propriété était beaucoup plus forte, il s'établirait naturellement la balance des deux pouvoirs qui sont dans la nature des choses, de l'action qui renouvelle et de la réflexion qui conserve. Enfin, si le pouvoir exécutif avait part à la confection des lois, l'union qu'on a distinguée de la confusion s'établirait nécessairement.
> Le veto absolu ne peut être accordé à un pouvoir exécutif républicain. Cette prérogative royale est une pompe de la couronne, plutôt qu'un droit dont elle puisse user et dans une Constitution où tout

---

200. *Des circonstances*, p. 179.

est réel, la situation d'un homme arrêtant la volonté de tous est aussi invraisemblable qu'impossible ; mais il est bien différent d'éclairer ou d'arrêter la volonté ; les connaissances que seul le pouvoir exécutif peut réunir sont nécessaires à la confection de la loi et s'il n'a pas le droit d'obtenir par ses observations la revision du décret qu'il croirait dangereux, s'il n'a pas ce droit dont le président est revêtu en Amérique, les lois seraient souvent inexécutables [201]. »

Malgré les efforts de certains membres de la Commission des Onze plus ou moins inspirés par elle [202], le désir de Mme de Staël ne fut pas satisfait et la Convention refusa le veto, même sous la forme très adoucie de veto reviseur :

« Le veto réviseur a produit dans la Convention le même effet que la proposition de deux Chambres, par M. de Lally, causa dans l'Assemblée Constituante : six ans de malheur ont fait adopter cette dernière idée. Est-ce au même prix que le pouvoir exécutif acquerra la force nécessaire au maintien du gouvernement et par conséquent de la République ? (Voyez Adrien de Lezay, *Journal de Paris* du 5 Fructidor [203]. »

Pour assurer la participation de l'exécutif au pouvoir législatif, il y avait une autre solution bien neckérienne que dès juin 1795, elle exposait dans une lettre à Roederer :

« On parle beaucoup de la division des pouvoirs, et c'est peut-être leur union qui est le problème le plus difficile. Un pouvoir exécutif qui n'a aucun rapport avec la confection des lois est naturellement l'ennemi de ceux qui leur imposent des décrets qui contrarient et ses vues et ses moyens d'exécution. On a senti par cette raison la nécessité de donner au roi la sanction. Il est impossible d'accorder une si grande influence à un pouvoir exécutif républicain. Ne faudrait-il pas alors choisir les ministres parmi les représentants de la chambre du Sénat ? Ils auraient plus de considération en réunissant les deux titres ; ils se mêleraient à la discussion et, comme en Angleterre, ils auraient l'avantage d'avertir des difficultés d'exécution qui s'opposent aux lois que l'on proposerait...
A cette idée, le premier mot que l'on oppose, c'est la confusion des pouvoirs, parce qu'une phrase tout apprise est généralement répétée. Mais est-ce qu'il y a de la confusion de pouvoirs en Amérique et en Angleterre parce que les ministres sont en même temps représentants

---

201. *Réflexions sur la paix intérieure*, p. 125.
202. Cf. La motion du député Ehrmann et l'intervention de Lanjuinais du 30 Thermidor 1795 : « Ce n'est pas un veto qu'on vous propose ou c'est tout au plus un veto considératif, c'est le droit d'avertir le corps législatif que ses lois peuvent avoir des dangers, c'est le devoir de les inviter à réfléchir davantage, en un mot ce n'est qu'un droit de remontrance » cité par Munteano qui serait porté à croire que « l'ambassadrice avait fait la conquête de Lanjuinais, l'avait reçu rue du Bac et avait débattu avec lui cette grande question du veto qui lui tenait tant à cœur », *op. cit.*, p. 55.
203. Première partie des *Réflexions*, p. 126 notes. La référence à Lezay-Marnesia est relative à un article sur le veto américain paru le 5 Fructidor dans le *Journal de Paris* où il défendit le veto. Cf. encore sa brochure : *Qu'est-ce que la Constitution de 1795. Migneret. An III.*

du peuple ? L'opposition, le choc des pouvoirs prépare l'envahissement de l'un des deux, et c'est en se réunissant qu'ils se maintien-
nent [204]. »

Elle reprend cette idée si chère à son père dans *Des circonstances* :

« Il me semble qu'on éviterait tous les inconvénients de donner ou
de ne pas donner l'initiative au Directoire, en lui permettant de choisir ses ministres parmi les députés, ils discuteraient alors dans le
sein même du Conseil les décrets nécessaires à l'administration, ils
y porteraient des connaissances que peut seul donner l'exercice du
gouvernement... mêlant ensemble les individus sans cesser de distinguer les pouvoirs, vous auriez un ensemble de gouvernement toujours d'accord au lieu d'avoir créé deux camps sous les armes [205]. »

A propos de ce passage, l'éditeur du manuscrit *des Circonstances*
signale un détail significatif :

« Une main étrangère, indique-t-il, celle de Benjamin Constant
croyons-nous, a mis en marge : « de la présence des ministres dans
l'assemblée ». Si c'est le cas, le chapitre que Constant avait l'intention
de voir consacrer à cette disposition, prouverait que l'amant de
Mme de Staël avait été lui aussi un excellent élève et qu'il avait
bien compris toute l'importance attribuée par son hôte de Coppet
à cette disposition, où ce dernier voyait le secret du fonctionnement
harmonieux de la Constitution anglaise.

Si le droit de veto ou d'initiative sont les prérogatives dont doit
disposer l'exécutif pour influencer l'Assemblée, celle-ci doit disposer à
son tour de moyens d'action sur la politique du gouvernement. Dans
une monarchie, la difficulté est résolue par la responsabilité des ministres et d'inviolabilité du monarque.

Mme de Staël ne pouvait manquer de se préoccuper de cette
question. Et un texte des *Réflexions sur la paix intérieure* nous la
montre réfléchissant sur le problème de la responsabilité gouvernementale dans les termes mêmes où son père l'a posé et se demandant
si l'opinion de ce dernier sur ce sujet ne pourrait être mise en doute :

« La question, écrit-elle, est de savoir si... si... et si les ministres (nommés de fait par la Chambre des Communes en Angleterre, puisqu'il
n'y a presque point d'exemple que le roi conserve un ministre qui a
perdu la majorité dans cette Chambre) si ces ministres sans un roi
auraient un pouvoir suffisant pour l'intérêt général.
En Angleterre, le roi pourrait rester toute sa vie dans un nuage
sans que la marche du gouvernement s'en ressentît. Il faut connaître seulement jusqu'à quel point le mystérieux de ce nuage est nécessaire pour étouffer toutes les ambitions particulières [206]. »

Plusieurs années plus tard, l'ouvrage des *Circonstances* va fournir
une réponse à la question ainsi posée :

---

204. Œuvres du comte P.L. Roederer, 8 volumes. Didot 1853-1859, VIII,
646.
205. *Des circonstances*, p. 130.
206. *Réflexions sur la paix intérieure*, pp. 126-127.

« Il faut établir pour le Directoire une inviolabilité absolue, excepté dans le cas de rébellion dont les circonstances doivent être précisées à l'avance, comme elles l'étaient pour le roi dans la Constitution de 1791... Il faut que la responsabilité soit pour les ministres, mais qu'il s'établisse même pour eux une sorte d'usage qui fasse la loi, c'est qu'ils donnent leur démission, lorsqu'ils auront perdu manifestement la confiance du Corps législatif [207]. »

Il est clair que Mme de Staël se représente la vie politique comme son père, non sous la forme d'une séparation des pouvoirs mais, d'une action réciproque et constante de l'un sur l'autre, gage de leur harmonie :

« La balance des pouvoirs n'est pas un poids contre l'autre, ce qui autrement dit signifierait un équilibre de forces qui exciterait sans cesse à se faire la guerre pour obtenir un avantage décidé. La balance des pouvoirs, c'est la suite de combinaisons qui les amène à être d'accord. »

Et dans cette suite de combinaisons, figurent pour les cas extrêmes deux procédés qui montrent la logique de sa pensée. Si les moyens habituels d'harmonisation ne suffisent pas, elle réclame tout d'abord pour le Directoire, le droit dont jouit le roi d'Angleterre :

« Un Directoire se considérera toujours et doit se considérer comme représentant de la nation et comme délégué du corps législatif. Le corps législatif en l'élisant n'est à son égard qu'une Assemblée électorale. Or, il faut que cette branche du pouvoir public ait une manière d'en appeler au sentiment du peuple, si elle était en différend avec l'autre et le véritable jury constitutionnel, c'est le seul pouvoir supérieur à tous les autres, la volonté du peuple exprimée par de nouvelles élections qui lui sont redemandées par le Directoire exécutif qui en rappelle à lui de la conduite de ses représentants [208]. »

Si le désaccord subsiste, Mme de Staël, continuant à fort bien raisonner, envisage un ultime mécanisme parfaitement conforme à l'esprit du régime républicain à savoir la démission des Directeurs eux-mêmes :

« Si le Directoire par son ascendant dans la Chambre permanente par son veto suspensif, par le recours aux nouvelles élections n'obtenait pas qu'on rejetât la loi qu'il propose, il devrait s'établir de fait qu'il y aurait alors une démission dans le Directoire, si ce n'était pas à l'époque de son renouvellement, qui en changeât la majorité [209]. »

De même qu'en Angleterre, suivant le verdict des élections, le roi conserve ou change ses ministres, les Directeurs en France doivent se soumettre ou se démettre. Etre le meneur de jeu ne signifie pas qu'on doit avoir le dernier mot.

---

207. *Des circonstances*, p. 125.
208. *Ibid.*, p. 180.
209. *Ibid.*, p. 180.

Tout cela est fort cohérent, aussi pour comprendre et juger les positions adoptées en politique par Mme de Staël, il paraît difficile de se contenter d'explications sommaires telles que le goût de l'intrigue, un aveugle cynisme de classe, voire le simple souci de récupérer les millions de son père[210]. L'examen des textes prouve qu'elle possède des connaissances et des compétences qui se situent à un autre niveau et qui manquent peut-être à ceux qui jugent si légèrement les deux ouvrages qu'elle a composés au début et à la fin du Directoire.

Un critique plus averti s'étonne au contraire de la science dont fait preuve l'ambassadrice de Suède en 1795 :

> « Il faut... observer que la compétence législative semble tout récemment acquise, dont Mme de Staël, pour la première fois dans sa carrière littéraire, fait étalage dans les *Réflexions sur la paix intérieure*. Avait-elle donc tant réfléchi à Coppet sur la division du Corps législatif, sur le juste équilibre du pouvoir et sur le droit de veto ? Il est probable que son éducation politique se complète à la veille même de la publication du projet des Onze et qu'elle s'achève par la lecture et l'étude critique de ce projet[211]. »

En réalité, l'éducation politique de Mme de Staël n'est pas d'aussi fraîche date ; l'ouvrage *Du Pouvoir exécutif dans les grands Etats*, date déjà de 1792 et si le vieux ministre, dans ses conversations à Coppet, rabâchait autant qu'il le fait dans ses livres, on ne saurait être surpris que sa fille possédât, en ce qui concerne les constitutions et les institutions, une doctrine qu'elle eut difficilement acquise en quelques semaines. Ce qu'elle poursuit dans son combat pour le bicaméralisme à l'anglaise et pour l'unité du pouvoir, c'est la création d'un système conforme à l'idéal de Necker où l'équipe dirigeante donne, dans tous les domaines, l'impulsion créatrice, gouverne au plein sens du terme sous la surveillance active et efficace, mais paisible des assemblées.

Son originalité consiste à avoir estimé ce programme réalisable dans le cadre d'un régime républicain, qui ne serait autre que la monarchie constitutionnelle sans le roi, si l'on entend par monarchie constitutionnelle non pas le régime institué par la Constituante en 1791, mais le régime souhaité avec des variantes, aussi bien par le ministre de Louis XVI que par les monarchistes constitutionnels, de Mounier à Narbonne et à Clermont-Tonnerre. Le chapitre des *Réflexions sur la paix intérieure*, où elle s'efforce de rallier ces derniers à sa cause, porte ce titre significatif : « Que les principes des Républicains, amis de l'ordre sont absolument les mêmes que les principes des Royalistes, amis de la liberté[212]. » Ces principes sont : « La division du Corps législatif, l'indépendance du pouvoir exécutif et avant tout la

---

210. Comme le fait en particulier H. Guillemin dans : *Benjamin Constant muscadin.*
211. B. Munteano. *Op. cit.*, p. 47.
212. P. 145.

condition de propriété[213] » cette formule résume parfaitement un programme sur lequel elle avait pensé que bien des gens pourraient s'unir,
étant bien entendu que le terme d'indépendance ne signifie pas séparation des pouvoirs, mais comme c'est le cas, renforcement de l'exécutif.
Les *Réflexions sur la paix intérieure* offrent une première esquisse
de la Constitution qui devait permettre l'accomplissement de ce programme, esquisse qui se précise et se complète, quatre ans plus tard,
dans l'ouvrage des *Circonstances*.

Si Mme de Staël, pendant tout ce temps, est restée fidèle au
régime directorial, c'est dans l'espoir que verraient le jour les améliorations discrètement suggérées en 1795, énergiquement exigées en
1799, améliorations grâce auxquelles se serait réalisé, à la République près, l'idéal paternel. Et c'est ce même espoir qui, au début tout
au moins, explique son attitude devant le coup d'Etat de Brumaire
et devant Bonaparte, l'homme providentiel dont elle put croire un
moment qu'il arrêterait la Révolution, en établissant enfin ce pouvoir fort mais contrôlé qu'elle attendait en vain depuis des années.

De cet état d'esprit, une publication qui semble n'être mention-
née par aucun historien fournit un témoignage précieux. Si
Mme de Staël, fin 1799, n'a pas fait paraître *Des circonstances actuelles...*, elle a fait réimprimer les chapitres de *De la Révolution française* consacrés à la critique de la Constitution de l'An III, en les faisant précéder de l'avertissement suivant :

> « Quelques personnes éclairées regrettent encore la Constitution de
> l'An III ; d'autres, en beaucoup plus grand nombre, qui depuis long-
> temps avaient jugé ses défauts, hésitent à publier dans ce moment
> ce qu'elles en pensent, parce qu'une institution détruite ressemble
> presque à un ennemi vaincu, et qu'il est toujours difficile aux carac-
> tères élevés de se rappeler les sentiments et les idées qui les ani-
> maient contre les hommes, et même contre les choses, lorsque ces
> hommes et ces choses ne gouvernent plus. Mais que peut-on trouver
> de plus impartial qu'un examen écrit il y a près de trois ans, avant
> toutes les époques où les événements amenés par les défauts de la
> Constitution ont brisé sa garantie ? Il paraît donc utile de réimpri-
> mer à part ce chapitre extrait du dernier ouvrage de M. Necker sur
> la Révolution française ; les conséquences funestes qu'il annonce
> sont caractérisées avec tant de justesse, que l'on croirait lire un
> récit plutôt qu'une analyse. On peut en appeler de toutes les circons-
> tances ; elles ont favorisé toutes les erreurs ; on peut en appeler de
> toutes les théories, on a vu les tyrannies les plus féroces avoir aussi
> leurs abstraites justifications ; mais le parfait accord de la prévo-
> yance philosophique et de l'événement de l'histoire, démontre la
> vérité dans tous ses rapports[214]. »

A un moment délicat, où il est risqué de prendre personnellement
position, Mme de Staël juge habile de faire entendre, par personne
interposée, les vérités qui lui sont chères et c'est en son propre père
qu'elle trouve alors le meilleur interprète de sa pensée. Rien ne

---

213. *Ibid.*
214. R.F. X. 113. N.

nous paraît plus significatif que ce filial hommage. Devant l'orage qui menace, la brebis égarée rentre au bercail et le retour prochain et définitif de Mme de Staël à la monarchie et au principe d'hérédité fera apparaître sous son véritable jour ce que fut l'aventure républicaine des deux amants. C'est une expérience où, comme B. Constant, elle a cru pouvoir prendre du champ par rapport aux leçons du maître, mais le rationalisme pragmatique de l'homme d'Etat devait finalement triompher du rationalisme des idéologues.

Avant de quitter ce chapitre, nous voudrions relever une dernière preuve de l'influence de la pensée politique de Necker sur sa fille. Il lui arrive pendant cette période, sinon dans les *Réflexions sur la paix intérieure*, tout au moins dans *Des circonstances*, d'envisager un autre type de République que celui qu'établissait la Constitution de l'An III. Se rendant aux arguments qu'exposait son père dans *De la Révolution française*, elle se demande à son tour si le fédéralisme à l'américaine ne serait pas la solution qui conviendrait à un grand Etat comme la France.

> « S'il fallait donc reconnaître qu'une association de trente millions d'hommes et la liberté sont incompatibles, ce n'est pas de la monarchie tempérée mais de la République fédérative qu'il faudrait s'occuper [215]... »

Cette idée, qui constitue le thème des développements du *Pouvoir exécutif* et de la *Révolution française* relatifs à la constitution des Etats-Unis, n'avait pas fait que traverser l'esprit de Mme de Staël ; à preuve, ce passage de *des Circonstances*, relatif à l'organisation administrative de la France :

> « Ce qu'on appelle le pouvoir administratif et qui n'est dans le vrai qu'un dérivé du pouvoir exécutif est encore très mal organisé dans la Constitution actuelle. Vous y faites nommer des administrateurs par le peuple, et vous donnez au Directoire le droit de les casser et d'en nommer d'autres. C'est faire ainsi toujours des élections une comédie qui dégoûte le peuple du système représentatif et l'irrite contre ses gouvernants. Si la France était un petit Etat, je déciderais hautement que les administrations doivent être nommées par le Directoire. Sous une monarchie, il était utile de placer l'élection dans l'exécution puisqu'on ne pouvait pas en faire la source de la loi. Mais dans un gouvernement républicain, lorsque le principe du pouvoir est populaire, on n'a pas également besoin de rendre les agents éligibles. Cependant l'immensité de la France rend nécessaire de porter un peu d'esprit fédératif dans l'administration de ses départements [216]. »

Dans ce texte, Mme de Staël ne fait que reprendre la critique

---

215. *Des Circonstances*, p. 345 Cf. encore *ibid.*, p. 342 : « Que la grande étendue de la France la rendrait tranquille au milieu de l'Europe, par un fédéralisme ennemi des conquêtes... » et son article du 16 avril 1791 dans *Les Indépendants, op. cit.*, où elle soutient qu'« il n'y a de possible dans un grand Etat que la République fédérative et que l'unité de l'empire ne peut exister qu'avec un roi. »

216. *Ibid.*, p. 181.

que faisait son père des modifications apportées aux administrations de département par la Constitution de l'An III :

« ... Quand on s'est déterminé à investir le peuple entier du droit de nommer les administrateurs de département, n'a-t-on voulu l'associer qu'à une fiction ? n'a-t-on voulu l'appeler qu'à une sorte d'apparat et de comédie ?... Il faut des liens de confiance pour former le véritable ressort d'une République, et voilà l'utilité des grandes administrations médiatrices, au milieu d'un vaste empire ; mais on peut trouver ces administrations importunes, quand on est inquiet de l'opinion publique, et lorsqu'on sent le besoin d'écarter tous les obstacles au-devant de l'autorité suprême. On sacrifie alors à des idées politiques l'esprit même du gouvernement dont on a fait choix et il ne reste insensiblement d'une institution républicaine que sa dénomination et son titre [217]. »

Si Necker, qui l'avait si violemment critiquée dans le cas de la Constitution de 1791, défend cette fois l'élection des administrateurs départementaux, c'est qu'après l'expérience de la Terreur, elle lui apparaît comme une protection contre le retour d'une affreuse tyrannie et c'est aussi qu'il y voit le germe, l'espoir de cette décentralisation, de « ces grandes administrations médiatrices » dont il a toujours rêvé.

## IV. — LA CONSTITUTION DE L'AN VIII

### I. - ANALYSE ET CRITIQUE

Dans la perspective qui est celle de notre auteur, la Constitution de l'An III avait pu raisonnablement apparaître comme une première étape, dans la reprise du terrain perdu par le pouvoir, dans la reconquête des prérogatives qui lui avaient été arrachées par la Constituante ; durant cet essai de parlementarisme qu'avait été le gouvernement révolutionnaire, la concentration des pouvoirs aux mains d'une assemblée avait atteint son degré maximum ; le bicaméralisme au contraire ainsi que les dispositions adoptées pour renforcer l'autorité des Directeurs constituaient un incontestable progrès dans le sens du renforcement de l'exécutif.

Le pendule était donc reparti dans la bonne direction mais au lieu de s'arrêter dans cette position d'équilibre qu'aurait pu représenter le régime du Directoire, amélioré selon les désirs de Mme de Staël, il continue sa course et la France connaîtra, avec la dictature napoléonnienne, le despotisme d'un seul sous la forme la plus absolue qu'on puisse imaginer. La Constitution de l'An VIII

---

217. R.F. X. 189.

ouvre la voie à l'instauration de ce despotisme et à l'inverse des précédentes où Necker critiquait le déséquilibre des forces aux dépens du gouvernement, il s'élève cette fois, au contraire, contre les pouvoirs exorbitants mis à sa disposition et contre l'affaiblissement des assemblées, le pouvoir est fort certes, mais il n'est plus contrôlé.

Le pouvoir est fort, car il a retrouvé toutes les prérogatives dont disposait la royauté absolue d'Ancien Régime dans les trois domaines que distingue l'auteur du *Pouvoir exécutif*. Sans doute Bonaparte ne peut-il prétendre à la magie monarchique qui naît de l'hérédité, du système des gradations, d'une longue tradition de respect et d'une religieuse vénération, mais, à titre personnel, et Necker insiste sur ce point, il bénéficie du prestige éclatant que lui ont procuré ses victoires militaires et des exploits qui ont quelque chose de fabuleux. Chef de l'exécutif, il exerce une autorité plus grande qu'aucun de ceux qui ont occupé le trône de France, car il est, plus qu'aucun d'entre eux ne le fût jamais, maître de l'armée et maître de l'administration ; maître de l'armée qui l'admire et qu'il enthousiasme, maître de l'administration grâce à la centralisation rigoureuse qu'instaure dans une France uniformisée la création d'un préfet dans chaque département [218] qui ne dépend que de lui, et qui a autorité sur tous les autres fonctionnaires. Enfin sur le plan législatif, le gouvernement dispose à son profit exclusif de l'initiative des lois que le Tribunat n'a que le droit de discuter et le Corps législatif le droit d'accepter ou de refuser dans le plus absolu silence.

Ainsi est rétablie l'unité du pouvoir que la collégialité n'affaiblit en aucune manière, car si le texte de l'article I du titre 4 de la Constitution déclare que le gouvernement est confié à trois consuls nommés pour dix ans et indéfiniment rééligibles, « tous les articles suivants, annoncent que le gouvernement n'est pas en trois consuls mais en un seul » puisque « les deux autres n'ont que la voix consultative [219]. »

La constitution a donc admirablement armé le pouvoir pour lui permettre d'exercer son autorité. Elle semble également avoir prévu les institutions nécessaires pour le contrôler, puisqu'elle a créé non pas deux mais trois assemblées, un Sénat constitutionnel, un Tribunat et un Corps législatif. En réalité, comme Necker va nous le démontrer, tout a été conçu de telle sorte que l'influence de ces assemblées soit réduite à néant.

Sur le plan législatif, tout d'abord, il déplore que le gouvernement soit le seul à disposer de l'initiative des lois et que les députés en aient été privés. Nous savons toute l'importance qu'il attache à ce que le gouvernement donne l'impulsion dans tous les domaines, c'est à lui

---

218. « Borné à une mission d'obéissance, à une correspondance obscure avec le gouvernement. » D.V. XI. 59.
219. *Ibid.*, p. 56.

que doit normalement revenir le soin de proposer les lois mais, devant la situation créée par la Constitution de l'An VIII, Necker va prendre cette fois le parti des assemblées :

> « Sans doute il serait contraire au bien public que le gouvernement au centre de tous les intérêts n'eût pas aussi le droit de proposer les lois et pourtant on l'avait ainsi ordonné dans les Constitutions successives inventées depuis la Révolution mais par une autre idée vouloir tout-à-coup que le Corps législatif ne participe d'aucune manière à la faculté dont on lui avait donné le privilège exclusif, c'est un singulier changement et le passage subit d'un extrême à un autre a plutôt l'air d'une revanche que d'une combinaison sage et réfléchie [220]. »

Le droit d'initiative au profit des députés est justifié par leur expérience politique ; il entretient le goût des réformes utiles ; il permet de proposer des amendements aux lois :

> « Cette réflexion s'appliquerait surtout aux contributions car au bout d'un laps de temps on a souvent une opinion différente sur la convenance d'un impôt ou à cause des notions acquises par l'expérience ou simplement en raison des variétés qui surviennent dans les besoins de l'Etat [221]. »

Il cite à ce propos comme toujours, l'exemple de l'Angleterre, mais en mettant cette fois l'accent sur les prérogatives constitutionnelles du Parlement et non plus sur l'influence de fait de la Couronne :

> « Les Anglais se croiraient perdus comme hommes libres si l'exercice d'un pareil droit était enlevé à leur Parlement, si la prérogative la plus importante et la plus civique sortait jamais de ses mains, le monarque lui-même n'y participe qu'indirectement et par la médiation des membres de la Chambre Haute et de la Chambre des Communes qui sont en même temps ses ministres [222]. »

En fait, sur le fond, les idées de Necker n'ont pas changé, mais la dictature qui s'annonce lui fait envisager la question sous un éclairage différent.

Même privées du droit d'initiative, les assemblées, libres de refuser ou d'accepter ce qu'on leur propose, auraient pu jouer un rôle déterminant dans l'œuvre législative, mais en fait leur influence sur les volontés gouvernementales sera à peu près nulle, car le principe de la division du travail que Sieyès avait fait triompher dans la Constitution de l'An III et que Necker avait déjà critiqué, a été repris dans la Constitution de l'An VIII et repris sous une forme telle qu'il fait de la fonction des assemblées un simple simulacre. Ceux qui ont le droit de parler, c'est-à-dire les Tribuns ne décident pas, et ceux qui décident, c'est-à-dire les membres du Corps législatif, ne peuvent pas

---

220. *Ibid.*, p. 50.
221. *Ibid.*, p. 49.
222. *Ibid.*, p. 47.

parler. Or, pour Necker, la discussion est essentielle, et elle doit avoir lieu au sein même de l'assemblée appelée à accepter ou à rejeter les lois.

Quant au droit accordé au Tribunat d'exprimer « son vœu sur les lois faites et à faire, sur les abus à corriger, sur les améliorations à entreprendre dans toutes les parties de l'administration publique » Necker après avoir ironisé sur ce magnifique programme proposé à des jeunes gens de vingt-cinq ans, n'a pas de peine à montrer la vanité de cette disposition en rappelant que « les vœux des tribuns n'ont aucune suite nécessaire, et n'obligent aucune autorité constituée à une délibération [223] ».

Inutile, également, d'espérer un contrôle de la politique gouvernementale. Le système choisi, inviolabilité du Premier Consul, responsabilité des ministres, rappelle sans doute la Constitution anglaise, mais Necker n'a pas de peine à montrer qu'il s'agit là d'une fausse analogie. Le roi d'Angleterre

> « est à la tête du gouvernement non par sa volonté, non par son choix, mais pour faire jouir la nation des avantages attachés à une continuité de respect envers le rang suprême, continuité dont l'hérédité de la couronne est la plus sûre garantie [224]. »

Sa fonction est tout autant d'être un symbole que d'exercer effectivement le pouvoir. Comme le dit Mme de Staël en une image assez heureuse, il est dans un nuage, le nuage olympien de la majesté royale.

Le Premier Consul au contraire

> « N'apporte avec son autorité ni ces traditions, ni ces souvenirs qui s'emparent de notre imagination et qui deviennent une des premières sources du respect des peuples, une des causes de leur soumission. Enfin ce chef électif n'avait eu sa place marquée par aucune loi et ne tenait de sa naissance aucune obligation, aucun droit ; c'est librement et de sa pensée qu'il s'est cru suffisant pour le gouvernement dont il a pris les rênes et qu'il s'est jugé digne de la haute fonction dont on l'a revêtu. Il a recherché le rang suprême où il se trouve élevé ; il l'a du moins accepté volontairement, ainsi la promesse de bien faire est son engagement naturel ; et la responsabilité qu'une telle promesse entraîne devient une condition équitable [225]. »

Dans ces conditions, les ministres ne peuvent être que des comparses, des créatures du Premier Consul, malgré la responsabilité à laquelle on les soumet constitutionnellement. S'attaquer à eux, c'est attaquer leur maître, ils ne sauraient exister indépendamment de lui :

> « Comment, avec une telle distribution politique, avec une disproportion si marquée entre l'autorité exécutive et toutes les autres

---

223. *Ibid.*, p. 52.
224. *Ibid.*, p. 63.
225. *Ibid.*, p. 63.

autorités, oserait-on mettre un ministre en accusation ? Ce serait une entreprise aussi vaine que dangereuse [226]. »

Pratiquement, aucun contrôle du gouvernement par les assemblées n'est donc possible et tout rapprochement entre la Constitution anglaise et la Constitution de l'An VIII malgré l'apparente similitude des dispositions est absolument injustifié :

> « L'idée de ménager au nom de la loi celui qui commande et celui qui obéit, cette idée extraordinaire n'a pu venir que dans un pays où l'on a su faire du trône héréditaire et de son état perpétuel un moyen d'ordre et de liberté; mais dans un pays où la suprématie est temporaire et de création, où elle ne tient rien d'elle-même, il n'y a point de raison pour sortir des règles communes et pour transférer la responsabilité du chef sur la personne du subalterne [227]. »

A propos de la Constitution de l'An III, Necker avait déjà traité de ce problème, et posé les termes de l'alternative dans laquelle tout régime républicain est nécessairement enfermé : ou les ministres sont responsables et le dépositaire du pouvoir n'a plus d'autorité ou le dépositaire du pouvoir est responsable, mais la mise en jeu de cette responsabilité met à chaque fois en péril l'existence même de l'Etat. Si la Constitution de l'An VIII échappe à ce dilemne, c'est qu'en réalité Bonaparte n'est pas un chef d'Etat républicain, mais un dictateur.

Outre le Tribunat et le Corps législatif, la Constitution de l'An VIII comporte une troisième assemblée, le Sénat conservateur, épave surnageant dans le naufrage du rêve de Sieyès. Dans la pensée de ce maniaque de la division et de la spécialisation du travail politique, ce Sénat devait avoir pour mission de contrôler la constitutionnalité des actes du gouvernement. Il devait représenter l'autorité chargée d'imposer à son arbitraire des limites précises. Malheureusement, le mécanisme prévu pour mettre en action ce Sénat conservateur va le rendre inopérant. Il ne peut agir en effet de son propre chef, mais seulement sur l'initiative du Tribunat : « qui défère au Sénat pour cause d'inconstitutionalité seulement les listes d'éligibilité, les actes du Corps législatif et ceux du gouvernement [228] ». C'est une belle et noble prérogative mais oseront-ils l'exercer, demande notre auteur ? Il ne le pense pas et pour la simple et évidente raison que les tribuns ne jouissent d'aucune indépendance par rapport au Sénat puisque ce dernier les nomme.

> « Il est singulier que le Tribunat dont tous les membres seront nommés par le Sénat soient néanmoins appelés à l'avertir de ce qu'il doit faire et en aient reçu de la Constitution la mission spéciale [229]. »

---

226. *Ibid.*, p. 69.
227. *Ibid.*, p. 71.
228. *Ibid.*, p. 52.
229. *Ibid.*, pp. 37-38.

Et il insiste, en particulier, sur l'épée de Damoclès qui sera suspendue pendant cinq ans sur la tête des tribuns si le Sénat, comme ce fut le cas, s'arroge le droit de désigner à sa volonté le cinquième qui devra sortir chaque année :

> « C'est véritablement une singulière disparate que le pouvoir donné au Sénat conservateur de faire sortir du Tribunat qui bon lui semble jusqu'à la concurrence d'un cinquième du total et de n'être autorisé lui-même à agir comme conservateur, comme défenseur de la Constitution que sur l'avertissement et l'impulsion de ce Tribunat. Quelle supériorité dans un sens, quelle infériorité dans un autre, rien ne paraît avoir été fait ensemble [230] ! »

Ainsi ces trois corps dont les noms imposants devaient évoquer la République romaine et être comme le symbole de la liberté antique sont en réalité des trompe-l'œil : les dispositions mêmes qui ont été prises pour régler leurs attributions réduisent leur rôle à néant.

Ce sont toutefois des assemblées et, si habilement qu'aient été combinés leurs rapports pour rendre leur activité illusoire, elles auraient pu constituer une force dans l'Etat et acquérir une réelle influence, si leur mode de désignation ne les avait pas complètement coupées de la nation, ne leur avait pas enlevé toute valeur représentative. Elles ne peuvent à aucun titre se réclamer ni de la population dans son ensemble, ni d'une classe en particulier. Le Sénat se recrute par cooptation et il accomplit sa fonction de la manière la plus discrète qui soit ; il ne peut donc :

> « former aucune alliance avec l'opinion publique puisqu'il est assujetti par la Constitution à une vie absolument obscure. Ses séances se passent sans témoins et il ne s'assemble que pour choisir les tribuns et les législateurs et pour nommer ses propres membres ; il fait tout cela par ballotte et par scrutins et le résultat, au moment où le public en a connaissance, est un fait isolé qu'aucun raisonnement, aucune justification n'accompagne, il n'est donc extérieurement uni aux intérêts publics par aucune pensée et l'on ne peut conséquemment s'associer à lui par aucune affection, par aucune reconnaissance, c'est un être abstrait qui ne doit jamais se montrer sous une forme animée et dont les opérations seront avec le temps tellement monotones qu'on finira par les confondre avec les chances du hasard [231]. »

Pour les deux autres assemblées, Corps législatif et Tribunat, le peuple intervient sans doute dans la désignation de leurs membres puisqu'ils sont choisis sur une liste d'éligibilité de cinq mille noms proposés par lui, mais cette consultation populaire, estime Necker, est une véritable dérision :

> « Qu'est-ce à vrai dire, demande-t-il, qu'une indication donnée sans but déterminé, sans intérêt prochain, une indication encore si vague qu'elle ressemble à peine à une attestation de vie et de mœurs [232]. »

---

230. *Ibid.*, p. 39.
231. *Ibid.*, p. 35.
232. *Ibid.*. p. 17.

Comment le peuple pourra-t-il s'intéresser à l'établissement de cette liste, lors de la première consultation et à plus forte raison, lors des consultations triennales qui n'auront pas d'autre raison d'être que de remplacer à chaque fois un dixième de la liste précédente ? Ce recours au peuple apparaît encore plus fictif quand on songe à ce qu'est le Sénat :

> « Un Sénat dont la nation ne choisit aucun membre, un Sénat qui se recrute lui-même, nomme cependant tous les fonctionnaires publics. Je le demande, son pouvoir ne rappellera-t-il pas sans cesse l'interdiction du peuple et sa condamnation [318] ?. »

Les magistrats ne sont donc pas les élus de la nation : aucune des trois assemblées ne peut prétendre au titre d'assemblée républicaine, or :

> « L'utilité première de la participation du peuple à la nomination de ses magistrats, de ses législateurs est de former un lien continuel, un lien plus ou moins étroit entre les chefs de l'Etat et la masse entière des citoyens ; détruisez cette relation, soit en ôtant au peuple le droit politique qu'il peut exercer, soit en changeant ce droit en un semblant, en une simple fiction, il n'y aura plus de république ou elle n'existera que de nom [234]. »

Et c'est pourquoi, qualifiant comme il le mérite, le régime qui vient d'être instauré, « une oligarchie bourgeoise rangée autour d'un maître » Necker, conclut ainsi son analyse :

> « Changez le titre de la Constitution de l'An VIII, mettez en place : Conditions d'une Dictature pour tant d'années, vous n'y trouverez rien à redire [235]. »

## II. - UNE CONTRE-PROPOSITION

Après avoir démonté le mécanisme de cette fausse République qu'est le Consulat, Necker propose aux Français une constitution authentiquement républicaine, fabriquée de ses propres mains, et respectant l'unité et l'indivisibilité de l'Etat.

Il faut bien comprendre l'état d'esprit dans lequel il s'est consacré à ce travail et les raisons qui l'ont poussé. Il reste intimement persuadé qu'il n'y a que deux solutions possibles pour la France : la monarchie ou la fédération sur le modèle américain, mais les Français ne veulent ni de l'une ni de l'autre et, s'ils acceptent la Constitution de l'An VIII c'est que, trompés par les apparences, ils croient qu'elle réalise et leur rêve de liberté, incompatible avec la monarchie, et leur rêve de grandeur, incompatible avec le fédéralisme. Il ne suffit donc pas de les détromper, il faut aussi essayer de les satisfaire, en faisant un très grand effort d'imagination :

233. *Ibid.*, p. 32.
234. *Ibid.*, p. 33.
235. *Ibid.*, p. 80.

« Mon voisin qui rêve aux corneilles a fait une république platonique après avoir discuté ce qui est, et en vérité ce n'est pas tellement mal qu'avec un an de travail, il ne pût en faire quelque chose, mais il faudrait pourtant qu'un homme de plus d'esprit s'en mêlât [236]. »

Le ton mi-sérieux mi-ironique de cette phrase dépeint assez exactement, l'état d'esprit du vieil homme d'Etat, occupant les longues soirées de Coppet à dresser le plan d'une constitution.

Cette œuvre, il le sait bien, est une sorte de gageure,

« Une république une et indivisible de trente millions d'hommes et où l'on ne peut s'aider d'aucune subdivision d'autorité pour diminuer la tâche du gouvernement ni d'aucun patriarcat, une telle république est la plus difficile des organisations politiques... l'union de l'ordre, de la liberté et de l'égalité à un gouvernement un et indivisible doit être considérée comme le grand œuvre en politique et si le problème peut être résolu dans une vaste contrée, l'histoire du moins n'en offre aucun exemple. On jugera si avec de telles difficultés à vaincre, avec de telles conditions données, il y a des vues raisonnables dans le plan que je vais tracer [237]. »

Ce plan se conforme à la division traditionnelle entre pouvoir législatif et pouvoir exécutif, mais il ne nous sera pas difficile, à travers ce procédé d'exposition, de retrouver le souci permanent de Necker d'un pouvoir fort et d'un pouvoir contrôlé.

Pour l'exécutif, le premier problème est celui de la désignation du chef de l'Etat, elle ne peut s'effectuer que par le procédé de l'élection. Ainsi est exclu nécessairement cet élément de magie qui est l'avantage irremplaçable des monarchies. Le pouvoir républicain, et c'est sa grand faiblesse, est par définition un pouvoir désacralisé, Necker, toutefois, a bien compris que l'élection pourrait créer, entre la nation et son chef un lien sentimental extrêmement fort et permettre l'établissement d'un culte, le culte de la personnalité qui, pour n'être pas monarchique, pourrait se révéler d'une efficacité tout aussi grande. Mais il a peur de cette consécration de la multitude et de l'usage que pourrait faire du fanatisme populaire un ambitieux sans scrupules :

« On craint en général l'ambition des gouvernements, leurs desseins, leurs complots contre la liberté et l'on est ramené davantage vers cette idée sous un pouvoir exécutif unique, au milieu d'une vaste république, d'une république une et indivisible, où toutes les autorités subalternes doivent obéir sans contradiction [238]. »

Aussi prend-il deux précautions pour éviter la dictature. La première est l'élection du dépositaire du pouvoir par les assemblées législatives. Necker pense qu'

---

236. Lettre de Necker à Mme de Staël. Hiver 1800-1801. O. d'Haussonville *Mme de Staël et M. Necker d'après leur correspondance.* P. 1925 p. 169.
237. D.V. XI. 81-83.
238. *Ibid.,* p. 37.

« aucune ambition dangereuse de sa part ne serait à craindre, dès qu'on aurait mis les premières élections sous la garantie de la propriété. Le corps législatif serait alors composé d'amis de l'ordre en grande majorité, le pouvoir exécutif par affiliation serait formé de même [239]. »

La deuxième est la collégialité :

« Il faut remettre le pouvoir d'administration à un gouvernement collectif ou de plusieurs, à un gouvernement qui oblige les regards du peuple à se partager et qui impose au moins par son abstraction [240]. »

Au modèle américain, il préfère donc un collège exécutif de sept personnes agées au moins de trente-cinq ans révolus, élues pour sept ans, rééligibles trois fois seulement, et occupant chacune à leur tour annuellement la présidence avec le titre de Consul.

« Il y avait une convenance en Amérique à introduire l'unité quelque part et à tirer de l'espèce de caractère incisif et pénétrant qui lui est propre, mais dans une république où l'autorité est indivisible, où tout est dispersé sous elle, où il n'y a aucune force de résistance dans les départements, le gouvernement collectif au rang suprême se trouve parfaitement indiqué par la nature des choses [241]. »

Se rendant bien compte que ces deux précautions, collégialité et élection par le Corps législatif affaiblissent l'autorité, Necker va, par contre, se montrer très généreux pour toutes les prérogatives habituelles du pouvoir. Il insiste sur les égards dûs à la personne du Consul, chargé de représenter l'Etat et sur la pompe dont doit être environnée l'autorité suprême ; il insiste également pour qu'il dispose du droit de grâce, seul procédé qui, dans une République, permette d'agir sur l'imagination du peuple et sur sa sensibilité. Mais surtout, il va accorder au gouvernement la totalité du pouvoir exécutif : il nommerait à tous les emplois civils et militaires, excepté aux places de maires et d'officiers municipaux. Il dirigerait la politique étrangère, et disposerait du droit de paix et de guerre, sous réserve toutefois de l'assentiment des assemblées. Enfin l'unité du pouvoir serait assurée par un droit de veto exactement analogue au veto présidentiel américain pour les lois autres que de finances ; pour ces dernières, Necker réserve au gouvernement seul le droit d'initiative : « Droit placé avec beaucoup de convenance entre les mains de l'administration suprême qui seule connaît parfaitement les besoins et les ressources de l'Etat, qui seule doit s'en occuper sans cesse [242]. »

Il n'est rien dans tout cela qui puisse nous surprendre et nous allons retrouver de même, en ce qui concerne l'organisation du Corps

239. *Ibid.*, p. 149.
240. *Ibid.*, p. 140.
241. *Ibid.*, p. 141.
242. *Ibid.*, p. 242.

législatif, les idées qui nous sont familières. Pour la désignation de ses membres, il se trouve cette fois au pied du mur, il n'y a pas d'échappatoire possible, il faut bien recourir à la médiation du peuple : « La première condition d'une République est l'admission réelle du peuple au choix de ses représentants, au choix de ses législateurs [243]. » Dans ses *Réflexions sur l'égalité*, il s'était efforcé de nous montrer tout ce qu'il y avait de paradoxal et d'absurde à faire participer les masses à la vie politique, mais dans ses *Dernières vues de politique et de finance*, il se déclare prêt à jouer le jeu :

> « Il faut prendre l'autorité républicaine dans l'esprit républicain, la dignité de ses chefs, dans l'esprit républicain, les vertus publiques dans l'esprit républicain, idée importante et qu'un législateur ne doit jamais perdre de vue [244]. »

Il exclut cependant *a priori* la démocratie directe où l'assemblée du peuple fait la loi et nomme directement ses magistrats :

> « Nulle discussion sur les affaires politiques ne peut être confiée à de telles assemblées, nul jugement compliqué ne peut leur être déféré, l'intérêt social est trop large pour être soumis à la décision d'une multitude dominée communément par une seule pensée et embrassée d'une seule passion [245]. »

Le seul système possible est celui de la représentation :

> « le droit d'élection, droit immense mais qui n'exige que peu d'idées, le droit d'élection, ce commencement de tous les pouvoirs, est entre les diverses prérogatives politiques, celle qui sied le mieux au peuple et à la nature de ses lumières, il faut en régler l'exercice avec sagesse [246]. »

Nous voyons ainsi Necker recourir au même procédé que Delolme ou Mounier, mais avec un autre esprit et sans la moindre illusion, car la sagesse consistera à rendre aussi inoffensive que possible cette indispensable médiation du peuple. Ni l'Angleterre, où d'heureux abus font de la consultation populaire un simulacre, ni l'Amérique, où le fédéralisme et la structure sociale créent des conditions profondément différentes, ne peuvent être prises pour modèle. La combinaison inventée par l'ingéniosité du vieux ministre a le mérite de faire sa part « à l'esprit de propriété et aux supériorités d'éducation qui sont le résultat nécessaire des différences de fortune... » et en même temps de conserver dans son entier « l'assistance précieuse que donne aux autorités républicaines l'expression d'un vœu national [247] ». Elle consiste à faire établir par les propriétaires jouissant d'au moins quinze cents livres de rente, une liste indicative de cinq candidats

---

243. *Ibid.*, p.
244. *Ibid.*, p. 86.
245. *Ibid.*, p. 87.
246. *Ibid.*, p. 88.
247. *Ibid.*, p. 94.

par arrondissements, parmi ces cinq candidats le choix du député sera fait par les électeurs de l'arrondissement pour lesquels on exigerait au moins douze francs de contribution directe, ce qui éliminerait les manœuvres et les gens à gage, tous ceux qui sont « occupés entièrement à gagner leur subsistance par un travail continuel [248] ».

Pour parfaire ce système, quelques précautions sont encore nécessaires; afin d'éviter le tumulte des assemblées électorales « les citoyens appelés à faire un choix entre cinq candidats, les seuls qui formeraient affluence s'ils étaient réunis, ne donneront leur suffrage qu'un à un et au greffe de la municipalité [249] ». Et pour guider le choix des électeurs, les officiers municipaux seront autorisés :

> « à faire les premiers une élection entre les cinq candidats présentés par l'assemblée d'indication, et à mettre, au bas de la liste, le nom du citoyen qui aurait obtenu la majorité de leurs suffrages. Cette inscription, cette déclaration de leur part, serait un renseignement utile offert à la partie des votants qui n'auraient pas eux-mêmes aucune des notions propres à fixeàr leur choix [250]. »

Rien ne montre mieux la terreur du bourgeois devant la multitude que toutes ces mesures destinées à la rendre inoffensive, tout en la faisant intervenir pour élire les magistrats. Necker n'impose pas de condition de propriété pour l'élection des membres des assemblées législatives ; il estime suffisantes les précautions prises et pense qu' : « il vaut mieux dans une République soumise aux lois de l'égalité s'assurer du degré de fortune des électeurs que du degré de fortune des élus [251] ».

Bien entendu ce corps législatif ainsi élu sera composé de deux chambres : un grand conseil et un petit conseil. Le grand conseil se compose de cinq cents à six cents membres, à raison d'un député par arrondissement, renouvelable tous les cinq ans, car Necker est hostile au renouvellement rapide qui entraîne un recours trop fréquent à une consultation populaire ; le petit conseil serait composé de cent à cent-vingt membres de trente ans au moins, à raison d'un par département, ils seraient élus dans les mêmes conditions que le grand conseil mais pour dix ans. On peut s'étonner qu'après tant d'éloges adressés à la Chambre des Lords, il n'ait pas davantage différencié le grand conseil du petit.

Il a prévu l'objection :

> « Ne faudrait-il pas, me suis-je demandé, ne faudrait-il pas, en reconnaissant le prix de cette indépendance, l'étendre jusqu'à l'affranchissement du désir de plaire au peuple et rendre alors inamovibles les députés de l'un des deux conseils, du moins nombreux de préférence ? Il représenterait ainsi la raison invariable, cette noble su-

---

248. *Ibid.*, p. 100.
249. *Ibid.*, p. 101.
250. *Ibid.*, p. 104.
251. *Ibid.*, p. 115. Cf. l'opinion de Mme de Staël à ce sujet : supra p. 467.

prématie qui vaut bien les vœux inconscients de la multitude. Je trouve cette remarque digne d'attention et j'ajouterai que la perpétuité sans aucune altération de la chambre haute en Angleterre est certainement, entre beaucoup d'autres, un de ses mérites politiques. Qu'on y prenne garde néanmoins, c'est à cause de l'éclat permanent de la prairie que les hommes revêtus de cette dignité conservent leur autorité dans l'Etat, qu'ils la conservent, sans aucun assentiment positif et renouvelé de temps à autre par la nation. Mais au milieu d'une république où il n'existerait aucune dignité héréditaire, aucun rang transmissible, où l'on aurait perdu jusqu'à l'habitude des distinctions, on se lasserait bientôt de voir toute leur vie les fonctions de législateurs [252]. »

Aux assemblées ainsi constituées, Necker assigne un double rôle : elles partagent avec le gouvernement le pouvoir législatif, et elles contrôlent l'orientation qu'il donne à sa politique. Le premier point ne soulève pas de difficulté : avec cette précision que l'initiative revient au gouvernement pour les lois de finances, aux assemblées dans les autres domaines, toutes les lois doivent recueillir l'assentiment et de chacun des deux conseils et du gouvernement dont le veto est calqué sur le veto présidentiel de la constitution américaine. La souveraineté, nous le savons, ne peut jamais exister d'une manière simple.

Le contrôle de l'action gouvernementale pose par contre le problème toujours délicat de la responsabilité et une fois de plus, comme il l'avait fait à propos de la Constitution de l'An III et de la Constitution de l'An VIII, Necker oppose au régime monarchique, où s'opère si aisément la dissociation entre monarque inviolable et ministre responsable, le régime républicain où on ne peut rendre responsable ni les ministres [253] ni le chef de l'Etat [254].

Il faut cependant trouver une solution, car :

« Il importe que les dépositaires de l'autorité exécutive ne se croient jamais affranchis d'une responsabilité nécessaire au maintien de la liberté [255]. »

Necker pense l'avoir trouvée dans la collégialité :

---

252. *Ibid.*, p. 119.
253. « Les chefs d'une véritable république auraient une contenance subalterne si leurs commis devenaient leurs juges, si les ministres devenaient les appréciateurs de la régularité constitutionnelle de tous les ordres émanés du gouvernement...
Une telle censure ne peut être attribuée à des hommes que la nation ou les délégués de la nation n'ont pas choisis. » *Ibid.*, p. 156.
254. « Convenons que même au milieu du système de l'égalité, même sous un gouvernement formé en entier par élection, on serait justement alarmé d'avoir à prendre à parti tous les chefs de l'Etat, on calculerait avec inquiétude les résultats d'une stagnation plus ou moins durable dans le cours des affaires publiques et l'on renoncerait peut-être à exercer un droit d'enquête et d'accusation afin d'éloigner un grand scandale ou pour éviter l'occasion d'une lutte dangereuse entre les pouvoirs. » *Ibid.*, p. 157.
255. *Ibid.*, p. 158.

« Nous croyons que la difficulté serait levée si l'on rendait uniquement le Consul responsable, le Consul que j'ai désigné comme devant être le président du Sénat exécutif et il le serait légitimement s'il avait le droit de s'opposer aux délibérations du Sénat qu'il jugerait inconstitutionelles. Une responsabilité qui s'attacherait à une seule personne serait beaucoup plus efficace qu'une responsabilité partagée entre plusieurs et l'on pourrait la rappeler, la faire valoir, avec beaucoup moins d'inconvénients, puisque l'action d'un gouvernement composé de sept magistrats ne serait point arrêtée par une accusation intentée contre l'un d'entre eux [256]. »

Tel est dans ses grandes lignes le projet élaboré par Necker, il a sans doute la gratuité d'un exercice scolaire, mais il nous montre, et c'est son intérêt, que jusque dans ses dernières années, il a conservé les mêmes préoccupations : assurer l'autorité gouvernementale, en réalisant l'unité des pouvoirs et confier à deux chambres, composées de propriétaires, le soin de contrôler cette autorité dans toutes ses activités. Peu importe le régime : monarchie tempérée, monarchie constitutionnelle, République fédérale, République une et indivisible, les principes essentiels restent toujours les mêmes, puisqu'il s'agit toujours d'assurer à ceux qui possèdent, la jouissance paisible de leurs biens ; l'identité du but à atteindre, sous des étiquettes diverses, entraîne une analogie fondamentale.

### III. - JUGEMENT SUR LA SITUATION POLITIQUE FRANÇAISE EN 1802.

En opposant à celle de l'An VIII une constitution qui méritât vraiment le nom de républicaine, Necker voulait faire comprendre aux Français qu'ils avaient été mystifiés et les *Dernières vues de Politique et de Finance* sont un geste de révolte contre la dictature qui s'installe ; mais il est le premier à se rendre compte de la vanité de sa protestation et ce livre est aussi pour lui l'occasion d'exprimer le désarroi, le pessimisme qui l'envahissent devant la situation politique de notre pays.

Pour concilier l'ordre avec la liberté, trois solutions sont possibles monarchie tempérée, République fédérale, République une et indivisible, la première étant la meilleure et la dernière la moins bonne des trois, mais toutes satisfont au désir typiquement bourgeois de ne pas payer du prix de la liberté le maintien de l'ordre social. Necker nous présente et représente tour à tour ces trois formules en un carrousel un peu monotone, afin de faire ressortir les avantages et les inconvénients qu'elles présentent les unes par rapport aux autres, mais aussi et surtout pour constater amèrement et faire constater à ses contemporains qu'aucune n'est présentement réalisable.

Prenons le cas de la monarchie, une première éventualité, celle du retour du prétendant, qu'il se fasse grâce à Bonaparte ou sans lui,

256. *Ibid.*, p. 158.

est à exclure *a priori*, car, monarchie et Chambre des Pairs sont indissolublement liées l'une à l'autre, la première ne peut exister sans la seconde : « C'est une pairie héréditaire, c'est une pairie illustre suivant les idées reçues qui maintient, qui achève la majesté royale [257]. » Sans elle, plus de système de gradation, plus de principe d'hérédité et donc plus de royauté.

Or la pairie n'est plus possible, le prestige de l'aristocratie s'est évanoui, un phénomène de rationalisation s'est accompli contre lequel on ne peut rien, et que Necker se résigne enfin à admettre lui aussi.

> « ... Si ... par une révolution politique ou par une révolution dans l'opinion vous aviez perdu les éléments productifs des grands seigneurs, considérez-vous comme ayant perdu les éléments productifs de la monarchie héréditaire tempérée et tournez vos regards, fut-ce avec peine, vers un autre ordre social... [258]. »

La seconde éventualité, c'est le rétablissement de la monarchie au profit de Bonaparte lui-même. Ce serait facile, en ce qui le concerne tout au moins :

> « car lui, durant sa vie, n'aurait besoin ni de grands seigneurs, ni de pairie, il se présenterait, comme il le fait, au peuple et à toutes les classes de la nation sans crainte d'être vu, d'être jugé de trop près et sans craindre encore qu'aucune distance de respect fût mal observée [259]. »

Mais le problème de sa succession ne serait pas pour autant règlé :

> « il ne serait que le commencement de la dynastie, il faudrait rendre sa couronne transmissible, son rang héréditaire, comment y parviendrait-il ?... Il faudrait que Bonaparte pour rendre son pouvoir héréditaire créât des seigneurs et des pairs, mais il rencontrerait alors les oppositions et les distances dont nous avons parlé, en rapportant le même système à la maison de France. Peut-être même trouverait-on que, s'il fallait se soumettre à la reproduction des grands seigneurs, il vaudrait mieux les tenir de la meilleure source en ce genre, de la plus ancienne et la plus renommée.
> Bonaparte ne pourrait donc pas en commençant une dynastie être le fondateur et le chef d'une monarchie héréditaire [260]. »

Necker fait allusion à ce dont on commençait alors à beaucoup parler : la reconstitution d'une pairie, non pas en recourant à l'aristocratie traditionnelle, mais en élevant à ce haut rang les généraux, les principaux compagnons d'armes du Premier consul et le ton assez méprisant qu'il emploie pour évoquer ce projet montre assez le cas qu'il en fait.

Il faut donc renoncer à l'idée que Bonaparte puisse restaurer la monarchie en France, il ne sera qu'un aventurier au règne éphémère, incapable d'assurer l'hérédité de son trône, à moins de recourir :

257. *Ibid.*, p. 248.
258. *Ibid.*, p. 249.
259. *Ibid.*, p. 251.
260. *Ibid.*, p. 253. Cf. encore *ibid.* p. 244-245.

« à un moyen étranger aux idées républicaines, étranger aux principes de la monarchie tempérée, celui qui introduisit, qui perpétua l'Empire dans les grandes familles de Rome, les Jules, les Claudiens, les Flaviens et qui servit à renverser ensuite leur autorité : la force militaire, les Prétoriens, les armées de l'Orient et de l'Occident, Dieu garde la France d'une semblable destinée [261]. »

On comprend assez, à lire ces textes, la colère du Premier Consul et l'acharnement mis par la presse à la solde du gouvernement pour critiquer le livre du baron de Coppet. Il ne se contentait pas en effet de dévoiler clairement le vrai caractère de la Constitution de l'An VIII en démontrant qu'elle instituait une autorité absolue, derrière une façade d'institutions républicaines, il allait plus loin encore, il s'en prenait au projet du futur empereur et à ses ambitions dynastiques, proclamant à l'avance la vanité de la création d'une noblesse militaire, prophétisant aux Français pour l'immédiat, le despotisme d'un dictateur couronné, et pour un avenir plus lointain et sans issue, le règne sinistre des prétoriens, le règne du sabre.

Tout cela est présenté sans emphase, avec la rigueur d'une logique impersonnelle analysant une situation donnée et déduisant une par une les conséquences inéluctables de principes posés *a priori*. On chercherait en vain une tirade éloquente en faveur de la liberté ou des imprécations passionnées contre le dictateur, Necker affecte un ton de détachement :

« Il est permis de saisir un grand pouvoir dans le tumulte des rivalités et des ambitions, va-t-il jusqu'à écrire, on est loué même, pour l'avoir fait, quand on emploie ce pouvoir au bien de l'Etat [262]. »

mais il devait être particulièrement exaspérant pour le Premier Consul de voir le vieux ministre annoncer aux Français ce qui allait suivre, tout en les assurant que le maître du jour avait trop de noblesse ou trop de raison pour penser un instant à d'aussi noirs projets.

Le cas de la monarchie tempérée étant ainsi réglé, celui de la République fédérale ne va pas le retenir longtemps, il garde sans doute toute sa sympathie pour cette forme de gouvernement si admirablement réalisée aux Etats-Unis :

« Je regarde encore comme une des institutions politiques les plus raisonnables et les plus libérales une république où l'on fait jouir du charme de l'égalité sans porter aucune atteinte à l'ordre public [263]. »

Mais l'obstacle de nature psychologique qu'il avait déjà signalé en 1796, dans son ouvrage sur la Révolution, lui paraît en 1799 devenu infranchissable. A la différence des Américains :

---

261. *Ibid.*, p. 253.
262. *Ibid.*, p. 254.
263. *Ibid.*, p. 189.

« les Français... ont un caractère en opposition avec les mœurs simples d'un peuple nouveau. Ils veulent, par-dessus tout, l'éclat de leur pays. Ils se plaisent dans les divers genres de supériorité que leur ont procurées depuis si longtemps les triomphes de la guerre et le luxe de la paix, le bonheur ne leur suffit pas [264]. »

Le mythe de la grande nation est plus puissant que jamais, l'orgueil national, flatté par les victoires des armées républicaines est devenu si exigeant que les Français préfèrent la gloire au bonheur, tandis que :

« les Américains divisent en deux un état quand la population devient trop importante, les Français se félicitent lorsqu'ils s'agrègent de nouveaux peuples au risque manifeste de rendre le despotisme plus probable, de le rendre même nécessaire [265]. »

Ce Suisse paisible et qui a toujours eu horreur de la guerre, constate, impuissant, la montée irrésistible d'un nationalisme que Bonaparte sait trop habilement exploiter et mettre au service de son insatiable ambition.

Quant à la République une et indivisible, Necker estime que les années qui viennent de s'écouler ont dégoûté le peuple de la République :

« On rencontrerait aussi de grandes difficultés ou plutôt beaucoup de découragement dans la nation si, avant longtemps, on voulait ramener en France un gouvernement républicain. Et pourrait-on s'en étonner avec tous les souvenirs que la Révolution a laissés [266] ? »

Ne faut-il pas sur ce point relever une contradiction dans sa pensée ? Il estime la monarchie tempérée impossible, parce que l'expérience républicaine a détruit dans l'opinion le prestige de l'aristocratie, rendant inacceptable le principe des dignités héréditaires, et il rejette, en même temps, l'idée d'une République parce que cette même opinion est dégoûtée des idées républicaines. En réalité, il n'y a pas de contradiction : si Necker, en 1802, s'incline devant la justesse des idées que défendait sa fille en 1799, s'il admet que des mythes se sont évanouis, que le prestige attaché à certains grands noms de l'histoire de France a disparu, qu'un phénomène de rationalisation s'est accompli, il constate aussi que ce phénomène est parfaitement compatible avec la lassitude qu'inspire le régime républicain ; Bonaparte sut précisément profiter de cette conjoncture exceptionnelle où l'opinion était tout aussi hostile à l'Ancien Régime et aux privilèges fondés sur la naissance qu'aux institutions politiques symbolisées par le mot de République, toute prête à sacrifier la liberté politique pourvu que les conquêtes sociales de la Révolution ne fussent pas remises en question.

---

264. *Ibid.*, p. 191.
265. *Ibid.*, p. 190.
266. *Ibid.*, p. 257.

Le Genevois pense toutefois que cette antipathie pour le régime républicain n'est pas insurmontable, car :

« Les éléments propres à une République ne sont pas évanouis »

et il juge au contraire que le moment serait particulièrement favorable pour instaurer solidement un gouvernement républicain, si Bonaparte voulait consacrer son génie à cette entreprise :

« Je crois même qu'elle réussirait si, en adoptant le plan que j'ai tracé, Bonaparte était à lui seul, en commençant, le pouvoir exécutif, s'il l'était aussi longtemps qu'il le croirait convenable et si, après avoir établi le gouvernement collectif désigné dans ce même projet, il conservait l'autorité nécessaire pour inspecter et soutenir le gouvernement nouveau dans sa marche [267]. »

Et notre auteur se laisse aller à dérouler des périodes sur le thème combien émouvant d'un Bonaparte fondateur de la République française :

« Quel autre comme lui pourrait... ? ...qui pourrait mieux que lui... ? quel autre encore mieux qu'un héros... pourrait... [268]. »

Nombreux sont ceux qui, en Brumaire An IX, se laissèrent aller à de si douces illusions et prirent leurs rêves pour des réalités ; Mme de Staël déclara plus tard avoir pleuré le jour du coup d'Etat sur la liberté perdue. Elle était en réalité pleine d'une joyeuse attente et des plus vifs espoirs. Il ne fait pas de doute au contraire que son père resta, dès le début de l'aventure, extrêmement réticent et méfiant, et au moment où les *Dernières vues de politique et de finance* furent publiées, ces phrases ne pouvaient apparaître que comme une dérision [269] ; tout indiquait en effet que les sombres prophéties contenues dans ce livre se réalisaient et qu'il n'y avait rien de plus naïf que de s'imaginer un Bonaparte fondateur de la liberté. C'est le despotisme qui attend la France, un despotisme que les conquêtes de ses armées vont rendre encore plus indispensable.

Devant cette perspective peu réjouissante, devant la nécessité de renoncer aux régimes qui concilient l'ordre et la liberté, le baron de Coppet ne peut que se résigner. Pour le moment l'avenir est bouché, mais il est persuadé que les solutions qu'il préconise finiront par triompher car elles sont dans l'ordre des choses et ce bourgeois attend avec confiance, le jour où les propriétaires reprendront enfin le contrôle du pouvoir :

« On jouit et on doit jouir avec repos des effets d'une dictature qui laisse de côté pour un temps les controverses politiques et qui donne

---

267. *Ibid.*, p. 257.
268. *Ibid.*, pp. 259-260.
269. Le Sénatus consulte du 26 Thermidor An X étendait encore les pouvoirs du Premier Consul.

une apparence d'uniformité à tous les sentiments contenus par une même crainte ou alignés extérieurement à la voix d'une autorité puissante, mais considérerait-on cette espèce d'autorité comme la meilleure garantie du bonheur et l'aveugle obéissance de tous comme le dernier terme des vœux d'une nation ? La nature des choses n'est pas vaincue et, après un gouvernement que les circonstances ont appelé, on tournera ses regards vers un gouvernement désirable pour la durée des temps Je n'en doute point on parlera encore de la liberté... 270. »

Cette liberté n'est certes pas celle dont la Révolution a écrit le nom au fronton des monuments, mais Necker n'a jamais prétendu défendre autre chose que le droit des riches à contrôler le pouvoir.

---

270. *Ibid.*, p. 261.

CHAPITRE VII

# LA POSTÉRITÉ POLITIQUE DE NECKER

## I. — NECKER GRAND-PÈRE DU LIBÉRALISME

L'œuvre politique de Necker est celle qui est la plus complètement et la plus rapidement tombée dans l'oubli et, quand s'instaurera en France cette monarchie constitutionnelle à l'anglaise qu'il avait appelée de ses vœux et qu'il avait tenté de faire adopter dès 1789, il ne semble pas, à part les *Considérations sur la Révolution française*, qu'on ait beaucoup souligné un rapprochement qui s'imposait. L'atmosphère n'était guère favorable à l'ancien ministre de Louis XVI et l'on voyait en lui un des grands responsables de la tourmente plutôt que celui qui avait le plus intelligemment lutté pour l'empêcher. Quand son petit-fils A. de Staël publie, en 1820, avec beaucoup de soin et de conscience une édition complète de ses œuvres, c'est moins pour répondre aux curiosités et à la demande de l'opinion publique que pour remplir un devoir de piété filiale aussi bien envers son grand-père qu'envers sa mère qui lui avait confié cette tâche. Il est loin le temps où l'on s'arrachait les ouvrages du ministre et où les traductions s'en multipliaient dans toute l'Europe.

Et pourtant ses idées vont rester toujours vivantes et ne vont pas cesser d'influencer la pensée politique française, mais elle le feront par personne interposée. Si l'on admet en effet que Mme de Staël et B. Constant ont joué dans la formation du libéralisme français un rôle déterminant, et si on va jusqu'à leur en attribuer la paternité, il est juste alors de reconnaître que Necker en est le grand-père [1]. Il y a là une justice à rendre, un maillon à rétablir et il ne s'agit pas

---

1. Cf. G.A. Kelly : Jacques Necker... literal grandfather of Restoration Liberalism » in *French Liberalism and Aristocracy*. Journal of the history of ideas. Oct. Dec. 1965, p. 510.

d'une vague influence, d'une communauté de pensée entendue au sens
le plus général du terme ; c'est un fait que ces deux brillantes intelligences ont reçu du baron de Coppet leur éducation politique, leurs
convictions, leur système et l'on peut s'étonner qu'on se soit si rarement avisé de remonter à cette source, aussi bien pour l'un que pour
l'autre de ses deux héritiers directs.

En ce qui concerne Mme de Staël, nous pensons avoir montré à
propos de la Constitution de l'An III, combien, même quand elle
défend la République, elle reste dominée par les conceptions paternelles jusque dans le détail des institutions, à plus forte raison en
est-il de même quand Egérie de Narbonne, elle lutte pour « faire
marcher la constitution » avec l'espoir de la réformer, et quand à la
chute de l'empire, elle œuvre pour la restauration de la monarchie.

Quant à B. Constant, il n'est nullement, comme on l'a prétendu,
un autodidacte [2]. Il a fait ses écoles à Coppet, des écoles très sérieuses et très approfondies, sous l'autorité d'un maître riche d'expérience et de savoir qui ne lui a pas donné seulement des conseils, mais
une doctrine. Nombreux sont dans son *Journal*, les témoignages de la
sincère affection et de la profonde admiration qu'il éprouvait pour
lui [3], et l'on sait combien l'auteur d'*Adolphe* était avare de pareils
sentiments. Les deux hommes vécurent des mois, des années dans une
très grande intimité, qui fut aussi l'intimité intellectuelle de deux
esprits passionnés de politique, et il n'est peut-être pas un texte de
B. Constant qui ne soit le développement d'idées neckériennes ou
une réflexion et une prise de position par rapport à elles.

Pour le démontrer, nous disposons d'un document capital : malheureusement inédit, mais longuement analysé par P. Bastid [4] : c'est le
manuscrit intitulé : *Fragment d'un ouvrage abandonné*. Ce texte a
été composé pendant la période républicaine de la vie du futur
auteur des *Principes politiques*, mais pas plus que dans le cas de

---

2. Cf. P. Bastid : « Ainsi que tous les hommes de quelque valeur,
B. Constant s'est comporté en autodidacte » *B. Constant et sa doctrine*,
p. 509.

3. Cf. *Journal* 9 avril 1804. « Il est mort !... Que deviendra-t-elle ? Et
lui-même, je le regrette, si bon, si pur, si noble ; Il m'aimait. Qui conduira
maintenant l'existence de sa fille ? » Pléiade, p. 255 ; 8 avril 1805. « C'est
aujourd'hui l'anniversaire de la mort de M. Necker. Dans quelle désolation, j'étais à Coppet dans une auberge pleurant sur lui et sa fille. »
*ibid.*, p. 465 ; 25 février 1805. « Composé un petit article en réponse à celui
du *Journal de Paris* contre les *Œuvres posthumes*. Cet article du *Journal
de Paris* est de Carrion-Nizas. Le vil drôle ! Voici ma réponse : « Le
*Journal de Paris* a des mots heureux. S'affliger gaiement avec une fille
qui rend un dernier hommage à son père mort, est une expression neuve
et piquante. Elle reste seule aujourd'hui d'une famille longtemps illustre.
Il faut que cette famille paye le prix de sa gloire aux détracteurs de toute
gloire, aux ennemis de toute vertu. Allez donc, messieurs, dispersez ces
cendres amies de la France, de l'humanité et de la morale, et revenez
ensuite en triomphe, vainqueurs de l'ombre d'un homme de bien. » *Ibid.*,
p. 438. Cf. encore les *Fragments des Mémoires de Madame Récamier*,
Pléiade, p. 939.

4. P. Bastid, *op. cit.*, p. 881 ss.

Mme de Staël, il ne faut attacher beaucoup d'importance aux divergences de vues entre un Necker immuablement royaliste et un B. Constant provisoirement républicain. Elles laissent intactes une fondamentale communauté de pensée et elles montrent que l'élève ne se pose qu'en s'opposant à son maître[5]. Il est évident en effet qu'en le rédigeant, B. Constant n'a cessé d'avoir présents à l'esprit : *Du Pouvoir exécutif, De la Révolution française* et les *Dernières vues de politique et de finance.* Son texte fait même figure d'un travail d'écolier, d'écolier consciencieux et intelligent mais étroitement dépendant des notions qu'il a reçues, des cadres dans lesquels on l'a habitué à réfléchir et qui seront ceux de toute sa vie, puisque, pour ses ouvrages postérieurs, il puisera largement dans ce fond d'écrits non publiés et composés, à la fin du Directoire, sous le Consulat, au début de l'Empire.

Un exemple justifiera, pensons-nous, des affirmations qui peuvent paraître quelque peu exagérées, c'est celui des idées de B. Constant relatives à la responsabilité ministérielle. Nous avons constaté la place qu'occupait cette question dans l'œuvre de Necker et son souci de concilier l'inviolabilité du chef de l'Etat et la responsabilité de ses ministres. C'est là en effet un problème crucial, car le contrôle par les assemblées de l'activité du gouvernement en tant qu'organe d'exécution ne pourra s'effectuer sans heurt et sans crise que si le chef de l'Etat est inviolable et les ministres responsables, que si la continuité est assurée dans le changement. Necker revient inlassablement sur ce sujet, qu'il s'agisse de la Constitution anglaise, de la Constitution de l'An III, de la Constitution de l'An VIII, ou de sa propre constitution, il répète indéfiniment la même chose, à savoir que seule la monarchie, grâce à l'élément de magie qu'elle comporte, grâce à la sacralisation du détenteur de l'autorité, est capable de combiner les deux notions contradictoires d'inviolabilité et de responsabilité. C'est dans son cas une véritable idée fixe, toute la problématique du choix entre Monarchie et République est suspendue à cette question et c'est pour la

---

5. Cf. sa réaction à la publication de *Du Pouvoir exécutif*. « L'on ne croira pas j'espère que je méconnaisse les talents et les vertus de M. Necker parce que ses opinions politiques me paraissent erronées. La même franchise qui me porte à énoncer mon dissentiment sur toutes les parties de son système, me fait un devoir de professer mon admiration pour son génie et mon respect pour son caractère. J'ai été, je l'avoue, profondément affligé de son dernier ouvrage dont les beautés m'ont frappé, comme elles ont dû frapper tous ses lecteurs. Je crois que, plus rapproché de la scène, il eût jugé bien différemment. Les journaux qui ont porté dans sa solitude, pendant dix-huit mois, la description trop vraie de crimes inouïs et depuis un an les exagérations d'une opinion très fautive, l'ont trompé sur beaucoup de points, mais en le combattant, qui pourrait se refuser à la douceur de lui rendre justice. Qui pourrait ne pas admirer l'éclat de son talent et la finesse de ses vues et l'expression éloquente d'une âme toujours pure et malgré ses préventions, amie encore de la liberté ? » B. Constant. *Des réactions politiques*, An V, II$^e$ édition, p. 103 (note de la p. 32).

résoudre qu'il a donné à « sa » République une direction collégiale.

Or, que lisons-nous à ce sujet dans le *Fragment d'un ouvrage abandonné* tel que le résume P. Bastid ?

> « La responsabilité de l'exécutif ne paraît pas moins nécessaire que l'indépendance de la justice. *Ce n'est que lorsque la puissance est sacrée*, comme dans la monarchie héréditaire, que l'on peut *séparer la responsabilité de la puissance*. Un pouvoir exécutif complexe et se renouvelant périodiquement n'est point, lui, *un être à part*. Il n'a à défendre que son autorité, qui est compromise dès que l'on attaque son ministère, composé d'hommes comme lui, et avec lesquels il est toujours de fait solidaire. Rendre le pouvoir exécutif inviolable, c'est instituer les ministres juges de l'obéissance qu'ils lui doivent. Ils ne peuvent à la vérité lui refuser cette obéissance qu'en donnant leur démission ; mais alors l'opinion publique se porte juge à son tour entre le pouvoir exécutif et les ministres, et la faveur est naturellement du côté des hommes qui paraissent avoir fait à leur conscience le sacrifice de leur emploi. On glisse ainsi vers un Etat ou le pouvoir exécutif, ce sont les ministres, l'exécutif devenant inutile. Il faut donc que *l'exécutif appelle sur lui la responsabilité*. Mais il est à craindre que celle-ci ne soit illusoire. *Une responsabilité qui ne peut s'exercer que sur des hommes dont la chute interromprait les relations extérieures et frapperait d'immobilité les ressorts intérieurs de la République s'exercera-t-elle jamais* [6]. »

Il est clair que l'auteur de ce texte est imprégné de la pensée neckérienne et qu'il en reproduit fidèlement les mêmes raisonnements.

Continuant son résumé, P. Bastid écrit :

> « Necker propose de faire peser tour à tour la responsabilité sur celui des membres de l'exécutif qui serait revêtu de la présidence. Benjamin Constant retient provisoirement ce système mais il est clair qu'il ne le satisfait pas pleinement. »

A un lecteur non prévenu, ces lignes pourraient laisser entendre que B. Constant est seul à faire des réserves devant une solution choisie par Necker et qu'il y a désaccord entre l'un et l'autre ; en réalité, la réticence de Constant est celle de son maître, nul plus que ce dernier n'est convaincu du caractère hasardeux que représente une constitution républicaine pour un pays comme la France. C'est un monstre contre nature. Et c'est bien pourquoi, innovant sans doute, mais innovant dans une direction qui lui a été indiquée, prescrite, pour pallier un danger qu'on lui a signalé, B. Constant invente un pouvoir préservateur chargé d'assurer cette continuité, cette stabilité que ne saurait garantir à la République l'inviolabilité de six membres sur les sept qui forment le Directoire exécutif, inviolabilité dont Necker ne s'était contenté qu'en désespoir de cause.

B. Constant ne sera pas long d'ailleurs à mettre fin au malaise qu'il ne peut manquer d'éprouver dans un régime où la conciliation entre inviolabilité et responsabilité restera toujours précaire.

---

6. P. Bastid. *Op. cit.*, p. 893. On retrouve en fait dans ce résumé des phrases entières figurant dans les *Principes politiques* publiés en 1815 et qui sont donc des citations. Ce sont elles que nous avons soulignées.

« L'idée centrale du texte, écrit P. Bastid à propos du *Fragment d'un ouvrage inachevé*, est celle du pouvoir neutre que rien ne lie exclusivement à la forme républicaine. Lorsque les événements rendront toute restauration irréalisable, c'est grâce à cette idée que Constant opèrera son ralliement à la monarchie [7]. »

Mais cette idée, d'où la tient-il ? Elle n'est au centre de sa propre pensée constitutionnelle que parce qu'elle est au centre de la pensée constitutionnelle de son hôte de Coppet. C'est lui qui a appris au jeune Vaudois que « la responsabilité du ministre et l'inviolabilité du chef de l'Etat sont des conditions monarchiques et nullement républicaines [8] » et en se ralliant à la monarchie, Constant n'a fait que se rendre à une argumentation qu'il avait dû entendre rabâcher bien des fois et que répétaient inlassablement tous les ouvrages politiques de Necker et en particulier les chapitres de *De la Révolution française* consacrés à l'examen de la Constitution de l'An III que Mme de Staël très intentionnellement, fit réimprimer au début de l'An VIII [9].

Et c'est ainsi qu'un jour, devenu le théoricien officiel de la monarchie constitutionnelle, le disciple promu au rang de maître, développera longuement et brillamment dans le chapitre II de ses *Principes de Politique*, intitulé : *De la nature du pouvoir royal dans une monarchie constitutionnelle* et dans le chapitre IX : *De la responsabilité des ministres*, des idées dont, il faut bien le reconnaître, un lecteur de Necker a les oreilles quelque peu rebattues, à savoir que : « ce n'est que lorsque la puissance est de la sorte sacrée que vous pouvez séparer la responsabilité d'avec la puissance [10] » à savoir que la Constitution

---

7. *Ibid.*, p. 898.

8. D.V. XI. 71.

9. Cf. *Supra*, p. 475.

10. « Le roi, dans un pays libre, est un être à part, supérieur aux diversités des opinions, n'ayant d'autre intérêt que le maintien de l'ordre, et le maintien de la liberté, ne pouvant jamais rentrer dans la condition commune... Il plane, pour ainsi dire, au-dessus des agitations humaines, et c'est le chef-d'œuvre de l'organisation politique d'avoir ainsi créé, dans le sein même des dissentiments sans lesquels nulle liberté n'existe, une sphère inviolable de sécurité, de majesté, d'impartialité... Mais on perd cet immense avantage, soit en rabaissant le pouvoir du monarque au niveau du pouvoir exécutif, soit en élevant le pouvoir exécutif au niveau du monarque. Si vous confondez ces pouvoirs, deux grandes questions deviennent insolubles : l'une, la destitution du pouvoir exécutif proprement dit, l'autre la responsabilité. Le pouvoir exécutif réside de fait dans les ministres : mais l'autorité qui pourrait le destituer a ce défaut dans la monarchie absolue, qu'elle est son alliée, et dans la République, qu'elle est son ennemie. Ce n'est que dans la monarchie constitutionnelle qu'elle s'élève au rang de son juge. » *Principes de politiques*, Pléiade, p. 1088 ou encore « Un monarque héréditaire peut et doit être irresponsable; c'est un être à part au sommet de l'édifice. Son attribution qui lui est particulière et qui est permanente non seulement en lui, mais dans sa race entière, depuis ses ancêtres jusqu'à ses descendants, le sépare de tous les individus de son empire. Il n'est nullement extraordinaire de déclarer un homme inviolable, lorsqu'une famille est investie du droit de gouverner un grand peuple, à l'exclusion des autres familles... Mais ce n'est que lorsque la puissance est

anglaise fournit un exemple admirable de cette vérité[11], à savoir que la République directoriale était pour cette raison un régime condamné, comme l'est *a priori* tout régime républicain dans le cas d'un grand pays comme la France[12].

Sur ce dernier point, le rapprochement des textes est si convaincant que nous reproduisons successivement le passage de *De la Révolution française* et celui du chapitre des *Principes de politique* intitulé « De la nature du pouvoir royal dans une monarchie constitutionnelle », qui lui sont consacrés.

> « Les Anglais, écrit Necker en 1796, se sont mis à l'abri d'un bouleversement de ce genre (la chute du régime), en dirigeant sur les ministres toute la responsabilité, et en tenant pour inviolable la personne du monarque ; moyen ingénieux qui ne soumet à aucun risque le respect dû, au nom de l'ordre, au nom du repos de l'Etat, à la dignité suprême et qui fait tomber la vindicte publique sur des seconds, sur des agents dont la caution n'est pas même collective, et qu'on peut attaquer un à un, chacun dans le cercle de son département. Une telle institution, à la vérité, n'était pas applicable à une Constitution républicaine ; car il ne faut pas moins que la majesté du trône, pour garantir le chef de l'Etat de l'atteinte portée à sa considération par la responsabilité directe de ses ministres envers la nation ; et si l'on avait établi en France une responsabilité de cette nature, le directoire n'eût été qu'un fantôme et un fantôme ridicule ; car pour en créer un sérieux, un véritablement utile à l'Etat il faut tous les prestiges de la royauté... Mais une bonne solution était-elle possible ? Je ne le crois pas, car le mal est dans les bases mêmes du système politique dont a fait choix ; le mal est dans cette parité réelle, aux regards de l'opinion, entre les chefs et les sous-chefs du gouvernement, parité qui rend inadmissible le système ingénieux de responsabilité introduit en Angleterre » (R.F.X. 254).

et B. Constant répète sagement :

> « Entre un pouvoir républicain non responsable, et un ministère responsable, le second serait tout, et le premier ne tarderait pas à être reconnu pour inutile. La non-responsabilité force le gouvernement à ne rien faire que par ses ministres. Mais alors quelle est l'utilité du pouvoir supérieur au ministère ? Dans une monarchie, c'est d'empêcher que d'autres ne s'en emparent, et d'établir un point fixe, inattaquable, dont les passions ne puissent approcher. Mais rien de pareil n'a lieu dans une république, où tous les citoyens peuvent arriver au pouvoir suprême. »

> « Supposez, dans la Constitution de 1795, un Directoire inviolable et un ministère actif et énergique. Aurait-on souffert longtemps cinq hommes qui ne faisaient rien, derrière six hommes qui auraient tout

___

de la sorte sacrée, que vous pouvez séparer la responsabilité d'avec la puissance. » *Ibid.*, p. 1084.

11. « La monarchie constitutionnelle résout ce grand problème ; et pour mieux fixer les idées, je prie le lecteur de rapprocher mes assertions de la réalité. Cette réalité se trouve dans la monarchie anglaise. Elle crée ce pouvoir neutre et intermédiaire : c'est le pouvoir royal séparé du pouvoir exécutif », *ibid.*, p. 1083.

12. R.F. X. 134.

fait ? Un gouvernement républicain a besoin d'exercer sur ses minis-tres une autorité plus absolue qu'un monarque héréditaire : car il est exposé à ce que ses instruments deviennent ses rivaux. Mais, pour qu'il exerce une telle autorité, il faut qu'il appelle sur lui-même la responsabilité des actes qu'il commande : car on ne peut se faire obéir des hommes, qu'en les garantissant du résultat de l'obéissance. Les Républiques sont donc forcées à rendre responsable le pouvoir suprême. Mais alors la responsabilité devient illusoire. Une responsabilité qui ne peut s'exercer que sur des hommes dont la chute interromprait les relations extérieures et frapperait d'im-mobilité les rouages intérieurs de l'Etat ne s'exercera jamais [13]. »

« N'oublions donc jamais, concluera-t-il, ailleurs, cette grande vérité cette vérité qui établit l'unique supériorité de la monarchie, mais de la monarchie constitutionnelle seulement, sur le gouvernement répu-blicain, dans lequel il a été impossible jusqu'ici de séparer le pou-voir exécutif du pouvoir suprême, et de résister à l'un sans ébranler l'autre [14]. »

Si Necker avait vécu, il se serait certainement réjoui d'avoir été si bien compris.

Etroitement liée à sa conversion du républicanisme à la monarchie, l'évolution des idées de Constant relatives à la Chambre Haute, s'ac-complit suivant un processus strictement identique. Celui qui repro-chait à l'auteur de De la Révolution française de vouloir « par d'ingé-nieuses nuances, par des déclarations fines, par des subtilités élégan-tes, par l'éclat du talent, par de brillantes images, relever l'héré-dité [15] » est aussi celui qui, vingt ans plus tard, proclamera la néces-sité d'une Chambre aristocratique : « Dans une monarchie hérédi-taire, l'hérédité d'une classe est indispensable. » Tout le chapitre IV [16] des Principes de Politique qui commence par cette affirmation caté-gorique, ne fait que reproduire les arguments de Necker en faveur de cette opinion.

Ainsi en est-il de toute la pensée politique de B. Constant, qu'il s'agisse de points précis de technique constitutionnelle, ou de ces grands thèmes que sont l'admiration pour la Constitution anglaise, l'attribution des droits politiques aux seuls propriétaires, la concep-tion fondamentalement dualiste du pouvoir et la dénonciation de tout despotisme, celui d'un homme comme celui d'une assemblée. On trouverait rarement pareil exemple d'une transmission de doctrine aussi complète et aussi discrète. Sans doute dans les Principes de Politique, à propos du mode d'élection des députés de la Chambre Basse, est-il fait allusion à Necker dans les termes les plus flatteurs :

_____

13. Principes de politique. Pléiade, pp. 1085-1086.
14. Sur la liberté de la presse. Ibid., p. 1249.
15. Des Réactions politiques, p. 32.
16. D'une assemblée héréditaire et de la nécessité de ne pas limiter le nombre des représentants. Pléiade, p. 1095 ss.

> « Un auteur illustre à plus d'un titre, comme éloquent écrivain, comme ingénieux politique, comme infatigable ami de la liberté et de la morale, M. Necker, a proposé, dans l'un de ses ouvrages [17], un mode d'élection qui a semblé réunir l'approbation générale [18]... »

Mais c'est à chaque page des *Principes*, à propos de chaque thèse exposée, que pourrait être invoquée l'autorité du père de Mme de Staël soit pour souligner une identité de points de vue, soit comme c'est le cas ici, pour justifier une divergence.

Nous reconnaîtrons sans difficulté qu'il est moins agréable de lire la prose de M. de l'Enveloppe que celle de l'auteur d'*Adolphe*, mais il faut savoir que ce dernier n'a fait que prêter l'élégance et l'aisance de son style aux idées qu'on lui avait inculquées, et donc, toutes les fois que l'on se réfère au théoricien politique de la Restauration, qu'on cite ses ouvrages, c'est à travers lui la voix de Necker, authentique fondateur du libéralisme, qui se fait entendre, et tous les tenants de cette doctrine, doivent être comptés parmi ses héritiers.


## II. - NECKER ET LA PENSÉE POLITIQUE CONTEMPORAINE

Nous n'avons nullement l'intention dans les développements qui vont suivre d'établir une filiation, mais tout simplement une coïncidence. A l'exception de l'auteur de *Du pouvoir*, personne sans doute à notre époque ne lit les ouvrages politiques de l'auteur de *Du pouvoir exécutif dans les grands Etats*, mais il n'en reste pas moins. et c'est maintenant ce que nous voudrions prouver, que sa doctrine et sa pensée sont étonnamment modernes et que la leçon de l'expérience et les exigences de notre temps remettent en faveur une conception du pouvoir, et de son exercice, qui ont toujours été celles de cet homme d'Etat.

C'est un fait que, dans la pensée politique contemporaine, se manifeste un puissant courant de modernisation de la conception traditionnelle de la démocratie, et l'on assiste à une double offensive menée contre deux mythes qui ont régné sans conteste depuis 1789 et qui dominent encore bien des esprits : le mythe des Assemblées, seules interprètes possibles de la volonté générale, et le mythe de la séparation des pouvoirs, condition nécessaire et suffisante de la liberté du citoyen.

A la fois sous l'influence du *Contrat Social* et en contradiction avec son véritable esprit, on a posé comme une vérité d'Evangile que, dans un Etat dont la dimension rendait impossible le recours à la démocratie directe, le vouloir de la société ne pouvait valablement s'incarner que dans des assemblées, dans un corps législatif élu par le peuple,

---

17. *Dernières vues de Politique et de Finance*, Cf. *supra*, p. 487.
18. *Principes de politique*. Pléiade, p. 1100.

et il n'est guère de manuel, ni de professeur d'histoire qui ne présentent la lutte pour le triomphe de cette idée et la conquête du suffrage universel comme l'aventure exaltante qui donne un sens à l'histoire politique française depuis le mois de juin 1789. C'est une conviction bien établie que l'attribution de la souveraineté à un corps législatif considéré comme l'émanation directe du peuple, parce qu'élu par tous les citoyens, est la condition fondamentale de la démocratie et de la liberté.

Le caractère distinctif de cette conception est d'être rigoureusement moniste. Comme le souligne un de ses adversaires, elle

> « ne reconnaît qu'une seule force politique légitime, le peuple ; elle n'admet qu'un seul principe constitutionnel : la souveraineté du peuple. Volonté du peuple, souveraineté nationale ne peuvent être représentées que par un seul organe, un organe simple [19]. »

C'est la prise de conscience de plus en plus aiguë des dangers de ce monisme qui va provoquer la mise en question de la démocratie classique et ce pour une double raison. Invoquant l'autorité de Rousseau et sa propre critique de la démocratie représentative, certains soulignent l'écart inévitable entre la volonté du peuple et la volonté des députés. Toute assemblée, si elle ne réunit pas la totalité des citoyens, ne peut offrir qu'une image déformée de leur vouloir, n'être qu'une interprète infidèle de leurs intentions. La représentation vicie irrémédiablement la démocratie. Comme l'écrit encore Ch. Eisenmann :

> « La volonté ne peut être représentée, affirme l'auteur du *Contrat social*, surtout par une volonté souveraine ; en d'autres termes, il n'est jamais certain que les décisions prises par un organe autre que le peuple seront celles-là mêmes que le peuple eût voulues, même si cet organe est élu par ce peuple suivant un système considéré comme parfaitement démocratique ; donc la souveraineté d'aucune Assemblée n'équivaut à la souveraineté du peuple, ne la réalise : l'écart entre le gouvernement par l'une ou par l'autre est immense. Et par suite, ce qui serait vrai si l'on raisonnait dans l'hypothèse d'un gouvernement direct par le peuple cesse de l'être pour l'hypothèse de la démocratie simplement représentative [20]. »

Pour remédier à cette situation, on va réclamer la substitution d'un pluralisme à ce monisme, et la mise en place d'une autre instance ou d'autres instances qui permettraient de corriger cet écart, de réduire la marge inévitable d'erreur et de connaître avec plus d'exactitude cette volonté générale que la majorité d'une assemblée ne saurait qu'imparfaitement exprimer. On propose dans ce but de partager la souveraineté entre une assemblée et un président élu au suffrage universel, considéré pour cette raison comme un représentant privilégié de la nation :

---

19. Ch. Eisenmann : *Le système constitutionnel de Montesquieu et le temps présent*. Actes Congrès Montesquieu. Bordeaux, 1965, p. 245.
20. *Ibid.*, p. 246.

> « Un Chef d'Etat élu par le peuple est certainement un organe démocratique ; donc, sa participation au pouvoir suprême (...) n'est pas une atteinte aux principes démocratiques [21] ; »

et G. Vedel abondant dans ce sens déclare à son tour :

> « Dans une démocratie moderne, l'exécutif demeure le moteur essentiel. On croit souvent en France que l'essentiel de la démocratie est concentré dans les Assemblées, mais c'est précisément parce que l'exécutif en France n'a au fond jamais été désigné de façon démocratique [22]. »

Rien n'empêche de passer de ce dualisme à un trialisme par la création d'une deuxième assemblée, comme l'envisage Ch. Eisenmann

> « ... Même pour le Parlement, il existe des systèmes d'organisation d'une seconde Assemblée qui sont suffisamment compatibles avec la démocratie ; en tout cas, avec cette démocratie par essence si imparfaite, qu'est la démocratie représentative [23]. »

Comment, devant ces textes, ne pas être frappé de la surprenante similitude qu'ils présentent avec les formules de Necker et en particulier avec celle qui résume toute cette argumentation, à savoir que « la souveraineté ne saurait exister d'une manière simple ». Les auteurs que nous venons de citer, sans employer la même terminologie, obéissent au même souci de réduire l'écart entre le vœu et la volonté et, à les entendre, on ne peut s'empêcher de penser aux phrases de la *Lettre sur le veto* où le ministre de Louis XVI rappelait aux députés que

> « s'il est si difficile à la nation d'exprimer la plénitude et la durée de ses vœux, si ses représentants momentanés ne peuvent le faire qu'imparfaitement, il est dû d'autant plus de respect à celui qui, par l'assentiment des siècles et des générations passées, a été consacré, l'un des gardiens immuables des lois et de la félicité publique [24]. »

Le deuxième argument des adversaires de la démocratie classique est l'incompatibilité entre monisme et liberté, ceux qui s'attachent à la démontrer sont les héritiers d'une très longue tradition toujours présente dans la pensée politique française, celle du libéralisme. Ils mettent l'accent sur une illusion trompeuse dont bien des esprits ont été et sont encore victimes, en s'imaginant que l'attribution de la souveraineté à une assemblée élue au suffrage universel est la condition nécessaire et suffisante pour faire régner la liberté ; le suffrage universel aurait en quelque sorte une vertu purificatrice ; un pouvoir prenant sa source dans le peuple ne pourrait s'exercer que pour le

---

21. *Ibid.*
22. G. Vedel : *Cours de droit constitutionnel et institutions politiques.* Licence 1re année. Les cours de droit. Paris, 1959-1960, p. 766.
23. Ch. Eisenmann. *Op. cit.*, p. 246.
24. Necker : *Lettre sur le veto.* Oe. c., VII, 63.

peuple. En réalité, comme l'écrit B. de Jouvenel : « Le pouvoir illimité est aussi dangereux d'où qu'il émane et où qu'il réside » et à l'appui de sa thèse il cite B. Constant [25] :

> « Quand on n'impose point de bornes à l'autorité représentative, les représentants du peuple ne sont point des défenseurs de la liberté mais des candidats de tyrannie. Or, quand la tyrannie est constituée, elle peut être d'autant plus affreuse que les tyrans sont plus nombreux [26]. »

La fameuse phrase de lord Acton, « le pouvoir rend fou, le pouvoir absolu rend absolument fou », n'est pas valable seulement pour un despote ; la dictature d'une assemblée est aussi redoutable que celle d'un individu.

Pour cette raison, l'auteur de *Du Pouvoir* ne partage nullement l'enthousiasme qu'éprouvent la plupart des historiens de la Révolution française devant le triomphe des députés sur le roi, en juin 1789, et la révolution juridique accomplie à cette date. La monarchie, soi-disant absolue, était en réalité une monarchie tempérée, et sa chute, en anéantissant tous les contre-pouvoirs, en faisant disparaître toute représentation « singulariter » a ouvert la voie à une nouvelle forme de despotisme, d'autant plus insidieuse que les représentants de la volonté générale vont pouvoir l'exercer en prétendant n'être que « les instruments dociles de cette volonté prétendue [27] ».

Là encore, pour faire apparaître une évidente communauté d'inspiration entre un théoricien politique contemporain et le ministre de Louis XVI, il nous suffira de rappeler de ce dernier une phrase que tout libéral peut faire sienne : « Il n'est point de liberté réelle, il n'en est point du moins qui soit certaine s'il existe au milieu de l'Etat une autorité sans balance [28] » et nous savons avec quelle énergie et quelle ténacité, Necker lutta au cours de son second et de son troisième ministère, pour défendre face à l'Assemblée, l'autorité royale, pour maintenir un dualisme sans lequel, comme il le montre dans *Du Pouvoir exécutif*, le régime instauré par la Constituante ne pouvait que dégénérer en cette nouvelle forme de tyrannie qu'est le régime d'assemblée.

Par le biais de cette réflexion sur les dangers que le monisme fait courir à la liberté, nous en arrivons au second mythe contre lequel se dressent les constitutionnalistes d'aujourd'hui, le mythe de la séparation des pouvoirs. On a cru trouver, en effet, dans une rigoureuse distinction fonctionnelle entre l'exécutif et le législatif, dans leur indépendance l'un par rapport à l'autre, le remède à l'arbitraire, la garan-

---

25. B. de Jouvenel : *Du Pouvoir*. Genève, 1947, p. 461.
26. *Ibid.*, p. 357. B. Constant ne fait d'ailleurs que reprendre les idées exposées par Necker dans le chapitre de *Du Pouvoir exécutif* intitulé : « Du pouvoir exécutif dans ses rapports avec la liberté »
27. L'expression est de B. Constant ; cité par B. de Jouvenel, *op. cit.*, p. 358.
28. P. ex. VIII, p. 275.

tie absolue que les droits de chacun seraient respectés ; et l'on a vu dans ce type de dualisme, le procédé le plus efficace et le plus rationnel pour que le pouvoir arrête le pouvoir. Se fondant à tort ou à raison sur l'autorité de Montesquieu, et érigeant en axiome certaines de ses phrases, des générations de juristes ont fait de cette séparation l'alpha et l'oméga de la science politique et l'ont imposée comme une doctrine hors de laquelle il n'y avait point de salut. Aussi est-ce avec une ardeur d'iconoclastes, avec le sentiment de se libérer d'un carcan trop longtemps supporté, que les juristes d'aujourd'hui se révoltent contre elle.

> « On éprouve quelque scrupule, écrit G. Burdeau, à suspecter l'exactitude d'une thèse aussi ancienne et qui, outre l'adhésion de plusieurs générations de publicistes a reçu l'éclatante consécration du droit positif. Cette hésitation ne manque pas toutefois d'être dissipée lorsqu'on observe que la réalité refuse de se laisser enfermer dans les cadres de la classification courante, que d'ailleurs, bien qu'inscrits dans les Constitutions, ils n'y sont qu'une division verbale privée de tout effet par la pratique politique et qu'enfin, en admettant que la théorie ait été exacte autrefois, elle a cessé de l'être avec l'évolution du rôle qui incombe à l'Etat [29]. »

ou encore :

> « Il est impossible de prétendre que l'autorité qui tient entre ses mains l'avenir du groupe et qui exige, pour son parfait exercice, le génie de l'homme d'Etat, n'accomplit, au point de vue juridique, qu'une tâche d'exécution [30] »

et l'on insiste sur la nécessité absolue d'accorder à l'organe de gouvernement, à l'exécutif, le droit de légiférer.

> « Ayant la responsabilité de l'avenir du pays, les gouvernants ne peuvent l'assurer que s'il leur appartient de déterminer initialement la politique où ils s'engagent. Agents d'exercice du pouvoir, lui-même incarnation de l'idée de droit, ils ont obligatoirement pour rôle de déceler les exigences de cette représentation de l'ordre désirable et de les sanctionner par un aménagement adéquat du droit positif [31]. »

et donc :

> « Il faut renverser les catégories admises par l'école classique quant à la distinction des fonctions, et rejetant l'opposition entre législation et gouvernement, voir dans ce pouvoir de faire la loi, le privilège inaliénable du gouvernement. Ainsi, on rétablira l'accord entre

---

29. G. Burdeau : *Remarques sur la classification des fonctions étatiques.* Revue de droit public et de la science politique. 1945, p. 204. Cf. Karl Loewenstein : « The doctrine of the « separation of powers » is the most hallowed concept of constitutionnal theory and practice » *Political power and the governmental process* the university of Chicago Press. 1965, p. 92.
30. G. Burdeau : *Cours de droit constitutionnel et d'institutions politiques.* (1965-1966), p. 383.
31. G. Burdeau : *Remarques sur la classification des fonctions étatiques.* Revue du droit public et de la science politique, 1945, p. 218.

la théorie et le bon sens confirmé par la pratique politique et qui enseigne que gouverner, c'est d'abord légiférer [32]. »

On ne saurait nier que l'œuvre de Necker soit une préfiguration de cette nouvelle attitude devant la notion d'Etat ; on y retrouve la même conviction de l'unité profonde du pouvoir qui doit être exercé par celui qui commande, par le gouvernement, dans toute sa plénitude, la même protestation contre son morcellement, son démantèlement, la même affirmation que la fonction législative, tout autant que la fonction exécutive, font partie de ses attributions.

Parallèlement à cette systématique mise en question de la doctrine de la séparation des pouvoirs, on propose une nouvelle interprétation de la pensée de Montesquieu selon laquelle l'expression de séparation des pouvoirs n'aurait nullement dans son œuvre la signification que ses exégètes ont prétendu lui donner. Montesquieu serait la victime d'une sorte d'erreur judiciaire commise par une longue postérité de juristes lui attribuant la paternité de principes en évidente contradiction avec la véritable signification du fameux Livre XI de l'*Esprit des Lois* [33].

Ainsi dépouillée de toute valeur absolue, déchue de son autorité tyrannique, ramenée à ses justes proportions, la doctrine de la séparation des pouvoirs n'est plus qu'un moment de la pensée politique française. Il ne faut plus voir en elle, une théorie du pouvoir valable dans tous les temps et les lieux, une sorte de *Discours de la Méthode* de la pensée politique, mais un produit de circonstances historiques déterminées, le résultat d'une certaine conjoncture aussi bien politique que sociale, et, si nous insistons sur ce point, c'est que cette prise de position va nous permettre de donner sa véritable signification à l'œuvre de Necker.

Sur le plan politique, tout d'abord, il paraît indéniable que le succès de la doctrine de la séparation des pouvoirs est lié en France à la lutte contre la monarchie de l'Ancien Régime, elle a été un instrument de combat, un moyen en vue d'une fin qui était la défaite de l'absolutisme, c'est là sa fonction historique.

> « Elle a permis, au nom de la distinction du pouvoir législatif et du pouvoir exécutif de démembrer le pouvoir aux mains du monarque, en instituant à côté de lui un organe représentatif, ce qui limitait du même coup le domaine de son action et le confinait dans les tâches attribuées à l'exécutif. La séparation des pouvoirs a d'abord été le morcellement du pouvoir aux dépens de celui qui l'exerçait dans sa totalité [34]. »

Et c'est bien contre quoi le ministre de Louis XVI a résolument pris position. Face à une assemblée, mettant au service de sa volonté

---

32. G. Burdeau : *Cours de droit constitutionnel, op. cit.*, p. 384.
33. Cf. C. Eisenmann : *L'esprit des lois et la séparation des pouvoirs.* Mélanges Carré de Malberg. Recueil Sirey 1933. Cf. *Supra*, p. 335.
34. G. Vedel. *Op. cit.*, p. 709.

de puissance, cette arme idéologique, Necker, sans être pour autant un défenseur de l'Ancien Régime, et c'est la source d'une équivoque qui l'a perdu, s'est fait le défenseur de l'autorité royale parce qu'elle incarnait le pouvoir qui, pour être fort, ne doit être morcelé à aucun prix.

Si, passant de son utilisation à des fins proprement politiques, nous en venons maintenant à la signification plus générale, sur le plan social, du triomphe de cette doctrine, à la fin du XVIIIᵉ siècle, nous verrons le combat mené contre elle par Necker prendre là encore son véritable sens. Ce triomphe est dû à l'optimisme fondamental de la pensée du siècle des lumières et à sa confiance dans le jeu des forces naturelles.

> « La loi était alors conçue, comme le dit G. Burdeau, non comme l'expression d'une volonté créatrice mais comme la traduction juridique d'une donnée naturelle [35]. Le législateur n'avait pas à faire preuve d'initiative, pas plus qu'il ne pouvait prétendre imposer par la loi l'établissement d'une structure sociale déterminée. Institué pour reconnaître, il n'avait, théoriquement du moins, aucune autorité pour créer. De leur côté, les gouvernants étaient tenus à la même passivité, leur intervention n'étant légitime que pour assurer le respect de quelques grands principes sociaux naturels. Cet effacement rendait très acceptable le rôle d'exécution auquel les confinait la distinction : fonction législative, fonction exécutive. La philosophie politique ne leur reconnaissant pas le droit de gouverner, la véritable fonction gouvernementale était l'apanage non d'un organe politique mais des forces naturelles dont le jeu spontané devait entraîner le bonheur des hommes [36]. »

Et l'auteur de ces lignes, passant ensuite à l'analyse des raisons pour lesquelles cette doctrine est maintenant démodée, en voit l'explication dans le discrédit où est tombée la foi en un ordre naturel, en la création spontanée d'une harmonie sociale.

Il en est résulté un changement d'attitude en face de l'Etat, on exige désormais de lui qu'il intervienne en permanence, qu'il rétablisse incessamment un équilibre toujours menacé et, pour lui donner le moyen d'accomplir cette tâche, on lui reconnaît alors le droit d'exercer le pouvoir dans toute sa plénitude, de gouverner au sens fort du terme, en légiférant aussi bien qu'en exécutant :

> « A l'opposition de sa signification révolutionnaire, la loi devient une création artificielle. C'est une direction imposée aux relations sociales. Elle énonce la conduite qui doit être suivie quand telle circonstance se présente, en s'inspirant d'un plan général d'organisation sociale, elle informe juridiquement le milieu qu'elle régit, de manière à ce qu'il s'agence selon un certain ordre. Or, tel est précisément le rôle du pouvoir dont les gouvernants exercent les prérogatives. Il s'agit pour eux d'amener les rapports sociaux à se plier à certains cadres conformes à cet aménagement de la vie collective

---

35. Conception dont Sieyes est la parfaite incarnation.
36. G. Burdeau : *Classification des fonctions étatiques. Op. cit.*, p. 223. Cf. encore du même auteur : *Essai sur l'évolution de la notion de droit français.* Archives de philosophie du droit. 1939. Nᵒ 1-2.

qu'exprime l'idée de droit. C'est pourquoi l'objet de la loi et la mission des gouvernants se rencontrent et s'accordent si étroitement que l'une apparaît comme l'instrument nécessaire des autres. La loi est le moyen d'action essentiel du pouvoir sur la vie sociale. Par elle, les gouvernants établissent leur monopole dans la direction extérieure des affaires humaines, par elle le groupe prend son originalité et aborde son avenir. Un gouvernement dépourvu de la faculté de légiférer, c'est un pilote privé de gouvernail [37]. »

N'est-ce pas ainsi que l'entend Necker ? Certes, nos contemporains ne se font pas du vouloir de la société, du but à atteindre la même idée que notre auteur, mais il pensait comme eux que pour réaliser ce vouloir, l'existence d'un pouvoir fort était absolument indispensable et personne ne croyait moins que lui à une harmonie spontanée, à un ordre naturel. Pour défendre la propriété et faire vivre pacifiquement deux classes ennemies, il fallait disposer de tous les moyens d'action possibles, c'était là une tâche qui n'était pas compatible avec un démembrement de l'autorité. Aujourd'hui, les objectifs de l'Etat sont, espérons-le du moins, quelque peu différents, mais les conditions de son efficacité sont les mêmes. La ressemblance entre Necker et nos contemporains et la différence entre Necker et ses contemporains résident dans la conscience ou dans la méconnaissance de l'urgence et de la gravité des problèmes sociaux, et la lutte menée par le Genevois sur le plan politique contre la séparation des pouvoirs n'est que le corollaire de la lutte menée contre le libéralisme sur le plan économique.

Si soucieux qu'ils soient de rétablir l'unité du pouvoir, nos constitutionnalistes modernes n'ont pas pour autant l'intention de nous ramener à l'absolutisme, ils éprouvent seulement le désir de substituer à des notions vieillies, à un mythe démodé, à un schéma inutilisable, la conception même dont l'auteur de *Du pouvoir exécutif* s'est fait le défenseur et qui consiste à placer à côté d'un organe de gouvernement exerçant un leadership aussi législatif qu'exécutif, un organe de contrôle qui le surveille dans toutes ses activités.

On déclare de même aujourd'hui que la suppression de la séparation des pouvoirs ne « conduit nullement à la concentration de la totalité de l'autorité gouvernementale entre les mains d'un organe unique. Il est au contraire indispensable, affirme-t-on, que plusieurs organes soient attachés à la fonction gouvernementale, de telle sorte qu'à côté du titulaire chargé des pouvoirs de décision, veille une autorité chargée du contrôle [38] ». Et dans le texte suivant G. Vedel esquisse le schéma d'une constitution qui aurait ravi notre auteur :

---

37. *Ibid.*, p. 224 Cf. B. de Jouvenel : « Les grands penseurs libéraux ont voulu réduire l'Etat à un rôle de surveillant général. Les règles gouvernant les activités privées étaient posées par une assemblée législative, les serviteurs de l'Etat (exécutif) étaient des inspecteurs veillant à l'application desdites règles. Mais l'Etat a complètement changé de caractère, il est entrepreneur général. » *Du principat*. Revue française de Sciences politiques. 1964, p. 1053 ss.
38. G. Burdeau : *Classification des fonctions étatiques. Op. cit.*, p. 227.

« On emploie les vieux termes de législatif et d'exécutif sans se rendre compte de la profonde transformation qu'ils ont supportée. Il est bien vrai qu'il existe un Parlement et qu'il existe un Gouvernement, mais la fonction gouvernementale n'est pas une fonction d'exécution, elle est une fonction de direction de politique générale, elle est un leadership.

Quant à la fonction parlementaire, si elle comporte l'utilisation certes du pouvoir législatif, elle est plus que cela, elle est un pouvoir de contrôle et d'assentiment. En termes modernes, la vieille distinction, entre celui qui pose la règle générale : le législatif, et celui qui, disposant de la force, la fait exécuter dans le cas particulier : l'exécutif, n'a plus de sens. Il faut plutôt parler d'une équipe d'action et d'impulsion : le Gouvernement, et d'une Assemblée de contrôle et d'assentiment, gardienne des libertés publiques : le Parlement [39]. »

Quand on lit dans *Du Pouvoir exécutif* le chapitre consacré à la « Constitution du ministère », on ne peut manquer de trouver assez étonnante cette communauté de pensée, et comme s'il voulait la rendre encore plus étroite, G. Vedel ajoute : « N'est-ce pas à peu près l'image que l'on garde de la vie politique britannique ? »

Dans ce double refus et d'une conception moniste du pouvoir et du dualisme de la séparation des pouvoirs, se manifeste un heureux retour à un pragmatisme qui se défie des systèmes abstraits et de la fausse évidence de principes posés comme des vérités absolues et indiscutables, pragmatisme bien neckerien qui mène à un nouveau type de démocratie répondant à la double exigence d'un pouvoir fort et d'un pouvoir contrôlé, et c'est ainsi que l'idéal d'un homme d'Etat du XVIIIe siècle est devenu celui de bien de nos contemporains.

A une différence près qui est d'importance : pour le ministre de Louis XVI, c'est dans « l'assentiment des siècles et des générations passées » que la monarchie héréditaire trouve sa légitimité tandis que, de nos jours, seule, l'élection au suffrage universel peut faire d'un chef d'Etat le représentant privilégié d'une nation.

Mais nous ne pensons pas que cette différence soit essentielle, la solution défendue par Necker en 1789 correspondait parfaitement à un moment historique donné, et le type de monarchie constitutionnelle qu'il préconisait représentait, *mutadis mutandis*, la conception que nous nous faisons aujourd'hui du régime présidentiel. C'était l'étape intermédiaire qui menait naturellement de la monarchie absolue à la démocratie du XXe siècle.

La ressemblance que nous pensons avoir dégagée présente en soi un incontestable intérêt sur le plan de l'histoire des idées, mais elle fait apparaître aussi combien est injuste le jugement généralement porté sur Necker et sur sa politique. La plupart des historiens répè-

---

39. G. Vedel. *Op. cit.*, p. 764. Cf. encore cette formule du même auteur : « Il faut se dire qu'une démocratie moderne ne vit pas sans le leadership de l'exécutif... Pour qu'il existe un gouvernement du peuple par le peuple, il faut d'abord qu'il existe un gouvernement. » *Ibid.*, p. 766.

tent indéfiniment à son sujet les mêmes formules et voient en lui un opportuniste louvoyant, soucieux avant tout de rester au pouvoir et cherchant vainement un terrain d'entente entre le roi et l'assemblée. Necker serait l'homme du compromis, c'est une erreur, il est l'homme d'une doctrine, et d'une doctrine dont nous espérons avoir démontré qu'elle est étonnamment moderne.

Cette erreur et le mépris qu'il est de bon ton d'afficher pour notre auteur ont sans doute leur source dans une ignorance à peu près générale de sa pensée, mais aussi, et c'est beaucoup plus grave, dans la fidélité à une conception de la démocratie dont « la longue et nombreuse cohorte de théoriciens de gauche [40] » à laquelle appartiennent tant d'historiens de la Révolution française, ignore encore qu'elle est utopique et démodée. Obsédés par une interprétation très discutable du *Contrat Social*, il leur est impossible de concevoir que « la souveraineté ne peut exister d'une manière simple » et qu'en défendant la prérogative royale, Necker était, de ce fait, un champion de la liberté.

Pour justifier cette affirmation, en apparence paradoxale, nous invoquerons l'autorité de B. de Jouvenel :

> « Publiant en 1792 son ouvrage important et inexplicablement méconnu, *Du Pouvoir exécutif dans les grands Etats*, Necker déplorait que, sous l'Assemblée constituante on eût « cherché sans cesse à présenter la défaite du pouvoir exécutif comme une victoire remportée par la liberté ». (P. ex. VIII 268.) Il contraste cette attitude avec celle des Anglais : « Les Anglais ayant su distinguer et ayant posé, d'une main affermie, toutes les pierres angulaires de la liberté, il a bien fallu, pour les passer en renommée, s'ouvrir un champ de gloire dans les idées vicinales, et l'abaissement sans mesure du pouvoir exécutif, abaissement si facile à confondre avec l'indépendance, et l'indépendance avec la liberté, s'est présenté comme un moyen d'éclat, absolument nouveau et laissé, pour ainsi dire en son entier, à l'Assemblée nationale, par tous les législateurs qui l'avaient précédée dans la même carrière. Mais les hommes sages ne s'y trompent point, ils verront que les Anglais se sont appliqués à maintenir l'action du gouvernement et à prévenir ses abus, et que nous, législateurs sans adresse et frappant, les yeux fermés, sur tout ce qui est devant nous, nous avons détruit le pouvoir de l'Administration pour nous mettre à l'abri de ses abus... (*Ibid*, pp. 268-269). Cette analyse de Necker présente un remarquable parallélisme avec celles qui, en Amérique, avaient précédé et préparé la Convention de 1787 [41]. »

Nous ne pouvions mieux conclure ce chapitre que par l'hommage rendu par un de ses héritiers spirituels d'aujourd'hui à un théoricien trop oublié du libéralisme politique.

---

40. Ch. Eisenmann : *Le Système constitutionnel de Montesquieu et le temps présent, op. cit.*, p. 245.
41. B. de Jouvenel : Du Principat. Rev. fr. de Sc. pol. Déc. 1964.

QUATRIEME PARTIE

# LES IDÉES RELIGIEUSES

« C'est un terrible luxe que l'incrédulité. »

RIVAROL. *Discours préliminaire*
*du nouveau dictionnaire de la langue française.*
Hambourg. 1797.

Les livres consacrés à la religion sont le pendant exact de ceux qui sont consacrés à la politique. Ceux-ci démontrent pourquoi le pouvoir et quelle sorte de pouvoir, ceux-là pourquoi la religion et quelle sorte de religion sont indispensables dans une société fondée sur l'institution de la propriété. L'ordre social repose sur les deux piliers que sont l'autorité de l'Etat et l'autorité de l'Eglise. L'œuvre du Genevois ne pouvait être complète sans cette double démonstration. *De l'importance des opinions religieuses* et le *Cours de Morale religieuse* prennent ainsi leur place dans un système qui, sans eux, demeurerait inachevé.

Necker, toutefois, ne s'en est pas tenu là. Il ne s'est pas borné à fournir la preuve de l'utilité ou plutôt de la nécessité des croyances religieuses, il a entrepris aussi d'apporter celle de leur vérité. L'apologétique pragmatique se double d'une apologétique dogmatique. Il y a là un changement de perspective, un passage du relatif à l'absolu auquel nous n'avons pas été habitués. C'est qu'en cette matière Necker n'est pas un simple analyste détaché de son objet, c'est aussi un croyant sincère.

Cette double démarche n'a rien que de très naturel et tous les apologistes de son temps jouent ainsi sur les deux tableaux. Mais ce qui est plus original et rend aussi singulièrement délicate l'entreprise dans laquelle il s'est lancé, c'est que, dans son cas particulier, l'apologétique dogmatique et l'apologétique pragmatique n'ont pas le même objet. La religion la plus utile n'est pas la plus vraie. En tant que croyant Necker est déiste, en tant que sociologue et homme d'Etat, ce protestant est catholique, et pour une raison bien simple et qui apparaît clairement à la lecture des textes, c'est que la religion des pauvres ne peut pas être la même que celle des riches. Le catholicisme est celle des premiers, le déisme celle des seconds. Necker, beaucoup plus que la plupart de ses contemporains, est très lucidement conscient de cet inévitable dualisme, mais il lui est impossible de s'en expliquer clairement. Ce serait du même coup saper l'autorité de la religion officielle d'un royaume qui n'a que trop besoin d'elle, et contribuer à ébranler ce qu'il a le plus vif désir de consolider à tout prix. Il est dans la situation de quelqu'un qui ne peut se faire entendre qu'à demi-mot, d'où ce vague, ce fuyant, cette imprécision qu'on lui a tant reprochée et qui se traduit dans le titre même de l'ouvrage : *De l'importance des opinions religieuses*, formule valable aussi bien pour la religion de l'archevêque de Paris que pour celle de Voltaire, et qui convient parfaitement à un livre qui défend et l'une et l'autre.

Si nous soulignons dès maintenant l'ambigüité fondamentale de la position du Genevois, c'est que la véritable signification de son œuvre ne nous apparaît que sous ce jour, elle est certes et avant tout un plaidoyer pour la religion mais elle est aussi une réflexion sur les problèmes que fait naître en ce domaine, le décalage provoqué par l'existence de classes d'un niveau culturel différent à l'intérieur d'une même communauté.

# CHAPITRE PREMIER

# UTILITÉ DE LA RELIGION

## I. — UTILITÉ SOCIALE DE LA RELIGION

Dès les premières pages de l'ouvrage de 1788, Necker soulignant lui-même l'unité de son œuvre et de sa pensée, définit l'esprit dans lequel il aborde le problème religieux :

> « Le pouvoir éminent de la propriété est une des institutions sociales dont l'influence a le plus d'étendue ; cette considération était applicable aux droits du peuple dans la législation sur le commerce des grains ; elle devrait être présente à l'esprit dans la recherche des devoirs de l'administration ; elle est encore importante, quand il est question d'examiner le genre d'instruction morale qui peut convenir aux hommes [1]. »

L'étude de la morale est justiciable des mêmes méthodes que celles de l'administration et de l'économie. Il n'y a pas de domaine réservé et tout ce qui a trait à la vie sociale doit être envisagé en fonction d'une même considération fondamentale : le pouvoir éminent de la propriété. Or, morale et religion sont intimement mêlées l'une à l'autre. L'homme d'Etat doit donc s'intéresser à celle-ci dans la mesure où, moyen efficace en vue d'une fin précise, elle peut inciter ses concitoyens et administrés à adopter un comportement conforme aux exigences de la société et à la première de toutes : le respect de la propriété.

Ne nous étonnons donc pas si, au début du même ouvrage, Necker nous met, une fois de plus, en face d'une situation qu'il a déjà si souvent décrite et qui a toujours servi de point de départ à toutes ses réflexions dans quelque domaine que ce soit :

> « On ne saurait éviter, dans les sociétés les mieux ordonnées, que les uns ne jouissent, sans travail et sans peine, de toutes les commodités de la vie, et que les autres, en beaucoup plus grand nombre, ne soient forcés de chercher à la sueur de leur front la subsistance la plus étroite, la récompense la plus limitée [2]. »

---

1. I.O.R. XII. 24
2. I.O.R. XII. 23.

Le sage peut fournir une justification de cet état de choses en invoquant les intérêts supérieurs de l'espèce, mais la multitude ignorante n'y verra toujours qu'une monstrueuse injustice. Comment obtenir des exploités qu'ils se résignent à leur sort, comment empêcher la révolte des humbles ? Sans doute, le pouvoir civil dispose-t-il de soldats et de supplices, et nous savons qu'il a été précisément institué et pourvu de ces moyens redoutables pour faire respecter un ordre inhumain, mais il serait infiniment préférable que cette soumission fût spontanée et l'ordre serait bien mieux assuré, si les pauvres de leur propre mouvement acceptaient la misère à laquelle ils sont condamnés. C'est alors que la religion intervient, et joue un rôle irremplaçable, en offrant l'idée d'un Dieu rémunérateur et vengeur qui, dans une autre vie, punira les méchants, récompensera les bons et comblera enfin ce besoin de justice qui ne saurait trouver de satisfaction sur cette terre.

> « Les abus successifs de la force et de l'autorité, en bouleversant tous les rapports qui existaient originairement entre les hommes, ont élevé au milieu d'eux un édifice tellement artificiel, et où il règne tant de disproportion, que l'idée d'un Dieu y est devenue plus nécessaire que jamais, pour servir de nivellement à cet assemblage confus de disparités de tout genre [3]. »

Tout le premier chapitre, intitulé « Rapports des idées religieuses avec l'ordre public » est consacré à ce thème. Nous en citerons encore ce passage où Necker, pour mieux nous convaincre, s'essaye à décrire ce que pourrait être l'état d'âme des pauvres, s'ils n'avaient pas foi en une autre vie et en un Dieu juste et bon.

> « Nous trouvions (disaient-ils) des dédommagements et des compensations, quand les idées de vertu, de soumission et de sacrifice se liaient à une opinion religieuse ; quand nous croyions compter de nos actions avec un Etre suprême, dont nous adorions les lois et la volonté, dont nous avions tout reçu, et dont l'approbation se présentait à nos yeux comme un motif d'émulation et un objet de récompense : mais si les bornes rapprochées de la vie fixent l'étroite enceinte où tous nos intérêts doivent se renfermer, quel respect devons-nous à ceux que la nature a formés nos égaux ? A ces hommes sortis d'une terre insensible pour y rentrer avec nous et s'y perdre à jamais dans la même poussière [4].»

Malheur aux riches, si la religion disparaît et malheur aussi à la société toute entière. Pour survivre et se développer, elle a inventé l'institution de la propriété, cette institution, par un mécanisme anonyme mais d'une remarquable efficacité, permet à une minorité de privilégiés de dépouiller l'immense majorité des salariés de la part la plus importante du fruit de leur travail. Ce qu'on appelle la justice humaine n'est que l'organisation d'une spoliation permanente. La religion apparaît donc comme une sorte de sécrétion spontanée de la

---

3. I.O.R. XII. 42.
4. I.O.R. XII. 28.

conscience collective, pour faire disparaître une tension qui risquerait de devenir intolérable. Dieu naît littéralement de la misère et de l'exploitation, et cette interprétation est confirmée par un texte assez curieux où l'auteur, dans un survol rapide de l'histoire de chaque société, nous montre précisément comment et pourquoi le phénomène religieux doit apparaître à un moment donné d'une évolution fatale dont les étapes peuvent être fixées à l'avance.

> « ... Si l'on pouvait jamais se prêter à imaginer l'existence d'un peuple soumis uniquement aux lois d'une morale politique, on se représenterait sans doute une nation naissante et qui serait contenue par la vigueur d'un patriotisme encore dans sa pleine jeunesse, une nation qui occuperait un pays où les richesses n'auraient pas eu le temps de s'accumuler, où la distance des habitations les unes des autres contribuerait au maintien des mœurs domestiques, où l'agriculture, cette occupation simple et paisible, constituerait la principale ambition, où la main-d'œuvre obtiendrait une récompense proportionnée à la rareté des ouvriers, et à la vaste étendue des travaux utiles ; on se représenterait enfin une nation où les lois et la forme du gouvernement favoriseraient pendant longtemps l'égalité des rangs et celle des propriétés. Mais dans nos anciens Etats de l'Europe, où l'accroissement des richesses augmente continuellement la différence des fortunes et la distance des conditions ; mais dans nos vieux corps politiques, où nous sommes serrés les uns contre les autres, et où la misère et la magnificence se trouvent sans cesse entremêlées, il faut nécessairement une morale fortifiée par la religion, pour contenir ces nombreux spectateurs de tant de biens et d'objets d'envie, et qui, placés si près de tout ce qu'ils appellent bonheur, ne peuvent jamais y prétendre[5]. »

La première partie du texte n'évoque sans doute qu'une hypothèse purement théorique, c'est un jeu de l'esprit, mais combien révélateur, et nous retrouvons ici à propos du phénomène religieux les notions de nation naissante et de nation évoluée que nous avons déjà rencontrées et qui furent utilisées pour rendre compte des phénomènes sociaux et politiques. Nous voyons comment, à partir d'un état primitif décrit en termes rousseauistes, tous les caractères d'une société étroitement liés les uns aux autres se transforment ensemble dans un même mouvement à mesure que les siècles s'écoulent. Comme Montesquieu, Necker pourrait dire :

> « J'ai posé les principes et j'ai vu les cas particuliers s'y plier comme d'eux-mêmes, les histoires de toutes les nations n'en être que les suites et chaque loi particulière liée à une autre loi ou dépendre d'une autre plus générale[6]. »

Lui aussi a conscience de l'étroite interdépendance des traits constitutifs d'un groupe humain, de son unité organique, mais pour l'auteur de *l'Esprit des lois*, le facteur politique est le facteur déterminant, celui en fonction duquel tout s'explique, pour le Genevois c'est au contraire l'économique qui fournit le secret de l'histoire ; à mesure que la propriété développe ses conséquences inévitables, à mesure

---

5. I.O.R. XII. 43-44.
6. Montesquieu : *Esprit des lois*. Préface.

que le danger de la lutte des classes se fait plus pressant, la religion, au même titre que le pouvoir, devient elle aussi plus nécessaire.

A ceux qui pourraient objecter que l'idée d'un Dieu est une abstraction peu propre à agir sur les foules, Necker répond en faisant observer au contraire que leur élan vers le mystère est instinctif et qu'elles éprouvent un besoin irrésistible de divinisation :

> « Qu'on ne dise point..., que l'idée d'un Dieu est la plus incompréhensible de toutes... Une telle objection est purement subtile ; la connaissance distincte de l'essence d'un Dieu, créateur du monde, est sans doute au-dessus de l'intelligence des hommes de tout âge et de toutes facultés ; mais il n'en est pas de même de l'idée vague d'une puissance céleste, qui punit et qui récompense ; l'autorité paternelle et la faiblesse de l'enfance préparent de bonne heure aux idés d'assujettissement et d'empire ; et le monde est une si grande merveille, un théâtre si continuel de prodiges, qu'il est aisé de lier de bonne heure la crainte et l'espérance au sentiment d'un Etre suprême. Aussi, bien loin que l'infinité d'un Dieu, créateur et moteur de l'univers, puisse détourner du respect et de l'adoration, ce sont les ténèbres dont il s'enveloppe qui prêtent une nouvelle force aux idées religieuses... L'homme est tellement disposé à s'étonner d'un pouvoir dont il ignore les ressorts, ce sentiment est en lui tellement inné, que ce dont on doit se défendre le plus dans son éducation, c'est de l'insinuation inconsidérée des diverses terreurs dont il est susceptible. Ainsi, non seulement l'idée à jamais vraie de l'existence d'un Dieu tout-puissant mais simplement la foi crédule aux opinions les plus superstitieuses, aura toujours plus d'empire sur la classe commune des hommes, que des enseignements abstraits, ou des considérations générales [7]. »

On le voit, la disponibilité à croire n'est que trop grande chez le peuple, et le danger ne naît pas du caractère abstrait de l'idée de Dieu, mais de la facilité avec laquelle des êtres incultes se laissent aller « aux opinions les plus superstitieuses ».

Il est un moment dans la vie humaine où cette prédisposition est particulièrement marquée, c'est l'enfance, aussi Necker, désireux d'en profiter, insiste-t-il dans un chapitre intitulé « Devoirs envers l'enfance » sur la nécessité de donner, dès le premier âge une éducation religieuse. Il s'oppose ainsi aux cathéchismes laïcs qui ne prévoient d'instruction morale qu'à partir de la quinzième année, et peut-être aussi à Rousseau, qui ne fait entendre la Profession de foi du Vicaire Savoyard à son *Emile* qu'à l'entrée dans l'adolescence. C'est là une erreur. Il ne faut pas laisser passer le précieux moment où l'âme peut subir des impressions ineffaçables et se soumettre avec docilité à un conditionnement psychologique qui durera toute la vie :

> « Ce serait une faute essentielle que de se refuser à entrer dans le cœur des enfants avec toute l'autorité, avec tout le cortège de l'imagination, que de se refuser à la pénétrer des idées religieuses [8]. Au

---

7. I.O.R. XII. 40-41-42.
8. Cf. Fénelon : « Frappez vivement leur imagination, ne leur proposez rien qui ne soit revêtu d'images sensibles. Représentez Dieu assis sur un trône avec des yeux plus brillants que les rayons du soleil et plus perçants que les éclairs. » *Education des filles*, pp. 113-114.

contraire, à l'aide de ces idées et de ces images, ils pourront se livrer de bonne heure aux travaux corporels, s'y livrer en entier et conserver néanmoins, d'une éducation rapide et passagère, des notions, des principes qui se convertiront en eux dans une sorte d'instinct ; et cet instinct, entretenu par le culte public, leur servira de guide. Oui, dépourvus de science, distraits par le besoin, distraits par l'infortune, ils pourront encore dire avec le psalmiste : « O Eternel, ta parole est une lampe à mes pieds et une lumière dans mon sentier [9]. »

En insistant ainsi sur le caractère primitif de la mentalité des humbles et des enfants, Necker nous fait comprendre que l'autorité de la religion repose précisément sur la satisfaction qu'elle apporte à des besoins particulièrement intenses chez certaines catégories d'individus. Le prestige du prêtre est fondé sur sa qualité d'initié, d'intermédiaire entre l'homme et le divin. C'est fort de l'ascendant qu'il exerce en tant que détenteur des secrets de la destinée et de l'univers, qu'il peut édicter des commandements et les faire observer.

Il résulte de cette analyse qu'une religion a plus ou moins d'emprise sur les foules selon son aptitude plus ou moins grande à satisfaire leurs exigences spirituelles et à canaliser à son profit leur élan spontané vers l'irrationnel. Il ne suffit pas de proclamer l'existence de Dieu et l'immortalité de l'âme, ni de les démontrer ; les « enseignements abstraits », les considérations générales, le déisme d'esprits raisonnables ne sauraient convenir. Toutes les religions ne sont pas également propres à la fonction que les sociétés souhaitent leur voir accomplir. Les plus efficaces sont celles qui savent réserver dans leurs croyances cette part de mystère qui exerce un irrésistible attrait.

La conscience du caractère spécifique de la psychologie des masses explique l'importance que Necker attache aux éléments sensibles qui créent l'atmosphère dans laquelle naissent les émotions religieuses, et dont l'effet est d'autant plus grand que les âmes sont plus naïves, qu'il s'agisse de l'âme populaire ou de l'âme enfantine. De même que la majesté royale et le mythe monarchique trouvent leur consécration dans le système des égards, de même que le luxe dont les riches s'environnent laisse à penser qu'ils sont d'une autre essence, de même la magie du culte, l'éclat des cérémonies, en frappant l'imagination et la sensibilité des fidèles ancrera plus profondément dans leur inconscient les dogmes de la religion. Et Necker apprécie à leur juste valeur la majesté des cathédrales, les chants, les orgues, l'encens, l'éclat des ornements sacerdotaux et le rituel de la messe ; et c'est à tout cela qu'il pense à coup sûr lorsqu'il reproche au philosophe, à l'homme éclairé, de se laisser choquer par cette mise en scène et de ne pas vouloir comprendre ce qui est indispensable au peuple pour soutenir sa foi dans la vie quotidienne.

« Quelle idée faudrait-il donc se former du génie ou de la puissance d'un philosophe qui, à l'aspect des cérémonies, des mystères, ou de quelques autres parties du culte public dont son esprit se trouverait blessé, ne saurait pas s'élever assez haut pour les considérer comme

9. C·M·R. XIII. 354-355.

l'atmosphère, en quelque manière, des opinions religieuses, et qui, détournant son attention de l'importance de ces mêmes opinions religieuses, ne conserverait pas des égards pour toutes les dépendances de la plus sublime et de la plus salutaire des pensées ? Il est aisé cependant d'apercevoir que, pour la multitude des hommes, les devoirs de la morale, l'esprit religieux, et tous les hommages extérieurs rendus à la Divinité, composent un ensemble si étroitement lié, qu'on risque d'ébranler la base de l'édifice, lorsqu'on attaque sa circonférence. L'imagination du vulgaire ne peut être guidée de la même manière que le génie méditatif d'un solitaire ; et ce serait commettre une grande erreur que de vouloir captiver l'opinion de la multitude par les mêmes considérations qui suffisent à l'homme profondément penseur : il est un système de proportion assorti aux facultés diverses des êtres intelligents, comme il en est un applicable aux forces variées des êtres physiques [10]. »

Ainsi, par une sorte d'harmonie préétablie, ceux-là même qui ont le plus besoin de religion sont aussi les plus disposés à écouter sa voix, ceux-là même dont la révolte serait la plus dangereuse sont aussi ceux qui se laisseront le plus facilement enchaîner.

Ce n'est donc pas la démonstration de l'utilité sociale de la religion qui confère à l'œuvre de Necker son originalité, cette idée à la fin du XVIIIᵉ siècle est devenue un lieu commun [11], c'est le rapport établi entre le sous-développement intellectuel des masses et leur besoin de sacré et par voie de conséquence la nécessité pour une religion de satisfaire ce besoin si elle veut être efficace. Une comparaison avec Voltaire, qui représente assez bien sur ce point la pensée de son siècle, fait aussitôt apparaître cette originalité. On connaît les phrases célèbres où il appelle le prêtre à la rescousse du gendarme :

« Nous avons affaire à force fripons qui ont peu réfléchi ; à une foule de petites gens, brutaux, ivrognes, voleurs. Prêchez-leur, si vous voulez, qu'il n'y a point d'enfer, que l'âme est mortelle. Pour moi, je leur crierai dans les oreilles qu'ils seront damnés s'ils me volent [12]. »

Au cynisme près, ce langage est identique à celui du Genevois. Mais, et c'est en cela qu'ils se séparent, Voltaire a manifesté toute sa vie la volonté tenace d'arracher le peuple à la superstition, de le libérer du mystère des dogmes et de la magie du culte pour le convertir à la religion naturelle : « On nous dit qu'il faut des mystères au peuple, qu'il faut le tromper. Eh ! mes frères, peut-on faire cet outrage au genre humain ? Le peuple n'est pas si imbécile qu'on le pense, il

---

10. I.O.R. XII. 369-370 ; Cf. encore *ibid.*, p. 261.
11. Cf. La réflexion de Rivarol à propos précisément de l'ouvrage de Necker : « On ne disputait autrefois que de la vérité de la religion, on ne dispute aujourd'hui que de son utilité. » *Deuxième lettre à Monsieur Necker* 1788. On trouvera dans P.M. Masson : *La religion de Rousseau* et dans Monod : *De Pascal à Chateaubriand*, une longue liste d'auteurs et d'ouvrages qui développent ce thème.
12. *Dictionnaire philosophique.* Article Enfer.

recevra sans peine un culte sage et simple d'un Dieu unique [13]. »
L'ambition est noble, mais le chef de la campagne de déchristianisation ne se rend pas compte que l'accession à la rationalité a pour
condition l'accession sinon à la richesse, tout au moins à l'aisance.
Le passage d'une religion impure à une foi éclairée présuppose une
transformation d'ordre matériel, économique, à laquelle il ne croit
guère [14]. Dès lors, laisser intactes les structures d'une société qui
condamne irrémédiablement la majorité des individus à la misère, et
lutter pour faire disparaître l'obscurantisme sont deux attitudes
contradictoires, c'est la contradiction même de la pensée bourgeoise
qui n'est que trop souvent la pensée du siècle des lumières.

Il ne faut pas dire : « la canaille crée la superstition, les honnêtes
gens la détruisent [15] » mais « la misère crée la superstition, la richesse
la détruit » et comme il est exclu, et Voltaire en est convaincu tout
autant que Necker, que les pauvres deviennent riches, le recours au
sacré est un impératif auquel on ne peut échapper.

Dans cette perspective, c'est vraiment faire beaucoup d'honneur
au patriarche de Ferney que de voir dans ses amertumes, ses exaspé-
rations, ses découragements « l'impatience d'un homme de progrès
qui se heurte à l'incompréhension des humbles [16] » on transfigure ainsi
le personnage en généreux héros du combat pour les lumières tandis
qu'on fait des masses les victimes d'une incurable bêtise. Ce bel idéalisme est, hélas, très strictement limité, et le même homme qui veut
si passionnément émanciper le peuple dans le domaine religieux est
aussi celui qui impitoyablement lui refuse toute instruction [17], donnant ainsi une preuve flagrante d'une inconséquence dont les causes
ne sont que trop évidentes [18].

Necker ne se rendra jamais coupable d'un pareil illogisme, sa
conscience de classe ne lui voile pas la réalité de la situation, aussi
tout en condamnant inexorablement les pauvres à l'irrationnalité, il
ne lui arrivera jamais d'employer ces mots de canaille et de populace,
ni de manifester à leur égard ce mépris insultant qui est la honte
de tant de « philosophes » et témoigne simplement de l'insuffisance
de leur analyse.

---

13. *Sermon des cinquante.*

14. « On a besoin d'hommes qui n'aient que leurs bras et de la bonne
volonté. » *Dictionnaire philosophique,* article Propriété.

15. Voltaire : *Dîner du comte de Boulainvilliers.* 3e *entretien.* Condorcet
dira beaucoup plus justement « la stupidité du peuple est l'ouvrage des
institutions sociales et des superstitions. Les hommes ne naissent ni stu-
pides ni fous, ils le deviennent. » *Dissertation philosophique et politique
ou réflexions sur cette question : S'il est utile aux hommes d'être trompés*
dans *Oe. c.* 1847. T.V., pp. 361-362.

16. R. Pomeau : *Politique de Voltaire,* p. 46.

17. « Ceux qui sont occupés à gagner leur vie ne peuvent l'être d'éclairer leur esprit » à Damilaville 13 avril 1766.

18. Sur les hésitations, incertitudes, contradictions des philosophes devant le problème de la diffusion des lumières, cf. R. Mortier, le chapitre :
Esotérisme et lumières dans *Clartés et ombres du siècle des lumières.* Droz,
1969.

Il ne lui échappe pas toutefois que cette insolite réhabilitation du sacré risque d'être mal interprétée. Un des thèmes favoris des philosophes est la protestation contre l'abus fait par les prêtres, au cours de l'histoire, de la crédulité populaire et de l'appui qu'ils ont apporté aux despotes dans l'asservissement de la multitude. L'union du tyran et du pontife menteur mettant à profit un instinctif élan vers le mystère, a fait le malheur de l'espèce humaine : « Les despotes de tous les âges, écrit d'Holbach, ont employé avec succès le crédit du sacerdoce pour asservir les peuples et pour les retenir dans leurs chaînes [19]. »

Aussi pour prévenir d'éventuelles protestations ou des confusions regrettables, notre auteur prend-il bien soin de souligner la différence qui existe entre une religion au service de la société et de la justice et une religion indûment utilisée par un despote à ses fins personnelles :

> « On demandera peut-être... si la religion, qui affermit tous les liens, et qui fortifie toutes les obligations, n'est pas favorable à la tyrannie : une telle conséquence ne serait pas raisonnable ; il faut bien que la religion, consolatrice de tant d'afflictions, adoucisse également les maux qui naissent du despotisme : mais elle n'en est ni l'origine, ni le soutien : cette religion, bien entendu, ne doit prêter un appui qu'aux idées d'ordre et de justice [20]. »

Necker, défenseur de cet ordre qui est aussi un désordre, de cette justice qui est aussi une injustice, se fait une idée bien précise du rôle assigné à l'autorité politique et à la religion : elles constituent les fondements sur lesquels repose l'édifice social. On n'abuse donc pas le peuple quand on se sert de sa foi naïve pour lui inspirer le respect de l'autorité, gardienne des propriétés, mais par contre, si le monarque se transforme de moyen en fin, et si le despote emploie, à son profit personnel, cet instrument de gouvernement qu'est la religion, alors, mais alors seulement, il y a abus. Necker ne voudrait pas être soupçonné de favoriser la tyrannie politico-religieuse, ni être confondu avec les défenseurs de l'absolutisme de droit divin : cette mise au point est l'occasion pour lui de souligner que le fondement de l'autorité royale ne doit pas être recherché dans l'autorité divine, le roi n'est pas le représentant de Dieu sur la terre, mais le défenseur des propriétaires, au même titre que les prêtres.

Tout en s'intéressant surtout à l'influence de la religion sur le comportement des pauvres, Necker ne manque pas également de consacrer quelques pages aux services qu'elle peut rendre à la société en incitant les riches à pratiquer la charité. Il nous rappelle à ce propos que nous vivons dans :

---

19. D'Holbach : *Politique naturelle. Discours V.* Cf. *Le testament du curé Meslier* ou encore Boulanger : *Recherches sur l'origine du despotisme oriental* (1761) et surtout Condorcet : *Esquisse d'un tableau historique de l'esprit humain.*
20. I.O.R. XII. 44.

« Un système où le sort de la plus nombreuse partie d'une nation repose sur l'accord douteux et fortuit des convenances du riche avec les besoins du pauvre [21] » où « pour maintenir la distinction des propriétés, on s'est vu dans la nécessité de remettre au hasard ou de confier du moins à de simples vraisemblances la destinée du plus grand nombre des hommes [22]. »

Sans doute l'équilibre finit toujours par s'établir entre l'offre et la demande de travail, mais il s'agit là d'une vue théorique, d'un schéma abstrait qui laisse dans l'ombre les drames incessants, les tragédies particulières, d'innombrables souffrances ; et donc :

« Il était indispensable de trouver quelqu'idée salutaire propre à tempérer les abus inséparables du libre exercice du droit de propriété et cette idée heureuse et réparatrice, on ne pourrait la découvrir que dans une obligation de bienfaisance imposée à la volonté souveraine et dans un esprit général de charité mis en recommandation parmi tous les hommes [23]. »

Mais comment faire naître cet esprit de bienfaisance chez les êtres dont l'égoïsme constitue le trait fondamental ? Necker ne compte guère sur l'amour du prochain, sur le sentiment de la fraternité humaine, il compterait davantage sur une vague inquiétude, sur la crainte de voir les victimes se révolter si l'on dépasse les limites de ce qui est supportable ; et il fait entrevoir cette redoutable éventualité aux riches qui se refuseraient à faire montre d'esprit de charité :

« Que si cet esprit n'existait point ; que si cet esprit, véritable intermédiaire entre la rigueur du droit civil et les titres originaires de l'humanité, venait jamais à s'éteindre, on verrait peut-être tous les signes de subordination se relâcher insensiblement ; et l'homme comblé des faveurs de la fortune ne se présentant jamais au peuple sous la forme d'un bienfaiteur, on sentirait plus fortement la plus grande étendue de ses privilèges, et l'on s'accoutumerait à les discuter [24]. »

Mais il compte surtout là encore sur la foi en un Dieu rémunérateur qui, source de résignation pour les pauvres, incitera les riches à distribuer en bienfaits une part de ce qu'ils possèdent dans l'espoir d'en être récompensés au centuple, et Necker enferme son lecteur dans l'alternative suivante :

« Qu'on trouve donc le moyen de tempérer l'empire absolu de la propriété, ou qu'on rende hommage à cette morale religieuse, qui, par l'idée sublime d'un échange entre les biens du ciel et ceux de la terre, oblige les riches à donner ce que la loi ne peut leur demander [25]. »

---

21. I.O.R. XII. 403.
22. *Ibid.*, 402.
23. *Ibid.*, 402-403.
24. *Ibid.*, 81.
25. *Ibid.*, 81-82.

Sans doute le calcul qui consiste à s'assurer la sécurité sur la terre et le bonheur dans le ciel par le judicieux sacrifice d'une partie de sa fortune au profit des deshérités a-t-il quelque chose de sordide, et des âmes délicates n'ont pas manqué de reprocher à Necker les phrases où il fait miroiter la perspective de fructueux placements sur l'au-delà, et où il qualifie de sublime l'idée « d'un échange entre les biens du ciel et ceux de la terre [26] » ; il ne faut pas oublier toutefois que ce langage était celui des prédicateurs du temps et les expressions de Necker sont bien mesurées, comparées aux marchandages qu'ils proposaient sans vergogne aux fidèles. Le R.P. Hyacinte de Gasquet dans *L'usure démasquée* n'allait-il pas jusqu'à assurer que « ces sortes de fonds ne périssent jamais » et que « les intérêts en seront per-pétuels [27] ».

Necker, homme d'Etat réaliste et préoccupé d'efficacité, sait que, pour arriver à vaincre l'intérêt personnel, il faut encore faire appel à cet intérêt personnel lui-même. Or, la vertu irremplaçable de la religion est qu'elle obtient ce résultat aussi bien du pauvre que du riche, par l'appât qu'elle offre à notre égoïsme dans une vie future. Tout en faisant intervenir le surnaturel, notre auteur ne renonce en aucune manière à l'idée d'une nature humaine où domine la recherche égoïste du bonheur, et il analyse avec complaisance ce mécanisme psychologique grâce auquel le comportement d'un individu, toujours obéissant à la même impulsion fondamentale, peut manifester cependant un désintéressement qui a quelque chose de paradoxal, de pro-prement inhumain :

> « Sans doute la religion propose à l'homme son propre bonheur pour but et pour dernier terme ; mais, comme ce bonheur est placé dans l'éloignement, la religion peut nous y conduire par des actes de détachement et des sacrifices passagers : elle traite avec la partie la plus sublime de nous-mêmes, celle qui nous désunit du moment pour nous lier aux temps à venir ; elle nous présente des espérances qui nous attirent hors de nos intérêts terrestres, dans le degré nécessaire pour n'être pas livrés sans mesure à l'impression désordonnée de nos sens et à la tyrannie de nos passions [28]. »

Mais elle est la seule à réussir ce tour de force, et c'est pourquoi l'ordre des sociétés, l'harmonie des rapports entre les individus sont étroitement liés à la foi au surnaturel.

De ce point de vue, Necker va se risquer à proposer une explica-tion originale de l'apparition du christianisme dans l'histoire de l'humanité. On sait qu'une de ses idées favorites est celle de la supé-riorité de la situation d'esclave sur celle de salarié. L'esclave ne dis-pose pas de sa liberté, mais il est sûr d'être au moins aussi bien traité que le cheval de son maître, il est sûr que ses besoins élémentaires

---

26. Cf. P.M. Masson, *op. cit.* T. III, pp. 141-142.
27. Cité par B. Groethuysen *in* : *Origines de l'esprit bourgeois en France*, p. 184 où l'on trouvera d'autres textes tout aussi caractéristiques.
28. I.O.R. XII. 52-53.

seront satisfaits, conformément à l'intérêt même de son propriétaire. Le salarié est peut-être libre mais le minimum vital ne lui est même pas garanti. Cette liberté que la religion chrétienne a apportée aux hommes n'a donc de sens que si elle s'accompagne de l'exercice de la charité, sinon écrit Necker :

> « Sans le secours, sans l'intervention de la plus estimable des vertus, la multitude aurait de justes motifs pour regretter les institutions sociales qui, au prix de son indépendance, confiaient à des maîtres le soin de sa subsistance ; et, c'est ainsi que la charité, respectable sous tant de rapports, est encore devenue l'idée intelligente et politique qui sert à amalgamer ensemble la liberté personnelle et les lois impérieuses de la propriété [29]. »

## II. — NECKER ET LA LAICISATION DE LA MORALE

Si nombreux que soient les auteurs et les textes du XVIIIᵉ siècle qui reconnaissent l'utilité sociale de la religion, il n'en reste pas moins que la tendance générale de l'époque est à la laïcisation de la morale. Les esprits se rebellent contre l'idée d'une faute originelle, d'une malédiction primitive rendant nécessaire la soumission à des règles imposées au nom du principe d'autorité ou tout simplement contre la notion même de récompenses et de punitions distribuées dans une autre vie par un Dieu rémunérateur et vengeur. On s'efforce d'établir les fondements d'une éthique indépendante des commandements de Dieu et de l'Eglise [1]. La confiance dans la nature autorise tous les espoirs et c'est avec un bel optimisme que l'on invente système sur système avec une fécondité et une ingéniosité rarement dépassées.

Unis dans un même désir d'affranchissement, les champions de la laïcisation se lancent dans les voies les plus diverses et l'on ne saurait attendre de Necker qu'il réfutât toutes les écoles en présence [2].

---

29. I.O.R. XII. 403.

1. Phénomène particulièrement sensible dans les traités d'éducation : « On fait trop dépendre les mœurs de la religion » écrit l'abbé Gedoyn (*Œuvres diverses* 1745, p. 47) dans un texte qui correspond si bien à l'esprit du temps qu'il sera repris par La Chalotais dans son *Essai d'éducation nationale*, 1763, pp. 133-134, par l'abbé Coyer dans son *Plan d'Education publique* (Paris, 1770), p. 216 et par N.G. Leclerc dans ses *Réflexions philosophiques sur l'éducation.* (St Petersbourg, 1772). Cf. sur ce sujet l'ouvrage de A. Sicard : *l'Education morale et civique avant et pendant la Révolution*, p. 41 et suiv.

2. Il faut être reconnaissant à L.G. Crocker d'avoir entrepris la tâche de mettre de l'ordre dans ce foisonnement de doctrines nées d'une volonté de laïcisation, et d'en proposer un classement et une vue d'ensemble. De son ouvrage : *Nature and Culture. Ethical thought in the French Enlightenment*, qui nous a servi de guide pour cette partie de notre travail, on peut tirer deux conclusions, la première que les solutions proposées sont

Il a toutefois bien distingué les deux directions essentielles où s'engage la pensée de son temps. D'un côté, ceux qu'on pourrait appeler les idéalistes définissent le bien comme un objet extérieur à l'individu, et prétendent qu'on est guidé vers lui par une claire illumination ou entraîné par une impulsion à laquelle il suffit de s'abandonner. Les autres, plus réalistes et dépourvus de toute illusion, pensent au contraire que les hommes ne sauraient se proposer d'autre but qu'eux-mêmes et la satisfaction de leurs désirs. Mais ils s'efforcent de nous persuader que l'intérêt bien entendu, l'égoïsme éclairé font naître d'eux-mêmes le bonheur de chacun et le bonheur de tous. Nous retrouvons là le fameux principe de la concordance entre l'intérêt particulier et l'intérêt général grâce auquel se crée l'harmonie entre l'individu et le groupe, aussi bien sur le plan de l'économie que sur le plan de la morale.

### I. - LES DISPOSITIONS NATURELLES AU BIEN

A la réfutation des idéalistes, Necker ne consacre qu'un chapitre fort court intitulé : « Objections tirées de nos dispositions naturelles au bien. » Ces brèves pages ne lui permettent guère de répondre point par point à tous les penseurs qui, convaincus de l'excellence de notre nature, ont mis en doute l'utilité de la religion. Mais il semble assez bien informé des différentes démarches suivies pour fonder cette conviction. Quand il fait allusion à ce guide fidèle qu'est notre raison, et aux « idées d'ordre, de justice et de bienfaisance[3] », il pense évidemment à l'école du droit naturel, confiante en une faculté où il faut voir le reflet de la raison divine, confiante en ces idées innées grâce auxquelles nous distinguons le bien du mal : « Leur pouvoir est constant, leur principe est divin[4] » et nous ne saurions nous tromper en suivant la voie qu'elles nous tracent.

L'expression de « beau moral inné[5] » que nous retrouvons sous sa plume évoquerait plutôt l'école du sens moral dont le plus célèbre représentant est Shaftesbury. Le bien n'est plus l'objet d'une perception intellectuelle mais d'une perception sensible. Nous distinguons

---

si nombreuses que l'on passe de l'une à l'autre par des nuances aussi délicates que celles du cou de la colombe, la deuxième que de très nombreux auteurs et parmi les plus grands, Voltaire ou Diderot en particulier, ont successivement ou en même temps soutenu les points de vue les plus contradictoires.

3. I.O.R. XII. 103. Cf. la formule de Formey : « C'est dans l'âme qui connaît qu'il faut chercher la raison de l'âme qui veut. » *Traité d'éducation morale*, Liège, 1773, p. 265.

4. Voltaire : *Poème sur la loi naturelle*, 1756.

5. I.O.R. XII. 102. Cf. L.G. Crocker : « The distinctive characteristic of moral sense theory was its removal of moral judgment from the province of intellect and its attribution to an inner sentiment or feeling which is primary and therefore not subject to analysis or logical disproof ». *Op. cit.*, p. 295.

le vice et la vertu par « une sorte de sensation et par un goût indépendant du raisonnement et de la réflexion » pour employer les termes dont Jaucourt se sert dans l'article *Sens moral* de l'*Encyclopédie*. Shaftesbury, et c'est là le trait qui a le plus frappé ses contemporains, met l'accent sur le plaisir d'une qualité particulière que procure l'accomplissement d'une bonne action, plaisir que l'on compare à celui d'un beau spectacle ou à des sons harmonieux. La récompense de l'honnête homme réside dans cette jouissance de caractère esthétique qui accompagne la pratique de la vertu, source du véritable bonheur.

Quand enfin il est question d'une « nature propre à recevoir l'impression de tous les sentiments généreux [6] » Necker désigne celle de toutes nos tendances naturelles au bien, qui a été la plus célébrée dans la deuxième moitié du XVIIIe siècle sous les noms d'altruisme, de sociabilité et surtout de bienfaisance, cette passion irrésistible qui entraîne tous les cœurs bien nés, thème indéfiniment repris de tant de poèmes, de romans, de pièces de théâtre et d'ouvrages de morale.

Toutes ces doctrines ont ceci de commun qu'elles voient dans le dépassement de soi-même la valeur suprême et qu'elles jugent l'homme capable de ce dépassement, capable de se proposer comme but de ses actions soit un bien absolu, immuable, éternel, conçu par la raison ou perçu par le sens moral, soit les joies ineffables de la bienfaisance. Le plus souvent, ces trois courants, abstraitement distingués par l'analyse, se mêlent et se confondent dans la plupart des consciences pour donner naissance à une foi inébranlable en la noblesse d'un être qui n'a pas besoin pour agir de promesses ou de punitions, qu'elles soient célestes ou terrestres.

Dans la vaste littérature consacrée à cette apologie de l'homme, nous choisirons un texte qui ne se recommande ni par ses qualités littéraires ni par l'originalité de sa pensée, mais qui, par sa date, nous fournit un témoignage révélateur des conséquences que peut entraîner sur le plan religieux cette confiance illimitée dans la nature. Il présente aussi l'intérêt d'avoir été écrit par un ami intime de Necker ; il s'agit du livre publié par H. Meister sous le titre de *De la morale naturelle* [7]. Ce titre est tout un programme et l'ouvrage fournit un excellent exemple du procédé employé pour réduire ou supprimer le rôle de la religion en ce domaine.

> « Nos actions sont réglées par les besoins mêmes de la nature, ou par les usages de la société, ou par les lois positives des gouvernements sous lesquels nous vivons, quelques-unes encore par certaines coutumes religieuses qui ont reçu de l'autorité du gouvernement une sanction plus ou moins précise. Il n'y a qu'à supposer un moment que ces usages, ces lois, ces coutumes n'ont jamais existé, on ne

---

6. I.O.R. XII. 103. Cf. dans L.G. Crocker, *op. cit.* le chapitre intitulé : *Altruism and anti-utilitarianism.*

7. *De la morale naturelle* par Henri Meister. Londres 1788, ouvrage qui par une ironie du sort, dans l'édition parisienne parue la même année, est suivi du *Bonheur des sots* de Neker.

tardera pas à s'apercevoir qu'indépendamment de ces règles d'institution divine ou humaine, il existe des rapports dont je voudrais retrouver la trace première, ce sont ces principes dont je voudrais me faire l'idée la plus simple et la plus précise [8] »

et quelques pages plus loin, Meister définit ainsi la morale :

« C'est l'instinct même de la nature qui a dit à l'homme : voilà ma règle, tu ne peux être heureux qu'à ce prix. Toute la morale ne serait qu'un seul sentiment, ce serait ce penchant si doux qui vous porte à suivre sans effort toutes les inspirations de la nature, si nos idées et nos préjugés n'avaient pas altéré ces affections naturelles, si ces affections ou trop exaltées ou trop affaiblies par des habitudes vicieuses n'avaient pas corrompu à leur tour nos idées et notre jugement [9]. »

La *Correspondance de Grimm* ne manqua pas d'insérer les deux lettres de félicitations que M. et Mme Necker envoyèrent au vieil ami de la famille à la suite de cette publication. Celle du mari est d'une parfaite banalité et ne contient que les compliments d'usage. Mais Suzanne, en digne fille d'un pasteur vaudois, tient à montrer qu'elle ne s'en est pas laissé conter si aisément, et elle marque poliment mais clairement sa désapprobation pour les idées qui sont à la base de cet ouvrage.

« Vous avez agrandi mes pensées et réveillé ou fait naître dans mon cœur tous les sentiments que vous peignez avec tant d'énergie, et cependant nos opinions sur le principe de nos vertus sont bien différentes : vous les attribuez toutes à la nature, et vous les placez de front dans le cœur de l'homme ; mais pour moi, qui fus accoutumée à regarder l'Etre suprême comme l'auteur de mon existence et de mes penchants, j'aime à faire tout dériver de cette grande origine et l'amour de l'ordre me paraît bien moins le sentiment de mes convenances que l'effet de mon admiration et de mon amour pour le modèle éternel qui frappe continuellement mes regards [10]. »

Si Necker, quant à lui, s'est contenté de formules polies, c'est qu'il jugeait vain sans doute, après tout ce qu'il avait écrit, de redire à Meister combien « il est peu vraisemblable que l'homme trouve dans sa première nature toutes les dispositions qui le portent au bien [11] ». Il ne se fait guère d'''illusions sur les liens qui, des premiers âges à nos jours, ont uni les hommes : l'exploitation du faible par le fort a toujours été la règle, et il lui suffit de regarder la société de son temps pour avoir la preuve que l'égoïsme règne en maître et que l'immense majorité des propriétaires profite sans scrupule des avantages de leur situation. Aussi juge-t-il oiseux de réfuter longuement l'objection de nos dispositions naturelles au bien :

« On trouvera peut-être, après avoir lu le chapitre précédent que j'ai pris peu d'espace pour traiter une question sur laquelle on a beaucoup écrit [12]. »

---

8. *De la morale naturelle*, p. 5.
9. *Ibid.*, p. 14.
10. *Correspondance littéraire.* Février 1788. T. XV., pp. 212-213.
11. I.O.R. XII. 103.
12. I.O.R. XII. 107.

Ce chapitre précédent, le court chapitre III de *De l'importance des opinions religieuses* paraît en effet dérisoire en face des innombrables ouvrages où s'exprime l'optimisme d'un siècle qui se refuse à regarder la réalité en face, et cette brièveté même montre le cas que fait notre auteur de cette immense littérature qu'il considère comme une affligeante duperie.

Il est cependant trop prudent pour heurter de front un courant de pensée aussi puissant, et désireux de ne pas choquer les esprits dont les bonnes intentions ne sont que trop évidentes, il suggère une formule de compromis qui lui permet de rester fidèle aux idées qui lui sont chères, tout en évitant de prolonger en vain un débat inutile.

> « On ne peut » écrit-il « ni dénier l'existence de nos penchants naturels vers le bien, ni considérer ces penchants comme une disposition qui n'ait besoin d'aucun sentiment religieux pour acquérir de la force, et devenir un conducteur éclairé dans la pénible route de la vie [13]. »

Son souci de ménager un redoutable adversaire va même jusqu'à lui faire écrire cette formule en apparence surprenante sous sa plume :

> « Il y a tant de charmes dans la vertu quand on l'a longtemps pratiquée qu'un homme véritablement sensible continuerait à être honnête lors même que toutes les idées religieuses s'anéantiraient devant lui [14]. »

Necker ne se refuse pas à envisager cette hypothèse, il accepte d'évoquer cette image idéale du « virtuoso » entraîné irrésistiblement vers le bien, mais il se hâte de souligner ce que les disciples de Shaftesbury n'ont pas suffisamment mis en lumière, c'est qu'un pareil idéal est réservé aux « happy few », à un nombre infime de privilégiés de la fortune, de l'éducation et de la culture. Il ne se fait guère d'illusions sur ce qui arriverait au représentant d'une humanité idéale

> « s'il tombait en même temps dans un état de misère et d'abjection qui le révoltât contre les jouissances et les triomphes des autres : « Or, continue-t-il, c'est toujours en semblable situation qu'il faut se transporter pour bien juger de certaines questions ; car tous ceux qui jouissent des faveurs de la fortune ont, par un effet de cette heureuse condition, un moindre nombre d'objets d'envie et de sujets de tentation ; et, au milieu des divers biens dont ils sont doucement environnés, ce n'est que des principes des autres qu'ils connaissent le besoin [15]. »

D'ailleurs l'amère obligation de recourir à la crainte des punitions, quand il s'agit de la foule vulgaire, n'avait point échappé au noble Ashley et il ne méconnaît nullement la nécessité « of such a rectifying

---

13. I.O.R. XII. 105.
14. *Ibid.*, 112.
15. I.O.R. XII. 112.

object as the gallows before their eyes [16] ». C'est là un aspect de sa pensée qui eût gagné à être mis en valeur par ceux de ses commentateurs qu'enthousiasmait sa confiance en la bonté de notre nature.

Quand Necker insiste sur le cas exceptionnel que constitue la minorité des privilégiés et nous rappelle qu' « au milieu des divers biens dont ils sont doucement environnés ce n'est que des principes des autres qu'ils connaissent le besoin » il met l'accent sur l'illusion trop facile ou l'hypocrisie rassurante d'une classe qui ferme les yeux devant la réalité et oublie trop vite qu'à elle seule est réservé, comme tous les autres, le luxe des beaux sentiments. Il n'y a pas de morale universelle et s'il est permis aux riches de savourer les sublimes exaltations ou les émotions délicates d'une âme vertueuse, il faut que d'autres se contentent tout simplement de l'espoir des récompenses ou de la crainte des punitions d'un Dieu redoutable.

## II. - L'INTÉRÊT BIEN ENTENDU

La morale de l'intérêt bien entendu est exactement antithétique de celle qui fait confiance à nos « dispositions naturelles au bien ». Excluant *a priori* la possibilité d'une action désintéressée, elle fait de l'égoïsme, de la recherche du bonheur, la seule motivation de nos actions. On ne s'étonne donc pas que Necker ait pris cette doctrine beaucoup plus au sérieux, car elle repose sur une psychologie de l'individu identique à la sienne. Elle nie, elle aussi, l'existence de tendances naturelles au bien, à un bien distinct de l'individu et extérieur à lui. Elle ne conçoit les êtres humains que comme des volontés de puissance impatiemment tendues vers l'aboutissement de leurs désirs. Il y a ainsi au départ un accord fondamental entre le Genevois et ses adversaires, ils parlent le même langage et leur vision d'une humanité dominée par la concupiscence a peut-être la même origine ; de même que les matérialistes du XVIII⁰ siècle, les plus ardents défenseurs de cette morale, ont été profondément influencés par la psychologie janséniste et pascalienne [17], Necker a peut-être été marqué par l'atmosphère calviniste dans laquelle il a été élevé.

Une autre raison le pousse à combattre avec énergie cette morale laïque, c'est le succès grandissant qu'elle rencontre auprès des gens éclairés.

> « *Le roi des animaux sans guide et sans boussole,*
> *Sur l'océan du monde errait au gré d'Eole,*
> *Mais enfin nous savons quel est son vrai moteur*
> *L'homme est toujours conduit par l'attrait du bonheur...*
> *Ce pouvoir inconnu, ce principe caché*
> *N'a pu se dérober à la philosophie*

---

16. Essay on the Freedom of Wit... etc. Works Vol. I, p. 127, cité par B. Willey : *The 18th Century background*, p. 75.

17. Cf. M. Rémond : *Du jansénisme à la morale de l'intérêt*. Mercure de France, 1957. Juin.

*Et la morale enfin est soumise au génie.*
*Du globe où nous vivons, despote universel*
*Il n'est qu'un seul ressort, l'intérêt personnel*[18]. »

Dans ces vers, où Palissot raille avec assez de bonheur la naïve satisfaction que procure cette géniale découverte, ce sont les philosophes qui sont expressément visés, mais en fait ce texte est d'une portée beaucoup plus générale et définit une attitude d'esprit partagée par de très nombreux esprits. L'éthique de l'intérêt est devenue l'éthique de tout le monde, et l'article *Société* de l'*Encyclopédie* ne fait qu'exprimer l'opinion des gens éclairés :

> « Quoique la seule raison nous rende palpable en général les principes des mœurs qui contribuent à la douceur et à la paix que nous devons goûter et faire goûter aux autres dans la société, il est vrai pourtant qu'elle ne suffit pas, en certaines occasions, pour nous convaincre que notre avantage est toujours joint à celui de la société. »

Sans doute, l'auteur de l'article est-il prudent, il ne refuse pas l'appui que la religion peut apporter à la raison, mais « en de certaines occasions » seulement, tant il est évident que notre avantage est toujours joint à celui de la société.

Qu'un encyclopédiste s'exprime ainsi n'a pas de quoi nous surprendre, mais l'Eglise catholique tient exactement le même langage. Ceux qui, au nom du péché originel, devraient avoir une vision tragique de l'existence [19], se sont laissés, à ce point, séduire par l'esprit du temps qu'ils ne trouvent dans la religion qu'une raison de plus, parmi d'autres, de respecter un ordre qui possède déjà en lui-même sa propre justification. *La déclaration du clergé de 1770*, qui définit officiellement le point de vue des autorités religieuses à cette date et nous renseigne sur les orientations de sa pensée, n'est, en certains points, qu'un démarquage de l'article *Société*. Elle accorde, elle aussi, une place considérable au thème à la mode de l'utilité de la religion pour le bonheur et reprend les mêmes arguments.

> « Nous supposons un incrédule animé de l'amour du bien public disant aux hommes : puisque chaque membre de la société a des besoins infinis et des facultés bornées pour y pourvoir, l'industrie de plusieurs doit suppléer à l'industrie d'un seul ; en servant ses semblables, on ne peut se nuire à soi-même et les services qu'on leur rend, sont toujours une faible compensation de ceux qu'on reçoit. C'est à cet incrédule que nous demandons si cette liaison de l'intérêt général avec l'intérêt particulier sera toujours assez pressante et assez sensible pour que la société ne perde rien de ses droits. Souvent, pour être utile à ses semblables, il faut se séparer de tout ce

---

18. Palissot : *Les Philosophes*, Acte II, scène I.
19. On trouvera dans l'ouvrage de B. Groethuysen : *Origines de l'esprit bourgeois en France*, des précisions sur le rôle des Jésuites dans cet effort pour mondaniser la morale et dans l'ouvrage de Kurt Wais : *Das antiphilosophishe Weltbid des französischen Sturm und Drang*, sur la protestation des Jansénistes contre cette attitude.

qu'on a de plus cher. Souvent, pour servir la société, il faut s'oublier soi-même. La bienfaisance suppose des privations, la générosité entraîne des sacrifices, la justice même en exige quelquefois, les passions surtout isolent ceux qu'elles dominent et ce qui les favorise paraît toujours à l'homme être son intérêt le plus cher...
Faudra-t-il s'étonner si, ne devant consulter que son intérêt, il se porte à préférer ce qui lui est utile à ce qui est utile aux autres, son bien particulier au bien public, son avantage à celui de la société [20]. »

Si l'idée d'un Dieu rémunérateur et vengeur confère à la justice humaine, créée par la raison et mise en danger par les passions, un prestige et une autorité dont les bienfaits ne peuvent être mis en doute, on ne saurait nier non plus ce lien entre l'intérêt général et l'intérêt particulier qui semble si évident au Clergé de France en l'an de grâce 1770 qu'il pourrait presque suffire à lui seul à assurer l'harmonie entre les hommes.

Cette harmonie spontanée, posée comme un absolu indiscutable, devient même une preuve du finalisme de la création, elle démontre l'existence de Dieu et la bonté d'une providence dont on ne saurait trop célébrer les bienfaits.

« L'homme ne peut se suffire à lui-même. Pour suppléer à sa faiblesse, Dieu a voulu qu'il vécût en société, des besoins réciproques en rapprochent tous les membres et les rendent nécessaires les uns aux autres. Voyez, dit M. Bossuet, comme les forces se multiplient par la société et les secours mutuels. Ces secours qui compensent et justifient l'inégale distribution des biens sont le soutien et le bien être de l'homme, la sûreté et la douceur de sa vie, et toujours son bonheur, soit qu'il en soit l'objet, soit qu'il en soit le dispensateur [21]. »

C'est confronté avec de pareils textes que l'ouvrage de Necker prend sa véritable valeur et son originalité. Tandis que déistes et chrétiens vont répétant que la religion fournit une caution supplémentaire à un ordre né spontanément du besoin qu'ont les hommes de se porter un mutuel appui, il affirme que sa véritable raison d'être est de rendre tolérable une inévitable injustice, et d'offrir à ceux dont un destin inexorable a fait d'impuissantes victimes, la compensation sans laquelle ils sombreraient dans le désespoir.

Si limité qu'il soit, déistes et chrétiens réservent cependant un rôle à la religion, la laïcisation dans leur cas n'est pas complète. Il n'en est pas de même avec les matérialistes. De plus en plus influents, de plus en plus redoutables, les membres de la coterie holbachique trouvent dans la concordance entre l'intérêt particulier et l'intérêt général, non pas la preuve de l'existence de Dieu mais le moyen de se passer complètement de lui pour fonder une morale. Pour eux, cette concordance est un véritable mot magique. Si l'on peut, en effet, ramener le motif de toutes nos décisions, même les plus complexes,

20. *Avertissement du clergé de France*, 1770, pp. 49-50.
21. *Ibid.*, pp. 45-46.

même les plus élaborées, aux sensations élémentaires de plaisir et de douleur, si la recherche de l'un et la fuite devant l'autre entraînent automatiquement le choix des actes les plus utiles à la communauté, le recours à une autorité supra-humaine pour fonder la morale est désormais dépourvu de signification ; chaque individu dispose du plus simple des critères pour juger la valeur de ses actes. Comme le dit le baron d'Holbach :

> « Il est de l'essence de l'homme de s'aimer, de chercher sa conservation, de rendre son existence heureuse. D'après cet intérêt, l'homme voit bientôt, à l'aide de l'expérience et de la raison, qu'il ne peut, tout seul, se procurer ce qui assure le bonheur de son existence. Il vit avec des êtres occupés comme lui de leur propre bonheur, mais capables de l'aider à obtenir les objets qu'il désire pour lui-même. Il voit qu'ils ne lui seront favorables que lorsque leur bien-être s'y trouvera intéressé. Il en conclut qu'il faut que pour son bonheur, il se concilie l'approbation, l'attachement et l'assistance de ses semblables, qu'il doit leur faire trouver des avantages à seconder ses projets. Procurer ces avantages aux êtres de l'espèce humaine, c'est avoir de la vertu. L'homme raisonnable sent donc qu'il est de son intérêt d'être vertueux. La vertu n'est que l'art de se rendre heureux soi-même de la félicité des autres. Tel est le vrai fondement de toute morale. Le mérite et la vertu sont fondés sur la nature de l'homme, sur ses besoins [22]. »

Fort d'une pareille conviction, d'Holbach ne se contente pas de laïciser à moitié. C'est une morale sans Dieu qu'il veut instituer, et il la fonde sur une interprétation des rapports sociaux toujours identique, sur la même foi en une collaboration spontanée, en une division du travail profitable à tous.

Nous constatons ainsi l'existence d'une sorte de front commun des représentants de la pensée bourgeoise. Si profonde que soient les divisions qui les séparent sur le plan métaphysique, ecclésiastiques, encyclopédistes, athées se retrouvent tous d'accord pour proposer une image rassurante de la vie sociale et Necker apparaît comme un isolé,

---

22. D'Holbach, *Système de la nature*, T. II, p. 449-450. Cf. d'Alembert : « Ce qui appartient essentiellement et uniquement à la raison et ce qui en conséquence est uniforme chez tous les peuples, ce seront les devoirs dont nous sommes tenus envers nos semblables. La connaissance de ces devoirs est ce qu'on appelle Morale. Peu de sciences ont un objet plus vaste et des principes plus susceptibles de preuves convaincantes. Tous ces principes aboutissent à un point commun sur lequel il est difficile de se faire illusion à soi-même, ils tendent à nous procurer le plus sûr moyen d'être heureux en nous montrant la liaison intime de notre véritable intérêt avec l'accomplissement de nos devoirs. » Eléments de philosophie, section VII, *Mélanges de littérature*, vol. IV, p. 79 ss. Cf. encore cette citation de l'*Histoire des Deux Indes* : « Puisque la société doit être utile à chacun de ses membres, il est de la justice que chacun de ses membres soit utile à la société. Aussi, être vertueux, c'est être utile, être vicieux, c'est être inutile ou nuisible. Voilà la morale. » cité par Yves Benot *Diderot*. Maspero 1970 p. 249, et sous une forme négative, saint Lambert dira : « ce qui a le plus retardé les progrès des mœurs, c'est l'habitude d'attacher l'idée de vertu à des actions, à une conduite qui ne sont utiles à personne, et de séparer l'intérêt particulier de l'intérêt général. » *Catéchisme universel*. Discours préliminaire, T. I, p. 35.

dans sa lutte contre l'optimisme de son siècle, dans sa dénonciation
d'une entreprise de sécularisation dangereusement imprudente et
impardonnablement illogique, car ceux-là même qui sapent ainsi le
plus solide soutien de l'ordre en sont les premiers bénéficiaires.

Heureusement, quelques esprits, échappant à cette mystification,
se refusent à répéter le même refrain, et c'est paradoxalement dans
le camp de ses ennemis les plus déclarés, parmi les matérialistes
abhorrés, que Necker va trouver ses alliés les plus précieux et les plus
inattendus. Peut-être unis sur le plan de la métaphysique proprement
dite, les matérialistes français du XVIIIᵉ siècle sont en effet profondément divisés sur le plan des idées morales, sociales, économiques, et
s'il existe un matérialisme bourgeois dont d'Holbach, Diderot ou
Saint-Lambert fournissent d'affligeants exemples, il existe aussi un
matérialisme révolutionnaire et un matérialisme anarchiste dont les
représentants analysent avec lucidité la société de leur temps et en
tirent les conclusions qui s'imposent.

Prenons le cas d'Helvétius, dont le nom est si souvent et si injustement lié à celui du châtelain de Granval [23]. Bien loin de croire à la
concordance entre l'intérêt particulier et l'intérêt général, il nous montre comment, dans le dernier stade de l'évolution des sociétés, la loi
d'airain des salaires fait du pauvre la victime impuissante du riche :

> « Arrivé une fois à ce point, l'état d'une nation est d'autant plus
> cruel qu'il est incurable. Comment remettre alors quelque égalité
> dans les fortunes de citoyens ? L'homme riche aura acheté de gran-
> des seigneuries : à portée de profiter du dérangement de ses voisins,
> il aura réuni en peu de temps une infinité de petites propriétés à
> son domaine. Le nombre des propriétaires diminué, celui des jour-
> naliers sera augmenté : lorsque ces derniers seront assez multipliés
> pour qu'il y ait plus d'ouvriers que d'ouvrage, alors le journalier
> suivra le cours de toute espèce de marchandise, dont la valeur
> diminue lorsqu'elle est commune. D'ailleurs l'homme riche, qui a
> plus de luxe encore que de richesse, est intéressé à baisser le prix
> des journées, à n'offrir au journalier que la paye absolument néces-
> saire pour sa subsistance : le besoin contraint ce dernier à s'en
> contenter, mais s'il lui survient quelque maladie ou quelqu'aug-
> mentation de famille, alors faute de nourriture saine ou assez abon-
> dante il devient infirme, il meurt et laisse à l'Etat une famille de
> mendiants [24]. »

Dans de pareilles conditions, vouloir fonder la morale sur l'intérêt
bien entendu est un non sens. Aussi, avec logique, Helvétius envisage-
t-il une double révolution, l'une politique et sociale, qui entraînerait
une redistribution de la propriété, et donnerait naissance à une République de petits propriétaires ; l'autre, dans la psychologie des individus qu'une éducation appropriée, un rigoureux dressage mental for-

---

23. L'opposition entre Helvétius rousseauiste et d'Holbach encyclopédiste a été très heureusement soulignée par Everett. C. Ladd : *Helvétius
and d'Holbach. La moralisation de la politique* in *Journal of the history of
ideas*. Vol. XXXIII, p. 221-258.
24. *De l'Esprit*. Discours I, chap. III.

cerait à identifier leur bonheur avec celui de leurs semblables et avec le maintien des institutions qui le rendent possible. C'est reconnaître implicitement qu'en attendant ce jour, une morale purement laïque est impraticable. Jusqu'à ce que quelque Manco Capac, par un coup de baguette magique réalise l'idéal dont rêve le philosophe de Vorré, il faudra bien utiliser les moyens habituels pour maintenir l'ordre social.

L'œuvre de cet autre matérialiste qu'est Dom Deschamps explicite ce qui n'est qu'implicite chez Helvétius.

> « Si cependant la religion, écrit-il, est à l'appui de l'inégalité morale et de la propriété, en même temps qu'elle prêche l'égalité et la désappropriation, c'est qu'il est dans la nature de l'état des lois que cela soit ainsi et ne puisse pas être autrement. La religion étant loi elle-même et établie à l'appui des lois, n'est pas faite pour les détruire. Tout ce qu'elle peut faire, c'est d'aider les hommes à en supporter le fardeau, et de les porter à se les rendre les uns aux autres les moins pesants qu'il est possible. Lorsqu'elle se récrie par la bouche de saint Jean Chrisostome et de tant d'autres auteurs qu'elle avoue, contre le tien et le mien, quand elle fait voir tous les maux qu'il engendre, ce n'est pas pour le détruire, puisqu'elle se détruirait elle-même en les détruisant, mais pour en diminuer les excès et en arrêter les progrès autant qu'il est en elle [25]. »

On ne saurait mieux faire entendre qu'il y a une sorte d'absurdité à attaquer la religion et à défendre en même temps la propriété. L'une est le produit de l'autre.

Dom Deschamps ne se fait d'ailleurs aucune illusion sur la réaction qu'il va faire naître chez les matérialistes bourgeois mis en face de cette alternative, et c'est sans doute en pensant à leur anticléricalisme inconséquent qu'il écrit :

> « Je les mène loin sans doute et très au-delà de ce qu'ils peuvent, mais il faut nécessairement qu'ils en viennent là ou que leur philosophie plie sous la religion en convenant qu'elle est bien autrement en force qu'ils ne l'imaginent [26]. »

Le moine athée, désireux de voir s'instaurer un communisme total, celui des biens comme celui des femmes, est plus proche du banquier protestant et conservateur que de bien des athées comme lui, prisonniers de contradictions auxquelles ils ne peuvent échapper. Ils ont bien compris l'un et l'autre que le phénomène religieux est étroitement lié à l'ensemble des phénomènes sociaux et qu'on ne peut à la fois défendre la propriété et l'athéisme. Avant d'éliminer la religion, il faut d'abord faire disparaître l'exploitation,

> « et l'auteur du *Système de la nature* pour parler de l'auteur du jour ne va pas si loin, à beaucoup près »

---

25. Dom Deschamps. *Le mot de l'énigme métaphysique et morale appliquée à la religion et à la philosophie du temps par demandes et réponses* in XVIIIᵉ siècle. 1972, p. 390.
26. *Ibid.*

comme l'écrit Dom Deschamps, aussi sévère pour le baron d'Holbach que Necker lui-même.

La rigoureuse logique des positions du Genevois est tout aussi favorablement mise en valeur par la confrontation avec le matérialisme anarchiste. Si surprenant que cela puisse paraître, nous allons rencontrer, entre l'auteur de *De l'importance des opinions religieuses* et les plus audacieux représentants de la littérature maudite, une communauté de pensée qui est toute à l'honneur du premier.

Sade ou La Mettrie ne perdent pas leur temps à rêver d'une transformation du monde où ils vivent. Raisonnant en fonction de la réalité qu'ils ont sous les yeux, d'une société où règne la loi de la jungle, leur seule ambition est de ne pas être dupe, de ne pas perdre leur vie. On connaît le célèbre texte où l'auteur de l'*Homme machine* avec une tranquille impudence affirme que la morale du bonheur peut naturellement conduire au crime :

> « Le plaisir de l'âme étant la vraie source du bonheur, il est donc très évident que, par rapport à la félicité, le bien et le mal sont en soi fort indifférents et que celui qui aura une plus grande satisfaction à faire le mal sera plus heureux que quiconque en aura moins à faire le bien. Ce qui explique pourquoi tant de coquins sont heureux dans ce monde et fait voir qu'il est un bonheur particulier et individuel qui se trouve et sans vertu et dans le crime même [27]. »

Ces phrases firent scandale et d'Holbach et Diderot se précipitèrent au secours de l'ordre social menacé, pour accabler cette brebis galeuse qui faisait apparaître les athées comme des individus dangereux et justifiait du même coup les défenseurs de la religion :

> « On assure, s'indigne d'Holbach, qu'il s'est trouvé des philosophes et des athées qui ont nié la distinction du vice et de la vertu, et qui ont prêché la débauche et la licence dans les mœurs. L'auteur qui vient tout récemment de publier. l'*Homme-machine* a raisonné sur les mœurs comme un vrai frénétique... Si ces auteurs eussent consulté la nature sur la morale, comme sur la religion, ils auraient trouvé que, bien loin de conduire au vice et à la dissolution, elle conduit à la vertu [28]. »

La protestation de Diderot n'est pas moins vive et il fulmine contre cet homme :

> « dont les principes poussés jusqu'à leurs dernières conséquences renverseraient la législation, dispenseraient les parents de l'éducation de leurs enfants, renfermeraient aux Petites Maisons l'homme courageux qui lutte sottement contre ses penchants déréglés, assureraient l'immortalité aux méchants qui s'abandonneraient sans remords aux siens... [29]. »

Rien ne souligne mieux les difficultés dans lesquelles sont empêtrés les matérialistes bourgeois, que cette querelle où ils prennent à

---

27. *La Mettrie Anti-Sénèque ou le Souverain bien*, p. 49.
28. D'Holbach : *Système de la Nature*, IIᵉ partie, chap. XII.
29. *Essai sur les règnes de Claude et de Néron*, Assézat III, p. 217.

parti l'auteur de *L'homme-machine*, coupable seulement d'avoir, par sa franchise, fait apparaître l'antinomie entre la physique matérialiste et la morale utilitariste.

La Mettrie pourtant ne méritait pas pareille sévérité, car il se gardait bien de pousser ses principes jusqu'à leurs dernières conséquences ; il établit une prudente distinction entre une élite éclairée qui pourra vivre à sa guise et la masse qui devra rester soumise à la loi, et c'est alors que nous retrouvons, quand il s'agit de cette masse, un point de vue exactement analogue à celui de Necker.

> « Les hommes ayant formé le projet de vivre ensemble, il a fallu former un système de mœurs politiques, pour la sûreté de ce commerce. Et comme ce sont des animaux indociles, difficiles à dompter et courant spontanément au bien-être *per fas et nefas*, ceux qui, par leur sagesse et leur génie ont été dignes d'être placés à la tête des autres, ont sagement appelé la religion au secours des règles et des lois, trop sensées pour pouvoir prendre une autorité absolue sur l'impétueuse imagination d'un peuple turbulent et frivole. Elle a paru, les yeux couverts d'un bandeau sacré et bientôt elle a été entourée de toute cette multitude qui écoute bouche béante et d'un air stupéfait les merveilles dont elle est avide, merveilles qui la contiennent, ô prodige, d'autant plus qu'on les comprend moins. Au double frein de la morale et de la religion, on a prudemment ajouté celui des supplices [30]. »

Sade ne connaîtra pas ces prudentes restrictions, et son œuvre présente pour nous un particulier intérêt, car la réflexion sur le problème de l'inégalité sociale y tient une place très importante. Sans doute, sa révolte est-elle totale, c'est contre toutes les lois, toutes les interdictions, tous les tabous, qu'il s'insurge. Mais quand il s'agit du tabou de la propriété, nous retrouvons des formules strictement identiques à celles de Necker : celle-ci, par exemple :

> « En remontant à l'origine du droit de propriété, on arrive nécessairement à l'usurpation [31]. »

Pour l'un et l'autre auteur, les lois sociales n'ont pas d'autre objet que de légitimer une violence primitive et d'assurer aux actuels possédants les avantages que les premiers propriétaires avaient obtenu par la force [32]. Face à cette iniquité, Sade refuse de se soumettre, cet individualiste effréné appelle à la révolte contre un ordre artificiel tous ceux qui en sont dignes, pour substituer à la distinction entre

---

30. La Mettrie(J. de) : *Œuvres philosophiques, Discours préliminaire*, t. I, p. 5.
31. *Histoire de Juliette*, I<sup>re</sup> partie.
32. « La Nature nous a fait naître tous égaux, Thérèse, si le sort se plaît à déranger ce premier plan des lois générales, c'est à nous d'en corriger les caprices et de réparer, par notre adresse, les usurpations du plus fort... nous, Thérèse, nous que cette Providence barbare, dont tu as la folie de faire ton idole, a condamnés à ramper dans l'humiliation comme le serpent dans l'herbe ; nous qu'on ne voit qu'avec dédain, parce que nous sommes faibles ; tu veux que nous nous défendions du crime

riches et pauvres la seule distinction qu'il reconnaisse : celle des forts et des faibles.

> « ... l'être vraiment sage est celui qui, au hasard de reprendre l'état de guerre qui régnait avant le pacte, se déchaîne irrévocablement contre ce pacte, le viole autant qu'il le peut, certain que ce qu'il retirera de ces lésions sera toujours supérieur à ce qu'il pourra perdre, s'il se trouve le plus faible ; car il l'était de même en respectant le pacte ; il peut devenir le plus fort en le violant ; et si les lois le ramènent à la classe dont il a voulu sortir, le pis aller est qu'il perde la vie, ce qui est un malheur infiniment moins grand que celui d'exister dans l'opprobre et dans la misère [33]. »

Necker au contraire préfère à une anarchie « naturelle » une justice arbitraire sans laquelle l'humanité ne saurait survivre, mais pour échapper au nihilisme de Sade, il lui faut passer du plan de l'individu à celui du corps social, et justifier au nom des intérêts supérieurs de l'espèce ce qui est injustifiable au nom du bonheur de chacun. De prémisses identiques, on ne saurait tirer conclusions plus opposées ; la confrontation de ces deux pensées, fait toutefois apparaître qu'il n'y a pas d'autre choix à cette date que la lutte de tous contre tous ou une oppression légalisée, si contraire aux aspirations des individus, qu'il ne faut rien moins pour la faire accepter que la crainte des supplices ou les promesses d'un au-delà : quand Sade déclare :

> « Que sont donc les religions d'après cela, sinon le frein dont la tyrannie du plus fort voulut captiver le plus faible ? Rempli de ce dessein, il osa dire à celui qu'il prétendait dominer, qu'un Dieu forgeait les fers dont la cruauté l'entourait ; et celui-ci abruti par sa misère, crut indistinctement tout ce que voulut l'autre [34]. »

il tient, à la brutalité près, le même langage que Necker.

On ne saurait refuser à l'auteur du *Neveu de Rameau* ou du *Supplément au voyage de Bougainville* le droit de figurer, lui aussi, dans la galerie des matérialistes qui, au nom de leur matérialisme même, contestent la société de leur temps. On peut toutefois regretter que, dans l'œuvre de Diderot, la part réservée à la contestation soit si faible et si clandestine [35] comparée à celle qui servait, en fait, à donner bonne conscience aux privilégiés et à dissimuler les vrais problèmes.

---

quand sa main seule nous ouvre la porte de la vie, nous y maintient, nous y conserve, et nous empêche de la perdre ; tu veux que perpétuellement soumis et dégradés, pendant que cette classe qui nous maîtrise a pour elle toutes les faveurs de la fortune, nous ne nous réservions que la peine, l'abattement et la douleur, que le besoin et que les larmes, que les flétrissures et l'échafaud ? Non, non Thérèse, non. » Sade. *Justine ou les malheurs de la vertu. Œuvres complètes*, J.-J. Pauvert, t. II, p. 41-42.
33. *Ibid.*, p. 61.
34. *Ibid.*, p. 89.
35. ou semi-clandestine ou même anonyme, la semi-clandestinité de la *Correspondance littéraire* ou l'anonymat des textes publiés dans l'*Histoire des deux Indes*. Cf. H. Dieckmann, *Diderot et son lecteur*, Mercure de France, 1957, avril.

L'inventeur du drame bourgeois a largement participé à ce qui fut la grande imposture du XVIIIᵉ siècle, et l'on comprend qu'il se soit senti si vivement touché par les phrases de *De la législation et du commerce des grains* où Necker exprimait son dédain pour la vaine et immense littérature moralisante de son temps :

> « Que font hélas au bonheur du plus grand nombre tant de livres de morale et de philosophie que nous célébrons ? Ces écrits respectables, monuments de l'esprit humain, sont presque tous destinés à calmer les passions ou à les concilier, mais c'est par le luxe que ces passions se sont étendues... etc. [36] »

Dans la lettre qui lui fut adressée par Diderot pour le féliciter de cet ouvrage, la protestation contre ce jugement désabusé tient plus de place que les éloges :

> « ... avec un odorat un peu délicat, écrit-il, on croit s'apercevoir que vous ne faites pas grand cas de la philosophie et des lettres. Peut-être auriez-vous moins rabaissé ces sublimes leçons de morale qui ne s'adressent qu'à la portion opulente, oisive et corrompue de la société, si vous eussiez considéré l'influence bonne ou mauvaise mais nécessaire des mœurs des citoyens distingués sur la multitude qui les environne et qui les imite sans presque les apercevoir. »

et il se laisse aller à ce propos à une apologie dithyrambique du philosophe et de son action sur l'opinion publique en faveur de la vérité :

> « Qui est-ce qui parlera de votre travail et en parlera dignement ? Qui est-ce qui en assurera le mérite et en accélèrera le fruit ? C'est celui dont la fonction habituelle est de méditer, celui dont la lampe éclairait vos pages pendant la nuit, tandis que le reste des citoyens dormait autour de lui, épuisé par la fatigue des travaux ou des plaisirs ; c'est l'homme de lettres, le littérateur, le philosophe [37]. »

Or, précisément, Diderot n'a jamais parlé de l'ouvrage de Necker, il n'a jamais essayé de faire entendre à ses contemporains la dure vérité qu'il contenait, et malgré les huit jours soi-disant passés à le lire, il n'en a jamais compris ou voulu comprendre l'originalité. S'il a été effectivement de « ce petit nombre de têtes qui placées sur le cou du grand animal traînent après elles la multitude aveugle de ses queues [38] »,, ce fut trop souvent pour contribuer à l'aveugler, en célébrant tour à tour en une ronde qui finit par donner le vertige et qui témoigne de ses incertitudes et de son désarroi : raison, sens moral, bienfaisance, intérêt bien entendu ou vertu-bonheur. Ce que le Diderot officiel, véritable homme-orchestre de la philosophie morale au XVIIIᵉ siècle [39] a répété, défendu, propagé ce sont les différentes versions de l'optimisme de son temps en matière de morale.

---

36. L.C.G. I. 1.
37. Diderot : *Lettre à Necker du 10 juin 1775*
38. *Ibid.*
39. Oserons-nous citer ce jugement de Mme Necker : « Diderot était le Garrick de la philosophie ; son plus grand talent consistait dans la pantomine. » *Mélanges extraits des manuscrits de Mme Necker.* T. I, p.215.

Le cas de Diderot a pour son époque une valeur exemplaire. La tentative de laïcisation, poursuivie en ce domaine, s'inscrit dans une entreprise beaucoup plus vaste de sécularisation qui donne son unité au mouvement philosophique : science, politique, histoire, religion, rien n'y échappe. Mais quand il s'agit d'éthique, on constate une sorte de recul devant une analyse trop lucide, trop poussée, qui, en révélant l'exploitation de l'homme par l'homme, ferait apparaître l'immoralité, l'inhumanité d'une société fondée sur l'institution de la propriété.

Le vice irrémédiable de la pensée morale à cette date réside dans le refus de concevoir les rapports humains en termes de rapports de classe. Dans l'île bienheureuse devant laquelle s'est ancré le bateau venu de l'Europe civilisée, il est facile à Orou de faire comprendre à l'aumônier que sa présence est inutile, mais le « Moi » du *Neveu de Rameau* défend un monde qui ne saurait vivre sans cet indispensable personnage.

En démontrant la fausseté du principe sur lequel elle repose, Necker condamne *a priori* la morale des philosophes, mais il dispose encore contre eux d'un autre argument avec lequel s'ouvre un débat destiné à tenir une place capitale dans l'histoire des idées de l'époque révolutionnaire. La morale de l'intérêt bien entendu, de l'amour éclairé de soi, comme son nom l'indique, exige un calcul. L'acte juste, l'acte bon est celui qui contribue le plus efficacement à notre bonheur, qui nous procure le maximum de satisfactions, mais cet acte ne saurait être un réflexe instinctif et immédiat ; entre l'incitation du monde extérieur et la décision prise s'intercale un relais, une réflexion, l'intervention de la raison, à laquelle on fait confiance pour déterminer sûrement le meilleur entre plusieurs choix possibles, et pour imposer silence aux impulsions incontrôlées, aux réactions instinctives et passionnelles. Ecoutons encore le baron d'Holbach :

> « L'homme vit en société parce que la nature l'y a fait naître, il aime cette société parce qu'il trouve qu'il en a besoin, aussi lorsqu'on dit que la sociabilité est un sentiment naturel à l'homme, on indique par là que l'homme, ayant le désir de se conserver et de se rendre heureux, en chérit les moyens, que, né avec la faculté de sentir, il préfère le bien au mal, que, susceptible de raisonnement et de réflexion, il devient raisonnable, c'est-à-dire capable de comparer les avantages que la vie sociale lui procure avec les désavantages qu'il éprouverait s'il était privé de la société. »

La définition de la sociabilité que donne d'Holbach met bien l'accent sur cette idée de calcul, de raisonnement et il est ainsi amené à distinguer deux sortes d'intérêts. « L'un est éclairé, c'est-à-dire fondé sur l'expérience, approuvé par la raison ; l'autre est un intérêt aveugle, qui ne connaît que le moment présent, que la raison condamne, et dont les conséquences sont funestes à celui qui l'écoute [40]. »

Aussi cette morale n'est-elle possible qu'à un stade déjà avancé

---

40. *Le Système Social*, I<sup>re</sup> partie, chap. VI.

de l'évolution de l'humanité ; aux époques primitives, l'esprit humain n'était pas encore capable d'un pareil effort. Comme nous l'explique Saint-Lambert, évoquant ces temps reculés où l'irrationnalité de la passion ne pouvait être contrebalancée que par l'irrationnalité du sacré :

> « Il n'y a presque personne encore dans ces sociétés qui soit en état de se conduire d'après les lumières d'une raison éclairée ; il faut alors nécessairement que la morale parle à l'imagination. Etonnez par du merveilleux, maîtrisez par des menaces ou des promesses, passionnez enfin ceux que vous ne pouvez convaincre [41]. »

et maintenant encore la société toute entière n'est pas mûre pour l'instauration brutale d'une morale sans Dieu, d'Holbach est le premier à en convenir ; la multitude a encore besoin de la religion [42] mais c'est précisément la tâche des philosophes que d'entreprendre cette œuvre d'éducation qui permettra de substituer la raison à la superstition.

On s'explique ainsi l'importance et la valeur symbolique de ces catéchismes laïcs qui vont se multiplier pour répondre aux désirs de la secte. Destinés à remplacer les catéchismes religieux, et conçus suivant le même modèle de demandes et de réponses pour s'adapter au niveau intellectuel des enfants et du peuple, ils apparaissent comme un instrument idéal de propagande, comme le moyen le plus efficace pour faire pénétrer jusque dans les masses les principes d'une morale sans Dieu [43].

C'était là une idée particulièrement chère à d'Alembert [44] et en 1782, il fait mettre au concours par l'Académie un prix de 12 000 livres destiné à récompenser l'auteur du meilleur de ces cathéchismes d'un

---

41. Saint Lambert, *op. cit.*, t. I, p. 5.
42. « Il n'est pas douteux qu'une société nombreuse qui n'aurait ni religion ni morale, ni gouvernement ni lois ni principes, ne pourrait se soutenir. » *Système de la Nature*, t. II, chap. XXVIII.
43. *De l'Homme* d'Helvétius, Oe. c. t. V., p. 156, contient déjà une ébauche de ce type d'ouvrages dont les catéchismes de Saint Lambert et de Volney fournissent les exemples les plus célèbres. Cf. G. Snyders : *La pédagogie en France aux* XVIIᵉ *et* XVIIIᵉ *siècles. La Morale comme enseignement autonome*, p. 381 et ss.
44. Cf. le compte rendu dans le *Journal ecclésiastique*, de l'*Histoire des membres de l'Académie française morts depuis 1700 jusqu'en 1771 pour servir de suite aux éloges imprimés et lus dans les séances publiques de cette Compagnie par M. d'A.P. 1785-1787, six vol. in 12*. « J'aime à croire, écrit l'abbé Barruel, qu'avec un peu d'esprit philosophique il se serait montré moins ardent pour rendre la morale indépendante de toute religion. Il revient souvent à ce projet, je l'avais vu dans ses *éléments de philosophie*, je le retrouve ici dans ses notes sur l'abbé Gedoyn, je le revois encore dans ses notes sur l'abbé de Fleury, ... j'aurais bien autre chose à dire sur ce cathéchisme où la religion ne doit entrer pour rien et que l'on ose demander au prix de l'or... *Journal ecclésiastique*, mars 1788.

nouveau genre où l'on apprend la morale sans jamais faire allusion à l'Evangile[45].

La création de ce prix, qui d'ailleurs ne devait jamais être attribué, fit scandale[46] et la protestation de Necker n'est pas une des moins vigoureuses.

> « Rien n'est plus chimérique que de prétendre retenir un homme entraîné par une imagination impétueuse, en essayant de rappeler à son souvenir des principes et des instructions qui, aux termes du programme de l'Académie, doivent être le résultat de l'analyse, de la méthode, de l'art de diviser, de définir, de développer les idées et de les circonscrire[47]. »

La naïveté de cet optimisme inspire à Necker un rapprochement fort judicieux :

> « Quand on veut opposer au mouvement rapide de l'intérêt personnel une morale qui ne peut agir qu'avec le concours d'une réflexion profonde, on nous rappelle alors cette doctrine des premiers économistes qui, en établissant des principes exagérés sur la liberté du commerce des grains, s'en remettaient à l'évidence du soin de vaincre ou de prévenir les émotions populaires[48]. »

Auteurs de catéchismes économiques et auteurs de catéchismes de morale commettent la même erreur, et Necker rappelle à ces rationalistes impénitents que sont tant de ses contemporains, que le pouvoir d'illumination de l'intelligence n'entraîne pas ipso facto un pouvoir de persuasion[49].

------

45. Institut de France : *Les registres de l'Académie française*, 1672-1793, t. III, p. 512 — 1782, du lundi 13 mai, ... « Le même jour un particulier qui a proposé un prix de 1 200 L pour un ouvrage élémentaire de morale ayant prié l'Académie de vouloir bien examiner les pièces du concours, la Compagnie s'en est chargée. »

46. Cf. *Journal ecclésiastique*, mars 1788. « Déjà depuis cinq ans, il est le désiré de la secte anti-religieuse, ce concurrent heureux qui doit donner à la morale son nouvel évangile. Mais un corps célèbre et sage le repousse, refuse la couronne et infailliblement les cris que pousse encore M. d'Alembert ne décideront pas à le donner. » Cf. encore Rigoley de Juvigny : « Il faut l'avouer, notre siècle a une fureur d'enseigner qui prouve son zèle et l'intérêt qu'il prend à la conservation des mœurs. Mais n'est-ce pas plaisant que, malgré tant d'ouvrages qu'il a enfantés, malgré tant de torrent de lumières qu'il a répandues, il ait encore besoin d'un catéchisme de morale. Comme si l'Evangile et le catéchisme que l'Eglise enseigne aux fidèles ne contenaient pas la morale la plus sublime, la seule divine et la seule nécessaire à l'homme ? On en a même fait le sujet d'un prix académique, trois fois déjà les concurrents se sont présentés et trois fois la couronne leur a été refusée. » *De la décadence des Lettres et des mœurs depuis les Grecs et les Romains jusqu'à nos jours*, 1787, p. 508.

47. I.O.R. XII. 33 Cf. encore *ibid.*, p. 22-23.

48. *Ibid.*, 34.

49. Cf. Les réflexions inspirée à Mme d'Epinay par la lecture du *Système Social* de d'Holbach. Lettre à Galiani du 12 janvier 1773 citée par P. Naville, *op. cit.*, p. 360.

Dérisoires, parce que conçus pour de pures intelligences, et méconnaissant la nature humaine, ces catéchismes témoignent encore d'un illogisme que nous avons déjà souligné, dans la mesure où leurs auteurs attendent un effort de rationalisation sur le plan religieux de la part de catégories sociales maintenues dans le plus total obscurantisme par les conditions d'existence qui leur sont faites :

> « Comment pourrions-nous imaginer de lier les hommes indistinctement au maintien de l'ordre public par aucune instruction, je ne dis pas compliquée, mais où l'exercice d'un long raisonnement fût seulement un préalable nécessaire ? Il ne suffirait pas alors de donner des appointements aux instituteurs, il faudrait encore payer le temps des écoliers, puisque pour les gens du peuple ce temps est dès le plus bas âge leur unique moyen de subsistance... Ce n'est donc pas un catéchisme politique qu'il faut destiner à l'instruction du peuple, ce n'est pas un cours d'enseignement fondé sur les rapports de l'intérêt personnel avec l'intérêt public qui peut convenir à la mesure de son intelligence, et quand une pareille doctrine serait aussi juste qu'elle me paraît susceptible de contradictions, on ne pourrait jamais en rendre les principes assez distincts pour la mettre à l'usage de tous ceux dont l'éducation ne dure qu'un moment. La morale religieuse, par son action rapide se trouve exactement appropriée à la situation singulière du plus grand nombre des hommes, et cet accord est si parfait qu'il semble un des traits remarquables de l'harmonie universelle [50]. »

La morale de l'intérêt bien entendu, à supposer qu'elle fut vraie, est à éliminer sans hésitation du simple fait qu'elle exigerait des foules un effort intellectuel qu'on ne saurait attendre d'elles et s'il est une harmonie préétablie, preuve évidente de la providence divine, ce n'est pas dans la concordance entre l'intérêt particulier et l'intérêt général qu'il faut la voir, mais, ce qui est tout différent, dans la prédisposition des masses à l'irrationnel. Remercions le ciel de ce que le sous-développement auquel la pauvreté les condamne rende aussi intense chez elles le besoin du sacré.

On ne saurait exprimer cette vérité sous une forme plus déplaisante. Mais en fait, il s'agit d'un problème qui ne va cesser de préoccuper tous ceux qui, à partir de 1789, auront à assumer les responsabilités du pouvoir et à décider de la politique à suivre en matière de religion. La Révolution, pour ses plus sincères et ses plus enthousiastes partisans, ne devait pas se borner à des transformations politiques et sociales sanctionnées par des textes législatifs. Elle devait s'accompagner d'une véritable révolution culturelle d'où serait sorti un homo novus différent dans sa nature même du régnicole de l'Ancien Régime. Comme le disait Boissy d'Anglas, le but de la Révolution « c'est d'embrasser dans son ensemble et d'effectuer la régénération complète et durable de l'espèce humaine et non de réparer momentanément quelques abus particuliers [51]. » Un mot symbolise cette

---

50. I.O.R. XII, 38-39.
51. Boissy d'Anglas : *Essai sur les Fêtes Nationales*, p. 5.

mutation attendue : c'est celui de citoyen, par lequel chaque individu devait désormais désigner ses semblables et se désigner lui-même.

Cette ambition a été partagée par tous mais l'accord ne s'est jamais fait sur ce que devait être cet homo novus, et l'on assiste au cours de la période révolutionnaire à une lutte significative entre ceux qui ont voulu faire du citoyen un être humain totalement rationalisé et ceux qui n'ont pas jugé possible d'instaurer une société nouvelle sans « parler à son âme et à son cœur non moins qu'à son esprit et à sa raison »,

Les premiers ont pour chef de file et pour théoricien Condorcet, parfait exemple d'une foi absolue en la raison et en ses vertus libératrices et, parmi ses disciples, figurent aussi bien des Girondins comme Guadet et Gensonné, que des Montagnards comme Raffron, La Vicomterie [52], Lequinio, Salaville [53].

Face à ces esprits purs dont les idéologues seront les héritiers, se dressent les défenseurs résolus de la religion et de son utilité sociale et, si surprenant que puisse paraître ce compagnonnage, entre l'auteur de De l'importance des opinions religieuses et Bonaparte, signataire du Concordat, Maximilien Robespierre a sa place marquée dans ce camp-là. Si différents que puissent être les objectifs de ce monarchiste, de ce dictateur ou de ce républicain, ils ont en effet quelque chose de commun, ils estiment le recours au sacré indispensable et la ressemblance entre le ministre de Louis XVI et l'auteur du Discours du 18 Floréal est si frappante sur ce point qu'on peut se demander s'il n'y a pas eu influence du premier sur celui qui fut un lecteur enthousiaste de De l'importance des opinions religieuses [54].

Tous deux, d'abord, manifestent le même mépris pour la doctrine de la concordance entre l'intérêt particulier et l'intérêt général, la même hostilité pour toute entreprise de laïcisation de la morale, fondée sur ce principe, la même sévérité pour ceux qui en furent les instigateurs : les philosophes, les encyclopédistes officiellement reniés :

> « Cette secte, déclare Robespierre dans ce fameux discours, propagea avec beaucoup de zèle l'opinion du matérialisme qui prévalut parmi les grands et parmi les beaux esprits. On lui doit en grande partie cette espèce de philosophie pratique qui, réduisant l'égoïsme en système, regarde la société humaine comme une guerre de ruse, le succès comme la règle du juste et de l'injuste, la probité

---

52. Auteur d'un Essai sur la morale calculée.
53. Cf. à ce sujet A. Mathiez : La théophilanthropie et le culte décadaire, thèse Paris 1903 et M. Reinhard : Religion, Révolution et Contre-Révolution, les cours de Sorbonne, C.D.U., Paris, 1960.
54. Cf. ce texte de 1788 : « Grâces immortelles lui soient rendues (à Dieu) pour avoir rappelé auprès du petit-fils de Henri IV un autre Sully qui n'aura point défendu sans doute la cause de la divinité avec cette éloquence de la vertu qui touche et qui enflamme tous les honnêtes gens pour méconnaître le devoir sublime qu'elle lui impose aujourd'hui d'établir sur la même base et la prospérité inaltérable de la nation et la véritable grandeur du monarque. » Robespierre. Œuvres complètes. T. I. Œuvres judiciaires 1782-1789. Paris 1910, p. 678.

comme une affaire de goût, ou de bienséance, le monde comme le patrimoine des fripons adroits [55]. »

Et refaisant le même raisonnement, il démontre lui aussi qu'une morale rationnelle ne saurait être la morale du peuple :

> « Le chef-d'œuvre de la société serait de créer en lui, pour les choses morales, un instinct rapide qui, sans le secours tardif du raisonnement, le portât à faire le bien et à éviter le mal ; car la raison particulière de chaque homme égaré par ses passions, n'est souvent qu'un sophiste qui plaide leur cause, et l'autorité de l'homme peut toujours être attaquée par l'amour-propre de l'homme. Or, ce qui produit ou remplace cet instinct précieux, ce qui supplée à l'insuffisance de l'autorité humaine, c'est le sentiment religieux qu'imprime dans les âmes l'idée d'une sanction donnée aux préceptes de la morale par une puissance supérieure à l'homme. Aussi, je ne sache pas qu'aucun législateur se soit jamais avisé de nationaliser l'athéisme. Je sais que les plus sages même d'entre eux se sont permis de mêler à la vérité quelques fictions, soit pour frapper l'imagination des peuples ignorants, soit pour les attacher plus fortement à leurs institutions. Lycurgue et Solon eurent recours à l'autorité des oracles, et Socrates lui-même, pour accréditer la vérité parmi ses concitoyens, se crut obligé de leur persuader qu'elle lui était inspirée par un génie familier [56]. »

Aussi la conclusion à laquelle il aboutit est-elle identique à celle de son adversaire politique : « Toute institution, toute doctrine qui console et qui élève les âmes doit être accueillie ; rejetez toutes celles qui tendent à les dégrader et à les corrompre. » Citons encore la fameuse phrase : « L'idée de l'être suprême et de l'immortalité est un rappel continuel à la justice, elle est donc sociale et républicaine », admirable formule où il suffirait de remplacer républicaine par monarchique pour qu'elle pût servir d'exergue au livre de Necker, et n'est-ce pas lui qu'on croirait entendre quand Robespierre déclare :

---

55. *Rapport fait au nom du comité de Salut public par M. Robespierre. sur les rapports des idées religieuses et morales, sur les principes républicains et sur les fêtes nationales* du 18 floréal l'an second de la République française, une et indivisible, p. 14.

56. *Ibid.*, p. 18. Cf. La Reveillière. — Lépeaux développant un thème typiquement neckérien : « Je conçois qu'un homme qui a reçu une éducation soignée, qui s'est accoutumé à la réflexion, qui a puisé dans ses études et dans toutes les circonstances de sa vie, certaines idées de convenance et un amour raisonné de l'ordre peut sans croyances et sans culte exercer toutes les vertus sociales, mais cela n'est pas vrai d'un peuple, la multitude (et c'est le cas de dire ici avec la Bruyère, bien des gens en font partie qui ne s'en doutent pas) ne peut s'élever à ces idées d'ordre et de convenances qui supposent un esprit exercé à la méditation et un goût délicat. Il faut lui donner un point d'appui positif, un dogme ou deux qui servent de base à sa morale et un culte qui en dirige l'application ou qui du moins l'y rappelle. D'ailleurs, l'Histoire et notre propre expérience ont assez prouvé que les passions sont toujours plus fortes que la raison même chez les gens éclairés, que doivent-elles être chez les hommes que leur position a privés de lumières. » *Réflexions sur le culte, les cérémonies civiles et sur les fêtes nationales* lues à l'Institut le 12 Floréal an V, pp. 4-5.

« Vous vous garderez bien de briser le lien sacré qui les unit (les hommes) à l'auteur de leur être. Il suffit même que cette opinion ait régné chez un peuple, pour qu'il soit dangereux de la détruire. Car les motifs des devoirs et les bases de la morale s'étant nécessairement liés à cette idée, l'effacer c'est démoraliser le peuple. »

Pour les révolutionnaires de cette sorte, la religion n'est que le couronnement d'une série de procédés qui mènent de l'utilisation de simples emblèmes : bonnet rouge, cocardes, arbre de la liberté, à ces cérémonies semi-religieuses que sont les Fêtes Nationales [57], pour aboutir enfin avec le culte de l'Etre suprême, à la religion proprement dite. A chacun de ces différents niveaux, l'emprise sur la conscience se faisant de plus en plus profonde, de plus en plus durable, par des moyens qui ont tous ceci de commun qu'ils font appel à l'imagination et à la sensibilité.

Dans ce discours si révélateur, Robespierre à juste titre ne manque pas de distinguer soigneusement de la secte des philosophes celui qui fut son maître à penser dans tous les domaines et dans le domaine religieux en particulier, Jean-Jacques Rousseau. Si le *Contrat Social* se termine en effet par le fameux chapitre sur la religion civile, c'est que son auteur ne veut pas renoncer à cette garantie suprême qu'apporte à l'ordre nouveau la foi en l'au-delà.

« Il importe bien à l'Etat que chaque citoyen ait une religion qui lui fasse aimer ses devoirs... Il y a donc une profession de foi purement civile dont il appartient au souverain de fixer les articles, non pas précisément comme dogmes de religion mais comme sentiments de sociabilité sans lesquels ils est impossible d'être bon citoyen ni sujet fidèle [58]. »

Sans doute le livre *De l'importance des opinions religieuses*, d'une part, le chapitre sur la religion civile ou le *Discours du 18 Floréal* d'autre part, correspondent-ils à deux visions de la société profondément différentes et, en un certain sens, la fonction assignée à la religion y est rigoureusement antithétique. Pour l'auteur du *Contrat*, elle est destinée à renforcer les liens qui font de la démocratie dont il rêve une véritable communauté, c'est un facteur de cohésion pour

---

57. Cf. L'article inséré à la fin de l'an IV dans le *Rédacteur* et cité par Mathiez dans *La théophilanthropie et le culte décadaire*, p. 30 : « La République existait, mais les lumières, les coutumes, les institutions qui doivent la consolider n'existaient pas encore ; il appartenait au gouvernement actuel, chargé par les lois et par la propension de ses principes autant que par l'intérêt de son existence, l'honorable soin de la consolider, d'employer à ce but l'utile moteur des fêtes publiques, d'en faire chérir les maximes, par l'attrait naturel des délassements et des spectacles et de mettre en quelque sorte en représentation les vertus les plus propres à leur servir d'appui pour en rendre le culte agréable et familier. *Tous les législateurs des peuples libres ont su ménager et employer habilement ces espèces de commotions électriques qui impriment à la fois à tout un peuple une même pensée.* »

58. *Contrat Social.* L. IV. Chap. VIII.

l'état républicain, par elle la fraternité des esprits et des cœurs devient plus étroite ; elle est le ciment de l'union entre des individus qui possèdent les mêmes droits, vivent la même vie. Pour Necker, elle est au contraire un instrument d'asservissement, et sa raison d'être doit être cherchée dans l'existence des classes, dans l'inéluctable exploitation du pauvre par le riche. Tout cela n'est que trop clair. Mais il n'en reste pas moins, et on le lui a assez reproché, que Rousseau dans le système le plus rationnellement construit, le plus rigoureusement logique qui ait été conçu, estime cependant nécessaire d'introduire la religion. Sans la crainte d'un Dieu rémunérateur et vengeur, l'ordre, fut-il républicain, ne saurait être maintenu. La vie en société n'est pas possible sans le sacré.

La ressemblance entre Necker et Rousseau ne s'arrête pas là. Leur pessimisme foncier va créer entre eux quand il ne s'agit plus d'une Société idéale et future, mais d'un présent dont il faut s'accommoder, une communauté de vues encore plus complète. Le fragment d'un brouillon du *Discours sur l'inégalité* [59] qui nous a été conservé, est à cet égard très révélateur. Son auteur avait d'abord pensé inclure dans son texte cette tirade contre la tyrannie politico-religieuse, véritable exercice d'école sur un sujet classique. Il y renonça et, après avoir raconté comment fut établie la première autorité politique et conclu le premier contrat, instrument d'oppression, après avoir montré que ce premier contrat n'était nullement irrévocable en droit et que le peuple aurait pu y renoncer et le rompre, Rousseau écrit ces phrases capitales :

> « Mais les dissensions affreuses, les désordres infinis qu'entraînerait nécessairement ce dangereux pouvoir montrent plus que toute autre chose combien les Gouvernements humains avaient besoin d'une base plus solide que la seule raison, et combien il était nécessaire au repos public que la volonté divine intervînt pour donner à l'autorité souveraine un caractère sacré et inviolable qui ôtât aux sujets le funeste droit d'en disposer. Quand la religion n'aurait fait que ce bien aux hommes, c'en serait assez pour qu'ils dussent tous la chérir et l'adopter, même avec ses abus, puisqu'elle épargne encore plus de sang que le fanatisme n'en fait couler [60]. »

L'ouvrage de Necker n'est qu'une longue paraphrase de ce texte. L'un et l'autre définissent la société née de l'invention de l'agriculture et de l'institution de la propriété comme une société mauvaise, l'un et l'autre estiment cependant préférable cet ordre de choses et son injustice fondamentale aux « dissensions affreuses » et aux « désordres infinis » d'une anarchie permanente, l'un et l'autre en tirent comme conséquence la nécessité d'une union entre la religion et le pouvoir pour faire accepter aux victimes leur triste sort. Il n'y a donc aucune différence à cet égard dans la pensée des deux Genevois.

Le point où ils se séparent, c'est que Rousseau définit un autre type

59. Pléiade, O.C. T. III, p. 224 ss.
60. *Discours sur l'origine de l'inégalité parmi les hommes, ibid.*, p. 186.

de société, différente des sociétés passées et présentes, et qu'il la propose comme un idéal à une humanité désireuse de reconquérir le bonheur perdu, tandis que Necker condamne pour toujours l'espèce à son sort. Au messianisme du prophète, inspirateur de la Révolution française, s'oppose le réalisme désespéré d'un homme d'état, théoricien du conservatisme, mais l'opposition, profonde sans doute, ne vaut que pour l'avenir. Aussi longtemps que cet avenir n'aura pas réalisé les espoirs mis en lui, il faudra bien se résigner et accepter que la religion vienne au secours du pouvoir pour sauver les sociétés de l'anarchie, en assurant l'oppression du faible par le fort dans la paix et le respect des lois. La satire de la tyrannie politico-religieuse fait place significativement dans le *Second Discours* à l'éloge de l'union bénéfique du prêtre et du magistrat.

On a fait remarquer bien souvent le contraste entre l'audace des théories de l'auteur du *Contrat* et la prudence des réformes proposées, voire même le conformisme d'un homme toujours respectueux des autorités établies, si bien qu'on a pu se demander s'il croyait sérieusement à la possibilité d'une refonte des institutions et à l'avènement d'une société nouvelle. Dans cette hypothèse [61], la ressemblance serait encore plus complète, constatons en tout cas que se manifeste au niveau des faits, de la réalité quotidienne, de la situation historique et de son appréciation, une parenté certaine entre Necker et Rousseau, et qui naît de leur profond pessimisme. Malgré les apparences, ils appartiennent l'un et l'autre par opposition aux philosophes, aux encyclopédistes et à Voltaire, à la même famille d'esprit.

## II. - UTILITÉ DE LA RELIGION POUR LE BONHEUR INDIVIDUEL

L'apologétique pragmatique comporte une deuxième partie ; passant du plan de la société à celui de l'individu, Necker veut nous prouver que la religion contribue par surcroît au bonheur de chacun, et il consacre à ce sujet deux chapitres qui n'offrent guère d'intérêt, si ce n'est qu'on retrouve dans des développements d'une fastidieuse banalité, ses préoccupations habituelles : c'est encore et toujours en fonction de l'existence des classes que vont s'ordonner ses réflexions. Les satisfactions procurées par la religion ne sont pas, en effet, les mêmes suivant les catégories sociales et le niveau de vie ; les riches, spirituellement aussi, ont des besoins de luxe, il est donc des « considérations... plus particulièrement adaptées à cette partie de la société dont l'esprit est perfectionné par l'éducation [62]. »

---

61. Cf. sur ce sujet J. Fabre : *Réalité et utopie dans la pensée politique de Rousseau*. Annale J.J. Rousseau, T. XXXV, p. 181 ss. ou encore les développements de J. Roels sur « le pessimisme conservateur de J.J. Rousseau. » *Op. cit.*, p. 75 ss.

62. *I.O.R.* XII. 132.

La première concerne un phénomène psychologique qui se manifeste dès qu'existe une certaine marge de liberté par rapport aux impérieuses nécessités de la vie physique. Les hommes, pense Necker, ne peuvent alors trouver de charme à la vie que s'ils ont, au-delà de ce qu'ils possèdent, l'espérance de biens futurs.

> « Sans doute l'influence de l'avenir sur toutes nos affections morales échappe le plus souvent à notre attention ; et, pour citer quelques exemples de cette vérité, nous croyons n'être heureux que par le présent, lorsque nous recevons des éloges, lorsque nous obtenons des marques de considération, lorsque nous apprenons la nouvelle de quelque augmentation subite de notre fortune, et lorsqu'en prenant part à la conversation ou en nous occupant dans notre cabinet, nous sommes contents du jeu de notre imagination et des découvertes de notre esprit. Toutes ces jouissances et beaucoup d'autres semblables, nous les appelons le bonheur présent ; cependant, il n'en est aucune qui ne doive sa valeur et sa réalité à la seule idée de l'avenir... Ainsi, soit indirectement, et presqu'à notre insu, soit d'une manière sensible à nos propres yeux, tout est en lointain, tout est en perspective dans notre existence morale [63]. »

On devine la conclusion de cette analyse :

> « Si telle est... notre nature morale, que l'objet de nos vœux soit toujours à quelque distance ;... avec quel amour, avec quel respect ne devons-nous pas considérer ce beau système d'espérance, dont les opinions religieuses sont le majestueux fondement [64] ! » Elles constituent : « L'enchantement du monde moral [65]. »

Necker traite ensuite de ce que nous appellerions aujourd'hui le sentiment de l'absurde, qui nous gagnerait immanquablement :

> « Si le spectacle de l'univers... ne nous retraçait qu'une vaste existence, mais sans dessein, sans cause et sans destination... si cette intelligence dont nous aimons à nous glorifier, n'était qu'un jet du hasard ;... si cette science ne devait nous apprendre que les détails affligeants de notre mécanique esclavage... au lieu de nous faire faire un pas de plus vers... cette haute sagesse qui a réglé l'univers et qui en maintient l'harmonie [66] ! »

Des insatisfactions de ce genre supposent évidemment que l'on n'est pas absorbé par le souci du pain quotidien, et Necker se reproche de consacrer trop de temps à des réflexions qui n'ont de sens que pour les privilégiés.

> « Il s'en faut bien, écrit-il, que je veuille distraire un moment mes regards de la classe nombreuse des habitants de la terre, dont le bonheur et le malheur tiennent à des idées simples et proportionnées à l'étendue bornée de ses intérêts et de ses pensées [67]. »

---

63. *Ibid.*, 120-121.
64. I.O.R. XII. 123.
65. *Ibid.*, 126.
66. *Ibid.*, 129-130-131.
67. *Ibid.*, 132.

Pour l'immense majorité des individus, pour tous « ceux que l'infortune de leurs parents laisse au milieu de nous dépourvus de toute espèce de propriétés, et privés encore des ressources qui dépendent de l'instruction » [68], pour « cette classe d'hommes, condamnée à des travaux grossiers... resserrée dans les sentiers d'une vie pénible et monotone, où chaque jour ressemble à la veille, où nulle attente confuse, où nulle illusion flatteuse ne peut les distraire » [69] ce sont évidemment les vertus consolatrices de la religion qu'il convient de célébrer. Et nous trouvons, repris du point de vue de chacun des malheureux, le thème de sa valeur compensatoire.

> « Avec quel transport, dans cette position, ne doivent-ils pas saisir la douce espérance que les opinions religieuses leur présentent ! Avec quelle satisfaction ne doivent-ils pas apprendre, qu'après ce passage de la vie, où tant de disproportions les accablent, il y aura un temps de rapprochement et d'égalité [70] ! »

Et la conclusion de ce passage nous ramène à l'inspiration générale de ce livre et de son œuvre toute entière :

> « Ce sont les lois civiles qui accroissent ou qui consacrent l'inégalité de tous les partages, et ce sont les idées religieuses qui adoucissent l'amertume de cette dure disproportion [71]. »

Abordant le problème par un autre biais, Necker va nous entretenir d'un sujet bien souvent traité, celui des rapports entre la vertu et le bonheur. Il énumère à son tour les raisons inventées par l'ingéniosité des moralistes pour prouver qu'être vertueux est le meilleur moyen pour être heureux : les plaisirs sont factices et fugitifs, les satisfactions de la vertu sont durables ; les hommes qui s'abandonnent au caprice de leurs désirs vivent dans l'indécision, la vertu procure la stabilité et la tranquillité d'esprit ; être vertueux, c'est choisir toujours la conduite la plus sage par rapport à l'ensemble d'une vie ; la vertu est la condition du succès dans les affaires publiques et dans les affaires privées ; il y a dans toutes les vertus une sorte de beauté qui nous charme sans réflexion, etc. etc.

La lecture de ces pages nous fournit un échantillon du genre de développements où tant d'auteurs se complaisaient à cette date. Mais si Necker débite toutes ces banalités, ce n'est que pour prévenir une objection qu'on pourrait lui faire :

> « Après avoir essayé de donner une faible idée des diverses récompenses et des différentes satisfactions qui semblent appartenir à la régularité des principes, et à l'exactitude de la conduite, on demandera peut-être si l'on n'aurait pas le droit de conclure de ces ré-

---

68. *Ibid.*, 132.
69. *Ibid.*, 132.
70. *Ibid.*, 133.
71. *Ibid.*, 135.

flexions, que l'on peut attacher les hommes à la morale par le seul motif de leur intérêt particulier [72]. »

Voilà la véritable raison de ce chapitre, il s'agit de pourchasser, dans cet ultime retranchement, les partisans de la laïcisation de la morale qui, faisant appel non plus à l'égoïsme éclairé et au calcul intéressé, mais à l'équivalence vertu-bonheur, pourraient nous faire croire que la religion est inutile, puisque l'expérience montre que la vertu est le plus sûr moyen d'être heureux. Par ce détour spécieux, on combine à la fois les morales du désintéressement, fondées sur nos tendances naturelles au bien, et celles de l'intérêt bien entendu : sur le plan de l'intention, c'est l'amour de la vertu qui est le mobile de nos actes, mais sur le plan du résultat, on constate que le bonheur naît d'une conduite vertueuse.

Conscient du danger, Necker se hâte de nous avertir qu'il ne saurait y avoir de vertu sans religion :

> « On peut bien, en étudiant ses différents effets, apercevoir qu'elle est un excellent guide dans la carrière de la vie ; mais on découvre en même temps qu'elle a besoin, comme l'occupation, d'un encouragement simple et à la portée de tous les entendements : c'est dans les idées religieuses que la vertu trouve ces encouragements ; et l'on ne pourrait la séparer de ses motifs et de ses espérances sans déranger toutes ses affinités avec le bonheur des hommes [73]. »

Il ne suffit donc pas de dire : pour être heureux il faut être vertueux, il faut ajouter : pour être vertueux, il faut être religieux. Il ne manque pas d'ailleurs de nous faire remarquer que de pareilles arguties ne sont plus de saison quand il s'agit de gouverner les foules :

> « Lors même qu'avec l'art délié du raisonnement, on parviendrait à jeter quelque confusion sur les véritables principes de l'ordre et du bonheur ; lors même qu'à force d'adresse on parviendrait à nous tenir en doute sur le genre et le degré de puissance qu'il faut assigner aux opinions religieuses, ce ne serait pas du moins les législateurs des nations qui devraient prêter l'oreille à ces distinctions subtiles [74]. »

Nous retrouvons dans ce texte le mépris de Necker pour les innombrables ouvrages de morale que vit naître le XVIIIe siècle. Il s'agit là de jeux de riches, dont il faut bien occuper les loisirs. Le « législateur », lui, ne retiendra de toutes ces réflexions qu'une vérité, la seule importante : à savoir que la croyance en un Dieu rémunérateur et vengeur apporte à l'autorité un indispensable appui. Tout le reste est littérature.

---

72. *Ibid.*, 159.
73. *Ibid.*, 161.
74. *Ibid.*, 162.

# CHAPITRE II

# LA POLITIQUE RELIGIEUSE DE NECKER

Necker ne se borne pas à démontrer la nécessité de la religion. Homme d'état, il en tire les conséquences et, définissant les principes d'une politique, donne une réponse à toutes les grandes questions qui se posent en ce domaine : rapports de l'Eglise et de l'Etat, choix d'une religion, cas des minorités confessionnelles. Nous allons être ainsi amenés à examiner les divers aspects du problème religieux à la fin du XVIIIᵉ siècle, celui de la tolérance en particulier, à la veille d'événements qui allaient amener des transformations radicales et faire apparaître au grand jour les tendances les plus diverses.

## I. — RAPPORTS DE L'EGLISE ET DE L'ETAT

Il est facile de prévoir quelle sera l'attitude adoptée en face du problème des rapports entre l'Eglise et l'Etat. Ayant pour mission première de faire respecter l'ordre, celui-ci ne saurait rester indifférent devant une institution susceptible de lui apporter dans cette tâche le plus précieux appui :

> « Il ne suffit pas que les chefs de l'Etat soient persuadés de l'influence des opinions religieuses sur la morale et sur le bonheur des hommes : ils doivent encore s'occuper des moyens les plus propres à entretenir cette action salutaire ; et, sous un pareil rapport, toutes les parties du culte public deviennent de la plus grande importance [1]. »

Cette phrase, en même temps qu'elle exclut le principe de la séparation de l'Eglise et de l'Etat, définit aussi les limites fixées à l'action du pouvoir, qui ne devra s'exercer que dans le domaine du culte public. Le gouvernement n'a pas à s'occuper des questions de dogmes, il n'a pas à participer aux querelles théologiques, et la souveraineté spiri-

---

1. I.O.R. XII. 197.

tuelle de l'Eglise est reconnue sans conteste : par contre, tout ce qui concerne les manifestations extérieures de la religion intéresse directement l'Etat et Necker, faisant allusion à « toutes les parties du culte public », pense évidemment à la construction et à l'entretien des églises ainsi qu'aux ressources destinées à former et faire vivre honorablement ceux qui ont pour fonction de célébrer le service divin avec tout l'éclat convenable.

De même, c'est à l'Etat qu'incombe la charge d'organiser l'instruction religieuse et de subvenir aux dépenses qu'elle entraîne. Cet enseignement, le seul dont aient besoin les enfants du peuple, doit être public et obligatoire :

> « Vous donc qui avez la charge du gouvernement, facilitez votre œuvre en veillant avec intérêt à la culture de l'esprit et du caractère des enfants. Faites qu'ils reçoivent une bonne éducation avant l'époque où les inclinations se fixent ; faites que les principes de morale et de religion, gravés ou empreints dans leur cœur, les mettent dans le sens des lois, les préparent aux vertus sociales [2]. »

En 1788, l'ancien ministre n'entre pas dans le détail des modalités de cette collaboration entre l'Eglise et l'Etat, il ne précise pas comment sera apporté à celle-ci le soutien matériel qui lui est dû, les formules qu'il emploie sont suffisamment vagues pour convenir aussi bien à l'Eglise de l'Ancien régime, subvenant pour la plus grande part à ses besoins grâce aux immenses richesses dont elle dispose, qu'au système établi par la Constituante décrétant la nationalisation des biens du clergé et imposant à ce dernier une constitution civile qui faisait des ecclésiastiques un corps de fonctionnaires payés par le gouvernement.

Toutefois, nous allons pouvoir juger sur un exemple précis de l'étendue des compétences qu'il attribue aux gouvernements et de l'étroitesse des rapports qu'il souhaite voir s'établir entre eux et l'Eglise. Le chapitre X de l'ouvrage publié en 1788, intitulé « Observations sur une circonstance particulière du culte public » est consacré à l'exposé d'un projet qui lui tient à cœur.

> « Il me semble, écrit-il..., que les esprits sont assez éclairés aujourd'hui pour qu'il soit permis d'inviter les chefs de l'Eglise et du gouvernement dans les pays catholiques, à examiner attentivement s'il n'est pas temps de faire un plus grand usage de la langue vulgaire, et si l'on n'est pas averti par la dégradation sensible des mœurs, d'apporter quelque changement à cette partie du service divin [3]. »

Pour justifier cette réforme, Necker fait remarquer que les gens de la campagne ont très rarement l'occasion d'entendre, à l'Eglise, un langage qu'ils puissent comprendre, et il le prouve en citant des faits qui montrent la précision habituelle de ses observations. Dans le culte catholique, le seul moment où le prêtre s'adresse aux fidèles

---

2. C.M.R. XII. 361.
3. I.O.R. XII. 197-198.

en langue vulgaire est le prône, qui interrompt le déroulement de la grand'messe du dimanche, pour le reste célébrée en latin. Or, une partie des gens de la campagne n'assiste qu'à la messe du matin, la messe basse qui ne comporte pas de sermon. Quant aux paroissiens qui assistent à la grand'messe, beaucoup pensent que la partie importante en est celle qu'ils ne comprennent pas, précisément parce qu'ils ne la comprennent pas et « il n'est pas rare dans plusieurs campagnes de voir nombre d'hommes sortir de l'Eglise pendant le prône et y rentrer à l'instant de la consécration [4] ». Le résultat de ces coutumes et circonstances est que le paysan risque de n'entendre dans toute l'année « ni discours instructif, ni lecture édifiante, ni prière dans sa propre langue [5] ». Aussi est-il urgent de porter remède à cette situation. Comme le dit notre auteur, non sans une certaine naïveté,

> « le peuple des campagnes dont les travaux composent notre richesse doit être soigné avec une inquiétude paternelle [6]. »

Necker, prudemment, ne réclame pas une substitution radicale du français au latin, il exprime simplement le désir qu'on apporte dans ce sens quelque changement à la liturgie de la messe ; pour les prières publiques, par contre,

> « elles devraient être constamment en langue vulgaire ; car, susceptibles si facilement d'un mouvement sensible, et d'une onction touchante, il n'est aucun discours religieux qui sympathise davantage avec la faiblesse humaine ; et comme elles se servent de nos besoins et de nos inquiétudes pour nous élever à l'Etre Suprême, elles font choix du meilleur de tous les liens pour captiver la multitude [7]. »

Ces belles phrases ont pour but de nous faire comprendre qu'après avoir été dûment entretenu en un langage intelligible, des récompenses promises aux justes et des punitions réservées aux méchants dans un autre monde, le bon peuple des campagnes retournera à ses travaux, soumis et résigné, prêt à payer sans rechigner dîmes, fermages, impôts et redevances diverses.

En faisant cette proposition, Necker est sans doute influencé par son expérience de protestant : dans la religion réformée tous les offices sont célébrés dans la langue vulgaire et, dès l'origine, cette pratique eut une valeur de symbole, le fidèle manifestait ainsi le droit à converser directement avec Dieu dans son propre langage. La substitution du français au latin correspondait à une exigence de la raison, à un souci de libre examen bien caractéristique de l'esprit de la Réforme. Mais en l'occurence, il a de toutes autres préoccupations et on peut certainement le croire quand il affirme son indifférence devant les controverses religieuses [8], ce qui l'intéresse au premier chef, c'est d'accroître l'efficacité de la religion.

---

4. *Ibid.* 198.
5. *Ibid.*, 199.
6. *Ibid.* 199.
7. *Ibid.*, pp. 198-199.
8. Cf. *infra*, p. 560.

Une pareille suggestion ne devait guère rencontrer d'écho en 1788. Le bref d'Alexandre III de 1661 avait énergiquement rappelé aux Français la doctrine de l'Eglise qui depuis n'était guère discutée, et la réaction de l'abbé Royou, chargé dans l'*Année littéraire* du compte rendu de l'ouvrage de Necker, est significative. Il renvoie l'auteur aux décisions pleines de sagesse du Concile de Trente, qui ne sauraient être remises en question, et il fait ressortir également les risques d'un pareil projet qui entraînerait la traduction des textes sacrés dans tous les dialectes du royaume :

> « L'Eglise serait inondée de traductions vicieuses et les fidèles seraient exposés à des erreurs dangereuses sur les mœurs et sur la foi [9]. »

Rappelons toutefois qu'après la Révocation de l'Edit de Nantes, le gouvernement avait entrepris de faire traduire les textes latins de la liturgie catholique et imprimer des livres de messe en français, initiative audacieuse prise, ironie du sort, pour faciliter la conversation des protestants sans choquer leurs habitudes, et c'est un protestant converti, Pellisson, qui avait été chargé de cette traduction. L'expérience fut sans lendemain et la chasse aux traductions ne tarda pas à reprendre ; les autorités religieuses continuèrent tout au long du XVIIIe siècle à lacérer et à faire brûler les exemplaires de la messe en français, si bien que la fidélité au latin pour les catholiques, l'usage de la langue vulgaire pour les protestants, resta une des différences les plus marquantes entre les deux confessions.

Dans l'atmosphère d'excitation intellectuelle et de remise en question de toutes les traditions établies, qui marque la réunion des Etats-Généraux et le début de la Révolution française, on voit ressurgir la réforme proposée par Necker ; certains ecclésiastiques éclairés, désireux de marquer l'avènement d'un monde nouveau par la disparition d'un usage qu'ils considérèrent comme le symbole d'un passé révolu, réclament eux aussi la substitution du français au latin. C'est ainsi que le curé de Saint-Pallaye dans le département d'Auxerre, publie une adresse aux députés des Etats-Généraux intitulée « Culte public en langue française » :

> « Jaloux de resserrer les nœuds qui nous unissent à la divinité, vous examinerez sans doute, Messieurs, dans quelqu'une de vos séances s'il est convenable d'étendre le bienfait de notre liberté nationale à notre langue française et si cette langue, condamnée à une flétrissante exclusion de notre culte public, n'est pas en droit de réclamer le rang qu'elle peut occuper parmi toutes celles qui sont consacrées à la célébration de l'office divin et à l'administration du Sacrement [10]. »

---

9. *Année littéraire*, 1788, 1er extrait.
10. Carré, curé de Sainte Pallaye, *Culte public en langue française*, pp. 4-5.

Et plus loin, il nous montre le peuple impatient de parler à Dieu dans le langage qui est le sien :

> « Il a franchi les obstacles qu'on avait opposés au progrès de ses lumières, son intelligence, dégagée du chaos dont on l'enveloppait sans cesse, ne peut plus se fixer à un simulacre de dévotion. Il faut pour nourrir sa piété autre chose que des mots et du bruit [11]. »

On ne saurait imaginer, pour aboutir au même résultat, justifications plus opposées ; pour Necker, la messe en français est destinée à faciliter à la religion son rôle de soutien des institutions et d'asservissement du peuple, pour le curé de Saint-Pallaye, elle sera au contraire instrument de libération, gage de son émancipation, symbole d'une religion destinée à créer l'unité des consciences, la fraternité des esprits et des cœurs dans la société future. Nous sommes là en présence de deux conceptions de la religion profondément différentes, l'une voltairienne et bourgeoise, l'autre rousseauiste et démocratique. Mais qu'on lui assigne l'un ou l'autre but, tout le monde se trouve d'accord pour concevoir les rapports entre l'Eglise et l'Etat sous la forme d'une union si étroite que ce dernier ait le droit d'intervenir, par exemple, dans une question comme celle de la langue à utiliser pour les cérémonies du culte. On s'étonne moins dès lors de l'unanimité avec laquelle fut acceptée la constitution civile du clergé, décision inspirée par des considérations contradictoires et dont Mathiez souligne l'ambigüité [12].

Quelques années plus tard, la politique religieuse du gouvernement thermidorien va lui donner l'occasion de réaffirmer avec une nouvelle vigueur la nécessité d'une union étroite entre l'Eglise et l'Etat. A cette date, la Convention s'inquiète de la faveur et de la ferveur dont bénéficie le catholicisme, la religion traditionnelle lui apparaît trop intimement liée à la monarchie pour que ce mouvement d'opinion ne constitue pas un danger pour le régime qu'elle veut affirmer. Le seul culte auquel elle s'intéresse est donc celui de la République. Comme le dit Daunou, exprimant les espoirs de ses collègues : « Au milieu des cultes divers, librement exercés mais soumis aux lois de la République, le patriotisme deviendra bientôt le culte commun de tous les Français [13]. »

D'où le soin apporté à l'organisation des Fêtes Nationales [14], véri-

---

11. *Ibid.*, p. 21.
12. Cf. : Mathiez *Les philosophes et la séparation de l'Eglise et de l'Etat à la fin du* XVIIIᵉ *siècle*. Revue historique T. CIII.
13. Daunou. Moniteur N° 2 Brumaire an IV cité par Mathiez : *La Théophilanthropie et le culte décadaire*, p. 28. Daunou fut le rapporteur de la loi du 3 Brumaire, an IV, instituant les Fêtes nationales.
14. Cf. L'opuscule de La Revellière-Lépeaux au titre significatif : *Essai sur les moyens de faire participer l'universalité des spectateurs à tout ce qui se pratique dans les Fêtes Nationales*, lu à la classe des Sciences morales et politiques de l'Institut national de France dans la séance du 22 Vendémiaire l'an 6° de la République par I.M. Lépeaux - Paris H.J. Jansen an VI in 8° 16 p.

tables messes républicaines, et le refus de toute reconnaissance officielle des autres cultes. C'est dans cet état d'esprit que Boissy d'Anglas, battant en retraite par rapport aux idées qu'il avait soutenues en l'An II [15], défend le principe de la séparation de l'Eglise et de l'Etat, dans son rapport de l'An III sur la liberté des cultes. Plein de méfiance pour la religion, il laisse clairement entendre que les hommes ne devraient point en avoir besoin quand ils « peuvent s'éclairer des lumières de la raison, et s'attacher les uns aux autres par les seuls liens de l'intérêt commun, par les seuls principes de l'organisation sociale, par les sentiments impérieux qui les portent à se rapprocher et à se chérir [16] ».

L'ouvrage *De la Révolution française* publié en 1796 contient une réponse directe à ce rapport et une réfutation énergique des principes qui l'ont inspiré [17]. Nous y trouvons en effet, avec une nouvelle démonstration de l'utilité sociale de la religion, une critique sévère de l'attitude adoptée par le gouvernement :

> « Que doit-il arriver cependant lorsque, dans un pays tel que la France, le gouvernement ne prend aucun soin de l'établissement d'un culte et de la perpétuité d'une religion ? Que doit-il arriver lorsque le législateur lui-même en dictant cette marche, a cru s'être élevé par-dessus tous les préjugés, et s'est glorifié d'une neutralité, d'une impassibilité philosophique, qui lui ont paru tout à la fois l'instinct lumineux du génie et l'expression d'une profonde sagesse ? Il doit arriver ce qu'on remarque déjà, l'entier oubli des idées religieuses dans tous les lieux où il ne se présente pas une réunion d'hommes disposés à faire, à eux seuls les frais du culte public. Et lorsque l'indifférence du gouvernement accroîtra chaque jour l'indifférence de la nation ; lorsque, par degrés, et avec une accélération effrayante, vingt-cinq millions d'hommes en société n'auront plus de religion... il faudra nécessairement, ou les contenir par le despotisme ou les abandonner à tous les écarts d'une imagination déréglée [18]. »

Adversaire de la séparation de l'Eglise et de l'Etat, Necker ne désire pas pour autant qu'un appui soit accordé par le pouvoir à toutes les religions indifféremment. Bien au contraire, seule la religion dominante d'un pays doit bénéficier d'un statut privilégié et des faveurs du gouvernement :

> « Les législateurs français, loin d'adopter aucune vue de ce genre se sont marqués dans le sens opposé ; et, après avoir cherché à détruire le culte public, ils se sont réduits à l'abandonner au caprice des hommes, et ils ont toujours paru s'attendre avec complaisance à sa dégradation insensible. Ils ont cru se parer des principes de

---

15. Dans son *Essai sur les Fêtes nationales suivi de quelques idées sur les Arts et sur la nécessité de les encourager adressé à la convention nationale* - Paris - Imprimerie polyglotte - An II.

16. *Rapport de Boissy d'Anglas au nom des Comités de salut public, de Sûreté générale et de législation réunis et décret sur la liberté des cultes*, pp. 5-6.

17. R.F. X. 212.

18. *Ibid.*, pp. 214-215.

tolérance en écartant toute religion dominante, et ils n'ont pas voulu voir, ou n'ont pas vu, que ce mot dominante, ce mot dont leurs oreilles délicates se sont effarouchées, exprimait simplement en cette occasion la garantie d'un culte public, la certitude de son existence, à l'aide des précautions employées par le gouvernement. Or la fondation de ce culte, son entretien, sa durée, ces divers attributs d'une religion dominante, sont absolument distincts de l'intolérance et de ses principes [19]. »

Le principe de la tolérance civile et religieuse n'est pas remis en cause, mais on ne saurait concevoir un Etat sans une religion officielle dont les représentants jouissent de tous les avantages que confère cette situation et, en ce domaine comme en bien d'autres, l'exemple auquel pense Necker est sans aucun doute celui de l'Eglise d'Angleterre « the established Church of England ».

## II. - CHOIX D'UNE RELIGION : CATHOLICISME OU PROTESTANTISME.

Défendre le principe d'une religion d'Etat, c'est pour ce Genevois, ancien ministre du royaume de France, se mettre dans une situation délicate. Va-t-il opter pour le catholicisme ou pour la religion réformée ? Comme on pouvait s'y attendre, il ne va pas perdre son temps à se demander quelle est dans l'absolu la meilleure et la plus vraie des deux. Les questions théologiques ne l'intéressent en aucune manière. A ses yeux, toutes les religions se valent :

« Je ne mettrai point au rang des objections que je dois discuter ; je ne comprendrai point dans le nombre des raisonnements qu'il est important d'approfondir, ni les opinions diverses sur telle ou telle partie du culte religieux, ni les difficultés, élevées contre l'adoption de quelque idée dogmatique jugée essentielle par les uns, et considérée avec indifférence par les autres : ce n'est pas un traité de controverse théologique que j'ai eu l'intention de composer ; c'est encore moins la doctrine d'une église que je voudrais opposer à celle d'une autre ; il n'en est aucune qui ne lie la morale aux commandements d'un Etre suprême ; il n'en est aucune qui ne voie dans le culte public l'expression respectueuse d'un sentiment d'amour et de reconnaissance envers le souverain auteur de la nature [20]. »

Le seul critère sera donc celui de l'efficacité dans la fonction à remplir.

---

19. R.F. X. 213-214.
20. I.O.R. XII. 187. Cf. *Ibid.*, 197 : « Elevé dans une religion où l'on a cru se rapprocher des premières idées du christianisme, en adoptant sur plusieurs points des principes différents de la foi catholique, je ne pourrais, sans manquer de sagesse, approfondir aucune des questions qui divisent les deux églises ; je le ferais même sans utilité, tant nous sommes disposés à rapporter aux préjugés de naissance les idées qui appartiennent le plus aux sentiments et à la pensée d'un homme en particulier : nous aimons à juger de tout par grands traits ; cette manière soulage notre paresse, mais elle nous écarte souvent de la vérité. »

Or, de ce point de vue, Necker n'a pas d'hésitation, il opte discrètement mais clairement pour le catholicisme. Pour une première et très simple raison, c'est que le catholicisme est la religion de la très grande majorité des Français et tout changement dans le domaine de la croyance, tout prosélytisme, toute tentative pour substituer une religion à une autre sont à ses yeux néfastes, car on risque d'ébranler la foi des fidèles et par là même de mettre en danger l'édifice social dont elle est le plus ferme soutien :

> « ... Il faut un culte public soumis à des règles constantes ; il faut attacher à des symboles distincts une adoration dont les caractères essentiels ne doivent point varier, afin que le sentiment de la multitude, ému si promptement par les objets extérieurs, ne soit jamais exposé à aucune altération ; il faut que les esprits faibles trouvent aisément leur route, et qu'on éloigne d'eux les sujets de doute et d'incertitude [21]. »

Necker choisit délibérément le *statu quo* : le plus solide argument en faveur de la religion catholique est pour la France un argument de fait, c'est la très forte supériorité numérique de ses fidèles, c'est l'ancienneté d'une foi enracinée dans le pays depuis des siècles. Elle possède pour ce seul motif un indiscutable avantage sur toutes les autres confessions. Elle est la religion « dominante ».

Mais ce n'est pas là son seul argument, le catholicisme lui paraît également mieux adapté à la mentalité de la multitude, à la psychologie des humbles, grâce au mystère de ses dogmes et à la magie de son culte. Ce protestant éclairé n'hésite pas à rappeler au philosophe, avec insistance, quel respect on doit avoir pour le sentiment de ceux qui s'attachent « au système consolant d'intercession et de rédemption dont le christianisme a posé les fondements », à défendre « les cérémonies et les mystères », « toutes les formes du culte public et ses divers symboles », « tous les hommages extérieurs rendus à la divinité ». Convaincu que « l'imagination du vulgaire ne peut être guidée de la même manière que le génie méditatif d'un solitaire [22] », il se garde bien de mépriser cet ensemble de rites par où se manifeste la piété du chrétien, non seulement envers le Rédempteur, mais encore envers la Vierge et les Saints. De sa naissance à sa mort, le fidèle peut ainsi marquer d'un particulier éclat chaque évènement important de sa vie et, de l'angélus du matin à l'angélus du soir, donner une signification à tous les moments de sa journée. Seul le catholicisme est capable d'agir avec autant d'efficacité sur l'imagination et la sensibilité. Admirablement faite pour fournir à la foule ignorante les émotions dont elle est avide, la religion traditionnelle du peuple français est donc par excellence celle d'un grand Etat évolué où règne une inévitable inégalité sociale.

Cette défense du catholicisme, au nom de son irrationnalité, par

---

21. I.O.R. XII. 385.
22. I.O.R. XII. 370.

un protestant, n'est pas sans rappeler celle de l'incroyant Maurras ; sans doute le Genevois ne met-il pas au premier plan de ses préoccupations la grandeur de la France, son destin historique, il pense uniquement à l'ordre social ; mais l'on retrouve chez l'un et chez l'autre la même indifférence pour les dogmes, la même admiration pour un instrument parfaitement adapté au but poursuivi. Aussi ne saurait-on s'étonner de voir les représentants du clergé condamner une apologie du catholicisme où se manifeste le plus évident scepticisme devant la vérité des dogmes qu'il enseigne et l'authenticité de la Révélation.

> « Ecoutez M. Necker », écrit l'Abbé Royou en 1788, dans son compte-rendu, « l'alliance religieuse qui doit exister entre tous les hommes est représentée, dit-il, et rendue authentique dans chaque Nation, par le culte public dont le gouvernement a fait choix. Il faut donc être catholique à Rome, protestant à Genève, mahométan à Constantinople, et changer de religion en changeant de climat. Et qu'importe, en effet, puisque, suivant l'auteur, tous les peuples de la terre ont accès auprès du trône de l'Etre Suprême [23]. »

L'abbé Royou ne saurait accepter pareille argumentation en faveur du catholicisme, mais il a parfaitement compris qu'il avait à faire à un défenseur de la religion officielle du royaume.

Ce qui était vrai en 1788 le restera toute la vie de Necker. Il ne changera jamais d'opinion. Ce Genevois protestant demeurera indéfectiblement fidèle et à la monarchie et au catholicisme et il est certaines dates importantes où ses prises de position prennent un relief particulier dans le contexte historique du moment. Celle de 1796, par exemple, l'année de la publication de l'ouvrage *De la Révolution française* où il s'élève contre une politique de séparation de l'Eglise et de l'Etat, et réclame avec insistance un statut privilégié pour la religion dominante. Or, quelle autre religion pouvait alors prétendre à ce titre sinon le catholicisme ? Sans prononcer son nom, c'est donc lui que Necker désigne clairement aux faveurs du gouvernement, c'est pour lui qu'il se bat.

Nous trouvons dans ce même ouvrage un autre témoignage tout aussi révélateur de ses intentions et de ses sympathies. C'est la prosopopée sur laquelle se clôt l'historique de la Révolution française. En choisissant Saint-Louis, entre tous les rois, pour adresser aux Français un émouvant appel en faveur du retour des Bourbons, Necker du même coup et fort habilement faisait sentir combien dans sa pensée

---

23. *Année littéraire* 1788. Extrait ; Cf. l'article de l'abbé de Boulogne sur le *Cours de Morale* religieuse dans les *Annales philosophiques, morales et littéraire*, 1800. T. II : « Profond silence sur les mystères et les dogmes, pas un mot de cet Homme Dieu réparateur dans lequel résident toutes nos espérances. Rien de ce plan ineffable de justice et de miséricorde qui fait toute l'essence du christianisme. De sorte qu'il nous laisse à deviner si l'Evangile est vrai ou s'il n'est qu'utile, s'il est nécessaire pour le salut ou s'il n'est qu'important pour notre bien-être.

la mystique des fleurs de lys était indissolublement liée à l'idée d'une France qui restait toujours la fille aînée de l'Eglise [24].

Cette attitude où se mêlent intimement politique et religion est d'autant plus remarquable que Necker sur ce double plan s'affirme résolument comme l'adversaire de sa fille. Républicaine convaincue, Mme de Staël va se faire au cours du Directoire la plus ardente propagandiste du remplacement du catholicisme par le protestantisme comme religion d'Etat.

> « Le système de la République française, écrit-elle, ne peut se fonder qu'en admettant partout le raisonnement comme la base de toutes les institutions et de toutes les idées. Toute religion fût-elle établie par les républicains, son existence fût-elle étroitement unie à celle de la République, toute religion qui aurait pour base ce qu'on appelle des dogmes, c'est-à-dire des mystères qui s'appuieraient sur la croyance aveugle, toute religion de ce genre aurait besoin de se fonder sur les mêmes arguments qui différemment appliqués relèveraient la noblesse et le trône, c'est donc au principe de la religion naturelle qu'il faut rappeler toute religion pratiquée en France... à cet égard la doctrine des théophilantropes est parfaite, mais tous les jours aussi parmi les protestants, les ministres les plus éclairés écartent ce qui reste de dogmes dans leurs croyances... Plusieurs d'entre eux sont sociniens... Avec ces changements qui se fortifient tous les jours, les protestants et les théo-philantropes ou pour mieux dire les déistes se rapprochent donc des principes développés. Les protestants se rattachent à une longue suite de souvenirs religieux et rien n'est plus nécessaire à une religion qu'une antique origine... les théo-philantropes quoique se rattachant aux idées éternelles sont, dans leur culte, de création moderne. Les protestants dans leurs simples cérémonies, obéissent à des usages dont on ne connaît point les auteurs [25]. »

Dans ces phrases, elle prend le contre-pied des idées défendues par son père qui voit au contraire dans le mystère des dogmes et la pompe des cérémonies les irremplaçables atouts du catholicisme.

L'opposition est toutefois loin d'être aussi radicale que ce texte le laisserait penser. Mme de Staël refuse les mystères, mais tient elle aussi aux cérémonies, même si elle ne veut pas de la pompe romaine :

> « Il faut des cérémonies, car il n'est pas vrai, comme on le dit, que ce soient les dogmes qui frappent l'imagination du peuple, il les ignore alors seulement qu'on croit qu'il les admire en ne les comprenant pas. Ce qui frappe son imagination, c'est la splendeur du culte et cette splendeur n'est point comme les mystères un moyen d'égarer la raison, c'est unir des sensations vives à des vérités simples, c'est pourtant la vérité [26]. »

---

24. Cf. *Supra*, p. 459.

25. Mme de Staël : *Des circonstances actuelles qui peuvent terminer la Révolution*, pp. 220-221.

26. *Ibid.*, p. 222.

Elle reconnaît donc bien que la religion représente une puissance par son action sur l'imagination et la sensibilité, et comme son père encore, elle veut mettre cette puissance au service de l'Etat :

> « soit que la République française adopte le culte des protestants ou des philantropes, il faut qu'ils aient une religion de l'Etat... alors l'Etat aura dans sa main toute l'influence du culte entretenu par lui et cette grande puissance qu'exercent toujours les interprètes des idées religieuses sera l'appui du gouvernement républicain[27]. »

Ainsi, dans le cadre de la République et du protestantisme, Mme de Staël poursuit le même but que son père : l'union étroite du pouvoir politique et du pouvoir religieux pour le plus grand bien des propriétaires. Mais elle pense que le passage de la monarchie à la République, et du catholicisme à la religion réformée est exigé par l'évolution qui s'est produite dans les esprits ; tandis que son père estime que la Révolution n'a été qu'un intermède, que rien n'a changé dans l'essentiel, et donc qu'il faut revenir à la royauté et à la foi traditionnelle.

Quatre ans plus tard, le *Cours de morale religieuse*, paru en 1800, porte témoignage qu'il est toujours du même avis ; et ce serait faire un contre-sens sur cette œuvre que d'y voir, comme ont voulu nous le faire croire Fontanes ou l'abbé de Boulogne, une participation à la campagne menée par sa fille en faveur du protestantisme. Dans ce cours destiné aux jeunes pasteurs genevois, le baron de Coppet manifeste en réalité son parfait accord avec les tendances de l'apologétique catholique du moment et il n'a pas d'autre intention que d'apporter sa modeste contribution à l'œuvre de restauration religieuse qui est en train de s'accomplir. A cette date, face aux protestants qui défendent leur confession au nom de la raison en invoquant le progrès des lumières, les catholiques proclament que :

> « Ce n'est point avec de la philosophie qu'il faut défendre aujourd'hui la religion, mais avec des raisons tirées des passions mêmes et avec tous les enchantements des beaux-arts[28]. »

Or, Necker est très proche d'une pareille position et pour une double raison, la première est que cette argumentation correspond à ses goûts, à sa nature. Le thème qu'il développe avec le plus de complaisance dans ses œuvres religieuses est celui du Dieu sensible au cœur et il y affirme sans ambages la supériorité de l'intuition sur la raison. Déjà en 1788, il encourageait ses lecteurs à s'abandonner sans retenue aux élans de leur âme :

> « Prenons toujours pour guide ce sentiment intérieur qui n'est pas la pensée mais quelque chose de plus encore[29]. »

---

27. *Des circonstances actuelles, op. cit.*, p. 223.
28. Fontanes : *Mercure de France*, 1er Frimaire - an IX. T. II, p. 335 ss. (22 novembre 1800).
29. I.O.R. XII. 362-3.

Et dans le *Cours de morale religieuse*, il redonne le même conseil :

> « Ecoutez ces inspirations secrètes qui nous annoncent l'existence d'un Dieu protecteur, écoutez cet instinct qui nous fait chercher un ami dans le ciel lorsque les hommes nous oppriment et ne disputez pas votre cœur contre les impressions qui nous ramènent de tant de manières à l'idée d'un être suprême [30]. »

Ce langage est celui-là même des apologistes catholiques, celui de Ballanche [31], de l'abbé Gérard [32], de l'abbé Rousseau [33], ou de l'abbé Reybaz [34] il n'est pas celui de Mme de Staël.

Certains contemporains ne s'y sont pas trompés. Nous pouvons par exemple citer le témoignage de Joubert et sa lettre à Mme de Beaumont du 1er décembre 1800 :

> « Votre Condillac m'a raidi et desséché l'esprit pendant des jours... Il m'a fallu interrompre cette aride lecture et me jeter pour digérer dans d'autres livres. Un Massillon qui m'est tombé par hasard sous la main m'a remis, il m'a huilé et détendu. M. Necker qui est survenu ne m'a pas nui et je suis tombé de l'huile dans la graisse et je me sens rempâté [35]. »

Par cette huile ou cette graisse, Joubert entend évidemment une apologétique dans laquelle on découvre Dieu en s'abandonnant à la douceur des effusions sentimentales, et en antithèse, l'allusion à Condillac, maître à penser des idéologues de la *Décade*, prend une valeur de symbole. Comme le dit Victor Giraud à propos de cette lettre :

> « Joubert, qui ne connaît pas encore Chateaubriand, à ce qu'il me semble, regrette que Necker n'ait pas écrit le *Génie du Christianisme* [36]. »

L'abbé de Boulogne de son côté, dans son sévère compte rendu des *Annales philosophiques morales et littéraires* s'agace, lui, devant ces trop faciles attendrissements et nous assure que :

> « Si M. Necker n'a pas été éloquent, ce n'est pas faute de mélancolie [37]. »

Mais en l'occurrence, c'est au jugement de Chateaubriand lui-même, orfèvre en la matière, qu'il faut surtout se fier. Le 5 avril 1802 paraît

---

30. C.M.R. XIII. 62.
31. Ballanche : *Du Sentiment considéré dans ses rapports avec la littérature et les arts.* Lyon 1801.
32. Abbé Gérard : *La Théorie du bonheur.* Paris, 1801.
33. Abbé Rousseau : *L'Evangile, Code du bonheur.* Trieste, 1800.
34. Abbé Reybaz : *Sermons*, 1801.
35. Joubert (Joseph) : *Textes choisis*, éd. Giraud (V.), p. 52.
36. *Ibid.*
37. *Annales philosophiques morales et littéraires*, 1 800 T. II.

dans le *Mercure*, le premier des articles publiés sous le titre d'*Essai sur la littérature anglaise*. Il est consacré au poète Young. Chateaubriand y démontre que l'auteur des *Nuits* ne peut être un grand poète, à la fois parce qu'il est protestant et parce qu'il est anglais, et s'élevant de ce cas particulier à un jugement général sur la littérature anglaise et protestante, il écrit cette phrase qui, à elle seule, suffirait à sacrer Necker chevalier de la bonne cause :

« En exceptant Gray et Hervey, je ne connais parmi les écrivains protestants que M. Necker qui ait répandu quelque tendresse sur les sentiments tirés de la religion [38]. »

Or, en matière de religion, la tendresse, comme l'huile et la graisse de Joubert, désigne le recours au sentiment, à l'instinct, à l'intuition, et si l'on rapproche cette citation de cette autre phrase où Chateaubriand reproche ironiquement à Mme de Staël de prétendre qu'il n'y a rien de plus sec que le christianisme et de plus tendre que la philosophie, il faut convenir que l'auteur du *Génie* reconnaît en celui du *Cours de morale religieuse* sinon un inspirateur et un maître, tout au moins un de ceux qui ont préparé l'opinion publique aux thèmes qu'il allait chanter, et contribué à la restauration, non pas de la religion de la raison, mais de la religion de la tendresse, ce qui dans l'atmosphère intellectuelle de l'époque ne peut désigner autre chose que le catholicisme.

Plus réalistement, Necker ne pouvait qu'applaudir à la réhabilitation d'une religion si bien faite pour le peuple. Il ne pouvait que se réjouir de voir le *Génie du Christianisme* exalter ces éléments qui choquaient si profondément et bien à tort, les héritiers du siècle des lumières. Les chapitres consacrés aux mystères et aux sacrements ou encore celui qui est intitulé « Eglise, ornements, prières et solennités » démontraient précisément la parfaite adaptation du catholicisme à l'âme populaire. Sur ce plan là aussi, il y avait un parfait accord entre le Genevois et le champion de la foi traditionnelle. Les arguments dont se servait Mme de Staël pour vanter les qualités d'un protestantisme raisonnable et dont le culte « est le plus dépouillé qui soit » sont ceux-là mêmes qui devaient pousser son père à refuser cette forme trop épurée, trop abstraite du christianisme dans le cas d'un pays comme la France.

Pour toutes ces raisons, quand Necker proclame en 1802 qu' « il faut donc à une telle nation plus qu'à aucune autre, une loi majestueuse, antique et immobile... une loi qui la retienne autour de l'ordre social, ou qui l'y appelle après des excursions passagères » comment douter qu'il puisse désigner autre chose que la religion de Saint-Louis [39] ?

---

38. *Mercure de France*, 5 avril 1802.
39. C.M.R. XIII. 33.

## III. — LE PROBLEME DES MINORITES CONFESSIONNELLES

S'il faut une religion d'Etat et si le catholicisme doit être cette religion, dès lors se pose la question des minorités non orthodoxes. Quelle sera l'attitude à adopter par les autorités établies en face des dissidents de quelque nature qu'ils soient ? Un des objets de l'ouvrage de 1788 est précisément de donner à cette question une réponse à laquelle la personnalité de l'auteur, ami et protecteur des philosophes, protestant et Genevois, ancien et futur ministre ne laisse pas de prêter un particulier intérêt.

### 1° LES PROTESTANTS

Le premier problème est évidemment celui que pose l'existence de la communauté protestante. Connaissant ses attaches et ses opinions, nous ne saurions nous étonner de le voir défendre les idées de tous les esprits éclairés de son époque : le chapitre intitulé « Réflexions sur l'intolérance » développe donc les thèmes traditionnels du parti philosophique. N'hésitant pas à prendre à témoin l'immensité des cieux et les millions d'étoiles et de planètes qui les peuplent, Necker, avec une emphase qui fit sourire les contemporains, stigmatise la folie de ceux qui oseraient prétendre « que seuls ils connaissent la manière dont on peut adorer le maître du monde ».

Mais il ne faut pas se laisser induire en erreur par ces périodes oratoires et ces déclarations de principe. Cette tolérance a des limites très précises et elle n'empêche pas l'homme d'Etat d'avoir pour idéal l'unité spirituelle du royaume.

> « Il est à désirer que les citoyens unis par les mêmes lois et par le même intérêt politique le soient encore par un même culte, afin que le saint nœud de la religion les embrasse tous d'une égale manière et que les principes de l'éducation s'entretiennent et se fortifient par l'autorité de l'exemple [40]. »

Ce texte dévoile le fond de sa pensée, il ne se contente pas de juger que la religion catholique est, pour le royaume de France, la meilleure qu'on puisse imaginer, il souhaite encore qu'aucune autre ne soit pratiquée sur toute l'étendue de son territoire. La raison en est toujours la même : il ne s'agit pas du salut des âmes, mais de la création des conditions les plus favorables au maintien de l'ordre. Le pluralisme confessionnel ne peut être qu'un facteur de trouble dans les esprits, il ne peut engendrer qu'hésitations, discussions,

---

40. I.O.R. XII. 385.

comparaisons éminemment préjudiciables au prestige de l'autorité religieuse, et à l'influence qu'elle peut exercer. Par « ces principes qui s'entretiennent et se fortifient par l'autorité de l'exemple », Necker désigne évidemment les règles de la morale individuelle et sociale, qui seront plus rigoureusement respectées si elles sont renforcées par les commandements d'une Eglise, règnant en maîtresse souveraine et incontestée sur les consciences de la communauté nationale toute entière.

Il pourrait ne s'agir là que d'une vue de l'esprit et le désir ainsi exprimé n'être qu'un vœu pieux sans conséquence. Il n'en est rien, et Necker dans un passage qui peut surprendre, évoque au milieu de déclarations rassurantes, un ensemble de mesures destinées à réaliser cette unité de la foi que tout gouvernement doit se proposer comme but :

> « On pourrait aisément concevoir un système de distribution dans les fortunes, plus convenables que tout autre à la richesse publique et à la puissance de l'Etat ; mais si cette connaissance doit influencer sur la conduite générale d'un gouvernement, elle ne lui donne jamais le droit d'arranger à son gré la part des citoyens, et de recourir à l'autorité pour en fixer la mesure. Le même principe s'applique avec plus de force encore aux opinions ; il est raisonnable de chercher à diriger leurs cours par des moyens lents, doux et sages ; mais le système d'unité qui conviendrait le mieux à un état cesserait à l'instant d'être un bien, si, pour établir ce système, on avait recours à la violence ou à la plus simple contrainte : c'est la première des propriétés, que celle de son sentiment ; c'est la plus respectable des dominations, que celle de sa conscience [41]. »

Que faut-il entendre par ces « moyens lents, doux et sages » ? L'idée de tolérance, cheval de bataille du XVIIIᵉ siècle éclairé, réserve quelques surprises quand on pousse ses défenseurs dans leurs retranchements. Voltaire, dans son fameux *Traité sur la tolérance*, ne réclame nullement l'égalité absolue de toutes les confessions, et l'exemple de l'Angleterre, où les dissidents et les catholiques sont privés de certains droits, lui paraît tout à fait acceptable :

> « Je ne dis pas que tous ceux qui ne sont point de la religion du prince doivent partager les places et les honneurs de ceux qui sont de la religion dominante. En Angleterre, des catholiques regardés comme attachés au parti prétendant, ne peuvent parvenir aux emplois, ils paient même double taxe, mais ils jouissent d'ailleurs de tous les droits du citoyen. Nous avons des Juifs à Bordeaux, à Metz, en Alsace, nous avons des luthériens, des molinistes, des jansénistes, ne pouvons-nous pas souffrir et contenir des calvinistes à peu près aux mêmes conditions, que les catholiques sont tolérés à Londres [42]. »

---

41. I.O.R. XII. 386.
42. Voltaire : *Traité sur la tolérance.* Montesquieu était moins optimiste : « Les lois contre ceux qui confesseraient cette religion (le catholicisme) ne seraient point sanguinaires, car la liberté n'imagine point ces sortes de peines mais elles seraient si réprimantes qu'elles feraient tout le mal qui peut se faire de sang-froid. » *Esprit des Lois.* XIX. 27.

Il est vraisemblable que Necker pense aux mêmes statuts, et qu'il voit dans certaines mesures plus ou moins vexatoires, le type même de ces « moyens lents, doux et sages » qu'il n'est pas interdit à un gouvernement d'employer, pour ramener toutes les brebis du troupeau au même bercail.

De là aux dragonnades et aux bûchers, il y a loin, mais il n'en reste pas moins que le principe d'une discrimination est admis entre les citoyens, et qu'on reconnaît aux gouvernements le droit de faire pression sur les consciences, en faisant des fidèles de l'Eglise officielle des citoyens privilégiés. Comme il s'agit de moyens laissés à l'appréciation du gouvernement, et que l'expression employée pour les désigner est assez vague, la limitation apportée à la règle, qu'on aurait pu croire absolue, de la tolérance religieuse, ne laisse pas d'être inquiétante. Sur ce point là en 1788, le Genevois semble en retrait par rapport à une opinion publique qui a fait, depuis la publication du *Traité sur la tolérance* de Voltaire, de sensibles progrès, et qui est prête à accepter dans sa majorité la règle de la liberté absolue des consciences et des cultes que proclamera la Constituante.

On s'explique ainsi la conduite adoptée envers les protestants à divers moments de sa carrière et tout d'abord, lors de son premier ministère, marqué par les intrigues du pasteur de l'ambassade de Hollande J.-J. Armand. A cette date, rappelons-le, la situation est caractérisée par l'opposition, signalée avec insistance par les historiens du protestantisme, entre la bourgeoisie protestante si importante par ses richesses et son rôle dans l'économie du pays, et ceux qui, parmi les réformés, appartiennent aux couches plus modestes de la population artisane et surtout paysanne [43].

Pour les bougeois, pour les grands bourgeois, cultivés et éclairés, et Necker est un représentant caractéristique de cette classe, les dogmes ne comptent plus beaucoup sinon ceux de la religion naturelle. La fidélité à la religion réformée est surtout une question d'honneur familial, de tradition ; grâce à elle aussi, dans certaines villes en particulier, on ressent la fierté d'appartenir à un milieu social privilégié. Ces protestants-là sont assez indifférents à la liberté du culte, ils préfèrent même souvent tenir dans leurs vastes et confortables demeures des assemblées restreintes en présence du pasteur, où ils se retrouvent entre eux sans avoir à frayer avec le peuple, comme les y forcerait l'assistance aux cérémonies célébrées dans un temple.

La tolérance civile au contraire leur est indispensable pour la conduite des affaires et la transmission des patrimoines. A mesure qu'au cours du XVIIIᵉ siècle, se relâche la rigueur des lois d'exception, et que la cause du protestantisme fait des progrès dans l'opinion publique, les réformés appartenant à cette catégorie sociale en vien-

---

43. Nous renvoyons à ce sujet à l'ouvrage de B.C. Poland : *French Protestantism and the French Revolution*, et à celui plus « engagé » d'E. Léonard : *Histoire ecclésiastique des réformés français au* XVIIIᵉ *siècle*.

nent à penser que leurs revendications auraient beaucoup plus de chance d'aboutir si, renonçant de leur propre chef à la tolérance religieuse, ils se bornaient à réclamer la tolérance civile. Les représentants de l'Eglise du Désert, animés d'une ferveur beaucoup plus vive, exigent au contraire l'une et l'autre et, s'indignent de cette tiédeur, de cette recherche d'un compromis. On en arrive ainsi à une lutte ouverte entre les deux clans. J.-J. Armand ne proposait rien moins que de mettre fin aux grandes assemblées du Désert, de ne laisser subsister dans le Nord qu'un culte strictement domestique et de réduire de moitié le nombre des pasteurs. Ainsi espérait-il obtenir plus rapidement la liberté civile tant désirée par la faction qu'il représentait. Il échoua dans ses menées et le projet fut abandonné. Mais il semble bien que Necker ait approuvé de pareilles suggestions, qui lui donnaient pleine satisfaction, aussi bien qu'aux gens de son milieu [44]. On aurait ainsi assuré aux protestants français une vie discrète et paisible au sein de la nation, sans aller au devant de ces occasions de conflit que comportait inévitablement l'exercice de cultes différents dans certaines régions, où les passions religieuses étaient surexcitées.

A la veille de la Révolution, après de longues et laborieuses tractations où Malesherbes joua un rôle décisif, les réformés obtiennent enfin cette liberté civile tant désirée. L'Edit de tolérance est signé par Louis XVI en novembre 1787, enregistré par le Parlement de Paris en janvier 1788. Qui plus que Necker pouvait se sentir concerné par la question protestante, en ces années où elle était au premier plan des préoccupations du gouvernement ? Son passé d'ancien ministre, ses relations encore étroites avec le pouvoir et les milieux gouvernementaux, auraient dû faire de lui un intermédiaire ou un conseiller tout

---

44. Cf. B. C. Poland : « Consequently, in June of 1779, Armand with the sympathy of the Parisian « messieurs » and probably with the approval of Necker toured northern France where he announced that the court had charged him with the expulsion of the pastors of the area » op. cit., p. 230. Cf. E. Leonard « Notons que l'on peut compter parmi eux (les Messieurs de Paris), ou du moins parmi leurs protecteurs et ceux d'Armand, la plus haute personnalité protestante qui fut en France en ce moment. Necker contrôleur général jusqu'au 19 mai 1781. Le financier genevois était des paroissiens de l'« hôtel de hollande » c'est certainement avec son agrément que fut présenté au pouvoir le projet d'Armand, par ses soins qu'il fut appliqué avant d'avoir reçu aucune approbation officielle. Il était trop un grand bourgeois ami de l'ordre pour ne pas borner ses coreligionnaires à cette clandestinité dont il s'accommodait personnellement sans difficultés et dont les Messieurs de Paris se contentaient dans le projet fort semblable qu'ils avaient jadis présenté à son prédécesseur Machault d'Arnouville. » E. Leonard, op. cit., p. 173-174. C'est sans doute à un projet de ce genre que font allusion les Mémoires de Bachaumont à la date du 25 novembre 1778 : « Les protestants sont dans l'attente de ce qui va se passer, et l'on a tout lieu de croire qu'ils ont obtenu enfin un état légal en France. Le Parlement continue à s'en occuper, sous l'influence du ministère, on a gagné plusieurs prélats, et la faveur de M. Necker jointe aux sollicitations du docteur Franklin, au nom des Etats-Unis d'Amérique est plus que suffisante pour étouffer les clameurs du clergé : Mémoires secrets. XII. 197.

désigné dans les négociations qui précédèrent la proclamation de l'Edit. Or, il semble bien qu'il se soit tenu soigneusement à l'écart et, dans l'ouvrage récent et richement documenté qui fait le point sur ce problème, on ne trouve pas le nom de Necker mentionné une seule fois à ce propos [45].

De cette même discrétion, le livre *De l'importance des opinions religieuses*, publié en 1788 mais composé sans doute en 1787, apporte encore la preuve. C'est le moment précis où se décide la réforme. On aurait pu penser que Necker avait beaucoup à dire sur ce sujet d'une brûlante actualité, il n'y consacre que quelques lignes :

> « J'entends parler aujourd'hui de la réunion d'une tolérance civile à une intolérance religieuse : par l'une on autoriserait l'existence des protestants dans les pays catholiques, ou celle des catholiques dans les pays protestants ; et par l'autre on interdirait toute espèce de culte qui ne serait pas conforme aux instituts de la religion dominante : mais si le nombre des dissidents était ou devenait considérable, une partie d'une nation serait sans culte ; et le gouvernement ne pourrait se montrer indifférent, puisqu'il lui importe de maintenir avec soin tous les appuis de la morale [46]. »

Le « J'entends parler » est curieux. Necker voudrait-il nous faire croire qu'il s'agit là d'un problème qui lui est étranger et de controverses dont le bruit monte difficilement jusqu'à lui alors que, pour tant de raisons, il est si proche de ce débat ? Le désir de rester en marge paraît évident. Attendant avec impatience le moment de rentrer en scène, il ne tient pas à se créer des difficultés inutiles pour une cause qui n'est pas la sienne, et pour laquelle il n'a pas au fond de lui-même une très grande sympathie. Il tire donc son épingle du jeu, en se contentant de traiter le sujet très brièvement, et en adoptant en ce qui concerne la liberté des cultes une position conforme à l'inspiration générale de son livre. L'octroi ou le refus de cette liberté dépend de l'importance numérique de la communauté dissidente ; si elle est considérable, le refus rend plus difficile le maintien de l'ordre, en privant l'Etat de l'appui que la religion lui prête. L'unité religieuse reste la règle, mais cette règle peut souffrir des exceptions justifiées par des situations de fait.

Quelques semaines après la publication de son ouvrage, l'ancien ministre était de nouveau appelé au pouvoir et l'année suivante, avec la convocation des Etats-Généraux, commençait la Révolution Française. Dans l'élan d'enthousiasme qui entraîna alors tous les esprits, les protestants jugèrent le moment venu pour eux de conquérir enfin la pleine égalité des droits, en obtenant la liberté du culte public que leur avait refusé *l'Edit de tolérance*. L'un d'entre eux, le Docteur Gallot, élu député de Poitiers aux Etats-Généraux, entretenait depuis de nombreuses années une correspondance avec Mme Necker au sujet de la création d'un hospice de charité. Fort de cette flatteuse et utile relation, il se crut désigné pour jouer un rôle de premier plan dans la

45. P. Grosclaude : *Malesherbes — Témoin et interprète de son temps*.
46. I.O.R. XII. 386-387.

cause de ses coréligionnaires et, aussitôt arrivé à Paris, il la pria de l'introduire auprès du tout puissant ministre qu'il voulait entretenir personnellement de ses projets. Il fut aimablement reçu par la maîtresse de maison, mais dut rapidement déchanter :

« J'ai causé bien intimement près d'un quart d'heure, écrit-il le 21 mai dans une lettre, elle m'a dit que son mari ne pourrait se mêler de l'affaire en question à cause des affaires générales dans lesquelles elle devait l'aider »,

et l'érudit protestant qui relate l'infructueuse tentative du Docteur Gallot, termine son article par cette phrase désabusée et amère qui résume fort bien l'attitude du ministre de Louis XVI.

« Comme on le voit, le Contrôleur Général se souciait peu de faire droit aux modestes revendications protestantes [47]. »

Cette attitude s'explique sans doute par des considérations de carrière, mais Necker, par principe aussi, était franchement hostile à l'extension des minorités religieuses dans un état. Cujus regio ejus religio, telle était sa devise [48].

Ce parti pris ne signifie nullement qu'il n'ait pas été en bons termes avec les protestants français. Il évitait sans doute de les fréquenter officiellement, alors que ses attaches sont restées très étroites avec les milieux genevois, alors surtout qu'il a toujours mis une sorte de coquetterie à entretenir d'excellentes relations avec le haut clergé. Mais il avait en la personne de sa femme, un agent de liaison aussi efficace que discret. Quand il s'agissait d'œuvres charitables, la fille du pasteur vaudois ne collaborait pas seulement avec l'Archevêque de Paris. Nous avons déjà fait allusion aux rapports qu'elle entretint avec le Docteur Gallot pour la création d'un hospice de charité à Poitiers, elle en avait établi un autre à Montpellier et les archives de la communauté protestante de cette ville possèdent encore les statuts de cette fondation due à l'initiative de la femme du ministre [49]. On

---

47. L. Merle : *L'édit de 1787 dans le Bas-Poitou*, B.S.H.P.F., 1932, p. 157. Cf. B.C. Poland : « By the end of the month, after several futile attempts at capturing an audience, the Doctor from Poitiers was forced to admit that Necker, a protestant from Geneva, was too occupied with other affairs to involve himself in the special problems of his friends coreligionists. The responsibility for the conquest of their rights fell to those who had patiently negociated the Edict of 1787 chiefly Rabaut Saint-Etienne with the constant advice of Malesherbes », *op. cit.*, p. 153.

48. Rappelons à ce propos la phrase de Montesquieu : « Quand on est maître de recevoir dans un état une nouvelle religion ou de ne pas la recevoir, il ne faut pas l'y établir, quand elle y est établie, il faut la tolérer. » *Esprit des Lois*. XXV. 10.

49. « Mme Necker, la femme du ministre de Louis XVI, était venue se fixer à Montpellier pour y rétablir une santé chancelante... Elle chargea Rabaut-Pommier d'offrir au bureau une somme de 3 000 livres à cet effet tout en le priant de ne pas dévoiler l'auteur de cette générosité. La proposition fut accueillie favorablement par le bureau et l'hospice fut

savait chez les réformés qu'on pouvait toujours compter sur le sincère dévouement de Mme Necker et au nom de la bienfaisance protestante bien des occasions durent lui être offertes de multiplier les contacts avec eux.

Le « cujus regio, ejus religio » de ce protestant ne laisse pas cependant de surprendre en cette fin du XVIII<sup>e</sup> siècle. Il surprend moins si l'on songe que Necker est un fils de la cité de Calvin. Lors d'un récent colloque[50] sur Rousseau tenu dans cette ville, une voix française s'éleva pour déplorer l'intolérance si résolument affirmée dans le chapitre sur la religion civile. Un universitaire genevois, tout aussi « éclairé » sans doute que son collègue français, intervint dans la discussion pour prendre la défense de son compatriote, en faisant remarquer qu'en 1762, la confédération helvétique, où chaque Etat imposait sa religion à la population, connaissait la paix depuis plus d'un siècle. L'auteur du *Contrat social* n'avait fait que « projeter » dans son œuvre son expérience de Suisse et de Genevois et appliquer dans sa cité idéale un principe dont il avait pu constater les heureux effets dans la réalité[51]. Il est bien tentant de recourir pour Necker à la même explication.

## 2° LES PHILOSOPHES

Pour qui voyait dans l'unité spirituelle d'une nation le meilleur garant de l'ordre social, l'existence du protestantisme n'était pas le seul problème que posait la France du XVIII<sup>e</sup> siècle, une autre dissidence beaucoup plus redoutable, beaucoup plus agressive, menaçait cette unité ; celle des philosophes, tous unis dans un même effort de déchristianisation.

C'est à eux surtout, et à ceux qui s'autorisent de leur exemple, pour

---

installé au nord-ouest de la ville... dans une maison louée par les soins de M. Poitevin, notable montpellierain, membre du bureau de l'Eglise protestante et fondateur de la société des sciences et belles-lettres de la ville. » Michel (Georges) : *le pasteur Honoré Michel et la reconstitution de l'Eglise réformée de Montpellier après la crise révolutionnaire*, B.S.H.P.F., 1949, p. 2.

50. *Entretiens sur J.-J. Rousseau*, Genève 16-17 juillet 1962.

51. « Rousseau projette dans son œuvre ses propres expériences. En 1762 dans la confédération suisse chaque état impose sa propre religion à la population. C'est grâce à ce principe que la Suisse a pu vivre sans guerres intestines pendant plus d'un siècle — 150 ans — et qu'on a vu la fin des fameuses guerres de religion qui l'avaient ensanglantée au XVI<sup>e</sup> et au XVII<sup>e</sup> siècle. Je crois que Rousseau ne fait qu'appliquer dans son *Contrat Social* ce principe que l'Etat a en quelque sorte, le droit d'imposer une religion et il pousse même plus loin parce que, pour lui, la religion, comme les fêtes civiques et les réjouissances publiques, doit fortifier les liens du citoyen avec sa patrie... Si Rousseau avait toujours vécu en France, il n'aurait pas demandé du tout à rentrer dans le protestantisme ; il aurait trouvé naturel de rester catholique... *Annales J.-J. Rousseau*, T. XXXV, p. 171. (Intervention de B. Gagnebin).

afficher leur mépris à l'égard de la religion officielle du royaume, qu'est adressé l'ouvrage de 1788 et plus particulièrement le chapitre XV qui porte ce titre significatif : « Sur le respect que la véritable philosophie doit aux idées religieuses ».

Cette mise en garde, le plaçait dans une situation difficile, car ses attaches sont nombreuses et étroites avec ceux, frères francs-maçons [52] ou frères philosophes, qu'il se sent le devoir de combattre : il partage la plupart de leurs idées, il a cherché leur société, il les a reçus chez lui, il leur doit en partie sa réussite. Le temps n'est pas si loin où sœur Necker lançait une souscription pour élever une statue à Voltaire, et si son cher époux est parvenu au faîte des honneurs, elle y a largement contribué en réunissant dans son salon l'élite intellectuelle, et en utilisant pour sa carrière l'influence de ses brillantes relations. Il faut donc qu'en prenant ses distances, en donnant un énergique coup de barre dans une direction nouvelle, Necker n'ait pas l'air de trahir son propre parti.

Aussi, au début du chapitre XV, commence-t-il par reconnaître les droits du libre examen, les droits de la raison en face de la Révélation :

> « Il est dans la nature de toute espèce de révélation de paraître moins évidente aux yeux de l'esprit, à mesure que les preuves de son authenticité s'éloignent ; et si, parmi les dogmes réunis à une doctrine religieuse quelques-uns renfermaient un sens mystique ou surnaturel ; si, entre les formes de culte adoptées par un gouvernement et par les chefs de l'Eglise, quelques-unes ne semblaient pas proportionnées à l'idée simple et majestueuse qu'on doit se former du monde, il ne serait pas extraordinaire que cette constitution religieuse, considérée dans ses différentes parties, ne donnât naissance à des controverses ou à des partages d'opinion, et il ne faudrait pas s'armer d'indignation contre ceux qu'un examen fait avec bonne foi entraînerait à des doutes ou à des incertitudes. C'est dans la mesure de notre entendement, c'est dans l'étendue de notre intelligence que Dieu a jugé à propos de se manifester à nous ; ainsi l'action de ces facultés de notre esprit ne saurait lui déplaire [53]. »

Le ton est assez réticent, mais le principe de la liberté de pensée est clairement admis.

Necker reconnaît également aux philosophes le mérite d'avoir conquis le droit d'exercer cette liberté sans contrainte, de l'avoir traduite dans les faits :

> « Reconnaissons hautement les bienfaits dont nous sommes redevables aux écrivains distingués qui ont défendu avec zèle et avec force la cause de la tolérance : c'est un service à ajouter à tant d'autres, qu'il est juste de rapporter à l'admirable réunion des lumières et de l'éloquence [54]. »

---

52. Cf. On pouvait voir à l'exposition : Necker et Versailles. Château de Coppet, 7 mai - 14 août 1955, le « Tablier du ministre Necker. En cuir blanc décoré des nombreux insignes de la grande loge de France ». Catalogue p. 67. Ce n'était peut-être qu'un cadeau.

53. I.O.R. XII. 366.

54. *Ibid.*, 390.

Mais ce satisfecit accordé, Necker ne leur reproche pas moins amèrement le discrédit qu'ils ont jeté sur le culte officiel, et déplore les progrès que l'irreligion a faits en France par suite de leur campagne anti-religieuse.

> « C'est à vous qu'est due cette fausse honte, c'est à vous qu'il faut l'imputer, à vous qui avez les premiers répandu de la dérision sur les sentiments les plus respectables, à vous qui, en employant dans vos combats les armes légères du ridicule, avez donné de la confiance au plus petit et au plus faible d'entre les hommes et vous êtes ainsi fait suivre d'une nombreuse soldatesque prise dans tous les rangs de la société et dans tous les âges de la vie [55]. »

Il insiste en particulier sur l'impiété affichée par la jeunesse :

> « C'est ainsi qu'on compte aujourd'hui parmi ceux qui opposent un sourire méprisant aux opinions religieuses une multitude de jeunes gens incapables souvent de la moindre contention d'esprit, et qui peut-être n'enchaîneraient pas ensemble deux ou trois propositions abstraites. On se sert adroitement et presque avec perfidie des premiers efforts de l'amour propre pour persuader à ces commençants qu'ils sont en état de juger d'un coup d'œil des graves questions dont la méditation la plus exercée n'a jamais pu pénétrer la profondeur [56]. »

Ce tableau n'est pas exagéré, tout au moins en ce qui concerne les classes aisées, à Paris surtout, de nombreux témoignages nous prouvent combien était forte la pression du milieu sur ceux qui auraient été tentés de ne pas suivre la mode du jour [57]. Devant cette situation, ses réactions sont diverses suivant les adversaires auxquels il doit faire face. Il en est d'irréconciliables. Avec les matérialistes, il n'y a pas d'espoir, pas d'entente possible et il ne faudrait pas le pousser beaucoup pour qu'il les condamnât au sort que leur réserve Rousseau. Le moins en tous cas que l'on puisse exiger d'eux, c'est le silence :

> « Je ne dis rien à ceux qui s'élèvent contre l'opinion même de l'existence d'un Dieu. Ah ! s'ils sont assez malheureux pour fermer les yeux à cette resplendissante lumière, qu'ils ne répandent pas du moins leur désastreuse doctrine... s'ils croient de bonne foi que la morale peut s'accorder avec l'athéisme, qu'ils en donnent une première preuve en gardant le silence [58]. »

---

55. I.O.R. XII. 375.

56. *Ibid.*, 376.

57. Cf. les exemples cités par P. Moreau dans *La conversion de Chateaubriand* et ce témoignage sociologiquement si révélateur d'un curé de la campagne rémoise : « Il est vrai que la municipalité ne nous a pas honorés de sa présence, mais nous n'en sommes pas étonnés. Ils disent tout haut encore qu'ils ont remplacé les nobles et qu'aller à la messe, c'est se confondre dans la lie du peuple. » Lettre du 1er Floréal An III (20 avril 1795) citée par B. Plongeron *Conscience religieuse en révolution*, Paris 1969, p. 157.

58. I.O.R. XII. 379.

Aux déistes, il tient un tout autre langage. Le déisme est en effet un phénomène normal, inévitable, dans l'ordre des choses. Contrairement à un point de vue souvent soutenu au XVIIIᵉ siècle, la religion naturelle n'est pas chronologiquement la première, l'homme asservi aux éléments et dépourvu de culture produit spontanément le sacré, l'irrationnel, et dans les sociétés modernes, les pauvres, réduits au minimum vital conservent une mentalité primitive qui rappelle celle des origines de l'espèce, tandis que les riches qui ont les moyens de s'instruire et le loisir de penser, peuvent se libérer de la superstition. Une religion du mystère faite pour les masses et une religion raisonnable réservée aux classes éclairées sont deux phénomènes complémentaires, aussi complémentaires que le luxe et la misère. Le problème de la dissidence philosophique est donc très différent de celui que pose la dissidence protestante. Il ne saurait être question d'éliminer le déisme, il faut l'intégrer et trouver pour lui un modus vivendi.

Necker ne saurait manquer de compréhension ou de sympathie pour des esprits si proches du sien, si proches des positions doctrinales de ce protestantisme socinien qui est celui de la grande bourgeoisie protestante qu'elle soit genevoise ou française et l'ouvrage de 1788 a précisément pour but de faire comprendre qu'une religion raisonnable est un des nombreux privilèges que procure la richesse, et qu'il faut savoir résister à la tentation d'en faire profiter les déshérités. Il faut tenir compte du décalage que crée dans une même communauté nationale l'existence de classes aux niveaux culturels différents. Si séduisante que puisse apparaître la libération intellectuelle de toute une population, elle est incompatible avec l'ordre social :

> « Ce serait commettre une grande erreur que de vouloir captiver l'opinion de la multitude par les mêmes considérations qui suffisent à l'homme profondément penseur [59]. »

Le véritable philosophe saura donc faire passer les considérations relatives à l'efficacité d'une religion avant les exigences d'un rationalisme dont il est exclu a priori qu'une société toute entière puisse connaître les bienfaits :

> « Il est aisé d'apercevoir que pour la multitude des hommes, les devoirs de la morale, l'esprit religieux et tous les hommages extérieurs rendus à la divinité composent un ensemble si étroitement lié qu'on risque d'ébranler la base de l'édifice lorsqu'on attaque sa circonférence [60]. »

C'est commettre une impardonnable imprudence que de prendre ce risque. Ceux-là mêmes qui ont le plus besoin de l'appui que les croyances religieuses apportent à la défense de la propriété, en manifestant pour le catholicisme le plus parfait mépris, ne prennent pas

---

59. I.O.R. XII. 370.
60. *Ibid.*, 370.

garde qu'ils sont en train de scier la branche sur laquelle ils sont assis. Comment attendre du peuple, qui a les yeux fixés sur eux et qu'ils scandalisent tous les jours, qu'il reste fidèle à des dogmes, à un culte sans cesse bafoués.

Necker ne s'en tient pas à ces considérations quelque peu cyniques et il fait appel à d'autres arguments : Pourquoi, demande-t-il, au lieu de mettre l'accent sur ce qui sépare, ne pas souligner au contraire ce qui unit ? les croyances communes aux déistes et aux chrétiens, existence de Dieu, immortalité de l'âme, constituent la base de leur credo. Cela devrait suffire pour créer entre eux des liens de fraternité et de communion spirituelle et il revient à plusieurs reprises sur cette concordance au sommet, sur une évidente unanimité en ce qui concerne l'essentiel :

> « ... le dernier anneau de la foi chrétienne, comme le plus haut période de la méditation, atteignent au même terme ; et la religion s'accorde avec la philosophie, dans les moments ou celle-ci s'élève davantage [61]. »

Il se croit dès lors en droit de demander aux déistes de ne pas être trop prompts à traiter les mystères de superstition et à mépriser les aspirations d'âmes plus sensibles ou plus exigeantes, qui ne se contentent pas des seules vérités démontrées par la raison, qui veulent : « connaître Dieu davantage » et voient dans la Révélation un moyen de se rapprocher de lui. Précisant sa pensée, il désigne nommément ce qui, dans la religion chrétienne choque le plus les esprits du XVIIIe siècle.

> « S'il est donc vrai que les opinions, en apparence les plus opposées, se rapprochent à leurs extrémités, et s'il est vrai que l'adoration d'un Dieu et le respect pour la morale forment, en s'unissant, l'enceinte de la doctrine évangélique, qu'importe au philosophe raisonnable que la foi chrétienne ait placé des repos entre ces deux grandes idées ? et s'il croyait pouvoir franchir de lui-même l'espace qui sépare l'homme de son créateur, par quel motif condamnerait-il avec amertume les sentiments de ceux qui s'attachent au système consolant d'intercession et de rédemption dont le christianisme a posé les fondements ? [62] »

Derrière les mots d'intercession et de rédemption se devine le dogme du péché originel, objet d'horreur et d'exécration pour tous les philosophes qui s'insurgent contre ce défi porté à la raison. Necker ne le sait que trop et c'est bien la raison de son insistance :

> « Tous les enseignements qui ramènent à l'adoration du Dieu de l'univers sont dignes du respect de ses créatures : ainsi les personnes les plus disposées à contester l'authenticité des livres sacrés, devraient encore aimer une instruction qui semble se présenter aux dernières limites de la puissance de l'esprit, afin de secourir les hommes dans les efforts qu'ils font pour connaître Dieu davantage ;

61. I.O.R. XII. 368.
62. Ibid., 369.

> c'est la barque salutaire qui vient s'offrir au malheureux abandonné
> sur la surface des eaux, où il cherchait en vain à s'ouvrir un passage
> de ses mains débiles [63]. »

En soi, chacune de ces deux argumentations est valable, ce qui
choque toutefois, c'est l'aisance avec laquelle on passe de l'une à
l'autre, de l'appel à la conscience de classe au thème des différentes
approches possibles du divin. Necker n'est nullement gêné de jouer
sur deux registres aussi différents et il constate avec une évidente et
naïve satisfaction que

> « l'homme religieux et le déiste, unis, en quelque manière, par le
> faîte de leurs pensées, se retrouvent encore ensemble, quand ils
> jettent leurs regards sur la société civile, et quand ils cherchent à
> déterminer les devoirs des hommes ; car il n'est aucun esprit sage
> qui ne rende hommage à la morale de l'Evangile, et la philosophie
> ne saurait en imaginer une plus belle, plus raisonnable et plus
> conforme à notre situation [64]. »

S'il fut une époque où la lutte des philosophes contre la religion
était justifiée, l'Eglise étant devenue inoffensive, le moment est maintenant venu d'une sainte alliance de tous les adorateurs de l'Etre
suprême.

Le premier article du traité qui doit sceller cette union est la
renonciation à la campagne antireligieuse. Necker ne veut certes pas
supprimer la liberté de pensée, dont le principe ne saurait être mis
en question, mais sur le chapitre de la liberté d'expression, il se fait
beaucoup plus réticent, et, à voir l'insistance mise à déplorer une certaine forme de littérature, dont le seul objet serait de discréditer la
religion traditionnelle en la couvrant de ridicule, on devine qu'il
n'hésiterait pas à établir une censure rigoureuse sur ce genre d'écrits
pour mettre fin à une campagne d'autant plus efficace qu'elle n'exige
de ceux auxquels elle s'adresse aucun véritable effort intellectuel. Il
est trop facile d'ébranler la foi de foules ignorantes, incapables de
comprendre les problèmes de métaphysique ou de théologie, et il est
bien des textes de Voltaire qu'il ferait certainement entrer dans cette
catégorie.

Quand il s'agit d'ouvrages sérieux, l'ancien ministre se fait plus
libéral, tout en montrant encore beaucoup de prudence :

> « Je ne voudrais interdire aucun sujet aux sages, aux philosopohes,
> aux hommes dignes de diriger nos jugements ; car il y a partout
> quelques abus ou quelques préjugés, et l'on ne peut en hâter la
> destruction sans faire un pas de plus vers la raison et vers la vérité :
> mais de même qu'il y a une philosophie pour la pensée, il en est une
> aussi pour l'action et pour la conduite. Ainsi, je souhaiterais que
> les hommes d'un esprit étendu, et qui découvrent mieux que per-
> sonne comment tout se tient dans l'ordre moral, n'attaquassent
> jamais qu'avec prudence, et dans un temps opportun, tout ce qui

---

63. I.O.R. XII. 367.
64. *Ibid.*, 368-369

communique de quelque manière avec les opinions les plus essentielles au bonheur ; je désirerais qu'un sentiment de respect pour ces opinions s'unît à la censure que l'on croirait devoir faire du zèle exagéré ou des supersitions dangereuses ; et je voudrais enfin qu'une intention sage servît toujours de médiateur entre les anciennes et les nouvelles idées [65]. »

Soit rigoureuse, soit discrète, la censure semble bien être le moyen le plus sûr pour empêcher la diffusion de l'irreligion et pour ne réserver la liberté de la pensée et de son expression qu'à un nombre restreint de privilégiés [66]. Necker rêve sans doute d'une réglementation appliquée à la fois avec fermeté et avec doigté, qui tiendrait le juste milieu entre une sévérité aveugle et un libéralisme excessif : il compte peut-être aussi sur le revirement spontané d'une opinion devenue enfin consciente de ses véritables intérêts, et qui saurait s'imposer à elle-même une discipline.

La fin des hostilités n'est que la partie négative de son programme ; il faut obtenir encore davantage de la dissidence philosophique, et l'on voit transparaître ses véritables intentions à la manière dont il défend le culte public, qui doit faire éclater d'une manière patente, visible aux yeux de tous, l'unité spirituelle d'un Etat :

« Enfin, lors même qu'on ne partagerait point toutes les opinions des interprètes de la doctrine chrétienne, ce ne serait pas un motif suffisant pour rompre l'alliance religieuse qui doit exister entre les hommes ; alliance représentée et rendue authentique dans chaque nation, par le culte public dont le gouvernement a fait choix [67]. »

Pour recréer cette unité, pour redonner à la religion le prestige social dont elle a besoin, il conviendrait que les gens éclairés donnassent par leur conduite, par leur présence aux cérémonies, la preuve du respect qu'ils lui portent ; et l'exemple de Voltaire édifiant une église, assistant au service divin, et faisant ses Pâques [68] devait certainement apparaître à Necker bien préférable à l'attitude de tous ceux qui mettaient au contraire leur point d'honneur à manifester par leur comportement quotidien le mépris qu'ils éprouvaient pour la foi.

Le même Voltaire donnait d'ailleurs la preuve d'un illogisme fla-

<hr>

65. I.O.R. XII. 392-393.
66. Dans sa dissertation composée pour le fameux concours organisé par l'Académie de Berlin pour l'année 1780 et qui ne fut pas envoyée, Condorcet soutient un point de vue analogue : liberté totale pour les ouvrages théoriques, respect des vérités traditionnelles dans les ouvrages destinés au peuple ; mais, à la différence de Necker, il ne s'agit là pour lui que d'une solution transitoire. (Dissertation philosophique et politique ou réflexions sur cette question : s'il est utile aux hommes d'être trompés. Œuvres, éd. 1847, T. V.).
67. I.O.R. XII, 369.
68. « Je vais à la messe de ma paroisse, j'édifie mon peuple, je bâtis une église, j'y communie. » Lettre de Voltaire à d'Argental du 14 janvier 1761. « Je ne suis pas obligé d'aller à la messe dans les terres d'autrui, mais je suis obligé d'y aller dans les miennes. » Lettre à Thieriot du 31 janvier 1761.

grant, car il était absurde de mettre tant de soin en tant que seigneur de Ferney à affirmer les sentiments religieux de ses paysans, et de dépenser tant d'énergie en tant que philosophe dans sa lutte contre l'infâme, en composant et en diffusant tous ces ouvrages plus « portatifs » et plus « abrégés » les uns que les autres, tous ces « petits pâtés, rogatons et facéties » destinés à toucher un public de plus en plus nombreux et les milieux de plus en plus humbles [69]. Quand Necker propose le système de la double appartenance, il attend de ceux qui vont en bénéficier, qu'ils fassent une claire distinction entre une religion personnelle réservée à un groupe social restreint, et d'autre part une religion nationale adaptée au niveau culturel de la majorité de la population et indispensable au maintien de l'ordre.

Et là encore, avec sa République natale, Necker avait sous les yeux un exemple dont il avait pu s'inspirer. La cité de Calvin donnait la preuve que la religion du peuple et la religion des gens éclairés pouvaient coexister sans heurt. On sait comment à Genève, à Lausanne aussi d'ailleurs, le protestantisme s'était laissé pénétrer peu à peu par le rationalisme du siècle des lumières. Sous l'influence de Turettini, dont les orientations de pensée avaient été reprises et prolongées par des générations successives de pasteurs, tels que Jacob Vernes ou Jacob Vernet, les dogmes sont peu à peu rejetés dans l'ombre et la place faite à la Révélation devient de plus en plus restreinte ; on ne parle plus de sa nécessité, mais de son utilité. En Suisse française, le mouvement de rationalisation ne s'est pas accompli en dehors de l'Eglise et contre elle, ce sont ses représentants eux-mêmes qui en ont pris l'initiative, et il y a un parfait accord entre l'évolution intellectuelle de la portion la plus riche et la plus éclairée de la bourgeoisie et celle de son clergé [70].

Mais, tout en étant plus ou moins sociniens dans le fond de leur cœur, et très prudemment dans leurs écrits, les ministres genevois ou lausannois n'imagineraient pas de manifester au grand jour des opinions en opposition avec les convictions de la masse des fidèles, restée plus attachée aux croyances traditionnelles. Les protestations soulevées par l'article *Genève* de *l'Encyclopédie*, la condamnation de l'*Emile* montrent comment, mis au pied du mur, les autorités religieuses savent proclamer hautement leur fidélité à l'orthodoxie.

Sans doute Voltaire [71] s'amuse-t-il beaucoup à mettre précisément

---

69. Cf. Lettre du 2 juillet. Best. LII, 266. « Il paraît convenable de n'écrire que des choses simples, courtes, intelligibles aux esprits les plus grossiers. » Pour ces contradictions, voir la thèse de R. Pomeau : *La Religion de Voltaire*, IIIᵉ partie, chapitre VI. Une réforme manquée.

70. Rappelons à ce sujet le rôle du séminaire de Lausanne dans la diffusion du rationalisme du siècle des lumières auprès des protestants français dont les pasteurs étaient formés dans cet établissement. Cf. Le chapitre sur *La pensée protestante au XVIIIᵉ siècle* in Poland, *French Protestantism and the French Revolution*, *op. cit.*, et Jacques Courvoisier : *L'Eglise de Genève de Th. de Bèze à Jean Alphonse Turrettini.*

71. Cf. la thèse de R. Pomeau : *La religion de Voltaire*, IIIᵉ partie, chap. II.

au pied du mur, et à jeter dans l'embarras ces sociniens honteux qui n'osent s'affirmer, mais il y a aussi quelque chose de comique dans cet acharnement impuissant du seigneur de Ferney à faire dire à des gens ce qu'ils ne veulent pas dire. On invoque surtout, dans ce refus obstiné des prédicants à se ranger derrière le patriarche dans sa lutte contre l'infâme, leur attachement sentimental à la personne du Christ et à la leçon de l'Evangile : cet attachement est sincère, mais ils savent bien aussi qu'une religion épurée n'est pas faite pour le peuple, et ils le disent clairement à cet excité qui veut leur faire sauter le pas sans se rendre compte de son imprudence :

> « L'Evangile est nécessaire ne fut-ce que pour donner à cette théologie naturelle une autorité, une constance, *une forme* populaire que la simple philosophie ou l'autorité civile ne lui donnerait pas [72]. »

Le langage de Jacob Vernet est exactement celui de Necker : à mots couverts le pasteur genevois essaie de faire entendre à son correspondant qu'il y a une religion pour le peuple et une religion pour les gens éclairés, mais que le premier devoir des gens éclairés est de ne pas jeter le trouble dans l'âme du peuple. Un autre exemple de la double appartenance nous est encore fourni par ce pasteur lausannois du nom de Polier de Bottens longtemps ami de Voltaire. Ce pasteur est à la fois collaborateur de *l'Encyclopédie* et professeur très orthodoxe à l'Académie de Lausanne, et ce double rôle contradictoire ne le gêne nullement. L'auteur de l'article *Mânes* soutient comme Jacob Vernet que la foi du charbonnier ne peut être celle du philosophe. Le cas de Jacob Vernes est identique, si loin qu'il puisse aller en paroles ou en lettres, si rationaliste que soit son *Cathéchisme à l'usage des jeunes gens de toute la communauté chrétienne*, jamais il ne rompra avec Genève, jamais il ne reniera Calvin, il ne sera pas un de ceux par qui le scandale arrive et, pour prendre un exemple dans la génération même de notre auteur et parmi ses proches, les amitiés et les admirations voltairiennes ou rousseauistes du sémillant Moultou, grand ami de la famille, ne l'entraînent jamais au-delà de certaines limites, et rentré à Genève, il ne manque pas d'assister sagement avec femme et enfants aux cérémonies de sa paroisse. Tous ces flirts plus ou moins poussés des représentants du clergé protestant avec la pensée française de tel ou tel philosophe en particulier, s'arrêtent toujours au moment décisif, provoquant aussi bien chez Voltaire que chez Rousseau la même exaspération, la même indignation devant ce qu'ils considèrent comme une misérable hypocrisie.

Pour Necker, cette hypocrisie n'est que de la sagesse : la dissidence philosophique est sans doute un phénomène inévitable dans une société évoluée ; les lumières y sont nées de la richesse, l'inégalité sociale est à l'origine de l'émancipation de la raison, mais cette même raison qui n'a pu s'épanouir que dans une situation privilégiée, doit

---

72. Jacob Vernet, lettre du 8 février 1755, citée par R. Pomeau *in La religion de Voltaire*, Paris 1956, p. 290.

résister à la tentation de devenir universelle, et accepter l'alliance entre le déisme et la religion révélée. Les possédants doivent comprendre que la propriété vaut bien une messe.

## IV. — NECKER ET LA CONVERSION DES ELITES AU CATHOLICISME

Nous n'avons nullement l'intention de démontrer dans ce chapitre qu'en écrivant son livre Necker a obtenu le résultat qu'il souhaitait. C'est un fait toutefois que les élites se sont converties et s'il n'y a pas été pour grand-chose, l'évolution s'est accomplie dans le sens qu'il désirait. Le scandale qu'il dénonçait, l'anomalie qu'il déplorait ont pris fin, l'harmonie s'est enfin rétablie entre les intérêts des riches et leur attitude en face du problème religieux.

Deux exemples, celui de Rivarol et celui de Chateaubriand, incarnant chacun une génération, nous paraissent illustrer admirablement un des phénomènes les plus significatifs de l'histoire des idées dans l'entre-deux siècles. Dans le cas de Rivarol la chance a voulu qu'avec les *Deux lettres à M. Necker*, un représentant typique du groupe social mis en accusation ait pris la plume pour répondre à l'auteur de *De l'importance des opinions religieuses* avec un talent qui faisait de son pesant adversaire une victime condamnée d'avance, l'ange du péché ayant d'autres séductions que le champion maladroit des bons principes [73]. Ces deux *Lettres* parues en 1788 nous apportent à point nommé un témoignage de l'impression qu'a pu produire, sur ceux qui connaissaient la douceur de vivre à la fin de l'Ancien Régime, la mercuriale et les leçons du Genevois. On pourrait croire que Necker a pensé à leur auteur dans le portrait qu'il nous trace des ennemis de la religion :

> « Ces hommes, en si grand nombre aujourd'hui, sont tantôt excités par un libertinage d'esprit et de conduite, tantôt par l'amour-propre ou l'enthousiasme d'une fausse philosophie, et quelques-uns aussi sont séduits par l'air de noblesse attaché à des principes de conduite dont on est soi-même l'instituteur [74]. »

Rivarol est précisément tout cela, homme à la mode, athée sans grande solidité philosophique, moraliste rêvant à ses heures d'une éthique pour aristocrates, il incarne un type d'individu dont le succès dans le monde, les attitudes hautaines, l'impiété affichée, les formules brillantes devaient faire rêver bien des jeunes gens, un certain chevalier de Chateaubriand par exemple, tout frais émoulu de sa province et impatient de se mettre au goût du jour.

---

73. Rivarol : *Première lettre à M. Necker sur l'importance des opinions religieuses.* Berlin 1788.
*Seconde lettre à M. Necker sur la Morale.* Berlin 1788.
74. I.O.R. XII, 372.

Le livre de Necker, on s'en doutait, n'a pas provoqué chez cet homme du monde la conversion attendue, et c'est avec un geste de parfait dédain qu'il repousse cet avertissement. L'auteur s'est donné la peine de prendre la défense de la religion, c'est une peine inutile, la religion est si nécessaire qu'elle n'a pas besoin de défenseur :

> « La croyance en un Dieu n'a surtout aucun besoin d'appui. Elle est si naturelle aux gouvernements et aux peuples, à la société, aux Beaux-Arts, à la richesse pour sa sûreté, à la misère pour sa consolation, le monde serait orphelin, dit Shaftesbury, si Dieu n'existait pas [75]. »

Bien loin de le contredire, Rivarol accepte d'avance la démonstration du Genevois et son analyse de la psychologie des masses : il est évident qu'elles ne sauraient vivre sans l'espoir d'une vie future où elles trouvent la compensation indispensable à leurs misères et à leurs souffrances ; mais il retourne contre son adversaire ses propres arguments : cette compensation est si vitale qu'elle garantit l'inébranlable fidélité du peuple à la religion. Plein de mépris pour ce troupeau « qui ne sent point, qui ne juge point, qui laisse oisives la plupart de ses facultés [76] » et sûr de son attachement aux croyances qui le consolent, il se refuse à partager les inquiétudes exprimées dans *De l'importance des opinions religieuses*.

Il ne s'est donc pas mépris sur la signification de l'ouvrage, c'est à lui et à ses pareils qu'il s'adresse, mais Necker s'est trompé dans l'appréciation de la situation, il n'y a pas de risque à courir, l'abrutissement des masses et l'immense fossé qui les sépare des classes privilégiées rendent tout danger illusoire. Non sans cynisme, Rivarol affirme que les élites peuvent, sans souci du scandale, fouler aux pieds la religion traditionnelle. Elles le doivent même car, si la religion est indispensable au peuple, elle est indigne d'elles et l'auteur des *Lettres* appelle de ses vœux une morale aristocratique, qui ne sera plus fondée sur la promesse de récompenses ou la menace de punitions, mais qui apprendra à « l'homme quelle est sa véritable dégnité [77] », en invoquant son sens inné de la vertu et tout ce qu'il y a de noblesse et de bonté dans sa nature. Evoquant une jeunesse élevée dans ces principes, Rivarol s'écrie :

> « C'est alors, c'est à une si grande élévation, que ces amants de la vertu, remplis de la noble estime d'eux-mêmes, s'indigneraient qu'un esclave de la superstition vint leur montrer ses chaînes ou leur proposer un salaire. Ils regarderaient, j'ose le dire, la promesse d'un Paradis comme un genre de corruption [78]. »

Necker avait cru habile de s'adresser à la conscience de classe des privilégiés pour en obtenir un changement d'attitude, c'est en

---

75. Rivarol : *Première lettre à M. Necker*, p. 25.
76. Rivarol : *Seconde lettre à M. Necker*, p. 12.
77. *Seconde lettre à M. Necker*, p. 20.
78. *Ibid.*, p. 29.

faisant appel à cette même conscience de classe, à la qualité humaine des élites, à leur supériorité intellectuelle et morale que Rivarol refuse d'écouter ses recommandations et il se sent même autorisé à qualifier de dangereux « le livre des opinions religieuses et celui de Mme de Genlis ». Car ils conseillent une attitude qui avilit :

> « Tant que les gens d'esprit feront semblant de croire comme le peuple, ils vaudront encore moins que le peuple parce qu'ils auront l'hypocrisie en plus [79]. »

En 1788, le geste dédaigneux de Rivarol, rejetant les conseils de Necker et son hypocrisie bourgeoise, ne manque pas d'une certaine élégance, et l'on ne peut que s'incliner devant la noblesse de ses ambitions morales, même si elle s'accompagne d'un mépris pour le peuple cyniquement affiché. Necker, hélas, ne tardera pas à avoir sa revanche. Dix ans ne sont pas encore écoulés depuis la publication des *Lettres* que paraît à Hambourg en 1797 le *Discours préliminaire du nouveau dictionnaire de la langue française* où nous voyons le hautain publiciste de 1788 battre le plus humblement sa coulpe. Le brillant homme du monde de la fin de l'Ancien Régime a trouvé, sur les routes de l'émigration, son chemin de Damas, et la palinodie est complète. Ce n'est pas que Rivarol ait changé quoique ce soit à ses idées sur les classes sociales, mais il est devenu soudain beaucoup plus attentif au précieux concours que la religion apporte au maintien de l'ordre et il s'exprime à son sujet avec le plus profond respect, s'appliquant à mettre en formules les idées de son ancien adversaire :

> « La morale sans religion, c'est la justice sans tribunaux, morale et religion, justice et tribunaux toutes choses corrélatives et dont l'existence est solidaire comme la parole et la pensée [80]. »

On connaît la célèbre phrase :

> « Tout Etat, si j'ose le dire, est un vaisseau mystérieux qui a ses ancres dans le ciel [81]. »

Nous citerons encore cette formule saisissante :

> « Si pour vivre dans le loisir et la mollesse, il faut s'entourer d'hommes laborieux, il faut pour vivre sans préjugés s'environner d'un peuple de croyants. C'est un terrible luxe que l'incrédulité [82]. »

Mais ce n'est pas dans la reconnaissance de l'utilité sociale de la religion que réside la véritable nouveauté de ce texte. Son auteur réclame maintenant, lui aussi, l'arrêt de la campagne antireligieuse

---

79. *Ibid.*, p. 16.
80. Rivarol : *Discours préliminaire du nouveau dictionnaire de la langue française*, p. 210.
81. *Ibid.*, p. 210.
82. *Ibid.*, p. 211.

et le Genevois obtient sur ce point une satisfaction tardive mais complète. Rivarol, et de quel ton, impose silence aux philosophes :

« Ce n'est pas pour attaquer des religions qu'il faut du génie et du courage, mais pour les fonder et les maintenir. Cette réflexion si simple n'est encore tombée dans l'esprit d'aucun d'eux. Ils ont fait au contraire grand bruit de leur incrédulité, ils en ont fait le titre de leur gloire, mais dans les têtes vraiment politiques l'incrédulité ne se sépare pas du silence [83]. »

Ce silence d'ailleurs ne lui suffit pas.

« Que les philosophes ouvrent donc les yeux, qu'ils comprennent, il en est temps, qu'on peut toujours avoir abstraitement raison et être fou, semer partout des vérités et n'être qu'un boute-feu ; qu'ils demandent des secours et non des preuves au clergé... Mais qu'ils ne traitent pas cette politique d'hypocrisie, car n'est pas hypocrite qui l'est pour le bonheur de tous. Qu'ils daignent au contraire se mettre de moitié dans le grand but de gouverner et de faire prospérer les nations, qu'ils entrent au plus tôt dans cette généreuse et divine conspiration qui consiste à porter dans l'ordre moral l'heureuse harmonie de l'ordre physique de l'Univers [84]. »

Terrifié devant les déchaînements de la Révolution, Rivarol donnant la juste mesure de son caractère, s'écrie dans un mouvement d'éloquence :

« A l'aspect des hordes sauvages et sanguinaires qui se nourrissent de chair humaine, tout ce qui a pu les tirer de cet horrible état est non seulement légitime mais admirable, enfer ou paradis, ange ou diable, n'importe, Esope, Zoroastre, vérités appelées fables, fables appelées vérités, tout est bon pourvu qu'on serve et qu'on sauve le genre humain [85]. »

Avec une impudence totale, il propose aux incroyants eux-mêmes de se joindre à la croisade pour la foi, de trahir au nom de leurs intérêts matériels leurs convictions les plus sincères. C'était aller au-delà de ce que souhaitait le Genevois. Quand son adversaire dans ses *Lettres* lui jetait à la face le mot d'hypocrisie, Necker aurait pu lui répondre que le système de la double appartenance, que la sainte alliance du déisme et de la religion révélée, laissait intact un domaine réservé de liberté de pensée, de liberté de conscience et même de liberté d'expression, l'athéisme seul se voyant interdire le droit de se faire entendre.

La palinodie de Rivarol nous fournit un exemple caractéristique d'une évolution qui s'est accomplie dans bien des esprits au cours des longues années de l'émigration. Il a fallu les secousses de la Révolution, démontrant que la sécurité des classes privilégiées n'était pas aussi grande qu'elles le pensaient, pour provoquer dans l'opinion

---

83. *Ibid.*, p. 212.
84. *Ibid.*, p. 215.
85. *Ibid.*, p. 216.

le revirement souhaité par Necker en faveur du christianisme. L'aristocratie française, dans sa grande majorité, retrouve à travers les épreuves subies, sinon la foi, tout au moins un respect pour la foi qui deviendra avec la Restauration un article de son mode de vie, un trait caractéristique de ses mœurs. *Le Rouge et le Noir* nous montrera comment devait se traduire ce remarquable changement, et quel allait être le nouveau visage des élites.

Sans doute, il est des manières plus élégantes de battre sa coulpe que celle de Rivarol, le « j'ai pleuré et j'ai cru » a une toute autre allure. Mais peu importe le cheminement des idées, peu importe le degré de conscience et de lucidité qui se manifeste dans chaque cas particulier. La conversion de Chateaubriand s'inscrit, elle aussi, dans un vaste mouvement qui l'englobe en la dépassant, et le *Génie du Christianisme* est un témoignage de ce phénomène sociologique que représente, à un moment donné de notre histoire, le retour à la religion d'une fraction plus ou moins importante des classes éclairées.

L'immense service rendu par ce livre au catholicisme est d'avoir fourni à la conversion des possédants des raisons avouables : « Rien ne pourrait m'engager à garder un laquais philosophe, écrivait Mme de Genlis en 1788, le plus sûr est de les choisir tous bons chrétiens et de leur donner l'exemple du respect pour une religion qui offre des préceptes si touchants et si sublimes sur les devoirs respectifs des maîtres et des domestiques [86]. » C'était faire preuve d'un solide bon sens que de donner ce conseil, mais on ne saurait bâtir une idéologie sur de pareils arguments, une idéologie a précisément pour but de poser sur les intérêts de la classe dominante un masque qui les dissimule, et le *Génie du Christianisme* constitue à cet égard aussi un indiscutable chef-d'œuvre.

La duchesse de Broglie en 1820 disait de son auteur : « C'est un homme qui veut faire de la religion pour la bonne compagnie comme on en voulait faire pour le peuple [87]. » Le jugement de la fille de Mme de Staël est cruel, mais il faut bien reconnaître que par le biais de l'esthétique ou de la mélancolie, la bonne compagnie put désormais pratiquer le catholicisme sans en avoir honte. Il fut possible d'aller à la messe sans se couvrir de ridicule et d'éprouver devant le déroulement de l'office divin des émotions dignes des sensibilités les plus exquises. La « superstition » des philosophes était devenue œuvre d'art. On connaît l'exclamation de Mme Hamelin :

> « Quoi ! C'est là le christianisme, disions-nous toutes, mais il est délicieux ! »

Ce n'était certes pas dans les chaumières que l'on faisait cette découverte, mais elle permettait de rouvrir les chapelles des châteaux.

---

86. Mme de Genlis : *La religion considérée comme l'unique base du bonheur et de la véritable philosophie.* Paris 1787, p. 209.
87. Lettre à Barante du 22 août 1820 dans les *Souvenirs* de celui-ci. T. II, p. 461.

Necker n'avait pas prévu une aussi radicale transformation et c'est le système de la double appartenance qu'il proposait tout bonnement à la veille de la Révolution. Mais les voies de la Providence sont insondables et le romantisme en remportant sur le plan religieux sa première victoire, rendit inutile la solution qu'avait imaginée un bourgeois de Genève dans la simplicité de son âme.

CHAPITRE III

# L'APOLOGETIQUE DOGMATIQUE

« Je sais bien que l'on ne peut développer l'importance des idées religieuses, sans fixer en même temps son attention sur les grandes vérités qui leur servent d'appui [1] » ; nous avait prévenus Necker dans l'introduction de *De l'importance des opinions religieuses*. Il reconnaissait ainsi qu'il y aurait eu quelque chose de choquant à ne se soucier que de l'utilité de la religion, et il annonçait du même coup qu'une apologétique dogmatique ferait suite à une apologétique pragmatique.

Ce n'est certes pas une entreprise dans laquelle il se lance de gaieté de cœur :

> « Sans doute en découvrant à l'avance jusque où mon sujet pouvait me conduire, je me suis senti intimidé ; mais je n'ai pas cru néanmoins que ce fût un motif pour renoncer à mon entreprise ; et puisque la plupart des philosophes sont aujourd'hui réunis contre les opinions que les lumières naturelles semblaient avoir consacrées, il est devenu presque nécessaire d'admettre au combat tous ceux qui se présentent ; il faut bien prendre un champion dans le gros de l'armée quand tous les forts ont passé dans le camp ennemi [2]. »

Son appréhension était justifiée et les longues pages que Necker consacre au second volet de son dyptique ont dû constituer pour lui une sorte de pensum auquel il n'a pas pensé pouvoir se soustraire. Ce n'est pas dans ce genre de spéculation qu'il se montre sous son meilleur jour, notre auteur n'est pas très à l'aise dans le domaine de la métaphysique et si sa bonne volonté est évidente, ses talents ne sont peut-être pas à la hauteur de son ambition.

Nous allons le voir s'attaquer laborieusement à la démonstration de l'existence de Dieu et de l'immortalité de l'âme, fondements de la religion naturelle : seules vérités qui entrent dans le cadre du programme qu'il s'est tracé. N'oublions pas en effet que son apologétique dogmatique et son apologétique pragmatique n'ont pas le

---

1. I.O.R. XII, 10.
2. *Ibid.*, p. 11.

même but. Aussi se garde-t-il bien comme Mme de Genlis et les apologistes chrétiens d'appeler au secours la Révélation et de s'appuyer sur les textes sacrés. Tout en manifestant pour l'Ecriture Sainte tout le respect qui convient, tout en multipliant ces formules mises au point par les pasteurs genevois qui trouvent dans l'Evangile la confirmation des vérités découvertes par l'intelligence humaine et font ressortir cette « nouvelle force » que la Révélation apporte aux « idées naturelles », il se range délibérément sous la bannière du rationalisme le plus strict :

> « C'est... par le raisonnement seul, c'est par cette action de l'esprit qui appartient également à tous les pays et à tous les siècles, que nous soutiendrons la cause dont nous avons pris en main la défense [3]. »

Nous ne nous attarderons pas sur ce qui dans cette argumentation relative à l'existence de Dieu et à l'immortalité de l'âme, ne fait que répéter les démonstrations des théologiens déistes ou chrétiens. Cette partie de l'ouvrage est une pièce rapportée, c'est le fruit des lectures et des réflexions d'un auteur consciencieux, soucieux d'accomplir sa tâche jusqu'au bout.

Plus intéressants, au contraire, nous semblent les développements relatifs au problème que pose aux déistes l'existence du mal. Le refus du dogme du péché originel nécessite l'invention de solutions nouvelles, et l'on est frappé de la place qu'occupe dans l'œuvre de Necker, la doctrine du meilleur des mondes possibles, qui propose une vision du monde si caractéristique du siècle des lumières. Prédestinée à servir de fondement à toute pensée conservatrice, elle va apporter une sorte de couronnement, une suprême et divine justification à tout son système.

## I. — DEMONSTRATION DE L'EXISTENCE DE DIEU ET DE L'IMMORTALITE DE L'AME

Pour démontrer l'existence de Dieu, notre théologien d'occasion va recourir à l'argument qui a toujours semblé le plus convaincant et qui, à cette date, était le plus couramment invoqué : l'argument des causes finales :

> « Racontez-nous les plus grandes merveilles, vous qui avez su découvrir la marche régulière des globes célestes, vous qui les suivez dans leur cours, vous qui voyez, qui contemplez avec admiration la ponctuelle obéissance de leurs mouvements à une loi simple et majestueuse [4]. »

---

3. *Ibid.*, p. 20.
4. C.M.R. XIII, 48.

Comme tant d'autres, il se pâme d'admiration devant la rigoureuse chorégraphie du grand ballet cosmique dont Newton a découvert les lois, et après avoir lu le *Système du monde* de Lambert et dénombré les millions de planètes qui parcourent l'espace céleste, il constate avec un religieux étonnement que « néanmoins tout marche, tout procède avec ordre et sans confusion, dans l'espace assigné à ces globes innombrables [5] ». Quand, de l'immensité des cieux notre auteur revient à notre terre, c'est pour s'extasier devant la croissance des végétaux, devant la perfection de l'instinct animal, c'est pour décrire longuement les qualités de cette créature privilégiée qu'est l'homme. Comment douter que les diverses parties de cet immense ensemble aient été agencées pour former un tout harmonieux et qu'il ait été conçu dans un but précis : le bonheur des êtres animés ?

Ne soyons pas trop sévères pour Necker quand il nous explique gravement que malgré la vitesse avec laquelle la terre tourne autour du soleil les habitants d'une demeure en si grande agitation « n'éprouvent aucune sensation pénible, et pourraient tous imaginer qu'ils sont placés dans un monde contenu par une ancre, ou reposant sur des colonnes immobiles [6] », que le jour et la nuit permettent un heureux équilibre entre le travail et le sommeil, que la distance entre le soleil et la terre a été exactement calculée pour assurer avec précision le degré de température nécessaire au maintien de notre existence, que malgré la vitesse de la lumière les rayons du soleil viennent frapper nos yeux sans les blesser. Rappelons-nous que le *Spectacle de la Nature* de l'abbé Pluche qui contient bien d'autres naïvetés a été un des plus grands succès du siècle et un livre favori de Rousseau, que *les Etudes* de Bernadin de Saint-Pierre ont été publiées en 1784. Les puérilités qui nous font sourire étaient acceptées par les gens les plus sérieux.

Au niveau où se situe la réflexion de Necker, l'argument des causes finales si facile à saisir, si facile à développer, qui fait appel à l'expérience quotidienne et qu'on peut illustrer à l'infini d'exemples concrets, ne pouvait manquer d'apparaître comme l'argument par excellence, mais il ne s'en tient pas là et, désireux d'accomplir son devoir jusqu'au bout, il n'hésite pas à attaquer directement ses adversaires les plus redoutables et à se lancer dans la réfutation du matérialisme athée dont les représentants se font de plus en plus audacieux et rencontrent un succès qui effraie. La plupart d'entre eux, disciples d'Epicure et de Lucrèce, soutiennent, eux aussi que la matière est divisible en particules identiques, les atomes, que chacun de ces atomes est animé d'un mouvement qui lui est propre et que l'univers est né d'une des combinaisons de ces éléments ; le monde est l'effet d'un mouvement aveugle « le résultat d'une des chances possibles dans l'infinité des combinaisons du hasard [7] ».

---

5. *Ibid.*, p. 50.
6. *Ibid.*, p. 54.
7. I.O.R. XII, 282.

Cette idée de hasard a choqué bien des esprits. Voltaire et Rousseau, comme Mme de Genlis ou l'abbé Bergier, et avec eux tous les apologistes chrétiens, ont cru trouver là, la faiblesse du système. On se rappelle la comparaison du Vicaire : « Si l'on me venait dire que des caractères d'imprimerie, projetés au hasard, ont donné l'Enéide tout arrangée, je ne daignerais pas faire un pas pour aller vérifier le mensonge[8]. » Necker, de même, insiste longuement au chapitre XIII sur l'impossiblité évidente, à ses yeux, « avec tous ces atomes épars dans l'immensité de l'espace, de composer l'univers, ce chef-d'œuvre d'harmonie, ce parfait assemblage de toutes les beautés et de toutes les diversités[9] ». L'idée de mondes indéfiniment détruits et recomposés, idée qui ravit l'imagination d'un Diderot, lui paraît inadmissible au nom du plus simple bon sens, et il ne voit là que des « combinaisons fantastiques qui ne servent qu'à vous troubler dans la recherche de la vérité[10] ».

Il n'ignore pas qu'il existe une seconde forme de matérialisme pour laquelle il éprouve une plus grande considération et il consacre de longues pages à réfuter une autre hypothèse, la seule « qu'on puisse mettre en opposition avec l'idée d'un Dieu souverain, ordonnateur des toutes choses », c'est « le système de l'existence éternelle de l'univers...[11] l'image d'un monde existant sans commencement et par les seules lois d'une aveugle nécessité[12] ». Il serait prêt toutefois à accepter l'idée d'un univers éternel et d'un Dieu consubstantiel à sa création, si c'était là faire un pas à la rencontre de certains athées rejetant comme inconcevable « l'apparition hors du néant des premiers éléments de la matière[13] ». « Oui, nous aurions également notre Dieu lorsqu'il serait seulement le régulateur des cieux et de la terre, l'ordonnateur des mondes et de l'univers, l'âme et le mouvement de tout ce qui respire, le maître souverain de nos destinées[14]. »

Sur ce point le Vicaire savoyard savait, à l'occasion, faire preuve lui aussi de beaucoup de libéralisme : « Je crois donc que le monde est gouverné par une volonté puissante et sage ; je le vois, ou plutôt je le sens, et cela m'importe à savoir. Mais ce même monde est-il éternel ou créé ? Y a-t-il un principe unique des choses ? Y en a-t-il deux ou plusieurs ? et quelle est leur nature ? Je n'en sais rien ; et que m'importe ?[15] »

Necker préfère cependant le déisme traditionnel où le créateur est distinct d'une création surgie *ex nihilo*, par un acte de la volonté du Tout-Puissant, et agencée en vue de fins précises pour le bonheur de l'homme ; il avoue assez naïvement d'ailleurs que cette dernière

---

8. Rousseau : *L'Emile*. Profession de Foi du Vicaire savoyard.
9. I.O.R. XII, 285.
10. *Ibid.*, p. 283.
11. *Ibid.*, p. 297.
12. *Ibid.*, p. 327.
13. C.M.R. XIII, 65.
14. *Ibid.*, *p.* 66.
15. Rousseau : *L'Emile*. Livre IV.

conception a surtout l'avantage d'être plus commode, plus facile à comprendre :

> « Il me suffit d'apercevoir confusément que l'idée de la création de l'univers n'est pas plus inconcevable que l'idée de son éternité ; celle-ci me dispense, à la vérité, de me représenter quelque chose sortant du néant ; mais la disparition du néant même par une existence éternelle, est une pensée qui effraie également mon imagination ; car mon esprit ne sait où placer cette éternité, et il l'environne encore d'un vide pour essayer de la comprendre. Je vois que, dans le système d'un univers créé, le néant est détruit par une volonté dont je puis me former une idée ; et dans le système d'un univers éternel, le néant est dissipé par une abstraction où toutes les facultés de mon entendement viennent se perdre [16]. »

Et il insiste sur la satisfaction que procure à l'esprit le raisonnement par analogie : la volonté de l'homme réalisant les desseins conçus par son intelligence lui semble fournir une image de la volonté de Dieu créant l'univers qu'il a pensé.

> « Lorsque nous essayons de nous élever jusqu'au commencement des commencements, nous sentons distinctement que, loin de considérer l'existence éternelle d'une cause intelligente comme un accroissement de difficulté, nous ne pouvons éprouver de repos qu'à l'aide de cette opinion et, au lieu d'avoir besoin de forcer notre attention pour adopter un pareil système, au lieu de nous croire égarés dans un espace imaginaire, nous nous trouvons au contraire plus rapprochés de nous-mêmes, tant, selon notre nature, l'ordre se réunit à l'idée d'une volonté, et la multiplicité des combinaisons à l'idée d'une intelligence. Ainsi nous élevant du petit au grand, et raisonnant par analogie, nous devons nécessairement concevoir plus facilement l'existence d'un Etre doué, dans une étendue illimitée, des diverses propriétés dont nous ne jouissons qu'en partie [17]. »

Le récit de la Genèse par son anthropomorphisme même était fait pour séduire un esprit comme le sien, et il s'étonne que cet anthropomorphisme puisse faire douter de la valeur d'un pareil argument.

> « L'auteur d'un ouvrage célèbre voudrait faire un tort aux hommes de ce qu'ils se rapprochent toujours d'eux-mêmes par des comparaisons, dans les diverses recherches auxquelles ils se livrent, pour parvenir à connaître le premier principe de l'existence du monde. Mais de quel autre point pouvons-nous partir, quand nous sommes appelés à raisonner et à juger [18] ? »

Mais en cette fin du XVIIIe siècle, les raisonnements ne sont pas la seule source de certitude pour un déiste ; après avoir loyalement joué le jeu de la dispute philosophique, Necker en appelle au sentiment et, fidèle disciple du Vicaire savoyard, il proclame à son tour que les évidences de l'esprit sont moins convaincantes que les évidences du

---

16. I.O.R. XII, 331-332.
17. I.O.R. XII, 300-301.
18. *Ibid.*, p. 317. Necker fait allusion *au Système de la nature,* de d'Holbach. Livre I, chap. XVIII. *Origine de nos idées sur la divinité.*

cœur « au milieu des ténèbres dont l'idée d'un Dieu se trouve environnée, le sentiment devient notre meilleur guide : il est, j'en conviens, la partie de nous-mêmes la moins réfléchie ; mais c'est aussi la plus innée, et celle qui, sous ce rapport, semble communiquer de plus près avec l'auteur de la nature [19] ». Et, dans un langage encore plus rousseauiste, il affirme que : « L'image d'un Etre suprême se réfléchit sans effort dans un cœur simple et droit et qui est encore en entier sous l'empire de la nature [20]. » C'est la thèse même de Jean-Jacques : les intuitions du cœur sont encore plus sûres quand la civilisation et la société ne l'ont pas corrompu. Le thème est longuement développé et l'on aboutit à cette conclusion rassurante que : « L'homme sensible comme l'homme intelligent annonce l'Etre suprême [21]. »

Malheureusement, il ne suffit pas que Dieu existe ; pour qu'il puisse exercer sa fonction essentielle, celle de rémunérateur et vengeur, il faut aussi que l'âme soit immortelle : « La persuasion de l'existence d'un Dieu, sans une certitude de l'immortalité de notre âme, ne peut nous imposer aucune obligation » or, constate Necker, « nous ne voyons aucune union certaine entre ces deux idées... » En ce domaine « le mot de certitude n'est pas fait pour nous... [22] ». Comme Voltaire, et beaucoup d'autres, il pense qu'il est beaucoup plus difficile de démontrer l'immortalité de l'âme que l'existence de Dieu. Le patriarche de Ferney en doutait même fort, mais estimant lui aussi cette croyance absolument indispensable au maintien de l'ordre social, il était d'avis de ne pas manifester la moindre incertitude à ce sujet. Necker n'est pas aussi cynique, sa foi est sincère, même si les évidences rationnelles ne lui paraissent pas les plus convaincantes en la matière.

La bonté du Tout-Puissant lui semble toutefois fournir un premier et solide argument en faveur de la vie future. N'est-il pas raisonnable de penser que celui qui nous a accordé de passer du néant à l'être, nous accordera également de passer de la vie à l'immortalité ? Soulignant aussi « la disproportion singulière entre l'harmonie du monde physique et l'ordonnance confuse du monde moral », il voit dans la première, la promesse d'un accomplissement, d'un achèvement, d'une perfection qu'il est du destin de l'homme de ne connaître que dans une autre vie :

> « Cette disproportion singulière..., ne semble-t-elle pas annoncer un temps d'équilibre et de complément ; temps où nous connaîtrons les rapports de cette ordonnance avec la sagesse du Créateur, comme nous distinguons dès à présent l'intelligence de ses vues, dans l'accord parfait des richesses innombrables de la nature avec les besoins passagers de l'homme, et de toutes les créatures animées [23] ? »

---

19. *Ibid.*, p. 343.
20. *Ibid.*, p. 344.
21. *Ibid.*, p. 344.
22. *Ibid.*, p. 234.
23. *Ibid.*, p. 238.

Pour combattre les matérialistes, il s'essaie également à prouver que l'esprit ne peut être ramené à la matière et la conscience lui semble fournir la preuve indubitable d'un principe spirituel, indépendant du corps, dont il affirme la « continuité d'existence ».

> « Souvent il est vrai, les atteintes portées à notre être corporel affaiblissent notre pensée ; mais cette relation n'est pas une preuve suffisante d'identité, puisque notre corps peut être un instrument confié à notre âme, un des organes dont elle doit se servir passagèrement. La continuité d'existence, considérée abstraitement, doit être, dans l'univers, l'état simple et naturel ; et il n'y a peut-être que l'existence temporaire qui soit extraordinaire et composée : l'âme semble trop belle pour être assimilée à ce dernier genre ; elle peut exister d'une manière différente, lorsqu'elle est unie à une substance matérielle ; mais cette union ne lui fait pas perdre son essence originaire [24]. »

Trop peu sûr cependant que « l'on puisse attribuer une autorité décisive aux raisonnements métaphysiques employés pour défendre la spiritualité de l'âme [25] », il compte là encore « sur des idées simples, sur des sentiments qui semblent nous approcher de bien plus près que la métaphysique des consolations et des espérances qui nous sont nécessaires [26] » ; et il préfère se laisser séduire par la pensée « que nos vœux, nos espérances sont un sixième sens, et un sens à distance, s'il est permis de s'exprimer ainsi, dont un jour nous éprouverons les satisfactions [27] ». S'abandonnant complètement à la toute-puissance d'un sentiment intérieur dont son ami Meister, dans l'*Euthanasie,* avait longuement célébré la puissance, il nous fait cet aveu :

> « Quelquefois aussi j'imagine que le don d'aimer, le plus bel ornement de la nature humaine, le don d'aimer, enchantement sublime, est un gage mystérieux de la vérité de ces espérances ; car en nous dégageant de nous-mêmes, et en nous transportant au-delà des limites de notre être, il semble comme un premier pas vers une nature immortelle ; et en nous présentant l'idée, en nous offrant l'exemple d'une existence hors de nous, il paraît vouloir interpréter à notre sentiment, ce que notre esprit ne peut comprendre [28]. »

Aussi, après avoir évoqué à la fin de son ouvrage, l'angoisse et le désespoir qui nous saisiraient si l'univers était un univers aveugle et si notre être s'anéantissait complètement dans la mort, nous invite-t-il à suivre nos intuitions les plus immédiates :

> « Pleins de confiance dans les premières leçons de la nature, prenons toujours pour guide ce sentiment intérieur qui n'est pas la pensée, mais quelque chose de plus encore ; il ne raisonne point, il ne juge point, il ne conjecture point ; mais il est peut-être notre lien le plus étroit, notre communication la plus assurée avec ces grandes

---

24. *Ibid.,* p. 249.
25. *Ibid.,* p. 251.
26. *Ibid.,* p. 253.
27. *Ibid.,* p. 255.
28. *Ibid.,* p. 255.

vérités retenues loins de nous, et auxquelles l'esprit seul ne peut jamais atteindre [29]. »

Dans ce texte, s'affirme on ne peut plus clairement la préférence accordée au sentiment sur la raison dans la découverte des grandes vérités. C'est en un Dieu sensible au cœur que Necker met sa certitude et à ce titre, il a sa place bien marquée dans le mouvement de sentimentalisme religieux ou de préromantisme religieux qui, s'amplifiant sans cesse, mène de Rousseau et de *De l'importance des opinions religieuses* [30] à Chateaubriand et à ce *Cours de morale religieuse* [31], où l'auteur vieillissant se laisse de plus en plus aller aux effusions de son cœur. S'il est vrai qu'on peut distinguer deux générations d'apologistes du sentiment, la génération prérévolutionnaire, celle de B. de Saint-Pierre, de Loaisel de Tréogate ou de l'abbé Lamourette, et une seconde qui est celle de Ballanche, de Joubert et surtout de Chateaubriand [32], on peut dire que Necker appartient à l'une et à l'autre. Il constitue un vivant symbole de la continuité de ce courant et de sa force grandissante et Chateaubriand lui rendait certainement plus justice que nous sur ce plan-là. C'était pure malignité de la part de Fontanes, que de laisser croire à ses lecteurs que les deux auteurs mis en parallèle dans son article, luttaient chacun dans deux camps rivaux ; en réalité le *Cours de morale*, publié en 1800 et le *Génie du Christianisme* en 1802 sont deux œuvres jumelles et il n'y a entre elles que la différence du talent.

## II. — LE PROBLEME DE L'EXISTENCE DU MAL

La démonstration de l'existence de Dieu ou de l'immortalité de l'âme, sur le plan du raisonnement tout au moins, ne représente pas pour Necker la tâche la plus difficile. Il n'a qu'à puiser dans un arsenal d'arguments depuis longtemps mis au point par la pensée chrétienne, l'argument des causes finales en particulier, le plus facile et le plus convaincant de tous ; en fait, le vrai problème pour le déisme rationaliste est celui que pose l'existence du mal sur la terre. La faute du premier homme et la punition de Dieu s'étendant sur toute sa descendance, qui ont pu suffire pendant des siècles à fournir une réponse à une anxieuse interrogation, ne satisfont plus les

---

29. *Ibid.*, p. 362. Cf. encore p. 218 : « Je me défierais plutôt d'un jugement de mon esprit que d'une opinion dont un sentiment intime m'aurait donné la persuasion. »

30. Cf. le jugement de Rivarol : « La Profession du Vicaire savoyard est un très beau précis de votre livre. » *Première lettre à M. Necker.*

31. Cf. la remarque de Victor Giraud : « Joubert, qui ne connaît pas encore Chateaubriand, regrette que Necker n'ait pas écrit le Génie du Christianisme. »

32. Cf. P.-M. Masson : *La religion de J.-J. Rousseau.* IIIᵉ partie.

esprits, et ce dogme, avec celui de la Rédemption qui en est la conséquence est sans doute celui qui discrédite le plus la religion chrétienne
aux yeux de gens éclairés ; il est le symbole même de l'irrationnalité,
de la superstition [33].

Mais, le péché originel écarté, une nouvelle difficulté se présente,
une objection apparaît dont les athées vont faire leur arme de prédilection : c'est l'incompatibilité sur le plan de la logique entre l'idée
de Dieu et l'existence du mal. Parmi les attributs de l'Etre suprême
figurent nécessairement son infinie bonté et son infinie puissance et,
en partant de ces attributs, il est facile d'opposer aux déistes un
syllogisme auquel on ne peut échapper : si Dieu est infiniment bon
et infiniment puissant, il ne saurait avoir créé un monde où existe le
mal, or le mal existe, donc il n'y a pas de Dieu. L'œuvre de Rousseau
et de Voltaire portent l'une et l'autre témoignage de la place capitale
qu'a tenue dans la pensée et la vie des hommes à cette époque cette
contradiction fondamentale. Si le Vicaire savoyard apaise assez facilement ses inquiétudes, la recherche décevante et indéfiniment recom-
mencée d'une explication n'a cessé d'être pour Voltaire, au cours de
son existence, la source d'un malaise ou même d'une véritable
angoisse [34]. Necker, déiste, ne fait pas exception à la règle et la place
que ce problème occupe dans son œuvre fournit une preuve de plus
de son importance dans l'histoire des idées au XVIII$^e$ siècle. Il envisage comme ses contemporains plusieurs solutions, incompatibles
sans doute entre elles, mais cette diversité même montre avec quelle
insistance on cherche un moyen d'échapper à tout prix à l'absurdité
d'un univers mauvais, d'une humanité souffrante, œuvre d'un Dieu
infiniment puissant et infiniment bon.

Le premier procédé le plus simple, le plus naïf, consiste sinon à
supprimer, tout au moins à minimiser à ce point le mal sur la terre
qu'il apparaît comme une quantité négligeable, en fermant les yeux
sur certains aspects de la réalité, ou en les interprétant d'une manière
favorable :

> « La vie, on le dira sans doute, est un mélange de peines et de
> plaisirs : mais si nous sommes justes, nous conviendrons que les
> moments où elle cesse de nous paraître un bienfait, ne sont épars
> qu'à grande distance dans le cours de nos années : la jeunesse, cet
> âge qu'une si grande partie du genre humain ne franchit jamais,
> considère l'existence comme le plus doux des enchantements ; et les
> autres saisons de la vie nous offrent des plaisirs moins animés sans
> doute, mais qui s'accordent davantage avec les progrès de nos lumiè-
> res et l'accroissement de notre expérience [35]. »

---

33. Cf. E. Cassirer : *Die Philosophie der Aufklärung*. Chap. IV. Die
Idee der Religion. Das Dogma der Erbsünde und das Problem der Theo-
dizee.
34. Cf. R. Pomeau : *La religion de Voltaire, op. cit.*, et W.H. Barber :
*Leibnitz in France from Arnauld to Voltaire*.
35. I.O.R. XII, 208.

Certes, à partir du moment où la mort à la fleur de l'âge des trois quarts de l'humanité peut être considérée comme un bienfait du ciel, il est facile de conserver, en toute circonstance, un inébranlable optimisme. Les arguments de notre auteur, en ce domaine, ne s'élèvent guère au-dessus de ce niveau, mais, il faut se rappeler ce que d'autres dirent à son époque sur un pareil sujet : Bernardin de Saint-Pierre par exemple, ou encore Beausobre qui n'hésitait pas à annoncer à ses lecteurs que le but de son *Essai sur le bonheur* était de « montrer que les maux dont les hommes se plaignent ne sont pas des maux, que les vues de la Providence sont des vues sages, que l'état acutel des hommes est un état heureux et qu'il ne dépend que d'eux de jouir d'un bonheur assuré [36] ». Nous n'insisterons pas sur cet optimisme béat qui résout le problème en supprimant purement et simplement la difficulté.

Avec la distinction entre mal physique et mal moral, on passe à un niveau déjà plus élevé de réflexion. Le mal physique est celui qui résulte de la nature quand on entend par ce mot à la fois le monde extérieur et le corps humain : maladies, épidémies, inondations, tempêtes ou tremblements de terre ; le second désigne le mal qui naît de l'action des hommes, de l'exercice de leur volonté, celui qu'ils s'infligent à eux-mêmes et aux autres et dont ils semblent être la seule cause : guerres, persécutions, injustices et crimes divers. Cette distinction établie, on ne nie plus en bloc l'existence du mal, on nie seulement l'existence du mal physique pour faire retomber sur l'homme la responsabilité entière de ses souffrances qui toutes sont attribuées à sa méchanceté. Dieu ne mérite plus de reproche, il a créé l'homme et le monde pour que règne entre les deux une harmonie parfaite, le finalisme d'une œuvre conçue pour le bonheur des êtres animés est au contraire la plus évidente preuve de sa bonté et de sa sagesse. C'est ce qu'explique Rousseau dans sa *Réponse au poème sur le désastre de Lisbonne* et dans sa *Lettre à M. de Franquières*. Necker reprendra lui aussi la même distinction et affirmera que les vices de l'homme sont les seules causes de ses souffrances.

> « Les maux physiques ne sont ni le but, ni la condition de notre nature ; ils en sont l'accident : le bonheur de l'enfance, qui nous montre dans sa première pureté l'ouvrage de la Divinité, indique visiblement la bonté de cet Etre suprême... Ah, que nous parlerions mieux de la vie, si nous n'en avions pas corrompu les douceurs par des sentiments factices, que nous avons substitués à notre nature, si nous n'avions pas voulu soumettre tant de choses réelles à l'orgueil et à la vanité ; et si, au lieu de nous entre-aider tous pour être heureux, nous ne nous étions pas occupés essentiellement d'enchaîner les autres à notre fortune, et de les tenir au-dessous de nous. Sans doute quelques peines se mêlent à notre admirable existence ; mais combien n'en est-il pas que le monde, dans sa beauté simple, ne nous eût jamais fait connaître [37]. »

---

36. Beausobre : *Essai sur le bonheur*. Cf. Mauzi, *op. cit.*, p. 73-74.
37. I.O.R. XII, 210.

Mais, en argumentant ainsi, on ne fait que reculer pour mieux sauter. Si Dieu voulait vraiment le bonheur des êtres humains, pourquoi les a-t-il fait si méchants, pourquoi a-t-il déposé en eux les germes de leurs vices, pourquoi n'a-t-il pas supprimé le mal moral ? C'est alors qu'intervient pour remplacer la notion mystique de péché, la notion laïque de liberté : pour mériter, il faut être libre, pour être libre, il faut pouvoir choisir entre le bien et le mal et ainsi la condition humaine avec toutes ses faiblesses se trouve justifiée au nom même de notre dignité. On se rappelle le passage de la confession du Vicaire savoyard consacré à cette démonstration :

« Murmurer de ce que Dieu ne l'empêche pas de faire de mal, c'est murmurer de ce qu'il la fit d'une nature excellente, de ce qu'il mit à ses actions la moralité qui les ennoblit, de ce qu'il lui donnât droit à la vertu. La suprême jouissance est dans le contentement de soi-même ; c'est pour mériter ce contentement que nous sommes placés sur la terre et doués de la liberté, que nous sommes tentés par les passions et retenus par la conscience. Que pouvait de plus en notre faveur la puissance divine elle-même ? Pouvait-elle mettre de la contradiction dans notre nature et donner le prix d'avoir bien fait à qui n'eut pas le pouvoir de mal faire ? Quoi... pour empêcher l'homme d'être méchant, fallait-il le borner à l'instinct et le faire bête ? Non, Dieu de mon âme, je ne te reprocherai jamais de l'avoir faite à ton image, afin que je puisse être libre, bon et heureux comme toi. »

Necker reprend exactement le même raisonnement dans un texte où il s'attache à montrer que le triomphe des méchants et le malheur des justes ne peut fournir un argument contre l'existence de Dieu :

« Dieu a voulu placer au milieu de ses œuvres des êtres intelligents et libres : cette superbe conception, ce dessein magnifique de la part du souverain auteur de la nature, a dû régler et dominer, pour ainsi dire, toutes les autres dispositions émanées de sa sagesse.
La liberté de l'homme n'eût point existé, n'eût existé du moins qu'imparfaitement, s'il eût subi une punition, s'il eût joui d'une récompense, à mesure qu'il se serait éloigné ou rapproché des lois de la morale... Ce n'est point là le système que Dieu s'est proposé dans la formation de l'homme moral, de l'homme intelligent, de l'homme libre. Nous lui demanderions d'agir dans un sens différent de ses hautes pensées, si nous attendions sans cesse au milieu de nous l'intervention de son pouvoir suprême. Ce serait alors un autre plan, une autre architecture, s'il est permis de s'exprimer ainsi ; et cette combinaison n'aurait pas pu s'accorder avec la dignité que le Maître du monde voulait donner à notre nature. On pourrait presque le dire, ce serait aspirer au rang d'automates, que de solliciter des récompenses et des punitions soudaines, et de ne laisser ainsi aucun champ, aucun espace à l'action de la liberté, au jeu de la raison et de la prévoyance [38]. »

_____

38. C.M.R. XIII, 98-99. Cf. encore C.M.R. XIII, 247-248. Cf. Voltaire : « Il est impossible qu'un Dieu ne soit pas bon, mais les hommes sont pervers : ils font un détestable usage de la liberté que ce grand Etre leur a donnée et dû leur donner, c'est-à-dire de la puissance d'exécuter leurs volontés sans quoi ils ne seraient que de pures machines formées par un être méchant pour être brisées par lui. » _Histoire de Jenni._ Chap. IX. Sur l'athéisme.

Paradoxalement Necker, comme Rousseau, trouve ainsi dans la bonté de Dieu et dans son amour pour les hommes la raison de l'existence du mal : « Bénissons donc notre Dieu d'avoir mis le dernier but loin de nous, si c'est à ce prix seul que nous sommes libres, si c'est à ce prix seul que nous acquérons un mérite [39]. »

Ce ne sont pas toutefois ces divers essais d'explication qui correspondent le mieux à la vision du monde de notre auteur, mais bien plutôt celle que propose cette doctrine du meilleur des mondes possibles où tant d'esprits, ont cru trouver, comme lui, une réponse satisfaisante pour la raison, aux éternelles questions relatives à la destinée humaine. Tout en acceptant la totalité du réel, mal physique et mal moral compris, cet étrange optimisme réussit le tour de force de les concilier avec l'infinie bonté et l'infinie puissance de l'Etre suprême et d'en faire même une nécessaire conséquence de ces attributs de la divinité.

Pour arriver à ce résultat la démarche suivie, sous sa forme la plus simple, consiste à justifier la partie par le tout et à opposer l'une à l'autre la vision partielle et limitée que l'homme peut avoir de la création, à la vision globale qui seule est permise à l'intelligence divine. Ce qui semble incompatible avec la bonté et la puissance de Dieu est en réalité indispensable quand on le considère dans la perspective du cosmos tout entier. Comme le dit Pope dans les vers célèbres qui terminent la première épitre de l'*Essai sur l'homme* :

> « *All nature is but art, unknown to thee*
> *All chance, direction, which thou canst not see ;*
> *All discord, harmony not understood ;*
> *All partial evil, universal good :*
> *And, spite of pride, in erring reason's spite*
> *One truth is clear, Whatever is, is right.* »

Il suffit de recourir à l'idée de la totalité de la création pour voir s'évanouir une contradiction intolérable pour l'esprit humain et Necker paraphrasant les vers célèbres de Pope, développera à son tour un thème indéfiniment repris au cours du siècle :

> « C'est à l'aspect de quelques événements épars ; c'est dans quelques circonstances particulières que nous élevons des doutes sur la bonté du Dieu de l'univers : mais nous la retrouvons, cette bonté toutes les fois que nous rapprochons les détails qui nous blessent du grand ensemble dont il font partie ; nous découvrons alors que les malheurs dont nous sommes si promptement offensés sont une simple dépendance d'un système général, où tous les caractères d'une bienfaisance intelligente sont évidemment tracés. Il faut donc chercher dans cette vaste ordonnance les intentions du souverain auteur de la nature ; c'est là qu'est son esprit ; c'est là qu'est sa pensée... ; Les peines passagères auxquelles je suis soumis sont peut-être un des effets inévitables de cette harmonie universelle, la plus généreuse et la plus étendue de toutes les conceptions. Ainsi dans les instants où je me plains de mon sort, je ne dois point, pour cela, me croire aban-

---

39. C.M.R. XIII, 101.

donné ; je ne dois point faire un reproche à celui dont l'infinie sagesse est présente à mes yeux, à celui dont les lois générales m'ont paru si souvent l'expression sensible d'une véritable bonté [40]. »

Circonstances particulières, détails qui nous blessent, grand ensemble, système général, harmonie universelle, nous retrouvons là le vocabulaire et les raisonnements caractéristiques d'une des grandes doctrines philosophiques du XVIII<sup>e</sup> siècle.

La justification de la partie que l'on connaît par un tout qui doit demeurer un mystère fournit ainsi une première réponse aux âmes qui pourraient céder à la tentation de se révolter contre les souffrances et les misères de notre condition, mais on est allé plus loin dans la tentative d'élucidation et de justification du réel, on a cherché à jeter quelque lumière sur les secrets de la création en essayant de se représenter d'une manière plus précise les problèmes auxquels Dieu a dû faire face quand il a fait surgir le monde du néant ; de cette réflexion sur le Dieu démiurge et sur les conditions que devait remplir la création est née cette conception de la grande chaîne des êtres qui offre à l'imagination une représentation concrète du meilleur des mondes possibles.

L'existence étant posée comme un bien en soi et le premier de tous, et c'est là le point de départ de toute la construction, Dieu, dans son infinie bonté ne pouvait rester dans la solitude de sa perfection, il se devait de créer le plus grand nombre d'êtres possible pour ne pas condamner injustement au néant tout ce qui aurait pu exister ; mais cette création, née d'une effusion divine, ne pouvait elle-même qu'être marquée du sceau de l'imperfection sinon son auteur eût créé d'autres Dieux. Comme le dira Victor-Hugo :

La création sainte où rêve le poète,
Pour être, ô profondeur, devait être imparfaite [41].

Et c'est ainsi que, remplissant l'intervalle qui sépare le néant de l'Etre Suprême, s'est dressée une immense échelle dont les degrés, occupés chacun par un élément de l'univers, mènent du mal absolu qui est l'inexistence, au bien absolu qui est Dieu.

Plénitude et gradation sont donc les caractères essentiels d'un monde conçu pour combiner le maximum de diversité avec le maximum de richesse, et l'espèce humaine a sa place marquée à l'un des échelons, avec le degré d'imperfection qui est le sien. Ecoutons encore Pope :

« Of systems possible, if 'tis confess'd,
That Wisdom infinite must form the best,
Where all must full, or not coherent be,

---

40. I.O.R. XII, 210-211.
41. *Les Contemplations.* Ce que dit la bouche d'ombre.

*And all that rises, rise in due degree,*
*Then, in the scale of reas'ning life, 'tis plain ;*
*There must be, somewhere, such a rank as man* [42]. »

Ces vers admirablement frappés, nous proposent une nouvelle version de la Genèse qui présente entr'autres avantages celui de ne pas comporter l'épisode de la faute première, d'exclure toute idée de péché originel et, si inattendues que puissent apparaître parfois les variations qu'y apporteront des imaginations délirantes, force est de constater dans l'histoire des idées l'importance d'un thème qui, après avoir été repris et exploité à fond par le XVIIIᵉ siècle, sera transmis au Romantisme pour de nouvelles interprétations et de nouveaux symboles [43].

Necker est profondément imprégné de cette théodicée qui va donner à son œuvre une dimension nouvelle. Grâce à elle, il pourra découvrir au niveau de la métaphysique, au niveau de la raison suffisante, une justification des phénomènes dont il avait fourni une première explication au niveau des faits, au niveau des structures économiques et sociales. Vu sous l'angle de la plénitude et de la gradation, l'univers n'aura plus pour lui ni secrets, ni mystères

> « Annoncez encore les plus grandes merveilles, vous qui, par des calculs astronomiques, les uns positifs, les autres conjecturals, nous présentez comme vraisemblable l'existence de cinq cent millions de masses terrestres parcourant dans une orbite elliptique la vaste étendue de notre système solaire, et qui nous montrez ainsi le rapport de cet immense espace avec la multiplication des êtres, avec ce but si superbe et si généreux [44]. »

Ces phrases du début du *Cours de Morale religieuse,* où Necker appelle l'astronomie à son aide pour suggérer à notre imagination l'immensité et la richesse du cosmos, nous montrent quels élans de lyrisme et d'exaltation peuvent faire naître dans cette âme plutôt paisible la prise de conscience de l'infinité d'êtres qui peuplent l'univers, la soudaine révélation de l'énormité de la création et des efforts faits par Dieu pour faire surgir du néant une profusion où l'esprit se perd. Ainsi apparaît du même coup la véritable raison d'être de l'institution de la propriété. S'il faut respecter la combinaison ingénieuse qui fait sortir de l'appétit de jouissance du propriétaire l'accroissement de la population, et s'il faut la respecter *religieusement,* c'est qu'à travers elle, se réalisent les intentions du Tout-Puissant. En agissant ainsi nous obéissons au « Croissez et multipliez » de l'Ecriture, nous nous conformons aux desseins de la volonté divine, soucieuse de voir l'espèce se développer pour donner à l'univers son maximum de plénitude. « Rendons hommage au maître du monde de ce qu'il nous a fait part du premier de ses plaisirs, oui, le premier sans doute,

---

42. Pope : *Essay on Man,* 1ʳᵉ épître. I.
43. Cf. à ce sujet l'ouvrage de Lovejoy : *The great chain of beings.* A study in the history of an idea.
44. C.M.R. XIII, 49.

car s'il n'avait pas aimé, aurait-il multiplié comme il l'a fait les êtres animés et les aurait-il doués de tant de sensations fortunées [45]. » Dans cette perspective, la loi d'airain des salaires, si cruelle soit-elle, peut apparaître comme une admirable invention pour multiplier le nombre des individus, en n'assurant à chacun que ce qui est nécessaire à sa pure et simple existence.

Intimement liée à l'idée de multiplicité, l'idée de gradation va permettre d'ordonner cette richesse et l'on ne saurait trop souligner les avantages que présente la conception de la grande chaîne des êtres, aussi bien pour l'imagination qui peut jouer à son gré avec cette vision grandiose, que pour l'intelligence à qui plus rien désormais ne peut paraître absurde quand elle contemple « ces immenses domaines de la création physique où la plus simple fleur, la plante la moins connue concourent à la perfection des desseins de l'Etre suprême et composent une des parties de l'harmonie de l'univers [46]. » On comprend aisément la satisfaction éprouvée à saisir d'un seul regard la création toute entière et à concevoir que « les existences innombrables dont l'univers se compose forment dans leur progression la chaîne incommensurable qui unit le dernier des atomes animés au génie créateur de tant de merveilles [47]. »

Bien loin d'être perdu au milieu de cette infinie diversité l'homme, renonçant à l'anthropocentrisme naïf qui fait de lui le roi de la création, comprend la nécessité de sa condition, il accepte la place qui lui a été assignée de toute éternité et la gradation ascendante de tout ce qui mène jusqu'à lui, lui démontre irréfutablement que la chaîne continue et se poursuit jusqu'à Dieu [48].

> « Crois-tu que cette vie énorme remplissant
> De souffle le feuillage et de lueurs la tête
> Qui va du roc à l'arbre et de l'arbre à la bête
> Et de la pierre à toi monte insensiblement
> S'arrête sur l'abîme, à l'homme, escarpement ?
> Non, elle continue, invincible, admirable [49]... »

Necker, en un tout autre langage que Victor-Hugo, pose exactement la même question pour laisser entendre la même réponse :

> « au milieu des mondes innombrables qui remplissent les voûtes célestes et à la vue d'un temps, d'un espace sans bornes, comment oserions-nous penser que nous sommes à l'extrémité de la chaîne en aucun genre de facultés [50]. »

Pénétré de cette idée de middle link, de Mittelding, il n'a pas de peine à croire, comme Pope et tant de ses contemporains que la multitude

---

45. *Ibid.*, 142-143.
46. I.O.R. XII, 412.
47. R. Ph. X, 444-445.
48. « La chaîne des êtres au-dessus de nous, à qui nous sommes inconnus. » I.O.R. XII, 336.
49. V. Hugo : *Ce que dit la bouche d'ombre.*
50. C.M.R. XIII, 57.

des mondes qui remplissent les espaces célestes sont habités et ont précisément été créés pour fournir un séjour aux êtres supérieurs à l'homme et il se complaît à laisser vagabonder son imagination à travers l'immensité pour gravir de planète en planète, « Sublime ascension d'échelles étoilées » [51] les degrés qui le conduiront jusqu'au Tout-Puissant, créateur de ce merveilleux ensemble :

> « Pour dernier terme à votre étonnement, et pour combler en quelque manière le vague de votre imagination, on vous aurait montré les globes innombrables qui peuplent la voûte céleste ; on vous aurait appris que ces globes lumineux sont autant de soleils destinés, selon les apparences, à éclairer des mondes habités ; habités, comme la terre, par des êtres intelligents ; et que, de nous à ces êtres, et des uns aux autres, il existe peut-être des degrés de facultés qui atteignent par leur succession à une connaissance distincte du Dieu de l'univers [52]. »

Rendons un juste hommage aux enthousiasmes que font naître ces vastes perspectives, mais notre Genevois n'en perd pas pour autant le sens des réalités et cette grande chaîne si utile pour comprendre le monde va lui permettre également, une fois revenu sur terre de trouver une nouvelle justification à l'ordre social, tel qu'il le conçoit et de lui donner une consécration divine. « Le spectacle du monde présente à nos regards un assemblage de contrastes et de différences, rien n'est pareil, rien ne se ressemble et la plus étonnante des merveilles, l'organisation de l'espèce humaine, est soumise à la loi commune [53] ». Qu'est-ce à dire, sinon que le microcosme des sociétés humaines, pour être le parfait reflet du macrocosme de la nature entière, doit en respecter la « loi commune », la loi fondamentale de gradation. En un vers d'un raccourci saisissant, Pope évoque ce jeu de miroir :

> « Beast, man or angel, servant lord or king [54]. »

Et Necker y répond par cette formule : « les inégalités mises en harmonie composent à la fois le système du monde et le secret de l'organisation sociale [55]. »

On devine aisément les applications de ce principe. Politiquement tout d'abord, Necker se croit par là même autorisé à condamner sans appel la démocratie, elle est contraire aux décrets de la Providence, comme il s'applique à le démontrer dans ses *Réflexions philosophiques sur l'égalité*. Ce titre même est révélateur, il montre l'ambition qu'a son auteur de justifier cette condamnation en plaçant le débat au niveau le plus élevé qui soit et en la portant au nom de Dieu. De même que la perfection du Tout-Puissant se dégrade le long des échelons de la grande chaîne des êtres, l'autorité dans chaque Etat doit se

---

51. V. Hugo, *op. cit.*
52. C.M.R. XIII, 60.
53. R. ph. X, 436.
54. Pope. *Essay on Man.* 3ᵉ épître, vers 302.
55. R. ph. X, 436.

dégrader elle aussi, du détenteur du pouvoir jusqu'à la foule soumise, par une série d'intermédiaires et la Constitution anglaise, où l'on passe du roi au peuple par la Chambre des Lords et la Chambre des Communes, nous fournit le plus heureux exemple de cette nécessaire hiérarchie. Sous d'autres formes, elle existait aussi en France sous l'Ancien Régime et Necker évoque avec nostalgie les institutions disparues :

> « Nous nous étions associés en quelque manière à l'esprit de la création lorsque profitant de l'intelligence perfectible qui nous a été donnée en partage, nous avions copié dans la construction des sociétés politiques les traits caractéristiques de l'ordonnance du monde [56]. »

En effaçant ces traits, en détruisant cet ordre, la Révolution a commis un véritable sacrilège, elle a désobéi aux volontés du Très-Haut.

Mais c'est surtout sur le plan social que Necker va pouvoir intarissablement développer les conséquences de son système :

> « ... les propriétés, les inégalités qui en résultent, et, par un effet nécessaire, les divers degrés d'éducation sont une dépendance de l'organisation primitive de l'espèce humaine, et tout nous annonce que les idées de prééminence et de supériorité sont inséparablement unies à l'esprit de la création ; tout nous annonce qu'elles font partie de cet ordre général, de cette harmonie universelle, dont une admirable sagesse a conçu le dessein, et dont nous apercevons des traits si nombreux et si frappants dans la petite partie de l'infini à laquelle nous atteignons par l'esprit et par la pensée. Que deviennent, près de ces réflexions, les principes d'égalité parfaite dont une philosophie nouvelle s'amuse à faire bruit et croit tirer un si grand lustre [57] ? »

Et il accable de son indignation les révolutionnaires qui, en ce domaine encore, se sont rendus coupables d'une révolte contre Dieu :

> « Que l'homme paraît petit, qu'il nous semble minime... lorsqu'il met un si grand intérêt à détruire les gradations sociales, cette empreinte légère, cette ombre fugitive du système du monde [58]. »

Nous sommes ainsi conduits à l'une des plus extraordinaires justifications de l'inégalité sociale que l'on puisse trouver sous la plume d'un écrivain bourgeois et conservateur :

> « O Dieu, pardonnez cette offense, tous les hommes sans doute sont égaux devant vous, lorsqu'ils vous adressent leurs plaintes, et lorsque leur bonheur occupe votre pensée. Mais si vous avez permis qu'il y eût une image de vous sur la terre, si vous avez permis du moins à des êtres finis de s'élever jusqu'à la conception de votre existence éternelle, c'est à l'homme dans sa perfection que vous avez accordé

---

56. R. ph. X, 357.
57. *Ibid.*, p. 377.
58. R. ph. X, 445.

cette précieuse prérogative ; c'est à l'homme parvenu par degrés à développer le beau système de ses facultés morales ; c'est à l'homme enfin, lorsqu'il se montre dans toute la gloire de son esprit. Ainsi, lorsqu'on le rabaisse avec indifférence au niveau des êtres dénommés comme lui, mais laissés à leur premier instinct par le défaut de culture, et lorsque l'on confond de cette manière tous les rangs fixés par la nature, c'est à l'auteur de cette magnifique ordonnance que l'on manque de respect, c'est à lui que l'on fait injure [59]. »

L'existence des riches est indispensable pour qu'au sommet des gradations qu'offre au regard l'espèce humaine, dans l'infinie diversité des individus qui la composent, se trouve cette figure du privilégié de la fortune qui, seul, peut réaliser toutes les virtualités contenues dans notre nature. La richesse est la condition essentielle de l'approche de Dieu.

On peut à volonté s'indigner du cynisme ou admirer la franchise d'un pareil texte, en tout cas il est rare d'entendre proclamer aussi ouvertement que, sous une dénomination commune, l'humanité est en fait composée de deux espèces différentes.

Cette idée de gradation est chez Necker une véritable idée fixe. Il éprouve un évident plaisir à multiplier les uns par les autres les facteurs qui vont provoquer une diversité infinie.

« Les hommes rassemblés en société semblent avoir imité l'esprit de la création ; et, guidés par un instinct ou par leur réflexion, ils ont uni de bonne heure à des lois d'uniformité, à des lois égales pour tous, des institutions d'un ordre différent ; et ces institutions sont devenues le commencement et le principe de toutes les gradations de rang et de fortune dont nous sommes les témoins. Il a fallu garantir à l'homme laborieux les fruits de son travail ; et les lois de propriété sont venues. Il a fallu préserver la société du tumulte perpétuel des nouveaux partages ; et les lois d'héritage ont été consacrées. Ces deux sortes de lois, qui donnèrent naissance à la disparité des fortunes, introduisirent bientôt la disparité des éducations ; et cette dernière disparité, au milieu d'êtres perfectibles tels que nous sommes, a dû produire en peu de temps l'inégalité des talents et des connaissances. Enfin, le maintien de l'ordre public, dans toutes ses parties, a rendu nécessaires et l'établissement des autorités et la constitution d'un premier pouvoir ; nouvelles sources inévitables de supériorités et de classes [60]. »

On ne se lasse jamais à jouer de toutes ces combinaisons.

Au regard de la justice humaine, cette inégalité voulue par Dieu de toute éternité n'est toutefois guère satisfaisante et des esprits trop scrupuleux auraient pu éprouver quelque malaise devant un monde ainsi ordonné, mais, heureusement, un moyen facile s'offrait pour apaiser à peu de frais les consciences : le thème de l'égalité du bonheur dans l'égalité des conditions fait partie intégrante de la doctrine du tout est bien. Par un mouvement de pensée toujours identique, les tenants de ce système, après avoir exposé l'inexorable néces-

---

59. R. ph. X, 488.
60. C.M.R. XIV, 69.

sité des hiérarchies politiques et sociales, ne manquent pas, pour se rassurer et pour nous rassurer, de développer ce lieu commun de la sagesse des nations.

> « *Some are and must be greater than the rest*
> *More rich, more wise but who infers from hence*
> *That such are happier, shocks all common sense.*
> *Heaven to mankind impartial we confess*
> *If all are equal in their happiness* [61]. »

et Voltaire, dans ses *Discours sur l'homme* imités de *l'Essay on man*, répète bien sagement la leçon en des vers affligeants que *le Mondain* renie et dont on devine la sincérité :

> « *Vois-tu dans ces vallons ces esclaves champêtres*
> *Qui creusent ces rochers, qui vont fendre ces hêtres...*
> *La paix, le doux sommeil, la force, la santé*
> *Sont le fruit de leur peine et de leur pauvreté* [62]. »

On constate, dans le cas de Necker, le même automatisme ; le rappel de cette vérité consolante accompagne inévitablement chaque allusion à la doctrine du meilleur des mondes ou à la grande chaîne des êtres [63], et l'on relève ainsi dans son œuvre une contradiction flagrante et la seule vraiment importante d'ailleurs. Quand il expose ses idées économiques et sociales, il nous trace un tableau cruellement réaliste du sort des déshérités et oppose leurs misères et leurs souffrances aux douceurs de la vie des riches, avec le désir évident de faire éclater le scandale d'une pareille inégalité. Quand il nous entretient de la sagesse divine, il s'efforce au contraire de nous faire croire, lui aussi, que la richesse ne fait pas le bonheur. Cette contradiction, pour apparente qu'elle soit, n'a pas de signification profonde et il ne faut pas voir dans la seconde catégorie de textes, le cynisme d'un bourgeois qui apaise à peu de frais sa conscience, mais plutôt l'application d'un écolier qui expose la doctrine apprise.

Nous avons ainsi en la personne de ce Genevois, un parfait représentant de ce que les Anglais désignent par l'expression fort heureuse de « cosmic toryism » [64]. Soulignant la dimension « cosmique » de ce conservatisme, auquel un système philosophique fournit sa caution, elle nous rend sensible au processus habituel de la fabrication des idéologies. La doctrine du meilleur des mondes possibles, en un effort en apparence désintéressé de l'intelligence pour rendre le monde rationnel, pour découvrir la raison suffisante de chaque élément de l'univers a finalement pour résultat de fournir aux privilégiés d'un ordre social déterminé, la justification des avantages dont ils jouissent.

---

61. Pope, *op. cit.*, 4ᵉ épître.
62. Voltaire : *Discours sur l'homme*. Premier discours. Cf. Mme du Chatelet : *Discours sur le bonheur*, éd. Mauzi, p. 7.
63. Cf. R. ph. X, 406 ; C.M.R. 74, C.M.R. 180.
64. Cf. B. Willey : *The eighteenth century background*. Chap. III. Cosmic toryism.

L'immense succès qu'elle a rencontré vient de ce qu'elle est, pour des esprits éclairés, bien plus satisfaisante que celle du christianisme. Dans le sixième entretien du tome VI du *Spectacle de la Nature*, consacré à la diversité des conditions, l'abbé Pluche, en une comparaison fort imprudente, oppose l'une à l'autre les deux solutions inventées pour résoudre le problème du mal, celle de la Bible qui enseigne que :

> « L'homme est corrompu, que c'est pour réprimer ses crimes et pour modérer la pente qui le porte au mal que Dieu a établi l'autorité, la nécessité de l'obéissance et la diversité des conditions, que c'est tout ensemble pour exercer les méchants au travail, même malgré eux, et pour perfectionner les bons par la pratique de toute vertu, que Dieu a jugé à propos d'assujettir les hommes à l'alternative des saisons, aux météores les plus rudes, enfin à des besoins sans nombre, qui les rendent dépendants les uns des autres et subordonnés les uns aux autres. »

et celle des disciples de Leibniz, c'est ainsi qu'il désigne les tenants de la nouvelle doctrine, qui nous apprennent, eux, que :

> « Nous devons conformer nos vues à celles du Créateur qui trouve l'univers plus beau et plus diversifié par ce mélange de biens et de maux dispersés dans notre sphère que par une innocence tout unie qui ne serait que la répétition de l'état d'une autre sphère... » et « que tout est bien et même au mieux, que l'homme est tel qu'il doit être et que de cette bigarrure d'états, d'inclinations et d'actions, tant mauvaises que bonnes, il résulte une variété d'arrangements en laquelle Dieu se complaît [65]. »

On ne saurait mieux dire, mieux faire ressortir l'avantage de la solution leibnizienne sur la solution chrétienne : plus de déchéance, plus de Paradis perdu, la condition humaine est ce qu'elle doit être, ce qu'elle devait être de toute éternité selon les desseins d'une sagesse infinie. « Whatever is, is right ».

L'abbé Pluche comme tant d'autres, attribue à Leibniz la paternité de cette conception. Ce n'est pas le lieu d'élucider ici quels rapports existent entre la *Théodicée* et l'idéologie d'une grande partie de l'élite éclairée du temps. Une chose paraît sûre en tous cas, c'est que Necker n'avait jamais lu Leibniz. Mais au niveau de ceux qui ne sont pas des métaphysiciens de profession, il est un autre nom qui, au XVIIIe siècle, est intimement lié à celui du grand philosophe allemand, c'est celui de Pope et ils symbolisent tout autant l'un que l'autre l'optimisme du Tout est bien [66]. Nous avons plusieurs fois cité des vers du poète

---

65. Abbé Pluche : *Spectacle de la nature*. T. VI. Sixième entretien, p. 156-157.

66. Cf. dans l'édition de Kehl, la note « sur le jugement favorable que Voltaire a porté dans l'*Essai sur l'homme de Pope* ». « Ce poème écrit Condorcet... n'est comme le système de Leibniz que le fatalisme un peu déguisé et mis à la portée du grand nombre. » *Vie de Voltaire suivie des avertissements et notes insérés par Condorcet dans l'éd. compt.* T. II. p. 329.

anglais et fait ainsi apparaître, en les rapprochant de textes de Necker, combien leurs idées se ressemblent. Il ne s'agit pas là de simples coïncidences et nous avons la preuve que ce dernier connaissait bien l'*Essai sur l'homme*. *Du pouvoir exécutif*, un de ses ouvrages les plus importants, porte en effet en exergue quatre vers du fameux poème :

> « *And, if each system in gradation roll*
> *Alike essential to th'amazing whole ;*
> *The least confusion but in one, not all*
> *That system only, but the whole must fall* [67]. »

Ce texte, parfaitement bien choisi, nous rappelle l'identité qui existe et doit exister entre l'« amazing whole » et le microcosme humain, entre l'ordre qui règne dans la création tout entière et l'ordre que doivent établir les institutions politiques ; véritable profession de foi de « cosmic toryism », il révèle l'arrière-plan métaphysique de tout le système neckérien et nous apporte un témoignage de plus sur la signification que le XVIIIe siècle attachait à ce poème.

On peut s'étonner, à ce propos, du jugement extrêmement rapide et très discutable, trop souvent porté sur *l'Essai sur l'homme* : ouvrage sans armature intellectuelle, « pot pourri de lieux communs puisés dans la sagesse des nations [68] ». Il y a sans doute des banalités voire même des contradictions dans les *Epîtres*, mais si elles n'avaient pas d'autre mérite que de mettre en vers bien frappés des lieux communs, cette œuvre n'aurait pas obtenu l'immense popularité qui a été la sienne au XVIIIe siècle dans toute l'Europe des lumières. Elle ne serait pas devenue la Bible des honnêtes gens. En fait, avec, sans doute, la liberté d'un poète et sans la rigueur d'un philosophe, Pope expose un système parfaitement cohérent, et décrit en vers souvent d'un rare bonheur d'expression la vision du monde qui correspondait aux exigences spirituelles des possédants et à l'ordre politique et social dont ils étaient les bénéficiaires. Il est regrettable que, pour mesurer le retentissement de cette œuvre en France, nous ne possédions qu'une bibliographie de ses traductions [69] qui ne nous renseigne ni sur le public qui l'a lue ni sur l'influence qu'elle a exercée, tout en nous apportant la preuve indéniable de son extraordinaire succès.

On a soutenu cependant que la doctrine du meilleur des mondes possibles n'avait jamais rencontré beaucoup d'audience dans notre pays. C'est dans les pays protestants que se trouverait sa patrie d'élection :

> « The key... to the problem of why French opinion seems to be continually interested in leibnizianism when it is largely alien to the spirit of the age and appears to have only isolated supporters

---

67. Pope, *op. cit.*, 1er épître, V, 247-250.
68. Cf. E. Legouis et Cazamian : *Histoire de la littérature anglaise*, 1949, t. II, p. 708 : « Sa plus forte dissertation philosophique, l'*Essai sur l'homme*, est faite de lieux communs rafraîchis... »
69. E. Audra : *Les traductions françaises de Pope*. 1717-1825. Paris 1931.

in France, lies primarily in the existence of French Protestants circles abroad [70]... »

La place qu'occupe cette conception dans la pensée de ce protestant et de ce Suisse que fut Necker semblerait au premier abord confirmer ce point de vue, mais n'a-t-on pas trop tendance à penser que tout ce qui est en désaccord avec l'optimisme des philosophes est « alien to the spirit of the age » ? Comme on a montré la force du courant de pessimisme chrétien à la veille de la Révolution [71], on pourrait tout aussi bien faire apparaître combien grande a été la séduction exercée sur de nombreux esprits par cette autre forme de pessimisme.

Elle était en particulier admirablement adaptée au système de la physiocratie, Aussi, coïncidence révélatrice, retrouve-t-on chez Quesnay des formules identiques à celles de Necker :

> « Le droit naturel des hommes est originairement égal ; pourquoi les uns sont-ils favorisés de tous les avantages de la fortune, lorsque les autres sont plongés dans la misère, et dans l'indigence ? Quel rapport y a-t-il entre une distribution si irrégulière avec l'équité ou avec le droit naturel et égal des hommes ?
> Mille causes naturelles contribuent inévitablement et nécessairement à produire cette inégalité ; or, ces causes ne sont point assujetties à l'ordre moral, elles appartiennent à un système beaucoup plus général, dont les hommes qui ont existé, qui existent, et qui existeront ne sont qu'une très petite partie ; elles agissent pour la conservation d'un tout, et leur action est réglée selon les vues et les desseins de l'intelligence Suprême qui a construit l'Univers, qui le gouverne et qui en assure la durée, c'est dans toute l'étendue de cet ordre, ou de ce système général, qu'il faut en chercher la régularité, et non la distribution égale ou inégale du droit naturel de chaque homme ; c'est aux hommes à se régler sur cet ordre même, et non à le méconnaître, ou à chercher inutilement ou injustement à s'en affranchir [72]. »

Cet autre physiocrate qu'est N.G. Leclerc nous impose la même vision du monde et il en tire les mêmes conséquences [73] :

> « La société doit avoir des hommes inégaux en génie, en esprit, en talents, en condition et en fortune. Le grand art du législateur est le même que celui d'un grand maître de musique : tous deux se servent de dissonances pour donner plus de prix aux concerts [74]. »

Plus directement mêlé à la vie de notre auteur que Quesnay ou N.G. Leclerc, Dupont de Nemours, grand ami de Turgot et cheville ouvrière de la secte, publie, en 1796, un ouvrage intitulé *Philosophie*

---

70. W.H. Barber, *op. cit.*, p. 173.
71. Cf. Kurt Waiss : *Das antiphilosophische Weltbild des französichen Sturm und Drang*.
72. Quesnay : *Essai physique sur l'œconomie animale*. 2ᵉ édition. Paris 1747. T. III, p. 370-371.
73. Cf. N.G. Leclerc : *Yu Le Grand et Confucius*, histoire chinoise. Soissons 1789.
74. *Ibid.*, p. 125.

*de l'univers* qui nous prouve combien, au-delà des luttes partisanes, ce système était prédestiné à fournir à tout esprit conservateur la super-structure dont il avait besoin. Au niveau de la spéculation métaphysi-que, les deux adversaires parlent le même langage.

> « Homme ! Ta vue plonge au-dessous de toi ; tu distingues très bien la gradation non interrompue établie par nuances impercepti-bles entre tous les animaux, ...Est-ce à toi que la progression doit s'arrêter ? Lèves les yeux, tu en es digne : penses, tu es né pour penser. Oses-tu comparer la distance effrayante que tu reconnais entre toi et Dieu, avec celle si petite qui m'a fait hésiter entre toi et la Fourmi ? Cet espace immense est-il vuide ? Il ne l'est pas ; car il ne peut pas l'être ; l'Univers est sans lacune [75]. »

et de ces visions grandioses, on redescend à la réalité quotidienne, convaincu de l'ordre qui s'impose.

> « Dieu ne pouvait rendre exactement égaux ni les êtres animés des diverses espèces, ni dans chaque espèce les individus... celui qui pour un intérêt personnel, vraisemblablement très mal entendu, voudrait que d'autres espèces n'existassent point, ne raisonnerait pas en bon enfant de la grande famille de l'univers, et risquerait de se tromper dans l'arrêt de proscription que prononcerait son égoïsme. Dieu a dû vouloir la multitude et la plus grande multitude... Il a fallu pour cela que les espèces fussent diverses et partant iné-gales en moyens, en organes, en capacité ; dans un état de travail, de guerre partielle, et cependant de secours, ou au moins d'utilité générale. Les individus de chaque espèce n'ont pas pu avoir entre eux plus d'égalité [76]. »

Il est séduisant, quand on envisage l'histoire des idées au XVIIIᵉ siècle dans la perspective d'un grand débat entre tenants du « Tout est bien » et partisans de l'idée de progrès, de faire de la victoire de ces derniers une des causes intellectuelles du déclenchement du phé-nomène révolutionnaire et l'*Esquisse d'un tableau historique des pro-grès de l'esprit humain* ne pourrait que nous encourager à cette inter-prétation. Condorcet n'hésite pas à accuser le système de Leibniz d' « avoir retardé les progrès de la philosophie [77] » et il ne cache pas son antipathie aussi bien pour le philosophe allemand que pour Pope, dont l'*Essai sur l'homme*, annonce-t-il, « doit perdre de sa réputation à mesure que la philosophie fera des progrès [78] ».

L'exemple de Necker et aussi de Dupont de Nemours nous mon-trent qu'il faut nuancer avec prudence ce schéma d'une manichéenne simplicité, car ils ont tous deux participé à la Révolution et contribué à détruire l'Ancien Régime sans pour autant être partisans de l'idée de progrès [79] et l'on constate ainsi que la doctrine du meilleur des

---

75. *Philosophie de l'univers*, p. 126-127.
76. *Ibid.*, p. 68-69.
77. *Esquisse d'un tableau historique*... Ed. Sociales, p. 214.
78. Condorcet : *Vie de Voltaire, op. cit.*, t. II, p. 239.
79. Cf Necker : « Peut-être même que la plus grande beauté de l'homme tient à des qualités personnelles ; car ce n'est point en commun

mondes possibles n'était pas incompatible avec le programme d'une révolution, à la condition évidemment que ce fût une révolution de notables, une révolution bourgeoise. Necker condamne avec une sainte horreur les excès de la Terreur et il voit dans les souffrances qu'elle a entraînées le châtiment infligé à ceux qui ont voulu se rebeller contre les desseins de la sagesse divine. Mais, à la différence de J. de Maistre, il n'en tire pas la conclusion qu'il faut revenir à l'ancien ordre de choses. Il veut bien de l'immobilisme, mais pas avant que ne soient atteints ses objectifs. C'est sur les différences de fortune et sur elles seules, que doivent être fondées les inégalités et il n'y a d'ordre voulu par Dieu que celui qui a placé les riches au sommet de la pyramide humaine.

## III. — NECKER ET L'ILLUMINISME

La doctrine du meilleur des mondes possibles est dans son essence une création significative du rationalisme et par son adhésion sans réserves à ce mode de pensée, Necker manifeste son appartenance au siècle des lumières ; curieusement pourtant, nous voyons apparaître également dans sa pensée religieuse des éléments qui le rattachent à un mouvement fort différent et qui se présente bien souvent comme une réaction et une protestation contre le rationalisme, nous voulons parler de cette forme de mysticisme à laquelle on a donné le nom d'illuminisme. On a montré combien était vaste, à la fin de l'Ancien Régime, dans les hautes classes, l'audience des voix tentatrices qui promettaient aux initiés l'accès à un univers et à des connaissances dont la raison ne pouvait forcer les secrets [80], et mille occasions s'offraient aux Necker de les entendre dans leur entourage le plus immédiat [81].

Définir avec précision l'illuminisme n'est pas une tâche aisée. Ce n'est pas une doctrine, c'est un ensemble d'aspiration vagues, de désirs plus ou moins clairement exprimés, mais dont l'ambition toujours la même est d'entrer en contact avec une réalité spirituelle dont on affirme qu'elle est la réalité fondamentale, tandis que l'univers physique et matériel, l'univers des corps ne serait qu'un monde d'apparences, l'ensemble des formes successivement prises par cette surréalité. Sans que le souci de la conquérir ait jamais dû beaucoup tourmenter Necker, son œuvre révèle cependant une parfaite disponibilité, le désir évident de laisser la porte ouverte au mystère. Il recon-

---

avec son espèce qu'il s'améliore, qu'il se perfectionne, qu'il étend ses lumières et qu'il prend possession de l'avenir par la force de son génie. » C.M.R. XIII, 131.

80. Cf. Viatte (Auguste) : *Les sources occultes du Romantisme, Illuminisme, Théosophie.* 1770-1780.

81. A commencer par leur gendre. Cf. A. Viatte. *Op. cit.*, p. 100.

naît prudemment que « dans une matière si obscure toutes les suppositions sont admissibles » et, à l'occasion de considérations sur l'immortalité de l'âme, il nous expose longuement celle parmi ces suppositions qui séduisait alors le plus les esprits :

> « On cherche à détruire nos espérances, en essayant de montrer que l'âme est matérielle, et qu'elle doit être assimilée à tout ce qui périt sous nos yeux ; mais ce sont les formes que nous voyons changer et défaillir : la force vivifiante ne périt point, c'est peut-être à cette force que l'âme ressemble ; mais avec cette différence qu'étant composée de la mémoire, de la réflexion et de la prévoyance, elle n'existe, elle n'est elle-même que par une suite et par un enchaînement qui forment l'attribut distinctif et le caractère particulier de son essence : il s'ensuit qu'elle ne peut pas être généralisée comme la force aveugle et ignorante qui anime d'une manière uniforme toutes les végétations, mais que chaque âme est, en quelque manière, un monde à elle seule, et qu'elles doivent conserver séparément une identité d'intérêt, et une conscience de leurs précédentes pensées. Ainsi, dans ce système, l'être extérieur et corporel qui nous distingue aux yeux des autres, ne serait qu'une des affinités passagères de cette âme susceptible d'une perfection successive, et qui, par des degrés dont nous n'avons point d'idée, s'approchera peut-être insensiblement du terme magnifique où elle sera digne de connaître intimement le souverain auteur de la nature [82]. »

Soulignons tout d'abord l'allusion à la possibilité d'un panpsychisme qui animerait la nature toute entière « la force vivifiante ne périt point c'est peut-être à cette force que l'âme ressemble ». Ce panpsychisme s'affirme et se précise en une autre phrase :

> « Nous avons dans notre petite science, divisé l'univers en deux parties : l'esprit et la matière ; mais cette division ne sert qu'à distinguer ce que nous connaissons un peu, de ce que nous ne connaissons point du tout : il y a peut-être des gradations infinies entre les diverses propriétés qui composent le mouvement et la vie, l'instinct et l'intelligence : nous ne pouvons exprimer que les idées conçues par notre entendement ; et les mots généraux dont nous faisons usage ne servent souvent qu'à déceler la vaine ambition de notre esprit ; mais en regardant l'univers, en nous représentant son immensité, nous apercevons, je pense qu'il y a de l'espace assez pour toutes les nuances et toutes les modifications dont nous n'avons ni l'idée, ni le langage [83]. »

Et Necker voit même dans ce panpsychisme la possiblité d'expliquer les rapports qui existent entre nous et le monde, rapports qui ressembleraient à ceux que crée l'attraction entre des corps qui n'ont aucun contact entre eux :

> « Il existe du vide dans l'univers, puisque sans ce vide qui permet les déplacements, il n'y aurait point de mouvement. Il est reconnu que ce mouvement dépend des lois de l'attraction ; mais l'attraction, à travers le vide, comment peut-elle s'opérer, si ce n'est par une force spirituelle, qui agit sans contact, et malgré l'interruption absolue de

---

82. I.O.R. XII, 239-240.
83. I.O.R. XII, 251.

la matière et de ses atomes ? C'est donc cette force, ou son équivalent, que je puis adopter, pour définir la cause des impressions dont notre âme est susceptible [84]. »

On comprend que le critique de l'*Année littéraire*, l'honnête et très orthodoxe abbé Royou, malgré tout le respect éprouvé pour un ouvrage qui défendait la bonne cause n'ait pu s'empêcher de trouver de pareilles formules fort inquiétantes.

> « Si l'essence de l'âme ressemble parfaitement à la force vivifiante des corps, si son activité et les impressions qu'elle reçoit proviennent d'une cause entièrement semblable ou même équivalente à l'attraction, si ces mots âme et esprit ne sont que des termes conventionnels que nous prononçons si légèrement comme vous le dites, il n'y a plus qu'une différence imperceptible entre l'âme et le corps et cette division de l'univers en deux parties l'esprit et la matière, division que nous avons établie dans notre petite science, ce sont encore vos expressions, devient presque chimérique [85]. »

Les réserves de cet ecclésiastique sont d'autant plus justifiées que Necker semble fort satisfait à la pensée que son explication est valable aussi bien dans le cas de la création du monde par un Dieu personnel que dans l'hypothèse d'un univers éternel.

Mais ce qui, dans ces textes, semble le plus intéressant, le plus caractéristique de certaines tendances, à cette date, c'est la théorie de la palingénésie. On en retrouve tous les éléments essentiels : et l'idée de la permanence d'un principe spirituel à travers des existences diverses et l'idée de la conscience des formes de vie antérieures et par-dessus tout l'idée d'une ascension indéfinie grâce à des réincarnations successives le long de la grande chaîne des êtres, ascension qui doit se terminer dans le sein du Tout-Puissant.

De pareilles spéculations ont évidemment pour origine l'éternel désir d'échapper à la mort, l'espoir de survivre, et entre tous les systèmes qu'à fait naître au cours de l'histoire cette aspiration à l'immortalité, il s'est trouvé que, dans l'entre-deux siècles, cette forme particulière de réincarnation a tenté bien des esprits.

Entre tant d'exemples qu'on pourrait fournir d'un même engouement, nous insisterons à nouveau sur le cas de Dupont de Nemours. Déjà réconcilié avec son ennemi dans une vision statique de l'univers où le tout justifie la partie, où l'on retrouve dans le microcosme des sociétés humaines l'ordre du macrocosme, l'auteur de la *Philosophie de l'univers*, tout aussi insatisfait des limites imposées par notre temps et notre espace, s'élance avec enthousiasme vers les mondes merveilleux qu'ouvre la palingénésie, et développe avec une extraordinaire débauche d'imagination tous les thèmes suggérés par le texte de Necker. Sûr de s'être déjà incarné sous la forme d'un beau chien de race, l'ami de Turgot, comptant sans doute sur les mérites que lui a valus le bon combat mené pour la physiocratie, attend avec impa-

---

84. I.O.R. XII, 241-242.
85. Année litt. du 5 août 1788.

tience et confiance le moment où, doté des ailes indispensables, il pourra prendre son vol vers des sphères plus hautes et plus proches du regard du Tout-Puissant. A lire ces pages délirantes, on réalise avec quelle facilité, les esprits les plus pondérés pouvaient passer du plan de la raison à celui de la fantaisie la plus débridée.

Entre ces constructions fantastiques où la folle du logis se donne libre carrière, et la doctrine du meilleur des mondes possibles dont Leibnitz fut le père, reste cependant un élément commun qui est fondamental : c'est l'idée d'une échelle des êtres, d'une succession de degrés conduisant jusqu'à la perfection divine. Sans doute, cette échelle s'est-elle animée, elle ne représente plus la série des espèces, déterminée une fois pour toutes par une intelligence infinie et où l'homme a sa place assignée pour l'éternité, les âmes montent et descendent du haut en bas de ses degrés, mais elle demeure cependant l'épine dorsale de l'une et l'autre vision du monde ; dressée du néant jusqu'à Dieu par le rationalisme du siècle des lumières, elle va offrir à l'imagination romantique des possibilités infinies et Victor-Hugo ne fera que prêter son prestigieux langage à des rêves qui depuis bien longtemps déjà hantaient les imaginations. Il n'était pas d'esprit qui fût mieux préparé que Necker à écouter ce que dit « la bouche d'ombre ».

Dans un texte de la *Philosophie de la Nature*, véritable embryon d'une thèse consacrée au thème de la grande chaîne des êtres, Delisle de Sales, pour nous démontrer que ce siècle est « pythagoricien » énumère avec citations à l'appui d'abord Leibnitz, à tout seigneur tout honneur, puis Pope, Thomson, le marquis de Saint-Lambert, Maupertuis, Buffon, Bonnet, le Cat, Robinet, et il conclut ainsi : « Je ne cite que les hommes célèbres et même je ne les cite pas tous, je ne voulais que montrer combien l'Europe est encore pythagoricienne malgré les petites idées des persécuteurs, les sophismes de Descartes et le mépris pour Pythagore [86]. »

Nous nous permettrons d'ajouter à cette liste le nom de Necker. Le Genevois, tout autant que les plus ou moins illustres penseurs cités par Delisle de Sales, nous montre lui aussi comment on peut passer sans rupture grâce à la prestigieuse image de la grande chaîne des êtres, de Pope à Victor-Hugo et des lumières au romantisme.

---

86. Delisle de Sales : *De la philosophie de la nature*. Amsterdam 1770, p. 550.

# CONCLUSION

Que l'illuminisme ait donné à Necker sa part de rêve, que l'irrationnel ait sa place dans son univers mental est incontestable, mais il ne s'agit là que de jeux de l'imagination d'une parfaite gratuité et qui laissent intactes l'architecture et la solidité de son système. Il est né, lui, d'un effort méthodiquement poursuivi pour répondre, à l'aide de la seule raison, à toutes les questions que peut se poser un être humain et, à ce seul titre, notre auteur mérite le nom de philosophe au sens où ce mot désigne à cette date tous ceux qui ont tenté de comprendre le monde sans recourir à une autorité supra-humaine. Cette laïcité suffit à créer entre eux et lui une parenté profonde.

Mais l'usage d'une même méthode peut conduire à des résultats antithétiques. A l'inébranlable optimisme de ses contemporains, confiants en la bonté d'une nature humaine généreuse où, plus souvent encore, convaincus d'une concordance spontanée entre l'intérêt particulier et l'intérêt général, s'oppose un pessimisme qui confère à son œuvre sa véritable marque. La malédiction qui pèse sur l'espèce n'est plus d'ordre religieux, mais la vision qu'elle nous propose est aussi tragique que celle des chrétiens. Nouveau péché originel, l'institution de la propriété entraîne inévitablement l'exploitation de l'homme par l'homme, et la démonstration est reprise avec une insistance si lancinante que le lecteur, obsédé lui aussi, ne peut s'empêcher de penser, devant les chefs-d'œuvres laissés par le XVIIIᵉ siècle et ce chef-d'œuvre entre tous qu'était alors la douceur de vivre, aux conditions qui en ont permis la floraison, de penser par exemple à ce scieur de pierre, à ce porteur d'oiseau qui inspirèrent à Diderot un des textes les plus grinçants qu'ait jamais écrit un témoin de cette époque[1].

Il ne s'agit pas pour autant de mettre en question la valeur de pareilles réussites, mais n'est-on pas en droit de considérer les innombrables dissertations sur la « bienfaisance » ou l'affirmation indéfiniment répétée du mutuel profit que les hommes retirent de leurs rap-

---

1. Diderot : *Réfutation de l'ouvrage d'Helvetius intitulé de l'homme. Assezat.* T. II, p. 427 ss.

ports, comme une vaste supercherie, et les hérauts de ce nouvel évangile comme ces clercs que les classes dominantes ont toujours trouvés à leur service pour justifier leurs privilèges et dont la mission fut de voiler une réalité scandaleuse sous l'image d'une collaboration profitable à tous. Les élites, elles aussi, ont besoin de leur dose d'opium.

Sans doute, dans une vision dialectique de l'histoire, cette intelligentsia a-t-elle rendu l'inappréciable service de substituer à une société de droit divin, une société de droit humain mais ce faisant, elle n'a fait que remplacer par une autre, plus insidieuse, l'idéologie élaborée à partir du christianisme pour asservir les non possédants aux possédants. Dans une image d'un goût douteux peut-être, mais combien juste, Necker compare les défenseurs de la liberté du commerce des grains à « ces animaux terribles qui, sur les bords des fleuves de l'Asie, prennent la voix des enfants pour dévorer les hommes [2] ».

La religion traditionnelle avait au moins l'honnêteté de ne promettre le bonheur aux humbles que dans la vie future, tandis que les philosophes, prétendant avoir découvert le secret d'une félicité publique et temporelle, veulent convaincre les victimes elles-mêmes de l'excellence du système qui assure leur exploitation. Et ce sera toujours le mérite de Necker que d'avoir dénoncé, avec une inlassable énergie, cette véritable escroquerie intellectuelle qui consiste à défendre au nom du bonheur de tous, ces libertés « derrière lesquelles est placé l'esclavage de la multitude [3] ».

Ces mensonges, dira-t-on, étaient indispensables au triomphe du libéralisme, et sans lui la phase capitaliste du développement des forces productives n'aurait pu s'accomplir. Il faut rendre grâce à la Révolution française d'avoir renversé les barrières de l'Ancien Régime. Une logique impérieuse exigeait que des générations fussent allègrement condamnées au sort le plus misérable pour le bonheur de l'humanité future.

On pourrait tout d'abord mettre en doute qu'il fallût le bouleversement de 1789, la liquidation physique de tant d'individus, tant de sang et de souffrances pour obtenir un résultat qu'aurait peu à peu amené la poussée irrésistible d'une révolution industrielle, qui, à en croire certains, n'a vraiment commencé en France qu'après 1850. Mais surtout à cette sorte de cynisme historique qui était déjà celui des physiocrates, Necker donne une réponse qui, à deux siècles de distance, conserve toute sa valeur : « Je ne puis rien entendre à cette froide compassion de l'esprit pour les races futures, qui doit fermer nos cœurs aux cris de dix mille malheureux qui nous entourent [4]. »

Outre que l'avenir n'est pas toujours fait de lendemains qui chantent, les objectifs modestes de l'interventionnisme neckérien étaient

---

2. L.C.G. I, 149.
3. *Ibid.*, 153.
4. L.C.G. I, 60.

parfaitement compatibles avec l'expansion du capitalisme, et les philosophes auraient sans doute satisfait plus efficacement leur besoin d'être utiles, en attirant l'attention de leurs contemporains sur la précarité de la condition du salarié, plutôt qu'en célébrant l'harmonie naturelle des sociétés humaines.

Quant à ceux qui mirent en question ces sociétés, leur indignation, si sincère soit-elle, ne s'accompagne guère de lucidité. Rousseau, le plus célèbre d'entre eux, reste parfaitement aveugle devant le processus qui fait de la richesse le résultat d'une dépossession permanente du pauvre et d'une incessante appropriation par l'employeur du produit net, de la plus-value. Aussi ne peut-il envisager d'autre solution que celle, rétrograde, de la redistribution des terres. Une société de petits propriétaires est le modèle qui hantera toujours son imagination et c'est de ce modèle que s'inspireront ceux qui tenteront de réaliser une République démocratique et sociale. La position de Necker à la fin du XVIIIᵉ est ainsi analogue à celle de Marx au milieu du XIXᵉ, il a pour adversaire à la fois Turgot et Rousseau comme l'auteur du *Capital* combattra Jean-Baptiste Say et Proudhon. Ils sont l'un et l'autre contre le libéralisme et contre l'utopie.

Si du domaine des idéologies, on passe à la réalité historique et à l'appréciation d'une situation donnée, force est de constater là encore que l'œuvre de Necker nous invite à sortir des chemins battus et à envisager le XVIIIᵉ siècle sous un jour inhabituel.

Le conflit noblesse-bourgeoisie disparaît du devant de la scène et devient un conflit mineur par rapport au conflit majeur que représente la lutte des classes, l'antagonisme entre possédants et non possédants. Que le premier soit le plus présent à nos esprits n'a rien d'étonnant .Les écrivains de ce temps appartiennent à de rares exceptions près à l'un ou à l'autre des deux groupes sociaux qui constituent la classe dominante. C'est Montesquieu ou c'est Voltaire et comme il est naturel, ils ne nous entretiennent que des problèmes qui leur sont propres, de leurs égoïstes intérêts, d'une rivalité qui les passionne. L'histoire officielle est remplie de cette querelle.

Mais il est une autre histoire au niveau des pauvres où l'humiliation des dames Roland passerait sans doute inaperçue, car c'est l'histoire de ceux qui luttent, non pour avoir droit à la salle à manger des châteaux, mais plus simplement pour leur pain quotidien. Les bonnes et les mauvaises récoltes, la hausse ou la baisse du prix du blé, les soulèvements provoqués par la disette en formeraient la trame monotone et les personnages en seraient réduits à l'éternel trio : le pauvre, le riche et le gendarme. Aussi n'est-il pas de question plus pertinente que celle que pose un de nos contemporains à propos de l'Esprit des lois : « les catégories dans lesquelles les hommes du XVIIIᵉ siècle ont pensé l'histoire qu'ils vivaient répondaient-elles à la réalité historique[5] ? » Ces hommes ont placé la France sous le signe

---

5. Louis Althusser : *Montesquieu. La politique et l'histoire.* P.U.F. 1959, p. 104.

de la tripartition : roi, noblesse, bourgeoisie. Et ils ont vu dans la rivalité entre deux groupes sociaux, arbitrée par le dépositaire de l'autorité, le phénomène essentiel de leur époque. En fait, si l'on veut voir juste, il faudrait bien davantage mettre l'accent sur ce qui unissait nobles et bourgeois que sur ce qui les séparait. Ils étaient, au même titre, les bénéficiaires de l'ordre monarchique, face à un quatrième Etat dont l'exploitation profitait aussi bien aux uns qu'aux autres. L'économie marchande s'insérait tout naturellement dans une société de type essentiellement agraire et qui n'était plus féodale qu'en apparence. Montesquieu et tout son siècle se seraient ainsi laissés duper : « Prenant le plus souvent des intentions politiques pour la réalité même et les conflits de surface pour le fond des choses [6]. »

N'est-ce pas faire le plus bel éloge de la lucidité de Necker que de porter sur l'aveuglement de ses contemporains un jugement aussi sévère. L'originalité de son analyse ne consiste-t-elle pas précisément à ramener à deux classes seulement la totalité de la population française et à souligner leur antagonisme ? Quant au pouvoir, « l'idée qu'il puisse s'établir et s'exercer en dehors des classes et au-dessus d'elles », lui est complètement étrangère, il ne voit en lui que le garant de l'ordre social, qui pour accomplir sa difficile mission, doit disposer de tous les moyens d'action nécessaires.

Le même diagnostic, la même obsession d'un conflit fondamental toujours sous-jacent, la même hantise d'un Caliban déchaîné expliquent et justifient son attitude d'homme politique. Il était, certes parfaitement conscient de la nécessité de régler le contentieux pendant entre noblesse et bourgeoisie, de passer d'une structure d'ordres à une structure de classes. Mais cette transformation ne pouvait signifier autre chose qu'un réaménagement, qu'une redistribution d'influences ne concernant que les parties prenantes et sanctionnant une évolution accomplie ou en voie d'accomplissement. Le quatrième Etat n'avait pas à participer à un débat qui ne pouvait rien changer à son sort. Que la France ait suivi l'évolution lente et paisible que traçait à une monarchie éclairée l'institution d'assemblées provinciales créées sous le signe du doublement du tiers et du vote par tête ou que la réunion des Etats-Généraux provoquât une mutation plus brutale, l'avenir ne réservait rien d'autre qu'une remise en ordre limitée à un objectif précis : l'égalité de tous les notables et la mise au point des modalités réglant le partage du pouvoir entre eux et le roi. Le peuple n'avait rien à voir en cette affaire, et Necker fit tout ce qu'il put pour le maintenir à l'écart, pour régler le conflit en vase clos. Il faillit réussir et il s'en fallut de peu que la Révolution ne se terminât le 23 juin 1789.

C'est bien là, nous semble-t-il la raison profonde de l'antipathie qu'éprouve pour lui la plupart des historiens de gauche. Au lieu du cycle habituel famine, émeutes, pendaisons et condamnations aux galères, la disette de 1788-1789, par un extraordinaire concours de

---

6. *Ibid.*

circonstances, débouche sinon sur la prise du pouvoir par les masses, du moins par leur intervention dans le jeu politique, les pauvres un instant crurent qu'ils allaient assister à l'avènement de la justice et à la création d'une société conforme à leurs rêves. Personne ne mettra en doute ce que peut avoir d'émouvant ce moment d'enthousiasme collectif, d'illusion lyrique ni la puissance de l'appel passionné lancé par les hommes de 1793 à tous les opprimés.

C'est de cela qu'aurait pu priver la France ce banquier genevois aussi insensible à la mystique des fleurs de lys qu'au romantisme de la Révolution, crime inexpiable qu'on fait payer cher à ce personnage laid et lourd, vaniteux et bête, suisse et riche par surcroît. L'analyse que donne Michelet des deux textes de la déclaration royale est d'une scandaleuse partialité [7]. Jaurès propose une interprétation systématiquement tendancieuse du livre de *De la législation et du commerce des grains* [8], quant au discours du 5 mai, avec un bel ensemble Mathiez [9], Lefèbvre [10] et Soboul [11] lui refusent toute signification politique.

Dans ce camp d'ailleurs, et le phénomène est significatif, on n'est pas d'accord sur la ligne où la Révolution aurait dû s'arrêter. Pour les uns, c'est à Robespierre et à la Convention, mais d'aucuns sont restés sur leur faim et se sentent frustrés que la vague ne soit pas allée jusqu'au bout de son déferlement, portant au pouvoir Hébert et les enragés [12]. Après une phase grande bourgeoisie, une phase petite bourgeoisie, on aurait eu une phase intégralement et indiscutablement prolétarienne. Le spectacle eût été plus beau et plus complet, la démonstration plus exemplaire.

En fait, c'est à Necker que les évènements ont donné raison. Objectivement, pour employer un certain langage, la monarchie constitutionnelle censitaire était inscrite dans la logique de la situation et Louis XVIII en 1814 octroya ce que Louis XVI aurait pu accorder vingt-cinq ans plus tôt, s'il avait écouté son ministre.

C'était pour lui une belle revanche posthume, revanche encore plus éclatante quand, en 1830, Louis Philippe appela au pouvoir le

---

7. Cf. Michelet : *Histoire de la Rév. franç.* 2e éd. 1868. T. I, p. 134-135.

8. Cf. Jaurès : *Histoire socialiste de la Rév. franç.* Paris 1922, p. 159.

9. Cf. A Mathiez : « Necker ne se prononça pas sur la question capitale du vote par tête et il ne dit rien des réformes politiques... » *La Rév. franç. T. I.* La chute de la Royauté. 1787-1792. Paris, Colin, 1922, p. 51.

10. Cf. G. Lefèbvre... le discours du directeur des finances, déroulant durant trois heures, les détails de la situation du Trésor et des améliorations envisagées, ne fit aucune allusion à la réforme constitutionnelle, s'en remit à la générosité des privilégiés, répéta sur le mode du vote ce qu'il avait dit en décembre. *La Révolution française.* Paris, P.U.F., 1963, p. 129.

11. Cf. A. Soboul. « Necker se leva enfin dans un silence tendu ; mais son rapport qui dura trois heures, se borna à traiter des questions financières ; aucun programme politique, rien sur la question du vote par ordre ou par tête. » *Précis d'histoire de la Rév. franç.* Ed Sociale, p. 106.

12. Cf. Daniel Guerin : *La lutte des classes sous la Ire République.* T. II, postface, p. 406 ss.

duc de Broglie, le mari de sa petite-fille ; mais revanche partielle. A la différence des bourgeois de 1789, Necker n'était libéral qu'en politique et il avait autre chose à offrir au prolétariat qu'une Déclaration des Droits de l'Homme et du Citoyen, assortie de la loi Le Chapelier. Sa volonté délibérée d'exclure le peuple de la vie publique avait pour contre-partie un vaste et cohérent programme de défense du minimum vital ; et en particulier, au lieu de gaspiller en une absurde politique financière, cet énorme capital que représentaient les richesses du clergé, il avait l'intention bien arrêtée de trouver en elles les ressources nécessaires à la mise en application du programme d'Assistance publique qu'il avait conçu. Le sort réservé aux masses ouvrières au XIXe siècle montre combien elles en auraient eu besoin et de quelle inutilité fut leur participation à une aventure d'où elles sortirent, pour des décennies, encore plus désarmées, encore plus étroitement enchaînées.

Ainsi, face à la Révolution, face à son époque et à son idéologie, les réactions de Necker sont-elles d'une rigoureuse logique. Toute son œuvre, celle du penseur comme celle de l'homme d'Etat se caractérise par une indiscutable unité, qui ne saurait nous surprendre : qu'il écrive ou qu'il agisse, il est possédé par une idée fixe, par une véritable obsession, celle de la lutte des classes et grâce à lui nous possédons d'une société préindustrielle, à la veille de sa disparition, une image où les phénomènes sociaux dans leur totalité : économie, politique, morale et religion, sont présentés en une vision synthétique enfin conforme à la réalité.

Si explicite qu'elle soit, cette œuvre cependant laisse notre curiosité insatisfaite car elle ne nous renseigne pas sur les conditions de son élaboration, nous ignorons comment, sous quelles influences, par quelles expériences s'est opéré le phénomène d'une prise de conscience insolite pour un homme de sa classe et qui exigeait de sa part un effort remarquable de détachement, de distanciation. Dans le cas de Rousseau, on peut suivre le cheminement qui mène à la révolte, d'un être très tôt désaxé et psychologiquement fragile, dans le cas de Linguet, on peut invoquer les échecs d'une vie difficile, les rancœurs d'un raté. L'existence de ce fils de professeur de droit est au contraire sans drame et fournit l'exemple d'une parfaite réussite, d'un inaltérable équilibre. Peut-être est-ce la rapidité de son ascension sociale, sa double qualité de protestant et d'étranger qui lui ont permis de regarder d'un œil neuf le monde qui l'entourait et, jetant bas tous les masques, de dévoiler dans son anonyme cruauté l'exploitation de l'homme par l'homme.

Quoiqu'il en soit, grâce à la lucidité de son analyse, Necker fait beaucoup plus que nous apporter un témoignage sur une époque disparue, il nous prépare aussi à comprendre la nôtre, et malgré ses artifices démodés, il n'est pas de langage plus moderne que le sien.

# BIBLIOGRAPHIE

## I. ŒUVRES DE NECKER

### 1° IMPRIMES

Nous donnons pour chaque œuvre un relevé (non exhaustif) des éditions françaises et étrangères ainsi que des principales brochures et articles de périodiques [1] qui suivirent sa publication.

#### RÉPONSE AU MÉMOIRE DE M. L'ABBÉ MORELLET — 1769

*Réponse au Mémoire de M. l'abbé Morellet sur la Compagnie des Indes.* Paris, Impr. royale, 1769. In-4°, 50 p.

Morellet (Abbé André) *Examen de la réponse de M. Necker au mémoire de M. l'abbé Morellet par l'auteur du Mémoire.* Paris, Desaint, 1769, In-4°, 151 p.

*Année littéraire.* Paris. 1769, V, pp. 122-139.

*Ephémérides du citoyen.* Paris. 1769, IV, 7ᵉ partie, pp. 276-282 ; IV, 8ᵉ partie, pp. 169-284.

*Gazette d'agriculture, commerce, arts et finances.* Paris, 1769, 19 août, pp. 651-652.

*Gazette des gazettes ou journal politique.* Bouillon. 1769, septembre, 1ʳᵉ quinzaine, pp. 48-49.

*Journal des beaux arts et sciences (Journal de Trévoux).* Paris. 1769, octobre, pp. 178-180.

*Mémoires secrets...* (de Bachaumont). Londres. 1769, IV, 9 août, P. 319 ; 28 août, p. 337.

*Mercure de France.* Paris. 1769, septembre, pp. 153-154.

*Göttingische gelehrte Anzeigen.* Göttingen 1770, Zugabe, pp. 353-355.

*Gazette d'Utrecht,* 25 août 1789.

*Gazette de Leyde* (Publication in extenso de la « réponse » en septembre-octobre 1789).

---

1. Articles dont il ne faut pas trop attendre. Comme le dit A. Cioranescu à propos de cette littérature : « Dans la majorité des cas, ce sont des résumés plutôt que des comptes rendus. » (XVIIIᵉ siècle, 1971, p. 367.)

## ÉLOGE DE COLBERT — 1773

*Eloge de J.-B. Colbert, discours qui a remporté le prix de l'Académie française en 1773*. Paris, J.-B. Brunet, 1773. In-8°, VII — 137 p. (B.N.) ;
— 1776. Paris, Demonville. In-8°, 100 p. (B.N.)
— 1781. Dresden, Walther : In-8° (Heinsivs).
*Lobrede auf J.-B. Colbert, die den Preis der Königlichen Akademie der Wissenschaften zu Paris erhalten hat, aus dem Französ.* Dresden, Walther, 1781. In-8°, 108 p. (Heinsivs).
*Affiches, annonces et avis divers.* Paris, 1773, n° 36, pp. 141-142.
*Année littéraire.* Paris, 1773, IV, pp. 289-312.
*L'Avant-Coureur.* Paris, 1773, 11 octobre, n° 41, pp. 652-653.
*Correspondance littéraire philosophique et critique* (dite de Grimm) éd. Tourneux. T. 10, 1773, septembre, pp. 281-289.
*Gazette d'agriculture, commerce, arts et finances.* Paris, 1773, 12 octobre, pp. 653-654.
*Gazette littéraire des Deux-Ponts.* 1773, n° 76, pp. 603-606.
*Journal de l'agriculture, du commerce, des arts et des finances.* Paris, 1773, IV, octobre, pp. 105-144.
*Journal encyclopédique.* Bouillon. 1773, octobre, VII, pp. 295-307.
*Journal des beaux arts et sciences.* (Journal de Trévoux.) Paris, 1773, octobre, pp. 138-158.
*Mercure de France.* Paris, 1773, octobre, pp. 128-145.
*Nouvelles éphémérides économiques.* Paris, 1775, VI, pp. 65-168 ; VI (VII), pp. 89-182 ; IX, pp. 44-106.
*Suite de la clef ou Journal historique sur les matières du temps (Journal de Verdun).* Verdun, 1773, II, novembre, pp. 340-346.
*Allgemeine deutsche Bibliothek.* Berlin, Stettin. Suppl. t. 14, pp. 1438-1439.
*Franckfurter gelehrte Anzeigen.* Franckfurt, 1781, pp. 702-705.
*Göttingische gelehrte Anzeigen.* Göttingen. 1774, Zugabe, pp. 81, 84 ; 1777, Zugabe, p. 813.


## SUR LA LÉGISLATION ET LE COMMERCE DES GRAINS — 1775

*Sur la législation et le commerce des grains.* Paris. Pissot, 1775. In-8°, 2 vol. B. N.).
— 1775, 2ᵉ édition. *Ibid.*, 2 parties en 1 vol. In-8° (B. N.).
— 1775, 3ᵉ édition. *Ibid.*, 2 parties en 1 vol. In-8° (B. N).
— 1781, 4ᵉ édition. (Ersch).
— 1785, 5ᵉ édition. Genève (Ersch).
*Necker. Sur la législation et le commerce des grains. Galiani. Dialogues sur le commerce des grains. Montyon. Quelle influence ont les diverses espèces d'impôts sur la moralité... J. Bentham. Lettres sur la défense de l'usure. Précédés de notices historiques... et accompagnés de commentaires...* par M.Gust. de Molimari. Paris, Guillaumin, 1848, In-8°, III — 592 p. (B.N.).
*On the legislation and the commerce of corn... Translated from the French To which some notes are added.* London, T. Longman, 1776. In-8°, 442 p. (B. M.).
*Versuch über den Kornhandel und über die Gesetze, diesen Gegenstand betr. Aus dem Französ...* Dresden, Waltherische Hofbuchhandlung, 1777. In-8°, 283 p. (Berne).
Baudeau (Abbé Nicolas) *Eclaircissements demandés à M. Necker sur ses principes économiques et sur ses projets de législation...*
Condorcet — (J. A. N. marquis de) *Lettres sur le commerce des grains.* Paris, Couturier, 1775. In-8°, 29 p.
Condorcet (J. A. N. marquis de) *Lettre d'un laboureur de Picardie à M. Necker auteur prohibitf à Paris.* S. P., 1775, In-8°, 51 p.

Condorcet (J. A. N. marquis de) *Réflexions sur le commerce des bleds.* Londres, 1776. In-8°, XV-211 p.

Luchet (J.-P. marquis de) *Examen d'un livre qui a pour titre :* « *Sur la législation et le commerce des bleds.* » S. P., 1775. In-12, 63 p.

Morellet (Abbé André). *Analyse de l'ouvrage intitulé :* « *De la législation et du commerce des grains.* » Paris, Pissot, 1775. In-8°, 59 p.

Rey. *Du commerce des bleds, pour servir à la réfutation de l'ouvrage sur la législation et le commerce des grains* (par M. Rey) Paris, Grangé, 1775, In-8° 96 p.

Rossi (Augustin Joseph de) *Considérations sur les principes politiques de mon siècle, à l'occasion de l'ouvrage intitulé :* « *Sur la législation et le commerce des grains.* » Londres, A. Grant, 1776. In-8°, 279 p.

*Lettre à un ami du peuple* (Ronesse, J.-H.) — Paris, Couturier, 1775.

Voltaire. *Diatribe à l'auteur des Ephémérides.* Genève, Paris, Valleyre, 1785, 1785, In-8°, 27 p.

*Affiches, annonces et avis divers.* Paris, 1775, 13 décembre, n° 50, pp. 197-198.

*Correspondance littéraire philosophique et critique (dite de Grimm)*, éd. Tourneux. T. 11, 1775, avril, pp. 59-61 ; décembre, p. 166.

*Esprit des journaux français et étrangers.* Bruxelles, 1775, juin, pp. 92-104.

*Gazette d'agriculture, commerce, arts et finances.* Paris, 1775, 11 juillet, pp. 436-478.

*Gazette littéraire de Deux-Ponts.* 1775, n° 42, pp. 329-333.

*Mémoires secrets... (de Bachaumont)* Londres, 1775, VIII, 28 avril, p. 17.

*Nouvelles éphémérides économiques.* Paris, 1775, VI (VII), pp. 89-182 ; VIII, pp. 93-146.

*Critical review* — Londres, 1776, juillet, pp. 15-21.

*Allgemeine deutsche Bibliothek* — Berlin, Stettin. Suppl. T. 11 (1780), p. 3330-3331.

*Bibliothek der neuesten jurist. Literatur von A. F. Schott.* Leipzig, 1785, II, p. 325.

*Göttingische Anzeigen von Gelehrten Sachen.* Göttingen. 1775, II, p. 1098-1104 ; 1776, p. 315.

COMPTE RENDU AU ROI — JANVIER 1781

*Compte rendu au Roi...* au mois de janvier 1781. Paris, Impr. Royale, 1781. In-4°, IV, 116 p., tabl. et cartes (B. N.).

— 1781. Paris. In-4°, IV, 116 p., Impr. du Cabinet du Roi. tabl. et cartes (B. N.).

— 1781. Paris. In-4°, IV, 86 p., tabl. et cartes (B. N.).

— 1781. Bâle, Serini. In-4°, 86 p. (Heinsivs).

— 1781. Hambourg, Virchaux. In-8°, IV, 124 p. (Berlin).

— 1781. Quedlinburg, Ernst. In-8° (Heinsivs).

— 1781. Wien, Trattnern. In-4° (Florence).

— 1781. Paris et Berlin. In-8° (Berlin).

— 1781. Paris et Londres. In-4°, 116 p. (B. M.).

— 1781. Paris. In-8°, 129-14 pp., tabl., Genève.

*State of the Finances of France laid before the king. Translated from the Paris édition, printed by order of his most christian majesty.* London, Becket, 1781. (B. M.).

*Rechnung dem König überreicht von Herrn Necker. Gedruckt auf Befehl seiner Majestät.* S. L., 1781. In-8°, 132 p., tabl. carte (Strasbourg).

*Rechnung von seiner Finanzverwaltung, Sr Majestät dem König von Frankreich abgelegt von Hrn Necker,* aus dem Franz. Ubersetz. Mit einer Vorrede und erläuternden Anmerkungen von C. W. Dohm, Königl. preuss. Kriegsrath und Geheimen Archivarius, Berlin, Christian.

— Vosz und Sohm, 1781. In-8°, 146 p. (Berlin).

*Rechenschaft dem König gegeben... im Januar 1781.* Aus dem französ. über. und mit Zusätzen und Anmerkungen vermehrt von J. F. v.

*Pacassi.* Wien, J.-T. Edler v. Trattner, 1781. In-4°, tabl. (Genève).

— 1781. Aus d. französ. (v. A. Witterberg). Hamburg, Bonn. In-8°, 140 p. (Berlin).

— 1781. Quedlinburg, Ernst. In-8° (Heinsivs).

*Conto reso al re dal sig. Necker, direttore generale delle finanze, nel mese di gennaro 1781.* Stampato a Parigi per ordina di Sua Maestà, e tradotto con alcune spiegazioni. Venezia, 1781. (Florence).

*Finanz-Forvaltnings Regnskab til Hans Mj. Kongen af Frankrig, aflagt i Jan. 1781.* Af det Franske overs. og med en Indl. Forget. Kobenhag, 1781 (Bibli. danica).

*Collection complète de tous les ouvrages pour et contre M. Necker.* Utrecht, 1781. In-8°, 3 vol.

*Affiches, annonces et avis divers.* Paris. 1781, 23 février, n° 9, pp. 33-34.

*Affiches, annonces, de Toulouse et du Haut-Languedoc.* Toulouse 1781, 7 mars, pp. 38-40.

*Affiches de Poitou,* Poitiers, 1781, 29 mars, p. 50.

*Affiches des évêchés et Lorraine.* Metz, 1781, 1er et 5 mars, pp. 68-70, 87-88.

*Correspondance littéraire, philosophique et critique* (de Grimm et Diderot), 1781, février, pp. 482-485.

*Correspondance littéraire secrète,* Neuwied, 1781, pp. 129-130.

*Le Courrier d'Avignon,* 1781, 2 mars, pp. 79-80 ; 9 mars, p. 88.

*Courrier de l'Europe,* Londres, 1781, 6 mars, pp. 146-148.

*Gazette d'agriculture, commerce, arts et finances,* Paris, 1781, 27 février, pp. 132-136.

*Gazette d'Amsterdam.* Amsterdam, 1781, 2 et 6 mars.

*Gazette d'Utrecht.* Utrecht, 1781, 2 et 9 mars.

*Gazette ou journal politique des Deux-Ponts.* 1781, 10 mars, pp. 157-159.

*Journal d'agriculture, commerce, arts et finances.* Paris, 1781, I, pp. 93-121.

*Journal de littérature, des sciences et des arts.* Paris, 1781, I, pp. 445-456, 553-563 ; II, pp. 69-82.

*Journal de Neuchatel ou Annales littéraires.* Neuchatel, 1781, mars, pp. 63-64.

*Journal encyclopédique.* Liège, 1781, II, 3e partie. pp. 475-490.

*Journal historique et littéraire.* Luxembourg, 1781, 1er avril, p. 530-532.

*Journal historique et politique de Genève.* Genève, 1781, 3 mars, pp. 421-429.

*Journal de Paris.* Paris, 1781, 19 février, pp. 199-201.

*Journal politique ou gazette des gazettes.* Bouillon, 1781, mars seconde quinzaine, pp. 39-45.

*Mémoires de Bachaumont.* 1781, T. XVII, pp. 79-84 ; pp. 163-164.

*Mercure de France.* Paris, 1781, 3 mars, pp. 37-45.

*Nouvelles extraordinaires de divers endroits.* Leyde, 1781, 2 mars.

*Novelle Letterarie de Firenze.* Mais 1785. T. XII, pp. 333-335.

*Allgemeine deutsche Bibliothek.* Berlin. Stettin, 1782, T. 49, pp. 233-237.

*Frankfurter gelehrte Anzeigen.* Frankfurt, 1781, pp. 269-270.

*Göttingische Anzeigen von gelehrten Sachen.* Göttingen, 1781, I, p. 626-630 ; 1782, I, p. 540-541.

*Nürnbergische gelehrte Zeitung.* Nürmberg, 1781, pp. 553-534.

*Monthly Review.* London, 1781, April, p. 307.


MÉMOIRE SUR LES ADMINISTRATIONS PROVINCIALES — AVRIL 1781


*Mémoire donné au Roi par M. Necker en 1778.* S. P. n. d., In-4°, 16 p. (B. N.)

— 1781. En France. In-4°, 31 p. (B. N.).

— 1781. Londres. In-8°, 32 p. (B. N.).

*Mémoire présenté au Roi en 1778.* S. P. n. d., In-8°, 42 p. (B. N.).

*Mémoire de M. Necker au Roi sur l'établissement des administrations provinciales.* S. P., 1781, In-4°, 32 p. (B. N.).

S. L. n. d., In-4°, 21 p. (B. N.).

S. L. n. d., In-8°, 27 p. (B. N.).

— 1781. Bâle, Serini. In-4°. (Heinsivs).

— 1781. Lausanne, Pott. In-8°. (Kayser).

— 1781. Londres, In-4°, 22 p. (Genève).

*Mémoire sur l'établissement des administrations provinciales,* présenté au Roi par M. Necker... suivi d'un discours adressé à S. M. sur la retraite de M. Necker. S. L., 1781. In-8°, 40 p. (B. N.).

*Mémoire de M. Necker au Roi sur l'établissement des administrations provinciales.* S. L., 1785. In-8°, 247 p., tabl. et carte, port (B. N.).
(Contient, outre le mémoire de 1778, les Lettres patentes du roi concernant l'Hôtel Dieu de Paris du 22 avril 1781, et le compte rendu au roi de janvier 1781).

*Memoria reservada sobre el establecimiento de rentas provinciles en un pie ventajoso al publico y al estado que trabajo y presento Mr. Necker,* traducida, e ilustrada con nots, por D. Domingo de la Torre y Mollinedo. Madrid, Hijos y Compania, 1786. In-4°, 52 p. (Palau).

*Extrait du mémoire de M. Necker présenté au roi en 1778...* dans Objets proposés à l'Assemblée des Notables par de zélés citoyens ; premier objet, Administrations provinciales. Paris. Impr. polytipe, 1787. In-8°, T. 1, pp. 24-33 (B. N.)

*Collection complète de tous les ouvrages pour et contre Necker.* Utrecht, 1781, 3 vol.

*Œuvres posthumes de M. Turgot, ou mémoire de M. Turgot sur les administrations provinciales, mis en parallèle avec celui de M. Necker suivi d'une lettre sur ce plan, et des observations d'un républicain sur ces mémoires et en général sur le bien qu'on doit attendre de ces administrations dans les monarchies.* Lausanne, 1787.


SUR LE BONHEUR DES SOTS — 1782


*Sur le bonheur des sots.* Paris, Didot, 1782. In-8° (Quérard).
— 1788. S.I. In-24°, 33 p. (Genève).
*Sur le bonheur des sots,* à la suite de Meister (Jacob Heinrich). De la morale naturelle. Paris, 1788. In-8°, 166 p. portr. (B. N.).
— 1788. Bâle, Serini. In-16° (Kayser).
*Sur le bonheur des sots* dans Suard. Opuscules philosophiques et littéraires. Paris, impr. P. Fr. Aubin, 1796. In-8°, 271 p. (B. N. : Z. 29 750).
*Réflexions sur le bonheur des sots* précédé d'une notice sur la vie de l'auteur. Paris, Libraires du Palais Royal (Coulommniers, Brodard), 1830. In-8°, 16 p. (Guérard).
*Della felicità degli sciocchi.* Ragionamento del signor Necker. Segue lettera del traduttore) S.l.n.d., In-8°, XXX p. (Florence).


DE L'ADMINISTRATION DES FINANCES DE LA FRANCE — 1784


*De l'administration des finances de la France.* Lausanne, J.-P. Heubach, 1784. In-8°, 3 vol. (Lausanne).
— 1784. S.L. In-8°, 3 vol., tabl. (B.N.) : 8° Lf 76, 7 et 8° Lf 76, 7 A, B, C, D, J.
— 1784. Avignon (Lavaquery).
— 1784. La Haye (Lavaquery).
— 1784. Genève In-8°, 3 vol. (Kayser).
— 1784. Augsbourg. In-8°, 3 vol. (Kayser).
— 1785. S. L. In-8°, 3 vol. tabl. (B. N.) : 8° Lf 76, 7 E,F,G,H.
— 1785. S. L. In-4°, 2 vol. tabl. (B. N.) : 8° Lf 76, 7 I.
*Sur l'administration des finances de la France.* Berne, Typographie, 1785. In-8°, 3 vol. (Heinsivs).
— 1785. Berlin, Lagarde. In-8°, 3 vol. (Heinsivs).
*A treatise on the administration of the finances of France...* Translated... by T. Mortimer. London, J. Walther, 1785. In-8°, 3 vol. (B. M. : 1391 i. 42).
— 1787. London. C.G.J. and J. Robinson. In-8°, 3 vol. (L.C.).

*Die Verwaltung des Finanzwesens in Frankreich von Necker*, aus dem Franz. übers. von Albr. Wittenberg. Lübeck, Donatius, 1785. In-8°, 3 vol. (Kayser).

*O upravlenii gosudarstvennyh dohodov francovzskago korolevstva Socinenie Gospod. Nekkera.* St Petersbourg, Schnoor, 1786 (Bacmeister).

*Om Finantsernes Forvaltning I. Frankerige.* Oversat af det Franske (af Henr. Mule Hoff) Kobenhag, 1786 (Bibl. danica).

*Réflexions sur la guerre*, de M. Necker extraites de son ouvrage sur l'Administration des finances de la France. Paris, impr. Fournier, s.d. In-8°, 19 p. (B. N.)

— 1831. Londres, Hartchard et fils. In-8°, 24 p. (Berne).

*Reflections ont the calamities of War and the superior policy of peace.* Translated from... a treatise « On the administration of the finances of France » by M. Necker. London, Society for the promotion of permanent and universal peace 1832. In-8° (B. M.).

— 1839. (B. M.).

*Division of the Kingdom of France into generalities* dans : The Gentleman's guide in his tour trough France... The 9th edition. London, G. Kearsley, 1787. In-8°, 306-IV p. (B.N.)

(Extrait de « De l'administration des finances de la France », éd. 1785, t. I, ch. XI).

*Sistema di Economia politica compendiosamente estratto dal trattato dell'amministrazione delle Finanzie della Francia e delle altre opere.* Venezia, Storti, 1786. In-8°, 3 vol. (Florence).

*Instrux for en Finans-Minister* (Oversat af Gabriel Linde) Kobenhag, 1786 (Bibl. danica).

*Necker oder Reflexionen über Ursprung Natur und Administration der Nationalreichthümer* aus dem Franz. Weimar, Hofmann Buchhandlung, 1790. In-8°, 297 p. (A.D.B.)

— 1790. Marburg, Krieger (Kayser).

Baudeau (Abbé Nicolas) *Principes économiques de Louis XII et du cardinal d'Amboise, de Henri IV et du duc de Sully, sur l'administration des finances, opposés aux systèmes des docteurs modernes.* S.P., 1784. In-8°, 134 p.

Blondel (Jean) *Introduction à l'ouvrage intitulé « De l'administration des finances de la France »*, par M. Necker (attribué également à Loiseau de Béranger et à Bourboulon). S.P., 1785. In-8°, 247 p.

Coppons (Président de). *Èxamen de la théorie et de la pratique de Necker dans l'administration des finances de France.* Paris, 1785, In-8°.

Dubuat-Nancay (Comte). *Remarques d'un Français, ou examen impartial du livre de M. de Necker sur l'administration des finances.* Genève, 1785, In-8°.

*Les Francs.* S.P., 1785. In-8°, 149 p.

*Lettres d'un propriétaire français à M. Necker sur son traité « De l'administration des finances »* par M. Le Baron de..., Paris, chez tous les marchands de nouveautés, 1785.

*Suite des lettres d'un propriétaire français à M. Necker, ou calculs, tableaux, résultats, plan de réforme, avec des observations générales et sérieuses sur quelques chapitres de son administration des finances de la France*, par M. le Baron de... Genève et Paris, 1785...

*...Troisième partie des lettres d'un propriétaire français à M. Necker, dédiée au beau sexe, et faisant suite aux observations tableaux et calculs sur le nouveau plan de réforme, l'agriculture, la population, le numéraire, avec l'examen de la balance du commerce, et le portrait*, par M. le Baron de Genève, Paris, 1786 — 3 tomes en 2 vol. In-8°.

*Lettres à M. le Comte de... sur les chapitres du nouvel ouvrage de M. Necker relatifs à l'impôt unique et territorial et à la gabelle suivies d'un autre plan pour un très grand adoucissement de l'imposition du sel dans les pays de très grandes gabelles.* S.P., 1785.

Servan (J.M.A.) *Commentaire sur un passage du dernier livre de M. Necker ou éclaircissements demandés à MM. les commis des postes.* S.P., 1789. In-8°, 72 p.

*Annales politiques, civiles et littéraires du XVIIIᵉ siècle.* Londres, Paris, 1790, XVI, pp. 27-30.

*Année littéraire.* Paris, 1789, IV, p. 264.
*Correspondances littéraire, philosophique et critique* (dite de Grimm), ed. Tourneux. T. 14, pp. 69-72.
*Correspondance littéraire secrète.* Neuwied, 1785, 1er janvier, n° 1, pp. 1-2.
*Correspondance secrète politique et littéraire.* Londres, T. 17, pp. 22-224 ; T. 18, pp. 21-22.
*Gazette d'Utrecht.* Utrecht, 1785, 11 janvier, suppl., p. 6.
*Gazette de La Haye.* La Haye, 1785, 17 janvier, p. 2.
*Journal général de France.* Paris, 1785, 22 janvier, n° 10, p. 38.
*Journal historique et littéraire.* Luxembourg, 1785, 1er septembre, p. 3-30.
*Mémoires secrets...* (de Bachaumont) Londres, 1785, T. 28, 15 mars, pp. 216-217 ; 18 mars, pp. 221-224.
*Novelle letterarie de Firenze ;* 17 avril 1785.
*Critical review ;* Londres, 1786 II, p. 113.
*European magazine.* Londres, 1785, pp. 117-120 ; 187-190 ; 281-286.
*Monthly review.* Londres, 1786, T. 74, pp. 542-551.
*New review.* Londres, 1785, VII, pp. 117-133 ; 151-164.
*Universal magazine.* Londres, 1785, T. 77, pp. 113-117 ; 178-181.
*Allgemeine deutsche Bibliothek.* Berlin, Stettin, 1786, T. 66, pp. 579-580 ; 1786, T. 69, p. 265.
*Allgemeine Literatur Zeitung.* Jena, 1785, II, p. 237e; 1785, V, p. 159.
*Göttingische Anzeigen von gelehrten sachen.* Göttingen, 1785, I, p. 351 ; III, p. 1432.
*Hallische Gelehrte Zeitungen.* Halle, 1785, pp. 546-547.
*Neue Leipziger gelehrte Zeitung,* Leipzig, 1786, II, p. 783.
*Neueste Kritische Nachrichten Greifswald,* Greifswald, 1785, p. 41, 53, 60.
*Tübingische gelehrte Anzeigen.* Tübingen, 1785, p. 193.

## MÉMOIRE D'AVRIL 1787

*Mémoire d'avril 1787 ou Réponse de Mr. Necker au discours prononcé par M. de Calonne à l'Assemblée des notables.* S.l.n.d. In-8°, 107 p. (B.N.).
*Réponse de Mr. Necker au discours prononcé par M. de Calonne à l'Assemblée des notables.* (Mémoire d'avril 1787) Londres, J. Debrett, 1787. In-8°, 116 p. (B.N.).
*Mémoire justificatif contre les imputations qu'a faites contre lui et son compte rendu au roi en 1781, M. de Calonne dans l'assemblée des notables.* (Genève), 1787. In-8°.
*Mr. Necker's answer to M. de Calonne's charge against him in the assembly of the notables.* London, J. Debrett, 1787. In-8°, 110 p. (B.N.).

## DE L'IMPORTANCE DES OPINIONS RELIGIEUSES — 1788

*De l'importance des opinions religieuses.* Londres et Paris, Panckoucke, 1788. In-8°, IV-544 p. (B.N.).
— 1788. Montpellier (Lavaquery).
— 1788. Londres et Lyon, G. Regnault. In-8°, 544 p. portr. (Genève).
— 1788. Londres et Lyon, Bernuset. In-8°, 544 p., portr. (Genève).
— 1788. Liège, C. Plomteux. In-12°, IV-464 p. (B.N.).
— 1789. Edimbourg (Watt).
— 1790. Berlin, Köchly. (Berlin).
— 1799. Berlin (Kayser).
— 1842. Paris. In-8° (Bourquelot).
*Of the importance of religions opinions.* Translated from the French by Mary Wollstonecraft, afterwards Godwin. London, Johnson, 1788. In-8°, 458 p. (B.M.).
— 1791. Philadelphia. In-12° (B.M.).
— 1796. Boston, Press of T. Hall. In-12°, 230 p. (L.C.).
— 1796. Philadelphia, Carey, Steward and Co. In-12°, 263 p. (Evans)

*Uber die Wichtigkeit der religiösen Meinungen von Necker,* aus dem Franz. übers. vom F. Jak. Ströhlin. Stuttgart, 1788. In-8°, Erhard, 44 p. (Genève).

*Het wigtige der godsdienstige begrippen.* Amsterdam, Schalekamp, 1788. In-8°, 22 p. (Alph. list.).

*Représentations adressées à M. Necker à l'occasion de son ouvrage de l'Importance des opinions religieuses suivies d'un supplément* (Par l'abbé Brémont, d'après Barbier). Genève et Paris, Varin, 1788. In-8°, 320 p.

Rivarol (Antoine, Comte de) : *Première lettre à M. Necker sur l'importance des opinions religieuses.* Berlin, 1788. In-8°, 27 p.

Rivarol (Antoine, Comte de) : *Seconde lettre à M. Necker sur la morale.* Berlin, 1788. In-8°, 44 p.

Royou (Abbé Thomas-Maris) : *Observations critiques sur l'ouvrage intitulé : De l'importance des opinions religieuses par M. Necker.* Paris, 1788, In-8°.

*Supplément nécessaire à « l'Importance des opinions religieuses »* par M. Necker ou Nouvelle lettre provinciale. Londres et Paris, Royez, 1788. In-8°, 26 p.

*Entretiens polémiques de Théodosien et d'Hyacinthe sur l'ouvrage de M. Necker ex-Directeur des Finances de France de l'Importance des opinions religieuses.* Aix, Gastelier, 1791.

Bar (C.P.S. de) : *Pensées de M. Necker sur l'importance des opinions ou croyances religieuses en matière politique.* Paris, A. Ghio, 1880. In-8°, 134 p.

*Année littéraire.* Paris, 1788, IV, pp. 169-208 ; V, p. 289-328.

*Annonces, affiches et avis divers.* Paris, 1788, 23 mars, n° 84, pp. 843-848.

*Journal de Genève.* Genève, 1788, 7 juin, suppl. au n° 23, p. 8 à 11.

*Journal de Paris.* Paris, 1788, 22 mars, n° 82, pp. 357-360.

*Journal ecclesiastique.* Paris, 1788, II, pp. 17-53.

*Journal encyclopédique.* Liège, 1788, n° 3, 2ᵉ partie, pp. 191-204.

*Journal général de France.* Paris, 1788, 25 mars, n° 37, pp. 145-146.

*Journal général de l'Europe,* 1788, III, 10 mai, n° 56, pp. 17-19.

*Journal historique et littéraire.* Luxembourg, 1788, 15 avril, pp. 600-602 ; 1ᵉʳ mai, pp. 51-52 ; 1ᵉʳ juin, pp. 176-192 ; 1ᵉʳ juillet, pp. 346-351.

*Mercure de France.* Paris, 1788, 15 mars, p. 142-143 ; 12 juillet, p. 56-92.

*Nouvelles de la République des lettres.* Amsterdam. 1788, IX, 28 mai, n° 22, pp. 172-175.

*Novelle letterarie de Firenze.* Florence, 1788, p. 475.

*Analytical review.* London, 1789, janvier-avril, p. 41-48.

*Monthly review.* Londres, 1788, janvier-juin, t. 78, pp. 598-605.

*European magazine.* Londres. 1789, t. 15, pp. 28-31, 210-213.

*Allgemeine Literatur Zeitung.* Jena, 1788, 21 avril, n° 96, t. 2, col. 137-143 ; 1789, 15 mai, n° 147, t. 2, col. 365.

*Döderlein auserlesene theologische Bibliothek.* Leipzig. T. IV, pp. 590-607.

*Göttingische Anzeigen von gelehrten Sachen.* Göttingen, 1788, II, p. 746-756 ; III, pp. 1956-1957.

*Gothaische gelehrte Zeitungen.* Gotha, 1789, I, p. 156.

*Nürnbergische gelehrte Zeitung.* Nürnberg, 1788, p. 717-718.

*Tübingische gelehrte Anzeigen.* Tübingen, 1788, p. 633.

*Allgemeine vaderlandsche letter oefeningen.* Amsterdam, 1788, I, p. 563-568.

NOUVEAUX ÉCLAIRCISSEMENTS SUR LE COMPTE RENDU — SEPTEMBRE 1788

*Sur le compte rendu au roi en 1781, nouveaux éclaircissements.* Paris, Hôtel de Thou, 1787. In-4°, VIII — 284 p. (B.N.).

— 1788. Ibidem. In-8°, IV — 240-4 p. (B.N.).

— 1788. Ibidem In.-8°, VI — 136-146 p. (B.N.).

— 1788. Lyon, G. Regnault. In-8°, VIII — 455-1 p. (Sorb.).

— 1788. Lyon, Bernuset. In-8° (Montpellier).

*Nouveaux éclaircissements sur le compte rendu au roi en 1781, précédés du motif de M. de Calonne pour différer la réfutation.* Lyon et Genève, 1788. In-8° 2 pièces en 1 vol. (Genève).

## DE L'ADMINISTRATION DE M. NECKER PAR LUI-MÊME — 1791

*Sur l'administration de M. Necker par lui-même*, S.l. (Lausanne, Mourer cadet),
1791. In-8°, 6-502 p. (Lausanne).
— 1791. Paris, Hôtel de Thou. In-8°, II — 480 p. (B.N.).
— 1791. Paris, Plassan. In-8°, 489 p. (Quérard).
— 1791. Amsterdam, D.J. Changuion. In-8°, III — 328 p. (B.N.).
— 1791. Liège, Maestricht. (Journ. hist.).
— 1792. Breslav, J.F. Korn l'aîné. In-8° (Kayser).
*Historical review of the administration of Mr. Necker written by himself*, trans.
from the French. London, Robinson. In-8°, 423 p. (Monthly review).
*Neckers Staatsverwaltung von ihm selbst geschrieben*. Aus d. Franz. übers. (von
Ernst August Christian Strasser). Mit erl. genealog. histor. Anmerk. u. e.
genauen Ubers. d. jetzigen Lage Frankreichs v. d. Ubers. bereichert. Hild-
burghausen 1792. 430 p. In-8°.
*Simple extrait du livre de M. Necker sur son administration*, Paris, Demonville,
1791. In-8°, 56 p.
*Analyse et réfutation de l'ouvrage intitulé : De l'administration de M. Necker
par lui-même*. Paris, Guillaume, 1791. In-8°, 47 p.
*Lettre à M. Necker sur son administration*, écrite par lui-même, suivie d'Aiglonette
et Insinuante... S.l., 1791. In-8°, 28-15 p.
*Ami des patriotes*. Paris, 1791, 14 mai, II, n° 25, p. 275.
*Annales patriotiques et littéraires*. Paris, 1791, 15 mai, VII, p. 1418.
*Année littéraire*. Paris, 1791, juin, n° 33, pp. 53-82.
*Chronique nationale et étrangère et en particulier des cinq départements substitués
à la province de Normandie*. Rouen, 1791, 6 juin, n° 341, pp. 11-12.
*Correspondance des mécontents*. Paris, 1791, juin, n° 23, p. 4-10.
*Correspondance générale des départements*. Paris, 1791, mai, III, n° 43, pp. 46-48.
*Courrier de l'Europe*. Londres, 1791, 17 mai, pp. 306-307 ; 10 juin, p. 362.
*Courrier extraordinaire*. Paris, 1791, 11 mai, t. 5, p. 8.
*Devoirs de la seconde législature ou des législatures de France*. Paris, 1791, 11 juin,
7e cahier, pp. 222-224 ; 18 juin, 8e cahier, pp. 225-256 ; 25 juin, 9e cahier,
pp. 257-259.
*Gazette de Paris*. Paris, 1791, 25 mai, pp. 1-4.
*Gazette universelle*. Paris, 1791, 12 mai, pp. 526-527.
*Les Indépendants*. Paris, 1791, 10 mai, n° 12, pp. 1-2 ; 24 mai, n° 16, pp. 1-3.
*Journal de la société des amis de la constitution monarchique*. Paris, 1791, 21 mai,
n° 23, pp. 11-38.
*Journal de Paris*. Paris, 1791, 9 mai, n° 129, pp. 518-520.
*Journal des mécontents*. Paris, 1791, 20 mai, n° 81 ; 21 mai, n° 82, pp. 1-3.
*Journal historique et littéraire*. Luxembourg. 1791, 15 juillet, II, p. 414-418.
*Journal historique et politique*. Bruxelles, 1791, III, 21 mai, n° 21, pp. 238-240.
*Mercure de France*. Paris, 1791, 21 mai, pp. 238-240.
*Mercure national et étranger*. Paris, 1791, 16 juin, n° 61, pp. 968-972.
*Nouvelles politiques*. Berne, 1791, 21 mai, n° 41, p. 2.
*Spectateur national*. Paris, 1791, 14 mai, n° 165, p. 709.
*Critical review*. Londres, 1791, III, pp. 1-8, 161-171.
*Monthly review*. Londres, 1791, mai-août, II, pp. 549-564 ; 1792, janvier-avril, I,
p. 106.
*Allgemeine Literatur Zeitung*. Jena, 1793, III, n° 253, col. 500-501.
*Annalen der Geographie und Statistik*. Braunschweig, 1791, XI, p. 481.
*Gothaische gelehrte Zeitungen*. Gotha, 1791, p. 260.
*Neue allgemeine deutsche Bibliothek*. Berlin, Stettin, 1794, n.s.t. 8, pp. 256-257.

## DU POUVOIR EXÉCUTIF DANS LES GRANDS ÉTATS — 1792

*Du pouvoir exécutif dans les grands Etats*. S.l. 1792. In-8°, 2 vol. (B.N.).
— 1792. Strasbourg, König. In-8°, 2 vol. (Kayser).
— 1792. Bâle, Thurneisen. In-8°, 2 vol. (All. Repert.).

   — 1792. Gotha, Ettinger. In-8°, 2 vol. (Heinsivs).
   — 1793. Breslau, J.-F. Korn. In-8° (Heinsivs).
*An essay on the true principle of executive power in great states.* Translated
   from the French of M. Necker... London, G.G.J. and J. Robinson, 1792. In-8°,
   2 vol. (L.C.).
*Von der vollziehenden Gewalt in grossen Staaten...* aus dem Franz. übers. von
   G.G.W. Petz. Nürnberg und Leipzig, Bauer und Mannische Buchhandel,
   1793. In-8°, 2 vol. (All. Repert.).
*Réflexions sur l'ouvrage de M. Necker intitulé : « Du pouvoir exécutif »,* tirées
   du n° 13 de la Correspondance politique de M. Landes. S.l.n.d. In-8°, (paginé
   194-208).
*Chronique du mois.* Paris, 1792, août, p. 45.
*Correspondance politique.* Fribourg, 1792, 23 juillet, n° 13, pp. 193-208.
*Esprit des journaux français et étrangers.* Liège, 1792, novembre, pp. 236-245.
*Feuille de correspondance du libraire.* Paris, 1792, 12ᵉ cahier, p. 357.
*Gazette universelle.* Paris, 1792, 17 juillet, n° 199, p. 795 ; 24 juillet, n° 206,
   p. 823.
*Indicateur, ou journal des causes et des effets.* Paris, 1792, 1ᵉʳ août, pp. 289-290 ;
   2 août, pp. 293-294 ; 3 août, pp. 297-298.
*Journal de la cour et de la ville.* Paris, 1792, 23 juillet, n° 23, pp. 180-181.
*Journal de Paris.* Paris, 1792, 17 juillet, n° 199, pp. 803-804.
*Journal général de France.* Paris, 1792, 2 août, n° 215, pp. 857-858.
*Journal général de politique, de littérature et de commerce.* Paris, 1792, 18 juillet,
   n° 200, pp. 840.
*Journal universel des cours, états et républiques de l'Europe.* Paris, 1792, 21 juillet,
   IV, pp. 81-82.
*Mercure français.* Paris, 1792, VIII, pp. 77-81.
*Nouvelle correspondance politique.* Paris, 1792, 18 juillet, pp. 3-4.
*Nouvelliste littéraire.* Paris, 1797, 19 avril, n° 29, pp. 2-3.
*Révolutions de Paris.* Paris, 1792, n° 159, pp. 151-156.
*Le spectateur et modérateur.* Paris, 1792, 30 juillet, pp. 595-596.
*Critical review.* Londres, 1792, III, pp. 419-425.
*Monthly review.* Londres, 1793, I, pp. 407-414.
*Allgemeine Literatur Zeitung.* Jena, 1792, IV, col. 9-15 ; 1794, I, col. 9-15.
*Erfurtische gelehrte Zeitung.* Erfurt, 1794, p. 38.
*Erlanger gelehrte Zeitung.* Erlangen, 1794, pp. 183-184.
*Gothaische gelehrte Zeitung.* Gotha, 1793, A.L., pp. 181-183.
*Göttingische gelehrte Anzeigen.* Göttingen, 1792, II, pp. 1369-1376.
*Neue allgemeine deutsche Bibliothek.* Berlin, Stettin. Anh.z. 1-28, t. II, pp. 429-430.
*Neue Leipziger gelehrte Zeitung.* Leipzig, 1792, III, pp. 624-630.
*Nürnbergische gelehrte Zeitung.* Nürnberg, 1794, pp. 201-204.
*Tübingische gelehrte Anzeigen.* Tübingen, 1793, pp. 745-752.
*Würzburgische gelehrte Anzeigen.* 1794, I, pp. 55-57.


RÉFLEXIONS SUR LE PROCÈS DE LOUIS XVI — 1792


*Réflexions présentées à la nation française.* S.l. 1792. In-4° (Genève).
   — S.l.n.d. In-8°, 55 p. (Berne).
*Réflexions présentées à la nation française sur le procès intenté à Louis XVI.*
   Paris, Volland, 1792, In-8°, 32 p. (B.N.).
   — 1793. Braunschw., Schulbuchhand. In-8° (Kayser).
   — S.l.n.d. In-4° (Monglond).
*Reflexions submitted to the French Nation on the intended procès against
   Louis XVI.* Translated from the French of M. Necker. London, Debrett, 1792.
   (B.M.).
*Bemerkungen über Ludwigs Schiksal an die Französische Nation* mit einem
   Anhange von der Vertheidigungs Rede Des Herrn de Sèze. Aus d. Franz.
   übersetzt. Passau, Ambrosi, 1793. In-8°, 80 p. (Berlin).
**Bedenkingen voorgesteld aan het fransche Volk** aangaande het Regtsgeding tegin

Lodewyk d. XVI Aangevangen... door den Heere Necker... Amsterdam, W. Brave, 1793 (Alph. Naamlijst).
Riflessioni presentate dal sig. Necker alla nazion francese o sia difesa di Luigi XVI. S.l., 1797. In-8°, 59 p. (Florence).


DE LA RÉVOLUTION FRANÇAISE — 1796


*De la Révolution française.* S.l., 1796. In-8°, 2 vol. (B.N.).
— 1796. S.l. In-8°, 4 vol. (Genève).
— an V-1797. Paris, Maret. In-8°, 2 vol.
— an V-1797. Paris, Drisonnier. In-8°, 4 vol. (B.N.).
— an V-1797. Ibidem. In-16°, 4 vol. (B.N.).
— 1797. Strasbourg, Levrault. In-8°, 4 vol. (Kayser).
*Histoire de la Révolution française depuis l'Assemblée des notables jusques et y compris la journée du 13 vendémiaire* (18 oct. 1795). Nouv. Ed. et add. Paris, Librairie historique 1821. In-12°, 4 vol. (B.N.).
— 1827. Paris, impr. G. Doyen. In-16°, 4 vol. (B.N.).
*Examen de la Constitution de l'an III,* extrait du dernier ouvrage de M. Necker... Paris, Maradan, an VIII. In-8°, VII — 93 p. (B.N.).
*On the French Revolution.* Translated from the French. London, Gadell and Davies, 1797. In-8°, 2 vol. (B.M.).
*Uber die französische Staatsumwalzung,* aus dem Franz. übers... Zürich, Drell, Gessner, Füssli, 1797. In-8°, 2 vol. (Genève).
*Wijsgeerige bedenkingen over de gelijkheid,* uit het Fransch. 's Hage, I. van Cleef, 1798 (Alph. Naamlijst).
Chambert (P.) : *Réponses au dernier ouvrage de M. Necker sur la Révolution française.* Paris, 1797. In-8°.
Ginguené (P.-L.) : *De M. Necker et de son livre intitulé « De la Révolution française ».* Paris, Imp. des Sc. et Arts, an V. In-8°, 94 p.
*Abréviateur universel.* Paris, An V, 26 pluviose, p. 182 ; 8 ventose, p. 226 ; 24 ventose, p. 290.
*Actes des apôtres.* Paris, An V, 15 ventose, II, pp. 272-274.
*L'accusateur public.* Paris, 1797, 5 juin, n° 29-30, pp. 17-58.
*Annales de la République française.* Paris, An V, 27 pluviose, n° 147, p. 1.
*Annales de la République française.* Paris, An V, 27 pluviose, n° 147, p. 1.
*Annales patriotiques et littéraires ou Tribune des hommes libres.* Paris, An V, 3 ventose, pp. 670-671.
*Censeur des journaux.* Paris, An V, 25 pluviose, n° 145, pp. 1-2, 26 pluviose, n° 146, pp. 1-2.
*Décade philosophique.* Paris, An V, 20 floréal, n° 23, pp. 279-289 ; 30 floréal, n° 24, pp. 330-342 ; 20 prairial, n° 26, pp. 461-475.
*Déjeuner.* Paris, An V, 18 ventose, n° 67, pp. 265-266 ; 21 ventose, n° 70, pp. 277-279 ; 27 ventose, n° 76, pp. 301-303 ; 4 germinal, n° 83, pp. 329-330.
*Esprit des journaux.* Liège, 1797, mai-juin, pp. 83-105.
*Gazette française.* Paris, An V, 16 pluviose, p. 2 ; 5 ventose, pp. 2-3 ; 9 ventose, pp. 2-3 ; 13 ventose, pp. 2-4.
*Le Grondeur ou le tableau des mœurs publiques.* Paris, An V, 2 ventose, n° 85, p. 2.
*L'Historien.* Paris, An V, 28 pluviose, n° 453, pp. 193-195.
*Journal d'économie publique, de morale et de politique.* Paris, An V, 10 ventose, n° 19, pp. 1-14 ; 20 ventose, n° 20, pp. 49-63 ; 10 germinal, n° 22, pp. 145-157 ; 20 germinal, n° 23, pp. 193-210.
*Journal de Paris.* Paris, An V, 24 pluviose, n° 144, pp. 577-578.
*Journal des hommes libres de tous les pays ou le Républicain.* Paris, An V, 26 ventose, n° 161, p. 666.
*Journal du département de Seine-et-Oise.* Versailles, An V, pluviose, n° 15, p. 253 ; ventose, n° 16, pp. 271-272 ; n° 17, pp. 288-290.
*Journal général de France.* Paris, An V, 22 ventose, n° 172, pp. 690-691.
*Journal littéraire.* Paris, 1797, 9 mars, n° 27, pp. 97-111.

*Messager du soir ou Gazette générale de l'Europe.* An V, 27 pluviose, n° 147, pp. 2-4.

*Miroir.* Paris, An V, 24 ventose, n° 318, pp. 3-4.

*Nouvelles politiques.* Paris, An V, 26 pluviose, p. 583.

*Nouvelliste littéraire, des sciences et des arts.* Paris, An V, 15 ventose, n° 26, pp. 3-4.

*Paris pendant l'année...* Londres, 1797, t. 12, 20 avril, pp. 373-392 ; pp. 392-402 ; pp. 409-412.

*Précurseur ou Tableau de la France et de l'Europe.* Paris, An V, 4 ventose, n° 252, pp. 3-4.

*Quotidienne,* Paris, 1797, 9 janvier, n° 258, pp. 1-2.

*Tableau de Paris.* Paris, 1797, 17 février, n° 323, pp. 1-2.

*Véridique ou courrier universel.* Paris, An V, 1er ventose, p. 2.

*Analytical review.* Londres, 1797, juillet-décembre, pp. 109-112.

*Monthly review.* Londres 2e série, t. 22, p. 537 ; t. 24, p. 196.

*Allgemeine Literatur Zeitung.* Jena, 1797, III, col. 49-74 ; Revision... 1785-1800 (2), n° 16, col. 128.

*Allgemeiner litterarischer Anzeiger.* Leipzig, 1798, col. 339-340.

*Erlanger gelehrte Zeitungen.* Erlangen, 1798, p. 625.

*Greifswalder Kritische Nachrichten.* Greifswald, 1797, p. 269.

*Neue allgemeine deutsche Bibliothek.* Berlin, Stettin, t. 38, I, pp. 207-223.

*Allgemeine vaderlansche lettre oefeningen.* Amsterdam, 1798, I, pp. 549-552.

### COURS DE MORALE RELIGIEUSE — 1800

*Cours de morale religieuse par M. Necker.* Genève, Paschoud ; Paris, Maradan, an IX — 1800 — In-8°, 3 vol. (B.N.).
— an IX — 1800 — Paris, Genets et Ch. Pougens. In-8°, 3 vol. (B.N.).
— 1842. Paris. In-8°, 2 vol. (Bourquelot)

*Predigt von Necker über Mord, Gewaltthätigkeit une Gleichgültigkeit für das Leben der Menschen.* Aus Neckers Cours de Morale religieuse... Zürich Joh. Heinrich Waser, s.d. In-8°, 31 p. (Berne).

Boulogne (Mgr de) : *Sur le cours de morale religieuse,* dans *Mélanges.* Paris, 1827, vol. II, pp. 349-362.

*Alambic littéraire.* Paris, t. I, 1803, pp. 150-160.

*Annales de la religion.* Paris, t. 12, pp. 115-122.

*Annales littéraires.* Paris, 1818, t. I, pp. 23-29.

*Annales philosophiques, morales et littéraires.* Paris, 1800, t. 2, pp. 529-552.

*Année littéraire.* Paris, 1800, an XI, t. 1, pp. 315-347.

*Bulletin universel des sciences, des lettres et des arts.* Paris, an IX, 20 brumaire, n° 1, pp. 5-6.

*Clef du cabinet des souverains.* Paris, an IX, 25 brumaire, pp. 5-6.

*Gazette de France.* Paris, an IX, 14 brumaire, n° 1056, pp. 175-176 ; 15 brumaire, n° 1057, pp. 179-180.

*Journal de Paris.* Paris, an IX, 16 frimaire, pp. 461-463.

*Magasin encyclopédique.* Paris, 1801, t. 36, pp. 177-187.

*Mercure de France.* Paris, an IX, 1er frimaire, pp. 329-344.

*Paris pendant l'année...* Londres, 1800, 18 novembre, XXIX, pp. 31-36.

*Publiciste.* Paris, an IX, 12 brumaire, pp. 3-4.

*Spectateur français.* Paris, t. V, 1808, pp. 330-338.

*Edinburgh review,* Edimbourg, t. III, 1803 oct.-1804 jan., pp. 90-99.

*Allgemeine Literatur Zeitung. Jena,* Leipzig, 1801, juillet, III, pp. 41-48.

### DERNIÈRES VUES DE POLITIQUE ET DE FINANCES — 1802

*Dernières vues de politique et de finances offertes à la nation française.* S. l., an X — 1082 — In-8°, XII — 480 p. (B.N.) ; an X — 1802 — In-8°, XI — 324 p. (B.N.)

Bruguière (J.T.) : *Lettre à M. Necker sur son dernier ouvrage.* Paris, Impr. des sciences et des arts, au X — 1802 — In-8°, 15 p.

Dugardier (Robert) : *Examen raisonné de la Constitution de l'an VIII et du senatus consulte organique du 16 thermidor an X,* suivi de quelques réflexions sur le dernier ouvrage de M. Necker. Lyon, C.F. Barret, 1803. In-8°, VIII, 219 p.

*Bulletin de Paris.* Paris, An X, 17 fructidor, n° 32, p. 1036-1037.

*Décade philosophique, littéraire et politique.* Paris, an X, 20 fructidor, n° 35, pp. 470-483.

*Gazette de France.* Paris, An X, 7 fructidor, pp. 1349-1350.

*Journal de Paris.* Paris, An X, 7 fructidor, n° 337, p. 2103.

*Journal des arts, des sciences et de littérature.* Paris, an X, 15 fructidor, pp. 357-359.

*Journal des défenseurs de la patrie.* Paris, an X, 6 fructidor, pp. 1-2.

*Journal du commerce, de politique et de littérature.* Paris, an X, 17 fructidor, n° 347, p. 1379.

*Journal général de la littérature de France.* Paris, an X, fructidor, p. 276.

*Mercure de France.* Paris, an X, 10 fructidor, pp. 455-462.

*Observateur des spectacles, de la littérature et des arts.* Paris, an X, 1er complémentaire, n° 204, p. 4.

*Spectateur du Nord.* Hambourg, 1802, septembre, pp. 380-387.

*Télégraphe littéraire.* Paris, an X, 5 fructidor, n° 16, p. 137.

*Edinburgh review.* Edimbourg, t. 1, pp. 382-395.

*Allgemeine Literatur Zietung.* Jena, 1802, III, col. 721-731.

*Göttingische gelehrte Anzeigen.* Göttingen, 1802, III, pp. 1809-1817.

## MANUSCRITS DE M. NECKER PUBLIÉS PAR SA FILLE — 1805

*Manuscrits de M. Necker publiés par sa fille.* Genève. J.-J. Paschoud, an XIII. In-8°, 355 p. (B.N.).

*Mémoires sur la vie privée de mon père par Mme la baronne de Staël-Hostein,* suivis des mélanges de M. Necker. Paris et Londres, Colburn, 1818. In-8°, XVI — 373 p. (B.N.).

*Necker's Charakteristik und hinterlassene Manuscripte,* hrausg. von Mad. Staël, aus dem Franz. übers. von U.U.L. Sust. S. Klessel. Rostock, Stiller, 1806. In-8°, 2 vol. (Stockholm).

*Journal de Paris* (Carrion-Nizas). 23 et 24 février 1805.

*Mercure* (Fiévée) VXIX 1805, pp. 581-596.

Spectateur français (Ch. M. de Feletz). VIII-1810, pp. 144-156.

Actes des premier, second et troisième ministères Necker.

Edits, Mémoires, Discours, Lettres, Rapports, etc.

## ACTES DES PREMIER, SECOND ET TROISIÈME MINISTÈRES NECKER : ÉDITS, MÉMOIRES, DISCOURS, LETTRES, RAPPORTS, ETC.

On en trouvera les principaux dans l'édition des œuvres complètes donnée par Auguste de Staël (1820-1821).

Actes du premier ministère (22 oct. 1776-19 mars 1791), T. III.

Première partie : Crédit public, état du trésor royal, pp. 1-51.

Seconde partie : Réformes d'ordre et d'économie, pp. 52-267.

Troisième partie : Dispositions générales d'administration, pp. 268-550.

Actes du second ministère (26 août 1788-11 juillet 1789), T. VI, pp. 395-642.

Convocation des Etats Généraux
Seconde assemblée des Notables
Ouverture de l'Assemblée des Notables
Composition des Etats Généraux
Règles adoptées pour les élections
Ouverture des Etats Généraux
Vérification des pouvoirs
Subsistances

Actes du troisième ministère (16 juillet 1789-8 septembre 1790), T. VII.

ÉDITIONS COLLECTIVES ET EXTRAITS

*Œuvres de M. Necker.* Londres, T. Hookham, 1785. In-4°, 908 p. tabl. (B.N.).
*Œuvres de M. Necker...* Lausanne, J.-P. Heubach, 1786. In-4°, 4 tomes en 3 vol. tabl. (B.N.).
*Œuvres complètes de M. Necker,* publiées par M. le Baron de Staël, son petit-fils. Paris, Treuttel et Wurtz, 1820-1821. In-8°, 15 vol. (B.N.).
*L'Esprit de Necker.* Londres et Paris, Prault, 1788. In-8°, III — 344 p. (B.N.).
*Principes positifs de M. Necker extraits de tous ses ouvrages.* S.l.n.d. In-8°, 4 p.
    — 1789. In-8°, 20 p.
*Principes positifs de Fénélon et de Necker sur l'admnistration,* S.l.n.d. In-8°, 37 P. (B.N.).


2° MANUSCRITS


Bibliothèque publique et universitaire de Genève.
Note manuscrite sur les 60 premières pages de l'ouvrage de l'abbé Baudeau : Eclaircissements demandés à M. Necker... au nom des propriétaires fonciers et des cultivateurs français (S.L. 775) (E 657).
Lettres à diverses personnalités ou relations genèvoises, en particulier au syndic Jacob Buffe (Ms supp. 144), à Jean André de Luc (Ms 2465), au pasteur Levade (Ms fr. 320), à J. Rilliet (DO), à Jacob Tronchin (Arch. Tronchin 219), à Jacob Vernes (Ms fr. 296), à François d'Ivernois (Ms suppl. 976-979).
Bibliothèque centrale et universitaire de Lausanne. Lettres à Henri Monod (KM 178).
Les plus intéressantes de ces lettres utiles pour fixer un point de biographie ou d'histoire ont été utilisées par E. Chapuisat pour son ouvrage : Necker, Sirey, Paris, 1938.


II. AUTEURS ET ANONYMES


ALEMBERT (Jean Le Rond d') : *Mélanges de littérature, d'histoire et de philosophie.* Berlin, Paris 1759.
ANTRAIGUES (Emmanuel, comte d') : *Discours sur la sanction royale prononcé dans l'Assemblé nationale, le... 2 septembre 1789.* Versailles, Baudouin.
*Archives parlementaires de 1787 à 1860. Recueil des débats législatifs et politiques des chambres françaises.* 1re série : 1787 à 1799. Paris, P. Dupont, 1867.
*Arrest du Conseil d'Etat du roi qui casse et annule l'arrêt du Parlement de Toulouse du 14 novembre 1772.* Paris, P.G. Simon, imprimeur du Parlement, 1772.
*Avertissement du clergé de France assemblé à Paris par permission du roi, aux fidèles du royaume sur les dangers de l'incrédulité.* Paris, G. Desprez, 1770.
BAILLY (J.-S.) : *Correspondance de Bailly avec Necker.* Révolution française, 1890, XIX pp. 256-279.
BALLANCHE (Pierre-Simon) : *Du sentiment considéré dans ses rapports avec la littérature et les arts.* Lyon, impr. de Ballanche et Barret, 1801.
BARANTE (Amable de) : *Souvenirs, 1782-1866.* Paris, C. Lévy, 1890-1901, 8 vol.
BARNAVE (Antoine) : *Introduction à la Révolution française,* éd. par F. Rude. Paris, A. Colin, 1960 (Cahiers des Annales, 15).
    — *Œuvres de Barnave,* mises en ordre et précédées d'une notice historique sur Barnave. Paris, J. Chapelle et Guiller, 1843. 4 t. en 2 vol.
BAUDEAU (Nicolas) : *Eclaircissements demandés à M. Necker sur ses principes économiques et sur ses projets de législation, au nom des propriétaires fon-*

*ciers et sur ses projets de législation, au nom des propriétaires fonciers et des cultivateurs français* par M. l'Abbé B.S.L., 1775.

— *Ephémérides du citoyen, ou chronique de l'esprit national.* Novembre 1765-avril 1768.

— *Explication du tableau économique.* Paris 1776, réimpression EDHIS, Paris 1967.

— *Nouvelles éphémérides économiques, ou bibliothèque raisonnée de l'histoire de la morale et de la politique.* pp. 1774-1776.

— *Première introduction à la philosophie économique,* dans : Collection des principaux économistes, éd. Eugène Daire, Paris, 1846, t. II, p. 657-821.

— *Principes économiques de Louis XII et du cardinal d'Amboise, de Henri IV et du duc de Sully, sur l'administration des finances, opposés aux systèmes des docteurs modernes.* S.I., 1785.

BEAUMARCHAIS (Pierre-Augustin, Caron de) : *Les deux amis, ou le négociant de Lyon,* drame en 5 actes. Paris, Vve Duchesne, 1770.

BEAUSOBRE (Louis de) : *Essai sur le bonheur, ou réflexions philosophiques sur les biens et les maux de la vie humaine.* Berlin, A. Haude.

BEDOS : *Le négociant patriote.* Amsterdam ; Paris, Royez. 1784. In-4°, XVI, 409 p.

BERGASSE (Nicolas) : *Discours sur la manière dont il convient de limiter le pouvoir législatif et le pouvoir exécutif dans une monarchie.* S.l., 1789.

BERNARDI (Joseph-Elzéar-Dominique de) : *Discours sur les moyens d'adoucir la rigueur des lois pénales en France sans nuire à la sûreté publique,* dans : Bibliothèque philosophique, du législateur, t. III, pp. 1-264.

BESENVAL (Baron Pierre-Victor de) : *Mémoires de M. le Baron de Besenval...* publiés par A.-J. de Ségur. Paris, F. Buisson, an XIII, 1805. 3 vol.

BLACKSTONE (Wiliam) : *Commentaires sur les lois anglaises.* Paris, Bossange, 1822-1823. 6 vol.

BOESNIER DE L'ORME : *De l'esprit du gouvernement économique.* P. 1775.

BOISSY D'ANGLAS (François, Antoine, comte de) : *Discours préliminaire au projet de Constitution pour la République française.* Paris, impr. nationale, an III.

— *Essai sur la vie, les écrits et les opinions de M. de Malesherbes.* Paris, Treuttel et Würtz, 1819-1821. 3 vol.

— *Essai sur les fêtes nationales suivi de quelques idées sur les arts et sur la nécessité de les encourager* adressé à la Convention nationale. Paris, impr. Polyglotte, an II.

— *Rapport au nom des comités de salut public, de sûreté générale et de législation réunis, et décret sur la liberté des cultes.* Paris, Dupont, an III.

BONNET (Charles) : *La Palingénésie philosophique ou idées sur l'état passé et sur l'état futur des êtres vivants.* Par C-B. Genève, 1770, In-8°, 2 vol.

— *Contemplation de la nature.* Amsterdam, 1764.

BOSSUET (Jacques-Benigne) : *La politique tirée des propres paroles de l'écriture sainte,* à Monseigneur le Dauphin, Paris 1709.

BOULAINVILLIERS (Henri, comte de) : *Histoire de l'Ancien gouvernement de la France avec XIV lettres historiques sur les Parlements ou Etats Généraux.* Amsterdam et La Haye, aux dépens de la Compagnie, 1727. 3 vol.

BOULANGER (Nicolas-Antoine) : *Recherches sur l'origine du despotisme oriental.* Genève, 1761.

BRANCAS DE LAURAGUAIS (Louis) : *Mémoire sur la Compagnie des Indes. Paris,* Lacombe, 1769.

BRISSOT DE VARWILLE (Jacques, Pierre) : *J.-P. B. à Stanislas de Clermont (ci-devant Clermont Tonnerre) membre de l'Assemblée nationale sur la diatribe de ce dernier contre les comités de recherches et sur son apologie de Mme de Jumilhac et des illuminés.* Paris, Buisson, 1790.

— *Observations d'un républicain sur les différents systèmes d'administrations provinciales, particulièrement sur ceux de MM. Turgot et Necker et sur le bien qu'on peut en espérer dans les gouvernements monarchiques.* In Œuvres posthumes de M. Turgot, ou Mémoire de M. Turgot sur les administrations provinciales... Lausanne, 1787.

— *Recherches philosophiques sur la propriété et le vol*, dans : Bibliothèque philosophique du législateur, 1782, t. VI, pp. 267-339.

— *Théorie des lois criminelles*. Paris, J.-P. Aillaud, 1836. 2 vol.

BURKE (Edmond) : *Reflections on the Revolution in France*. London, J. Dodsley, 1790.

— *The Correspondance of Edmond Burke*. Cambridge Chicago, 1958.

BUTEL-DUMONT (Georges-Marie) : *Théorie du luxe*. Londres, 1775.

BUTINI (Jean-François) : *Traité du luxe*. Genève, I. Bardin, 1774.

*Les Cahiers de doléances du Tiers Etat du baillage de Rouen pour les Etats Généraux de 1789*, publ. par Marc Bouloiseau. Rouen, impr. adm., 1957-1960. 2 vol.

1789. *Les Français ont la parole*. Cahiers des Etats Généraux présentés par Pierre Goubert et Michel Denis suivis d'un glossaire pratique de la langue de quatre-vingt-neuf (Collection Archives), Paris 1964.

CANTILLON (Richard) : *Essai sur la nature du commerce en général*, avec des études et commentaires par Alfred Sauvy... Paris, INED, 1952.

CARACCIOLI (Louis-A. de) : *La Jouissance de soi-même*. Utrecht, H. Sprint, 1759.

LA CHALOTAIS : *Essai d'éducation nationale ou plan d'études pour la jeunesse*. S.l., 1763.

CARRÉ (Abbé) : *Culte public en langue française*. Adressé à l'Assemblée nationale. Auxerre, impr. L. Fournier.

CARTAUD DE LA VILATE (Abbé François) : *Essai historique et philosophique sur le goust*. Amsterdam, 1736.

*La Cause du peuple soumise au tribunal de la raison*. Par M.J.D.M. dédiée à l'Assemblée nationale. N° 1, à Paris, 1789.

CHASTELLUX (Marquis François Jean de) : *De la Félicité publique, ou considérations sur le sort des hommes dans les différentes époques de l'histoire*. Amsterdam, M.-M. Rey, 1772.

*Voyages de M. le marquis de Chastellux dans l'Amérique septentrionale, dans les années 1780, 1781 et 1782...* Paris, Prault, 1786. 2 vol.

CHATEAUBRIAND (François, René, vicomte de) : *Essai sur la littérature anglaise*. Premier extrait, Young, Mercure VII, 1802, pp. 69-85.

— *Essai historique, politique et moral sur les Révolutions anciennes et modernes dans leurs rapports avec la Révolution française*. Londres, 1797.

— *Génie du Christianisme*. Paris, Garnier.

— *Mémoires d'outre-Tombe* (Pléiade).

— *De la Monarchie selon la Charte*, P. 1816.

CLERMONT-TONNERRE (Cte Stanislas Marie Adelaïde de) : *Analyse raisonnée de la Constitution française décrétée par l'Assemblée nationale des années 1789-1790-1791*. Paris, Migneret, 1791.

*Collection des principaux économistes*, éd. Daire (Eugène). Paris, Guillaumin, 1843-1847. In-4°, 14 vol.

CONDILLAC (Etienne B. de) : *Le commerce et le gouvernement considérés relativement l'un à l'autre*, dans : Coll. princ. écon., in : Daire, Paris 1847, t. XIV, pp. 247-443.

CONDORCET (Jean-Antoine-Nicolas de Caritat, marquis de) : *Œuvres de C.*, publiées par A. Condorcet O'Connor et F. Arago (F. Génin et Isambert) Paris, 1847-1849. In-8°, 12 vol.

— *Bibliothèque de l'homme public ou analyse raisonnée des principaux ouvrages français et étrangers sur la politique...* (par Condorcet, Peysonel et Le Chapelier). Paris, Buisson, 1790-1792, 28 tomes, en 14 vol.

— *Esquisse d'un tableau historique des progrès de l'esprit humain*. Paris. Editions sociales, 1966.

— *Lettre sur le commerce des grains*, par M.., Paris, 1774.

— *Lettre d'un laboureur de Picardie* à M. Necker, auteur prohibitif à Paris. Paris, 1775.

— *Réflexions sur le commerce des bleds*. Londres, 1776, In-8°, XV, 221 p.

— *Vie de Voltaire*. Suivie des avertissements et notes insérées par C. dans l'édition complète (publié par A. Barbier). Brunswick. Paris, 1804, In-8°, 2 vol.

CONSTANT DE REBECQUE (Benjamin) : *De la force du gouvernement actuel de la France et de la nécessité de s'y rallier.* S.l., 1796.
— *Des réactions politiques.* S.l., an V.
— *Cours de politique constitutionnelle.* Paris, Didier, 1836, 4 vol.
— *Œuvres.* La Pléiade, 1957.
— *Ecrits et discours politiques par B. Constant.* Présentation, notes et commentaires par O. Pozzo di Borgo. J.-J. Pauvert, Paris, 1964.

COYER (Abbé Gabriel-François) ; *La Noblesse commerçante.* Londres et Paris, Duchesne, 1756.
— *Plan d'éducation publique.* Paris, Vve Duchesne, 1770.

SAINT JOHN DE CRÈVECŒUR (Michel-Guillaume Crèvecœur, dit) : *Letters from an american farmer.* London, T. Davies, 1782.

DAUNOU (Pierre-Claude) : *Rapport à la Convention sur les fêtes nationales.* Moniteur, an IV, 2 et 3 brumaire.

DELISLE DE SALES (Jean-Baptiste) : *De la philosophie de la nature,* traité de morale pour l'espèce humaine, Amsterdam, 1770, 3 vol.

DELOLME (Jean-Louis) : *Constitution de l'Angleterre.* Genève, 1778.

DESCHAMPS (Dom) *Le Mot de l'énigme.* Ed. par B. Baczko et F. Venturi, XVIIIᵉ — 1972-1973.

DIDEROT (Denis) : *Œuvres complètes,* publiées par J. Assézat et M. Tourneux. Paris, Garnier frère, 1875-1877. 20 vol. In-8°.
— *Œuvres politiques,* éd. Paul Vernière. Paris, Garnier, 1963.
— *Correspondance,* éd. G. Roth et J. Varloot, Paris, éd. de Minuit, 1955-1970, 16 vol.

*Doléances du pauvre peuple, adressées aux Etats-généraux,* 25 avril 1789.

DUBOS (Abbé) : *Histoire critique de l'établissement de la monarchie française dans les Gaules,* 3 vol. à Amsterdam, 1743.

DU BUAT-NANÇAY : « *Remarques d'un Français ou examen impartial du livre de M. Necker sur l'administration des finances de France, pour servir de correctif et de supplément à son ouvrage.* » 1785.

DUCHATELET (Gabrielle-Emilie, marquise) : *Discours sur le bonheur.* Edition critique et commentée par Robert Mauzi. Paris, les Belles Lettres, 1961.

DUFOURNY DE VILLIERS (Louis-Pierre) : *Cahiers du quatrième ordre.* N° 1, 25 avril 1789. Réimpression E.D.H.I.S. Paris 1967.

DUPATY (Charles) : *Lettres sur l'Italie en 1785.* Paris de Senne, 1788.

DUPONT de NEMOURS (Pierre-Samuel) : *Physiocrates. Quesnay, D. de N., Mercier de La Rivière, l'abbé Baudeau, Le Trosne,* avec une introduction par Eug. Daire. Paris, 1846.
— *De l'origine et des progrès d'une science nouvelle.* Londres, Paris, 1768. (Attribué aussi à l'abbé Baudeau.)
— *Du commerce et de la Compagnie des Indes,* par D.P. Amsterdam. Paris, 1769.
— *Ephémérides du citoyen, ou bibliothèque raisonnée des sciences morales et politiques.* Paris, 1768-1772. 12°, 24 vol.
— *Philosophie de l'Univers.* Paris, impr., de Dupont (s.l.d.).

DUTOT : *Réflexions politiques sur les finances et le commerce,* dans : Collection des principaux économistes, in Daire. Paris, 1843, t. I, pp. 845-1005.

*Encyclopédie ou Dictionnaire, raisonné des sciences, des arts et des métiers* par une Société de gens de lettres. Paris, Briasson, 1751-1780. 35 volumes, in fol.

*L'Encyclopédie méthodique ou par matières,* par une Société de gens de lettres, de savants et d'artistes. Panckouke, 1785.

*Encyclopédie nouvelle ou Dictionnaire philosophique, scientifique, littéraire et industriel...* publiée sous la direction de MM. P. Leroux et J. Reynaud. Paris, Gosselin, 1836-1841. 8 tomes, In-4°.

EPINAY (Louise, marquise d') : *Mémoires et correspondance,* nouvelle édition. Paris, Brunet, 1818, 3 vol.

ERLACH (Rodolphe, Louis d') : *Code du bonheur.* Genève, 1778.

*Essai sur le gouvernement monarchique.* Londres, L. Jorry, 1788.

*Familiengeschichte des Herrn v. Necker, Königlichen französischen Staatsministers.* Regensburg, 1789.

FAVRE (Abbé de) : *Les droits de l'homme et du citoyen ou la Cause des jour-naliers ouvriers et artisans.* Paris, 1789, réimpression E.D.H.I.S., Paris, 1967.

FENELON : *Education des filles.* Paris, P. Aubouin, 1696.

FERGUSON (Adam) : *An essay on the history of civil society.* Londres, 1793.

FERRIÈRES (Charles-Elie, marquis de) : *Mémoires...* Paris, les marchands de nou-veautés, an VII, 3 vol.

FLAUBERT (G.) : *L'Education sentimentale.* Paris, Michel Levy, 1870.

FORMEY (Jean-Henri-Samuel) : *Le philosophe chrétien.* Leyde 1752-1755, 3 vol.
— *Traité d'éducation morale.* Liège, F.-J. Desoer, 1773.

GALIANI (Abbé) : *Dialogue sur le commerce des blés.* Londres, 1770.
— *Correspondance...* nouvelle édition... augmentée, avec une étude... par Lucien Perey et Gaston Maugras. Paris, C. Lévy, 1881, 2 vol.
— Dal Carteggio dell' ab. Galiani. *La Critica,* II, 1904, pp. 73-84, 155-168, 502-516.

GARAT (D.J.) : *Mémoires historiques sur le XVIIIᵉ siècle et sur Suard.* Paris, Belin, 1821.

GEDOYN (Abbé Nicolas) : *Œuvres diverses.* Paris, de Bure l'aîné, 1745, in-12, XXXII, 476 p.

GENLIS (Stephanie, comtesse de) : *La religion considérée comme l'unique base du bonheur et de la véritable philosophie.* Paris, impr. polytype, 1787. In-8°. X, 415, LXXVIII p.

GENTY ₁Abbé Louis₎ : *Discours sur le luxe qui a remporté le prix d'éloquence à l'Académie des sciences, belles lettres et arts de Besançon en 1783.* Orléans, Couret de Villeneuve, 1783, in-8°, VIII, 59 p.

GERARD (Abbé Philippe-Louis) : *La théorie du bonheur.* P. 1801.

GŒTHE (J. Wolfgang von) : *Gœthe-Briefe,* mit Einleitungen... von Philipp Stein. Berlin, O. Elsner, 1902, 1905, 8 vol. in-8°.

GOSSELIN (Charles-Robert) : *Réflexions d'un citoyen adressées aux Notables sur la question proposée par un grand roi...* Paris, 1787. In-8°, VI, 76 p.

GOUDAR (Ange) : *Les intérêts de la France mal entendus.* Amsterdam, J. Cœur, 1756, in-12, 3 vol.

GRAFIGNY (Françoise de) : *Lettres d'une péruvienne.* Peine, s.d. (1747). In-12, VIII, 337 p.

GRASLIN (Jean-Joseph-Louis de) : *Essai analytique sur la richesse et sur l'impôt...* Londres, 1767, in-8°, XII, 408 p.

GRIMM (Friedrich-Melchior, baron) : *Correspondance littéraire, philosophique et critique,* par Grimm, Diderot, Raynal, Meister... édité par Maurice Tourneux. Paris, Garnier, 1877-1882, 16 vol. In-8°.

GUIBERT (Cte Jacques Antoine Hippolyte de) : *Projet de discours d'un citoyen aux trois ordres de l'Assemblée de Berry.* S.L. 1789.
— *Eloge historique de Michel de l'Hospital.* S.L. 1777.

GUSTAVE III, roi de Suède : *Lettres de Gustave III à la comtesse de Boufflers et de la comtesse au roi, de 1771 à 1791.* Bordeaux, impr. G. Gounouilhou, 1900. In-8°, 454 p.

HELVETIUS (Claude Adrien) : *Œuvres complètes d'Helvetius.* Paris, Didot l'aîné, 1795. 14 vol. In-12.

HOLBACH (Paul-Henri, baron d') : *Ethocratie ou le gouvernement fondé sur la morale.* Amsterdam, M. M. Rey, 1776, in-8°, 296 p.
*La politique naturelle.* Londres, 1773, in-8°, 2 t. en 1 vol.
— *Système de la nature ou des lois du monde physique et du monde moral.* Réimpression éditée avec une introd. par Yvon Belaval. Hildesheim, Georg Olms Verlagsbuchhandlung, 1966, 2 vol. In-8°.
— *Système social, ou principes naturels de la morale et de la politique,* avec un examen de l'influence du gouvernement sur les mœurs. Londres, 1773. 3 vol.

HUGO (Victor) : *Les contemplations.*

HUME (David) : *Essays moral, political and literary.* London, Longmans, 1875, 2 vol.

JOSEPH II : *Joseph II und Leopold von Toscana, ihr Briefwechsel von 1781 bis 1790.* Wien, W. Braumüller, 1872, 2 vol.

JOUBERT ₁Joseph₎ : *Textes choisis et commentés,* ed. V. Giraud. Paris, Plon, 1914.

LAFFEMAS (Barthelemy de) : *Les trésors et richesses pour mettre l'Estat en splendeur.* Paris, impr. de E. Prévosteau, 1598.

LALLY-TOLLENDAL (Trophime Gérard de) : *Mémoire de Mr le Cte de Lally-Tollendal ou seconde lettre à ses commettants.* Paris, Desenne, 1790.

LA LUZERNE (César Guillaume, cardinal de) : *Sur la forme d'opiner aux Etats-généraux* par M. l'Evêque, duc de Langres. S.L. 1789.

LAMBERT (Jean-François) : *Cahier des pauvres.* S.L.n.d.

LA METTRIE (Julien Offray de) : *Anti-Sénèque ou le Souverain bien.* Potsdam, 1750.
— *Œuvres philosophiques.* Berlin, 1764. 2 vol. In-12.

LA REVELLIÈRE-LEPEAUX (Louis Marie de) : *Essai sur les moyens de faire participer l'universalité des spectateurs à tout ce qui se pratique dans les fêtes nationales.* Paris, H.J. Jansen, an VI.
— *Réflexions sur le culte, sur les cérémonies civiles et sur les fêtes nationales.* Paris, H.J. Jansen, an V.

LASSALLE (Ferdinand Johann) : *Offnes Antwortschreiben an das Zentralcomite, zur Berufung eines allgemeinen deutschen Arbeitercongresses zu Leipzig.* Zürich, Meyer und Zeller, 1863. In-8°, 38 p.

LAVOISIER (Antoine-Laurent) : *De la richesse territoriale du royaume de France,* in : Daire, Paris, 1847, t. XIV, pp. 583-607.

LECLERC (N.G.) : *Le patriotisme du cœur et de l'esprit ou l'accord des droits et des devoirs de l'homme pour le bien commun.* Versailles, an III.
— *Réflexions philosophiques sur l'éducation.* Saint-Petersbourg, 1772.
— *Yu le Grand et Confucius, histoire chinoise* par M. L. Soissons, 1769.

LEPAIGE (Louis-Adrien) : *Lettres historiques sur les fonctions essentielles du Parlement, sur le droit des pairs et sur les lois fondamentales du Royaume.* Amsterdam, 1753, 2 vol.

LEROY DE BARINCOURT : *Principe fondamental du droit des souverains.* Paris, Briand, 1788. 2 vol.

LE TROSNE (Guillaume-François) : *De l'Ordre social, ouvrage suivi d'un traité élémentaire sur la valeur, l'argent, la circulation, l'industrie et le commerce intérieur et extérieur.* Paris, Debure, 1777.

LETTRES de la Société des amis de noirs à M. Necker avec la réponse de ce ministre. S.l., 1789.

LEZAY MARNESIA (Adrien, Cte de) : *Des Causes de la Révolution et de ses résultats.* Paris, Desenne, 1797. *Qu'est-ce que la Constitution de 1795 ?* Paris, Migneret, an III. *De la faiblesse d'un gouvernement qui commence et de la nécessité où il est de se rallier à la majorité nationale.* Paris, Mathey, an IV.

LINGUET (Simon, Nicolas, Henri) : *Annales politiques, civiles et littéraires du XVIIIᵉ siècle...* Paris et Londres, 1777-1792, 19 vol. In-8°.
— *Le fanatisme des philosophes.* Londres, Abbeville, de Vérité. 1764.
— *Lettres sur la Théorie des lois civiles.* Amsterdam, 1770.
— *Du pain et du bled,* dans : *Œuvres de M. Linguet.* Londres, 1774.
— *Réponse aux docteurs modernes.* S.l., 1771, in-12, 2 vol.
— *Théorie des lois civiles.* Londres, 1767. In-12, 2 vol.

LIVINGSTONE (William) : *Examen du gouvernement de l'Angleterre.* Notes de Dupont de Nemours, Condorcet et J.A. Gauvain Gallois. Paris, Froullé, 1789. In-8°.

LOCKE (John) : *Du gouvernement civil...* Amsterdam, A. Wolfgang, 1691.

MALOUET (Pierre-Victor) : *Opinion de M. Malouet sur la sanction royale.* Versailles, impr. de P.D. Pierres, 1789.
— *Mémoires de Malouet,* publiés par son petit-fils, le baron Malouet. Paris, Didier, 1868.

MANDEVILLE (Bernard de) : *La Fable des Abailles, ou les Fripons devenus honnêtes gens,* avec le commentaire où l'on prouve que les vices des particuliers tendent à l'avantage du public, traduit de l'anglais sur la 6ᵉ éd. (par Jean-Bertrand). Londres, aux dépens de la Compagnie, 1740, 4 vol. in-12.

MARAT (Jean-Paul) : *Plan de législation criminelle.* Paris, impr. de Rochette, 1790.

MARECHAL (Sylvain) : *Apologues modernes à l'usage du dauphin.* Bruxelles, 1788.

MARMONTEL (Jean-François) : *Mémoires de Marmontel,* publiés avec préface, notes et tables, par Maurice Tourneux. Paris, librairie des Bibliophiles, 1891. 3 vol.

MARX (Karl) : *Histoire des doctrines économiques,* trad, par. J. Molitor, Paris, A Costes, 1927-1928. 3 vol.
— *Œuvres,* Paris, Gallimard, 1963 et suiv. (La Pléiade).
MASSILLON (Jean-Baptiste) : *Œuvres complètes.* Petit-Montrouge, Migne, 1854, 2 vol. In-8°.
MEISTER (Jacob Heinrich) : *De la morale naturelle.* Londres, Paris, Volland 1788.
— *Euthanasie ou mes derniers entretiens avec elle sur l'immortalité de l'âme.* Paris, A. Renouard, 1809.
MELON (Jean-François) : *Essai politique sur le commerce,* in : Daire, Paris, 1843, t. I, pp. 707-835.
MERCIER (Louis-Sébastien) : *La Brouette du Vinaigrier,* drame en 3 actes, Londres et Paris, 1775.
MERCIER DE LA RIVIÈRE (Pierre-Paul-François) : *L'ordre naturel et essentiel des sociétés politiques.* Paris, Desaint, 1767.
MESLIER (Jean) : *Œuvres complètes,* Tous éditions Anthropos, 1970.
MIRABEAU (Honoré-Gabriel de Riqueti, comte de) : *Correspondance entre Mirabeau et Lamarck,* éd. par A. Fourier de Bacourt. Paris, Lenormant, 1851. In-8°, 3 vol.
— *Le Courrier de Provence* (Lettres à mes Commettans) ; Versailles, Paris, 1789-1791.
MIRABEAU (Victor, marquis de) : *L'ami des hommes ou Traité de la population.* Avignon, 1756-1758. 2 vol. In-4°.
MONTESQUIEU : *Œuvres complètes,* publiées avec le concours du C.N.R.S. sous la direction d'André Masson, 1950-1956, 3 vol.
MORELLET (Abbé) : *Mémoire sur la situation actuelle de la Compagnie des Indes,* juin 1769, P. 1769, 260-XXVI p. *Analyse de l'ouvrage intitulé : De la Législation et du commerce des grains.* P., 1775.
— *Examen de la réponse à M. Necker au mémoire de M. l'abbé M. sur la Cie des Indes* par l'auteur du mémoire. P., 1769.
— *Lettres de l'abbé Morellet à Lord Shelburne* (1772-1803), Paris 1898.
— *Mémoires inédits sur le XVIII*e *siècle.* Paris, Ladvocat, 1821. 2 vol. In-8°.
— *Prospectus d'un nouveau dictionnaire de commerce.* Paris, Estienne frères, 1769.
MORELLY : *Code de la nature, ou le Véritable esprit de ses lois de tout temps négligé ou méconnu.* Partout chez le vrai sage, 1755.
MOSER (Friedrich Carl von) : *Necker in Briefen an Herrn Iselin in Basel.* S.l., 1782.
MOUNIER (Jean-Joseph) : *Considérations sur les gouvernements et principalement sur celui qui convient à la France.* Paris, Baudouin, 1789.
— *Nouvelles observations sur les Etats Généraux de France.* S.l., 1789.
— *Recherches sur les causes qui ont empêché les Français de devenir libres.* Genève, Paris, Gattey, 1792. 2 vol, in-8°.
PALISSOT DE MONTENOY (Charles) : *Les philosophes,* comédie en 3 actes. Paris, Duchesne, 1760.
*The Parliamentary history of England from the earliest period to the year 1803...* published under the superintendence of T.C. Hansard. London, Hansard.
PECHMEJA (Jean de) : *Eloge de J.B. Colbert.* Paris, Brunet, 1773.
PÉTITION *de cent cinquante mille ouvriers et artisans de Paris adressée à M. Bailly secrétaire du Tiers Etats assemblé à l'archevêché.* Paris, S.D. In-8°, 8 p.
PLUCHE (Noël-Antoine) : *Le spectacle de la nature ou entretiens sur les particularités de l'histoire naturelle...* Paris, 1732-1750. 8 vol. In-12.
PLUQUET (Abbé François) : *Traité philosophique et politique sur le luxe,* Paris, Banois, 1786. 2 vol. In-12.
PONCET DE LA RIVIÈRE (Michel) : *Sermons choisis...* Petit-Montrouge, Migne, 1854. 2 vol. In-8°.
POPE (Alexander) : *An essay on Man.* Edited by Maynard Mack. London Methuen, 1950. Twickenham edition of the poems of Alexander Pope. Vol. III.
PUFENDORF (Samuel von) : *Les devoirs de l'homme et du citoyen.* Amsterdam, H. Schelte, 1707.
QUESNAY (F.) : *Essai physique sur l'oeconomie animale.* 2e édition, Paris, 1947.
— *Maximes générales du gouvernement* in : Daire, Paris, 1846, I. II, pp. 79-104.
— *François Quesnay et la physiocratie.* Paris, I.N.E.D., 1958. 2 vol. In-8° (T. II, textes annotés).

— *Tableau économique des physiocrates*. Préface de M. Luftalia. Calmann-Lévy, Paris, 1969.

RECUEIL *de documents relatifs aux séances des Etats Généraux Mai-Juin 1789*. Préparé par l'Institut d'Histoire de la Révolution française de la Faculté des lettres de Paris. T. I (I) : Les Préliminaires. La Séance du 5 mai, Paris 1953, p. p. Lefebvre, Georges et Anne Terroine.

RECUEIL *de documents relatifs aux séances des Etats Généraux Mai-Juin 1798*. Préparé par l'Institut d'Histoire de la Révolution française de la Faculté des Lettres et Sciences humaines de Paris. T. I (II), La Séance du 23 juin, Paris 1962, p. p. Lefebvre, Georges.

REGISTRES *de l'Académie Française*, 1672-1793. Paris, Firmin-Didot, 1895. 3 vol. In-8°.

RESTIF de la Bretonne : *Le plus fort des pamphlets, l'ordre des Paysans aux Etats Généraux*. S.l., 1789. Réimpression E.D.H.I.S. Paris, 1967.

REY : *Du commerce des bleds*. Paris, Grangé, 1775. In-8°, 96 p.

REYBAZ (Abbé Etienne-Salomon) : *Sermons*. Paris, Maradan, 1801. 2 vol. In-8°.

RIGOLEY DE JUVIGNY (Jean-Antoine) : *De la décadence des lettres et des mœurs depuis les Grecs et les Romains jusqu'à nos jours*. Paris, Mérigot le jeune, 1787.

RIVAROL (Antoine Rivaroli dit Cte de) : *Discours préliminaire du nouveau dictionnaire de la langue française*. Hambourg, Fauche, 1797.
— *Première lettre à Mr Necker sur son livre : « De l'importance des Opinions religieuses »*. Berlin, 1788, in-8°.
— *Seconde lettre à Mr Necker sur la morale*. Berlin 1788.

ROBESPIERRE (Maximilien) : *Discours*. Paris, Ed. Soc. 1956, 2 vol.
— *Œuvres judiciaires*, 1782-1789. Paris, 1910.
— *Rapport fait au nom du Comité de Salut public sur les rapports des idées religieuses et morales avec les principes républicains et sur les fêtes nationales...* Séance du 18 floréal, an II. Paris, impr. nat., s.d., In-8°, 45 p.

ROBINET (Jean-Baptiste-René) : *De la Nature*. Amsterdam, E. Van Harrevelt, 1763-1766. 3 vol. In-8°.

ROLAND (Madame) : *Mémoires de Madame Roland*. Mercure de France, 1966.

ROUBAUD (Abbé Pierre Joseph) : *Représentations aux magistrats, contenant l'exposition raisonnée des faits relatifs à la liberté du commerce des grains*. S.l., 1769.

ROUGANE (Abbé) : *Extraits importants, de différents ouvrages de M. Necker, de M. le duc d'Orléans et de M. l'évêque de Langres, sur l'autorité royale, suivis de quelques réflexions*. S.l., 1789.

ROUSSEAU (Abbé) : *L'Evangile, code du bonheur*. Trieste, 1800.

ROUSSEAU (Jean-Jacques : *Correspondance de J.-J. Rousseau et François Coindet* (1756-1768) publiée par A. François. Ann. de la Soc. J.-J. Rousseau, t. 14, 1922.
— *J.-J. Rousseau, ses amis et ses ennemis*, correspondance publiée par M.G. Streckeisen. Moultou. Paris, Michel-Lévy, 1865. In-8°, 2 vol.
— *Correspondance générale de J.-J. R.*, collationnée sur les originaux, annotée et commentée par Théophile Dufour... Ouvrage publié avec le concours de l'Institut de France... par P.-P. Plan. Paris, A. Colin, 1924-1934. 20 vol. In-8°.
— *Œuvres complètes*. Ed... par B. Gagnebin et M. Raymond. Paris, Gallimard.
— *The Political Writings of J.-J. R.*, edited from the original manuscripts and authentic editions, with introduction and notes by C.E. Vaughan. Cambridge, Cambridge University Press, 1915, 2 vol. In-8°.

RUTLIDGE : *Vie privée et ministérielle de M. Necker,* directeur général des Finances par un citoyen. Genève, Pellet, 1790.

SADE (Donatien, marquis de) : *Œuvres complètes*. Paris, J.-J. Pauvert, 1964-1968.

SAINT-JUST (L.A.L. de) : *Fragments sur les institutions républicaines*. P., 1800.
— *Discours et rapports*. Introduction et notes par A. Soboul. P., 1957.

SAINT-LAMBERT (Jean-François de) : *Essai sur le livre*. S.l., 1764.
— *Principes des mœurs chez toutes les nations ou catéchisme universel...* Paris, H. Agasse, an VI, 1798, 6 vol. In-8°.
— *Les Saisons*. Paris, Didot, 1769. In-4°.

SALLIER : *Annales françaises*. Mai 1789, Mai 1790. Paris, Leriche, 1832.

SEDAINE (Michel-Jean) : *Le philosophe sans le savoir,* comédie en prose et en 5 actes. Paris, C. Herissant, 1766.

SÉGUR (Louis Ph., Comte de) : *Mémoires, souvenirs et anecdotes.* Paris, Firmin, Didot frères, 1859.

SENAC de MEILHAN (Gabriel) : *Considérations sur les richesses et le luxe.* Amsterdam, Paris, Valade, 1787.
— *Du gouvernement, des mœurs et des conditions en France avant la Révolution.* Hambourg, 1795.

SIEYES (Emmanuel-Joseph) : *Qu'est-ce que le Tiers-Etat ?* Intr. Edme Champion. Paris, au siège de la Dociété, 1888.
— *Reconnaissance et exposition raisonnée des droits de l'homme et du citoyen.* Lu les 20 et 21 juillet au Comité de Constitution. Paris, Baudoin, 1789.

SISMONDI (Jean-Charles de) : *De la richesse commerciale ou principes d'économie politique.* Genève, J.-J. Paschoud, an XI, 1803, 2 vol. In-8°.
— *De la richesse territoriale.* Revue mensuelle d'économie politique, t. II, pp. 123-185.
— *Etudes sur l'économie politique.* Paris, Treuttel et Würtz, 1837-1838. 2 vol. In-8°.
— *Epistolario,* raccolto, con introduzione... a cura de Carlo Pellegrini. Firenze, « La Nuova Italia », 1933-1936. In-8°, 3 vol.
— *Etudes sur les Constituitons des peuples libres.* Paris, Treuttel et Würtz, 1836. 3 vol. In-8°.
— *Nouveaux principes d'économie politique, ou de la richesse dans ses rapports avec la population,* 2e édition, Paris, Delaunay, 1827.

SMITH (Adam) : *Recherches sur la nature et les causes de la richesse des nations.* (1776). Traduit de l'anglais de M. Adam Smith, par M... La Haye, 1778-1779.

STAEL-HOLSTEIN (Auguste de) : *Notice sur M. Necker...* Treuttel et Würz. Paris, 1820.

STAEL-HOLSTEIN (Germaine Necker, baronne de) : *Correspondance générale,* éd. Jasinski, Paris, Pauvert, 1960-1968. 3 t. en 5 vol.
— *Benjamin Constant et Mme de Staël,* Lettres à un ami, publiées par Jean Mistler. Neuchatel, La Baconnière, 1949.
— *Madame de Staël et J.B.A. Suard,* correspondance inédite, (1786-1817), éd. Robert de Luppé. Genève, Droz, 1970.
— *Lettres inédites de Mme de Staël, à Henri Meister,* publiées par Paul Usteri et Eug. Ritter. Paris, Hachette, 1903.
— *Œuvres complètes.* Paris, Treuttel et Würtz, 1820-1821. 17 vol. In-8°.
— *Des circonstances actuelles qui peuvent terminer la Révolution et des principes qui doivent fonder la République en France.* Paris, Fischbacher, 1906.
— *M. Necker : de son caractère et de sa vie privée,* dans : Necker (J.), *Manuscrits,* publ. par sa fille, Genève, 1804, pp. 1-153. Réimpr. dans : Staël-Holstein (Mme de), *Mémoires sur la vie privée de mon père, suivis des mélanges de M. Necker,* Paris, 1818, pp. 1-136.

TALLEYRAND (Charles Maurice, duc de) : *Rapport sur l'instruction publique fait au nom du Comité de Constitution à l'Assemblée nationale les 10, 11 et 19 septembre 1791.* Paris, impr. nat., 1791.

TARGET (Guy-Jean-Baptiste) : *Projet de déclaration des droits de l'homme en société.* Paris, Baudoin, 1789.

THOMAS (Antoine-Léonard) : *Œuvres complètes.* Paris, Desessarts, an X, (1802). 5 vol. In-8°.

THOURET : Lettre à Necker du 3 janvier 1789 in : *La Normandie,* août 1905. In-8°,

TOCQUEVILLE (Alexis de) : *L'Ancien Régime et la Révolution.* Paris, Gallimard, 1952-1953, 2 vol. In-8° (Œuvres complètes, II).

TURGOT (Anne-Robert-Jacques) : *Œuvres,* éd. Gustave Schelle. Paris, Alcan, 1913-1923. 5 vol. In-8°.

VERNES (Jacob) : *Catéchisme à l'usage des jeunes gens de toutes les communautés chrétiennes.* Paris, s.d.

VERON DE FORBONNAIS (François) : *Principes économiques*, in : Daire, Paris, 1847, t. XIV, pp. 173-238.

VOLTAIRE (François-Marie Arouet de) : *Voltaire's Correspondence*, edited by Théodore Besterman. Institut et Musée Voltaire, Les Délices, Genève, 1953.
— *Œuvres complètes*. Paris, Firmin, Didot, 1876. 13 vol. In-4°.
— *Politique de Voltaire*, textes choisis et présentés par René Pomeau. Paris, Cohn, 1963.

WILBERFORCE : Lettre d'un abolitionniste de Wilberforce à Necker, en mai 1789, in : *l'Investigateur, journal de l'Institut historique*, t. X, 3e série, 1860, pp. 154-157, p.p. Hahn (A.).

# III. ÉTUDES ET OUVRAGES CONSULTÉS

Abrantes (Louise, duchesse d') : *Histoire des salons de Paris, tableaux et portraits du grand monde sous Louis XVI*. Paris, Ladvocat, 1836-1838. 6 vil. In-8°.

Acomb (F.) : *English Anglophobia*, 1763-1789. Durham, 1950.

Airian iJ.j : *L'opposition aux physiocrates à la fin de l'Ancien Régime*. Librairie générale de Droit et de jurisprudence. Paris, 1965.

Allengry (P.) : *Turgot*, Paris, 1942.

Althusser (Louis) : *Montesquieu, la politique et l'histoire*. Paris, P.U.F. 1964.

Audebert (Paul) : *La lutte entre Maurepas et Necker d'après des documents inédits*. Paris, Soc. par. d'édition, 1904. In-16°, 32 p.

Audra (E.) : *Les traductions françaises de Pope* (1717-1825). Etude de bibliographie Paris, Champion, 1931.

Aulard (A.) : *Histoire politique de la Révolution française*. A. Colin, Paris, 1905.

Babel (Anthony) : Jacques Necker et les origines de l'interventionnisme. *Mélanges Edgar Milhaud*, Paris, P.U.F., 1934, pp. 25-44.

D. et J. Bacle : *Les grains à Dijon aux* xviiᵉ *et* xviiiᵉ *siècles* 1630-1774. Cahiers de la Bourgogne moderne. 1773.

Baldensperger (Fernard) : *Le mouvement des idées dans l'émigration française*. Paris, Plon, 1924, 2 vol. In-8°.

Barber (William-Henry) : *Leibnitz in France, from Arnauld to Voltaire, a study in French reactions to leibnizianism* 1670-1760. Oxford, Clarendon Press, 1955. In-8°.

Barbey (Frédéric) : *Mme Necker en mal de noblesse*. Mélanges, P.E. Martin, 1961, pp. 561-7.

Barnard (H.C.) : *Education and the French Revolution*. Cambridge university Press. 1969.

Bastid (Paul) : *Benjamin Constant et sa doctrine*. Paris, A. Colin, 1966, 2 vol. In-8°.
— *Sieyès et sa pensée*. Paris, Hachette, 1939.

Beaulieu (C.F.) : *Essais historiques sur les causes et les effets de la Révolution française*. Paris, 1801.

Becker (Carl-Ludwig) : *The Heavenly City of the 18 th. Century Philosophers* New Haven, Yale University Press, 1935.

Benoit (Yves) : *Diderot, de l'athéisme à l'anticolonialisme*. Paris, Maspero, 1970.

Bernard (A.) : *Le sermon au* xviiiᵉ *siècle*, Paris, Fontemoing, 1901, 608 p. In-8°.

Bernard (Michel) : *Introduction à une sociologie des doctrines économiques*, Paris, La Haye, Mouton, 1963.

Berthoud (Dorette) : *Le général et la romancière*, 1792-1798. Episodes de l'émigration française en Suisse, d'après les lettres du général de Montesquiou à Mme de Montolieu. Neuchatel, 1959.

Besse (Guy) : Philosophie, apologétique, utilitarisme, *Dix-huitième siècle* n° 2, Garnier, 1970.

Bickart (B.) : *Les Parlements et la notion de souveraineté nationale au* xviiiᵉ *siècle*. Paris. Alcan, 1932.

Blanc (Louis) : *Histoire de la Révolution française*. Paris, Langlois et Leclercq, 1847-1862. 12 vol. In-8°.

Bloch (Camille) : *L'Assistance et l'Etat en France à la veille de la Révolution*. Paris, Picard, 1908.

— et TUETEY (Alexandre) : *Procès verbaux et rapports du Comité de mendicité de la Constituante,* 1790-1791. Paris, impr. nationale, 1911. In-8°.

BLOCH (Marc) : *Les caractères originaux de l'histoire rurale française,* nouvelle édition. Paris, A. Colin, 1952.

BLOCH (Marc) : *Les rois thaumaturges.* Etude sur le caractère surnaturel attribué à la puissance royale particulièrement en France et en Angleterre. Paris, 1961.

BLUCHE (J. François) : *Les magistrats du Parlement de Paris au XVIII° siècle.* Paris, les Belles-Lettres, 1960.

BONNO (Gabriel) : *La Constitution britannique devant l'opinion française de Montesquieu à Bonaparte.* Paris, Champion, 1932.

BOSHER (John-Francis) : *French finances (1770-1795), from business to bureaucracy.* London, Cambridge University Press, 1970.

BOURDON (Jean) : *Points de vue nouveaux sur la Révolution française,* in : Revue de synthèse, Bd. 77 (1956), 35-42.

BRAESCH (Frédéric) : *1789, l'année cruciale.* Paris, Gallimard, 1941.

BRAUDEL (Fernand) : *Civilisation moderne et capitalisme.* Paris, Colin, 1967.

BREMOND (Henri) : *Histoire littéraire du sentiment religieux en France,* Paris, Bloud, 1920. 11 vol. In-8°°; tome IX, *La vie chrétienne sous l'Ancien Régime.* Paris, Blond et Gay, 1932.

BROOKE (John) : *The house of Commons,* 1754-1790. Oxford University Press, 1968.

BRUFORD (Walter-Horace) : *Culture ans society in classical Weimar.* 1775-1806, Cambridge University Press, 1962.

BURDEAU (Georges) : *Cours de droit constitutionel et d'institutions politiques.* (Licence 1ʳᵉ année, 1965-1966). Paris, Les Cours de Droit. 1966.

— Essai sur l'évolution de la notion de droit français. *Archives de philosophie du droit.* 1939.

— Remarques sur la classification des fonctions étatiques. *Revue du droit public et de la science politique.* 1945, pp. 202-228.

BURGELIN (Pierre) : Le rôle du serment chez Rousseau. *Dix huitième siècle* n° 1, Garnier 1969.

CABEEN ᴅ.C.ᴊ : *A critical bibliography of Franch literature,* vol. IV, The eighteenth century, p. G.R. Havens et D.F. Bond, Syracuse, Syracuse University Press, 1951, in-8°, XXX-411 p.

CAHEN (L.) : l'idée de lutte de classe au XVIII° siècle. *Revue de Synthèse Historique,* 1906.

CALLATAY (Edouard de) : *Madame de Vermenoux.* La Palatine. 1956.

GALLAND (A.) : Les Pasteurs du désert en Basse-Normandie de 1743-1781. *B.S.H.P.F.,* T. 71, 1922.

CANETTI (Elias) : *Masse et puissance* traduit de l'allemand par Robert Rovini. Paris, Gallimard, 1966.

CARCASSONNE (Ely) : *Montesquieu et le problème de la Constitution française au* XVIII° *siècle.* Paris, P.U.F., 1927.

CARRE (Henri) : Le mémoire de Necker sur les assemblées provinciales. *Bull. fac. Poitiers,* 1893, juin, pp. 174-185.

— M. Necker, la presse d'opposition et la neckromanie. *Monde moderne,* 1895, nov., pp. 653-661.

— *Necker et la question des grains à la fin du* XVIII° *siècle.* Paris, Jouve, 1903. In-8°, 220 p.

— *La Noblesse de France et l'opinion publique au* XVIII° *siècle.* Paris, E. Champion, 1920.

— Le premier ministère de Necker. *Révolution française,* 1903, XLIV, pp. 93-136.

CASSIRER (Ernst) : *Die Philosophie der Aufklärung.* Tübingen, J.C.B. Mohr, 1932.

CASTRIES (Duc de) : *Le Maréchal de Castries,* 1727-1800.

CELLIER : *Fabre d'Olivet,* Nizet, 1953.

CHAPUISAT (Edouard) : *Necker.* Paris, Sirey, 1938.

CHASSIN (Louis) : *Les élections et les cahiers de Paris en* 1789, documents recueillis, mis en ordre et annotés par Ch. L. Chassin. Paris, Jouaust et Sigaux, 1888-1889.

— *Le génie de la Révolution.* Paris, Pagnerre, 1863. 2 vol. In-8°.

CHEVALLIER (Jean-Jacques) : *Barnave ou les Deux faces de la Révolution*, 1761-1793. Paris, Payot, 1936.
— *Les grandes œuvres politiques de Machiavel à nos jours*. Paris, A. Colin, 1952.

CIORANESCU (Alexandre) : *Bibliographie de la littérature française du XVIII^e siècle*. 3 vol. C.N.R.S. 1969.

CLUB Jean Moulin : *Les citoyens au pouvoir*. Paris, Le Seuil, 1968.

COBBAN (Alfred) : *The social Interpretation of the French Revolution*, Cambridge, 1968.

COCATRE-ZILIGEN (A.) : Les doctrines politiques des milieux parlementaires dans la seconde motié du XVIII^e siècle ou les avocats dans la bataille idéologique pré-révolutionnaire, in : *Annales de la Faculté de droit et des Sciences économiques de Lille*. 1963.

COLLAS (Georges) : *Un cadet De Bretagne au XVIII^e siècle : René-Auguste de Chateaubriand, comte de Combourg*. Paris, Nizet, 1949.

COORNAERT (Emile) : *Les corporations en France avant 1789*. Paris, Gallimard, 1941.

COQUELIN (Charles) et GUILLAUMIN (Gilbert) : *Dictionnaire de l'économie politique*, publié sous la direction de MM. Ch. Coquelin et G. Guillaumin. Paris, Guillaumin, 1852-1853. 2 vol. In-8°.

COURVOISIER (Jacques) : *L'Eglise de Genève de Th. de Bèze à Jean Alphonse Turrettini*. Genève, 1942, in-4°, 70 p. (Univ. de Genève, Recueil de la Fac. de théologie protestante, VIII).

CROCKER IL.G.) : *An age of crisis. Man and World in 18 th Century thought*. Baltimore, John Hopkins, 1963.
— *Nature and culture, ethical thought in the French enlightenment*. Baltimore, John Hopkins, 1963.
— Mme Necker's opinion of Diderot. *French Review*, 1955, vol. 29, n° 2, pp. 113-6.
— The problem of truth and falsehood in the age of Enlightenment, *Journal of the history of ideas*, octobre 1953, pp. 575-603.

CRUE (Francis de) : *L'ami de Rousseau et des Necker. Paul Moultou à Paris, en 1778*. Paris, H. Champion, 1926.
— Necker, Mirabeau et les Genèvois de la Révolution. *Bibl. universelle*, 1923, pp. 1-17.
— Paul Moultou, les Necker et Rousseau. *Revue de Genève*, 1926, t. 2, pp. 15-29.

CRUPPI (Jean) : *Un avocat journaliste au XVIII^e siècle, Linguet*. Paris, Hachette, 1895.

DAIRE (Eugène) : *Collection des principaux économistes du XVIII^e siècle*, Paris, 1846.

DAUTRY (Jean) : La révolution bourgeoise et l'Encyclopédie (1789-1814), *La Pensée*, septembre-octobre 1951, n° 38, pp. 73-87, et novembre-décembre 1951, n° 39, pp. 52-59.

DECOUFLE (André) : L'Aristocratie française devant l'opinion publique à la veille de la Révolution, dans, *Etudes d'histoire économique et sociale du XVIII^e siècle*. Paris, P.U.F., 1966.

DEDIEU IAbbé Joseph) : *Montesquieu et la tradition politique anglaise en France : Les sources anglaises de « l'Esprit des lois »*, Paris, J. Gabalda, 1909.

DEFOURNEAUX (Marcelin) : *L'Inquisition espagnole et les livres français au XVIII^e siècle*. Paris, P.U.F., 1963.
— *Pablo de Olavide ou l'Afrancesado* (1725-1803). Paris, P.U.F., 1959.

DELVAILLE (Jules) : *Essai sur l'histoire de l'idée de progrès jusqu'à la fin du XVIII^e siècle*. Paris, F. Alcan, 1910.

DERATHE (Robert) : *Jean-Jacques Rousseau et la science politique de son temps*. Paris, P.U.F., 1950. In-8°.
— Les philosophes et le despotisme, in : *Utopie et institutions au XVIII^e siècle* (ed. Pierre Francastel), « Congrès et Colloques », IV, Paris, La Haye, 1963, 57-75.
— Les rapports de l'exécutif et du législatif chez J.-J. Rousseau, dans : *Rousseau et la philosophie politique*, Paris, P.U.F., 1965, pp. 51,75. Annales de philosophie politique, 5.

— Les rapports de la morale et de la religion chez J.-J. Rousseau. *Revue philosophique,* 1949.

DESCOTES (François) : *Necker, écrivain et financier, jugé par le Comte de Maistre.* Chambéry, A. Perrin, 1896.

DESDEVISES DU DEZERT (G.) : Lettres politico-économiques de Campomanes. *Revue hispanique,* t. IV, 1897, pp. 240-265.

DESNE (Roland) : *Les matérialistes français de 1750 à 1800.* Paris, Buchet-Chastel, 1965.

DUGUIT : La Séparation des pouvoirs et l'Assemblée nationale de 1789. *Revue d'économie politique,* 1893.

DROZ (Jacques) : *Histoire des doctrines politiques,* Paris 1948.

DROZ (Joseph) : *Histoire du règne de Louis XVI pendant les années où l'on pouvait prévenir ou diriger la Révolution française,* 3 vol., Paris, 1839-1842.

DUBY et MANDROU : *Histoire de la civilisation française.* T. II, Paris 1958.

DUCROS (Louis) : *La Société française au XVIIIᵉ siècle d'après les mémoires et les correspondances du temps.* Paris, A. Hatier, 1922.

DUCLOS (Pierre) : *La notion de Constitution dans l'œuvre de l'assemblée constituante de 1789.* Paris, Dalloz, 1932.

DUMONT (François) : *Les « Prélats administrateurs » au* XVIIIᵉ *siècle en France.* Etudes dédiées à G. le Bras, 1965. V.I, 513-521.

DUPRONT (A.) : J. Bollème, J. Ehnard, F. Furet, D. Roche, J. Roger, *Livre et société dans la France du* XVIIIᵉ *siècle,* Paris 1965.
— Au XVIIIᵉ siècle, livre et culture. *Annales* E.S.C., sept., oct. 1965, pp. 1-898.
— « Les lettrse, les sciences, la religion et les arts dans la société française du XVIIIᵉ siècle », Cours C.D.U., Paris, 1963.

DURKHEIM (E.) : *Montesquieu et Rousseau précurseurs de la sociologie.* Note introductive de Georges Davy, Paris, Marcel Rivière, 1953.

ECHEVERRIA (D.) : *Mirage in the West.* Princeton, 1947.

ECONOMIE et population : *Les doctrines françaises avant 1800.* Bibliographie générale commentée. Paris, P.U.F., 1956. (I.N.E.D., Travaux et documents, cahier 28.)

EGRET (Jean) : Malesherbes, président de la cour des Aides. *Revue d'histoire moderne et contemporaine,* 1956, t. 3, avril-juin, pp. 97-119.
— *La Prérévolution française* (1787-1788). Paris, P.U.F., 1962.
— *La Révolution des notables.* Paris, A. Colin, 1950.

EHRARD (Jean) : *L'idée de nature en France dans la première moitié du* XVIIIᵉ *siècle.* Chambéry, impr. réunies, 1963. In-8°, 2 vol., 863 p.

EISENMANN (Charles) : L'esprit des lois et la séparation des pouvoirs, dans : *Mélanges, R. Carré de Malberg, P.,* 1933, pp. 163-192.
— La pensée constitutionnelle de Montesquieu, dans : *La pensée politique et constitutionnelle de Montesquieu, bicentenaire de l'Esprit des lois,* 1748-1948. Paris, Recueil Sirey, 1952, pp. 133-160.
— Le système constitutionnel de Montesquieu et le temps présent, dans : *Actes du Congrès Montesquieu,* Bordeaux, 1956, pp. 241-248.

*Entretiens sur J.-J. Rousseau,* Genève, 16-17 juillet 1962. Ann. Soc. J.-J. Rousseau, t. 35, 1959-1962.

ERDMANN (R.D.) : *Volkssouveränität und Kirche,* Köln, 1949.

ESTIVALS (Robert) : *La production des livres dans les dernières années de l'Ancien Régime.* Paris, Bibliothèque nationale, 1966.

FABRE (Jean) : *Stanislas-Auguste Poniatowki et l'Europe des lumières, étude de cosmopolitisme.* Paris, Les Belles Lettres, 1952.
— *Lumières et Romantisme. Energie et nostalgie de Rousseau à Mickiewics.* Paris, Klincksieck, 1963.
— Le marquis de Mirabeau interlocuteur et protecteur de Rousseau, dans : *Les Mirabeau et leur temps. Actes du Colloque d'Aix-en-Provence,* Paris, Clavreuil, 1968, pp. 71-90.

FAURE (Edgar) : *La disgrâce de Turgot.* Paris, Gallimard, 1961. In-8°, XXIV, 612 p.
— J. Necker et la politique de confiance. *Rév. polit. et parlementaire,* 1952, 208, pp. 345-355 ; *Historia,* 1954, janvier-juin, n° 89, pp. 400-406.

FAY (Bernard) : *L'Esprit révolutionnaire en France et aux Etats-Unis à la fin du* XVIII<sup>e</sup> *siècle.* Paris, E. Champion, 1924.
— Monsieur Necker et ses amis. *Libertés françaises*, 1956, n° 11, pp. 6-26.
FLAMMERMONT (Jules). *Les Correspondances des agents diplomatiques étrangers en France avant la Révolution.* P., 1896, pp. 283-305.
— Le second ministère de Necker. *Revue historique*, 46, 1891, pp. 1-67.
FORSTER (R.) : *The nobility of Toulouse in the XXIIIth century.* Baltimore, 1960.
FUCHS (A.) : La philosophie politique et sociale de Gœthe, administrateur *German Studies presented to W.H. Bruford.* Londres, 1962, pp. 58-80.
FURET (F.) : Le cathéchisme de la Révolution française. *Annales E.S.C.*, mars-avril, pp. 255-289.
— « Pour une définition des classes inférieures à l'époque moderne », mai-juin, 1963.
— MAZAURIC (C.) et BERGERON (L.) : Les sans-culottes et la Révolution française. *Annales E.S.C.*, nov., déc., 1963.
— et DAUMARD (A.) : « Structures et relations sociales à Paris au XVIII<sup>e</sup> siècle », *Cahier des annales*, n° 18, Paris, 1961.
— et RICHET (Denis) : *La Révolution, des Etats Généraux au 9 Thermidor*, Paris, Hachette, 1965. In-8°, 372 p.
GALLAND (A.) : Les Pasteurs du désert en Basse-Normandie de 1743-1781.
GARAUDY (R.) : *Les sources françaises du socialisme scientifique*, Toulouse, 1948.
GAXOTTE (Pierre) : *Histoire des Français.* Paris, Flammarion, 1951, 2 vol. In-16.
GÉRARD (Alice) : *La Révolution française, mythes et interprétations.* 1789-1970. Flammarion, 1970.
GERSHOY (Léo) : *L'Europe des princes éclairés* (1763-1789), traduit de l'anglais par José Fleury préface de Denis Richet, Paris, Fayard, 1966.
GIBELIN : Notes sur le protestantisme de Mme de Staël. *BSHPF*, 1954, pp. 111-119.
GIDE (Ch.) et RIST : *Histoire des doctrines économiques.* Paris, 1909.
GIRAUD (Victor) : *Chateaubriand, Etudes littéraires.* Paris, Hachette, 1904.
— *Le christianisme de Chateaubriand.* Paris, Hachette, 1925-1928, 2 vol.
GIRSBERGER (Hans) : *Der utopische sozialismus des 18 ten Jahrh, in Frankreich.* Zürich, 1924.
GLAGAU (Hans) : *Reformversuche und Sturz des Absolutismus in Frankreich* (1774-1788). München, R. Oldenbourg, 1908.
GODECHOT (Jacques) : *Les institutions de la France sous la Révolution et l'Empire.* Paris, P.U.F., 1968.
— Le diplômé d'études supérieures en 1958 à la Faculté des Lettres et sciences humaines de Toulouse. *Ann. hist. Rév. fr.*, 1959, pp. 300, 303.
— et MONCASSIN (S.) : « Structures et relations sociales à Toulouse en 1749 et 1785 », *A.H.R.F.*, 1965, pp. 129-169.
GOLDMANN (Lucien) : La Pensée des « Lumières », in : *Annales* (E.S.C.). Vol. 22 (1967), 752-779.
— *Sciences humaines et philosophie.* Paris, Gonthier, 1966.
GOMEL (Charles) : *Les causes financières de la Révolution. Les ministères de Turgot et de Necker.* Paris, Guillaumin, 1892. In-8°, XXXI, 548 p.
GONTIER (Emmanuel) : *Les assemblées provinciales.* Paris, L. Larose, 1908, In-8°, 159 p.
GOOCH (R.-K.) : *Parliamentary Government in France. Revolutionary origins 1789-1791*, Ithaca (N.-Y.), 1960.
GOTTSCHALK (Louis) : The place of the American Revolution in the Causal Pattern of the French Revolution, in : *Publications of the American Friends of La Fayette*, n° 2, Easton, 1948, 495-510.
— Causes of Revolution in : *The American Journal of Sociology*, vol. 50 July 1944 — May 1945), In-8°.
GOUBERT (Pierre) : *Beauvais et le Beauvaisis de 1600 à 1730.* Paris, SEVPEN, 1960. In-8°, LXXII, 653 p.
— *L'Ancien Régime*, t. I, collection, A. Colin, Paris 1969.

GRANGE (Henri) : Le débat sur le veto à l'Assemblée constituante.. XVIII<sup>e</sup> siècle, 1969, n° 1, pp. 107-121.
— Necker jugé par Karl Marx. *Annales historiques de la Révolution Française*, 1956, année 28, n° 142, pp. 57-64.
— Un roman de Necker (Suites funestes d'une seule faute, 1803). *5<sup>e</sup> congrès Lit. comparée*, Lyon, 1962, 1965, pp. 179-186.
— Rousseau et la division du travail. *Revue des Sc. humaines*, avril-juin, 1957, pp. 143-155.
— Turgot et Necker devant le problème du salaire. *Annales historiques de la Révolution française*, 1957, année 19, n° 146, pp. 19-33.
— Necker et Chateaubriand. *Annales de Bretagne*. 1969.
— Necker et Mounier. *A.H.R.F.*, oct-déc. 1969.
GREENLAW (R.-W.) : Pamphlet litterature in France during the period of the aristocratic Revolution. *The Journal of Modern History*. Chicago, March December, 1957.
GROETHUYSEN (B.) : *Origines de l'esprit bourgeois*, t. I, *l'Eglise et la bourgeoisie*. Paris, N.R.F. Bibliothèque des idées, 1927, 299 p., In-8°.
GROSCLAUDE (Pierre) : *Maslesherbes, témoin et interprète de son temps*. Paris. Fischbacher, 1961, In-8°, 3 vol.
GRUBER (V.R.) : *The royal provincial intendants. A governing elite in 18th century France*. Cornell University, Press, NY, 1968.
GRUBENMANN (Athayde, Yvonne de) : *Un cosmopolite suisse : Jacques-Henri Meister (1744-1826)*, Genève, Droz, 1954, in-8°, 117 p.
GUGLIEMI (J.-L.) : « *Essai sur le développement de la théorie du salaire.* » Paris, Sirey, 1945.
GUÉRIN (Daniel) : *Lutte des classes sous la Première République*. Paris, Gallimard, 1968.
GUILLEMIN (Henri) : *Benjamin Constant Muscadin, 1795-1799*. Paris, Gallimard, 1958. In-8°, 303 p.
— Mme de Staël, *Benjamin Constant et Napoléon*. Paris, Plon, 1959, in-16°, IV, 213 p.
GUILLOIS (Antoine) : *Le salon de Mme Helvétius, Cabanis et les Idéologues*, Paris, Calmann-Lévy, 1894.
GURVITCH : *L'idée du droit social*. Thèse, Sirey, Paris, 1932.
GUSDORF (Georges) : *Les principes de la pensée au siècle des lumières*. Paris, Payot, 1971.
GWYNNE (G.-E.) : *Madame de Staël et la Révolution française*. Paris, Nizet, 1969.
HARSIN (Paul) : La théorie fiscale des physiocrates. *Rev. Hist. et soc.*, 1958.
HAUSER (Henri) : *Le Parfait Négociant de Jacques Savary*. Paris, Librairie des sciences économiques et sociales, 1925.
HAUSSONVILLE (Gabriel, comte d') : *Mme de Staël et M. Necker d'après leur correspondance inédite*. Paris, Calmann-lévy, 1925, in-8°, I, 415 p.
— *Le salon de Mme Necker*, d'après des documents tirés des archives de Coppet. Paris, Calmann-Lévy, 1882. 2 vol. in-8°.
HAVENS (George R.) : *From reaction to revolution. The age of ideas in 18th century France*. New York, H. Holt, 1955.
— Voltaire's marginal comments upon the Essay on man. *M.L.N.T.* XLII, pp. 429-439, 1928.
— Voltaire's pessimistic revision of the conclusion of his poeme sur le désastre de Lisbonne. *M.L.N.T., XLIV*, pp. 489-492, 1929.
HAZARD (Paul) : *La crise de la conscience européenne* (1680-1715), Paris, Boivin, 1935, 3 vol. In-8°.
— *La pensée européenne au XVIII<sup>e</sup> siècle de Montesquieu à Lessing*. Paris, Boivin, 1946, 3 vol. In-8°.
— Le problème du mal dans la conscience européenne du XVIII<sup>e</sup> siècle, *the Romanic Review*. Avril 1941, pp. 147-170.
HECKSHER (Eli F.) : *Mercantilism*. London, Allen and Urwin, 1935. In-8°, 2 vol.
HEROLD (J.-C.) : *Mistress to an ange* (Mme de Staël). London, Hamilton, 1958.

HERR (Richard) : *Eighteenth century Revolution in Spain*, Princeton, Princeton University Press, 1958.

*Histoire économique et sociale de la France*. T. II, *Des derniers temps de l'âge seigneurial aux préludes de l'âge industriel*, 1660-1789. Paris, P.U.F., 1970.

*Histoire générale de la presse française, des origines à 1814*. P.U.F., 1969.

*Histoire générale des civilisations*. T. V,, *Le XVIIIe siècle*. Paris, P.U.F., 1953.

HOROWITZ (Irving L.) : *Claude Helvetius, philosopher of democracy and enlightenment*, New York, 1954.

HUBERT (René) : *D'Holbach et ses amis*. Paris, André Delpeuch, 1928. In-8°, 225 p.
— *Rousseau et l'Encyclopédie. Essai sur la formation des idées politiques de Rousseau*. Paris, J. Gamber, 1928. In-8°, 368 p.
— *Les sciences sociales dans l'Encyclopédie*. Lille, au siège de l'Université. 1923. In-8°, 368 p.

HUTIN (Serge) : *Les Francs-maçons*, édition du Seuil, 1960.

IMBERT (Jean) : *Le droit hospitalier de la Révolution et de l'Empire*. Paris, Recueil, Sirey, 1954.

JAURÈS (Jean) : *Histoire socialiste de la Révolution française*. Réed. de 1922.

JASINSKI (Béatrice W.) : *L'engagement de B. Constant. Amour et politique*. Minard, 1971.

JOLLY (Pierre) : *Necker*. Paris, les œuvres, françaises, 1947. In-8°, 375 p. Paris, P.U.F., 1951.

JOUVENEL (Bertrand de) : *Du pouvoir*. Genève, C. Bourquin, 1947.
— *Du principat*. *Rév. fr. de Science polit.* 1964, décembre, pp. 1053-1086.

KEIM (Albert) : *Helvetius, sa vie et son œuvre*, d'après ses ouvrages, des écrits divers et des documents inédits. Paris, F. Alcan, 1907.

KITCHIN (J.) : *La Décade, 1794-1807, un journal philosophique*. Minard, 1965.

KELLY (G.-A.) : French liberalism and Aristocracy. *Journal of the history of ideas*. Oct. 1965.

KOHLER (Pierre) : *Madame de Staël et la Suisse*, Paris, 1916.

KRAUS (Berta) : *Das Ökonomische Denken Neckers*, Wien, David und Cᵒ, 1925.

KRAUSS (Werner) : *Cartaud de la Villate. Ein Beitrag zur Entstehung des geschichtlichen Weltbildes in der französischen Aufklärung*, Academie-Verlag, Berlin, 1960, 2 vol. In-12.
— *Grundpositionen der Französischen Aufklärung*.

LABROUSSE Camille, Ernest) : *La crise de l'économie française à la fin de l'Ancien Régime et au début de la Révolution*, Paris, 1944.
— *Esquisse du mouvement des prix et des revenus en France au XVIIIe siècle*. Paris, Dalloz, 1933.
— Voies nouvelles vers une histoire de la bourgeoisie occidentale aux XVIIIe et XIXe siècles (1700-1850), in : *Relazoni del X Congresso Internazionale di Scienze Storiche*, Firenze, 1955, 365-396.

LADD (Everett C.) : Helvetius and d'Holbach. La moralisation de la politique. *Journal of the history of ideas*, vol. XXXIII, pp. 221-258.

LANJUINAIS (J.-D.) : *Necker, Etudes biographiques et littéraires*, 1823, pp. 35-70.

LARDE (Georges) : *Une enquête sur les vingtièmes au temps de Necker. Histoire des remontrances du Parlement de Paris* (177-1778). Paris, Letousey, 1920.

LAS CASES (Em. Comte de) *Mémorial de Sainte-Hélène*. Pléïade.

LAUNAY (Michel) : *Jean-Jacques Rousseau et son temps. Politique et littérature au XVIIIe siècle*. Paris, Nizet, 1969.

LAVAQUERY (Abbé E.) : *Le cardinal de Boisgelin*, Angers, 1920.
— *Necker, fourrier de la Révolution*. Paris, Plon, 1933.

LAVERGNE (Léonce de) : Assemblées provinciales sous Louis XVI. Paris, Michel-Lévy, 1864.

LAVISSE (Ernest) : *Histoire de France depuis les origines jusqu'à la Révolution*. Paris, Hachette, 1903-1911.

LEBRUN (F.) : *Les hommes et la Mort en Anjou au XVIIe et XVIIIe siècles. Essai de démographie et de psychologie historique*. Paris. La Haye. Mouton. 1971.

LECLERC (Joseph) : Libéralisme économique et libre pensée au XVIIIe siècle.

Mandeville et la Fable des Abeilles. *Etudes,* mars, 1937, pp. 624-645.

LEFEBVRE (Georges) : Le Despotisme éclairé. *Annales historiques de la Révolution française,* 21, 1949, pp. 97-115.
— *Le Directoire.* Paris, Colin, 1958.
— *Etudes sur la Révolution française.* Paris, 1954, 1963.
— Le mythe de la Révolution française, in : *Ann. hist. Rév. fr.,* vol. 28 (1956), 337-345.
— *La Révolution française,* 3ᵉ édition, revue (par Albert Soboul)... Paris, P.U.F., 1963.
— *Les Thermidoriens,* Colin, 1931.
— *Quatre-vingt-neuf,* Paris, Maison du livre français, 1939.
— *Recueil de documents relatifs aux séances des Etats Généraux, mai-juin 1789.* Préparé par l'Institut d'Histoire de la Révolution française de la Faculté des Lettres et Sciences humaines de Paris, T. I (II), *La séance du 23 juin,* Paris 1962.
— et TERROINE (Anne) : *Recueil de documents relatifs aux séances des Etats Généraux, mai-juin 1789.* Préparé par l'Institut d'Histoire de la Révolution française de la Faculté des Lettres de Paris. T. I (I) : *Les Préliminaires — La Séance du 5 mai,* Paris 1953.

LEGOUIS et CAZAMIAN : *Histoire de la littérature anglaise.* Paris, Hachette 1952.

LÉONARD (Emile-G.) : *Histoire ecclésiastique des réformés français au xviiiᵉ siècle.* Paris, Fischbacher, 1940.
— *Le protestant français.* Paris, P.U.F., 1953.
— Les assemblées du désert, *B.S.H.P.F.,* 1938.

LEROY (Maxime) : *Histoire des idées sociales en France.* Paris, Gallimard, 1946-1954, 3 vol. In-8°.

LEROY-LADURIE : *Les paysans du Languedoc,* Paris, 1966. SEVPEN.

LESER, (Eman.) : *Necker's Zweites Ministerium.* Mainz, V. Zabern, 1871.

LEUILLIOT (Paul) : Réflexions sur l'histoire économique et sociale à propos de la bourgeoisie en 1789, in : *Rév. d'Hist. mod. et contemp.,* T. I (1954), pp. 131-144.

LHERITIER (Michel) : *La Révolution à Bordeaux dans l'histoire de la Rév. franç., 1787-1789.* La fin de l'Ancien Régime et la préparation des Etats Généraux. P.U.F., 1942.

LICHTENBEERGER (André) : *Le Socialisme au xviiiᵉ siècle.* Paris, Alcan, 1895. *Le Socialisme et la Révolution française.* Alcan, 1899.

LOEBELL (Richard) : *Der Anti-Necker, J.-H. Merck und der Minister F.K. v. Moser. Ein Beitrag zur Beurteilung, J.-H. Mercks.* Darmstadt, A. Klingelhoeffer, 1896.

LOEWENSTEIN (Karl) : *Political power and the governmental process.* Chicago, The University of Chicago Press, 1965.

LOUSSE (Emile) : Absolutisme, Droit divin, Despotisme éclairé, in : *Schweizer Beiträge zur Allgemeinen Geschichte,* vol. 16 (1958), pp. 91-106.

LOVEJOY (A.-O.) : *The great chain of being,* Cambridge (U.S.A.), Harvard University Press, 1942.
— *Essays in the history of ideas,* Baltimore, The Johns Hopkins, Press, XVII, 354 p. In-8°.

LUBLINSKY (V.-S.) : Voltaire et la guerre des Farines. *Ann. hist. de la Rév. Fr.,* 1959, pp. 127-145.

LUFTALIA (Michel) : L'évidence, fondement nécessaire et suffisant de l'ordre naturel chez Quesnay èt Morelly, *Rev. d'hist. éc. et soc.,* 1963.

LUTHY (Herbert) : *La banque protestante en France.* Paris, SEVPEN, 1959-1961, 2 vol. In-8°.
— Necker et la compagnie des Indes. *Annales, Economies, Sociétés, Civilisations,* 15, 1960, pp. 852-881.

MAC CLOY (S.) : *Government assistance in 18th century, France.* Durham, N.C., 1946.

MAC DONALD (Joan) : *Rousseau and the French Revolution, 1762-1791.* London, 1965.

MACHELON (Jean-Pierre) : *Les idées politiques de S.L. de Lolme* (1741-1806) P.U.F., 1969.

MADAY (André de) : Necker, précurseur du pacifisme et de la protection ouvrière. *Rev. de l'Institut de sociologie*, 15, 1935, pp. 39-52 ; et à part, Bruxelles, 1935, in-8°, 16 p.

MADELIN (Louis) : M. Necker et les salons. *Revue hebdomadaire*, 14 mars 1936, pp. 151-178, et 21 mars 1936, pp. 286-303.

MANDROU (R.) : *De la culture populaire en France aux* XVII<sup>e</sup> *et* XVIII<sup>e</sup> *siècles. La bibliothèque bleue de Troyes*, Paris, 1964.
— *La France aux* XVII<sup>e</sup> *et* XVIII<sup>e</sup> *siècles.* Nouvelle Clio.

MARCHAL (André) : Les doctrines financières de Necker. *Rev. d'hist. écon. et soc.*, 21, 1933, pp. 237-254.

MARION (Marcel) : *Histoire financière de la France depuis 1715*, 6 vol., Paris, 1914-1931.

MARSHALL (Dorothy) : *Eightenth century England.* Longmans, London, 1962.

MARTIN (F. Olivier) : *L'organisation corporative de l'Ancien Régime.* Paris, 1938.

MARTIN (Kingsley) : *French Liberal thought in the 18th century*, a study of political ideas from Bayle to Condorcet edited by J.-P. Mayer (2<sup>e</sup> éd.), London, 1954.

MASSON (Pierre, Maurice) : *La religion de Rousseau.* Paris, Hachette, 1916.

MATHIEZ (Albert) : Les doctrines politiques des physiocrates, in : *Ann. hist. Rév. fr.* vol. 13 (1936), pp. 193-203.
— *Les origines des cultes révolutionnaires* (1789-1792). Paris, G. Bellais 1904. In-8°, 150 p.
— Les philosophes et le pouvoir au milieu du XVIII<sup>e</sup> siècle, in : *Ann. hist. Rév. fr.*, vol. 12 (1935), I, 12.
— Les philosophes et la séparation de l'Eglise et de l'Etat en France à la fin du XVIII<sup>e</sup> siècle. *Revue historique*, 1910, t.c. III, pp. 63-79.
— *La Révolution française*, Paris, 1964.
— La Révolution française et la théorie de la dictature. In : *Rev. hist.*, T. 161, 1929, 304-315.
— *La Theophilanthropie et le culte décadaire*, 1796-1801. Paris, Alcan, 1903. In-8°, 752 p.

MAUZI (Robert) : *L'idée de bonheur dans la littérature et la pensée française au* XVIII<sup>e</sup> *siècle.* Paris, A. Colin, 1960.

MERCIER (Roger) : *La réhabilitation de la nature humaine* (1700-1750), Villemonble, Editions « La Balance », 1960.

MERLE (L.) : L'édit de 1787 dans le Bas-Poitou, *Bull. soc. hist. prot. fr.* 1932, pp. 132-158.

MÉTHIVIER (Hubert) : *L'ancien régime.* Paris, P.U.F. Que sais-je ? 1961.
— La fin de l'Ancien Régime. P.U.F. Que sais-je ? 1970.

MEYER (Jean) : *La noblesse bretonne au* XVIII<sup>e</sup> *siècle.* Paris, SEVPEN, 1966, 2 vol. In-8°.

MICHALET (Ch. A.) : Economie et politique chez St Just. *A.H.R.F.*, Janvier-mars 1968, pp. 60-119.

MICHELET (J.) : *Histoire de la Révolution française*, 2<sup>e</sup> édit., 1868.

MIRKINE-GUETZEVITCH : *Le Parlementarisme sous la Convention nationale.* Paris, Librairie générale de droit et de jurisprudence. 1936.

MITCHELL (B.-R.) : *Abstract of british historical statistics.* Cambridge, University Press, 1962.

MOCKLI-CELLIER (Maurice) : *La Révolution française et les Suisses-Romands*, Neuchatel, Attinger, 1934.

MOLEVILLE (Bertrand de) : *Histoire de la Révolution de France pendant les dernières années du règne de Louis XVI*, Paris, 1801.

MONOD (Albert) : *De Pascal à Chateaubriand, les défenseurs français du christianisme de 1670 à 1802.* Paris, Alcan, 1916.

MORAZÉ (Charles) : *Les bourgeois conquérants*, Paris, A. Colin, 1957, XII.
— Finances et despotisme. Essai sur les despotes éclairés. *Annales*, 3, 1948, pp. 279-296.
— *La France bourgeoise*, XVIII<sup>e</sup>-XX<sup>e</sup> siècles. Préface de Lucien Febvre. Paris, A. Colin, 1946.

MOREAU (Pierre) : *La conversion de Chateaubriand*. Paris, Alcan, 1933.

MORIZE (André) : *L'apologie du luxe au* XVIIIe *siècle. Le « Mondain » et ses sources.* Paris, 1909. In-8°.

MORNET (Daniel) : *Les origines intellectuelles de la Révolution française* (1715-1787) ; Paris, Armand Colin, 1933. In-4°, 552 p.
*La pensée française au* XVIIIe *siècle.* Paris, A. Colin, 1926.

MORTIER (Roland) : *Clartés et ombres du siècle des lumières.* Genève, Droz, 1969.

MOTTAZ (Eug.) : Necker et Mme de Staël en Suisse à l'époque de la Terreur. *Revue historique, vaudoise,* 1, 1893, pp. 16-25.

MOUSNIER (Roland) : L'opposition politique bourgeoise à la fin du XVIe siècle et au début du XVIIe siècle. L'œuvre de Louis Turquet de Magerne. *Rev. hist.,* janvier-mars, 1955, pp. 1-20.

MÜLLER (Johannes von) : Denkmal auf Necker. Hrg. von Edgar Bonjour. *Hist. Zeitschrift,* 178, 1954, pp. 515-530.

MUNTEANO (Basil) : *Les idées politiques de Mme de Staël et la Constitution de l'an III.* Paris, Belles Lettres, 1931.

NAMIER (L.-B.) : *England in the age of the american revolution.* London, 1930.
— *The structure of politics at the accession of George III.* London, 1929.

NAVILLE (Pierre) : *Paul Thiry d'Holbach et la philosophie scientifique au* XVIIIe *siècle.* Paris, Gallimard, 1943.

*Necker et Versailles : Catalogue de l'exposition organisée au château de Coppet (Suisse) du 7 mai au 14 août 1955.* Nyon, 1955.

NOURRISSON (Jean-Félix) : *Trois révolutionnaires :* Turgot, Necker, Bailly. Paris, Perrin, 1885.

PALMER : *Catholics and unbelievers in 18th century France.* Princeton, 1939.

PANGE (Pauline, Comtesse Jean de) : Necker en Angleterre. Le mystérieux voyage de 1776, d'après des documents inédits. *Rev. des deux mondes.* 1er avril 1948, pp. 480-499.
— Les Suisses dans le salon de Mme Necker. *Actes du 3e Congrès national de la soc. fr. de littér. comparée,* Dijon, 1959, 1960, pp. 121-129.

PARES (Richard) : *King George III and the politicians.* Oxford, Clarendon Press, 1953.

PATTERSON (H. Temple) : Poetic Genesis, Sebastien Mercier into Victor Hugo. *Studies on Voltaire and the 18th century.* Genève, 1960.

PELLISSON (Maurice) : La sécularisation de la morale au XVIIIe *siècle. Revue française,* 1903.

PICARD (Roger) : La théorie de la lutte des classes à la veille de la Révolution française, *revue d'économie politique,* 25, 1911, pp. 624-633.

PLEKHANOV (Georgü) : *Beiträge zur geschichte des Materialismus,* 3e éd. Stuttgart, Dietz, 1921.

PLONGERON (Bernard) : *Conscience religieuse en révolution.* Paris, Picard, 1969.

POLAND (B.C.) : *French protestantism and the French Revolution.* Princeton, Princeton University Press, 1957.

POMEAU (René) : *L'Europe des lumières.* Stock, 1966.
— *La religion de Voltaire.* Paris, Nizet, 1969.

PORCHNEV (B.-F.) : Le vrai « grand siècle ». Les soulèvements ppoulaires en France avant la Fronde, *La Pensée,* janvier-février et mars-avril 1952, pp. 29-40 et 71-79.

POUVOIR (Le) : Annales de philosophie politique publiées par l'Institut international de philosophie politique. Paris, P.U.F., T. 1, 1956, T. II, 1957.

PRECLIN (E.) et TAPIE (V.-L.) : *Le* XVIIIe *siècle,* P.U.F., Paris, 1952.

PRIOURET (Roger) : *La Franc-maçonnerie sous les lys.* Grasset, 1953.

PROUST (Jacques) : *Diderot et l'Encyclopédie.* Paris, A. Colin, 1962.

QUESNAY (*François*) *et la physiocratie :* Paris I.N.E.D., 1958, t. I, préface-études-biographie.

RAPPARDS (W.-E.) : *Economistes genevois du* XIXe *siècle,* Genève, Droz, 1966.

RAVITCH (Norman) : *Sword and Mitre, Government and episcopate in France and England,* 1966, Mouton, Paris.

RAYMOND (Marcel) : Du jansénisme à la morale de l'intérêt, dans : *Mercure de France*, 1957, juin, pp. 237-255.

REAU (Louis) : *L'Europe française au siècle des lumières.* Paris, A. Michel, 1938, in-8°, 455 p.

REINHARD (Marcel) : Elite et noblesse dans la seconde moitié du XVIII° siècle. *Rev. d'histoire moderne et contemporaine*, 1956, pp. 116-119.
— *Histoire de France...* sous la direction de Marcel Reinhard... Paris, Larousse, 1954, 2 vol. In-4°.
— *Religion, révolution et contre-révolution.* Paris, C.D.U., 1960.

RENOUVIN (Pierre) : *Les assemblées provinciales de 1787.* Paris, A. Picard, 1921.

RICHARD (Guy) : Les corporations et la noblesse commerçante en France au XVIII° siècle. *Inf. histor.*, 1957, pp. 185-188.
— La noblesse commerçante à Bordeaux et à Nantes au XVIII° siècle. *Inf. histor.*, 1958, pp. 185-190.

RICHET (Denis) : Autour des origines idéologiques lointaines de la Révolution française. *Annales E.S.C.* Janvier-février 1969.

ROBIN (Régine) : La société française en 1789. Semur en Auxois. Paris, Plon, 1970.

ROELS (J.) : Le concept de représentation politique au XVIII° siècle français dans *Anciens pays et assemblées d'Etats.* (Standen en Landen.) XLV. Nauwelaerts. Louvain. Paris 1969.

ROLL (Eric) : *An history of economic thought.* Faber, N.Y., 1946.

*Rousseau et la philosophie politique : Annales de philosophie politique*, 5. Publication de l'Institut international de philosophie politique. P.U.F., Paris, 1965.

ROUSTAN (Mario) : *Les philosophes et la société française au XVIII° siècle*, Lyon, A. Rey, 1906.

ROUX (René) : La Révolution française et l'idée de lutte des classes, in *Revue d'histoire économique et sociale.* Vol. 29 (1951), pp. 252-279.

RUDE (George) : *The Crowd in History.* A Study of Popular Disturbances in France and England, 1730-1848, New York, London, Sidney, 1964.
— La taxation populaire de mai 1775 à Paris et dans la région parisienne *Ann. hist. Rev. fr.*, 1956, pp. 139-179.
— La taxation populaire de mai 1775 en Picardie, en Normandie et dans le Beauvaisis. *Ann. hist. rev. franç.*, 1961, pp. 305-326.

SABINE (G.) : *An history of political theory*, London, 1948.

SAINT-JACOB (Pierre de) : *Les paysans de la Bourgogne du Nord au dernier siècle de l'Ancien Régime.* Paris, Belles-Lettres, 1960.

SAINTE-BEUVE (Charles, A.) : *Causeries du lundi.* Paris, Garnier, 1857-1872. 15 vol. In-12°. T. VII, M. Necker, pp. 357-370.

SALIS (Jean-Rodolphe de) : *Sismondi, 1773-1842, la vie et les œuvres d'un cosmopolite philosophe.* Paris, H. Champion, 1932.

SALLERON (Louis) : Le produit net des physiocrates, dans : *François Quesnay et la physiocratie.* Paris, I.N.E.D., 1958, t. I, pp. 131-152.

SARRAILH (Jean) : *L'Espagne éclairée de la seconde moitié du XVIII° siècle.* Paris, Klincksieck, 1954.

SCHMITT (Eberhard) : *Repräsentation und Revolution.* München, Beck, 1969. In-8°.

SCHUMPETER (Joseph A.) : *History of economic analysis.* London, 1955.

SCHWEIZER (Paul) : Neckers politische Rolle in der französischen Revolution. *Festgabe für Gerald Meyer von Knonau*, Zurich, 1913, pp. 383-411.

SEE (Henri) : Les classes ouvrières et la question sociale à la veille de la Révolution, in : *Ann. Rév.* (1922), 373-386.
— *L'évolution de la pensée politique en France au XVIII° siècle*, Paris, 1925.
— Les idées philosophiques du XVIII° siècle et la littérature prérévolutionnaire. *Revue de synthèse*, 1903.
— *La vie économique et les classes sociales en France au XVIII° siècle.* Paris, F. Alcan, 1924.

SÉGUR (Marquis, Pierre de) : *Au couchant de la monarchie* (II), Louis XVI et Necker, 1776-1781. Paris, Lévy, 1914.

SEEBER (E.-D.) : *Anti-Slavery opinion in France during the second half of the 18th century.* Baltimore, 1937.

SHACKLETON (Robert) : Montesquieu, Bolingbroke and the separation of powers, *French studies,* janvier 1949, pp. 25-38.
— *Montesquieu,* a critical biography. London, Oxford University Press, 1961.

SICARD (Abbé Augustin) : *L'éducation morale et civique avant et pendant la Révolution.* Paris, 1913.

SIVERS (Friedrich von) : Necker als Nationalökonom. *Jahrbücher für Nationalökonomie und Statistik,* 22, 1874, pp. 17-27.

SNYDERS (Georges) : *La pédagogie en France aux XVII<sup>e</sup> et XVIII<sup>e</sup> siècles.* P.U.F., 1964.

SOBOUL (Albert) : L'audience des lumières sous la Révolution, in : *Utopie et institutions au XVIII<sup>e</sup> siècle* (éd. Pierre Francastel), « Congrès et Colloques IV » (Sorbonne — Ecole des hautes études), Paris, La Haye, 1963, 289-303.
— Précis d'histoire de la Révolution française. Paris, 1964.
— La Révolution française et la « Féodalité ». *A.H.R.F.* juillet-septembre 1968, 289-298.
— *Les Sans culottes parisiens en l'an II.* Paris, 1958.

SOMBART (Werner) : *Le bourgeois, contribution à l'histoire morale et intellectuelle de l'homme économique moderne.* Traduit de l'allemand par S. Jankélévitch. Paris, Payot, 1926, in-8°, 586 p.

SPENGLER (Joseph J.) : *Economie et population. Les doctrines françaises avant 1800 de Budé à Condorcet.* Paris, P.U.F., 1954. In-8°, 390 p.

STAEL (Auguste de) : *Notice sur M. Necker,* Oc. c. T. I.

STEPHEN (L.) : *English thought in the 18th century,* 2 vol. New York, 1927.

STOLTZENBERG (Erika) : *Sismondi und Necker.* Heidelberg, phil. Diss., 1956. In-8°, VII, 159 p.

TAWNEY (R.H.) : *La religion et l'essor du capitalisme.* Paris, Rivière, 1951.

THACH (Charles C.) : *The creation of the presidency, 1775-1789. A study in constitutional history.* Baltimore, John Hopkius Press, 1922.

TOCQUEVILLE (Alexis de) : *Œuvres complètes.* Paris, Gallimard, 1951.

TORREY (Norman L.) : *Voltaire and the English deists.* New Haven Yale University Press, 1930, in-8°, 224 p.

TOUCHARD (Jean) : *Histoire des idées politiques,* Vol. I : Des origines au XVIII<sup>e</sup> siècle, Vol. II : Du XVIII<sup>e</sup> siècle à nos jours. Paris, 1959.

TOURVILLE (H. de) : Les vues sociales de Necker. *Science sociale,* 31, 1887 pp. 252-271.

TROPER (M.) : Saint-Just et le problème du pouvoir exécutif. *A.H.R.F.,* janvier-mars, 1968, 5-13.

TRÉNARD (Louis) : *Histoire sociale des idées : Lyon, de l'Encyclopédie au préromantisme.* Grenoble, impr. de l'Allier, 1958.

TUETEY (A.) : L'émigration et le séquestre des biens de Necker. *Révolution française,* 1916, LXIX, pp. 161-167.

VAUGHAN (Ch. E.) : *Studies in the history of political philosophy before and after Rousseau,* nouvelle édition, Manchester University Press. 1939, 2 vol. In-8°.

VACHER de LAPOUGE (Claude) : *Necker, économiste.* Paris, Rivière, 1914.

VEDEL (Georges) : *Cours de droit constitutionnel et institutions politiques.* (Licence 1<sup>re</sup> année, 1959-1960), Paris, Les Cours de Droits, 1960.

VENTURI (Franco) : *Europe des lumières. Recherches sur le XVIII<sup>e</sup> siècle.* Paris, La Haye. Ecole pratique des Hautes Etudes et Mouton, 1971.

VERNIÈRE (Paul) : *Spinoza et la pensée française avant la Révolution.* (T. II : XVIII<sup>e</sup> siècle) Paris, 1954, 2 vol.

VIATTE (Auguste) : *Les sources occultes du romantisme. Illuminisme. Théosophie. 1770-1820.* Paris, Champion, 1928.

VIDALENC (Jean) : La traite des nègres en France au début de la Rév. fr., 1789-1793. *Ann. hist. rév. fr.,* 1957, pp. 56-69.

VILLAT (Louis) : *La Révolutoin et l'Empire.* Clio, P.U.F., 1940, p. 79.

VOLGUINE (V.P.) : L'idéologie révolutionnaire en France au XVIII<sup>e</sup> siècle. Ses contradictions et son évolution, in : *La pensée,* n° 87 (sept.-oct. 1959), 83-98.

VOVELLE (Michel) : Mirabeau et Beaumont, deux communautés paysannes face à leurs seigneurs. *Actes du Colloque d'Aix-en-Provence, Les Mirabeau et leur temps.* Paris, Clavreuil, pp. 11-22.

— Roche : Bourgeois, rentiers, propriétaires : éléments pour la définition d'une catégorie sociale à la fin du XVIIIe siècle, in : *Ministère de l'Education nationale, Comité des Travaux historiques et scientifiques, Actes du quatre-vingt-quatrième congrès national des Sociétés.* Savantes, Dijon, 1959.

VYVERBERG (Henry) : *Historical pessimism in the French Enlightenment.* Harvard University Press, 1958.

WAIS (Kurt) : *Das antiphilosophische Weltbild des französischen Sturm und Drang, 1760-1789.* Berlin, 1934.

WALDER (E.) : Die Uberwindung des Ancien Regime im Spiegel der Präambel. Schw. *Beiträge z. Allg. Gesch.* 1953. Vol. 11, pp. 121-166.

— Zwei Studien über den aufgeklärten Absolutismus. *Schw. Beiträge zur Allgemeinen Geschischte,* 1957, 15, pp. 134-171.

WALTER (Gérard) : *Robespierre.* Paris, Gallimard, 1936-1939, 2 vol. In-8°.

WEBER (Henry) : *La compagnie française des Indes,* 1604-1875. Paris, Rousseau, 1904.

WERMEL (Michael Theodore) : « *The Evolution of the classical wage Theory* ». Columbia University Press, 1939.

WEULERSSE (Georges) : *Le mouvement physiocratique en France (de 1756 à 1770).* Paris, La Haye, Mouton, 1968, 2 vol. In-8° (Réimpr. de l'éd. de 1910).

— *La physiocratie à la fin du règne de Louis XV,* 1774. Paris, P.U.F., 1959.

— *La physiocratie sous les ministères de Turgot et de Necker,* 1774-1781. P.U.F., 1950.

— *Les physiocrates.* Paris, 1931.

WILLEY (Basil) : *The 18th century background,* studies on the idea of nature in the thought of the period. London 1953.

WILLIAMS (E.N.) : *The 18th century Constitution,* 1688-1815. Cambridge University Press, 1960.

WÖRTERBUCH *der Volkswirtschaft* herausg. von L. Elster. Jena, G. Fischer, 1898, 2 vol. In-4°.

# INDEX DES NOMS DE PERSONNES

# W

# Y

# TABLE DES MATIERES

DEUXIÈME PARTIE

# IDÉES ÉCONOMIQUES ET SOCIALES

TROISIÈME PARTIE

# IDÉES POLITIQUES

QUATRIÈME PARTIE

# IDÉES RELIGIEUSES

Achevé d'imprimer
sur les presses du Palais-Royal
65, rue Sainte-Anne (2ᵉ)
Dépôt légal : 1ᵉʳ trimestre 1974
Numéro d'impression : 3612
Imprimé en France